Tobias Helms

Steingeräteindustrien in frühurbanem Kontext

Vorderasiatische Forschungen der Max Freiherr von Oppenheim-Stiftung

Herausgegeben von
Stefan M. Maul

Band 2

Ausgrabungen in Tell Chuēra
in Nordost-Syrien

Teil V

2017
Harrassowitz Verlag · Wiesbaden

Tobias Helms

Steingeräteindustrien in frühurbanem Kontext

Eine wirtschaftsarchäologische Analyse der lithischen Funde aus Tell Chuēra und Kharab Sayyar (Nordsyrien)

2017
Harrassowitz Verlag · Wiesbaden

Gedruckt mit Unterstützung der Deutschen Forschungsgemeinschaft.

Bibliografische Information der Deutschen Nationalbibliothek
Die Deutsche Nationalbibliothek verzeichnet diese Publikation in der Deutschen Nationalbibliografie; detaillierte bibliografische Daten sind im Internet über http://dnb.dnb.de abrufbar.

Bibliographic information published by the Deutsche Nationalbibliothek
The Deutsche Nationalbibliothek lists this publication in the Deutsche Nationalbibliografie; detailed bibliographic data are available in the internet at http://dnb.dnb.de.

Informationen zum Verlagsprogramm finden Sie unter
http://www.harrassowitz-verlag.de

Gedruckt auf alterungsbeständigem Papier.
Satz und Layout: Benjamin Richter und Torsten Rünger
Druck und Verarbeitung: Memminger MedienCentrum AG
Printed in Germany
ISSN 1868-6095
ISBN 978-3-447-10885-0

Inhalt

Vorwort des Grabungsleiters

Mit dem vorliegenden Band wird erstmals die Bearbeitung einer Fundgruppe – die Steingeräte aus Obsidian und Feuerstein (Silex) – aus den Grabungen in den beiden Siedlungen des 3. Jts. v. Chr., Tell Chuera und Kharab Sayyar, vorgelegt. Die typologische, funktionale und wirtschaftsrelevante Analyse der Steingerätindustrie umfasst nicht nur der lithische Objekte aus meiner Zeit als Leiter der Ausgrabungen, sondern es konnte auch des betreffenden Material der älteren Grabungen integriert werden, da die gesamte Dokumentation der Arbeiten in Tell Chuera in Frankfurt zur Verfügung steht.

Grundsätzlich ist hervorzuheben, dass hier keine „primärarchäologische" Vorlage von Grabungsfunden, sondern eine sehr stark theoretisch ausgerichtete Behandlung einer Fundgruppe vorliegt. Der methodische Ansatz beruht auf dem gerade für die Bearbeitung von Steinartefakten gut etablierten Chaine Opératoire-Verfahren, das es ermöglicht, die einzelnen Schritte von der Produktion über den Gebrauch und eventuelle Veräußerung bis zur Deposition zu rekonstruieren. Auf diese Weise ist es möglich, technische Prozesse und soziale Handlungen Schritt-für-Schritt nachzuvollziehen. Die Umsetzung dieses Ansatzes darf als gelungen angesehen werden, einschließlich der gesellschaftlichen Konnotation (Auftraggeber, Arbeiter); so wird es möglich, die Ziele des chaîne opératoire zu verstehen: nicht nur die Gesellschaft, in der die betreffenden Steinartefakte entstanden sind, sondern auch den sozialen Kontext, die Aktionen und die Vorstellungen, die mit der Herstellung und Nutzung verbunden sind, zu rekonstruieren.

Ebenfalls beeindruckend ist die Fähigkeit des Verfassers, dass recht „spröde" Material auch für den Nicht-Spezialisten nachvollziehbar aufzuarbeiten und dem Leser die Argumentationsweise verständlich zu machen.

Grundsätzlich hat Herr Helms mit der hier angewendeten Methode eine dichte Arbeit verfasst, in der anhand von analytischen und material- bzw. herstellungsbezogenen Ergebnissen die hier untersuchte Objektgruppe umfassend untersucht werden konnte. Über die Vorlage und typologische Ordnung des archäologischen Befundmaterials hinaus wurden gesellschaftliche, soziale und wirtschaftliche Aspekte erschlossen, die unsere Kenntnis von der Kultur des 3. Jts. v. Chr. in Nordsyrien erheblich erweitern.

Abschließend sei der DFG für die langjährige Förderung des Projekts sowie die Finanzierung des Druckes, dem syrischen Antikendienst, besonders Herrn Dr. Michel Maqdissi, für die unbürokratische Zusammenarbeit und der Oppenheim-Stiftung für die logistische Unterstützung herzlich gedankt. Dank gilt ebenfalls allen Mitarbeitern – den deutschen und den syrischen – sowie den zahlreichen Grabungsarbeitern aus den umliegenden Dörfern, ohne die die Erforschung der Unterstadt nicht möglich gewesen wäre.

Jan-Waalke Meyer

Danksagung

Beim vorliegenden Band handelt es sich um die leicht überarbeitete Fassung meiner 2013 in Frankfurt am Main eingereichten Dissertationsschrift. Da sich die Erforschung der später-prähistorischen und frühgeschichtlichen Steingerätindustrien zu einem dynamischen Forschungsfeld entwickelt, ist anzumerken, dass Literatur, die nach 2014 erschien ist, bei der Erstellung der Druckfassung nicht mehr berücksichtigt wurde.

Vorab möchte ich einer Reihe von Personen danken, die mich bei meiner Forschungsarbeit unterstützt haben. Zunächst sind hier meine beiden Betreuer/innen Jan-Waalke Meyer und Susan Pollock zu nennen, die mir weit über meine Erwartungen hinaus während des Arbeitsprozesses mit Rat und Tat zur Seite standen. Ferner gilt mein Dank den Antragstellern/innen des Graduiertenkollegs 1576 („Wert und Äquivalent"). Ein Forschungsstipendium des Kollegs ermöglichte es mir, die Promotion erfolgreich abzuschließen. In diesem Zusammenhang möchte ich mich besonders bei Annabel Bokern, der Koordinatorin des Frankfurter Kollegs bedanken.

Bedanken möchte ich mich auch bei meinen Kolleginnen und Kollegen aus dem Tell Chuera-Projekt, die mir dabei halfen, die Funde aus unveröffentlichten Grabungsbereichen zu kontextualisieren, zu diskutieren und zu datieren.

Namentlich möchte ich an dieser Stelle Alexander Tamm, Taos Babour, Ralph Hempelmann, Michael Würz und unseren Grabungswächter Mhedi Atallah Šefelah hervorheben. Karlheinz Engemann danke ich für die Umzeichnungen diverser Altfunde, Jelena Steigerwald, Anne-Birte Binder und Eike Wendland für ihre Hilfe bei der Datenaufnahme vor Ort in Syrien. Björn Schröder bin ich zu großem Dank verpflichtet, da er mir sowohl bei der Diskussion quantitativer Aspekte der Datenauswertung als auch bei der statistischen Auswertung der Funde half. Mein Dank gilt ferner Annelou van Gijn und ihrem Team vom Laboratory for Artefact Studies in Leiden, die die mikroskopische Gebrauchsspurenanalyse durchführten, sowie Markus Helfert (Goethe-Universität), der die naturwissenschaftliche Herkunftsbestimmung der Obsidiane vorgenommen hat.

Nicole Illner, Henrike Backhaus und Jörg Becker danke ich für die zeitintensive Durchsicht des Manuskripts und die hilfreichen Kommentare zu diversen inhaltlichen, formalen und stilistischen Aspekten (wohl wissend, dass es auch für Archäologen anregendere Lektüre gibt, als Abhandlungen über geschlagene Steinartefakte). Patrick Biedermann danke ich für die Korrekturarbeiten am Literaturverzeichnis. Benjamin Richter und Torsten Rünger danke ich für die Drucklegung des Manuskripts. Dem damaligen Leiter des Archäologischen Forschungsinstituts der Ostfriesischen Landschaft, Wolfgang Schwarz, bin ich zu großem Dank verpflichtet, da er mir im Zusammenhang mit der Arbeit an meiner Magisterarbeit wesentliche Grundkenntnisse in Bezug auf die Bestimmung geschlagener Steinartefakte vermittelt hat.

Herbert Müller möchte ich dafür danken, dass er ganz sicher einen erheblichen Einfluss darauf hatte, mein Interesse an der Archäologie zu wecken. Der Zusammenhang zwischen guter Musik und Datenaufnahme ist m. E. kaum zu überschätzen. In diesem Sinne: Danke, Scott H. Biram. Abschließend möchte ich meinen Freunden und meinen Familienmitgliedern danken, die in dieser Danksagung nicht namentlich aufgeführt werden, mich aber in der Zeit, in der ich mit dem Forschungsprojekt befasst war, begleitet haben.

Den vorliegenden Band widme ich meinen Eltern Sylvia Maria Franziska Helms und Josef (Jupp) Deiters-Helms.

Tobias Helms

1.
Einleitung

1.1 Fragestellung und Ziele

In der vorliegenden Arbeit befasse ich mich mit den Steingeräteindustrien der frühbronzezeitlichen Fundorte Tell Chuēra und Kharab Sayyar, die im Gebiet des heutigen Nordsyrien liegen. Bei diesen Fundplätzen handelt es sich um die Überreste frühurbaner Großsiedlungen, die sich im heutigen Landschaftsbild als hoch aufragende Ruinenhügel (arabisch: Tell) abzeichnen.[1] Vermutlich gehörten die beiden etwa 9 km voneinander entfernt gelegenen Siedlungen während der Frühbronzezeit (3. Jt. v. u. Z.) zu einem hierarchisch strukturierten Siedlungssystem, an dessen Spitze die Großsiedlung Tell Chuēra stand. Bei dem wesentlich kleineren Ruinenhügel von Kharab Sayyar dürfte es sich indessen um eine dem Zentralort Tell Chuēra politisch wie wirtschaftlich untergeordnete Siedlung gehandelt haben.[2]

Aus Silex (sedimentäres Kieselgestein) und teils auch aus Obsidian (natürliches Vulkanglas) gefertigte Steinartefakte treten in den archäologischen Schichten Chuēras und Kharab Sayyars häufig auf, was auf eine anhaltende Bedeutung der Lithik für das technologische System der regionalen Frühbronzezeit schließen lässt. Bislang wurden die geschlagenen Steinartefakte der Chuēra-Region – abgesehen von einzelnen Fundstücken, die bereits im Rahmen von Grabungsvorberichten veröffentlicht wurden – noch nicht wissenschaftlich erschlossen. Diese Ausgangslage spiegelt die allgemeine Forschungssituation wider: Bis in die 1990er Jahre hinein wurde den postneolithischen Steingeräteindustrien Nordmesopotamiens seitens der Forschung verhältnismäßig wenig Interesse entgegengebracht.[3] Seither (Stand 2013) sind jedoch eine Reihe von Arbeiten zur spätchalkolithischen und bronzezeitlichen Lithik vorgelegt worden. Aus der allmählich anwachsenden Materialbasis ergibt sich ein Referenzrahmen für die Analyse lokaler Steingeräteindustrien.[4] Inzwischen existieren sowohl Untersuchungen zur Lithik des mittleren Euphrat-[5] als auch des mittleren und oberen Khaburgebietes.[6] Dabei handelt es sich in erster Linie um Artikel oder im Kontext von Grabungsberichten erschienene, primär dokumentarische Darstellungen des Fundbestandes. Die vorliegende Arbeit stellt die erste Abhandlung zur bronzezeitlichen Lithik aus dem Bereich der westlichen Jezirah (arabisch für Insel) dar.

Das vorrangige Ziel dieser Untersuchung besteht in einer der wirtschaftsarchäologischen Analyse der lokalen Steingeräteindustrien. Den Untersuchungsgegenstand bilden somit diejenigen produktiven, distributiven und konsumtiven Prozesse innerhalb der frühbronzezeitlichen Siedlungen, die sich mit der Herstellung, dem Gebrauch und dem Verwerfen der geschlagenen Steinartefakten in Beziehung setzen lassen. Hierbei geht es darum, den Umgang der damaligen Menschen mit einer spezifischen Ressource (der geschlagene Stein) und einer Klasse von alltäglichen Gebrauchsgütern auszuleuchten, um mehr über die Subsistenzweise und technologische Praxis eines Großteils der damaligen Bevölkerung sowie die Organisation der Produktion einfacher Gebrauchsgüter innerhalb einer frühurbanen, komplex organisierten Gesellschaft[7] zu er-

1 Zur Entstehung von Tellformationen vgl. zusammenfassend Rosen 1986.

2 Kudlek 2006.

3 Zu den wenigen frühen Untersuchungen gehören die Artikel von Hanbury-Tenison 1983; Miller 1985 und Schmidt 1987. Pioniercharakter kommt den Studien S. A. Rosens zu, die sich mit den postneolithischen Steingeräteindustrien der Levante befassen (vgl. z. B. Rosen 1982; 1983a; 1983b; 1996; 1997; 2012).

4 Zum allgemeinen Forschungsstand vgl. zuletzt Thomalsky 2011; Rosen 2012; Müller-Neuhof i. V.; Coqueugniot 2006 und 2011.

5 Vgl. z. B. Behm-Blancke 1992a; Behm-Blancke – Boese 2001; Caneva 1993; Edens 1999; Hartenberger 2002; 2003; Hartenberger u. a. 2000; Herling 2007; Sela 2009; Schmidt 1996; 2002.

6 Azzi 1993; Anderson u. a. 2004; Chabot 1998a; 1998b; Chabot 2002; Chabot – Eid 2007; 2009; Chabot u. a. 2006; Chabot – Pelegrin 2012; Conolly 2003; Gebel 2005; van Gijn 2003.

7 „Komplex organisierte Gesellschaften" wird hier im Sinne einer Definition von G. J. Stein (1998: 1) verwendet: „I use the

fahren. Ein weiteres Ziel dieser Untersuchung besteht darin, einen Beitrag zur Aufarbeitung der archäologischen Daten zu leisten, die in den vergangenen Jahrzehnten in der Chuēra-Region erhoben wurden. Aus diesem Grund habe ich versucht, soweit möglich Material der Altgrabungen der 1950er bis 1980er Jahre in die Analyse einzubeziehen.

Den methodischen Ansatz dieser Untersuchung bildet eine sequentielle Analyse der Steingeräteindustrien (Chaîne Opératoire-Ansatz). Aufbauend auf eine datenbankgestützte Materialaufnahme (Dokumentation des Fundmaterials und erster Interpretationsschritt)[8], flankiert durch Methoden aus dem Bereich der archäologischen Analytik (mikroskopische Gebrauchsspurenanalyse und Einsatz der mobilen Röntgenfluoreszenz) wurde versucht, die Transformationen, die die Artefakte ausgehend vom Zustand als „unbearbeitete Dinge" durchliefen, nachzuvollziehen (zweiter Interpretationsschritt). Die rekonstruierten technologischen Sequenzen dienten danach als Ausgangspunkt für Überlegungen bzgl. der Organisation und des räumlichen Kontextes der Produktion und derjenigen Arbeitsprozesse, die im Zuge der wirtschaftlichen Konsumtion der Artefakte durch Gebrauch erfolgten (dritter Interpretationsschritt).

Bereits bei einer ersten Durchsicht des Fundmaterials vor Ort in Syrien zeigte sich, dass sich die lokalen Industrien im Wesentlichen aus drei technologischen Serien zusammensetzen: die Herstellung bzw. Verwendung von Großklingen aus Silex – besser bekannt unter der forschungsgeschichtlich bedingten Bezeichnung „kanaanäische Klingen" –, Kleinklingen[9] sowie eine Abschlagindustrie. Hinzu kommen die Verwendung oberflächenretuschierter Geschossspitzen und vereinzelte Hinweise auf die Herstellung und den Einsatz von Kerngerät. Diese Serien bzw. Chaînes Opératoires, die auf differenzierbare, aber auf der Ebene der technologischen Praxis teils miteinander verwobene Steinbearbeitungstechniken und Ressourcennutzungsstrategien verweisen, wurden sukzessive analysiert und entsprechend der Leitfragen dieser Untersuchung miteinander in Beziehung gesetzt.

term 'complex societies' as a deliberately broad concept meant to subsume empires, states, and those early forms of hierarchically organized polities that are generally (...) called 'chiefdoms'". Einen entscheidenden Faktor bei der Herausbildung sozialer Komplexität bildet die Fähigkeit bestimmter Gruppen innerhalb einer Gesellschaft wirtschaftliche Ungleichheit herbeizuführen und durch ökonomisches Handeln zu reproduzieren (Stein 1998: 8).

8 Bereits der empirische Prozess der archäologischen Datenaufnahme geht – unabhängig vom Material und der Rigidität des Aufnahmesystems – mit subjektiven Einschätzungen einher und beinhaltet ein interpretatives Moment.

9 Die Kleinklingen bezeichne ich im Folgenden synonym auch als nicht-kanaanäische bzw. einfache Klingen.

1.1.2 Zum Aufbau der Untersuchung

Um den gezielten Zugriff auf einzelne Teilbereiche der Untersuchung zu ermöglichen, wurde die vorliegende Arbeit bewusst modular aufgebaut. Die einzelnen Teilkapitel bilden Abhandlungen zu bestimmten Bereichen der hier verfolgten Fragestellungen, die auch weitestgehend unabhängig voneinander gelesen werden können.

Das erste Kapitel ist dem archäologischen Kontext, der Definition zentraler Begriffe und der Erörterung theoretischer und methodischer Prämissen gewidmet: In Teilkapitel 1.1.3 wird zunächst die Datenbasis der Untersuchung erläutert. Anschließend werden die Fundorte und das erweiterte Arbeitsgebiet vorgestellt (Teilkapitel 1.2). Danach wird zum einen das Forschungssubjekt näher definiert, zum anderen werden meine Vorannahmen und Überlegungen bzgl. der wirtschaftlichen und gesellschaftlichen Verhältnisse der regionalen Frühbronzezeit in Form einer Zusammenfassung des Forschungsstandes und mehrerer Thesen dargelegt (Teilkapitel 1.3). Anschließend wird eine allgemeine Begriffsbestimmung der Objektklasse der geschlagenen Steinartefakte vorgenommen (Teilkapitel 1.4). Dieses Kapitel enthält außerdem ein Glossar, dem zentrale silextechnologische Begriffe entnommen werden können (Teilkapitel 1.4.1). Im nachfolgenden Teilkapitel 1.5 wird der methodische Ansatz, auf dem die vorliegende Studie basiert, erörtert, während sich Teilkapitel 1.6 mit dem chronologischen Rahmen dieser Untersuchung befasst.

Das zweite Kapitel thematisiert den Fundkontext der Steinartefakte: Die Angaben in diesem Abschnitt basieren auf der Auswertung und Interpretation der veröffentlichten Grabungsberichte, unveröffentlichter interner Berichte und Informationen aus den Originalakten der Grabungsdokumentation der Jahre 1958 bis 2010.[10] Dabei werden zunächst die differenzierbaren Fundkontexte von Steinartefakten definiert und erläutert (Teilkapitel 2.1). Anschließend werden die Grabungsbereiche der beiden Fundorte, die lithische Funde erbrachten, vorgestellt (Teilkapitel 2.2 und 2.3).

Das dritte Kapitel dieser Untersuchung ist von zentraler Bedeutung, da es die Analyse des Produktionssystems beinhaltet: Teilkapitel 3.1 befasst sich mit der Rohstoffbeschaffung (erste Stufe der silextechnologischen Chaîne Opératoire), sowie mit der Beziehung zwischen den verschiedenen Rohmaterialarten und der Grundproduktion, worunter die Herstellung von Grundformen (Klingen, Abschläge etc.) zu verstehen ist. Dabei wird zunächst eine Beschreibung und Gruppierung der lokal dokumentierten lithischen Rohstoffe vorgenommen (Teilkapitel 3.1.1). Im Anschluss werden die

10 Der Zugriff auf die noch nicht publizierten Daten der aktuelleren Ausgrabungen wurde dadurch erleichtert, dass ich hierbei auf die Mithilfe meiner Kolleginnen und Kollegen aus dem Tell Chuēra-Grabungsteam zählen konnte, denen ich an dieser Stelle danken möchte.

Häufigkeitsverteilung der verschiedenen Rohmaterialgruppen (Teilkapitel 3.1.2) und diachrone Veränderungen in der Zusammensetzung des Rohmaterialspektrums erörtert (Teilkapitel 3.1.3). Ferner werden Hinweise auf die mögliche (geologische) Ausgangsform des verarbeiteten Gesteinsmaterials diskutiert (Teilkapitel 3.1.4) und Zusammenhänge zwischen den Werkstoffen und der Grundproduktion herausgestellt (Teilkapitel 3.1.5). In einem nächsten Schritt wird die Verfügbarkeit von Silex im Gebiet der westlichen Jezirah und den anschließenden Regionen in den Blick genommen, um Hinweise auf die mögliche geographische Herkunft der Rohstoffe herauszuarbeiten (Teilkapitel 3.1.6). Danach wird auf die naturwissenschaftliche Herkunftsbestimmung der Obsidiane eingegangen (Teilkapitel 3.1.7). Im darauf folgenden Abschnitt werden die Informationen im Kontext eines historisch-spezifischen Modells der Silexversorgung diskutiert (Teilkapitel 3.1.8), das verschiedene Varianten der Rohstoffbeschaffung berücksichtigt. Unter Einbeziehung von Überlegungen aus dem Feld der Wirtschaftsethnographie und historischen Rekonstruktionen zur Wirtschaft und Gesellschaft des 3. Jts. v. u. Z. gehe ich im Anschluss auf unterschiedliche Formen sozialer Interaktionen und Distributionsformen ein, die bei der Silexversorgung bronzezeitlicher Siedlungen eine Rolle gespielt haben könnten (Teilkapitel 3.1.8.3). Abschließend werden diese theoretischen Überlegungen im Sinne eines Rekonstruktionsversuchs auf die Situation in Tell Chuēra und Kharab Sayyar übertragen (Teilkapitel 3.1.8.4).

Das folgende Teilkapitel 3.2 untersucht die Primär- bzw. Grundproduktion. Diese umfasst die Arbeitsschritte, die mit der planmäßigen Zerlegung der Kernsteine einhergehen.

Auf Ebene der Primärproduktion lassen sich in Tell Chuēra und Kharab Sayyar im Wesentlich die Erzeugnisse von drei silextechnologischen Operationsketten differenzieren: Die Herstellung von Abschlägen (Teilkapitel 3.2.1), einfachen Klingen (Teilkapitel 3.2.2) und Großklingen (Teilkapitel 3.2.3). In diesen drei Teilkapiteln erfolgt jeweils zunächst eine technologische Beschreibung der entsprechenden Grundformen. Auch Werkzeugfunde, die sich mit dem Produktionsvorgang in Verbindung bringen lassen, werden im Rahmen der technologischen Beschreibung vorgestellt. Hieran anschließend werden die Herstellungstechniken der Operationsketten rekonstruiert und in diachroner Perspektive beleuchtet. Danach wird der Kontext der einzelnen Produktionssysteme erörtert, wobei die Frage nach der Lokalisierung der Produktion innerhalb der Siedlungen und die soziale Identifizierung der Produzenten im Mittelpunkt stehen. Im Abschnitt 3.2.3.5 (Handwerkliche Spezialisierung in frühurbanem Kontext) erfolgt eine detailliertere Auseinandersetzung mit der wirtschaftsarchäologisch relevanten Frage nach der Existenz eines spezialisierten Produktionssystems im Zusammenhang mit der Großklingenproduktion.

In Teilkapitel 3.3 befasse ich mich mit der Sekundärproduktion. Diese beinhaltet die Gesamtheit aller intentionalen Modifikationen, die im Anschluss an das Ablösen der Grundformen vorgenommen wurden. Hierzu zählen das Retuschieren, Kerben und Schäften der geschlagenen Steinartefakte. Im Zusammenhang mit Teilkapitel 3.3 wird auch auf die Typologie der Geräteklassen eingegangen.

Im vierten Kapitel dieser Arbeit wird die wirtschaftliche Konsumtion der lithischen Artefakte untersucht: Teilkapitel 4.1 konzentriert sich auf den Funktionszusammenhang der Artefakte, wobei u. a. die Ergebnisse der mikroskopischen Gebrauchsspurenanalyse diskutiert werden. In Teilkapitel 4.2 steht schließlich die Frage nach der Nutzungsintensität und der Entsorgung der Stücke im Mittelpunkt der Betrachtung.

Im fünften Kapitel wird der Frage nachgegangen, welchen Einfluss postdepositionale Faktoren und die archäologischen Arbeitsketten auf die untersuchte Stichprobe nahmen.

Abschließend erfolgt im Kapitel 6 eine Zusammenfassung der Ergebnisse. Kapitel 7 enthält das Literaturverzeichnis (7.1), ein Abbildungsverzeichnis (7.2), Listen der fotografisch und zeichnerisch dokumentierten Artefakte (7.3 und 7.4) mit Angaben zu den einzelnen Fundstücken (silextechnologische Grundform, Datierung, Geräteklasse etc.) und eine Zusammenfassung des Aufnahmesystems (7.5).

1.1.2.1 Datenaufnahme und Aufnahmesystem

Eine größere Anzahl der lithischen Funde habe ich zunächst unter Verwendung von Formblättern aufgenommen, wobei Skizzen angefertigt und verschiedene metrische Parameter notiert wurden. Diese Unterlagen dienten als Vorlage für die Erstellung einer Datenbank. Die Beschreibung eines Großteils der Funde wurde dann vor Ort in Syrien direkt in diese Datenbank eingegeben. Schätzungsweise 40 Prozent der lithischen Funde wurden während der Grabungskampagne 2010 aufgenommen.[11] Bereits in den Vorjahren, in denen ich als Grabungsabschnittsleiter in Tell Chuēra tätig war, konnten während der Nachmittagsstunden diverse Stücke bestimmt und gezeichnet werden. Etwa zwei Drittel der lithischen Funde wurden in einem zweiten Durchlauf erneut bestimmt, um die Genauigkeit der Aufnahmeroutine zu überprüfen und Messfehler sowie Fehler bei der Grundformbestimmung etc. zu korrigieren. Während der Aufnahme wurde der Merkmalskatalog mehrfach angepasst und erweitert. Das Vorhaben, die Datenaufnahme im Jahre 2011 im Rahmen einer Frühjahrs- und einer Sommerkampagne fortzusetzten, konnte aufgrund der sich zu diesem Zeitpunkt zuspitzenden Krise in Syrien nicht abgeschlossen werden. Im Frühjahr 2011 hielt ich mich noch für etwa zwei Wochen in Tell Chuēra auf, musste den Forschungsaufenthalt jedoch aus Sicherheitserwägungen vorzeitig abbrechen. Aus diesem Grund konnten eine Reihe von

11 Eine Auflistung der im Zuge der Fundaufnahme berücksichtigten Parameter findet sich im Anhang. Vgl. Teilkapitel 7.1. Nicht alle dokumentierten Merkmale spielten bei der Auswertung der Daten eine Rolle.

technologisch diagnostischen Grundformen nicht mehr gezeichnet werden.[12] Auch eine für diesen Zeitraum anvisierte systematische Aufnahme von Lesefunden und die Einbeziehung von Daten eines weiteren Fundortes der Chuēra-Region (Mğeddi) konnte nicht mehr durchgeführt werden.[13]

Zwischen 2010 und 2013 wurden diverse Altfunde aus Tell Chuēra in die Analyse einbezogen. Hierbei handelt es sich um Originalstücke, die bis in die 1980er Jahre hinein im Zuge der damals geläufigen Praxis der Fundteilung nach Deutschland gelangten und im Magazin des Archäologischen Instituts der Goethe Universität Frankfurt a. M. lagern. Zudem habe ich die Grabungsdokumentation der Kampagnen seit 1958 (Grabungstagebücher, Fundlisten, Pläne etc.) durchgesehen, um Hinweisen auf Fundkontexte von Steinartefakten nachzugehen und weitere Funde anhand von Fotos und Zeichnungen aufnehmen zu können.

1.1.2.2 Anmerkungen zu den Tabellen und Abbildungen

Quantitative Angaben wurden in der Regel in tabellarischer Form zusammengefasst. Die Tabellen finden sich zumeist am Ende der Teilkapitel. Die Tabellennummerierung setzt sich aus der Bezeichnung des betreffenden Teilkapitels und einer fortlaufenden Nummerierung zusammen, die in römischen Ziffern angegeben wird (z. B. Tabelle 3.2.3.1-I, 3.2.3.1-II etc.). Technologisch diagnostische Artefakte wie Kernsteine oder Kernkantenklingen wurden in listenartig organisierten Teilkatalogen zusammengefasst. Alle Abbildungen und Diagramme wurden kapitelweise nummeriert (z. B. Abb. 4.1, Abb. 4.2. etc.). Fundzeichnungen und Fotos wurden in der Regel im Maßstab 1:2, teilweise auch im Maßstab 1:1 abgebildet. Die Fotos entstammen – soweit nicht anders vermerkt – aus dem Fundus des Tell Chuēra-Projektes oder wurden von mir selbst aufgenommen und bearbeitet. Bei der zeichnerischen Dokumentation wurde ich von einigen Mitgliedern des Chuēra-Teams unterstützt.[14] Alle Umzeichnungen und Korrekturen wurden von mir angefertigt.

1.1.3 „Feuersteine. Wieviele? Sagen wir 3 für Statistik" – Zur Datenbasis der Untersuchung

Insgesamt konnte ich n = 3837 geschlagene Steinartefakte in die Untersuchung einbeziehen, wobei n = 3483 Artefakte aus Tell Chuēra und n = 354 Artefakte aus Kharab Sayyar stammen. Der in der Überschrift dieses Abschnitts zitierte Eintrag aus einem Grabungstagebuch von 1985[15] illustriert die Herausforderungen, die sich v. a. im Hinblick mit der Aufnahme der Fundstücke aus Tell Chuēra ergaben. In den vergangenen Jahrzehnten wurde die Fundbergung der geschlagenen Steinartefakte sehr unterschiedlich gehandhabt. Für einige Grabungskampagnen kann zudem von einem hohen Fundverlust ausgegangen werden. Insbesondere die unscheinbareren Bestandteile des lithischen Systems (einfache Abschläge etc.) scheinen in den untersuchten Assemblagen vielfach stark unterrepräsentiert. Dieser Sachverhalt, der – dies gilt es hervorzuheben – nicht allein für Tell Chuēra als symptomatisch anzusehen ist, sondern auch auf andere bronzezeitliche Siedlungsgrabungen in Nordmesopotamien zutrifft, beeinflusst die Aussagekraft der Stichprobe und wird in Kapitel 5.2 ausführlicher diskutiert.

1.2 Tell Chuēra, Kharab Sayyar und der geographische Rahmen der Untersuchung

1.2.1 Tell Chuēra

Der Fundort Tell Chuēra (TCH) liegt in Nordsyrien, in unmittelbarer Nähe zur türkischen Grenze am Ufer des Wadi Chuēra (Abb. 1.1). Bei dem Ruinenhügel handelt es sich um die Überreste einer frühurbanen Großsiedlung aus der Zeit des 3. Jts. v. u. Z. (Frühbronzezeit). In einigen Bereichen des Tells konnte auch eine jüngere Besiedlung des 2. Jts. v. u. Z. untersucht werden (Spätbronzezeit). Die mittlere Bronzezeit ist vor Ort nicht vertreten, da die Siedlung am Ende des 3. Jts. im Zuge eines Wüstungsprozesses vollständig aufgelassen wurde. Unterhalb der frühbronzezeitlichen Schichten wurden punktuell auch ältere Schichtzusammenhänge des Spätchalkolithikums aufgedeckt. Hinzu kommen Funde, die eine spätneolithische

12 In dieser Arbeit wurde daher der Weg beschritten, ausgewählte Fundstücke fotographisch abzubilden.

13 Im Frühjahr 2011 konnte ich Oberflächenmaterial aus Mgeddi – mehrere hundert Silices – im Rahmen einer Begehung des Fundplatzes aufsammeln, um diese in die Dissertation zu integrieren. Für die Sommerkampagne 2011 war zudem die Anlage eines Sondageschnitts geplant, der stratifiziertes Material erbringen sollte. Die Besonderheit des Fundplatzes besteht darin, dass die frühbronzezeitliche Siedlung nach Ausweis des keramischen Fundmaterials (vgl. Hempelmann 2013: 190) im Unterschied zu den meisten anderen Fundorten der Wadi Hamar-Region bereits in der älteren Frühbronzezeit (regionale Periode TCH IA) aufgelassen wurde. Eine Wiederbesiedlung des Tells blieb aus, so dass hier anhand der Lesefunde die Chance bestanden hätte, eine größere Stichprobe von geschlagenen Steinartefakten aus der Zeit des beginnenden 3. Jts. v. u. Z. zu untersuchen. Zudem wäre der Blick auf die regionalen lithischen Industrien um das Material eines im Vergleich zu Chuēra und Kharab Sayyar deutlich kleineren Fundortes erweitert worden. Die Lesefunde aus Mgeddi lagern im Grabungshaus in Tell Chuēra und harren dort einer Aufarbeitung. Zu den Sammelfunden gehört auch ein vollständiger verzierter Keulenkopf.

14 Hierfür danke ich A.-B. Binder, J. Steigerwald und E. Wendland.

15 Grabungsstelle „Westtempel", Seite 37, Eintrag vom 7.10.1985.

Siedlungstätigkeit belegen.[16] Die frühbronzezeitliche Siedlung zeichnet sich durch eine runde Form und ein radial-konzentrisch organisiertes Straßensystem aus (Abb. 1.2).

Der Fundort wurde zu Beginn des letzten Jahrhunderts von Max Freiherr von Oppenheim beschrieben und – mit Unterbrechungen – seit den 1950er Jahren archäologisch erforscht. Die letzte Grabungskampagne fand im Jahr 2010, eine letzte Aufarbeitungskampagne im Frühjahr 2011 statt. Erste Sondagen wurden 1955 von J. Lauffray angelegt[17], von 1958 bis 1985 fanden dann unter der Leitung von A. Moortgat Ausgrabungen statt, die nach dessen Tod von seiner Frau U. Moortgat-Correns weitergeführt wurden.[18] Ab 1986 lag die Grabungsleitung bei W. Orthmann.[19] Zuletzt wurde die Tellsiedlung unter der Leitung von J.-W. Meyer (ab 1998) im Rahmen eines von der DFG geförderten Langfristprojektes und einer deutsch-französischen Kooperation (DFG/ANR-Projekt[20]) durch ein Team der Goethe-Universität Frankfurt erforscht.[21]

Die Forschungsziele der aktuellen Grabungen bestanden v. a. in der Untersuchung von Urbanisierungsprozessen in Nordsyrien sowie in der Analyse der Siedlungsstruktur Chuēras. Einen weiteren Forschungsschwerpunkt des Chuēra-Projektes bildete die Siedlungsgeschichte der Wadi el Hamar-Region. Abgesehen von der Grabungstätigkeit im Bereich des Siedlungshügels[22] wurden daher auch ein Survey im Wadi Hamar-Gebiet, Ausgrabungen in benachbarten Fundorten (Kharab Sayyar und Tell Tawila[23]) und eine geomagnetische Prospektion des Fundortes Mğeddi durchgeführt. Im Zuge der archäologischen Exploration Tell Chuēras kam der geomagnetischen Prospektion des Ruinenhügels besondere Bedeutung zu. Die geophysikalische Untersuchung des Fundortes, die nahezu die gesamte Fläche der etwa 70 Hektar großen Ruine[24] abdeckt, offenbarte den radial-konzentrischen Aufbau der Siedlung (Abb. 1.2). Dieser Befund kann als Hinweis auf die Wirksamkeit städteplanerischen Handelns gedeutet werden.[25]

Das geomagnetische Prospektionsbild diente zudem als Ausgangspunkt für die gezielte Untersuchung der frühurbanen Infrastruktur (Befestigungsanlagen, Stadttore, Wegesystem) und ausgewählter Siedlungsbereiche. In feldarchäologischer Hinsicht wurde dabei sowohl auf die Methode der horizontalen und diachronen Flächengrabungen als auch auf die Anlage stratigraphischer Sondagen zurückgegriffen.

Die auffällige Siedlungsform reiht Tell Chuēra in eine Gruppe runder Städte ein[26], deren Verbreitungsgebiet sich auf „die Steppengebiete zwischen dem Oberlauf der Flüsse Khabur und Balikh, den beiden einzigen Nebenflüssen des Euphrats, und auf das Gebiet südlich des Gjebel 'Abdel al-'Aziz' beschränkt".[27] Die Existenz runder Siedlungen scheint sich mittlerweile auch für das Gebiet der heutigen Südtürkei abzuzeichnen.[28] In den letzten Jahren konnte zudem eine Reihe runder Städte im Gebiet westlich des Euphrat

16 Zur Datierung und Chronologie vgl. Teilkapitel 1.6.

17 Die Grabungen Lauffrays sind bislang nicht veröffentlicht worden, sie werden z. Zt. an der Universität Strasbourg wissenschaftlich erschlossen.

18 Die frühe Erforschung Tell Chuēras wird in der Literatur v. a. mit dem Namen A. Moortgats in Verbindung gebracht. Bei der Arbeit mit den Originaldokumenten der frühen Ausgrabungen wurde jedoch deutlich, dass U. Moortgat-Correns eine maßgebliche Rolle bei der Planung, Durchführung und Dokumentation der verschiedenen Grabungsstellen gespielt haben muss. Die Ergebnisse der Moortgat-Grabungen sind bisher lediglich im Rahmen von Vorberichten über die einzelnen Grabungskampagnen veröffentlicht worden (Moortgat 1960a; 1960b; 1962; 1965; 1967; 1971; Moortgat – Moortgat-Correns 1975; 1976; 1978; Moortgat-Correns u. a. 1988; Moortgat-Correns 2001; vgl. ferner Kühne 1976). Zur Zeit wird die Originaldokumentation der Altgrabungen an der Goethe-Universität Frankfurt a. M. im Rahmen diverser Forschungsarbeiten ausgewertet.

19 Die Grabungen W. Orthmanns wurden bisher lediglich im Rahmen von Vorberichten vorgelegt (vgl. Orthmann 1990; Orthmann u. a. 1986; 1995).

20 BADIYAH: Villes circulaires du IIIe millénaire av. J.-C. dans les marges arides de Syrie: genèse, développement et déclin.

21 Die Ausgrabungen sowie die wissenschaftliche Auswertung der Funde und Befunde wurden ferner durch die Oppenheimstiftung, die Goethe-Universität (Graduiertenkollegs 323 und 1576) und den Verein Enki e. V. gefördert. Die Grabungsergebnisse der Jahre 1998-2005 sind neben diversen Artikeln im Rahmen eines Vorberichtes vorgelegt worden (Meyer 2010e). Zu den neueren Grabungen in der Oberstadt vgl. auch Dohmann-Pfälzner – Pfälzner 1996, Meyer – Hempelmann 2006 und Hempelmann 2013. Ein Endbericht über die jüngsten Grabungen in der Unterstadt Chuēras wird z. Zt. (Frühjahr 2015) für den Druck vorbereitet (Helms – Tamm i. D.; für eine kurze Übersicht vgl. Helms – Tamm 2014). Diverse Arbeiten zu verschiedenen Aspekten der materiellen Kultur des Fundplatzes befinden sich ebenfalls in Vorbereitung.

22 Zur Grabungsgeschichte, die hier nicht im Detail rekapituliert werden soll, vgl. Meyer 2010d: 15-17; eine Übersicht über die frühen Grabungen liefert Moortgat-Correns 2001. Vgl. auch die Angaben zu den Veränderungen der Grabungsstrategien und Dokumentationsstandards in Teilkapitel 5.2.1.

23 Becker i. V.

24 In der Forschungsliteratur variieren die Größenangaben zu Tell Chuēra erheblich. In der Literatur ist die Größe des Ruinenhügels manchmal mit 65 Hektar (Orthmann 1990: 11), ein anderes Mal mit 80 Hektar (Meyer 2010d: 15; 2011) oder mit 100 Hektar (Wilkinson 1994: Table 2) angegeben worden. Die hier bevorzugte Größenangabe von ca. 70 Hektar basiert auf einer Abmessung des Siedlungshügels mit Hilfe der Web-basierten Anwendung ACME-Planimeter (http://acme.com/planimeter/; zuletzt abgerufen am 31.3.2015).

25 Vgl. zuletzt Meyer 2011: 129-131.

26 Meyer 2012.

27 Meyer 2010d: 11. Vgl. auch Abb. 2 in demselben Kapitel. Vgl. auch Meyer 2011: 129-131; Meyer – Orthmann 2013: 147-149.

28 Meyer 2010d: 14.

(Zentralsyrien) lokalisiert und geomagnetisch prospektiert werden (Tell Al-Rawda, Tell Sha'irat, Khirbet Al-Qasr). Bei den runden Städten des Westens scheint es sich im Gegensatz zu den nordsyrischen Vertretern dieses Siedlungstyps, deren Entstehung in der westlichen Jezirah bis an den Beginn der älteren Frühbronzezeit zurückdatiert werden kann (Tell Chuēra, Kharab Sayyar, Mğeddi), um jünger frühbronzezeitliche Gründungen zu handeln. Die bisher am intensivsten erforschte runde Stadt Zentralsyriens stellt der Fundort Tell Al-Rawda[29] dar. Die Siedlung weist eine radiale Siedlungsstruktur auf, die der Tell Chuēras stark ähnelt. Die runden Siedlungen Syriens liegen in der Regel in Gebieten, die unter landwirtschaftlichen Gesichtspunkten als marginale Zonen bezeichnet werden können. Die Frage, ob diese auffällige Siedlungsform auf Gemeinsamkeiten, etwa im Bereich der sozialen und wirtschaftlichen Organisation verweist, wird innerhalb der Forschung z. Zt. intensiv diskutiert.

Innerhalb des nordöstlichen Verbreitungsgebietes der runden Städte stellt Tell Chuēra den größten Vertreter dieser Siedlungsform dar. Die Siedlung besteht aus einer erhöhten Oberstadt und einer annähernd ringförmig um diese gelagerte Unterstadt (vgl. Abb. 1.2). Diese wird an vielen Stellen durch eine wallartige Erhebung begrenzt. Hierbei handelt es sich um das erodierte Massiv der Stadtmauer und des ihr vorgelagerten Erdwalls.[30] Aufgrund dieser auffälligen Form wurden Chuēra und Ruinenhügel mit vergleichbaren topographischen Merkmalen, z. B. Tell Beydar, in der Vergangenheit und z. T. auch noch in aktuellen Publikationen als „Kranzhügel" bezeichnet.[31]

Für die frühbronzezeitliche Periode lässt sich die strukturelle Entwicklung Tell Chuēras auf Grundlage des aktuellen Forschungsstandes wie folgt skizzieren: Um 3100 v. u. Z. (Periode Tell Chuēra IA) wurde die Siedlung an der Stelle eines zu diesem Zeitpunkt verlassenen spätchalkolithischen Ruinenhügels gegründet. Von Beginn an scheint es sich bei Chuēra um eine befestigte Großsiedlung gehandelt zu haben, die wahrscheinlich schon die gesamte Fläche der späteren Oberstadt einnahm.[32] Die älter frühbronzezeitliche Siedlung bestand aus einer großen Ansammlung von Wohnhäusern, die um einen offenen zentralen Platz („Anton-Moortgat-Platz") herum organisiert waren. Die Siedlung war befestigt und besaß eine NW-SO orientierte zentrale Verkehrsachse.[33] Im Grabungsbereich K (vgl. Teilkapitel 2.2.10) lässt sich die Existenz einer der radialen Gassen, die sich im geophysikalischen Prospektionsbild gut abzeichnen, wahrscheinlich schon für die älter frühbronzezeitliche Periode TCH IA/IB, spätestens jedoch für die Periode IB archäologisch nachweisen.[34] Die Neugründung einer befestigten Siedlung dieses Ausmaßes spricht nach Hempelmann für die „Landnahme durch eine Ackerbau betreibende Bevölkerung".[35] Diese Siedler ließen sich in einer zu diesem Zeitpunkt wahrscheinlich nicht oder nur spärlich besiedelten Landschaft nieder.[36] Aufgrund eines Vergleichs der materiellen Kultur der ältesten Frühbronzezeit vermutet R. Hempelmann, dass die Chuēra-Region aus nordöstlicher Richtung, das heißt aus dem türkischen Euphratgebiet und der Vorgebirgszone des Taurus her besiedelt wurde.[37]

Ich halte es in diesem Zusammenhang für ausgeschlossen, dass die Siedler in ein ihnen völlig unbekanntes Gebiet vorstießen. Ein solches Szenario wäre mit zu großen Subsistenzrisiken verbunden gewesen. Wahrscheinlicher ist, dass die Wadi Hamar-Region auch in der zweiten Hälfte des 4. Jts. v. u. Z. regelmäßig durch Gruppen aufgesucht wurde, die weiter nördlich lebten; sei es nun im Zusammenhang mit der Gazellenjagd oder einer transhumanten Form der Weidewirtschaft. Über die lokalen Gegebenheiten werden die Kolonisten folglich gut informiert gewesen sein. Bei der Aufsiedlung der westlichen Jezirah konnten die prähistorischen Tells der Region als Orientierungspunkte für geeignete Siedlungsplätze dienen. Über die Ursachen für die frühbronzezeitliche Kolonisation der westlichen Jezirah lässt sich nur spekulieren. Abgesehen davon, dass eine Verbesserung der klimatischen Bedingungen den Vorstoß in die marginalen Gebiete Nordsyriens vermutlich überhaupt erst ermöglichte, nehme ich an, dass die Abwanderung eines Bevölkerungsteils aus bestimmten Gebieten auch eine Strategie der Konfliktvermeidung gewesen sein könnte. Da man sich den Prozess der Urbanisierung m. E. durchaus als einen potentiell konfliktträchtigen Prozess vorstellen kann (vgl. Teilkapitel 1.3.3), könnte die Gründung von Pflanzstädten eine Möglichkeit gewesen sein, soziale Auseinandersetzungen zu vermeiden. Mit der fortschreitenden Urbanisierung und Territorialisierung Syromesopotamiens im weiteren Verlauf des 3. Jts. v. u. Z. dürfte solch eine Option erheblich schwieriger geworden sein.

---

29 Castel – Peltenburg 2007; Gondet – Castel 2004.

30 Helms – Meyer i. D.

31 Der Begriff geht auf Max Freiherr von Oppenheim zurück. Meiner Meinung nach bildet jedoch die runde Siedlungsform das bezeichnende Element dieser Siedlungen. Bei dem äußeren „Kranz" handelt es sich um den Lehmverfall der Stadtmauern und Wallschüttungen.

32 Hinweise auf die Ausdehnung der ältesten frühbronzezeitlichen Siedlung lieferten die diachronen Flächengrabung im Bereich K sowie Sondagen im Siedlungszentrum und im Bereich der zentralen Mittelachse. Die enorme Größe der Siedlung modifiziert die Vorstellung einer Ruralisierung Syromesopotamiens, wie sie teilweise für das frühe 3. Jt. v. u. Z. angenommen wird (vgl. Akkermans – Schwartz 2005: 211-232).

33 Meyer 2011: 129-130.

34 Hempelmann 2010a: 51.

35 Hempelmann 2013: 271.

36 Eine „überregional nachweisbare Trockenzeit" könnte dafür verantwortlich gewesen sein, dass die westliche Jezirah in der zweiten Hälfte des 4. Jts. v. u. Z. aufgelassen worden war (Hempelmann 2013: 271).

37 Hempelmann 2013: 271-272.

Noch in der ersten Hälfte des 3. Jts. v. u. Z. erfolgte – höchstwahrscheinlich gegen Ende der Periode IB – die Anlage einer massiv befestigten Unterstadt[38], was eine erhebliche Erweiterung der Siedlungsfläche zur Folge hatte. Der Prozess bezeugt vermutlich einen wirtschaftlichen Aufschwung der Siedlung. In den Bereichen der Unterstadt, die bisher archäologisch untersucht werden konnten, zeichnet sich eine Wohnbebauung ab[39], weshalb ich davon ausgehe, dass die Siedlungserweiterung primär als Ausdruck eines Bevölkerungszuwachses und nicht als Hinweis auf eine funktionale Differenzierung der räumlichen Struktur der Siedlung aufgefasst werden kann, der wahrscheinlich mit einem neuerlichen Zuzug von Menschen einher ging. Der älteste Sakralbau der Siedlung, ein Tempel im geographischen Zentrum des Tells, kann ebenfalls in die Periode IB datiert werden.[40]

Um die Mitte (Periode IC) und in der zweiten Hälfte des 3. Jts. v. u. Z. (Periode ID) herum zeichneten sich weitere Veränderungen im Stadtbild ab: Zentrale Institutionen (Tempel und Palast) treten in dieser Periode aus archäologischer Perspektive deutlich hervor; administrativ-zeremonielle Zonen[41] wurden durch die Verwendung massiver Kalksteinblöcke monumentalisiert (vgl. Teilkapitel 1.3).[42] Zudem ist ein Ausbau der äußeren und inneren Stadtbefestigung zu konstatieren. Um die Mitte des 3. Jts. v. u. Z. herum entstand auch der extramurale Siedlungsbereich ASA (Außenstadt A; vgl. Teilkapitel 2.2.2). Für die Rekonstruktion der lokalen Siedlungsgeschichte von besonderer Bedeutung ist ein ins 25. Jh. v. u. Z. datierter Zerstörungshorizont (vgl. Teilkapitel 1.3.2). In der jüngeren Frühbronzezeit erreichte die Siedlung ihre größte Ausdehnung. Spätestens in diesem Zeitraum stellte Tell Chuēra das Zentrum eines Stadtstaates von überregionaler Bedeutung dar, der mit Sicherheit auf verschiedenen Ebenen Beziehungen zu anderen Stadtstaaten der Großregion (Ebla, Mari, Tell Brak, Tell Mozan, Tell Leilan, Harran, Kazane Höyük etc.) unterhielt. Innerhalb der Forschung ist der – streng genommen historisch anonyme – Fundort Tell Chuēra mit Abarsal identifiziert worden, einer Stadt, die im Archiv des Palastes von Ebla zeitweise als mächtiger Rivale des eblaitischen Staates in Erscheinung tritt.[43]

Gegen Ende des 3. Jts. v. u. Z. (Periode IE) nahm die Entwicklung Chuēras eine dramatische Wendung: Innerhalb eines relativ kurzen Zeitraums schrumpfte die Besiedlung auf einige Bereiche im Gebiet der Oberstadt zusammen.[44] Die zentralen politischen Institutionen büßten ihre Machtstellung ein, was in einer Rekommunalisierung des frühbronzezeitlichen Palastes zum Ausdruck kam.[45] In einer zweiten Phase der Deurbanisierung wurde auch die Oberstadt vollständig aufgelassen. Das gesamte, in der Periode ID dicht besiedelte Chuēra-Gebiet wurde von diesem Wüstungsprozess betroffen.[46] Das wirtschaftliche und gesellschaftliche Gefüge einer ganzen Region zerfiel bzw. unterlag in dieser Zeit einem radikalen Transformationsprozess. Diese Ereignisse vollzogen sich vor dem Hintergrund einer überregionalen Entwicklung, der urbanen Krise am Ende der jüngeren Frühbronzezeit, die zahlreiche bronzezeitliche Siedlungen Nordmesopotamiens betraf. Die Ursachen für diese Wüstungsperiode bilden den Gegenstand einer eigenen Forschungsdiskussion.[47] Erklärungsversuche reichen dabei von Klimaveränderungen über eine Überausbeutung des Naturraums durch die frühen Stadtstaaten bis hin zur möglichen Rolle interner Auseinandersetzungen und durch externe politische Einflüsse verursachte Konflikte im Gefolge der Expansionsbestrebungen des südmesopotamischen Akkad-Reiches.

1.2.2 Kharab Sayyar

Bei dem etwa 3,5 Hektar großen Fundort Kharab Sayyar (KHS) handelt es sich ebenfalls um eine runde Großsiedlung der frühen Bronzezeit. Kharab Sayyar liegt knapp 9 km (Luftlinie) südöstlich des größeren Fundortes Tell Chuēra. Im Gegensatz zu Chuēra besitzt Kharab Sayyar keine Unterstadt. Der Ort wurde ebenfalls gegen Ende des 3. Jts. v. u. Z. aufgelassen, der Siedlungsplatz erst in frühislamischer Zeit erneut besiedelt. Im topographischen Plan ist der bronzezeitliche

38 Meyer 2011: 131; Meyer 2010a.

39 Helms – Tamm i. D.; Helms –Tamm 2014. Das geomagnetische Messbild lässt darauf schließen, dass andere Bereiche der Unterstadt weniger dicht bebaut waren. Das Bild einer funktional v. a. auf produktive Tätigkeiten und Vorratshaltung ausgelegten Unterstadt (vgl. zuletzt Meyer 2011: 131) lässt sich angesichts der neuesten Grabungsergebnisse jedoch nicht aufrechterhalten (Helms – Tamm i. D.).

40 Mündliche Mitteilung der Ausgräberin O. Kromberg. Es handelt sich um einen Tempel im Bereich der Grabungsstelle S, der wahrscheinlich von einer Temenosmauer umgeben war (Meyer 2011: 131) und einen Vorgängerbau des späteren Steinbau VI darstellt.

41 Zur Terminologie („civic-ceremonial zones") vgl. Smith 2010: 138.

42 Südöstlich der Siedlung befindet sich ein ausgedehnter Zeremonialkomplex, der einen Tempel („Außenbau") und eine megalithische Stelenstraße umfasst (Orthmann 1990: 24). Wahrscheinlich kann dieser Komplex auch in die jüngere Frühbronzezeit datiert werden, eine Bearbeitung steht jedoch noch aus.

43 Vgl. Archi 1989; 2011; Milano 1995: 1228; Ristvet 2011: 3-4. Andere Autoren haben Abarsal mit Kazane Höyük in der Harran-Ebene oder mit Siedlungen am mittleren syrischen Euphrat gleichgesetzt. Einen aktuellen Überblick zur Abarsal-Debatte und weiterführende Literaturangaben liefert A. Creekmore (2008: 45-46; 93-95).

44 Vgl. zuletzt Helms – Tamm i. D.

45 Tamm i. V.

46 Mündliche Mitteilung V. Kudlek (Wadi Hamar-Survey).

47 Zusammenfassend: Akkermans – Schwarz 2005: 282-285; Creekmore 2008: 47-50.

48 Zur frühislamischen Stadtanlage vgl. zuletzt Würz i. V. a und i. V. b.

Ruinenhügel im Südosten der rechteckigen frühislamischen Stadt zu erkennen (Abb. 1.3).[48] Die archäologische Erforschung Kharab Sayyars erfolgte im Rahmen einer Kooperation der Goethe-Universität Frankfurt a. M. und des syrischen Antikendienstes. Von deutscher Seite aus lag die Grabungsleitung bei J.-W. Meyer, von syrischer Seite aus bei M. al-Khalaf. Das erklärte Ziel der Untersuchung des bronzezeitlichen Tells bestand v. a. in der Erstellung einer stratifizierten Keramiksequenz für die Chuēra-Region und die Erforschung der lokalen Siedlungsgeschichte. Hierfür wurde ein Stufenschnitt durch den Osthang des Siedlungshügels gelegt, der zwischen 1998 und 2007 bis auf den gewachsenen Boden abgetieft werden konnte (vgl. Abb. 1.3). Die örtliche Grabungsleitung in diesem Bereich lag bei R. Hempelmann.[49] Auch auf der Kuppe des Tells wurde im Verlauf von zwei Kampagnen (1999-2000) eine horizontale Flächengrabung durchgeführt, die den Nachweis einer jünger frühbronzezeitlichen Wohnbebauung erbrachte.[50]

Nach Aussage der Beobachtungen im Bereich des Hangschnittes setzte die bronzezeitliche Siedlungsgeschichte Kharab Sayyars mit der Bauphase 27 ein (Periode IA). Die Befunde dieser Bauphase „befanden sich unmittelbar über dem natürlichen Boden".[51] Bereits in ihrer Gründungsphase verfügte die Siedlung über eine Umfassungsmauer. In dem freigelegten Bereich war dieser Mauer eine Struktur vorgeblendet, bei der es sich um ein Getreidesilo, einen Verteidigungsturm oder eine Kombination aus beidem gehandelt haben könnte.[52] Auf der Rückseite der Mauer schloss eine Gasse an, dahinter befanden sich Parzellen mit einer Wohnbebauung. Im Bereich der Gasse konnte anhand von Türlaibungen und einem Türangelstein eine Pforte identifiziert werden. Die Position dieser Pforte korrespondierte über mehrere Bauphasen hinweg mit einer breiten Fuge, die zwei unterschiedlich konstruierte Stadtmauersegmente trennte. Sie lag ebenfalls in einer Flucht mit einer Parzellengrenze (Doppelmauer) von zwei Gebäuden.[53] Hempelmann leitet aus diesem bemerkenswerten Befund ab, dass die frühbronzezeitliche Siedlung in unterschiedliche Quartiere unterteilt war, die möglicherweise für den Bau der Mauersegmente zuständig waren, die an ihre Wohngebiete anschlossen. Für das Ende der regionalen Periode IA geht Hempelmann aufgrund der Beobachtungen im Hangschnitt davon aus, dass Kharab Sayyar verlassen und erst wieder in Periode IB besiedelt wurde.[54] Die Siedlung blieb dann bis zum Einsetzen des Wüstungsprozesses am Ende der Frühbronzezeit durchgehend bewohnt.

1.2.3 Arbeitsgebiet und erweitertes Arbeitsgebiet

Die Fundorte Tell Chuēra und Kharab Sayyar liegen im Gebiet zwischen den beiden, in den Euphrat mündenden Flüsse Balikh und Khabur (vgl. Abb. 1.1:2). Diese Region bildet den westlichen Teil der Jezirah (arabisch: Insel). Die Jezirah ist ein nach Süden hin abfallendes, ebenes bis leicht gewelltes Plateau (Höhe: 450-300 m über NN), das sich zwischen dem Euphrat im Westen und dem Tigris im Osten erstreckt.[55] Nach Norden hin wird dieses von Wadisystemen und einigen Flussläufen durchzogene Gebiet durch das Taurusgebirge begrenzt. Im Süden schließen sich ausgedehnte Trockengebiete an. Die Jezirah liegt innerhalb der heutigen Staatsgebiete Syriens, der Türkei und des Irak und beschreibt im Wesentlichen eine Großregion, die auch als Nord- bzw. Obermesopotamien bezeichnet wird.[56]

Unter agrogeographischen Gesichtspunkten kann die Jezirah als marginale Zone bzw. „zone of uncertainty" bezeichnet werden[57]: „Der nördliche Bereich dieser Region erhält Niederschläge zwischen 400 und 200 mm/Jahr, die Regenfeldbau möglich machen. Dadurch gilt dieses Gebiet als bevorzugte Getreideanbauregion. Nach Süden zu nehmen die Niederschläge ab (200-150 mm), so daß hier Feldbau – wenn überhaupt – nur mit erheblichem Risiko betrieben werden kann"[58]. Mit Blick auf den natürlichen Bewuchs ist für die nördliche Jezirah eine waldreiche Vegetation rekonstruiert worden, die nach Süden hin zunächst in eine Waldsteppe mit lichterem Baumbestand und schließlich in eine Steppenlandschaft überging. In den Flusstälern der Region befanden sich wahrscheinlich Galeriewälder.[59] Im Zuge der Jahrtausende wurden die Pflanzengemeinschaften der Jezirah durch Abholzung und Beweidung zunehmend anthropogen überprägt. Die heutige Kulturlandschaft der Chuēra-Region erscheint daher als weitgehend baumlose Steppenlandschaft und ist von Getreide- und (bewässerungsintensivem) Baumwollanbau geprägt.[60] Südlich von Kharab Sayyar reißt die für

49 Zu den Grabungen in Bereich A vgl. Hempelmann 2002; 2008; 2013; Meyer u. a. 2003.

50 Zu den Grabungen in Bereich B vgl. Meyer u. a. 2001a; Biedermann 2014.

51 Hempelmann 2013: 29.

52 Hempelmann 2013: 29-30.

53 Vgl. Hempelmann 2013: Tafel 23.

54 Hempelmann 2013: 274.

55 Wilkinson 1994: 483; Akkermans – Schwartz 2005: 5-6; Wossink 2009: 9. Das Standardwerk zur Geographie Syriens bildet nach wie vor E. Wirths 1971 erschienenes Buch „Syrien. Eine geographische Landeskunde". Zu den Böden und zur Geologie der Chuēra-Region vgl. zuletzt Thiemeyer 2010 und Krätschell 2011.

56 Ich verwende die Bezeichnungen Jezirah und Nordmesopotamien in der vorliegenden Arbeit synonym (vgl. Wossink 2009: 9, Anmerkung 7). Die geographische Bezeichnung „Syromesopotamien" schließt in dem hier verwendeten Sinne auch die westlich des Euphrat gelegenen Gebiete Zentral- und Westsyriens mit ein.

57 Wilkinson 1994; Smith 2014.

58 Pfälzner 2001: 103. Eine aktuelle Zusammenfassung paläoklimatischer Rekonstruktionen für die Jezirah der Bronzezeit, auf die hier nicht im Detail eingegangen werden soll, liefert Wossink 2009: 15-26.

59 Wossink 2009: 12-14.

60 Thiemeyer 2010.

den Ackerbau genutzte Zone relativ abrupt ab. Hier beginnt die syrische Wüstensteppe.

Das engere Untersuchungsgebiet dieser Arbeit bilden die Fundorte Tell Chuēra und Kharab Sayyar in ihrem regionalen Umfeld. Im Rahmen der hier vorgelegten Untersuchung der Steingeräteindustrien beschränke ich Vergleiche im Wesentlichen auf den nordmesopotamischen Raum und das südliche Anatolien.[61] Punktuell wird daneben auch auf Beispiele aus benachbarten Regionen, d. h. auf Zentral- und Westsyrien, die Levante und Südmesopotamien Bezug genommen.

1.3 Forschungsgegenstand und theoretische Prämissen

Innerhalb der Vorderasiatischen Archäologie kam kunstgeschichtlichen Ansätzen lange eine dominierende Rolle zu. Das Interesse an den materiellen Zeugnissen alltagsweltlicher Phänomene fiel dahinter zurück. Dies gilt in besonderem Maße für die deutschsprachige Forschungslandschaft.[62] Hieraus resultierten – v. a. mit Blick auf die frühgeschichtlichen und historischen Perioden Vorderasiens – Vergangenheitskonzeptionen, bei denen das Wirken antiker Eliten, die vielfach als Auftraggeber monumentaler Bauwerke und Bildwerke in Frage kommen, bewusst oder unbewusst im Mittelpunkt stand.

In der vorliegenden Arbeit befasse ich mich explizit mit einer Kategorie einfacher Gebrauchsgegenstände – den geschlagenen Steinartefakten –, die im Fundspektrum der meisten frühgeschichtlichen Fundorte Nordmesopotamiens vertreten sind. Den eigentlichen Forschungsgegenstand bilden dabei weniger die Objekte selbst, sondern ihre Gesamtheit als Bestandteil des technologischen Systems (Steingeräteindustrie)[63] des hier betrachteten Zeitraums (Frühbronzezeit, 3. Jt. v. u. Z.; vgl. Teilkapitel 1.6). Dabei gilt das Hauptaugenmerk dem Umgang der bronzezeitlichen Haushalte mit den geschlagenen Steinartefakten im Rahmen ihrer alltäglichen wirtschaftlichen Aktivitäten.

In diesem Teilkapitel werden das Forschungssubjekt der vorliegenden Untersuchung definiert sowie einige theoretische Ausgangspositionen dargelegt. Zugleich erfolgt ein Ausblick auf verschiedene aktuelle Ansätze zur Rekonstruktion der frühbronzezeitlichen Wirtschaft und Gesellschaft[64], welche den Hintergrund für die hier verfolgten Fragestellungen bilden. Da aus der Chuēra-Region bislang keine Keilschrifttexte vorliegen, die in die 2. Hälfte des 3. Jt. v. u. Z. datiert werden können[65], kann allein die Interpretation der Siedlungsstrukturen und der archäologischen Befunde als Ausgangspunkt für entsprechende Überlegungen dienen. Hinzu kommen Beobachtungen und Interpretationen, die im Zusammenhang mit anderen Fundorten gemacht wurden, sowie übergreifende Synthesen zu den ökonomischen Verhältnissen der nordmesopotamischen Frühbronzezeit.[66] In diesem Zu-

61 Abb. 1.8 zeigt eine Auswahl der in dieser Arbeit erwähnten Fundorte.

62 Bernbeck 1997: 33.

63 „Industrie“ bezeichnet hier eine bestimmte Objektgruppe und alle mit ihr verbundenen, d. h. ggf. rekonstruierbaren Herstellungstechniken (vgl. Odell 2004: 4). In diesem Sinne kann man etwa von einer Steingeräteindustrie, Knochenindustrie etc. sprechen. Der Begriff beinhaltet für sich genommen jedoch noch keine Aussage über die Organisation des Fertigungsprozesses, obwohl er dies, wenn man sich den alltäglichen Gebrauch dieses Terminus vor Augen hält, implizieren kann (z. B. „industrielle Produktion“, „industrielle Revolution“, „industrieller Fertigungsprozess“ etc.).

64 Unter Gesellschaft verstehe ich hier das „Zusammenwirken von Menschen zur Sicherung des Lebensunterhaltes, zum Unterhalt der noch nicht oder nicht mehr zur Sicherung des Lebensunterhaltes befähigten Generationen und zur Reproduktion und Sicherung ihrer territorialen Lebensvoraussetzungen“ (Fülberth 2008: 12). Innerhalb dieses Zusammenwirkens stehen sich die Menschen in einem sozialen Verhältnis gegenüber, das außer von Kooperation (als objektiver Grundlage menschlicher Existenz) auch von Machtbeziehungen und ungleichen Zugriffsmöglichkeiten auf wirtschaftliche Ressourcen geprägt sein kann.

65 Mit Funden von Keilschrifttafeln oder Inschriften dürfte in der Chuēra-Region ausschließlich in den jünger frühbronzezeitlichen Perioden TCH ID-IE zu rechnen sein. Aus diesem Zeitraum stammen auch die frühen Schriftzeugnisse, die in anderen nordmesopotamischen Siedlungen gefunden wurden (für eine aktuelle Übersicht zu den frühbronzezeitlichen Keilschriftfunden aus dem Gebiet der Jezirah vgl. Sallaberger 2011). In der Periode ID existierte Tell Chuēra bereits jahrhundertelang in Form einer befestigten Großsiedlung mit einer frühurbanen Infrastruktur. Die Entwicklung eines soziopolitisch komplex organisierten Gemeinwesens mit zentralen Institutionen erfolgte hier also in einem Zeitraum, in dem noch nicht von dem Instrument der Schrift Gebrauch gemacht wurde. Ob die Kulturtechnik des Schreibens lokal nach 2500 v. u. Z. etabliert wurde, muss angesichts des aktuellen Forschungsstandes unklar bleiben. Meiner Meinung nach spricht jedoch wenig gegen die Annahme, dass auch während der jüngeren Frühbronzezeit Stadtstaaten in Nordmesopotamien existierten, in denen Verwaltungsabläufe ohne Schrift organisiert wurden. Auch dort, wo die Schrift zum Einsatz kam, wurden v. a. ausgesuchte Bereiche der Ökonomie von einer Verschriftlichung erfasst; man denke z. B. an die Textilproduktion des eblaitischen Staates. Dass es Schriftsysteme gab, wird um die Mitte des 3. Jts. v. u. Z. allgemein bekannt gewesen sein. Die Übernahme der Keilschrift als wirtschaftliches Hilfsmittel und Herrschaftsinstrument stand allerding in Abhängigkeit zur Möglichkeit lokaler Eliten, den Zugriff auf entsprechende Spezialisten zu organisieren. Möglicherweise verweist die Verwendung bzw. die Abwesenheit von Keilschrift auch auf Unterschiede im Bereich der sozialen Organisation. So könnten in stärker dezentral organisierten Gemeinwesen, in denen die Kontrolle über wirtschaftliche Ressourcen auf mehrere Schultern verteilt war, kein drängender Bedarf an einer verschriftlichten Buchhaltung bestanden haben.

66 Vgl. z. B. Ur 2004; Akkermans – Schwartz 2005: 211-287; Cooper 2006.

sammenhang ist insbesondere auch auf jene Informationen zu verweisen, die Altorientalisten den Textfunden zeitgenössischer Fundorte entnommen haben.[67] Diese erhellen die historische Situation und die gesellschaftlichen wie wirtschaftlichen Verhältnisse im Zeitraum nach 2500 v. u. Z. zumindest schlaglichtartig.

1.3.1 Haushalte

Haushalte stellen grundlegende Einheiten sozialer und ökonomischer Prozesse dar und bieten sich daher als Ausgangspunkt für eine Untersuchung produktiver, distributiver und konsumtiver Vorgänge an. Häufig besteht ein Haushalt aus einer Gruppe von Menschen, die zusammen unter einem Dach leben und „als soziale und wirtschaftliche Einheiten handeln"[68]. Bei diesen Residenz- bzw. Hausgemeinschaften handelt es sich oft – wenn auch nicht zwangsläufig[69] – um die Mitglieder einer durch familiäre Bindungen konstituierten Lebensgemeinschaft. „The household is the most basic and flexible component of human social organization (...). The household, especially as it intersects with family, is the most enduring unit of human settlement and social organization, an organic, time-honored institution structuring everyday life and work"[70].

In Tell Chuēra und in Kharab Sayyar konnten eine große Anzahl von Wohnhäusern freigelegt werden (vgl. z. B. Abb. 2.1). Diese Befunde erlauben es, die Wohn- und Arbeitsbereiche von Hausgemeinschaften (Basishaushalte) zu lokalisieren, und ermöglichen gewisse Rückschlüsse auf die räumliche Organisation der Wohngebiete. In Kombination mit den im Umfeld der Wohnbebauung geborgenen mobilen Funden geben sie Auskunft über die Lebensumstände und wirtschaftlichen Aktivitäten ihrer Bewohner. Der überwiegende Teil der lithischen Funde, die im Rahmen der vorliegenden Arbeit analysiert wurden, stammen aus Bereichen mit Wohnbebauung.

Bis zu einem gewissen Grad kann man die freigelegten Wohnhausbefunde als archäologisches Korrelat der frühbronzezeitlichen Haushalte identifizieren. Eine Haushaltsidentifizierung anhand der Assoziation „architektonische Einheit = Haushalt" sind jedoch Grenzen gesetzt: „Ein Haus kann mehrere Familien beinhalten, genauso wie ein Haushalt sich über mehrere Gebäude erstrecken kann. Und während ein Haushalt oft durch gemeinsamen Wohnsitz seiner Mitglieder geprägt ist, kann er mehr als nur eine Familie beinhalten, wenn zum Beispiel, wie in Oberschichten der frühen Neuzeit, nicht zur Familie gehörendes Dienstpersonal in demselben Gebäude wohnt wie eine Familie (...)"[71].

In seiner Untersuchung zur Urbanisierung der westlichen Jezirah vermutet R. Hempelmann, dass die Häuser der Chuēra-Region, die einen einzelnen Wohnraum aufweisen, als Häuser von Kernfamilien[72] gedeutet werden können, während es sich bei Gebäuden mit mehreren Wohnräumen auch um die Heimstätten größerer Haushaltsfamilien gehandelt haben könnte, die möglicherweise von den Eltern eines verheirateten Sohns (Stammfamilie) oder zwei Brüdern und ihren Familien (Doppelfamilie) bewohnt wurden.[73] Anhand seiner Analyse der Siedlungsstruktur und der räumlichen Organisation der Wohnviertel nimmt Hempelmann an, dass benachbarte Häuser innerhalb des Siedlungsgefüges Verwandtschaftsgruppen als Heimstätte dienten, die sich in sozialer Hinsicht über eine tatsächliche oder sozial konstruierte Abstammung definierten (Lineages). Nach Hempelmann konstituierten diese Lineages zu Beginn der älteren Frühbronzezeit (regionale Periode TCH IA) eine im Wesentlichen segmentär organisierte Gesellschaftsform „mit einer egalitären Ideologie".

Dem aktuellen Forschungsstand zufolge handelt es sich bei den frühbronzezeitlichen Siedlungen der Chuēra-Region um Neugründungen, die geplant angelegt wurden. Ein kennzeichnendes Merkmal dieser Siedlungen besteht in ihrem konzentrischen Layout (= runde Städte). Aufgrund der Hinweise für die geplante Anlage der Großsiedlungen in der Chuēra-Region rechnet Hempelmann bereits für die ältere Frühbronzezeit mit der Existenz kommunaler politischer Institutionen. Da sich Sondergebäude oder Wohlstandsunterschiede zwischen verschiedenen Haushalten für diese frühe Zeit noch nicht nachweisen lassen, blieben diese jedoch „archäologisch unsichtbar"[74]. Hierbei ist anzumerken, dass die älter frühbronzezeitliche Siedlung bislang nur auf begrenzter Fläche und im Rahmen einiger Tiefschnitte untersucht werden konnte, da sie großflächig von Schichten aus der zweiten Hälfte des 3. Jts. v. u. Z. überlagert wird. Sollten in der Chuēra-Region oder in

---

67 Hier sind v. a. das Archiv von Ebla und die Keilschriftfunde aus Tell Beydar zu nennen. In Nordmesopotamien markiert die zweite Hälfte des 3. Jts. v. u. Z. den Übergang von der protohistorischen zur frühgeschichtlichen Zeit. Der Schriftgebrauch in Nordmesopotamien erfolgte durch einen Kulturtransfer aus Südmesopotamien (Akkermans – Schwartz 2005: 276).

68 Pfälzner 2001: 18.

69 Man denke z. B. an traditionelle religiöse Lebensgemeinschaften wie Klöster oder an bestimmte Formen moderner Haus- bzw. Wohngemeinschaften. Vgl. auch Bernbeck 1997: 182.

70 Hagstrum 2001: 47.

71 Bernbeck 1997: 182.

72 Bei Kernfamilien handelt es sich um die kleinste mögliche biologische Reproduktionseinheit. Sie setzten sich aus einem Elternpaar und ihren Kindern zusammen (vgl. Pfälzner 2001: 15).

73 Hempelmann 2013: 272.

74 Ich halte Hempelmanns Rekonstruktionsvorschläge in wesentlichen Punkten für nachvollziehbar. Auch andere Bearbeiter haben in jüngerer Zeit hervorgehoben, dass die frühurbanen Gesellschaften Nordmesopotamiens teils durch dezentralere politische Strukturen gekennzeichnet wurden, in denen segmentäre Verbände eine bedeutende Rolle spielten (vgl. z. B. Cooper 2006: 127).

benachbarten Gebieten zukünftig Hinweise darauf entdeckt werden, dass die Entstehung zentraler Institutionen bereits in die Zeit des beginnenden 3. Jts. v. u. Z. zurückdatiert werden kann, wären diese Überlegungen zu überdenken.

Für den weiteren Verlauf der regionalen Frühbronzezeit geht Hempelmann aufgrund von Veränderungen der Siedlungsstruktur von einem allmählichen „Machtzuwachs der zentralen Institutionen" aus, der spätestens in der Periode TCH ID in einer Konzentration von politischer und ökonomischer Macht kulminierte, die mit einem Autonomieverlust der Basishaushalte und Lineages einher ging und sich in Tell Chuēra archäologisch in der Errichtung monumentalisierter Tempelkomplexe und einer Palastanlage (Abb. 1.4: 1) niederschlug.[75] Auch J.-W. Meyer kommt in seinem Artikel Tribal community and the state zu einer ähnlichen Schlussfolgerung: „I should like to suppose for Tell Chuēra a tribally organized society with – at the latest from the mid-3rd millennium, but probably from the very start – a well-defined political leadership"[76].

Sowohl Meyers als auch Hempelmanns Überlegungen zu den gesellschaftlichen Verhältnissen der Chuēra-Region implizieren die Existenz eines heterarchischen Moments[77] in Gestalt auf verwandtschaftlicher Basis organisierter Haushaltsverbände bzw. segmentärer Gruppen. Ich halte dies insgesamt für plausibel: In sozialer wie in ökonomischer Hinsicht bildeten die Basishaushalte die Bausteine für die übergeordneten Institutionen, die auch als „große" bzw. übergeordnete Haushalte (Oikos)[78] bezeichnet werden können und aus archäologischer Perspektive über den Verlauf des 3. Jts. v. u. Z. hinweg m. E. stärker an Kontur gewinnen. Für Südmesopotamien, wo sich die gesellschaftlichen Verhältnisse der Frühbronzezeit aufgrund der größeren Quantität keilschriftlicher Quellen deutlicher abzeichnen, hat S. Pollock das Verhältnis von Basishaushalten und übergeordneten, institutionalisierten Haushalten wie folgt beschrieben: „On the one end of the scale were households composed of nuclear or extended families living under one roof. At the opposite end were temples (the earthly households of the gods and goddesses), royal palaces, and wealthy estates belonging to important public officials. The temples, palaces, and estates – collectively referred to as oikoi (from the Greek word for "households") or "great households" – formed large socioeconomic units with a dependent (and unrelated, in kin terms) workforce (...)"[79].

Meiner Meinung nach greift es zu kurz, sich die Haushalte lediglich als passive „Verfügungsmasse" der übergeordneten Organisationen eines frühbronzezeitlichen Stadtstaates vorzustellen. Diese Institutionen konnten sich, abgesehen vom Einfluss äußerer Faktoren, die ebenfalls zu ihrer Entstehung beigetragen haben werden, erst auf der Grundlage eines Wechselspiels von Kooperationen und Konflikten zwischen Haushalten bzw. Allianzen von Haushalten herausbilden. Ich denke, dass ein besseres Verständnis der Haushaltsökonomien perspektivisch zu umfassenderen Rekonstruktionen der wirtschaftlichen und sozialen Verhältnisse der regionalen Frühbronzezeit führen kann. Hierfür soll die vorliegende Analyse der Steingeräteindustrien einen punktuellen Beitrag leisten. Gleichzeitig ermöglicht die Bezugnahme auf die Kategorie des Haushaltes, Untersuchungen zur materiellen Kultur der Frühbronzezeit in eine direktere Beziehung zur Alltagswelt eines Großteils der damaligen Menschen zu stellen. Hierdurch lässt sich auch verhindern, dass das Gros der Bevölkerung aus den Rekonstruktionen der damaligen Lebens- und Wirtschaftsweise „herausgeschrieben" wird.

1.3.2 Der wirtschaftsarchäologische Kontext der Untersuchung: Zur Rekonstruktion der sozioökonomischen Verhältnisse der regionalen Frühbronzezeit

Unter Wirtschaft verstehe ich hier einer allgemeinen Definition von G. Fülberth folgend den „mit der Herstellung und Verteilung von Gütern beschäftigte[n] Sektor jeder – nicht nur der kapitalistischen – Gesellschaft. Er gehört im Wesentlichen zur Funktion „Sicherung des Lebensunterhaltes" innerhalb des gesellschaftlichen Zusammenwirkens der Menschen (...)"[80]. Jedes Wirtschaftsgefüge setzt sich aus drei miteinander verschränkten Feldern zusammen: Produktion, Distribution und Konsumtion.[81] Vor dem Hintergrund der hier verfolgten Fragestellungen erscheint es daher sinnvoll, die Steingeräteindustrien der Chuēra-Region sowohl als Gegenstand produktiver und distributiver Vorgänge als auch im Hinblick auf konsumtive Prozesse zu untersuchen und die Analyse nicht nur auf den Herstellungs- oder den Funktionszusammenhang der Artefakte zu beschränken. Begreift man die geschlagenen Steinartefakte in ihrer Gesamtheit als Element der historisch-spezifischen Produktionsmittel, stellt sich vorab die Frage nach dem Kenntnistand bezüglich der sozioökonomischen Verhältnisse der regionalen Frühbronzezeit. Dieser soll im Folgenden kurz dargelegt werden. Ich beziehe mich in diesem Abschnitt auf die aktuellen Publikationen zur Archäologie der Chuēra-Region[82], Synthesen zu den wirtschaftlichen und sozialen Verhältnissen Nordmesopota-

75 Hempelmann 2013: 271-276.
76 Meyer 2010b.
77 Zum Konzept der Heterarchie in antiken Gesellschaften vgl. Stein 1998.
78 Vgl. Grégoire – Renger 1988; Pollock 1999: 117-123.
79 Pollock 1999: 118.
80 Fülberth 2008: 12.
81 Costin 1991: 1.
82 Vgl. v. a. Hempelmann 2008; 2010; 2013; Meyer 2010b; 2010e; Helms – Tamm i. D.
83 Z. B. Wilkinson 1994; Ristvet 2005; Akkermans – Schwartz 2005; Cooper 2006; Wossink 2009.
84 Diese sind v. a. Resultat intensiver Diskussionen mit J.-W. Meyer und meinen Kollegen aus dem Tell Chuēra-Projekt. Hier sind insbesondere A. Tamm, R. Hempelmann, T. Babour und O. Kromberg zu nennen.

miens[83] und auf eigene Überlegungen[84]:

Die wirtschaftliche Basis der bronzezeitlichen Siedlungen in der Jezirah bildete der Agropastoralismus, die Kombination von Feld- und Viehwirtschaft.[85] In der direkten Umgebung der Siedlungen wurde Regenfeldbau betrieben, eine Form des Ackerbaus, bei dem der Wasserbedarf der Kulturpflanzen ausschließlich oder zumindest primär über die jährlichen Niederschläge gedeckt wurde[86]. Umfassende archäobotanische Untersuchungen liegen für die Chuēra-Region noch nicht vor, jedoch ist die Kultivierung von Gerste *(Hordeum)* vor Ort nachgewiesen.[87] Wie andernorts im Regenfeldbaugebiet Nordmesopotamiens stellte die Gerste lokal eine besonders wichtige, wenn nicht die wichtigste Feldfrucht dar.[88] Sie konnte in Form von Brot und Brei konsumiert werden und diente zur Bierproduktion. Auch die Nutzung von Weizenarten (Triticum) scheint für die Chuēra-Region belegt.[89] Ferner ist davon auszugehen, dass weitere Kulturpflanzen, z. B. Hülsenfrüchte und Zwiebeln lokal angebaut wurden, während etwa Wein, Nüsse und Oliven aus Nachbarregionen wie dem Taurusvorland oder dem Euphratgebiet importiert werden mussten. Das Offenland an der Peripherie bzw. außerhalb der für den Feldbau genutzten Zone kam als Weidegrund für die Viehwirtschaft in Betracht. Diese basierte v. a. auf der Haltung von Schaf (Ovis acris) und Ziege (Capa hircus)[90] und war möglicherweise an die saisonale Mobilität (Transhumanz) von Hirten oder bestimmter Bevölkerungsteile geknüpft.[91]

Der Einsatz von Pflügen lässt sich in der Chuēra-Region für die jüngere Frühbronzezeit anhand von Ritzzeichnungen auf Gefäßen und einer Darstellung aus dem Bereich der Glyptik nachweisen (vgl. vgl. Abb. 1.4: 2).[92] Ein ebenfalls jünger frühbronzezeitlich datierter Keramikständer mit einer plastischen Reliefverzierung aus dem Bereich der Grabungsstelle K zeigt eine pastorale Szene (vgl. Abb. 1.5: 1).[93] Hinzu kommen zahlreiche zoomorphe Terrakottafigurinen, die Nutztiere darstellen (Abb. 1.5: 2).[94]

Es sind jedoch v. a. die archäozoologischen Analysen der Faunenkomplexe, die über den Nutztierbestand und die Verwendung tierischer Ressourcen Auskunft geben.[95] Für die Subsistenz der Haushalte der Chuēra-Region spielten demnach Elemente einer aneignenden Wirtschaftsweise in Form der Jagd auf Gazellen (Gazella sp.) zu Beginn des 3. Jts. v. u. Z. und bis in die ältere Frühbronzezeit hinein noch eine größere Rolle.[96] Ausschließlich in der frühesten Stufe der regionalen Frühbronzezeit (Periode TCH IA) wurden in der Chuēra-Region auch noch Schweine (Sus scrofa) gehalten.[97] In der regionalen Periode IB kam es dann in Bezug auf die Zusammensetzung des Nutztierspektrums zu einschneidenden wie nachhaltigen Veränderungen. Von nun an dominierten Schaf und Ziege (Ovicapriden), was als Hinweis auf eine Ausweitung des pastoralen Elements der Ökonomie und eine bessere Anpassung an die naturräumlichen Gegebenheiten der westlichen Jezirah interpretiert werden kann.[98] Nach E. Vila spricht das Schlachtalter der Tiere dafür, dass die Schafzucht neben der Woll- und Fleischproduktion auch auf die Erzeugung von Milchprodukten ausgerichtet war. Unterschiede in den Altersklassen der Schaf- und Ziegenpopulation Tell Chuēras und Kharab Sayyars können nach Vila dahingehend gedeutet werden, dass Schlachtvieh und Milchprodukte aus Kharab Sayyar an die größere Siedlung abgeführt wurden. Zu den Nutztierarten, die an beiden Fundorten nachgewiesen wurden, gehören ferner Rinder (Bos taurus) und Equiden. Diese konnten ebenfalls als Nah-

85 Vgl. Wossink 2009: bes. 104-109; Smith 2014.

86 Wilkinson 1994.

87 Vgl. Weninger u. a. 2010; Fritzsch 2011: 16.

88 Für eine Übersicht vgl. z. B. Cooper 2006: 36-38; Akkermans - Schwartz 2005: Anmerkung 26.

89 Fritzsch 2011: 16 (D. Fritzsch bezieht sich in ihrer Studie zur Mikromorphologie der Böden und Sedimente der bronzezeitlichen Siedlung auf einen unveröffentlichten Bericht des Archäobotanikers R. Neef).

90 Vgl. Vila 2010.

91 Vgl. Wossink 2009. Agropastorale Produktionsregime bildeten die Grundlage für die Entwicklung des mobilen Pastoralismus (nomadische Lebensweise auf der Grundlage der Viehzucht). Welche Bedeutung dem mobilen Pastoralismus in der Frühbronzezeit Nordmesopotamiens im Vergleich zur sesshaften Lebensweise zukam, wird innerhalb der Forschung kontrovers diskutiert (für einen aktuellen Überblick zu dieser Forschungsdiskussion vgl. Porter 2012). Nach A. Wossink (2009: 113; 117-118) entwickelten sich spezialisierte Formen des mobilen Pastoralismus in Nordmesopotamien in der Mitte und während der zweiten Hälfte des 3. Jts. v. u. Z. heraus.

92 Vgl. Helms u. a. 2014.

93 U. Moortgat-Correns 2001: 379.

94 Terrakotta-Figurinen bilden eine häufig auftretende Kategorie frühbronzezeitlicher Kleinfunde. Ich vermute, dass diese Objekte in funktionaler Hinsicht mit magisch-apotropäischen Ritualen im häuslichen Kontext in Zusammenhang stehen.

95 Vgl. zuletzt Vila 2010.

96 Vila 2010: 230. An beiden Fundorten liegt der Anteil der Gazellen in der Periode IA bei über 30 Prozent. Dieser hohe Wert lässt sich nicht mehr durch Schutzjagd oder sporadische Ergänzung des Speiseplans durch Wildbret erklären. Gazellen bildeten zu Beginn der 3. Jts. v. u. Z. vielmehr eine wichtige Nahrungsquelle. Die Jagd auf Gazellen lässt sich auch noch in der jüngeren Frühbronzezeit nachweisen, nimmt in ihrer Bedeutung jedoch stark ab (Vila 2010: Fig. 2-3) und nahm möglicherweise eher den Charakter einer Schutz- und Prestigejagd an. Auch die Nutzung anderer Wildtierarten ist in der Chuēra-Region über Knochenfunde belegt. Zu diesen gehören u. a. Auerochse (Bos primigenius), Hase (Lepus) und Damwild (Dama mesopotamica). Auch bei den Equiden – hier ist der archäozoologische Befund nicht eindeutig – könnte es sich teilweise um Wildformen handeln.

97 Nachgewiesen in Kharab Sayyar (vgl. Vila 2010: 225).

98 Hempelmann 2013: 269.

rungsquelle dienen, kamen aber auch als Quelle tierischer Arbeitskraft in Betracht. Rinder und Equiden konnten als Zugtiere für Pflug und Wagen[99], die Equiden als Lasttiere Verwendung finden.[100]

Im Hinblick auf die naturräumlichen Bedingungen für den Feldbau liegen Chuēra und Kharab Sayyar in einer marginalen Zone. Zwar eignen sich die lehmigen Böden für den Ackerbau, jedoch stellten (und stellen) fluktuierende Niederschlagsmengen ein erhebliches Subsistenzrisiko für die Menschen im Gebiet der Jezirah dar: „Unmittelbar südlich von Kharab Sayyar verläuft heute die Grenze, jenseits derer aufgrund der geringen Niederschlagsmenge unter 250 mm pro Jahr Regenfeldbau nicht mehr möglich ist“[101].

Antike Großsiedlungen wie Tell Chuēra beherbergten tausende von Einwohnern[102], die ernährt werden mussten. Periodisch auftretende trockenere Jahre, die mit Ernteausfällen einhergingen, bildeten daher eine große Bedrohung für den Fortbestand dieser Gemeinwesen[103]: „Since pre-industrial societies in Mesopotamia relied on agriculture for their continued existence, using barley to feed their populace, fund their military campaigns and subsidise their monumental building projects, decreasing yields strongly affected them, and, may have threatened their continued existence“[104].

Wahrscheinlich stellte die Ausweitung pastoraler Aktivitäten eine Anpassung der frühbronzezeitlichen Gemeinschaften an diese naturräumlich bedingten Unwägbarkeiten dar, da Subsistenzrisiken durch eine Intensivierung der Viehzucht gemindert werden konnten. Viehbestände eignen sich als indirektes „Speichersystem“, durch das sich nur kurzfristig bzw. saisonal verfügbare Ressourcen (pflanzliche Biomasse) in längerfristig nutzbare Güter (Milch, Wolle, Textilien) umwandeln lassen.[105] In Notzeiten konnten die Herden dezimiert werden, um zusätzliche Nahrung zu liefern. Gleichzeitig vergrößerte der Pastoralismus die ökonomische Reichweite der Siedlungen, da die anspruchslosen Schafe und Ziegen in Gebieten weiden konnten, die für den Ackerbau nicht in Frage kamen, da sie entweder zu weit von der jeweiligen Siedlung entfernt lagen, um noch effektiv unter Pflug genommen zu werden (hohe Transportkosten)[106] oder die naturräumlichen Gegebenheiten dort keine Kultivierung erlaubten.[107] Nach der Ernte – während der Wuchsphase galt es die Tiere von den Anbauflächen fernzuhalten – konnte man die Tiere dann auf abgeernteten Feldern in Siedlungsnähe weiden lassen, sie mit der Spreu füttern oder im Falle ertragreicher Ernten Überschussgetreide zufüttern.[108]

Bestimmte Rohstoffe waren in der Chuēra-Region nicht verfügbar und konnten nur durch einen Zugriff auf die Ressourcen organisiert werden, die aus benachbarten Regionen (v. a. aus Anatolien) teils aber auch aus weiter entfernt gelegeneren Regionen stammten. Tabelle 1.3.2-I listet die lokalen und die vermutlich importierten Rohstoffe im Sinne eines Rekonstruktionsversuches auf. Abgesehen von der Möglichkeit weiträumig ausgreifender Versorgungsstrategien[109], darf die Existenz ökonomischer Austauschbeziehungen (indirekte Versorgungsstrategien) für die Frühbronzezeit vorausgesetzt werden.[110] Mit Blick auf die Ressourcen der Chuēra-Region kamen für einen interregionalen Austausch[111] im Grunde nur

99 Auf die Verwendung von Wagen in der Chuēra-Region verweisen Terrakotta-Wagenmodelle, die zumeist vierrädrige Kampfwagen darstellen. Hinweis auf eine Nutzung von Transportwagen im damaligen Alltag liefern jünger frühbronzezeitliche Wagenspuren in der Unterstadt Tell Chuēras (Helms – Tamm i. D.)

100 Die Nutzung der Equiden als Lasttiere revolutionierte die Möglichkeiten des Überlandtransportes und ist bereits für das 4. Jt. v. u. Z. sicher belegt (vgl. z. B. Epstein 1985; Ovadia 1992; Benecke 1994: 160-161).

101 Hempelmann 2013: 271.

102 Paläodemographische Schätzungen der Einwohnerzahl Tell Chuēras variieren erheblich. W. Orthmann geht von einer Bevölkerung von ungefähr 15000 Einwohnern aus (Orthmann 1990: 13). Dagegen vermutet P. Pfälzner (2001: 400, Anmerkung 412) auf der Grundlage einer Rekonstruktion der Anzahl von Bewohnern pro Hausstelle und einer Abschätzung der Fläche, die innerhalb der Siedlung mit Wohnhäusern bebaut war, eine deutlich höhere Bevölkerungszahl (20000 bis 40000 Einwohner).

103 Wilkinson 1994.

104 Ristvet 2005: 52.

105 Vgl. Akkermans – Schwartz 2005: 223.

106 Vgl. Wilkinson 1994.

107 Hier kommen etwa die unmittelbar südlich von Kharab Sayyar gelegenen Gebiete in Frage, die noch heute von Beduinen aufgesucht werden und die sich durch eine Abwesenheit von antiken Siedlungshügeln auszeichnen. Bei einer Begehung im Bereich des Tuwal al-ʿAba-Höhenzuges, der ca. 20 km südlich von Kharab Sayyar liegt, konnte ich im Jahr 2010 Hinweise auf subrezente oder rezente (?) Beduinencamps beobachten, die das Potential dieses Gebietes als Weidegrund verdeutlichen. An der Stelle eines modernen Lagerplatzes fanden sich nicht näher datierbare Silexartefakte, die die Anwesenheit von Menschen in prähistorischer oder frühgeschichtlicher Zeit bezeugen (Jagd oder Pastoralismus). Auch die nördlich der Tell Chuēra-Region am Oberlauf des Wadi Chuēra gelegenen, verkarsteten Badlands – Ausläufer des Tektek Dagh-Höhenzuges – könnten in antiker Zeit als Fernweiden gedient haben.

108 Vgl. z. B. Cooper 2006: 37. Diese Praxis ist auch in Keilschrifttexten aus Tell Beydar bezeugt (zusammenfassend: Wossink 2009: 107).

109 Etwa in Form von Rohstoffexpeditionen, Raub oder einer „eingebetteten“ Rohstoffbeschaffung im Zusammenhang mit siedlungsfernen Aktivitäten (Jagd, Pastoralismus).

110 Zu den Austauschbeziehungen in Nordmesopotamien vgl. allgemein Quenet 2008. Nordmesopotamien entwickelte sich im Verlauf der Frühbronzezeit zu einem zunehmend territorialisierten Raum, der von frühurbanen Zentren strukturiert wurde, die an der Spitze hierarchisch strukturierter Siedlungssysteme standen (vgl. Teilkapitel 3.1.8).

111 Zur Frage des Austausches vgl. Teilkapitel 3.1.8.

der Viehbestand bzw. die im Rahmen der Tierhaltung erzeugten Sekundärprodukte als Tauschäquivalente in Frage. Hierbei ist v. a. die Bedeutung der Wolltextilien als potentielles Stapelgut hervorzuheben.[112]

Eine Intensivierung des Ackerbaus[113] stieß in den nordmesopotamischen Regenfeldbaugebieten unter die technologischen Bedingungen der Frühbronzezeit an Grenzen.[114] Sowohl für die einzelnen Haushalte als auch für die größeren sozialen Verbände, in denen diese wahrscheinlich organisiert waren, stellte daher besonders die Viehzucht eine Möglichkeit dar, Reichtum in Form wirtschaftlicher Überschüsse zu akkumulieren.[115]

Neben der Kontrolle über das Agrarland schuf der Herdenbesitz somit vermutlich die Grundlage dafür, dass sich innerhalb der frühbronzezeitlichen Siedlungen im Laufe der Zeit Wohlstandsunterschiede herausbilden und verfestigen konnten. In Tell Chuēra kommt diese Entwicklung m. E. v. a. in den teils erheblichen Größenunterschieden jünger frühbronzezeitlicher Wohnhäuser zum Ausdruck[116], die ich als Hinweis auf die Existenz sozialer Disparitäten innerhalb der damaligen Gesellschaft werte. Während diese Unterschiede zu Beginn des 3. Jts. v. u. Z. in der Chuēra-Region aus archäologischer Perspektive noch nicht nachweisbar sind, scheint es einigen ökonomisch erfolgreichen Haushalten bzw. Haushaltsverbänden spätestens am Übergang zur jüngeren Frühbronzezeit gelungen zu sein, eine institutionalisierte politische Vormachtstellung innerhalb des Gemeinwesens zu erlangen.

In Chuēra manifestiert sich diese Entwicklung am deutlichsten in der Errichtung einer, annähernd 3000 m² großen Palastanlage, die spätestens in der Periode ID erfolgt sein muss.[117] Die Monumentalisierung verschiedener offizieller Bauwerke kann ebenfalls in die jüngere Frühbronzezeit datiert werden. Zu diesen Bauwerken gehören mehrere der häufig als „Steinbauten" bezeichneten Komplexe, für die der Fundort Tell Chuēra bekannt ist. In räumlicher Hinsicht nehmen die Monumentalbauten und der frühbronzezeitliche Palast innerhalb des Siedlungsgefüges klar aufeinander Bezug.[118]

Der historischen Rekonstruktion von R. Hempelmann zufolge kann insbesondere der Bereich um den Steinbau I (Bereich A; vgl. Teilkapitel 2.2.1) als Hinweis auf einen großen Tempelhaushalt gedeutet werden, der im Verlauf der jüngeren Frühbronzezeit „als stärkste wirtschaftliche Macht" der Siedlung hervortritt.[119] Die Errichtung der Steinbauten aus teils tonnenschweren Kalksteinblöcken (vgl. Abb. 1.6) konnte nur durch eine massive Mobilisierung menschlicher Arbeitskraft in die Tat umgesetzt werden. Mit großer Wahrscheinlichkeit resultierte dieses Unterfangen aus einem zentral organisierten Bauprogramm.[120] Hinter diesen Bauvorhaben einen Akt freiwilligen Engagements der Stadtbevölkerung zu vermuten, erscheint mir indessen wenig plausibel. Die geplante Anlage der Siedlungen in der älteren Frühbronzezeit und insbesondere der Bau von Befestigungsanlagen mag noch auf das Wirken kommunaler Institutionen und kooperativer Momente der sozialen Organisation zurückzuführen sein: So resultierte der Bau von Verteidigungsanlagen der Motivation, die territoriale Integrität der Siedlungen sichern.[121] Hingegen handelte es sich bei den Steinbauten und dem frühbronzezeitlichen Palastkomplex m. E. in erster Linie um eine „Überwältigungsarchitektur". Die Errichtung entsprechender Bauten bot, abgesehen von ihrer Funktion als Elite-Wohnsitz bzw.

112 Zur ökonomischen Bedeutung der Wolltextilien vgl. Archi 1993 und Mc Corriston 1997.

113 Ob Anbauflächen während der Frühbronzezeit bereits mit häuslichen Abfällen gedüngt wurden, um die Erträge zu steigern, ist innerhalb der Forschung umstritten. T. Wilkinson (1989) hat vermutet, dass Scherbenstreuungen im Umfeld bronzezeitlicher Siedlungen für einen gezielten Aufrag von Hausmüll zum Zwecke der Düngung sprechen und sich agrarisch genutzte Zonen anhand dieser Streuungen identifizieren ließen (für eine kritische Zusammenfassung dieser Diskussion vgl. Ristvet 2005: 23-25).

114 Die Großsiedlungen der Jezirah erreichten in der Regel Größen von maximal 100 Hektar und besaßen paläodemographischen Schätzungen zufolge höchstens 10000 bis 20000 Einwohner. Dadurch unterschieden sie sich von den urbanen Siedlungen Südmesopotamiens, die mehrere hundert Hektar und ein Vielfaches an Einwohnern umfassen konnten (Wilkinson 1994). Nach einer Modellierung T. Wilkinsons ist diese Siedlungsobergrenze im Gebiet der Jezirah auf das maximale agrarische Produktionspotential der Zentren und der ihnen untergeordneten Siedlungen zurückzuführen. Für die meisten Großsiedlungen lassen sich Wilkinson zufolge Radien von etwa 15 km rekonstruieren, die unter der direkten ökonomischen Kontrolle eines Zentrums standen. Vgl. auch Creekmore 2008: 43.

115 Verwaltungstexten aus Ebla ist zu entnehmen, dass eblaitische Herrscher Schafherden besaßen, die über 60000 Tiere zählten (vgl. Archi 1992; Milano 1995: 1225).

116 Vgl. hierzu das abschließende Kapitel in Helms – Tamm i. D. Ausschließlich für die jüngere Frühbronzezeit lässt sich die Verwendung von großformatigen Bruchsteinen im Zusammenhang mit der Wohnarchitektur Tell Chuēras nachweisen, z. B. in den Grabungsbereichen E und W. A. Tamm (i. V.) vermutet, dass diese Entwicklung eine Emulation der Steinbautechnik durch wohlhabendere Privathaushalte anzeigen könnte. Kalksteinblöcke fanden ansonsten nur beim Bau der Zeremonialkomplexe sowie des Palastes Verwendung.

117 Tamm i. V. Möglicherweise besaß der Palastkomplex einen Vorgängerbau, dessen Errichtung dann bereits in die Zeit vor 2500 v. u. Z. (regionale Periode IC) fiele.

118 Der Palast und mehrere Steinbauten wurden innerhalb der Siedlung entlang einer zentralen Mittelachse orientiert. Zur Siedlungsstruktur Tell Chuēras vgl. zusammenfassend Meyer 2010c.

119 Hempelmann 2010b.

120 Meyer 2010d: 28.

121 Archäologische Daten aus Kharab Sayyar lassen z. B. den Schluss zu, dass die früheste Umfassungsmauer der Siedlung jeweils von den Bewohnern des an die Mauer angrenzenden Wohnquartiers errichtet wurde (vgl. Hempelmann 2008). Dies spricht für ein dezentrales Moment des Befestigungsbaus (vgl. Helms – Meyer i. D.).

„Haus" einer Gottheit, die Möglichkeit, wirtschaftliche und politische Macht darzustellen, über die Grenzen der Siedlung hinaus zu kommunizieren und diese dadurch letzten Endes zu reproduzieren: In den monumentalen Bauprojekten kristallisiert sich die Fähigkeit der Eliten und zentralen Institutionen, Arbeitskraft und wirtschaftliche Ressourcen in erheblichem Umfang zu mobilisieren. Durch die Baumaßnahmen wurde das urbane Gefüge zudem nachhaltig verändert. Die monumentalen Bauwerke überragten das labyrinthische Gewirr der in Lehmbauweise errichteten Wohnhäuser als weithin sichtbare Zeichen einer „Stein gewordenen", in das Stadtbild eingeschriebenen politischen und normativen Ordnung. Sie untermauerten den Repräsentations- und Distinktionsanspruch der jünger frühbronzezeitlichen Eliten und visualisierten die politischen Institutionen des Staates. Ferner trugen die Großbauten zu einer Hierarchisierung des urbanen Raums bei, da ihre Errichtung mit einer symbolischen Demarkation bestimmter Siedlungsareale und einer gewissen Zugangskontrolle zu diesen Bereichen einherging.[122] Als Austragungsorte für Zeremonien konnten die Bauwerke dazu dienen, die Bevölkerung zu versammeln und zu mobilisieren, um politische Prozesse zu initiieren und zu bündeln.[123]

Ich nehme an, dass die hier skizzierten wirtschaftlichen und sozialen Veränderungen, die langfristig auf den Aufstieg übergeordneter Haushalte (Tempel und Palast) hinausliefen, von Aushandlungsprozessen und Konflikten zwischen Haushalten und Haushaltsverbänden getragen wurden. Interessanterweise sprechen die archäologischen Daten aus Tell Chuēra dafür, dass es unmittelbar vor der Etablierung des ID-zeitlichen Palastes und der Monumentalisierung diverser offizieller Bauten zu gewaltsamen Zerstörungen von Teilen der Siedlung kam.[124] Ob diese durch interne Spannungen verursacht wurden, die sich letztlich in einer gewaltförmigen Auseinandersetzung entluden, oder auf einen feindlichen Übergriff durch eine andere Großsiedlung zurückgeführt werden muss, bleibt unklar. Im Zusammenspiel mit der nachfolgenden Transformation des Stadtbildes deutet der Zerstörungshorizont jedenfalls auf einschneidende Veränderungen im gesellschaftlichen Miteinander der damaligen Bevölkerung hin. R. Hempelmann argumentiert m. E. plausibel, dass die strukturellen Veränderungen des Stadtbildes auf eine „Bedeutungszunahme der Staatsreligion" verweisen.[125] Zudem erkennt Hempelmann in der räumlichen Beziehung zwischen den Zeremonialkomplexen auf der einen und dem frühbronzezeitlichen Palast auf der anderen Seite Anzeichen für eine erstmals in der jüngeren Frühbronzezeit „sichtbar werdende Ideologie", die ein lokales Herrscherhaus (Palasthaushalt) „mit der Staatsreligion verbindet". Gleichzeitig betont er, dass Verbände von Haushalten, die er mit verschiedenen „Lineages" identifiziert (s. o.), in politischer und wirtschaftlicher Hinsicht wahrscheinlich weiterhin wichtige Akteure innerhalb der frühbronzezeitlichen Stadt darstellten – möglicherweise in Gestalt einer Ratsversammlung, in der die Vertreter oder Anführer verschiedener sozialer Verbände zusammenkamen.[126]

Mit Blick auf die Veränderungen der wirtschaftlichen und sozialen Verhältnisse der Chuēra-Region gehe ich zusammenfassend grob von folgender Entwicklung aus: Für den Zeitraum zu Beginn der älteren Frühbronzezeit (regionale Periode IA; um 3100 v. u. Z.) sehe ich Hinweise auf eine dezentral organisierte Gesellschaftsstruktur, die sich aus größeren Haushaltsverbänden (Lineages, segmentäre Gruppen) zusammensetzte. Die kooperierenden Verbände brachten wahrscheinlich von Beginn an kommunale Institutionen hervor, bei denen es sich um Ältestenräte o. ä. gehandelt haben könnte – sie sind archäologisch nicht identifizierbar, ihr Wirken kommt aber vermutlich in kollektiven Anstrengungen wie der geplanten Anlage der Siedlung oder dem Bau von Befestigungsanlagen zum Ausdruck (vgl. Teilkapitel 1.2).

Spätestens bis zur Mitte des 3. Jts. muss dieses Arrangement Veränderungen erfahren haben, die dazu führten, dass sich Eliten und institutionalisierte Haushalte herausbildeten, die sich in Tell Chuēra auch archäologisch nachweisen lassen (Wohlstandsunterschiede, Existenz von Tempelhaushalten und eines Palastes). Ich vermute, dass die wirtschaftlichen Verhältnisse im Verlauf des 3. Jts. v. u. Z. in zunehmendem Maße durch tributäre Beziehungen gekennzeichnet wurde, da es bestimmten Gruppen innerhalb der Großsiedlungen gelang, in großem Umfang menschliche Arbeitskraft für Bauprojekt etc. zu kanalisieren. Eine Quelle sozioökonomischer Macht erkenne ich in der Konzentration und anschließenden Redistribution wirtschaftlicher Überschüsse

122 Als Beispiel sei hier auf die Temenosmauer im Umfeld des Steinbau I in der südöstlichen Oberstadt verwiesen.

123 Diesen Aspekt gilt es insbesondere im Hinblick auf Chuēras monumentale Steintreppe (Steinbau III) zu berücksichtigen, ein megalithisches Bauwerk am südöstlichen Ende des Temenosbereiches, das auf einen freien Platz in der Unterstadt hin ausgerichtet war und sich wahrscheinlich gut als imposante „Bühne" für Versammlungen sowie für rituelle und politische Inszenierungen eignete.

124 Vgl. Wahl 2010; Hempelmann 2013: 275; Helms – Meyer i. D. Für eine ausführliche Diskussion der Zerstörungshorizonte in Tell Chuēra danke ich den Teilnehmern des Proseminars „Frühgeschichtlicher Befestigungsbau in Vorderasien", das ich im Sommersemester 2013 an der Goethe-Universität geleitet habe und in dem auch die Frage nach den Ursachen und dem archäologischen Nachweis gewaltförmiger Konflikte in der Bronzezeit diskutiert wurde.

125 Gleichzeitig stellt Hempelmann ein Zurücktreten des Ahnenkultes fest. Auf Ahnenverehrung deuten Befunde in den Wohnvierteln der älteren Frühbronzezeit (vgl. Hempelmann 2010b).

126 Hempelmann 2010b. Für die jüngere Frühbronzezeit erscheint die Institution von Ratsversammlungen auch durch Keilschrifttexte bezeugt (vgl. z. B. Ur 2004: 258-259; Cooper 2006: 62; 65; 263; Ristvet 2011: 7).

Ökonomische Ressourcen der Chuēra-Region	**Ressourcen, die vermutlich in die Chuēra-Region importiert wurden**
Mineralische und fossile Rohstoffe:	*Mineralische und fossile Rohstoffe:*
• *Lehm*erde: Primäres Baumaterial für die Errichtung von Gebäuden (v. a. Ziegelproduktion) und Installationen. • *Ton*: Gefäßkeramik und Terrakotta-Objekte. • *Sand*: Magerungszuschlag für die Keramikproduktion. • *Bruchstein aus dem Abbau der lokal anstehenden Kalkkrusten:* Baumaterial für die monumentalen Steinbauten und Installationen, z. B. Entwässerungsrinnen oder Türangelsteine. In der jüngeren Frühbronzezeit wurde Bruchstein auch im Sockel- und Fundamentbereich der Stadtbefestigung (Stadttor im Bereich TMS) und einiger Wohnhäuser verbaut, z. B. in Tell Chuēra in den Bereichen E und W). • *Kiesschotter*: Baumaterial für die Befestigung von Hofflächen und Straßen, den Sohlbereich von Tannur-Öfen etc. • *Gipshaltiges Gestein*: Baustoff, v. a. für die Herstellung von Estrichen (Verputz von Wänden, Ausstreichen von Installationen).	• *Felsgesteine* (v. a. Basalt): Produktion von Grobsteingeräten, z. B. Reibsteinen, Mörsern, Ringsteinen oder Arbeitsäxten. Sekundärverwendung als Baustoff. • *Metall* (Kupfer, Zinn, Silber, Blei): Herstellung von Waffen, verschiedenen Werkzeugformen und ornamentalen Objekten. • *Silex* (verschiedene Feuersteinvarietäten): Herstellung von Abschlägen, Großklingen und Kleinklingen (vgl. Teilkapitel 3.1). • *Obsidian* (natürliches Vulkanglas): Herstellung von Kleinklingen (vgl. Teilkapitel 3.1). • *Schmuckstein* (z. B. Karneol, Bergkristall): Herstellung von ornamentalen Objekten, v. a. Perlen. • *Molluskenschalen von Meeres- und Süßwassermuscheln bzw. Schnecken*: Herstellung ornamentaler Objekte (v.a. Anhänger, ferner Einlagen aus Perlmutt). • *Naturasphalt (Bitumen)*: Klebe- und Dichtungsmittel. Bitumen kam z. B. bei der Schäftung von Silexklingen zum Einsatz (vgl. Teilkapitel 3.3.2.3).
Nachwachsende Ressourcen:	*Nachwachsende Ressourcen:*
• *Holz* (v. a. der Euphratpappel): Bauholz, Brennstoff. • *Kulturpflanzen – Getreide* (v. a. Gerste): Grundnahrungsmittel (Brot, Brei, Bier), Stroh als Werkstoff für die Strohflechterei (Matten, Körbe), mögliche Nutzung von Stroh/Spreu als nährstoffarmes Tierfutter, Magerungszuschlag für Lehmziegel und grob gemagerte Keramik, als Brennmaterial (energetische Nutzung) und Einstreu etc. • *Kulturpflanzen – Leguminosen, Zwiebeln etc.*: Nahrungsmittel. • *Wildkräuter*: Nahrungsmittel (für Menschen und Tiere), Heilkräuter. • *Wildgräser*: Nahrungsmittel der domestizierten Tiere und Wildtiere. • *Schilfrohr aus dem Wadibereich*: Schilfflechterei. • *Domestizierter Nutztierbestand* (v. a. Schaf und Ziege): Fleisch und tierische Fette, Milchprodukte, Leder, Knochen, Horn. Gewinnung von Ziegenhaar und Schafwolle für die Herstellung von Textilien; Nutzung tierischer Arbeitskraft (Nutzung der Rinder und Equiden als Zugtiere für Pflug, Dreschschlitten und Wagen, Nutzung der Equiden als Lasttiere). Der Dung der Tiere konnte als Zuschlagsstoff für die Lehmziegelproduktion und als Brennmaterial dienen. • *Wildtierbestand* (v. a. Gazelle, ferner Equiden, Damwild etc.): Nahrungsquelle und Gewinnung weiterer tierischer Primärprodukte (vor allem in der älteren FBZ). Im weiteren Verlauf des 3. Jt. v. u. Z. kam es wahrscheinlich verstärkt zur Schutz- und Prestigejagd auf die schwindenden Wildtierbestände.	• *Qualitätvolles Bauholz.* • Möglicherweise: *Wein, Oliven, Mandeln, Pistazien.* *Sonstiges:* • Güter aus auch lokal verfügbaren Rohstoffen, z. B. Ton, die aus verschiedenen anderen Gründen dennoch importiert wurden, da sie z. B. besondere technologische Eigenschaften besaßen (hier ist v. a. die Keramik der metallischen Ware zu nennen), aufgrund ihrer optischen Eigenschaften geschätzt wurden und/oder als potentiell prestigeträchtige Güter in Betracht kamen. Bei bestimmter Importkeramik (geschlossene Gefäße, z. B. Flaschen) könnte es sich auch um Objekte handeln, die als Transportbehälter für Öle etc. in die Chuēra-Region gelangten.

Tabelle 1.3.2-I: Lokal verfügbare und importierte Rohstoffe. Rekonstruktionsvorschlag für die Chuēra-Region. Mit Blick auf die importierten Ressourcen ist davon auszugehen, dass sie die Chuēra-Region in vorprozessierter Form erreichten (Metalle in Barrenform etc.). Diese Ebene wird in der Tabelle nicht mitberücksichtigt.

in Form agrarischer Ressourcen durch ökonomisch erfolgreiche Haushalte[127] bzw. Allianzen von Haushalten.[128] Auch ein Wechselspiel von Konflikten und Bündnissen zwischen benachbarten Großsiedlungen könnten bei der Entstehung der Eliten eine Rolle gespielt haben; etwa wenn es bestimmten Haushaltsverbänden vor dem Hintergrund einer Bedrohungslage gelang, kritische Ressourcen zu mobilisieren oder die Verteidigung der Siedlung zu organisieren und hieraus Sozialprestige und politische Legitimität abzuleiten. In wie weit die Haushalte in den frühbronzezeitlichen Stadtstaaten auf wirtschaftlicher Ebene durch das Wirken der zentralen Institutionen bzw. „großen Haushalte" durchdrungen und kontrolliert wurden, wird in der Forschung diskutiert. So vertritt J. A. Ur beispielsweise die These, dass die Zentralisierung und Kontrolle wirtschaftlicher Vorgänge seitens der frühstaatlichen Institutionen wohlmöglich überschätzt wird.[129]

1.3.3 Aspekte der frühurbanen Lebensweise

„The concept of 'city' is notoriously hard to define" – diese Feststellung mit der V. Gordon Childe seinen für die Erforschung des Phänomens der Urbanisierung extrem einflussreichen Artikel[130] „The Urban Revolution" von 1950 einleitete[131], besitzt nach wie vor seine Gültigkeit, da sich frühe Städte und größere dörfliche Ansiedlungen auf qualitativer Ebene nur schwer differenzieren lassen. Ungeachtet der Schwierigkeiten, die an eine Definition von Urbanität geknüpft sind, stimmen die meisten Archäologen darin überein, dass die Entstehung urbaner Großsiedlungen in Vorderasien während des 4. und 3. Jts. v. u. Z. einen einschneidenden Prozess markiert, der in Bezug auf seine Auswirkungen auf den weiteren Verlauf der Geschichte kaum überschätzt werden kann.

Childe ging seinerzeit davon aus, dass sich die Ausbreitung der urbanen Lebensweise im Kontext einer (unilinearen) soziokulturellen Evolution bestimmter Gesellschaftsformationen vollzog, die untrennbar mit der Entwicklung früher Formen von Staatlichkeit verknüpft war.[132] Die Ursache für diese urbane Revolution oder Second Revolution[133] war nach Childe letztlich der Übergang von der aneignenden zur produzierenden Wirtschaftsweise im Zuge der Neolithisierung (neolithische Revolution)[134], die langfristig die Grundlage für Bevölkerungswachstum schuf und dazu führte, dass wirtschaftliche Überschüsse erzeugt und gelagert werden konnten. Diese Überschüsse konnten Childe zufolge in ein „Social Surplus" umgewandelt werden, das den Unterhalt von Spezialisten wie Handwerker, eine Priesterschaft etc. sicherte, wodurch der Prozess der gesellschaftlichen Arbeitsteilung vorangetrieben wurde.

In seinem Artikel von 1950 entwickelte Childe eine Liste von zehn Kriterien, um urbane Gesellschaften zu identifizieren. Er ging davon aus, dass sich diese Kriterien prinzipiell auf der Basis archäologischer Beobachtungen erfassen ließen.[135] Childes „Checkliste" umfasst die folgenden Merkmale: 1) die Vergrößerung der Siedlungsfläche und Zunahme der Bevölkerung in den Siedlungen, die einen Urbanisierungsprozess durchliefen, 2) die Herausbildung einer arbeitsteilig organisierten Wirtschaft (Aufkommen von handwerklicher Spezialisierung), 3) die Erwirtschaftung agrarischer Überschüsse, die es ermöglichten, übergeordnete Institutionen zu unterhalten, 4) die Entstehung von Monumentalbauten, 5) Hinweise auf den Aufstieg einer herrschenden Klasse, 6) die Erfindung mnemotechnischer und kalendarischer Systeme, 7) die Entwicklung der Schrift, 8) die Ausdifferenzierung der Kunst auf der Grundlage eines spezialisierten Handwerks, 9) den Aufschwung des Fernhandels sowie 10) die Herausbildung staatlicher Strukturen.[136]

Die Identifizierung von Urbanität anhand dieser und vergleichbarer Merkmallisten wurden in den Jahrzehnten nach der Veröffentlichung des Artikels zunächst modifiziert[137], jedoch in zunehmendem Maße für zu ungenau bzw. zu verallgemeinernd

127 In sozialanthropologischen Diskussionen werden solche Arrangements als „Staple Finance"-Modelle bezeichnet (vgl. z. B. D'Altroy – Earle 1985).

128 Vgl. Stein 1998: 8.

129 Ur 2004: vgl. bes. 276-299.

130 Zur Rezeptionsgeschichte von Childes Artikel vgl. Smith 2009.

131 Childe 1950: 3.

132 Childes Überlegungen waren durch marxistische Ansätze inspiriert. Das Phänomen der Urbanisierung interessierte ihn v. a. vor dem Hintergrund der Frage nach der Veränderung der gesellschaftlichen Verhältnisse. Childe bezog sich dabei explizit auf die Kategorienbildung der evolutionistisch ausgerichteten Anthropologie des 19. Jhs., die von einer universellen Entwicklung menschlicher Gesellschaften ausging, welche ein Stadium der Wildheit (savagery), der Barbarei (barbarism) und der Zivilisation (civilisation) umfasste.

133 Die Grundgedanken des Artikels von 1950 waren schon in Childes 1936 erschienenen Monographie „Man Makes Himself" ausformuliert worden, in dem der Prozess der Urbanisierung als Second Revolution bezeichnet wird. Childe verstand sowohl die Neolithisierung als auch die Urbanisierung als menschheitsgeschichtlich einschneidende Prozesse, ging aber nicht davon aus, dass sich diese abrupt, im Sinne einer Serie von Ereignissen vollzogen, was durch den Begriff „Revolution" ja durchaus impliziert werden kann. Meiner Meinung nach wird Childes dbzgl. oft in unzutreffender Weise kritisiert.

134 Der Begriff der neolithischen Revolution geht ebenfalls auf Childe zurück (Childe 1936: 66-104).

135 Childe (1950: 9) bezeichnet diese Merkmale als „(…) ten rather abstract criteria, all deducible from archaeological data, serve to distinguish even the earliest cities from an older or contemporary village".

136 Childe 1950: 9-16.

137 Eine Übersicht zu verschiedenen Ansätzen zur Erforschung des Phänomens antiker Urbanität liefert Creekmore 2008: 20-27.

138 Für eine deutliche Kritik an der fortdauernden und häufig impliziten Bezugnahme auf Childes Überlegungen vgl. z. B. Ur 2004: 2; 9-11.

befunden und einer fundamentalen Kritik unterzogen[138]. Dennoch ist festzuhalten, dass Childes aus heutiger Sicht verkürzt erscheinender „Checklisten-Ansatz" eine Reihe von Fragestellungen aufwarf, die für die Erforschung von Urbanisierungsprozessen bis heute relevant erscheinen: „...as the first substantial social synthesis of archaeological data on the earliest states and cities, this model marked a major advance in scholarship in the mid-twentieth century (...) Childe's model forms the basis for almost all subsequent theorising on the development and operation of the earliest states and cities"[139].

Während Childe die Entstehung von Städten v. a. als Ausdruck veränderter gesellschaftlicher Beziehungen im Rahmen einer fortschreitenden soziokulturellen Evolution interessierte, basieren aktuellere Ansätze zu Urbanisierungsprozessen häufiger auf Theorien und Methoden aus dem Bereich der Humangeographie, die mit der Methode des archäologischen Surveys kombiniert werden.[140] Ausgangspunkt bilden dabei Fragen nach Funktions- und Rangunterschieden von Orten innerhalb von Siedlungssystemen. Häufig wird hierfür auf Rang-Größen-Regeln Bezug genommen.[141] Dies bedeutet konkret, dass Größenunterschiede zwischen Siedlungen und die daraus rekonstruierte Bevölkerungsdichte als ein ausschlaggebendes Merkmal für den Urbanisierungsgrad einer Region angesehen wird. In der Regel wird dabei der Nachweis mehrstufiger Siedlungshierarchien als Indikator einer Urbanisierung gewertet. Letztlich liegt entsprechenden Überlegungen die durchaus plausible Annahme zugrunde, dass sich in den Größenunterschieden von Siedlungen bis zu einem gewissen Grad eine politische und wirtschaftliche Rangordnung und somit Dominanz- bzw. Abhängigkeitsverhältnisse zwischen Zentren, Unterzentren und untergeordneten Satellitendörfern wiederspiegeln.[142]

Ein dezidiert landschaftsarchäologischer Zugang, der von A. Creekmore im Rahmen einer Untersuchung nordmesopotamischer Großsiedlungen der Frühbronzezeit eingeführt worden ist, fasst die urbane Siedlung selbst in erster Linie als einen anthropogen geformten Bestandteil der Landschaft auf, der auf verschiedenen Ebenen analysiert werden kann, um Unterschiede und Gemeinsamkeiten verschiedener städtischer Ansiedlungen herauszustellen.[143]

In der vorliegenden Arbeit liegt das Hauptaugenmerk auf der Frage nach dem Umgang der Bevölkerung der frühen Städte mit einer spezifischen wirtschaftlichen Ressource, weshalb an dieser Stelle allgemeine Überlegungen zum Stadtbegriff nicht weiter vertieft werden sollen. Es erscheint jedoch notwendig, auf einige Aspekte der frühurbanen Lebensweise einzugehen, die vor dem Hintergrund der hier verfolgten Fragestellung und der Fokussierung auf den Haushalt als ökonomisches Subjekt Relevanz besitzen. Ich vermute, dass die frühen Städte Nordmesopotamiens aufgrund ihrer im Vergleich zu dörflichen Gemeinschaften hohen Bevölkerungskonzentration durch eine höhere Kommunikationsdichte und eine erhöhte Konzentration wirtschaftlicher Ressourcen gekennzeichnet waren. Dadurch ergaben sich einerseits Vorteile für die Haushalte, wie etwa im Hinblick auf die Zugriffsmöglichkeit auf bestimmte wirtschaftliche Güter (insbesondere Importgut) sowie die Möglichkeit, mit einer großen Anzahl von Menschen zu kooperieren. Andererseits deuten die bereits angeführten archäologischen Hinweise für die Entstehungen übergeordneter, zentraler Institutionen und Wohlstandsunterschiede in der Chuēra-Region auch darauf hin, dass die Urbanisierung aus Sicht etlicher Haushalte auch mit dem Aufbrechen sozialer Widersprüche und verschiedenen negativen Aspekten verbunden war. So nehme ich an, dass die Großbauten Tell Chuēras nur durch eine Mobilisierung der Arbeitskraft zahlreicher Haushalte errichtet werden konnten. Am wahrscheinlichsten ist wohl, dass die Haushalte den übergeordneten Institutionen periodisch ihre Arbeitskraft für Bauprojekte etc. zur Verfügung stellen mussten (Corvée-System). Diese Entwicklung lief im Ergebnis auf einen teilweisen Verlust der wirtschaftlichen Autonomie der Haushalte hinaus.

Für die regionale Frühbronzezeit gehe ich zudem von einem Klima latenter Konflikte zwischen benachbarten Großsiedlungen aus. Dieser Aspekt zeigt sich v. a. in der geschlossenen Siedlungsform sowie im Bau, der Instandhaltung und technologischen Weiterentwicklung der aufwendigen Befestigungsanlagen, die ein charakteristisches Merkmal vieler nordmesopotamischer Siedlungen darstellen. Hinzu kommen in Bezug auf Tell Chuēra Hinweise auf einen Zerstörungshorizont, der bereits im vorangegangen Teilkapitel angesprochen wurde. Eine potentiell größere Konfliktdichte erscheint folglich als eine weitere Schattenseite der urbanen Lebensweise. Zu berücksichtigen ist ferner, dass in Nordmesopotamien im Verlauf des 3. Jts. v. u. Z. ein ganzes Netzwerk frühurbaner Zentren entstand. Dieser Prozess führte mit Sicherheit zu einer verstärkten Territorialisierung der Landschaft. Die urbanen Zentren strukturierten den Verlauf von Verkehrswegen und kontrollierten die Mobilität von Menschen innerhalb ihres Einflussbereiches[144], was sich sicherlich auch negativ auf die Zugriffsmöglichkeit der Haushalte auf verschiedene lokal nicht verfügbare Ressourcen auswirkte.

139 Smith 2009: 22.

140 Fortschritte im Bereich der satellitengestützten Fernerkundung und die Anwendung von Geoinformationssystemen haben in jüngerer Zeit zu einem enormen Bedeutungszuwachs entsprechender Ansätze geführt.

141 Zusammenfassend Bernbeck 1997: 175-180.

142 Vgl. z. B. Wilkinson 1994: 487-491. Überlegungen zur Urbanisierung der Chuēra-Region basieren auch auf entsprechenden Überlegungen (vgl. Kudlek 2006; Hempelmann 2013: 272).

143 Creekmore 2008.

144 Ristvet 2011: 3.

1.4 Geschlagene Steinartefakte: eine Begriffsbestimmung

Seit frühester Zeit nutzte der Mensch bzw. seine Vorfahren aus der Gruppe der Homininen unterschiedliche Gesteine für die Herstellung von Werkzeugen.[145] Für die Periode des Paläolithikums kommt den Steinartefakten eine hervorgehobene Rolle zu, da es sich bei diesen häufig um die einzigen erhaltenen Überreste der materiellen Kultur frühester und früher Gemeinschaften von Sammlern und Jägern handelt. Technologische und typologische Merkmale von Steinartefakten und Steinartefakt-Assemblagen (Technokomplexe) bilden bis heute weltweit eine wichtige Grundlage für die zeitliche Gliederung der altsteinzeitlichen Perioden. Paläolithische Steinartefakte ermöglichen darüber hinaus Rückschlüsse auf die kognitive Evolution der Hominінen sowie das Subsistenzverhalten und die Mobilität älter-prähistorischer Gruppen.

Aus archäologischer Perspektive büßen die geschlagenen Steinartefakte in Vorderasien nach dem Ende des akeramischen Neolithikums ihre Bedeutung als typochronologische Leitfunde ein. Ab dem keramischen Neolithikum sind es v. a. die in typologischer Hinsicht „sensibleren" Töpferwaren und eine sich im Gefolge der neolithischen Revolution zunehmend ausdifferenzierte Dingwelt (Glyptik, Metallobjekte, Architektur, Schriftzeugnisse etc.), die unter Einbeziehung ihres stratigraphischen Kontextes das Rahmenwerk relativer Chronologiesysteme bilden. Bei der Auseinandersetzung mit den Steingeräteindustrien sesshafter Agrargesellschaften gewinnen andere Fragen an Bedeutung: z. B. die Frage nach der sozialen Organisation der Steingeräteproduktion (handwerkliche Spezialisierung), nach Ressourcennutzungsstrategien und Austauschbeziehungen in arbeitsteilig organisierten Gesellschaften, nach der regionalen Variabilität technologischer Traditionen und Systeme sowie nach dem Verhältnis zwischen Steingeräteindustrien und früher Metallurgie, die langfristig auf eine Ablösung der Technologie des geschlagenen Steins durch metallene Waffen und Geräte hinauslief.[146]

In diesem Teilkapitel wird einleitend eine kurze Begriffsbestimmung der Objektklasse der geschlagenen Steinartefakte erfolgen. Da Analysen von Steingeräteindustrien in der Regel mit dem Gebrauch einer sehr spezifischen Terminologie einhergehen, findet sich anschließend an dieses Kapitel ein Glossar, in dem ich eine Begriffsbestimmung einiger zentraler silextechnologischer Termini vornehme (siehe Teilkapitel 1.4.1). Termini, die im Glossar näher erläutert werden, sind im Folgenden mit einem Pfeil (→) gekennzeichnet.[147]

Bei Steinartefakten handelt es sich allgemein gesprochen um Objekte, die im Zuge eines subtraktiven Prozesses (Reduktion) aus einer Gesteinsmasse herausgearbeitet wurden.[148] Letztere wird als Kern bzw. Kernstein (→) oder Nukleus bezeichnet. Das Ziel eines antiken Steinbearbeiters kann in der Formgebung der Gesteinsmasse[149] oder in der planmäßigen Zerlegung derselben zum Zwecke der Produktion scharfkantiger Splitter bestehen. Diese Splitter werden – entsprechend ihrer Morphologie – als Abschläge (→) oder Klingen (→) bezeichnet und lassen sich prinzipiell bereits ohne weitere Bearbeitung als Schneiden nutzen. Andererseits können sie jedoch auch als Grundformen (→) für die Herstellung spezifischerer, durch eine bestimmte Morphologie charakterisierte Werkzeuge (→), z. B. Pfeilspitzen oder Sicheleinsätze dienen.

Viele kristalline Massegesteine unterschiedlichster Genese, die in der deutschsprachigen Archäologie zusammenfassend als Felsgestein bezeichnet werden, lassen sich durch Schleifen, Picken, Sägen und Bohren zu Werkzeugen formen (Felsgesteingeräte)[150]. Hingegen eignen sich amorphe, mikro- und kryptokristalline Gesteine, die in der Regel einen hohen Gehalt an Kieselsäure aufweisen, häufig gut für die Herstellung schneidender Gerätschaften.[151] Sedimentäre Kieselgesteinsarten wie Feuerstein, Jaspis oder Chalzedon werden – zumindest in der Archäologie – oft unter dem Oberbegriff Silex (→) subsumiert[152]; so auch in der vorliegenden Arbeit.

145 Zu den ältesten Nachweisen für die Produktion einfacher Steingeräte gehören die ca. 2,6 Millionen Jahre alte Funde aus Gona in Äthiopien (Semaw 2000). Bei den Artefakten handelt es sich um Vertreter des so genannten Oldowan-Komplexes, der mit dem Werkzeuggebrauch früher Hominінen in Zusammenhang gebracht wird.

146 Vgl. z. B. Rosen 1997; 2012; Odell 2004: 202-204; Pope – Pollock 1995; Müller-Neuhof i. V.; Hartenberger 2003; Healy 2007.

147 Die Grundlagen der Silextechnologie sind von verschiedenen Bearbeitern ausführlich dargelegt worden. Wesentlichen Einfluss auf die vorliegende Untersuchung nahmen v. a. Handbücher und zusammenfassende Darstellungen von J. C. Whittaker (1994), M.-L. Inizan, H. Roche und J. Tixier (1992), J. Weiner (1980b), G. H. Odell (2004), W. Andrefsky (1998), B. P. Kooyman (2000); J. Fries-Knoblach (2001) und J. Hahn (1993). G. H. Odell (2004: 4) hat zu Recht darauf verwiesen, dass silextechnologische Definitionen von verschiedenen Bearbeitern teils sehr unterschiedlich und bisweilen inkonsistent verwendet werden.

148 Rosen 1997: 21; 2012: 236-237; Miller 2007; Andrefsky 1998: 29.

149 Aus einer Gesteinsmasse herausgearbeitete Gerätschaften werden als Kerngerät (→) bezeichnet.

150 Odell 2004: 74-75.

151 Hahn 1993: 8-9.

152 Plural: Silices, lateinisch für harter Stein, Kieselstein, Feuerstein oder Granit Die Ansprache verschiedener Silexarten als Feuerstein, Flint, Hornstein etc. durch Petrologen und Archäologen erfolgt häufig uneinheitlich und ist bisweilen regionalen Forschungstraditionen und Konventionen unterworfen (zur Terminologiefrage vgl. Hauptmann 1980). In der vorliegenden Arbeit gebrauche ich die Begriffe Silex, Feuerstein und Flint synonym. Für eine Abhandlung zur geologischen Entstehung von spaltbaren, kieselsäurehaltigen Gesteinen, verweise ich an dieser Stelle auf Luedtke (1992: 17-28).

Obsidian (→) – ein natürliches, vulkanisches Gesteinsglas – ist mit Blick auf seine geologische Genese im Grunde von der Gruppe der Silices zu trennen[153], zeichnet sich jedoch durch vergleichbare Materialeigenschaften aus[154]: Silices wie Obsidiane besitzen eine große Härte[155] bei gleichzeitiger Sprödigkeit und Homogenität; desweiteren sind sie durch ein isotropes Bruchverhalten gekennzeichnet.

Isotropie bedeutet in diesem Zusammenhang, dass das Material (annähernd) gleich auf die Einwirkung kinetischer Energie reagiert und somit unter Anwendung spezifischer Techniken (→ Primärproduktion) kontrolliert in alle Richtungen gespalten werden kann.[156] Das charakteristische Bruchverhalten von Silex und Obsidian ähnelt dem von Glas oder Porzellan. Wird das Material kinetischer Energie – etwa in Form eines Schlages (Perkussion) oder starken Druckes (Pression) – ausgesetzt, wird diese vom Material aufgenommen und breitet sich ausgehend vom Auftreffpunkt des Eindruckkörpers (→), in die Gesteinsmasse hinein aus. Ist die mechanische Beanspruchung stark genug, kommt es zu einer intensiven Materialzerrüttung (Sprödbruch) und infolgedessen zur Abspaltung eines Fragments, dem Abschlagartefakt (→). Je nach Art der mechanischen Beanspruchung, die auf einen Silex-Festkörper einwirkt, ihrem Ansatzpunkt auf der Gesteinsmasse und der Beschaffenheit des Eindruckkörpers, kann es dabei zur Ausbildung verschiedener Bruchformen kommen. Unterschieden werden: Biegebruch, Keilbruch und Hertz'scher Kegelbruch.[157] Aus diesen drei Bruchformen resultieren spezifische Abschlag-Morphologien.

Abschläge weisen auf ihrer Trennfläche vom Kerngestein, der Ventralfläche (→), in der Regel eine Reihe charakteristischer Merkmale, die sogenannten Schlagmerkmale (→) auf (vgl. Abb. 3.21). Diese kommen in den Sekundenbruchteilen zwischen der Bruchinitialisierung, Bruchausbildung und Ablösung des Abschlagartefaktes (→) zur Ausprägung und erlauben es die Richtung zu bestimmen, aus der die Abtrennung erfolgte. Die Seite eines Abschlagartefaktes (→), die die ehemalige Oberfläche des Gesteinskörpers erkennen lässt, wird als Dorsalfläche (→) bezeichnet. Sie zeigt die natürliche Oberfläche des Ausgangsmaterials (Kortex→) oder Abschlagnegative (→), worunter die Negativformen vorausgegangener Abschlagartefakte (→) zu verstehen sind.

Am Übergang von Dorsal- und Ventralfläche weisen Abschlagartefakte (→) in der Regel scharfe Bruchkanten auf. Der Bereich eines abgeschlagenen Stückes, auf den der Schlag bzw. Druck appliziert wurde, wird als Proximalende (→), der gegenüberliegende Bereich mit dem Bruchende (→) als Distalende (→) bezeichnet. Auf dem Proximalende zeichnet sich häufig ein kleiner Teil der Oberfläche der Kerngesteinsmasse ab, von der aus der Abschlag abgespalten wurde. Bei diesem Bereich handelt es sich um den Schlagflächenrest (→).

Die Schlagmerkmale erlauben Rückschlüsse darauf, ob es sich bei einem Abschlag um ein Artefakt (→) handelt, d. h. ob er von Menschenhand gefertigt wurde, oder ob die Entstehung eines Stückes auf natürliche Faktoren zurückzuführen ist (Geofakt, Pseudoartefakt).[158] Zudem liefern sie konkrete Hinweise auf die Bruchform und somit auch auf die Technik der Abschlaggewinnung (→ Primärproduktion).

Vielfach lässt sich die Entstehung von Abschlagartefakten (→) auf die Ausprägung hertz'scher Kegelbrüche zurückführen. Beim Kegelbruch breitet sich die Energie in Form eines Konus von etwa 136° in das Kerngestein hinein aus. Da die mechanische Beanspruchung durch Druck oder Schlag bei der Abschlaggewinnung in der Regel auf den Randbereich des Kernsteins ausgeübt wird, stellt die Ventralfläche des Abschlages folglich – vereinfacht ausgedrückt – einen Ausschnitt der Mantelfläche des hertzs'chen Kegels dar. Charakteristisches Merkmal dieser Bruchform ist die Ausbildung eines Bulbus (→) oder Schlagbuckels (vgl. Abb. 3.21). Hierbei handelt es sich um eine Aufwölbung der Ventralfläche, die dicht unterhalb des Schlagflächenrestes beobachtet werden kann. Auf dem Kerngestein bleibt eine komplementäre, konkave Negativform zurück (Bulbusnegativ). Der hertz'sche Kegelbruch wird auch als muscheliger Bruch bezeichnet, da die geschwungene Form der Ventralfläche mit ihrer mehr oder weniger stark ausgeprägten Bulbusregion an eine Muschelschale erinnern kann. Diese Bruchform resultiert häufig daraus, dass ein Abschlag unter Verwendung eines harten Eindruckkörpers (→), z. B. eines Hammersteins (→) und mittels eines direkten Schlages von der Kerngesteinsmasse abgetrennt wird (Technik des direkten, harten Schlages).[159]

Eine andere Bruchform, der Biegebruch, der in der Regel nicht mit der Ausbildung eines prononcierten Bulbus einhergeht, ist dagegen häufiger auf den Gebrauch so genannter „weicher" Hämmer auszurückzuführen, die aus hartem Holz, Knochen oder Geweih bestehen konnten (Technik des direkten, „weichen" Schlages).[160] Durch einen Biegebruch erzeugte Abschläge weisen ventral oft einen Überhang auf, der als Lippe (→) bezeichnet wird (vgl. Abb. 3.22:3).

153 Cotterell – Kamminga 1987: 677; Odell 2004: 43.

154 Fries-Knoblach 2001: 179.

155 Andrefsky 2009: 75. Auf der Mohs'schen Härteskala erreichen Silices Werte von 5,5 bis 7 und sind somit härter als Eisen (Mohs 4; Fries-Knoblach 2001: 183).

156 Odell 2004: 43.

157 Auf die Bruchmechanik von Silex, die einer komplexen Wechselwirkung physikalischer Spannungsfelder unterliegt, soll hier nicht im Detail eingegangen werden. Für zusammenfassende Abhandlungen dieses Themas verweise ich hier exemplarisch auf Hahn 1993: 24-31; Andrefsky 1998: 23-29; Kooyman 2000: 20-24; Odell 2004: 45-53. Diese Darstellungen beziehen sich vielfach auf die maßgeblichen Experimente B. Cotterells und J. Kammingas zu den physikalischen Verhaltensweisen spaltbarer Gesteine (vgl. z. B. Cotterell – Kamminga 1987).

158 Weiner 1980b: 216; Odell 2004: 53-56.

159 Cotterell – Kamminga 1987: 683.

160 Cotterell – Kamminga 1987: 690.

Die Produkte aus Abschlagprozessen lassen sich anhand metrischer und morphologischer Merkmale verschiedenen Gruppen von Grundformen (→) zuordnen. Häufig ist eine Grundformbestimmung auch noch möglich, wenn ein Artefakt nur noch als Bruchstück erhalten ist.[161] Die Grundformen geben Aufschluss über technologische Vorgänge und wurden in der vorliegenden Arbeit in drei Schritten bestimmt (vgl. Abb. 1.7): Auf einer sehr allgemeinen Ebene wurden die geschlagenen Steinartefakte aus Tell Chuēra und Kharab Sayyar zunächst in Abschlagartefakte (→), Kernsteine (→) und Trümmer (→) differenziert (→ Grundform I), in einem zweiten Schritt erfolgte eine Differenzierung der Abschlagartefakte (→) in Abschläge (→) und Klingen (→; → Grundform II). Auf spezifischerer Ebene wurde jedes Artefakt danach einer technomorphologischen Klasse (→ Grundform III) zugeordnet. Diese Vorgehensweise (mehrstufige Grundformbestimmung) wurde gewählt, um Funde aus Altgrabungen, die ich teils nicht selbst in Augenschein nehmen konnte, in die Analyse zu integrieren.

Die Erzeugung von Grundformen wird als Primärproduktion (→) bezeichnet; der Terminus Sekundärproduktion (→) bezieht sich hingegen auf die Arbeitsschritte, die mit der Weiterverarbeitung der Grundformen einhergehen konnten. Hierzu gehören das Segmentieren und Retuschieren der Steinartefakte. Eine Retusche (→) bezeichnet die Modifikation geschlagener Steinartefakte durch eine Reduktion der Kanten (Kantenretusche) oder Flächen (Flächenretusche). Durch das Ablösen kleiner Abschläge von der Grundform kann ein Steinbearbeiter die Morphologie einer Arbeitskante auf eine intendierte Form hin gestalten, eine Schäftungshilfe anlegen oder eine bereits bestehende Modifikation überarbeiten.

Geschlagene Steinartefakte werden in dieser Arbeit per definitionem als Werkzeuge (→) bzw. Geräte angesprochen, wenn sie entweder eine Retusche oder mit bloßem Auge erkennbare Gebrauchsspuren, z. B. „Sichelglanz" (→) zeigen.

1.4.1 Glossar: Definition der silextechnologischen Termini

Abbaufläche: Eine Abbaufläche bezeichnet eine Seite eines Kernsteins (→), von dem Abschläge (→) oder Klingen (→) gelöst wurden (vgl. z. B. Abb. 3.36:1, Abb. 3.45:2). Im Zuge der Datenaufnahme wurden die Abbauflächen an Kernen gezählt und die Abbaurichtung der Flächen erfasst.

Abschlag: → Grundform II

Abschlagartefakt: → Grundform I

Abschlaggerät: Aus Abschlägen (→) hergestellte Werkzeuge (→). Zu den Abschlaggeräten aus Tell Chuēra und Kharab Sayyar vgl. Teilkapitel 3.3.1.

Abschlagnegativ: Negativform eines Abschlagartefaktes (→), das nach dem Bruchvorgang auf dem Kerngestein zurückbleibt. Dem Abschlagnegativ steht als Positivform die Ventralfläche (→) des abgelösten Stückes gegenüber. Auch auf der Dorsalseite (→) von Abschlägen (→) und Klingen (→) zeigen sich, sofern diese nicht vollständig von Kortex (→) bedeckt sind, Negative vorangegangener Abschläge (vgl. Abb. 3.21:2) (→)[162]. Bei der Datenaufnahme wurde die Anzahl der Abschlag- bzw. Klingennegative auf Kernen (→) notiert. Dabei wurden alle Negative mit einer Ausdehnung von 2 cm oder mehr gezählt.[163] Bei den Abschlägen und Klingen wurden die Abschlagnegative auf der Dorsalfläche gezählt und die Schlagrichtung der Negative erfasst.

Absplіss: → Grundform III

Artefakt: Von Menschen geschaffenes oder modifiziertes Objekt. Der Begriff bezieht nicht nur Werkzeuge, sondern auch die im Zuge ihrer Herstellung anfallenden Produktionsabfälle mit ein.

Artifizieller Trümmer: → Grundform III

Assemblage: Eine Assemblage bezeichnet ein Set von Artefakten, die aus dem gleichen archäologischen Kontext stammen. Je nach-dem welcher Maßstab der Betrachtung zu Grunde gelegt wird, kann es sich hierbei um Funde aus dem gleichen Fundort, der gleichen stratigraphischen Einheit, dem gleichen Befund etc. handeln.

Bifazial: Eine Flächenretusche, die beide Seiten, d. h. die Dorsal- (→) und Ventralfläche (→) eines Abschlagartefaktes (→) bedeckt; vgl. Abb. 3.85:1, 3-10), wird als bifazial bezeichnet (→ unifazial).

Bruchende: Das Bruchende bezeichnet die distale Ausprägung eines Abschlagartefaktes Im Zuge der Datenaufnahme wurden folgende Bruchenden unterschieden (vgl. Abb. 3.23:7): spitzes Ende (feather), Stufenende oder Bruch, angelförmiges Ende (hinge) durchgeschlagenes Ende (plunging, reverse hinge oder outrepassé), axiales Ende, kortikales Ende und sonstige bzw. unbestimmte oder un-bestimmbare Endigung.[164] Zur Ausprä-

161 Dies ist z. B. bei der Mehrzahl der Klingenfunde aus Tell Chuera und Kharab Sayyar der Fall.

162 Vgl. Weiner 1980b: 216.

163 Vgl. Drafehn u.a. 2008: 22.

164 Vgl. Cotterell – Kamminga 1987: 699-701; Hahn 1993: 27-28; Odell 2004: 56-58; Butler 2005: 33-35. Vgl. ferner die Glossare in Andrefsky 1998 (xxi-xxvii) und Kooyman 2000 (169-177).

gung eines spitzen Bruchendes kommt es, wenn die Bruchausbildung ungefähr parallel zur Kernflanke erfolgte und dann in einem spitzen Winkel aus dem Kern (→) heraustritt. Das Distalende (→) weist in diesem Fall häufig einen lanzettförmigen, sich in Schlagrichtung verschmälernden Abschluss auf. Bei einem spitzen Ende handelt es sich um das idealtypische Bruchende. Ein Stufenende entsteht dagegen, wenn sich die Bruchrichtung während der Abtrennung schlagartig ändert. Ausschlaggebend dafür können z. B. Einschlüsse oder Risse im Rohmaterial, aber auch zu geringe Energie sein. Das Abschlagartefakt (→) bricht dann rechtwinklig vom Kerngestein ab. Abschlagartefakte (→), die während des Ablösevorgangs vom Kern durch Stauchung oder zu irgendeinem Zeitpunkt nach der Primärproduktion (→) zerbrochen sind, weisen distal vergleichbare Morphologien auf. Daher wurde dieses Merkmal im Zuge der Datenaufnahme auch für Bruchstücke von Grundformen (→) ohne erhaltene Distalenden notiert. Als angel-förmige Bruchenden werden distale Aus-prägungen bezeichnet, bei denen die Energie während der Bruchausprägung in Richtung Kernflanke umgeschlagen ist. Das Resultat ist eine gerundet und steil ausgeformte Bruchende, bei dem sich im Unterschied zum Stufenbruch jedoch kein Grat zwischen Ventralfläche (→) und Distalende abzeichnet. Als durchgeschlagene Enden werden distale Enden bezeichnet, bei denen die Energie – anders als beim angelförmigen Bruch – nicht nach außen, sondern in Kernrichtung umgeschlagen ist. Dies kann in der partiellen oder vollständigen Ablösung des Kernfußes resultieren. Entsprechende Abschläge weisen im Distalbereich hakenförmige Morphologien auf. Axiale Bruchenden zeichnen sich dadurch aus, dass die Bruchfront den Kernstein gerade durchläuft, so dass das Abschlagartefakt (→) in einem annähernd rechten Winkel abgetrennt wird. Von Kortexrinde bedeckte Distalenden habe ich im Zuge der Datenaufnahme unabhängig von ihrer sonstigen Morphologie als kortikale Bruchenden angesprochen.[165]

Bulbus: → Schlagmerkmale auf der Ventralfläche.

Chaîne Opératoire (operationelle Sequenz): Umformungsprozess, den ein Objekt – z. B. ein Steinartefakt – ausgehend vom Zustand als unbearbeitetes Ding durchlaufen kann, wenn es der Verausgabung menschlicher Arbeitskraft unterworfen und somit zum Gegenstand eines technologischen Prozesses wird (für eine ausführliche Diskussion vgl. Teilkapitel 1.5).

Chaîne Opératoire - Analyse (Arbeitschritt-analyse): Sequentielle Analyse techno-logischer Prozesse (für eine ausführliche Diskussion vgl. Teilkapitel 1.5).

Débitage: In der vorliegenden Arbeit wird der Begriff Débitage zur Bezeichnung von Silexartefakten verwendet, die keine Hinweise auf eine Retusche (→) oder makroskopische Gebrauchsspuren erkennen lassen[166]. Dieser weit gefassten Definition entsprechend umfasst die Débitage folglich Rohmaterialstücke und Kernsteine (→), Schlagabfälle der Primärproduktion (→), Grundformen (→), die möglicherweise noch zur Weiterverarbeitung vorgesehen waren und Artefakte, die nicht so intensiv als Geräte (→) verwendet wurden, als dass sich dies mit dem bloßen Auge erkennen ließe.

Distalende: Das Distalende ist der am weitesten vom Ausgangspunkt der Bruchinitialisierung entfernt gelegene Bereich eines Abschlagartefaktes (→) mit dem Bruchende (→). Das Distalende bildet folglich das „untere", dem Proximalende (→) gegenüberliegende Ende eines Abschlages (→) oder einer Klinge (→).[167] Bei unvollständigen Grundformen (→) kann das Adjektiv „distal" zur Positionsbezeichnung von Modifikationen dienen und bedeutet dann soviel wie „unten" in Bezug auf die Schlagrichtung (Abb. 3.21).

Dorsalfläche: Die Dorsalfläche bezeichnet die ehemalige Außenseite eines Kernsteins (→) auf einem Abschlag (→) oder einer Klinge (→). Sie ist definiert als die der Bruchfläche gegenüber liegende Seite (vgl. Abb. 3.21, 3.22:1-2).[168] Die Dorsalfläche kann die Negativformen vorangegangener Abschläge zeigen und partiell oder vollständig mit Kortex (→) bedeckt sein. Die Beschaffenheit der Dorsalfläche (Quantität der Kortex, Schlag-richtung der dorsalen Negative) kann Rückschlüsse auf Kernpräparationstechniken und das Kernabbaustadium ermöglichen, in dem ein Abschlagartefakt (→) anfiel.[169]

Dorsalgrat: Ein Dorsalgrat ist eine Linie oder eine gratförmige Erhebung auf der Dorsalfläche (→) und bezeichnet eine Stelle, an der sich die Negativformen voran-gegangener Abschläge treffen bzw. über-schneiden (vgl. z. B. Abb. 3.21:2).[170]

Dorsale Reduktion: Kleine Aussprünge, die sich auf der Dorsalfläche (→) eines Abschlagartefaktes (→), dicht unterhalb des Schlagflächenrestes (→) abzeichnen (vgl. z. B. Abb.

165 Ähnlich verfährt z. B. Y. Nishiaki (2000a: 39).

166 Der Terminus Débitage ist von verschiedenen Bearbeitern unterschiedlich definiert worden. Oftmals dient er ausschließlich zur Bezeichnung von Schlagabfallassemblagen und wird damit auf die Gesamtheit der unretuschierten Grundformen bezogen (vgl. z. B. Andrefsky 1998: xxii; Kooyman 2000: 171; Odell 2004: 118; Butler 2005: 204). Manchmal beinhaltet er die Kategorie Kernsteine (Inizan u. a. 1992: 45), gelegentlich werden diese auch explizit ausgeschlossen (vgl. z. B. Nishiaki 2000a: 33).

167 Andrefsky 1998: xxiii; Kooyman 2000: 12; 171; Odell 2004: 44.

168 Andrefsky 1998: xxiii; Kooyman 2000: 13, 171; Odell 2004: 44.

169 Hahn 1993: 57.

170 Andrefsky 1998: xxiii; Kooyman 2000: 14, 169.

3.37:7), können als Hinweise auf eine bestimmte Form der Präparation des Schlagflächenrandes interpretiert werden, die als dorsale Reduktion bezeichnet wird. Durch die Reduktion lassen sich Überhänge aus vorangegangenen Abschlagvorgängen beseitigen.[171]

Eindruckkörper: Ein Eindruckkörper ist das Objekt, mit dem auf einen Kernstein (→) eingewirkt wird, um Abschläge (→) oder Klingen (→) durch Schlag oder Druck zu lösen. Hierbei kann es sich um ein Schlaginstrument aus hartem (→ Hammer-stein) oder „weichem" Material (z. B. einen Holzschlegel), einen Druckstab oder die Spitze eines meißelartigen Zwischenstücks (Punch) handeln.[172]
Gerät: → Werkzeug.

Geräteklasse: Geräteklassen bzw. Geräte-formen beschreiben in der vorliegenden Arbeit spezifische Kombinationen von Grundformen (→), Retuschen (→) und Gebrauchsspuren. Mit Blick auf Tell Chuēra und Kharab Sayyar wurden ausgehend von einer Unterteilung in Abschlaggeräte (→), Klingengeräte (→) und Kerngeräte (→) verschiedene Geräteklassen definiert, die ausführlich im Teilkapitel 3.3 erläutert werden. Bei den Geräteklassen handelt es sich um analytische Kategorien, die es erlauben, Inventare verschiedener Schichten oder Fundorte auf einer abstrakten Ebene miteinander zu vergleichen.

Geröll: → Grundform III

Großklinge: → Grundform III

Großklingenkern: → Grundform III

Grundform und Grundformbestimmung: Jedes Silexartefakt wurde bei der Datenaufnahme auf der Basis technomorphologischer Merkmale einer Klasse von Grundformen zugeweisen. Die Grund-formbestimmung erfolgte in drei Schritten (vgl. Abb. 1.7): Im ersten Schritt wurde jedes Fundstück einer der folgenden Kategorien zugeordnet: Abschlagartefakt (→), Trümmer, Kernstein oder unbestimmbar (→ Grundform I). Auf der zweiten Stufe der Grundformbestimmung wurde die Kategorie der Abschlagartefakte in Klingen und Abschläge differenziert (→ Grundform II). Im letzten Schritt erfolgte die Zuordnung der Fundstücke zu spezifischeren techn-omorphologischen Klassen (→ Grundform III). Um eine eindeutige Objektansprache zu gewährleisten, sind die für diagnostisch erachteten Merkmale des dritten Analyseschrittes zum Teil hierarchisch organisiert worden (→ Hierarchie der Grundformbestimmung).

Grundform I: Im ersten Schritt der Grundformbestimmung wurden folgende Kategorien von Artefakten unterschieden: Abschlagartefakte, Trümmer und Kernsteine. Steinartefakte, die überlieferungs- oder erhaltungsbedingt keiner dieser drei Kategorien zugeordnet werden konnten, wurden im Zuge der Datenaufnahme als „unbestimmbar" klassifiziert.

Abschlagartefakt: Von einem Kern-stein abgelöstes Stück mit klar differenzierbarer Ventral- und Dorsalfläche.[173]

Kernstein: Gesteinsmasse, von der Abschlagartefakte abgelöst wurden[174]. Ausschlaggebend für die Ansprache als Kernstein wurden größere Abschlagnegative angesehen, wobei Retuschen oder ausgesplitterte Partien keine Berücksichtigung fanden[175]. Abgesehen von Abschlägen, die als Kerne verwendet wurden, weisen Kerne keine Ventralseite auf.

Trümmer: Stücke ohne erkennbare Ventralfläche, Bulbusnegative oder Hinweise auf Schlagflächen bilden die Kategorie der Trümmer. Für die Datenaufnahme bedeutet dies, dass Silices, die weder als Abschlagartefakt noch als Kernstein identifiziert werden konnten, der Trümmerkategorie zu-gewiesen wurden.

Grundform II: Auf der zweiten Stufe der Grundformbestimmung wurden die Abschlag-artefakte in Abschläge und Klingen differenziert (vgl. Abb. 1.7). Abschläge sind hierbei als Abschlagartefakte definiert, die in Schlagrichtung gemessen weniger als doppelt so lang wie breit sind (vgl. z. B. Abb. 3.21). Bei den Klingen handelt es sich dagegen, gemäß einer weit verbreiteten Definition[176], um langschmale Abschlagartefakte, deren Länge-Breite-Verhältnis mindestens 2:1 beträgt und deren Kanten und Dorsalgrate durch einen subparallelen oder parallelen Verlauf gekennzeichnet sind (vgl. z. B. 3.49). Eine Zuweisung von Segmenten zur Klingen-kategorie musste bei der Datenaufnahme unabhängig vom Länge-Breite-Verhältnis der Artefakte erfolgen und basiert allein auf dem Merkmal der Kantenparallelität. Klingenbruch ist zumeist unschwer als solcher zu identifizieren.[177]

Grundform III (technomorphologische Klasse): Im letzten Schritt der Grundform-bestimmung wurden die Abschläge,

171 Butler 2005: 11-12.
172 Cotterell – Kamminga 1987: 676; Kooyman 2000: 174.

173 Cotterell – Kamminga 1987: 676; Andrefsky 1998: xxii; Odell 2004: 45.
174 Inizan u. a. 1992; Andrefsky 1998: xxii; Odell 2004: 45.
175 Zimmermann 1988: 580-581.
176 Vgl. z. B. Andrefsky 1998: xxii; Odell 2004: 45; Butler 2005: 35; Drafehn u. a. 2008: 12.
177 Vgl. Nishiaki 2000a: 36. Wenn die Zuordnung fragmentierter Abschlagartefakte erhaltungsbedingt nicht eindeutig erfolgen konnte, wurden die Stücke auf der Ebene der Grundform II stets als Abschläge und auf der Ebene der Grundform III als sekundäre Abschläge gewertet.

Klingen, Kernsteine und Trümmer diversen techno-morphologischen Klassen zugeordnet, um eine differenziertere Rekonstruktion silex-technologischer Prozesse zu ermöglichen (vgl. Abb. 1.7) Innerhalb der Gruppe der Abschläge (Grundform II) wurden folgende Klassen unterschieden:

Absplis: Absplisse sind Kleinstabschläge, die in Schlag-richtung und senkrecht zur Schlag-richtung gemessen maximal 1 cm lang bzw. breit sind.[178] Sie müssen als Kleinst-Débitage im Zuge der Kernpräparation und bei Retuschier-arbeiten angefallen sein, jedoch fehlen sie erwartungsgemäß – von einzelnen Stücken abgesehen – in den Fundspektren Tell Chuēra s und Kharab Sayyars. Dies ist darauf zurückzuführen, dass diese kleinen Silex-artefakte ohne ein Aussieben des Aushubes kaum erkannt werden. Die technomorphologische Klasse der Absplisse wurde der Vollständigkeit halber in das Aufnahmesystem integriert.

Kernflanke eines Abschlagkerns: Als Kernflanken bzw. Kernseitenabschläge (flanc de nucléus) werden technische Abschläge bezeichnet, durch die die gesamte oder zumindest ein größerer Teil der Abbaufläche eines Kernsteins oder eine größere Partie des Schlagflächenrandes abgelöst wurde.[179] Eine Abgrenzung zwischen großen sekundären Abschlägen, sekundären Kortexabschlägen und Kernflanken ist nicht immer eindeutig. Das Herausstellen der Kernflanke als technomorphologische Klasse besitzt jedoch den Vorteil, dass dadurch ggf. ein Schritt der silextechnologischen Arbeitskette – die Neuanlage der Abbaufläche – hervorgehoben werden kann. Ausgehend von der Morphologie der Abschlagnegative auf der Dorsalfläche wurde zwischen Kern-flanken von Abschlagkernen (vgl. Abb. 20:2), Klingenkernen und Großklingenkernen (3.45:1) differ-enziert.

Kernfußabschlag: Ein technischer Abschlag, der senkrecht zur Hauptabbaurichtung eines Kernsteins geführt wurde und die Ablösung dessen unteren Teils zur Folge hatte, wird als Kernfußabschlag bezeichnet (Abb. 3.37:3).

Kernscheibe: Eine Kernscheibe (rejuvenation core tablet, core tablet) ist als technischer Abschlag definiert, durch den die Schlagfläche eines Klingenkerns vollständig oder partiell (= partieller Kernscheibenabschlag) entfernt wurde. Es kann angenommen werden, dass ein Kernscheiben-abschlag von Steinbearbeitern ausgeführt wurde, um eine Verringerung des Winkels zwischen Schlagfläche und Abbaufläche zu erreichen und dadurch die Schlagfläche eines Kerns zu erneuern.[180] Die Dorsalfläche der Kernscheibe besteht aus der abgelösten Schlagfläche oder Schlagflächenpartie des Kerns. Um als Präparations-abschlag identifiziert werden zu können, müssen lateral Ansätze des Schlagflächenrandes erkennbar sein (Abb. 3.36:2-3).

Primärer Kortexabschlag: Als primärer Kortexabschlag oder Primär-abschlag wurden Abschläge bezeichnet, deren Dorsalfläche vollständig von Kortex bedeckt war (vgl. Abb. 3.24:4). Bei einem Primärabschlag handelt es sich somit um die abgelöste Außenseite eines Rohmaterialstücks. Kortexabschläge verweisen häufig – wenn auch nicht zwangsläufig – auf das frühe Abbaustadium eines Kernsteins.[181] Sie können z. B. entstehen, wenn ein Geröllstück vom Steinschläger zu Testzwecken aufgeschlagen oder ein Rohmaterialstück von der anhaftenden Kortexrinde befreit wird (De-kortifizierung).

Sekundärer Abschlag: Bei einem sekundären Abschlag handelt es sich um einen Abschlag ohne dorsal anhaftende Kortexreste (vgl. z. B. Abb. 3.22:1).

Sekundärer Kortexabschlag: Ein sekundärer Kortexabschlag ist hier als ein Abschlag definiert, dessen Dorsalfläche noch partielle von Kortexrinde bedeckt ist (vgl. z. B. Abb. 3.21:1).

Innerhalb der Gruppe der Klingen (Grundform II) wurde eine Unterscheidung in zwei, anhand ihrer Blattbreite der Klingen differenzierte, technologische Serien vorgenommen: Als einfache Klingen (bzw. nicht-kanaanäische Klingen oder Kleinklingen) wurden Klingen bezeichnet, deren Blattbreitenwert weniger als 2 cm beträgt (vgl. z. B. Abb. 3.37:2-3.39), als Großklingen oder kanaanäische Klingen[182] sind hingegen großformatige Klingen mit einem Breitenwert von mindestens 2 cm definiert (vgl. z. B. Abb. 3.46-3.50).[183] Eine Orientierung am Blattbreitenmaß ist keine willkürliche Festlegung, da die Klingenbreite in direkter Abhängigkeit zur Klingenlänge und somit auch in Abhängigkeit zu spezifischen Herstellungstechniken steht.[184] Auf die Unterscheidung von einfachen Klingen und Großklingen anhand technologischer Kriterien und die verschiedenen Techniken der Klingenherstellung wird an anderer Stelle noch ausführlich eingegangen (vgl. Teilkapitel 3.2.2 und 3.2.3). Innerhalb der Gruppe der Großklingen und der einfachen Klingen wurden folgende Klassen unterschieden:

178 Butler 2005: 41.

179 Vgl. Brézillon 1971: fig. 15, 2-3; Hartz 1999: Abb. 40.

180 Vgl. Inizan u. a. 1992; Hahn 1993: Abb. 33; Hartz 1999: Abb. 40; Nishiaki 2000a: 33.

181 Kooyman 2000: 18, 171. Vgl. auch Conolly 1999: 147; Butler 2005: 205; kritisch hierzu: Hahn 1993: 73-74; Odell 2004: 126-127.

182 Spätchalkolithische und bronzezeitliche Großklingen werden in Vorderasien aus forschungsgeschichtlichen Gründen als kanaanäische Klingen bezeichnet (vgl. hierzu die Einleitung des Teilkapitels 3.2.3). Ich verwende die Bezeichnungen „Großklinge" und „kanaanäische Klinge" in der vorliegenden Arbeit synonym.

183 Ähnlich verfährt Edens 1999.

184 Vgl. hierzu Pelegrin 2012.

Primäre und sekundäre Kernkantenklinge der Klingen- oder Großklingenproduktion: Das Ablösen regelmäßig geformter Klingen von einem Kernstein ist aus silextechnologischer Perspektive von der Existenz eines Leitgrates im Bereich der späteren Abbaufläche abhängig. Hierbei kann es sich um eine natürliche Kante am Rohmaterialstück oder einen, durch Präparation künstlich erzeugten Grat[185] handeln. Die Präparation wird als Kernkante bezeichnet und wurde von antiken Steinbearbeitern in der Regel durch eine Serie von Abschlägen erzeugt, die quer zur späteren Abbaurichtung des Kerns orientiert sind. Eine Kernkante kann, je nach Morphologie des Rohmaterialstückes, durch ein- oder beidseitig ausgeführte Abschläge erzeugt werden. In letzterem Fall bilden die überlappenden Abschlag-negative einen charakteristischen, zickzackförmigen Grat. Die erste vom Kern abgehobene Klinge wird als primäre Kernkantenklinge oder Kielklinge (crested blade, ridge blade, lame à crête) bezeichnet (vgl. Abb. 3.46:1, 4, 6-7, 3.47:3-4).[186] Sie ist zumeist durch einen dreieckigen Querschnitt gekennzeichnet und lässt dorsal die Negativformen der Kernpräparationsabschläge erkennen. Primäre Kernkantenklingen bzw. Segmente von Kernkantenklingen sind technische Abschläge, die den Arbeitsschritt der Kernpräparation dokumentieren, der dem Abbau eines Klingenkernsteins unmittelbar vorausgeht. Während die primäre Kernkantenklinge die erste Klinge darstellt, die von einem Kernstein gelöst wurde, spreche ich Klingen, deren Dorsalflächen noch partiell Kernpräparationsspuren aufweisen, als sekundäre Kernkantenklingen an (vgl. Abb. 3.37:2, Abb. 3.46:2-3, 5, 8, 3.47:1-2). Die Genese der sekundären Kernkantenklinge folgt innerhalb der operationellen Sequenz (→ Chaîne Opératoire) der Klingenproduktion anschließend an die Ablösung der primären Kernkante und steht somit am Beginn der eigentlichen Kernabbausequenz.

Randklinge oder Randklinge der Großklingenproduktion: Als Randklingen wurden Klingen bezeichnet, deren Dorsalfläche partiell von Naturfläche (→ Kortex) bedeckt ist oder Spuren einer Kernrandzone in Form von lateralen Abschlagnegativen erkennen lassen (vgl. Abb. 3.38:5, vgl. z. B. Abb. 3.50). Diese Randzonen sind als Spuren der Kernzurichtung zu deuten. Die anhaftende Kortex findet sich in der Regel entlang einer Lateralseite, weshalb entsprechende Morphologien in der Literatur manchmal auch als „natürlich rückengestumpfte Klingen“ (natural backed blades) bezeichnet werden[187]. Wenn die Dorsalfläche außer Kortex auch Hinweise auf einen präparierten Leitgrat (Kernkante) aufweist (vgl. z. B. Abb. 3.46:2), wurde das Artefakt als Kernkantenklinge und nicht als Randklinge klassifiziert, da ich das Merkmal der Kernkantenpräparation für eine Rekonstruktion der Herstellungstechnik im Sinne der Hierarchie der Grundformbestimmung als das Ausschlaggebende angesehen habe.

Regelmäßige Klinge oder regelmäßige Großklinge: Als regelmäßige (Groß)Klingen, Mittelklingen oder „echte Klingen“ sind klingenförmige Abschläge definiert, die subparallele oder parallele Kanten und Grate aufweisen (vgl. z. B. 3.49) Regelmäßige Klingen besitzen zumeist einen trapezförmigen bzw. „prismatischen“ Querschnitt und entsprechen dem Idealtyp einer Klinge.

Stichellamelle: Eine Stichellamelle ist ein langschmaler Abschlag, der durch die so genannte Stichelschlagtechnik im Zuge der Sekundärproduktion oder akzidentell von der Kante eines Silexartefaktes gelöst wurde. Stichellamellen weisen einen drei- bis fünfkantigen Querschnitt auf[188]. Die Negativform eines Stichelschlages wird als Stichelbahn oder Stichelfacette bezeichnet. Stichel-bahnen sind an diversen Artefakten aus Tell Chuēra und Kharab Sayyar belegt (vgl. z. B. Abb. 3.82:2-6), es liegt jedoch nur eine extrem geringe Anzahl von Stichellamellen-Funden vor.

Unbestimmte Klinge: In der vorliegenden Arbeit wurde auch die Dokumentation der Altgrabungen (1950-1980er Jahre) in Bezug auf Informationen zur lithischen Industrie ausgewertet. Silexartefakte, die in den Akten als „Feuersteinklingen“, „Feuerstein-Messer“ o. ä. beschrieben werden, wurden bei der Daten-aufnahme als unbestimmte Klingen klassifiziert, wann immer sich die Erstansprache durch die Ausgräber nicht anhand einer In-augenscheinnahme der Originalfunde, Fotos oder Fundzeichnungen über-prüfen ließ[189].

Unregelmäßige Klinge oder Großklinge: Unregelmäßige Klingen sind Abschlagartefakte, die das für die Klingenkategorie charakteristische Länge-Breite-Verhältnis aufweisen, parallele Dorsalgrate und das Merkmal der Kantenparallelität jedoch vermissen lassen (vgl. z. B. Abb. 3.39:4). Auch Schlagunfälle, die zur Ausprägung „zu kurzer“ Klingen o. ä. führten, wurden dieser Kategorie zugeordnet.

Auch in Bezug auf die Gruppe der Kernsteine (Grundform II) wurden verschiedene Klassen differenziert:

185 Hahn 1993: 103-104.

186 Inizan u. a. 1992: 58-60, 84; Whittaker 1994: 221; Odell 2004: 121; Butler 2005: 204.

187 Hartenberger u. a. 2000: 55; 2002: 187.

188 Hahn 1993: 174-175, 229; Inzian u. a. 1992: 78-79; Odell 2004: 74.

189 Aus den vorliegenden Fotos geht klar hervor, dass die Ausgräber den Begriff „Messer“ v. a. zur Beschreibung der großformatigen kanaanäischen Klingen heranzogen.

Abschlagkern: Ein Abschlagkern ist eine Gesteinsmasse ohne Ventral-fläche, von der mindestens zwei Abschläge gelöst wurden. Die Abschlagnegative sind mindestens 2 cm groß, eine Abschlagbahn sollte ein vollständiges proximales Negativ eines Abschlages erkennen lassen (vgl. Abb. 3.18, 3.19, 3.20).

Großklingenkern: Klingenkerne (→), die zumindest ein Negativ aufweisen, das ein Breitenmaß von 2 cm oder mehr aufweist, werden als Groß-klingenkern bezeichnet (vgl. Abb. 3.43-3.44).

Informaler Abschlagkern: Als informale Kerne wurden Gesteins-stücke definiert, die maximal zwei Negative von Abschlägen aufweisen und darüber hinaus vollständig von Naturfläche bedeckt sind. Es kann vermutet werden, dass es sich bei informalen Kernen um Roh-materialstücke handelt, die zu Testzwecken angeschlagen oder zu Beginn einer Abbausequenz verworfen wurden bzw. nur zur spontanen Fabrikation einzelner Abschläge dienten[190]. Die Klassifizierung als informaler Kern betrifft auch zwei Silexgerölle aus Tell Chuēra , die als Hammersteine (→) Verwendung fanden, wodurch gebrauchsbedingt vereinzelte Abschläge abgespalten wurden.

Kern aus Abschlag: In diese Kategorie fallen Abschläge, die als Kerne dienten, nachdem sie selbst von einer Gesteinsmasse abgelöst wurden (vgl. Abb. 3.20:4).

Kernfragment und unbestimmter Kernstein: Hierbei handelt es sich um Fragmente von Kernsteinen, die keine Ventralfläche aufweisen. Auch Stücke, die sich erhaltungsbedingt nicht mehr eindeutig als Abschlag- oder Klingenkerne ansprechen ließen, wurden als Kernsteinfragmente bzw. Kerntrümmer klassifiziert. Bei der Ansprache dieser Artefaktklasse habe ich eine bisweilen unscharfe Abgrenzung zur Gruppe der artifiziellen Trümmer in Kauf genommen. Auch Kernsteinfunde, die in der Dokumentation der Altgrabungen Erwähnung finden, die ich aber nicht selbst in Augenschein nehmen konnte, wurden dieser Kategorie zugeordnet.

Klingenkern: Ein Klingenkern ist als ein Kern definiert, von dem mindestens ein regelmäßiger, klingenförmiger Abschlag abgetrennt wurde. Klingenkernsteine sind anhand der parallel bzw. annähernd parallel ausgeprägten Grate im Bereich der Abbaufläche(n) zu erkennen (vgl. Abb. 3.36:1, 4).

Die Gruppe der Trümmer (Grundform II) setzt sich aus den folgenden technomorphologischen Klassen zusammen:

190 Vgl. Nishiaki 2000: 33.

Artifizieller Trümmer: Artifizielle Trümmer sind kantig geformte Silexstücke ohne erkennbare Ventral-fläche, die zwar Spaltflächen, aber keine Bulbusnegative oder Reste von Schlagflächen erkennen lassen[191]. Ein gewisser Anteil von Trümmern fällt bei jedem Abschlagprozess an. Auch Temperaturscherben und Bruchstücke von Artefakten, die aufgrund ihres Fragmentierungsgrades nicht mehr mit Sicherheit einer anderen techno-morphologischen Klasse zugewiesen werden können, wurden im Zuge der Datenaufnahme als artifizielle Trümmer klassifiziert. Trümmer und Kernsteinfragmente sind aufgrund der hier zugrunde gelegten Definition nur unscharf voneinander abgegrenzt.

Geröll: Ein Rohmaterialstück, das vollständig oder nahezu vollständig von abgerollter, glatter Kortexrinde bedeckt ist.

Natürliche Trümmer: Silexstücke ohne erkennbare Ventralfläche, die lediglich natürliche Sprungflächen und Kortexrinde zeigen, wurden als natürliche Trümmer klassifiziert. Wenn das Stück nahezu vollständig von abgerollter Kortex bedeckt ist, wurde es als Geröll gewertet.

Hammer: Oberbegriff für Werkzeuge, mit denen mittels direkter Schlagtechniken Abschläge (→) von einem Kernstein gelöst werden. Unterschieden wird in der Regel zwischen „weichen" Hämmern aus organischem Material (z. B. aus Geweih) und harten Hämmern aus Gestein (→ Hammer-stein).

Hammerstein: Ein natürliches oder zugeschlagenes Gesteinsstück, das Gebrauchs-spuren aufweist, die auf eine Funktion als Instrument zur Abschlag-erzeugung verweisen (vgl. Abb. 3.27-30). Bei diesen Gebrauchs-spuren handelt es sich um charakteristische Schlagnarbenfelder und angeraute Bereiche (vgl. z. B. Abb. 3.28:1-2): „Hammerstones quickly develop distinctive wear patterns, as each blow crushes a bit of the stone (...). The wear of hammerstones makes it possible for an archaeologist to recognize them as tools in an archaeological site rather than just random rocks"[192]. Die Steine sollten so groß sein, dass eine Handhabe als Hammer noch plausibel erscheint. Die Stücke müssen zumindest einen Bereich mit Schlagnarben aufweisen, um als Hämmer klassifiziert zu werden. Zudem können an den Stücken Abnutzungsspuren in Form von Abschlagnegativen (→), Aussplitterungen und andere Frakturen sowie durch Gebrauch geglättete Partien zu beobachten sein[193].

Hierarchie der Grundformbestimmung: Wann immer es im Zuge der Datenaufnahme zu Überlappungen von Merk-

191 Vgl. Andrefsky 1998: 81-83. Drafehn u. a. 2008: 12; Kooyman 2000: 14-15.

192 Whittaker 1994: 87.

193 Wright 1992: 70; Hahn 1993: 296-297; Whittaker 1994: 86-87; Butler 2005: 37; Kooyman 2000: 99;

malen kam, die die Zuordnung eines Artefaktes zu einer technomorphologischen Klasse (→ Grundform III) erschwerten, wurde das Prinzip der hierarchischen Grundformbestimmung angewandt. Dies bedeutet, dass einige morphologische Merkmale gegenüber anderen – mit Blick auf ihre potentielle Aussagekraft für die Rekonstruktion der Chaîne Opératoires (→) – als „höherrangig" erachtet wurden. So wurden Kernflanken (→), Kernscheiben (→), Kernfußabschläge (→) und Absplisse (→) nicht als Kortexabschläge oder sekundäre Abschläge (→) gewertet, selbst wenn der Anteil der Oberflächenkortex dies ansonsten nahegelegt hätte. Bei den Großklingen und Klingen (→) stehen Kernkantenklingen (→) und Randklingen (→) in einem hierarchischen Verhältnis. Zeigten die Artefakte eindeutige Spuren eines präparierten Leitgrates (Kernkantenpräparation) wurden sie immer als Kernkantenklinge gewertet, und zwar unabhängig davon, ob ihre Dorsalfläche partiell von Kortex (→) bedeckt ist oder ob die Klinge an einer Lateralseite (→) Spuren einer Kernzurichtung und damit die kennzeichnenden Merkmale der Randklingen-Kategorie erkennen ließ. Die Randklingen stehen ihrerseits hierarchisch „über" den unregelmäßigen Klingen (→).

Informaler Kern: → Grundform III.

Industrie: Der Begriff bezeichnet Artefakte (→) einer spezifischen Rohmaterialgruppe (Lithik, Knochen etc.) und die Gesamtheit der technischen Verfahrensweisen, die mit der Herstellung der Objekte in Zusammenhang gebracht werden bzw. rekonstruiert werden können.

Kanaanäische Klinge: Forschungs-geschichtlich bedingte Bezeichnung für spätchalkolithische und frühbronzezeitliche Silexgroßklingen in Nordmesopotamien und der Levante (vgl. Eintrag Grundform III und Teilkapitel 3.2).

Kernflanke: → Grundform III.

Kernfragment: → Grundform III.

Kernfußabschlag: → Grundform III.

Kerngerät: → Werkzeuge (→), die durch das Ablösen von Abschlägen (→) aus einer Gesteinsmasse herausgearbeitet wurden. Auch Gesteinsstücke, die durch einfaches Behauen mit einer Arbeitskante versehen wurden, fallen in die Kerngerätskategorie (vgl. z. B. Abb. 3.87:1-2). Zu den Kerngerätfunden aus Tell Chuēra und Kharab Sayyar vgl. Teilkapitel 3.3.4.

Kernkantenklinge: → Grundform III.

Kernscheibe: → Grundform III.

Kernstein: → Grundform I.

Klinge: → Grundform II.
Klingengerät: Aus Klingen (→) hergestellte Werkzeuge (→). Zu den Klingengeräten aus Tell Chuēra und Kharab Sayyar vgl. Teilkapitel 3.3.2.

Klingenkern: → Grundform III.

Kortex: Die Kortexrinde bezeichnet die natürliche Verwitterungszone an Silexmaterial (vgl. z. B. Abb. 3.21:1).[194] Ich benutze den Begriff in einem bewusst weit gefassten Sinne[195] zur Beschreibung und Quantifzierung natürlicher, d. h. nicht von Abschlagnegativen bedeckten Flächen an Silexartefakten. „Kortex" beinhaltet gemäß dieser Definition auch natürliche Kluft- und Spaltflächen. Im Zuge der Datenaufnahme wurde der ungefähre Anteil von Kortexrinde und ihre Beschaffenheit für jedes geschlagene Steinartefakt notiert, das anhaftende Kortexreste erkennen ließ.

Kortexabschlag: → Grundform III

Lanzettsprung: → Schlagmerkmale auf der Ventralfläche

Lateralseite: Die seitlichen Kanten zwischen dem Proximal- und Distalende eines Abschlagartefaktes werden als Lateralseiten bezeichnet.[196] Sie stellen den Übergangs-bereich zwischen Dorsal- und Ventralfläche dar und bilden häufig eine scharfe Kante. Bei der Beschreibung lateraler Modifikationen (Retuschen, Glanzzonen etc.) wurde stets eine Orientierung der Artefakte in Schlagrichtung zugrunde gelegt; das heißt, das proximale Ende zeigt nach „oben", das distale Ende nach „unten".[197]

Lippe: → Schlagmerkmale auf der Ventralfläche.

Medial: Der Medialbereich bezeichnet bei Abschlägen wie Klingen den Abschnitt zwischen Proximal- und Distalende (vgl. Abb. 3.21). Ein Medialfragment ist das Bruchstück ohne Proximal- oder Distalende.

Natürlicher Trümmer: → Grundform III.

Obsidian: Natürliches, vulkanisches Glas (vgl. z. B. Abb. 3.1:5).

Polar: Das polare Ende eines geschlagenen Steinartefaktes ist

---

194 Inizan u. a. 1992: 58; Kooyman 2000: 170-171.
195 Vgl. z. B. Andrefsky 1998: xxii ; Butler 2005: 204.
196 Odell 2004: 44.
197 Auch auf Zeichnungen und Fotos wurden die Funde entsprechend orientiert. Ich habe diese Form der Orientierung in Schlagrichtung gewählt, weil sie mir die technologische Analyse der Artefakte erleichtert hat. In vielen Publikationen werden Silices andersherum, d. h. mit dem distalen Enden nach „oben" liegend abgebildet.

hier als die „Schmalseite" (Proximal- oder Distalende) eines vollständig oder fragmentiert erhaltenen Artefaktes definiert. Endständige Modifikationen können uni- oder bipolar ausgeprägt sein.

Postdepositionale Faktoren: Zusammen-fassende Bezeichnung für die Faktoren, die ein Artefakt beeinflussen können, nachdem es in einer archäologischen Schicht abgelagert wurde. Nach M. B. Schiffer kann in diesem Zusammenhang zwischen kulturellen Einflüssen (CTransformationen) und Umwelteinflüssen (N-Transformationen) unterschieden werden.[198]
Primäre Kernkantenklinge: → Grundform III.

Primärer Kortexabschlag: → Grundform III.

Primärproduktion und Primärtechniken: Die Primär- oder Grundproduktion umfasst die Arbeitsschritte der Kernzurichtung und des Kernabbaus (Schritt II und III der Chaîne Opératoire (→). Das Ergebnis der Primärproduktion bilden die Grundformen, d. h. Abschläge, Klingen etc. Die Primärproduktion der Steinartefakte aus Tell Chuēra und Kharab Sayyar ist Gegenstand der Teilkapitel 3.2.1 bis 3.2.3. Verschiedene Steinbearbeitungstechniken kommen für die Herstellung der Grundformen in Frage, die Wichtigsten sind[199]:

Technik des direkten Schlages: Einwirken auf einen Kernstein mit einem harten oder „weichen" Hammer.

Technik des indirekten Schlages bzw. Zwischenstücktechnik: Einwirken auf einen Kernstein unter Rückgriff auf ein meißelartiges Zwischenstück (Punch), das z. B. mit einer Geweih- oder Kupferspitze bestückt sein kann.

Drucktechniken: Einwirken auf einen Kernstein mittels Druckstäben unterschiedlichen Formats, wobei die Grundform durch Muskelkraft, eine Kombination von Muskelkraft und Körpergewicht oder durch die Hebelkraft einer Apparatur abgelöst wird[200].

Proximal/Proximalende: Das Proximalende beschreibt den Bereich eines Abschlag-artefaktes, der – zumindest im Falle eines vollständig erhaltenen Stückes – den Schlagflächenrest aufweist (vgl. Abb. 3.21)[201]. Bei unvollständigen Grundformen kann das Adjektiv „proximal" zur Positionsbezeichnung von Modifikationen dienen und bedeutet dann „oben" in Bezug auf die Schlagrichtung aus der die Abspaltung des Artefaktes erfolgte.

Produktionssystem: Das Produktionssystem umfasst die Arbeitsketten der Roh-stoffgewinnung und Rohstoffbeschaffung (Schritt I der silextechnologischen Chaîne Opératoire), die Präparation von Kernsteinen (Schritt II) und die Erzeugung von Grundformen (III) sowie ihre Weiterverarbeitung zu spezifischen Geräteformen (Schritt IV).

Randklinge, Randklinge der Großklingenproduktion: → Grundform III.

Regelmäßige Klinge, regelmäßige Großklinge: → Grundform III.

Retusche: Eine Retusche bezeichnet eine Modifikation an einem geschlagenen Steinartefakt, die durch eine Reduktion der Kanten oder Flächen erzeugt wurde. Unter einer Retusche verstehe ich in Anlehnung an eine Definition von V. Arnold einen „Bereich von Negativflächen, die zusammenhängend von einer Kante ausgehen und, bezogen auf die sonstigen Negative und Flächen, klein sind"[202]. Im Zuge der Datenaufnahme wurden Negativflächen an Abschlagartefakten (→) nur dann als Retuschen gewertet, wenn sie offensichtlich nach der Abspaltung der Grundform (→) vom Kernstein (→) angelegt wurden.[203] Retuschierte Bereiche sind gemäß der hier verwendeten Definition ein Resultat der Sekundärproduktion (→). Im Zuge der Datenaufnahme wurden bei den Abschlagartefakten beide Lateralseiten (→) sowie der Proximal- (→) und Distalbereich (→) in Bezug auf folgende Retuschier-merkmale untersucht: Lage der Modifikation, Retuschenart, Morphologie (Form) und Ausdehnung des modifizierten Bereiches. Lediglich in Bezug auf die Lateralseiten wurde zudem das Kriterium „Verteilung der Modifikation" berücksichtigt. Retuschen an Trümmern (→) und Kernen wurden nur in Bezug auf die Art, Morphologie und Ausdehnung der Modifikation untersucht. Die einzelnen Retuschiermerkmale sind wie folgt definiert[204]:

Lage der Modifikation: Position der Retusche in Bezug auf Dorsal- und Ventralfläche. Die Retusche kann sich entweder auf eine Seite eines Abschlagartefaktes beschränken, entlang einer Kante abwechselnd dorsal bzw. ventral ausgeprägt sein (alternierende Retusche) oder sich beidseitig

198 Vgl. z.B. Schiffer 1996: 22.

199 Die unterschiedlichen Primärtechniken sind in verschiedenen zusammenfassenden Darstellungen widerholt detailiert beschrieben worden. Ich verweise hier auf die Darstellungen in Whittaker 1994, Inizan u. a. 1992; Weiner 1980b, Odell 2004, Andrefsky 1998, Kooyman 2000 und Hahn 1993.

200 Zur Grundformerzeugung durch Hebelkraft vgl. zusammenfassend Pelegrin 2006; Pelegrin – Chabot 2012; Clark 2012; Altinbilek-Algül u. a. 2012.

201 Kooyman 2000: 17; Odell 2004: 44.

202 Arnold 1981: 50-51.

203 Spuren von Kernpräparationen (Kernkanten, dorsale Reduktion, Schlagflächenpräparationen), die auf die Primärproduktion verweisen, wurden folglich aus formalen Gründen nicht als Retuschen gewertet.

204 Die Beschreibung der Retuschiermerkmale lehnt sich an Inizan u. a. 1992 an.

entlang einer Kante erstrecken (dorsoventral). Im Falle einer Modifikation durch einen Stichelschlag (Stichelbahn) liegt die Modifikation im rechten Winkel zur Ventralfläche.

Retuschenart: Die Retuschenart beschreibt die Morphologien der einzelnen Retuschen. Bei der Datenaufnahme wurden flache bis halbsteile Retuschen, steile Retuschen, feine Retuschen, flache subparallele/parallele Retuschen, durch Stichelschläge erzeugte Modi-fikationen, Kerben, Gebrauchs-retuschen und Aussplitterungen differenziert.[205] Flache bis halbsteile Retuschen erzeugen einen Schneidenwinkel von maximal 60°, steile Retuschen weisen hingegen einen Winkel von über 60° auf[206], wodurch die ursprüngliche Breite einer Grundform erheblich verändert werden kann. Als feine oder Perlretuschen bezeichne ich Kantenmodifikationen, die durch kleinste, regelmäßige Abhübe gekennzeichnet sind. Eine flache Subparallel- oder Parallelretusche zeichnet sich durch längliche und gleichgerichtete Negative aus, die einen flachen Schneidewinkel formen. Kerben sind eine Form der Retusche, die aus einer Einbuchtung resultiert. Auch Stichelbahnen, die entstehen, wenn eine Modifikation „längs der Flächenebene"[207] eines geschlagenen Steinartefaktes erzeugt werden, werden hier als Sonderform der Retusche aufgefasst.[208] Den Begriff „Gebrauchs-retusche" beziehe ich in der vorliegenden Arbeit auf Kanten, die unregelmäßige, in ihrer Größe z. T. stark variierende Abhübe aufweisen und von denen ich annehme, dass sie eher von einem intensiven Gebrauch als einer intendierten Modifikation herrühren.[209] Eine weitere Form der makroskopisch erkennbaren Ge-brauchsspur ist die Aussplitterung. Wenn an einer Kante verschiedene Arten von Retuschen auftreten, wurde im Zuge der Datenaufnahmen in der Regel die dominierende Form notiert[210].

Morphologie (Form) des modifizierten Bereiches: Für jede retuschierte Kante eines geschlagenen Steinartefaktes wurde die Morphologie notiert. Folgende Ausprägungen wurden unterschieden: gerade Kante, Spitze, schräge bis konvex geformte Kante, konkave Kante, gekerbte Kante, gezähnte Kante und mit Stichelbahn versehene Kante. An Proximal- und Distalenden wurden ferner stiel- bzw. griffzungenartig herausretuschierte Modifikationen beobachtet.

Ausdehnung der Modifikation: Die Ausdehnung der Modifikation beschreibt wie weit sich ein retuschierter Bereich ausgehend von der Kante auf die Fläche(n) eines geschlagenen Steinartefaktes ausbreitet. Differenziert wurden: Kantenretuschen, invasive Retuschen und Oberflächenretuschen. Eine Kantenretusche bleibt auf den Bereich einer Kante begrenzt. Eine invasive Retusche greift hingegen von einer Kante auf die Fläche eines geschlagenen Artefaktes über, wodurch die Dicke des Artefakts verändert werden kann. Eine Flächenretusche bedeckt ganze Partien eines Artefaktes. Bei Abschlag-artefakten mit flächenretuschierten Abschnitten wurde die Art der Oberflächenretusche spezifiziert. Unterschieden wurden unifaziale (→) und bifaziale (→) Modifikationen. Diese können jeweils partiell ausgeprägt sein oder die Dorsal- bzw. Ventralfläche vollständig bedecken. Flächenretuschierte Artefakte sind in den untersuchten Assemblagen (→) nur sehr selten vertreten. Diese Modifikation bleibt im Wesentlichen auf die Gruppe der Geschossspitzen beschränkt (vgl. Teilkapitel 3.3.3, Abb. 3.85).

Verteilung der Modifikation: Für die Lateralseiten von Abschlagartefakten wurde die Verteilung der retuschierten Bereiche notiert. Unterschieden wurde zwischen einer kontinuierlichen, diskontinuierlichen und partiellen bzw. lokalen Verteilung entlang einer Kante.

Sekundärer Abschlag: → Grundform III.

Sekundäre Kernkantenklinge: → Grundform III.

Sekundärer Kortexabschlag: → Grundform III.

Schlagfläche: Die Schlagfläche oder Plattform bezeichnet den Teil eines Kernsteins, von dem aus die Abspaltung eines oder mehrerer Abschlagartefakte erfolgte.[211] Ein Kernstein kann mehrere Schlagflächen aufweisen (vgl. z. B. Abb. 3.19:1). Im Zuge der Datenaufnahme sind Angaben zur Anzahl und Ausrichtung[212] sowie zur Oberflächenart und Metrik [Länge und Breite der (größten) Schlagfläche] erfasst worden.[213]

205 Die Anzahl der unterschiedenen Retuschenarten wurde bewusst gering gehalten, da es schwierig ist, eine Retuschenart konsistent zu beschreiben (Andrefsky 1998: 171).

206 Hahn 1993: 132. Insbesondere bei nachretuschierten Silexartefakten mit übersteilter Schneide und Stücken mit einem Schneidenwinkel von über 45° besteht gelegentlich das Problem der Zuordnung. Diesbezüglich habe ich bewusst ein Übergangsfeld in Kauf in genommen.

207 Hahn 1993: 133.

208 Odell 2004: 74.

209 Ich lehne mich hierbei an S. Pollocks Definition von „use damage" an (vgl. Pollock 2008: 53-54). Die Differenzierung einer Gebrauchsretusche mit den Mitteln der makroskopischen Analyse kann selbstredend nur im Sinne einer Annäherung verstanden werden.

210 Bei einer Kombination der Stichelschlagtechnik mit einer anderen Retuschenart wurden beide Formen notiert. Genauso wurde verfahren, wenn ich nicht eindeutig bestimmen konnte, welche Retuschenart die dominierende ist oder wenn entlang derselben Kante zwei klar voneinander abzugrenzende Retuschierfelder mit unterschiedlicher Morphologie beobachtet werden konnten.

211 Hahn 1993: 31; Andrefsky 1998: xxvi; Kooyman 2000: 177.

212 Nach Zimmermann in Boelicke u. a. 1988: 588.

213 Nach Drafehn u. a. 2008: 23.

Schlagflächenrest (SFR): Der Schlag-flächenrest ist die Partie der Schlagfläche, die zusammen mit dem Abschlagartefakt vom Kern gelöst wurde (vgl. Abb. 3.21). Sie bildet den oberen Abschluss des Proximalendes. Auf Basis der Morphologie wurden verschiedene Ausprägungen von Schlagflächenresten unterschieden: kortikal, einflächig, linear, punktförmig, facettiert (zwei oder mehrflächig), geflügelt (winged), dièdre differenziert.[214]

Schlagkegel: → Schlagmerkmale auf der Ventralfläche.

Schlagmerkmale auf der Ventralfläche (vgl. Abb. 3.21, 3.22):

Bulbus: Der Bulbus oder Schlagbuckel ist eine aufgewölbte Zone auf der Ventralfläche von Abschlagartefakten, die ausschließlich im Falle eines hertz'schen Kegelbruches zur Aus-prägung kommen kann.[215] Der Bulbus findet sich stets direkt unterhalb des Schlagflächenrestes. Gelegentlich können Ventralflächen auch zwei oder mehr Bulbi aufweisen. Während der Bulbus auf der Trennfläche des abgeschlagenen Stückes als Positivform erscheint, bleibt auf dem Kern eine entsprechend große Höhlung zurück, die als Bulbusnegativ bezeichnet wird. Auf dem Bulbus ist häufig ein kleiner Aussprung, die so genannte Schlagnarbe erkennbar (vgl. z. B. Abb. 3.22:1).

Lanzettsprung: Lanzettsprünge sind feine Frakturen, die sich im Moment der Ablösung eines Abschlagartefaktes bilden. Sie bilden sich senkrecht zur Bruchfläche und zeigen immer in die Richtung des Auftreffpunktes, womit sie also eine Bestimmung der Abschlagrichtung ermöglichen. Lanzettsprünge finden sich sowohl auf Ventralflächen als auch auf dorsalen Abschlagnegativen (vgl. z. B. Abb. 3.39:8).[216]

Lippe: Wenn Abschlagartefakte durch einen Biegebruch erzeugt wurden, ist der Grat zwischen Schlagflächenrest und Ventralfläche häufig als schmaler Überhang ausgeprägt.[217] Dieser wird als Lippe bezeichnet und ist als charakteristisches Merkmal der Technik des direkten „weichen“ Schlages beschrieben worden.[218] Lippen können aber auch bei der Anwendung der „harten“ Schlag-technik zur Ausprägung kommen.[219]

Schlagkegel: Der obere Teil einer kegelstumpfförmigen Spaltfläche wird, wenn er sich deutlich vom Bulbus absetzt, als Schlagkegel bezeichnet.[220]

Schlagnarbe: Auf dem Bulbus findet sich häufig ein kleines Abschlag-negativ, die so genannte Schlagnarbe.[221]

Schlagwellen (Wallnerlinien): Als Schlagwellen oder Wallnerlinien werden bogenförmige Strukturen bezeichnet, die sich häufig auf Ventralflächen von Abschlagartefakten und auf den Negativflächen vorangegangener Abschläge erkennen lassen. Ausgehend vom Auftreffpunkt verlaufen Schlagwellen in etwa konzentrisch, daher lassen sie Rückschlüsse auf die Richtung zu, aus der die Ablösung eines Abschlagartefaktes erfolgte. Schlagwellen resultieren aus dem kinetischen Schock, der sich in Folge der mechanischen Beanspruchung durch das Silexmaterial ausbreitet. Sie können, abhängig vom Silexrohmaterial, unterschiedlich stark prononciert sein – manchmal sind sie schwer oder kaum zu erkennen.[222]

Schlagnarbe: → Schlagmerkmale auf der Ventralfläche.

Schlagwellen: → Schlagmerkmale auf der Ventralfläche.

Sekundärproduktion: Die Sekundärproduktion ist als die Gesamtheit aller intentionalen Modifikationen an Grundformen (→) definiert. Dazu gehören das Segmentieren, Retuschieren und Schäften geschlagener Steinartefakte. Für eine ausführliche Diskussion der Sekundär-produktion vgl. Teilkapitel 3.3.

Silex: Lateinisch für harter Stein, Kieselstein, Feuerstein oder Granit. Oberbegriff für sedimentäre Kieselgesteinsarten, z. B. Feuerstein.

Stichellamelle: → Grundform III.

Treffpunkt: Der (Auf)Treffpunkt ist die Stelle, auf der der Eindruckkörper (→) bei der Abschlagerzeugung angesetzt wurde. Der Treffpunkt bildet den Ausgangspunkt der Bru-

214 Die Unterscheidung der Schlagflächenrestformen lehnt sich an Inizan u. a. 1992 (80-82) an.

215 Im Zuge des hertzschen Kegelbruchs verläuft die Bruchfront zunächst kegelförmig in das Kerngestein hinein. Als begrenzender Faktor kommt im Verlauf der Bruchausdehnung schließlich die Biegespannung zum Tragen, die durch den in der Entstehung begriffenen Abschlag erzeugt wird. Diese bewirkt ein Umschlagen der Bruchfront in Richtung Kernflanke, wodurch sich ein konvexer Buckel auf der Trennfläche des abgelösten Stückes bildet (Cotterell – Kamminga 1987: 666-667).

216 Inizan u. a. 1992: 87.

217 Andrefsky 1998: xxiv, 18; Kooyman 2000: 82-83; 174.

218 Vgl. Weiner 1980b: 217-218; Hahn 1993: 26; Inizan u. a. 1992: 90.

219 Butler 2005: 38.

220 Vgl. Arnold 1981: 46.

221 Andrefsky 1998: 19-20; Kooyman 2000: 172

222 Arnold 1981: 46; Andrefsky 1998: 18; Inizan u. a. 1992: 97; Butler 2005: 208.

chinitialisierung. Auf dem Schlag-flächenrest (→) von Abschlagartefakten (→) und der Schlagfläche (→) von Kernen (→) kann er, beim Einsatz der Technik des direkten oder indirekten, „harten" Schlages als rundlicher bis kreisförmiger Riss ausgeprägt sein, der als Schlagauge bezeichnet wird. Ein Schlagauge stellt den oberen kegelstumpfförmigen Bereich eines hertz'schen Kegelbruchs dar. Auch wenn die mechanische Beanspruchung nicht zur Ablösung eines Abschlages geführt hat, können sich infolge „steckengebliebener" Schläge Schlagaugen ausbilden. Auf Artefakten sind daher manchmal doppelte oder mehrfache Schlagaugen zu beobachten (vgl. Abb. 3.28:2).[223]

Trümmer: → Grundform I.

Unbestimmte Klinge: → Grundform III.

Unregelmäßige Klinge: → Grundform III.

Unifazial: Eine Flächenretusche an einem Abschlagartefakt (→), die eine Seite, d. h. entweder die Dorsal- (→) oder Ventralfläche (→) bedeckt (vgl. Abb. 3.85:2), wird als unifazial bezeichnet (→ bifazial).

Ventralfläche: Die dem Kern (→) zugewandte Seite eines Abschlagartefaktes (Trennfläche), die im Moment der Abspaltung vom Kerngestein entsteht, wird als Ventralfläche bezeichnet (vgl. Abb. 3.21). Auf der Ventralfläche, die im Gegensatz zur Dorsalfläche (→) glatt ist und keine Grate aufweist, sind in der Regel eine Reihe von Schlagmerkmalen (→) zu erkennen.[224] Die Ventralfläche ist die Positivform des Abschlagnegativs (→), das auf dem Kern zurückbleibt.

Werkzeug: per Definitionem wird ein geschlagenes Steinartefakt als Werkzeug bzw. Gerät[225] angesprochen, wenn es entweder eine Retusche (→) oder mit bloßem Auge erkennbare Gebrauchsspuren aufweist.[226] Hierbei ist zu bedenken, dass auch Steinartefakte ohne erkennbare Modifikation in einem allgemeinen Sinne als Werkzeuge benutzt worden sein können, da kurzfristiger Gebrauch nicht zwangsläufig zur Ausprägung makroskopisch oder mikroskopisch identifizierbarer Veränderungen führt.[227] Der Gruppe der Werkzeuge steht dieser Definition folgend die Gruppe der Débitage (→) entgegen. Zu Analysezwecken wurden in der vorliegenden Studie verschiedene Geräte-klassen (→) unterschieden.

---

223 Arnold 1981: 45-46; Hahn 1993: 31; Kooyman 2000: 12, 22; 176.

224 Weiner 1980b: 216; Kooyman 2000: 177; Odell 2004: 44.

225 In der vorliegenden Arbeit gebrauche ich die Begriffe Werkzeug und Gerät synonym.

226 Ähnlich: Andrefsky 1998: xxvii und Bernbeck u. a.: „We considered to be tools any pieces that had evidence for use wear and/or retouch (123)." Für eine Kritik an entsprechend weit gefassten Werkzeugdefinitionen vgl. z. B. Odell 2004: 4.

227 Vgl. Rosen 1997: 29.

1. Tell Chuēra auf einer Aufnahme von 1958

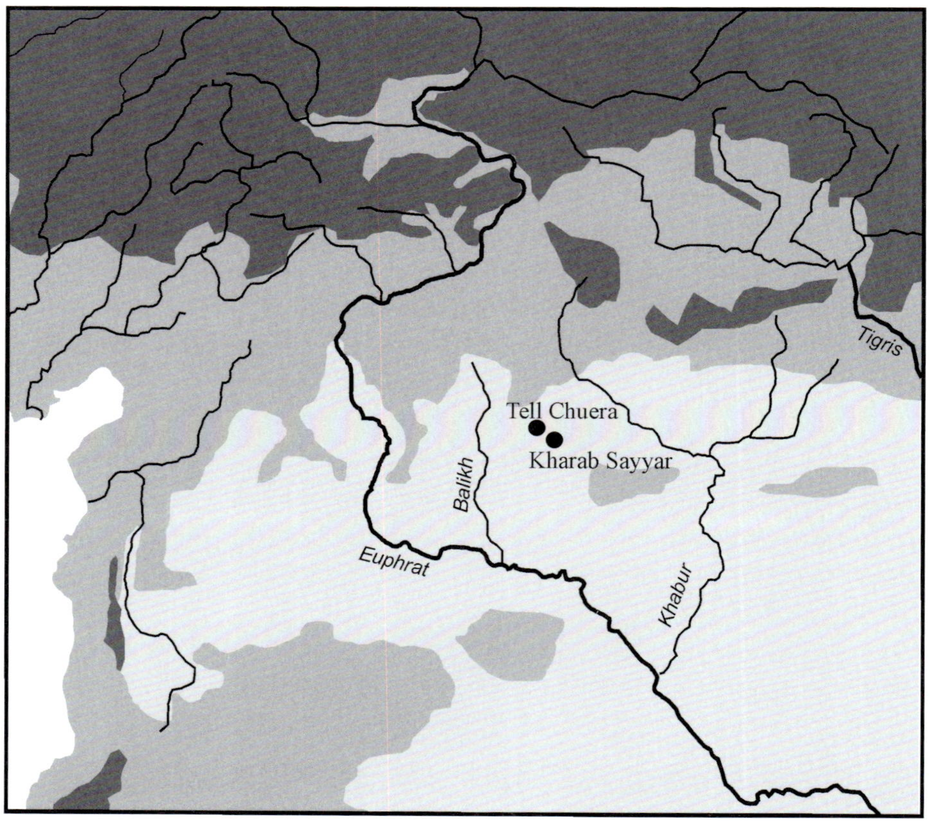

2. Die Lage von Tell Chuēra und Kharab Sayyar in Nordsyrien

Abb. 1.1: 1. Tell Chuēra auf einer Aufnahme von 1958, 2. Die Lage von Tell Chuēra und Kharab Sayyar in Nordsyrien

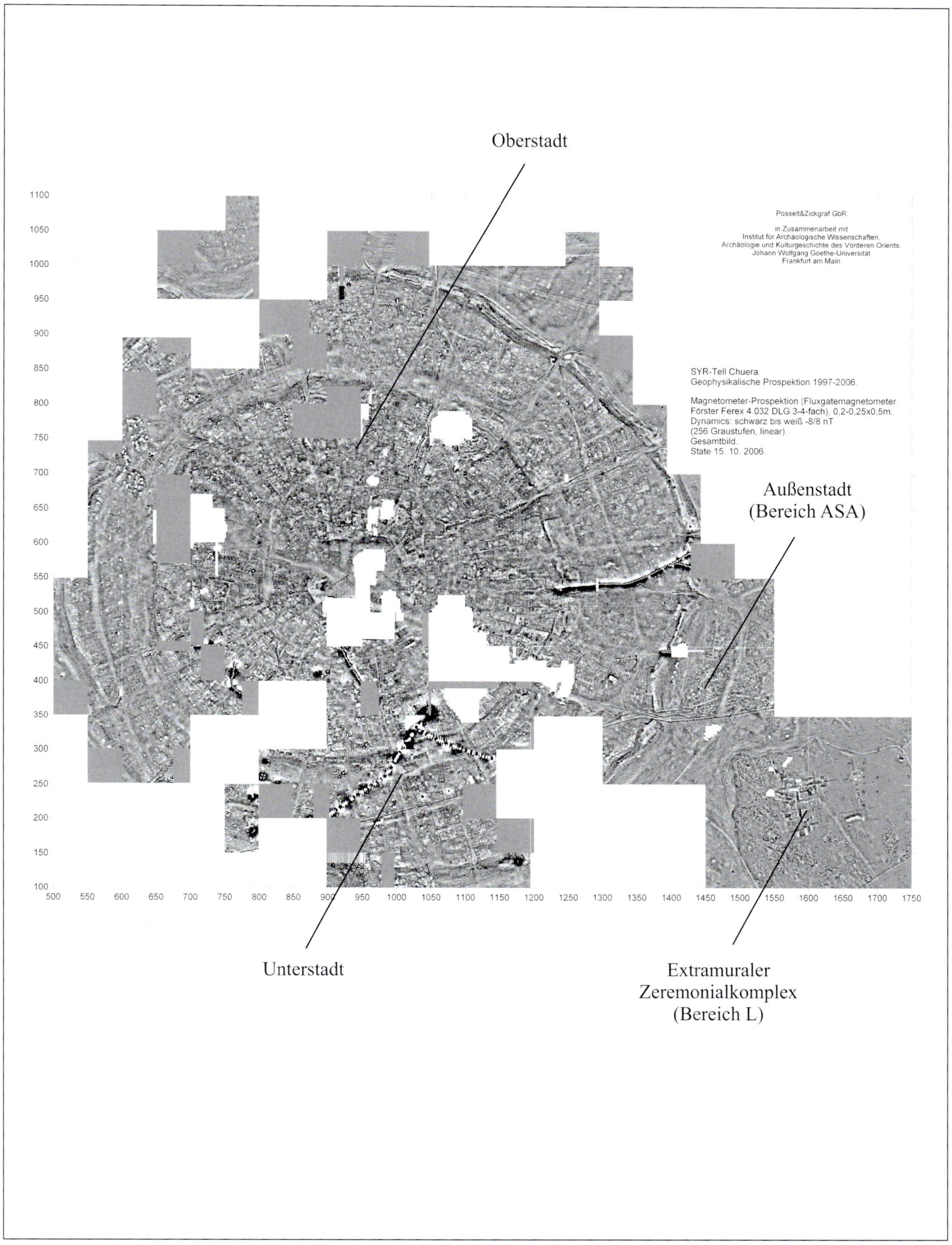

Abb. 1.2: Geomagnetische Kartierung Tell Chuēras

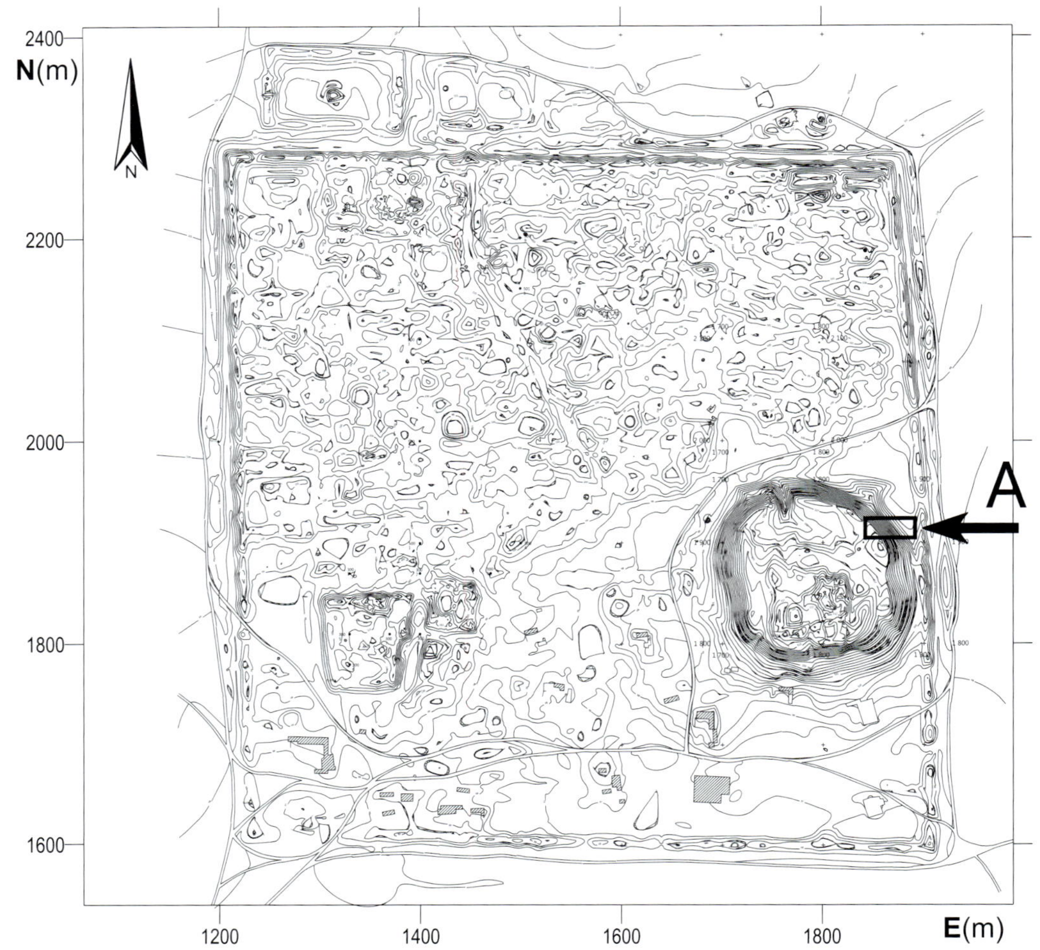

Abb. 1.3: Topographischer Plan Kharab Sayyars

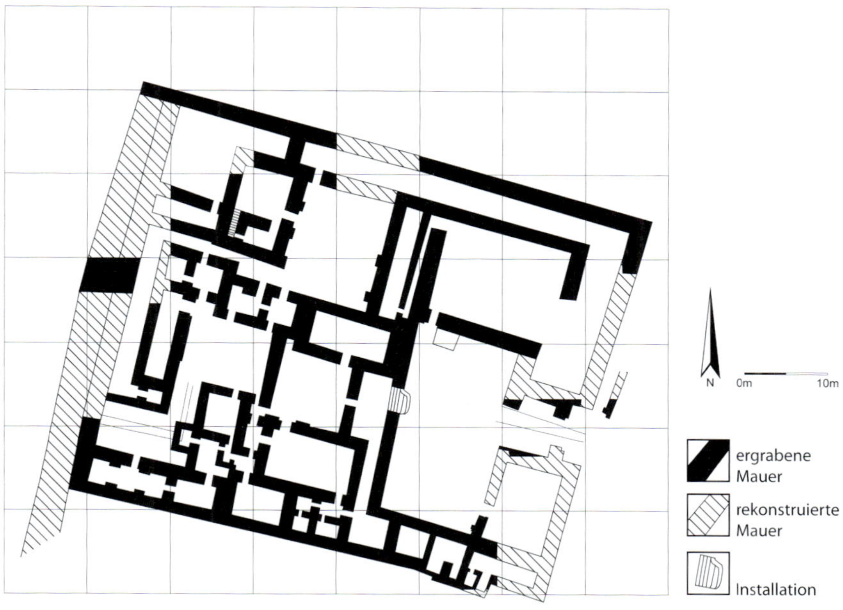

1. Der frühbronzezeitliche Palast von Tell Chuera (Bereich F)

2. Gefäßfragment mit Siegelabrollung

Abb. 1.4: 1. Schematischer Plan des frühbronzezeitlichen Palastes F, 2. Gefäßfragment mit Siegelabrollung aus dem Bereich W, M. 1:4, Abrollung: M 1:1

1. Keramikständer mit pastoraler Szene aus dem Bereich K

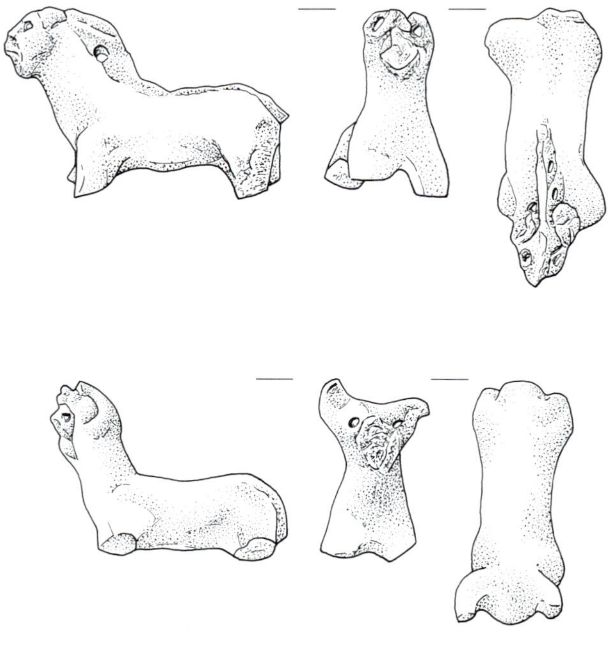

2. Zoomorphe Terrakottafigurinen

Abb. 1.5: 1. Keramikständer mit plastischem Relief (pastoraler Szene) aus dem Bereich K (Tell Chuera),
2: Zoomorphe Terrakottafigurinen aus dem Bereich W (Tell Chuera), M 1:2

1. Luftbild der monumentalen Steintreppe Steinbau III und des so genannten Kernbaus

2. Steinbau III (Detailansicht der Stufen)

Abb. 1.6: 1. Steinbau III (Bereich D) und der dahinter liegende „Kernbau", 2. Detailansicht des Steinbau III

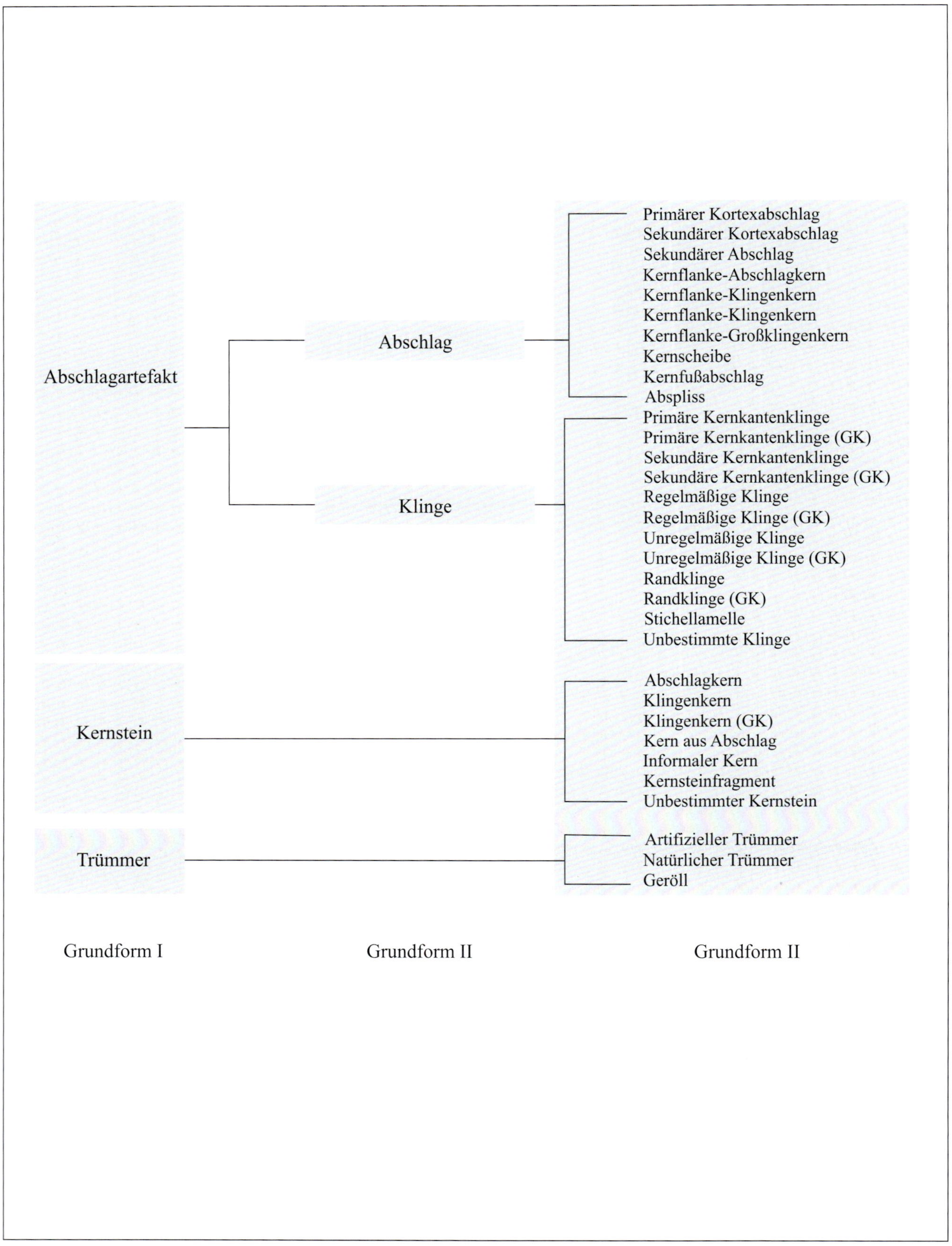

Abb. 1.7: Mehrstufige Grundformbestimmung

Abb. 1.8: Nordmesopotamische Fundorte

2. Fundkontext

2.1 Die Definition der verschiedenen depositionalen Kontexte

Um eine Kontextanalyse der lithischen Funde zu ermöglichen, wurden für die vorliegende Untersuchung insgesamt 20 Fundkontexte differenziert. Diese werden hier als depositionale Kontexte (DK 1 bis 20) bezeichnet und im Folgenden erörtert.

Die Kategorisierung der einzelnen Kontexte basiert sowohl auf den Angaben der Originalgrabungsdokumentation als auch auf den bereits publizierten Vorberichten und mehreren in Vorbereitung befindlichen Publikationen.[1] Hinzu kommen eine größere Anzahl interner Grabungsberichte, die im Archäologischen Institut der Goethe-Universität lagern sowie persönliche Mitteilungen diverser Ausgräber zu spezifischen Fundsituationen. Zusammen mit der Beschreibung der Fundstücke und der archäologischen Befunde bildet die Untersuchung der depositionalen Kontexte die Basis für die räumliche Analyse der lithischen Inventare.[2] In der Chuēra -Region kamen in den vergangen 50 Jahren der Feldforschung unterschiedliche Dokumentationssysteme und -standards zum Einsatz (vgl. Teilkapitel 5.2). Die Fundkontexte wurden von den Ausgräbern teils unter Verwendung einer stark voneinander abweichenden Terminologie beschrieben. Für die Definition der depositionalen Kontexte habe ich daher versucht, die Beschreibung der Auffindungszusammenhänge – soweit möglich – mittels einer eigenen Kategorienbildung zu vereinheitlichen:

1 Vor allem Helms – Tamm

2 An beiden Fundorten wurden nur wenige Steinartefakte dreidimensional eingemessen (n = 216 Artefakte der untersuchten Stichprobe, von diesen stammen n = 39 aus einem Befund). Die Einmessung konnte folglich nur in einzelnen Fällen zur Deutung der Fundsituation beitragen.

DK 1 – Sammelfunde von der Telloberfläche (TCH: n = 623, KHS: n = 47):

Lesefunde von der Oberfläche der Ruinenhügel wurden bewusst in die Untersuchung einbezogen, um die Stichprobe um Artefakttypen zu erweitern, die im Zuge der Ausgrabungen nicht oder nur selten in die Fundaufnahme gelangten. Eine weitere Motivation bestand darin, anhand der Oberflächenfunde einen Überblick über das regionale Rohmaterialspektrum zu erarbeiten.[3]

Das Auflesen der Fundstücke erfolgte im Rahmen unsystematischer Begehungen. Bei Fundstücken handelt es sich vielfach um Zufallsfunde, die von Kollegen, einheimischen Grabungshelfern und mir selbst auf dem täglichen Weg zu den Grabungsstellen bzw. in der direkten Umgebung der Schnitte oder auf dem Rückweg ins Grabungshaus aufgesammelt wurden. Für die Sommerkampagne 2011 war ursprünglich geplant, eine systematische Aufnahme von Lesefunden in der nördlichen Unterstadt und in der nordwestlichen Oberstadt Tell Chuēra s durchzuführen, um die Materialbasis zu erweitern und die räumliche Verteilung der Oberflächenfunde in einem Teil des Stadtgebiets zu analysieren.[4] Aufgrund der sich politischen Situation in Syrien konnte dieses Vorhaben jedoch nicht mehr in die Tat umgesetzt werden.

3 Der Großteil der Lesefunde wurde erst nach der Aufnahme des stratifizierten Materials, das priorisiert wurde, datenbankmäßig erfasst. Daher enthalten die Identifikationsnummern der Lesefunde meistens das Jahreszahlenkürzel „11“ (Fundjahr 2011), obwohl sie z. T. schon in den vorangegangenen Jahren gesammelt wurden.

4 In diesen Gebieten des Tells wurden bisher nur punktuell Ausgrabungen durchgeführt. Daher ist in diesem Bereich der Ruine mit einer weitgehend ungestörten Oberfläche zu rechnen. In Kharab Sayyar ist der gesamte frühbronzezeitliche Tell von Architekturresten der frühislamischen Zeit bedeckt, so dass das systematische Sammeln von Oberflächenfunden hier nicht sinnvoll erschien.

Meiner Meinung nach ist für Tell Chuēra davon auszugehen, dass die Lesefunde größtenteils in die jüngere Frühbronzezeit, d.h. in die regionalen Siedlungsperioden Tell Chuēra ID bis IE datiert werden können: Gegen Ende der Frühbronzezeit (Periode TCH IE) wurde die Siedlung nach einer deutlichen Verkleinerung des Siedlungsareals vollständig aufgelassen.[5] Eine erneute Besiedlung erfolgte erst nach der Mitte des 2. Jts. v. u. Z. [Siedlungsperioden TCH IIA (Mittanizeit) und IIB (mittelassyrische Zeit)], wobei sich die spätbronzezeitliche Siedlung nur noch über einen geringen Teil der Fläche erstreckte, den die frühurbane Siedlung eingenommen hatte. Im Vergleich zur Frühbronzezeit spielten die geschlagenen Steinartefakten in der Spätbronzezeit wahrscheinlich keine große Rolle mehr. Bei den wenigen Lithikfunden, die möglicherweise spätbronzezeitlich zu datierenden Schichtzusammenhängen entstammen[6] (n = 53; vgl. Teilkapitel 1.8), handelt es sich, abgesehen von einigen unspezifischen Abschlägen, v. a. um Segmente kanaanäischer Großklingen. Diese Artefakte sind als charakteristische Erzeugnisse spätchalkolithischer und frühbronzezeitlicher Industrien anzusehen (vgl. Teilkapitel 3.2.3). Meiner Meinung nach ist es daher unwahrscheinlich, dass die spezifische Technik der Großklingenproduktion lokal über einen mehr als ein halbes Jahrtausend umfassenden Siedlungshiatus hinweg weiter tradiert wurde. Plausibler erscheint, dass die frühbronzezeitliche Lithik gelegentlich in Schichten der Siedlungsperiode TCH II verlagert wurde, als die neue Siedlung über den Ruinen des dritten Jahrtausends entstand, etwa im Zuge der Anlage von Fundamentgräben, Entwässerungsrinnen, dem Ausheben von Gruben o. ä. Ebenfalls vorstellbar ist, dass frühbronzezeitliche Silexartefakte von Einwohnern der mittanizeitlichen bzw. assyrischen Siedlung gelegentlich aufgelesen wurden, um sie aus einem spontanen Bedarf heraus als Schneiden zu nutzen.

Genauso wie m. E. weitgehend auszuschließen ist, dass die lithischen Oberflächenfunde in starkem Umfang mit Silexmaterial jüngerer Perioden vermengt sind, ist auch der Grad einer Intrusion älterer Artefakte in die Stichprobe als eher gering einzuschätzen. Unter den von mir in Augenschein genommenen Oberflächenfunden findet sich kein Stück, das aus typologischen Erwägungen heraus eindeutig prähistorisch datiert werden kann. Zwar konnte unter der Grabungsleitung J.-W. Meyers nachgewiesen werden, dass sich im Bereich der Oberstadt Tell Chuēra s unterhalb der frühbronzezeitlichen Siedlungsabfolge chalkolithische und neolithische Schichten befinden[7], diese prähistorischen Siedlungsperioden erscheinen vor Ort jedoch so tief stratifiziert, dass das entsprechende Fundmaterial nur selten im Bereich der rezenten Telloberfläche zu Tage tritt.

Für den Fundort Kharab Sayyar gestaltet sich die chronologische Einordnung der Lesefunde noch unkomplizierter. Hier konnte die vollständige Sequenz der regionalen Frühbronzezeit (TCH IA bis TCH IE) nachgewiesen werden: Da der Ruinenhügel nach der Aufgabe der Siedlung am Ende der Frühbronzezeit erst wieder in frühislamischer Zeit überbaut wurde, können die Lesefunde hier m. E. generell jünger frühbronzezeitlich datiert werden.

Aus den hier dargelegten Erwägungen zur Datierung der Oberflächenfunde ergeben sich wichtige methodische Implikationen für das Aussagepotential geschlagener Steinartefakte. Ich vertrete die Ansicht, dass es sich bei den lithischen Sammelfunden aus Tell Chuēra und Kharab Sayyar grosso modo um Erzeugnisse der jünger frühbronzezeitlichen Industrien handelt. Auf der Grundlage dieser These können die Lesefunde – mit gewissen Abstrichen, was die spezifische Erhaltung der Objekte anbelangt – voll in die Analyse des lithischen Materials integriert werden.

DK 2 – Oberflächenschuttschicht (TCH: n = 325, KHS: n = 0; Abb. 2.1; 2.2)

Der depositionale Kontext „Oberflächenschutt" bezeichnet die ersten Abträge, die bei der Anlage oder flächenmäßigen Erweiterung von Grabungsbereichen anfallen. Dieser Auffindungskontext wird in der Grabungsdokumentation verschiedentlich auch als „Abtrag der Oberfläche" oder „Abhub der Oberfläche" angesprochen. Der Oberflächenschutt setzt sich in der Regel größtenteils aus Lehmerde, also vollständig erodiertem Ziegelmaterial zusammen und kann anteilig mit Lehmziegelschutt, Asche oder Kieseln vermengt sein. Die Mächtigkeit der Oberflächenschuttschicht ist vom lokalen Erhaltungszustand der Befunde abhängig. Dicht unterhalb der modernen Oberfläche erscheint das Erdreich häufig stärker durchwurzelt und von Tiergängen durchzogen. Durch Oberflächenerosion und bioturbative Prozess gelangen Artefakte fortlaufend in den Bereich der modernen Telloberfläche, wo sie in verstärktem Maße der Einwirkung postdepositionaler Faktoren wie Verwitterung und Vertritt durch Menschen und Tiere unterliegen (vgl. Teilkapitel 4.2). In Kharab Sayyar, wo die bronzezeitlichen Schichten im Bereich des Hangschnittes A von islamischen Architekturresten überlagert wurden, wurden keine lithische Funde in oberflächennahen Schuttschich-

5 Helms – Tamm i. D. Da die Siedlung in der Periode ID ihre flächenmäßig größte Ausdehnung besaß, während in der nachfolgenden Periode IE nur noch einer vergleichsweise kleinen Ansiedlung bestand hatte, gehören die Lesefunde wohl mehrheitlich in die Periode ID.

6 In den Bereichen mit einer Bebauung aus dem 2. Jt. v. u. Z. wurden zudem stets auch Befunde aus der Frühbronzezeit angeschnitten. Der Stand der Aufarbeitung in den betreffenden Grabungsbereichen lässt vielfach keine eindeutige Datierung der Silexfunde zu, weshalb bei der Datenaufnahme unter dem Punkt „Datierungsposition" häufig Siedlungsperiode I-II vermerkt wurde.

7 Vgl. Babour in Hempelmann 2013: 34-36.

ten dokumentiert. In Tell Chuēra erbrachten die Abträge des Oberflächenschutts hingegen teilweise größere Mengen lithischer Funde. So wurden etwa allein in den verschiedenen Teilbereichen des Areals W (südöstliche Unterstadt) n = 206 geschlagene Steinartefakte aus dieser Fundlage geborgen; das sind 37,1 Prozent aller aus diesem Grabungsbereich stammenden Lithikfunde.

DK 3 – Straße oder Gasse
(TCH: n = 100, KHS: n = 9; Abb. 2.2:1)

In verschiedenen Grabungsbereichen Tell Chuēra s (Bereiche ASA, B, E, H, K, TMS, W) und Kharab Sayyars (Bereich A) wurden Abschnitte von Gassen und Straßenzügen aufgedeckt, die Lithikfunde erbrachten. Wege innerhalb der Siedlungen bestanden zumeist aus Stampflehm, konnten aber auch mit Kies oder Scherbenpflastern befestig sein. Steinartefakte, die im Bereich von Straßenzügen geborgen wurden, wurden dem depositionalen Kontext „Straßen und Gassen" zugeordnet, wenn sie entweder direkt auf der Begehungsfläche bzw. einem über dem Straßenniveau ausgeprägten Trampelhorizont lagen oder beim Abtiefen eines Straßenbefundes zum Vorschein kamen.

DK 4 – überdacht rekonstruierte Begehungsfläche
(TCH: n = 55, KHS: n = 20; Abb. 2.1)

Diesem Kontext werden Funde zugeordnet, die von oder aus Begehungsflächen geborgen wurden, für die eine Überdachung rekonstruiert werden kann. Fußböden von Räumen bestehen in Chuēra und Kharab Sayyar zumeist aus Stampflehm, teils weisen sie auch einen Kalkestrich auf. Während Funde aus Schuttschichten (DK 6) in der Regel auf das Verwerfen von Artefakten im Zuge der Abfallentsorgung verweisen, besteht bei Objekten aus diesem Fundkontext zumindest eine gewisse Möglichkeit, dass sie auf eine Aktivitätszone (Produktion oder Konsumtion von Steinartefakten) verweisen. Dies gilt insbesondere für Funde, die aus dem Abtrag von Fußböden stammen. Bei den entsprechenden Stücken ist zu vermuten, dass sie in Begehungsflächen eingetreten und somit beim Säubern der Räume nicht aus diesen herausgefegt wurden.[8]

DK 5 – nicht überdacht rekonstruierte Begehungsfläche
(TCH: n = 193, KHS: n = 46; Abb. 2.1)

Bei den nicht überdacht rekonstruierten Begehungsflächen handelt es sich häufig um Bereiche, die ein Kiesel- oder Scherbenpflaster aufweisen[9]. Außenbegehungsflächen können aber auch aus einem komprimierten Lehmboden bestehen. Bereiche, die keine besondere Befestigung oder eine durch häufige Begehung verdichtete Oberfläche erkennen lassen, konnten in einigen Fällen anhand horizontal ausgerichteter Fundkonzentrationen als Laufhorizonte identifiziert werden. Steinartefakte aus dieser Fundlage können theoretisch auf Aktivitätszonen hindeuten (vgl. DK 4).

DK 6 – Schuttschicht
(TCH: n = 796, KHS: n = 146; Abb. 2.1; 2.2:1)

Dieser Kontext bezieht Schuttschichten in von Mauern umgebenden Bereichen (Ablagerungsbefunde im Bereich von Räumen und Höfen) sowie auf freien Flächen akkumulierte Ablagerungen ein. Von Mauern umschlossene Schuttablagerungen resultieren im Wesentlichen aus drei archäologischen Formationsprozessen, die miteinander verknüpft sein können: Sie entstehen, wenn aufgelassene Räume und Höfe im Zuge von Erosionsprozessen langsam mit Lehmerde und Lehmziegelschutt aufgefüllt oder nach ihrer Auflassung sukzessive mit Schutt und Abfällen verfüllt wurden. Dem Verfall preisgegebene Räume innerhalb der Siedlungen wurden teils über einen längeren Zeitraum hinweg aufgesucht, um Abfälle zu entsorgen. Hierauf lassen die große Funddichte und ein hoher Ascheanteil schließen, die in Bezug auf Schuttschichten häufig beobachtet werden konnten. Zu den im Bereich von freien Flächen abgelagerten Schuttschichten gehören einerseits Sedimentschichten erodierter Lehmarchitektur – z. B. im Bereich von Straßen und offenen Plätzen – andererseits teilweise mächtige Agglomerationen von Siedlungsmüll, die in Tell Chuēra in verschiedenen Bereich der Siedlung dokumentiert werden konnten. Daneben existieren Akkumulationen von Schutt, die, bedingt durch Zerstörungen, innerhalb kürzester Zeit zur Ausprägung kamen. Die Zusammensetzung der Ablagerung erlaubt es ggf., die Formationsprozesse konkret zu differenzieren.

DK 7 – Grubenverfüllung
(TCH: n = 133, KHS: n = 1; Abb. 2.1)

Gruben können als Abfallgruben angelegt worden sein oder sekundär als Abfallgrube Verwendung gefunden haben.

---

8 Schiffer 1996: 62.

9 In Chuēra werden mit Kies gepflasterte Bereiche in der Regel als offene Hofbereiche interpretiert (vgl. Pfälzner 2001: 136-137).

DK 8 – Grabenverfüllung (TCH: n = 1, KHS: n = 1)

Verfüllungen von Gräben wurden der Vollständigkeit halber in die Liste der depositionalen Kontexte aufgenommen und sind an beiden Fundorten nur durch Einzelfunde belegt.

DK 9 – Installation (TCH: n = 103, KHS: n = 13; Abb. 2.1)

Dieser depositionale Kontext bezieht sich auf Befunde, die in der Dokumentation der verschiedenen Grabungsbereiche vielfach zusammenfassend als Installationen bezeichnet werden. Hierzu gehören technische Anlagen wie Tannur-Öfen, mit Estrich verstrichene Becken, Entwässerungsrinnen und Einbauten wie Lehmziegelbänke, Podeste u. ä.

DK 10 – Befestigungsanlage (TCH: n = 33, KHS: n = 0; Abb. 2.2:2)

Ausschließlich in Chuēra sind einige Silexfunde aus dem Ziegelmassiv der Stadtbefestigung bzw. aus der im Vorfeld der Befestigungsmauer anstehenden Wallschüttung belegt.

DK 11 – Schutt zwischen Mauern (TCH: n = 3, KHS: n = 11)

Diese Fundlage bezeichnet Zwischenräume angrenzender Lehmziegelmauern.

DK 12 – Baugrube, Fundamentgraben oder Fundament (TCH: n = 5, KHS: n = 1; Abb. 2.1)

Diese depositionale Kategorie wurde der Vollständigkeit halber aufgenommen. Sie bezeichnet Fundmaterial, das aus der Verfüllung von Gruben stammt, welche der Aufnahme von Fundamenten dienten. Auch Silices, die im Fundamentbereich der Mauern geborgen wurden, werden dieser Kategorie zugeordnet.

DK 13 – Zusetzung, Planierschicht oder Terrassierung (TCH: n = 67, KHS: n = 50)

Aufgelassene Räume wurden in Tell Chuēra und Kharab Sayyar teilweise planmäßig mit Ziegeln und Ziegelbruch zugesetzt, wahrscheinlich um einen stabileren und ebenen Baugrund für neu zu errichtende Gebäudeteile zu schaffen. Raumzusetzungen, zugesetzte Türöffnungen sowie Strukturen, die durch die Ausgräber als Planierschichten oder Terrassierungen gedeutet wurden, sind hier zu einer depositionalen Kategorie zusammengefasst worden.

DK 14 – Depotfund (TCH: n = 27, KHS: n = 0; Abb. 4.3)

Als Depotfunde sind hier Assemblagen silextechnologischer Grundformen, Halbfabrikate oder Geräteformen definiert, die zusammen aufgefunden wurden und bei denen Fundlage oder spezifische Zusammensetzung die Annahme erlauben, dass die Objekte absichtlich an einer Stelle niedergelegt wurden, um sie für eine spätere Verarbeitung oder Verwendung zu horten. Depots von Silexartefakten konnten bislang nur in Tell Chuēra dokumentiert werden. Eine Auflistung der als Depots gedeuteten Komplexe findet sich im Teilkapitel 4.1.3.1 (Tabelle 4.1.3.1-I).

DK 15 – Verfüllung von Grabgrube (TCH: n = 4, KHS: n = 0)

Diesem Kontext werden Silices zugewiesen, die in der Verfüllung von Grabgruben oder Schächten von Schachtgräbern gefunden wurden. Im Gegensatz zu Artefakten, die als Grabbeigaben gedeutet wurden, stehen Funde aus Grubenverfüllungen nicht zwangsläufig mit dem Bestattungsritual in Verbindung, sondern können unabsichtlich beim Zuschütten des Grabes in die Grube gelangt sein.

DK 16 – Beigabenkontext (TCH: n = 1, KHS: n = 0, vgl. Abb. 4.2)

Grabbeigaben definiere ich hier allgemein als Einzelfunde oder Assemblagen, die in einem bestattungsrituellen Bedeutungszusammenhang niedergelegt wurden. Bislang liegt aus den untersuchten Fundorten nur ein einzelnes Beispiel für ein Silexartefakt vor, das als Grabbeigabe gedeutet werden kann (vgl. Abb. 4.2).

DK 17 – Sondage (TCH: n = 140, KHS: n = 0)

Die Anlage von Sondagen zur Klärung diachroner Fragestellungen geht in der Regel mit verhältnismäßig kleinräumigen archäologischen Aufschlüssen einher. Während des Abtiefens ist häufig kein sukzessiver Abtrag der Befunde gemäß der umgekehrten Reihenfolge ihrer Entstehung möglich. In Tell Chuēra wurde bei der Anlage von Sondageschnitten stattdessen vielfach mit fortlaufend nummerierten künstlichen Abhüben gearbeitet. Steinartefakte, die diesen Abträgen entstammen, werden dem depositionalen Kontext „Sondage" zugeordnet.

Bei den Altgrabungen in Chuēra wurden häufig ganze Abträge im Bereich so genannter „Testschnitte" unter einer Fundstellennummer subsumiert. Wenn sich der Fundkontext von Steinartefakten aus entsprechenden Fundstellen im Zuge der Datenaufnahme nicht konkretisierten ließ, wurden die Funde ebenfalls dem Fundkontext „Sondage" zugeordnet.

DK 18 – Mauer
(TCH: n = 21, KHS: n = 1; Abb. 2.1)

Artefakte, die aus abgetragenen Lehmziegelmauern stammen, wurden dem depositionalen Kontext „Mauer" zugeordnet.

DK 19 – Schotterterrasse des Wadi Chuēra
(TCH: n = 17)

Im Zuge mehrerer Exkursion in das Wadi Chuēra wurden Silices in den Schotterterrassen des Wadi aufgesammelt.

DK 20 – Sonstiges oder unbestimmbarer Kontext
(TCH: n = 838, KHS: n = 6)

Funde, deren Auffindungszusammenhang nicht durch die in diesem Kapitel definierten Kontexte abgedeckt werden, wurden unter dieser Auffangkategorie subsumiert. Zu den „unbestimmbaren" Kontexten gehören in erster Linie Funde aus Bereichen, in denen der aktuelle Bearbeitungsstand noch keine konkreteren Aussagen zulässt.

Die hier aufgeführten Fundkontexte lassen sich z. T. mit unterschiedlichen Kategorien von Siedlungsabfällen erklären. Diese werden in Teilkapitel 4.2.3, das sich mit der Müllentsorgungspraxis der frühbronzezeitlichen Haushalte befasst, untersucht. In dem betreffenden Abschnitt findet sich auch eine nach Grabungsbereichen und depositionalen Kontexten aufgeschlüsselte Auflistung der Fundhäufigkeiten lithischer Artefakte (vgl. Tabelle 4.2.2-II und 4.2.2-III).

2.2 Die Grabungsbereiche in Tell Chuēra (TCH)

In diesem Kapitel werden die einzelnen Grabungsbereiche vorgestellt, aus denen untersuchten lithischen Funde stammen. Dabei wird auch eine Funktionsdeutung des jeweiligen Bereichs vorgeschlagen.[10] Folgende Funktionsbereiche der frühbronzezeitlichen Stadtanlage werden differenziert: „Wohnbereiche"[11], „Produktionsbereiche"[12], „übergeordnete Haushalte" (Tempel und Palast), „öffentlicher Raum"[13], „Verteidigung"[14], „Gräberfeld" und „nicht bestimmbar"[15]. Die Lage der einzelnen Grabungsstellen geht aus Abb. 2.3 hervor.[16] Abb. 2.4 und Tabelle 2.2-I sind Angaben zur Anzahl der lithischen Funde pro Bereich zu entnehmen. In der Tabelle wurde das Fundspektrum auch nach Grundformen getrennt (Grundform II; vgl. Abb. 1.7) aufgeschlüsselt.[17] In Tell Chuēra werden die einzelnen Grabungsbereiche seit 1986 mit einem oder mehreren Kennbuchstaben bezeichnet. Die vor 1986 untersuchten Arbeitsbereiche wurden aus Gründen der Kohärenz rückwirkend mit einem Großbuchtstaben versehen.[18] Unsystematisch geborgene Lesefunde von der Teloberfläche erhielten den Kennbuchstaben „X". Neben den einzelnen Grabungsbereichen werden im Folgenden auch hervorzuhebende lithische Funde und Fundkomplexe vorgestellt. Etliche Bereiche erbrachten lediglich eine geringe Anzahl von Steinartefakten. Dies ist meiner Einschätzung nach zumeist auf die Praxis der Stichprobenerhebung zurückzuführen. Dieser Aspekt wird ausführlicher in Teilkapitel 5.2 diskutiert.

10 Da der Stand der Aufarbeitung in Bezug auf die einzelnen Bereiche erheblich variiert, basieren die Aussagen in diesem Kapitel auch auf den Angaben der Ausgräber, den Originalakten der Grabungsdokumentation sowie internen Grabungsberichten.

11 Wohnhausbefunde und Hinweise auf häusliche Produktion.

12 Bereiche, in denen Installationen oder Akkumulationen von Abfall die Ausübung produktiver Tätigkeiten implizieren, werden als Produktionsbereiche angesprochen, sofern die Funde und Befunde auf eine Konzentration von Produktionsvorgängen schließen lassen oder Hinweise auf eine Wohnbebauung fehlen. Prinzipiell rechne ich für die Frühbronzezeit mit fließenden Übergängen zwischen Wohn- und Arbeitsbereichen. Die Dichotomie von Wohnraum und Arbeitsplatz ist eher als ein Phänomen der modernen Industriegesellschaft zu begreifen.

13 Als „öffentlicher Raum" werden hier frei begehbare Straßen und Plätze innerhalb der Siedlung bezeichnet.

14 Bereiche, in denen ein Abschnitt der Befestigungsanlagen aufgedeckt wurde.

15 Die Funktion eines Bereiches wird mit „nicht bestimmbar" angegeben, wenn Funde und Befunde – z. B. aufgrund zu geringer Größe der jeweiligen Grabungsfläche – keine plausible funktionale Deutung erlauben.

16 Das lokale Vermessungsnetz in Tell Chuera besteht aus 100 mal 100 m großen Planquadraten, die von West nach Ost mit den Großbuchstaben (A-M) und in Süd-Nord-Richtung mit römischen Ziffern (I-IX) bezeichnet sind. Zur Systematik siehe Orthmann 1995 u. a.: 13-14.

17 Die Zusammensetzung des Grundformenspektrums erlaubt bereits Rückschlüsse auf die Praxis der Stichprobenerhebung in den einzelnen Grabungsbereichen. Wenn aus einer Grabungsstelle ausschließlich Klingen vorliegen, ist damit zu rechnen, dass lithische Funde nur sehr selektiv in die Fundaufnahme gelangten.

18 Vgl. Orthmann u. a. 1995: 14. Alternative bzw. ältere Bezeichnungen, unter denen die Bereiche in der Forschungsliteratur bekannt sind (Steinbau I etc.), werden den Überschriften der folgenden Teilkapitel in Klammern nachgestellt.

Bereich	n	f (Abschläge)	f (Klingen)	f (Kernsteine)	f (Trümmer)	f (unbestimmbar)*
A	50	10,0	76,0	2,0	4,0	8,0
ASA	113	27,4	51,3	5,3	15,9	0,0
B	52	25,0	67,3	3,8	3,8	0,0
D	106	37,7	53,8	0,9	0,6	0,9
E	22	4,5	81,8	4,5	9,1	0.0
F	605	30,6	22,0	2,1	15,5	21,8
G	50	6,0	86,0	0,0	0,0	8,0
H	299	23,1	61,9	4,3	10,0	0,0
HMS/TMS	163	53,4	22,1	3,1	20,9	0,6
K	677	25,0	54,1	1,9	14,5	4,6
L	2	0,0	100,0	0,0	0,0	0,0
M	13	0,0	100,0	0,0	0,0	0,0
N	9	0,0	100,0	0,0	0,0	0,0
P	32	9,4	59,4	18,8	9,4	3,1
R	4	0,0	100,0	0,0	0,0	0,0
S	74	40,5	35,1	0,0	24,3	0,0
SWF	2	0,0	0,0	0,0	100,0	0,0
T	15	6,7	73,3	13,3	6,7	0,0
W	556	42,4	26,4	4,1	27,0	0,0
WAD	18	50,0	33,3	16,7	0,0	0,0
X	611	46,2	30,3	6,2	17,3	0,0
Z	1	0,0	100,0	0,0	0,0	0,0

Tabelle 2.2-I: Anzahl von Steinartefakten (n) und relative (f, in Prozent) Fundhäufigkeit silextechnologischer Grundformen (Grundform II) in den Grabungsbereichen Tell Chuēras.

2.2.1 Bereich A (Steinbau I)

Funktionsdeutung: übergeordneter Haushalt – Tempel

Beschreibung: Der Grabungsbereich A umfasst den Steinbau I – eine aus Kalksteinblöcken errichtete, etwa 27,5 m mal 15,5 m ausgedehnte und noch bis zu 5 m hoch aufragende Struktur (Kernbau) – und die anschließenden Grabungsflächen. Der Steinbau diente vermutlich als Basis für einen in Lehmbauweise errichteten, vollständig erodierten Tempel. Zusammen mit einer Reihe weiterer Strukturen gehörte der Steinbau I zu einem ausgedehnten sakralen Komplex (im Folgenden: Temenosbereich). Es wird angenommen, dass dieser Komplex innerhalb der Siedlung einen großen Tempel-Haushalt bildete.[19] Seit den 1950er Jahren wurden Grabungen im Bereich A durchgeführt, eine Nachuntersuchung der Grabungsstelle erfolgte zuletzt während der Kampagne 1998.[20] Im Bereich A sind sieben Bauschichten differenziert worden.[21]

Nördlich des Steinbaus wurde eine dichte, aus Lehmziegeln errichtete Bebauung festgestellt. Diese Architekturreste wurden von W. Orthmann als „Schicht 7" bezeichnet, in mehrere Bauphasen differenziert und in die ältere Frühbronzezeit (Periode IB-IC) datiert. Stratigraphisch gehen die Baustrukturen dieser Schicht der Errichtung des Steinbaus voraus. Dieser schneidet die Befunde der Schicht 7[22]. Die Konstruktion des Steinbau I kann auf Grundlage einer Neubewertung der Stratigraphie sowie einer Auswertung des bislang veröffentlichten keramischen Fundmaterials an das Ende der Periode Tell Chuēra IC oder in die Periode ID da-

* Bei den „unbestimmbaren" Grundformen handelt es sich in der Mehrzahl um Artefakte, die ich nicht selbst in Augenschein nehmen konnte bzw. Stücke, die nicht anhand von Fotos oder Fundzeichnungen mit Sicherheit einer Grundformkategorie zugeordnet werden konnten.

19 Hempelmann 2010b.

20 Zur Grabungsgeschichte vgl. Moortgat 1960a; 1960b, 1962; Orthmann 1995.

21 Vgl. Meyer 2010d: 14.

22 Vgl. Hempelmann 2013: 236. W. Orthmann (1995: 33-34) ging ursprünglich davon aus, dass der Kernbau errichtet wurde „während die Gebäude der Bauphase 7b2 bis 7b1 bestanden".

tiert werden. Zum Nutzungszeitraum des Steinbaus gehören die Schichten 2-5[23]. Da eine Baustruktur der Schicht 7 eine durch Nischen gegliederte Fassade aufweist, hat R. Hempelmann angenommen, dass die Vorgängerbebauung – wie der spätere Steinbau – kultische Funktionen erfüllte[24]. Schicht 7 endet mit einem Zerstörungshorizont. In mehreren Räumen fanden sich menschliche Skelette[25]. Wahrscheinlich handelt es sich hierbei um Opfer einer gewaltsamen Auseinandersetzung, die nach ihrem Tod nicht regulär bestattet wurden. Auch in den Grabungsbereichen B und TMS fanden sich Spuren von Zerstörungshorizonten, die vermutlich auf das gleiche katastrophale Ereignis zurückzuführen sind.

In den Dokumenten der frühen Ausgrabungen wird die Lithik kaum berücksichtigt. So ist etwa für das Jahr 1958 im „Fund-Journal" A. Moortgats kein einziger Steinartefaktfund aufgeführt. In der darauf folgenden Kampagne von 1959 finden immerhin sieben „Feuersteinmesser" Erwähnung. Ich nehme an, dass Silex nur in Ausnahmefällen in die Fundaufnahme gelangte. Die Grabungen der Jahre 1960 und 1963 erbrachten ebenfalls eine geringe Anzahl geschlagener Steinartefakte, allerdings findet sich unter den geborgenen Funden eine einzelne vollständige und über 20 cm lange Silexgroßklinge[26] (Abb. 4.4:2). Vollständige Großklingen sind in Tell Chuēra nur selten belegt, da die Grundformen in aller Regel zumeist segmentiert wurden (vgl. Teilkapitel 3.3.2.1). Das entsprechende Stück, bei dem es sich dem Eindruck der Ausgräber nach um ein „Silex-Messer mit geringen Gebrauchsspuren, ohne Retuschen" handelte, stammt zudem aus einem bemerkenswerten Fundkontext: Die Klinge wurde in Raum 5 der zerstörten Schicht 7 gefunden, der drei menschliche Skelette, Knochen von weiteren „4, höchstens 6 Toten"[27] sowie metallene Waffen barg (Abb. 4.4:1, vgl. auch Teilkapitel 4.1.3.1)[28]. Die Entstehung des Gesamtbefundes steht möglicherweise mit Kampfhandlungen in Zusammenhang. Die Klinge lag der Grabungsdokumentation zufolge „unter dem Brustkorb" eines der Skelette, das vor der Nordwand des Raumes freigelegt wurde und in dessen Schulterbereich sich auch ein Dolch und eine Lanzenspitze aus Metall fanden. Fundlage und Fundvergesellschaftung[29] legen die Vermutung nahe, dass es sich bei der Großklinge um einen spontan als Waffe verwendeten Gegenstand gehandelt haben könnte. Alternativ erscheint denkbar, dass die Individuen nach ihrem Tod in dem Raum deponiert wurden.[30] In diesem Fall wären die Metallgegenstände und die Silexklinge als Bestandteile eines Rauminventars zu deuten. Dass der kleine Raum 5 möglicherweise als Magazin gedient haben könnte, deutet der Befund eines die gesamte Wandbreite einnehmenden Lehmziegelregals an der Südwand der Kammer an[31]. Die Praxis, vollständige Silexgroßklingen zu horten, lässt sich verschiedenen Grabungsbereichen Chuēras nachweisen (Bereiche E, K, M).

Auch die Grabungen der 1980er und 1990er Jahre erbrachten eine – im Vergleich zur Quantität anderer Kleinfunde – sehr geringe Anzahl geschlagener Steinartefakte. Hervorzuheben ist der Fund einer weiteren vollständigen Großklinge[32], die laut Grabungsdokumentation in einem Raum (Raum 103) „flach auf einer Bank"[33] lag. Der Fundkontext erinnert an Deponierungen unbearbeiteter Großklingen in anderen Bereichen der Siedlung.

2.2.2 Bereich ASA (Außenstadt A)

Funktionsdeutung: Produktionsbereich

Beschreibung: Außerhalb der südöstlichen Unterstadt Tell Chuēras konnte durch Einsatz der Geomagnetik ein extramuraler Siedlungsbereich identifiziert werden. Um tiefer gehende Auskunft über die Funktion dieses als „Außenstadt A" bezeichneten Areals zu gewinnen, wurden hier für die Dauer von zwei Kampagnen (2006-2007) Ausgrabungen durchgeführt. Die archäologische Untersuchung erbrachte den Nachweis für eine Bebauung, bei der es sich vermutlich nicht um ein dauerhaft bewohntes extramurales Quartier, sondern um einen reinen Produktionsbereich handelte.[34] Abgesehen von kleinen Räumen, die in einigen Fällen lediglich als Windschutz für die zahlreichen aufgedeckten Ofenanlagen vom Tannur-Typ gedient haben dürften, konnten im Bereich ASA verputzte Becken, befestigte Freiflächen und Gruben freigelegt werden. Darüber hinaus wurde im Osten der Grabungsstelle ein breiter Graben bzw. Kanal lokalisiert, durch den im Verlauf der Grabung ein Schnitt angelegt wurde.[35] Die „Hauptnutzungsphase des Bereiches" ist anhand der Keramik in die jüngere Frühbronzezeit (Periode Tell Chuēra ID) datiert worden. Älter frühbronzezeitliches Material der Periode TCH IC wurde den Angaben der Ausgräberin zufolge lediglich vereinzelt, in den

23 Hempelmann 2013: 195-197.
24 Hempelmann 2013: 197.
25 Orthmann 1995: 32.
26 TCH 60 A 89-1.
27 Moortgat 1962: 35.
28 Vgl. Moortgat 1962: 35-38.
29 Die Rekonstruktion der Fundumstände erfolgte v. a. auf Basis der Angaben des Grabungstagebuches von 1960.
30 Vgl. Moortgat 1962: 39.
31 Vgl. Moortgat 1962: 36, Abb. 28.
32 TCH 86 A 1036-1.
33 Angabe aus der Grabungsdokumentation.
34 Vgl. Meyer 2007: 234-235. Ich beziehe mich in diesem Abschnitt auch auf die bislang unpublizierte Magisterarbeit von K. Burger (2008: bes. 47-49), die die Ausgrabungen im Bereich ASA leitete und eine erste Auswertung der Ergebnisse vorgenommen hat. Die Befunde der Außenstadt A wurden von C. Chavez Yates im Rahmen einer Dissertation bearbeitet (Chaves Yates 2014).
35 Burger 2008: 22-23.

„untersten Schichten des Grabens" gefunden. Was konkret im Gebiet der Außenstadt produziert wurde, lässt sich nicht mit Sicherheit feststellen, da die dokumentierten Installationen vielfach einen multifunktionalen Charakter aufweisen. Möglicherweise wurden hier Arbeiten ausgeführt, die mit einer erhöhten Geruchsbelästigung oder einem erhöhten Gesundheitsrisiko einhergingen und deshalb in einen Bereich außerhalb der Stadtmauern verlagert wurden (Verarbeitung von Tierhäuten, staubintensive Gipsherstellung o. ä.). Der Fund einer einzelnen basaltenen Töpferscheibe und vereinzelte Keramikfehlbrände legen die Produktion von Keramik nahe.

Daneben vermute ich, dass die Tätigkeiten im Bereich ASA v. a. mit der agrarischen Produktion im Umland Tell Chuēras in Zusammenhang standen. In arbeitsintensiven Phasen des agrarischen Zyklus – insbesondere zur Erntezeit – könnte der Außenstadt A eine wichtige logistische Funktion zugekommen sein. Hier konnte die Versorgung von Erntearbeitern mit Nahrung organisiert[36] und das eingefahrene Getreide verarbeitet worden sein (Dreschen, Windsichten, Rösten). Für landwirtschaftliche Tätigkeiten in diesem Bereich sprechen mehrere Funde von Großklingensegmenten mit Sichelglanzzonen (n = 27; vgl. Teilkapitel 4.1.3). Die teilweise befestigten Arbeitsflächen, die den Angaben der Ausgräberin zu Folge Spuren häufiger, möglicherweise saisonaler Erneuerung zeigen, könnten auch als Dreschböden fungiert haben. Aus der Außenstadtgrabung stammen mehrere Abschlagkerne bzw. Kernsteinfragmente, unmodifizierte Abschläge sowie Hammersteine, die auf die Fabrikation einfacher Abschlagartefakte in diesem Bereich verweisen (vgl. Teilkapitel 3.2.1).

2.2.3 Bereich B (Steinbau II, Steinbau IV)

Funktionsdeutung: übergeordneter Haushalt – Tempel, Produktionsbereich

Beschreibung: Der Grabungsbereich B umfasst das Umfeld des so genannten Steinbau II. Dieser Baukomplex gehört zu einer Reihe monumentaler Architekturreste (Steinbauten I-IV), die in ihrer Gesamtheit als Bestandteile eines ausgedehnten Tempelbezirks (Temenos) gedeutet werden. Ein Abschnitt des Steinbaus II wurde bereits Ende der 1950er Jahre unter der Leitung von A. Moortgat[37] aufgedeckt, weitere Grabungen erfolgten in den 1980er und 1990er Jahren.[38] In Verbindungen mit archäologischen Untersuchungen im Bereich der zentralen Mittelsenke der Oberstadt wurden zuletzt 2001 und 2006-2007 auf kleiner Fläche Grabungsarbeiten im Areal B durchgeführt. Eine zusammenfassende Auswertung der Stratigraphie und Grabungsbefunde steht noch aus.

Der Steinbau II weist einen rechteckigen Grundriss mit vorgezogenen Anten auf und wurde aufgrund seiner Bauweise zunächst als eigenes Kultgebäude (Antentempel) interpretiert. Neuere Grabungsergebnisse legen jedoch nahe, dass es sich bei dem Komplex um eine Art Torbau mit Durchgängen in beiden Schmalseiten handelte, dem innerhalb des Tempelbezirks eine Verteilerfunktion zukam.[39] Der Grabungsbereich B erstreckt sich in südöstliche Richtung bis zum so genannten Steinbau IV. Bei dieser Struktur handelt es sich um einen über 60 m langen, NW-SO orientierten Mauersockel aus großformatigen Bruchsteinen, der als südliche Begrenzung des Tempelbezirks gedeutet werden kann. Aus diesem Bereich liegen Hinweise auf Terrassierungen vor.

Im Umfeld des Steinbaus II differenzierten W. Orthmann und H. Klein eine Abfolge von vier Bauschichten.[40] Die Errichtung des Steinbaus ist in die Bauschicht 3 datiert worden (jüngere Frühbronzezeit, Periode ID). Nördlich an den Steinbau II anschließend fanden sich Überreste von Gebäuden mit verschiedenen Installationen, der Abschnitt einer Gasse sowie gepflasterte Freiflächen. Schicht 3 überlagert die älter frühbronzezeitliche (Periode IC) Bebauung der Schicht 4, die nördlich und südöstlich des Steinbaus großflächig untersucht werden konnte. Bei diesen Baustrukturen handelt es sich um die Überreste mehrerer Gebäude und eines Produktionsbereiches, in dem offenbar in größerem Umfang Getreide verarbeitet wurde. Am Ende der Periode IC wurde dieser Bereich durch eine Brandkatastrophe zerstört.[41] In dieser Zerstörungsschicht, die vermutlich den Zerstörungshorizonten der Bereiche A und TMS entspricht, fanden sich die Überreste zahlreicher, zumeist verbrannter menschlicher Skelette.[42]

Im Grabungsbericht von 1995 ist vermerkt, dass segmentierte Feuersteinklingen „im Bereich des Steinbau 2 keineswegs selten"[43] vorkommen, jedoch sind Funde geschlagener Steinartefakte in den Fundinventaren m. E. stark unterrepräsentiert. Hervorzuheben ist der Fund eines Ensembles aus fünf jeweils über 10 cm langen Klingengeräten[44], die zusammen an einer Stelle aus einer Entwässerungsrinne geborgen

36 Die Zubereitung von Nahrung im Gebiet der Außenstadt deutet sich in der Präsenz diverser Tannur-Öfen an, für die aufgrund ethnographischer Beobachtungen eine Hauptfunktion als Brotbacköfen angenommen wird (Pfälzner 2001: 146). Ferner liegen aus dem Bereich ASA auch Reibsteinfunde vor (Burger 2008: Tabelle C1-3, Befund 156).

37 Moortgart 1960b.

38 Orthmann 1995: 11-13, Tabelle 1.

39 Weninger u. a. 2010: 192-193.

40 Klein – Orthmann 1995.

41 Im Südosten der Grabungsstelle B wurde ein aus zwei Räumen bestehender Baukomplex aufgedeckt, der ein umfassendes keramisches Inventar sowie größere Mengen verkohlten Getreides enthielt und anscheinend als Lagerraum fungierte. Eine Serie von Proben aus diesem Bereich wurde radiometrisch datiert. Im Ergebnis zeigte sich, dass die Zerstörung des Bereiches B und somit auch das Ende der Periode IC mit großer Wahrscheinlichkeit um 2465 calBC anzusetzen ist.

42 Weninger u. a. 2010.

43 Klein – Orthmann 1995: 79.

44 TCH 92 B 5051-1 bis -5.

wurden. Die Klingen lassen unterschiedlich stark ausgeprägte Modifikationen und Gebrauchsspuren erkennen, weisen jedoch alle Sichelglanzzonen auf (vgl. Abb. 4.3:2, Tabelle 4.1.3.1-II). Ich vermute, dass es sich bei dem Komplex um ein Depot von Erntegeräten handelt.

2.2.4 Bereich D (Steinbau III)

Funktionsdeutung: übergeordneter Haushalt – Tempel, öffentlicher Raum

Beschreibung: Die Grabungsstelle Bereich D bezeichnet eine Steinbaukonstruktion im südöstlichen Randbereich der Oberstadt (vgl. Abb. 1.6). Dieser Baukomplex bildet das erste Glied einer Reihe monumentaler Bauten und ist vermutlich als Bestandteil eines ausgedehnten Tempelbezirkes anzusehen. Die Struktur setzt sich aus zwei Bauelementen zusammen: einem rechteckigen Kernbau, bei dem es sich wohl um einen steinernen Sockel für eine aufgehende Struktur aus Lehmziegeln handelte und einer im Osten an diesen angesetzten 12 bis 13 m breiten monumentalen Freitreppe. Grabungen am Steinbau III begannen 1963. Im Verlauf von zwei Kampagnen wurden große Teile der Anlage freigelegt.[45] 1973[46], 1982 und 1986 erfolgten Nachuntersuchungen.[47] Zwischen 2003 und 2005 wurden in dem Bereich erneut Ausgrabungen durchgeführt.[48]

Die jüngsten Grabungsarbeiten konzentrierten sich auf die Randbebauung von Treppenkonstruktion und Kernbau sowie auf den Bereich im unmittelbaren Vorfeld des Treppenaufgangs. Dort konnten drei bis dahin nicht bekannte, tiefer gelegene Treppenstufen lokalisiert werden. Darüber wurde ein Vorgängerbau der großen Steintreppe aufgedeckt. Während die Errichtung der monumentalen Treppe in die jüngere Frühbronzezeit datiert werden kann (Periode ID), wurde der kleinere Vorgängerbau vermutlich bereits in der Periode IC erbaut. A. Moortgat hatte die „ganze Anlage als Teil eines Hochtempels" gedeutet und auch die Überlegung angestellt, dass es sich bei der Konstruktion auch um eine Grabanlage handeln könnte.[49] In jüngerer Zeit ist die Treppe unter funktionalen Gesichtspunkten auch als monumentaler Aufgang in den Temenosbereich der Oberstadt interpretiert worden.[50] Die Größe und die emporenartige Struktur des Steinbaus sowie seine Ausrichtung auf eine Freifläche, die so genannte „Plaza" in der südöstlichen Unterstadt (Bereich W), lassen meiner Meinung nach den Schluss zu, dass die Treppe als Bühne für religiöse und politische Inszenierungen genutzt wurde.

Bereits im Verlauf der frühen Grabungen der 1960er Jahre wurden einige Steinartefakte im Bereich D geborgen, die Fundlage der Artefakte ist auf Basis der Grabungsdokumentation jedoch kaum zu ermitteln. Da die Stücke in der Regel aus dem Umfeld des Steinbaus bzw. aus den ihn überlagernden Schichtzusammenhängen stammen, habe ich sie jünger frühbronzezeitlich datiert. Aus den Sondierungen der Jahre 1973, 1982 und 1986 sind keine Funde geschlagener Steinartefakte überliefert. Die jüngsten Ausgrabungen erbrachten hingegen ein umfangreicheres Inventar (n = 78 Silexartefakte). Das Fehlen von Steinartefakten in den Fundinventaren der Altgrabungen erscheint v. a. als ein Resultat der damaligen Praxis der Stichprobenerhebung.

2.2.5 Bereich E (Steinbau V und Töpferviertel)

Funktionsdeutung: Wohn- und Produktionsbereich

Beschreibung: Im Bereich E wurden für die Dauer von zwei Kampagnen (1973, 1976) Ausgrabungen durchgeführt.[51] Ausgangspunkt für die Grabungen bildeten dem Grabungsvorbericht von 1975 zufolge „noch erkennbare Mauer-Züge aus großen Steinen auf der Oberfläche einer nach Südwesten zungenartig vorspringenden Anhöhe des inneren Tells". Die Motivation der Ausgräber bestand zunächst darin, möglichen Hinweisen auf Monumentalarchitektur an dieser Stelle, die ihnen „wie geschaffen für ein größeres Bauwerk" schien, nachzugehen.[52] Im Ergebnis der ersten Kampagne konnten dicht unter der Oberfläche schlecht erhaltene Teile eines großen Gebäudes mit massiven Steinfundamenten aufgedeckt werden, das von den Ausgräbern anschließend an die fortlaufende Nummerierung der zu diesem Zeitpunkt bekannten Großbauten als „Steinbau V" bezeichnet wurde. Die Ausgräber deuteten den Gesamtbefund als Indiz für einen „Palast oder ein Wirtschafts-Gebäude" bzw. ein „Verwaltungsgebäude"[53]. 1976 wurden die Grabungen fortgesetzt, um durch die Anlage eines Suchschnittes im Hofbereich des „Steinbaus" der Frage nach der Existenz eines Vorgängergebäudes nachzugehen. Ferner wurden auf großer Fläche in Lehmbauweise errichtete Architekturreste freigelegt, die an den „Steinbau" angrenzten. Ein Nachweis für einen Vorgängerbau konnte nicht erbracht werden, allerdings wurden in seinem Umfeld auf einer Gesamtfläche von ca. 500 m^2 ein vollständiger Hausplan (Haus A, Abb. 2.5:1), Teile weitere Gebäude (B, C, D) sowie

45 Moortgat 1967: 4-8.
46 Moortgat – Moortgat-Correns 1975: 36-37.
47 Orthmann u. a. 1986: 35-38
48 Die Befunde und die Stratigraphie des Steinbau III werden z. Zt. im Rahmen einer Dissertation von O. Kromberg bearbeitet. Die Datierung der Steinartefaktfunde aus dem Bereich D erfolgte auf der Grundlage O. Krombergs vorläufiger Ergebnisse.
49 Moortgat 1967: 7.
50 Meyer 2007: 137.
51 Moortgat – Moortgat-Correns 1975; Moortgat – Moortgat-Correns 1978.
52 Moortgat – Moortgat-Correns 1975: 40.
53 Moortgat – Moortgat-Correns 1975: 46.

eine Töpferwerkstatt freigelegt. Diese Beobachtung veranlasste die Ausgräber dazu, den Grabungsbereich als „Werkstatt-Betrieb" bzw. „Töpferviertel" zu deuten.[54] Die Lehmarchitektur des „Töpferviertels" (Phasen 2-3) wird nach Aussage der Ausgräber von den Fundamenten des „Steinbaus" (Phase 1) überlagert. Eine genaue Datierung der Strukturen des Grabungsbereiches ist wegen des Publikationsstandes schwierig. Aufgrund einiger abgebildeter Becherformen ist jedoch eine jünger frühbronzezeitliche Zeitstellung anzunehmen. In seiner Synthese zur Wohnarchitektur des 3. Jts. v. u. Z. hat P. Pfälzner eine m. E. plausible Neuinterpretation der Strukturen vorgeschlagen, die von der Deutung der Moortgats abweicht[55]: Seiner Meinung nach handelt es sich bei „Steinbau V", den er als „Haus E II" bezeichnet, nicht um ein offizielles Gebäude mit Palast- oder Wirtschaftfunktion, sondern um das Haus eines wohlhabenderen Haushaltes („Elite-Wohnhaus"). Es zeigt nach Pfälzner die charakteristischen Merkmale eines Wohnhauses (etwa den Eingangskorridor mit Entwässerungsrinne, der den inneren Hofbereich mit einer Gasse verbindet), unterscheidet sich von anderen Beispielen der lokalen Wohnarchitektur jedoch durch seine „ungewöhnlich große Hoffläche", eine durch Vorsprünge gegliederte Hoffront, einen großzügig dimensionierten Kernraum sowie das massive, in Stein ausgeführte Fundament. Das östlich dieses Gebäudes gelegene ältere Haus A wird von den Moortgats und Pfälzner, der den Komplex als „Haus E I" anspricht, übereinstimmend als Wohnhaus interpretiert. Die Töpfereiproduktion im Bereich E wird von Pfälzner nicht als Hinweis auf einen reinen „Gewerbe-Betrieb"[56] angesehen. Vielmehr nimmt er an, dass es sich „nicht um einen ausschließlichen Handwerksbereich, sondern um ein Wohnhausviertel mit handwerklichen Aktivitäten"[57] handelte. Im Grabungsbericht von 1973 findet sich kein Hinweis auf Funde von Steinartefakten. In den Originalakten der Ausgrabung wird lediglich ein einzelner Silexfund – ein „winziges Feuerstein-Messerchen" – erwähnt, das aus dem Raum 9 des „Steinbau V" stammt. Bei diesem Stück handelt es sich, der angefügten Skizze nach zu urteilen, um das Segment einer regelmäßigen Klinge.[58] Neue Ausgrabungen in verschiedensten Bereichen des Tells sprechen dafür, dass in den oberflächennahen Kulturschichten der Ruine in der Regel mit einem hohen Fundaufkommen an Steinartefakten zu rechnen ist. Folglich ist davon auszugehen, dass 1973 keine systematische Bergung geschlagener Steinartefakte erfolgte.

In Bezug auf die Grabungskampagne von 1976 zeichnet sich ein etwas differenzierteres Bild ab. Zwar wurden auf der beeindruckend großen Gesamtfläche lediglich n = 21 Silexartefakte geborgen, darunter finden sich jedoch zwei Depotfunde unbearbeiteter Großklingen aus verhältnismäßig gut dokumentierter Fundlage, die wichtige Informationen zur Umgangsweisen mit Steinartefakten innerhalb der frühbronzezeitlichen Großsiedlung liefern (vgl. Tabelle 4.1.3.1-I). Eines der Großklingendepots konnte ich in einem Magazin in Raqqa lokalisieren. Für weitere Stücke ließ sich die Fundsituation ausgehend von den Informationen der Grabungsdokumentation näher bestimmen. Der zweite Depotfund wurde seinerzeit an das Museum in Aleppo überstellt und konnte daher allein auf Grundlage der Informationen der Grabungsdokumentation in die Datenaufnahme einbezogen werden. Bei dem umfänglicheren der beiden Depotfunde handelt sich um ein Ensemble aus vier unbearbeiteten Silexgroßklingen (vgl. Abb. 2.5:2, 3.48)[59], die auf dem Fußbodenniveau eines Raumes (A-6), der zu Haus A (Moortgat – Moortgat-Correns) bzw. E I (Pfälzner) gehört, gefunden wurden (vgl. Abb. 2.5:1). Raum A-6, der aufgrund seiner Installationen von Pfälzner als Hauptraum angesprochen wurde und auf die Ausgräber angesichts eines hohen Aufkommens an Keramik- und sonstigen Funden „wie ein Depot" wirkte[60], erbrachte auch Funde von zwei Metallbarren (Moortgat – Moortgat-Correns) bzw. Gusskuchen (Pfälzner), die noch auf einer Eckbank lagen (Abb. 2.5:3). Dieser Umstand ist als Hinweis darauf gedeutet worden, dass die Bewohner dieses Hauses u. a. mit der Verarbeitung von Metall befasst waren.[61] Es ist weitgehend auszuschließen, dass es sich bei den Funden um Objekte handelt, die hier im Zuge der Abfallentsorgung abgelegt wurden. Das zweite Depot, das sich aus zwei unbearbeiteten, vollständigen Großklingen zusammensetzt[62], die ebenfalls direkt auf dem Fußbodenniveau eines Raumes (D-4) gefunden wurden, stammt aus dem westlich an Haus A angrenzenden Gebäude (Haus D). Bei diesem Haus, dessen Architekturreste partiell vom „Steinbau" der Phase 1 überlagert wurden, handelt es sich ebenfalls um ein Wohnhaus. Die Depotfunde aus den benachbarten Wohnhäusern bezeugen, dass beide Haushalte einen Vorrat unbearbeiteter Silexgroßklingen verwahrten.

2.2.6 Bereich F (Palast F)

Funktionsdeutung: übergeordneter Haushalt – Palast, Produktionsbereich (Nachnutzungsphase des Palastbaus)

Beschreibung: Im westlichen Randbereich der Oberstadt konnten zwischen 1987 und 1999 Teile eines großen Gebäudes freigelegt werden, das „wegen seiner Ausdehnung"[63], aufgrund seiner Raumordnung und Architekturvergleichen als frühbronzezeitlicher Palastbau gedeutet worden ist (vgl.

54 Moortgat – Moortgat-Correns 1978: 68.
55 Pfälzner 2001: 345-348.
56 Moortgat – Moortgat-Correns 1978: 68.
57 Pfälzner 2001: 347.
58 TCH 73 E 0-1.
59 TCH 1976 E 161-1 bis -4.
60 Moortgat – Moortgat-Correns 1978: 65-66.
61 Pfälzner 2001: 345-346.
62 TCH 76 E 130-1 und -2 (Abb. 2.5:4).
63 Orthmann – Pruss 1995: 122.

Abb. 1.4:1). Erste Ausgrabungen in diesem Bereich waren bereits 1985 durchgeführt worden. In dieser Kampagne wurden zwei unweit voneinander angelegte Grabungsareale untersucht, die im Grabungsvorbericht als „Westtempel“ und „Steinbau VI“ bezeichnet wurden.[64] Im Ergebnis der großflächigen Grabungen nach 1985 wurden im Bereich F vier Bauschichten differenziert.[65] Die Bauschichten 2-3 bezeichnen den Baukomplex des frühbronzezeitlichen Palastes, dessen Errichtung in die Periode Tell Chuēra ID datiert werden kann. Bei der Bauschicht 4, die nur punktuell untersucht werden konnte, handelt es sich möglicherweise um einen Vorgängerbau dieser Anlage. Bauschicht 1 umfasst hingegen Überreste dicht unter der heutigen Telloberfläche gelegener Strukturen. Diese können in die finale frühbronzezeitliche Siedlungsphase (Periode IE) datiert werden und bezeugen eine Nachnutzung der zu diesem Zeitpunkt aufgelassenen Palastanlage. Die Ausgrabungen belegten eine kleinteilige Bebauung und erbrachten durch die Freilegung von Becken, Keramikbrennöfen und Fehlbränden zahlreiche Hinweise auf die Keramikproduktion. Die Rekommunalisierung der Palastanlage dokumentiert den Zerfall der zentralen politischen Institution des Stadtstaates im ausgehenden 3. Jt. v. u. Z. 2010 wurden erneut Ausgrabungen in verschiedenen Bereichen der Palastruinie durchgeführt. Die Architekturbefunde und die Stratigraphie des Bereiches F werden im Rahmen eines Dissertationsprojektes aufgearbeitet.[66] Zum Zeitpunkt der Datenaufnahme für die vorliegende Arbeit war es noch nicht möglich, die zahlreichen Steinartefaktfunde aus dem Bereich F (n = 605) durchweg den einzelnen Bauschichten zuzuordnen. Eine jünger frühbronzezeitliche Datierung des Materials (Perioden ID-IE) kann jedoch als gesichert angesehen werden. Ebenfalls fest steht, dass geschlagene Steinartefakte sowohl in der Palastzeit wie zur Zeit der Nachnutzung der Palastruine im Bereich F in Umlauf waren.[67] Für den Bereich F lässt sich sowohl die Abschlagproduktion als auch die Verwendung von Kleinklingen und kanaanäischen Großklingen belegen. Bereits im Zuge der Grabungen von 1985 wurde im Grabungstagebuch eine – im Vergleich zu den anderen Altgrabungen – erstaunlich hohe Anzahl von Abschlagartefakten vermerkt, der Vorbericht vermerkt den Fund von „Hunderten kleiner Feuerstein-Splitter“[68]. Da die Artefakte zum damaligen Zeitpunkt nicht inventarisiert wurden, liegen jedoch nur wenige Informationen zum Kontext und zur Metrik der Artefakte vor. Den Grabungstagebüchern ist zu entnehmen, dass das Gros der Funde des Jahres 1985 aus dem Bereich mehrerer „Scherbenlöcher“, v.a. aus einem als „Scherbenloch 4“ bezeichnetem Befund stammt. Dieser erbrachte allein „100 kl. Splitter“ an Feuerstein. Ausschließlich auf den Bereich A beschränkt ist das Vorkommen flächenretuschierter Lanzettspitzen aus Silex und Obsidian (vgl. Teilkapitel 3.3.3.).

64 Moortgat-Correns u. a. 1988: 27.

65 Orthmann – Pruss 1995.

66 Tamm i. V. Angaben zur Datierung der Steinartefaktfunde aus dem Bereich F basieren auf pers. Mitteilungen A. Tamms.

67 Zur Abschlagproduktion im Bereich F vgl. auch Teilkapitel 3.2.1.4.

68 Moortgat-Correns u. a. 1988: 26.

2.2.7 Bereich G (mittelassyrische Siedlung)

Funktionsdeutung: Wohnbereich (frühbronzezeitliche Bebauung)

Beschreibung: Im Nordosten des Tells wurden in den 1980er und 1990er Jahren und 2003 Überreste einer Besiedlung aus dem 2. Jt. v. u. Z. freigelegt.[69] Die Befunde dokumentieren eine mittelassyrische Siedlung, die auf der frühbronzezeitlichen Ruine gegründet wurde. Im Grabungsvorbericht von 1995 differenzierte H. Klein vier Bauschichten.[70] Unterhalb der stark gestörten Schicht 1 kam der Ausschnitt einer Wohnbebauung (Schicht 2) zum Vorschein. Darunter wurden Teile eines größeren Baukomplexes (Schicht 3) freigelegt, bei dem es sich um ein offizielles Gebäude handelte. Das Gebäude barg einen Korpus mittelassyrischer Verwaltungstexte aus der Zeit um 1200 v. u. Z. aus denen u. a. der Name der damaligen Siedlung (Harbe) hervorgeht. Die Textfunde ermöglichten zudem Rückschlüsse auf ökonomische Aktivitäten und die offizielle Korrespondenz einer assyrischen Verwaltungseinheit.[71] Schicht 3 überlagerte jünger frühbronzezeitliche Baureste (Schicht 4), die nur auf eingeschränkter Fläche sowie im Bereich einer Sondage untersucht werden konnten. Klein deutet die Befunde der Schicht 4 als Hinweis auf eine „kleinteilige Wohnhausbebauung“[72].

In nehme an, dass die lithischen Funde aus dem Bereich G größtenteils in die Frühbronzezeit datiert werden können.[73] Hierfür spricht, dass das kleine lithische Inventar diverse kanaanäische Klingen enthält, die als charakteristische Artefakte der Frühbronzezeit anzusehen sind. Hervorzuheben ist der Fund einer oberflächenretuschierten Pfeilspitze, für die ich aufgrund typologischer Vergleiche ebenfalls eine jünger frühbronzezeitliche Datierung vorschlage (vgl. Teilkapitel 3.3.3).[74]

69 Vgl. Orthmann 1990: 39; Klein 1995b.

70 Klein 1995b.

71 Kühne 1995; Jakob 2009.

72 Klein 1995b: 190.

73 Vgl. Teilkapitel 1.6.3. Die Aufnahme der Fundstücke aus Bereich G erfolgte fast ausschließlich anhand der Grabungsdokumentation, da ich einen letzten Forschungsaufenthalt in Syrien 2011 vorzeitig abbrechen musste.

74 Vgl. Abb. 3.85:10.

2.2.8 Bereich H (Häuser, Häuserviertel)

Funktionsdeutung: Wohnbereich, Verteidigung

Beschreibung: Die Ausgrabungen im Bereich H begannen in den 1950er Jahren[75] und wurden mit veränderter Fragestellung in den 1980er und 1990er Jahren fortgesetzt.[76] Die jüngsten Untersuchungen in diesem Bereich (2002 bis 2009) haben insbesondere die Frage nach Struktur und Datierung der inneren Stadtbefestigung sowie der an sie anschließenden Bebauung in den Blick genommen. Ferner wurde die Grabungsfläche der vorangegangenen Jahrzehnte durch die Anlage der Grabungsbereiche H-West und H-Ost erheblich erweitert. Darüber hinaus wurde ein an die Außenseite der Stadtmauer angrenzender Ausschnitt der Unterstadtbebauung in die Untersuchung miteinbezogen.[77] Bereits die frühen Grabungskampagnen erbrachten den Nachweis für eine ausgedehnte Bebauung mit Privathäusern, welche eine NW-SO orientierte Gasse säumten. Im Zuge der Altgrabungen der 1950er Jahre sowie der Jahre 1982-83 konnten eine Anzahl von Hausgrundrissen vollständig bzw. großflächig freigelegt werden. Die meisten im Bereich H untersuchten Befunde sind in die regionale Periode Tell Chuēra ID datiert worden, wobei die oberflächennahen, lediglich fragmentarisch erhaltenen Befunde der „Bauschicht 1" C. Falb zufolge noch in die Periode IE gehören.[78] Die funktionale Interpretation des Bereiches H als Wohnviertel ist innerhalb der Forschung unstrittig. P. Pfälzner hat angenommen, dass sie jeweils als „Wohnstätte für einen geschlossenen, familiär nicht in mehrere Einheiten untergliederten Haushalt"[79] dienten. Auch für die Bausstrukturen, die im Gebiet der Unterstadt freigelegt werden konnten, wurde eine Deutung als Wohngebäude vorgeschlagen.[80] Die Haushalte im Bereich H könnten wohlhabender gewesen sein als Basishaushalte in anderen Bereichen der Oberstadt. So kommt P. Pfälzner über einen direkten Vergleich zwischen den Hausplänen der Bereiche H und K zu dem Schluss, dass die Wohnhäuser des Bereiches K in der Regel eine geringere Gassenfrontbreite und somit letztlich auch eine geringere Grundfläche aufweisen, worin er einen möglichen Hinweis auf eine Wohlstandsdifferenzierung der Haushalte gegeben sieht.[81]

Im Zuge der frühen Grabungen im Bereich H wurden nur wenige Silexartefakte als Funde aufgenommen. Auch in den 1980er und 90er Jahren fanden insgesamt lediglich n = 54 geschlagene Steinartefakte aus dem Bereich H Eingang in die Fundaufnahme. Bei diesen Funden handelt es sich fast ausschließlich um Klingen. Silexfunde dürften im Fundinventar der entsprechenden Kampagne massiv unterrepräsentiert sein. Der überwiegende Teil der geschlagenen Steinartefakte, die in die vorliegende Arbeit integriert werden konnte, entstammt den jüngsten Grabungen. Das Vorkommen von Abschlagformen und Trümmern veranlasste den Schnittleiter der aktuellen Ausgrabungen in diesem Bereich zutreffender Weise eine Primärproduktion von geschlagenen Steinartefakten im Wohngebiet H anzunehmen.[82]

2.2.9 Bereich HMS, TMS (Bereich H Mittelsenke und T Mittelsenke)

Funktionsdeutung: Öffentlicher Raum (Straße im Bereich der zentralen Mittelachse der Oberstadt), Verteidigung (Stadttor), Wohnbereich (TMS Süd), Übergeordneter Haushalt (TMS Nord)

Beschreibung: Die Grabungsstellen HMS und TMS wurden im Bereich der so genannten „zentralen Mittelsenke" der Oberstadt angelegt. Die Mittelsenke markiert die Position einer wichtigen, Nordwest-Südost-orientierten Verkehrsachse der frühbronzezeitlichen Stadtanlage.[83] Der Bereich HMS liegt im „Einmündungsbereich" der Mittelsenke. Zwischen 2008 und 2010 wurden an dieser Stelle Grabungen durchgeführt, um Fragen hinsichtlich der Erschließung und Befestigung der Oberstadt nachzugehen. Im Verlauf von drei Kampagnen konnte ein größerer Ausschnitt eines Steinfundamentes freigelegt werden, das von den Ausgräbern plausibel als Hinweis auf eine frühbronzezeitliche Toranlage (Funktionsbereich: Verteidigung) gedeutet und in die Tell Chuēra Periode ID datiert wurde. Beiderseits des Tores wurden Abschnitte von Straßenniveaus aufgedeckt (Funktionsbereich: öffentlicher Raum). Hierbei handelt es sich um die Verlängerung des Straßenzuges, der auch im benachbarten Grabungsbereich TMS untersucht werden konnte. An zwei Stellen wurden im Bereich HMS Tiefschnitte durch die Straßen angelegt, um die Analyse des Befundes um eine diachrone Perspektive zu erweitern. Unterhalb des IC zeitlichen Straßenniveaus kam dabei ein massiver, in Stein errichteter und ca. 1,6 m hoher Kanalbau zum Vorschein, der der Entwässerung der Oberstadt diente. Im Bereich des Südhanges der zentralen Mittelsenke wurden im Grabungsbereich HMS Hinweise

75 Moortgat 1960a: 32-46; Moortgat 1960b: 2-12. Bereits vor Moortgat wurden in diesem Bereich des Tells Suchschnitte durch den französischen Bauforscher J. Lauffray angelegt, deren Ergebnisse noch nicht veröffentlicht sind.

76 Orthmann u. a. 1986; Klein 1995a.

77 Falb 2010.

78 Falb 2010: 87, 114, Anm. 113. Für eine Synchronisierung der Bauschichten in den untersuchten Teilbereichen der Grabungsstelle vgl. Falb 2010: 85, Tabelle 1.

79 Pfälzner 2001: 334. Die alt gegrabenen Gebäude des Häuserviertels sind von Pfälzner neu durchnummeriert worden (Häuser H I bis H XII).

80 Falb 2010: 98.

81 Pfälzner 2001: 345.

82 Falb 2010: 107.

83 Alle Angaben bzgl. der Grabungsergebnisse in diesem Bereich basieren auf internen, bislang unveröffentlichten Berichten und pers. Mitteilungen der Bearbeiterin L. Droß.

auf Terrassierungen dokumentiert. Diese bildeten den Baugrund der südlichen Straßenrandbebauung, die in die jüngere Frühbronzezeit (Periode ID) datiert wurde. Entsprechende Terrassierungen finden sich auch im benachbarten Grabungsbereich TMS. Vermutlich handelt es sich bei den schlecht erhaltenen Architekturresten auf den Terrassen um Überreste einer Wohnbebauung (Funktionsbereich: Wohnbereich). Mit Blick auf die Lithik ist der Fund einer Schlagabfallassemblage zu nennen, die aus einer Schuttschicht geborgen wurde (vgl. Abb. 3.5:2). Das Material deutet vermutlich auf einen Abschlagvorgang. Ziel der Grabungen im Bereich TMS bestand darin, die Konstruktion der Straße im Bereich der zentralen Mittelsenke zu klären und die Entstehung dieses wichtigen Strukturelementes der bronzezeitlichen Siedlung zu datieren. Zwischen 2006 und 2008 wurden hierfür an zwei Stellen Schnitte durch den Straßenverlauf gelegt. Auch die Randbebauung nördlich (TMS Nord) und südlich der Straße (TMS Süd) wurde in die Untersuchung einbezogen. Im Ergebnis der Grabungen konnten verschiedene, einander überlagernde Straßenniveaus des 3. Jts. v. u. Z. erfasst werden. Die älteste Straße wurde anhand der Keramik in die älter frühbronzezeitliche Periode Tell Chuēra I A datiert.

Auf dem Niveau der jüngsten IC-zeitlichen Straße wurde ein Zerstörungshorizont freigelegt. Dort fanden sich stark verbrannte „Skelettreste von fünf Individuen"[84]. Die Toten lagen offenbar auf der Straße, wo sie vom Brandschutt kollabierender Gebäudeteile bedeckt wurden. Ein Teil der verbrannten Lehmziegel stammt nachweislich von der nördlich an die Straße angrenzenden Temenosmauer (Steinbau IV). Der Befund verweist auf dieselbe Katastrophe, die auch in den Bereichen A und B dokumentiert werden konnte. Zwischen dem ältesten Straßenniveau und dem gewachsenen Boden wurden auf sehr kleiner Fläche auch einige spätchalkolithische Befunde aufgedeckt. Die nördlich an die Straße anschließende Bebauung (TMS Nord) umfasst einen Abschnitt der Temenosmauer (Steinbau IV), Terrassierungen und mehrere Räume. Funktional gehörten diese Strukturen wahrscheinlich zum Tempelbezirk (Funktionsbereich: übergeordneter Haushalt-Tempel). Die Baustrukturen, die südlich der Straße (TMS Süd) untersucht und in die jüngere Frühbronzezeit (Periode ID) datiert wurden, sind erhaltungsbedingt schwer zu deuten. Hier kamen Steinsetzungen zum Vorschein, die von den Ausgräbern plausibel als Hinweise auf Terrassierungsmaßnahmen interpretiert wurden. Nach Einschätzung der Ausgräberin handelt es sich bei der südlichen Straßenrandbebauung um die Überreste von Wohnarchitektur. Im Zuge der Datenaufnahme für die vorliegende Arbeit konnte ich Silexmaterial der Grabungskampagne 2008 berücksichtigen. Obwohl in diesem Jahr nur relativ kleine Flächen untersucht wurden, liegt aus dieser Grabungsstelle eine vergleichsweise große Anzahl (n = 89) von Silices vor, da das lithische Material sorgfältig geborgen wurde.

2.2.10 Bereich K (kleiner Antentempel)

Funktionsdeutung: Wohnbereich, übergeordneter Haushalt – Tempel

Beschreibung: Die Arbeiten im Bereich K begannen 1963 unter der Leitung von A. Moortgat. Das Ziel der Grabungen bestand zunächst in der „Durchforschung einer verhältnismäßig kleinen, aber zentral gelegenen und in sich geschlossenen Erhebung" [85], die sich an dieser Stelle des Ruinenhügels im Gelände abzeichnete. Im Verlauf der ersten Grabungskampagnen konnten mehrere Schichten eines aus Lehmziegeln errichteten Kultgebäudes freigelegt werden (Funktionsdeutung: übergeordneter Haushalt – Tempel). Hierbei handelt es sich um den für diesen Arbeitsbereich namengebenden „kleinen Antentempel" (Schicht 1 bis 3). Im Verlauf mehrerer Grabungskampagnen (1963-64, 1973-74, 1976, 1982-83)[86] wurde die Bebauung in der Umgebung des Tempels auf einer Fläche von über 1000 m² aufgedeckt. Die freigelegten Strukturen wurden von den frühen Ausgräbern als „Wohnräume der Tempelangehörigen" und Werkstattbereiche[87] interpretiert. Auf der Grundlage des heutigen Forschungsstandes ist jedoch davon auszugehen, dass die dokumentierte Bausubstanz als Hinweis auf eine Wohnbebauung und nicht als Bestandteil eines Tempelbezirks zu deuten ist.[88] Die beiden nur etwa 100 m voneinander entfernt gelegenen „Häuserviertel" H und K bildeten innerhalb der Siedlung des 3. Jts. v. u. Z. Teile eines ausgedehnten, zusammenhängenden Wohngebietes, das sich um den geographischen Mittelpunkt des Tells herum lagerte.[89] Funde aus dem Bereich K lassen Rückschlüsse auf die Ausführung verschiedener produktiver Tätigkeiten, etwa die Verarbeitung von Metall und Ton[90] sowie die Primärproduktion geschlagener Steinartefakte (s. u.) zu. Diese Tätigkeiten waren in das Umfeld der Wohnbebauung eingebettet. Direkt unter dem „kleinen Antentempel" der Schichten 1-3 wurde ein Gebäude (Schicht 4-5) freigelegt für das A. Moortgat, auf der Grundlage von ihm kultisch gedeuteter Installationen und Funde, eine sakrale Funktion angenommen

84 Dross 2009: 21 (interner Grabungsbericht).

85 Moortgat 1965: 5.

86 Die Ergebnisse der Altgrabungen sind bislang nur im Rahmen von Vorberichten vorgelegt worden (vgl. Moortgat 1965; 1967; Moortgat - Moortgat-Correns 1975; 1978; Moortgat-Correns 1978; vgl. auch Moortgat-Correns 2001). Daher beziehe ich mich in diesem Teilkapitel auch auf Informationen aus den Grabungstagebüchern.

87 Moortgat 1967: 9.

88 Pfälzner 2001: 334-335.

89 Meyer 2010c.

90 Pfälzner 2001: 345.

hat.[91] P. Pfälzner hat für diesen, in den Moortgat'schen Grabungsberichten als „Vorgängerbau" bezeichneten Komplex später eine alternative Interpretation als Wohnhaus (Haus IIa und IIb) vorgeschlagen.[92]

Angesichts des Publikationsstandes ist die Stratigraphie der zwischen 1963 und 1983 untersuchten Abschnitte schwierig zu beurteilen. Die Einteilung in die Schichten 1-5 basiert nach Ausweis der Grabungsdokumentation v. a. auf der Bauabfolge im unmittelbaren Umfeld des „kleinen Antentempels"/„Vorgängerbaus" und ist daher nicht auf die gesamte Fläche zu übertragen. Der Ausgräber selbst kommt im Bericht über die achte Grabungskampagne 1976 bzgl. der stratigraphischen Synchronisierung der verschiedenen Schnitterweiterungen im Bereich K zu dem Schluss, dass „beim derzeitigen Stand der Freilegung keine sichtbare Verbindung zwischen den beiden Bezirken" besteht und es „keine exakte Entsprechung der Schichten zueinander" gibt.[93] Nach R. Hempelmann ist jedoch davon auszugehen, dass die Befunde der Altgrabungen größtenteils in die jünger frühbronzezeitliche Periode Tell Chuēra ID zu datieren sind, wobei die Strukturen der Schichten 4-5 bereits in Periode IC datiert werden könnten.[94]

Im Jahre 1995 wurden die Grabungsarbeiten im Bereich „kleiner Antentempel" erneut aufgenommen. Bis 1997 konnten die Ausgräber – H. Dohmann-Pfälzner und P. Pfälzner – einen Teilbereich der Grabungsfläche, den Abschnitt einer Gasse (Gasse A) mit anschließender Bebauung, bis auf die „Siedlungsnutzungsphase 9b" abtiefen. In einigen Bereichen wurden auch Befunde der nächstälteren Nutzungsphase 10 erreicht.[95] Die Nutzungsphasen 5-10 können vermutlich in die regionale Periode Tell Chuēra IC datiert werden.[96] Die Steinartefaktfunde der Jahre 1995-97 lagen mir nicht zur Bearbeitung vor. Die Großklingen aus den Phasen 5-9 sind bereits von F. Sekal (Tübingen) im Rahmen einer Magisterarbeit bearbeitet worden.[97]

Zwischen 2001 und 2008 wurde die Untersuchung des Bereiches K fortgesetzt.[98] Die Zielsetzungen der Ausgrabungen bestand jetzt darin, verschiedene Strukturelemente, die in den Ergebnissen der Geomagnetik sichtbar geworden waren (Gasse A und Abschlussmauer) exemplarisch mittels einer diachronen Flächengrabung zu untersuchen sowie die Gründung der frühbronzezeitlichen Siedlung zu datieren. Im Verlauf der Grabung wurden auf der aus arbeitsökonomischen Erwägungen heraus mehrfach verkleinerten Grabungsfläche Befunde der Bauphasen 10-38 untersucht.[99] Durch die Grabungen konnte festgestellt werden, dass die Gasse A (vgl. Abb. 2.27:3) im Bereich K seit der Bauphase 22 (regionale Periode Tell Chuēra IA/IB) bestand. Unterhalb der ältesten frühbronzezeitlichen Bebauung (Bauphase 35, Periode IA) kamen Befunde zum Vorschein, die spätchalkolitische Keramik bargen. Diese kann – einer ersten, als vorläufig anzusehenden Einschätzung zufolge – in die Periode Spätchalkolithikum 2 (LC 2) datiert werden.[100] Die besondere Bedeutung der jüngsten Ausgrabungen im Bereich K für das Tell Chuēra-Projekt besteht darin, dass an dieser Stelle Veränderungen der Wohnbebauung über einen mehrere Jahrhunderte umfassenden Zeitraum hinweg dokumentiert werden konnten. Daneben bildete die stratifizierte Keramik aus dem Bereich K zusammen mit dem keramischen Fundmaterial aus Kharab Sayyar das Gerüst für die regionale Periodisierung der älteren Frühbronzezeit.[101]

In Bezug auf die Bearbeitung der Lithik lieferten die Grabungen in diesem Bereich zusammen mit den Ausgrabungen in Kharab Sayyar eine Stichprobe gut stratifizierter Steinartefakte aus der ersten Hälfte des 3. Jts. v. u. Z. Zusätzlich liegt aus den ins Spätchalkolithikum datierten Bauphasen 36-38 auch ein Komplex spätchalkolithischer Funde vor. Die frühbronzezeitliche Lithik aus dieser Grabungsstelle stammt zudem – wie im Falle des Häuserviertels H – aus einem Bereich, der funktional eindeutig als Wohngebiet anzusprechen ist. Das Fundmaterial kann folglich – unabhängig von der genauen Fundlage der Artefakte oder ihrer präzisen Zuweisung zu einzelnen Gebäuden – in eine direkte Beziehung zur Umgangsweise der Basishaushalte mit der Ressource Silex gesetzt werden. In den publizierten Vorberichten der Grabungen der 1960er bis 1980erJahre werden Fundaufkommen geschlagener Steinartefakte nur kurz genannt[102] und als „Handwerkszeug eines bestimmten Gewerbe-Zweiges innerhalb der Tempelwirtschaft"[103] gedeutet. Im Rückblick auf die Grabungskampagne von 1976 erwähnt U. Moortgat-Correns eine „ungeheure Anzahl von Steingeräten". Diese Beobachtung ist vermutlich dahingehend zu werten, dass in

91 Moortgat 1967.

92 Pfälzner 2001: 337-338.

93 Moortgat 1978: 53.

94 Hempelmann 2010: 37-38; vgl. auch Meyer 2010d: 14. Geschlagene Steinartefakte aus den Altgrabungen im Bereich K, bei denen anhand der Originaldokumentation auf Anhieb keine Schichtzuweisung möglich war, habe ich daher vorsichtshalber in den Zeitraum „IC bis ID" datiert.

95 Zu den Ergebnissen der Grabungen der Jahre 1995-1997 im Bereich K vgl. Dohmann-Pfälzner – Pfälzner 1996.

96 Hempelmann 2010: 38. vgl. auch Meyer 2010d: 14, Tabelle: vergleichende Stratigraphie der einzelnen Grabungsbereiche.

97 Der Titel der Arbeit lautet: „Klingentechnologie des 3. Jts. v. Chr. in Nordsyrien, am Beispiel des Materials aus Tall Chuera und Tall Bderi" (2000 - Unveröffentlichte Magisterarbeit, Tübingen).

98 Hempelmann 2010; 2013.

99 Die Zählung der untersuchten Bauphasen schloss an die „Schichten" (1-5) der Altgrabungen und die „Nutzungsphasen" der Kampagnen 1995-97 an.

100 Babour in Hempelmann 2013: 34-36.

101 Hempelmann 2002; 2013.

102 Vgl. Moortgat - Moortgat-Correns 1978: 53; Moortgat-Correns 1988: 10.

103 Moortgat-Correns 1988: 10.

diesem Jahr ein höheres Aufkommen an geschlagenen Artefakten zu verzeichnen war, als die im Grabungstagebuch vermerkte Anzahl von insgesamt n = 62 Fundstücken vermuten lässt. Während der Grabungskampagne 1963 wurden in einem kleinen Raum der Schicht 2-3 (Raum X 1; vgl. Abb. 2.6[104]) „mehrere verschieden große Feuersteinklingen" gefunden (vgl. Abb. 2.7:1). Bei den Fundstücken handelt es sich um eine vollständige Großklinge (TCH 63 K 82-1), ein anhand des Fotos als sekundäre Kernkantenklinge identifizierbares Stück (TCH 63 K 82-2) und mindestens drei Segmente von Großklingen (Abb. 2.7:1).[105] Da die Stücke nach Auskunft der Tagebucheinträge an einer Stelle in der Nordostecke des Raumes gefunden wurden und Funde vollständiger Großklingen in Chuēras sehr selten sind, gehe ich davon aus, dass es sich bei der Assemblage um ein Depot handelt. Für eine intentionale Deponierung spricht außerdem, dass der Raum auch Hinweise für die Aufbewahrung von Keramik erbrachte. So wurde vor der Südwand des Raumes der „untere Teil eines grossen Gefäßes" gefunden, in dem „zwölf Näpfe ineinander geschachtelt lagen"[106] (vgl. Abb. 2.7:2). Unter dem Gefäß mit dem Depotfund von Näpfen bzw. Bechern lag „ein großer Reibstein" (Unterlieger) aus Basalt[107], wobei ein Foto der Fundsituation vermuten lässt, dass sich neben diesem ein weiterer Reibstein oder ein Reibsteinfragment befand. Im Zuge der Freilegung des Raumes X 1 kamen darüber hinaus weitere Scherben von Bechern sowie das Bruchstück einer Silexknolle[108] (TCH 63 K 97-1) zum Vorschein, das von den Ausgräbern in der Grabungsdokumentation wie folgt beschrieben wurde: „Größeres Stück Feuerstein in Form eines durchgebrochenen Bachkiesels (Rohmaterial?). Oberfläche von Feuer angegriffen. Größte Dicke: etwa 13 cm." Vermutlich bildeten zumindest die Becher-, der Reibstein und das Klingenensemble Bestandteile des ursprünglichen Rauminventars, die nach der Auflassung des Bereiches vor Ort verblieben. Großklingendepots fanden sich auch in anderen Bereichen der Siedlung (vgl. Tabelle 4.1.3.1-I), u. a. in einem Wohnhaus im Bereich E, wo Klingen zusammen mit Rohmetall aufbewahrt wurden. Raum X 1 liefert ein Beispiel für die gemeinsame Verwahrung von Grundformen der Steingeräteindustrie mit anderen Gebrauchsgütern, in diesem Fall Keramik und Reibsteine. Ich nehme an, dass Raum X 1 unmittelbar vor dem Zeitpunkt der Auflassung zu Lagerzwecken genutzt wurde. Bei den Einbauten, die in dem kleinen Raum dokumentiert werden konnten, könnte es sich, den Angaben der Grabungsdokumentation nach zu urteilen, um eine getreppte Plattform aus Lehm gehandelt haben, die möglicherweise als Arbeits- oder Stellfläche diente. Angesichts der Reibsteinfunde erscheint etwa eine weitere Funktion als Mahlraum denkbar. Die architektonische Einbettung des Raumes X 1 und des westlich an ihn anschließenden Raumes X 2 ist auf Basis des ergrabenen und dokumentierten Abschnittes der Grabungsfläche nicht eindeutig zu klären. Eine Zugehörigkeit zu dem nordöstlich gelegenen Heiligtums („Kleiner Antentempel") ist jedoch unwahrscheinlich. Ich nehme vielmehr an, dass die beiden Räume zu einem Wohnhauskomplex gehörten, da sie Räume und den Hofbereich eines Gebäudes überlagern, welches charakteristische Merkmale eines Privathauses aufweist[109] und vermutlich eine jüngere Bauphase desselben darstellen.[110] Die Einschätzung der Ausgräber, wonach der „Klumpen Feuerstein" aus Raum X 1 mit der Fabrikation geschlagener Steinartefakte in Zusammenhang stehen könnte, könnte durchaus zutreffen. Wie bereits oben erwähnt, wird im Fundverzeichnis die „größte Dicke" des Artefaktes mit „etwa 13 cm" angegeben. Dies bedeutet, dass es sich durchaus um einen größeren Kernstein gehandelt haben könnte.

Ein weiterer erwähnenswerter Altfund (TCH 82 K 0-29) wurde 1982 geborgen. Der Grabungsdokumentation zufolge handelte es sich um einen „gr. Feuerstein (in Ziegelform) mit Überzug rötl. / weiss"[111]. Obwohl keine metrischen Angaben vorliegen, halte ich es für denkbar, dass der Fund ein Rohmaterialstück für die Produktion von geschlagenen Artefakten repräsentiert. Die Beschreibung der Farbe des „Überzuges" entspricht der Beschaffenheit der Kortexrinde der Silexvarietät F 2, die für die Herstellung der Großklingen verwandt wurde. In den Dokumenten der Altgrabung werden an verschiedener Stelle weitere Funde von Kernsteinen genannt.[112] Zwei dieser Artefakte konnte ich im Nachlass von U. Moortgat-Correns lokalisieren. Bei einem der Stücke handelt es sich um einen artifiziellen Trümmer[113], bei dem anderen um einen weitgehend von Kortexrinde bedeckten Trümmer[114]. Auf seiner glatten Oberfläche zeichnet sich der Einschluss ei-

104 Vgl. Kühne 1976: 20, Plan 1.

105 TCH 63 K 82-3 bis -5. Das Foto zeigt fünf Artefakte (Abb. 2.7:1), die Eintragungen des Grabungstagebuches legen jedoch den Schluss nahe, dass es sich tatsächlich um insgesamt sechs Artefakte gehandelt haben dürfte.

106 Eintrag aus dem Grabungstagebuch von 1963.

107 Fundnummer 94 im Verzeichnis der Kleinfunde der Grabung Tell Chuera 1963.

108 Fundnummer 97 im Verzeichnis der Kleinfunde der Grabung Tell Chuera 1963. Ausgehend von der Beschreibung der Ausgräber habe ich das Artefakt als Geröllstück gewertet.

109 Zum Beispiel einen Eingangskorridor mit Entwässerungsrinne sowie einen gepflasterten Innenhof.

110 Dieses ältere Haus setzt sich aus den Räumen 17 bis 20, 27, 29 und 30 zusammen (Vgl. Moortgat 1967: Plan III). P. Pfälzner bezeichnet dieses Gebäude als Haus K VI. Aus der Bauaufnahme und den Flächennivellements der Grabung von 1963 geht klar hervor, dass die Räume X 1 und X 2 den Hausgrundriss überlagern.

111 Grabungstagebuch von 1982.

112 TCH 74 K 0-16, TCH 82 K 0-7, TCH 82 K 0-21, TCH 82 K 0-25.

113 TCH 82 K 0-25.

114 TCH 82 K 0-21.

ner fossilierten Muschel ab (vgl. Abb. 3.4:2).[115] Im Zuge der jüngsten Grabungen im Bereich K wurde eine Fundkonzentration aufgedeckt, die m. E. als Hinweis auf einen Werkplatz der Großklingenproduktion interpretiert werden kann (vgl. Abb. 3.53:1): Auf einer Begehungsfläche der Bauphase 31 b, die in Periode Tell Chuēra IA und somit in die älteste Phase der regionalen Frühbronzezeit datiert werden kann, wurden n = 19 Steinartefakte geborgen, darunter zwei große Hammersteine (vgl. Abb. 3.29:2-3)[116], deren silextechnologischer Funktionszusammenhang aufgrund der Präsenz deutlich ausgeprägter Schlagnarbenfelder gesichert erscheint. Ferner fand sich dort eine vollständige und unmodifizierte Großklinge.[117] Direkt von der Begehungsfläche (Befund 1037) wurden darüber hinaus etwas Débitage (Trümmer, Abschläge, ein Abschlagkern) sowie mehrere Geräteformen, darunter ein Bohrer[118] und retuschierte Segmente von Großklingen ohne Sichelglanz[119] geborgen. Da die Befunde der Bauphasen 25-37 nur auf kleiner Fläche untersucht wurden, bleibt „unser Verständnis von der Funktion vieler Strukturen begrenzt“[120]. Ich vermute, dass es sich bei dem partiell gepflasterten Lehmboden, auf dem die Hammersteine und die Silices lagen, um einen Außenbereich handelte, der, wie die Strukturen der jüngeren frühbronzezeitlichen Bauphasen in diesem Bereich zu einer Wohnbebauung gehörte. In der südöstlichen Ecke der Fläche – also in dem Bereich, in dem auch die beiden Hämmer aufgefunden wurden – konnte eine runde, mit Gips, Lehm und Steinen ausgekleidete Mulde (Befund 1044) dokumentiert werden. In dieser Vertiefung fand sich eine Kupferspitze mit rechteckigem Querschnitt (vgl. Abb. 3.52:1). Bei dem Stück handelte es sich möglicherweise um die metallene Armierung eines Zwischenstückes (Punch) oder Komposit-Druckstabes. Solche metallbewehrten Druckwerkzeuge sind für die Großklingenherstellung rekonstruiert worden.[121] Die kleine Grube, aus der das Objekt geborgen wurde, könnte dem Zweck gedient haben, Großklingenkerne während des Abbauprozesses zu arretieren. Ein weiterer Hinweis für die Produktion von Klingen besteht im Fund eines Depots aus drei unbearbeiteten Großklingen (vgl. Abb. 3.53:2)[122], die direkt an einer Mauer (Befund 1040) in der südöstlichen Ecke der Grabungsfläche gefunden wurden. Im Gegensatz zu der Rohklinge, die direkt von der Begehungsfläche der Bauphase 31 b stammt, lagen die Artefakte nicht unmittelbar auf dem Fußboden, sondern mehrere Zentimeter darüber im Lehmverfall. Insgesamt vermute ich, dass ein technologischer Zusammenhang zwischen den Fundstücken der Bauphase 31 b existiert. Die Artefakte bezeugen wahrscheinlich mehrere Arbeitsschritte der Produktion von Großklingengeräten: Die Hammersteine und die Kupferspitze sowie die Grube können mit der Primärproduktion von Großklingen in Verbindung gebracht werden. Bei den vier Großklingen handelt es sich um Rohstücke, die zur weiteren Verarbeitung vorgesehen waren. Die retuschierten und segmentierten Klingen repräsentieren das Endprodukt, Trümmer und Abschläge Produktionsrückstände. Die Gerätekomponente, d. h. der Fund des Bohrers und der retuschierten Abschläge, könnte anzeigen, dass in diesem Bereich auch Schäftungen aus organischem Material gefertigt wurden. Die Befunde der älteren Bauphase 32, die ebenfalls in die regionale Periode TCH IA datiert werden kann, erbrachte eine vergleichsweise große Assemblage von Silexartefakten (N = 54), darunter auch eine Kernkantenklinge der Großklingenproduktion.

115 Vielleicht wurde das Stück aufgrund dieses auffälligen Merkmals als Manuport in die Siedlung eingetragen. Hierfür spricht, dass ornamentale Objekte aus Muscheln in den Frühbronzezeitlichen Schichten Chueras häufig vorkommen.

116 TCH 07 K 1037-18 und -19.

117 TCH 07 K 1037-16.

118 TCH 07 K 1037-14.

119 TCH 07 K 1037-15, TCH 07 K 1037-16.

120 Babour in Hempelmann 2013:32.

121 Vgl. hierzu ausführlich (vgl. Teilkapitel 3.2.3.1 und 3.2.3.2).

122 TCH 07 K 1033-1 bis -3.

2.2.11 Bereich L (Außenbau und Stelenstraße)

Funktionsdeutung: Übergeordneter Haushalt – Tempel

Beschreibung: Südöstlich des Ruinenhügels befindet sich ein ausgedehnter extramuraler Zeremonialkomplex, der aus einer megalithischen Stelenstraße und einem Antentempel mit Steinfundament besteht.[123] In der Kampagne 1958 wurden zwei Klingen geborgen, die anhand der Angaben der Grabungsdokumentation in die Datenaufnahme integriert werden konnten.

2.2.12 Bereich M (Mittani-Bau)

Funktionsdeutung: Wohnbereich

Beschreibung: Die Grabungsstelle M wurde 1974 für die Dauer einer Kampagne untersucht, um Information in zur Besiedlung des 2. Jts. v. u. Z. zu gewinnen.[124] Im Zuge der Grabungen konnten mehrere Räume freigelegt werden, die in die Mittani-Zeit (= Siedlungsperiode Tell Chuēra IIA) datiert wurden. Darüber hinaus kamen an einigen Stellen Funde und Befunde der Frühbronzezeit zum Vorschein. Eine funktionale Interpretation der Architekturreste war damals aufgrund der relativ kleinen Grabungsfläche nicht möglich. 1995 wurden punktuell Nachuntersuchungen im Bereich M durchgeführt. Auf Grundlage der Dokumentation der Alt- und Neugrabungen erstellte A. Pruß in diesem Zusammen-

123 Moortgat 1960a: 9-22; Orthmann 1990: 24.

124 Moortgat – Moortgat-Correns 1976: 35-68.

hang eine stratigraphische Analyse der Grabungsstelle, auf die ich mich im Folgenden beziehe.[125] Nach Pruß lassen sich im Bereich M vier Bauschichten unterscheiden. Die Schichten 1-2 umfassen dabei die mittanizeitliche Bebauung. Eine ältere Bauschicht 3, die durch schlecht erhaltene und weitgehend erodierte Befunde charakterisiert wird, datiert in die jüngste frühbronzezeitliche Periode Tell Chuēra IE. Bauschicht 4 gehört nach Pruß bereits in einen „jüngeren Abschnitt der Periode ID" und wurde in zwei Bauphasen (4 a und 4 b) differenziert. Der freigelegte Ausschnitt der Schicht 4 erbrachte keine vollständigen Gebäudegrundrisse. A. Pruß kommt in dem internen Bericht jedoch aufgrund eines Vergleiches mit der Architektur der Häuserviertel H und K zu dem Schluss, dass die Befunde der Grabungsstelle M ebenfalls als Überreste von Wohnhäusern gedeutet werden können.

Aus der Grabungsstelle wurden lediglich n = 13 Silexartefakte – ausnahmslos Klingen und Klingenbruch – geborgen. Die Fundstücke stammen durchweg aus Schichtzusammenhängen des 3. Jts. v. u. Z. Nur ein Artefakt[126] fand sich in Ablagerungen, die gemischtes Fundmaterial, laut Fundstellenbeschreibung „jedoch größtenteils Material des 3. Jahrtausends" [127], enthielten. Obwohl ich die Originalfunde nicht lokalisieren konnte und nur vereinzelte Fundzeichnungen und Fotos vorliegen, habe ich das Fundmaterial so weit wie möglich in die Datenaufnahme einbezogen. Aus der Schicht 3 stammen interessanterweise mehrere vollständige bzw. weitgehen vollständige Großklingen. Diverse Silexfunde der Schicht 3 können zudem mit Nutzungsinventaren in Zusammenhang gebracht werden. So wurden im Bereich der Fundstelle 25 zwei Silexklingen[128] inmitten einer Konzentration von Gefäßen aufgefunden, die von den Ausgräbern und A. Pruß plausibel als „Inventar eines Raumes" interpretiert worden ist: „...hier liegen mindestens 40 ganze oder zerbrochene Gefäße beieinander, dazu Feuersteinklingen und ein Schleifstein. Unter und zwischen den Gefäßen fanden sich zahlreiche Holzreste, was darauf hindeuten könnte, daß die Gefäße ursprünglich auf einem Gestell o. ä. gestanden haben..."[129]. Angaben zur Metrik und zu Bearbeitungsspuren der Klingen liegen nicht vor. Die Befundbeschreibung lässt jedoch darauf schließen, dass in diesem Bereich Silexartefakte zusammen mit anderen Objekten aufbewahrt wurden. Unweit der Fundstelle der beiden Klingen wurde ein „Nest von Gefäßen"[130] (Fundstelle 4) dokumentiert. Dicht unter der rezenten Oberfläche lagen hier „mehrere Feuersteinmesser" (vgl. Abb. 5.2:2) zusammen mit einer Gruppe von „weitgehend vollständigen Gefäßen"[131] und weiteren Kleinfunden, darunter eine Terrakottafigurine und ein Keramikständer. Obwohl keine Begehungsfläche beobachtet werden konnte, gingen die Ausgräber davon aus, dass sich die Funde ursprünglich auf einem Laufhorizont befanden, der „wegen der humosen Schicht" dicht unter der Telloberfläche „nicht zu identifizieren"[132] war. Bei einer der Klingen handelte es sich um eine vollständige, 24,5 cm lange Großklinge. Der vorhandenen Zeichnung nach zu urteilen weist diese lateral Gebrauchsspuren oder eine flache bis halbsteile Retusche auf. Die Länge der beiden anderen Klingen betrug laut Fundbeschreibung 15,5 cm bzw. 13 cm; darüber hinaus liegen keine Informationen in Bezug auf die Metrik vor. Die Längenmaße lassen jedoch vermuten, dass es sich bei den Stücken ebenfalls um vollständige oder allenfalls gekappte Großklingen handelte. Schicht 3 entstammt ein weiterer erwähnenswerter Großklingenfund: In einem Testschnitt (Fundstelle 12) nahe der bereits erwähnten Fundkonzentrationen wurden an einer Stelle zwei Silexklingen[133] gefunden. Wiederum liegen keine Zeichnungen oder Fotos der Fundstücke vor, die Längenangaben der Kleinfundaufnahme (TCH 74 M 12-1 = 23 cm und TCH 74 M 12-2 = 20,5 cm) sprechen jedoch dafür, dass es sich um vollständige Großklingen handelt. In der direkten Umgebung der Silices fanden sich mehrere komplette Miniaturgefäße. Diese Beobachtung veranlasste die Ausgräber von einem erosionsbedingt nicht mehr erhaltenem Fußbodenniveau auszugehen. Zudem wurden die beiden Klingen auf ähnlichem Höhenniveau gefunden wie die Klingen aus dem Bereich der beiden Scherbenkonzentrationen (Fundstellen 4 und 25). Ich vermute, dass es sich bei den Stücken um ein Depot von Klingen handelte, das nach der Auflassung des Siedlungsbereiches an dieser Stelle verblieb. Dass die zwei Silexartefakte durch Zufall an gleicher Stelle zum Liegen kamen, halte ich angesichts der Seltenheit vollständiger Großklingenfunde in Chuēra für weniger wahrscheinlich. Zusammenfassend ist festzuhalten, dass der IE-zeitliche Horizont der Schicht 3 drei Fundkonzentrationen von Klingenfunden erbrachte. In zwei Fällen (Fundstellen

125 Pruss 1996: „Stratigraphische Analyse Grabungsstelle Mitanni-Bau: 2". Im Zuge der erneuten Grabungen wurden auch nachträglich Fundstellennummern vergeben. Dabei wurden Kopien des originalen Grabungstagebuches angefertigt, Fundstellen- und Fundinventarlisten etc. neu erstellt. Die aufgearbeitete Dokumentation befindet sich am Institut für Archäologische Wissenschaften in Frankfurt am Main. Umfang: fünf Aktenordner. Zu den Grabungen im Bereich M vgl. ferner die zusammenfassende Darstellung auf der Homepage des Seminars für Orientalische Archäologie und Kunstgeschichte der Martin-Luther-Universität Halle-Wittenberg (http://www.orientarch.uni-halle.de/digs/chuera/chuinfo.htm#area_m; Abfrage am 24.10.2013).

126 TCH 74 M 62-1.

127 Eintrag im Grabungstagebuch von 1974.

128 TCH 74 M 25-1 und -2.

129 Pruss 1996: „Stratigraphische Analyse Grabungsstelle Mitanni-Bau: 2". Angaben zur Fundlage auch im Grabungstagebuch von 1974.

130 Pruss 1996: „Stratigraphische Analyse Grabungsstelle Mitanni-Bau: 2".

131 Eintrag im Grabungstagebuch von 1974.

132 Eintrag im Grabungstagebuch von 1974.

133 TCH 74 M 12-1 und -2.

12 und 25) handelte es sich nachweislich um Großklingen, durchweg fanden sich in der Umgebung der geschlagenen Steinartefakte komplett erhaltene oder weitgehend vollständige Gefäße. Dies impliziert, dass hier Überreste von Inventaren vorliegen. Vergleichbare depotartige Assemblagen, in denen Großklingen mit anderen Objekten vergesellschaftet lagen, konnte ich auch in Räumen der Grabungsstellen E und K identifizieren (vgl. auch Tabelle 4.1.3.1-I). Bedingt durch die schlechte Erhaltung der Befunde der Schicht 3, war die Einbettung der Funde nicht näher zu klären. So bleibt unklar, ob das Material aus einem oder mehreren Räumen bzw. Häusern stammt. Da die ältere Bebauung der darunter liegenden Schicht 4 als Überrest einer Wohnbebauung gedeutet wurde, besteht jedoch Grund zu der Annahme, dass es sich auch bei den Strukturen der Schicht 3 um Privathäuser handelte. Der Gesamtbefund kann m. E. folglich als ein weiterer Hinweis auf die Lagerung von kompletten Großklingen durch Haushalte interpretiert werden.

2.2.13 Bereich N (Nordtempel)

Funktionsdeutung: Übergeordneter Haushalt – Tempel, Wohnbereich

Beschreibung: Die Grabungsstelle N liegt im Randbereich der nördlichen Oberstadt. Im Jahre 1960 wurden hier für die Dauer eine Kampagne Ausgrabungen durchgeführt.[134] Anlass für die archäologische Untersuchung war damals eine auf der Telloberfläche sichtbare Steinsetzung, die im Vorfeld der Grabungen zunächst für einen möglichen Hinweis auf ein Stadttor gehalten wurde. Im Zuge der Freilegungsarbeiten stellte sich jedoch heraus, dass es sich bei der Struktur um das Steinfundament einer frühbronzezeitlichen Antentempels (Funktionsdeutung: übergeordneter Haushalt – Tempel) handelte. Reste des aufgehenden Lehmziegelmauerwerks konnten nicht festgestellt werden. Dicht unter der Oberfläche wurden Funde und schlecht erhaltene Befunde aus der Zeit des 2. Jts. v. u. Z. (wahrscheinlich Siedlungsperiode IIa, Mittani-Zeit) festgestellt. Die Errichtung des freigelegten Antentempels kann wahrscheinlich in die jünger frühbronzezeitliche Periode Tell Chuēra ID datiert werden. In der Umgebung des Tempels fanden sich Hinweise auf eine anschließende Wohnbebauung der gleichen Periode. Der Tempel und die Wohnhäuser wurden möglicherweise noch bis in die nachfolgende Periode TCH IE hinein genutzt. Die Fundkontexte aus dem Bereich N erscheinen stark durchmischt und enthalten sowohl Funde der Frühbronzezeit als auch des 2. Jts. v. u. Z. In dem Bereich wurden den Einträgen des Grabungstagebuches zufolge acht „Feuerstein-Messer“ und ein „Obsidian-Messer“ geborgen. Die Fundstücke wurden der Vollständigkeit halber mit in die Datenaufnahme einbezogen.

2.2.14 Bereich P (nordwestliche Unterstadt)

Funktionsdeutung: Wohnbereich

Beschreibung: Die Grabungsstelle Bereich P wurde für die Dauer einer Kampagne (1983) untersucht.[135] Ansatzpunkt für die Grabungen bildete die Abbruchkante des Wadi Chuēra , dessen moderner Verlauf an dieser Stelle in den Tell einschneidet.[136] Direkt am Abbruchprofil wurde mit dem Ziel „die Schichtenfolge im Bereich der Unterstadt zu klären“ ein Schnitt angelegt, der im Verlauf einer Kampagne bis auf den gewachsenen Boden abgetieft werden konnte. Im Ergebnis der Ausgrabungen wurden neun Bauschichten differenziert (Bauschicht 1 bis 9). Die Grabungsergebnisse sind bislang in Form eines Vorberichtes vorgelegt worden, dem Angaben zu ausgewählten Kleinfunden – darunter auch einige Silices – sowie Übersichtspläne zu den Bauschichten 2 (Plan IVa) und 5 (Plan IVb) zu entnehmen sind.[137] Da lediglich eine sehr begrenzte Anzahl keramischer Funde veröffentlicht wurde, gestaltet sich die Datierung der Bauschichten schwierig. Ausgehend von der durch R. Hempelmann erarbeiteten Synchronisation verschiedener Grabungsbereiche, ist die Schicht 2 in die regionale Periode Tell Chuēra ID zu datieren, während sich für die Bauschicht 8 eine Datierung in Periode TCH IB oder IC ergibt.[138] Die funktionale Deutung der aufgedeckten Befunde ist aufgrund der kleinen Grabungsfläche nicht einfach, eine Interpretation als Wohnbebauung, wie sie seinerzeit bereits durch die Ausgräber angenommen wurde, erscheint auf der Grundlage der vorliegenden Informationen jedoch schlüssig. Während es

134 Moortgat 1962: 9-22; Orthmann 1990: 21; vgl. auch die zusammenfassende Darstellung auf der Homepage des Seminars für Orientalische Archäologie und Kunstgeschichte der Martin-Luther-Universität Halle-Wittenberg (http://www.orientarch.uni-halle.de/digs/chuera/chuinfo.htm#area_n, Abfrage am 30.08.2011).

135 Vgl. Orthmann u. a. 1986. Ein Stadtmauerschnitt im Gebiet der nördlichen Unterstadt wird in der Forschungsliteratur ebenfalls als Bereich P bezeichnet (vgl. Abb. 2.4).

136 Orthmann u. a. 1986: 4-5.

137 Orthmann u. a. 1986: 39-63.

138 Die Datierungsposition für die Schicht 8 basiert auf einer typologischen Einordnung der keramischen Grabbeigaben, die aus einem von dieser Schicht aus eingetieften Schachtgrab (Grab C.001) geborgen werden konnten (Hempelmann 2013: 202). In einer von J.-W. Meyer in tabellarischer Form vorgelegten vergleichenden Stratigraphie der einzelnen Grabungsbereiche werden die Schichten 1 bis 5 mit der regionalen Periode TCH ID, die Schichten 6-9 mit der Periode IC parallelisiert (vgl. Meyer 2010d: 14). In der vorliegenden Arbeit wurden die Schichten 1-5 in die regionale Periode TCH ID, die Schichten 6-7 in die Periode IC und die Schichten 8-9 in die Perioden IB bis IC datiert.

sich bei der jüngsten Schicht 1 um einen oberflächennahen „Störungshorizont“ handelt, der keine Bebauung erkennen ließ und lediglich eine Anzahl von Grubenbefunden aufwies, erbrachte Schicht 2 den Nachweis für mehrere, in der Fläche partiell aufgedeckte Gebäude (Gebäude A-C). Diese wurden von den Ausgräbern als „kleinräumige Bebauung“ und möglicher Hinweis auf „Privathäuser“ angesprochen. Da zwei der Gebäude im Grabungsplan gekieste Hofflächen erkennen lassen, die durch kleine Eingangskorridore erschlossen wurden, halte ich diese Interpretation für nachvollziehbar. Als Wohnhäuser gedeutete Gebäude in Chuēra bestehen in der Regel aus Räumen, die um gepflasterte Höfe herum gruppiert liegen, wobei Eingangskorridore den privaten Wohnbereich vom öffentlichen Bereich einer anschließenden Gasse oder Straße trennen. In der Phase 2b zeigt Gebäude A zudem eine Entwässerungsrinne im Eingangsbereich, ein Merkmal, das auch für die ID-zeitlichen Wohnhäuser, z.B. im Gebiet der Oberstadt (Bereich H), charakteristisch ist.[139] Hinweise auf produktive Tätigkeiten liefern „Brocken von verschlacktem und z.T. verglastem Lehm“, die von den Ausgräbern meiner Meinung nach plausibel als „Reste zerstörter Keramikbrennöfen“ gedeutet wurden. Die Bauschichten 3 und 4 wurden auf sehr viel kleinerer Fläche freigelegt als Schicht 2, von den Ausgräbern jedoch analog interpretiert („Bebauung wie Schicht 2“). Einen strukturellen Unterschied erkennen sie allerdings im Hinblick auf die nächstältere Schicht 5. Diese wies eine „Bebauung mit massiven Lz.-Mauern und Steinsubstruktionen auf“. Die Ausgräber vermuteten in den abweichenden konstruktionstechnischen Merkmalen dieser Bauschicht Hinweise darauf, dass es sich bei der Bebauung nicht um die Überreste von Privathäusern, sondern um öffentliche Bauten handelte, räumen jedoch ein, dass eine Klärung dieser Frage letztlich „nur durch eine Ausdehnung der Grabungsfläche“ zu erreichen gewesen wäre. Da die Grabungen im Bereich P nicht fortgesetzt wurden, bleibt dieser Punkt ungeklärt. Unterhalb der Schicht 5 wurde auf kleiner Fläche eine Bebauung freigelegt, die offenbar durch einen Brand zerstört worden war. Die Architekturreste der Bauschicht 6 sind als Hinweis auf einzeln stehende Häuser interpretiert worden. In dem Zerstörungshorizont wurde eine Assemblage von vier Großklingenkernsteinen entdeckt (vgl. Abb. 3.43-3.44).[140] Die Kernsteine lagen zusammen auf einer Begehungsfläche. Ich vermute, dass es sich bei ihnen um ein Depot noch nicht vollständig abgebauter Kerne handelte, die in einem Haus verwahrt wurden. Die Assemblage stellt einen Schlüsselfund für die Rekonstruktion des lokalen Großklingen-Produktionssystems dar, da es sich bei den Stücken um die einzigen Großklingenkerne handelt, die bislang in Chuēra gefunden wurden.[141] Die nachfolgende Schicht 7 ließ keinerlei Architekturreste erkennen. Bauschicht 8, die von den Ausgräbern in zwei Phasen (Phase 8a und 8b) unterteilt wurde, wurde erneut als Ausschnitt einer kleinteiligen Bebauung interpretiert. Die älteste Kulturschicht, Schicht 9, umfasst Ascheschichten, die unmittelbar auf dem gewachsenen Boden aufliegen sowie einen als Lehmentnahmegrube gedeuteten Grubenbefund. Aus den Schichten der Unterstadtgrabung wurden insgesamt n = 32 Silexartefakte geborgen.[142]

2.2.15 Bereich R (Grabungsbereich nördlich des Palastes F)

Funktionsdeutung: nicht bestimmbar

Beschreibung: Die Grabungsstelle R befindet sich unmittelbar nördlich des frühbronzezeitlichen Palastes (Bereich F). Hier wurden lediglich während einer Kampagne (1992) auf einer Fläche von etwa 100 m² Ausgrabungen durchgeführt. Ein Bericht liegt nicht vor, den Originalakten ist jedoch zu entnehmen, dass hier dicht unter der Oberfläche drei in Lehmbauweise errichtete Raumeinheiten erfasst und partiell freigelegt werden konnten. Ein schmaler, korridorartiger Raum enthielt eine Entwässerungsrinne. Eine funktionale Deutung des Gesamtbefundes erscheint auf Basis des ergrabenen Bereiches nicht möglich, vermutlich handelt es sich jedoch um Wohnbebauung. In einem Halbareal wurden drei W-O orientierte Grabgruben mit Hinweisen auf Körperbestattungen ohne Grabbeigaben erfasst. Die Gräber sind jünger als die Bebauung (subrezent?). Das Spektrum der Kleinfunde, die durchweg aus dem Abtrag der Oberfläche und dem Verfallschutt über den Befunden stammen, wurde in die jüngere Frühbronzezeit datiert. Unter den Kleinfunden finden sich auch das Segment einer Obsidianklinge sowie drei Segmente von Großklingen, die der Vollständigkeit halber in die Datenaufnahme integriert wurden.

2.2.16 Bereich S (Steinbau VI)

Funktionsdeutung: übergeordneter Haushalt – Tempel (Frühbronzezeit), nicht bestimmbar (Schichten der Periode IA und des Chalkolithikums)

Beschreibung: Der Grabungsbereich S liegt in etwa im geographischen Zentrum der Oberstadt. Während der jüngeren Frühbronzezeit befand sich an dieser Stelle ein Antentempel mit Steinfundament (Steinbau VI), der den 1990er Jahren lokalisiert und in den Grabungskampagnen 1998-1999[143]

139 Vgl. Pfälzner 2001: 378.

140 TCH 1983 P 66-1 bis 66-4.

141 Für seine Hilfe bei der Rekonstruktion der Fundlage anhand der Originaldokumente danke ich dem damaligen Schnittleiter F. Lüth.

142 Im Vorbericht der Grabung sind n = 19 Silexartefakte aufgeführt worden (Orthmann u. a. 1986: Tabelle 4).

143 Orthmann 2002.

sowie zwischen 2007 und 2010 archäologisch untersucht werden konnte (vgl. Abb. 4.1:3).[144] Dabei kam auch eine Sequenz in Lehmbauweise errichteter Vorgängerbauten zutage. Letztlich konnten die Ursprünge des Tempels bis in die ältere Frühbronzezeit (Periode IB) zurückverfolgt werden.[145] Eine stratigraphische Sondage im Inneren des Tempels stieß bis in die Schichten der ältesten Frühbronzezeit (Periode IA) und des Chalkolithikums vor.

Die Grabungen in diesem Bereich erbrachten ein lithisches Inventar, das n = 74 Funde umfasst. Die meisten Artefakte (74,3 Prozent) stammen aus der stratigraphischen Sondage und somit aus einem Zeitraum, in dem sich an dieser Stelle vermutlich noch kein Tempel befand. Ein hervorzuhebender lithischer Fund aus dem Inneren des jünger frühbronzezeitlichen Tempels ist eine unifazial retuschierte Geschossspitze (Abb. 3.85:2)[146], die aus einer Schuttschicht geborgen wurde.

2.2.17 Bereich SWF (Südwestfriedhof)

Funktionsdeutung: Gräberfeld

Beschreibung: Südlich des Ruinenhügels wurden im Rahmen von Rettungsgrabungen verschiedentlich durch das Wadi Chuēra angeschnittene frühbronzezeitliche Bestattungen dokumentiert. Im Bereich des so genannten Südwestfriedhofes wurden zwei Silexfragmente mit schaberartig retuschierten Kanten aus der Verfüllung einer Grabgrube (Grab 2) geborgen. Vermutlich handelt es sich bei den Stücken nicht um Grabbeigaben.

2.2.18 Bereich T (Temenosbereich)

Funktionsdeutung: Produktionsbereich, Verteidigung

Beschreibung: Die Grabungsstelle T liegt im Gebiet der südöstlichen Oberstadt, unmittelbar nördlich der zentralen Mittelsenke. Im Bereich der Grabungsstelle T steigt das Gelände steil an. Hier befindet sich eine der höchsten Erhebungen der Tellformation der Oberstadt, welche die Steinbauten überragt. Ziel der Grabungen im Bereich T war es zum einen, die Existenz größerer Baustrukturen zu überprüfen, die sich damals an dieser Stelle in der geomagnetischen Kartierung abzuzeichnen schienen. Zum anderen sollte die stratigraphische Beziehung der monumentalen Steinbauten überprüft werden, die sich am Nordrand der zentralen Mittelsenke aufreihen. Im Bereich T wurden zwischen 2001 und 2006 Ausgrabungen durchgeführt. Bislang sind die Ergebnisse nicht in publizierter Form vorgelegt worden, so dass ich mich an dieser Stelle ausschließlich auf die Informationen der Originaldokumentation, interne Grabungsberichte und einige Angaben der Ausgräber stützen kann. Ein Nachweis für eine größere Baustruktur konnte im Bereich T nicht erbracht werden, stattdessen wurde eine kleinteilige Bebauung mit zahlreichen Installationen wie Becken, Feuerstellen, Mahlinstallationen, verschiedenen Ofenformen, Entwässerungsrinnen und Arbeitsflächen aufgedeckt. Ferner wurden in diesem Bereich mächtige Ascheablagerungen dokumentiert. Hinweise auf eine Wohnbebauung lagen indes nicht vor, so dass die Ausgräber den Gesamtbefund plausibel als einen rein wirtschaftlich genutzten Bereich gedeutet haben. Dieser stand vermutlich unter der Kontrolle des großen Tempels (Steinbau I) im anschließenden Bereich A. Die Strukturen im Bereich T können folglich als Produktionsbereich eines großen Tempel-Haushaltes interpretiert werden. Im Verlauf der Grabungen wurde in einem Areal auch ein Lehmziegelmassiv angeschnitten, bei dem es sich um einen Abschnitt der inneren Stadtmauer handelt (Funktionsbereich: Verteidigung). Laut den Ausgräbern können die freigelegten Strukturen im Bereich T in ihrer Mehrzahl in die jünger frühbronzezeitliche Periode ID datiert werden. Für einige Befundzusammenhänge haben die Ausgräber, den Angaben der internen Grabungsberichte zufolge, auch eine Datierung in die ältere Periode IC erwogen.

Im Zuge der Datenaufnahme konnte ich das lithische Material der Grabungen 2001-2004 einbeziehen. Diese Grabungskampagnen erbrachten eine auffällig geringe Anzahl von Steinartefakten (n = 15). Ich vermute, dass dieser Sachverhalt v. a. auf die in diesem Bereich angewandte Praxis der Stichprobenerhebung zurückzuführen ist (vgl. Teilkapitel 5.2.1). Während der Grabungskampagne 2004 wurde im Bereich T ein Silexartefakt in bemerkenswerter Fundlage dokumentiert. Es handelt sich um ein Großklingensegment mit Sichelglanz (vgl. Abb. 3.86:2) aus dem Beigabenzusammenhang eines Grabes, welches in die Periode IC datiert wurde und offensichtlich in die Schuttschicht einer Raumverfüllung eingetieft worden war. Das Grab – eine Ziegelkiste mit einer Körperbestattung in Hockerlage – enthielt daneben eine Keramikassemblage, mehrere Perlen und eine Gewandnadel aus Kupfer bzw. Bronze (vgl. Abb. 4.2). Das Klingensegment lag zu Füßen der bestatteten Person. Bei dem Fund handelt es sich um den einzigen bisher dokumentierten Fall in der Chuēra -Region, in dem ein geschlagenes Steinartefakt als Grabbeigabe Verwendung fand. Der Kontext erlaubt zudem Rückschlüsse auf die Funktion der Großklingen, da er m. E. den Gebrauch von Einklingensicheln nahe legt (vgl. hierzu ausführlich Teilkapitel 4.1.3.1).

144 Hempelmann 2013: 202-213; ich beziehe mich in diesem Abschnitt auch auf interne Berichte und pers. Mitteilungen O. Krombergs, die zuletzt mit der Grabungsabschnittsleitung im Bereich S betraut war.

145 Pers. Mitteilung O. Kromberg.

146 TCH 08 S 158-2.

2.2.19 Bereich W (südöstliche Unterstadt und äußere Stadtbefestigung)

Funktionsdeutung: Wohnbereich, Produktionsbereich, Verteidigung, öffentlicher Raum

Beschreibung: Im Gebiet der südöstlichen Unterstadt des Tell Chuēra (Bereich W) wurden zwischen 2005 und 2010 Ausgrabungen durchgeführt, um Informationen über Struktur, Erschließung und Funktion dieses Siedlungsbereichs zu erhalten.[147] Im Zuge der Grabungsarbeiten wurden in mehreren Teilbereichen (W-1 bis W-7) Wohnhäuser (Bereiche W-1, W-2, W-3), größere Teile der äußeren Stadtbefestigung (W-4, W-6) sowie Abschnitte einer Ringstraße freigelegt (W-3, W-5, W-7). Die aufgedeckten Befunde konnten größtenteils in die jüngere Frühbronzezeit (Periode ID) datiert werden. Insgesamt können die Strukturen in der südöstlichen Unterstadt als Hinweis auf eine dichte Wohnbebauung gedeutet werden, die durch ein Nebeneinander von kleinen (Bereich W-1) und großen Privathäusern (Bereich W-3) gekennzeichnet wird. Ferner erbrachten die Ausgrabungen den Nachweis für produktive Tätigkeiten in Gestalt eines Töpfereibetriebes (Bereich W-3) und weitere Installationen und Funde in den Grabungsteilbereichen W-1 und W-2, die sich mit der Keramikproduktion in Verbindung bringen lassen. Etwa 16 Prozent aller geschlagenen Steinartefakte, die in der vorliegenden Studie berücksichtigt werden konnten, stammen aus den Unterstadtgrabungen.

2.2.20 Bereich WAD (Wadi Chuēra)

Funktionsdeutung: nicht bestimmbar

Beschreibung: Insgesamt n = 18 Steinartefaktfunde wurden im Rahmen von Begehungen im Wadi Chuēra geborgen. Abgesehen von einem der Lesefunde, stammen alle weiteren Fundstücke aus den Schotterterrassen des Wadis. Für diese Stücke ist m. E. eine paläolithische Datierung in Erwägung zu ziehen (vgl. Teilkapitel 3.1.6).

2.2.21 Bereich Z (Stadtmauerschnitt)

Funktionsdeutung: Verteidigung

Beschreibung: In der westlichen Unterstadt wurde 2002 ein schmaler Sondageschnitt angelegt, um die äußere Befestigungsanlage in diesem Bereich zu untersuchen und die Gründung der Unterstadt zu datieren.[148] Aus dieser Grabung liegt ein einzelner Klingenfund vor, der in die Datenaufnahme integriert werden konnte.

2.3 Die Grabungsbereiche in Kharab Sayyar (KHS)

Die lithischen Funde aus Kharab Sayyar stammen aus zwei Grabungsstellen: Bereich A und Bereich B. Zusätzlich zum stratifizierten Material wurden auch einige Lesefunde (Bereich X) in die Datenaufnahmen einbezogen (vgl. Tabelle 2.3-1).

2.3.1 Bereich A (Hangschnitt, Tiefschnitt)

Funktionsdeutung: Wohnbereich, Verteidigung

Beschreibung: Im Jahre 1998 wurde mit der Anlage eines zunächst 30 m langen und 9 m breiten Stufenschnitts durch die östliche Flanke des Ruinenhügels von Kharab Sayyar begonnen (vgl. Abb. 1.3:1). Ziel der Ausgrabungen in diesem Bereich war es, die Siedlungsgeschichte des Fundplatzes zu erhellen und anhand des stratifizierten Fundmaterials eine vollständige Keramiksequenz der regionalen Frühbronzezeit zu erarbeiten.[149] Mit Ausnahme des Jahres 2001, in denen die Arbeiten für die Dauer einer Kampagne ausgesetzt wurden, wurden die Ausgrabungen bis 2006 fortgesetzt. In der letzten Kampagne konnte die Gründungsphase der frühbronzezeitlichen Siedlung erreicht werden. Die Ergebnisse der Grabung und der Keramikanalyse sind in monographischer Form vorgelegt worden.[150] In der obersten Stufe des Hangschnittes konnten noch Besiedlungsreste der frühislamischen Zeit festgestellt werden. Darunter wurden 27 Bauphasen mit frühbronzezeitlichen Architekturresten freigelegt, die sich drei Bauschichten zuordnen lassen. Die bronzezeitlichen Strukturen sind durch den Ausgräber plausibel als Reste von Wohnhäusern gedeutet worden. In den Bauphasen 11 bis 15 bzw. 17 bis 27 wurden im Bereich des Hangschnitts zudem Abschnitte von Umfassungsmauern dokumentiert (Funktionsdeutung: Verteidigung).

Das lithische Inventar aus dem Bereich des Hangschnittes A enthält fast ausschließlich älter frühbronzezeitlich zu datierende Funde. Ein Großteil der Silexartefakte aus dem Bereich A stammt aus stratifizierten Kontexten.

2.3.2 Bereich B (Flächengrabung)

Funktionsdeutung: Wohnbereich

147 Vgl. Helms – Tamm 2014; Helms – Tamm i. D.

148 Meyer 2007; 2010a.

149 Hempelmann 2002.

150 Hempelmann 2008; 2013, vgl. auch Meyer u. a. 2001a; 2003.

Bereich	n	f (Abschläge)	f (Klingen)	f (Kernsteine)	f (Trümmer)	f (unbestimmbar)
A	287	40,8	31,4	4,2	23,7	0,0
B	20	25,0	70,0	0,0	0,0	0,0
X	47	40,4	19,1	4,3	36,2	0,0

Tabelle 2.3-I: Anzahl von Steinartefakten (n) und relative (f, in Prozent) Fundhäufigkeit silextechnologischer Grundformen (Grundform II) in den Grabungsbereichen Kharab Sayyars.

Beschreibung: In den Grabungskampagnen 1999 und 2000 wurden auf der Kuppe des in frühislamischer Zeit überbauten Ruinenhügels Grabungen durchgeführt. Ziel der Grabungen war es, „Baustrukturen der Frühen Bronzezeit möglichst großflächig und zusammenhängend" freizulegen, um einen strukturellen wie „funktionalen Vergleich mit den Privathäusern in Tell Chuēra treffen zu können"[151]. Die Ergebnisse der Grabung sind bislang im Rahmen eines kurzen Vorberichtes und eines Artikels veröffentlicht worden[152], alle Angaben bezüglich der Fundlage der Steinartefakte habe ich der Grabungsdokumentation entnommen. Die Ausgräber identifizierten im Bereich B zwei Bauschichten. Die obere Bauschicht (Bauschicht I) setzt sich aus schlecht erhaltenen Überresten der frühislamischen Besiedlung zusammen, während es sich bei der darunter liegenden Bauschicht II um eine frühbronzezeitliche Bebauung handelt. Die Bauphase 1 der Bauschicht II wurde im gesamten Areal auf einer Fläche von etwa 100 m² aufgedeckt, eine ältere Bauphase nur noch im Westen der Grabungsfläche.

In der Fläche der Bauphase 1 konnte ein Gebäude (Haus 1) nahezu vollständig freigelegt werden. Wie die frühbronzezeitlichen Privathäuser in Tell Chuēra besteht es aus mehreren, um einen Hof herum gruppierten Räumen und weist einen Eingangskorridor mit einer Entwässerungsrinne auf. Auch die Installationen und Einbauten in diesem Gebäude sowie in den umliegenden, größtenteils nur partiell aufgedeckten Räumen bestätigen das Bild eines für Wohnzwecke und die häusliche Produktion ausgelegten Bereiches. Der Gesamtbefund wurde daher von den Ausgräbern überzeugend als Hinweis auf eine Wohnbebauung interpretiert. In die Bauphase 1 gehört auch ein kleines Einraumgebäude (Haus 2 bzw. Raum 1), welches Fundamente aus Kalkstein und auf der Innenseite seiner Ostwand zwei „pfeilerartige" Mauervorsprünge aufweist. Aufgrund dieser konstruktionstechnischen Details haben die Ausgräber eine „besondere Bedeutung" des Raumes vermutet und darauf hingewiesen, dass eine „sakrale Nutzung nicht ausgeschlossen werden" [153] kann. Die frühbronzezeitlichen Bauphasen im Bereich B sind in die jüngere Frühbronzezeit datiert worden. Durch die Einbeziehung der lithischen Funde aus diesem Bereich konnte die Stichprobe aus Kharab Sayyar um Material aus der zweiten Hälfte des 3. Jts. v. u. Z. erweitert werden.

151 Meyer u. a. 2001a: 211.

152 Meyer u. a. 2001a; Biedermann 2014.

153 Meyer u. a. 2001a: 211-212.

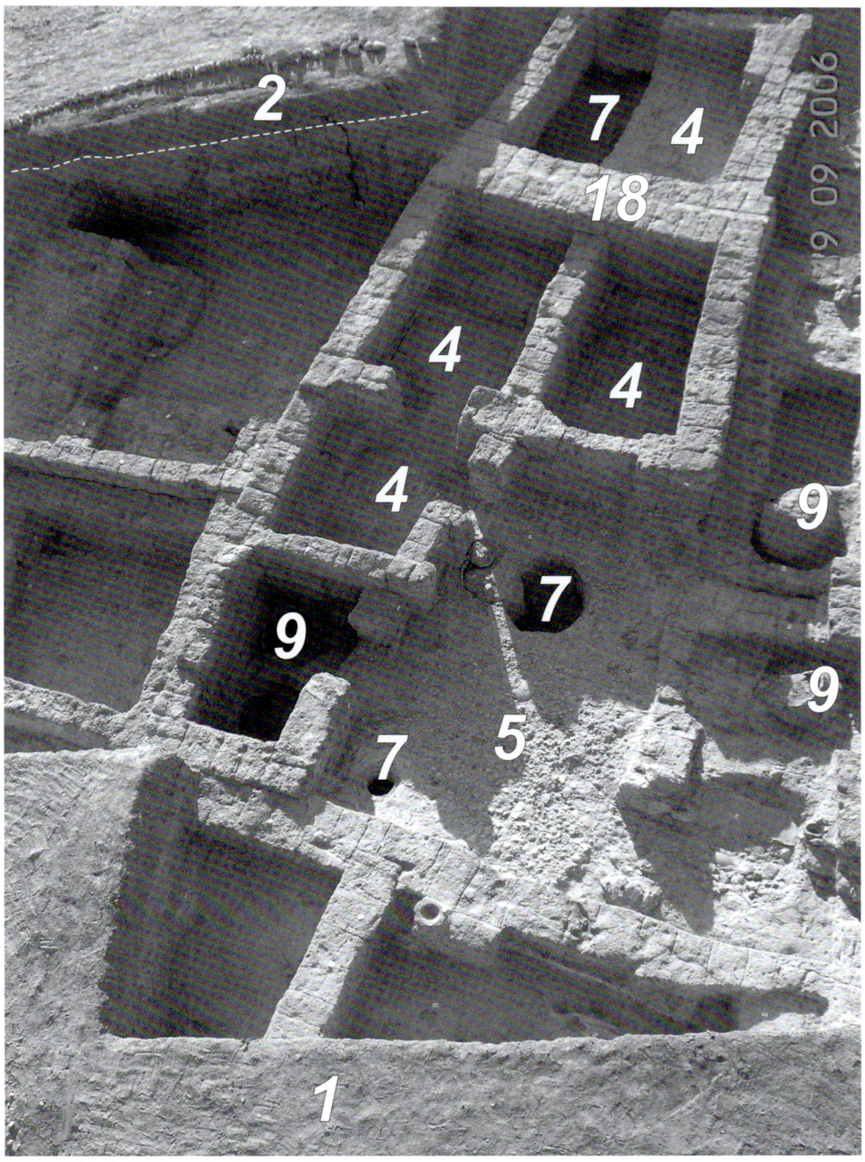

Auswahl von depositionalen Kontexten (DK) am Bsp. von Wohnhausbefunden in der südöstlichen Unterstadt Tell Chueras:

DK 1: Rezente Telloberfläche
DK 2: Oberflächenschuttschicht
DK 4: Überdacht rekonstruierte Begehungsfläche
DK 5: Nicht überdachte Begehungsfläche (Hoffläche)
DK 7: Verschieden Grubenbefunde
DK 9: Installationen (Öfen vom Tannur-Typ)
DK 18: Lehmziegelmauer

Abb. 2.1: Wohnhausbefunde im südöstlichen Unterstadtgebiet Chuēras (Bereich W-1, Periode ID) mit Bezeichnung einer Auswahl von depositionalen Kontexten

1. Ringstraße im Gebiet der Unterstadt Tell Chuēras (DK 3) und Fundamentbereich (DK 12) der Straßenrandbebauung

2. Schuttschicht (DK 6) über dem Glacis der Stadtbefestigung (DK 10), darüber liegt die Oberflächenschuttschicht (DK 2)

Abb. 2.2: 1. Ringstraße im Gebiet der südöstlichen Unterstadt Chuēras (Bereich W-3, Periode ID), 2. Stark mit Asche durchsetzte Schuttschicht (DK 6, Befund TCH W 533) über dem Glacis der äußeren Stadtbefestigung (DK 10) Tell Chuēras (Bereich W-4, Periode ID)

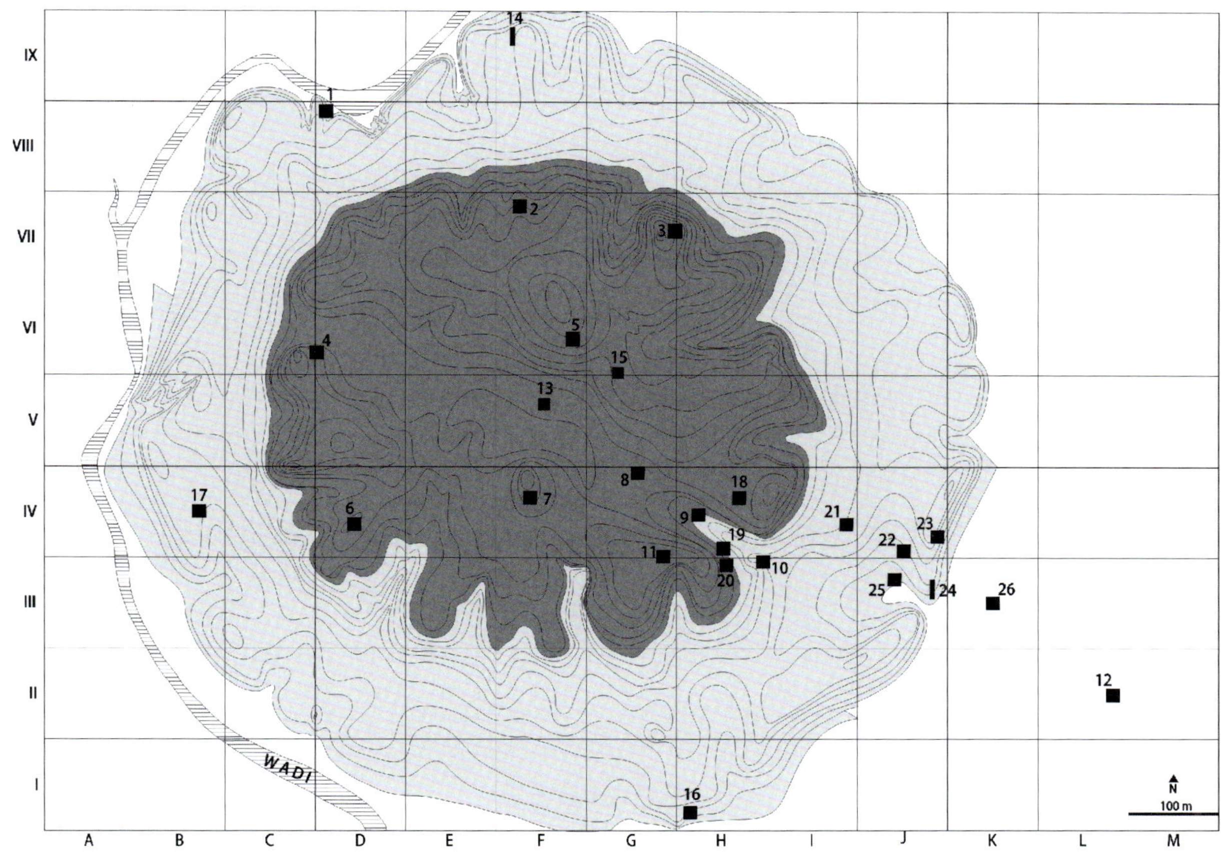

Tell Chuēra: Grabungsbereiche

1. P (nordwestliche Unterstadt)
2. N (Nordtempel)
3. G (mittelassyrische Siedlung)
4. F (Palast)
5. M (Mittani-Bau)
6. E (Töpferviertel, Steinbau V)
7. K (Häuserviertel, Kleiner Antentempel)
8. A (Steinbau I)
9. B (Steinbau II)
10. D (Steinbau III)
11. H (Häuserviertel)
12. L (Außenbau)
13. S (Steinbau VI und Vorgängerbau)
14. P (Stadtmauerschnitt)
15. V (Mittani-Bau)
16. U (Stadtmauerschnitt)
17. Z (Stadtmauerschnitt)
18. T (Temenos-Bereich)
19. TMS, HMS (T-Mittelsenke, H-Mittelsenke)
20. H-Ost (Häuserviertel Ost)
21. W-1, W-2 (südöstliche Unterstadt)
22. W-3, W-5 (südöstliche Unterstadt)
23. W-4 (Stadtmauer)
24. W-6 (Stadtmauer)
25. W-7 (südöstliche Unterstadt)
26. ASA (Außenstadt A)

Nicht eingezeichnet: J, R und Q

Abb. 2.3: Lage der Grabungsbereiche in Tell Chuēra

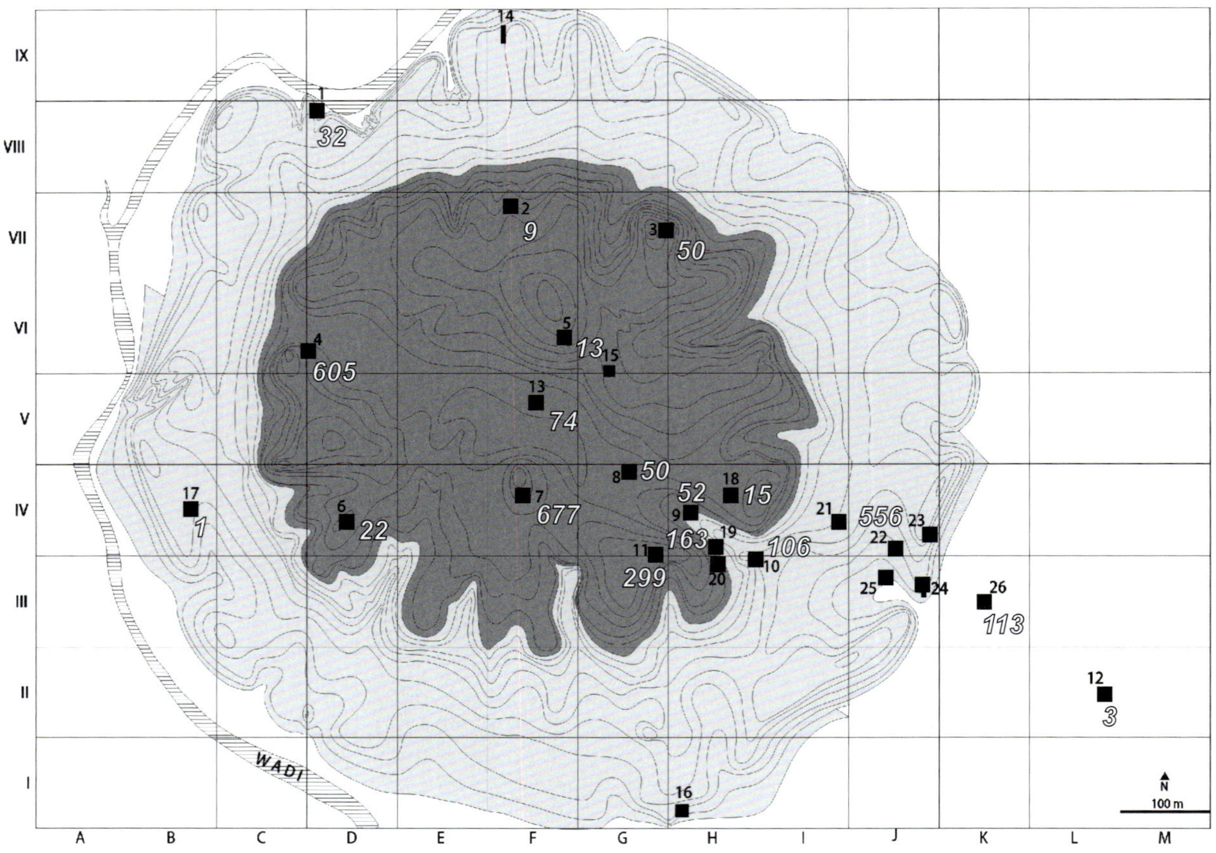

Tell Chuēra: Grabungsbereiche

1. P (nordwestliche Unterstadt)
2. N (Nordtempel)
3. G (mittelassyrische Siedlung)
4. F (Palast)
5. M (Mittani-Bau)
6. E (Töpferviertel, Steinbau V)
7. K (Häuserviertel, Kleiner Antentempel)
8. A (Steinbau I)
9. B (Steinbau II)
10. D (Steinbau III)
11. H (Häuserviertel)
12. L (Außenbau)
13. S (Steinbau VI und Vorgängerbau)
14. P (Stadtmauerschnitt)
15. V (Mittani-Bau)
16. U (Stadtmauerschnitt)
17. Z (Stadtmauerschnitt)
18. T (Temenos-Bereich)
19. TMS, HMS (T-Mittelsenke, H-Mittelsenke)
20. H-Ost (Häuserviertel Ost)
21. W-1, W-2 (südöstliche Unterstadt)
22. W-3, W-5 (südöstliche Unterstadt)
23. W-4 (Stadtmauer)
24. W-6 (Stadtmauer)
25. W-7 (südöstliche Unterstadt)
26. ASA (Außenstadt A)

Nicht eingezeichnet: J, R und Q

Abb. 2.4: Anzahl der Steinartefaktfunde (kursiv) aus den einzelnen Grabungsbereichen Tell Chueras

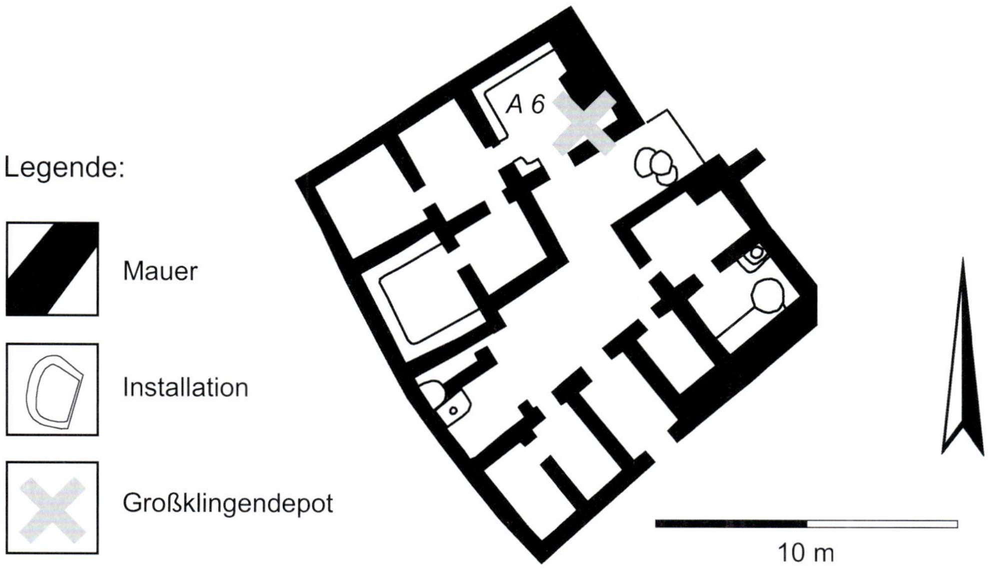

1. Lage des Großklingendepots (TCH 76 E 161-1 bis -4) in Raum A 6, Haus A

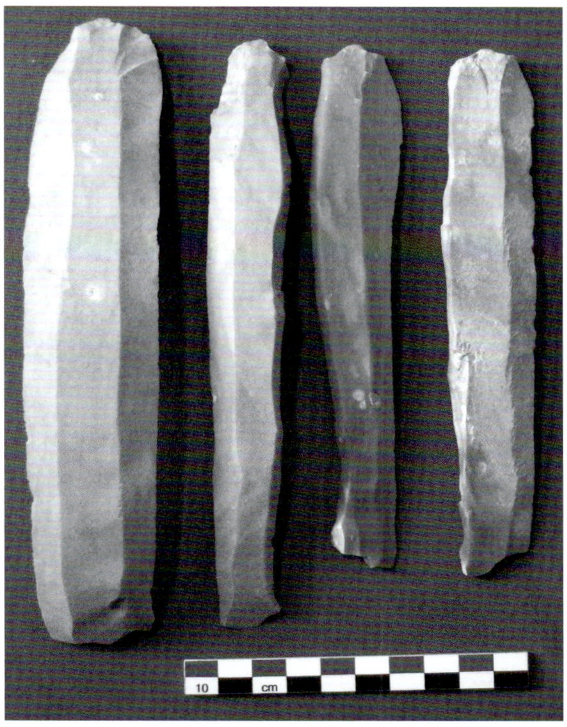

2. Großklingen TCH 76 E 161-1 bis -4

3. Barrenfunde aus Raum A-6

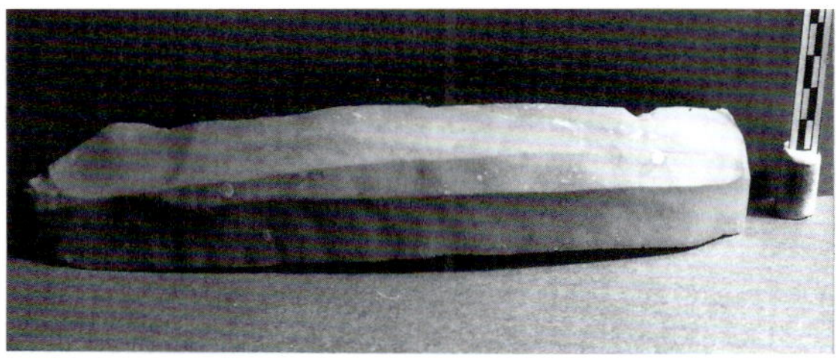

4. Großklinge TCH 76 E 130-2

Abb. 2.5: 1. Lage des Großklingendepots im Bereich E (Haus A, Raum 6), 2. Großklingendepot aus dem Raum A-6, 3. Kupferbarren aus dem Raum A-6, 4. Vollständige Großklinge aus dem Bereich E (Haus D, Raum D-4)

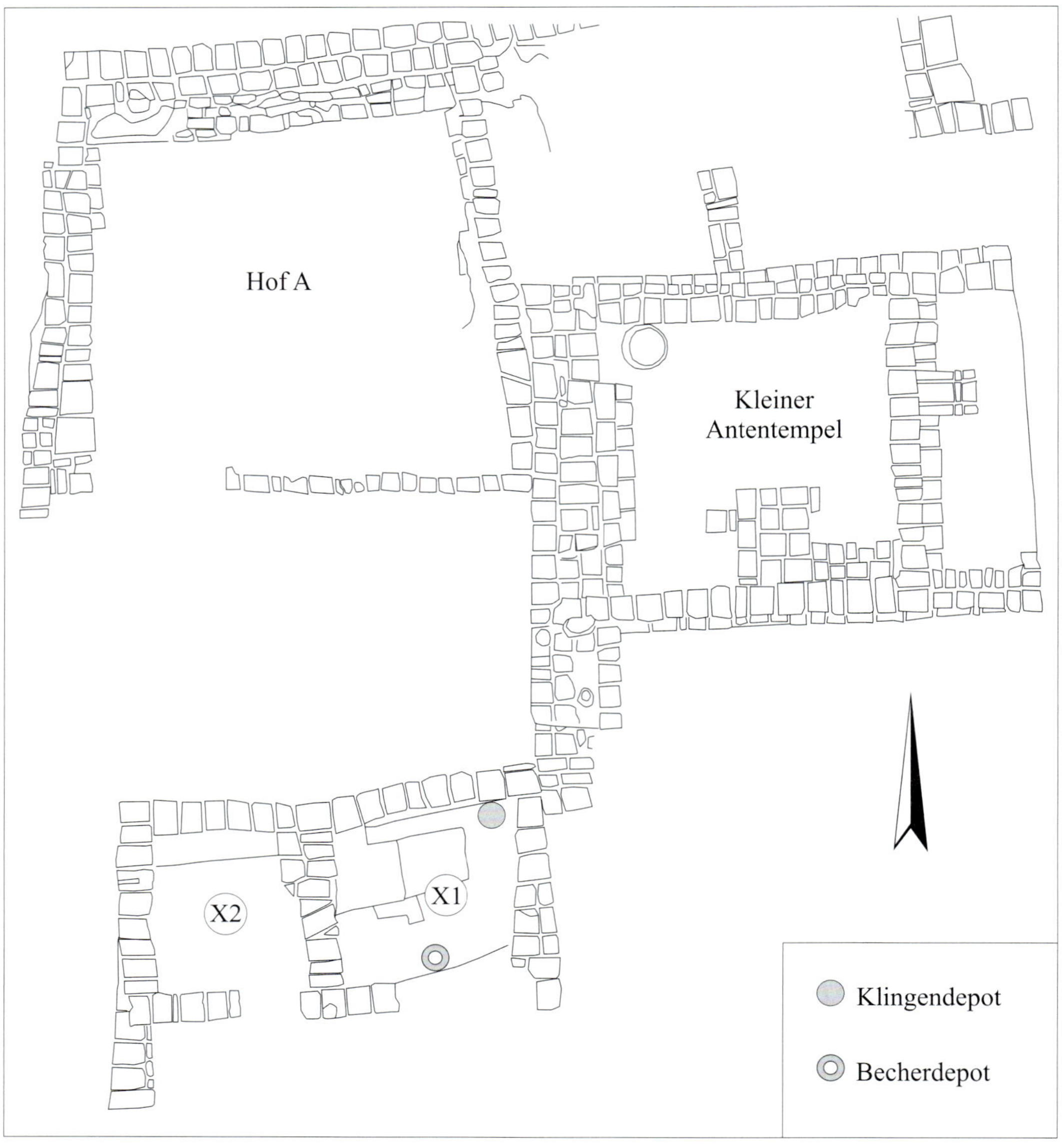

Abb. 2.6: Großklingen- (TCH 63 K 82-1 bis -5) und Becherdepot in Raum X 1, Bereich K, Schicht 2-3, M 1:100

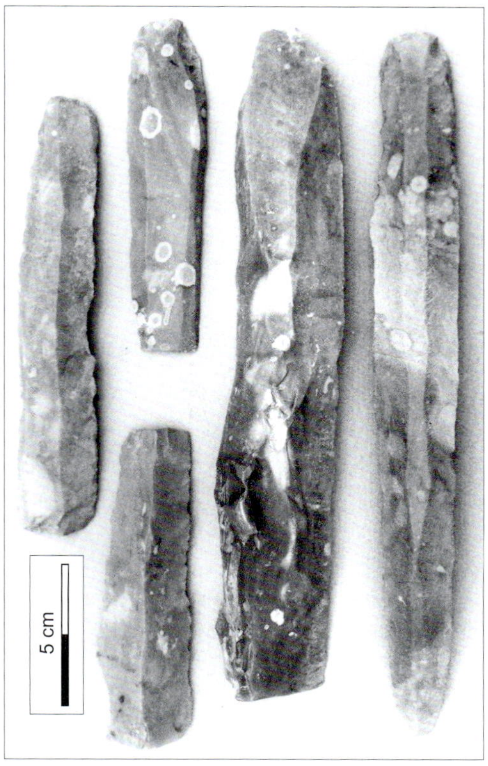

1. Großklingendepot aus Raum X 1

2. Becherdepot aus Raum X 1

3. Übersichtsfoto, Bereich K

Abb. 2.7: 1. Klingendepot (TCH 63 K 82-1 bis -5) aus Raum X 1, Bereich K, 2. Becherdepot aus Raum X 1, Bereich K, 3. Übersichtsfoto, Bereich K, Bauphase 14, Periode IB

3.
Die Analyse des Produktionssystems

Im dritten Teil der Arbeit wird das Produktionssystem der lokalen Steingeräteindustrien analysiert. Das Produktionssystem umfasst die Arbeitsketten der Rohstoffgewinnung und Rohstoffbeschaffung – hier definiert als Schritt I der silextechnologischen Chaîne Opératoire (vgl. Teilkapitel 3.1) – die Präparation von Kernsteinen und die Erzeugung von Grundformen (Schritte II und III, vgl. Teilkapitel 3.2) sowie die Weiterverarbeitung der Abschläge und Klingen zu Geräteformen (Schritt IV, vgl. Teilkapitel 3.3).

3.1 Rohmaterial und Rohmaterialbeschaffung

Dieses Teilkapitel befasst sich mit der ersten Stufe jeder silextechnologischen Chaîne Opératoire, der Rohstoffbeschaffung (Schritt I), sowie mit der Beziehung zwischen Rohmaterial und Grundproduktion (Schritte II-III).

3.1.1 Die makroskopische Klassifikation des Rohmaterials

Für das regionale Umfeld der beiden Fundorte existiert bislang weder eine systematische Beschreibung lithischer Rohmaterialgruppen (R) noch eine Kartierung möglicher Rohstoffquellen.[1] Um sich dem Problemkomplex schrittweise zu nähern, kann das Material zunächst grob in eine Gruppe Obsidiane, eine Gruppe Silex bzw. Feuerstein[2] und eine Gruppe Sonstige unterteilt werden. Die Obsidiane habe ich entsprechend ihrer Farbe und Transluzenz (partielle Lichtdurchlässigkeit) in verschiedene Untergruppen kategorisiert. Dafür wurden die Stücke ins Tageslicht gehalten und die Durchscheinfarbe notiert. Folgende Obsidianvarietäten (O) wurden unterschieden:

- **Obsidianvarietät O 1:** Obsidian von durchscheinend, schwarz-grüner Färbung (Abb. 3.1:5).
- **Obsidianvarietät O 2:** Obsidian von durchscheinend, schwarz-grauer Färbung.
- **Obsidianvarietät O 3:** Lackschwarzer, opaker Obsidian.
- **Obsidianvarietät O 4:** Farbloser Obsidian, der allenfalls rauchfarbene Schlieren oder Bänder zeigt.
- **Obsidianvarietät O 5:** Obsidian von durchscheinend, bräunlicher Färbung.
- **Obsidianvarietät O 6:** Opakes, rotes Material, das dunkel marmoriert erscheint. Es handelt es sich um eine Obsidianvarietät, die im Fundspektrum nur durch ein einzelnes Stück belegt ist (Abb. 3.1.5).
- **Obsidianvarietät O 7:** Obsidianvarietät unbestimmbar bzw. unbestimmt. In diese Kategorie fallen v. a. Altfunde, die ich nicht selbst in Augenschein nehmen konnte.

Im Vergleich mit den Obsidianen erwies sich die Differenzierung des Feuersteinmaterials in verschiedene Rohmaterialklassen als weitaus schwieriger.[3] In einem ersten Schritt wurde

1 Diese Situation trifft auf die gesamte Großregion Nordmesopotamien zu. Frühbronzezeitliche Silices konnten bislang nur in seltenen Fällen konkreten Lagerstätten zugeordnet werden (vgl. Quenet 2008:11).

2 Die Ansprache unterschiedlicher Silexarten erfolgt oft uneinheitlich und in Abhängigkeit verschiedener regionaler Terminologien und Konventionen. In den publizierten wie internen Grabungsberichten aus Tell Chuēra und Kharab Sayyar sind Silexartefakte wahlweise als Flint, Hornstein (engl. chert), Silex oder Feuerstein bezeichnet worden ist. In der deutschsprachigen Forschungsliteratur wird der nordmesopotamische Silex bisweilen als Hornstein angesprochen, weil er häufig in geologischen Formationen des Eozän gebildet wurde (vgl. z. B. Weiner 1992; Gebel 2005), während die Bezeichnung Feuerstein auf Kieselgesteine begrenzt bleibt, die Schichten der Jura- oder Kreidezeit entstammen. Zur Terminologiediskussion im englischsprachigen Raum (flint versus chert) vgl. z. B. Delage 2007 (Fußnote 1). In der vorliegenden Arbeit gebrauche ich die Termini Flint/Feuerstein und Silex synonym zur Ansprache kryptokristalliner, sedimentärer Kieselgesteine.

3 „Flint varieties are not easily definable, on account of their innumerable shades of texture, colour, shine and transparency" (Caneva 1993: 320).

eine größere Kollektion von Sammelfunden aus Tell Chuēra (über 100 Artefakte) unter Tageslichtbedingungen ausgelegt und auf der Basis verschiedener visuell-makroskopisch erfassbarer Kriterien (Farbe und Beschaffenheit der natürlichen Oberfläche, Farbe der Silexmatrix im Bereich der Bruchflächen[4], Homogenität, Textur[5], Einschlüsse, Glanz, Transluzenz) in Materialgruppen differenziert. Die Gruppierung und Erstansprache der Mineralrohstoffe erfolgte bewusst unter Mithilfe einer Kollegin[6], um die eigene Wahrnehmung mit den Beobachtungen einer weiteren Person vergleichen zu können. Erwartungsgemäß zeigte sich, dass die makroskopische Klassifikation des Silexmaterials mit einer spezifischen Problematik einhergeht[7]: Insbesondere Farbnuancen im Übergangsbereich von zwei oder mehreren Farbtönen werden von verschiedenen Personen subjektiv wahrgenommen bzw. abweichend beschrieben.[8] Zu Beginn der Untersuchung erschien das Rohmaterial sehr heterogen. Über 20 Rohmaterialvarietäten konnten auf Anhieb differenziert werden. Beispiele für jede Materialgruppe wurden vor Ort in Tell Chuēra in einem Fächerkasten deponiert, um im Anschluss mit dem stratifizierten Fundmaterial abgeglichen zu werden. Dieser Arbeitsschritt erfolgte parallel zur Aufnahme von zu diesem Zeitpunkt noch nicht erfassten Silexartefakten. Bald zeigte sich, dass diverse, auf vorläufiger Basis differenzierte Rohmaterialgruppen mit großer Wahrscheinlichkeit als Varianten einer Rohmaterialgruppe (F 2) angesehen werden können. Hinweise darauf lieferten Stücke, die teils deutlich voneinander abgegrenzte Partien aufweisen, die sich in Bezug auf Merkmale wie Farbe, Textur etc. unterscheiden. Andere Artefakte ließen Übergangszonen verschiedener Merkmalsausprägungen erkennen. Im Ergebnis schrumpfte die Anzahl der lokalen Varietäten überraschenderweise auf wenige Gruppen zusammen. Ferner wurde deutlich, dass die lithischen Inventare der benachbarten Fundorte Tell Chuēra und Kharab Sayyar das gleiche Spektrum an Feuersteinvarietäten umfassen. Folgende regionale Rohstoffgruppen können unterschieden werden[9]:

Rohmaterialgruppe F 1: Braune bis dunkelbraune Feuersteinvarietät (Abb. 3.2:1)
Natürliche Oberfläche: Weißliche Kortexrinde von zumeist kreidiger Textur. An einigen Stücken ist die Kortex bis zu 1 cm dick. Nur in seltenen Fällen erscheint die Kortex abgerollt (vgl. Tabelle 3.1.4-II).
Farbe: Oft dunkelbraun („schokoladenfarben"). Auch andere Braunabstufungen (hellbraun, graubraun, rotbraun) kommen vor. An einem Artefakt können verschiedene Brauntöne auftreten. Die Matrix erscheint dann wolkig oder in Zonen gegliedert.
Homogenität: Homogen. Schlagwellen sind in der Regel gut erkennbar.
Textur: sehr feinkörnig bis feinkörnig
Einschlüsse: Gelegentlich kommen weiße oder rotbraune, selten dunkle Einschlüsse vor.
Glanz: glänzend
Transluzenz: Opak. Dünne Kantenpartien einiger Abschlagartefakten können leicht durchscheinend sein.

Rohmaterialgruppe F 2: Grau bis grau-rosane Feuersteinvarietät (Abb. 3.3, 3.4:1-2, 3.5).
Natürliche Oberfläche: Weißer bis gelblicher, gelegentlich auch rötlicher, selten dunkler Kortexüberzug. 77 Prozent der Artefakte dieser Rohmaterialgruppe mit anhaftenden Kortexresten weisen eine kreidige Kortex auf. Der Rest zeigt glatte Kortexpartien (vgl. Tabelle 3.1.4-II).
Farbe: Das Farbspektrum dieser Rohmaterialgruppe variiert. Die meisten Stücke sind Grau bis Rosa gefärbt. Verschiedene Abstufungen von Grau (Dunkelgrau, Hellgrau, Weißgrau, Pastellweiß) und Rosa (Grau-Rosa, lachsfarben, ins Rötliche oder Bläuliche tendierende Schattierungen) können an einem Stück vorkommen, wobei die unterschiedlichen Farben teils changieren (vgl. z. B. Abb. 3.4:1), wolkig, gescheckt oder

4 Nahe der natürlichen Verwitterungszone von Silexmaterial (Kortex) kann der Farbton erheblich variieren. Bei der Farbbestimmung wurden folglich die zentraleren Bereiche der Spaltflächen in Augenschein genommen.

5 Die Ansprache und Bestimmung der Textur lehnt sich an die Systematik von J. Chabot (1998a: 39-41) an, der vier makroskopisch differenzierbare Klassen unterscheidet: sehr feinkörnig (grain trés fin), feinkörnig (grain fin), mittelkörnig (grain moyen) und grobkörnig (grain grossier).

6 J. Steigerwald.

7 Zur makroskopischen Klassifizierung von Feuerstein-Rohmaterialgruppen gibt es im Arbeitsgebiet bislang keine Alternative. Im Unterschied zu den Obsidianen existieren für Silices zumindest noch keine standardisierten physikalisch-chemischen Verfahren, mit dem sich einzelne Lagerstätten identifizieren ließen. Dies liegt zum einen daran, dass das Verhältnis von Spurenelementen innerhalb einer Feuersteinlagerstätte (und sogar innerhalb eines beprobten Stückes) stark variieren kann (vgl. Chabot – Eid 2007: 8. Im Zusammenhang mit den RFA-Analysen der Obsidiane (vgl. Teilkapitel 3.1.7) wurde versuchsweise auch eine Serie von Feuersteinartefakten beprobt, die diesen Sachverhalt bestätigen.). Zum anderen sind Flintlagerstätten in der Großregion bis auf wenige Ausnahmen noch nicht planmäßig lokalisiert und archäologisch-analytisch untersucht worden. Eine Beprobung potentieller Lagerstätten bildet jedoch die Grundlage für eine naturwissenschaftliche Herkunftsbestimmung des Silexmaterials. Für eine bibliographische Übersicht zu den methodischen Ansätzen vgl. Delage 2003, zum Stand der Forschung Delage 2007: 6-3.

8 Aus zeitökonomischen Gesichtspunkten habe ich darauf verzichtet, für die Fundstücke eine Farbbestimmung mittels des Munsell-Farbsystems oder einer vergleichbaren Systematik vorzunehmen.

9 Die Beschreibung der Feuersteinrohmaterialarten lehnt sich an die Vorschläge von Gebel 1994 an, wurde jedoch stark vereinfacht.

zoniert erscheinen. Bisweilen zeigt das Material eine feine Bänderung (vgl. z. B. Abb. 3.3.2). Einige Artefakte tendieren farblich auch nach Graubraun, so dass es in Einzelfällen zu Abgrenzungsproblemen gegenüber der Rohmaterialgruppe F 1 kommen kann.
Homogenität: Inhomogen in Bezug auf Farbe und Textur. Schlagwellen sind in helleren Bereichen erkennbar, im Bereich der matten, grau und dunkelgrau gefärbten Partien jedoch kaum oder gar nicht zu erkennen.
Textur: Fein- bis grobkörnig. Die glänzenden Partien sind in der Regel feinkörnig, während matte, graue Bruchflächen auch eine mittel- oder grobkörnige Textur aufweisen. Die Einschlüsse sind grobkörnig.
Einschlüsse: Charakteristisches Merkmal dieser Varietät sind die zahlreichen Kalkeinschlüsse. Diese können kleiner als 1 mm, mehrere Milimeter, z. T. aber auch mehrere Zentimeter groß sein. An einigen Stücken treten sie vereinzelt auf, teils bilden sie jedoch auch Konglomerate, die ganze Partien der Artefakte bedecken können. Die Einschlüsse sind in der Regel rundlich bis amorph geformt. Die runden bzw. rundlichen Kalkeinschlüsse lassen dabei vielfach konzentrisch angeordnete Zonen erkennen (Abb. 3.3.1). Ich nehme an das es sich bei diesen Strukturen z. T. um Fossilien handelt, wie sie allgemein häufig in Feuerstein zu beobachten sind. Die Kalkeinschlüsse sind so spezifisch, dass es in Bezug auf einige Altfunde aus Chuēra, die ich nicht als Originale in Augenschein nehmen konnte, möglich war, die Varietätenbestimmung anhand vorliegender Schwarzweißfotos zu rekonstruieren.[10] Manchmal zeichnen sich auf den Spaltflächen oder in der Kortexrinde der Fundstücke fossilierte Muscheln (Abb. 3.4:2). Im Bereich der Einschlüsse und natürlichen Oberflächen sind häufiger Agglomerationen von Quarzkristallen erkennbar. Gelegentlich finden sich im Material auch kleine schwarze Einschlüsse.
Glanz: Die hellgrau und rosa gefärbte Partien können matt, wächsern oder glänzend erscheinen. Die dunkelgrauen und die weißgrauen Bereiche sind dagegen fast durchweg matt.
Transluzenz: Opak. Dünne Kantenpartien einiger Abschlagartefakte können leicht durchscheinend sein.
Anmerkungen: In dieser Gruppe wurden insgesamt neun Rohmaterialgruppen zusammengefasst, die ich zu Beginn der Datenaufnahme als eigene Varietäten angesprochen habe. Ausschlaggebend für die Zusammenfassung der Gruppen waren zum einen die Anpassung von Abschlagartefakten, die offensichtlich vom selben Kernstein abgelöst worden waren sowie die Beobachtung von Übergängen an einzelnen Stücken. So kommen im lokalen Fundspektrum Artefakte vor, die mehrere der hier beschriebenen Ausprägungen der Varietät F 2 aufweisen. Die Übergänge zwischen den unterschiedlich beschaffenden Bereichen können dabei scharf voneinander abgegrenzt sein oder als graduelle Abstufungen wahrnehmbar sein.

Rohmaterialgruppe F 3: Braunes oder grau bis grau-rosanes Feuersteinmaterial, das aufgrund seiner auffällig „seifigen" Oberflächentextur als eigene Rohmaterialgruppe herausgestellt wurde (Abb. 3.4:3).
Natürliche Oberfläche: weißliche, durchweg kreidige Kortex
Farbe: wie F 2. Subjektiv scheint die Farbe häufiger in Richtung eines Brauntons zu tendieren.
Einschlüsse: wie F 2
Homogenität: wie F 2
Textur: Feinkörnig. Die Flächen wirken beim Überstreichen mit dem Finger „seifig".
Einschlüsse: wie F 2
Glanz: leichter, „fettiger" Glanz
Transluzenz: opak

Rohmaterialgruppe F 4: Beiges bis graues, häufig gebändertes Feuersteinmaterial (Abb. 3.1:1).
Natürliche Oberfläche: Häufig beige oder bräunliche, zumeist abgerollte Kortexrinde.
Farbe: Beige, Grau, z. T. Dunkelgrau. Das Material erscheint häufig dunkel gebändert und/oder gesprenkelt.
Homogenität: inhomogen
Textur: fein- bis grobkörnig
Einschlüsse: Häufig dunkle Sprengsel. Gelegentlich treten rundlich bis amorph geformte Kalkeinschlüsse auf. Ganz vereinzelt konnten Einschlüsse fossilierter Muscheln beobachtet werden.
Glanz: Die Flächen zeigen teils einen leichten Glanz, zumeist erscheinen sie jedoch matt.
Transluzenz: Opak. Selten erscheinen die dünnen Kantenpartien einiger Abschlagartefakte durchscheinend.
Anmerkungen: Über einen Vergleich farblicher Übergänge konnte ich ursprünglich zwei getrennte Rohstoffgruppen zur Gruppe F 4 zusammenführen. Allerdings waren die Übergänge nicht so klar nachzuvollziehen wie im Falle der Rohmaterialgruppe F 2. Dies betrifft insbesondere die gebänderten und nicht gebänderten Stücke, die farblich ansonsten aber in die gleiche Variationsbreite fallen. Die Gruppe repräsentiert gewissermaßen eine Auffangkategorie für verschieden erratische Silices. Abgrenzungsschwierigkeiten gegenüber der Rohstoffgruppe F 2 ergaben sich im Zuge der Datenaufnahme manchmal bei homogen grau gefärbten Stücken.

Rohmaterialgruppe F 5: Weißer, ungebrannter Feuerstein (Abb. 3.1:2)
Natürliche Oberfläche: kreidige Kortex
Farbe: Weiß, Cremefarben, Pastellweiß
Homogenität: homogen
Textur: feinkörnig
Einschlüsse: kleine dunkle und rostfarbene Sprengsel
Glanz: glänzende Flächen

10 In einigen Fällen konnten die Originalfunde zu einem späteren Zeitpunkt der Datenaufnahme lokalisiert werden. Dabei bestätigte sich die Zuordnung zur Varietät F 2 ausnahmslos.

Transluzenz: opak bis leicht tranzluzent
Anmerkungen: Möglicherweise ist die Rohmaterialgruppe F 5 unterrepräsentiert, da in einigen Fällen Abgrenzungsschwierigkeiten gegenüber den weißgrau gefärbten Vertretern der Rohmaterialgruppe F 2 bestehen. F 5 kann hier nur unter Vorbehalt als eigene Gruppe herausgestellt werden.

Rohmaterialgruppe F 6: Verbrannter Feuerstein (Abb. 3.1:3)

Bei der Bildung der Rohmaterialgruppen wurden alle Stücke mit Anzeichen für eine starke thermische Belastung aussortiert und der Gruppe F 6 zugeordnet. Das stark Hitze beeinflusste Silexmaterial weist folgende, häufig in Kombination auftretende Merkmale auf[11]:

- Farbänderung: Die Stücke erscheinen matt weiß, dunkel bis schwarz und rötlich oder violettrot verfärbt.
- Näpchenförmige Aussprünge: Die Stücke weisen schalige, näpfchenförmige Aussprünge auf.
- Craquelierte und abgesprengte Flächen: Die Flächen sind von Risslinien (Craquellée) durchzogen.

Rohmaterialgruppe F 7: Wahrscheinlich Karneol (Abb. 3.1:4)
Natürliche Oberfläche: kreidige, rötlich-weiße Kortex
Farbe: Hellrot bis Orange, Hellgrau
Homogenität: homogen, Schlagwellen sind gut erkennbar
Textur: sehr feinkörnig
Einschlüsse: keine
Glanz: glänzend
Transluzenz: tranzluzent (trüb durchscheinend)
Anmerkungen: Im Fundspektrum ist diese Materialgruppe lediglich durch vereinzelte Stücke belegt. Aufgrund des spezifischen Aussehens kann der Rohstoff jedoch eindeutig von den anderen Rohmaterialgruppen unterschieden werden. Unter makroskopischen Gesichtspunkten gleicht das Material kleinen Karneolperlen, die im lokalen Fundspektrum ab der regionalen Periode TCH IB auftreten.[12] Ich nehme an, dass es sich bei den Einzelfunden um die Chalzedonvarietät Karneol[13] handelt. Da die Steingeräte im Mittelpunkt dieser Arbeit stehen, sollen die Karneolfunde im Folgenden nicht weiter berücksichtigt werden.[14]

Rohmaterialgruppe S: Sonstige

Diese Kategorie umfasst Artefakte aus makrokristallinem Quarz, Abschläge aus Basalt, Kalkstein und Gipsstein etc., also alle Abschlagartefakte, die nicht zur Gruppe der Silices gehören.

Rohmaterialgruppe U: Unbestimmtes und unbestimmbares Feuersteinmaterial

Diese Gruppe bildet v. a. eine Auffangkategorie für Steinartefakte, die ich nicht als Originalfunde in Augenschein nehmen konnte. Daneben beinhaltet diese Gruppe Stücke, die sich nicht eindeutig einer anderen Rohstoffkategorie zuordnen ließen. Dies trifft z. B. auf Stücke zu, die großflächig von Naturfläche oder Sinter bedeckt sind.

3.1.2 Die Häufigkeit der Rohmaterialgruppen

Die relative und absolute Häufigkeit der Rohmaterialgruppen ist den Tabellen 3.1.2-I bis III zu entnehmen, für eine graphische Darstellung der absoluten Fundhäufigkeit vgl. die Säulendiagramme in Abb. 3.6 sowie das Spinogramm[15] in Abb. 3.7:1. In den Tabellen und Diagrammen wurden die Obsidiane, die an beiden Fundorten in geringer Zahl auftreten, zu einer Gruppe (Rohmaterialgruppe O) zusammengefasst. Angaben zur Häufigkeit der Obsidianvarietäten O 1 bis O 6 finden sich in den Tabellen 3.1.2-IV und 3.1.2-V.

Vergleicht man die Häufigkeit der einzelnen Rohmaterialgruppen, tritt die Homogenität des verwendeten Silexmaterials klar vor Augen: Sowohl in Chuēra als auch in Kharab Sayyar liegt der Anteil der Rohmaterialgruppe F 2 bei über 50 Prozent (vgl. 3.1.2-II und 3.1.2-II). Lässt man den Anteil der Temperaturscherben (Rohmaterialgruppe F 6) außer Acht, beträgt der Anteil dieser Rohmaterialgruppe in Tell Chuēra etwa 64 Prozent und in Kharab Sayyar 76 Prozent. In quantitativer Hinsicht stellt der grau bis grau-rosa gefärbte Feuerstein stellt folglich mit Abstand die wichtigste lithische Ressource dar, die von den Bewohnern beider Siedlungen genutzt wurde. In Kharab Sayyar ist dieses Material im Vergleich zu Chuēra noch stärker vertreten; hierbei ist jedoch die geringe Anzahl an lithischen Funden zu berücksichtigen, die vor Ort geborgen wurde. Bei einer entsprechend kleinen Stichprobe steht zu erwarten, dass bereits der Neufund einer einzelnen, mehrere dutzend Silices umfassenden Assemblage zukünftig zu einer Verschiebung der Häufigkeitsverteilung führen könnte. Folglich sollten erkennbare Unterschiede in Bezug auf die Zusammensetzung des Rohmaterialspektrums, der Grundformen und Geräteklassen m. E. nicht überinterpretiert werden.

Mit Blick auf die Häufigkeit der Rohmaterialgruppe F 1 liegen beide Fundorte in etwa gleich auf. Ein möglicher Un-

11 Zu den Merkmalsausprägungen durch zufälliges Brennen vgl. allgemein Hahn 1993: 50-51.

12 Vgl. Hempelmann 2013: 258-259. Schmuckobjekte aus Karneol wurden im Zuge der Datenaufnahme nicht mit berücksichtigt.

13 Vgl. Chevalier u. a. 1982.

14 Zur Herkunft und Verwendung von Karneol in der Frühbronzezeit vgl. Quenet 2008: 132-137.

15 Bei einem Mosaikplot oder Spinogramm handelt es sich um ein Verfahren zur graphischen Darstellung von zwei oder mehreren qualitativen Merkmalen eines Datensatzes. Die Häufigkeit der einzelnen Merkmalskombinationen wird dabei jeweils durch die Fläche eines Rechteckes visualisiert. In Abb. 3.7:1 wurden die Spinogramme, aus denen die Fundhäufigkeit der Rohmaterialien in Tell Chuēra und Kharab Sayyar hervorgeht, nebeneinander angeordnet. Da beide Fundorte unterschiedlich große Stichproben erbrachten, wurde das Diagramm entsprechend skaliert.

terschied zwischen beiden Fundorten könnte sich in Bezug auf die Verwendung des Rohmaterials der Gruppe F 4 andeuten, da dieses Material in Tell Chuēra annähernd doppelt so häufig auftritt wie an dem kleineren der beiden Fundorte. Angesichts der kleinen Stichprobe aus Kharab Sayyar und der diachronen Veränderungen des Rohmaterialspektrums (vgl. Teilkapitel 3.1.3) ist dieser Eindruck jedoch zu relativieren.

Die Rohmaterialien F 3 und F 5 kommen in geringem Umfang in Tell Chuēra vor, spielen prozentual gesehen jedoch eine untergeordnete Rolle. Im Fundspektrum Kharab Sayyars sind sie lediglich durch einzelne Stücke vertreten. Der Nachweis für unverarbeiteten Karneol (Rohmaterialgruppe F 7) bleibt auf den größeren Fundort Tell Chuēra beschränkt. Artefakte aus Obsidian (Materialgruppen O 1 bis O 7) treten in geringer Anzahl an beiden Fundplätzen auf. In Chuēra erscheint der Obsidianteil gegenüber Kharab Sayyar dabei um knapp 2 Prozent erhöht. Dieser Eindruck schwächt sich ab, wenn man sich vor Augen führt, dass in Tell Chuēra auch Funde aus spätchalkolithschen Assemblagen in die Untersuchung einbezogen werden konnten: im lithischen System des Spätchalkolithikums kam der Verwendung von Obsidian lo-

Rohmaterialgruppe	**n (TCH)**	**n (KHS)**
Obsidian (O 1 bis O 7)	130	10
F 1	261	36
F 2	1587	237
F 3	41	1
F 4	396	24
F 5	26	1
F 6	293	39
F 7	3	0
S	27	3
U	719	3
Gesamt	**3483**	**354**

Tabelle 3.1.2-I: Absolute Häufigkeit (n) der Rohmaterialgruppen in Tell Chuēra (TCH) und Kharab Sayyar (KHS)

Rohmaterialgruppe	**n**	**n'**	**f**	**f'**
Obsidian (O 1 bis O 7)	130	130	4,7	5,3
F 1	261	261	9,4	10,6
F 2	1587	1587	57,4	64,2
F 3	41	41	1,5	1,7
F 4	396	396	14,3	16,0
F 5	26	26	0,9	1,1
F 6 (verbrannter Silex)	293	–	10,6	–
F 7	3	3	0,1	0,1
S	27	27	1,0	1,1
Gesamt	**2760**	**2467**	**100**	**100**

Tabelle 3.1.2-II: Absolute (n) und relative Häufigkeit (f, in Prozent) der bestimmbaren Rohmaterialgruppen in Tell Chuēra (alle Grabungsbereiche, alle Perioden). Angabe der absoluten und relativen Häufigkeiten ohne Berücksichtigung der unbestimmten Stücke (U); Angabe jeweils mit (n, f) und ohne (n', f') verbrannte Silexartefakte.

Rohmaterialgruppe	**n**	**n'**	**f**	**f'**
Obsidian (O 1 bis O 7)	10	10	2,8	3,2
F 1	36	36	10,3	11,5
F 2	237	237	67,5	76
F 3	1	1	0,3	0,3
F 4	24	24	6,8	7,7
F 5	1	1	0,3	0,3
F 6 (verbrannter Silex)	39	–	11,1	–
F 7	0	0	0,0	0,0
S	3	3	0,9	1,0
Gesamt	**351**	**312**	**100,0**	**100,0**

Tabelle 3.1.2-III: Absolute (n) und relative Häufigkeit (f, in Prozent) der bestimmbaren Rohmaterialgruppen in Kharab Sayyar (alle Grabungsbereiche, alle Perioden). Angabe der absoluten und relativen Häufigkeiten ohne Berücksichtigung der unbestimmten Stücke (U); Angabe jeweils mit (n, f) und ohne (n', f') verbrannte Silexartefakte.

Obsidianvarietät	**n**	**n'**	**f**	**f'**
O 1	65	65	50,0	68,4
O 2	20	20	15,4	21,1
O 3	6	6	4,6	6,3
O 4	2	2	1,5	2,1
O 5	1	1	0,8	1,1
O 6	1	1	0,8	1,1
O 7	35	–	26,9	–
Gesamt	**130**	**95**	**100,0**	**100,0**

Tabelle 3.1.2-IV: Absolute (n) und relative Häufigkeit (f, in Prozent) einzelner Obsidianvarietäten (O) in Tell Chuēra (alle Grabungsbereiche, alle Perioden). Angabe der absoluten und relativen Häufigkeit jeweils mit (n, f) und ohne (n', f') unbestimmbare Stücke (Gruppe O 7).

Obsidianvarietät	n	f
O 1	5	50,0
O 2	2	20,0
O 3	3	30,0
O 4	0	0,0
O 5	0	0,0
O 6	0	0,0
Gesamt	**10**	**100,0**

Tabelle 3.1.2-V: Absolute (n) und relative Häufigkeit (f, in Prozent) einzelner Obsidianvarietäten (O) in Kharab Sayyar (alle Grabungsbereiche, alle Perioden). Angabe der absoluten (n) und relativen Häufigkeit (f, in Prozent).

kal offenbar eine größere Rolle zu (vgl. Teilkapitel 3.1.3). Die Fundhäufigkeit der Rohmaterialgruppen in Tell Chuēra und Kharab Sayyar wurden mittels eines mathematischen Hypothesentests (Chi-Quadrat-Test)[16] verglichen. Dabei zeigte sich, dass zwischen den beiden Fundorten im Hinblick auf die Zusammensetzung des lithischen Rohmaterialspektrums kein statistisch signifikanter Unterschied feststellbar ist[17], wodurch der Eindruck homogen zusammengesetzter Rohmaterialspektren verstärkt wird.

3.1.3 Die Rohmaterialgruppen in diachroner Perspektive

In diachroner Perspektive sind in Bezug auf die Häufigkeit der verschiedenen Rohmaterialgruppen Veränderungen erkennbar (vgl. Tabelle 3.1.3-I und 3.1.3-II, vgl. Abb. 3.7:2-3; Abb. 3.8): So nimmt die Bedeutung des Obsidians in Tell Chuēra in der Frühbronzezeit gegenüber dem Spätchalkolithikum deutlich ab. Während der prozentuale Anteil von Obsidian innerhalb des lithischen Spektrums im Chalkolithikum noch annähernd 20 Prozent beträgt, verharrt er in der älteren (TCH IA bis IC) wie jüngeren Frühbronzezeit (TCH ID-IE) mit 3,3 bzw. 4,7 Prozent auf niedrigem Niveau.[18] Zwar umfasst die spätchalkolithische Stichprobe aus Tell Chuēra nur eine kleine Anzahl lithischer Funde (n = 113), jedoch ist zu bedenken, dass die Stücke fast ausschließlich aus der wenige Quadratmeter großen Fläche einer Tiefgrabung im Bereich K (n = 105) sowie aus kleinen Sondagen in den Grabungsbereichen S (n = 6) und TMS (n = 2) stammen.

Im Vergleich zu den chalkolithischen Befunden im Bereich K scheinen die bronzezeitlichen Schichten insgesamt durch ein geringeres Fundaufkommen an geschlagenen Steinartefakten gekennzeichnet zu sein. So stammen z. B. aus dem Grabungsbereich Außenstadt A (ASA), in dem großflächig frühbronzezeitliche Befunde aufgedeckt werden konnten und Silices sorgfältig aufgenommen wurden, „nur" 113 geschlagene Steinartefakte. Dies kann bei aller gebotenen Vorsicht als Hinweis darauf gewertet werden, dass während des 3. Jts. v. u. Z. geringere Mengen geschlagener Steinartefakte innerhalb der Siedlung zirkulierten und die Bedeutung des lithischen Systems im Vergleich zum Spächalkolithikum insgesamt abnahm, wahrscheinlich im Gefolge der weiteren Verbreitung metallener Gerätschaften und Waffen.

Der geringe Prozentsatz von Obsidianen in den frühbronzezeitlichen Schichten Chuēras und Kharab Sayyars ist schwer zu interpretieren. Auch an anderen nordmesopotamischen Fundorten wurden geringere Mengen Obsidian geborgen. Als Beispiel kann hier auf die frühurbane Siedlung Titriş Höyük verwiesen. In Titriş fanden sich sechs Obsidiane aus frühbronzezeitlichen Schichtzusammenhängen, denen 22,225 Feuersteinartefakte gegenüber stehen.[19] Weitere Beispiele für Fundorte mit geringem Obsidiananteil stellen die, am Khabur gelegenen Fundplätze Tell Gudeda und Tell 'Atij dar. Obsidian macht dort gerade einmal 1,3 Prozent (Tell Gudeda) bzw. 0,4 Prozent (Tell 'Atij) des lithischen Rohmaterialspektrum aus.[20] Kontrastiert wird dieses Bild durch die Situation am bronzezeitlichen Fundort Tell Mozan in Nordostsyrien. Dort besteht etwa ein Drittel der geborgenen Steinartefakte aus Vulkanglas.[21]

Es ist angenommen worden, dass ein vereinzeltes Auftreten von Obsidianartefakten in bronzezeitlichen Kontexten eher auf einen symbolische Bedeutung denn auf eine Werkzeugfunktion dieser Ressource verweisen könnte[22]: dieser Punkt wird an anderer Stelle im Zusammenhang mit der funktionalen Deutung des Artefaktspektrums noch ausführlich zu erörtern sein (vgl. Teilkapitel 4.1). Ein weiterer Unterschied zwischen dem chalkolithischen und bronzezeitlichen Rohmaterialspektrum Tell Chuēras besteht darin, dass der Anteil der braunen, feinkörnigen Feuersteinvarietät (Rohmaterialgruppe F 1) langfristig abnahm (vgl. Tabelle 3.1.3-I; Abb. 3.7:3). Im Spätchalkolithikum beträgt ihr Anteil 40 Prozent, in den älter frühbronzezeitlichen Perioden dagegen noch 20,5 Prozent und in der jüngeren Frühbronzezeit nur noch 7,2 Prozent.

Ein anderes Bild zeichnet sich in Bezug auf die Rohmaterialgruppe F 2 ab. In der Frühbronzezeit liegt der Anteil des entsprechenden Materials bei um 65 Prozent (ältere Frühbronzezeit) bzw. 66,6 Prozent, in der spätchalkolithischen As-

16 Zur Anwendungsmöglichkeit dieses Hypothesentests in der Archäologie vgl. z. B. Shennan 2001: 104-115.

17 Keine signifikanten Unterschiede (p~1 bei alpha = 0.05; Chi-Quadrat-Test): Chisq = 0.21, df = 7, p-value = 1.

18 In Kharab Sayyar steigt der Obsidiananteil in der jüngeren Frühbronzezeit indessen auf 7,5 Prozent an. Diese Entwicklung sollte angesichts der kleinen Stichprobe jedoch nicht überinterpretiert werden.

19 Hartenberger 2003: vi; 31.

20 Chabot 1998a: 37; Tableau 1, Tableau 2.

21 Vgl. Frahm 2010; Frahm – Feinberg 2013a: 1125.

22 Vgl. Chabot 1998a: 39.

Rohmaterialgruppe	Spätchalkolithikum		Ältere Frühbronzezeit		Jüngere Frühbronzezeit	
	n	f	n	f	n	f
Obsidian (O 1 bis O 7)	18	18,9	12	3,1	86	4,7
F 1	38	40,0	80	20,5	134	7,2
F 2	29	30,5	254	65,0	1231	66,6
F 3	0	0,0	6	1,5	35	1,9
F 4	4	4,2	32	8,2	347	18,8
F 5	6	6,3	7	1,8	13	0,7
F 7	0	0,0	0	0,0	3	0,2
Gesamt	**95**	**100,0**	**391**	**100,0**	**1849**	**100,0**

Tabelle 3.1.3-I: Absolute (n) und relative Häufigkeit (f, in Prozent) der Rohmaterialgruppen in Tell Chuēra (ohne Temperaturscherben F 6 und sonstige), aufgeschlüsselt nach chronostratigraphischen Gruppen.

Rohmaterialgruppe	Ältere Frühbronzezeit		Jüngere Frühbronzezeit	
	n	f	n	f
Obsidian (O 1 bis O 7)	6	2,4	4	7,5
F 1	36	14,2	0	0,0
F 2	198	78,0	37	69,8
F 3	0	0,0	1	1,9
F 4	13	5,1	11	20,8
F 5	1	0,4	0	0,0
F 7	0	0,0	0	0,0
Gesamt	**254**	**100,0**	**53**	**100,0**

Tabelle 3.1.3-II: Absolute (n) und relative Häufigkeit (f, in Prozent) der Rohmaterialgruppen in Kharab Sayyar (ohne Temperaturscherben F 6 und sonstige), aufgeschlüsselt nach chronostratigraphischen Gruppen.

semblage bestehen hingegen lediglich 30 Prozent der geschlagenen Artefakte aus dieser Silexvarietät vgl. Tabelle 3.1.3-I).

Diachrone Veränderungen lassen sich auch mit Blick auf die Häufigkeit der Rohmaterialgruppe F 4 konstatieren. Ihr prozentualer Anteil liegt in der spätchalkolithischen Stichprobe bei 4,2 Prozent und in der älteren Frühbronzezeit bei 7,5 Prozent, während in den jüngeren Perioden des dritten Jahrtausends eine Zunahme auf knapp 19 Prozent zu verzeichnen ist. Dieser Zuwachs vollzieht sich in etwa proportional zur Abnahme des prozentualen Anteils der Materialgruppe F 1 (ältere Frühbronzezeit = 21,5 Prozent, jüngere Frühbronzezeit = 7,3 Prozent), so dass hier vielleicht die Möglichkeit einer veränderten Ressourcennutzung in Betracht gezogen werden kann vgl. Tabelle 3.1.3-I.

Auch in Kharab Sayyar zeichnet sich ein vergleichbarer Trend ab (vgl. Tabelle 3.1.3-II), obwohl mögliche Hinweise auf Veränderungen des Rohmaterialspektrums hier aufgrund der geringen Anzahl von Funden pro Periode nicht überinterpretiert werden sollten, worauf bereits verwiesen wurde. In Kharab Sayyar sinkt der prozentuale Anteil der F 1-Varietät von 14, 2 Prozent in den älter frühbronzezeitlichen Perioden auf 0 Prozent in der Zeit nach der Mitte des 3. Jts. v u. Z. Der Anteil der Rohmaterialgruppe F 4 steigt hingegen von 5,1 auf knapp 20 Prozent.

Abschließend lässt sich festhalten, dass sich diachrone Veränderungen des Rohmaterialspektrums am deutlichsten in Tell Chuēra abzeichnen, wo sich Unterschiede in der Zusammensetzung der spätchalkolithischen und frühbronzezeitlichen Assemblagen klar aufzeigen lassen. Auch in statistischer

Hinsicht (Chi-Quadrat-Test) erscheint der Unterschied zwischen spätchalkolithischem und frrühbronzeitlichem Rohmaterialspektrum signifikant.[23] Auf der Ebene des verwendeten Rohmaterials kommt hierin m. E. ein Unterschied in der Organisation des lithischen Systems zum Ausdruck. An beiden Fundorten nimmt die Bedeutung der Rohmaterialgruppe F 1 im Verlauf des 3. Jts. v. u. Z. ab, während der Anteil der Materialgruppe F 4 steigt. Silex der Varietät F 2 dominiert die bronzezeitlichen Fundspektren Chuēras und Kharab Sayyars periodenübergreifend, wobei der prozentuale Anteil stets bei über 60 Prozent liegt.

3.1.4 Die Ausgangsformate der Steingeräteproduktion

Ausgehend von der makroskopischen Differenzierung der Rohmaterialgruppen befasse ich mich in diesem Abschnitt mit der Frage, ob das Fundmaterial Rückschlüsse auf die Ausgangsformate der Steingeräteproduktion und somit erste Hinweise auf geologische Herkunft der verwendeten Gesteine zulässt.

Unbearbeitete und weitgehend unbearbeitete Silexrohmaterialstücke, die im Zuge der Datenaufnahme als Gerölle und natürliche Trümmer[24] klassifiziert wurden, kommen in den Assemblagen beider Siedlungen kaum vor (vgl. Tabelle 3.1.5-I und 3.1.5-II).[25] In diesem Zusammenhang ist jedoch anzumerken, dass unbearbeiteter Silex in den vorliegenden Stichproben stark unterrepräsentiert sein dürfte, da Rohmaterialstücke von den Ausgräbern und Grabungshelfern wahrscheinlich nicht immer als potentielle Bestandteile des lithischen Systems erkannt wurden (vgl. Teilkapitel 5.2). In Tell Chuēra wurden lediglich 15 natürliche Trümmer und 14 als Gerölle klassifizierte Stücke geborgen, aus Kharab Sayyar liegt kein einziger Fund eines Rohmaterialstücks ohne Abschlagnegativ vor. Bei der Mehrzahl der natürlichen Trümmer aus Chuēra (n = 7) handelt es sich zudem um gebrannte Stücke (Temperaturscherben). Diese wurden bei der Datenaufnahme als natürliche Trümmer gewertet, wenn artifizielle Sprungflächen aufgrund der Brandeinwirkung nicht mehr eindeutig zu erkennen waren. Vier natürliche Trümmer, die zur Materialgruppe F 1 und F 2 gehören, sind zu klein (MLD[26] = max. 3,9 cm), als dass sie als Rohmaterial der Abschlagproduktion in Frage kämen.[27]

Bei den Geröllen ist die Zugehörigkeit zu einer Rohmaterialgruppe aufgrund der flächigen Bedeckung mit Kortexrinde in der Regel nur ungenau zu bestimmen. Ein einzelnes, nahezu kugelförmiges und von brauner Rinde bedecktes Silexgeröll aus dem Bereich H[28] könnte ursprünglich als Rohmaterialstück für die Abschlagproduktion vorgesehen gewesen sein. Das Stück weist jedoch ein umlaufendes Band von Gebrauchsspuren auf. Dies legt die Vermutung nahe, dass das Geröll bereits eine Zeitlang als Hammerstein Verwendung fand. Neun weitere Gerölle zeigen Schlagnarbenfelder. Ich gehe davon aus, dass es sich ihnen um Hämmer bzw. Hammerfragmente handelt (vgl. Teilkapitel 3.2.1.1).

Einen ersten Hinweis auf die geologische Herkunft liefern Silexartefakte mit anhaftenden Kortexresten. Bei der Datenaufnahme wurde notiert, ob die Rinde an kortikalen Silices eine glatte oder kreidig bis rau ausgeprägte Textur aufweist. Diese Unterscheidung basiert auf der Überlegung, dass erratisches Rohmaterial, d. h. im Bereich von Fluss- oder Wadiläufen verlagerte Stücke, eher eine abgerollte Kortex aufweisen sollten, während bei Silexmaterial, dass in Form von Knollen- oder Plattensilex aus dem Anstehenden gewonnen wurde, eine kreidige bzw. raue Naturfläche zu erwarten ist.[29] Die Tabellen 3.1.4-I und 3.1.4-II fassen die Häufigkeit dieser Merkmalsausprägungen (glatte Kortex versus kreidige/raue Kortex) zusammen; einmal für alle Silices (Tabelle 3.1.4-I) und einmal aufgeschlüsselt nach den Feuersteinvarietäten F 1 bis F 6 (Tabelle 3.1.4-II).

Kortikale Artefakte der braunen, feinkörnigen Feuersteinvarietät F 1 besitzen zu in 88,9 Prozent der Fälle eine kreidige Kortex. Es erscheint daher evident, dass das Material überwiegend aus einer primären Lagerstätte bzw. primären Lagerstätten handelt. Einzelne Stücke, die eine bis zu 1 cm dicke Kalkkruste zeigen, lassen vermuten, dass das Rohmaterial zumindest teilweise in tabularer Form (Plattensilex) anstand (Abb. 3.2: 1, rechts).

Etwas differenzierter gestaltet sich das Bild für die Rohmaterialgruppe F 2. Zwar überwiegen auch hier Hinweise auf eine bergfrische Herkunft des Feuersteins – 77 Prozent aller Stücke mit Kortexresten weisen eine kreidige Oberflächentex-

23 Signifikante Unterschiede (p~1 bei alpha = 0.05; Chi-Quadrat-Test): Chisq = 256, df = 21, p-value = 3e-42.

24 Silices ohne erkennbare Ventralfläche, die lediglich natürliche Sprungflächen und Kortexrinde zeigen, wurden bei der Datenaufnahme als natürliche Trümmer klassifiziert. Stücke, die vollständig oder nahezu vollständig von abgerollter Kortexrinde bedeckt schienen, wurden als Gerölle gewertet. Vgl. Glossar in Teilkapitel 1.4.1.

25 Artifizielle Trümmer kommen indessen an beiden Fundorten in größerer Anzahl vor (Tell Chuēra: n = 538, Kharab Sayyar: n = 85). Als artifizielle Trümmer sind hier kantig geformte Silexstücke ohne erkennbare Ventralfläche definiert, die zwar Spaltflächen, aber keine Bulbusnegative oder Reste von Schlagflächen erkennen lassen (vgl. Glossar in Teilkapitel 1.4.1). Artefakte dieser Trümmerklasse fallen im Zuge von Abschlagprozessen an.

26 Maximale lineare Dimension.

27 Auf einem der Stücke (TCH 82 K 0-21, Abb. 3.4:2) zeichnet sich deutlich eine fossilierte Muschel ab, so dass man sich fragen kann, ob das Objekt nicht als Manuport in den Siedlungszusammenhang gelangte. Angesichts der Beliebtheit, die sich aus Muscheln gefertigte Ornamente lokal im dritten Jahrtausend erfreuten, erscheint dies zumindest vorstellbar.

28 TCH 09 H 13-1.

29 Hahn 1993: 19-20; Chabot – Eid 2009: 803-804.

tur auf – jedoch kommen auch Stücke mit abgerollter Naturfläche vor, was eine Herkunft der entsprechenden Stücke aus umgelagerten Sedimenten impliziert. In Bezug auf die Materialgruppe F 2 lassen sich folglich zwei Untergruppen differenzieren: Bei der erratischen Komponente (F 2 a) handelte es sich – geschätzt nach den Abmessungen der Artefakte, die aus diesem Material bestehen – um Gerölle, deren Durchmesser wahrscheinlich selten mehr als 10 cm betrug. Hingegen sind für das Primärmaterial (F 2 b) z. T. weitaus größere Ausgangsformate anzunehmen.

Der überwiegende Teil der Großklingen aus Tell Chuēra und Kharab Sayyar (vgl. Teilkapitel 3.2.3) besteht aus dem Rohmaterial F 2 (vgl. Teilkapitel 3.1.5). Weisen die Großklingen Reste von Kortexrinde auf, so ist diese zumeist kreidig ausgeprägt. Vollständig erhaltene Großklingen erreichen lokal einen Längenwert von maximal 25 cm. Dies setzt großformatige Kerngesteinsmassen als Ausgangsmaterial der Klingenproduktion voraus. Großklingen vergleichbaren Formats wurden am Fundort Hassek Höyük nachweislich aus bis zu 40 oder 50 cm großen und 20 kg schweren Silexknollen geschlagen.[30] Entsprechende Rohmaterialstücke aus dem Bereich einer frühbronzezeitlichen Steinschlägerwerkstatt in Titriş Höyük erreichen Maße von maximal 50 cm.[31]

Ich nehme an, dass es sich bei der bergfrischen Variante des Rohmaterials F 2 (F 2 b) um Knollensilex handelt. Einige Artefakte mit größeren Kortexpartien legen dies nahe, so z. B. der Fund eines, noch zu mehr als 50 Prozent von Kortexrinde bedeckten Abschlagkernsteins aus dem Grabungsbereich Außenstadt A (ASA) in Tell Chuēra.[32] Die gerundete Form einer aus dem Fels gebrochenen Silexknolle ist bei diesem Stück noch gut erkennbar (Abb. 3.5:1). Als ein weiteres Beispiel kann hier auf eine Schlagabfallassemblage aus dem Bereich Tell Chuēra H Mittelsenke (HMS; vgl. Teilkapitel 2.2.9) verwiesen werden (Abb. 3.3.2).[33] Die betreffenden Abschläge und Trümmer – insgesamt mehr als 1,2 kg Silexmaterial der Varität F 2 b – wurden aus einem Befund geborgen und ließen sich teilweise aneinander anpassen, so dass angenommen werden kann, dass es sich aus Material aus einem Abschlagvorgang handelt. Konvexe Kortexpartien auf diversen Abschlägen der Assemblage, sprechen dafür, dass das Material bei der Zurichtung eines knollenförmigen Rohmaterialstücks anfiel.

Artefakte der Feuersteinvarietäten F 3 und F 5, die nur in geringer Anzahl vorliegen, zeigen ausschließlich kreidige und raue Kortexreste, so dass wiederum vermutet werden darf, dass das Silexmaterial aus dem die Stücke gefertigt wurden, direkt aus seinem geologischen Entstehungszusammenhang entnommen wurde. Abgesehen von seiner charakteristisch „seifigen" Oberflächenbeschaffenheit und dem ins bräunliche tendierenden Farbton ähnelt die Gruppe F 3 der Gruppe F 2. Möglicherweise fällt sie noch in die Variationsbreite dieser Varietät. Alternativ erscheint es denkbar, dass die auffällige Ausprägung der Oberfläche, die im Zusammenhang mit der Rohmaterialgruppe F 3 beobachtet wurde, auf eine thermische Behandlung des Silexmaterials hindeutet. Durch kontrolliertes Erhitzen (Tempern) lassen sich die Schlageigenschaften lithischen Rohmaterials bisweilen verbessern.[34] Für die Praxis der thermischen Silexbehandlung liegen weltweit zahlreiche Hinweise aus den verschiedensten archäologischen Kontexten vor.[35] Das Verfahren ist auch experimentell repliziert worden. Dabei zeigte sich, dass die Wärmebehandlung von Silexmaterial mit der Ausbildung von Glanz und einer seifigen Oberfläche einher gehen sowie zu Farbänderungen führen kann.[36] Es ist möglich, dass die Rohmaterialgruppe F 3 ein Resultat dieser Bearbeitungstechnik ist und das hier im Grunde Artefakte der Materialgruppe F 2 vorliegen, die einer Wärmebehandlung unterzogen wurden. Sollte dies zutreffen, ist davon auszugehen, dass die Praxis des Temperns nur gelegentlich zur Anwendung kam. In Tell Chuēra ist die Rohmaterialgruppe F 3 lediglich durch 41 Artefakte, in Kharab Sayyar nur durch ein einzelnes Stück belegt. Es ist auffällig, dass es sich bei diesen Fundstücken, abgesehen von zwei sekundären Abschlägen, ausschließlich um Großklingen handelt.

Im Unterschied zum überwiegenden Teil der Funde, die aus Silex der Rohmaterialgruppen F 1, F 2, F 3 und F 5 bestehen, zeichnen sich die Artefakte der Materialgruppe F 4 nahezu ausschließlich (95 Prozent) durch eine abgerollte Kortexrinde aus.

Die maximale Länge in Schlagrichtung vollständig erhaltener Abschlagartefakte aus diesem Material liegt bei knapp über 9 cm; wobei lediglich um die 18 Prozent der Stücke mit Abschlagmerkmalen Längen von 5 cm oder mehr erreichen. Als Ausgangsformate können in Bezug auf die Materialgruppe F 4 Silexgerölle rekonstruiert werden, die maximal faustgroß, häufig auch kleiner gewesen sein dürften. Da die Farbtöne dieser Materialklasse stärker variieren können bildet sie im Grunde eine Auffangkategorie für alluviales Silexmaterial.

Da es sich bei Obsidian um ein vulkanisches Gesteinsglas handelt, ist die Herkunft dieses Materials auf primäre Lagerstätten in bestimmten Gebieten mit vulkanischer Aktivität beschränkt. Die vorderasiatischen Obsidianvorkommen sind

30 Weiner 1992: 226.
31 Hartenberger u. a. 2000: 55.
32 TCH 07 ASA 61-1.
33 TCH 09 HMS 500-2 bis -41.
34 Vgl. z. B. Inizan u. a. 1992: 18; Hahn 1993: 50-51; Rosen 1997: 25; Kooyman 2000: 65-63. Der physikalische Zusammenhang zwischen kontrollierter Hitzeeinwirkung und verbesserten Bearbeitungseigenschaften ist noch nicht restlos geklärt; u. a. ist vermutet worden, dass das kryptokristalline Gefüge des Silexmaterials durch die Hitzezufuhr verschmilzt und dadurch homogener wird (vgl. Whittaker 1994: 72-73; Fries-Knoblach 2001: 184).
35 Weiner 1980 a: 223.
36 Whittaker 1994: 72-74.

im Wesentlichen bekannt, die bedeutendsten Lagerstätten liegen in Anatolien und Südostanatolien. Die Größe der Obsidianartefakte aus Tell Chuēra und Kharab Sayyar impliziert, dass zumeist maximal faustgroße Rohmaterialstücke verarbeitet wurden.[37]

Textur der Kortex	n	f
glatt	586	43,9
kreidig oder rau	749	56,1
Gesamt	**1335**	**100,0**

Tabelle 3.1.4-I: Absolute (n) und relative Häufigkeit (f, in Prozent) von glatter und kreidiger/rauer Kortexrinde an kortikalen Silexartefakten aus Tell Chuēra und Kharab Sayyar. Die Tabelle bezieht alle Silices unter Ausschluss der Obsidiane und Sonstigen (S) ein.

Rohmaterial-gruppe	glatte Kortex n	kreidige/raue Kortex n	glatte Kortex f	kreidige/raue Kortex f
F 1	18	144	11,1	88,9
F 2	154	515	23,0	77,0
F 3	0	10	0,0	100,0
F 4	335	18	95,0	5,0
F 5	0	8	0,0	100,0
F 6	51	38	57,3	42,7

Tabelle 3.1.4-II: Absolute (n) und relative Häufigkeit (f, in Prozent) von glatter und kreidiger/rauer Kortexrinde an kortikalen Silexartefakten aus Tell Chuēra und Kharab Sayyar, aufgeschlüsselt nach den Silexvarietäten F 1 bis F 6.

Rohmaterial-gruppe	Rekonstruktion des Ausgangsmaterials der Steingeräteproduktion
F 1	Braune bis dunkelbraune Feuersteinvarietät aus primärer Lagerstätte bzw. primären Lagerstätten, in denen es möglicherweise z. T. in gebankter Form (Plattensilex) anstand
F 2	Größtenteils graue bis grau-rosane Feuersteinvarietät. Das Material stammt überwiegend aus einer primären Lagerstätte bzw. primären Lagerstätten, in denen es offenbar als Knollensilex anstand (F 2 b). Die Knollen müssen, der Größe der aus ihnen gefertigten Grundformen nach zu urteilen, einen Durchmesser von teils über 30 cm besessen haben. Ein geringerer Anteil dieses Rohmaterials scheint in Form von Geröllen aus sekundären Kontexten (F 2 a) gewonnen worden zu sein.
F 3	Braunes oder grau bis grau-rosanes Feuersteinmaterial mit „seifiger Oberfläche". Das Material stammt aus einer primärer Lagerstätte bzw. primären Lagerstätten. Möglicherweise handelt es sich um Rohmaterial der Gruppe F 2, dass durch kontrolliertes Erhitzen (Tempern) verändert wurde.
F 4	Beiges bis graues, häufig gebändertes Feuersteinmaterial. Artefakte aus diesem Material liefern fast ausschließlich Hinweise auf die Nutzung von Silexgeröllen aus sekundären Lagerstätten (alluviale Schotter).
F 5	Weißer, Cremefarbener oder pastellweißer Feuerstein aus primärer Lagerstätte bzw. primären Lagerstätten. Material fällt möglicherweise noch in den Variationsbereich der Materialgruppe F 2.
O	Unterschiedlich gefärbtes, doch zumeist schwarz-grünes Vulkanglas aus primären Lagerstätten.

Tabelle 3.1.4-III: Das Ausgangsmaterial der Steingeräteproduktion (Rekonstruktionsvorschlag)

37 Eine Ausnahme stellen zwei, aufgrund des Blattbreitenmaßes formal als Großklingensegmente klassifizierte Fundstücke aus Tell Chuēra (TCH 82 H 1019-1) und Kharab Sayyar (KHS 05A 662-1) dar. Sie liefern einen Hinweis auf einen Abbau großformatigerer Kernsteine.

3.1.5 Rohmaterial und Grundproduktion

Ausgehend von den dokumentierten Grundformen der Steingeräteproduktion (für die absoluten Fundhäufigkeiten vgl. Tabelle 3.1.5-I und 3.1.5-II)[38] können mehrere technomorphologische Serien differenziert werden, die sich im Wesentlichen als Hinweise auf drei unterschiedliche Arbeitsketten der Steinbearbeitung deuten lassen:

1. Die Erzeugung einfacher Abschläge[39]
2. Die Herstellung kleinformatiger Klingen, die ich aufgrund technologischer und metrischer Unterschiede von der Großklingenkategorie differenziere und die hier als einfache Klingen, Kleinklingen bzw. in Abgrenzung zu den kanaanäischen Klingen (s. u.) als nicht-kanaanäische Klingen angesprochen werden[40]
3. Die Produktion großformatiger Klingen, die in der vorliegenden Arbeit unter der Bezeichnung Großklingen (GK) oder kanaanäische Klingen geführt werden[41]

Bei den Abschlägen kann es sich um die intendierten Produkte von Abbauprozessen handeln (Abschlaggewinnung), Abschläge fallen jedoch auch als Nebenprodukte der Klingenherstellung an, v. a. im Zuge der Kernpräparation (Schritt II der großklingen-und klingenspezifischen Chaîne Opératoire). Daneben konnten ausgebeutete Klingenkerne theoretisch als Werkstücke für die Abschlaggewinnung weitergenutzt werden. Die Arbeitsketten der Abschlag- und Klingenproduktion erscheinen daher auf der Ebene der Grundproduktion miteinander verflochten.

Kantige Fragmente wie artifizielle Trümmer und Kernsteinfragmente fallen bei jedem Abbauprozess an. Der technologische Zusammenhang dieser Abfallprodukte der Steingeräteproduktion erschließt sich ggf. allein aus dem Fundkontext; bis zu einem gewissen Grad gibt auch das Rohmaterial aus dem die Stücke bestehen, Auskunft über die Arbeitskette, in dessen Verlauf sie zur Ausprägung kamen (s. u.).

Hinweise auf die Abschlagproduktion liefern Kernflanken von Abschlagkernen, informale Kernsteine, Abschlagkernsteine sowie Kerne aus Abschlägen (Vgl. Tabelle 3.1.5-I und 3.1.5-II). Auch primäre und sekundäre Kortexabschläge sowie Sekundärabschläge und Absplisse verweisen auf die Abschlaggewinnung, können jedoch – wie bereits erwähnt – auch im Zuge der Präparation und Nachpräparation von Klingenkernen entstehen. Das Artefaktspektrum, dass auf die Herstellung der einfachen Klingen verweist, umfasst Kernflanken von Klingenkernen, primäre und sekundäre Kernkantenklingen, regelmäßige und unregelmäßige Klingen sowie Randklingen und Klingenkerne.

In den technologischen Zusammenhang der Großklingenherstellung gehören Kernflanken der Großklingenproduktion (Kernflanken GK), primäre und sekundäre Kernkantenklingen der Großklingenproduktion (Kernkantenklingen GK), regelmäßige und unregelmäßige Großklingen, Randklingen der Großklingenproduktion (Randklingen GK) und Großklingenkerne.[42]

Tabelle 3.1.5-III ist die relative Häufigkeit der großklingen-, klingen- und abschlagspezifischen Grundformen zu entnehmen. In den Tabellen 3.1.5-IV und 3.1.5-V findet sich der prozentuale Anteil der arbeitskettenspezifischen Grundformkategorien für beide Fundorte, nach Rohmaterialgruppen getrennt aufgeführt (für eine graphische Darstellung der Beziehung zwischen Grundformen und Rohmaterialklassen in Tell Chuēra vgl. Abb. 3.9).

Vergleicht man die Fundhäufigkeiten der Primärprodukte und die Beziehung zwischen Rohmaterialgruppen und Grundformen, ergibt sich folgendes Bild: An beiden Fundorten erscheint das Verhältnis der Grundformen der Abschlag-, Klingen- und Großklingenproduktion in etwa gleich. Obwohl davon auszugehen ist, dass einfache Abschläge in den Fundspektren unterrepräsentiert sind (vgl. Teilkapitel 5.2.1), dominieren sie die lithischen Assemblagen beider Fundorte. In Tell Chuēra lassen sich 37,9 Prozent, in Kharab Sayyar 41 Prozent der Steinartefaktfunde mit der Abschlagproduktion in Verbindung bringen.

An beiden Fundplätzen besteht das Abschlagmaterial zumeist aus Silex der Materialgruppe F 2, einem Rohstoff, aus dem auch die Mehrzahl der Großklingen und Klingen gefertigt wurden. Das Silexrohmaterial F 4, dass in Form kleinerer Gerölle vorlag, diente hingegen fast ausschließlich zur Abschlaggewinnung. In Tell Chuēra handelt es sich bei 77,4 Prozent der Silexartefakte aus diesem Werkmaterial um Grundformen der Abschlagproduktion. Hingegen weisen nur 3,1 Prozent der Artefakte aus F 4-Silex auf die Klingen- respektive Großklingenproduktion. Bei den verbliebenen 22,7 Prozent handelt es um technologisch unspezifische Grundformen, also artifizielle Trümmer und Kernsteinfragmente. Aus Kharab Sayyar liegen keine Funde von Klingen aus diesem Rohmaterial vor, nur einige Abschläge (n = 12) und Trümmer (n = 12).

Ich nehme folglich an, dass der überwiegende Teil der Trümmer und Kernsteinfragmente aus F 4-Silex auf die Abschlagproduktion zurückzuführen ist. Der Zusammenhang zwischen dieser Rohmaterialgruppe und der Abschlaggewin-

38 Zugrunde gelegt wird hier die technomorphologische Klasse (Grundform III) der Artefakte. Für eine Definition der Grundformen vgl. Kapitel 1.4., insbesondere das Glossar im Abschnitt 1.4.1.

39 Für eine detaillierte Abhandlung der Abschlagproduktion vgl. Teilkapitel 3.2.1.

40 Vgl. Teilkapitel 3.2.2.

41 Vgl. Teilkapitels 3.2.3.

42 Kernfußabschläge und Kernscheiben lassen sich häufiger einer spezifischen Chaîne Opératoire zuweisen, werden an dieser Stelle jedoch zunächst nicht berücksichtig, da eine technologische Zuordnung nicht in allen Fällen eindeutig zu treffen ist.

Grundform	**F 1**	**F 2**	**F 3**	**F 4**	**F 5**	**F 6**	**F 7**	**O**	**S**	**U**	**Gesamt**
Primärer Kortexabschlag	3	17	0	13	0	1	0	0	3	1	38
Sekundärer Kortexabschlag	69	295	0	160	4	27	0	3	1	16	575
Sekundärer Abschlag	72	259	2	80	4	54	1	19	7	19	517
Kernflanke (Abschlagkern)	1	4	0	2	0	0	0	0	0	0	7
Absplisss	2	1	0	1	0	0	0	1	0	0	5
Informaler Kern	0	2	0	1	0	0	0	0	0	1	4
Abschlagkern	5	31	0	28	1	3	0	0	1	2	71
Kern aus AS	4	5	0	9	0	0	0	0	0	1	19
Primäre Kernkantenklinge	0	0	0	0	0	0	0	0	0	1	1
Sekundäre Kernkantenklinge	0	1	0	0	0	0	0	1	0	0	2
Randklinge	2	6	0	1	0	1	0	1	0	0	11
Regelmäßige Klinge	22	26	0	1	6	12	0	58	0	10	135
Unregelmäßige Klinge	5	8	0	2	0	2	0	6	0	1	24
Klingenkern	0	4	0	0	0	0	0	1	0	1	6
Kernflanke (Klingenkern)	0	1	0	1	0	0	0	1	0	1	4
Primäre Kernkantenklinge (GK)	0	15	0	0	0	0	0	0	0	2	17
Sekundäre Kernkantenklinge (GK)	0	26	2	0	0	2	0	0	0	2	32
Randklinge (GK)	0	180	13	3	0	17	0	0	0	16	229
Regelmäßige Großklinge	8	411	24	1	7	67	0	1	0	80	599
Unregelmäßige Großklinge	0	15	0	3	1	6	0	0	1	2	28
Großklingenkern	0	1	0	0	0	0	0	0	0	3	4
Kernflanke (GK)	0	2	0	0	0	0	0	0	0	0	2
Kernscheibe	2	4	0	2	0	1	0	3	0	0	12
Kernfußabschlag	2	1	0	0	0	1	0	0	0	0	4
Stichellamelle	0	4	0	0	0	0	0	0	0	0	4
Unbestimmte Klinge	0	4	0	0	0	0	0	7	0	307	318
Kernsteinfragment	3	8	0	4	0	0	0	0	0	8	23
Artifizieller Trümmer	60	253	0	82	3	90	2	19	11	18	538
Natürlicher Trümmer	1	4	0	0	0	7	0	0	2	1	15
Geröll	0	1	0	2	0	2	0	0	1	8	14
Unbestimmbar	0	0	0	0	0	0	0	7	0	218	225
Gesamt:	**261**	**1589**	**41**	**396**	**26**	**293**	**3**	**128**	**27**	**683**	**3483**

Tabelle 3.1.5-I: Absolute Fundhäufigkeit (n) der Grundformen (technomorphologische Klassen) in Tell Chuēra, aufgeschlüsselt nach Rohmaterialarten (F 1 bis F 7, O, S, U).

nung belegt, dass vor Ort geborgene Abschläge nicht ausschließlich als Neben- oder Abfallprodukte der Klingenproduktion zu deuten sind sondern gezielt hergestellt wurden. Auch die feinkörnige Feuersteinvarietät F 1 spielte für Produktion einfacher Abschlagartefakte eine Rolle. An beiden Fundplätzen handelt es sich bei rund 60 Prozent der Artefakte aus F 1-Silex um abschlagsspezifische Primärprodukte. Da auch Klingen (Tell Chuēra) und Großklingen (Tell Chuēra, Kharab Sayyar) aus diesem Feuersteinmaterial im Fundspektrum vertreten sind, gehe ich davon aus, dass die artifiziellen Trümmer und Kernsteinfragmente dieser Rohmaterialkategorie sowohl auf die Fabrikation von Abschlägen als auch für die Fertigung von Klingen verwendet wurde.

Nach den Primärprodukten der Abschlaggewinnung sind die großklingenspezifischen Grundformen an beiden Fundorten am häufigsten vertreten. In Tell Chuēra verweisen 28 Prozent, in Kharab Sayyar 27,7 Prozent der Steinartefakte auf die Großklingentechnik. Dabei stellt der Silex der Gruppe

Grundform	F 1	F 2	F 3	F 4	F 5	F 6	F 7	O	S	U	Gesamt
Primärer Kortexabschlag	0	0	0	0	0	1	0	0	0	0	1
Sekundärer Kortexabschlag	17	43	0	8	0	7	0	2	0	3	80
Sekundärer Abschlag	4	44	0	2	0	4	0	0	0	0	54
Kernflanke (Abschlagkern)	0	2	0	0	0	0	0	0	0	0	2
Absplis	0	1	0	0	0	0	0	0	0	0	1
Informaler Kern	0	0	0	0	0	0	0	0	0	0	0
Abschlagkern	0	4	0	1	0	0	0	0	0	0	5
Kern aus AS	0	1	0	1	0	0	0	0	0	0	2
Primäre Kernkantenklinge	0	0	0	0	0	0	0	0	0	0	0
Sekundäre Kernkantenklinge	0	0	0	0	0	0	0	0	0	0	0
Randklinge	0	0	0	0	0	0	0	0	0	0	0
Regelmäßige Klinge	0	5	0	0	0	0	0	7	0	0	12
Unregelmäßige Klinge	0	3	0	0	0	0	0	0	0	0	3
Klingenkern	0	1	0	0	0	0	0	0	0	0	1
Kernflanke (Klingenkern)	0	0	0	0	0	0	0	0	0	0	0
Primäre Kernkantenklinge (GK)	0	1	0	0	0	0	0	0	0	0	1
Sekundäre Kernkantenklinge (GK)	0	7	0	0	0	0	0	0	0	0	7
Randklinge (GK)	1	13	0	0	0	0	0	0	0	0	14
Regelmäßige Großklinge	2	59	1	0	1	9	0	1	0	0	73
Unregelmäßige Großklinge	0	1	0	0	0	2	0	0	0	0	3
Großklingenkern	0	0	0	0	0	0	0	0	0	0	0
Kernflanke (GK)	0	0	0	0	0	0	0	0	0	0	0
Kernscheibe	0	3	0	0	0	0	0	0	0	0	3
Kernfußabschlag	0	0	0	0	0	0	0	0	0	0	0
Stichellamelle	0	0	0	0	0	0	0	0	0	0	0
Unbestimmte Klinge	0	0	0	0	0	0	0	0	0	0	0
Kernsteinfragment	1	6	0	0	0	0	0	0	0	0	7
Artifizieller Trümmer	11	43	0	12	0	16	0	0	3	0	85
Natürlicher Trümmer	0	0	0	0	0	0	0	0	0	0	0
Geröll	0	0	0	0	0	0	0	0	0	0	0
Unbestimmbar	0	0	0	0	0	0	0	0	0	0	0
Gesamt:	**36**	**237**	**1**	**24**	**1**	**39**	**0**	**10**	**3**	**3**	**354**

Tabelle 3.1.5-II: Absolute Fundhäufigkeit (n) der Grundformen (technomorphologische Klassen) in Kharab Sayyar, aufgeschlüsselt nach Rohmaterialarten (F 1 bis F 7, O, S, U).

F 2 bei weitem das wichtigste Rohmaterial für die Großklingenproduktion dar. Zumindest aus Tell Chuēra liegen zudem Funde von Großklingenkernen sowie eine begrenzte Anzahl technologisch spezifischer Präparationsabschlägen vor, was m. E. eine lokale Fertigung der kanaanäischen Klingen spricht.

Die Rohmaterialgruppe F 3, deren Nachweis im Wesentlichen auf Tell Chuēra beschränkt bleibt, ist ebenfalls ein Werkmaterial, das in einem engen Zusammenhang mit der Fabrikation von Großklingen steht. In quantitativer Hinsicht fällt es im Vergleich mit Materialgruppe F 2 jedoch kaum ins Gewicht.

Einfache Klingen und Grundformen, die eindeutig mit der Klingenproduktion in Verbindung gebracht werden können machen in Tell Chuēra lediglich 5,6 Prozent und in Kharab Sayyar 4,5 Prozent des lithischen Fundspektrums aus. Dies lässt auf eine untergeordnete Rolle der Kleinklingen-Komponente innerhalb des lithischen Systems beider Siedlungen schließen. Einfache Klingen wurden zumeist aus dem Silex der Rohmaterialgruppe F 2 gefertigt. Ausschließlich in Chuēra sind zudem Funde klingenspezifischer Grundformen aus Silexmaterial der Rohstoffgruppen F 1, F 4 und F 5 belegt. Eine klare Beziehung zwischen Rohmaterial und Klingenproduktion zeichnet sich in Bezug auf die Obsidiane ab: Bei 52,3 Prozent der Obsidiane aus Tell Chuēra (n = 67) und 70 Prozent der Obsidiane aus Kharab Sayyar (n = 7) handelt es sich um klingenspezifische Primärprodukte. Ich vermute daher, dass auch die Abschläge und Trümmer aus Vulkanglas in erster Linie auf die Herstellung einfacher Klingen verweisen.

Hinter den vereinzelten (n = 3) und ausnahmslos in Chuēra geborgenen Artefakten der Rohmaterialgruppe F 7 (Karneol) vermute ich Produktionsreste der Perlenproduktion[43].

Zusammenfassend ist festzuhalten, dass sich an beiden Fundorten klare Zusammenhänge zwischen den makroskopisch differenzierten Rohmaterialgruppen und der Erzeugung unterschiedlicher technologischer Grundformen aufzei-

Fundort	(f) A	(f) K	(f) GK	(f) U
Tell Chuēra	37,9	5,6	28,0	28,5
Kharab Sayyar	41,0	4,5	27,7	26,8

Tabelle 3.1.5-III: Relative Häufigkeiten (f, in Prozent) von Grundformen der Abschlag- (A), Klingen- (K) und Großklingenproduktion (GK) sowie technologisch unspezifische Artefakte, z. B. Trümmer (U) in Tell Chuēra und Kharab Sayyar. Für die absoluten Fundhäufigkeiten vgl. Tabelle 3.1.5-I. Unbestimmte Grundformen bleiben in dieser Tabelle ausgeklammert.

Rohmaterial	n (A)	n (GK)	n (K)	n (U)	f (A)	f (GK)	f (K)	f (U)
F 1	156	8	29	68	59,8	3,1	11,1	26,1
F 2	614	649	45	275	38,3	41,0	2,8	17,4
F 3	2	39	0	0	4,9	95,1	0,0	0,0
F 4	294	7	5	90	74,2	1,8	1,3	22,7
F 5	9	8	6	3	34,6	30,8	23,1	11,5
F 7	1	0	0	2	33,3	0,0	0,0	66,7
O	25	1	68	36	19,2	0,8	52,3	27,7

Tabelle 3.1.5-IV: Absolute (n) und relative Häufigkeiten (f, in Prozent) von Grundformen der Abschlag- (A), Großklingen- (GK) und Klingenproduktion (K) sowie der technologisch unspezifischen Stücke (U) in Tell Chuēra innerhalb der einzelnen Rohmaterialgruppen. Die Materialgruppen S (Sonstige), unbestimmte/unbestimmbare Artefakte und F 6 (Temperaturscherben) bleiben ausgeklammert.

Rohmaterial	n (A)	n (GK)	n (K)	n (U)	f (A)	f (GK)	f (K)	f (U)
F 1	21	3	0	12	58,3	8,3	0,0	33,3
F 2	95	81	9	52	40,1	34,2	3,8	21,9
F 3	0	1	0	0,0	0,0	100,0	0,0	0,0
F 4	12	0	0	12	50,0	0,0	0,0	50,0
F 5	0	1	0	0	0,0	100,0	0,0	0,0
F 7	0	0	0	0	0,0	0,0	0,0	0,0
O	2	1	7	0	20,0	10,0	70,0	0,0

Tabelle 3.1.5-V: Absolute (n) und relative Häufigkeiten (f, in Prozent) von Grundformen der Abschlag- (A), Großklingen- (GK) und Klingenproduktion (K) sowie der technologisch unspezifischen Stücke (U) in Kharab Sayyar innerhalb der einzelnen Rohmaterialgruppen. Die Materialgruppen S (Sonstige), unbestimmte/unbestimmbare Artefakte und F 6 (Temperaturscherben) bleiben ausgeklammert.

43 Vgl. Chevalier u. a. 1982.

Rohmaterialgruppe	Technologischer Kontext (TCH)	Technologischer Kontext (KHS)
F 1	Abschlaggewinnung, Klingenproduktion, vereinzelt: Großklingenproduktion	Abschlaggewinnung
F 2	Abschlaggewinnung, Großklingenproduktion, Klingenproduktion	Abschlaggewinnung, Großklingenproduktion, Klingenproduktion
F 3	Großklingenproduktion	–
F 4	Abschlaggewinnung, lediglich vereinzelt: (Groß-) Klingenproduktion	Abschlaggewinnung
F 5	Abschlaggewinnung, Großklingenproduktion, Klingenproduktion	–
F 7	Produktion von Karneolperlen	–
O	Klingenproduktion	Klingenproduktion

Tabelle 3.1.5-VI: Der technologische Kontext der lithischen Rohmaterialgruppen in Tell Chuēra (TCH) und Kharab Sayyar (KHS). Einzelfunde (n = 1) werden in der Tabelle nicht berücksichtigt.

gen lassen. Diese sind in Tabelle 3.1.5-VI noch einmal kurz zusammengefasst worden.

3.1.6 Die Verfügbarkeit des Rohmaterials im Untersuchungsgebiet

Lagerstätten[44] von Rohmaterial der Steingeräteproduktion sind in Nordmesopotamien bislang nur selten durch Surveys oder geoarchäologisch ausgerichtete Untersuchungen erschlossen worden.[45] Eine Ausnahme bilden die geochemisch gut differenzierbaren Obsidianvorkommen Anatoliens, die im Zusammenhang mit der Frage nach dem prähistorischen Obsidianhandel in Vorderasien untersucht wurden.[46] Generalisierende Aussagen zur Herkunft, Unterscheidung und Verbreitung bestimmter Silexrohmaterialien sind folglich nur in eingeschränkter Form möglich.[47] In Syrien wurden systematische Erkundungen von Rohstofflagerstätten, die geochemische und petrologische Untersuchungen beinhalten, bislang ausschließlich in der Umgebung der Oase El Kowm in der syrischen Wüstensteppe[48] sowie in der Region um die Höhlen von Yabrud, nordöstlich von Damaskus[49] durchgeführt. Weitere Informationen zu Silexvorkommen habe ich fundstellenspezifischen Beobachtungen in Grabungsberichten, Arbeiten zu lokalen Steingeräteindustrien sowie und publizierten regionalen Survey-Ergebnissen[50] entnommen. Im Gebiet der Südtürkei sind Vorkommen von spaltbaren sedimentären Kieselgesteinen bisher kaum systematisch beschrieben worden.[51] Angaben zur Herkunft spezifischer Rohmaterialien bleiben hier im Wesentlichen auf einzelne Fundorte und Berichte über Begehungen beschränkt. Ferner wurden seit den 1990er Jahren Studien zu den lithischen Rohstoffquellen der frühgeschichtlichen Siedlungen Titriş Höyük und Hassek Höyük (Südosttürkei) vorgelegt. Aufgrund der relativ geringen geographischen Entfernung dieser Fundplätze zur Tell Chuēra-Region und der Möglichkeit einer chronologischen Anbindung sind diese Fundorte für eine Untersuchung des Materials aus Tell Chuēra und Kharab Sayyar von besonderer Bedeutung. Im Folgenden wird daher wiederholt Bezug auf sie genommen werden.

Für die Region des heutigen Nordirak fehlen Informationen zu prähistorisch und frühgeschichtlich genutzten Feuersteinlagerstätten bislang weitestgehend.[52] Während brauchba-

44 Unter einer Lagerstätte verstehe ich hier in einem weiten Sinne natürliche oder anthropogen erweiterte Aufschlüsse, die eine regelmäßige Entnahme von Silexmaterial zum Zwecke der Versorgung mit Rohmaterial erlaubten.

45 Zum allgemeinen Forschungsstand vgl. das Vorwort und die Einzelbeiträge in Delage 2003.

46 Vgl. Teilkapitel 3.1.7.

47 Die hier skizzierte Forschungssituation unterscheidet sich von der Situation in Europa, wo über einen langen Zeitraum hinweg Beschreibungen verschiedener Rohmaterialarten erarbeitet werden konnten und sich die geographische Herkunft bestimmter Silexvarietäten bisweilen schon mit den begrenzten Möglichkeiten der makroskopischen Analyse annäherungsweise bestimmen lässt.

48 Vgl. Diethelm 1991; Delage: 2007: 1-2; Julig u. a. 1999; Julig u. a. 2007; Long – Julig: 2003.

49 Delage: 2007: 1-2; Solecki – Solecki 2007: 117-129.

50 Hier ist v. a. auf Y. Nishiakis (2000b; 2007; 2010) Beobachtungen zu den Silexvorkommen in der mittleren Euphratregion und im Khaburgebiet zu nennen.

51 Vgl. Bezić 2007: 69. Für eines der wenigen Beispiele vgl. Kuhn 2004.

52 Ich vermute, dass sich die Forschungssituation aufgrund der intensivierten Feldforschung im Nordirak in naher Zukunft erheblich verbessern wird.

53 Vgl. Bar-Yosef 1991; Rosen 1997: 32.

res Silexmaterial in der Levante fast überall mehr oder weniger lokal verfügbar war[53], zeichnet sich für die Großregion Nordmesopotamien auf der Grundlage der verfügbaren Daten insgesamt ein differenzierteres Bild ab: Silexführende Schichten treten im westlichen Vorderasien zumeist in Gesteinsformationen der oberen Kreidezeit (= chronostratigraphische Stufe des Cenoman) und des Paläogen (= chronostratigraphische Serie des Eozäns) auf.[54] Primärer Silex, d. h. Silex, der noch in der Gesteinsschicht lagert, in der der geologische Prozess der Verkieselung erfolgte[55], kann in Kalkstein, Kreideschichten oder Dolomitgesteine eingebettet sein. Dort liegt er entweder in gebankter (Plattensilex) oder in nodularer Form (Knollensilex) vor. Material aus sekundären Kontexten umfasst dagegen Silex, der nach der Diagenese aus dem Sedimentgestein herausgelöst, teils über weite Distanzen transportiert und andernorts abgelagert wurde. Diese Gruppe beinhaltet v. a. unterschiedlich große Gerölle aus Fluss- und Wadibetten sowie aus dem Bereich plio- oder pleistozäner Flussterrassen.[56] D. G. F. Long und P. J. Julig haben für das Landesinnere des heutigen Syrien mehrere geologische Horizonte identifiziert, die größere Silexvorkommen bergen.[57] Hier differenzieren sie den so genannten „R'Mah" und „Arak flint horizon". Silex aus dem R'Mah-Horizont ist nach Long und Julig grau bis olivgrau gefärbt und kommt in Schichten der oberen Kreidezeit vor. Obertägig anstehende, in Kalkstein gebettete Vorkommen von R'Mah-Feuerstein sind in der Region um Palmyra sowie in nördlich und westlich der Oase gelegenen Gebieten dokumentiert worden. Der Arak-Flint entstammt geologisch jüngeren Kalksteinformationen des Eozäns. Aufschlüsse dieses Feuersteinhorizontes wurden in West- und Zentralsyrien dokumentiert, der Horizont erstreckt sich jedoch bis in das Gebiet des Euphratgrabens hinein.[58] Long und Julig beschreiben den Arak-Flint als homogenes, braun bis schwarz gefärbtes Material. Entlang des syrischen Euphrat sind an mehreren prähistorischen Fundplätzen Hinweise auf die Nutzung eines homogenen, lokalen Silexmaterials dokumentiert worden, der dem Material des Arak-Horizontes in optisch-makroskopischer Hinsicht zu entsprechen scheint.[59]

Aus der südtaurischen Vorgebirgszone liegen zahlreiche Hinweise auf ergiebige, in Kalksteinformationen eingebettete Rohmaterialvorkommen vor, die, wie diversen Grabungsberichte zu entnehmen ist, in Bezug auf ihre optischen Eigenschaften erheblich variieren können. Diese, in der Literatur bisweilen als „Feuersteingürtel" bezeichneten Vorkommen[60] sind mit großer Wahrscheinlichkeit als Ausgangsmaterial für die Großklingenproduktion der nordmesopotamischen Frühbronzezeit in Betracht zu ziehen: Dem aktuellen Forschungsstand zufolge sind Rohmaterialstücke entsprechender Größe und Qualität in der Jezirah nicht verfügbar gewesen.[61]

Kleine und mittelgroße Rohmaterialformate kommen dort hingegen vor, v. a. in Form sekundärer Feuersteingerölle im Flusstal des Euphrat[62] sowie im Bereich seiner Zuflüsse Balikh und Khabur.[63] Ähnliches steht für die Wadisysteme der Großregion zu vermuten, die aus der Taurusregion gespeist werden und Gesteinsmaterial aus diesem Gebiet mit sich führen. Primäre Silexvorkommen konnten innerhalb der Jezirah im Gebiet des Djebal ‚Abd el-'Aziz beobachtet werden[64]. Auch im weiter westlich gelegenen Höhenzug des Djebal Sinjar auf dem heutigen Staatsgebiet des Irak, sind Silex-Rohmateriallagerstätten vermutet worden, die in frühgeschichtlicher Zeit ausgebeutet worden sein könnten[65]. Als Herkunftsgebiete der Obsidiane, denen im 3. Jt. v. u. Z. innerhalb des lithischen Systems Tell Chuēras und Kharab Sayyars noch eine gewisse Bedeutung zukam (vgl. Teilkapitel 3.1.3), kommen die bekannten Lagerstätten in Anatoliens in Betracht, wobei dem aktuellen Forschungsstand zufolge in erster Linie ostanatolischer Obsidian nach Mesopotamien gelangte.[66]

Aus der hier skizzierten Situation, lässt sich für die Silexversorgung prähistorischer und frühgeschichtlicher Siedlungen im Gebiet der Jezirah folgendes ableiten: Verallgemeinernd gesprochen handelt es sich um eine Region, in der durchaus mit Silexvorkommen in Form sekundären Materials (Gerölle) zu rechnen ist. Vorkommen qualitätvollen Primärmaterials bleiben jedoch auf den nördlichen Randsaum der Jezirah (Vorgebirgszone des Taurus), das Euphrattal sowie

54 Delage 2003. Zur Terminologie vgl. Gradstein u. a. 2004.

55 Auch durch natürliche Verwitterungsprozesse aus dem Sediment herausgelöstes Kieselgestein kann in einem weit gefassten Sinn als Primärmaterial gewertet werden, sofern es noch in der unmittelbaren Umgebung des Sedimentgesteins lagert.

56 In anderen Weltregionen kommt sekundäres Material auch in Ablagerungen glazialer (Moränen) mariner Gerölle vor.

57 Long – Julig 2003. Daneben sind für den äußeren Nordwesten des Landes küstennah Vorkommen einer rosafarbenen Feuersteinvarietät dokumentiert worden, die für die Versorgung nordostsyrischer Siedlungen aufgrund der geographischen Distanz jedoch kaum eine Rolle gespielt haben dürfte. Dieser Silexvarietät ist in einen, in das Mesozoikum datierten geologischen Komplex (Baer-Bassit Ophiolite Complex of north-west Syria) eingebettet.

58 Zur Geologie Nordostsyriens vgl. allgemein Schöler 2008.

59 Calley 1984: 36; Abbès 2003: 79; Nishiaki – Matsutani 2003.

60 Behm-Blancke – Boese 2001: 28. Vgl. ferner Otte – Behm-Blanke 1992: 171; Chabot – Eid (2007: 12) und Anderson u. a. 2004: 95.

61 Vgl. Anderson u. a. 2004; Chabot – Eid 2007; 2009; Thomalsky 2011: 256.

62 Vgl. z. B. Copeland 2007: 111-112.

63 Vgl. Hole 2004; Nishiaki 2000b; 2007; Nishiaki 2008; Chabot – Eid 2009: 805; Wright in Emberling u. a. 1999: 30-31.

64 Hole 2004.

65 Conolly 2003: 363-364. J. Conolly nimmt an, dass im Djebal Sinjar Vorkommen von Plattensilex existieren, die als Rohmaterial für die spätchalkolithische Großklingenproduktion Tell Braks in Frage kommen könnte.

66 Vgl. Sherrat 2005.

auf westlich des Euphrat gelegenen Gebiete (z. B. den Djebal Bishri) begrenzt.

Die Versorgung der Siedlungsgemeinschaften mit geeignetem Silexrohmaterial stand in Abhängigkeit zur direkten und indirekten (Import) Zugriffsmöglichkeit auf Lagerstätten in diesen rohstoffreichen Gebieten. Auf der Grundlage des aktuellen Forschungsstandes ist es nicht möglich die lithischen Inventare einzelner Fundorte mit spezifischen Rohstofflagerstätten zu verknüpfen. Dennoch werde ich in diesem Teilkapitel versuchen die verfügbaren Informationen aus den an die Chuēra-Region anschließenden Gebieten und eigene Beobachtungen zusammenzuführen, um Aussagen zur Organisation und Praxis der Rohstoffbeschaffung treffen zu können. Während meiner Forschungsaufenthalte in Syrien habe ich mehrfach Geländebegehungen in der Umgebung beider Fundorte durchgeführt, um ggf. regionale Silexvorkommen zu lokalisieren. Schwerpunkt der Begehungen bildete dabei der tellnahe Verlauf des Wadi Chuēra. Darüber hinaus habe ich mehrere auffällige Geländeformationen in der näheren Umgebung der Ruinenhügel aufgesucht. Unweit nördlich des Tell Chuēra wird im Bereich des Wadis Kiesgewinnung betrieben. Im Zuge der rezenten Auskiesung sind Aufschlüsse entstanden, die gute Zugriffsmöglichkeiten auf die Schotterassen des Waditals eröffnen (Abb. 3.10). Die Terrassen bestehen aus mächtigen Kieslagen, die aus dem Taurusgebiet hierhin transportiert wurden. Die Ablagerung des Materials erfolgte bis ins obere Pleistozän hinein.[67] Um zu testen, ob der Schotter erratischen Silex enthält und somit als potentielle Rohmaterialquelle in Betracht kommt, habe ich im Umfeld der rezenten Aufschlüsse zahlreiche Wadigerölle aufgeschlagen. Ein positiver Nachweis für Feuersteinmaterial konnte im Bereich der Kiesgrube allerdings genauso wenig erbracht werden wie an verschiedenen kleineren Aufschlüssen südlich des Tell Chuēra. In den pleistozänen Schottern des Wadis fanden sich lediglich mehrere (n = 17), teils patinierte, manchmal abgerollte Silexartefakte – darunter Abschlagkernsteine, Abschlagschaber und etwas Klingenbruch[68] – für die m. E. am ehesten eine (spät?)paläolithische Datierung angenommen werden kann.[69]

Zumindest der tellnahe Bereich des Wadis Chuēra scheint folglich als Quelle für die Rohstoffversorgung der frühbronzezeitlichen Siedlungen auszuscheiden. Dabei wäre hier theoretisch mit einem Vorkommen sekundär gelagerten Rohmaterials zu rechnen gewesen. An zahlreichen prähistorischen und frühgeschichtlichen Fundorten in Nordsyrien stellen Silexgerölle aus dem Bereich von Flusstälern und Wadiverläufen einen wichtigen Rohstoff für die Abschlaggewinnung dar.[70]Auch im Bereich mehrerer flacher Höhenrücken in der näheren Umgebung der Fundorte, etwa dem Taraq Hroubi zwischen Tell Chuēra und Kharab Sayyar, die ich zumindest punktuell begehen konnte, stellte ich keine Silexkonkretionen im Gestein fest.[71] Die Kalkkrusten, die das Landschaftsbild der Wadi Hamar-Region prägen[72] und in Frühbronzezeit auch als Baumaterial Verwendung fanden sind geologisch relativ junge Formationen und kommen als potentielle Lagerstätte für Primärsilex nicht in Frage. Auf Basis meiner Beobachtungen gehe ich davon aus, dass es zumindest im unmittelbaren Umfeld der beiden Tellsiedlungen keine ad hoc verfügbaren Silexvorkommen gab.[73] Eine opportunistische Form der Rohstoffbeschaffung, bei der Silexmaterial in Form von Geröllen bei Bedarf einfach in Siedlungsnähe aus dem Flusstal eines Wadis aufgelesen wurde, kann folglich weitgehend ausgeschlossen werden. Dies bedeutet im Umkehrschluss jedoch nicht, dass andere Wadiläufe, die zum Entwässerungsnetz des Wadi Hamar gehören kein fluviatil verlagertes Silexmaterial mit sich führen. Die Zuflüsse des Wadi Hamar entspringen alle im Taurusvorland, wo es, wie bereits erwähnt, Feuerstein führende geologische Formationen gibt.

Bislang liegen auch keine Hinweise auf lokale Vorkommen primär gelagerten Feuersteins vor. Vorkommen von Feuerstein konnte ich erst weiter südlich im Gebiet der Ebene von El-Ruweidat beobachten. Im Bereich einer ausgedehnten

67 Zur Geomorphologie des Wadi Chuēra vgl. zuletzt Krätschell 2011: bes. 137-141. Über dem Wadischotter erfolgte seit dem frühen Holozän eine Sedimentation von Hochflutlehmen.

68 Keine Großklingen.

69 Die Stücke wurden aus den Hangprofilen der Aufschlüsse geborgen und stammen nicht aus dem Bereich bronzezeitlicher Schachtgräber, die häufiger im Bereich des Wadi Chuēra dokumentiert werden konnten. Ich vermute, dass die Stücke auf die Präsenz steinzeitlicher Sammler und Jäger in der Chuēra-Region hindeuten. Saisonal bot sich das Wadi mit Sicherheit für die Jagd auf Gazellen an.

70 Vgl. z. B. Copeland 2007: Nishiaki 1991: 41; 2000b; Akkermans 1996: 286; Conolly 2003: 363-364; van Gijn 2003: 401-402; Chabot – Eid 2007, 8, 11; 2009; Thomalsky 2011: 256.

71 Auch ein östlich von Tell Chuēra an der Straße nach Slouk gelegener Höhenzug wurde untersucht. Es handelt sich um eine steile, das umliegende Gelände überragende, sattelförmige Kalksteinformation, die durch eine moderne Straße zerschnitten wird und teilweise als Steinbruch genutzt wird, wodurch Aufschlüsse entstanden sind. Feuersteinvorkommen konnten hier nicht dokumentiert werden. Die nördlich der Straße gelegene Kuppe ist partiell modern überbaut und zeigt Spuren antiker Nutzung/Besiedlung, u. a. in Form halafzeitlicher Keramikfunde im Hangbereich.

72 Vgl. Weicken – Wener 1995; Krätschell 2011: 44.

73 Während meiner Forschungsaufenthalte in Tell Chuēra habe ich zahlreiche einheimische Grabungshelfer, die die Silexartefakte aus eigener Anschauung kennen, gefragt, ob ihnen natürliche Vorkommen dieses Material in der Umgebung des Fundortes aufgefallen sind, was diese durchweg verneinten.

74 Weicken – Wener 1995: 281.

75 In den Randbereichen der Sebkha finden sich auch Silexartefakte. Dies spricht dafür, dass das Gebiet in prähistorischer oder frühgeschichtlicher Zeit wahrscheinlich saisonal aufgesucht wurde.

Salztonebene, der Sebkha Suwaira[74], die ca. 20 km südlich von Tell Chuēra, jenseits des Wadi Hamar liegt, zeichnen sich an der Oberfläche stellenweise Konzentrationen kleiner, verrundeter und offensichtlich nicht-artifizieller Silexstücke ab.[75]

Ein ähnliches Bild zeigt sich in der direkten Umgebung des frühbronzezeitlichen Siedlungsplatzes Mgeddi. Dort lassen sich im Gelände ebenfalls unbearbeitete Stücke von Feuerstein auflesen, und zwar sowohl im Bereich des Siedlungshügels selbst als auch auf den umliegenden Äckern. Die Feuersteinstücke aus der Sebkha und der Umgebung von Mgeddi sind jedoch so klein, dass sie kaum als Rohmaterial für eine Abschlagproduktion in Frage gekommen wären, wie sie in Tell Chuēra und Kharab Sayyar nachgewiesen werden kann. Die betreffenden Silices entsprechen auch farblich nicht den Hauptmaterialgruppen, die in den bronzezeitlichen Siedlungen Verwendung fanden.

Die Beobachtungen lassen jedoch darauf schließen, dass regional mit Silexvorkommen zu rechnen ist. Als Herkunftsgebiet käme z. B. der Höhenrücken des Tuwal al-'Aba in Betracht. Diese bis zu 483 m ü. NN aufragende Geländeformation liegt ca. 35 km südsüdwestlich von Tell Chuēra und markiert die westlichste Fortsetzung eines West-Ost orientierten Höhenzuges, der durch den Djebal ‚Abd el-'Aziz (Nordostsyrien, 920 m ü. NN) und das Djebal Sinjar-Massiv (Nordirak, 1460 m ü. NN) gebildet wird.[76] Zumindest an der Nordflanke des Djebal ‚Abd el-'Aziz sind Vorkommen eines wenig qualitätvollen Feuersteins dokumentiert worden, der sich zumindest für die Produktion einfacher Abschläge eignet[77], so dass zu fragen ist, ob dieser möglicherweise auch weiter westlich im Gebiet des Tuwal al-'Aba auftritt. Dies würde erklären, warum sich kleinste Feuersteingerölle im Bereich der Sebkha Suwaira finden, denn die flache Senke wird periodisch durch Wasser aus dem Gebiet des Tuwal al-'Aba gespeist.[78] Bei einer Exkursion in das Tuwal al-'Aba-Gebiet im Jahre 2010 konnte ich an einer Stelle mehrere kleine Feuersteingerölle lokalisieren. Diese lagen jedoch unweit einer Piste. Die Fundsituation mahnt zur Vorsicht, denn in der Region wird Euphratschotter, der Feuersteingerölle enthält, häufig im Straßenbau eingesetzt. Eine Verifizierung dieser Beobachtung bedürfte weiterer Geländebegehungen. Der Eindruck, dass es in der Region zwischen Balikh im Westen und dem Khabur im Osten Feuersteinvorkommen gibt, wird durch Beobachtungen an anderen Fundplätzen untermauert. Im Khaburgebiet ist die Ausbeutung sekundärer Silexvorkommen für verschiedene prähistorische Fundplätze bezeugt. Bei diesem Material, das Wadiläufen sowie dem Flussbett des Khabur entstammte, handelte es sich in der Regel um kleine Feuersteingerölle, die farblich variieren können. Primäres Silexmaterial kommt am oberen Khabur nicht vor.[79] J. Chabot und P. Eid haben jüngst darauf hingewiesen, dass die Abschlagindustrien frühbronzezeitlicher Siedlungen in der Region v. a. auf der Ausbeutung sekundär gelagerten Feuersteinmaterials basierten, der im Flussbett des Khabur in großen Mengen vorkommt und zumeist einen grauen Farbton aufweist.[80] Dieses Material eignete sich zwar für eine gelegenheitsgebundene, häusliche Abschlagproduktion, aber nicht als Rohstoff für die lokale Herstellung von Klingen vom Format der kanaanäischen Großklingen. Diese stellten in den frühbronzezeitlichen Siedlungen des Khaburgebietes – dem aktuellen Forschungsstand nach zu urteilen – importierte Güter dar, die andernorts hergestellt wurden.[81] Auch aus dem Balikhtal liegen Hinweise auf Silexvorkommen vor. In den pleistozänen Terrassen des Flusses findet sich Silexgeröll.[82] Zudem sind in geringer Entfernung der neolithischen Fundplätze Tell Sabi Abyad und Tell Damsihliyya Vorkommen einer graubraunen Feuersteinvarietät im anstehenden Kalkstein beobachtet worden.[83] Aus der unmittelbar nördlich an das Wadi Hamar-Gebiet anschließenden Region, die sich auf dem heutigen Staatsgebiet der Türkei (Provinz Şanlıurfa) befindet, liegen bislang nur wenige konkrete Informationen zu Lagerstätten vor.[84] Der Oberlauf des Wadi Chuēra führt jedoch durch den Höhenzug des Tektek Dagh (801 m ü. NN), dessen Ausläufer bis an die türkisch-syrische Grenze heranreichen. Die Tektek Berge – unwirtliche Badlands – setzen sich in geologischer Hinsicht aus eozänen und miozänen Kalken zusammen, die Einschlüsse von Kieselgestein bergen könnten. B. Çelik (Harran Universität, Şanlıurfa) konnte bei Begehungen in dieser Region Vorkommen von nodularem Primärsilex be-

76 Wirth 1971: 53-54; Weicken – Wener 1995: 281; Krätschell 2011: 20-21.

77 „One can, nowadays collect flint pebbles or blocks in the main valley of the Khabur River, and along the northern slope of the Jabal Abd al-Aziz" (Nishiaki 2000b: 41; vgl. auch Nishiaki 2007). F. Hole (2004) charakterisiert das Silexmaterial aus dem Jabal Abd al-Aziz-Gebiet als „low quality flint".
H. G. K. Gebel (2005: 320) schließt aus, dass es im Djebal ‚Abd el-'Aziz Lagerstätten von Plattensilex gibt, der für die Fabrikation von Großklingen verwendet worden sein könnte.

78 Krätschell 2011: 20-21.

79 Vgl. Nishiaki 2000b.

80 „...la dominance des silex de teinte grise à texture fine ou moyenne a été observée sur la plupart des sites du Bronze ancien de la vallée du Khabour que nous avons étudiés (...). Les résultats d'une brève prospection effectuée e 1995 sur le terrain semblent plutôt démontrer que le silex gris de bonne qualité se trouve facilement et en grande quantité dans le lit du Khabour (Chabot – Eid 2009: 805)." Vgl. auch Eid – Chabot 2007: 8, 11.

81 Vgl. Anderson u. a. 2004; Chabot – Eid 2007; 2009. Auch Y. Nishiaki, der im Khaburgebiet Surveys durchgeführt hat, teilt diese Einschätzung (pers. Mitteilung, 2012).

82 Akkermans 1993: 79-81; Copeland 1996: 286.

83 Akkermans 1993: 36.

84 Silexlagerstätten sind im Gebiet der Provinz Urfa bislang nicht planmäßig prospektiert worden (pers. Mitteilung K. Schmidt, 2011).

85 Celik 2000.

obachten.[85] Bei diesem Material handelt es sich jedoch um kleinformatige Ausgangsformate, aus denen sich nach Çelik maximal 10 cm lange Klingen fertigen ließen. Zumindest als Ausgangsmaterial für die Großklingen Chuēras und Kharab Sayyars kommt es folglich nicht in Frage.[86] Festzuhalten ist jedoch, dass der Feuerstein aus dem Gebiet des Tektek Dagh die geographisch nächstgelegene Rohmaterialquelle darstellt, die ich auf Grundlage der Forschungsliteratur und eigenen Erkundungen lokalisieren konnte. Darüber hinaus sind auch an verschiedenen Stellen am mittleren syrischen und türkischen Euphrat sowie im Umland von Urfa sind in eozänen Kalkstein eingebettete Feuersteinvorkommen dokumentiert worden.[87]

Zusammenfassend gehe ich davon aus, dass es in der direkten Umgebung von Tell Chuēra und Kharab Sayyar keine Silexlagerstätten gab, die aus einem spontanen Bedarf heraus ausgebeutet werden konnten. An beiden Siedlungsplätzen wurden aber offenbar Gerölle (Rohmaterialgruppen F 4 und F 2 a) zerlegt, um einfache Abschlagartefakte zu erzeugen (vgl. Teilkapitel 3.2.1). Da Vorkommen kleinformatiger Feuersteingerölle in der weiteren Umgebung (Balikhtal, Khaburgebiet, Djebal ‚Abd el-'Aziz; s. o.) nachweisbar sind, nehme ich an, dass diese regional und wahrscheinlich ohne größeren Aufwand beschafft werden konnten. Hierfür spricht auch, dass die einfachen Abschläge nur selten Anzeichen einer Retuschierung oder makroskopisch erkennbare Gebrauchsspuren aufweisen (vgl. Teilkapitel 3.3.1). Bei dem Rohstoff der Abschlagproduktion wird es sich folglich kaum um ein „knappes Gut" gehandelt haben. Als mögliche Lagerstätten kämen in Bezug auf das Rohmaterial F 2 b und F 4 z. B. andere Zuflüsse des Wadi Hamar-Entwässerungssystems in Betracht, die alle im südlichen Taurusvorland entspringen. Möglicherweise ließ sich Feuersteingerölle auch im Bereich des Tuwal al-'Aba oder im unmittelbar nördlich der syrisch-türkischen Grenze gelegenen Gebieten (Tektek Dagh) auflesen. Konkretere Hinweise hierfür lassen sich bislang jedoch nicht anführen. Auf dem Ruinenhügel Tall Bi'a, der am Zusammenfluss von Euphrat und Balikh liegt, konnte ich bei einer Exkursion aus Geröll gefertigte Abschläge beobachten, das der Rohmaterialgruppe F 4 optisch entspricht. Dasselbe gilt für Abschlagmaterial aus den Grabungen Halawa am mittleren Euphrat (vgl. Abb. 3.11: 3), das am archäologischen Institut der Goethe Universität Frankfurt lagert. In einem nächsten Schritt ist zu fragen, ob sich für das Feuersteinmaterial aus Chuēra und Kharab Sayyar, welches größtenteils primären Lagerstätten zu entstammen scheint (Rohmaterialgruppen F 1, F 2 a, F 3, F 5), über einen Vergleich mit Beobachtungen an anderen Fundorten, Rückschlüsse auf die mögliche Provenienz des Materials ziehen lassen. Hierbei ist allerdings zu beachten, dass auch Feuersteinmaterial, das sich optisch stark ähnelt, unterschiedlichen geologischen Formation und Abbauten entstammen kann. Umgekehrt verdeutlicht etwa die Variabilität der Rohmaterialgruppen F 2 hinsichtlich Farbe und Textur, die sich bisweilen an einem Artefakt beobachten lässt, dass auch innerhalb einer Lagerstätte mit erheblichen Unterschieden zu rechnen ist. Ein interregionaler Vergleich von Silexvarietäten auf der Grundlage rein makroskopischer Beobachtungen ist daher methodisch sicherlich problematisch, erscheint jedoch angesichts des allgemeinen Forschungsstandes zugleich alternativlos und soll hier als Versuch einer Annäherung an eine Provenienzbestimmung zu verstehen. Der braune, fein- bis sehr feinkörnigen Feuerstein der Rohmaterialgruppe F 1, die in den lithischen Inventaren Chuēras und Kharab Sayyars mit jeweils um die 10 Prozent vertreten ist (vgl. Tabelle 3.1.2-II), bildet auch einen wichtigen Rohstoff der spätneolithischen Steingeräteindustrie des ca. 12 km südlich von Tell Chuēra gelegenen Fundplatzes Tell Tawila. Dort besteht etwa die Hälfte aller untersuchten Feuersteinartefakte aus einem braunen Silex, der sich auf makroskopischer Ebene nicht von dem Material der Gruppe F 1 unterscheiden lässt.[88] Auch an Fundorten am mittleren syrischen Euphrat kommt ein optisch entsprechendes Material vor. Am Institut in Frankfurt konnte ich frühbronzezeitliche Silices aus den Grabungen in Halawa[89] sichten, die der Varietät F 1 in makroskopischer Hinsicht entsprechen (Abb. 3.11: 1a). Dasselbe gilt für zahlreiche Fundstücke aus einem Sammelfundkomplex aus Tell Sheikh Hassan (Abb. 3.11: 1c). Die Kollektion, die ebenfalls im Magazin des archäologischen Institut der Goethe-Universität lagert, wurde dem beiliegenden Fundzettel zufolge im Jahre 1981, also noch vor Beginn der Rettungsgrabungen der Jahre 1984-1990 und 1992-1994 vor Ort geborgen.[90] Die Kollektion umfasst Material des akerami-

86 Nach B. Çelik, dem ich Fotos von Silexartefakten der Rohmaterialgruppen F 1 und F 2 vorlegen konnte, handelt es sich bei dem Feuerstein der Tektek Berge um anderes Material (pers. Mitteilung B. Çelik, 2012).

87 Vgl. z. B. Miller 1985: 2; Schmidt 1987: 162; Masch – Weiner 1992; Wattenmaker 1998: 139; Bernbeck u. a. 1999: 122; Abbès 2003; 46; Nishiaki – Matsutani 2003; Hartenberger u. a. 2000: 55; 2002: 185-186; 2003: 92, 95; Nishiaki 2010: 41-42.

88 Diese Aussage bezieht sich auf den Grabungsbereich B. Das Material aus diesem Bereich umfasste insgesamt 745 geschlagene Steinartefakte aus Feuerstein und Obsidian (Helms 2007: 248).

89 Das Material stammt aus der Grabungskampagne 1979.

90 Wahrscheinlich wurde das Material im Zusammenhang mit der Anlage einer Sondage durch W. Orthmann geborgen (vgl. Boese 1995: 9).

91 Zur lithischen Industrie des akeramischen Neolithikums vgl. Abbès 2003. Für erste Anmerkungen zur lokalen Klingenindustrie des Spätchalkolithikums vgl. Behm-Blanke – Boese 2001. Aktuell wird die im Zuge der Rettungsgrabungen in Tell Sheikh Hassan geborgene spätchalkolithische Lithik von B. Müller-Neuhof (Berlin) wissenschaftlich bearbeitet.

92 „Le silex éocène est de couleur brun/noir à grain très fin (...). Il est pris dans une gangue calcaire aisément fracturable sans faire appel à des techniques particulières (Abbès 2003: 46)."

schen Neolithikums und des Spätchalkolithikums.[91] F. Abbès hat darauf verwiesen, dass der feinkörnige braune Feuerstein aus Sheikh Hassan lokal im eozänen Kalkstein der Euphratterrassen ansteht.[92] Für die prähistorischen Siedlungen Mureybet (akeramisches Neolithikum)[93] und Tell Kosak Shamali (Neolithikum bis Spätchalkolithikum)[94] ist ebenfalls eine Ausbeutung lokaler Vorkommen einer sehr ähnlichen Feuersteinvarietät angenommen worden. Primär gelagerte Konkretionen eines braun bis dunkelbraunen Silex wurden auch in paläozänen Kalksteinformationen in der Umgebung der Oase El Kowm beobachtet.[95] Der hochwertige Feuerstein aus diesem Gebiet ist nach F. Abbès optisch nicht von dem braunen Silexmaterial des mittleren Euphrattals zu unterscheiden.[96] Interessanterweise konnten an mehreren, östlich des Euphrat gelegenen, prähistorischen Fundorten, Hinweise auf die Nutzung von Artefakten aus einem qualitätvollen und homogenen, braunen Feuerstein dokumentiert werden.[97] Nachweise für eine Primärproduktion in Form von Schlagabfall sind jedoch spärlich, was verschiedentlich als Indiz für einen Import von Grundformen aus dem betreffenden Rohmaterial gewertet worden.[98] Insgesamt ergibt sich für mich der Eindruck, dass das syrische Euphrattal als nächst gelegene potentielle Bezugsquelle für den feinkörnigen braunen/dunkelbraunen F 1-Silex in Frage kommt. Alternativ muss auch die Möglichkeit in Betracht gezogen werden, dass das Material Lagerstätten in der Vorgebirgszone des Taurus entstammt. B. E. Hartenberger berichtet z. B. von Vorkommen eines dunkelbraunen nodularen Feuersteins in der Umgebung des frühbronzezeitlichen Fundplatzes Titriş Höyük (Provinz Şanlıurfa).[99]

Als nächstes ist zu fragen, welche Informationen sich in Bezug auf die mögliche Herkunft der Rohmaterialgruppen F 2 a sowie F 3, F 5 aus der Forschungsliteratur ableiten lassen, die im lithischen System Chuēras und Kharab Sayyars als Werkstoff der Großklingenproduktion dienten. Dem aktuellen Forschungsstand zufolge kommen Rohmaterialformate, die groß genug sind, um Serien von Großklingen aus ihnen zu fertigen, in Nordsyrien generell nicht vor, weder im Bereich des mittleren syrischen Euphrattals mit seinen primär und sekundär gelagerten Silexvorkommen[100] noch im Khaburgebiet.[101] Hinweise auf eine Ausbeutung von Lagerstätten, die ausreichend große Rohmaterialformate bargen liegen bislang ausschließlich aus dem türkischen Euphratgebiet und der Urfa-Region vor. So konnten etwa in der Umgebung des Hassek Höyük, reiche Primärvorkommen „an qualitativ hochwertigem Hornstein (Feuerstein)" [102] dokumentiert werden. Das Silexmaterial, aus dem hier während des Spätchalkolithikums (Hassek Schicht 5) und der älteren Frühbronzezeit (Hassek Schicht 0-4)[103] Großklingen gefertigt wurden, lag in Form von teils „großdimensionierten Knollen- und Plattenhornsteinen"[104] vor. Diese konnten nahe der Siedlung aus Aufschlüssen in anstehenden, eozänen Kalkbänken (Steilhänge)[105] gewonnen werden konnten. Antike Rohstoffentnahmestellen wurden nicht lokalisiert, allerdings entspricht das Rohmaterial aus dem die Artefakte bestehen, die aus den Siedlungsschichten geborgen wurden den Silexkonkretionen, die im Umland beobachtet werden konnten. Die Bearbeiter konnten aufzeigen, dass der unbearbeitete Rohstoff der Klingenproduktion in Form von „mächtigen Hornsteinknollen" in die Siedlung gebracht wurde.[106] Anhand der lithischen Funde ließ sich die Arbeitskette der Klingenproduktion, die die Bearbeiter als „Serie A" bezeichnen, vollständig nachweisen.[107] Von besonderer Bedeutung erwies sich in diesem Zusammenhang ein Depotfund von 36 vollständigen und fragmentierten Großklingenkernsteinen aus nodularem Silex (insgesamt mehr als 130 kg), die auf der Begehungsfläche eines Raumes (Raum 29) der spätchalkolithischen Schicht 5 c dokumentiert wurden. Dieser war durch ein Brandereignis zerstört worden, so dass davon auszugehen ist, dass die Kernsteine, die vor eine Wand des Raumes in drei Lagen übereinander gestapelt lagen, Bestandteile des ursprünglichen Rauminventares bildeten.[108] J. Weiner hat angenommen, dass das Umland Hassek Höyüks aufgrund der reichen regionalen Silexvorkommen als „Abbauzentrum" für das Rohmaterial der

93 Calley 1984: 36; Abbès 2003: 79.
94 Nishiaki – Matsutani 2003.
95 Cauvin – Cauvin 2009: 97; Abbès 2003: 124-127; Long – Julig 2003.
96 Abbès 2003: 124.
97 Vgl. z. B. Wright in Emberling et al. 1999: 31.
98 Vgl. Nishiaki 2007; zu Tell Kashkashok vgl. Nishiaki 1991: 41; zu Seker Al-Aheimar vgl. Nishiaki 2007; zu Tell Damishlyya vgl. Nishiaki 2000a: 100; zur so genannten Fundstelle "K-260" vgl. Hole 2004.
99 Hartenberger 2003: 92.
100 Behm-Blanke – Boese 2001: 31; Sela 2009: 28; Y. Nishiaki (pers. Mitteilung, 2012).
101 Anderson u. a. 2004: 123; Chabot – Eid 2007: 12; Chabot – Eid 2009: 807; Y. Nishiaki (pers. Mitteilung, 2012).
102 Behm-Blanke 1992: Vorwort.
103 Die Schichtenabfolge 0-4 vom Hassek Höyük ist von R. Hempelmann (2013: 165-167) mit der regionalen Periode TCH A synchronisiert worden.
104 Weiner 1992: 226.
105 Otte – Behm-Blanke 1992: 168.
106 Für die Rohmaterialknollen werden von den Bearbeitern Maße von „30-40 cm" und ein Gewicht von „10 und 20 kg" (Otto – Blanke 1992: 166) bzw. „ein Gewicht von bis zu 20 kg und Abmessungen von ca. 50 x 40 x 20 cm" angegeben (Weiner 1992: 226).
107 Außer der Großklingenindustrie wurde in Hassek Höyük auch eine Abschlagproduktion nachgewiesen, die auf der Zerlegung sekundär gelagerter und maximal 20 cm großer Euphratgerölle basierte (Otte – Behm-Blanke 1992).
108 Behm-Blanke 1992: 216-218; Weiner 1992. Eine vergleichbare, wenn auch viel kleinere Assemblage liegt auch aus einem frühbronzezeitlichen Schichtzusammenhang aus Tell Chuēra vor (Bereich P).
109 Weiner 1992.

Großklingenproduktion in Betracht kommt[109], wodurch die Möglichkeit einer Überschussproduktion von Großklingen impliziert wird.

In diesem Zusammenhang ist interessant, das J. Sela, der in jüngerer Zeit eine funktionale Analyse der Klingen aus dem spätchalkolithischen, am mittleren syrischen Euphrat gelegenen Fundortes Jebal Aruda vorgelegt hat, darauf verweist, dass es bei diesen offenbar um die Erzeugnisse einer Importindustrie handelt und dass das lithische Rohmaterial aus dem die Klingen bestehen in makroskopischer Hinsicht starke Ähnlichkeiten mit den Silexvarietäten Hassek Höyüks aufweisen.[110]

Die Bearbeiter der lithischen Funde aus Hassek differenzieren drei „Hauptgruppen" von Silexrohmaterial, aus denen Großklingen gefertigt wurden.[111] In der entsprechenden Publikation findet sich eine Farbtafel mit Abbildungen der drei Materialgruppen (vgl. 3.10: 1).[112] Die Farbaufnahmen vermitteln den Eindruck, dass sich die Hauptgruppe Hassek 1 und die für Chuēra und Kharab Sayyar herausgestellte Rohmaterialgruppe F 2 optisch weitgehend entsprechen und zwar sowohl im Hinblick auf die Farbe wie in Bezug auf die Art und Gestalt der Einschlüsse.[113] Dieser Eindruck bestätigte sich für mich bei einem Besuch des Museum von Şanlıurfa im Frühjahr 2011. Dort sind mehrere Großklingen und Kernsteine aus den Grabungen am Hassek Höyük ausgestellt. Meines Erachtens ähnelt das Material stark dem Rohmaterial aus dem die meisten in Tell Chuēra und Kharab Sayyar geborgenen Klingen bestehen.

Ein Abbau von Werkmaterial für die Fabrikation von Großklingen erscheint auch für das Umland des Fundplatzes Titriş Höyük belegt. Titriş liegt knapp 40 km südwestlich von Hassek Höyük am Ufer des Tavuk Çay, einem Zufluss des Euphrat, inmitten einer Gegend, die für ihre reichen Flintvorkommen bekannt ist. Titriş entwickelte sich ab der Mitte des 3. Jts. v. u. Z. zu einem etwa 46 Hektar großen, frühurbanen Zentrum, dass eine Reihe kleinerer Siedlungen eines regionalen Siedlungssystems dominierte.[114] Die frühbronzezeitliche Siedlung bestand abgesehen von der eigentlichen Tellformation aus ausgedehnten Unterstadtarealen (Lower Town, Outer Town) und einer extramuralen Siedlungszone mit einer vergleichsweise lichten Bebauung (Suburbs).[115] Der Zeitraum der frühbronzezeitlichen Besiedlung lässt sich grob mit den Siedlungsperioden Tell Chuēra IC bis IE synchronisieren.

Im Gebiet der extramuralen Außenstadt von Titriş konnte ein Werkstattbereich für die Herstellung von Großklingen (Canaanean Blade Workshop) lokalisiert und untersucht werden, der in die Mitte des dritten Jts. v. u. Z. datiert werden kann und eine enorme Mengen lithischen Materials erbrachte. Die Analyse der Funde aus dem Werkstattbereich, die weit über 1000 Großklingenkernsteine und tausende von Abschlagartefakten umfassen[116], ermöglichten einen detaillierten Einblick in das lokale Großklingen-Produktionssystem. Die Forschungsergebnisse aus Titriş sind für die Analyse des lithischen Systems in Tell Chuēra und Kharab Sayyar nicht zuletzt aufgrund der chronologischen und geographischen Nähe (Luftlinie: knapp 120 km) von großer Bedeutung. B. E. Hartenberger, die Bearbeiterin des Titriş-Materials unterscheidet makroskopisch vier Rohmaterialgruppen, die als Ausgangsmaterial der Klingenherstellung genutzt wurden: eine homogene braune Feuersteinvarietät, grauen, rosanen sowie cremefarbenen Feuerstein.[117] Die rosane Varietät ist optisch nicht vom entsprechend gefärbten Anteil der Rohmaterialgruppe Chuēra/Kharab Sayyar F 2 zu unterscheiden. Dieser Eindruck, den ich zunächst auf Basis von Beschreibungen und Fotos der Titriş-Funde gewonnen habe, bestätigte sich für mich bei einem Besuch des Museums von Şanlıurfa im Frühjahr 2011. Eine Auswahl von Großklingen- und Kernsteinfunden aus den Grabungen in Titriş Höyük, die einen Teil der dortigen Dauerausstellung bilden, gleicht den Großklingen aus Tell Chuēra und Kharab Sayyar in Bezug auf das Rohmaterial.[118] Auch der graue Silex, den ich aus weiter oben genannten Gründen (vgl. Teilkapitel 3.1.1) ebenfalls unter die Rohmaterialgruppe F 2 subsumiert habe, ist den Muse-

110 Sela 2009: 28-30.

111 Otte – Behm-Blanke 1992.

112 Behm-Blanke 1992: Tafel 33.

113 Darüber hinaus fallen auch einige Beispiele der Gruppen Hassek 2 und 3 in die Variationsbreite der Rohmaterialgruppe F 2. Dies gilt für die ersten drei Klingen (von links) der Gruppen Hassek 2-3, die auf der Farbtafel abgebildet sind.

114 Zu Titriş Höyük vgl. zusammenfassend Algaze – Matney 2011.

115 Am Ende der Frühbronzezeit wurde Titriş weitgehend verlassen; Besiedlungsspuren aus der Zeit nach dem Ende der Frühbronzezeit beschränkten sich auf den Bereich des zentralen Ruinenhügels (Hartenberger u. a. 2000; Algaze u. a. 1995; 1996; 2001; Matney u. a. 1997; 1999).

116 Die Anzahl der Kernsteinfunde aus dem Werkstattareal von Titriş Höyük umfasst ein Vielfaches aller spätchalkolithischer und frühbronzezeitlicher Großklingenkernsteine die bislang in Mesopotamien und in der Levante gefunden wurden. Kernsteine der Großklingenproduktion konnten bisher nur an wenigen Fundorten dokumentiert werden.

117 Alle Angaben bzgl. der Steingeräteindustrie des Titriş Höyük sind der Dissertation B. E. Hartenbergers (2003) sowie folgenden Artikeln entnommen: Hartenberger u. a. 2000; Hartenberger 2002.

118 B. E. Hartenberger, der ich Fotografien von Silices aus Tell Chuēra zukommen ließ, teilt diesen Eindruck (pers. Mitteilung, 2010). Auch einige spätchalkolithische datierte Großklingen aus Hacinebi, die in der Dauerausstellung des archäologischen Museums in Şanlıurfa gezeigt werden, sind in Bezug auf das Rohmaterials optisch nicht von der Gruppe Tell Chuēra/Kharab Sayyar F 2 zu unterscheiden (zur Lithik aus Hacinebi siehe Edens 1999).

119 Der cremefarbene Feuerstein aus Titriş entspricht möglicherweise der Rohmaterialgruppe F 5.

umsexponaten nach zu urteilen optisch nicht von dem grauen Silexmaterial aus Titriş zu differenzieren.[119] Mit Blick auf die rosafarbene Varietät rekonstruiert Hartenberger unregelmäßig geformte Knollen als Rohmaterial der Klingenproduktion[120]; dies entspricht den Ausgangsformaten, die ich für die Rohmaterialgruppe F 2 rekonstruiere (vgl. Teilkapitel 3.1.4). Auf Grundlage der Untersuchung einer Stichprobe von 703 Großklingenkernen, kommt die Bearbeiterin des Titriş-Materials zu dem Schluss dass der rosane Feuerstein ungeachtet der teils zahlreichen Kalkeinschlüsse von den bronzezeitlichen Steinschlägern als qualitativ hochwertiger Werkstoff eingestuft wurde.[121] Für die in Titriş am häufigsten vertretene Silexvarietät, den homogenen braunen Feuerstein, ist die Ressourcenherkunft mit großer Sicherheit bestimmt worden. 4 km südöstlich der Fundstelle wurde eine entsprechende Lagerstätte identifiziert. Das Herkunftsgebiet der übrigen Feuersteinarten vermutet sie in der weiteren Umgebung: „Sources farther away were exploited for the tan/pink, cream, and gray flint. For instance, outcrops of flint have been found near the modern village of Bozova, 17,7 km southwest of Titriş, and on the terraces of the Euphrates (...)."[122] Hartenberger weist in diesem Zusammenhang darauf hin, dass der Rohstoff offenbar in Form großer, unbearbeiteter oder lediglich grob zugerichteter Brocken in die Siedlung transportiert wurde. Sie nimmt an, dass der Zugriff der „Steinschmiede" von Titriş auf das Rohmaterial verhältnismäßig unproblematisch gewesen sein dürfte: „Access to various raw materials apparently was relatively easy and cost-effective (…)."[123]

Aus der Ähnlichkeit zwischen der Hauptressource der Großklingenproduktion in Tell Chuēra und Kharab Sayyar (F 2) und Silexressourcen im Gebiet des mittleren türkischen Euphrat (Titriş Höyük, Hassek Höyük), die nachweislich während der frühen Bronzezeit genutzt wurden, lässt sich m. E. ableiten, dass die Möglichkeit eines Rohmaterialimportes aus diesem Gebietes in die Chuēra-Region in Betracht gezogen werden muss. Verschiedene Bearbeiter haben in der Vergangenheit die Vermutung geäußert, dass sich für die Großklingentechnologie geeignete Rohmaterialvorkommen am nördlichen „Randsaum des fruchtbaren Halbmondes in Gestalt eines ausgedehnten, in die Eozänkalke eingebetteten Feuersteingürtels finden."[124] Das Rohmaterial aus Aufschlüssen innerhalb dieser geographisch weit gespannten Zone des südtaurischen Bergvorlandes könnte sich optisch auch über weite Distanzen hinweg stark ähneln, verschiedene Rohstoffquellen sich lediglich in Farbnuancen unterscheiden.[125] Den archäologisch greifbarsten Hinweis für eine Surplusproduktion kanaanäischer Großklingen in diesem Gebiet während der Frühbronzezeit liefert bislang der bereits genannte Werkstattbefund in Titriş. Kernsteine der Großklingenproduktion fanden sich hier sowohl im Kontext von Abfallassemblagen wie in kleinen Depots innerhalb des Werkstattbereiches[126] sowie in der Umgebung der Aktivitätszone. Die meisten Kernsteinfunde entstammen jedoch zwei großen Grubenbefunden, die von den Ausgräbern und der Bearbeiterin plausibel als Vorratsgruben und nicht als Abfallgruben interpretiert werden: „We estimate that over 1600 cores were stored in the pits. We interpret these pits as some kind of raw material storage for two reasons: First, the cores are neatly stacked in the pits, reflecting careful placement and not haphazard discard. Second, the cores reflect the entire range of production sequence, from virtually unworked raw material, through various stages of core reduction, to exhausted pieces. In terms of the raw material remaining on the cores, the potential for the production of tens of thousands of Canaanean blades were stored in these core pits." [127]

In der Vergangenheit wurde verschiedentlich argumentiert, dass Großklingen in der Mehrzahl der frühbronzezeitlichen Siedlungen Nordmesopotamiens ein Importgut darstellen. Für Fundorte im Khaburgebiet[128] und im heutigen Nordwestirak[129] lässt sich die lokale Produktion von Großklingen in der Regel nicht nachweisen, da dort ein weitgehendes Fehlen von, für die Klingenproduktion als diagnostisch erachteter Grundformen zu verzeichnen ist. Auch im Gebiet des türkischen mittleren Euphrat ist eine lokale Herstellung von Großklingen während der Frühbronzezeit nicht durch-

120 Hartenberger 2002: 188.

121 Hartenberger 2002: 188.

122 Hartenberger 2003: 99. Am spätneolithischen Fundplatz Fıstıklı Höyük (Südtürkei, Provinz Şanlıurfa; zu vgl. Bernbeck – Pollock 2001), der unweit von Titriş am mittleren türkischen Euphrat liegt, finden sich Artefakte aus einem rosafarbenen, offenbar primär gelagertem Silex, der lokal verarbeitet wurde und der Materialgruppe F 2 m. E. optisch sehr ähnelt. An dieser Stelle möchte ich S. Pollock danken, die mir eine Auswahl von Fotos mit Silices aus Fıstıklı Höyük zur Verfügung gestellt hat.

123 Hartenberger 2003: 102.

124 Chabot – Eid (2007: 12) und Anderson u. a. (2004: 95).

125 Vgl. Chabot – Eid 2007: 12. J. Chabot (pers. Mitteilung, 2012), dem ich Fotos von Fundstücken aus Tell Chuēra vorlegen konnte, hat mich darauf hingewiesen, dass das Rohmaterial aus Tell Chuēra auch von jedem anderen nordsyrischen Fundplatz mit Großklingenfunden stammen könnte, dessen Material er bislang sichten konnte. Auch Y. Nishiaki (pers. Mitteilung, 2012) teilt diesen Eindruck. Diese Beobachtungen durch andere Bearbeiter verstärken m. E. den Eindruck, dass die nordsyrischen Großklingen mit Blick auf das Rohmaterial eine relativ homogene Gruppe darstellen.

126 Ähnlich wie am Hassek Höyük (Raum 29, Schicht 5 c) waren die Kernsteindepots im „Canaanean Blade Workshop" von Titriş vor Raumwänden platziert (Hartenberger u. a. 2000: 53-54).

127 Hartenberger et al. 2000: 53-54.

128 Chabot 1998a; 1998b; Chabot – Eid 2007; 2009; Gebel 2005; van Gijn 2003.

129 Anderson - Inizan 1994.

130 Vgl. Herling 2007.

weg nachzuweisen[130], obwohl dort regional mit geeigneten Rohmaterialvorkommen zu rechnen ist, wie die Beispiele Titriş und Hassek Höyük zeigen. Diese Beobachtung lässt vermuten, dass die spezifische Technik der Großklingenherstellung nicht nur an das Vorhandensein geeigneter Silexlagerstätten, sondern auch an die technologische Expertise geknüpft war, die möglicherweise nicht in jeder Siedlung vorhanden war. Die Herstellung der kanaanäischen Klingen erfolgte wahrscheinlich im Rahmen einer spezialisierten Produktionssystems und es ist gut möglich, dass entsprechende Spezialisten unabhängig von der naturräumlichen Ausstattung einer Region mit Silexressourcen nicht in allen Siedlungen präsent waren. Der Befund in Titriş Höyük bestätigt das Bild einer in der Nähe idealer Kieselgesteinsvorkommen gelegenen Produktionsstätte. Ausgehend von dem hohen Fundaufkommen der Großklingenkerne, die im Durchschnitt 1,3 kg wiegen, kalkuliert Hartenberger, dass während des mittleren Abschnittes der Frühbronzezeit mindestens zwei Tonnen an qualitativ hochwertigem Feuerstein in die Werkstatt gebracht wurden.[131] Das Produktionsvolumen einer solchen „Steinschmiede" wird den regionalen Bedarf an Klingen im Umfeld eines Zentrums wie Titriş gedeckt haben.[132] Darüber hinaus besteht die Möglichkeit, dass solche Werkstätten über den regionalen Bedarf hinaus produzierten. Da sich meiner Einschätzung nach zumindest in Tell Chuēra eine lokale Produktion von Großklingen anhand einiger weniger Kernsteinfunde und Präparationsabschläge nachweisen lässt, möchte ich an dieser Stelle die These vertreten, dass das Silexrohmaterial für die Klingenproduktion wenigstens teilweise in Form von Rohmaterialsstücken in die westliche Jezirah gelangte. Diesbezüglich erscheint mir der Befund der Vorratsgruben in Titriş Höyük von besonderem Interesse.

Die Depots enthielten auch diverse vorpräparierte Kerne (Vorkerne). Meiner Meinung nach ist es denkbar, dass die massenhaft deponierten Kernsteine nicht nur dem Zweck dienten, den Betrieb der Werkstatt vor Ort aufrecht zu erhalten[133], sondern dass präparierte Rohmaterialstücke und Kerne im frühen Abbaustadium gehortet wurden, um diese zu exportieren.

Das Gewicht des zu transportierenden Gutes würde durch diese Praxis vermindert werden. Durch den Import von anpräparierten Gesteinsstücken ließ sich auch erklären, warum sich in Tell Chuēra zwar technische Abschläge der Rohmaterialgruppe F 2 und Kernsteine der Klingenproduktion fanden, aber nur wenige primäre Kortexabschläge geborgen wurden. Da die Mehrzahl der Klingen aus dem Knollensilex der Rohmaterialgruppe F 2 geschlagen wurden, wäre dies eigentlich zu erwarten; es sein denn die grobe Formgebung der Gesteine erfolgte aus arbeitsökonomisch-transportlogistischen Erwägungen heraus direkt an der Rohstoffquelle bzw. den Rohstoffquellen.

Tabelle 3.1.6-I fast die Überlegungen zur Herkunft der verschiedenen Silexrohmaterialgruppen noch einmal im Sinne eines Rekonstruktionsvorschlages zusammen. Für den Karneol (Rohmaterialgruppe F 7), die hier nur kurz erwähnt werden soll kommt theoretisch eine Herkunft aus mittelasiatischen Lagerstätten in Betracht[134]. Bezüglich dieses Materials ist in jedem Fall ein Fernimport in Betracht zu ziehen.

Rohmaterial-gruppe	**Mögliches geographisches Herkunfts-gebiet**
F 1	Euphrattal (Arak-Flint)
F 2 a, F 3, F 5	Primäre eozäne Lagerstätte(n) im Gebiet des türkischen Euphrat/Taurusvorland; vielleicht weitere Umgebung von Titriş Höyük?
F 2 b, F 4	Sekundäre Lagerstätten in Schottern der Wadi Hamar-Region (= alluviale Schotter aus dem Taurus/südlichen Taurusvorland), Tektek Berge? Tuwal al-'Aba?
F 7	Möglicherweise Zentralasien?

Tabelle 3.1.6-I: Herkunftsgebiete des Feuersteinrohmaterials: Rekonstruktionsversuch.

3.1.7 Die Herkunftsbestimmung der Obsidiane

An den untersuchten Fundorten beträgt der Anteil der Obsidiane 5,3 (Tell Chuēra, vgl. Tabelle 3.2.1-II) bzw. 3,2 Prozent (Kharab Sayyar, vgl. Tabelle 3.1.2-III). Mit Blick auf die Chuēra-Region der Frühbronzezeit vermute ich, dass möglicherweise zwei Versorgungsstrategien praktiziert wurden, nämlich Import und die Wiederverwendung prähistorischen Materials: In Chuēra lassen sich prähistorische Siedlungsschichten nachweisen, die sich durch einen weitaus höheren Prozentsatz an Obsidianen auszeichnen, und in der Umge-

131 Hartenberger 2003: 102.

132 Hartenberger 2002: 185.

133 In technologischer Hinsicht ist die Aufbewahrung von Kernsteinen in Gruben sinnvoll, da es in den Wintermonaten in der Südtürkei Frost geben kann und die Schlageigenschaften von Feuersteinmaterial durch Frosteinwirkung negativ beeinflusst werden können.

134 Zur Diskussion um die Herkunft des Karneols im frühbronzezeitlichen Mesopotamien vgl. ausführlich Quenet 2008: 133 sowie den Annexe 4.

135 So liegt der Anteil der Obsidiane am nahe gelegenen spätneolithischen Fundplatz Tell Tawila z. B. bei etwa 40 Prozent (vgl. Becker – Helms 2013). Unter den Obsidianartefakten prähistorischer Fundplätze in der Chuēra-Region finden sich auch immer wieder unretuschierte und auch heute noch extrem scharfe Klingen, die sich ohne weiteres für eine Wiederverwendung eignen würden.

bung Chuēras und Kharab Sayyars gibt es diverse prähistorische Fundorte, an denen sich im Bereich der Telloberfläche Obsidianartefakte aufsammeln lassen.[135] Meiner Meinung nach lässt sich nicht ausschließen, dass während des 3. Jts. v. u. Z. neolithische und chalkolithische Lesefunde bisweilen aufgelesen und wiederverwendet wurden.[136] Dies gilt umso mehr, da es sich sowohl bei den Obsidianartefakten der neolithischen Fundplätze als auch bei den Stücken, die aus frühbronzezeitlichen Schichten stammen in der Regel um Kleinklingen handelt, die sich auf technologischer Ebene nicht differenzieren lassen. Andererseits lassen andere bronzezeitliche nordsyrische Fundorte deutliche Hinweise auf einen Import von Artefakten aus Obsidian bzw. Obsidianrohmaterial erkennen, so dass eine Einfuhr dieses Rohstoffs auch für Chuēra gleichermaßen plausibel erscheint. In Tell Mozan (Nordostsyrien) besteht z. B. ein Drittel der geschlagenen Steinartefakte aus Obsidian und das Grundformenspektrum legt dort die Existenz eines lokalen Obsidian-Produktionssystems nahe.[137] Zudem lässt sich v. a. anhand des Fundmaterials aus Tell Chuēra die Herstellung von Silex-Kleinklingen nachweisen, die den Obsidianklingen technologisch nahe stehen.

Zur Herkunftsbestimmung der Obsidiane wurde Probenmaterial aus Tell Chuēra und Kharab Sayyar am Institut für Archäologische Wissenschaften in Frankfurt geochemisch analysiert. Zu Vergleichszwecken wurden auch Obsidianartefakte von drei neolithischen Fundplätzen – Tell Tawila, Tell Halaf und Çatal Höyük – in die Untersuchung einbezogen (insgesamt wurden n = 56 Obsidiane untersucht).[138]

Als Analysemethode wurde auf die portable energiedispersive Röntgenfluoreszenzanalyse (P-ED-RFA)[139] zurückgegriffen, die seitens der Archäometrie seit einigen Jahren erfolgreich für die Materialanalytik eingesetzt wird, insbesondere im Bereich der Keramikanalyse. Die Messungen wurden im Herbst 2010 unter wissenschaftlicher Leitung von M. Helfert (Institut für Archäologische Wissenschaften der Goethe-Universität) durchgeführt, der auch die Auswertung der Messdaten übernahm.[140] Die Ergebnisse, die in diesem Abschnitt dargelegt werden, wurden einem von M. Helfert verfassten Bericht über die geochemische Untersuchung der Obsidiane entnommen. Die Auswertung der Daten erfolgte in Bezugnahme auf Obsidian-Referenzproben, die Artikeln von B. Gratuze sowie M.-C. Cauvin u. a. entnommen wurden.[141] Beide Artikel befassen sich mit der geochemischen Herkunftsbestimmung anatolischer Obsidiane. Dieser qualitativ hochwertige Werkstoff gelangte während des Neolithikums in größerem Umfang nach Mesopotamien und in die Levante: „Almost all of the obsidian used to craft stone tools in the Near East from the Palaeolithic onward originated from volcanoes in two geographic regions: Central Anatolia and Eastern Anatolia."[142] Insbesondere mit Blick auf die Neolithikumsforschung bildet die naturwissenschaftliche Provenienzbestimmung von Obsidianen und die daran geknüpfte Frage nach Austauschbeziehungen seit den 1960er Jahren einen Forschungsschwerpunkt.[143] In den letzten Jahren sind in zunehmendem Maße Obsidianartefakte auch aus bronzezeitlichen Siedlungen geochemisch analysiert worden. In diesem Zusammenhang ist auf die Arbeiten E. Frahms hinzuweisen, denen dbzgl. eine Pionierrolle zukommt.[144] Anhand einer von B. Gratuze beschriebenen Methode, die auf einer Quotientenbildung der Elemente Yttrium (Y), Zirkonium (Zr) und Niobium (Nb) basiert, konnten die meisten im Rahmen dieser Arbeit beprobten Artefakte bestimmten geochemischen Referenzgruppen und somit spezifischen Lagerstätten zugewiesen werden (vgl. Abb. 3.12).

Demnach stammen n = 5 der analysierten Obsidiane aus Tell Chuēra aus der ostanatolischen Lagerstätte Bingöl A, n = 6 Artefakte aus dem benachbarten Obsidianvorkommen Bingöl B. In der Stichprobe sind jedoch auch n = 2 Stücke vertreten, die auf eine Lagerstätte im Vulkangebiet von East Acıgöl und somit auf eine zentralanatolische Herkunft (Kappadokien) verweisen. Die zwei Obsidiane aus Kharab

136 Der Prozentsatz der Obsidiane aus frühbronzezeitlichen Schichten erscheint mir allerdings zu hoch, als dass sich ihr Auftreten allein durch eine unbeabsichtigte Intrusion älteren Materials erklären ließe.

137 Vgl. Frahm 2010; Frahm – Feinberg 2013a: 1125.

138 Die Proben aus Tell Chuēra, Kharab Sayyar und Tell Tawila wurden mit Genehmigung der syrischen Behörden nach Deutschland ausgeführt. Teils handelt es sich um Lesefunde, teils um stratifiziertes Material. Zusätzlich konnten auch Proben aus dem Nachlass von U. Moortgat-Correns (Tell Chuēra, Çatal Höyük) in die Analyse mit einbezogen werden. Ich danke J. Becker, der mir die ebenfalls aus Altgrabungen stammenden Vergleichsproben vom Tell Halaf freundlicherweise zur Verfügung gestellt hat.

139 Bei der energiedispersiven Röntgenfluoreszenzanalyse wird eine Materialprobe durch Röntgenstrahlung angeregt. Dadurch werden Elektronen aus den Atomen des Probematerials herausgelöst, die eine elementspezifische Fluoreszenz abgeben. Für die Analyse der Obsidiane kam ein Analysator der Firma Thermo Fischer Scientific Niton zum Einsatz (Röntgenfluoreszenzspektrometer XL3t99SHe GOLDD). Die Röntgenfluoreszenzanalyse zeichnet sich dadurch aus, dass es sich um eine zerstörungsfreie Analysemethode handelt.

140 Die Analyse erfolgte im Rahmen einer intensiven Zusammenarbeit des Graduiertenkollegs „Wert und Äquivalent" mit den verschiedenen Abteilungen des Instituts für Archäologische Wissenschaften der Universität Frankfurt a. M. Ich möchte M. Helfert an dieser Stelle für die Möglichkeit Fundstücke zu beproben und die Durchführung der Analyse danken.

141 Gratuze 1999; Cauvin u. a. 1997.

142 Frahm – Feinman 2013a: 1122.

143 Die frühesten naturwissenschaftlichen Analysen zu den anatolischen Obsidianen wurden in den 1960ern vor dem Hintergrund der Frage nach prähistorischen Austauschsystemen vorgelegt (vgl. z. B. Renfrew u. a. 1966).

144 Vgl. z. B. Frahm 2010; Frahm – Feinberg 2013a; 2013b.

	Ostanatolien		Zentralanatolien	
Fundort	**n (Bingöl A)**	**n (Bingöl B)**	**n (East Acıgöl)**	**n (keiner Referenzgruppe zugeordnet)**
Tell Chuēra	5	6	2	2
Kharab Sayyar	1	1	–	–

Tabelle 3.1.7-I: Herkunft der geochemisch analysierten Obsidianartefakte aus Tell Chuēra und Kharab Sayyar.

Sayyar lassen sich jeweils der geochemischen Referenzgruppe Bingöl A und Bingöl B zuordnen (vgl. Tabelle 3.1.7-I). Die Obsidianartefakte der neolithischen Vergleichsfundorte Tell Tawila und Tell Halaf enthalten ebenfalls Vertreter der geochemischen Referenzgruppen Bingöl A, Bingöl B und East Acıgöl. Einzelne Obsidiane ließen sich keiner geochemischen Gruppe zuweisen. Für die neolithischen Proben aus Çatal Höyük konnte anhand der Referenzdaten von Gratuze keine Zuweisung zu Herkunftsgebieten erfolgen, im Streudiagramm zeichnen sich jedoch zwei Gruppen ab, hinter denen sich möglicherweise westanatolische Lagerstätten verbergen (vgl. Abb. 3.12). Zusammenfassend lässt sich aus der geochemischen Analyse ableiten, dass in der Chuēra-Region während der Frühbronzezeit sowohl Obsidian genutzt wurde, der aus den ostanatolischen Quellen stammte (Entfernung zur Chuēra-Region: ca. 265 km Luftlinie) als auch Material, das aus den im Nordwesten gelegenen Gebieten des Acıgöl-Kraters in die Chuēra-Region gelangt sein muss (Entfernung zur Chuēra-Region: ca. 485 km Luftlinie). Da die Lagerstätte von East Acıgöl innerhalb der untersuchten Stichprobe bronzezeitlicher Obsidiane nur zwei mal belegt ist, erscheint die geographisch näher gelegenen Rohmaterialvorkommen von Bingöl eine größere Bedeutung besessen zu haben. Dieses Bild korrespondiert mit der Beobachtung, dass Obsidiane aus Zentralanatolien in prähistorischer wie in frühgeschichtlicher Zeit v. a. entlang der Mittelmeerküste in südliche Richtung gelangten und daher nur selten an Fundorten östlich des Euphrat auftreten. Dagegen wurde in Mesopotamien in erster Linie Obsidian aus ostanatolischen Quellen genutzt.[145] Im Falle von Tell Chuēra könnte der Nachweis zentralanatolischen Obsidians – gesetzt den Fall, dass es sich bei den entsprechenden Artefakten nicht um wiederverwendete Stücke handelte – auf bronzezeitliche Kontakte in diese Region verweisen.

3.1.8 Organisation und Praxis der Rohstoffbeschaffung: ein historisch-spezifisches Modell der Silexversorgung

In den vorangegangenen Abschnitten dieses Kapitels wurden das Rohmaterial der Steingeräteproduktion auf der Grundlage makroskopischer Beobachtungen klassifiziert und Zusammenhänge zwischen den verschiedenen Rohstoffarten und der Grundproduktion gezeigt. Da ein Fehlen lokaler Rohmaterialquellen konstatiert werden kann, bin ich Hinweisen auf die mögliche geographische Herkunft des Rohmaterials nachgegangen Dabei wurde deutlich, dass eine Herkunftsbestimmung des Silexmaterials vorerst nur sehr eingeschränkt, d. h. auf der Ebene von Rekonstruktionsvorschlägen erfolgen kann. Wichtig erscheint in diesem Zusammenhang die Schlussfolgerung, dass der bedeutendste Rohstoff der Steingeräteindustrien Chuēras und Kharab Sayyars, die Rohmaterialgruppe F 2, offensichtlich einen Import darstellte, dessen Herkunft in Abbaugebieten der südtaurischen Vorgebirgszone vermutet werden kann. Die Existenz importierten Rohmaterials leitet direkt zur Frage nach Organisation und Praxis der Rohstoffbeschaffung über, die in diesem Teilkapitel im Rahmen eines historisch-spezifischen Modells diskutiert werden soll. Im Unterschied zu früheren Perioden wurden die Rahmenbedingungen für die Versorgung von Siedlungsgemeinschaften mit verschiedenen Rohstoffen in der Frühbronzezeit vermutlich in einem stärkeren Maße durch territoriale Faktoren beeinflusst. Im Gebiet der heutigen Südtürkei, in Syrien und im Nordirak entstanden im Verlauf des 3. Jts. v. u. Z. frühurbane Großsiedlungen, die bisweilen tausende von Einwohnern zählten.[146] Diese Entwicklung, die von der Forschung häufig als „zweite urbane Revolution" (Second Urban Revolution) bezeichnet wird[147], ging in dieser Region mit einer bis dahin in diesem Ausmaß nicht da gewesenen Bevölkerungskonzentration einher.

Dieser Prozess führte zur Ausbildung von sozioökonomisch komplex organisierten Gemeinwesen, die verallgemeinernd als Stadtstaaten charakterisiert werden können.[148] Die frühurbanen Gemeinschaften zeichneten sich in zunehmendem Maße durch ein territorialisiertes Umfeld und hierarchisch strukturierte Siedlungssysteme aus. Zumindest in den stärker besiedelten Gebieten der Regenfeldbauzone und

145 Zusammenfassend Frahm – Feinberg 2013a: 1122.

146 Vgl. z. B. Weiss 1990; Matney 2012; Meyer – Orthmann 2013.

147 Zusammenfassend: Akkermans – Schwartz 2005: 233-287.

148 Vgl. z. B. Akkermans – Schwartz 2005: 233-287; Algaze – Matney 2011; Creekmore 2008: 41-47; Peltenburg 2007b: 15-18; Bunnens 2007: 47-50; Çevik 2007; Schwartz 1994; Schwartz – Curvers 1992: 397-398; Edens – Kohl 1993: 23; Weiss u. a. 1993; Sallaberger 2011: 327-329; Cooper 2006.

entlang der Flussläufe wird die in das Landschaftsbild eingeschriebene Textur der frühen Stadtstaaten, die sich aus den im flachen Gelände weithin sichtbaren, umwallten Großsiedlungen, ihren Satellitensiedlungen und Wegesystem zusammensetzte, die Mobilität von Menschen in einem stärkeren Maße strukturiert und einer Kontrolle unterworfen haben, als dies in früheren Perioden der Fall war.

Für die Zeit des mittleren und späteren 3. Jts. v. u. Z. ist m. E. von einem Klima latenter Konflikte zwischen den frühurbanen Zentren auszugehen. Dies schlägt sich archäologisch v. a. in der geschlossen Siedlungsform dieser Zeit und dem Bau massiver Befestigungsanlagen nieder, die ein wesentliches Merkmal der frühbronzezeitlichen Großsiedlungen bildeten und den Anspruch der urbanen Zentren auf territoriale Integrität auch auf symbolischer Ebene unterstrichen.[149] Schriftliche Zeugnisse aus dem Archiv des Palastes G in Ebla, die ins 24. Jh. v. u. Z. datiert worden sind und die politische Landkarte Syro-Mesopotamiens zumindest schlaglichtartig erhellen, liefern ebenfalls Hinweise auf territoriale Auseinandersetzungen, etwa zwischen den zu diesem Zeitpunkt zu Regionalmächten aufgestiegenen Zentren Ebla und Mari[150] sowie auf das Bestreben von Eliten, interregionale Mobilität und Austauschbeziehungen zu kontrollieren[151]: „In Northern Mesopotamia, controlling movement was an important political strategy for cities and states".[152] Ich vermute, dass Vorstellungen von Territorialität während der Frühbronzezeit einen nicht zu unterschätzenden Faktor für die Versorgung von Siedlungsgemeinschaften mit den unterschiedlichsten Rohstoffen und Gütern gespielt haben. Dies betraf wahrscheinlich auch den Zugriff auf einfache aber wichtige Gebrauchsgüter wie geschlagene Steinartefakte oder Felsgesteingeräte, die zwar einen integralen Bestandteil des ökonomischen Systems bildeten, jedoch auf der Ebene der Haushalte zirkulierten und z. B. im Unterschied zu den wertvollen Metallen und Edelmetallen[153] keine Erwähnung in den Wirtschaftstexten der palatialen Administration von Ebla fanden.[154] Ein zunehmend hierarchisiertes Raumgefüge und damit einhergehende Vorstellungen von Zugangs- und Nutzungsrechten über ansonsten freie Güter könnte in Bezug auf die Zugriffsmöglichkeit auf Rohmaterialien in praktischer Hinsicht von ebenso großer Bedeutung gewesen sein wie die geographische Distanz einer Siedlung zu einer Rohstoffquelle. Ein Szenario, in dem die Bewohner einer rohstofffern gelegenen Siedlung lithische Ressourcen direkt aus einer angrenzenden Region entnehmen konnten, die nicht im direkten Einflussbereich des eigenen Siedlungssystems lag, halte ich vor dem Hintergrund des hier skizzierten historisch-spezifischen Kontextes für wenig wahrscheinlich. In entsprechenden Situationen dürfte eher von einer Rohstoffbeschaffung im Rahmen sozialer Interaktion von Gemeinschaften (Austausch)[155] als von einem direkten Zugriff auf eine Lagerstätte auszugehen sein.

Ausgehend von einer allgemeinen Unterscheidung in direkte und indirekte Formen der Rohstoffbeschaffung, werde ich im Folgenden verschiedene Modelle für die Silexversorgung frühurbaner Siedlungen skizzieren und diese anhand konkreter Beispiele aus dem 3. und 4. Jt. v. u. Z. illustrieren. Die hier vorgeschlagene Kategorienbildung lehnt sich dabei an R. Torrences „General model for archaeological inferences about prehistoric exchange"[156] und an M. de Grooths spezifisches Modell für archäologische Schlussfolgerungen über die Versorgung mit Silices an.[157] Der Schwerpunkt der Betrachtung liegt dabei zunächst auf der einzelnen Großsiedlung und somit auf der Gesamtheit der Haushalte. In bewusst vereinfachender Form berücksichtigt das hier vorgeschlagene Modell für die Rohstofferschließung (= Stufe I jeder Chaîne Opératoire) auch die räumliche Organisation der anschließenden Stufen der operationellen Sequenz. Dabei werden die Stufen I bis V betrachtet, also diejenigen Abschnitte der operativen Kette, die das gesamte Produktionssystem sowie den Verwendungszusammenhang der Artefakte (Stufe V) umfassen (vgl. Teilkapitel 1.5, Tabelle 1.5.2-I).

Theoretisch kann jede Stufe einer silextechnologischen Chaîne Opératoire an einem anderen Ort ausgeführt oder von einer anderen Person durchgeführt worden sein. Es erscheint zudem denkbar, dass zwischen jeder Stufe Transportwege eingeschaltet wurden. Für das hier skizzierte Modell wurden jedoch nicht alle rechnerisch möglichen Varianten der räumlichen Organisation ausgeschöpft, sondern ledig-

149 Vgl. z. B. Cooper 2006: 69-78.

150 Vgl. z. B. Archi – Biga 2003; zu den militärischen Auseinandersetzungen Eblas vgl. Auch Archi 2010.

151 Hier kann auf den Vertrag zwischen dem eblaitischen Herrscher Irkab-Damu und Tisha-Lim, dem Herrscher von Emar verwiesen werden (TM.75.G.2396), in dem u. a. festgelegt wurde, dass die Händler beider Städte nicht in den Siedlungen des jeweiligen Herrschaftsbereiches des Vertragspartners aktiv werden durften (Milano 1995: 1127). Zahlreiche Bestimmungen hinsichtlich der Handlungs- und Bewegungsfreiheit von Händlern und Emissären lassen sich auch einem Abkommen zwischen Ebla und der Stadt Abarsal (TM.75.G.2040), die nach A. Archi möglicherweise mit Tell Chuēra gleichzusetzen ist, entnehmen (vgl. Archi 1989; Milano 1995: 1228; Ristvet 2011: 3-4). Abarsal befand sich zum Zeitpunkt des Vertragsabschlusses gegenüber Ebla in einer unterlegenen Position, so dass ihren Einwohnern verschiedene Bedingungen aufoktroyiert werden konnten (Archi – Biga 2003: 10).

152 Ristvet 2011: 3.

153 Vgl. Archi 1993.

154 Lamberg-Karlovsky 2009: 62.

155 Eine Übersicht zum überregionalen Austausch verschiedener Güter im frühbronzezeitlichen Nordmesopotamien ist von P. Quenet (2008) vorgelegt worden. Für die angrenzende Region der Levante verweise ich auf die Arbeit von I. Milevski (2011).

156 Vgl. Torrence 1986.

157 Vgl. de Grooth 1994.

158 Die Stufen der Chaîne Opératoire, die das Produktionssystem (I-IV) und den Gebrauch (V) der Silices umfassen, können

lich diejenigen Organisationsformen herausgestellt, die auf Grundlage der verfügbaren archäologischen Beispiele am plausibelsten erscheinen.[158] Das Modell ist als heuristisches Hilfsmittel konzipiert worden: Wie bereits dargelegt wurde, erlaubt der allgemeine Forschungsstand bislang nur wenige verbindliche Aussagen zu Silexvorkommen im nordmesopotamischen Raum. Die Bestandteile des Modells zur Silexversorgung sind daher bewusst „offen" gehalten, so dass sie ggf. ergänzt, verifiziert oder falsifiziert werden können, wenn in Zukunft eine größere Datenmenge und Informationsdichte in Bezug auf Lagerstätten etc. vorliegen sollte. Für das Modell werden mehrere Annahmen vorausgesetzt:

1. Mobilität und die Reichweite von Strategien der Silexversorgung im historisch-spezifischen Kontext: Das hier skizzierte Modell erörtert Versorgungsstrategien innerhalb eines Zeitraums, der die Mitte und die zweite Hälfte des 3. Jts. v. u. Z. umfasst. Im erweiterten Arbeitsgebiet (Nordmesopotamien) ist diese Periode durch die Ausweitung der urbanen Lebensweise und die Entstehung von Stadtstaaten gekennzeichnet (s. o.). Ausgehend von Modellierungen T. Wilkinsons[159] und Surveydaten aus dem Gebiet der Harran-Ebene, hat A. Creekmore angenommen, dass die frühurbanen Großsiedlungen in den nordmesopotamischen Regenfeldbaugebieten Territorien kontrollierten, die jeweils einen Radius von ungefähr 15 km besaßen („15km radius zone of immediate control"[160]). Diesem Modell zufolge hätte man das gesamte agrarisch genutzte Umland eines Zentrums binnen eines Tagesmarsches durchqueren können. Und um von einer Zentralsiedlung aus in den Einflussbereich eines benachbarten Zentrums zu gelangen, wäre man zu Fuß folglich weniger als einen Tag lang unterwegs gewesen.[161] Obwohl das Modell der 15 km-Zonen eine starke Vereinfachung darstellt, bietet es zumindest einen ersten Ansatzpunkt für Überlegungen hinsichtlich der geographischen Reichweite direkter Versorgungsstrategien innerhalb der stärker besiedelten Gebiete der Regenfeldbauzone. Ein direkter Zugriff auf Ressourcen, die sich außerhalb dieser Zone befanden, könnte durch mobilere Bevölkerungsteile (Pastoralisten) ermöglicht worden sein, die sich saisonal außerhalb der Gebiete bewegten, in denen Feldbau betrieben wurde bzw. werden konnte.[162]
2. Kombination verschiedener Versorgungsstrategien: Es ist möglich, dass derselbe Rohstoff durch die Haushalte einer Siedlung auf unterschiedliche Art und Weise erschlossen wurde. Wahrscheinlich fanden in den meisten bronzezeitlichen Siedlungen Nordmesopotamiens gleichzeitig verschiedene lithische Rohmaterialien Verwendung. Ein diversifiziertes Rohstoffspektrum konnte dabei mit verschiedenen Bestandteilen des Produktionssystems in Zusammenhang stehen, wie dies z. B. in Tell Chuēra und Kharab Sayyar der Fall war (vgl. Teilkapitel 3.1.5).
3. Lithische Ressourcen als frei verfügbares Gut: Diesem Modell liegt die Annahme zugrunde, dass spaltbare Silikatgesteine innerhalb eines Siedlungsterritoriums (sofern vorhanden) vermutlich ein frei verfügbares Gut darstellten, das bei Bedarf durch die Haushalte aus dem Naturraum entnommen werden konnte, indem man z. B. Silexgeröll aus einer Flussterrasse bezog. Ähnliches vermute ich für Ressourcen wie Lehm, Kalk oder Kiesschotter, die von allen Haushalten nordmesopotamischer Siedlungen als Baumaterialien genutzt wurden und in der Region weiträumig verfügbar waren und sind. Die Nutzung entsprechender Ressourcen war wohl in erster Linie davon abhängig, wie viel Arbeitskraft und technologische Expertise ein einzelner Haushalt aufbringen bzw. in seinem sozialen Kontext durch nachbarschaftliche und interfamiliäre Solidarität mobilisieren konnte.
4. Lithische Ressourcen als eingeschränkt verfügbares Gut: Ich nehme an, dass zwischen benachbarten Großsiedlungen Vorstellungen territorialisierter Nutzungsrechte bzw. Ansprüche existierten und dass die Bewohner einer Siedlung in der Regel nicht direkt und uneingeschränkt auf die naturräumlichen Ressourcen eines benachbarten Stadtstaates zugreifen konnten; und zwar unabhängig davon, ob die betreffende Ressource für die dort lebende Bevölkerung frei zugänglich war oder nicht.
5. Allgemeiner Bedarf an geschlagenen Steinartefakten: Obwohl die Bedeutung von Steingeräten in der Frühbronzezeit im Vergleich zur Situation im Chalkolithikum langfristig abnahm[163], ist v. a. auf der Grundlage der bislang

mit M. de Grooths „vier Hauptaktivitäten" der Silexversorgung gleichgesetzt werden: G (Gewinnung) = Stufe I, HG (Herstellung von Grundformen) = Stufen II-III, HW (Herstellung von Werkzeugen) = Stufe V, B (Benutzung) = Stufe VI. Unter Rückgriff auf diese vier Aktivitäten differenziert de Grooth (1994), die sich mit sozioökonomischen Aspekten der Silexversorgung neolithischer Gemeinschaften in Europa befasst hat, acht „räumliche Organisationsformen". Diese werden von ihr unter Einbeziehung verschiedener Weitergabeformen in 32 Submodelle aufgeschlüsselt. De Grooths Hauptinteresse gilt dabei in erster Linie der „kleinräumigen Verteilung im Umfeld" von bergmännisch ausgebeuteten Silexlagerstätten. Im Gegensatz zu de Groots Modell ist das hier entwickelte Modell historisch-spezifischer und hebt die Perspektive der Empfänger (= Haushalte in den frühurbanen Siedlungen) stärker hervor.

159 Vgl. Wilkinson 1994.

160 Creekmore 2008: 43.

161 Für die Frühbronzezeit lassen sich effektive Reiseetappen von 20-30 km pro Tag rekonstruieren (vgl. Quenet 2008: 15).

162 Zur Frage des Pastoralismus in der Frühbronzezeit Nordmesopotamiens vgl. zusammenfassend Porter 2012 und Wossink 2009.

163 Vgl. Teilkapitel 3.1.3.

publizierten Daten davon auszugehen, dass zumindest in den frühbronzezeitlichen Siedlungen Nordmesopotamiens noch ein grundsätzlicher Bedarf an der Ressource Silex bestand.[164] Wenn sich die Bevölkerung einer Siedlung nicht lokal mit Silexmaterial versorgen konnte oder die technologische Expertise für die Herstellung bestimmter Geräteformen nicht vorhanden war, ergab sich daraus ein Impuls für den Import von Rohmaterialformen bzw. Grundformen und Werkzeugen (= indirekte Versorgungsstrategien durch Austausch). Anders als z. B. für den Austausch von potentiellen Luxusgütern und bestimmten Stapelwaren (v. a. Kupfer und Textilien) liefern schriftliche Quellen aus Süd- und Nordmesopotamien bislang keine Anhaltspunkte für die Organisation und Praxis der Silexversorgung.[165] Eine Annäherung an diese Fragen ermöglichen folglich allein archäologische Beobachtungen und eine Modellbildung auf Grundlage theoretischer Erwägungen und Analogien.

3.1.8.1 Direkte Formen der Rohstoffbeschaffung (Selbstversorgung)

Dieser Beschaffungsmodus umfasst Situationen, in der sich die Bewohner einer Siedlung selbst mit einem Rohmaterial versorgen können, das in der näheren oder weiteren Umgebung des Siedlungsplatzes vorkommt.[166] Der Zugang zur Rohmaterialquelle ist offen. Ausgehend vom zu vermutenden Arbeitsaufwand, der v. a. in einer direkten Abhängigkeit zur Entfernung der Rohmaterialquelle (Transportaufwand) und zur Zugänglichkeit des Rohstoffes (Geologie der Abbaustelle) stehen dürfte, unterscheide ich drei Submodelle[167] der direkten Rohstoffversorgung: Selbstversorgung im gelegenheitsgebundenen (1 a), im wenig arbeitsintensiven (1 b) und arbeitsintensiveren Modus (1 c). Bei diesen drei Varianten gehe ich davon aus, dass die Rohstoffgewinnung in der Regel durch die Produzenten und Mitglieder ihrer sozialen Bezugsgruppen erfolgte, da die Steinschläger die Qualität und Eigenschaften der Rohmaterialstücke am besten beurteilen konnten.[168]

1 a: Rohstoffbeschaffung durch direkten Zugriff: gelegenheitsgebundene Selbstversorgung (ad hoc) im wenig arbeitsintensiven Modus (Abb. 3.13:1)

Diese Art der Rohstoffbeschaffung resultiert aus einer Versorgungslage, bei der eine Siedlung direkt an einer gut zu erschließenden Rohmaterialquelle (natürlicher Aufschluss) liegt, die ohne nennenswerten transportlogistischen oder sonstigen Aufwand ausgebeutet werden kann. Die Selbstversorgung von Haushalten mit Silex kann somit gelegenheitsgebunden (ad hoc), im Zusammenhang mit anderen alltäglichen Aktivitäten erfolgen und setzt keine intensivere Planung voraus. Bei dieser Form der Selbstversorgung ist damit zu rechnen, dass sich die gesamte Abbausequenz innerhalb der Siedlung anhand der Débitage nachvollziehen lässt. Dieser Modus ist kennzeichnend für eine „opportunistische" Nutzung lokaler Vorkommen sekundär gelagerten Rohmaterials bzw. primären Silexmaterials, das gut zugänglich ist, weil es bereits durch Verwitterungsprozesse aus der Einbettungsschicht herausgelöst wurde. Im gelegenheitsgebundenen Modus erfolgt die eigentliche Praxis der Rohstoffgewinnung lediglich durch das Auflesen (Klauben) von Rohmaterial.

Archäologische Hinweise: In der direkten Umgebung der Siedlung kann eine potentielle Lagerstätte identifiziert werden. Im Fundmaterial der Siedlung findet sich Débitage aus allen Produktionsstadien; insbesondere sollten Kernsteine, Trümmer mit anhaftenden Kortexpartien und Primärabschläge (Rindenartefakte) vertreten sein. Einen weiteren Hinweis liefern Funde von Werkzeugen der Steinbearbeitung (Hammersteine).

Beispiel: Ein Beispiel für den Modus 1 a stellt die Abschlaggewinnung an vielen spätchalkolithischen / bronzezeitlichen Siedlungen entlang des mittleren türkischen und syrischen Euphrat dar. Hier kommen in großer Menge Silexgerölle im Flussschotter vor. Als konkretes, beliebig herausgegriffenes Beispiel kann auf die Verwendung von Euphratgeröllen am frühbronzezeitlichen Fundplatz Kurban Höyük (Provinz Şanlıurfa) verwiesen werden. Dort bestehen 51 Prozent der geschlagenen Artefakte aus diesem Material[169]. Ein weiteres Beispiel liefert

164 Zusammenfassend: Rosen 2012.

165 Vgl. Lamberg-Karlovsky 2009: 62. Einige Keilschrifttexte liefern zwar Hinweise auf den Import von Obsidian (akkad. ṣurru; vgl. Streck 2005), die betreffenden Texte stammen allerdings aus jüngeren Perioden.

166 Für ethnographische Beispiele für diese Praxis der Silexversorgung vgl. Torrence 1986: 51-52.

167 Da die Steingeräteindustrien in dieser Arbeit aus einer alltagsarchäologischen Perspektive (Haushalte) heraus untersucht werden, erscheint mir die Einbeziehung der Kategorie Arbeitsaufwand relevant. Fraglos ist eine Unterscheidung der drei Submodelle direkter Silexversorgung anhand des archäologischen Materials schwierig.

168 Ein interessantes ethnographisches Beispiel für eine direkte Form der Rohstoffbeschaffung (Modus 1 b) ist 1979 von H. G. Gebel in Region Hilvan (Südosttürkei) in der Nähe des Dorfes Işkik beobachtet und dokumentiert worden (Gebel 1980). Ein Mann, der an einer Silexlagerstätte unweit des Dorfes der Aufgabe nachging, Abschläge für die Armierung traditioneller Dreschschlitten (döven) herzustellen, ließ sich „von begleitenden Kindern an der Oberfläche gefundenes und oberflächennah ausgegrabenes Rohmaterial bringen… Hatte der Abschlaghersteller mehrere qualitätvolle Stücke beisammen, setzte er sich an Ort und Stelle nieder und begann mit der Bearbeitung des Rohmaterials" (Gebel 1980: 396-397).

169 Wattenmaker 1998: 137-149.

170 „Local flint is available but only used for the non-specialized ad-chipped industry" (Hartenberger 2002: 186). Vgl. auch Hartenberger 2003: 92.

der Fundplatz Titriş Höyük (Provinz Şanlıurfa), wo lokal anstehender Flint für die Abschlagproduktion verwendet wurde[170]. Eine Variante dieser Form der Rohstoffgewinnung besteht in der Wiederverwendung von älteren Steinartefakten. Das sporadische „recyceln" prähistorischer Kernsteine oder Abschlagartefakte konnte an mehren frühbronzezeitlichen Fundplätzen nachgewiesen werden.[171]

1 b: Rohstoffbeschaffung durch direkten Zugriff: Selbstversorgung im wenig arbeitsintensiven Modus (Abb. 3.13: 2)

Im Unterschied zur einfachsten Form der Rohstoffbeschaffung (Modus 1 a), resultiert diese Strategie aus einer Situation, in der eine lithische Ressource zwar nicht unmittelbar vor Ort, jedoch in der näheren Umgebung einer Siedlung verfügbar ist. Das Material ist mit Blick auf Geomorphologie der Lagerstätte gut zugänglich und lässt sich bei Bedarf auflesen, ausgraben oder aus dem Anstehenden herausbrechen und ohne größeren transportlogistischen Aufwand beschaffen, z. B. im Rahmen einer gezielten Exkursion innerhalb des Umlandes oder parallel zu anderen alltäglichen Arbeiten außerhalb der Siedlung, wie dem Hüten von Schafen und Ziegen, der Entnahme von Baumaterial etc. (= eingebettete Rohstoffbeschaffung, embedded procurement). Bei dieser Form der Rohstoffgewinnung ist anzunehmen, dass das Ausgangsmaterial der Steingeräteproduktion lediglich aufgelesen oder obertägig aus einem primär gelagerten Vorkommen gebrochen wurde und noch häufig in Form unbearbeiteter Knollen, Gerölle o. ä. in die Siedlung gelangte.

Archäologische Hinweise: Direkt an der Siedlung ist keine Silexlagerstätte identifizierbar. Im Idealfall lässt sich diese jedoch in der Umgebung des Siedlungsplatzes lokalisieren. Überreste des gesamten Abbauvorgangs, auch Primärabschläge, Rindenartefakte und Hammersteine können im Fundspektrum der Siedlung vorkommen. Gleichfalls ist denkbar, dass die Stufen I bis III der rohmaterialspezifischen Chaîne Opératoire bereits im Umfeld des Silexabbaus erfolgten und verstärkt vorpräparierte Werkstücke und Grundformen in die Siedlung gelangten.

Beispiel: Als Beispiel für diese Versorgungsstrategie kann auf die bereits erwähnte Großklingenproduktion aus Primärsilex in Hassek Höyük verwiesen werden, die auf der Nutzung lokaler Rohstoffe basierte.[172] Ein weiteres Beispiel liefert ein Befund aus dem am mittleren syrischen Euphrat gelegene Fundort Tell Hadidi. Dort konnte ein von den Ausgräbern in das späte 3. Jt. v. u. Z. datierter Werkstattbereich untersucht werden, in dem Geschossspitzen aus Silex gefertigt wurden. R. Miller zufolge könnte das Rohmaterial für die Produktion der Geschossspitzen – eine feinkörnige Feuersteinvarietät – teilweise aus Vorkommen in einem etwa 5 km nördlich von Tell Hadidi gelegenen Höhenzug stammen.[173]

Der Modus 1 b kann auch mit der Praxis einer Abschlaggewinnung am Ort der Rohstoffquelle einhergehen, wodurch sich der Transportaufwand verringern lässt. Zur Illustration sei hier auf die Ausbeutung von Feuersteingeröllfeldern auf einem als Terrasse Qf III bezeichnetem Plateau im Djebal Bishri-Gebiet verwiesen, das sich oberhalb des westlichen Ufers des Euphrat befindet. Dort konnte im Rahmen von Surveys nachgewiesen werden, dass die entsprechenden Lagerstätten seit dem Paläolithikum intensiv als Rohstoffquelle genutzt wurden. Nach Y. Nishiaki wurden die Geröllfelder auch während des 3. Jts. v. u. Z. durch die Bewohner der bronzezeitlichen Siedlungen im Euphrattal ausgebeutet, wobei die Gewinnung von Abschlägen teilweise direkt im Bereich der Silexabbauten erfolgte.[174] Die Geröllfelder sind lokal begrenzt. Ein besonders ausgedehntes Feuersteinfeld mit Schlagplätzen findet sich 9 km westlich der frühbronzezeitlichen Siedlung von Tell Ghanem al-Ali, also noch in einer Entfernung, die im Rahmen einer eintägigen Rohstoffexkursion problemlos bewältigt werden konnte.

1 c: Rohstoffbeschaffung durch direkten Zugriff: Selbstversorgung im arbeitsintensiveren Modus (Abb. 3.13: 3):

Auch diese Form der Rohstoffbeschaffung ist an eine direkte Zugriffsmöglichkeit von Produzenten an eine Lagerstätte gekoppelt. Im Gegensatz zu den beiden aus der Perspektive der bronzezeitlichen Haushalte als weniger arbeitsintensiv charakterisierten Arten der Selbstversorgung (Modi 1 a und b), kommt in diesem Fall jedoch eine größere geographische Distanz zur Rohmaterialquelle und / oder ein durch die Geomorphologie erschwerter Zugriff auf den Gesteinsrohstoff zum Tragen. Mit Blick auf die Distanz nehme ich an, dass Entfernungen von über 15 km eine intensivere

171 Vgl. z. B. Nishiaki 2010: 41-42; Miller 1985: 2.

172 Otte – Behm-Blanke 1992; Pélegrin – Otte 1992. Dass die Erschließung des Rohmaterials der Klingenproduktion an die „Existenz einer sozialen Gruppierung", „z. B. spezialisierte Gruppen für Gewinnung und Transport" gebunden war, wie es von M. Otte und M. R. Behm-Blanke (1992) angenommen worden ist, halte ich im Fall des Hassek Höyük nicht für überzeugend. Da das Material lokal „aus anstehenden Kalkbänken" (Otte – Behm-Blanke 1992: 168) entnommen werden konnte, wird der Arbeitsaufwand nicht wesentlich größer gewesen sein, als bei der Gewinnung von Bruchstein, der in Hassek Verwendung fand. Diese Aufgabe wird direkt von den Produzenten, unter Mithilfe von Angehörigen ihrer Haushalte, zu bewerkstelligen gewesen sein und bedurfte m. E. keiner handwerklichen Spezialisierung.

173 Miller 1985: 2. Die Einwohner der Siedlung scheinen daneben auch auf unmittelbar lokales Material (Geröll, möglicherweise auch gebankte Vorkommen von Feuerstein aus der Terrasse des Euphrat) zurückgegriffen zu haben (Modus 1 a).

174 Nishiaki 2010: 41-42.

Planung und Transportlogistik notwendig machten, da eine spezielle Exkursion nicht mehr ohne weiteres im Verlauf eines Tages abgewickelt werden konnte. Eine Alternative stellt hierbei wiederum das Szenario einer direkten Rohstoffbeschaffung in eingebetteter Form dar (s. o.). Der Modus 1 c beschreibt eine Versorgungslage, bei der sich eine Lagerstätte im Randbereich oder in einem Gebiet außerhalb des Territoriums einer Großsiedlung befand, dessen naturräumliche Ressourcen nicht exklusiv durch ein benachbartes Gemeinwesen beansprucht wurden. Für die Siedlungen der Frühbronzezeit wird generell angenommen, dass dem pastoralen Element der Wirtschaft eine große Bedeutung zukam (vgl. Teilkapitel 1.3.2). Es ist somit vorstellbar, dass die Reichweite direkter Versorgungsstrategien durch die Aktivitäten zeitweilig mobiler Bevölkerungsteile (Transhumanz) und eingebettete Formen der Rohstoffbeschaffung weit über einen 15 km-Radius hinaus vergrößert worden sein könnte.

Abgesehen von der Entfernung beeinflusst die Zugänglichkeit der Rohstoffquelle den Arbeitsaufwand der Materialgewinnung. Später-prähistorische und frühgeschichtliche Feuersteinbergwerke[175] sind in Nordmesopotamien bisher archäologisch nicht nachgewiesen. Zwar lässt sich für die Fundorte Hassek Höyük und Titriş Höyük die Nutzung regionaler Ressourcen für die Fabrikation von Silexgroßklingen zweifelsfrei belegen, archäologisch greifbare Spuren für die Praxis des Feuersteinabbaus in Form von dokumentierten Entnahmestellen oder Bergbaufeldern liegen innerhalb des gesamt westvorderasiatischen Raumes jedoch bislang ausschließlich aus der Wüste Negev[176] sowie seit kurzem auch aus Gebieten im heutigen Jordanien vor[177]. Sowohl im Südosten (el-Jafr Bassin)[178] wie im Nordosten des Landes (Wadi Ruwayshid mining region)[179] konnten durch Surveys Bergbauregionen identifiziert werden. In beiden Revieren wurden während des Spätchalkolithikums und der Frühbronzezeit im Tagebauverfahren massenhaft (und offenbar exportorientiert) Grundformen für so genannten Tabular scraper bzw. Plattensilexabschlaggeräte (PSA) gewonnen großformatige Kortexgeräte[180], die v. a. im levantinischen Raum weiträumig zirkulierten (Tabular Scraper Trade[181]). In der Wadi Ruwayshid-Region wurden Primärvorkommen eozänen Feuersteins auf Kalkstein-Höhenzügen aus erweiterten obertägigen Aufschlüssen in Hanglagen gebrochen. Möglicherweise wurden auch Kuhlen oder Pingen in den anstehenden Fels getrieben, um an das Silexmaterial zu gelangen. Die gesamte Sequenz der Primärproduktion von Kortexgerät ist lokal nachweisbar. Im Abbaugebiet von el-Jafr konnten lange Gräben dokumentiert werden, in denen Feuersteinknollen ausgegraben wurden (trench mining).

Ich vermute, dass auch im Vorland des Taurus zukünftig Bergbaureviere lokalisiert werden können, in denen sich die Rohmaterialgewinnung für die Großklingenproduktion anhand entsprechender Befunde[182] nachvollziehen lässt. Eine Untersuchung entsprechender Abbaustellen wäre für ein umfassenderes Verständnis der lokalen Chaînes Opératoires von immenser Bedeutung. Im neolithischen und bronzezeitlichen Europa, das im Vergleich zu den urbanisierten Regionen des frühbronzezeitlichen Nordmesopotamiens dünn besiedelt gewesen ist, ist der Bedarf an qualitativ hochwertigen Kieselgesteinsarten vielfach durch arbeitsintensivere, bergmännische Formen der Rohstoffgewinnung (Tagebau, Untertagebau) gedeckt worden.[183] Bisweilen wurden dabei

175 Unter Feuersteinbergbau verstehe ich hier eine Praxis der Rohstoffbeschaffung, die mit einer arbeitsintensiveren Erschließung einer Lagerstätte durch die Prospektion und die Erweiterung / Eröffnung eines natürlichen Aufschlusses mittels Gräberei einhergeht. Die ältesten Belege für diese Form der Silexversorgung in Vorderasien datieren bereits ins Paläolithikum (vgl. Barkai – Gopher 2001). Für Beispiele aus dem vorderasiatischen Neolithikum vgl. z. B. Quintero 1996; Taute 1996; L. Fober und G. Weisgerber (1980: 32) fassen den Bergbaubegriff weiter und beziehen ihn auf alle „planmäßigen Arbeiten zur Aufsuchung, Gewinnung, Förderung und Aufbereitung des in Lagerstätten vorkommenden Feuersteins“. Gemäß dieser Definition fiele auch das gezielte Aufsammeln von Flussschottern unter den Begriff Bergbau.

176 Rosen 1997: 71.

177 Seit kurzem existieren auch für das Gebiet des heutigen Iran Hinweise für den Abbau primär gelagerten Silexmaterials. An erster Stelle ist hier die Fundstelle Pasar (Site 23) im Westen des Landes (Kermānschāh–Provinz) zu nennen. Hier wurde während des Spätchalkolithikums (Uruk-Zeit) Rohmaterial für die Herstellung von Silexgroßklingen gewonnen. Auch die Grundproduktion erfolgte am Ort der Rohstoffentnahme (Müller-Neuhof i. V.).

178 Quintero u. a. 2002.

179 Müller-Neuhof: i. V.

180 Große retuschierte Kortexabschläge. Zu dieser Artefaktklasse vgl. allgemein Rosen 1997: 71-80; Schmidt 1996: 89-100.

181 Rosen 1983; Milevski 2011.

182 Hierzu gehören 1) die Spuren des Rohstoffabbaus selbst (durch ober- oder untertägigen Abbau entstandene Hohlräume), 2) Schutthalden (Abraum mit taubem Gestein und unbrauchbaren Rohmaterialstücken), 3) Werkplätze mit Hinweisen auf Anpräparation von Rohmaterialstücken und/oder die Herstellung von Grundformen und eventuell 4) Funde, die auf den Aufenthalt von Menschen und ihre Arbeitsroutinen schließen lassen (Keramik, Hammersteine und andere Felsgesteingeräte) (nach Preuss 1998, leicht verändert).

183 In Europa konnten bislang rund 250 Silexbergwerke lokalisiert werden. Die ältesten Nachweise für den gezielten Abbau von Silexmaterial im Tagebauverfahren liegen bereits aus dem Paläolithikum vor (Fries-Knoblach 2001: 180; für Vorderasien vgl. Barkai - Gopher 2001), obwohl diese Form der Rohstoffgewinnung v. a. mit sesshaften Gemeinschaften des Neolithikums und post-neolithischer Perioden in Zusammenhang zu stehen scheint (Delage 2007: 7). Zur Technologie des prähistorischen Feuersteinbergbaus in Europa vgl. allgemein Fober – Weisgerber 1980.

tiefe Schächte mit abzweigenden Hohlräumen abgeteuft, um an Feuerstein führende Schichten heranzukommen und diese effizient auszubeuten.[184] An den bisher bekannten Werkplätzen für die Herstellung von Silexgroßklingen in Nordmesopotamien (Hassek Höyük, Titriş Höyük), die nachweislich auch auf lokale Rohstoffe zurückgreifen konnten, erfolgte der Vorgang der Grundproduktion nahezu vollständig innerhalb der Siedlung. An den Abbaustellen in der Region muss daher vielleicht nicht zwingend diagnostisches Abschlagmaterial der Klingenproduktion auffindbar sein. Zudem wurden im Gebiet der heutigen Türkei und im Nord-Irak bis in die Mitte des 20. Jhs. hinein mit Flintabschlägen und –klingen bestückte Dreschschlitten verwendet[185], so dass im Gelände lokalisierte Entnahmestellen von Feuerstein – sofern kein datierendes Fundmaterial vorliegt – theoretisch auch aus einem historischen bzw. subrezenten Zeitraum stammen können. B. E. Hartenberger liefert hierfür das anschauliche Beispiel einer etwa 4 km südöstlich von Titriş Höyük gelegenen Flintlagerstätte, in der sich ursprünglich zum Abtransport vorgesehene, im Gelände aufgehäufte Silexbrocken fanden, die nach Hartenberger mit einer Nutzung dieser Ressource in historischer Zeit in Zusammenhang stehen.[186]

Archäologische Hinweise: Im näheren Umland der Siedlung ist keine Lagerstätte der betreffenden Rohmaterialfazies identifizierbar. Im Idealfall lässt sich eine potentielle Ressource in einer Distanz zur Siedlung lokalisieren, die einen direkten Zugriff noch plausibel erscheinen lässt. Bei der Selbstversorgung im arbeitsintensiveren Modus ist anzunehmen, dass mit größerer Entfernung zwischen Lagerstätte und Siedlung verstärkt auf eine Reduzierung des Gewichts der einzelnen Stücke (Transport anpräparierter Stücke und Grundformen anstelle unbearbeiteten Rohmaterials) geachtet und gleichzeitig größere Mengen an Rohmaterial transportiert wurden, um die Anzahl entsprechender Unternehmungen und den damit verbundenen Aufwand nach Möglichkeit gering zu halten. Im Falle von Klingenindustrien dürfte zumindest die Präparation von Vorkernen vielfach bereits im Bereich der Abbaustelle erfolgt sein. In diesen Fällen ist mit einer lediglich geringen Anzahl von Primärabschlägen in den Siedlungsschichten zu rechnen.

Beispiel: Ein Beispiel für diesen Modus der Rohstoffbeschaffung liefert erneut der Fundplatz Titriş Höyük. Ausgangsmaterial für die Produktion von Großklingen wurde hier einerseits in der näheren Umgebung, ca. 4 km südlich der Siedlung gewonnen[187] (= Modus 1 b), weitere Feuersteinvarietäten, aus denen vor Ort Klingen geschlagen wurden, scheinen aber auch über eine etwas größere Entfernung herbeigeschafft worden zu sein[188], wobei das Rohmaterial in Form grob zugerichteter Rohstücke in die Siedlung gelangte.

3.1.8.2 Indirekte Formen der Rohstoffbeschaffung durch wirtschaftliche Interaktion (Import):

Indirekte Formen der Rohstoffbeschaffung durch Importe ergeben sich aus Situationen, in denen der Zugriff einer Bevölkerung auf ein begehrtes Rohmaterial nicht oder nur unzulänglich durch eine Selbstversorgungsstrategie organisiert werden kann. Ausschlaggebend hierfür können eine größere geographische Distanz zur Rohstoffquelle und / oder die eingeschränkte Zugriffsmöglichkeit auf eine Lagerstätte sein. Als Hintergrund für den Import von Silex kommen ferner die Möglichkeit einer lokal- oder regionalspezifischen handwerklichen Spezialisierung der Steingeräteproduktion sowie eine kulturelle Präferenz bestimmter, ausschließlich siedlungsfern verfügbarer Rohmaterialien in Betracht. Direkte und indirekte Formen der Silexversorgung unterscheidet v. a., dass Letztere mit komplexeren sozialen und ökonomischen Interaktionen zwischen Individuen, Haushalten und Gemeinschaften einhergehen. Hierzu gehören verschiedene Formen der Weitergabe, des informellen und formellen Tausches von Rohmaterialien und Gütern, z. B. Handel. Diese Prozesse können sich sowohl intern, d. h. innerhalb einer Siedlung, wie auch extern, d. h. zwischen den Bewohnern unterschiedlicher Siedlungen bzw. Siedlungsterritorien vollziehen. Im Folgenden konzentriere ich mich auf Überlegungen zwischen zwei oder mehreren Siedlungen. Auf der Grundlage der archäologisch identifizierbaren Form der Importe unterscheide ich drei Submodelle: Die indirekte Silexversorgung durch die Einfuhr von Rohmaterial, Vorkernen oder Kernsteinen (2 a), einen Import von Grundformen oder Geräten (2 b) sowie die

184 Hier kann etwa auf die neolithischen Bergbaugebiete von Spiennes in Belgien, Rijckholt-St. Geetruid in den Niederlanden und Grime's Graves in England verwiesen werden, um nur einige der prominentesten Beispiele zu nennen. Für Übersichten zum Silexbergbau in Europa, Techniken des Silexabbaus und weiterführende Literatur vgl. z. B. Preuss 1998: 121-136; Weisgerber 1980. Für den neolithischen und bronzezeitlichen Obsidianbergbau auf Melos sowie für Beispiele für historischen/ethnographischen Silexabbau in verschiedenen Weltregionen vgl. zusammenfassend Torrence 1986.

185 Zur Herstellung und zum Gebrauch feuersteinarmierter Dreschschlitten bzw. Dreschbretter (döven) im Gebiet der heutigen Türkei vgl. Bordaz 1969; Bordaz u. a. 1973; Weiner 1980b; Torrence 1986: 79-80; Whittaker u. a. 2009 (Nordwesttürkei); Gebel 1980; Hütteroth 1982: 333; Brice 1950; Whallon 1978 (Südosttürkei). Über die von ihm beobachtete Nutzung von flintbestückten Dreschschlitten für das Gebiet irakisch Kurdistan berichtete Wirth 1962, 172: „(...) die Dreschschlitten zeigen im Gegensatz zu dem Gerät im Unterirak verschiedene sinnreiche Konstruktionen mit Walzen oder kleinen, polierten Flint-Stückchen."

186 „Chunks of extracted flint were stacked in the area, evidently rejects from historical knapping activity" (Hartenberger 2003: 95).

187 Hartenberger 2002: 186.

188 Hartenberger 2003: 99.

indirekte Rohstoffbeschaffung im Rahmen komplex verketteter Weitergabesysteme (2 c).

2 a: Rohstoffbeschaffung durch indirekten Zugriff: Import von Rohmaterial, Vorkernen oder Kernsteinen (Abb. 3.14: 1)

Diese Form der Rohstoffbeschaffung beschreibt eine Situation, in der entweder weitgehend unbearbeitete (Rohmaterialstück) und anpräparierte Werkstücke (Vorkern; Abb. 3.14: 1, links) oder aber Produktionskerne importiert werden (Abb. 3.14: 1, rechts) und die eigentliche Zerlegung des Ausgangsmaterials in Abschläge oder Klingen in der Empfängersiedlung stattfindet. Diese Strategie der Rohstoffbeschaffung erscheint v. a. dann sinnvoll, wenn die geographische Distanz zwischen Empfänger und Herkunftsgebiet nicht allzu groß ist.

Bei einer Weitergabe über größere geographische Distanzen ist dagegen zumindest im Hinblick auf die kanaanäischen Großklingen eher mit einem Import der abgelösten Grundformen (Modus 2 b) zu rechnen, da die Produktionskerne mehr als 1 kg wiegen und große, mehrere kg schwere Silexknollen oder Platten als Ausgangsmaterial der Großklingenproduktion vorausgesetzt werden dürfen (vgl. Teilkapitel 3.1.4). Für die Produktion leichterer Grundformen wie Kleinklingen aus Silex und Obsidian ist der Faktor des Transportgewichts dagegen weniger bedeutsam. Die Einfuhr von Rohmaterialstücken oder Kernen geht zudem mit dem möglichen Vorteil einher, dass lokale Produzenten das Produktionsvolumen flexibel an die Nachfrage der Siedlungsgemeinschaft anpassen können.

Archäologische Hinweise: Bei einem Import unbearbeiteter oder vorpräparierter Rohmaterialstücke dürfte im Fundspektrum der Empfänger-Siedlung mit Débitage aus allen Produktionsstadien zu rechnen sein. Falls das Material in Form anpräparierter Vorkerne in die Siedlung gelangte, sollten hingegen – insbesondere bei nodularen Ausgangsformaten – nur wenige Primärabschläge vorhanden sein. Dieselben Merkmale lassen sich allerdings auch auf direkte Strategien der Silexversorgung zurückführen (1 a bis 1 c). Ein Nachweis für diese Form der Rohstoffbeschaffung ist folglich nur zu erbringen, wenn das Vorkommen eines spezifischen Rohmaterials innerhalb des betreffenden Siedlungsterritoriums gleichzeitig weitgehend ausgeschlossen werden kann. Ausgehend von der Modelvorstellung einer „15km radius zone of immediate control" (s. o.) bedeutet dies, dass eine indirekte Strategie wahrscheinlicher wird, wenn innerhalb eines entsprechenden Radius keine adäquate Lagerstätte lokalisiert oder ihre Existenz aufgrund der lokalen geologischen Verhältnisse ausgeschlossen werden kann.

Beispiel: Ein Beispiel für einen Rohmaterialimport liefert die spätchalkolithische (LC 2) Obsidianindustrie Tell Hamoukars in Nordostsyrien. Dort konnte nachgewiesen werden, dass unbearbeitete Obsidianstücke aus Ostanatolien importiert und vor Ort zu Klingen verarbeitet wurden.[189] Eine lokale Verarbeitung ostanatolischen Obsidianrohmaterials ist auch für die bronzezeitliche Steingeräteindustrue Tell Mozans rekonstruiert worden.[190]

Ein weiteres mögliches Beispiel für einen Rohmaterialimport stammt aus dem am mittleren syrischen Euphrat gelegenem Fundort Tall Bi'a. Im Bereich des frühbronzezeitlichen Palastes (Palast B) wurden nicht nur kanaanäische Großklingen[191] geborgen, sondern auch ein Objekt, dass die Bearbeiter als „Steinskulptur (?)" mit „reliefartig bearbeiteter Oberfläche, ähnlich wie Gewandfalten" angesprochen haben.[192] Meiner Meinung nach handelt es sich bei dem Stück jedoch nicht um das Bruchstück einer Rundplastik, sondern mit einiger Wahrscheinlichkeit um einen fragmentierten Großklingenkernstein.[193] Die als „Gewandfalten" beschriebenen Strukturen repräsentieren der publizierten Abbildung nach zu urteilen m. E. eher Abschlagbahnen von Klingen. Sollte diese Neuinterpretation des Fundes zutreffen, läge hier ein Hinweis auf die Verarbeitung importierten Silexmaterials in Tall Bi'a vor, da für die Großklingenherstellung geeignete lithische Ressourcen nach aktuellem Kenntnisstand nur stromaufwärts, im Gebiet der heutigen Türkei vorkommen.[194]

2 b: Rohstoffbeschaffung durch indirekten Zugriff: Import von Grundformen und Geräten (Abb. 3.14: 2)

Eine alternative Form der indirekten Rohstoffbeschaffung besteht im Import von Grundformen oder Geräten. Diese Option erscheint im Zusammenhang mit der einfachen Abschlagproduktion, die zumeist auf der Verarbeitung lokal verfügbarer Rohmaterialien basiert, extrem unwahrscheinlich. Im Hinblick auf die technologisch anspruchsvollere Produktion von Klingen, Großklingen und flächenretuschierten Geräteformen stellt die Einfuhr von Grundformen und Geräten jedoch ein mögliches Szenario dar, für das sich in der Region seit dem Neolithikum Beispiele finden lassen.[195]

Archäologische Hinweise: Den entscheidenden Hinweis auf den Import von Grundformen oder Geräten liefert die Abwesenheit von Produktionsresten der Stufen I bis III bzw. I bis IV. Wenn sich zudem die Existenz einer Rohstoffquelle im engeren Wirtschaftsraum (15 Km-Zone) der untersuch-

189 Vgl. Khalidi u. a. 2009; Ur 2011.

190 Vgl. Frahm 2010.

191 Strommenger – Kohlmeyer 2000: 26.

192 Strommenger – Kohlmeyer 2000: FundNr. 25/48:149, Tafel 43.3.

193 Eine mögliche Verwechslung könnte daher rühren, dass das Silexmaterial, aus dem Großklingen im Gebiet der westlichen Jezirah bestehen, eine matte graue Farbe aufweisen kann und lichtdurchlässig ist.

194 Vgl. Sela 2009: 28.

195 So liegen aus der Jezirah z. B. von verschiedenen neolithischen Fundorten Hinweise auf den Import von Klingen aus qualitativ hochwertigem Feuerstein vor (vgl. z. B. Hole 2004; Nishiaki 2007).

ten Siedlung ausschließen lässt, sind konkrete Hinweise auf diese Form des indirekten Zugriffs gegeben. Hinsichtlich des Fehlens der Débitage ist kritisch anzumerken, dass die Herstellung technologisch komplexerer Artefakte (Klingen, Großklingen, Pfeilspitzen) in der Frühbronzezeit wahrscheinlich eine spezialisierte Form der Produktion darstellte (vgl. Teilkapitel 3.2.3.5). Diese kann innerhalb einer Siedlung auf wenige Areale, z. B. einzelne Werkstattbereiche beschränkt gewesen sein. Ein Niederschlag von Produktionsabfällen ist in diesen Fällen nur in Siedlungsbereichen zu erwarten, in denen sich Werkstätten befanden oder technologisch spezifischer Schlagabfall entsorgt wurde.[196]

Beispiel: Das wichtigste Beispiel für die indirekte Form der Silexversorgung im frühbronzezeitlichen Nordmesopotamien besteht aus der Nutzung der kanaanäischen Großklingen an zahlreichen frühbronzezeitlichen Fundorten. Diese lassen, den Aussagen der Bearbeiter zufolge, Hinweise auf Produktionsreste der Großklingentechnik vermissen. Konkret kann hier z. B. auf Fundorte aus dem Khaburgebiet (Tell Mozan[197], Tell Gudeda und Tell 'Atij[198], Tell Leilan[199], Tell Nusstell[200], Tall Knēdiğ[201] und Tell Abu Hujeira I[202]) verwiesen werden. Auf der Grundlage von Beobachtungen in dieser Region ist die bereits erwähnte These aufgestellt worden, dass die Nutzung von Großklingen in der Jezirah weitestgehend auf Importen basierte (= exogene Industrie).[203]

2 c: Rohstoffbeschaffung durch indirekten Zugriff: Import von Rohmaterial oder Grundformen im Rahmen verketteter Weitergabeprozesse

Eine komplexe Form der Rohmaterialbeschaffung stellt die Einfuhr von Silex im Rahmen verketteter Weitergabeprozesse dar (für ein Beispiel vgl. Abb. 3.15). Hierunter verstehe ich Szenarien, in denen der Rohstoff bzw. die Artefakte mehr als zwei Stationen („Export-" und „Importregion") durchlaufen, bevor sie die Empfänger-Siedlungen erreichen. Vorstellbar erscheint in diesem Zusammenhang z. B. eine Situation, in der die Bewohner einer Siedlung, die sich zwischen der Lagerstätten einer spezifischen Ressource und der potentiellen Empfänger-Siedlung befindet, als Zwischenhändler fungieren. Auch in Fällen, in denen aufgezeigt werden kann, dass einzelne Artefakte über größere geographische Distanzen hinweg von einer Region in eine andere transportiert wurden, liegt der Gedanken nahe, dies als Resultat einer verketteten Weitergabepraxis anzusehen. Für die Frühbronzezeit ist damit zu rechnen, dass die Objekte im Zuge ihrer Weitergabe nacheinander einen unterschiedlichen Charakter annehmen konnten und mal als Handelsgut, mal als Geschenk oder „Mitbringsel" von Ort zu Ort gelangten. Hinter der Einfuhr vieler nicht-lithischer Ressourcen, die im 3. Jt. v. u. Z. zirkulierten – man denke z. B. an Metalle oder potentielle prestigeträchtige Güter wie Lapis oder Karneol – sind verkettete Distributionsprozesse und in räumlicher Hinsicht stark ausdifferenzierte Chaînes Opératoires zu vermuten.

Archäologische Hinweise: Archäologisch ist eine Weitergabe von Silexmaterial im Rahmen komplex verknüpfter wirtschaftlicher Interaktionen schwer zu belegen bzw. von den beiden anderen, weiter oben skizzierten Erscheinungsformen des Importes zu differenzieren. Tritt ein lithischer Rohstoff im Fundspektrum eines Siedlungsplatzes häufig und regelhaft auf, so würde ich tendenziell eher von einer direkten Beziehung zwischen einer „Exportregion" und einer Empfänger-Siedlung ausgehen. Umgekehrt spricht ein punktueller Nachweis bestimmter Rohmaterialarten oder Geräteformen im Bereich einer Siedlung dafür, dass es sich bei den entsprechenden Fällen um sporadische und möglicherweise über mehrere Stationen hinweg vermittelte Austauschbeziehungen handeln könnte. Auch der Nachweis einer großen geographischen Entfernung zwischen Rohmateriallagerstätte und Empfänger-Siedlung trägt m. E. dazu bei, das Szenario einer verketteten Austauschbeziehung als wahrscheinlich anzusehen. Theoretisch könnten auch Depotfunde, die in größerer Entfernung zu den Lagerstätten gefunden werden, auf mehrstufige Importbeziehungen verweisen.

Beispiel: Als Beispiel für einen wahrscheinlich über mehrere Etappen organisierten Import von lithischen Ressourcen kann auf den häufig sehr geringen Obsidiananteil im lithischen Inventar nordmesopotamischer Fundorte verwiesen werden[204] (vgl. Teilkapitel 3.1.7). Eine Siedlung wie Tell Mozan in Nordostsyrien, die sich durch einen verhältnismäßig hohen Prozentsatz an Obsidian auszeichnet, der offenbar auch lokal verarbeitet wurde[205], könnte als Zwischenstation für die Distribution ostanatolischer Obsidiane gedient haben, die von dort aus in andere Regionen und Siedlungen Mesopotamiens gelangten, die sich häufig durch einen weitaus geringeren Obsidiananteil auszeichnen.

3.1.8.3 Siliximporte und die Organisation von Austauschbeziehungen

Die archäologische Analyse von Steinartefakt-Assemblagen ermöglicht die Identifizierung von Importen und erlaubt

196 Ich danke S. A. Rosen, mit dem ich diesen Punkt am Rande der 8. Icaane-Konferenz in Warschau (2012) diskutieren konnte.
197 Chabot – Eid 2009.
198 Chabot 1998a; 1998b; 2000; 2002.
199 Van Gijn 2003.
200 Chabot – Eid 2007.
201 Gebel 2005.
202 Nishiaki 2008.
203 Zusammenfassend: Anderson u. a. 2004
204 Vgl. Chabot 1998a: 39.
205 Vgl. Frahm 2010.

Aussagen zur Rolle bestimmter Rohmaterialien innerhalb eines lithischen Systems. Günstigenfalls ergeben sich darüber hinaus Hinweise auf die geographische Herkunft spezifischer Rohmaterialien und Artefakte, was wiederum Rückschlüsse auf die Reichweite von Importbeziehungen erlaubt. Überlegungen hinsichtlich der Motivation der Akteure, die an der Weitergabe von Silexmaterial beteiligt waren sowie der organisatorische Kontext von Importvorgängen lassen sich indes nur im Rückgriff auf historische Vergleiche und Analogien aus dem Bereich der Wirtschaftsethnologie erörtern und in ein historisch-spezifisches Modell der Silexversorgung integrieren. Im später-prähistorischen und frühgeschichtlichen Vorderasien sind insbesondere die Verbreitung der kanaanäischen Großklingen (Canaanean Networks)[206] und großformatigen Kortexgeräte bzw. Tabular Scraper (Tabular Scraper Trade)[207] sowie die Einfuhr anatolischen Obsidians[208] als Hinweis auf die Existenz teils weiträumiger Handelsbeziehungen interpretiert worden.

Auf grundsätzlicher Ebene ist jedoch zu bedenken, dass der Import und die Distribution von Gebrauchsgütern im frühgeschichtlichen Mesopotamien auf verschiedenen Formen der Weitergabe basieren konnten[209] und nicht zwangsläufig als ein kommerziell ausgerichteter, über die Institution eines Marktes vermittelter Austausch in Erscheinung treten muss. Dem Wirtschaftshistoriker K. Polanyi und den Vertretern der durch ihn begründeten substantivistischen Schule zufolge waren „vormoderne Wirtschaftssysteme von anderen Mechanismen bestimmt als unser modernes, marktwirtschaftlich organisiertes Wirtschaftssystem (...). Die Form des Wirtschaftsgeschehens ergibt sich nicht zwangsläufig aus einer natürlichen Logik des Warentausches (...) sondern aus der Art und Weise, wie die Organisation der Produktion, die Macht über die Produktion und die Verteilung des Produzierten (...) und sich hieraus entwickelnde Verbrauchsmuster, sowie die Grenzziehung zwischen einzelnen Regelsystemen – also außerökonomischen gesellschaftlichen Organisationsformen - das Wirtschaftleben determinieren".[210] Die theoretische Position der Substantivisten, wonach wirtschaftliche Vorgänge wie der Güteraustausch in antiken Ökonomien als gesellschaftlich eingebettete Phänomene zu betrachten sind, ähnelt in diesem Punkt der Perspektive marxistisch inspirierter Ansätze, die Wirtschafts- und Austauschbeziehungen als einen Bestandteil der gesellschaftlichen Produktionsverhältnisse und somit als Gegenstand der politischen Ökonomie begreifen und der Vorstellung einer universell gültigen und überhistorisch wirksamen Logik der Nutzenmaximierung ebenfalls skeptisch gegenüberstehen.[211] nsgesamt halte ich es für schlüssig, den Import von Gebrauchsgütern wie Silex während der Frühbronzezeit als gesellschaftlich eingebettetes Phänomen zu diskutieren, für dessen Erklärung unterschiedliche Formen des Austausches und der Weitergabe in Betracht zu ziehen sind. Von grundlegender Bedeutung erscheint dabei eine Auseinandersetzung mit der Einstellung der Akteure, die in den Prozess der Weitergabe involviert waren. Diese dürfte im Wesentlichen ein Ausdruck ihres sozialen Verhältnisses gewesen sein. Von großem Interesse ist daneben die Frage nach der praktischen Durchführung der Weitergabe im Kontext der historisch-spezifischen gesellschaftlichen Institutionen und technologischen Möglichkeiten (Transportmittel, Infrastruktur etc.).[212] Während sich letzter mit den Mitteln der Archäologie häufig gut rekonstruieren lassen, bleibt die Frage nach der Einstellung der Akteure fraglos Gegenstand hypothetischer Erwägungen. Anschließend an die mittlerweile klassische Kategorienbildung, die der Kulturanthropologe M. Sahlins für die Beschreibung von Austauschbeziehungen in vormodernen Gesellschaften entwickelt hat, lässt sich die Einstellung der in einen wirtschaftlichen Prozess involvierten Akteure verschiedenen sozialen Erscheinungsformen der Gegenseitigkeit (Reziprozität) zuweisen.[213] Sahlins differenziert zwischen generalisierenden, ausgeglichenen und negativen Formen der Reziprozität. Dabei bildet die ausgeglichene Reziprozität in Sahlins' Modell den Mittelpunkt eines dreigliedrigen Schemas. Die ausgeglichene, allgemeine Reziprozität wird zur einen Seite hin von der generalisierenden, zur anderen Seite von der negativen Reziprozität flankiert:

Generalisierende Reziprozität < > Allgemeine Reziprozität < > Negative Reziprozität

Die Einstellung oder Geisteshaltung der Akteure changiert im Spannungsfeld dieser drei Formen, wobei die Übergänge fließend sein können. Sahlins' drei Hauptformen der Gegenseitigkeit sollen an dieser Stelle kurz rekapituliert werden:

1. Generalisierende Reziprozität (generalized reciprocity): Diese Form der Gegenseitigkeit, die Sahlins auch als „the solidarity extreme" bezeichnet, geht mit einer Weitergabe von Gütern einher, ohne dass dies seitens der Akteure mit der Forderung nach einer Gegengabe oder Gegenleistung verbunden wird. Eine Aufrechnung von Gaben oder Leistungen findet nicht statt. Geben und Nehmen erscheinen hier nur insofern reziprok, als dass aus ihr langfristig soziale Verpflichtungen im Sinne gegenseitiger Verantwortlichkei-

206 Vgl. z. B. Chabot – Eid 2007: 24; Milevski 2009; 2011; Müller-Neuhof i. V.

207 Vgl. z. B. Rosen 1983; Milevski 2011; Müller-Neuhof i. V.

208 Vgl. Frahm – Feinberg 2013a.

209 Für eine Übersicht zu verschiedenen Distributionsformen aus ethnologischer Sicht vgl. Köhler 1985.

210 Renger 1993: 88-89.

211 Vgl. Renger 1993: 89.

212 Vgl. de Grooth 1994: 385.

213 Sahlins 1972. Ich beziehe mich hier v. a. auf Kapitel 5 „On the Sociology of Primitive Exchange" (ab Seite 185).

ten generiert werden können. Nach Sahlins ist diese Form einer weitgehend bedingungslosen Distribution von Ressourcen[214] charakteristisch für die Weitergabe von Gütern innerhalb von Haushalten, Familienverbänden (z. B. Eltern-Kind Beziehungen, interfamiliäre Solidarität) und anderen engen sozialen Bezugsgruppen.[215]

2. Ausgeglichene Reziprozität (balanced reciprocity): Diese Form der Reziprozität bezeichnet eine Form des Austausches, bei dem ein Gut in Erwartung einer Gegengabe (Äquivalent) von einer Hand in die andere übergeht (Do ut des-Prinzip, Gegenseitigkeit der Gabe). Dabei können gleichermaßen soziale wie materielle Interessen der Beteiligten zum Tragen kommen: „The material side of the transaction is at least as critical as the social: there is more or less precise reckoning, as the things given must be covered within some short term“[216]. Was unter einer adäquaten Gegengabe zu verstehen ist, unterliegt sozialen Aushandlungsprozessen und Konventionen und mündet nicht zwangsläufig in ein System der Preisbildung ein.

3. Negative Reziprozität (negative reciprocity): Bei der negativen Reziprozität überwiegt der materielle Aspekt der Aneignung gegenüber der sozialen Bedeutung des Austausches: „Negative reciprocity is the most impersonal form of exchange“[217]. Sie ist Ausdruck eines primär auf den eigenen Vorteil ausgerichteten Handelns. Die Spannweite der negativen Reziprozität reicht dabei nach Sahlins vom gewinnträchtigen Tauschhandel bis hin zur Option einer gewaltförmigen oder potentiell gewaltförmigen Aneignung von Gütern, z. B. durch das Auspressen von Abgaben oder Raub. Auch ein systematischer, auf materiellen Profit ausgerichteter Austausch, bei dem Güter als Waren zirkulieren, kann dieser Kategorie zugeordnet werden[218]. Diese Form der negativen Reziprozität kann noch Formen der Sozialität generieren, bei einer Aneignung durch Raub ist dies natürlich nicht mehr der Fall.

Nach Sahlins spielt in vormodernen Ökonomien der Grad verwandtschaftlicher Nähe eine entscheidende Rolle dafür, welche Form der Reziprozität bei Weitergabeprozessen zum Tragen kommt. Sahlins entwirft dafür ein (bewusst vereinfachendes) Modell (general model of the play of reciprocity) konzentrisch ineinander gelagerter sozialer Sektoren, in dessen Zentrum die individuellen Haushalte stehen. Um dieses Zentrum lagern sich weitere Ringe, die sowohl im Hinblick auf die Verwandtschaftsverhältnisse als auch auf die geographische Distanz zum Wohnort graduell entferntere Sektoren repräsentieren:

Household > Lineage Sector > Village Sector > Tribal Sector > Intertribal Sector

Mit zunehmender sozialer wie geographischer Entfernung vom Haushalt verschiebt sich nach Sahlins auch die dominierende Reziprozitätsform: „In each sector, certain modes of reciprocity are characteristic or dominant: generalized modes are dominant in the narrowest spheres, and play out in the wider spheres, balanced reciprocity is characteristic of intermediate sectors, chicane of the most peripheral spheres“[219].

Lässt sich dieses Modell in abgewandelter Form auch auf die frühurbane Gesellschaft Tell Chuēras übertragen, um die Rahmenbedingungen, in denen siedlungsinterne und siedlungsexterne ökonomische Prozesse stattfanden, beschreiben zu können? Wenn man Sahlins' Abstraktion für plausibel erachtet sowie der Annahme folgt, wonach der Grad familiärer / sozialer Bindung in engem Zusammenhang mit der Reziprozitätsform steht und versucht, die Rolle historisch-spezifischer Faktoren einzubeziehen, ist diese Frage m. E. bedingt zu bejahen. Wie bereits im Teilkapitel 1.3 erörtert wurde, lässt sich für die frühbronzezeitliche Gesellschaft Chuēras die Existenz übergeordneter Institutionen bzw. Oikoi (Tempelhaushalte und Palast) zumindest für den Zeitraum ab der Mitte des 3. Jts. v. u. Z. aufzeigen. Gleichzeitig jedoch betonen aktuelle Rekonstruktionen der sozioökonomischen Verhältnisse des antiken Stadtstaates das Fortbestehen und die anhaltende Bedeutung segmentärer bzw. tribaler Verbände, in denen die

214 Dies bedeutet nicht, dass diese Form ökonomischen Handelns durchweg auf spontaner Freiwilligkeit basiert. Generalisierende Reziprozität ist eingebunden in ein Gewebe sozialer Verpflichtungen, die von der Ebene der (Basis)Haushalte an durch Hierarchien (z. B. geschlechtsspezifisch legitimierte Hierarchien) und strukturelle Ungleichheit gekennzeichnet sein können.

215 M. Sahlins' „generalized reciprocity“ entspricht in etwa dem ökonomischen Prinzip, das der Kulturanthropologe D. Graeber (2011) als „baseline communism“ bezeichnet. Graeber wirft die Frage auf, ob sich derartige ökonomische Beziehungen überhaupt noch mit dem Begriff der Reziprozität fassen lassen. Nach Graeber unterliegen ökonomische Beziehungen in allen menschlichen Gesellschaften einem Wechselspiel von drei moralischen Prinzipien: „baseline communism“, Austausch und Hierarchie. „Baseline communism“ unterliegt dabei dem Prinzip „jeder nach seinen Fähigkeiten, jedem nach seinen Bedürfnissen“ und bildet nach Graeber letztlich den Kitt für jede Form von Sozialität: „Baseline communism might be considered the raw material of sociality, a recognition of our ultimate interdependence that is the ultimate substance of social peace.“

216 Sahlins 1972: 195.

217 Sahlins 1972: 195.

218 De Grooth 1994: 385.

219 Sahlins 1972: 198. Ich verstehe Sahlins so, dass die drei Formen der Gegenseitigkeit grundsätzlich in allen Sektoren vorkommen können, aber unterschiedlich stark gewichtet sind.

220 Vgl. Meyer 2010b, Hempelmann 2013 (darin v. a. Kapitel 9). Für eine ausführliche Diskussion siehe Teilkapitel 1.3 in dieser Arbeit.

einzelnen Haushalte organisiert waren[220]. Ich vermute, dass die Struktur der auf sozialer und wirtschaftlicher Ebene miteinander verflochtenen Haushalte im Verlauf des 3. Jts. v. u. Z. durch den Aufstieg der institutionalisierten Haushalte sukzessive um ein Feld erweitert wurde, in denen die Bedeutung von Verwandtschaftsbeziehungen bzw. sozial konstruierten Verwandtschaftsbeziehungen weniger Bedeutung zukam, zumindest was das Verhältnis der frühstaatlichen Institutionen gegenüber den untergeordneten Haushalten anbelangte. Wenn man Sahlins' Kategorien auf die historisch-spezifische Situation der Großsiedlung Tell Chuēra in der Zeit um bzw. nach 2500 v. u. Z. überträgt und zu diesem Zweck auf die Rekonstruktionsvorschläge Meyers und Hempelmanns zurückgreift, lassen sich grob folgende soziale Sektoren skizzieren[221]:

1. **(Basis)Haushalte:** Die einzelnen Haushalte bestanden vermutlich aus patriarchal organisierten Kernfamilien und erweiterten Familienverbänden.
2. **Lineage-Sektor:** Der Lineage-Sektor setzte sich aus Verbänden von Haushalten zusammen, die innerhalb der Siedlung teils räumlich voneinander abgegrenzte Quartiere bewohnten. Die Lineages unterhielten mit Sicherheit verwandtschaftliche Beziehungen (in Form von Heiratsbeziehungen) zu anderen Siedlungen innerhalb des Siedlungsterritoriums und in die Territorien benachbarter Siedlungen.
3. **Siedlungsinterner Sektor (die Großsiedlung):** Im Falle von Tell Chuēra umfasste der urbane Komplex mehrere tausend Einwohner, was bedeutet, dass sich nicht mehr alle Mitglieder des Gemeinwesens von Angesicht zu Angesicht kannten. In der runden Form der geplanten Stadtanlage mit ihrem zentralem Platz sowie im Bau der Stadtbefestigung, die – unabhängig von der Rolle zentraler politischer Institutionen – letzten Endes nur gemeinschaftlich zu bewältigen war, könnten Elemente einer „egalitären Ideologie"[222] und kollektiver Strukturen oberhalb der Ebene von Haushalten und Lineages zum Ausdruck kommen. Die großen Ritualkomplexe, die sich in Tell Chuēra sowohl innerhalb als auch außerhalb der Stadtmauern (Außenbau und Stelenstraße) nachweisen lassen, könnten in diesem Zusammenhang - abgesehen von der Visualisierung der dominierenden Ideologien und „Staatsreligion"[223] - als identitätsstiftende Monumente regionaler Kultgemeinschaften gedient haben.[224]
4. **Intraterritorialer Sektor (Siedlungsterritorium):** Dieser Sektor umfasst die Bewohner der Siedlungen des Umlandes, die unter der wirtschaftlichen und politischen Kontrolle des Zentrums standen. Ich nehme an, dass es im Umland eines Zentrums etliche Haushalte gab, die mit den Einwohnern des Hauptortes in verwandtschaftlicher Beziehung standen und somit Bestandteile des Lineage-Sektors bildeten.
5. **Näherer interterritorialer Sektor (benachbarte Siedlungsterritorien):** Ich vermute, dass die Bewohner angrenzender Siedlungsgebiete, die ebenfalls von einer zentralen Großsiedlung dominiert wurden, auch noch z. T. durch Heiratsbeziehungen miteinander verbunden waren. Gleichzeitig lassen die massiven Befestigungsanlagen der frühurbanen Siedlungen an die Möglichkeit eines potentiell konfliktträchtigen Nebeneinanders denken.
6. **Entfernter interterritorialer Sektor (entfernte Siedlungsterritorien):** Dieser Sektor umfasst die Bewohner weiter entfernt gelegener Siedlungen. Wahrscheinlich reichte der soziale Erfahrungsraum der meisten Einwohner einer bronzezeitlichen Großsiedlung nicht über die benachbarten Territorien hinaus. Eine Ausnahme bildeten sicherlich Angehörige der Elite, die überregionale Kontakte unterhielten sowie Emissäre und mobilere Bevölkerungsgruppen, z. B. Händler, möglicherweise auch Pastoralisten.

Ich vermute, dass die Weitergabe von Silexmaterial und geschlagenen Steinartefakten bis in den Lineage-Sektor hinein häufig innerhalb eines durch generalisierende Reziprozität geprägten Rahmens erfolgte: Wurden Steinartefakte für bestimmte Tätigkeiten benötigt, wurden sie – sofern verfügbar – durch sozial nahe stehende Personen oder Haushalte bereitgestellt. Ich nehme außerdem an, dass Formen der allgemeinen Reziprozität theoretisch auch entferntere soziale Sektoren erreichen konnte. In der Interaktion mit Fremden bzw. „der Außenwelt" stellte diese Form der Gegenseitigkeit im Kontext wirtschaftlicher Aktivitäten wahrscheinlich nicht mehr die Regel dar. Als dominierende Reziprozitätsform innerhalb des Lineage-, des siedlungsinternen und intraterritorialen Sektors nehme ich ausgeglichene Formen der Gegenseitigkeit an, z. B. in Gestalt eines informellen Tausches. In Großsiedlungen mit hunderten oder tausenden von Einwohnern konnten dann – beginnend mit dem siedlungsinternen Sektor – verstärkt negative Reziprozitätsformen hinzutreten, wobei an einen auf Gewinn ausgerichteten Tauschhandel zu denken ist. Austauschbeziehungen mit den Bewohnern entfernter Siedlungen wurden mit zunehmender geographischer Distanz wahrscheinlich in einem stärkeren Maße von materiellen Motiven bestimmt (= Organisation des Zugriffs auf ein benötigtes oder begehrtes

221 Ich stelle mir die hier skizzierten sozialen Sektoren nicht als statisches System vor. Es ist vielmehr davon auszugehen, dass sich innerhalb der bronzezeitlichen Siedlung im Rahmen von Aushandlungsprozessen und divergierenden Interessen in vielfältiger Form Prozesse der sozialen Inklusion und Exklusion vollzogen. In Tell Chuēra kann die Etablierung eines Palastes m. E. z. B. als deutlicher Hinweis auf die Formierung einer sozioökonomisch dominanten Gruppe gedeutet werden.

222 Hempelmann 2013.

223 Hempelmann 2010b.

224 Vgl. Ristvet 2011.

Gut). Die Einstellung der wirtschaftlichen Akteure changierte dabei vermutlich zwischen balanciert reziproken und negativ reziproken Formen der Gegenseitigkeit. Diese einfachen aber grundlegenden Überlegungen haben wichtige Konsequenzen für den Versuch einer Annäherung an die Organisation und Praxis der Silexversorgung frühbronzezeitlicher Großsiedlungen: Der Import und die siedlungsinterne Distribution lokal nicht verfügbarer Ressourcen vollzog sich meiner Meinung nach innerhalb eines Rahmens, in dem die soziale Nähe der Personen, die an diesen wirtschaftlichen Vorgängen beteiligt waren, ein hoher Stellenwert zukam. Dadurch konnte ein bestimmter archäologisch identifizierbarer „Einfuhrmechanismus" auf der Ebene der alltäglichen wirtschaftlichen Praxis vermutlich sehr unterschiedliche Erscheinungsformen annehmen. Bei dem Versuch einer Übertragung von Sahlins' Modell auf die historisch-spezifische Situation der Frühbronzezeit in Nordmesopotamien muss die Perspektive um die Rolle der institutionalisierten Haushalte bzw. Oikoi erweitert werden, die sich für den hier betrachteten Zeitraum auch archäologisch nachweisen lassen. Angehörige von Basishaushalten konnten zugleich zur Struktur eines übergeordneten Haushaltes gehören. Zudem ist zu vermuten, dass es Einwohner der Siedlung gab, die ausschließlich an einen übergeordneten Haushalt gebunden waren und für diesen arbeiteten. Welche Formen der Reziprozität kamen zwischen den übergeordneten Haushalten auf der einen und den Basishaushalten auf der anderen Seite zum Tragen? Meiner Meinung nach dürfte das Verhältnis durch ausgeglichene bis negativ reziproke Formen der Gegenseitigkeit gekennzeichnet gewesen sein. Formen einer ausgeglichenen Reziprozität kamen möglicherweise in der Übernahme bestimmter spezialisierter Aufgaben durch diese Institutionen zum Ausdruck. Diesbezüglich ist z. B. an die Instandhaltung der urbanen Infrastruktur, Organisation der Verteidigung der Siedlung und andere Aufgaben zu denken, die seitens der übergeordneten Haushalte durch Mobilisierung von Arbeitskraft und Ressourcen konkretisiert werden konnten.[225] Die Errichtung repräsentativer Großbauten sowie die Akkumulation von Gütern für den gesteigerten Konsum verweisen m. E. jedoch auf negative Formen der Gegenseitigkeit, die wahrscheinlich auf eine ungleiche Zugriffsmöglichkeit auf wirtschaftliche Ressourcen hinauslief.

Negative Reziprozität existierte innerhalb der Großsiedlung und zwischen den verschiedenen Siedlungen also nicht nur als ein Resultat verwandtschaftlicher und geographischer Distanz, sondern auch als Folge einer sozialen Differenzierung in unterschiedlich große Haushalte auf der einen und übergeordnete Oikos-Haushalte auf der anderen Seite, die meiner Meinung nach mit einer Konzentration sozioökonomischer Macht in den Händen der institutionalisierten Haushalte einherging. In Abbildung 3.16 habe ich versucht, Sahlins' allgemeines Modell der Reziprozität um die in diesem Teilkapitel angeführten historisch-spezifischen Aspekte zu erweitern. Das Diagramm zeigt die ringförmig ineinander gelagerten räumlichen und sozialen Sektoren der frühbronzezeitlichen Großsiedlung mit den Haushalten (H) in ihrem Zentrum. Aus dem Gefüge der konzentrischen Ringe herausgelöst, jedoch aufs engste mit den Ebenen der Lineages und Haushalte verbunden erscheinen die übergeordneten bzw. Oikos-Haushalte (ÜH). Die drei radialen Linien stehen für die drei Erscheinungsformen der Reziprozität (generalisierende, ausgeglichene und negative Reziprozität), wobei die Dicke der Linie die vermutete sektorenspezifische Bedeutung der jeweiligen Erscheinungsform der Gegenseitigkeit darstellt. Der hypothetische Charakter dieser Darstellung ist hervorzuheben.

In welchem Ausmaß die institutionalisierten Haushalte die Produktion und Distribution bestimmter Güter in den Großsiedlungen der frühen Bronzezeit kontrollierten, ist innerhalb der Forschung umstritten. Nach G. J. Stein und M. J. Blackman war der Einfluss der zentralen Institutionen auf die Bereiche des Wirtschaftslebens, die mit der Herstellung einfacher Gebrauchsgüter befasst war – und hierzu gehören fraglos die geschlagenen Steinartefakte – wahrscheinlich nur gering ausgeprägt bzw. nicht vorhanden.[226]

Nachdem die Einstellung der am Austauschprozess beteiligten wirtschaftlichen Subjekte erörtert wurde, soll im nächsten Schritt auf die konkrete Praxis der Weitergabe, die Distributionsform eingegangen werden. Nach M. de Grooth, die sich mit der Silexversorgung neolithischer Gemeinschaften in Europa befasst hat, können auf allgemeiner Ebene drei Formen der Weitergabe differenzieren werden[227]: Die Weitergabe von Gütern

1. von Hand zu Hand,
2. durch Redistribution sowie
3. durch einen Transport über mittlere und größere Distanzen.

Aus der Kombination der Geisteshaltung der in den Weitergabeprozess involvierten wirtschaftlichen Akteure und der allgemeinen Form der Weitergabepraxis lassen sich nach de Grooth spezifischere Formen der Verteilung von Gütern ableiten. Die folgende Tabelle (Tabelle 3.1.8.3-I) gibt die Kom-

225 Zur Diskussion einer Oikos-Wirtschaft im frühbronzezeitlichen Ebla vgl. Grégoire – Renger 1989.

226 Vgl. Stein – Blackman 1993.

227 Vgl. de Grooth 1994; vgl. auch Zimmermann 1995.

Einstellung der Akteure des Weitergabeprozesses	**Form der Weitergaben und spezifische Formen des Weitergabeprozesses**		
	Weitergabe von Hand zu Hand	**Redistribution**	**Transport über mittlere bis größere Entfernungen**
Generalisierende Reziprozität	Weitergabe in Form gegenseitiger Hilfe v. a. im engeren und erweiterten sozialen Umfeld	–	–
Ausgeglichene Reziprozität	Einfacher informeller Tausch, formaler Tausch oder Zeremonialtausch (Geschenke, Mitgift etc.)	Interne Akkumulation und Redistribution auf der Ebene der Basishaushalte, Lineages oder Oikoi	Austausch von „Prestigegütern", Gastreisen in benachbarte Siedlungen und Zentren
Negative Reziprozität	Aneignung durch Diebstahl, Raub, Kriegsbeute etc.	Interne Akkumulation und teilweise Redistribution durch die Oikoi; Akkumulation durch die Erhebung von Tributen oder Corvée-Arbeit	Gewinnorientierter Handel

Tabelle 3.1.8.3-I: Kombinationsmöglichkeiten zwischen verschiedenen Formen der Reziprozität und Formen der Weitergabe (nach de Grooth 1994, Tabelle 8; leicht verändert und ergänzt)

binationsmöglichkeiten nach de Grooth in (modifizierter) Form wieder:

Die generalisierende Reziprozität korrespondiert nach de Grooth einzig mit einer direkten Weitergabe von Gütern von Hand zu Hand, die v. a. im engeren sozialen Umfeld stattfand. Auch die ausgeglichene Form der Reziprozität kann mit einer Weitergabe von Hand zu Hand einhergehen, wobei an die Möglichkeit eines einfachen (informellen) Tausches bestimmter Güter zwischen Haushalten und Personen zu denken ist. Vorstellbar ist auch, dass durch eine Verkettung mehrerer Hand zu Hand-Transaktionen über einen längeren Zeitraum hinweg auch größere geographische Distanzen überbrückt werden (Down the line-exchange).

In Kombination mit der Weitergabeform der Redistribution kann die Geisteshaltung der ausgeglichenen Reziprozität auch mit einer internen Akkumulation von Gütern und ihrer anschließenden Verteilung auf der Ebene der Haushalte, Lineages oder übergeordneten Haushalte korrespondieren. Bei einem Transport über mittlere und weitere Entfernung ist an Gastreisen von Haushaltsangehörigen in benachbarte Siedlungen zu denken, im Kontext der Eliten möglicherweise an einen Austausch prestigeträchtiger Geschenke im Rahmen diplomatischer Beziehungen.

Die negative Reziprozität ist in Kombination mit einer Weitergabe von Hand zu Hand allenfalls in Form einer Aneignung durch Diebstahl oder Raub vorstellbar. Negativ reziproke Formen der Redistribution sind dadurch gekennzeichnet, dass sie mit der Bereicherung einer Fraktion oder zentralen Instanz zusammen gehen. Auch eine Allokation durch die Forderung unbezahlter Arbeit (Dienstpflicht, Corvée) oder die Erhebung von Tributen, der eine potentielle Androhung von Gewalt innewohnt, ist hier einzuordnen. Negative Gegenseitigkeit und ein Transport über mittlere bis größere Distanzen können als gewinnorientierter Handel in Erscheinung treten, bei dem die Rolle sozialer Bindungen zunehmend gegenüber einer auf den persönlichen Vorteil ausgerichteten Einstellung zurücktritt.[228] Im gewinnträchtigen Handel können verschiedene Akteure auftreten (z. B. von zentralen Institutionen beauftragte oder unabhängige Händler[229]), die sich ohne Schriftquellen jedoch nicht näher differenzieren lassen.

3.1.8.4 Rohstoffbeschaffung in der Chuēra-Region: ein Rekonstruktionsversuch

Welches Bild ergibt sich, wenn wir das in den vorangegangenen Abschnitten erörterte historisch-spezifische Modell der Silexversorgung auf die Situation in Tell Chuēra und Kharab Sayyar anwenden? In der Chuēra-Region stellte die Feuersteinvarietät F 1 einen Rohmaterialimport dar, wobei ich vermute, dass der Werkstoff aus dem mittleren Euphratgebiet stammt. Die Verarbeitung des Materials erfolgte lokal, allerdings liegen kaum primäre Kortexabschläge vor. Dies spricht

228 Vgl. Köhler 1985: 21.

229 Zur Differenzierung verschiedener Formen vormodernen Handels vgl. Renfrew 1972: bes. 449-474.

230 Sollte es sich bei dem Rohmaterial um Plattensilex gehandelt haben, worauf einige Beobachtungen hindeuten, so wäre auch dies eine Erklärung für den geringen Anteil an Primärabschlägen. Im Unterschied zu nodularem Silex sind Fragmente von gebanktem Rohmaterial nicht vollständig von Rinde überzogen, so dass sie nicht (partiell) dekortifiziert werden müssen bevor der eigentliche Abbauvorgang beginnen kann.

m. E. dafür, dass v. a. teildekortifizierte Rohmaterialbrocken in die Siedlungen gelangten.[230]

Da der prozentuale Anteil der Ressource F 1 gegenüber der Ressource F 2 vergleichsweise gering ausfällt (vgl. Tabelle 3.1.2-II und 3.1.2-III), dürfte für die Frühbronzezeit am ehesten von einer gelegentlichen Einfuhr dieses feinkörnigen Feuersteinmaterials auszugehen sein. Für die Fabrikation der wichtigsten Grundform der regionalen Frühbronzezeit – der Großklinge – wurde diese homogene und daher qualitativ hochwertige Feuersteinvarietät kaum genutzt, möglicherweise spielte die Größe der Ausgangsformate dabei eine Rolle.[231] Ein organisierter Handel mit der Ressource F 1 erscheint daher als Weitergabemodus nicht sehr wahrscheinlich. Die verhältnismäßig geringe Quantität dieses Materials spricht eher dafür, dass diese Ressource im Rahmen eines gelegentlichen Austausches zwischen den Bewohnern der Chuēra-Region und Siedlungsgemeinschaften entlang des mittleren Euphrats erworben wurde. Intensivere Kontakte ins Euphratgebiet dürfen, wenn man sich die große Bedeutung des Flusses als Verkehrsachse vor Augen führt, sicherlich vorausgesetzt werden. Die Entfernung zwischen der bedeutenden, am Zusammenfluss von Balikh und Euphrat gelegenen frühbronzezeitlichen Siedlung Tall Bi'a und Tell Chuēra beträgt z. B. je nach Route 90 (Luftlinie) bis 120 km (folgt man den für die Frühbronzezeit rekonstruierten Transportwegen)[232]. Wenn man für die Frühbronzezeit effektive Reiseetappen von 20-30 km pro Tag veranschlagt[233], wäre diese Distanz problemlos binnen weniger Tage zu bewältigen gewesen. Eine naheliegende Route von der Chuēra-Region an den Euphrat führt entlang des Wadi Hamar und durch das Balikhtal. Vorstellbar erscheint mir auch, dass Austauschbeziehungen in südliche bzw. südwestliche Richtung im Rahmen saisonaler Bewegungen transhumanter Bevölkerungsteile vermittelt wurden. In den südlich von Kharab Sayyar gelegenen Gebieten ist aufgrund der geringen jährlichen Niederschlagsmenge kein Regenfeldbau mehr möglich. Vermutlich wussten die nördlich (Chuēra-Region) und südlich (Euphratgebiet) dieser Region gelegenen frühbronzezeitlichen Siedlungen das Potential dieser Gebiete als saisonale Weidegründe aber zu nutzen.

Die sporadische Beschaffung von F 1-Silexmaterial kann vielleicht gleichermaßen durch Gastreisen und einen gelegenheitsbedingten informellen Austausch zwischen saisonal mobilen Bevölkerungsteilen der Chuēra-Region und des Euphrattals erklärt werden. Vor dem Hintergrund der vergleichsweise geringen Bedeutung dieses Rohstoffs für das lithische System ist es m. E. jedoch eher unwahrscheinlich, dass die Akquise des F 1-Silex den eigentlichen Anlass für eine mehrtägige Reise darstellte.

In Bezug auf die Rohmaterialgruppe F 2 zeichnet sich hingegen ein anderes Bild ab. Dieser Werkstoff dominiert das lokale Rohmaterialspektrum in quantitativer Hinsicht (vgl. Tabelle 3.1.2-II und 3.1.2-III) und bildet zugleich das wichtigste Ausgangsmaterial der Großklingenindustrie (vgl. Teilkapitel 3.1.5). Wie bereits dargelegt, handelt es sich um importiertes Rohmaterial, das mit großer Wahrscheinlichkeit einer oder mehreren Lagerstätten im Gebiet der südtaurischen Vorgebirgszone entstammt.

Im Unterschied zur Mehrzahl der bislang untersuchten nordsyrischen Fundorte erscheint eine Verarbeitung dieses Materials zu Großklingen in Tell Chuēra nachweisbar (vgl. Teilkapitel 3.2.3.2) und sowohl in Kharab Sayyar wie in Chuēra wurde F 2-Silex zur Abschlaggewinnung benutzt.

Als Versorgungsstrategie ist hinsichtlich der Rohmaterialgruppe F 2 m. E. am ehesten an die im Teilkapitel 3.1.8.2 skizzierten Variante 2 a einer indirekten Rohstoffbeschaffung zu denken (Import von Rohmaterial, Vorkernen oder Kernsteinen). Aufgrund der großen Anzahl von Großklingenfunden und der vergleichsweise geringen Menge an Produktionsresten ist darüber hinaus nicht auszuschließen, dass zusätzlich auch Rohklingen importiert wurden (Modus 2 b).

Eine direkte Form der Rohstoffbeschaffung erscheint mir dagegen auf Grundlage der aktuell zur Verfügung stehenden Informationen eher unwahrscheinlich: Nordwestlich von Tell Chuēra – also genau in der Richtung, in der die bisher in der Forschungsliteratur beschriebenen, für die Großklingenproduktion geeigneten Silexvorkommen lagen– befanden sich um die Mitte des 3. Jts. v. u. Z. ebenfalls große frühurbane Zentren (Harran, Kazane Höyük). Einer auf Surveydaten basierenden Rekonstruktion A. Creekmores zufolge erstreckte sich das Gebiet, das unter der Kontrolle Harrans stand, relativ dicht an die Tell Chuēra-Region heran.[234] Die südlichen Ausläufer des Tektek Dagh-Höhenzuges bildeten demnach eine Pufferzone zwischen den Territorien Harrans und Chuēras. Zumindest in Richtung Nordwesten dürfte ein direkter Zugang zu den Rohstoffquellen daher nicht uneingeschränkt möglich gewesen sein. Theoretisch bleibt die Möglichkeit, dass die Badlands des Tektek Dagh bzw. der Oberlauf des Wadi Hamar aus der Perspektive Chuēras als Korridor nach Norden fungierten. Das Gebiet der Tektek-Berge wurde im 19. und 20 Jh. während der Wintermonate von Bewohnern der Harran-Ebene als Fernweide genutzt. Eine transhumante Nutzung dieses Gebietes ist auch für die antike Zeit vermutet worden.[235] Aufgrund der geographischen Nähe der Badlands zum Chuēra-Gebiet besteht die Möglichkeit, dass diese Region auch von dort aus saisonal als Weidegrund genutzt wurde. Ein Import von F 2-Rohmaterial könnte folglich über einen Austausch zwischen zeitweise mobilen Bevölkerungsgruppen vermittelt worden sein. Es erscheint zumindest vorstellbar, dass durch eine derartige

231 Vgl. Tabelle 3.1.5-I und 3.1.5-II.
232 Vgl. Creekmore 2008: 382.
233 Quenet 2008: 15.
234 Vgl. Creekmore 2008: 401 (Fig. 3.25).
235 Creekmore 2008: 90-91.

Form der Weitergabe ausreichende Mengen an Rohmaterial in die Chuēra-Region gelangten. Angesichts der Bedeutung der Großklingen für das technologische System der Frühbronzezeit (vgl. Teilkapitel 4.1.3.3) erscheinen mir formalere Varianten eines interregionalen Austausches jedoch wahrscheinlicher. Einen wichtigen Hinweis hierfür liefert der bereits ausführlicher erörterte Nachweis einer Überschussproduktion kanaanäischer Klingen in Titriş Höyük, insbesondere die mit dem Werkstattbefund assoziierten Gruben, die weit über tausend Klingenkerne bargen und schon für sich genommen einen bemerkenswerten Vorrat an Werkmaterial darstellen (vgl. Teilkapitel 3.1.6).

Der Canaanean Blade Workshop in Titriş Höyük liefert vermutlich eine „Blaupause" für die Situation in Siedlungen, die in der Nähe Rohstoffvorkommen von Silexmaterial lagen, das für die Großklingenproduktion in Frage kam. In den rohstoffreichen Gebieten ist für die Zeit des 3. Jts. v. u. Z. mit der Anwesenheit von Steinschlägern zu rechnen, die – führt man sich das große Verbreitungsgebiet der kanaanäischen Klinge vor Augen – durchaus über den lokalen und regionalen Bedarf hinaus produzierten. Die Erzeugnisse dieser Produzenten gelangten dann südwärts bis in die Siedlungen der Jezirah und des mittleren Euphratgebietes.

Eine wichtige Distributionsform bildeten dabei wahrscheinlich bündelweise weiter gegebene Rohklingen. Hierauf deuten entsprechende Depotfunde hin, die an mehreren nordmesopotamischen Fundorten der Frühbronzezeit entdeckt wurden (vgl. Tabelle 3.1.8.4-I).[236] Auch in den Wohnvierteln Tell Chuēras konnte ich insgesamt neun Assemblagen identifizieren, die zwei oder mehr Rohklingen umfassen und die ich als Hinweise auf Depots werte (vgl. Tabelle 4.1.3.1-I). Sets unbearbeiteter Großklingen zirkulierten wahrscheinlich als „trade packages"[237] sowohl zwischen Siedlungen als auch zwischen einzelnen Haushalten im Siedlungszusammenhang.

Als konkrete Weitergabeform kommt in gewissem Umfang sicherlich noch ein informeller Tausch, etwa im Zuge von interterritorialen Gastreisen durch Angehörige einzelner Haushalte in Betracht. Vor dem Hintergrund der hier skizzierten historisch-spezifischen Grundannahmen erscheint jedoch auch die Möglichkeit eines Regionen übergreifend operierenden Handels plausibel. Aufgrund der mittelgroßen Distanz zwischen der Wadi Chuēra-Region und der Umgebung von Titriş bzw. der östlich anschließenden taurischen Vorgebirgszone, in der geeignete Rohmaterialvorkommen zu vermuten sind, gehe ich von direkten Austauschbeziehungen zwischen den beiden Regionen aus.[238] In der offenen Landschaft Nordmesopotamiens gibt es kaum verkehrsgeographische Hindernisse[239] und eine Entfernung von etwas über 100 km (Luftlinie) könnte z. B. über zwei der wichtigen Transportrouten überbrückt worden sein, die für das frühgeschichtliche Nordmesopotamien rekonstruiert worden sind: Von Titriş aus führte eine dieser Routen in südsüdöstliche Richtung durch die Harran-Ebene. Harran und Chuēra waren wiederum durch den Abschnitt einer von mehreren Handelsrouten verbunden, welche die Jezirah in west-östlicher Richtung querten.[240] Intensivere Kontakte zwischen der westlichen Jezirah und dem Taurusvorland manifestierten sich in verschiedensten Aspekten der materiellen Kultur. So bestanden etwa im Bereich der Keramik stärkere Verbindungen in das Gebiet der heutigen Südtürkei als in das östlich anschließende Khaburgebiet.[241] Die Auswertung aktueller Grabungsergebnisse aus Tell Chuēra und Kharab Sayyar lässt zudem vermuten, dass die Besiedlung der westlichen Jezirah zu Beginn der Frühbronzezeit auch aus nördlicher Richtung erfolgte.[242] Da der F 2-Silex an beiden untersuchten Fundorten über die gesamte Frühbronzezeit hinweg die wichtigste lithische Ressource bildete, ist von der Existenz regelmäßiger und langfristiger Importbeziehungen auszugehen, die überdies in einem – auch aus damaliger Perspektive – geographisch überschaubaren Rahmen erfolgte. Es erscheint naheliegend, dass der Import von Silexmaterial und/oder Großklingenbündeln innerhalb dieses Kommunikationsraums über die gleichen gut etablierten Austauschsysteme und Transportwege vermittelt wurde, über die auch andere in der westlichen Jezirah lokal nicht verfügbare Ressourcen eingeführt werden mussten (vgl. Tabelle 1.3.2-I). Der Wert, der dem Silexmaterial als Handelsgut zu einem bestimmten Zeitpunkt zugeschrieben wurde, ist mit archäologischen Mitteln nicht zu ermessen. Depotfunde von Großklingen aus frühbronzezeitlichen Kontexten lassen jedoch darauf schließen, dass diese nicht immer ad hoc verfügbar waren und Haushalte sich mit diesem Gut bevorrateten. Für Tell Chuēra kann z. B. gezeigt werden, dass Großklingensets zusammen mit anderen Gütern (Metall, Gebrauchskeramik) aufbewahrt wurden (vgl. Tabelle 4.1.3.1-I).

Im Gegensatz zu anderen Steinartefakten wurde den Erzeugnissen der Großklingenproduktion wahrscheinlich ein größerer Wert beigemessen. Da sich kanaanäische Klingen in allen Bereichen der untersuchten Fundorte fanden, gehe ich jedoch davon aus, dass diese prinzipiell für jeden Haushalt erschwinglich waren. Möglich ist z. B., dass nur bestimmte Haushalte – z. B. einige wohlhabende Haushalte oder Haushalte, die regelmäßige Kontakte mit Bewohnern anderer Siedlungen pflegten – Silex als Handelsgut erwarben und das Material dann auf der Ebene der Lineages im Zusammenhang mit anderen Formen der Weitergabe (Redistribution,

236 Zu den Großklingenhortfunden in der Levante vgl. zusammenfassend Rosen 1997: 107; Hartenberger 2003: 34.

237 Rosen 1997: 107.

238 Für eine Existenz von Wanderhandwerkern sehe ich keine Hinweise gegeben. Sowohl in Titriş wie auch in Chuēra erscheint die Herstellung von Großklingen durch lokal ansässige Produzenten erfolgt zu sein.

239 Zum Überlandtransport im frühbronzezeitlichen Nordmesopotamien vgl. allgemein Quenet 2008: 13-15.

240 Vgl. Creekmore 2008: 382, Fig. 3.3.

241 Meyer 2010d: 19-24.

242 Vgl. Hempelmann 2013: 171-272; siehe auch Teilkapitel 1.2.1.

informeller Tausch) zirkulierte. Die Akteure des Austausches lassen sich mit archäologischen Mitteln nicht konkret fassen. Da die Daten aus der Chuēra-Region aber dafür sprechen, dass die Produktion der Großklingen im Kontext der Basishaushalte erfolgte und der Transport von entsprechendem Rohmaterial wahrscheinlich über mittelgroße Distanzen abgewickelt wurde, besteht die Möglichkeit, dass auch die interregionale Distribution von Silex durch Angehörige einiger Haushalte erfolgte, die sporadisch an Handelsexkursionen in benachbarte Regionen teilnahmen oder als Emissäre eines Gemeinwesens mit der Aufgabe der Silexversorgung betraut wurden, ohne darüber hinaus in sozialer Hinsicht als Händler oder Fernhändler wahrgenommen zu werden. Alternativ könnte der potentiell gewinnträchtige Handel mit Silex oder Klingen auch durch professionelle Händler organisiert worden sein. Diese entsprächen dann vielleicht den Händlern, die in den Eblatexten Erwähnung finden.[243] Denkbar wäre in diesem Zusammenhang, dass Silexmaterial zusammen mit anderen, wertvolleren Gütern wie z. B. Metallen transportiert worden sein könnte. Selbst der jährliche Bedarf einer Großsiedlung wie Tell Chuēra an Silexgroßklingen wäre wahrscheinlich schon mittels einiger weniger beladener Packtiere (Equiden) zu decken gewesen. Die Funktion der Eselartigen als Tragtiere ist in Westvorderasien seit dem 4. Jt. v. u. Z. sicher belegt.[244] Vollständige Großklingen aus der Chuēra-Region wiegen maximal 118 Gramm. Heutige Esel können Lasten von ca. 90 kg bewältigen. Auch wenn das Tragevermögen von bronzezeitlichen Equiden möglicherweise tiefer anzusetzen ist[245], könnte eine einzelne Lieferung demnach theoretisch immer noch hunderte von Klingen bzw. dutzende vorpräparierter Rohmaterialstücke umfasst haben.

An die Überlegungen zur Rohstoffbeschaffung von Silex der Gruppe F 2 schließt sich die Frage an, welchen Vorteil der Import bzw. teilweise Import dieses Rohmaterials gegenüber der Einfuhr von Grundformen gehabt haben könnte. Hier ließen sich eine Reihe möglicher Gründe anführen:

1. Die Option einer lokalen Verarbeitung importierten Rohmaterials machte die Siedlungsgemeinschaft insgesamt unabhängiger, da lediglich der Zugriff auf den Rohstoff, nicht jedoch die – im Falle der Großklingen nicht zu unterschätzende (vgl. Teilkapitel 3.2.3.) – technologische Expertise außerhalb der Siedlung organisiert werden musste. Dies konnte sich vielleicht als Vorteil erweisen, wenn Kontakte in eine bestimmte Region, aus denen Rohstoffe bezogen wurden, kurzfristig zum Erliegen kamen, z. B. im Zuge politischer Ereignisse.
2. Ein weiterer Vorteil von Rohmaterialimporten bestand eventuell darin, dass lokal ansässige Produzenten flexibler auf eine Nachfrage nach Großklingen reagieren konnten. Da die Funktion der kanaanäischen Klingen als Erntegeräte oder Dreschschlitteneinsätze in erster Linie mit der agrarischen Produktion in Zusammenhang stand, wird der Bedarf an frischen Klingen in der Regel saisonal (Erntezeit) bedingt gewesen sein.[246] Vorkerne und selbst Produktionskerne im fortgeschrittenen Abbaustadium, von denen sich bei Bedarf weitere Klingen lösen ließen, boten sich dabei als mögliche Aufbewahrungsform an. In Tell Chuēra konnte ein kleines Kernsteindepot der Großklingenproduktion im Grabungsbereich P im Gebiet der nördlichen Unterstadt dokumentiert werden (vgl. Teilkapitel 2.2.14).
3. In der Chuēra-Region diente Silex der Rohmaterialgruppe F 2 nicht nur als Ausgangsmaterial für die Großklingenproduktion, sondern auch für die Gewinnung einfacher Abschläge und Kleinklingen (vgl. Teilkapitel 3.1.5). Ein Teil der sekundären Kortexabschläge und sekundären Abschläge wird bei der Präparation von Klingenkernen angefallen sein, im Fundmaterial kommen jedoch auch Abschlag- und Klingenkerne aus diesem Material vor. Der Import des Rohmaterials für die Großklingenproduktion ging folglich Hand in Hand mit der Einfuhr von Rohmaterial für andere Bestandteile des lithischen Systems. Dabei nehme ich an, dass v. a. Schlagabfälle und Restkerne der Großklingenproduktion für die Fabrikation von Abschlägen verwendet wurden. Die großklingen-, klingen- und abschlagspezifischen Chaînes Opératoires bildeten folglich auf der Ebene der Rohmaterialnutzung ein technologisches Kontinuum.
4. Eine Großsiedlung wie Tell Chuēra wird geographisch weiter reichende Kontakte unterhalten haben als kleinere frühbronzezeitliche Siedlungen. Somit besteht die Möglichkeit, dass in Zentren ansässige Produzenten bewusst Rohmaterial importierten, um gegenüber kleineren oder noch weiter von den Rohmaterialquellen entfernt gelegenen Siedlungen als Zwischenhändler aufzutreten zu können.

Das Grundformenspektrum der Rohmaterialgruppe F 3, die in Tell Chuēra lediglich durch n = 41 Artefakte und in Kharab Sayyar nur durch ein einzelnes Artefakt vertreten ist (vgl. Tabelle Tabelle 3.1.5-I und 3.1.5-II), setzt sich fast ausnahmslos aus Großklingen zusammen. Dies spricht für einen Import der Klingen (indirekte Rohstoffbeschaffung im Modus 2 b). Alternativ könnte es sich bei dem Material um thermisch beeinflussten Silex der Rohmaterialgruppe F 2 handeln. Der Rohmaterialgruppe F 5, aus der ebenfalls einige Großklingen bestehen, sind in Chuēra lediglich n = 26 und in Kharab Sayyar wiederum ein einzelnes Artefakt zuzuweisen. Die geringe Fundmenge erlaubt kaum weitergehende Überlegungen zur Rohstoffbeschaffung. Der Fund eines einzelnen

243 Vgl. z. B. Milano 1995: 1226.
244 Durch Funde von Terrakotten, die Packesel darstellen. Vgl. Epstein 1985; Ovadia 1992; Benecke 2001: 160-161.
245 Vgl. Quenet 2008: 15.
246 Vgl. Hartenberger 2003: 11.

Abschlagkerns und vereinzelter Trümmer und Abschläge lassen an einen sporadischen Import des Werkstoffes denken (Modus 2 a) denken. Für den erratischen Silex der Materialgruppe F 4 (und z. T. auch der Materialgruppe F 2 a), kommt m. E. am ehesten die direkte Formen der Rohstoffbeschaffung in Betracht. Da ich keine lokalen Vorkommen von Silexvorkommen identifizieren konnte, nehme ich an, dass die Versorgung mit diesem Material in einem aus der Perspektive der Haushalte arbeitsintensiveren Modus (1 c) erfolgte.

Hinweise auf Fernimporte liefern die Karneol- und Obsidianfunde. In Bezug auf den Karneol gehe ich von einer Rohstoffbeschaffung im Rahmen einer komplex verketteten Form der Weitergabe (Modus 2 c) aus. Das Material gelangte höchstwahrscheinlich über zahlreiche Zwischenstationen in die Chuēra-Region. Der Obsidian aus der Bingöl-Region wurde möglicherweise in Form anpräparierter Rohmaterialstücke aus Ostanatolien importiert. Sowohl die Möglichkeit eines Direktimportes (Modus 2 a) als auch die eines über mehrere Etappen vermittelten Importes (Modus 2 c) sind zu erwägen, wobei der geringe prozentuale Anteil des Obsidians am Gesamtaufkommen der lithischen Funde vielleicht für Letzteres spricht. In Bezug auf den zentralanatolischen Obsidian, dessen Nutzung in Tell Chuēra nachgewiesen werden kann, gehe ich aufgrund der großen geographischen Entfernung von einer komplex verketteten Austauschbeziehung aus (Modus 2 c). In Bezug auf den ostanatolischen wie auf den zentralanatolischen Obsidian aus den frühbronzezeitlichen Schichten kann m. E. zudem nicht ausgeschlossen werden, dass hier wenigstens z. T. eine Wiederverwendung prähistorischen Fundmaterials vorliegt (Modus 1 a oder 1 b).

Zusammenfassend lässt sich die Versorgung der Chuēra-Region mit lithischen Ressourcen auf der Grundlage der aktuell verfügbaren Informationen als ein System beschreiben, das v. a. auf indirekten Strategien der Rohstoffbeschaffung basierte (vgl. Tabelle Tabelle 3.1.8.4-II und Abb. 3.17). Lediglich das Ausgangsmaterial für die Herstellung einfacher Abschlagartefakte scheint im Rahmen eines direkten Zugriffs auf eine Ressource organisiert worden zu sein; das Material für die Klingen- und Großklingenindustrie musste hingegen importiert werden. Dieser Import erfolgte über die gesamte lokale Frühbronzezeit hinweg und innerhalb eines verkehrsgeographisch gut vernetzten Kommunikationsraumes. Aus Sicht der Bevölkerung Tell Chuēras bildeten die Einfuhr und Verteilung dieses Materials sicherlich einen festen Bestandteil des alltäglichen Erfahrungshorizontes. Der Import von Silex ist, wie aufgezeigt werden konnte, mit unterschiedlichen sozial eingebetteten Formen der Weitergabe erklärbar. Allerdings erscheinen im Hinblick auf das Ausgangsmaterial der Großklingenproduktion bzw. die Klingen selbst auch Spielarten eines auf Gewinn ausgerichteten Handels plausibel.

Es bleibt zu hoffen, dass zukünftige Untersuchungen zu einer besseren Differenzierung und Herkunftsbestimmung nordmesopotamischer Silices und zu Modifikation, Verifizierung oder Falsifizierung des hier vorgestellten Modells und

Fundort	n	Weitere	Datierung	Literaturverweis
Arslantepe	4	—	Ältere FBZ	Caneva 1993: 329-330
Tall Bi'a	4 + 1 Segment	Palast B, Hof 5; „Vier Klingen und ein Fragment". Die Klingen lagen neben einer Assemblage von Schalen, die „offensichtlich aus gemeinsamer Produktion" stammten.	Jüngere FBZ	Strommenger - Kohlmeyer 2000: 26
Tell Hazna	4 + 5 Segmente	Vier unbearbeitete Großklingen (davon zwei bereits segmentiert) und fünf Segmente. Lagen zusammen außerhalb eines Gebäudes, vor einer Mauer.	Ältere FBZ	Pers. Mitteilung E. Ibragimova
Titriş Höyük	9	Klingen lagen auf der Bgfl. eines Raumes in einem Wohnhaus	Jüngere FBZ	Matney u.a. 1996: 65

Tabelle 3.1.8.4-I: Funde von Großklingendepots in nordmesopotamischen Siedlungen der Frühbronzezeit. Die Großklingenfunde aus dem Werkstattbefund in Titriş bleiben in dieser Tabelle ausgeklammert. Für die Depotfunde aus Tell Chuēra vgl. Tabelle 4.1.3.1-I in Teilkapitel 4.1.3.1.1.

Rohmaterialgruppe	**Modelle der Silexversorgung**	**Geschätzte Entfernung (entlang rekonstruierten Handelswege)**	**Geschätzte Entfernung (Luftlinie)**	**Transport**	**Dominante Form der Weitergabe (in interregionaler Perspektive)**
F 1	2 a	ca. 120 km*	ca. 90 km	Transport über mittlere Distanzen	Gastreisen und informeller Tausch
F 2 b, F 3, F 5	2 a, 2 b	ca. 125 km* (via Harran)	ca. 120 km	Transport über mittlere Distanzen	Gewinnträchtiger Handel und Gastreisen
F 4, F 2 a	1 c	15 km oder etwas mehr als 15 km	weitere Umgebung Tell Chuēras	Transport über geringe Distanzen	Direkter Zugriff und Weitergabe von Hand zu Hand
F 7	2 c	?	?	Über zahlreiche Etappen vermittelter Ferntransport	Gewinnträchtiger Handel
Ostanatolischer Obsidian (Bingöl A und B)	2 b oder 2 c, teiw. 1 a oder 1 b?	mehr als 300 km	265 km	Ferntransport über teils schwierige Wegstrecken (daneben Wiederverwendung prähistorischer Obsidiane?)	Gewinnträchtiger Handel und Gastreisen; möglicherweise auch direkter Zugriff auf prähistorische Sammelfunde aus der Chuēra-Region
Zentralanatolischer Obsidian (East Acıgöl)	2 c, teilw. 1 a oder 1 b?	mehr als 500 km	485 km	s. o.	Gewinnträchtiger Handel; möglicherweise auch direkter Zugriff auf prähistorische Sammelfunde aus der Chuēra-Region

Tabelle 3.1.8.4-II: Die Versorgung der Chuēra-Region mit lithischen Ressourcen: ein Rekonstruktionsversuch.

Rekonstruktionsvorschlages führen werden. Von größter Bedeutung ist hierbei die Lokalisierung der Rohstoffquelle(n) der Großklingenproduktion in Gebiet der heutigen Südtürkei.

3.2 Die Analyse der Primärproduktion

3.2.1 Die Abschlagproduktion

Sowohl in Tell Chuēra als auch in Kharab Sayyar ist die Produktion einfacher Abschläge v. a. anhand von Kernsteinfunden lokal nachweisbar. Unter technomorphologischen Gesichtspunkten können an beiden Fundorten jeweils knapp 40 Prozent der aufgenommenen Steinartefakte als Erzeugnisse der Abschlagproduktion identifiziert werden. Hierbei ist jedoch zu berücksichtigen, dass insbesondere Abschläge aus dem Feuerstein der Rohmaterialgruppe F 2 auch aus dem Kontext der Klingen- und Großklingenproduktion stammen können, da sie ggf. als Nebenprodukte der Kernpräparation anfallen. Auch die vereinzelten Obsidianabschläge (TCH: n = 23, KHS: n = 2) verweisen möglicherweise auf die Herstellung von Klingen. Gleichzeitig ist davon auszugehen, dass es sich bei etlichen der als Trümmer und Kernsteinfragmente klassifizierten, technologisch nicht diagnostischen Stücke (TCH: n = 561, KHS: n = 92) um Überreste der Abschlagproduktion handelt. Auch einige technische Abschläge (Kernscheiben, Kernfußabschläge) lassen sich – wenn auch nicht immer eindeutig – mit der Abschlagproduktion verbinden.

Grundformen, die mit der abschlagspezifischen Operationskette in Zusammenhang stehen, sind in den untersuchten

* zugrunde gelegt werden hier die Distanz Titriş Höyük – Tell Chuēra und rekonstruierte Transportrouten der Frühbronzezeit nach Creekmore 2008: 382

Stichproben höchstwahrscheinlich unterrepräsentiert. Dies liegt in erster Linie daran, dass Abschlagkerne und einfache Abschläge v. a. im Zuge der Altgrabungen häufig nicht als Artefakte erkannt bzw. nicht für relevant genug erachtet wurden, um als „Kleinfunde" behandelt oder als Fundkollektionen aufgenommen zu werden. Stattdessen wanderten einfache Abschläge häufig auf den Abraum. Diese Ausgangssituation kennzeichnet nicht nur die hier untersuchten Fundorte, sondern ist mit Blick auf andere Fundorte im Gebiet der Jezirah durchaus verallgemeinerbar: „Little information on the flake and flake/blade industries of the 3rd millennium JZ sites can be usefully interpreted, because the excavated collections contain only small numbers".[247] Im Zuge der jüngeren Ausgrabungen in Tell Chuēra und Kharab Sayyar wurden jedoch größere Mengen an Abschlägen geborgen. Hieraus ergibt sich die Chance, diesen im Vergleich zu den Großklingen sicherlich unscheinbareren Bestandteil des lithischen Systems exemplarisch zu analysieren und damit die erste Untersuchung zu einer bronzezeitlichen Abschlagindustrie im Gebiet der westlichen Jezirah vorzulegen.[248]

3.2.1.1 *Arbeitsgegenstände und Arbeitsmittel der Abschlagproduktion: Technologische Beschreibung*

Zu den silextechnologischen Grundformen der Abschlagproduktion gehören Abschlagkerne, primäre und sekundäre Kortexabschläge, sekundäre Abschläge, Kernflanken von Abschlagkernen und Absplisse; für eine Angabe der absoluten Häufigkeiten der einzelnen Grundformklassen vgl. Tabelle 3.1.5-I und 3.1.5-II.[249] Als Werkzeuge der Abschlaggewinnung sind hier ferner Funde von Hammersteinen zu berücksichtigen. Die Gruppe der Kernsteine setzt sich aus Abschlagkernen, informalen Kernen und aus Abschlägen zusammen, die nach ihrer Ablösung selbst als Kerne Verwendung fanden. In Tabelle 3.2.1.1-I und 3.2.1.1-II sind die Kernsteinfunde aus Tell Chuēra und Kharab Sayyar zusammengefasst. Die Tabellen führen eine Auswahl von Merkmalen auf, die bei der Datenaufnahme berücksichtigt wurden.

In Tell Chuēra wurden 94 Kernsteine geborgen, von denen fünf aus vorbronzezeitlichen Fundkontexten stammen, in Kharab Sayyar wurden sieben Kernsteine der Abschlagproduktion dokumentiert. Die relativ geringe Zahl der Kernsteinfunde an beiden Fundorten dürfte wiederum z. T. auf problematische Aspekte der Stichprobenerhebung zurückzuführen sein.[250]

Für die Kernsteine der Abschlagproduktion wurde im Zuge der Datenaufnahme eine Reihe technomorphologischer und metrischer Parameter erfasst[251]; die Häufigkeitswerte verschiedener Merkmalsausprägungen an Kernsteinen aus Tell Chuēra können den Tabellen 3.2.1.1-III bis 3.2.1.1-VII entnommen werden. Mit Blick auf Kharab Sayyar wurde aufgrund der geringen Fundmenge auf eine tabellarische Übersicht verzichtet.[252]

Für die technologische Beschreibung dieser Grundformen beziehe ich mich weitestgehend auf das Material aus Tell Chuēra. Die Größe (MLD)[253] der Abschlagkerne beträgt dort im Mittel 6,06 cm (Median: 5,69 cm), wobei über 60 Prozent der Kerne 7 cm oder kleiner sind (vgl. Tabelle 3.2.1.1-III). Die Kerne der Abschlagproduktion lassen sich entsprechend ihrer Abbaurichtung[254] in unidirektionale (Abb. 3.18:1, 3.20:2-3), bidirektionale (Abb. 3.18:2, 3.19:1, 3.19:3, 3.20:1) und multidirektionale Kerne (Abb. 3.18:3, 3.19:2) differenzieren (vgl. Tabelle 3.2.1.1-IV).

Uni- und bidirektionale Kerne treten am häufigsten auf (je 39,4 Prozent), multidirektionale Kernsteine kommen hingegen seltener vor (ca. 18,1 Prozent). Kerne, die durch das Merkmal der Bi- oder Multidirektionalität gekennzeichnet sind, weisen häufig zwei rechtwinklig aufeinander liegende Schlagflächen auf (n = 22). Auch Kerne mit einander gegenüberliegenden Schlagflächen sind mehrfach belegt (n = 10).

Wenn man die Kerne grob danach einteilt, ob ihre äußere Form am ehesten einer pyramidalen, zylindrischen oder radialen Idealform entspricht oder ob sie als amorph (unregelmäßig)[255] bezeichnet werden können bzw. ob es sich bei ihnen um Kerne aus Abschlägen handelt, so ist eine Dominanz amorpher Kernformen zu konstatieren (vgl. Tabelle 3.2.1.1-V): 54,3 Prozent der Kerne fallen in diese Kategorie. Es folgen Kerne aus Abschlägen (20,2 Prozent) und radiale Kernformen (17,0 Prozent). Konische (4,3 Prozent) und grob zylindrisch geformte Abschlagkerne (1,1 Prozent) sind

247 Thomalsky 2011: 257.

248 Für einige Fundorte im Khaburgebiet liegen seit einigen Jahren Untersuchungen lithischer Industrien der Frühbronzezeit vor, die auch die Abschlagproduktion berücksichtigen. Vgl. Chabot 1998a; 1998b; 2000; Chabot – Eid 2007; 2009.

249 Für eine Definition der Grundformen vgl. das Glossar in Teilkapitel 1.4.1.

250 Die geringe Anzahl der Kernsteine mag z. T. auch den relativ strengen Kriterien geschuldet sein, die bei der Klassifikation von Abschlagkernen angelegt wurden: Im Zuge der Datenaufnahme wurde ein Abschlagkern als ein Stück ohne Ventralfläche definiert, von dem mehr als zwei Abschläge abgelöst wurden, deren größte Ausdehnung 2 oder mehr cm beträgt. Zumindest eine Abschlagbahn sollte zudem ein vollständiges proximales Negativ eines Abschlages (Bulbusnegativ) erkennen lassen. Andernfalls wurden die Stücke zumeist der Gruppe der artifiziellen Trümmer zugeordnet.

251 Die Klassifizierung kernspezifischer Merkmale lehnt sich an die Systematik von Drafehn u. a. 2008 an.

252 Für die entsprechenden Angaben zu den Kernsteinen aus Kharab Sayyar vgl. Tabelle 3.2.1.1-II.

253 Zugrunde gelegt wird hier die maximale lineare Dimension (MLD). Vgl. Andrefsky 1998: 139, 144.

254 Notiert wurde jeweils die Abbaurichtung der größten Abbaufläche.

255 Vgl. Odell 2004: 62-63.

nur durch einzelne Stücke vertreten. Zusammenhänge zwischen der Kernform und der dominanten Abbaurichtung sind angesichts der geringen Anzahl der Kerne kaum sinnvoll zu deuten. 44 Prozent der amorphen Kerne sind durch eine bidirektionale Hauptabbaurichtung gekennzeichnet, unidirektionale und multidirektionale Ausprägungen machen 33,4 bzw. 22,7 Prozent aus. Stücke mit zwei oder mehr Abbaurichtungen können unterschiedliche Abbaustadien anzeigen (veränderte Orientierung der Abschlagrichtung). Die Mehrzahl der radialen Kerne zeichnet sich durch eine Dominanz der unidirektionalen Abbaurichtung aus (56,3 Prozent).[256]

Die meisten Kernsteine der Abschlagproduktion (knapp 90 Prozent) weisen noch Reste der natürlichen Oberfläche (Kortex) auf (vgl. Tabelle 3.2.1.1-VI). In 36,2 Prozent der Fälle besteht auch die Hauptschlagfläche der Kerne aus Kortexrinde (vgl. Tabelle 3.2.1.1-VII). Dies legt nahe, dass Abschläge häufiger ohne die planmäßige Anlage einer Schlagfläche abgelöst wurden. Ansonsten bestehen die Schlagflächen der Kerne aus einer Negativfläche (19,1 Prozent) oder setzen sich aus mehreren Abschlagnegativen zusammen (1,3 Prozent). Gelegentlich erscheinen sie auch gratförmig ausgeprägt (14,9 Prozent). Auf Abbauflächen von Kernsteinen zeigen sich bis zu acht Negativflächen abgelöster Abschläge.[257]

In Bezug auf die Abschläge[258] aus Tell Chuēra und Kharab Sayyar wurde eine Auswahl morphologischer Merkmale und Angaben zur Metrik in tabellarischer Form zusammengefasst (vgl. Tabllen 3.2.1.1-VIII bis XIV).

Im Unterschied zu den Klingen und Großklingen, die im Zuge der Sekundärproduktion in der Regel planmäßig zerlegt wurden, handelt es sich bei den Abschlagfunden zumeist um vollständig erhaltene Grundformen (vgl. z. B. Abb. 3.21; 3.22:1-2). In Tell Chuēra sind 78 Prozent, in Kharab Sayyar 78,3 Prozent der Abschläge vollständig bzw. in Schlagrichtung vollständig erhalten (vgl. Tabelle 3.2.1.1-VIII). Das prozentuale Verhältnis von Proximal- und Distalfragmenten erscheint an beiden Fundorten in etwa ausgeglichen, während mediale Fragmente seltener auftreten.

Die Bruchenden der vollständigen Grundformen (vgl. Tabelle 3.2.1.1-IX) sind zumeist spitz (feather) ausgeprägt (TCH: 56,0 Prozent, KHS: 69,2 Prozent; vgl. z. B. Abb. 3.23:6); danach kommen am häufigsten von Kortexrinde bedeckte distale Ausprägungen vor (TCH: 25,9 Prozent, KHS: 13,7 Prozent; vgl. z. B. Abb. 3.25:1). Bruchenden, die auf fehlgegangene Abschläge hindeuten – d. h. angelförmige (hinge; vgl. z. B. Abb. 3.23:7), durchgeschlagene Enden (plunge) und Stufenenden (step fractures) – machen in Tell Chuēra zusammengenommen 16,1 Prozent und in Kharab Sayyar 13,7 Prozent aus; die Werte liegen somit in etwa gleichauf.

Die Schlagflächenreste an vollständigen und proximal erhaltenen Grundformen (vgl. Tabelle 3.2.1.1-X) sind an beiden Fundorten überwiegend einflächig ausgeprägt (TCH: 56,0 Prozent; KHS: 69,2 Prozent; vgl. z. B. Abb. 21:3). Am zweithäufigsten kommen von Kortexrinde bedeckte Schlagflächenreste vor (TCH: ca. 29,9 Prozent; KHS: 13,7 Prozent; vgl. z. B. Abb. 3:21.2), seltener konnten facettierte, d. h. aus mehreren angrenzenden Negativflächen bestehende Ausprägungen beobachtet werden. Spezifischere Schlagflächenrestformen kommen nur vereinzelt vor. Die Schlagflächenrestformen bestätigen das Bild, das sich bereits aus der Betrachtung der Abschlagkerne ergeben hat: Als Schlagfläche diente bei der Abschlagproduktion häufig die natürliche, von Kortex überzogene Fläche des Rohmaterialstückes oder die Negativfläche eines oder seltener mehrerer vorausgegangener Abschläge. Eine aufwendigere Präparation der Schlagfläche (Facettage) erfolgte in der Regel nicht. Die Abmessungen der Schlagflächenreste wurden im Zuge der Datenaufnahme nicht erfasst, insgesamt konnte ich jedoch den Eindruck gewinnen, dass diese häufig groß sind und vielfach gut erkennbare rundliche Risse (Schlagaugen) erkennen lassen.

Mit Blick auf ihre metrischen Eigenschaften (Mittelwerte und Mediane der Längen- und Breitenmaße und der Dicke) liegen die Abschläge beider Fundorte dicht beieinander (vgl. Tabelle 3.2.1.1-XI und 3.2.1.1-XII), was ich als Hinweis auf ein technologisches Kontinuum (vergleichbare Fertigungstechniken) werte. Diesen Zusammenhang verdeutlicht auch eine Streudiagrammmatrix der vollständigen Abschläge, welche die Dimensionsparameter Länge, Breite und Dicke berücksichtigt (vgl. Abb. 3.26).

In einem gewissen Rahmen erlaubt die Kombination verschiedener Schlagmerkmale auf der Ventralseite von Abschlägen Rückschlüsse auf die applizierte Schlagtechnik. Einige Merkmale sind von verschiedenen Bearbeitern auf der Grundlage von Replikationsversuchen als diagnostisch für die Technik des „harten" direkten Schlages befunden worden, der auf den Einsatz steinerner Hämmer schließen lässt. Andere Schlagmerkmale werden dagegen als charakteristische Hinweise auf die Technik des „weichen" direkten Schlages angesehen, bei der ein Schlaginstrument aus Geweih oder Holz verwendet wird.[259]

Allerdings spiegelt der Zusammenhang zwischen Schlagtechnik und Schlagmerkmalen lediglich eine Tendenz wieder: „Es gibt jeden Übergang zwischen harten und weichen Schlagtechniken (...). Auch bei gleichem Schlaggerät haben

256 Umlaufende und auf einen Mittelpunkt hin ausgerichtete Abschlagnegative auf einer radialen Kernform wurden im Zuge der Datenaufnahme als „unidirektional" gewertet.

257 Bei der Datenaufnahme wurde die Anzahl der Abschlagnegative über 2 cm größter Ausdehnung mit und ohne Bulbusnegativ erfasst (vgl. Drafehn u. a. 2008: 22).

258 Für Abbildungen unmodifizierter und modifizierter Abschläge vgl. Abb. 3:21 bis 3.25:1-6.

259 Vgl. z. B. Ohnuma – Bergman 1982; Newcomer 1975; Weiner 1980a; Andrefsky 1998: 114-115; Odell 2004: 59; Butler 2005: 37-38.

260 Arnold 1981; in diesem Sinne auch Odell 2004: 59.

beim Schlagversuch die Merkmale eine große Variationsbreite."[260]

An beiden Fundorten wurden verhältnismäßig große und dicke Abschläge fabriziert. Eine Mehrzahl der Abschläge weist ventral zudem eine deutlich ausgeprägte Bulbusregion auf (TCH: 78,0 Prozent, KHS: 83,7 Prozent). In Tell Chuēra konnten ferner an vielen Stücken Schlagkegel beobachtet werden (62,3 Prozent).[261] Das Vorhandensein relativ großer Abschläge und die Kombination von deutlich ausgebildeten Bulbusregionen und Schlagkegeln sprechen dafür, dass die Abschläge lokal v. a. durch die Technik des direkten „harten" Schlages erzeugt wurden. Zwar lassen viele Stücke eine Lippe unterhalb des Schlagflächenrestes erkennen (vgl. z. B. Abb. 3.22:3), die vielfach als kennzeichnend für den direkten Schlag mit einem „weichen" Hammer angesehen wird (TCH: 43,6 Prozent, KHS: 33,3 Prozent), jedoch treten die Lippen an beiden Fundorten fast ausschließlich zusammen mit prononcierten Bulben auf. Bei einem Gebrauch „weicher" Hämmer wären eher Frakturen ohne bzw. mit schwach ausgeformten Schlagbuckeln zu erwarten. Die Merkmalskombination „Lippe plus diffus ausgeprägter Bulbus" ist in Tell Chuēra nur an 35 Artefakten und in Kharab Sayyar insgesamt sechsmal belegt. Umgekehrt kann auch der Gebrauch von Hammersteinen mit der Ausformung von Lippen einhergehen: „The presence of a lip is not always a definite indication of the use of a soft hammer. If a broad hard hammer has come into contact with a large section of the platform, the pressure can move outwards as well as sown, and thus form a lip (...). The presence of cortex on the butt can also soften the blow of a hard hammer (...)".[262] Insgesamt gehe ich davon aus, dass der überwiegende Teil der Abschläge in Tell Chuēra und Kharab Sayyar durch den direkten Schlag mit einem „harten" Hammer erzeugt wurde, wobei nicht auszuschließen ist, dass in gewissem Umfang auch „weich" geschlagene Abschläge im Fundgut vertreten sind, auch wenn diese Technik eine klar untergeordnete Rolle spielte.

Sowohl aus Chuēra als auch aus Kharab Sayyar liegen Funde von Hammersteinen bzw. Hammerfragmenten vor (TCH: n =26, KHS: n = 1)[263]; in Tabelle 3.2.1.1-XV sind diese Fundstücke zusammengefasst. Hammersteine sind durch Gebrauchsspuren definierte Werkzeuge, die durch die Präsenz charakteristischer Schlagnarbenfelder identifiziert werden können.[264] Die Technik des direkten „harten" Schlages lässt sich im archäologischen Material folglich auch auf der Ebene der Arbeitsmittel fassen. In Tell Chuēra liegen Hammersteine aus älter wie auch aus jünger frühbronzezeitlichen Schichtzusammenhängen vor (regionale Perioden TCH IA bis IE). Der Einzelfund eines Hammers aus Kharab Sayyar (KHS 05 A 686-2) kann in die Periode ältere Frühbronzezeit (TCH IA) datiert werden.

Die meisten aufgenommenen Hämmer bestehen aus Silex. Bei mehreren großflächig mit Kortexrinde bedeckten Stücken ließ sich die Rohmaterialart nicht genau bestimmen (n = 8). Die meisten Hämmer, deren Rohmaterial bestimmt werden konnte, bestehen aus der erratischen Variante der Silexrohmaterialgruppe F 2. Zwei Hammersteine bestehen aus Felsgestein (TCH 64 K 0-36, TCH 07 K 1037-1).

Die Hämmer wurden entsprechend ihrer Morphologie verschiedenen Formengruppen zugewiesen und grob in scheibenförmige, kugelförmige, kubische und unregelmäßige Hämmer differenziert. Hinzu kommt die Kategorie der Hammerfragmente – diese sind als Abschläge oder Trümmerstücke mit Schlagnarbenfeld(ern) definiert (vgl. Abb. 3.28:2). Bei den scheibenförmigen Hämmern (TCH: n = 6) handelt es sich um rundliche und flach geformte Schlagsteine (vgl. Abb. 3.27:1, 3.28:4, 3.30:3). Eine Sonderform stellt ein Hammer aus dem Grabungsbereich ASA dar (TCH 06 ASA 100-1; 3.29:1). Bei diesem Stück handelt es sich um ein Silexgeröll mit einer natürlichen Durchlochung. Den Beobachtungen der Ausgräberin zufolge befand sich im Bereich der Perforierung noch ein schlecht erhaltener Holzrest. Dies verweist auf eine ursprüngliche Schäftung des Hammers.

Unter kugelförmigen Hämmern (TCH: n = 3; KHS: n = 1) werden hier rundlich bis oval geformte Steine mit Schlagnarben subsumiert (vgl. Abb. 3.28:3, Abb. 3.29:4). Als kubische Hämmer (TCH: n = 5) werden Schlagsteine bezeichnet, die mindestens zwei flache Seiten aufweisen und im Gegensatz zu den scheibenförmigen Hämmern insgesamt eher eckig als rundlich geformt sind (vgl. Abb. 3.29.2-3, Abb. 3.30:1-2). Unter unregelmäßigen Hammersteinen (TCH: n = 4) verstehe ich hier Gesteinsstücke mit einem oder mehreren Schlagnarbenfeldern, die sich nicht eindeutig einer der anderen Kategorien zuordnen ließen (vgl. Abb. 27:3). Die unregelmäßigen Hämmer bilden folglich eine Auffangkategorie.

Da es sich bei den Hammersteinen um natürliche Formate handelt, deren Werkzeugcharakter in erste Linie durch Gebrauchsspuren und nicht durch eine intentionale Formgebung erkennbar ist, sind die Übergänge zwischen den unterschiedlichen Hammersteinklassen fließend und nicht typologischer Natur. Das Gewicht der meisten vollständig erhaltenen Hammersteinfunde (n = 11) changiert zwischen

261 In Bezug auf das Material aus Kharab Sayyar konnten aus Zeitgründen nicht mehr alle Abschläge auf das Merkmal „Schlagkegel" hin untersucht werden (das Merkmal wurde erst bei einem zweiten Durchlauf der Datenaufnahme berücksichtigt). Von den n = 33 Abschlägen aus Kharab Sayyar, die auf dieses Merkmal hin untersucht werden konnten, weisen n = 19 (57,6 Prozent) Schlagkegel auf.

262 Butler 2005: 38.

263 Für Fotos und Zeichnungen einer Auswahl von Hammersteinen vgl. Abb. 3.27-3.30).

264 Mit großer Wahrscheinlichkeit sind Steine mit entsprechenden Gebrauchsspuren nicht in allen Grabungsstellen als Artefakte erkannt worden. Im untersuchten Fundspektrum dürften die Hammersteine daher stark unterrepräsentiert sein.

265 Whittaker 1994: 87.

0,2 und 0,5 kg. Nach Whittaker wären diese Werkzeuge als mittlere bis große Hämmer charakterisierbar. Entsprechende Formate eignen sich insbesondere für die Herstellung größerer Abschlagformen[265]. Zwei Hämmer (TCH 02 K 56-1, TCH 07 K 1037-18) wiegen mehr als 0,5kg.

Bei den Grundformen, die als Hämmer Verwendung fanden, handelte es sich – von den fragmentierten Stücken abgesehen – um Gerölle (TCH: n = 8), Abschlagkerne (TCH: n = 2; KHS: n =1), Kernfragmente (TCH: n = 2) und informale Abschlagkerne (TCH: n = 2) sowie um Trümmer (TCH: n = 3). In der Gruppe der Hammerfragmente finden sich Abschlagkerne (TCH: n = 5) und Abschläge mit Schlagnarben auf der Dorsalfläche (TCH: n= 4).

Alle Hammerfragmente der Grundformkategorie „Abschlagkern“ scheinen von kugel- oder scheibenförmigen Hämmern zu stammen. Mit Blick auf die drei vollständigen Hammersteine aus Abschlagkernen (KHS 05 A 686-2, TCH 04 H 300-1, TCH 10 H 0-1) erscheint es denkbar, dass die betreffenden Stücke zunächst als Kern ausgebeutet wurden und in einem zweiten Schritt als Schlagsteine Verwendung fanden. Daneben besteht die Möglichkeit, dass sie von Anfang an als Werkzeuge dienten und Abschläge durch den Gebrauch der Stücke als Schlaginstrumente abgespalten wurden. Dies ist auch für die beiden Hammersteine zu vermuten, die im Hinblick auf ihre silextechnologische Grundform als informale Kerne klassifiziert wurden (TCH 01 T 10-1, TCH 07 ASA 237-3). Bei diesen Kernen handelt es sich folglich nicht um Gerölle,

Nr.	Artefakt Nr.	G	AR	F	MLD	SF (n)	SF	AF (n)	NmB (n)	NoB (n)	RG	K	Dat.
1	TCH 76 E 0-2	AK	u	u	4,55	1	–	2	2	0	F 6	0	ID-IE
2	TCH 83 P 0 5-1	AK	u	r	7,50	1	g	2	4	4	F 4	1	ID
3	TCH 83 P 0 25-1	AK	u	u	6,30	1	1	2	3	1	F 4	1	ID
4	TCH 95 F 5070-1	AK	b	u	4,81	2re	>1	3	0	3	F 2	1	ID-IE
5	TCH 95 F 5078-1	AK	b	u	5,80	2ge	k	1	2	1	F 4	1	ID-IE
6	TCH 95 F 5152-4	AK	u	r	6,00	1	k	1	2	3	F 6	2	ID-IE
7	TCH 96 B 7-1	AK	b	u	4,25	2re	>1	3	2	1	F 4	1	IC-IE
8	TCH 96 F 13-4	AK	u	r	5,50	1	>1	1	2	3	F 2	1	ID-IE
9	TCH 96 F 47-1	KAS	–	a	–	–	–	–	–	–	F 4	0	ID-IE
10	TCH 98 F 109-2	AK	u	u	5,20	1	k	1	2	–	F 2	1	ID-IE
11	TCH 98 F 109-3	AK	m	r	4,25	1	g	2	3	1	F 2	1	ID-IE
12	TCH 99 B 29-1	AK	u	r	7,35	1	>1	–	2	3	F 2	1	IC
13	TCH 99 F 43-3	KAS	u	a	–	1	1	1	1	1	F 2	1	ID-IE
14	TCH 99 F 64-3	AK	m	u	6,45	>2	k	4	4	3	F 4	1	ID-IE
15	TCH 01 F 10-1	IK	b	–	6,95	2re	k	1	1	1	u	2	ID
16	TCH 01 T 577-1	KAS	u	a	–	1	1	2	3	0	F 2	1	ID
17	TCH 03 H 15-1	AK	u	u	4,70	1	>1	1	2	0	F 4	1	I
18	TCH 04 D 160-3	KAS	u	a	–	1	>1	–	0	1	F 4	1	ID
19	TCH 04 H 300-1	AK	u	u	6,15	2re	k	2	3	3	F 1	2	ID
20	TCH 05 W 1-12	KAS	u	a	–	1	g	1	1	0	F 4	1	ID
21	TCH 06 ASA 61-1	AK	b	z	9,00	2ge	>1	1	3	4	F 2	2	ID
22	TCH 06 H 20-1	KAS	–	a	–	–	–	–	–	–	u	–	ID-IE
23	TCH 06 H 35-1	AK	u	r	5,95	1	1	1	3	1	F 2	1	ID-IE
24	TCH 06 H 57-2	KAS	b	a		>2	k	2	3	1	F 4	1	ID-IE
25	TCH 06 H 57-8	AK	u	r	5,69	–	g	2	3	2	F 4	1	ID-IE
26	TCH 06 W 1-95	AK	u	u	4,70	1	1	1	1	1	F 2	1	ID
27	TCH 06 W 112-3	KAS	u	a	–	1	k	1	2	1	F 2	1	ID
28	TCH 06 W156-12	AK	m	u	8,80	>2	k	3	5	3	F 4	2	ID

266 „...most hammers eventually break from the repeated blows“ (Whittaker 1994: 87).

Nr.	Artefakt Nr.	G	AR	F	MLD	SF (n)	SF	AF (n)	NmB (n)	NoB (n)	RG	K	Dat.
29	TCH 06 WAD 0-5	AK	b	u	4,16	2re	>1	2	3	1	F 4	1	Pal
30	TCH 06 WAD 0-6	AK	u	r	5,90	1	g	2	9	1	F 2	1	Pal
31	TCH 07 ASA 237-3	IK	u	u	13,2	–	–	–	–	–	F 2	2	ID
32	TCH 07 ASA 258-4	AK	m	k	3,60	2	1	2	3	–	F 2	0	ID
33	TCH 07 H 133-1	KAS	–	a	–	–	–	–	–	–	F 2	–	ID
34	TCH 07 K 1037-15	AK	m	u	8,50	2re	k	2	6	2	F 2	1	IA
35	TCH 07 K 1042-1	AK	u	r	4,40	1	k	1	1	1	F 1	1	IA
36	TCH 07 K 1074-2	IK	u	u	4,60	1	k	1	2		F 2	2	IA
37	TCH 07 TMS 1087-1	AK	b	k	11,5	2re	>1	2	3	3	F 2	1	I
38	TCH 07 W 286-1	AK	b	u	4,50	2ge	k	1	1	1	F 1	2	ID
39	TCH 07 X 0-1	AK	m	u	6,85	>2	g	2	3	–	u	2	ID-IE
40	TCH 08 K 2039-6	KAS	u	a	–	1	v	1	–	–	F 1	0	LC
41	TCH 08 K 2043-3	KAS	u	a	–	1	1	1	3	–	F 1	1	LC
42	TCH 08 TMS 1082-1	AK	b	u	5,15	1	k	3	2	1	F 4	2	I
43	TCH 08 TMS 1140-4	AK	b	u	6,25	2	–	3	2	1	F 5	0	IA-IB
44	TCH 08 TMS 1155-1	AK	b	u	9,55	>2	k	2	3	1	F 2	2	IA-IB
45	TCH 08 W 1-6	AK	b	u	6,05	2ge	k	2	4	2	u	1	ID
46	TCH 08 W 1-9	AK	b	u	4,95	2re	1	3	1	2	F 2	1	ID
47	TCH 08 W 533-44	AK	b	u	7,05	2re	>1	2	2	1	F 4	1	ID
48	TCH 08 W 533-50	AK	u	–	3,95	1	k	2	2	1	F 2	1	ID
49	TCH 08 W 533-58	AK	b	r	4,35	2re	>1	2	2	–	F 2	1	ID
50	TCH 08 W 533-63	KAS	b	a	–	>2	g	2	2	–	F 2	0	ID
51	TCH 08 W 618-1	KAS	b	a	–	2re	g	1	2	–	F 4	1	ID
52	TCH 08 W 1057-2	AK	u	u	6,15	1	g	2	3	–	F 4	1	ID
53	TCH 09 H 271-1	AK	m	u	6,70	>2	>1	3	9	5	F 4	1	I
54	TCH 09 H 320-1	AK	m	r	5,76	>2	1	3	5	5	F 2	1	I
55	TCH 09 W 1-13	AK	u	r	10,6	1	k	2	4	2	F 4	2	ID
56	TCH 09 W 1103-2	AK	m	r	8,50	2ga	>1	2	6	2	F 4	0	ID
57	TCH 09 W 1103-13	AK	u	u	8,30	1	k	1	3	–	F 4	2	ID
58	TCH 09 W 1123-1	AK	u	–	7,10	1	k	2	2	1	F 4	1	ID
59	TCH 10 H 0-1	AK	m	u	7,60	>2	k	2	1	7	F 4	1	ID-IE
60	TCH 10 X 0-13	AK	m	u	7,00	>2	1	3	3	1	F 2	1	ID-IE
61	TCH 10 X 0-54	KAS	u	a	–	1	g	1	–	–	F 4	1	ID-IE
62	TCH 10 X 0-69	KAS	u	a	–	1	g	1	1	–	F 4	1	ID-IE
63	TCH 10 X 0-91	IK	u	u	12,41	1	k	1	–	2	F 4	2	ID-IE
64	TCH 11 WAD 0-7	AK	b	u	4,71	2re	1	2	5	3	F 2	1	Pal
65	TCH 11 X 0-6	KAS	u	a	–	1	1	1	1	–	F 4	1	ID-IE
66	TCH 11 X 0-10	KAS	u	a	–	1	1	1	2	–	F 4	1	ID-IE
67	TCH 11 X 0-15	AK	m	u	4,90	>2	k	2	4	4	s	1	ID-IE
68	TCH 11 X 0-16	AK	b	u	5,50	2re	1	2	2	2	F 2	1	ID-IE
69	TCH 11 X 0-21	AK	b	u	6,30	2ge	k	2	2	–	F 2	2	ID-IE
70	TCH 11 X 0-24	AK	b	k	6,25	2re	>1	2	6	–	F 2	1	ID-IE
71	TCH 11 X 0-44	AK	m	u	5,40	>2	k	2	3	2	F 4	1	ID-IE

Nr.	Artefakt Nr.	G	AR	F	MLD	SF (n)	SF	AF (n)	NmB (n)	NoB (n)	RG	K	Dat.
72	TCH 11 X 0-48	AK	u	u	4,50	1	>1	–	1	2	F 6	0	ID-IE
73	TCH 11 X 0-58	AK	m	u	5,99	2re	1	2	3	2	F 4	1	ID-IE
74	TCH 11 X 0-61	AK	b	u	4,60	2re	k	2	4	3	F 4	1	ID-IE
75	TCH 11 X 0-65	AK	u	u	4,10	1	>1	2	1	1	F 2	1	ID-IE
76	TCH 11 X 0-137	AK	m	u	5,00	>2	>1	2	2	3	F 2	1	ID-IE
77	TCH 11 X 0-147	KAS	b	a	–	2re	>1	1	3	–	F 1	1	ID-IE
78	TCH 11 X 0-159	AK	b	u	5,30	2ge	k	2	2	–	F 4	1	ID-IE
79	TCH 11 X 0-218	AK	b	r	7,01	>2	>1	3	7	2	F 2	0	ID-IE
80	TCH 11 X 0-227	AK	m	u	4,90	2re	kSF	2	2	1	F 1	0	ID-IE
81	TCH 11 X 0-304	AK	b	u	4,49	2ge	>1	2	4	–	F 2	1	ID-IE
82	TCH 11 X 0-310	AK	b	r	4,40	1	g	2	2	2	F 4	1	ID-IE
83	TCH 11 X 0-311	AK	b	u	5,41	2re	1	3	1	3	F 2	1	ID-IE
84	TCH 11 X 0-399	AK	b	k	4,50	2ge	k	2	3	3	F 1	1	ID-IE
85	TCH 11 X 0-401	AK	m	u	4,91	2ge	k	2	3	3	F 4	1	ID-IE
86	TCH 11 X 0-407	AK	b	u	4,51	1	k	2	1	3	F 4	1	ID-IE
87	TCH 11 X 0-442	AK	b	r	5,70	2ga	g	2	3	3	F 4	0	ID-IE
88	TCH 11 X 0-443	AK	b	u	6,12	1	g	2	1	4	F 2	2	ID-IE
89	TCH 11 X 0-449	AK	b	u	4,80	2ge	k	3	2	4	F 2	1	ID-IE
90	TCH 11 X 0-451	AK	u	u	5,21	1	k	1	2	1	F 2	1	ID-IE
91	TCH 11 X 0-468	KAS	u	a	–	1	1	1	1	–	F 1	0	ID-IE
92	TCH 11 X 0-512	AK	b	u	4,29	2re	1	2	3	–	F 2	1	ID-IE
93	TCH 11 X 0-513	AK	b	u	4,95	2re	k	1	2	–	F 4	1	ID-IE
94	TCH 11 X 0-518	AK	b	u	6,35	2re	k	1	2	3	F 4	2	ID-IE

Tabelle 3.2.1.1-I: Kernsteine der Abschlagproduktion aus Tell Chuēra mit Angabe einiger Merkmale

Schlüssel:
Nr. (tabelleninterne laufende Nummer)
Artefakt Nr.: Die Artefaktnummer setzt sich aus Fundortkürzel, Fundjahr, Bereichsbezeichnung, Befund- bzw. Fundstellennummer und laufender Nummer innerhalb des Befundes bzw. der Fundstelle zusammen
G (Grundform III): AK (Abschlagkern), KAS (Kern aus Abschlag), IK (informaler Kern)
AR (Abbaurichtung): u (unidirektional), b (bidirektional), m (multidirektional)
F (Kernform): u (unregelmäßig), r (radial), z (zylindrisch), k (konisch), a (Abschlag)
MLD (Maximale lineare Dimension): Angabe in cm [die MLD wird nur für Kerne und Trümmer angegeben]
SF (n) (Anzahl der Schlagflächen): 1 (eine Schlagfläche), 2re (zwei rechtwinklig aufeinanderliegende Schlagflächen), 2ge (zwei gegenüberliegende Schlagflächen), 2 (zwei Schlagflächen), >2 (mehr als zwei Schlagflächen), 2ga (zwei Schlagflächen, die sich gegenseitig als Abbaufläche dienen)
SF (Art der Schlagfläche): k (Kortex), 1 (ein Negativ), >1 (mehr als ein Negativ), v (Ventralfläche), kSF (keine Schlagfläche), g (gratförmig)
AF (Anzahl der Abbauflächen): Anzahl (n)
NmB (Negative mit Bulbusnegativ): Anzahl (n)
NoB (Negative ohne Bulbusnegativ): Anzahl (n)
RG (Rohmaterialgruppe): vgl. Teilkapitel 3.1.1
K (Kortexanteil): 0 (keine Kortex), 1 (<= 50% Kortex), 2 (< 100%, > 50%)
Dat. (Datierung): vgl. Teilkapitel 1.6

Nr.	Artefakt Nr.	G	AR	F	MLD	SF (n)	SF	AF (n)	NmB (n)	NoB (n)	RG	K	Dat.
1	KHS 00 B 347-3	KAS	u	a		1	k	1	1	–	F 4	1	ID-IE
2	KHS 02 a 313-2	AK	m	u	4,55	>2	>1	3	4	2	F 2	0	IB
3	KHS 04 a 535-1	AK	b	u	5,30	2re	1	1	2		F 2	0	IA
4	KHS 05 a 686-2	AK	m	r	5,40	1	k		1	2	F 4	1	IA
5	KHS 05 x 0-1	AK	m	r	6,50	1	k	2	3	4	F 2	1	ID-IE
6	KHS 05 x 0-20	AK	m	u	5,10	>2	1	3	3	5	F 2	0	ID-IE
7	KHS 06 a 768-1	KAS	–	a	–	–	v	–	2	–	F 2	–	IA

Tabelle 3.2.1.1-II: Kernsteine der Abschlagproduktion aus Kharab Sayyar mit Angabe einiger Merkmale. Schlüssel: vgl. Tabelle 3.2.1.1-I.

	Größenklassen der MLD in cm									
	<= 4	<= 5	<= 6	<= 7	<= 8	<= 9	<= 10	<= 11	<= 12	<= 13
n (75)	2	27	16	15	6	5	1	1	1	1
f (100,0)	2,7	36	21,3	20	8	6,7	1,3	1,3	1,3	1,3
Max.	13,2									
Min.	3,6									
Mittelw.	6,06									
Median	5,69									
SD	1,98									

3.2.1.1-III: Größenklassen der MLD (maximale lineare Dimension) von Abschlagkernen und informalen Kernsteinen aus Tell Chuēra mit Angabe der absoluten (n) und relativen (f) Häufigkeit und Angabe weiterer statistischer Parameter (SD = Standardabweichung).

Direktionalität	n	f
unidirektional	37	39,4
bidirektional	37	39,4
multidirektional	17	18,1
keine Aussage	3	3,2
Gesamt	**91**	**100,0**

3.2.1.1-IV: Direktionalität von Kernsteinen der Abschlagproduktion aus Tell Chuēra (absolute Häufigkeit = n, relative Häufigkeit in Prozent = f).

Kernform	n	f
unregelmäßig (amorph)	51	54,3
konisch	4	4,3
zylindrisch	1	1,1
radial	16	17,0
Abschlag	19	20,2
keine Aussage	3	3,2
Gesamt	**91**	**100,0**

3.2.1.1-V: Morphologie von Kernsteinen der Abschlagproduktion aus Tell Chuēra (absolute Häufigkeit = n, relative Häufigkeit in Prozent = f).

Anteil der Oberflächenkortex	n	f
keine Kortex	12	12,8
< bzw = 50%	63	67,0
< 100%, > 50%	17	18,1
keine Aussage	2	2,1
Gesamt	**94**	**100,0**

3.2.1.1-VI: Anteil der Oberflächenkortex auf Kernsteinen der Abschlagproduktion aus Tell Chuēra (absolute Häufigkeit = n, relative Häufigkeit in Prozent = f).

Oberflächenart der größten Schlagfläche	n	f
keine Schlagfläche	1	1,1
ein Negativ	18	19,1
mehr als ein Negativ	20	21,3
Kortex	34	36,2
gratförmig	14	14,9
Ventralfläche	1	1,1
keine Aussage	6	6,4
Gesamt	**94**	**100,0**

3.2.1.1-VII: Oberflächenart der größten Schlagfläche an Kernsteinen der Abschlagproduktion aus Tell Chuēra

Erhaltung	n (TCH)	f (TCH)	n (KHS)	f (KHS)
vollständig	849	74,3	105	76,1
proximal	89	7,8	15	10,9
medial	31	2,7	2	1,4
distal	100	8,8	11	8,0
in Schlagrichtung vollständig, Breite unvollständig	28	2,5	3	2,2
proximal, Breite unvollständig	8	0,7	0	0,0
medial, Breite unvollständig	10	0,9	0	0,0
distal, Breite unvollständig	12	1,1	0	0,0
keine Aussage bzw. unbestimmbar	15	1,3	2	1,4
Gesamt	**1142**	**100,0**	**138**	**100,0**

3.2.1.1-VIII: Grundformerhaltung von Abschlägen aus Tell Chuēra (TCH) und Kharab Sayyar (KHS).
In der Tabelle werden primäre und sekundäre Kortexabschläge, sekundäre Abschläge und Kernflanken von Abschlagkernen berücksichtigt (absolute Häufigkeit = n, relative Häufigkeit in Prozent = f).

Bruchenden	n (TCH)	f (TCH)	n (KHS)	f (KHS)
Stufenende	19	1,9	2	1,7
spitz	554	56,0	81	69,2
angelförmig (hinge)	122	12,3	14	12,0
axial	2	0,2	2	1,7
durchgeschlagen (plunge)	19	1,9	0	0,0
kortikal	256	25,9	16	13,7
sonstiges	13	1,3	1	0,9
keine Aussage	4	0,4	1	0,9
Gesamt	**989**	**100,0**	**117**	**100,0**

3.2.1.1-IX: Bruchenden an in Schlagrichtung vollständig erhaltenen Abschlägen aus Tell Chuēra (TCH) und Kharab Sayyar (KHS); Angabe der absolute Häufigkeit (n) und relativen Häufigkeit in Prozent (f).

Schlagflächenrestform	n (TCH)	f (TCH)	n (KHS)	f (KHS)
kortikal	287	29,5	36	29,3
einflächig	575	59,0	67	54,5
linear	25	2,6	2	1,6
punktförmig	7	0,7	0	0,0
facettiert	52	5,3	11	8,9
geflügelt	1	0,1	0	0,0
dièdre	1	0,1	0	0,0
durch Modifikation entfernt	3	0,3	0	0,0
durch GSM entfernt	2	0,2	0	0,0
nicht vorhanden	18	1,8	7	5,7
keine Aussage	3	0,3	0	0,0
Gesamt	**974**	**100,0**	**123**	**100,0**

3.2.1.1-X: Schlagflächenrestform an proximal erhaltenen Abschlägen aus Tell Chuēra (TCH) und Kharab Sayyar (KHS); Angabe der absolute Häufigkeit (n) und relativen Häufigkeit in Prozent (f).

Maß	n	Max.	Min.	Mittelw.	Median	SD	Berechnungsgrundlage
Länge (cm)	877	9,25	0,45	3,36	3,20	1,26	in Schlagrichtung vollständig erhaltene GF
Breite (cm)	1065	7,80	0,50	3,45	3,35	1,20	GF mit vollständig erhaltener Breite
Dicke (cm)	970	3,75	0,20	1,07	1,00	0,46	vollständig und proximal erhaltene GF
Gewicht (g)	844	94,00	1,00	15,10	11,00	14,08	vollständige GF

3.2.1.1-XI: Metrische Angaben zu den Abschlägen aus Tell Chuēra. Die Übersicht berücksichtigt folgende Grundformen: primäre und sekundäre Kortexabschläge, sekundäre Abschläge, Kernflanken von Abschlagkernen und Absplisse. Abkürzungen: SD = Standardabweichung, GF = Grundform.

Maß	n	Max.	Min.	Mittelw.	Median	SD	Berechnungsgrundlage
Länge (cm)	108	5,75	0,75	3,06	3,10	1,10	in Schlagrichtung vollständig erhaltene GF
Breite (cm)	133	5,75	0,90	3,03	2,95	0,98	GF mit vollständig erhaltener Breite
Dicke (cm)	109	2,20	0,10	0,92	0,99	0,37	vollständig und proximal erhaltene GF
Gewicht (g)	105	35,00	1,00	9,40	8,00	7,14	vollständige GF

3.2.1.1-XII: Metrische Angaben zu den Abschlägen aus Kharab Sayyar.

Schlagmerkmal Bulbus	n (TCH)	f (TCH)	n (KHS)	f (KHS)
Bulbus vorhanden	760	78,0	103	83,7
Bulbus nicht vorhanden oder diffus ausgeprägt	192	19,7	17	13,8
Bulbus durch Modifikation entfernt	2	0,2	2	1,6
Bulbus durch GSM-Retusche entfernt	4	0,4	1	0,8
Doppelter oder mehrfacher Bulbus	13	1,3	0	0,0
keine Aussage	3	0,3	0	0,0
Gesamt	**974**	**100,0**	**123**	**100,0**

3.2.1.1-XIII: Schlagmerkmal Bulbus an vollständigen und proximal erhaltenen Abschlägen aus Tell Chuēra (TCH) und Kharab Sayyar (KHS). In der Tabelle werden primäre und sekundäre Kortexabschläge, sekundäre Abschläge, Kernflanken von Abschlagkernen und Absplisse berücksichtigt.

Schlagmerkmal Lippe	n (TCH)	f (TCH)	n (KHS)	f (KHS)
Lippe vorhanden	425	43,6	41	33,3
Lippe nicht vorhanden	540	55,4	82	66,7
Lippe durch Modifikation entfernt	4	0,4	0	0,0
Lippe durch GSM-Retusche entfernt	0	0,0	0	0,0
keine Aussage	5	0,5	0	0,0
Gesamt	**974**	**100,0**	**123**	**100,0**

3.2.1.1-XIV: Schlagmerkmal Lippe an vollständigen und proximal erhaltenen Abschlägen aus Tell Chuēra (TCH) und Kharab Sayyar (KHS). In der Tabelle werden primäre und sekundäre Kortexabschläge, sekundäre Abschläge und Kernflanken von Abschlagkernen berücksichtigt (absolute Häufigkeit = n, relative Häufigkeit in Prozent = f).

Nr.	Artefakt Nr.	G	GUK	SNF	Länge	Breite	Dicke	RG	Dat.	Zus. Modifikationen
1	KHS 05 A 686-2	AK	KH	uZ	5,40	4,40	3,10	F 4	IA	–
2	TCH 64 K 0-35	G	KH	uZ	6,12	5,45	5,40	U	IC-ID	–
3	TCH 64 K 0-36	AT	UH	>2	7,60	6,85	5,45	S	ID-IE	–
4	TCH 95 F 5152-4	AK	HF	1	6,00	–	–	F 6	ID-IE	verbrannt
5	TCH 01 K 9-1	KF	KUB	2ge	16,30	6,00	3,50	U	IB-IC	–
6	TCH 01 T 10-1	IK	KUB	2ge	5,70	5,70	5,40	U	ID	–
7	TCH 02 K 56-1	G	SH	uZ	8,60	7,90	5,45	U	IB	–
8	TCH 03 H 0-5	SK	HF	1	3,30	5,05	1,05	F 4	ID	–
9	TCH 03 H 0-7	G	SH	uZ	7,00	6,55	3,65	U	IE	Verrundung von Flächen/ Graten, Fettglanz
10	TCH 04 H 300-1	AK	KUB	>2	5,85	5,05	5,00	F 1	ID	–
11	TCH 06 ASA 2-3	SK	HF	1	4,45	2,60	0,75	F 4	ID-IE	Sinter
12	TCH 06 ASA 100-1	KF	SH	uZ	7,50	6,30	3,00	U	ID	–
13	TCH 06 H 35-1	AK	HF	1	–	–	–	F 2	ID-IE	–
14	TCH 06 H 70-1	AT	UH	1	7,10	3,50	–	F 2	ID-IE	–
15	TCH 07 ASA 237-3	IK	KH	1	11,00	5,80	4,00	F 2	ID	–

Nr.	Artefakt Nr.	G	GUK	SNF	Länge	Breite	Dicke	RG	Dat.	Zus. Modifikationen
16	TCH 07 K 1037-18	G	KUB	>2	10,50	5,35	5,85	S	IA	Verrundung von Flächen/ Graten
17	TCH 07 K 1037-19	G	KUB	>2	11,51	6,31	4,72	F 4	IA	–
18	TCH 08 TMS 1082-1	AK	HF	1	4,75	4,45	2,70	F 4	I	–
19	TCH 08 W 1-20	PK	HF	1	3,20	6,20	1,40	F 2	ID	–
20	TCH 08 W 533-76	G	SH	uZ	12,50	5,35	2,15	U	ID	–
21	TCH 09 H 271-1	AK	HF	1	5,60	5,20	4,50	F 4	I	–
22	TCH 09 W 1103-12	AT	HF	1	6,45	5,10	4,00	F4	ID	–
23	TCH 09 W 1103-13	AK	HF	uZ	8,30	6,40	5.00	F 4	ID	–
24	TCH 10 X 0-88	G	SH	uZ	7,10	5,15	5,55	F 4	ID-IE	Verrundung von Flächen/ Graten
25	TCH 10 F 10003-17	NT	UH	uZ	3,05	2,55	2,65	F 2	ID-IE	–
26	TCH 10 F 10003-19	SK	HF	1	3,51	3,11	1,55	F 2	ID-IE	–
27	TCH 10 H 0-1	AK	KH	1	7,60	5,50	5,30	F 4	ID-IE	Verrundung von Kanten, Verrundung von Flächen/Graten
28	TCH 11 X 0-434	G	SH	uZ	5,99	5,70	3,31	U	ID-IE	Fettglanz

Tabelle 3.2.1.1-XV: Hammersteinfunde aus Tell Chuēra (TCH) und Kharab Sayyar (KHS) mit Angabe einiger Merkmale.

Schlüssel:
Nr. (tabelleninterne laufende Nummer)
Artefakt Nr.: Die Artefaktnummer setzt sich aus Fundortkürzel, Fundjahr, Bereichsbezeichnung, Befund- bzw. Fundstellennummer und laufender Nummer innerhalb des Befundes bzw. der Fundstelle zusammen.
G (Grundform III): AK (Abschlagkern), AT (artifizieller Trümmer), G (Geröll), IK (informaler Kern), KF (Kernfragment), NT (Natürlicher Trümmer), PK (primärer Kortexabschlag), SK (sekundärer Kortexabschlag)
GUK (Geräte-Unterklasse): HF (Hammerfragment), KH (kugelförmiger Hammer), KUB (kubischer Hammer), SH (scheibenförmiger Hammer), UH (unregelmäßiger Hammer)
SNF (Anzahl und Verteilung der Schlagnarbenfelder): 1 (ein Schlagnarbenfeld), 2ge (zwei gegenüberliegende Schlagnarbenfelder), uZ (eine umlaufende Zone von Schlagnarben), >2
Länge: Länge in cm; bei Abschlägen wird hier die Länge in Schlagrichtung angegeben
Breite: Breite in cm; bei Abschlägen wird hier die max., quer zur Schlagrichtung gemessene Breite angegeben
Dicke: Dicke in cm
RG (Rohmaterialgruppe): vgl. Teilkapitel 3.1.1
Dat. (Datierung): vgl. Teilkapitel 1.6
Zus. Modifikationen: zusätzliche Modifikationen

die durch das Ablösen einzelner Abschläge angetestet werden sollten. Anders verhält es sich für mehrere Hammerfragmente der Grundformkategorie Abschlagkern (TCH 95 F 5152-4, TCH 06 H 35-1, TCH 08 TMS-1082-1, TCH 09 H 271-1, TCH 09 W 1103-13). Sie wurden im Anschluss an ihre Benutzung als Hämmer zum Zwecke der Abschlaggewinnung abgebaut, möglicherweise nachdem sie gebrauchsbedingt zerbrochen waren.[266]

3.2.1.2 Die Rekonstruktion der Abschlagtechnik

Aus der technologischen Beschreibung lässt sich schließen, dass die Abschlagproduktion an beiden untersuchten Fundorten überwiegend auf Anwendung der direkten Schlagtechnik und dem Einsatz von Hammersteinen basierte. Dabei zielten die Steinschläger auf die Erzeugung großer und breiter Abschläge ab. Die Präparation des Kernsteins (Stufe II der Chaîne Opératoire) beschränkte sich allenfalls auf das Anlegen einer Schlagfläche durch einen, seltener zwei oder mehrere Abschläge. Die Anordnung von Abschlagnegativen an Kernsteinen bezeugt, dass diese gelegentlich radial abge-

267 Whittaker 1994: 116.

baut wurden. Im Zuge der Abbausequenz (Stufe III) wurden Kernsteine häufiger gewendet, um dadurch die Ausbeute an Abschlägen zu maximieren.[267] Selten treten im lithischen Fundspektrum Kernflanken auf, d. h. Abschläge, durch die die gesamte oder ein größerer Teil der Abbaufläche des Kernsteins oder eine größere Partie des Schlagflächenrandes abgelöst wurde (TCH: n = 7 Kernflankenabschläge aus frühbronzezeitlichen Schichtzusammenhängen; KHS: n = 2). Es ist vorstellbar, dass es sich bei den Stücken um Präparationsabschläge handelt, die ausgeführt wurden, um die Abbaufläche von Kernsteinen zu erneuern, angesichts der geringen Anzahl der Kernflankenabschläge halte ich es jedoch für wahrscheinlicher, dass es sich um zufällige Morphologien handelt.

Die Abschlagindustrien beider Fundorte zeichnen sich durch eine einfache Herstellungstechnik aus. Abschläge, wie sie in Tell Chuēra und Kharab Sayyar gefunden wurden, können – ein Minimum an Steinschlägerpraxis vorausgesetzt – im Prinzip von jedem erzeugt werden. Tabelle 3.2.1.2 fasst die Stufen abschlagspezifischer Operationsketten zusammen. Die ersten beiden Spalten der tabellarischen Übersicht (Chaîne Opératoire, rekonstruierte Arbeitsschritte) führen die allgemeinen Stufen der operationellen Sequenz und die spezifischen, rekonstruierten Arbeitsschritte auf. Der anschließenden Doppelspalte (Nachweis) ist zu entnehmen, ob sich die betreffenden Arbeitschritte zumindest anhand einzelner Artefakte am jeweiligen Fundort nachweisen lassen. Bei einer positiven Evidenz findet sich in der Kolumne der Eintrag „X“. Die beiden rechten Spalten (diagnostische Funde/Beobachtung, Arbeitmittel) führen auf, welche Funde als diagnostisch angesehen werden und welche Arbeitsmittel sich für den jeweiligen Arbeitsschritt rekonstruieren lassen:

Chaîne Opératoire	**Rekonstruierte Arbeitsschritte**	**Nachweis**		**Diagnostische Funde/ Beobachtungen**	**Rekonstruierte Arbeitsmittel**
		TCH	**KHS**		
II. Kernpräparation	1. Ggf. Anlegen einer Schlagfläche auf einem Stück Rohmaterial mittels Technik des „harten“ direkten Schlages	X	X	Schlagflächen auf Abschlagkernen, die ein oder mehrere Negativflächen zeigen	Hammer
III. Herstellung der Grundformen	2. Ablösen einzelner Abschläge durch die direkte Schlagtechnik. Neben dem uni-direktionalen Kernabbau kommt auch das bi-, selten multidirektionale Ablösen von Grundformen vor (= Änderung der Schlagrichtung). Dieser Arbeitsschritt kann auch mit der (Groß-) Klingenherstellung in Zusammenhang stehen (vgl. Teilkapitel 3.2.2 und 3.2.3)	X	X	Schlagmerkmale auf Abschlagkernen, auf primären und sekundären Kortexabschlägen sowie auf sekundären Abschlägen	Hammer
	3. Möglicherweise Erneuerung der Schlag- und Abbaufläche, um den Schlagwinkel während des Kernabbaus zu justieren	X	X	Kernflanken und Kernscheiben von Abschlagkernen	Hammer
	4. Ablösen weiterer Abschläge im Anschluss an die Arbeitsschritt 2 und 3	X	X	vgl. Arbeitsschritt III-2	Hammer

Tabelle 3.2.1.2-I: Die Arbeitsschritte der Abschlagproduktion

3.2.1.3 Abschläge: Primärproduktion in diachroner Perspektive

Aus Tell Chuēra liegen Silices sowohl aus spätchalkolithischen, älter frühbronzezeitlichen (regionale Periode TCH IA bis IC) als auch aus jünger frühbronzezeitlichen Schichten (TCH ID bis IE) vor, so dass die Abschlagproduktion in diachroner Perspektive untersucht werden kann. Bei einem Vergleich mehrerer in Abhängigkeit zueinander stehender metrischer Parameter vollständig erhaltener Abschläge (Längenmaß, max. Breite, max. Dicke und Gewicht) deuteten sich im Zuge der Datenaufnahme mögliche Unterschiede an (vgl. Tabelle 3.2.1.2-I). So erschienen die Abschläge aus den spätchalkolithischen Schichten

268 Box-and-whisker Plots (Kastendiagramme) fassen verschiedene Kennwerte eines Datensatzes (Median, Extremwerte und „Ausreißer“, unteres und oberes Quartil, Interquartilsabstand) graphisch zusammen, um einen Überblick darüber zu geben, in welchem Bereich die Daten liegen. Die Box dieses Diagrammtyps bezeichnet den Interquartilsabstand (interquartile range), in dem die mittleren 50 Prozent der Daten liegen. Der Median ist durch eine horizontale Linie innerhalb der Box dargestellt. Die Whisker (Antennen), die an beiden Seiten aus

Chronostratigraphische Gruppe	n	Länge (Mittelw.)	Länge (Median)	max. Breite (Mittelw.)	max. Breite (Median)	Gewicht (Mittelw.)	Gewicht (Median)
Spätchalkolithikum	36	2,74	2,7	2,61	2,45	6,53	4,00
Ältere FBZ	218	3,10	3,03	3,26	3,2	10,62	8,00
Jüngere FBZ	667	3,44	3,25	3,60	3,50	16,52	12,00

Tabelle 3.2.1.3-I: Lagemaße verschiedener Dimensionsparameter (Länge in cm, Breite in cm und Gewicht in g) von vollständigen Abschlägen (Grundform II) aus Tell Chuēra, aufgeschlüsselt nach chronostratigraphischen Gruppen.

Chronostratigraphische Gruppe	n TCH)	f (TCH)	n (KHS)	f (KHS)
Spätchalkolithikum	49	43,4	–	–
Ältere FBZ	190	38,6	117	41,6
Jüngere FBZ	943	34,8	27	38,6

Tabelle 3.2.1.3-II: Absolute (n) und relative Häufigkeit (f, in Prozent) von Grundformen der Abschlagproduktion in Tell Chuēra (TCH) und Kharab Sayyar (KHS), aufgeschlüsselt nach chronostratigraphischen Gruppen.

im Mittel (arithmetisches Mittel, Median) kleiner bzw. leichter als die frühbronzezeitlichen Abschläge. Auch für den Verlauf der Frühbronzezeit schien auf den ersten Blick eine Tendenz zur „Makrolithisierung" der Abschlagformen erkennbar.

Dieser Eindruck relativiert sich jedoch, wenn man die einzelnen Parameter genauer betrachtet, wie hier am Beispiel des Längenmaßes aufgezeigt werden soll: Die Streuungs- und Lagemaße des Merkmals „Länge" wurden – nach chronostratigraphischen Gruppen getrennt – mit Hilfe von Kastendiagrammen (Box-and-whisker Plots)[268] visualisiert (vgl. Abb. 3.31). Dabei zeigt sich, dass sich die Kästen der Diagramme, die jeweils den Bereich des Datensatzes bezeichnen, in dem die mittleren 50 Prozent der Daten liegen (Interqartilsabstand), in diachroner Betrachtung überlappen. Diese Beobachtung spricht gegen einen signifikanten Unterschied im Zusammenhang mit dem Dimensionsparameter „Länge". Dieser Befund wird durch einen mathematischen Hypothesentest (Zweistichproben-t-Test) zwischen den Mittelwerten der spätchalkolithischen und frühbronzezeitlichen Abschläge bestätigt, demzufolge keine signifikanten Unterschiede zu erkennen sind[269]. In statistischer Hinsicht können die Erzeugnisse der lokalen Abschlagindustrien folglich als weitgehend homogen charakterisiert werden.

Als weiteres Ergebnis der diachronen Betrachtung des Abschlagmaterials ist anzuführen, dass die Industrien Chuēras und Kharab Sayyars in der zweiten Hälfte des 3. Jts. v. u. Z. (chronostratigraphische Gruppe: jüngere Frühbronzezeit) in quantitativer Hinsicht keinen Bedeutungsverlust erfuhren. Zumindest legt dies ein Vergleich der prozentualen Anteile der Grundformen der Abschlagproduktion nahe (vgl. Tabelle 3.2.1.2-II). Der Anteil der Abschläge und Kernsteine gegenüber dem Klingenmaterial und technologisch unspezifischen Grundformen (Trümmer, Kernfragmente) bleibt über das gesamte 3. Jt. v. u. Z. hinweg nahezu gleich.

Leider lässt sich auf Grundlage der verfügbaren Daten nicht abschätzen, ob die Herstellung einfacher Abschläge in Tell Chuēra lokal auch noch während der Siedlungsperiode II (Spätbronzezeit) praktiziert wurde. Aus den Grabungsbereichen G und M wurden zwar insgesamt 53 Silices geborgen (darunter auch drei Abschläge), da in den betreffenden Bereichen aber auch Schichten des 3. Jts. v. u. Z. aufgedeckt wurden, könnten die Steinartefakte in vielen Fällen auch in die Frühbronzezeit datiert werden. Angesichts des aktuellen Bearbeitungsstandes bzgl. der Stratigraphie der betreffenden Bereiche lässt sich die Frage nach der Existenz einer spätbronzezeitlichen Abschlagindustrie zum jetzigen Zeitpunkt nicht beantworten.

3.2.1.4 *Steinschläger im Audienzhof: Die kontextuelle Analyse der Abschlagproduktion*

In diesem Teilkapitel gehe ich der Frage nach, ob sich die Primärproduktion von Abschlägen innerhalb der untersuchten Siedlungen lokalisieren lässt. Dieses Vorhaben wird durch die selektive Praxis der Datenerhebungen erschwert, die kennzeichnend ist v. a. für die Altgrabungen in Tell Chuēra, bei

---

der Box hervorragen verweisen auf Werte, die außerhalb des Interquartilsabstandes liegen. In der hier gewählten Darstellungsform umfassen die Whisker noch Werte, die innerhalb des 1,5-fachen Interquartilsabstandes liegen. Jenseits davon liegende Werte („Ausreißer") werden als Punkte dargestellt. Zur Verwendung von Kastendiagrammen in der Archäologie vgl. Shennan 2001: 44-46.

269 Keine signifikanten Unterschiede bei einem Konfidenzintervall von 95 Prozent (t = -1.71, df = 61.56, p-value = 0.09222). T-Tests finden bei einem Vergleich von Mittelwerten Verwendung. Zu den Anwendungsmöglichkeiten von T-Tests in der Archäologie vgl. allgemein Shennan 2001: 83-92.

denen die unscheinbaren Abschläge kaum berücksichtigt wurden. Auf der Ebene eines Vergleichs der verschiedenen Grabungsbereiche zeichnet sich für Tell Chuēra jedoch folgendes Bild ab: Mit Ausnahme einiger alt gegrabener Bereiche lassen sich Grundformen der Abschlagproduktion in allen Teilbereichen der frühbronzezeitlichen Siedlung nachweisen (vgl. Abb. 3.32). Funde liegen aus den Wohngebieten der Oberstadt (Bereiche H, K, M), aus der Unterstadt (Bereiche P, W) sowie aus extramuralen Kontexten vor (Bereich ASA). Auch im Umfeld von Chuēras Großbauten (Bereiche A, B, D, S, T) und im Bereich des frühbronzezeitlichen Palastes bzw. der Nachbebauung der Palastruine (Bereich F) wurde Material der Abschlagproduktion geborgen (vgl. Tabelle 2.2-I).

Die meisten Funde stammen aus den Grabungsbereichen W (n = 247), F (n = 192) und den „Häuservierteln" K (n = 123) und H (n = 76). Der Umstand, dass vergleichsweise viel Abschlagmaterial aus den Bereichen W und F vorliegt, ist zum einen darauf zurückzuführen, dass hier große Flächen freigelegt wurden. Zum anderen wurden im Zuge der jüngsten Grabungen in diesen Bereichen versucht, möglichst viele Silices zu bergen, um die, v. a. durch die Altgrabungen verursachten „Verzerrungen" der Stichprobe auszugleichen. Vergleicht man die Fundhäufigkeiten abschlagspezifischer Grundformen in der Ober-, Unter- und Außenstadt Tell Chuēras (vgl. Tabelle 3.2.1.4-I), so fällt auf, dass der prozentuale Anteil dieser Artefakte in Relation zum Gesamtaufkommen an Lithikfunden im Gebiet der Ober- (42,9 Prozent) wie Unterstadt (44,3 Prozent) ungefähr gleich groß ist. In der Außenstadt (Bereich ASA) fällt der Anteil von Grundformen der Abschlagproduktion mit 30,1 Prozent hingegen etwas geringer aus. Innerhalb der Siedlung waren Herstellung und Gebrauch einfacher Abschläge offenbar weit verbreitet. Die meisten Funde von Hammersteinen, die mit der Abschlagproduktion in Verbindung gebracht werden können, entstammen den Wohnquartieren der Oberstadt (vgl. Abb. 3.33).

Obwohl der überwiegende Teil der lithischen Funde aus Tell Chuēra und Kharab Sayyar erwartungsgemäß aus Schuttschichten wie z. B. den Verfüllungen aufgelassener Räume geborgen wurde und somit Material darstellt, dass bereits im systemischen Kontext der frühbronzezeitlichen Besiedlung im Zuge von Abfallroutinen verlagert wurde (= sekundärer Abfall), erbrachten mehrere Grabungsstellen konkretere Hinweise auf Werkplätze der Abschlagproduktion. So wurden etwa im Bereich F bei Grabungen im Jahr 1985 größere Mengen von Silexartefakten aus Abfallgruben geborgen, die sehr wahrscheinlich aus der Zeit der Nachnutzung der Palastruine stammen. Leider wurden die Funde damals nicht aufgenommen. Aus der Beschreibung der Fundsituation in den Grabungstagebüchern ergibt sich jedoch der Eindruck, dass es sich bei den „Hunderten kleiner Feuerstein-Splitter"[270] aus diesen Fundkontexten um Schlagabfälle handelte, die mit der Produktion von Abschlägen in Zusammenhang stehen könnten. Die große Fundmenge spricht möglicherweise dafür, dass das Material unweit eines Schlagplatzes entsorgt wurde.

Gut dokumentierte Hinweise auf einen Werkplatz stammen aus dem Grabungsbereich W in der östlichen Unterstadt. Im Areal W-3 konnte ein größerer Ausschnitt eines Wohngebäudes mit Innenhof (Haus 5) freigelegt werden, dessen Bewohner, wie mehrere Installationen belegen, eine Töpferwerkstatt betrieben. Die Errichtung und Nutzung des Gebäudes kann in die regionale Periode TCH ID datiert werden.[271] Im Hofbereich konnten aus einem Becken mit anschließender Entwässerungsrinne und einer tiefen, wahrscheinlich als Brunnen zu deutenden Grube (Befund TCH W 1066) knapp 50 Steinartefakte geborgen werden (vgl. Abb. 3.34). Bei den Fundstücken handelt es sich größtenteils um unmodifizierte Grundformen aus Silex der Rohmaterialgruppe F 2, die sich teilweise aneinander anpassen ließen.

Der Brunnen (Befund TCH W 1066) barg diverse Abschläge und Trümmer, während die Assemblage aus dem Becken (Befund TCH W 1103) sich aus zwei Abschlagkernen[272], Trümmern, mehreren Abschlägen und einem einzelnen, formal als unregelmäßige Großklinge klassifizierten klingenförmigen Abschlag zusammensetzt (TCH 09 W 1103-5). Ein Trümmerstück (TCH 09 W 1103-12) und ein Abschlagkern (TCH 09 W 1103-13) zeigen eindeutige Schlagnarben, die sie als Hammerfragment ausweisen. Wahrscheinlich stammen die Stücke vom gleichen Hammer.

Da die Assemblagen zwei unterscheidbare Arten von Silexrohmaterial (F 2 und F 4) und zwei Abschlagkernsteine der Materialgruppe F 4 umfassen, nehme ich an, dass die Débitage auf mindestens drei Abschlagvorgänge schließen lässt. Vermutlich verweist der Fundkomplex auf die Herstellung von Abschlägen im Hofbereich des Hauses, wobei der Schlagabfall in der Nähe des Werkplatzes entsorgt wurde. Da die scharfkantigen Stücke in das Becken bzw. in den Brunnen geworfen wurden, erscheint es naheliegend, dass die beiden Installationen zu diesem Zeitpunkt nicht mehr gemäß ihrer ursprünglichen Funktion (Töpfereikontext) genutzt wurden und dass der Schlagabfall kurz vor oder nach dem Auflassen dieses Bereiches eingetragen wurde.

Eine vergleichbare Fundsituation konnte im Grabungsbereich F (frühbronzezeitlicher Palast) dokumentiert werden. Kurz nach der Aufgabe des Palastes scheinen im ehemaligen Audienzhof des Komplexes Abschläge hergestellt worden

270 Moortgat-Correns u. a. 1988: 26.

271 Helms – Tamm i. D.

272 Einer der Abschlagkerne (TCH 09 W 1103-2) findet sich in Abb. 3.19:2. Für eine Übersicht über die Grundformen aus den Befunden 1066 und 1103 vgl. die Tabellen 4.2.2-VI und 4.2.2-XI im Teilkapitel 4.2.2.

273 Für die Informationen bzgl. der bislang noch unveröffentlichten Stratigraphie dieses Bereiches (vgl. Tamm i. V.) und eine ausführliche Diskussion des Fundkontextes danke ich dem Ausgräber A. Tamm.

zu sein. Hierauf deutet eine Fundkonzentration aus einer Schicht (TCH F 10003) hin, die sich direkt über der Begehungsfläche des Hofes abgelagert hatte. Stratigraphische Beobachtungen sprechen dafür, dass sich diese Schicht zu einem Zeitpunkt auf der Hoffläche akkumuliert haben muss, zu dem die Lehmziegelmauern der Palastanlage noch standen.[273] Der Ablagerungsbefund dokumentiert folglich die erste archäologisch nachweisbare Nachnutzungsphase des Palasts. Wenig später wurden auf dem Gebiet der Palastruine Töpferöfen betrieben. Der Fundkomplex, der m. E. auf die Aktivität von Steinschlägern im ehemaligen Audienzhof hindeutet, umfasst einen Hammerstein (TCH 10 F 10003-17)[274], ein Hammerfragment (TCH 10 F 10003-19) sowie diverse Abschläge und Trümmerstücke.[275] Darüber hinaus fanden sich zwei Großklingensegmente (TCH 10 F 10003-21 und -22), die Gebrauchs- bzw. Bearbeitungsspuren aufweisen sowie ein auf einem Abschlag angelegter Bohrer (TCH 10 F 10003-20). Vertreten sind die Rohmaterialgruppen F 2, F 4 sowie verbrannter Silex (F 6). Ähnlich wie der Hof des Hauses 5 im Bereich W (s. o.) kann die Fundkonzentration im Bereich F als Beispiel für eine aufgelassene Struktur gedeutet werden, in der vermutlich Abschläge hergestellt, Débitage entsorgt und Geräte benutzt bzw. verworfen wurden.

Weitere Hinweise bzgl. der Lokalisierung der Abschlagserzeugung stammen aus dem Bereich nicht überdachter Begehungsflächen. Insbesondere die mit Kieseln und Scherben gepflasterten Höfe, die ein wichtiges Strukturelement frühbronzezeitlicher Wohnhäuser darstellten, fungierten als „Artefaktfallen" und erbrachten gelegentlich kleine Assemblagen und Einzelfunde abschlagsspezifischer Grundformen und Trümmer. Ich gehe davon aus, dass es sich bei der Débitage aus dieser Fundlage wenigstens z. T. um primären Abfall handelt, der auf die Herstellung von Abschlägen in diesen multifunktional genutzten Aktivitätszonen zurückzuführen ist. Insgesamt wurden in Tell Chuēra n = 120 und in Kharab Sayyar n = 40 abschlagspezifische Grundformen sowie Trümmer und Kernsteinfragmente von bzw. aus Begehungsflächen geborgen.[276] Bei diesen handelt es sich größtenteils um Fußbodenhorizonte frühbronzezeitlicher Wohnhäuser.

Abgesehen von den Funden aus dem Bereich von Hof- und Begehungsflächen konnten an beiden Fundorten vereinzelt Fundkonzentrationen in Schuttschichten dokumentiert werden, die wahrscheinlich als Hinweise auf die Entsorgung von Schlagabfall zu deuten sind. Da es den Anschein hat, dass Siedlungsabfälle innerhalb der beiden frühbronzezeitlichen Siedlungen vielfach unweit der Aktivitätszonen entsorgt wurden, in denen sie anfielen, können solche Fundkonzentrationen zumindest mittelbar auf produktive Tätigkeiten in bestimmten Siedlungsbereichen verweisen.[277]

In Tell Chuēra entstammt der größte dieser Komplexe einer Schuttschicht (Befund TCH HMS 500) im Randbereich des „Häuserviertels" H (Bereich HMS; Abb. 3.5:2). Die Assemblage, die in die regionale Periode TCH ID datiert werden kann, umfasst n = 41, größtenteils unmodifizierte Abschläge. Die Artefakte bestehen ausnahmslos aus rosafarbenem Silex der Rohmaterialgruppe F 2 und ließen sich teilweise aneinander anpassen, wodurch der Eindruck entsteht, dass etliche, wenn nicht alle Stücke dieser Assemblage von einem Kernstein gelöst wurden. Offensichtlich dokumentiert der Fundkomplex den Abschnitt einer Arbeitskette, die mit dem Verwerfen diverser frisch geschlagener Abschläge einherging. Daher besteht die Möglichkeit, dass die Artefakte den Kernpräparationsvorgang der Großklingenproduktion repräsentieren und die Erzeugung einfacher Abschläge in diesem Fall nicht das eigentliche Ziel des Abbauprozesses war. Allerdings enthielt die Assemblage keine in Bezug auf die Großklingenproduktion als diagnostisch anzusehende Débitage, über die sich dieser Verdacht weiter erhärten ließe, z. B. Kernkantenklingen oder Kernsteinfragmente mit breiten klingenförmigen Abschlagbahnen. Ebenfalls aus dem Oberstadtgebiet (Bereich TMS) stammt ein Fundkomplex, der sich aus einem Abschlagkern sowie mehreren Abschlägen und Trümmern zusammensetzt. Die Stücke wurden in einem älter frühbronzezeitlich datierten Straßenniveau (Befund TCH TMS 1140) in der zentralen Mittelsenke des Ruinenhügels gefunden und verweisen auf die Herstellung von Abschlägen in der weiteren Umgebung dieser Fundstelle oder im Bereich des Straßenzuges.

In Kharab Sayyar konnte ein größerer Komplex von Abschlagmaterial in einem stratigraphisch durch Störungen beeinträchtigten Bereich des Hangschnitt A geborgen werden. In einer Schuttschicht (KHS A 274) lagen an einer Stelle n = 56 Silices. Abgesehen von einem durch Gebrauch modifizierten Abschlag (KHS 03 A 274-50), handelt es sich durchweg um unbearbeitete (n = 38), formal als unregelmäßige Klingen klassifizierte Abschlagartefakte (n = 2) sowie Kernfragmente (n =4) und Trümmer (n =12). Alle Artefakte bestehen aus der grau gefärbten Spielart der Rohmaterialgruppe F 2 und bezeugen m. E. die ausgelesenen Überreste mehrerer, möglicherweise auch nur eines einzigen Abschlagvorganges. Da die Assemblage ähnlich wie der Komplex aus dem Bereich HMS in Tell Chuēra (s. o.) etliche vollständige Abschläge umfasst, stellt sich wiederum die Frage, ob die Stücke nicht zumindest teilweise auf die Präparation eines Großklingenkerns verweisen. In Ermangelung von Diagnostika lässt sich diese Vermutung jedoch auch in diesem Fall

274 Das Stück ist extrem leicht, weist aber ein charakteristisches Schlagnarbenfeld auf.

275 Für eine Übersicht über die Artefakte, die aus dem Befund TCH F 10003 geborgen wurden vgl. Tabelle 4.2.2-VI im Teilkapitel 4.2.2.

276 Für eine tabellarische Übersicht von Funden lithischer Artefakte vgl. Tabelle 4.2.2-VI und 4.2.2-VI im Teilkapitel 4.2.2. Die Tabellen führen alle Befunde von Begehungsflächen auf, die drei oder mehr lithische Funde erbrachten.

277 Für eine ausführliche Erörterung des Abfallverhaltens der frühbronzezeitlichen Bevölkerung vgl. Teilkapitel 4.2.2.

nicht weiter erhärten. Für eine Auflistung der hier erwähnten und weiteren Fundkonzentrationen unmodifizierter Grundformen sei an dieser Stelle auf die Tabellen 4.2.2-VIII bis 4.2.2-X verwiesen.

Aus den im vorliegenden Teilkapitel aufgeführten Beispielen geht hervor, dass sich in beiden Siedlungen Fundkonzentrationen aufzeigen lassen, die in ihrer Mehrzahl mit der Erzeugung von Abschlägen in Verbindung stehen dürften. Die geringe Anzahl entsprechender Assemblagen könnte sowohl auf das Abfallverhalten der damaligen Bewohner (periodisches Ausfegen von Räumen und Höfen etc.) als auch auf die besondere Problematik der Stichprobenerhebung zurückzuführen sein (Ignorieren einfacher Abschläge im Zuge der Fundaufnahme etc.). Auch eine kurzzeitige Nutzung einfacher Abschläge als Schneidgeräte könnte zu einer weiträumigen Verteilung der Produkte beigetragen haben, die sich zumindest für den größeren der beiden Fundorte abzeichnet.

In Bezug auf Tell Chuēra lassen die hier erörterten Beobachtungen den Schluss zu, dass Abschläge bei Bedarf prinzipiell überall innerhalb der Siedlung hergestellt wurden. Dabei ist davon auszugehen, dass die Abschlagproduktion nicht schwerpunktmäßig im Bereich bestimmter Werkstattbereiche erfolgte. Die archäologisch identifizierbaren Werkplätze bzw. Abfallassemblagen in der Nähe von Schlagplätzen sind eher als Ergebnisse einzelner Abschlagvorgänge zu interpretieren. Die Existenz über einen längeren Zeitraum hinweg genutzter Schlagplätze würde mit Akkumulationen größerer Mengen abschlagspezifischer Débitage einhergehen (etwa in Form von Abfallgruben mit einem hohen Fundaufkommen von

Siedlungsbereiche Tell Chuēras	**n (G)**	**n (GFA)**	**f (GFA)**
Oberstadt	1314	564	42,9
Unterstadt	557	247	44,3
Außenstadt	113	34	30,1

Tabelle 3.2.1.4-I: Absolute (n) und relative Häufigkeit (f, in Prozent) von Grundformen der Abschlagproduktion (GFA) in Relation zur Gesamtmenge der Grundformen (G), aufgeschlüsselt nach den Siedlungsbereichen. Die Tabelle berücksichtigt aus quellenkritischen Gesichtspunkten ausschließlich frühbronzezeitlich datierte Silices, die nach 1990 aufgenommen wurden (absolute Häufigkeit = n, relative Häufigkeit in Prozent = f).

Fragmenten), welche sich an den untersuchten Fundplätzen allerdings nicht feststellen lässt. Die einzige mögliche Ausnahme bildet eine alt gegrabene Konzentration von Silices in einer Abfallgrube im Bereich F (s. o.), ein Befund, der sich aufgrund der vorhandenen Dokumentation nur ansatzweise rekonstruieren lässt.

In räumlicher Perspektive steht die Abschlagproduktion zweifellos im Zusammenhang mit anderen alltäglichen wirtschaftlichen Praktiken, die in den Wohn- und Arbeitsbereichen der frühbronzezeitlichen Siedlungen ausgeführt wurden.

3.2.1.5 Die Abschlagindustrie und die Identifizierung der Produzenten

Im Ergebnis der technologischen Beschreibung, der Rekonstruktion der Schlagtechnik sowie der Erörterung der diachronen Zusammenhänge und Kontextdaten gewinnen die Produzenten der einfachen Abschlagartefakte an Kontur: Die Produktion der Abschläge setzte nur ein Mindestmaß an technologischer Expertise und praktisch-technologischem Geschick voraus.[278] Wahrscheinlich gab es in jedem frühbronzezeitlichen Haushalt Personen, die bei einem entsprechenden Bedarf Abschläge herstellen konnten. Eine handwerkliche Spezialisierung ist m. E. im Zusammenhang mit der Abschlagproduktion auszuschließen.[279] Anzunehmen ist vielmehr, dass der Einsatz der direkten Schlagtechnik zur Erzeugung von Abschlägen in der regionalen Frühbronzezeit eine allgemein verbreitete Kulturtechnik im Sinne von Allgemeinwissen darstellte (vgl. Abb. 3.35)

Ich vermute, dass die im Fundspektrum mit Sicherheit unterrepräsentierten Hammersteine einen regulären Bestandteil frühbronzezeitlicher Haushalte bildeten. Abschläge wurden wahrscheinlich je nach Bedarf ad hoc hergestellt. Aus Sicht der damaligen Menschen wird es sich bei diesen Artefakten um ein zweckdienliches Verbrauchsgut gehandelt haben, das keinen Wert besaß, der über den situationsgebundenen Gebrauchswert hinausging. Gegenteiliges ist aus den verfügbaren kontextuellen Daten jedenfalls nicht abzuleiten.

Aus technologischer Sicht liegen keine Hinweise auf eine Variation dieses Musters vor. Die denkbar einfache Operationskette zur Herstellung simpler Schneiden wurde in der Tell Chuēra-Region Jahrhunderte lang unverändert beibehalten. Anders als gelegentlich für die frühbronzezeitlichen Fundorte Nordmesopotamien angenommen[280], bildete die ad hoc-Produktion von Abschlägen in Chuēra und Kharab Sayyar über das gesamte 3. Jt. v. u. Z. hinweg einen festen Bestandteil des technologischen Systems. Sie gehört in den Kontext der häuslichen Produktion einfacher Gebrauchsgüter. Der Gesamtbefund einer technologisch wenig anspruchsvollen und

278 Bei eigenen Schlagversuchen, u. a. mit kleinformatigen Feuersteingeröllen aus Südengland, konnte ich spontan Abschläge erzeugen, die denen aus Tell Chuēra und Kharab Sayyar stark ähneln.

279 Eine Definition und Erörterung des Phänomens der handwerklichen Spezialisierung erfolgt im Teilkapitel 3.2.3.5 im Zusammenhang mit der Analyse des großklingenspezifischen Produktionssystems.

280 Vgl. hierzu Thomalsky 2011: 257.

281 Vgl. z. B. Hartenberger 2003: 28-29; zusammenfassend: Thomalsky 2011; Rosen 2012.

auf einen spontanen Bedarf an Schneidgerät hin ausgerichteten Industrie bestätigt die Einschätzung, die verschiedene Bearbeiter in Bezug auf die bronzezeitlichen Abschlagindustrien anderer vorderasiatischer Fundorte getroffen haben.[281]

3.2.2 Die Produktion der einfachen Klingen

Einfache Klingen (bzw. nicht-kanaanäische Klingen oder Kleinklingen) sind hier definiert als klingenförmige Abschläge mit einer Blattbreite, die weniger als 2 cm beträgt. Bei diesem „Schwellenwert" handelt es sich um ein technologisch relevantes Kriterium.[282] Das Auftreten schmaler Klingenformen ist an diversen nordmesopotamischen Fundplätzen des 3. Jts. v. u. Z. bezeugt[283] und auch aus Tell Chuēra und Kharab Sayyar liegen Hinweise auf eine entsprechende Komponente des lithischen Systems vor. In quantitativer Hinsicht fällt die Bedeutung der einfachen Klingen jedoch weit hinter die der kanaanäischen Klingen zurück. Das Ziel dieses Kapitels besteht darin, die Informationen bzgl. des klingenspezifischen Produktionssystems zusammenzuführen und mit Blick auf die Stufen II-III der Chaîne Opératoire zu erörtern.

3.2.2.1 Arbeitsgegenstände und Arbeitsmittel der Klingenproduktion: technologische Beschreibung

Die silextechnologischen Grundformen der Klingenproduktion umfassen neben den Klingenkernen auch technische Abschläge wie Kernkantenklingen, Randklingen und Kernflanken von Klingenkernen sowie regelmäßig und unregelmäßig geformte Klingen. Überdies lassen sich einige Kernscheiben und Kernfußabschläge mit der Herstellung der einfachen Klingen in einen Zusammenhang stellen.[284]

In Tell Chuēra wurden n = 6, in Kharab Sayyar lediglich ein einzelnes Fragment eines Klingenkernsteins geborgen (vgl. Tabelle 3.2.2.1-I). Die Kernsteinfunde stammen ausnahmslos aus frühbronzezeitlichen Kontexten. Mit Ausnahme eines Kernsteinfragmentes aus Obsidian[285] und eines Altfundes, der nur anhand eines Fotos aufgenommen werden konnte[286], bestehen die Kernsteine aus Silex der Rohmaterialgruppe F 2. Aus diesem Rohmaterial wurden auch die meisten Großklingen gefertigt. Zwei Klingenkerne sind konisch geformt (Abb. 3.36:1, 3.37:1) ein Kern weist eine zylindrische Form auf (Abb. 3.36:4). Bei den im Hinblick auf ihre äußere Form als unregelmäßig beschriebenen Stücken handelt es sich um Fragmente von Kernsteinen. Alle drei Kerne sind durch eine unidirektionale Abbaurichtung gekennzeichnet und erscheinen weitgehend ausgebeutet.

An einem Kern[287] konnten mehrere Abschlagbahnen fehlgegangener Klingen beobachtet werden[288], die zeigen, dass der Nukleus offenbar im Anschluss an eine Serie von missglückten Abschlagvorgängen verworfen wurde. Die Schlagflächen der Klingenkerne bestehen durchweg aus einer einzelnen Negativfläche. Hierin ähneln sie den Kernsteinen der frühbronzezeitlichen Kleinklingenindustrie Maris, die von É. Coqueugniot beschrieben worden ist. Diese zeichnet sich ebenfalls fast durchweg durch Kernsteine aus, deren Schlagfläche durch ein einzelnes Negativ gebildet wird.[289]

An drei Klingenkernen[290] sind im Schlagflächenrandbereich kleine Aussprünge zu erkennen, die als Spuren einer als Reduktion bezeichneten Form der Schlagflächenpräparation interpretiert werden können. Durch diese Technik lassen sich Überhänge beseitigen, die aus den Bulbusnegativen vorangegangener Abschlagvorgänge resultieren.[291]

Bis auf den Altfund, der nur anhand eines Fotos beurteilt werden konnte, weisen die Klingenkerne durchweg Kortexreste auf. Die Kortex findet sich stets auf dem Kernrücken, d. h. auf der der Abbaufläche gegenüber liegenden Seite.

Die Abbauflächen der Kernsteine erscheinen im Querschnitt halbrund geformt und weisen maximal acht Abschlagbahnen auf, die selten über 1 cm breit sind. Zumindest die geborgenen Klingenkerne verweisen folglich auf die Herstellung sehr schmaler Klingenformen hin oder repräsentieren allesamt ein fortgeschrittenes Abbaustadium.

Die Größe (MLD)[292] der Kernsteine beträgt maximal 5,9 cm. In Tell Chuēra wird die Produktion einfacher Klingen auch durch vereinzelte Funde klingenspezifischer Kernflanken (TCH: n = 3), Kernfußabschläge (TCH n = 3; vgl. Abb. 3.37:3) sowie durch den Fund mehrerer Kernscheiben dokumentiert (vgl. Abb. 3.36:2-3). Drei Kernscheibenabschläge aus Tell Chuēra lassen sich eindeutig mit der Produktion einfacher Klingen aus Silex[293] und Obsidian[294] in Beziehung setzten. Mit Blick auf die technischen Abschläge sind die Kernkantenklingen (vgl. Abb. 3.37:2) von besonderer Bedeutung. Zwar ist diese Grundform nur durch zwei sekundäre Kernkantenklingen belegt[295], diese bezeugen jedoch den Vorgang der Kernpräparation. Auch Funde von Randklingen, d. h. Klingen, deren Dorsalfläche teilweise noch von Kortex bedeckt ist bzw. Spuren der ehemaligen Kernrandzone

282 Zur Begründung vgl. Teilkapitel 3.2.3.
283 Thomalsky 2011: 257.
284 Für eine Definition der Grundformen vgl. das Glossar in Teilkapitel 1.4.1.
285 TCH 96 F 40-1.
286 TCH 63 A 186-1.
287 TCH 06 H 57-10.
288 Es handelt sich um Negativformen von Klingen mit angelförmigen Bruchenden (Hinge-Frakturen).
289 Coqueugniot 1993; 2006.
290 TCH 06 H 57-10, TCH 08 W 778-1, TCH 08 TMS 1136-2
291 Vgl. z. B. Butler 2005: 11-12.
292 Zugrunde gelegt wird hier die Maximale Lineare Dimension (MLD). Vgl. Andrefsky 1998: 139, 144).
293 TCH 06 H 20-2.
294 TCH 11 X 0-244, TCH 11 X 0-480.
295 TCH 86 G 105-2, TCH 98 F 87-1.

Nr.	Artefakt Nr.	G	AR	F	MLD	SF (n)	SF	AF(n)	KN (n)	RG	K	Dat.
1	TCH 06 H 57-10	KK	u	z	5,51	1	1	1	5	F 2	1	ID-IE
2	TCH 08 TMS 1136-2	KK	b	u	3,00	1	1	2	2	O 4	0	IA/IB-IB
3	TCH 08 W 778-1	KK	u	k	5,90	1	1	1	4	F 2	1	ID
4	TCH 11 X 0-40	KK	u	k	4,80	1	1	1	2	F 2	1	ID-IE
5	TCH 96 F 40-1	KK	u	u	4,51	1	1	1	2	F 2	1	ID-IE
6	TCH 63 A 186-1	KK	u	u	3,20	1	1	–	8	u	–	I
7	KHS 04 A 523-1	KK	u	z	3,40	–	–	–	3	F 2	1	IA

Tabelle 3.2.2.1-I: Kernsteine der Klingenproduktion aus Tell Chuēra und Kharab Sayyar mit Angabe einiger Merkmale.

Schlüssel:
Nr. (tabelleninterne laufende Nummer)
Artefakt Nr.: Die Artefaktnummer setzt sich aus Fundortkürzel, Fundjahr, Bereichsbezeichnung, Befund- bzw. Fundstellennummer und laufender Nummer innerhalb des Befundes bzw. der Fundstelle zusammen.
G (Grundform III): KK (Klingenkern),
AR (Abbaurichtung): u (unidirektional), b (bidirektional), m (multidirektional)
F (Kernform): u (unregelmäßig), r (radial), z (zylindrisch), k (konisch), a (Abschlag)
MLD (Maximale lineare Dimension): Angabe in cm; die MLD wird nur für Kerne und Trümmer angegeben
SF (N) (Anzahl der Schlagflächen): 1 (eine Schlagfläche), 2re (zwei rechtwinklig aufeinanderliegende Schlagflächen), 2ge (zwei gegenüberliegende Schlagflächen), 2 (zwei Schlagflächen), >2 (mehr als zwei Schlagflächen), 2ga (zwei Schlagflächen, die sich gegenseitig als Abbaufläche dienen)
SF (Art der Schlagfläche): k (Kortex), 1 (ein Negativ), >1 (mehr als ein Negativ), v (Ventralfläche), kSF (keine Schlagfläche), g (gratförmig)
AF (Anzahl der Abbauflächen): Anzahl (n)
KN (Anzahl der klingenförmigen Negative auf der Abbaufläche): Anzahl (n)
RG (Rohmaterialgruppe): vgl. Teilkapitel 3.1.1
K (Kortexanteil): 0 (keine Kortex), 1 (<= 50% Kortex), 2 (< 100%, > 50%)
Dat. (Datierung): vgl. Teilkapitel 1.6

erkennen lässt (vgl. Abb. 3.38:5), konnten nur in geringer Zahl und ausschließlich in Tell Chuēra dokumentiert werden. Regelmäßige und unregelmäßige Klingen sind an beiden Fundorten vertreten. Aus Tell Chuēra liegt auch eine kleinere Anzahl von Kleinklingen aus spätchalkolithischen Schichtzusammenhängen vor (vgl. Teilkapitel 3.2.2.3). Für einige Klingensegmente aus dem tellnahen Wadiverlauf (n = 6) ist möglicherweise eine paläolithische Datierung in Erwägung zu ziehen (s. u.).

Eine Auswahl von die Klingen betreffenden Merkmalen und metrischen Angaben sind unter Angabe der relativen Häufigkeiten in tabellarischer Form zusammengefasst worden (vgl. Tabelle 3.2.2.1-II bis 3.2.2.1-VII). Aufgrund der geringen Anzahl von Klingenfunden aus Kharab Sayyar (n = 15) bezieht sich die nachfolgende Beschreibung der Grundformen in erster Linie auf das Fundmaterial aus Tell Chuēra.

Im Gegensatz zu den Abschlägen wurden die Klingen zumeist in fragmentierter Form geborgen. Aus Tell Chuēra liegen n = 11 (vgl. Abb. 3.38:8) aus Kharab Sayyar lediglich eine einzelne vollständig erhaltene Kleinklinge vor (vgl. Tabelle 3.2.2.1-II und 3.2.2.1-III). Die vollständig erhaltenen Klingen sind 2,55 cm bis 5,7 cm lang und entsprechen damit dem Format der in Chuēra geborgenen Kernsteine. Bei den meisten Klingenfunden handelt es sich um mediale Segmente (TCH: 47,4 Prozent; KHS: 60 Prozent; vgl. Abb. 3.37: 4-5, 8, Abb. 3.38:1, 3, 5, 7, 3.39: 5, 7-8). Es folgen proximale (TCH: 23,1 Prozent; KHS: 13,3 Prozent; vgl. Abb. 3.37: 6-7, 10, Abb. 3.38:2, 4, Abb. 3.39: 2-4) und distale Segmente (TCH: ca. 13,3 Prozent; KHS: 13,3 Prozent; vgl. Abb. 3.37:2, 9; Abb. 3.38.6, Abb. 3.39:1).

Die Bruchenden an vollständigen und distal erhaltenen Klingen aus Chuēra sind zumeist spitz ausgeformt (79,4 Prozent). Daneben kommen kortikale Ausprägungen von Distalenden vor (11,7 Prozent) sowie Stufenenden, angelförmige und durchgeschlagene Enden (zusammen: 8,8 Prozent; vgl. Abb. 3.38.8), die auf fehlgegangene Abschlagvorgänge verweisen (vgl.Tabelle 3.2.2.1-III). Die drei distal erhaltenen Kleinklingen aus Kharab Sayyar haben spitz zulaufende Bruchenden.

Nach Ausweis der Schlagmerkmale auf den Dorsal- und Ventralflächen (Schlagwellen, Lanzettsprünge) wurden die Klingen an beiden Fundorten durchgehend in unidirektionaler Richtung abgelöst.[296]

296 Die einzige Ausnahme bildet das Fragment einer Klinge aus dem Grabungsbereich K (TCH 05 K 569-1, vgl. Abb. 3.38:4).

Nr.	Artefakt Nr.	G	E	Q	L	B	D	SFR	K	RG	GEK	Dat.
1	TCH 05 W 1-10	UK	v	s	5,20	1,90	0,60	e	0	F 4	–	ID
2	TCH 06 ASA 0-12	UK	v	da	4,15	1,85	0,40	e	0	F 2	Segment A 1	ID-IE
3	TCH 06 W 113-1	UK	v	ds	3,75	1,40	0,60	e	0	F 2	Klinge H 1	ID
4	TCH 07 K 1071-6	UK	v	t	3,20	1,15	0,55	e	1	F 2	Stichel	IA
5	TCH 07 K 1084-12	UK	v	da	3,60	1,80	0,50	e	0	F 4	Schaber	IA
6	TCH 08 S 166-1	RK	v	da	4,30	1,50	0,90	k	1	F 4	–	IC
7	TCH 08 W 532-2	RK	v	s	3,10	1,40	0,55	l	0	F 2	–	ID
8	TCH 10 F 10001-15	RK	v	t	5,30	1,75	0,65	e	1	F 2	Kratzer	ID-IE
9	TCH 10 F 10001-3	RK	v	t	5,70	0,70	–	e	0	F 2	–	ID-IE
10	TCH 10 X 0-89	UK	v	s	2,55	1,25	0,70	e	0	F 2	–	ID-IE
11	TCH 76 E 0-9	UK	v	da	3,65	1,20	0,50	e	0	F 1	–	ID-IE
12	KHS 03 A 274-49	UK	v	–	3,30	1,40	0,95	e	0	F 2	–	IB

Tabelle 3.2.2.1-II: Vollständig erhaltene Kleinklingen aus Tell Chuēra und Kharab Sayyar mit Angaben einiger Merkmale.

Schlüssel:
Nr. (tabelleninterne laufende Nummer)
Artefakt Nr.: Die Artefaktnummer setzt sich aus Fundortkürzel, Fundjahr, Bereichsbezeichnung, Befund- bzw. Fundstellennummer und laufender Nummer innerhalb des Befundes bzw. der Fundstelle zusammen
G (Grundform III): RK (Regelmäßige Klinge), UK (Unregelmäßige Klinge)
E (Erhaltung): v (vollständig), sv (in Schlagrichtung vollständig, Breite unvollständig), p (proximal), pb (proximal, Breite unvollständig), m (medial), mb (medial, Breite unvollständig), d (distal), db (distal, Breite unvollständig), u (unbestimmbar)
Q (Querschnitt der Klinge): da (dreieckig-asymmetrisch), ds (dreieckig-symmetrisch), s (sonstiges), t (trapezförmig)
L (Länge in Schlagrichtung): Angaben in cm
B (max. Breite, quer zur Schlagrichtung gemessen): Angaben in cm
D (max. Dicke): Angaben in cm
SFR (Schlagflächenrestform): d (dièdre), e (einflächig), f (facettiert), k (kortikal), l (linear), p (punktförmig)
K (Anteil der Kortex und natürlichen Sprungfläche auf der Dorsalfläche): 0 (0), 1 (<= 50% Kortex), 2 (weniger als 100% aber mehr als 50% Naturfläche)
RG (Rohmaterialgruppe): vgl. Teilkapitel 3.1.1
GEK (Geräteklasse/Unterklasse): vgl. Teilkapitel 3.3
Dat. (Datierung): vgl. Teilkapitel 1.6

Die Schlagflächenreste an den vollständig und proximal erhaltenen Klingen (vgl. Tabelle 3.2.2.1-VI) sind in Chuēra in der Regel klein und häufig einflächig (49,1 Prozent) oder linear (24,5 Prozent), gelegentlich auch punktförmig (9,5 Prozent), kortikal (5,7 Prozent) oder facettiert (TCH: 3,7 Prozent) ausgeprägt. Die einflächigen, linearen und punktförmigen Morphologien passen zu den Schlagflächen der Kernsteinfunde aus Tell Chuēra. In Kharab Sayyar sind facettierte (n = 2) und einflächige Morphologien (n = 1) belegt. Die Schlagflächenreste der einfachen Klingen unterscheiden sich von denen der Großklingen (vgl. Teilkapitel 3.2.3.1). Ventral weist die Mehrzahl der proximal erhaltenen Klingen aus Chuēra Bulben auf (81,1 Prozent; vgl. Tabelle 3.2.1.1-VII), gut die Hälfte lässt ventral unterhalb des Schlagflächenrestes kleine Überhänge (Lippen) erkennen (51 Prozent).

Einfache Klingen und Großklingen werden in dieser Untersuchung – wie eingangs erwähnt – anhand des Blattbreitenmaßes (Kleinklingen: kleiner als 2 cm) unterschieden. Jedoch liegen aus beiden Fundorten als einfache Klingen klassifizierte Segmente vor, deren maximaler Breitenwert annähernd 2 cm beträgt. Hierbei ist zu berücksichtigen, dass auch relativ standardisierte Erzeugnisse der Steinbearbeitung eine technologisch bedingte Variationsbreite aufweisen. Zudem werden die bronzezeitlichen Steinschläger mit Sicherheit keinen Sollwert im Sinne bestimmter Breiten- oder Längenmaße vor Augen gehabt haben. Vielmehr verfolgten sie im Rückgriff auf spezifische Bearbeitungstechniken und ein geeignetes Rohmaterial das Ziel, möglichst großformatige oder kleine und schmale Klingen zu erzeugen. Folglich ist auf metrischer Ebene von einem Übergangsfeld zwischen den beiden Grup-

Erhaltung	n (TCH)	f (TCH)	n (KHS)	f (KHS)
vollständig	11	6,4	1	6,7
proximal	40	23,1	2	13,3
medial	82	47,4	9	60,0
distal	23	13,3	2	13,3
in Schlagrichtung vollständig, Breite unvollständig	0	0,0	0	0,0
proximal, Breite unvollständig	2	1,2	0	0,0
Medial, Breite unvollständig	10	5,8	1	6,7
distal, Breite unvollständig	0	0,0	0	0,0
keine Aussage bzw. unbestimmbar	5	2,9	0	0,0
Gesamt	**173**	**100,0**	**15**	**100,0**

3.2.2.1-III: Grundformerhaltung der einfachen Klingen aus Tell Chuēra (TCH) und Kharab Sayyar (KHS). Die Tabelle führt die absolute (n) und relative (f, in Prozent) Häufigkeit auf.

Maß	n	Max.	Min.	Mittelw.	Median	SD	Berechnungsgrundlage
Länge (cm)	11	5,70	2,55	4,05	3,75	1,00	in Schlagrichtung vollständig erhaltene GF
Breite (cm)	154	1,99	0,61	1,40	1,45	0,33	GF mit vollständig erhaltener Breite
Dicke (cm)	48	1,15	0,15	0,43	0,40	0,19	vollständig und proximal erhaltene GF

3.2.2.1-IV: Metrische Angaben zu den einfachen Klingen aus Tell Chuēra.

Abkürzungen:
SD = Standardabweichung,
GF = Grundform.

Maß	n	Max.	Min.	Mittelw.	Median	SD	Berechnungsgrundlage
Länge (cm)	1	–	–	–	–	–	in Schlagrichtung vollständig erhaltene GF
Breite (cm)	14	1,95	0,85	1,49	1,53	0,38	GF mit vollständig erhaltener Breite
Dicke (cm)	3	–	–	–	–	–	vollständig und proximal erhaltene GF

3.2.2.1-V: Metrische Angaben zu den einfachen Klingen aus Kharab Sayyar.

Abkürzungen:
SD = Standardabweichung
GF = Grundform.

Aufgrund der geringen Anzahl von Funden wurden die Lageparameter und die Standardabweichung nicht angegeben.

pen auszugehen. Obwohl im Zuge der Datenaufnahme strikt zwischen Großklingen und einfachen Klingen differenziert wurde, nehme ich an, dass Klingensegmente mit einer Blattbreite von 1,5 bis 2 cm (vgl. z. B. Abb. 3.37:6) noch teilweise in einem Zusammenhang mit der Herstellung von Großklingen stehen können. Sie stellen möglicherweise Grundformen dar, die aus einem späteren Abbaustadium der Großklingenkerne stammen. Teilweise könnte es sich bei ihnen auch um Fragmente handeln, die aus dem häufig etwas schmaleren Distalbereich von Großklingen stammen.

Das Verhältnis der Großklingenfunde gegenüber den Funden einfacher Klingen beträgt in Tell Chuēra etwa 1:5 und in Kharab Sayyar 1:7. Quantitativ fällt die Bedeutung der einfachen Klingen also deutlich hinter die der Großklingen zurück. Dieser Abstand würde sich noch einmal vergrößern, wenn die Segmente mit einer Blattbreite von 1,5 bis 2 cm technologisch eher in die Nähe der Großklingen gestellt würden.

Schlagflächenrestform	n (TCH)	f (TCH)
kortikal	3	5,7
einflächig	26	49,1
linear	13	24,5
punktförmig	5	9,4
facettiert	2	3,8
geflügelt	0	0,0
dièdre	0	0,0
durch Modifikation entfernt	1	1,9
durch GSM entfernt	0	0,0
nicht vorhanden	1	1,9
keine Aussage	2	3,8
Gesamt	**53**	**100,0**

3.2.2.1-VI: Schlagflächenrestform an proximal erhaltenen einfachen Klingen aus Tell Chuēra (TCH).

Schlagmerkmal Bulbus	n (TCH)	f (TCH)
Bulbus vorhanden	43	81,1
Bulbus nicht vorhanden oder diffus ausgeprägt	7	13,2
Bulbus durch Modifikation entfernt	1	1,9
Bulbus durch GSM-Retusche entfernt	1	1,9
Doppelter oder mehrfacher Bulbus	0	0,0
keine Aussage	1	1,9
Gesamt	**53**	**100,0**

3.2.1.1-VII: Schlagmerkmal Bulbus an vollständigen und proximal erhaltenen einfachen Klingen aus Tell Chuēra (TCH).

3.2.2.2 Die Rekonstruktion der Klingenherstellung

Eine begrenzte Anzahl von Funden technischer Abschläge, die Kernsteinfunde und eine Analyse der Schlagmerkmale auf den abgetrennten Grundformen ermöglichen es, die Arbeitsschritte der Klingenherstellung annäherungsweise zu rekonstruieren. Als Ausgangsmaterial für die Herstellung von Kleinklingen diente Obsidian sowie Feuerstein der Rohmaterialgruppen F 1 und F 2 (vgl. Teilkapitel 3.1.5). Der prozentuale Anteil der Obsidiane fällt an beiden Fundorten sehr gering aus (vgl. Teilkapitel 3.1.2), jedoch erscheint das natürliche Glas eng mit der Herstellung einfacher Klingen verknüpft: Bei 52,3 Prozent aller Obsidiane aus Chuēra und 70 Prozent der Obsidianartefakte aus Kharab Sayyar handelt es sich um Klingengrundformen. Ich vermute, dass auch die wenigen Abschläge und technologisch unspezifischen Trümmer aus Obsidian in Zusammenhang mit der operationellen Sequenz der Klingenproduktion stehen.

In Tell Chuēra wurde ein Kernfragment[297] und eine klingenspezifische Kernflanke[298] aus Obsidian aus bronzezeitlichen Schichtzusammenhängen geborgen. Damit erscheint eine lokale Produktion von Obsidianklingen – zumindest im Hinblick auf den größeren der beiden Fundorte – denkbar. Dieser Eindruck verstärkt sich noch dadurch, dass zumindest die schmalen Silexklingen, deren lokale Erzeugung durch die Kernsteinfunde als gesichert angesehen werden darf, den Obsidianklingen in technomorphologischer Hinsicht stark ähneln.

Primärabschläge, die auf das Zurichten kortikaler Rohmaterialstücke hindeuten könnten[299], fehlen im Fundspektrum. Der erste Arbeitsschritt der Kernpräparation ist folglich nicht nachzuweisen. Diese Beobachtung ist wahrscheinlich dahingehend zu interpretieren, dass Obsidian in Form anpräparierter Stücke in die Siedlung gelangte.

Die Präsenz einfacher Abschlagnegative an den Silex-Klingenkernen zeigt an, dass die Nuklei durch den Einsatz der direkten Schlagtechnik ausgeformt wurden. Der Kernrücken blieb dabei ausgeklammert und erscheint bei den aufgenommenen Fundstücken noch teilweise von Kortex bedeckt. Auf der gegenüberliegenden Abbaufläche wurde – wiederum mittels direkter Schlagtechnik – eine Kernkante angelegt. Dieser Vorgang ist im Fundmaterial aus Tell Chuēra durch zwei Kernkantenklingen belegt. Die Schlagfläche wurde an den vorliegenden Kernsteinfunden durch einen einzelnen Abschlag angelegt.

Für das Ablösen der Klingen (Stufe III der Chaîne Opératoire) kommen theoretisch verschiedene Bearbeitungstechniken in Frage[300]: die Technik des „weichen" direkten Schlages, die indirekte Schlagtechnik unter Verwendung eines Zwischenstückes (Punch) sowie Drucktechniken, bei denen ein Kern arretiert und die einzelnen Klingen unter Verwendung spezieller Druckstäbe abgepresst werden. Dabei kann die Kraft, die zur Ablösung der Grundformen führt entweder allein durch den Unterarm, mit der Schulter oder durch den Einsatz des gesamten Körpergewichts auf den Kernstein übertragen werden. Durch Replikationsversuche konnte gezeigt werden, dass die Anwendung verschiedener Drucktechniken

297 TCH 08 TMS 1136-2.

298 TCH 83 P 18-1.

299 Obsidanstücke können eine graue und stumpfe Verwitterungszone aufweisen.

300 Zu den Techniken der Klingenablösung vgl. Inizan u. a. 1992: 58-66; Whittaker 1994: 219-242. Zur Drucktechnik vgl. die Beiträge in Desrosiers 2012. Die Applizierung der Technik des direkten „harten" Schlages, mit der sich theoretisch auch klingenförmige Abschläge erzeugen lassen (vgl. Inizan u. a. 1992: 61), kann ausgeschlossen werden: Sie geht mit der Ausprägung großer Schlagflächenrestformen einher, die proximal erhaltenen Segmente einfacher Klingen aus Tell Chuēra und Kharab Sayyar weisen jedoch durchweg kleine Schlagflächenreste auf.

in der Tendenz zur Ausprägung unterschiedlich langer und breiter Klingenmorphologien führt, wobei Übergangsfelder existieren.[301] Zu bedenken ist ferner, dass auch der Einsatz des direkten Schlages und die Zwischenstücktechnik durchaus zu vergleichbaren Klingenmorphologien führen können.

In Bezug auf das Fundmaterial aus Tell Chuēra und Kharab Sayyar lässt sich die Bearbeitungstechnik aufgrund der geringen Anzahl an Kernsteinfunden und vollständigen Klingen nicht sicher bestimmen. Ich vermute jedoch, dass sie teils parallel zum Einsatz kamen. Zumindest die kleinformatigen Klingenkerne aus Tell Chuēra und die Kleinklingen entsprechenden Formates verweisen vermutlich auf eine Herstellung durch Abdrücken der Klingen vom Kern. Ausgehend vom durchschnittlichen Breitenmaß der Klingen, rechne ich hierbei mit der Verwendung von Druckstäben, die aus der Schulter heraus geführt wurden.[302] Unter morphologischen Gesichtspunkten ähnelt das Material zudem den Erzeugnissen der jünger frühbronzezeitlichen Kleinklingenindustrie Maris. É. Coqueugniot interpretiert die Funde aus Mari als Erzeugnisse der Drucktechnik.[303]

Der Nachweis von Kernscheibenabschlägen der Klingenproduktion und die Praxis der dorsalen Reduktion zeigen an, dass die Klingenkerne im Verlauf der Abbausequenz ggf. nachpräpariert werden konnten, um den Schlagwinkel des Kerns zu justieren bzw. Plattformüberhänge zu entfernen. In Tabelle 3.2.2.2-I sind die Stufen II und III der klingenspezifischen Chaîne Opératoire schematisch zusammengefasst.

Zusammenfassend ist festzustellen, dass die Funde aus Tell Chuēra die Existenz eines lokalen Produktionssystems nahe legen. Für den kleineren Fundort Kharab Sayyar ist ein entsprechender Nachweis nicht zu erbringen. Da diagnostisches Material wie Kernsteine und technische Abschläge in der weitaus größeren Stichprobe aus Tell Chuēra nur in sehr geringer Anzahl vorkommen, könnte der Unterschied zwischen beiden Fundorten jedoch rein statistisch bedingt sein.

3.2.2.3 Einfache Klingen: Primärproduktion in diachroner Perspektive

Der überwiegende Teil der lithischen Funde aus Kharab Sayyar entstammt älter frühbronzezeitlichen Schichten (vgl. Teilkapitel 1.6.2). Folglich eignen sich die Assemblagen nicht für die Untersuchung diachroner Entwicklungen. Insgesamt ist die Bedeutung der nicht-kanaanäischen Klingenindustrie in Kharab Sayyar als gering einzuschätzen. Einfache Klingen machen nur 4,5 Prozent des Grundformspektrums aus.

In Tell Chuēra bietet sich ein anderes Bild: Stratifizierte Klingen sind hier sowohl in spätchalkolithischen, wie auch älter und jünger frühbronzezeitlichen Kontexten dokumentiert worden. Daher lassen sich in Bezug auf das Material aus Chuēra diachrone Unterschiede erörtern (vgl. Tabelle 3.2.2.3-I). Die ältesten Klingenfunde aus Chuēra entstammen den tellnahen Schotterterrassen des Wadi Chuēra.

Es handelt sich um sechs Klingensegmente, von denen ich die meisten bei Rettungsgrabungen in der Umgebung des extramuralen, frühbronzezeitlichen Gräberfeldes (Südwestfriedhof) bergen konnte, das durch den rezenten Verlauf des Wadis geschnitten wird. Die Klingen stammen nicht aus den Grabgruben, welche wahrscheinlich in der jüngeren Frühbronzezeit angelegt wurden, sondern aus der Terrasse in die diese eingetieft worden waren. Die Ablagerung von Schotter und die Einsedimentierung der Klingen muss folglich vor dem jüngeren Abschnitt der Frühbronzezeit erfolgt sein. Da die Entstehung der Schotterterrassen aktuell in das obere Pleistozän – eine Zeit verstärkten Abtrages – und die Sedimentierung der darüber liegenden Hochflutlehme in das frühe Holozän datiert wird[304], kann für die einfachen Klingen und die anderen Silexfunde aus diesem Bereich m. E. eine spät- oder epipaläolithische Datierungsposition vermutet werden. Klingenindustrien bildeten einen Bestandteil verschiedener paläolithischer Technokomplexe in der Großregion.[305] Ich halte es für wahrscheinlich, dass Gruppen mobiler Sammler-Jäger dem Verlauf des Wadis saisonal folgten, um dort Jagd auf Gazellen und andere Tiere zu machen, wodurch sich das vereinzelte Auftreten von Silexartefakten in den Wadischottern erklären lässt.

Mit Blick auf die stratifizierten Klingenfunde aus Tell Chuēra fällt auf, dass die Bedeutung der einfachen Klingenindustrie im Spätchalkolithikum in quantitativer Hinsicht größer war als in älteren Abschnitten der Frühbronzezeit: 25,7 Prozent aller geschlagenen Steinartefakte aus spätchalkolithischen Kontexten gehören zur Kategorie der Kleinklingen. In den älter frühbronzezeitlichen Schichten liegt der Anteil der Klingen hingegen – ähnlich wie in Kharab Sayyar – bei lediglich 5,5 Prozent. In der jünger frühbronzezeitlichen Stichprobe sinkt der Anteil der Klingen dann auf 3,7 Prozent. Die unterschiedliche Bedeutung der Kleinklingen im lokalen Spätchalkolithikum und in der Frühbronzezeit verweist m. E. auf eine Veränderung des lithischen Systems, die sich auch auf der Ebene des Rohmaterials abzeichnet (vgl. Teilkapitel 3.1.3).

Trotz der im Vergleich zu den Großklingen untergeordneten Bedeutung der nicht-kanaanäischen Klingen, scheint das technologische Wissen in der Chuēra-Region noch in der

301 Für eine aktuelle Übersicht zu den verschiedenen Drucktechniken vgl. Pelegrin 2012.

302 Vgl. hierzu Pelegrin 2012: 479, Fig. 18.12. Auf der Grundlage zahlreicher experimentalarchäologischer Replikationsversuche kommt J. Pelegrin zu dem Schluss, dass sich die Breitenmaße von Klingen in Beziehung zu spezifischen Drucktechniken setzen lassen.

303 Vgl. Coqueugniot 1993: bes. 212-213.

304 Zur Entwicklung des Wadi Chuēra aus bodenkundlicher Sicht vgl. zuletzt Krätschell 2011: bes. 137-141.

305 Vgl. z. B. Muhesen 1993; Schwarz – Akkermans 2005, Fig. 2.3.

Chaîne Opératoire	Rekonstruierte Arbeitsschritte	Nachweis TCH	Nachweis KHS	Diagnostische Funde/ Beobachtungen	Rekonstruierte Arbeitmittel
II. Kernpräparation	1. Ausformung eines Vorkerns durch den Einsatz direkter Schlagtechniken			Größere Anzahl primärer Kortexabschläge, Rohmaterialstücke, Vorkerne	Hammer
	2. Anlage eines Leitgrates (Kernkante) im Bereich der späteren Abbaufläche mittels direkter oder indirekter Schlagtechniken	X		Primäre und sekundäre Kernkantenklingen	Hammer
	3. Anlage der Schlagfläche durch einen einzelnen Abschlag	X		Beschaffenheit der Schlagfläche auf Kernsteinen	Hammer
III. Herstellung der Grundformen	4. Ablösen der Kernkante, wahrscheinlich durch indirekte Schlagtechnik oder Drucktechniken	X		Primäre und sekundäre Kernkantenklingen	„Zwischenstück" (Punch) und Schlegel oder Komposit-Druckstab mit Gerät zur Arretierung des Kernsteins
	5. Ablösen der intendierten Grundformen durch unidirektional gerichtete, indirekte Schlagtechnik oder Drucktechniken	X	X	Schlagmerkmale auf Klingenkernen und Fragmente von diesen, sekundäre Kernkantenklingen, Randklingen, regelmäßige und unregelmäßige Klingen (vollständige Formen bzw. proximale, mediale und distale Fragmente und fehlgegangene Klingen)	Siehe oben
	6. Ggf. Entfernen von Überhängen durch Präparation des Schlagflächenrandes durch Abrieb und die direkte Schlagtechnik	X	X	Spuren von Abrieb bzw. kleine Aussprünge im dorsoproximalen Bereich von Klingen und entlang der Schlagflächenränder der Kerne	Hammer
	7. Ggf. Erneuerung der Schlagfläche, um den Schlagwinkel zu justieren	X	X	Kernscheiben von Klingenkernen	Hammer
	8. Ggf. Erneuerung der Abbaufläche	X	X	Kernflanken von Klingenkernen (Kernflanken können auch durch fehlgegangene Abschläge zur Ausprägung kommen)	Hammer
	9. Ablösen weiterer Klingen (im Anschluss an die Arbeitsschritte III-7, III-8 oder III-9.)	X		Randklingen, regelmäßige und unregelmäßige Klingen	Vgl. rekonstruierte Arbeitsschritte III-5 bis III-9

Tabelle 3.2.2.2-I: Die Herstellung der einfachen Klingen: Rekonstruktion der operationellen Sequenz.

Datierung	n (klingenspezifische GF)	f (klingenspezifische GF)
Spätchalkolithikum	29	25,7
Ältere FBZ	49	5,5
Jüngere FBZ	111	3,7

Tabelle 3.2.2.3-I: Grundformen (GF) der Klingenherstellung aus Tell Chuēra in diachroner Perspektive. In der Tabelle ist die absolute Häufigkeit (n) der klingenspezifischen Funde angegeben (unter Einschluss der Kernscheibenabschläge). Die Angabe der relativen Häufigkeit (f, in Prozent) bezieht sich auf das Gesamtaufkommen der klingenspezifischen Artefakte im Vergleich zu den Produkten der Abschlagproduktion, Großklingenproduktion und den Trümmern.

zweiten Hälfte des 3. Jts. v. u. Z. vorhanden gewesen zu sein. Hierfür spricht die Beobachtung, dass die Kernsteinfunde und technologischen Abschläge – von einer Ausnahme abgesehen[306] – aus jünger frühbronzezeitlichen Kontexten geborgen wurden.

3.2.2.4 Die kontextuelle Analyse der Klingenproduktion und die Identifizierung der Produzenten

In Tell Chuēra und Kharab Sayyar konnten keine Hinweise auf Werkplätze der Klingenherstellung lokalisiert werden. Auch Fundkonzentrationen von Klingen, technischen Abschlägen oder Kernsteinen fehlen. Kernsteine sind in Tell Chuēra als Einzelfunde in den Bereichen A (n = 2), F, H, TMS und W belegt (jeweils n = 1). Bei einem Klingenkern handelt es sich um einen Streufund von der Telloberfläche (vgl. Tabelle 3.2.2.1-I).

Aufgrund der geringen Anzahl einfacher Klingen und klingenspezifischer Produktionsreste (für die Fundverteilung in Tell Chuēra vgl. Abb. 3.40) nehme ich an, dass nur wenige Einwohner der bronzezeitlichen Siedlungen mit der Praxis der Klingenherstellung vertraut waren. Diesbezüglich unterscheidet sich das in technologischer Hinsicht komplexere klingenspezifische Produktionssystem von der Abschlagproduktion, die wahrscheinlich in vielen Haushalten Chuēras und Kharab Sayyars im Rahmen der häuslichen Produktion praktiziert wurde (vgl. Teilkapitel 3.2.1.4).

Die Organisation der Kleinklingenproduktion könnte in den Händen von Spezialisten gelegen haben. Möglicherweise handelte es sich hierbei um Handwerker, die kleinteilige Schneiden für bestimmte Arbeitsvorgänge benötigten. Mit Blick auf Mari hat É. Coqueugniot dbzgl. auf einen möglichen Zusammenhang zwischen der Klingenherstellung und der Verarbeitung von Perlmutt hingewiesen.[307] Denkbar erscheint auch, dass die Produzenten der Großklingen, hinter denen ich spezialisierte, lokal ansässige Steinschläger vermute, auch mit der Produktion der einfachen Klingen befasst waren. Hierfür spräche, dass die Herstellung von Groß- und Kleinklingen vermutlich ein technologisches Kontinuum bildete, das ein vergleichbares praktisch-technologisches Wissen voraussetzte. Der Kontext der Großklingenproduktion und die Frage der Spezialisierung wird ausführlich in Teilkapitel 3.2.3.4 und 3.2.3.5 erörtert.

306 Es handelt sich um das Fragment eines Klingenkerns aus dem Bereich TMS (TCH 08 TMS 1136-2).

307 Coqueugniot 1993. Zur Funktion der einfachen Klingen vgl. Teilkapitel 4.1.2 in der vorliegenden Arbeit.

3.2.3 Die Produktion der Großklingen

In Tell Chuēra wie in Kharab Sayyar bilden großformatige Klingen aus Silex die augenfälligste Komponente des lithischen Inventars. Das Ziel dieses Kapitels ist eine technologische Analyse der großklingenspezifischen Sequenz.

Ausgehend von der Definition einer bronzezeitlichen Steingeräteindustrie in Palästina („Kanaan") durch R. Neuville[308], die später von einer Reihe anderer Bearbeiter aufgegriffen und modifiziert wurde, werden diese Objekte aus forschungsgeschichtlichen Gründen bis heute als „kanaanäische Klingen" bezeichnet.[309] Bei den Großklingen handelt es sich um die bekannteste Kategorie geschlagener Steinartefakte, die an frühgeschichtlichen Fundplätzen Nordmesopotamiens und der Levante auftreten. Dem aktuellen Forschungsstand nach sind die ältesten kanaanäischen Klingen im Gebiet der heutigen Südtürkei und Nordsyrien in das Spätchalkolithikum zu datieren. Stratifizierte Kollektionen spätchalkolithischer Großklingen stammen u. a. aus Norşuntepe[310], Arslantepe[311], Hassek Höyük[312] und

308 Neuville 1930.

309 Zur forschungsgeschichtlich komplexen Genese des Begriffs „kanaanäische Klinge", die hier nicht im Detail rekapituliert werden soll, verweise ich auf die Ausführungen von Rosen (1983; 1997; 2012: 251-252), Schmidt (1996: 53-54) und Herling (2007).

310 Schmidt 1996. Nach Schmidt liegt das „gesicherte Einsetzen der Kanaanäischen Klingen" am Norşuntepe in der Schicht 33 und somit in absolutchronologischer Hinsicht im frühen 4. Jt. v. u. Z. (vgl. Schmidt 1996: 55 sowie die Chronologietabelle in Abb. 5).

311 Caneva 1993. Frühe Großklingen entstammen Schichten der lokalen Periode Arslantepe VII (späte Urukzeit bzw. LC 5).

312 Otte 1992. Die spätchalkolitischen Großklingen aus Hassek entstammen den lokalen Schichten 5 C - 5 A (späte Urukzeit bzw. LC 5).

Hacınebi[313] sowie aus Tell Shiukh Fawqani[314], Habuba Kabira-Süd, Tell Sheikh Hassan[315], aus Jebal Aruda[316] und Tell Brak[317].

Die Großklingenfunde aus Hacınebi können wahrscheinlich bereits in die Zeit um 4000 v. u. Z. (LC 2) datiert werden, in Tell Sheikh Hassan sind Großklingen lokal ab der Schicht 9, d. h. ab der mittleren Urukzeit (LC 4) nachweisbar. Bei diesem Material handelt es sich neben einigen Kollektionen aus Tell Brak, die ebenfalls mittelurukzeitlich datiert wurden, um den bislang ältesten stratigraphisch gesicherten Nachweis einer frühgeschichtlichen Großklingenindustrie im Gebiet des heutigen Nordsyrien. Die Großklingenfunde der genannten spätchalkolithischen Fundplätze und der Nachweis geeigneter Rohmaterialvorkommen im südlichen Randgebiet des Taurus-Gebirges haben einige Bearbeiter dazu bewogen, im Hinblick auf die Entstehung dieser Klingentechnik eine „zeitliche Priorität des Taurusvorlandes" zu postulieren und „hervorzuheben, dass Palästina („Kanaan") als Entstehungsgebiet der Kanaanäischen Klinge mit großer Wahrscheinlichkeit nicht in Betracht kommt"[318]. Hierbei ist jedoch zu berücksichtigen, dass der Beginn der frühbronzezeitlichen Sequenz im Gebiet der südlichen Levante definitionsgemäß etwa ein halbes Jahrtausend früher angesetzt wird als in Nordmesopotamien[319], wodurch sich der zeitliche Abstand zwischen dem Auftreten der kanaanäischen Klingen in Nordmesopotamien und in der Levante deutlich verringert. Zudem liegen aus dem Gebiet der südlichen Levante – eine Großregion, die sich ebenfalls durch reiche Silexvorkommen auszeichnet – mittlerweile auch einzelne Großklingenfunde aus chalkolithischen Kontexten vor. Bei einigen dieser Funde könnte es sich um Intrusivstücke handeln, die durch postdepositionale Vorgänge aus frühbronzezeitlichen Schichtzusammenhängen verlagert wurden.

Am Beispiel des in jüngerer Zeit gegrabenen, im Jordantal gelegenen Fundplatzes Fazael 2, für den eine Serie kalibrierter Radiokarbondaten vorliegt, konnten S. Bar und H. Winter z. B. herausarbeiten, dass dort wahrscheinlich schon im frühen 4. Jt. v. u. Z. eine lokale kanaanäische Industrie existierte: „The definitive presence of Canaanean technology in this very late Chalcolithic site (...) indicates that Canaanean blade technology was already known and employed in some regions of the Levant during the first quarter of the 4th millennium BCE"[320].

Angesichts dieser neuen Daten kann die wichtige Frage nach der regionalen Herkunft dieser Technologie noch nicht als abschließend geklärt angesehen werden. Fest steht, dass in Vorderasien bereits in der ersten Hälfte des 4. Jts. v. u. Z. entwickelte Großklingenindustrien nachweisbar sind (Hacınebi, Fazael 2). In Nordmesopotamien waren kanaanäische Klingen in der 2. Hälfte des 4. Jts. v. u. Z. großräumig verbreitet. In der ersten Hälfte und um die Mitte des 3. Jts. v. u. Z. bildeten Silexgroßklingen dann vielerorts einen festen Bestandteil der materiellen Kultur[321], so dass sie gewissermaßen als Leitfunde der frühen Bronzezeit angesehen werden können. Auch nach 2500 v. u. Z. blieben die Klingen in Gebrauch, wie sich z. B. an dem Material aus Tell Chuēra ablesen lässt. Mit dem Ende der Frühbronzezeit scheint die Nutzung der Silexgroßklinge in Nordmesopotamien abzubrechen. Erst seit kurzem liegen Beobachtungen aus dem Khaburgebiet vor, die darauf hindeuten, dass Großklingen lokal bis in die frühe Mittelbronzezeit hinein Verwendung gefunden haben könnten.[322] Auch im Gebiet der südlichen Levante lässt sich die Nutzung von Großklingen bis in die Zeit um 2000 v. u. Z. (MBZ I) hinein verfolgen.[323]

In den vergangenen Jahrzehnten sind kanaanäische Klingen im Rückgriff auf verschiedene technomorphologische Merkmale im Detail bisweilen recht unterschiedlich definiert worden. Im Zusammenhang mit der Bearbeitung der frühbronzezeitlichen Lithik aus Nevali Çori skizziert L. Herling den Minimalkonsens hinsichtlich der Definition dieser Klingen wie folgt: „Kanaanäische Klingen sind demnach große, das heißt lange und breite Klingen, sehr regelmäßig mit parallelen Kanten und Graten und mit Hilfe einer spezialisierten Drucktechnik hergestellt. Einige Autoren beschreiben zusätzlich ein bestimmtes Rohmaterial, andere ziehen zur Bestimmung den geplanten Verwendungszweck hinzu"[324].

Fest steht, dass die Produzenten der Großklingen die Herstellung möglichst langer und regelmäßig geformter klingenförmiger Abschläge intendierten. Unabhängig von der forschungsgeschichtlich bedingten Vielfalt von Definitionen, die bisweilen unterschiedliche Merkmalsebenen wie Herstellungstechnik, Metrik, Rohmaterial und Funktion verknüpft haben, kann die Großklinge in erster Linie als Produkt einer spezifischen mentalen Schablone aufgefasst werden. Sie stellt im Grunde die Idealform einer besonders großen und breiten Klinge dar, deren Herstellung an eine begrenzte Auswahl spezifischer Steinbearbeitungstechniken sowie den Zugriff auf ein geeignetes Rohmaterial gekoppelt war.

---

313 Edens 1999.

314 Bonacossi 2005.

315 Zu den Großklingen aus Habuba Kabira und Tell Sheikh Hassan vgl. Behm-Blanke – Boese 2001.

316 Sela 2009.

317 Oates 1993; Oates – Oates 1993; Wright in Emberling u. a. 1999: 30-37; Conolly 2003.

318 Behm-Blanke – Boese 2001: 28-29.

319 Die älteste Stufe der Frühbronzezeit, EBA IA umfasst absolutchronologisch in etwa den Zeitraum 3600 bis 3000 v. u. Z. (vgl. z. B. Milevski 2009: Table 1).

320 Bar – Winter 2010: 45.

321 Vgl. Thomalsky 2011.

322 Für Tell Mozan vgl. Chabot – Eid 2009, für Großklingen aus Schichtzusammenhängen des frühen 2. Jts. v. u. Z. in Tell Brak vgl. Conolly 2003.

323 Rosen 1997.

324 Herling 2007: 182.

In Bezug auf die Herstellungstechnik und die Eigenschaften des verfügbaren Rohmaterials ist naturgemäß eine gewisse Variationsbreite zu erwarten. Daher kann es schwierig sein, innerhalb einer Assemblage formal zwischen Großklingen und Kleinklingen zu unterscheiden. Letztere stellen deutlich ältere technologische Traditionen der Klingenherstellung dar, die in Nordmesopotamien teilweise auch noch nach der Verbreitung der Großklingen fortbestanden[325] und u. a. in Chuēra und Kharab Sayyar nachweisbar sind (vgl. Teilkapitel 3.2.3). Da Großklingen im Anschluss an die Primärproduktion in der Regel in mehrere – gelegentlich als kanaanäische Elemente (Canaanean Elements[326]) bezeichnete – Segmente zerlegt wurden (vgl. Teilkapitel 3.3.2.1) und Funde vollständiger Grundformen entsprechend selten sind, erscheint eine Orientierung am maximalen Breitenwert der Klingenfragmente alternativlos. Zwar unterscheiden sich Großklingen und einfache Klingen auch durch andere Merkmale, diese lassen sich aber ausschließlich an vollständigen und proximal erhaltenen Stücken untersuchen. In der vorliegenden Arbeit ist die Grundform Großklinge daher im Sinne einer bewussten Vereinfachung als eine Klinge bzw. ein Klingensegment mit einer Blattbreite von mindestens 2 cm definiert[327], wobei im Zuge der Datenaufnahme stets die größte messbare Breite der Fundstücke zugrunde gelegt wurde.[328] Eine Orientierung am Blattbreitenmaß ist keine willkürliche Festlegung, da die Klingenbreite in Abhängigkeit zur Herstellungstechnik steht.[329] Betrachtet man die Häufigkeitsverteilung von Klingenbreitenmaßen aus Tell Chuēra (Abb. 3.41) lassen sich zwei Gruppen erkennen.[330] Die größere der Gruppen umfasst dabei Klingen bzw. Segmente, deren Breite zumeist zwischen etwa 2,2 und 3,1 cm liegt: Hierbei handelt es sich um die Großklingen. Die kleinere Gruppe beinhaltet die einfachen Klingen. In Kharab Sayyar deutet sich dieser Unterschied zwischen einer Klingen- und Großklingengruppe ebenfalls an (Abb. 3.42)[331], tritt jedoch weniger klar hervor.

Auch wenn sich anhand der Breitenwerte zwei technologische Serien von Klingen unterscheiden lassen, existiert ein Übergangsfeld zwischen Großklingen und einfachen Klingen. So dürften insbesondere Klingenfragmente mit einem Breitenwert von knapp unter 2 cm der Großklingenindustrie in technologischer Hinsicht nahe stehen (vgl. Teilkapitel 3.2.2; vgl. z. B. Abb. 3.37:6). Bei den entsprechenden Stücken wird es sich vielfach um Segmente handeln, die aus schmaleren, distal gerichteten Abschnitten von Großklingen stammen.

Eine Analyse der Großklingenproduktion wird dadurch erleichtert, dass seit den 1990er Jahren an mehreren nordmesopotamischen Fundorten großklingenspezifische Produktionssysteme untersucht werden konnten, so dass zum jetzigen Zeitpunkt in einem gewissen Umfang Vergleichsmaterial vorliegt. Zu den wichtigsten frühbronzezeitlichen Fundorten, auf die ich diesem Teilkapitel wiederholt Bezug nehme, gehören Titriş Höyük in der Südtürkei, wo ein jünger frühbronzezeitlicher Werkstattbefund für die Herstellung kanaanäischer Klingen identifiziert werden konnte[332]; ferner mehrere Fundorte im Khaburgebiet, v. a. Tell 'Atij und Tell Gudeda, deren lithische Assemblagen den Gegenstand detaillierter, primär auf die Untersuchung des Produktionssystems ausgerichteter Studien bilden und eine Erörterung des Materials aus Chuēra und Kharab Sayyar in der vorliegenden Form überhaupt erst ermöglichen.[333]

3.2.3.1 *Arbeitsgegenstände und Arbeitsmittel der Großklingenproduktion: technologische Beschreibung*

Die Gruppe der großklingenspezifischen Grundformen umfasst großformatige Klingenkerne sowie verschiedene technomorphologische Klassen kanaanäischer Klingen.[334] Außer den regelmäßigen und unregelmäßigen Großklingen gehören hierzu die primären und sekundären Kernkantenklingen sowie Randklingen der Großklingenproduktion (für eine An-

325 Vgl. z. B. Behm-Blanke – Boese 2001; Thomalsky 2011.

326 Chabot – Pelegrin 2012.

327 Ähnlich verfährt C. Edens (1999) im Hinblick auf das Material aus Hacınebi.

328 Bei unvollständig erhaltener Breite oder im Falle einer stark formverändernden Retuschierung habe ich die ursprünglichen Breitenwerte im Zuge der Datenaufnahme geschätzt und dementsprechend eine Zuordnung zur Gruppe der einfachen oder kanaanäischen Klingen vorgenommen. Ferner wurden einige Klingensegmente mit einer Blattbreite von knapp unter 2 cm als Großklingen gewertet, wenn sich ein ursprünglicher Breitenwert von 2 cm oder mehr rekonstruieren lässt. Dies ist z. B. bei einigen schlanker geformten Distalenden sowie bei unvollständig erhaltenen Stücken der Fall.

329 Vgl. Pelegrin 2012.

330 In Abb. 3.41 und 3.42 ist die Klingenbreitenhäufigkeit als Histogramm, Kernel Density-Plot und Box-and-whisker-Plot dargestellt. Bei einem Kernel Density-Diagramm (KDP) wird die Häufigkeitsverteilung einer Stichprobe durch ein rechnergestütztes statistisches Verfahren (Kerndichtenschätzung) extrapoliert, so dass eine stetige Schätzung der Verteilung möglich wird. Im Gegensatz zu einem Histogramm, lässt sich eine Häufigkeitsverteilung als Kurve darstellen. Ein Box-and-whisker-Plot (Kastengraphik) bietet eine Möglichkeit, verschiedene Kennwerte eines Datensatzes in einer Grafik zusammenzufassen. Für eine ausführlichere Beschreibung vgl. die Angaben in Teilkapitel 3.2.1.

331 Ebenda.

332 Hartenberger u. a. 2000; Hartenberger 2002; 2003.

333 Vgl. Chabot 1998a; 1998b; 2002; Chabot – Eid 2007; 2009; Chabot – Pelegrin 2012; Pelegrin 2006.

334 Eine Definition der technomorphologischen Grundformen, die an dieser Stelle nicht im Detail rekapituliert werden soll, ist dem Glossar im Teilkapitel 1.4.1. zu entnehmen.

335 Ich gehe davon aus, dass es sich auch bei dem Großteil der von mir in Ermangelung weiterer Daten als „unbestimmte Klingen" klassifizierten Funde (n = 318) um Großklingen handelt, da bei den Altgrabungen der 1960er bis 1980er Jahre zumeist nur die auffälligen kanaanäischen Klingen registriert wurden.

gabe der absoluten Häufigkeiten der einzelnen Grundformklassen vgl. Tabelle 3.1.5-I und 3.1.5-II)[335]. Auch vereinzelte Kernflankenabschläge, ein einzelner Kernfußabschlag und der Fund einer Kernscheibe können mit der Herstellung von Großklingen in Zusammenhang gebracht werden (für die Fundverteilung in Tell Chuēra vgl. Abb. 3.55).[336]

Funde von Großklingenkernen (n = 4) liegen ausschließlich aus Tell Chuēra vor (vgl. Tabelle 3.2.3.1-I). Sie stellen ein entscheidendes Argument für eine lokale Produktion kanaanäischer Klingen dar. Die Kerne wurden 1983 bei Ausgrabungen im Nordwesten der Unterstadt (Bereich P; vgl. Teilkapitel 2.2.14) geborgen. Ich konnte die Kernsteine im Zuge der Datenaufnahme nicht im Original in Augenschein nehmen, so dass alle Beobachtungen auf den verfügbaren Fundzeichnungen[337] und Fotos basieren (vgl. Abb. 3.43, 3.44). Die Fotos sprechen dafür, dass zumindest einer der Kernsteine[338] aus Silex der Rohmaterialgruppe F 2 besteht.[339] Für die übrigen Kernsteine konnte aufgrund der Datenlage keine Zuordnung zu einer Silexvarietät erfolgen. Die vier Kerne sind grob konisch geformt, lassen eine unidirektionale Abbaurichtung erkennen und weisen eine einzelne Abbaufläche auf. Die Schlagflächen bestehen aus mehreren Abschlagnegativen, die Schlagflächenränder erscheinen gewellt.[340] Mit Ausnahme des kleinsten der Kernsteine[341] liegt der Winkel zwischen Schlagfläche und Abbaufläche (Schlagwinkel) bei jeweils ungefähr 90°. An mindestens zwei Kernsteinen haften seitlich noch Reste der Kortexrinde an.[342] Der Kernrücken und die Seiten erscheinen bei allen vier Kernsteinen durch Abschläge ausgeformt. Die Abbauflächen lassen noch drei bis maximal fünf klingenförmige Negative bzw. Ansätze einander überlagernder Abschlagbahnen erkennen.

Es scheint, dass das Ablösen einer Serie von Klingen jeweils mit der Ausprägung von drei Klingennegativen einherging. Die maximale Größe der vier Kernsteine beträgt 13,6 cm bis 21,5 cm, die Länge der Abbauflächen max. 16 cm.[343] Aus den Abmessungen der Kernsteine wird ersichtlich, dass sie nicht mehr als Ausgangsstücke für die Herstellung besonders langer Großklingen, d. h. Klingen mit Längenwerten von maximal 25 cm in Frage gekommen wären. Jedoch hätten durchaus noch Chargen kleinerer Großklingen von ihnen abgetrennt werden können. Bei den Kernsteinfunden aus dem Bereich P handelt es sich folglich um Kerne im fortgeschrittenen Abbaustadium, aber nicht zwingend um verworfene Restkerne. Abgesehen von der Herstellung weiterer Großklingen, hätten die Kernsteine auch noch als Werkstücke für die Produktion einfacher Abschläge oder nicht-kanaanäischer Klingen dienen können.

Mit Blick auf die großklingenspezifischen Grundformen sind zunächst die Kernkantenklingen zu nennen. Diese sind in Tell Chuēra durch n = 49 und in Kharab Sayyar durch n = 8 Fundstücke vertreten (Tabellen 3.2.3.1-II und 3.2.3.1-III liefern listenartig einen Überblick über die Funde der Kernkantenklingen).

Bei Kernkantenklingen handelt es sich um technische Abschläge, die auf ihrer Dorsalseite einen Leitgrat bzw. Spuren eines Leitgrates aufweisen, der durch laterale Abschläge herauspräpariert wurde. In der Regel ist die Präparation eines solchen Leitgrates die Voraussetzung für die Erzeugung einer Abbaufläche, von der sich nachfolgend eine Serie regelmäßiger Klingen lösen lässt. Kernkantenklingen bezeugen folglich den Arbeitsschritt der Kernpräparation sowie den Beginn der eigentlichen Kernabbausequenz.[344] Die Präparation einer Kernkante erfolgt normalerweise durch eine Serie von Abschlägen, die senkrecht zur späteren Abbaurichtung des Kernsteins angelegt werden. Als primäre Kernkantenklingen bezeichne ich Großklingen(segmente), die dorsal vollständig von den Negativen der entsprechenden Präparationsabschläge bedeckt sind (Abb. 3.46:1, 4, 6-7). Diese wurden zumeist quer zur späteren Abbaurichtung geführt, wodurch sich auf der Dorsalfläche häufig ein zickzackförmiger Grat zeigt, der aus einander überlagernden Abschlagnegativen besteht (vgl. z. B. Abb. 3.47:3-4) Primäre Kernkantenklingen weisen zumeist einen dreieckigen Querschnitt auf. Als sekundäre Kernkantenklingen sind in dieser Arbeit Klingen definiert, die auf der Dorsalseite lediglich partiell von den Spuren der Kernkantenpräparation bedeckt sind (Abb. 3.46:2-3, 5, 8, Abb. 3.47:1-2). Innerhalb der operationellen Sequenz erfolgte ihre Genese zu einem späteren Zeitpunkt, d. h. nach der Abtrennung der primären Kernkante.

Nach dem Ablösen der Kernkantenklinge(n) fallen beim planmäßigen Abbau eines Großklingenkerns regelmäßige und unregelmäßige Mittelklingen (3.48:1; 3.49; 3.52:2; 3.56:1) sowie Randklingen an (vgl. z. B. Abb. 3.48: 2-4; Abb. 3.50; 3.56:2-3; 3.69:3). Als Randklingen der Großklingenproduktion bezeichne ich kanaanäische Klingen, die im Gegensatz zu den zweischneidigen Mittelklingen an einer Lateralseite Spuren der Kernrandzone (Kernseite) aufweisen. Diese kann

336 Für eine ausführlicherer Definition der Grundformen vgl. das Glossar in Teilkapitel 1.4.1.

337 Die originalen Fundzeichnungen wurden durch K. Engemann neu umgezeichnet.

338 TCH 83 P 66-1.

339 Das Foto lässt die für die Varietät F 2 charakteristischen Einschlüsse erkennen.

340 Für eine Bezeichnung der einzelnen Partien von Großklingenkernsteinen siehe Abb. 3.45:2

341 TCH 83 P 66-4.

342 TCH 83 P 66-2 und -3.

343 Zugrunde gelegt wird hier die „Maximale Lineare Dimension" (MLD). Vgl. Andrefsky 1998: 139, 144.

344 Vgl. Z. B. Inizan u. a. 1992: 58-60, 84; Whittaker 1994: 221; Odell 2004: 121; Butler 2005: 204.

345 Großklingen(segmente) mit einseitig anhaftender Kortex werden auch als natürlich rückengestumpfte Klingen (natural backed blades) bezeichnet, da ihr Querschnitt intentional rückenretuschierten Klingen entspricht (Hartenberger u. a. 2000: 55; Hartenberger 2002: 187).

aus Abschlagnegativen und/oder Kortexpartien bestehen.[345] Randklingen aus Tell Chuēra und Kharab Sayyar lassen seitlich oft Negative erkennen, deren Abschlagrichtung quer zu den klingenförmigen Abschlagbahnen auf der übrigen Dorsalfläche liegt. Die Großklingenkerne aus Chuēra weisen Kernseiten auf, die diesen Randklingenmorphologien entsprechen.

Großklingensegmente ohne dorsale Spuren einer Kernrandzone oder Kernkantenpräparation werden als regelmäßige Klingen bzw. Mittelklingen angesprochen – sie besitzen zumeist einen trapezförmigen Querschnitt und stellen die intendierten Produkte der Großklingenindustrie dar. Einige Mittelklingen, die bei der Datenaufnahme durch einen unregelmäßigen Verlauf der Kanten und Dorsalgrate ins Auge fielen, wurden als unregelmäßige Großklingen klassifiziert.

Aus Tell Chuēra sind lediglich n = 48, aus Kharab Sayyar nur eine einzelne in Schlagrichtung vollständig erhaltene Großklinge überliefert. Tabelle 3.2.3.1-IV bietet eine Übersicht über die vollständigen Großklingenfunde.

Der geringe Anteil vollständig erhaltener Klingen ist darauf zurückzuführen, dass diese im Zuge der Sekundärproduktion planmäßig in mehrere Segmente zerlegt wurden (vgl. Teilkapitel 3.3.2.1). Vollständige Großklingen aus Tell Chuēra sind maximal 25 cm und im Mittel 11,7 cm[346] lang. Auch einige unvollständig erhaltene Segmente aus Tell Chuēra (n = 13) und Kharab Sayyar (n = 2) weisen noch Längenmaße von über 14 cm auf. Im Fundspektrum Chuēras sind einige Stücke vertreten, deren Länge lediglich 6 cm oder weniger beträgt. Hierzu gehören mehrere, aufgrund des Länge-Breite Verhältnisses formal als Großklingen gewertete klingenförmige Abschläge, eine kurze Kernkantenklinge[347] sowie einige Stücke mit kortikalen und angelförmigen Bruchenden, die ich als fehlgegangene und durch die Kernpräparation bedingte Morphologien interpretiere.

In Bezug auf die Erhaltung der unvollständigen Stücke dominieren an beiden Fundorten erwartungsgemäß die medialen Segmente (TCH: ca. 60,0 Prozent; KHS: 63,2 Prozent), Proximalenden machen jeweils ungefähr ein Viertel (TCH: 23,5 Prozent; KHS: 25,5 Prozent), Distalenden etwa ein Zehntel (TCH: 11,9 Prozent; KHS: 10,0 Prozent) der Klingenfunde aus (vgl. Tabelle 3.2.3.1-V). Auch hinsichtlich der Metrik liegen die Segmente beider Fundorte im Durchschnitt in etwa gleich auf (vgl. Tabelle 3.2.3.1-VI und 3.2.3.1-VII). Die Blattbreite der quer zur Schlagrichtung vollständig erhaltenen Großklingen beträgt in Tell Chuēra im Mittel 2,84 cm, in Kharab Sayyar 2,66 cm. Klingensegmente sind in Tell Chuēra wie in Kharab Sayyar durchschnittlich etwa 5,4 cm lang. Die medialen Segmente sind dabei an beiden Fundorten im Mittel kürzer als die Proximal- und Distalfragmente der Klingen (vgl. Tabelle 3.2.3.1-VIII).

346 Median = 10,1 cm.

347 TCH 06 W 167-1.

An den Großklingen mit erhaltenen Proximalenden konnten zumeist Schlagflächenreste beobachtet werden, die aus mehreren Flächen bestehen. An beiden Fundorten überwiegen Schlagflächenreste, die sich aus zwei Negativflächen zusammensetzen, die von einem transversal zur Längsachse verlaufendem Mittelgrat getrennt werden (vgl. z. B. Abb. 3.49:3; 3.54:2-3). In der französischsprachigen Forschungsliteratur werden solche Ausprägungen als dièdre (engl. dihedral) bezeichnet.[348] Diese Morphologie kann als charakteristisches technologisches Merkmal der lokalen Großklingenindustrie angenommen werden. Diese Schlagflächenrestform ist zudem im Zusammenhang mit den einfachen Klingen nicht belegt. Am zweithäufigsten kommen bei den Großklingen aus Tell Chuēra einflächige Schlagflächenreste (vgl. Abb. 3.78:2) vor. Es folgen facettierte, d. h. mehrflächige (vgl. Abb. 3.49.1), punktförmige und einige andere Morphologien, die jeweils nur durch einige wenige Beispiele belegt sind (vgl. Tabelle 3.2.3.1-IX). In Kharab Sayyar kommen dagegen, nach den gratförmigen Schlagflächenresten der Form dièdre, facettierte und punktförmige Ausprägungen am häufigsten vor. Hinsichtlich eines Vergleichs der Häufigkeiten beider Fundorte ist jedoch zu beachten, dass in Kharab Sayyar lediglich n = 26 Stücke mit erhaltenem Proximalbereich dokumentiert wurden. Die Proximalenden an den Großklingen beider Fundorte lassen fast durchweg einen ausgeprägten, kurzen Bulbus erkennen (vgl. Tabelle 3.2.1-X).

Abgesehen von den verschiedenen Großklingen konnten zumindest in Tell Chuēra einzelne technische Abschläge identifiziert werden, die eindeutig mit der Herstellung von Großklingen in Zusammenhang stehen. In diese Gruppe gehören zwei Kernflankenabschläge[349] (vgl. Abb. 3.45:1), ein partieller Kernscheibenabschlag[350] (vgl. Abb. 3.51:2) und zwei Kernfußabschläge (vgl. Abb. 3.54:1)[351].

Aus Tell Chuēra und Kharab Sayyar liegen auch eine Reihe von Hammersteinfunden vor, die – wie im nachfolgenden Teilkapitel gezeigt wird – nicht nur mit der Abschlagproduktion, sondern wahrscheinlich auch mit einigen Produktionsschritten der Großklingenherstellung in Zusammenhang gebracht werden können. Hervorzuheben sind hierbei zwei kubische Hammersteine[352] (Abb. 3.29:2-3) aus dem Grabungsbereich K. Sie wurden in unmittelbarer Nähe anderer Fundstücke geborgen, die m. E. mit der Produktion von Großklingen in Verbindung gebracht werden können (vgl. Teilkapitel 2.2.10). Abgesehen von mehreren silextechnologischen Grundformen umfasst die Assemblage ein meißelartiges, im Querschnitt rechteckiges Objekt aus Kupfer (Abb. 3.52:1, für den Fundkontext vgl. Abb. 3.53:1). Ich vermute, dass es sich hierbei

348 Vgl. Inizan u. a. 1992: 79-82, vgl. Fig. 32; Chabot – Pelegrin 2012.

349 TCH 95 F 5133-1, TCH 07 H 98-3.

350 TCH 07 K 1074-1.

351 TCH 03 D 34-2, TCH 11 X 0-19.

352 TCH 07 K 1037-18 und -19. Zu den Hammersteinfunden aus Tell Chuēra vgl. das Teilkapitel 3.2.1.1.

Nr.	Artefakt Nr.	G	AR	F	MLD	SF (n)	SF	AF (n)	KN (n)	RG	K	Dat.
1	TCH 83 P 66-1	GKK	u	k	15,80	1	>1	1	3	F 2	0	IC
2	TCH 83 P 66-2	GKK	u	k	16,50	1	>1	1	3	u	1	IC
3	TCH 83 P 66-3	GKK	u	k	21,20	1	>1	1	5	u	1	IC
4	TCH 83 P 66-4	GKK	u	k	13,50	1	>1	1	4	u	0	IC

Tabelle 3.2.3.1-I: Kernsteine der Großklingenproduktion aus Tell Chuēra mit Angabe einiger Merkmale

Schlüssel:
Nr. (tabelleninterne laufende Nummer)
Artefakt Nr.: Die Artefaktnummer setzt sich aus Fundortkürzel, Fundjahr, Bereichsbezeichnung, Befund- bzw. Fundstellennummer und laufender Nummer innerhalb des Befundes bzw. der Fundstelle zusammen
G (Grundform III): GKK (Großklingenkern)
AR (Abbaurichtung): u (unidirektional), b (bidirektional), m (multidirektional)
F (Kernform): u (unregelmäßig), r (radial), z (zylindrisch), k (konisch), a (Abschlag)
MLD (Maximale Lineare Dimension): Angabe in cm; die MLD wird nur für Kerne und Trümmer angegeben
SF (n) (Anzahl der Schlagflächen): 1 (eine Schlagfläche), 2re (zwei rechtwinklig aufeinanderliegende Schlagflächen), 2ge (zwei gegenüberliegende Schlagflächen), 2 (zwei Schlagflächen), >2 (mehr als zwei Schlagflächen), 2ga (zwei Schlagflächen, die sich gegenseitig als Abbaufläche dienen)
SF (Art der Schlagfläche): k (Kortex), 1 (ein Negativ), >1 (mehr als ein Negativ), v (Ventralfläche), kSF (keine Schlagfläche), g (gratförmig)
AF (Anzahl der Abbauflächen): Anzahl (n)
KN (Anzahl der klingenförmigen Negative auf der Abbaufläche): Anzahl (n)
RG (Rohmaterialgruppe): vgl. Teilkapitel 3.1.1
K (Kortexanteil): 0 (keine Kortex), 1 (<= 50% Kortex), 2 (< 100%, > 50%)
Dat. (Datierung): vgl. Teilkapitel 1.6

Nr.	Artefakt Nr.	G	E	Q	L	B	D	SFR	K	RG	GEK	Dat.
1	TCH 03 H 203-1	PKG	p	da	6,20	2,15	1,40	f	0	F 2	–	ID
2	TCH 03 H 219-1	SKG	m	t	4,80	2,65	1,15	–	0	F 2	Segment D	ID-IE
3	TCH 03 K 716-2	SKG	m	t	9,90	2,30	1,00	–	0	F 2	Segment B 2	I
4	TCH 04 D 233-1	SKG	p	t	8,50	2,70	1,15	d	0	F 2	Segment A 2	ID
5	TCH 06 ASA 32-2	SKG	m	da	5,95	3,70	1,20	–	0	F 2	Segment A 2	ID-IE
6	TCH 06 B 5-1	PKG	m	da	7,60	3,10	1,40	–	0	F 2	Hohlkerbe	IC
7	TCH 06 H 6-1	SKG	m	t	5,70	3,79	0,91	–	0	F 2	Segment A 2	ID-IE
8	TCH 06 W 167-1	SKG	v	da	4,65	2,20	1,00	–	0	F 2	Segment A 3	ID
9	TCH 06 W 1-107	SKG	mb	da	3,00	2,85	1,85	–	0	F 2	Segment D	ID
10	TCH 06 W 13-2	SKG	d	t	14,10	3,40	1,10	–	1	F 3	Segment A 1	ID
11	TCH 06 W 62-2	SKG	m	t	6,30	3,80	1,00	–	0	F 2	Segment E 2	ID
12	TCH 07 ASA 226-4	SKG	m	s	5,85	2,70	0,95	–	0	F 2	Segment A 1	ID-IE
13	TCH 07 ASA 261-2	PKG	p	da	7,60	2,85	1,25	d	0	F 2	–	ID
14	TCH 07 H 141-2	SKG	m	t	7,85	2,90	1,20	–	0	F 2	Segment A 3	ID
15	TCH 07 K 1071-5	PKG	d	da	6,80	4,50	1,60	–	0	F 2	–	IA
16	TCH 07 W 417-6	PKG	d	da	4,40	2,70	1,20	–	0	F 2	Segment A 1	ID
17	TCH 08 W 533-2	PKG	m	da	5,05	2,40	1,15	–	0	F 2	Segment A 1	ID
18	TCH 08 W 533-68	SKG	m	t	6,15	3,10	1,05	–	0	F 3	Segment A 2	ID
19	TCH 09 H 341-1	SKG	–	–	5,70	2,70	0,75	–	0	F 2	Segment A 1	ID-IE
20	TCH 09 W 1109-1	PKG	m	da	5,80	2,85	1,10	–	0	F 2	Segment A 3	ID
21	TCH 10 F 1-3	SKG	m	t	4,00	2,70	0,90	–	0	F 2	Segment A 1	ID-IE
22	TCH 10 X 0-4	PKG	m	da	2,65	2,85	0,95	–	0	F 2	Segment A 3	ID-IE

Nr.	Artefakt Nr.	G	E	Q	L	B	D	SFR	K	RG	GEK	Dat.
23	TCH 10 X 0-72	PKG	m	da	3,70	3,60	1,30	–	0	F 2	Segment A 1	ID-IE
24	TCH 11 X 0-100	SKG	m	t	3,50	3,41	0,90	–	0	F 2	Segment A 2	ID-IE
25	TCH 11 X 0-136	SKG	m	t	3,54	3,31	1,25	–	0	F 6	Segment A 2	ID-IE
26	TCH 11 X 0-380	SKG	m	t	6,18	3,22	1,65	–	0	F 2	Segment B 2	ID-IE
27	TCH 11 X 0-486	SKG	m	t	3,75	4,00	1,75	–	0	F 2	Bohrer	ID-IE
28	TCH 63 K 82-2	SKG	p	t	24,00	4,30	–	–	–	F 2	–	ID
29	TCH 64 K 0-31	SKG	d	t	7,21	3,51	0,90	–	0	F 2	Segment A 3	IC-ID
30	TCH 76 E 0-10	SKG	m	da	4,35	2,81	1,10	–	0	F 6	Segment A 1	ID-IE
31	TCH 76 E 20-1	PKG	d	da	12,01	3,44	1,30	–	0	F 2	Segment A 1	IE
32	TCH 82 K 0-3	SKG	m	t	11,91	2,50	1,40	–	1	F 2	Segment E 2	IC-ID
33	TCH 82 K 0-30	PKG	v	s	8,81	3,60	1,50	k	1	F 2	–	IC-ID
34	TCH 83 H 37-1	SKG	d	s	6,10	3,20	1,00	–	0	u	Segment A 1	ID
35	TCH 83 H 40-1	SKG	m	da	4,75	3,70	1,30	–	0	F 2	Segment A 2	ID
36	TCH 83 P 42-3	SKG	m	t	3,70	3,60	0,85	–	1	u	–	IB-IC
37	TCH 86 A 1036-1	SKG	v	t	18,4	2,50	0,80	–	0	F 2	–	IC
38	TCH 90 F 3528-2	SKG	m	t	6,75	2,55	1,05	–	0	F 2	Segment A 1	ID-IE
39	TCH 95 F 5002-2	PKG	m	da	3,65	3,30	1,45	–	0	F 2	Segment A 2	ID-IE
40	TCH 95 F 5050-2	PKG	m	ds	5,40	2,70	0,75	–	–	u	–	ID-IE
41	TCH 95 M 1010-2	PKG	u	t	9,75	3,60	–	–	1	u	–	IE
42	TCH 96 F 13-1	PKG	d	da	7,50	2,50	0,80	–	0	F 2	–	ID-IE
43	TCH 96 F 25-1	SKG	m	t	8,70	3,45	1,10	–	0	F 2	Segment A 3	ID-IE
44	TCH 98 F 115-1	PKG	m	da	2,35	2,45	0,85	–	0	F 2	–	ID-IE
45	TCH 98 F 131-1	PKG	p	da	12,55	3,05	1,10	d	0	F 2	Segment A 2	ID-IE
46	TCH 98 F 52-8	SKG	m	da	6,90	4,10	1,10	–	0	F 2	Segment D	ID-IE
47	TCH 98 F 136-1	SKG	m	da	11,80	4,85	1,80	–	0	F 2	Ausgespl.	ID-IE
48	TCH 99 F 1-1	SKG	m	t	4,50	2,70	1,25	–	0	F 2	–	ID-IE
49	TCH 99 F 54-1	SKG	m	t	6,40	2,71	0,95	–	0	F 2	Segment A 1	ID-IE

Tabelle 3.2.3.1-II: Kernkantenklingen der Großklingenproduktion aus Tell Chuēra mit Angabe einiger Merkmale.

Schlüssel:

Nr. (tabelleninterne laufende Nummer)

Artefakt Nr.: Die Artefaktnummer setzt sich aus Fundortkürzel, Fundjahr, Bereichsbezeichnung, Befund- bzw. Fundstellennummer und laufender Nummer innerhalb des Befundes bzw. der Fundstelle zusammen

G (Grundform III): PKG (Primäre Kernkantenklinge der Großklingenproduktion), RGK (Regelmäßige Großklinge), RAGK (Randklinge der Großklingenproduktion), SKG (Sekundäre Kernkantenklinge der Großklingenproduktion), UGK (Unregelmäßige Großklinge), UK (unbestimmte Klinge)

E (Erhaltung): v (vollständig), sv (in Schlagrichtung vollständig, Breite unvollständig), p (proximal), pb (proximal, Breite unvollständig), m (medial), mb (medial, Breite unvollständig), d (distal), db (distal, Breite unvollständig), u (unbestimmbar)

Q (Querschnitt der Klinge): da (dreieckig-asymmetrisch), ds (dreieckig-symmetrisch), s (sonstiges), t (trapezförmig)

L (Länge in Schlagrichtung): Angaben in cm

B (max. Breite, quer zur Schlagrichtung gemessen): Angaben in cm

D (max. Dicke): Angaben in cm

SFR (Schlagflächenrestform): d (dièdre), e (einflächig), f (facettiert), k (kortikal), l (linear), p (punktförmig)

K (Anteil der Kortex und natürlichen Sprungfläche auf der Dorsalfläche): 0 (0), 1 (<= 50% Kortex), 2 (weniger als 100% aber mehr als 50% Naturfläche)

RG (Rohmaterialgruppe): vgl. Teilkapitel 3.1.1

GEK (Geräteklasse/Unterklasse): vgl. Teilkapitel 3.3

Dat. (Datierung): vgl. Teilkapitel 1.6

Nr.	Artefakt Nr.	G	E	Q	L	B	D	SFR	K	RG	GEK	Dat.
1	KHS 00 A 220-1	SKG	d	s	9,30	2,90	1,00	–	0	F 2	Segment E 2	IB
2	KHS 00 B 311-1	PKG	p	s	10,00	2,55	1,30	p	0	F 2	Segment A 1	ID-IE
3	KHS 00 B 330-1	SKG	mb	t	4,21	2,31	1,15	–	0	F 2	Segment A 1	ID-IE
4	KHS 02 A 307-1	SKG	d	da	5,10	2,45	0,75	–	0	F 2	–	IB
5	KHS 02 A 321-1	SKG	p	t	9,40	2,95	0,80	f	1	F 2	Segment A 1	IB
6	KHS 02 A 332-3	SKG	m	da	10,20	3,15	1,20	–	0	F 2	Segment A 2	IB
7	KHS 05 A 577-4	SKG	m	t	10,70	2,60	0,90	–	0	F 2	Segment C 2	IA
8	KHS 05 A 671-1	SKG	m	t	5,00	2,90	1,20	–	0	F 2	Segment A 2	IA

Tabelle 3.2.3.1-III: Kernkantenklingen der Großklingenproduktion aus Kharab Sayyar mit Angabe einiger Merkmale. Schlüssel: vgl. Tabelle 3.2.3.1-II.

Nr.	Artefakt Nr.	G	E	Q	L	B	D	SFR	K	RG	GEK	Dat.
1	TCH 01 K 156-2	RGK	v	t	8,40	2,90	0,90	f	–	F 6	Klinge H 2	IB-IC
2	TCH 02 H 0-2	RGK	v	t	19,50	3,15	0,75	d	–	F 2	Segment B 2	ID-IE
3	TCH 02 K 54-1	RGK	v	t	6,00	2,80	0,70	d	0	F 2	–	IB
4	TCH 02 K 418-1	RAGK	v	t	6,35	2,60	0,75	d	0	F 3	Gez. Klinge	IB
5	TCH 03 H 169-1	RGK	v	s	5,10	2,20	0,95	f	0	F 2	Schaber	I
6	TCH 04 H 347-1	RGK	v	t	4,90	2,30	0,65	e	0	F 6	–	ID
7	TCH 05 H 419-1	RGK	v	t	22,00	3,60	1,20	d	0	F 2	–	ID
8	TCH 06 H 36-2	RGK	v	s	8,51	3,21	1,15	d	0	F 2	Segment A 1	ID-IE
9	TCH 06 W 167-1	SKG	v	da	4,65	2,20	1,00	–	0	F 2	Segment A 3	ID
10	TCH 07 ASA 239-2	RGK	v	t	12,65	2,65	0,90	d	0	F 2	Klinge H 2	ID
11	TCH 07 K 1033-1	RGK	v	t	23,30	3,00	0,90	f	0	F 2	–	IA
12	TCH 07 K 1033-2	RGK	v	t	13,65	2,55	0,60	d	0	F 2	–	IA
13	TCH 07 K 1037-5	RAGK	v	–	4,50	2,20	0,80	l	1	F 2	–	IA
14	TCH 09 W 533-1	RAGK	v	da	4,70	2,25	1,05	e	1	F 4	–	ID
15	TCH 09 W 1103-5	UGK	v	t	5,00	2,20	0,70	e	0	F 4	Klinge H 1	ID
16	TCH 10 X 0-46	UGK	v	da	5,55	2,60	0,90	k	1	F 4	Klinge H 2	ID-IE
17	TCH 11 P 0-1	RAGK	v	t	17,80	3,35	1,25	d	0	F 2	Segment G	ID-IE
18	TCH 11 X 0-116	RAGK	v	da	5,70	2,75	2,00	e	2	F 2	–	ID-IE
19	TCH 11 X 0-144	RAGK	v	da	4,40	2,20	1,10	e	2	F 2	Klinge H 2	ID-IE
20	TCH 11 X 0-331	UGK	v	s	4,80	2,85	0,79	e	0	F 2	–	ID-IE
21	TCH 11 X 0-334	RAGK	v	t	5,50	2,10	0,60	e	1	F 2	Klinge H 2	ID-IE
22	TCH 60 A 89-1	RGK	v	t	20,60	3,50	–	d	0	F 2	Klinge H 1	IC
23	TCH 60 N 126-1	RAGK	v	t	12,40	2,60	–	–	0	F 2	–	ID-IE
24	TCH 63 0 0- 2	RGK	v	t	12,09	3,21	0,90	f	0	F 2	Klinge H 2	ID-IE
25	TCH 63 K 30-1	RGK	v	t	16,00	3,10	–	–	0	F 2	Klinge H 2	ID-IE
26	TCH 63 K 82-1	RGK	v	t	25,00	3,30	–	–	0	F 2	–	ID
27	TCH 64 0 0-1	RAGK	v	t	14,00	3,02	0,95	–	1	F 3	–	IC-IE
28	TCH 74 M 4-1	RGK	v	t	24,50	3,90	1,10	d	0	F 2	Klinge H 2	IE
29	TCH 74 M 12-1	UGK	v	–	23,00	3,70	–	–	–	u	–	ID-IE
30	TCH 74 M 12-2	UGK	v	–	20,50	4,00	–	–	–	u	–	ID-IE

Nr.	Artefakt Nr.	G	E	Q	L	B	D	SFR	K	RG	GEK	Dat.
31	TCH 76 E 0-11	UGK	v	t	6,10	2,60	0,90	e	0	F 4	Klinge H 1	ID-IE
32	TCH 76 E 57-1	RGK	v	t	23,50	–	–	–	–	F 2	–	ID-IE
33	TCH 76 E 130-1	RGK	v	t	22.,00	4,50	1,10	–	0	F 2	–	ID-IE
34	TCH 76 E 130-2	RGK	v	t	19,00	–	–	–	–	F 2	–	ID-IE
35	TCH 76 E 161-1	RGK	v	t	18,20	4,10	0,80	d	0	F 2	–	ID-IE
36	TCH 76 E 161-2	RAGK	v	t	15,30	2,65	0,70	d	1	F 2	–	ID-IE
37	TCH 76 E 161-4	RGK	v	t	17,20	2,40	0,85	e	0	F 2	–	ID-IE
38	TCH 82 K 0-30	PKG	v	s	8,81	3,60	1,50	k	–	F 2	–	IC-ID
39	TCH 86 A 1036-1	SKG	v	t	18,40	2,50	0,80	–	–	F 2	–	IC
40	TCH 88 A 3045-1	RGK	v	t	20,00	3,00	0,80	–	–	u	–	IC
41	TCH 88 A 3045-2	RAGK	v	t	17,20	4,29	1,31	–	0	F 2	Sichel G	IC
42	TCH 90 F 3043-1	RGK	v	t	18,00	3,50	0,90	d	0	F 2	Klinge H 1	ID-IE
43	TCH 90 F 3532-1	RGK	v	da	8,70	2,20	0,90	e	0	F 2	Klinge H 2	ID-IE
44	TCH 92 B 5051-4	RAGK	v	t	14,40	2,70	0,85	d	0	F 2	Klinge H 2	ID
45	TCH 92 F 4095-1	UGK	v	t	11,40	3,20	1,00	–	0	u	Klinge H 1	ID-IE
46	TCH 95 F 5171-1	RAGK	v	s	6,90	2,50	1,50	e	0	F 2	–	ID-IE
47	TCH 98 F 107-1	RAGK	v	da	6,60	3,30	0,70	e	0	F 4	–	ID-IE
48	TCH 98 B 1049-1	UGK	v	da	6,30	2,50	1,00	k	0	F 2	–	I
49	TCH 98 F 62-2	RAGK	v	da	7,30	3,40	1,80	e	0	F 2	–	ID-IE
50	KHS 00 B 271-1	RAGK	v	t	14,10	3,10	1,00	d	–	F 2	Segment D	ID-IE

Tabelle 3.2.3.1-IV: Vollständig erhaltene Großklingen aus Tell Chuēra und Kharab Sayyar mit Angaben einiger Merkmale. Die Tabelle führt auch einige unbestimmte Klingen aus Altgrabungen auf, bei denen es sich sehr wahrscheinlich um Großklingen handelt (Nr. 30, 31, 49). Schlüssel: vgl. Tabelle 3.2.3.1-II.

Erhaltung	n (TCH)	f (TCH)	n (KHS)	f (KHS)
vollständig	48	5,3	1	1,0
proximal	206	22,8	24	24,5
medial	455	50,3	55	56,1
distal	104	11,5	10	10,2
in Schlagrichtung vollständig, Breite unvollständig	1	0,1	0	0,0
proximal, Breite unvollständig	6	0,7	1	1,0
Medial, Breite unvollständig	61	6,7	7	7,1
distal, Breite unvollständig	4	0,4	0	0,0
keine Aussage bzw. unbestimmbar	20	2,2	0	0,0
Gesamt	**905**	**100,0**	**98**	**100,0**

3.2.3.1-V: Grundformerhaltung der Großklingen aus Tell Chuēra (TCH) und Kharab Sayyar (KHS). Die Tabelle führt die absolute (n) und relative (f, in Prozent) Häufigkeit auf.

Maß	n	Max.	Min.	Mittelw.	Median	SD	Berechnungsgrundlage
Länge (cm)	49	25,00	4,14	12,10	11,40	6,70	in Schlagrichtung vollständig erhaltene GF
Breite (cm)	810	5,70	1,85	2,84	2,80	0,40	GF mit vollständig erhaltener Breite
Dicke (cm)	207	2,00	0,50	0,88	0,85	0,23	vollständig und proximal erhaltene GF

3.2.3.1-VI: Metrische Angaben zu den Großklingen aus Tell Chuēra.

Abkürzungen:
SD = Standardabweichung
GF = Grundform.

Maß	n	Max.	Min.	Mittelw.	Median	SD	Berechnungsgrundlage
Länge (cm)	1	–	–	–	–	–	in Schlagrichtung vollständig erhaltene GF
Breite (cm)	90	3,70	1,90	2,66	2,68	0,36	GF mit vollständig erhaltener Breite
Dicke (cm)	90	1,30	0,40	0,77	0,75	0,20	vollständig und proximal erhaltene GF

3.2.3.1-VII: Metrische Angaben zu den Großklingen aus Kharab Sayyar.

Abkürzungen:
SD = Standardabweichung
GF = Grundform.

Erhaltung	Mittelw. (TCH)	Median (TCH)	Mittelw. (KHS)	Median (KHS)
Alle Großklingensegmente	5,36	4,80	5,45	4,83
Proximale Segmente	7,20	6,80	7,59	7,10
Mediale Segmente	5,08	4,60	5,37	4,63
Distale Segmente	6,67	6,10	5,95	5,40

3.2.3.1-VIII: Länge der Großklingensegmente aus Tell Chuēra (TCH) und Kharab Sayyar (KHS). Angabe der Mittelwerte und Mediane für alle Segmente und aufgeschlüsselt nach Erhaltungszustand.

Schlagflächenrestform	n (TCH)	f (TCH)	n (KHS)	f (KHS)
kortikal	5	1,9	0	0,0
einflächig	36	13,8	1	3,8
linear	5	1,9	0	0,0
punktförmig	12	4,6	3	11,5
facettiert	15	5,7	5	19,2
geflügelt	1	0,4	0	0,0
dièdre	124	47,5	15	57,7
durch Modifikation entfernt	5	1,9	0	0,0
durch GSM entfernt	2	0,8	0	0,0
nicht vorhanden	26	10,0	2	7,7
keine Aussage	30	11,5	0	0,0
Gesamt	**261**	**100,0**	**26**	**100,0**

3.2.3.1-IX: Schlagflächenrestform an proximal erhaltenen Großklingen aus Tell Chuēra (TCH) und Kharab Sayyar (KHS).

Schlagmerkmal Bulbus	**n (TCH)**	**f (TCH)**	**n (KHS)**	**f (KHS)**
Bulbus vorhanden	206	78,9	20	76,9
Bulbus nicht vorhanden oder diffus ausgeprägt	31	11,9	2	7,7
Bulbus durch Modifikation entfernt	6	2,3	4	15,4
Bulbus durch GSM-Retusche entfernt	0	0,0	0	0,0
Doppelter oder mehrfacher Bulbus	0	0,0	0	0,0
keine Aussage	18	6,9	0	0,0
Gesamt	**261**	**100,0**	**26**	**100,0**

3.2.3.1-X: Schlagmerkmal Bulbus an vollständigen und proximal erhaltenen Großklingen aus Tell Chuēra (TCH) und Kharab Sayyar (KHS).

um das Endstück eines Zwischenstückes oder kupferarmierten Druckstabes handelt, der bei der Klingenherstellung zum Einsatz kam (vgl. Teilkapitel 3.2.3.2 und 3.2.3.3).

3.2.3.2 Die Rekonstruktion der Großklingenherstellung

Von den Klingen selbst abgesehen, enthalten die untersuchten Assemblagen nur eine begrenzte Anzahl technologisch-diagnostischer Grundformen. Einzelne Funde und Fundzusammenhänge – insbesondere aus Tell Chuēra – erlauben jedoch Rückschlüsse auf die großklingenspezifische Produktionssequenz. Diese sollen im Folgenden erörtert werden, wobei ich zunächst auf den aussagekräftigeren Gesamtbefund aus Chuēra und abschließend auf die Situation in Kharab Sayyar eingehen werde. Für eine tabellarische Zusammenfassung der Produktionssequenz vgl. Tabelle 3.2.3.2-I am Ende dieses Teilkapitels.

In der Chuēra-Region bildete eine grau-rosa gefärbte, aus einer Primärquelle stammende Silexvarietät den bevorzugten Rohstoff der Großklingenproduktion (Rohmaterialgruppe F 2; vgl. Teilkapitel 3.1.5). Im Teilkapitel 3.1. habe ich bereits ausführlich dargelegt, dass der Zugriff auf dieses Rohmaterial (= Stufe I der Chaîne Opératoire) wahrscheinlich mit Import erklärt werden kann.

Die Präparation (Stufe II) bronzezeitlicher Großklingenkerne konnte bislang am umfassendsten in Titriş Höyük untersucht werden, wo ein ausgedehnter Werkstattbefund freigelegt wurde.[353] Dieser erbrachte weit über 1000 Kernsteinfunde, die unterschiedliche Stadien der Abbausequenz erkennen lassen.[354] Für die Rekonstruktion der Klingentechnik von großer Bedeutung sind ferner mehrere technologisch ausgerichtete Arbeiten zu frühbronzezeitlichen Steingeräteindustrien des Khaburgebiets.[355] Zusammen mit Beobachtungen, die unterschiedliche Bearbeiter an anderen nordmesopotamischen und levantinischen Fundorten machen konnten, ergibt sich ein Gerüst, das die technologische Analyse des Materials aus Tell Chuēra ermöglicht.

Da nodularer Silex als Ausgangsmaterial für die Klingenproduktion diente, dürfte der erste Arbeitsschritt der Kernpräparation (Schritt II-1) in der groben Ausformung eines Vorkerns (preform) bestanden haben. Dabei wurde sehr wahrscheinlich von der Technik des direkten, harten Schlages Gebrauch gemacht.[356] Anzunehmen ist, dass zu diesem Zweck schwere Schlagsteine zum Einsatz kamen. In Titriş Höyük wurden die weitgehend unbearbeiteten, von B. E. Hartenberger als chunks bezeichneten Materialstücke zunächst zu mindestens 15 cm großen, dreieckigen oder rechteckigen Rohlingen geformt. Dieser Vorgang ging mit der Entstehung von Kortexabschlägen einher und erfolgte offenbar innerhalb der Siedlung: „The presence of raw chunks along with numerous cortical flakes suggests that all core preparation was undertaken at the site and not at a quarry"[357].

Der nächste Präparationsschritt bestand in der Anlage einer oder mehrerer Kernkanten (Schritt II-2).[359] Das Ziel dieses Arbeitsschrittes bestand in der Schaffung eines Leitgrates für das Ablösen der ersten Klinge (Kernkantenklinge). Der Verlauf von Graten auf der Abbaufläche eines Kerns beeinflusst die Morphologie eines abgetrennten Abschlages oder einer Klinge in entscheidendem Maße[360] und bei der Herstellung regelmäßig geformter großformatiger Klingen ist die Präparation eines solchen Leitgrates im Grunde alternativlos. Das Ausformen der Kernkanten erfolgte mittels einer Serie quer zur späteren Abbaurichtung gerichteter Abschläge im Rückgriff auf die direkte oder indirekte Schlagtechnik. In

353 Die Anzahl von Kernsteinen, die an anderen nordmesopotamischen Fundorten geborgen wurde, ist viel geringer. Zudem stammen diese größtenteils aus spätchalkolithischen Kontexten (Hassek Höyük, Hacınebi, Tell Brak).

354 Der Werkstattbefund von Titriş wurde bereits im Kapitel 3.1 angesprochen. Zu den Funden und Befunden aus Titriş vgl. Hartenberger u. a. 2000; Hartenberger 2002; 2003.

355 Vgl. Chabot 1998a; 1998b; Chabot – Eid 2007; 2009; Chabot – Pelegrin 2012; Pelegrin 2012. Die Ergebnisse dieser Arbeiten basieren z. T. auf Erkenntnissen, die durch die experimentelle Herstellung von Großklingen gewonnen wurden (vgl. Pelegrin 2006).

356 Vgl. Pelegrin 2012: 491.

357 Hartenberger 2003: 102.

358 In Karab Sayyar wurde kein Primärabschlag der Rohmaterialgruppe F 2 geborgen.

Tell Chuēra bezeugen n = 49 Funde primärer und sekundärer Kernkantenklingen diesen Präparationsvorgang.

Da abgelöste Kernkanten wie „normale“ Großklingen segmentiert und verwendet werden konnten, finden sie sich über die gesamte Ruine verteilt (vgl. Abb. 3.51:1). Folglich können Funde einzelner Kernkantenklingen für sich genommen nicht als Hinweise auf Produktionsbereiche gewertet werden. Darüber hinaus belegt der Nachweis von Kernkantenklingen noch keine lokale Produktion, da sie theoretisch zusammen mit regelmäßigen Klingen importiert worden sein könnten. Angesichts der Kernsteinfunde aus Tell Chuēra bewerte ich ihr Auftreten jedoch zumindest als einen zusätzlichen Hinweis auf ein lokales Produktionssystem.

In Titriş Höyük erfolgte die Ausformung des Kernrückens (Schritt II-3) im Anschluss an die Präparation der Kernkante(n).[361] Ich vermute, dass diese Reihenfolge auch auf das Produktionssystem Tell Chuēras übertragen werden kann.

Der Kernrücken bezeichnet die Seite des Kerns, die dem Leitgrat und damit der späteren Abbaufläche gegenüberliegt. Die großen Abschlagnegative an den Kernsteinen aus Chuēra legen nahe, dass das Zurichten des Kernrückens und der lateralen Partien erneut durch direkte Schläge mit dem „harten“ Hammer erfolgte. Ziel dieses Vorgangs war es, den Kernstein in eine Form zu bringen, die es erleichtern sollte, ihn während der nachfolgenden Abbausequenz zu fixieren. Die Fixierung eines Klingenkerns war notwendig, um zu verhindern, dass dieser während des Abbauvorgangs verrutschte.[362] Die vier Kernsteine aus Chuēra lassen durchweg schräg ausgeformte Kernrücken erkennen. Bei einem der Stücke[363] befindet sich der äußerste Punkt des Rückens auf Höhe des Kernfußes (vgl. Abb. 3.43:1), bei den übrigen Kernsteinen[364] findet sich das Ende des Rückens auf der Höhe der Schlagfläche (vgl. Abb. 3.43:2, 3.44).

Die Anlage der Schlagfläche (Schritt II-4) erfolgte wahrscheinlich erst nach der Kernkantenpräparation und Ausgestaltung des Kernrückens. Hierauf deuten erneut Beobachtungen aus Titriş hin. Dort fanden sich anpräparierte Kernsteine, die bereits eine Kernkante, jedoch (noch) keine heraus präparierte Schlagfläche aufweisen.[365] Im Gegensatz zu den Schlagflächen der einfachen Klingenkerne (vgl. Teilkapitel 3.2.2) weisen die Großklingenkerne aus Tell Chuēra Schlagflächen auf, die durch mehrere Abschlagnegative erzeugt wurden. Für das Ablösen von Klingen (Schritte III-1 und II) ist die Anlage einer ebenen Schlagfläche unerlässlich[366] und im Idealfall bilden Schlagfläche und Kernkante bzw. Abbaufläche einen rechten Winkel.

In Tell Chuēra wurden diverse, partiell mit Kortex bedeckte Abschläge (n = 295) und sekundäre Abschläge ohne anhaftende Kortexreste (n = 259) geborgen, die aus dem Silex der Rohmaterialvarietät F 2 bestehen. Ich nehme an, dass es sich bei diesen Abschlägen wenigstens teilweise um Débitage handelt, deren Entstehung auf die Präparation von Schlagflächen, Kernkanten und Kernrücken (Stufen II-1 bis II-4) zurückgeht.

Mit der Anlage der Schlagfläche war die Stufe II der operationellen Sequenz – die Kernpräparation – weitgehend abgeschlossen. Zwei proximal erhaltene primäre Kernkantenklingen aus Chuēra lassen jedoch erkennen, dass der Schlagflächenrandbereich bereits vor dem Ablösen der Kernkantenklinge durch laterale Abschläge präpariert werden konnte. Dabei wurden jeweils zwei senkrecht zur Abbaurichtung des Kerns geführte Abschläge von der Schlagfläche gelöst, um eine gratförmige Erhebung im Bereich des Schlagflächenrandes zu erzeugen. Diese konnte dann als Ansatzpunkt für die Spitze eines Zwischenstückes oder eines Druckstabes dienen. Hierdurch ließ sich die Kraft, die zur Ablösung der Klingen führen sollte, punktgenau auf das Rohmaterial übertragen. Einen Beleg für diesen Präparationsschritt (Schritt II-5), der als Isolierung einer Schlagflächenpartie bezeichnet werden kann, liefert die spezifische gratförmig ausgeprägte Schlagflächenrestform (dièdre)[367], die, wie bereits erwähnt, auf zahlreichen erhaltenen Großklingen aus Tell Chuēra und Kharab Sayyar identifiziert werden konnte (vgl. Tabelle 3.2.3.1-IX, vgl. Abb. 3.54:2-3). Nach J. Pelegrin, der verschiedenste Methoden der Klingenherstellung über einen langen Zeitraum hinweg experimentell untersucht hat, steht diese Technik der Schlagflächenpräparation in einem direkten Zusammenhang mit dem Einsatz von Druckstäben, die mit Enden aus Kupfer bestückt waren: „A very specific platform preparation seemingly adapted to a copper-tipped pressure tool is dihedral acute (...). Two small flakes are detached (best done with a copper-tipped pressure or punch tool) on the platform so that their scars form an acute arris precisely in the axis of the blade to be detached. The pressure point is placed on this arris, a few millimeters back from the edge. The arris forms an angle of 90° with the detachment surface“ [368].

Bezüglich des Ablösevorgangs der Großklingen sind von experimentalarchäologischer Seite verschiedene Techniken rekonstruiert worden (hier Stufe III der operationellen Sequenz): Die Produktionsstufe III beginnt mit der Ablösung der primären Kernkantenklinge (Schritt III-1) und endet damit, dass die letzte Grundform vom Kernstein abgespalten und dieser für verbraucht erachtet wurde. Die Negativform

359 Die Anlage mehrere Kernkanten ist anhand des Fundmaterials aus Chuēra nicht zu belegen.
360 Vgl. Whittaker 1994: 220-221.
361 Hartenberger 2003: 108.
362 Vgl. Pelegrin 2006; Whittaker 1994: 225-226.
363 TCH 83 P 66-1.
364 TCH 83 P 66-2 bis -3.
365 Hartenberger 2003: 112; Fig. 5.5.
366 Hartenberger 2003: 112.
367 Vgl. Pelegrin 2012: 487; Pelegrin – Otte 1992.
368 Pelegrin 2012: 487. Vgl. auch Pelegrin 2006.

der ersten Kernkantenklinge hinterließ auf der Abbaufläche des Kerns zwei Grate. Diese konnten im nächsten Schritt ihrerseits als Leitbahnen für die danach abzulösenden Klingen dienen. Im Zuge der weiteren Abbausequenz fielen ggf. auch sekundäre Kernkantenklingen an, also Klingen deren Dorsalflächen noch partiell von den Abschlagnegativen der Kernkante bedeckt sind. Nachdem die Abtrennung der Kernkantenklinge gelungen und zwei weitere Klingen vom Kern gelöst worden waren, wies der Großklingenkern eine Abbaufläche auf, die aus mehreren parallelen Graten bestand. Dieses Gratsystem bildete die Grundlage für die planmäßige Ausbeutung des Kernsteins, d. h. die Produktion einer Serie von Mittelklingen mit trapezförmigem Querschnitt (Schritt III-2). Wie bereits im Zuge der technologischen Beschreibung erwähnt, gehe ich mit Blick auf die Kernsteine aus Tell Chuēra davon aus, dass das Abtrennen einer Klingenserie mit der Ausprägung von drei, möglicherweise auch vier Abschlagbahnen auf der Abbaufläche hinauslief. Hinsichtlich der Anzahl der Abschlagbahnen ähneln die Kerne aus Chuēra den Kernsteinfunden aus Titriş Höyük: Dort weisen etwa 80 Prozent der Großklingenkerne zwei oder drei Klingennegative auf.[369] Die Morphologie der Kerne aus Chuēra sowie Schlagmerkmale an den Klingen sprechen dafür, dass die Kernabbausequenz strikt unidirektional erfolgte. Hinweise auf Bidirektionalität sind extrem selten und meiner Einschätzung nach als Ausnahmen anzusehen.[370]

Im Bereich der Übergangszonen zwischen Abbaufläche und Kernseiten wurden im Zuge der Abbausequenz Randklingen abgelöst, die lateral Kernpräparationsspuren oder Kortex erkennen lassen. B. E. Hartenberger, die diese Grundformen als „natural backed blades" (natürlich rückengestumpfte Klingen) bezeichnet, betont, dass es sich bei ihnen genau wie bei den Kernkantenklingen um technologische Abschläge handelt „Both of these blade types shaped the core face and readied it for the removal of true Canaanean blades"[371]. In Tell Chuēra stehen jeder Randklinge etwa 2,6 Mittelklingen gegenüber. Im Vergleich zu Kharab Sayyar, wo auf jede Randklinge 5,4 Mittelklingen kommen, erscheint der Anteil der Randklingen folglich hoch. Da Randklingen häufig eine steil ausgeprägte Lateralseite aufweisen, besitzen sie im Gegensatz zu den zweischneidigen Mittelklingen oft nur eine Kante, die sich ohne weitergehende Modifikation als Schneide verwenden ließ.

Das kontrollierte Abspalten regelmäßiger Großklingen erfordert einen erheblichen Kraftaufwand. Innerhalb der Forschung sind drei dafür theoretisch in Frage kommende Primärtechniken diskutiert worden:

1. Die direkte Schlagtechnik unter Verwendung eines „weichen" Hammers[372]
2. Die Punchtechnik bzw. Technik des indirekten Schlages, bei dem die Kraft punktgenau mittels eines meißelartigen Zwischenstücks (Punch) auf den Kern übertragen wird[373]
3. Eine spezielle Drucktechnik, bei der eine Hebelkonstruktion zum Einsatz kommt, mit der sich die menschliche Kraft um das Zehn- bis Fünfzehnfache steigern lässt[374]

Auch wenn die Verwendung des direkten Schlages nicht komplett ausgeschlossen werden kann, da sich große Klingen den Angaben einiger experimentell arbeitender Steinschläger zufolge theoretisch auch mittels dieser Technik gewinnen lassen[375], erscheint sie mir angesichts aktueller technologischer Studien als die unwahrscheinlichste der drei Varianten.[376] Diese Untersuchungen beschreiben eine Reihe von Merkmalen, die als charakteristisch für Klingen angesehen werden können, die durch die indirekte Schlagtechnik oder Drucktechnik erzeugt wurden. Zu den regelhaften Merkmalen abgedrückter Großklingen gehören demnach ein regelmäßiger, gerader Verlauf der Kanten und Dorsalgrate, ein – mit Ausnahme des Distalendes – gerade geformtes Profil, eine ungefähr gleich bleibende Dicke, ein relativ dünner Querschnitt, eine glatte Ventralfläche ohne ausgeprägte Schlagwellen sowie der Nachweis für kleine und schmale Schlagflächenreste. Dicht unterhalb des Schlagflächenrestes erreichen abgedrückte Klingen ihre maximale Breite.[377] Zu den häufiger auftretenden Merkmalen gehört zudem die Ausprägung kurzer Schlagbuckel.

Entsprechende Merkmale finden sich an diversen Großklingen aus Tell Chuēra und Kharab Sayyar. Allerdings wurden die einzelnen Merkmalsebenen vor Ort in Syrien nicht so detailliert aufgenommen, dass im Nachhinein eine quantifizierbare Unterteilung in abgedrückte Großklingen auf der einen und in Zwischenstück-Technik hergestellte Grundformen auf der anderen Seite vorgenommen werden kann. Ich gehe jedoch davon aus, dass beide Primärtechni-

369 Hartenberger 2003: 115. Andernorts geborgene Kernsteine zeigen bisweilen eine weitaus größere Anzahl von Abschlagbahnen.

370 Aus Tell Chuēra liegt z. B. der Fund eines distal erhaltenen Kernfußabschlages vor (TCH 11 X 0-19), der möglicherweise von einem Großklingenkern stammt. Ansätze von klingenförmigen Negativen auf der Dorsalseite des Stücks zeigen eine bidirektionale Abbaurichtung, könnten m. E. jedoch auch auf eine Nachpräparation des Kernfußes verweisen.

371 Hartenberger 2003: 114.

372 Hartenberger 2003: 138-144.

373 Otte – Pelegrin 1992; Chabot 1998a: 111; Hartenberger 2003: 138-144; Pelegrin 2006.

374 Chabot 1998 a: 109-110; Chabot – Eid 2007; 2009; Chabot – Pelegrin 2012; Pelegrin 2006; 2012.

375 Vgl. z. B. Inizan u. a. 1992: 61.

376 Vgl. Pelegrin 2006.

377 Pelegrin 2006: 2012: 467. Zusammenfassend: Clark 2012: 56, 111.

378 In Tell Chuēra beträgt der Anteil der Klingen mit mehr als 1 cm Dicke etwa 14 Prozent, in Kharab Sayyar etwa 10 Prozent.

ken parallel zur Anwendung kamen, möglicherweise sogar im Zuge derselben Kernabbausequenz. So weisen einige Klingen – darunter die meisten Kernkantenklingen – einen verhältnismäßig dicken Querschnitt von über 1 cm auf[378]. Solche massiven Querschnitte sprechen eher gegen die Applizierung der Drucktechnik und legen stattdessen den Einsatz der indirekten Schlagtechnik nahe. Auch die ausgeprägte Konvexität einiger Klingenprofile aus Tell Chuēra sowie die stärker gewellten Ventralflächen und unregelmäßig geformten Kantenverläufe einiger Fundstücke lassen den Schluss zu, dass die Großklingen wenigstens teilweise unter Verwendung von Zwischenstücken und Schlegeln gefertigt wurden.

Nach J. Pelegrin ist zudem zu bedenken, dass aus dem Gebrauch der indirekten Schlagtechnik und der Drucktechnik durchaus kongruente Morphologien resultieren können: „(…) pressure can produce rather irregular blades (…) indirect percussion can give blades that are only slightly different from the best lever pressure"[379]. Für das Lösen einer Großklinge von einem Kernstein mittels Drucktechnik ist nach Pelegrin eine Kraft mit einem Äquivalent von bis zu 300 kg Gewicht notwendig.

Auf der Grundlage von Experimenten rekonstruiert Pelegrin fünf verschiedene Verfahren der Klingenherstellung durch Druck, die er als „modes of pressure" bezeichnet. Ausschlaggebend für die Identifizierung des spezifischen Verfahrens ist Pelegrin zufolge die maximale Klingenbreite: „Pressure force depends on the physico-mechanical conditions of its application: the maximal width of the products constitutes a good indicator for the pressure mode employed"[380].

Klingen vom Format der kanaanäischen Klingen, die in Tell Chuēra eine maximale Blattbreite von 5,7 cm erreichen, sind nach Pelegrin nur mittels einer Drucktechnik herzustellen, wenn beim Ablösevorgang eine einfache Maschine in Form eines Hebels zur Anwendung kommt. Diese Verfahrensweise bezeichnet Pelegrin als „Mode 5". Beim Einsatz eines Hebels ist die Fixierung des Klingenkerns besonders wichtig. In Bezug auf die benötigte Ausrüstung erscheint dieses Verfahren im Vergleich zur Zwischenstücktechnik relativ aufwendig, man kann sich jedoch vorstellen, dass ein entsprechend präparierter Kernstein mittels eines Hebels recht zügig abgebaut werden konnte.[381]

Sowohl für die Drucktechnik als auch für die indirekte Schlagtechnik sind mit Kupferspitzen besetzte Komposit-Druckstäbe bzw. Zwischenstücke postuliert worden. Kupfer ist im Vergleich zu organischem Material wie Knochen oder Geweih besonders gut dafür geeignet, mechanische Energie punktgenau auf den Schlagflächenrand eines Kerns zu übertragen. Es ist härter als Geweih, wodurch die Bruchinitialisierung erleichtert wird, und lässt sich gut zu einem spitzen Ende formen, das sich zudem weniger schnell abnutzt als eine Spitze aus organischem Material. Aufgrund dieser Eigenschaften wird Kupfer auch von modernen Flintschlägern für die Klingenherstellung bevorzugt.[382] Hinweise auf eine Verwendung von Kupfer liegen auch aus Tell Chuēra und Kharab Sayyar vor. Zum einen kann an dieser Stelle auf den bereits erwähnten Kupfermeißel aus dem Bereich K verwiesen werden (vgl. Teilkapitel 3.2.3.1 und 3.2.3.4). Darüber hinaus scheint die am häufigsten identifizierte Schlagflächenrandform dièdre auf die Verwendung von Kupferspitzen hinzudeuten. Einige Mittelgrate entsprechend präparierter Schlagflächenreste aus Tell Chuēra zeigen Schlagaugen oder kleine Risse - ein Merkmal, das nach J. Chabot und J. Pelegrin auf den Einsatz von Kupferspitzen schließen lässt (vgl. Abb. 3.54:2-3): „The use of a copper tip can frequently, but not always, result in the production of a discrete transversal crack or micro-crushing on the ridge of the butt (...)"[383].

Nachdem die erste Serie von Großklingen abgetrennt worden war, wurde der Schlagflächenrand des Kernsteins ggf. nachpräpariert, um Überhänge zu entfernen (Schritt III-3, dorsale Reduktion). Überhänge konnten durch die Negativformen der Bulben entstehen, die nach dem Ablösen der Klingen dicht unterhalb der Schlagfläche des Kerns zur Ausprägung kamen. Etwa 48 Prozent der proximal erhaltenen Großklingen aus Tell Chuēra und 44 Prozent der Klingen aus Kharab Sayyar lassen Spuren dieses Präparationsschrittes erkennen. An einem Kernflankenabschlag (vgl. Abb. 3.54:1) und einem partiellen Kernscheibenabschlag aus Tell Chuēra zeichnen sich ebenfalls Spuren der dorsalen Reduktion ab. Diese Beobachtungen sprechen dafür, dass dieser Präparationsschritt regelmäßig erfolgte. Die Praxis der dorsalen Reduktion ist auch an zahlreichen proximal erhaltenen Klingen aus Titriş bezeugt.[384] Nachdem die erste Klingenserie hergestellt und eventuelle Überhänge entfernt worden waren, mussten erneut Schlagflächen für die folgende Serie von Großklingen isoliert werden (Schritt III-4).

Die Gesamtzahl an Klingen, die aus einem Kernstein erzeugt werden können, variiert und steht in Abhängigkeit zur Größe des Rohmaterials und des Kernsteins. Für Titriş

379 Pelegrin 2006: 53.

380 Pelegrin 2012: 467.

381 Vgl. Chabot – Eid 2009 für eine Rekonstruktion eines solchen Apparates. Der Einsatz von Hebeln ist für verschiedene neolithische bis bronzezeitliche Klingenindustrien postuliert worden (vgl. Pelegrin 2006; Chabot – Pelegrin 2012; Clark 2012; Altinbilek-Algül u. a. 2012).

382 Vgl. Pelegrin 2006: 41; 2012: 485; Chabot – Pelegrin 2012: 192; Whittaker 1994; 221; Otte – Pelegrin 1992. Dass mit Kupfer bestückte Druckstäbe schon vor dem 3. Jt. v. u. Z. in Gebrauch waren, dokumentiert der Fund eines entsprechenden Gerätes aus Norşuntepe. Es besteht aus einem knöchernen Schaft mit eingesetzter Kupferspitze und wurde in einem Bereich gefunden, der als möglicher Werkstattbereich gedeutet wurde (Schmidt 1996: Abb. 30).

383 Chabot – Pelegrin 2012: 192; vgl. auch Pelegrin 2006: 45.

384 Hartenberger 2003: 115-117.

385 Hartenberger 2003: 117.

Höyük hat B. E. Hartenberger auf der Grundlage der Kernsteinfunde geschätzt, dass dort pro Kernstein im Schnitt mindestens drei Klingenserien abgelöst wurden, wobei jede Serie durchschnittlich 2,5 Großklingen umfasste.[385] Angesichts der Ähnlichkeit zwischen den Kernsteinen und Grundformen aus Titriş und Chuēra, gehe ich davon aus, dass man diese Kalkulation auch auf das Material aus Tell Chuēra übertragen kann. Ein Beispiel für das fehlgegangene Ablösen einer Großklinge liefert der Klingenkern TCH 83 P 66-3, auf dessen Abbaufläche – der vorhandenen Zeichnung nach zu urteilen – die Negativform einer Klinge mit angelförmigem Bruchende (Hinge) zu erkennen ist (Abb. 3.44:1). Wahrscheinlich führte der misslungene Abschlagvorgang dazu, dass der Kern nicht weiter abgebaut wurde. Aus Chuēra liegen auch Funde einiger misslungener Großklingen vor, die m. E. das Szenario einer lokalen Produktion unterstreichen, da ein Import dieser Stücke als unwahrscheinlich anzusehen ist. Hierzu gehören einige vollständige, jedoch sehr kurze Klingen, eine Grundform, die offenbar aufgrund eines großen Kalkeinschlusses nicht vollständig vom Kern abgetrennt werden konnte (vgl. Abb. 3.3:1), sowie zwei Stücke mit angelförmigen Bruchenden, die ebenfalls auf Fehlschläge verweisen.

Für den Nachweis einer lokalen Produktion sind Funde von technischen Abschlägen, die das Nachpräparieren von Kernsteinen belegen, jedoch von größerer Bedeutung. Bei einer Produktion von Großklingen ist theoretisch mit dem Auftreten von Kernscheibenabschlägen zu rechnen, durch die sich der Winkel zwischen Schlagfläche und Abbaufläche korrigieren oder ein Teil der Schlagfläche erneuern lässt. In Titriş Höyük sind technische Abschläge dieses Typs häufig belegt[386], aus Tell Chuēra liegt immerhin ein Beispiel in Form eines partiellen Kernscheibenabschlages vor, der im Grabungsbereich K geborgen wurde (Abb. 3.51:2). An einer Lateralseite lässt dieser Abschlag den charakteristisch geformten Schlagflächenrand eines Klingenkerns erkennen: kleine Aussprünge und Aussplitterungen deuten auf das Entfernen von Überhängen hin. Mehrere kleine Abschlagnegative, die ausgehend vom Rand auf die ehemalige Schlagfläche des Kerns – und somit auf die Dorsalseite des Präparationsabschlages – übergreifen, liefern m. E. zudem einen möglichen Hinweis auf die Praxis der Schlagflächenisolierung (Schritt II-5). Auf der ehemaligen Schlagfläche zeichnen sich deutlich mehrere Schlagaugen ab. Diese repräsentieren jeweils den oberen Bereich eines hertzschen Kegelbruchs. Schlagaugen kommen zur Ausprägung, wenn mit hartem Material mechanische Energie auf eine Schlagfläche übertragen wird (vgl. Teilkapitel 1.4). Diese Beobachtung bestätigt die Annahme, dass bei der Herstellung der Großklingen Komposit-Druckstäbe bzw. Zwischenstücke mit Enden aus hartem Material zum Einsatz kamen. Da sich die Schlagaugen z. T. überlagern, erscheint es denkbar, dass der technische Abschlag einen fehlgeschlagenen Abbauvorgang repräsentiert, der den Steinschläger oder die Steinschlägerin dazu veranlasste, die zerrüttete Schlagflächenpartie durch einen direkten, harten Schlag von der Plattform des Kerns zu lösen.

Eine weitere Präparationstechnik besteht im Abschlagen einer Kernflanke (flank de nucléus). Durch Kernflankenabschläge lassen sich Einschlüsse und Negative unvollständig abgetrennter Klingen vom Kern lösen, um die Abbaufläche zu erneuern (Schritt III-6). Aus Tell Chuēra liegen zwei Funde von Kernflanken vor, die ich mit diesem Schritt der Kernpräparation in Verbindung bringe.[387] Eine weitere Form der nachträglichen Präparation der Abbaufläche besteht in der neuerlichen Anlage eines Leitgrates. In der französischsprachigen Forschungsliteratur werden Abschlagartefakte mit Spuren einer nachträglich präparierten Kernkante als néocrêtes bezeichnet[388]. Im Material der untersuchten Fundorte konnte ich keinen eindeutigen Hinweis auf entsprechende Morphologien identifizieren.

Zusammenfassend sehe ich für den größeren Fundort Tell Chuēra ausreichend Hinweise dafür gegeben, dass kanaanäische Klingen lokal hergestellt wurden. Verschiedene Arbeitsschritte der Produktionssequenz lassen sich anhand einzelner diagnostischer Artefakte nachvollziehen. Einzig für den ersten Schritt der Kernpräparation finden sich keine Belege. Ich schließe hieraus, dass der Arbeitsschritt II-1 der Kernpräparation nicht innerhalb der Siedlung stattfand. Einen weiteren, indirekten Hinweis auf ein lokales Produktionssystem liefern Funde technologisch unspezifischer, fast ausnahmslos artifizieller Trümmer (n = 253) der Rohmaterialgruppe F 2. Sie belegen, dass das Silexmaterial, aus dem die meisten Großklingen bestehen, innerhalb der Siedlung verarbeitet wurde. Im Hinblick auf das Abschlagmaterial der Rohmaterialgruppe F 2 (n = 554) kann vermutet werden, dass sie teilweise im Zuge der Kernpräparation von Klingenkernen anfielen und nicht durchweg als Erzeugnisse einer auf die Abschlaggewinnung ausgerichteten operationellen Sequenz zu interpretieren sind.

Angesichts des Umstandes, dass Silex der Rohmaterialgruppe F 2 importiert werden musste, gehe ich – was diesen Rohstoff betrifft – von einer Verflechtung der abschlag-, klingen- und großklingenspezifischen Chaînes Opératoires aus. Im Sinne einer Ressourcennutzungsstrategie erschiene dies auch sinnvoll, da ein erschöpfter Großklingenkern bei weitem genug Volumen besaß, um nachfolgend für die Herstellung von Abschlägen oder kleinformatigen Klingen zu dienen. Es war jedoch nicht möglich, die an dieser Stelle postulierte Sequenz der Produktionssysteme anhand des Fundmaterials zu belegen, da eindeutige Übergangsformen wie z. B. Abschlagkerne mit Resten klingenförmiger Negative sehr selten auftreten. Ein mögliches Beispiel liefert ein bidirektionaler Abschlagkernstein aus dem Grabungsbereich TMS (vgl.

386 Hartenberger 2003: 117-119.

387 TCH 95 F 5133-1 (vgl. Abb. 3.45:1), TCH 07 H 98-3.

388 Chabot 1998a: 121.

389 TCH 07 TMS 1087-1.

Abb. 3.19:1)[389]. Sowohl die Größe dieses Kernsteins (MLD = 11,5 cm) als auch seine konische Form rücken ihn in die Nähe der Großklingenkerne aus dem Bereich P. Wahrscheinlich handelt es sich bei dem Stück um das Fragment eines verbrauchten Klingenkerns, der zu einem späteren Zeitpunkt für die Gewinnung von Abschlägen genutzt wurde. Da jedoch keine Überreste einer ursprünglichen Abbaufläche erkennbar sind, lässt sich dieser Verdacht nicht erhärten. An dieser Stelle können ferner zwei Fundstücke angeführt werden, bei denen es sich m. E. um Kernfußabschläge und somit Fragmente von Großklingenkernen handelt (vgl. Abb. 3.54:1).

Im Vergleich zu Tell Chuēra, lassen sich für Kharab Sayyar keine Belege für eine lokale Produktion anführen. Kernsteinfunde liegen nicht vor und die Gruppe der technologisch diagnostischen Débitage beschränkt sich auf einige Kernkantenklingen, die – wie bereits dargelegt wurde – für sich allein genommen noch nicht als Nachweis für ein Produktionssystem gewertet werden können. Zudem ist der Anteil der Randklingen deutlich geringer als in Tell Chuēra. Da diese im Gegensatz zu den zweischneidigen Mittelklingen möglicherweise so etwas wie eine „zweite Wahl" darstellten, könnte dieser Sachverhalt ebenfalls auf Import und eine Präferenz der zweischneidigen Mittelklingen verweisen. Hierbei ist jedoch zu bedenken, dass in Kharab Sayyar eine weitaus geringere Anzahl lithischer Funde geborgen wurde als in Chuēra, die zudem mit Ausnahme einiger Sammelfunde ausschließlich aus zwei Grabungsstellen stammen. Die Stichprobe aus Tell Chuēra umfasst dagegen nahezu das Zehnfache an Artefakten, erbrachte jedoch nur wenige Fundstücke, die es erlauben, einen größeren Abschnitt der operationellen Sequenz zu rekonstruieren. Sollte eine Herstellung von Großklingen in Kharab Sayyar erfolgt und auf einen anderen Bereich der Siedlung begrenzt gewesen sein, so wäre sicherlich nicht zu erwarten, dass technische Abschläge über den gesamten Tell verstreut anzutreffen sind. In diesem Zusammenhang ist darauf zu verweisen, dass die Produktion kanaanäischer Klingen auch in Tell Chuēra und in Titriş Höyük ein innerhalb des Siedlungszusammenhangs räumlich begrenztes Phänomen

Chaîne Opératoire	**Rekonstruierte Arbeitsschritte**	**Nachweis**		**Diagnostische Funde/ Beobachtungen**	**Rekonstruierte Arbeitsmittel**
		TCH	**KHS**		
II. Kernpräparation	1. Ausformung eines Vorkerns durch Technik des „harten", direkten Schlages			Größere Anzahl primärer Kortexabschläge, Rohmaterialstücke, Vorkerne	Schwerer Hammer
	2. Anlage eines oder mehrerer Leitgrate (Kernkanten) im Bereich der späteren Abbaufläche mittels direkter oder indirekter Schlagtechniken	X	X	Vorkerne mit einem oder zwei herauspräparierten Kernkanten, Nachweis primärer und sekundärer Kernkantenklingen	Hammer und/oder Komposit-Zwischenstück (Punch) für die Kernkantenpräparation
	3.Ausformen eines Kernrückens durch direkte Schlagtechnik	X		Vorkerne und Kernsteine mit (an) präpariertem Kernrücken	Schwerer Hammer
	4. Anlage einer Schlagfläche durch Technik des direkten Schlages	X		Vorkerne und Kernsteine, mit (an) präparierter Plattform, Kernscheiben-abschläge der Groß-klingen-produktion	Hammer
	5. Ggf. Isolierung einer Schlagflächenpartie durch laterale Abschläge durch Druck oder indirekte Schlagtechnik	X	X	Kernscheibenabschläge der Groß-klingen-produktion, Schlag-flächenrestformen, die auf Isolierung der Schlag-flächen schließen lassen	Komposit-Druckstab/Zwischenstück (Punch) für die Isolierung einer Schlagflächenpartie
III. Ablösen der Grundformen und Nachpräparation des Kernsteins	1. Ablösen der Kernkante durch spezielle Drucktechnik (Hebel) oder indirekte Schlagtechnik	X	X	Morphologie und Schlagmerkmale primärer und sekundärer Kernkantenklingen	Komposit-Druckstab/Zwischenstück (Punch), Hinweise auf Gerät oder Installation zur Fixierung des Kernsteins

390 Vgl. z. B. Chabot 1998a; Chabot – Eid 2007; 2009.

Chaîne Opératoire	Rekonstruierte Arbeitsschritte	Nachweis TCH	Nachweis KHS	Diagnostische Funde/ Beobachtungen	Rekonstruierte Arbeitsmittel
III. Ablösen der Grundformen und Nachpräparation des Kernsteins	2. Ablösen der intendierten Grund-formen durch spezielle Drucktechnik (Hebel) oder indirekte Schlagtechnik	X	X	Morphologie und Schlagmerkmale von Klingenkernen, sekundären Kernkantenklingen, Randklingen, regelmäßigen und unregelmäßige Klingen (vollständige Formen bzw. proximale, mediale und distale Fragmente und fehlgegangene Klingen)	Komposit-Druckstab/Zwischenstück (Punch), Hinweise auf Gerät oder Installation zur Fixierung des Kernsteins
	3. Ggf. dorsale Reduktion (Entfernung von Überhängen durch Präparation des Schlag-flächenrandes durch Abrieb und direkte Schlagtechnik); ggf. erneute Isolierung einer Schlagflächenpartie durch laterale Abschläge	X	X	Spuren von Abrieb bzw. kleine Aussprünge im dorsoproximalen Bereich von Klingen und entlang der Schlagflächenränder der Kerne	Hammer
	4. Ggf. Isolierung einer Schlagflächenpartie durch laterale Abschläge, durch Druck oder indirekte Schlagtechnik	X	X	Kernscheibenabschläge der Großklingen-produktion, Schlagflächenrestformen, die auf Isolierung der Schlagflächen schließen lassen	Komposit-Druckstab/Zwischenstück (Punch) für die Isolierung einer Schlagflächenpartie
	5. Ggf. Erneuerung der Schlagfläche, um den Schlagwinkel zu justieren	X		Kernscheiben von Großklingenkernen	Hammer
	6. Ggf. Erneuerung der Abbaufläche	X		Kernflanken von Großklingenkernen. Kernflanken können auch durch fehlgegangene Abschläge zur Ausprägung kommen	Hammer
	7. Ablösen weiterer Großklingen (im Anschluss an die Arbeitsschritte III-3 bis III-4 und ggf. III-5 und III-6	X	X	Randklingen, regelmäßige und unregelmäßige Großklingen	Vgl. rekonstruierte Arbeitsschritte III-3. bis III-6

Tabelle 3.2.3.2-I: Die Herstellung von Großklingen: Die Arbeitsschritte der operationellen Sequenz

darstellt. Auf grundsätzlicher Ebene wirft dieser Punkt die Frage auf, ob etwa die Charakterisierung der Großklingenindustrien des Khaburgebiets als reine Importindustrien[390] wirklich gerechtfertigt ist.

3.2.3.3 Großklingen: Primärproduktion in diachroner Perspektive

Im vorangegangen Teilkapitel wurden die großklingenspezifischen Funde als einheitliche Assemblage behandelt. In diesem Abschnitt wird die Primärproduktion unter diachronen Gesichtspunkten betrachtet. Hierfür kommt in erster Linie das Material aus Tell Chuēra in Frage, da dort Großklingen in spätchalkolithischen, sowie älter und jünger frühbronzezeitlichen Schichtzusammenhängen gefunden wurden, wohingegen die Klingen aus Kharab Sayyar vorwiegend älter frühbronzezeitlichen Kontexten entstammen (vgl. Tabelle 3.2.3.3-I; vgl. Teilkapitel 1,6.3). Die spätchalkolithischen Großklingen – fünf mediale Segmente sowie je ein Proximal- und ein Distalfragment – stammen aus gut stratifizierten Kontexten der Bauphasen 37 und 38 im Bereich K.[391] Strukturen, die diesen Bauphasen zuzuordnen sind, konnten nur auf kleiner Fläche freigelegt werden. Anhand der Ke-

391 Dass es sich um Intrusivstücke aus jüngeren Schichten handelt, ist auszuschließen.

ramikfunde, die sich in Form und Machart erheblich von der Keramik der darüber liegenden frühbronzezeitlichen Bauphasen unterscheiden, sind die Bauphasen 36 bis 38 von der Ausgräberin im Sinne einer vorläufigen chronologischen Einordnung in die Periode Spätchalkolithikum 2 (LC 2) datiert worden.[392] Absolutchronologisch fällt diese Periode in den Zeitraum um 4000 v. u. Z.[393] Die bislang publizierten, nordmesopotamischen Großklingenfunde aus dem 4. Jt. v. u. Z. können zumeist in den jüngsten Abschnitt des Spätchalkolithikums, d. h. in die Periode LC 5 datiert werden. In Habuba Kabira und Jebal Aruda kommen sie in den späturukzeitlichen Schichten vor.[394] Eine geringe Anzahl älterer Großklingen entstammt der Schicht 9 am Tell Sheikh Hassan, welche von den Ausgräbern der mittleren Phase der Mittleren Urukzeit (LC 4) zugeordnet ist. M. R. Behm-Blanke und J. Boese, die das lithische Material im Rahmen eines Artikels erörtert haben[395], betonen, dass die Schichtenabfolge des Tell Sheikh Hassan zum ersten mal erlaube, das Auftreten der kanaanäischen Klinge „innerhalb einer nördlichen Uruksiedlung der Mittleren Urukzeit" zeitlich festzulegen.

Unter anderem aufgrund der geringen Anzahl mitteluruk-zeitlicher Großklingen gehen sie davon aus, dass die Funde eine Importindustrie anzeigen. Ferner nehmen sie an, dass die kanaanäischen Klingen erst im Verlauf der Späturuk-Zeit flächendeckend in Nordsyrien Verbreitung fanden.[396] Mittlerweile liegen auch stratifizierte Klingen mit durchschnittlichen Blattbreitenwerten von über 2 cm aus mittelurukzeitlich datierten Schichten Tell Braks vor.[397] Den frühesten bislang veröffentlichten Nachweis für eine Großklingentechnologie in Nordmesopotamien stellen nach wie vor die Funde aus Hacınebi am mittleren türkischen Euphrat dar. C. Edens datiert das Auftreten der kanaanäischen Klingen dort an den Beginn des 4. Jts. v. u. Z. (Hacınebi-Phase A bzw. LC 2). Lange bevor der Ort in den Einflussbereich des südmesopotamischen Uruk-Phänomens geriet, bildeten Großklingen in Hacınebi folglich einen Bestandteil des technologischen Systems. Edens betont zudem, dass die Großklingentechnologie Hacınebis bereits um 4000 v. u. Z. voll ausgeprägt erscheint.[398] Diese Beobachtung impliziert einen zeitlich noch weiter zurück liegenden Entstehungszeitraum dieser spezifischen Klingentechnik. Die für Hacınebi angenommene Zeitstellung der Großklingen entspricht somit der Datierung der spätchalkolithischen Großklingen aus dem Bereich K in Tell Chuēra.

Auf Basis des aktuellen Forschungsstandes gehe ich davon aus, dass es sich bei den Stücken um die ältesten stratifizierten Großklingen aus dem Gebiet der westlichen Jezirah und möglicherweise ganz Nordsyriens handelt. Einem Vergleich zwischen der lokalen spätchalkolithischen und frühbronzezeitlichen Klingenindustrie sind angesichts der wenigen chalkolithischen Fundstücke enge Grenzen gesetzt, dennoch zeichnen sich einige Unterschiede ab: So fällt der prozentuale Anteil großklingenspezifischer Grundformen in den spätchalkolithischen Schichten mit 6,2 Prozent weitaus geringer aus als in den frühbronzezeitlich datierten Kontexten (vgl. Tabelle 3.2.3.3-II). In diesen liegt der Anteil entsprechender Grundformen bei knapp 29,7 (ältere Frühbronzezeit) bzw. 26 Prozent (jüngere Frühbronzezeit). Dieser Unterschied kann m. E. als Hinweis darauf gewertet werden, dass den Großklingen während des lokalen Spätchalkolithikums in quantitativer Hinsicht eine geringere Bedeutung zukam und sie innerhalb des technologischen Systems eine geringere Rolle spielten.

Auf technologischer Ebene unterscheiden sich die spätchalkolithischen von den bronzezeitlichen Großklingen durch eine geringere durchschnittliche Blattbreite (vgl. Tabelle 3.2.3.3-III). Der Unterschied beträgt etwas mehr als 0,4 cm im Vergleich zu den älter frühbronzezeitlich und etwa 0,6 cm im Vergleich zu den jünger frühbronzezeitlichen Großklingen. Diese Beobachtung darf angesichts der geringen Anzahl der spätchalkolithischen Großklingenfunde jedoch sicherlich nicht überbewertet werden.

Über das gesamte 3. Jt. v. u. Z. hinweg vermitteln die Erzeugnisse der Großklingenindustrie einen erstaunlich homogenen Eindruck und zwar sowohl in Bezug auf das verwendete Rohmaterial als auch im Hinblick auf metrische und morphologische Merkmale, insbesondere die Blattbreitewerte der Klingen (vgl. Tabelle 3.2.3.3-III und 3.2.3.3-IV). Technologische Abschläge wie Kernkantenklingen sind in Tell Chuēra durch alle Perioden hindurch vertreten (vgl. Tabelle 3.2.3.3-V). Dies könnte auf eine Kontinuität der lokalen Produktion verweisen. Zusammenfassend vermittelt die frühbronzezeitliche Großklingenindustrie einen homogenen Eindruck. Vom späten 4. Jt. (Periode TCH IA) bis gegen Ende des 3. Jts. (Periode TCH IE) bildete die Großklingenindustrie lokal einen festen Bestandteil des technologischen Systems. Da die meisten bislang publizierten Großklingen nordsyrischer Fundorte aus Schichtzusammenhängen stammen, die in die erste Hälfte des 3. Jts. datiert wurden[399], ist der Umstand, dass ein Großteil der Großklingenfunde aus Chuēra Fundzusammenhängen entstammt, die in die Mit-

392 Babour in Hempelmann 2013: 34-36.

393 Vgl. Chronologietabelle in Akkermans – Schwartz 2005: 186, Fig. 6.3.

394 Behm-Blanke – Boese 2001; Sela 2009.

395 Publizierte Materialvorlagen spätchalkolithischer Lithik-Inventare aus Nordmesopotamien fehlen bislang weitgehend. Die lithischen Funde aus Tell Sheikh Hassan werden z. Zt. von B. Müller-Neuhof bearbeitet.

396 Behm-Blanke – Boese 2001: 31.

397 Conolly 2003.

398 „At Hacınebi, this technology was already fully established by the beginning of Phase A; i.e. by around 4000 cal BC" (Edens 1999: 28).

399 Vgl. Thomalsky 2011.

te und die zweite Hälfte des 3. Jts. v. u. Z. datiert werden können, besonders hervorzuheben. Die jüngsten, gut stratifizierten kanaanäischen Klingen aus Tell Chuēra stammen aus den Nachnutzungsschichten des Palastes (Bereich F). Das Fundspektum Chuēras liefert folglich nicht nur ein Beispiel für die frühe Nutzung kanaanäischer Klingen sondern auch für ihre anhaltende Bedeutung über den gesamten Verlauf der Frühbronzezeit. Dieser Befund steht in deutlichem Kontrast zum bisherigen Forschungsstand. Bisher wurde davon ausgegangen, dass die Großklingenindustrien in der Jezirah nach der Mitte des 3. Jts. v. u. Z. im Zuge der Verbreitung von Metallsicheln kontinuierlich an Bedeutung verloren.[400] Ein wichtiges Ergebnis der vorliegenden Arbeit ist, dass diese Feststellung – zumindest im Hinblick auf Tell Chuēra – nicht haltbar ist.

Großklingenfunde aus dem Bereich der Besiedlung des 2. Jts. v. u. Z. sind zum jetzigen Zeitpunkt nur schwer zu interpretieren, da noch keine abschließende stratigraphische Analyse der entsprechenden Kontexte vorliegt. In den betreffenden Grabungsstellen wurden jedoch stets auch frühbronzezeitliche Schichten geschnitten, so dass eine frühbronzezeitliche Datierung der Stücke möglich erscheint. In regionaler Perspektive ist ein Fortbestehen der Großklingenindustrien bis in die Spätbronzezeit hingegen weitestgehend auszuschließen. Bislang lässt sich die Herstellung von Großklingen nirgendwo in Nordmesopotamien in das 2. Jt. v. u. Z. hinein

Chronostratigraphische Gruppe	n (TCH)	f (TCH)	n KHS)	f (KHS)
Spätchalkolithikum	7	0,8	–	–
Ältere FBZ	141	16,0	76	77,6
Jüngere FBZ	702	79,4	21	21,4
FBZ	34	3,8	1	1,0

Tabelle 3.2.3.3-I: Absolute (n) und relative Häufigkeit (f, in Prozent) von Großklingen in Tell Chuēra (TCH) und Kharab Sayyar (KHS), aufgeschlüsselt nach chronostratigraphischen Gruppen.

Chronostratigraphische Gruppe	n (GK-spezifisch)	n (nicht GK-spezifisch)	f (GK-spezifisch)	n (nicht GK-spezifisch)
Spätchalkolithikum	7	106	6,2	93,8
Ältere FBZ	145	344	29,7	70,3
Jüngere FBZ	704	2002	26,0	74,0

Tabelle 3.2.3.3-II: Verhältnis großklingenspezifischer Grundformen und nichtgroßklingenspezifischer Grundformen in Tell Chuēra (TCH), aufgeschlüsselt nach chronostratigraphischen Gruppen. Die Tabelle führt die absoluten (n) und relativen Häufigkeitswerte (f, in Prozent) auf.

Chronostratigraphische Gruppe	n (TCH)	Mittelwert (TCH)	Median (TCH)	Standardabw. (TCH)
Spätchalkolithikum	7	2,30	2,25	0,16
Ältere FBZ	187	2,73	2,70	0,41
Jüngere FBZ	548	2,89	2,85	0,48

Tabelle 3.2.3.3-III: Blattbreite vollständiger, medial und proximal erhaltener Großklingen aus Tell Chuēra, aufgeschlüsselt nach chronostratigraphischen Gruppen.

Chronostratigraphische Gruppe	n (TCH)	Mittelwert (TCH)	Median (TCH)	Standardabw. (TCH)
Ältere FBZ	62	2,68	2,70	0,37
Jüngere FBZ	17	2,67	2,60	0,32

Tabelle 3.2.3.3-IV: Blattbreite vollständiger, medial und proximal erhaltener Großklingen aus Kharab Sayyar, aufgeschlüsselt nach chronostratigraphischen Gruppen.

400 Vgl. Thomalsky 2011: 263; Lebeau 2011: 373; 375.

	Spätch.	Ältere FBZ		Jüngere FBZ						FBZ
TCH-Periode	LC	IA	IB	IB-IC	IC	IC-ID	ID	ID-IE	IE	I
Technologische AS und K										
n		2		1	6	3	16	26	2	1

Tabelle 3.2.3.3-V: Technologische Abschläge (AS) und Kernsteine (K) der Großklingenproduktion aus Tell Chuēra, aufgeschlüsselt nach regionalen Perioden und chronostratigraphischen Gruppen. In der Tabelle findet sich neben der Angabe der positiven Evidenz (dunkelgrauer Balken) auch die absolute Häufigkeit (n) der entsprechenden Artefakte pro Periode.

verfolgen. Gegen eine Weitertradierung der kanaanäischen Industrie auf lokaler Ebene spricht zudem der Hiatus zwischen dem Abbruch der Besiedlung am Ende der Frühbronzezeit und der Wiederbesiedlung des Ruinenhügels während der Spätbronzezeit.

3.2.3.4 Die kontextuelle Analyse der Großklingenproduktion

Fundkontexte, die sich mit der Produktion von Großklingen in Verbindung bringen lassen, konnten bislang ausschließlich in Tell Chuēra dokumentiert werden. Es handelt sich hierbei zum einen um einen vier Großklingenkerne[401] (vgl. Abb. 3.43, 3.44) umfassenden Fundkomplex aus dem Gebiet der nordwestlichen Unterstadt (Bereich P), den ich als Depot interpretiere, sowie um eine Fundkonzentration aus dem Gebiet der Oberstadt (Bereich K), für die ich hier eine Deutung als Werkplatz vorschlage (Abb. 3.53). Ferner ist eine Assemblage aus dem Bereich HMS (Oberstadt) zu nennen, bei der es sich um Schlagabfall handelt, der möglicherweise auf die Kernpräparation eines Großklingenkerns verweist (Abb. 3.5:2). Die stratigraphische und chronologische Einordnung dieser Komplexe wurde bereits ausführlicher in Teilkapitel 2.2 dargelegt. Sie wird an dieser Stelle nur kurz rekapituliert, da im Folgenden die technologische Deutung im Mittelpunkt steht:

Die Kernsteinfunde entstammen der Schicht 6 des Grabungsbereiches P. Diese kann – einer aktuellen Synchronisation der verschiedenen Grabungsbereiche zufolge – in die Periode Tell Chuēra IC datiert werden.[402] Baustrukturen der Schicht 6 wurden nur auf kleiner Fläche freigelegt. Wahrscheinlich handelt es sich bei diesen Strukturen um die Überreste einer Wohnbebauung, die durch einen Brand zerstört wurde. Die Großklingenkerne lagen offenbar auf einer Begehungsfläche. Daher vermute ich, dass es sich bei ihnen nicht um Abfall, sondern um Bestandteile eines Rauminventars handelte. Meines Erachtens verweist der Fundkomplex auf die Herstellung von Großklingen im Bereich P.

Einige der Kerne waren noch so groß, dass man theoretisch noch weitere Klingen von ihnen hätte lösen können. Vermutlich wurden sie zum Zwecke einer späteren Weiterverarbeitung verwahrt, möglicherweise im Haus des bzw. der Produzenten. Die Praxis Großklingenkerne zu deponieren ist auch an anderen nordmesopotamischen Fundorten belegt. Ein vergleichbarer, wenn auch deutlich umfangreicherer und älterer Depotfund konnte in einer spätchalkolithischen Schicht am Hassek Höyük dokumentiert werden. In Hassek wurden 36 Kernsteine geborgen, die ebenfalls auf dem Begehungsniveau eines, durch einen Brand zerstörten Raumes lagen.[403] Ein in chronologischer Hinsicht näher stehendes Beispiel liefert ein Befund aus der frühbronzezeitlichen Siedlung Titriş Höyük. Dort fanden sich hunderte von Großklingenkernen, die unterschiedliche Abbaustadien repräsentieren, in Gruben geschichtet. Diese sind von der Bearbeiterin plausibel als Vorratsgruben einer Klingenwerkstatt gedeutet worden.[404] Aus Syrien liegen bislang kaum publizierte Beispiele von Großklingenkernen vor. Dies unterstreicht die Bedeutung der Funde aus Tell Chuēra.[405]

Ein weiterer Fundkomplex, den ich als Hinweis auf einen Werkplatz deute, wurde im Zuge der Freilegung der Bauphase 31 b im Bereich K identifiziert (vgl. Abb. 3.53). Diese Bauphase umfasst Befunde der ältesten Periode der lokalen Frühbronzezeit (Tell Chuēra IA), die aufgrund der großen Tiefe des Grabungsschnitts nur auf einer begrenzten Fläche untersucht werden konnten. Die Freilegung der Bauphase 31 b erbrachte einen kleinen Komplex von Silexartefakten (n = 19), die auf bzw. wenige Zentimeter oberhalb einer Begehungsfläche lagen.[406] Einige dieser Funde lassen sich m. E. mit der Herstellung und Verarbeitung von Silexgroßklingen in Zusammenhang bringen. Hierzu gehören ein paar schwe-

401 TCH 1983 P 66-1 bis 66-4.

402 Zu den Grabungen im Bereich P vgl. Orthmann u. a. 1986. Zur Datierung der Bauphasen in diesem Bereich vgl. Hempelmann 2013.

403 Behm-Blanke 1992: 216-218.

404 Hartenberger 2003: 127-138.

405 Eine Großklingenproduktion ist in Syrien meines Wissens bisher ausschließlich in Tell Brak dokumentiert worden. Die Kernsteinfunde aus Brak können in das Spätchalkolithikum (LC 5) datiert werden (vgl. Oates 1993).

406 Die n = 19 Artefakte lagen direkt auf oder über der Begehungsfläche der Phase 31 b. Insgesamt erbrachten die Befunde der Bauphase 36 Silexartefakte.

407 TCH 07 K 1037-18 und -19.

408 TCH 07 K 1037-16.

409 TCH 07 K 1033-1 bis -3.

410 TCH 07 K 1037-15, TCH 07 K 1037-16.

re Hammersteine[407] (vgl. Abb. 3.29:2-3, Abb. 3.53:3), eine vollständige und unmodifizierte Großklinge[408] sowie ein Depot, das sich aus drei ebenfalls unbearbeiteten kanaanäischen Klingen zusammensetzt[409] (Abb. 3.53:2). Ferner fanden sich einige retuschierte Großklingensegmente[410] und ein meißelartiges Gerät aus Kupfer[411] (vgl. Abb. 3.52:1), das in einer kleinen, in die Begehungsfläche eingetieften Grube[412] lag.

Die kreisrunde Grube besaß einen Durchmesser von etwa 15 cm und wies einen gewölbten, aus kleinen Steinen und Estrich geformten Rand auf. Aufgrund der Fundzusammensetzung der Assemblage und der Fundlage der Objekte nehme ich an, dass diese keine zufällige Auswahl repräsentieren. Meiner Meinung nach handelt es sich bei den Stücken nicht nur um sekundären Abfall, sondern um eine Mischung aus primärem und De facto-Abfall, d. h. um Objekte, die an dem Ort, an dem sie zuletzt benutzt bzw. hergestellt wurden, liegen blieben und einsedimentiert wurden. Die beiden Hammersteine könnten nicht nur auf eine gezielte Abschlagproduktion, sondern auch auf die Präparation von Klingenkernen verweisen.

Das meißelartige Kupferartefakt interpretiere ich als möglichen Bestandteil eines Kompositdruckstabes oder Zwischenstücks, wie sie für die Herstellung von Großklingen rekonstruiert worden sind (vgl. Teilkapitel 3.2.3.2)[413]. Alternativ besteht die Möglichkeit, dass das Objekt im Kontext der Sekundärproduktion als Retuscheur zum Einsatz kam.[414] Interessant erscheint die Fundlage des Objekts in der kleinen Grube. Großklingenkerne mussten bei der Applizierung der Drucktechnik möglichst fest arretiert werden. Von experimentalarchäologischer Seite sind hierfür verschiedene Haltevorrichtungen, z. B. hölzerne Klemmen, eingekerbte Baumstämme u. ä. rekonstruiert worden.[415] Angesichts der Abmessung der Grube halte ich es für denkbar, dass diese Installation dazu gedient haben könnte, einen Großklingenkern aufzunehmen, um ihn während der Abbausequenz zu stabilisieren. Diese Vermutung lässt sich nicht weiter erhärten, würde aber erklären, warum die Kupferspitze noch in der Grube liegend aufgefunden wurde. Verglichen mit dem „Canaanean Blade Workshop" in Titriş Höyük liefert der Gesamtbefund aus dem Bereich K einen gewissermaßen subtilen Hinweis für ein großklingenspezifisches Produktionssystem.[416] Da aus Nordmesopotamien bis jetzt aber kaum Informationen zu Produktionsstätten von Großklingen vorliegen, gewinnen die gut stratifizierten Funde aus dem Bereich K eine Bedeutung, die über einen Beitrag zum besseren Verständnis der lokalen Produktionssequenz hinausreicht.

Auch der vorangegangenen Bauphase 32, die ebenfalls in die Periode TCH IA datiert werden kann, entstammt eine größere Anzahl von Silices (n = 54).[417] Bei diesen handelt es sich in erster Linie um unmodifizierte Grundformen. Abgesehen vom Segment einer primären Kernkantenklinge der Großklingenproduktion[418] beinhaltet die Assemblage ein unretuschiertes Großklingensegment, 13 sekundäre Kortexabschläge, neun sekundäre Abschläge, 16 artifizielle Trümmer und eine Stichellamelle. Hinzu kommen einige Geräteformen, darunter ein Bohrer[419], ein gezähntes Stück[420] sowie mehrere modifizierte Großklingensegmente, Abschläge und Fragmente. Angesichts des Fundes der Kernkantenklinge ist zu erwägen, ob die Fundkonzentration auf eine Kontinuität des Bereiches als Werkplatz verweisen könnte.

Aus der Peripherie des „Häuserviertels" H (Bereich HMS) stammt ein größerer, bereits im Zusammenhang mit der Abschlagproduktion vorgestellter Fundkomplex (vgl. Teilkapitel 3.2.1.4; vgl. Abb. 3.5:2). Es handelt sich um n = 41, größtenteils unmodifizierte Abschläge und einige Trümmer, die ausnahmslos aus dem Silex der Rohmaterialgruppe F 2 bestehen (siehe auch Tabelle 4.2.2-VIII). Die Stücke fanden sich in einer in die Periode ID datierten Schuttschicht. Mehrere Silices aus diesem Komplex ließen sich aneinander anpassen, so dass ich davon ausgehe, dass das Material wahrscheinlich im Zuge eines Abbauvorgangs anfiel. Der Umstand, dass die Abschläge umgehend verworfen wurden, spricht m. E. dafür, dass die Erzeugung einfacher Abschläge nicht das eigentliche Ziel des hier dokumentierten Arbeitsvorgangs gewesen sein dürfte. Ich halte es vielmehr für wahrscheinlicher, dass die Débitage im Zuge der Präparation (Stufe II-2 bis II-6) eines Großklingenkernsteins entstand. In Ermangelung technomorphologisch diagnostischer Funde, z. B. Kernkanten, lässt sich diese Vermutung jedoch nicht weiter erhärten.

411 Fundnummer TCH 07 K 12.

412 Befund TCH 07 K 1044.

413 Ein vergleichbares, allerdings stärker korrodiertes Kupfergerät wurde 2003 im Bereich H geborgen (FNr. TCH 03 H 20). Es stammt aus einem Schichtzusammenhang der regionalen Periode ID.

414 Für diesen Hinweis danke ich J. C. Whittaker (mündliche Mitteilung). Eine technologische Analogie liefern pfriemartige Werkzeuge aus gediegenem Kupfer, die von den prähistorischen Bewohnern des nordamerikanischen mittleren Westens als Retuscheure verwendet wurden (vgl. Whittaker – Romano 1996).

415 Vgl. die zusammenfassende Darstellung von J. E. Clark 2012, bes. 75-82, 117-118.

416 Alternative Erklärungsansätze sind denkbar: So könnte der Gesamtbefund auch einen Werkplatz der Abschlagproduktion anzeigen, an dem importierte oder andernorts gefertigte Großklingen lediglich zerlegt wurden. Mir erscheint ein Zusammenhang mit der Großklingenproduktion jedoch am wahrscheinlichsten.

417 Dies entspricht etwa 8 Prozent aller im Bereich K aufgenommenen Silexartefakte.

418 TCH 07 K 1071-5.

419 TCH 07 K 1057-3.

420 TCH 07 K 1049-1.

Zusammenfassend deuten die hier erörterten Fundkontexte darauf hin, dass die Produktion der kanaanäischen Klingen in Tell Chuēra in den Wohnbereichen der Siedlung, d. h. in einem häuslichen Umfeld erfolgte.

3.2.3.5 Handwerkliche Spezialisierung in frühurbanem Kontext: Die Identifizierung der Produzenten

Die kontextuelle Analyse des großklingenspezifischen Produktionssystems, die ich im vorrangegangenen Teilkapitel vorgelegt habe, erbrachte wichtige Informationen in Bezug auf die Identifizierung der Produzenten. Insbesondere die Deutung der Kernsteinfunde aus dem Bereich P als Depotfund und die Interpretation der Fundkonzentration aus dem Bereich K als Werkplatz können in einem weiteren Interpretationsschritt als Hinweis darauf gewertet werden, dass es sich bei den Produzenten der Großklingen um Mitglieder ortsansässiger Haushalte handelte, die ihr Handwerk in den Wohngebieten der Siedlung ausübten.[421] Dabei nehme ich an, dass es sich bei der Produktion der Klingen – im Gegensatz zur Abschlagindustrie – nicht um eine von breiten Bevölkerungsteilen praktizierte Kulturtechnik handelte, sondern dass ihre Fertigung an die Spezialisierung einzelner Haushalte geknüpft war.

Das Thema der handwerklichen Spezialisierung ist in der Archäologie in den letzten Jahrzehnten sehr intensiv und kontrovers diskutiert worden. Eine einleitende Begriffsbestimmung und Erörterung dieses Begriffes erscheinen mir daher sinnvoll. Anschließend werde ich auf weitere Beobachtungen eingehen, die m. E. dafür sprechen, dass es sich bei den Großklingen aus Tell Chuēra um Erzeugnisse einer spezialisierten Produktion handelt. Darauf aufbauend wird der Versuch unternommen, die Rolle der Großklingenproduzenten innerhalb des wirtschaftlichen und sozialen Gefüges der frühbronzezeitlichen Siedlung näher zu beleuchten. Hierfür werde ich mich auf die archäologischen Beobachtungen aus Tell Chuēra sowie insbesondere auf Modelle von C. L. Costin[422], G. J. Stein und M. J. Blackman[423] beziehen. Während Costin allgemeine Definitionen für verschiedene Formen der Spezialisierung vorgelegt hat, haben sich Stein und Blackman auf spezifischerer Ebene mit der Güterproduktion in den frühbronzezeitlichen Stadtstaaten Nordmesopotamiens befasst.

Innerhalb der Archäologie geht die Diskussion um die Bedeutung des Phänomens der handwerklichen Spezialisierung einmal mehr auf Überlegungen V. Gordon Childes zurück.[424] In mehreren Schriften, die zwischen den 1930er und 1950er Jahren erschienen, postulierte Childe einen starken Zusammenhang zwischen der Produktion agrarischer Überschüsse, Urbanisierung und einer fortschreitenden gesellschaftlichen Arbeitsteilung. In Mesopotamien lief diese Entwicklung nach Childe langfristig darauf hinaus, dass Eliten Handwerker von der agrarischen Produktion freistellen konnten, um hierdurch die Herstellung begehrter und strategisch relevanter Güter zu intensivieren. Childe stand dabei primär das Bild einer Vollzeitspezialisierung von Produzenten vor Augen.[425]

Seit den 1970er Jahren wurde die wissenschaftliche Auseinandersetzung mit der Frage nach unterschiedlichen Organisationsformen der Güterproduktion von anthropologischer wie sozialarchäologischer Seite aus verstärkt vorangetrieben.[426] Dies führte zu einer Klassifizierung und Differenzierung verschiedener Erscheinungsformen spezialisierter Produktionssysteme sowie zu unterschiedlichen Einschätzungen hinsichtlich der Bedeutung von Spezialisierungsprozessen für die Entstehung komplex organisierter[427] und urbaner Gesellschaften. Viele dieser Studien besitzen eine generalisierende und komparative Stoßrichtung und haben Kategorien entwickelt, die sich – dem Anspruch nach – auf verschiedene historische und kulturelle Kontexte anwenden lassen.[428] Inzwischen liegt ein umfangreicher Korpus an Forschungsliteratur zum Themenkomplex Spezialisierung vor, der hier nur selektiv rekapituliert werden kann.[429]

Einen Überblick über verschiedene Ansätze, die die Diskussion der vergangenen Jahrzehnte nachhaltig geprägt haben, liefert der von E. M. Brumfiel und T. K. Earle herausgegebene Band Specialization, exchange, and complex societies.[430] Für aktuellere Beiträge, die z. T. fundamentale Kritik an diesen Ansätzen formuliert haben, sei hier exemplarisch auf die Artikel Craft Specialization as an Archaeological Category von J. E. Clark[431] und Craft specialization, the reorganization of production relations and state formation, von T. C. Patterson verwiesen.[432] Ferner soll an dieser Stelle der Hinweis auf den Sammelband Rethinking Craft Specializati-

421 Diese Einschätzung kontrastiert das Bild von Wanderhandwerkern, über die in der Forschung immer wieder spekuliert wird.

422 Costin 1991.

423 Stein – Blackmann 1993.

424 Zur Rolle Childes als „Stichwortgeber" der sozial- und wirtschaftsarchäologischen Fragestellungen vgl. auch Teilkapitel 1.3.3.

425 Für eine kurze Zusammenfassung von Childes Thesen vgl. z. B. Childe 1956. Einen guten Überblick zu Childes Thesen liefert Patterson 2005.

426 Die Diskussion um den Themenkomplex Spezialisierung wurde im Wesentlichen von Seiten der anglophonen Forschung geführt.

427 Ich verwende den Begriff „komplex organisierte Gesellschaft" im Sinne von G. J. Stein (1998: 1); vgl. Teilkapitel 1.1, Anmerkung 7.

428 Vgl. z. B. Sinopoli 1988; Costin 1991.

429 Ich beschränke mich dabei v. a. auf Beiträge der 1980er und 1990er Jahre, die ich für besonderes relevant erachte.

430 Brumfiel – Earle 1987.

431 Clark 1995.

432 Patterson 2005.

433 Hruby – Flad 2007.

434 Costin 1991.

435 Wattenmaker 1998: 3.

436 Stein - Blackmann 1993.

on in Complex Societes: Archaeological Analyses of the Social Meaning of Production[433] gegeben werden, dem zahlreiche weiterführende Literaturhinweise zu entnehmen sind.

In Anlehnung an Definitionen von C. L. Costin[434], P. Wattenmaker[435], G. J. Stein und M. J. Blackman[436] verstehe ich Spezialisierung als eine spezifische Organisationsform der Produktion. Im Gegensatz zu nicht spezialisierten ökonomischen Tätigkeiten beschreibt Spezialisierung eine Situation, in der ein Produzent ein bestimmtes Gut oder eine Dienstleistung in einer Quantität herstellt bzw. in einem Grad zur Verfügung stellt, die den Eigenbedarf übersteigt (Mehrprodukt).[437] Die Herausbildung der handwerklichen Spezialisierung ist folglich eng mit einer arbeitsteiligen Organisation von Produktionsvorgängen und dem Austausch von Gütern zwischen sozialen Gruppen innerhalb einer oder zwischen verschiedenen Siedlungen verknüpft. Aus Sicht der Produzenten ist eine Intensivierung produktiver Tätigkeiten oder Dienste – so sie nicht unter Zwang erfolgt – mit der Erwartung einer Gegengabe oder Entlohnung verbunden, die sie im Austausch für ihr Mehrprodukt oder bestimmte Dienstleistungen erhalten. Es greift jedoch zu kurz, die Spezialisierung auf bestimmte Tätigkeiten auf eine freiwillige Option im Sinne einer ökonomischen Strategie einzelner Produzenten zu reduzieren. Als Ausdruck eines gesellschaftlichen Verhältnisses ist das Phänomen in die sozioökonomische Struktur einer Gesellschaft eingebettet und steht darüber hinaus in Abhängigkeit zur Versorgungslage mit bestimmten Ressourcen sowie dem Stand der technologischen Entwicklung. Diese Faktoren können sich der bewussten Kontrolle der einzelnen Produzenten weitgehend entziehen[438], obwohl diese an der Produktion und Reproduktion dieser Strukturen beteiligt sind. Insbesondere die gesellschaftlichen Rahmenbedingungen können Anpassungsdruck und Zwänge erzeugen, die dazu führen, dass sich Produzenten und Konsumenten bestimmter Güter letztlich in einem System gegenseitiger Abhängigkeit wiederfinden. Dabei können das Mehrprodukt der Spezialisten und damit ihre Arbeitskraft ggf. zum Gegenstand eines asymmetrischen und durch eine negativ reziproke Geisteshaltung (Sahlins) gekennzeichneten Austausches werden. Hierzu kann es kommen, wenn sozioökonomisch dominante Gruppen oder Institutionen eine unmittelbare Kontrolle über spezialisierte Produzenten erlangen und die Ausbildung spezialisierter Formen der Produktion fördern. Abgesehen von den Hinweisen auf eine innerhalb der Siedlung räumlich begrenzte Produktion von Großklingen in Tell Chuēra, lassen sich weitere Argumente anführen, die für eine Herstellung der Klingen durch Spezialisten sprechen:

1. der standardisierte Charakter der erzeugten silextechnologischen Grundformen,
2. die technologische Komplexität des Herstellungsprozesses, sowie
3. Hinweise auf die Organisation eines Imports von Rohmaterial und damit einer räumlichen Differenzierung der großklingenspezifischen operationellen Sequenz

Sowohl in Chuēra wie in Kharab Sayyar wurden nahezu das gesamte 3. Jt. v. u. Z. hindurch Klingen verwendet, die sich in Bezug auf Metrik, Morphologie und das verwendete Rohmaterial gleichen (vgl. Teilkapitel 3.2.3.3). Hierin kommt ein Grad der Standardisierung zum Ausdruck[439], der sich wahrscheinlich mit einer stärker auf Effizienz ausgerichteten Überschussproduktion einfacher Gebrauchsgüter in Zusammenhang stellen lässt. Kritisch anzumerken ist hierbei jedoch, dass ein Verharren auf einer Verwendung von Klingen eines bestimmten Formates letztlich auch einer langlebigen technologischen Tradition geschuldet sein könnte, Werkzeuge auf eine bestimmte Art und Weise herzustellen.

Ein weiterer Hinweis für eine handwerkliche Spezialisierung lässt sich aus der relativen Komplexität der Großklingentechnik ableiten.[440] Die Fertigung kanaanäischer Klingen erforderte zweifellos Übung, ein hohes Maß an praktisch-technologischer Expertise und war darüber hinaus mit der Anschaffung eines geeigneten Werkzeugbestandes verbunden.[441]

Zu Recht ist darauf verwiesen worden, dass sich Faktoren wie handwerkliche Kenntnis und praktisch-technologisches Geschick aus heutiger Perspektive nur schwer ermessen lassen.[442] Zudem können auch komplexe Fertigungsprozesse in einem nicht spezialisierten Rahmen erfolgt sein. Die postulierte Komplexität eines Herstellungsverfahrens eignet sich daher nicht per se als Kriterium zur Identifizierung spezialisierter Formen der Produktion. In Tell Chuēra – wie auch an anderen frühgeschichtlichen Fundorten – erscheint die Kluft zwischen einfacher Abschlagproduktion und Großklingenproduktion jedoch so groß und der Niederschlag großklingenspezifischer Débitage gleichzeitig so gering bzw. auf wenige Bereiche (bzw. Fundplätze) konzentriert, dass m. E. von einer kleinen Anzahl von Produzenten auszugehen ist, wodurch wiederum eine spezialisierte Form der Produktion impliziert wird.

437 Der Terminus „handwerkliche Spezialisierung" wird normalerweise nicht zur Beschreibung einer haushaltsinternen Arbeitsteilung herangezogen, der in vielen Gesellschaften alters- und geschlechtsspezifischen Kriterien unterliegen kann (vgl. Costin 1991: 4).

438 Costin 1991: 2; Stein - Blackman 1993: 29-30.

439 Zur Diskussion um das Merkmal der Standardisierung als Hinweis auf Spezialisierung vgl. Costin 1991: 33; Stein – Blackman 1993: 31; Pope – Pollock 1995 und Stein 1998: 20.

440 Vgl. Anderson u. a. 2004: 119-118.

441 Kupferarmierte Hebelkonstruktion und/oder Kompositzwischenstück (Punch) mit Schlegel, Hammersteine verschiedenen Formats und eine Haltevorrichtung für den Kernstein.

442 Costin 1991: 39-40.

Die Produzenten griffen dabei – der technologischen Rekonstruktion zufolge – auf ein spezifisches Set von Steinbearbeitungstechniken und Werkzeugen zurück. Ich nehme an, dass die praxisbezogene Kenntnis über das technologische Verfahren der Klingenherstellung während der Frühbronzezeit nicht mehr weit verbreitet war und nicht allgemein praktiziert wurde.

Denkbar ist, dass der Personenkreis, der mit Herstellung der Großklingen befasst war, auch für die Produktion der nicht-kanaanäischen Klingen aus Silex und Obsidian verantwortlich war. Diese Grundformen wurden wahrscheinlich ebenfalls durch eine Applizierung von Drucktechniken erzeugt und stehen den Großklingen dadurch in technologischer Hinsicht näher als die Abschlagindustrie. In Ermangelung entsprechender Kontextdaten lässt sich dieser Eindruck jedoch argumentativ nicht weiter untermauern. Der geringe Anteil nicht-kanaanäischer Klingen am Gesamtaufkommen der frühbronzezeitlichen Lithik spricht allerdings dafür, dass sie nur selten und wahrscheinlich von wenigen Produzenten gefertigt wurden. In Tell Chuēra war die Fabrikation von Großklingen an den Import lokal nicht verfügbaren Rohmaterials geknüpft (vgl. Teilkapitel 3.1). Wahrscheinlich gelangte es in Form vorpräparierter Stücke in die Siedlung. Hieraus ergibt sich ein Hinweis auf die räumliche Differenzierung der großklingenspezifischen operationellen Sequenz. Die Beschaffung geeigneten Silexmaterials wird mit einem gewissen logistischen Aufwand verbunden gewesen sein. Da die Produzenten die schlagtechnische Qualität des Rohmaterials am besten beurteilen konnten, besteht Anlass zu der Vermutung, dass sie die Rohstoffbeschaffung selbst organisierten. Entweder verfügten die Produzenten über Kontakte in benachbarte Regionen mit Silexressourcen oder es handelte sich bei ihnen um Angehörige einer relativ mobilen Gruppe, etwa um saisonal transhumante Hirten, die während ihrer Abwesenheit auf direktem oder indirektem Wege (Austausch) an das Rohmaterial gelangten.

Innerhalb der Archäologie wird die Herausbildung spezialisierter Produktionssysteme v. a. im Zusammenhang mit der Frage nach der Entstehung komplex organisierter Gesellschaften diskutiert: „Specialized craft production is a major characteristic of all complex societies, and the identification of craft specialization has often been used by archaeologists as a defining trait in identifying and studying the emergence of political complexity"[443]. Hingegen liegen nur wenige Untersuchungen zur spezialisierten Güterproduktion in sozial nicht bzw. weniger stark vertikal stratifizierten Gesellschaften vor[444], obwohl sie bis zu einem gewissen Grad auch in diesen vorkommt.[445] Nach J. R. Cross konnten Spezialisten in politisch weniger komplex organisierten Gesellschaften dazu beitragen, soziale, politische und wirtschaftliche Bindungen zwischen Gruppen, Haushalten und Personen zu etablieren bzw. zu stärken und Netzwerke gegenseitiger sozialer Verpflichtungen zu generieren.[446] Diese Faktoren spielten wahrscheinlich auch noch in politisch stärker organisierten Gesellschaften wie dem frühurbanen Tell Chuēra eine gewisse Rolle, etwa im Rahmen des informellen Gütertausches zwischen benachbarten oder befreundeten Haushalten.

Weitere Fragen, die in Bezug auf das Phänomen der Spezialisierung erörtert werden, betreffen die Möglichkeit der Identifikation spezialisierter Produktionsformen mit archäologischen Mitteln sowie den organisatorischen Kontext und das Beziehungsgeflecht von spezialisierter und nicht spezialisierter Produktion.[447]

C. L. Costin stellt in zutreffender Weise heraus, dass handwerkliche Spezialisierung nicht nur als ein durch die An- oder Abwesenheit eines bestimmten Organisationsprinzips gekennzeichneter Zustand, sondern auch als ein gradueller Prozess charakterisiert werden kann: „Specialization is not a single organizational state, nor is it a present/absent condition. First, it has degrees (...). Second, specialization can be organized in many ways; there are many types of specialization." [448]

Zur Beschreibung verschiedener Erscheinungsformen oder „Typen" der Spezialisierung sind von archäologischer wie sozialanthropologischer Seite unterschiedliche Modelle erarbeitet worden, die in der Regel aus ethnographischen Beobachtungen und historischen Daten abgeleitet wurden. Ein wiederkehrendes und meiner Meinung nach plausibles Unterscheidungskriterium bilden dabei der Grad der Kontrolle und das Ausmaß der Förderung spezialisierter Produzenten durch Eliten und politische Institutionen. So unterscheiden E. M. Brumfiel und T. K. Earle grundlegend zwischen unabhängigen Spezialisten (independent specialists) und angeschlossenen bzw. abhängigen Spezialisten (attached specialists).

Während es sich bei den unabhängigen Spezialisten um mehr oder weniger autonome Produzenten handelt, die sich v. a. mit der Herstellung einfacher Gebrauchsgüter befassen, stehen die angeschlossenen Spezialisten in einem Abhängigkeitsverhältnis zu sozial übergeordneten Institutionen. Mit Blick auf Mesopotamien wären dies v. a. die „großen Haushalte" Tempel und Palast (vgl. Teilkapitel 1.3.2).

Abhängige Spezialisten sind tendenziell eher mit der Herstellung von Wertgegenständen und Gütern betraut, die sich besonders gut dafür eignen, soziale Informationen wie z. B. Distinktion zu kommunizieren. Auch Güter oder Dienstleistungen, die für die Durchsetzung bzw. Aufrechterhaltung der politischen Ordnung entscheidend sind, werden nach Brumfiel und Earle in frühen, komplex organisierten Gesellschaf-

443 Sinopoli 1988: 581. Vgl. auch Brumfiel – Earle 1987; Earle 1987: 64; Wattenmaker 1998: 2-5; Stein 1998: 18-19.

444 Cross 1993.

445 Wattenmaker 1998: 3; Patterson 2005: 321.

446 Cross 1993: 61-62.

447 Stein 1998: 19.

448 Costin 1991: 4-5.

ten eher von abhängigen Spezialisten gefertigt bzw. bereit gestellt. In der Förderung der abhängigen Form der Spezialisierung erkennen sie v. a. eine Strategie der Eliten, die darauf abzielt, Einfluss über wichtige Bereiche des politischen und wirtschaftlichen Lebens zu erlangen: „Specialization arises from the explicit desire of the ruling elites to control the production and distribution of certain politically charged commodities and to direct activities of crucial poltical importance such as taxation, warfare, and public ritual. Simply stated, specialists develop in close association with ruling elites and institutions as a direct means of strengthening and maintaining control through economic leverage, coercive power, and legitimization".[449]

Ausgehend von einer Untersuchung verschiedener handwerklicher Tätigkeiten im Kontext des südindischen Reiches von Vijayanagara (14. bis 16. Jh. u. Z.) entwickelte C. M. Sinopoli ein allgemeines dreigliedriges Modell zur Kategorisierung spezialisierter Formen der Produktion[450]. Sie differenziert dabei „three organizational modes of specialized production". Auch Sinopoli räumt dem Grad der politischen Kontrolle, dem die Produzenten unterworfen sind, eine zentrale Rolle ein. Ihr Modell beinhaltet eine nicht zentralisierte Form der spezialisierten Produktion (noncentralized production), die weitestgehend identisch mit der von Brumfiel und Earle beschriebenen Produktion durch unabhängige Spezialisten ist. Dieser Form der Güterproduktion steht nach Sinopoli ein verwaltetes Produktionssystem (administered production) gegenüber, welches weitgehend der angeschlossenen Spezialisierung entspricht. Zwischen diese beiden Polen fügt Sinopoli die zentralisierte Produktion (centralized production) ein. Diese Kategorie beschreibt Organisationsformen der Produktion, in der größere, räumlich abgegrenzte Produktionsbereiche existieren, die von spezialisierten Handwerkern betrieben werden, jedoch keiner direkten Kontrolle unterstehen.[451] Spezialisierte Produktionssysteme changieren nach Sinopoli zwischen diesen drei Organisationsformen:

Nicht zentralisierte Produktion < > Zentralisierte Produktion < > Administrierte Produktion

Im Zusammenhang mit einer Untersuchung zu den wirtschaftlichen und sozialen Verhältnissen in der frühbronzezeitlichen Siedlung Kurban Höyük am mittleren türkischen Euphrat hat P. Wattenmaker – teils im Rückgriff auf die Kategorien Sinopolis – ein ebenfalls dreiteiliges Schema zur Differenzierung verschiedener Formen der Produktion vorgelegt.[452] Wattenmaker unterscheidet zwischen einer spezialisierten Güterproduktion in kleinem Rahmen (small-scale specialized production), einer in räumlicher Hinsicht konzentrierten Produktion (nucleated production) und einer verwalteten Produktion (administered production). Die Güterproduktion in kleinem Rahmen bezieht sich nach Wattenmaker auf die Produktion von Überschüssen in einem häuslichen Kontext bzw. in einem, an ein Wohnhaus angeschlossenen Werkstattbereich (Heimwerk). Dagegen handelt es sich bei der in räumlicher Hinsicht konzentrierten Spezialisierung um eine intensivere Form der Produktion, die zudem in einem räumlich vom Wohnumfeld abgetrennten Bereich erfolgt. Beide Erscheinungsformen der spezialisierten Produktion können nach Wattenmaker situationsbedingt zum Gegenstand adminstrativer Kontrolle werden: „In theory, production on any level (e.g. small-scale specialized production, nucleated production) may be administered, although administered production is most easily recognizable in an archaeological situation when workshops are nucleated and associated with administrative buildings or artifacts."[453]

Eine detaillierte Beschreibung verschiedener Erscheinungsformen handwerklicher Spezialisierung ist von C. L. Costin formuliert worden. Ausgehend von vier Parametern – dem Kontext der Produktion (context of production), der relativen Konzentration von Produktionsstätten in regionaler Perspektive (relative regional concentration of production facilities), der Größe der Produktionseinheiten (scale of the production units) und der Intensität der Produktion (intensity of production) – differenziert Costin acht allgemeine Formen der Spezialisierung, die in unterschiedlichen historischen und kulturellen Kontexten auftreten können.[454] Costins Modell ist meiner Meinung nach gut dafür geeignet, die Ebene der empirischen Daten mit weitergehenden Überlegungen hinsichtlich der Organisation produktiver Tätigkeiten zu verknüpfen. Dies liegt v. a. daran, dass es Möglichkeiten aufzeigt, wie sich verschiedene Merkmale der handwerklichen Spezialisierung archäologisch identifizieren lassen.

In jüngerer Zeit sind die hier skizzierten Forschungsansätze, die eine Kategorisierung verschiedener Organisationsformen handwerklicher Produktionssysteme vorgelegt haben, einer teilweise fundamentalen Kritik unterzogen worden. Dabei wurde insbesondere Costins innerhalb der Archäologie stark rezipiertes Modell ins Visier genommen. Exemplarisch verweise ich in diesem Zusammenhang auf den 2007 erschienenen Sammelband Rethinking Craft Specialization in Complex Societies. Archäologen, die Costins Modell und vergleichbare Systematiken kritisieren, bemängeln in der Regel deren generalisierenden Anspruch, die Fokussierung auf Strukturen sowie die zumindest implizite Einbettung entsprechender Überlegungen in die Vorstellung einer soziokulturellen Evolution (Neoevolutionismus)[455]. Besonders deutlich fällt die Kritik J. E. Clarks aus, die sich in besagtem

449 Brumfiel – Earle 1987: 5.
450 Sinopoli 1988. Vgl. auch Sinopoli 2003.
451 Sinopoli 1988: 581.
452 Wattenmaker 1998.
453 Wattenmaker 1998: 4.
454 Costin 1991: 8-18.
455 Vgl. z. B. Patterson 2005: bes. 310-314.

Band findet: „Many of the current difficulties with concepts are that they were designed with global questions in mind, dealing with systems and their parts. With the turn to agency and individual group action, the tired holistic categories of processual archaeology no longer work. We need an integrated theory of persons, things, actions and objectification. Needed observational categories must conform to the postulates and scales implicit in this theory if they are to serve. We can start this by removing obstructing categories to view more clearly the materiality of concrete practices".[456] Ich teile Clarkes Kritik nicht. Modelle, wie sie u. a. von Costin und Sinopoli formuliert wurden, bilden zwangsläufig – und hier sei hingefügt, auch notwendigerweise – grobe Vereinfachungen. Sie versetzen uns jedoch zumindest in die Lage, verschiedene Produktionssysteme miteinander zu vergleichen. Dies ist insbesondere im Hinblick auf die Untersuchung der Produktion einfacher Gebrauchsgüter im frühgeschichtlichen Nordmesopotamien entscheidend, da diese immer noch in ihren Anfängen steht.[457] Ich halte die Unterscheidung spezialisierter und nicht spezialisierter Produktion sowie eine darüber hinaus gehende Differenzierung in verschiedene Erscheinungsformen produktiver Tätigkeiten weiterhin für hilfreich; und zwar unabhängig davon, dass innerhalb des Bereichs der Güterproduktion mit diversen Übergangsformen zu rechnen ist, die mit Hilfe von Costins Ansatz und vergleichbaren Modellen nur schwerlich erfasst werden können.

Die Frage nach der Möglichkeit von Haushalten, an Produktionsprozessen und der Verteilung von Rohstoffen und Gütern zu partizipieren, steht in direktem Zusammenhang mit der Frage nach der sozialen Kontrolle über wirtschaftliche Vorgänge. Diese bildet einen zentralen Faktor bei der Herausbildung komplex organisierter Gesellschaften.[458] Eine Analyse von Produktionssystemen anhand einer Differenzierung spezialisierter Formen der handwerklichen Produktion kann m. E. dazu beitragen, diesen Komplex zu erhellen. Dies gilt allerdings nur, wenn dabei unspezialisierte Formen der häuslichen Produktion und Reproduktion gleichermaßen berücksichtigt werden.

Im Folgenden unternehme ich den Versuch, die Großklingenproduktion in Tell Chuēra zunächst im Rückgriff auf Costins Kategorien zu beschreiben und zu untersuchen, um weitergehende Aussagen hinsichtlich der sozialen Stellung und Identität der Produzenten herauszuarbeiten: Demzufolge kann der organisatorische Rahmen der Klingenherstellung in Tell Chuēra am ehesten als eine Form der individuellen Spezialisierung (individual specialization: autonomous individuals or households producing for unrestricted local consumption) rekonstruiert werden.[459] Bei den Produzenten handelte es sich demnach um Mitglieder einzelner Haushalte, die wahrscheinlich keine in räumlicher Hinsicht von ihren Wohnhäusern abgetrennte Werkstattbereiche unterhielten. Stattdessen betrieben sie ihr Handwerk im Kontext einer intensivierten häuslichen Produktion. Angesichts der geringen Menge großklingenspezifischer Débitage, die vor Ort geborgen wurde, vermute ich – wie bereits erwähnt –, dass von einem relativ kleinen, möglicherweise nur einige Haushalte umfassenden Produzentenkreis auszugehen ist (vgl. Abb. 3.35:2). Aufgrund der enormen Größe der frühbronzezeitlichen Siedlung und ihres zentralörtlichen Charakters besteht die Möglichkeit, dass lokal ansässige Spezialisten die kleineren Siedlungen des Hinterlandes mitversorgt haben könnten. Diesbezüglich fehlt es bislang jedoch an konkreten archäologischen Hinweisen. Für das Importszenario spricht immerhin, dass die großklingenspezifische Chaîne Opératoire für den Fundort Kharab Sayyar nur lückenhaft rekonstruiert werden konnte (vgl. Teilkapitel 3.2.3.2). Zudem lässt sich für Kharab Sayyar eine gewisse Präferenz der zweischneidigen Mittelklingen beobachten. Dies ist möglicherweise als Hinweis auf eine importbedingte Auswahlpraxis zu deuten. Eventuell bezogen die Bewohner Kharab Sayyars Klingen aus Tell Chuēra – angesichts der geringen Größe der Stichprobe aus dem kleineren Fundort ist von einer allzu weitreichenden Interpretation jedoch Abstand zu nehmen. Segmente kanaanäischer Klingen wurden in Tell Chuēra in nahezu allen Bereichen der frühbronzezeitlichen Siedlung gefunden. Offenbar produzierten die Klingenschmiede ein Gut, das von einem Großteil der damaligen Bevölkerung genutzt wurde. Eine hinreichende Nachfrage, die als Grundvoraussetzung für die Etablierung einer spezialisierten Produktion von Gebrauchsgütern angenommen werden kann, erscheint somit evident. Diese Nachfrage blieb über den gesamten Verlauf der Frühbronzezeit intakt. Anzeichen dafür, dass die lokale Klingenproduktion in einem zentralisierten Rahmen erfolgte und der Kontrolle durch Eliten oder größere Institutionen unterstand, liegen nicht vor. In Bezug auf den Kontext der Produktion gehe ich daher von weitgehend autonom agierenden Produzenten aus, die – zumindest in Bezug auf die Ausübung ihrer spezialisierten Tätigkeit – nach eigenem Ermessen über ihre Arbeitskraft verfügten und das Produktionsvolumen wahrscheinlich am allgemeinen Bedarf der Siedlung ausrichteten.

Segmentierte Großklingen kamen schwerpunktmäßig in einem agrarischen Funktionszusammenhang und somit in erster Linie saisonal zum Einsatz (vgl. Teilkapitel 4.1.3).[460] Mit Blick auf die Größe der Produktionseinheiten[461] nehme ich an, dass die Grundproduktion von Mitgliedern einzelner Haushalte getragen wurde. Die spezialisierten Steinschläger

456 Clark 2007: 32. Die wissenschaftliche Auseinandersetzung zwischen Clark und Costin lässt sich bis in die frühen 1990er Jahre zurückverfolgen (vgl. Clark 1995).

457 Vgl. z. B. Pfälzner 2001: 382; Wattenmaker 1998: 2.

458 Stein 1998: 8.

459 Vgl. Costin 1991: 11-13.

460 Zur funktionalen Deutung der kanaanäischen Klingen vgl. Kapitel 4. Zur Saisonalität der Nutzung von Silexklingen vgl. auch Pollock 2008.

461 Vgl. Costin 1991: 15.

rekrutierten sich wahrscheinlich primär aus dem engeren und erweiterten familiären Umfeld, wobei ausgehend von ethnographischen Beobachtungen vermutet werden kann, dass die speziellen Fertigungstechniken innerhalb der Haushalte tradiert und an die Kinder weitergegeben wurden, wie dies – obschon Ausnahmen existieren – in vielen traditionelleren Gesellschaften der Fall zu sein scheint: „In general, boys learn crafts from their fathers or other older male relatives and girls learn crafts from their mothers or other older female relatives, and this learning is often integrated, formally or informally, into the flow of everyday community life."[462]

Die Herstellung von Silexartefakten wird häufig implizit als eine männliche Domäne dargestellt[463]. Im frühbronzezeitlichen Mesopotamien sind Formen der geschlechtsspezifischen Arbeitsteilung im Kontext der Güterproduktion – als Beispiel kann auf den Sektor der Textilproduktion verwiesen werden[464] – belegt. Ob die Fertigung von Silexklingen geschlechtsspezifisch organisiert war, ist aufgrund der Datenlage allerdings nicht zu beantworten.

Als Werkplätze für die Steinbearbeitung kommen, wie für diverse andere produktive Tätigkeiten auch, die Hofflächen von Wohnhäusern in Frage. Eine entsprechende Nutzung der Hofbereiche würde u. a. erklären, warum in Tell Chuēra nur in wenigen Bereichen Fundkontexte dokumentiert wurden, die unmittelbar Rückschlüsse auf die Lokalisierung der Großklingenproduktion zulassen (vgl. Teilkapitel 3.2.3.4). Bei einer Nutzung von Höfen als Werkplätze steht zu erwarten, dass diese periodisch von Produktionsabfällen gesäubert wurden; dies gilt in besonderem Maße für die scharfkantige lithische Débitage, da diese ein Gesundheitsrisiko darstellte.

In Bezug auf die Intensität der Großklingenproduktion, gehe ich von einer Teilzeitspezialisierung aus. Ein Bedarf an Großklingen bestand – wie bereits aufgeführt wurde – v. a. saisonal, wenn die Objekte als Sichelklingen und Dreschschlitteneinsätze bei der bzw. im Anschluss an die Ernte zum Einsatz kamen (vgl. Teilkapitel 4.1.3). Vor diesem Hintergrund erscheint die Existenz von Haushalten, die sich das ganze Jahr über ausschließlich der Herstellung von Großklingen widmeten, extrem unwahrscheinlich. Erfahrene Flintschläger können innerhalb kurzer Zeit große Serien von Klingen produzieren[465]. Ist die Präparation eines Klingenkerns einmal abgeschlossen, macht es mit Blick auf die investierte Zeit nur noch wenig Unterschied, ob lediglich einige Klingen für den Eigenbedarf oder ein gewisser Überschuss an Grundformen produziert wird.

In ihrer Analyse der frühbronzezeitlichen Großklingenproduktion in Titriş Höyük kommt B. E. Hartenberger zu dem Schluss, dass es sich bei den dort ansässigen Produzenten um Teilzeitspezialisten handelte, die parallel zu ihrer handwerklichen Tätigkeit Landwirtschaft betrieben. Der Werkstattbereich in Titriş, der allein schon aufgrund der großen Menge von Kernsteinfunden und technologisch diagnostischer Débitage ein Produktionsvolumen impliziert, das um ein Vielfaches über dem Tell Chuēras gelegen haben muss, befindet sich in einem, in Bezug auf die Raumordnung und Ausstattung „normalen" Wohnhaus[466].

Meiner Meinung nach ist Hartenbergers Deutung der „Klingenschmiede" aus Titriş als Teilzeitspezialisten, die gleichzeitig in die agrarische Produktion involviert waren, nachvollziehbar und ich denke, dass sie im Sinne einer Analogie auf die Situation in Chuēra übertragen werden kann. Zudem fanden sich in Chuēra sowohl in der Schicht 6 des Bereiches P, die die Großklingenkerne erbrachte, wie auch in der Schicht 31 des Bereiches K, in der der mögliche Werkplatzbefund dokumentiert wurde, jeweils ein Großklingensegment mit lateralem Sichelglanz. Sofern man davon ausgeht, dass diese Funde nicht aus anderen Bereichen der Siedlung eingetragen wurden, lässt sich aus den Funden schließen, dass die Bewohner dieser Bereiche in die landwirtschaftliche Produktion involviert waren.

Ein dauerhafter, aber jahreszeitlich begrenzter Bedarf an Großklingen sowie der Mangel lokal verfügbaren, für die Großklingenproduktion geeigneten Rohmaterials begrenzten die Möglichkeit einer Intensivierung der spezialisierten Tätigkeit und somit auch die Möglichkeit einer Vollzeitspezialisierung von vornherein. Zudem ist anzunehmen, dass ein Auskommen als Vollzeitspezialist aus der Perspektive der frühbronzezeitlichen Haushalte auch nicht erstrebenswert war, da ein Ausstieg aus der agrarischen Produktion zwangsläufig mit einer größeren wirtschaftlichen Abhängigkeit, einem potentiell erhöhten Subsistenzrisiko und einem graduellen Verlust wirtschaftlicher Autonomie einhergegangen sein dürfte.[467]

Aus einer Teilzeitspezialisierung ergibt sich hingegen – sofern die landwirtschaftliche Produktion beibehalten wird – der Vorteil, dass sie den betreffenden Haushalten theoretisch eine Erweiterung und Diversifizierung ihrer sozioökonomischen Basis ermöglichte. Durch eine individuelle Spezialisierung konnten Haushalte ein zusätzliches Einkommen erwirtschaften, mit dem sich ggf. durch Abgaben, Ernteausfälle oder andere Faktoren verursachte Mängel kompensieren sowie im Tausch andere Güter erwerben ließen. Ferner könnten

462 Bamforth – Finley 2008. Vgl. auch Sinopli 1988: 682; Costin 1991: 15.

463 Hierzu kritisch Gero 1991; Whittaker 1994: 297-298; Bamforth - Finley 2008: 17. Das Bild der Steingeräteproduktion als charakteristisch männliche Tätigkeit könnte zumindest teilweise damit zusammenhängen, dass die Szene der modernen, experimentellen Steinschläger von Männern dominiert scheint. Auch der überwiegende Teil der Handbücher, die sich mit der Herstellung von Silexartefakten beschäftigt, ist von Männern verfasst worden.

464 Pollock 1999: 123.

465 Hartenberger 2003: 47.

466 Hartenberger 2000: 56.

467 Wattenmaker 1998: 6-7.

die Produzenten-Haushalte durch die Herstellung eines allgemein benötigten Gebrauchsgutes innerhalb ihres Umfeldes (Nachbarschaft, segmentäre Gruppe) soziale Bande bestärkt haben.

Eine mögliche Analogie für die Teilzeitspezialisten, die ich für das bronzezeitliche Tell Chuēra rekonstruiere, stellen möglicherweise die „Bauern-Handwerker Haushalte" (farmer-artisan households) dar, die M. Hagstrum im Zusammenhang mit ihrer Analyse der Ackerbau treibenden und politisch komplex organisierten Chaco Canyon-Kultur im nordamerikanischen Südwesten (ca. 700 bis 1200 u. Z.) beschreibt: „Farmer-artisan households are almost completely self-reliant in supplying the labor they need for their agricultural and craft activities. They are certain to engage in more formal reciprocal labor exchanges, (...) which are endowed with social affect and that reinforce the family's social ties and establish its social capital. Nevertheless, householders seek to minimize outside obligations and claims on their labor resources, except as they must fulfill tribute and corvee labor requirements (...)."[468]

Zu Illustrationszwecken ließe sich als weitere Analogie die Produktion von Silexklingen im Umfeld der Feuersteinminen von Çakmak in der Nordwesttürkei anführen. Die Flintschläger von Çakmak, die ihr Handwerk noch bis in die 1980er Jahre hinein betrieben, produzierten Einsätze für den traditionellen Dreschschlitten (türk. döven)[469], die in viele Regionen der Türkei exportiert wurden. Die bergmännische Ausbeutung der Flintminen erfolgte wie die Produktion der Klingen in Form einer Teilzeitspezialisierung und zwar ausschließlich in den Wintermonaten, da die Flintschläger hauptberuflich in der Landwirtschaft tätig waren[470]. Mit Blick auf das Produktionssystem von Çakmak ist jedoch zu berücksichtigen, dass diese Industrie in einem anderen wirtschaftlichen und sozialen Umfeld erfolgte als die frühgeschichtliche Klingentechnik, da sie unter den Bedingungen des Marktes für einen landesweiten Absatz produzierten. In der Frühbronzezeit könnten auch andere Distributionsformen als ein marktförmig organisierter Tausch zum Tragen gekommen sein.

Für eine breite Partizipation der Bevölkerung Tell Chuēras an der landwirtschaftlichen Produktion spricht die Beobachtung, dass Klingensegmente mit dem Merkmal Sichelglanz nahezu überall innerhalb der Siedlung gefunden wurden.[471] Vermutlich erfolgte die Erzeugung und Verteilung von Nahrung vielfach auf der Ebene der Basishaushalte und segmentärer Gruppen. Ferner dürften redistributive Praktiken in Form eines Rationensystems eine Rolle gespielt haben.[472] Insgesamt existierten wahrscheinlich nur wenige gänzlich von der Landwirtschaft freigestellte Vollzeitspezialisten.[473] Sowohl die häusliche Produktion als auch die Ausübung spezialisierter handwerklicher Tätigkeiten waren daher dem Rhythmus des landwirtschaftlichen Jahres unterworfen. Dies bedeutet, dass eine Intensivierung produktiver Tätigkeiten nicht (im engeren Sinne) agrarischen Charakters vielfach saisonal, d. h. außerhalb der Zeiten erfolgen konnte, die für das Pflügen, die Aussaat und die arbeitsintensive Ernte benötigt wurden, also in den Herbst- und Wintermonaten. In Tell Chuēra lässt sich die Existenz großer institutionalisierter Haushalte (Tempel und Palast) archäologisch nachweisen. Ich nehme an, dass die Einwohner der Stadt und der umliegenden Siedlungen diesen frühstaatlichen Institutionen gegenüber zu periodischen Arbeitsdiensten verpflichtet waren (Corvée-System).

Die Großbauten Chuēras, die ab der Mitte des 3. Jts. v. u. Z. unter Verwendung der Steinbauweise monumentalisiert wurden, sowie die Palastanlage und wichtige Elemente der kommunalen Infrastruktur (Stadtbefestigung, Straßen, Wasserbauten) konnten nur durch die massive Mobilisierung von Arbeitskraft errichtet und Instand gehalten werden (vgl. Teilkapitel 1.3.2). Unabhängig von der möglichen Existenz spezialisierter Arbeitstrupps sind diese in logistischer Hinsicht sehr aufwendigen Bauprojekte am ehesten durch die Existenz eines Corvée-Systems erklärbar. Es wird im Interesse der Eliten gelegen haben, die den Haushalten auferlegten Arbeitsdienste nach Möglichkeit so zu terminieren, dass diese nicht mit den für den Bestand der Siedlung

468 Hagstrum 2001: 49.

469 Bordaz 1969; Weiner 1980a; Whittaker u. a. 2009. Unter technologischen Gesichtspunkten sind deutliche Unterschiede zwischen der (sub)rezenten Industrie von Çakmak und der rekonstruierten bronzezeitlichen Technik zu verzeichnen. So machten die modernen Flintschläger von der Technik des direkten Schlages Gebrauch, wobei sie auf eiserne Hämmer zurückgriffen.

470 Vgl. Weiner 1980a: 383-384; Torrence 1986: 79-80.

471 In seiner Analyse der nordmesopotamischen Wohnarchitektur der Frühbronzezeit kommt P. Pflälzner (2001: 49) zu dem Schluss, dass spezialisierte häusliche Handwerker „offensichtlich keine eigene landwirtschaftliche Produktion in größerem Umfang betrieben". Auf der Basis eigener Beobachtungen sehe ich diese Einschätzung – zumindest im Hinblick auf Tell Chuēra – kritisch. Auch im Umfeld von Haushalten, die Hinweise auf handwerkliche Tätigkeiten, z. B. die Produktion von Keramik, erbrachten (z. B. Bereich E, F, W) fanden sich Klingensegmente mit Sichelglanz. Dasselbe gilt für Bereiche, die ausschließlich der Produktion dienten (Bereich ASA).

472 Für den Zeitraum der jüngeren Frühbronzezeit finden sich in den Keilschrifttexten aus Ebla und Tell Beydar Belege für ein Rationenwesen, d. h. die Grundversorgung der Bevölkerung mit Stoffen und Getreide im Rahmen einer Redistribution durch die institutionalisierten Haushalte (vgl. z. B. Sallaberger 2009: 245-246; 272; Sallaberger 2011: 319-320).

473 Vollzeitspezialisten vermute ich im Umfeld von Chuēras archäologisch nachweisbaren institutionalisierten Haushalten. Tempel und Palast werden mit rituellen und administrativen Tätigkeiten befasste Spezialisten, eine Priesterschaft, Militärs, Dienstboten, Hirten etc. unterhalten haben. Wahrscheinlich unterstanden den institutionalisierten Haushalten auch Spezialisten, die für die Erzeugung von Lebensmitteln und landwirtschaftlichen Sekundärprodukten zuständig waren.

zeitlichen Siedlung ihre Arbeitskraft im Wesentlichen in fünf Bereichen verausgaben musste. Diese umfassten:

1. die Eigenproduktion landwirtschaftlicher Erzeugnisse (Feldwirtschaft, Gartenbau und Nutztierhaltung),
2. die Überschussproduktion spezialisierter Güter,
3. den Arbeitsdienst für die Eliten und kommunale Institutionen im Kontext von Bau- und Infrastrukturmaßnahmen,
4. die agrarische Produktion unter dem Kommando der Eliten und kommunalen Institutionen, und
5. die Gesamtheit der (re)produktiven Tätigkeiten im häuslichen Umfeld, die die Voraussetzung für alle zuvor genannten Formen der Produktion bildete.

Das Alltagsleben der frühbronzezeitlichen Bevölkerung wird um diese im Wesentlichen im Rhythmus der Jahreszeiten getaktete Sequenz (re)produktiver Tätigkeiten herum organisiert gewesen sein. Aus heutiger Sicht ist nur schwer abzuschätzen, wie zeit- und arbeitsintensiv die unterschiedlichen Tätigkeitsbereiche ausfielen und wie sie, in Bezug auf die Beanspruchung der Basishaushalte, gewichtet waren. Ich nehme an, dass die Interessen der „großen Haushalte" nicht mit denen der Basishaushalte und Haushaltsverbände übereinstimmen mussten, wodurch sich auf struktureller Ebene potentielle Konfliktfelder ergaben.[474] Kaum zu ermessen bleibt der Zeitraum, der den Angehörigen einzelner Haushalte für Muße und Kommensalität verblieb. Ich vermute, dass die alltägliche soziale Interaktion – wie in vorindustriellen Gesellschaften üblich – eng mit dem Zeitrahmen verwoben war, in dem die Angehörigen der Haushalte ihren spezialisierten wie nicht-spezialisierten wirtschaftlichen Tätigkeiten nachgingen. Das hier entworfene Bild der Produzenten-Haushalte als Teilzeitspezialisten, die in Bezug auf die Überschussproduktion bestimmter Gebrauchsgüter wahrscheinlich relativ unabhängig von den übergeordneten Eliten oder frühstaatlichen Institutionen agieren konnten, lässt sich an ein von G. J. Stein und M. J. Blackman entworfenes Modell der handwerklichen Produktion und der Wirtschaftsverhältnisse in den frühbronzezeitlichen Stadtstaaten Nordmesopotamiens anschließen[475]. Ausgehend von einer Untersuchung der Keramikherstellung in Tell Leilan sowie unter Einbeziehung von Textzeugnissen (Eblatexte) und archäologischen Quellen kommen Stein und Blackman zu dem Schluss, dass sich die ökonomische Struktur der Stadtstaaten im Wesentlichen aus zwei Sektoren zusammensetzte. Ihrer Einschätzung nach existierte einerseits ein von den zentralen Institutionen geförderter und kontrollierter Sektor spezialisierter Produzenten. Diesen oblag v. a., wenn auch nicht ausschließlich[476], die Herstellung von Gütern, welche für den Machterhalt und die gesteigerte wirtschaftliche Konsumtion der Eliten von zentraler Bedeutung waren. Hierzu gehörten etwa Metalle und qualitativ hochwertige Wollstoffe, denen im 3. Jt. v. u. Z. eine zentrale Bedeutung als Handelsgut und diplomatische Geschenke zukam, sowie einige andere potentiell prestigeträchtige Güter die überregional distribuiert wurden.[477] Daneben gehen sie von der Existenz einer Domäne unabhängiger Produzenten aus, die mit der Herstellung einfacher Gebrauchsgüter befasst waren: „We suggest that city-states such as Leilan had essentially "dual" economies in which centralized institutions such as the palace and temples coexisted with a "non-elite" sector. The centralized institutions would have controlled the production (and the attached specialist producers) of those goods they considered essential to maintaining the power, wealth, legitimacy, and authority of the state, while independent specialists in the non-elite sector would have produced a wide variety of lower-status, utilitarian goods and services."[478]

Ein ähnliches Modell leitet P. C. Wattenmaker aus einer Analyse produktiver und distributiver Tätigkeiten in Kurban Höyük ab.[479] Wattenmaker nimmt an, dass eine politische Zentralisierung während der Frühbronzezeit dazu führte, dass spezialisierte Produktionsformen in urbanem Kontext zwar größere Bedeutung erlangten, die Eliten jedoch nur die Verarbeitung einiger ausgewählter Ressourcen kontrollierten. Bei einer Übertragung des Modells von Stein und Blackman auf Tell Chuēra wäre die Produktion von Großklingen dem nicht-zentralisierten Sektor des frühurbanen Wirtschaftsgefüges zuzuordnen, der losgelöst von der unmittelbaren Kontrolle durch die Eliten existierte (non-elite sector). Für andere

474 Vgl. Stein 1998: 12.
475 Stein – Blackman 1993.
476 Stein 1998: 22.

477 Etwa Edelmetalle, Schmuckobjekte aus Edelsteinen, z. B. Lapis Lazuli (vgl. Pinnock 1988; Peyronel 2012: 476-477) und kostbare Textilien (Sallaberger 2009). Die nordmesopotamischen Schriftquellen aus der zweiten Hälfte des 3. Jts. v. u. Z. nennen zudem Güter wie Wein und Duftöl (Eidem u. a. 2001: 101). Als ein konkretes Beispiel für eine spezialisierte Produktion in einem offenbar durch die Elite dominiertem Kontext kann auf einen Werkstattbefund im so genannten Palais Présargonique (Palast P 1) von Mari verwiesen werden. Innerhalb dieses von den Ausgräbern als Palastbau gedeuteten Komplexes konnte die spezialisierte Produktion kleinformartiger Feuersteinklingen nachgewiesen werden, die zu speziellen Geräteformen retuschiert wurden. Diese kamen vor Ort bei der Bearbeitung von Perlmutt zum Einsatz; Funde von Intarsien aus entsprechendem Material sind in Mari belegt. Anhand einer Analyse des umfangreichen lithischen Fundkomplexes (n = 1639 Silices) konnte E. Coqueugniot (1993; 2006) die gesamte silextechnologische Chaîne Opératoire rekonstruieren. Der Funktionszusammenhang der Klingengeräte wurde über Funde von Muschelfragmenten, eine mikroskopische Analyse von Gebrauchsspuren und Experimente erschlossen. Die Lage der Perlmut verarbeitenden Werkstatt spricht für die Existenz angeschlossener Spezialisten, die primär für den Bedarf des Palastes produzierten.
478 Stein – Blackman 1993: 53.
479 Wattenmaker 1998.

spezialisierte produktive Tätigkeiten nehme ich an, dass sie sowohl in einem angeschlossen Rahmen, als auch in unabhängiger Form ausgeführt wurden und dass durchaus mit regionalen Unterschieden zu rechnen ist. Als Beispiel sei hier auf die Verarbeitung von Metall in der Chuēra-Region verwiesen. Interessanterweise wurden in Tell Chuēra wie in Kharab Sayyar Fundkomplexe dokumentiert, die darauf schließen lassen, dass die Metallverarbeitung nicht nur im Umfeld der institutionalisierten Haushalte erfolgte[480]. So wurden Kupferbarren, die einen indirekten Hinweis auf das Metallhandwerk liefern, in Chuēra sowohl im Innern eines zentral gelegenen Tempels (Bereich S), als auch im Bereich von Wohnhäusern (Bereich E) verwahrt. Dies deutet darauf hin, dass die Verarbeitung von Metallen lokal nicht ausschließlich durch die übergeordneten Distanzen kontrolliert wurde.

3.3 Die Analyse der Sekundärproduktion

Die Sekundärproduktion bezeichnet die IV. Stufe der Chaîne Opératoire. Diese umfasst die Gesamtheit aller intentionalen Modifikationen, die im Anschluss an das Ablösen der Grundformen vom Kerngestein (Primärproduktion) erfolgten. Hierzu gehören das Retuschieren, Kerben und Schäften geschlagener Steinartefakte. Aus dem Vorgang der Sekundärproduktion resultierende Morphologien dienen in der Regel als Ansatzpunkt für eine Differenzierung von Geräteformen oder Typen, die es erlaubt, Inventare verschiedener Schichten oder Fundorte auf einer abstrakten Ebene miteinander zu vergleichen. Die Unterscheidung verschiedener Geräteklassen stellt folglich ein Instrument zum besseren Verständnis der Transformation des geschlagenen Steins dar, die zu analytischen Zwecken gebildeten Geräteklassen entsprechen jedoch mit Sicherheit nicht den Kategorisierungen der damaligen Menschen, die sie herstellten und benutzten. In diesem Zusammenhang ist hervorzuheben, dass die forschungsgeschichtlich bedingten Bezeichnungen für verschiedene Steingeräteformen – man denke z. B. an Begriffe wie „Schaber" oder „Bohrer" – nur in einem begrenzten Rahmen Rückschlüsse auf die Funktion der Artefakte zulassen. Auf die funktionale Deutung der Werkzeuge wird an anderer Stelle noch gesondert eingegangen (vgl. Teilkapitel 4.1). Grundsätzlich besteht bei der Analyse lithischer Sekundärprodukte die Schwierigkeit, dass sich beabsichtigte Veränderungen nicht immer klar von Gebrauchsspuren und nicht intendierten Modifikationen unterscheiden lassen. So können etwa Veränderungen im Bereich von Kanten auch auf Abnutzung oder den Einfluss postdepositionaler Faktoren verweisen. Dies gilt insbesondere wenn sie nur partiell ausgeprägt sind.

480 Bianchi – Franke 2011: 201.

Ich definiere ein Silexartefakt formal als Gerät bzw. Werkzeug[481], wenn es beabsichtigte Modifikationen und/oder mit dem bloßen Auge erkennbare Gebrauchsspuren aufweist, z. B. in Form einer lateralen Glanzzone (Sichelglanz). Folglich wird dieser Arbeit eine weit gefasste Gerätedefinition zugrunde gelegt.[482] In diesem Teilkapitel sollen in erster Linie Modifikationen erörtert werden, von denen ich annehme, dass sie bewusst vorgenommen wurden, um spezifische Morphologien zu erzeugen oder den Schneidenwinkel einer Grundform zu verändern. Eine gewisse Unschärfe ist dabei unvermeidbar, da die Klassifikation auf makroskopischen Beobachtungen basiert und letztlich bis zu einem gewissen Grad subjektiv bleibt.[483] Zu berücksichtigen ist ferner, dass die Silexartefakte infolge von Abnutzung und Überarbeitung häufig und teils auch mehrfach überformt wurden. Dieser „dynamische Aspekt" lithischer Artefakte setzt der Möglichkeit einer typologischen Analyse von vornherein Grenzen. Im Folgenden schlage ich eine Gruppierung der modifizierten Silexartefakte in verschiedene Geräteklassen vor. Die absolute und relative Häufigkeit der einzelnen Geräteklassen an den beiden Fundorten ist den Tabellen 3.3-I und 3.3-II sowie den Diagrammen in Abb. 3.57) zu entnehmen. Im Zusammengang mit der Erörterung der einzelnen Geräteklassen werden auch die ausschließlich oder weitestgehend durch Gebrauchsspuren definierten Geräteformen kurz angesprochen.

Unter einer Geräteklasse verstehe ich eine spezifische Kombination von silextechnologischer Grundform[484] und formverändernder Modifikation. Ausgehend vom Primärprodukt differenziere ich daher zunächst in Abschlaggeräte, d. h. modifizierte Abschläge, Klingengeräte und Kerngeräte, wobei die letztgenannte Kategorie modifizierte Kernsteine und Trümmer umfasst. Die wenigen Artefakte, bei denen eine flächig angelegte Retusche keine genaue Identifizierung der Grundform mehr zuließ, werden zur Gruppe „oberflächenretuschierte Komponente" zusammengefasst, diese besteht im Wesentlichen aus einem kleinen Geschossspitzeninventar. Über die Ebene der Grundformkategorie hinaus, wurden verschiedene Geräteklassen und Unterklassen differenziert. Im

481 Ich gebrauche die Begriffe Gerät und Werkzeug synonym.

482 Ähnlich: Andrefsky 1998: xxvii oder Bernbeck u. a. 1999: 123. Für eine Kritik an entsprechend weit gefassten Werkzeugdefinitionen vgl. z. B. Odell 2004: 4. Häufig wird der Werkzeugbegriff auf eindeutig retuschierte Silices und Stücke mit Sichelglanz beschränkt, während Gebrauchsretuschen bewusst ausgeklammert werden (vgl. z. B. Nishiaki 2000a: 37).

483 In diesem Punkt unterscheidet sich die Analyse von Silexartefakten nicht von der Untersuchung anderer Fundgattungen, z. B. Keramik. Auch wenn diesen Untersuchungen ein noch so detailliertes Aufnahmesystem zugrunde liegt, treten stets Grenzfälle auf, in denen die subjektive Einschätzung des Bearbeiters zum Tragen kommt.

484 Zugrunde gelegt wird hier die Grundformkategorie II, also die Differenzierung der Primärprodukte in Abschläge, Klingen, Kernsteine und Trümmer (vgl. Glossar in Teilkapitel 1.4.1).

Grundform	Geräteform	n	f	n'	f'
Abschläge	Flächenretuschiertes Abschlagfragment	1	0,0	1	0,0
	Bohrer an Abschlag	9	0,3	9	0,3
	Abschlagschaber oder -kratzer	55	2,0	55	1,9
	Retuschierter Abschlag	61	2,3	61	2,1
	Hohlkerbe an Abschlag oder gezähnter Abschlag	11	0,4	11	0,4
	Stichel an Abschlag	2	0,1	2	0,1
	Durch Gebrauch modifizierter Abschlag	105	3,9	106	3,6
	Ausgesplitterter Abschlag	11	0,4	11	0,4
	Hammer	4	0,1	4	0,1
	Unmodifizierter Abschlag	877	32,4	903	30,0
Oberflächenretuschierte Komponente	Geschossspitze	3	0,1	10	0,3
Klingen	Segment A	491	18,1	520	17,6
	Segment B	119	4,4	123	4,2
	Segment C	12	0,4	14	0,5
	Segment D	47	1,7	52	1,8
	Segment E	19	0,7	20	0,7
	Segment F	3	0,1	3	0,1
	Segment G	7	0,3	7	0,2
	Klinge H	12	0,4	15	0,5
	Klingenbohrer	14	0,5	16	0,5
	Klingenschaber oder -kratzer	9	0,3	9	0,3
	Hohlkerbe an Klinge oder gezähnte Klinge	6	0,2	6	0,2
	Stichel an Klinge	11	0,4	11	0,4
	Ausgesplittertes Segment	33	1,2	33	1,1
	Sonstiges Klingengerät	2	0,1	2	0,1
	Unmodifizierte Klinge	137	5,1	251	8,5
Kernsteine und Trümmer	Kernbeil	1	0,0	1	0,0
	Hackwerkzeug	2	0,1	2	0,1
	Kernbohrer	2	0,1	2	0,1
	Schaberartig retuschiertes Fragment	24	0,9	24	0,8
	Retuschiertes Fragment	22	0,8	25	0,8
	Hohlkerbe oder gezähntes Fragment	2	0,1	2	0,1
	Kernstichel	2	0,1	2	0,1
	Ausgesplittertes Stück	10	0,4	10	0,3
	Hammer	19	0,7	23	0,8
	Durch Gebrauch modifiziertes Fragment	5	0,2	8	0,3
	Unmodifizierter Trümmer/Kern	559	20,6	595	20,2
	Gesamt	**2708**	**100,0**	**2949**	**100,0**

Tabelle 3.3-I: Absolute (n) und relative Häufigkeit (f, in Prozent) der unmodifizierten Grundformen und Geräte aus Tell Chuēra (alle Grabungsbereiche, alle Perioden). Die Häufigkeiten sind einmal unter Berücksichtigung der Artefakte der Datensatzqualität 1 (n und f) und einmal unter Berücksichtigung aller Artefakte der Datensatzqualität 1-3 (n' und f') angegeben. Grundformen der Kategorie „unbestimmte" Klinge und unbestimmbare Grundformen ohne Geräteretusche bleiben ausgeklammert.

Grundform	Geräteform	n	f	n'	f'
Abschläge	Flächenretuschiertes Abschlagfragment	0	0,0	0	0,0
	Bohrer an Abschlag	0	0,0	0	0,0
	Abschlagschaber oder -kratzer	3	0,9	3	0,8
	Retuschierter Abschlag	3	0,9	3	0,8
	Hohlkerbe an Abschlag oder gezähnter Abschlag	1	0,3	1	0,3
	Stichel an Abschlag	0	0,0	0	0,0
	Durch Gebrauch modifizierter Abschlag	14	4,1	15	4,2
	Ausgesplitterter Abschlag	1	0,3	1	0,3
	Hammer	0	0,0	0	0,0
	Unmodifizierter Abschlag	117	33,9	118	33,3
Oberflächenretuschierte Komponente	Geschossspitze	0	0,0	0	0,0
Klingen	Segment A	56	16,2	57	16,1
	Segment B	13	3,8	13	3,7
	Segment C	5	1,4	6	1,7
	Segment D	7	2,0	7	2,0
	Segment E	4	1,2	4	1,1
	Segment F	2	0,6	2	0,6
	Segment G	2	0,6	2	0,6
	Klinge H	0	0,0	0	0,0
	Klingenbohrer	0	0,0	0	0,0
	Klingenschaber oder -kratzer	0	0,0	0	0,0
	Hohlkerbe an Klinge oder gezähnte Klinge	1	0,3	1	0,3
	Stichel an Klinge	1	0,3	1	0,3
	Ausgesplittertes Segment	4	1,2	4	1,1
	Sonstiges Klingengerät	0	0,0	0	0,0
	Unmodifizierte Klinge	15	4,3	16	4,5
Kernsteine und Trümmer	Kernbeil	0	0,0	0	0,0
	Hackwerkzeug	0	0,0	0	0,0
	Kernbohrer	0	0,0	0	0,0
	Schaberartig retuschiertes Fragment	3	0,9	3	0,8
	Retuschiertes Fragment	1	0,3	1	0,3
	Hohlkerbe oder gezähntes Fragment	2	0,6	2	0,6
	Kernstichel	0	0,0	0	0,0
	Ausgesplittertes Stück	1	0,3	1	0,3
	Hammer	1	0,3	1	0,3
	Durch Gebrauch modifiziertes Fragment	5	1,4	5	1,4
	Unmodifizierter Trümmer/Kern	83	24,1	87	24,6
	Gesamt	**345**	**100,0**	**354**	**100,0**

Tabelle 3.3-II: Absolute (n) und relative Häufigkeit (f, in Prozent) der unmodifizierten Grundformen und Geräte aus Kharab Sayyar (alle Grabungsbereiche, alle Perioden). Die Häufigkeiten sind einmal unter Berücksichtigung der Artefakte der Datensatzqualität 1 (n und f) und einmal unter Berücksichtigung aller Artefakte der Datensatzqualität 1-3 (n' und f') angegeben. Grundformen der Kategorie „unbestimmte" Klinge und unbestimmbare Grundformen ohne Geräteretusche bleiben ausgeklammert.

Zusammenhang mit der Beschreibung der einzelnen Geräteformen wird im Folgenden auch kurz auf Vergleichsstücke von anderen nordmesopotamischen Fundorten[485] eingegangen; hierbei wird jedoch keine vollständige Übersicht zur Verbreitung bestimmter Geräteformen angestrebt.[486]

Bedingt durch eine Nachbearbeitung oder Überarbeitung kann ein Steinartefakt im Prinzip nacheinander verschiedene Geräteformen annehmen. Um Doppelzählungen zu vermeiden, wurde bei der Bestimmung der Geräteformen stets die letzte bzw. vermutlich letzte formgebende Modifikation als ausschlaggebend angesehen. Für die Bezeichnung der einzelnen Geräteklassen habe ich oftmals auf innerhalb der Forschung weit verbreitete Termini zurückgegriffen[487]; impressionistische, auf Namen gebende Fundorte verweisende Typenbezeichnungen blieben dabei zu Gunsten neutralerer Kategorien ausgeklammert. Allgemein verbindliche Typenlisten für die Analyse der frühgeschichtlichen Steingeräteindustrien Nordmesopotamiens existieren nicht; je nach Forschungstradition und Forschungsschwerpunkt finden unterschiedliche Systematiken Gebrauch.

3.3.1 Abschlaggerät

Diese Kategorie von Steingeräten umfasst die modifizierten Abschläge. Sie kommen an beiden Fundorten in geringerem Umfang vor (vgl. Tabelle 3.3-I und 3.3-II). In Tell Chuēra wurden knapp 23 Prozent der Abschläge aufgrund von Bearbeitungs- oder Gebrauchsspuren als Geräte klassifiziert, in Kharab Sayyar etwa 16 Prozent.[488] Nur ca. 12 Prozent der Abschläge aus Tell Chuēra und 5 Prozent der Abschläge aus Kharab Sayyar weisen zumindest entlang einer Lateralseite oder im Proximal- bzw. Distalbereich eine Modifikation auf, die aus einer zusammenhängenden, feinen, flach, halbsteil oder steil ausgeprägten Retusche, einer Kerbung oder dem Negativ eines Stichelschlages (Stichelbahn) besteht. Für diese Gruppe ist die Möglichkeit einer beabsichtigten Modifikation in Betracht zu ziehen. Hingegen kann bei Stücken mit partieller Retusche, Aussplitterungen und Gebrauchsspuren davon ausgegangen werden, dass die Morphologie der betreffenden Stück nicht gezielt verändert wurde. In diesem Zusammenhang ist anzumerken, dass eine Unterscheidung von „Gebrauchsretuschen" und intendierter Retusche bis zu einem gewissen Grad subjektiv bleibt; in der vorliegenden Untersuchung wurde diese Unschärfe bewusst in Kauf genommen. Prinzipiell habe ich vereinzelte und unregelmäßige Aussprünge an Kanten von Silices nicht als Gebrauchsspuren gewertet[489]; besonders kritisch wurden Veränderungen an Oberflächenfunden beurteilt, da diese, im Vergleich zu Material, das archäologischen Ablagerungen entstammt, in stärkerem Maße durch postdepositionale Faktoren, z. B. Schaftritt, beeinflusst sein können. Retuschen an Abschlägen und Klingen wurden im Zuge der Datenaufnahme für jede Seite (linke und rechte Lateralseite, Proximal- und Distalende) einzeln beschrieben. Dabei fanden folgende Merkmalsebenen Berücksichtigung[490]:

1. die Lage der Modifikation in Bezug auf die Dorsal- und Ventralfläche,
2. die Retuschenart,
3. die Morphologie des retuschierten Bereiches,
4. die Ausdehnung der Retusche auf die Dorsal- und/oder Ventralfläche sowie
5. die Verteilung der Retusche

Abschlaggeräte aus Tell Chuēra sind zumeist einseitig retuschiert; ca. 72 Prozent der retuschierten Partien sind entweder dorsal oder ventral angelegt, wobei dorsal gerichtete Retuschen überwiegen (vgl. Tabelle 3.3.1-I). Mit Blick auf

485 Ich beschränke mich bei den Vergleichen im Wesentlichen auf frühbronzezeitliche Fundplätze im Gebiet der Jezirah, des mittleren syrischen und türkischen Euphrat sowie des oberen Euphrat (vgl. Karte in Abb. 1.8). Punktuell wird auch auf westlich des Euphrat, im Tigrisgebiet und in der Levante gelegene Fundorte Bezug genommen.

486 Insbesondere in Bezug auf die Gruppe der Abschlaggeräte liegen nur wenige publizierte Vergleichsfunde vor.

487 Die hier vorgeschlagene Differenzierung der Geräteklassen kombiniert Elemente und Definitionen unterschiedlicher Klassifikationssysteme; u. a. beziehe ich mich auf Arbeiten von K. Schmidt (1996), S. A. Rosen (1997), H.-G. K. Gebel (2005), J. Chabot (1998b) und J. Hahn (1993). Im Zusammenhang mit der Bearbeitung des lithischen Materials aus Norşuntepe hat K. Schmidt (1996) ein typologisches Schema zur Differenzierung von Großklingengeräte vorgeschlagen, das auch Überlegungen L. Herlings hinsichtlich der typologischen Gliederung von Großklingengerät mitberücksichtigt. Dieser hatte sich im Rahmen einer (unpublizierten) Magisterarbeit mit der Lithik aus Lidar Höyük befasst. Schmidts Typologie liegt allerdings die Annahme zu Grunde, dass es sich bei den Klingengeräten in erster Linie um große Einzelklingensicheln handelte. Sein Schema eignet sich daher – wie er auch selbst anmerkt (vgl. Schmidt 1996: 59) – kaum zur Differenzierung der Segmente, die das lithische Fundspektrum frühgeschichtlicher Fundplätze in Nordmesopotamien dominieren.

488 Berücksichtigt werden hier ausschließlich Abschläge der Datensatzqualität 1.

489 Im Zweifelsfall wurde bei entsprechenden Stücken unter der Rubrik „sekundäre Modifikationen" das Merkmal GSM-Retusche (= Gebrauch-, Sediment- und Museumsretusche; vgl. Hahn 1993: 167-168) eingetragen. Stücke, die ausschließlich als GSM-Retuschen interpretierte Modifikationen aufwiesen (Tell Chuēra: n = 49; KHS: n = 2) wurden nicht als Geräte klassifiziert.

490 Die Artefakte wurden dabei mit dem Proximalende nach oben orientiert. Für eine Definition der Retuschiermerkmale sei hier auf das Glossar in Teilkapitel 1.4.1 verwiesen. Für eine Aufzählung der einzelnen Merkmalsausprägungen vgl. Teilkapitel 7.5 im Band II dieser Arbeit.

die Art der Retuschierung dominieren flache bis halbsteile Morphologien (ca. 48 Prozent), gefolgt von steil retuschierten Kanten (ca. 34 Prozent). Seltener kommen Kanten mit feinen, flachen Retuschen (ca. 4 Prozent), herausretuschierten Kerben (ca. 4 Prozent) oder Negativen von Stichelschlägen (ca. 1 Prozent) vor (vgl. Tabelle 3.3.1-II). Bei den Modifikationen handelt es sich ganz überwiegend um Kantenretuschen, die so gut wie nie auf die Flächen ausgreifen. Invasive Retuschen und Flächenretuschen sind nur im Zusammenhang mit einigen Schabern, einem oberflächenretuschierten Fragment sowie einem kleinen Inventar von Geschossspitzen festgestellt worden. In Bezug auf das Abschlaggerät aus Kharab Sayyar erscheint ein Vergleich der Häufigkeit der verschiedenen Retuschenarten und retuschierten Positionen kaum sinnvoll, da hier nur sehr wenige sekundär modifizierte Abschläge geborgen wurden; für einen Überblick vgl. Tabelle 3.3.1-III und 3.3.1-IV.

In Tell Chuēra handelt es sich bei den sekundär modifizierten Stücken größtenteils um vollständig erhaltene Grundformen (ca. 64 Prozent). Im Gegensatz zu den Klingen, die zu über 90 Prozent in fragmentierter Form vorliegen, wurden die Abschläge nicht planmäßig segmentiert.[491] Als Bearbeitungstechnik der Sekundärproduktion kann die Applizierung der Drucktechnik rekonstruiert werden (vgl. Tabelle 3.3.1-V)[492]. Anzunehmen ist, dass kleinformatige Handdruckstäbe bzw. Retuscheure zum Einsatz kamen, mit denen Abhübe von den Kanten und – wie im Falle der Geschossspitzen – gelegentlich auch von den Flächen gelöst wurden. Die Arbeitsmittel der Sekundärproduktion bestanden wahrscheinlich aus organischem Material. Daneben ist mit einem Einsatz von Druckstäben mit Kupferarmierung zu rechnen. Der Gebrauch von Komposit-Druckstäben mit Kupferspitze lässt sich in Vorderasien spätestens seit dem 4. Jt. v. u. Z. belegen.[493] Auf der Grundlage von Retuschiermerkmalen und makroskopischen Gebrauchsspuren werden folgende Geräteklassen differenziert:

Retuschierte Abschläge (TCH: n = 61, KHS: n = 3)[494]: Retuschierte Abschläge sind hier als vollständig oder partiell erhaltene Grundformen mit einer Kantenretusche und/oder einer endständigen Modifikation definiert (TCH: n = 61, KHS: n = 3; vgl. z. B. Abb. 3.23:8). Ausgehend von der Lage und Form der Retuschierung unterscheide ich lateral retuschierte (TCH: n = 30, KHS: n = 1) und endretuschierte Formen (TCH: n = 18, KHS: n = 1) sowie Abschläge, die eine Kombination von lateraler und endständiger Retusche aufweisen (TCH: n = 13, KHS: n = 1).

Vergleiche: Die Darstellung frühgeschichtlicher Steingeräteformen in Grabungsberichten beschränkt sich – wohl v. a. bedingt durch eine selektive Praxis der Fundaufnahme – zumeist auf die Gruppe der Klingen.[495] Mit einem gewissen Anteil retuschierter Abschläge ist m. E. jedoch an allen frühbronzezeitlichen Fundorten Nordmesopotamiens zu rechnen. Belegt ist der Gebrauch retuschierter Abschläge in Schichten des 3. Jts. v. u. Z. u. a. an diversen Fundorten des Khaburgebiets[496] sowie in Norşuntepe, im Gebiet des oberen türkischen Euphrat.[497] Auch das spätchalkolithisch und älter frühbronzezeitlich datierte Silexinventar des kleinen, nördlich von Mosul gelegene Siedlungshügels Tell Karrana 3, dass von B. Brautlecht bearbeitet wurde, umfasste eine kleine Anzahl publizierter lateral und endständig retuschierter Abschläge.[498]

Abschlagschaber und –kratzer (TCH: n = 55, KHS: n = 3): Abschlagschaber besitzen eine kräftig retuschierte Lateralseite oder ein kräftig retuschiertes, breites Ende (vgl. Abb. 3.58:1-5)[499], Kratzer weisen dagegen per Definition eine endständige, gebogen retuschierte Arbeitskante (Kratzerkappe) auf (Abb. 3.59:1)[500]. Aus Abschlägen hergestellte Schaber und Kratzer wurden in dieser Arbeit zu einer Gruppe zusammengefasst. Bei einigen Stücken ist ein Ausgreifen der Modifikation auf eine oder beide Flächen der Grundform zu beobachten (= invasive Retusche; vgl. Abb. 3.58:1). Unter den Abschlagschabern aus Tell Chuēra ist der Fund eines dorsal vollständig von Kortex bedeckten Gerätes hervorzuheben (vgl. Abb. 3.58:2). Das Stück stammt von der Begehungsfläche einer spätchalkolithisch datierten Bebauung im Bereich K.

Vergleiche: Der von Kortex bedeckte Abschlagschaber aus dem Bereich K (TCH 08 K 2043-20) ist als Vertreter einer für das Spätchalkolithikum und die beginnende Frühbronzezeit charakteristischen Klasse von Kortexgeräten anzusehen, die in der Forschungsliteratur auch als Plattensilexabschlag-

491 Bei etwa 14 Prozent der sekundär modifizierten Abschläge aus Chuēra handelt es sich um Proximalfragmente, bei ca. 13 Prozent um distale und bei ca. 9 Prozent um mediale Fragmente.

492 Zur Drucktechnik vgl. zusammenfassend Whittaker 1994: 157-172.

493 Aus den spätchalkolithischen Schichten am Norşuntepe (Schicht 34 c oder 35 a) stammt der Fund eines leichten Druckstabes. Das Stück besteht aus einem Knochenschaft (Caprovidenmetapodium) mit erhaltenem Gelenkende, in dessen Markhöhle eine Spitze aus Arsenkupfer eingelassen wurde (Schmidt 1996: 33, Abb. 30; Schmidt 2002: 26).

494 Die Mengenangaben (n) beziehen sich auf alle Artefakte der Datensatzqualität 1. Für Mengenangaben unter Einbeziehung von Datensätzen der Qualität 2-3 vgl. Tabelle 3.3.1-I und 3.3.1-II.

495 Vgl. z. B. Herling 2007.

496 Vgl. Chabot 1998b: Pl. IV.7-IV.10 (Tell 'Atij und Tell Gudeda); Chabot – Eid 2007: Fig. 16 (Tell Nusstell); 2009: 812-816, Fig. 51 (Tell Mozan); Conolly 2003: 369, Fig. 9.13: c-d (Tell Brak).

497 Schmidt 1996: 39-40.

498 Brautlecht 1993: 156-158.

499 Hahn 1993: 214, Conolly 2003: 368.

500 Hahn 1993: 223.

geräte (PSA), Tabular Scraper oder Fan Scraper bezeichnet werden.[501] Ihr Hauptverbreitungsgebiet liegt im südlevantinischen Raum, wo das Rohmaterial teils bergmännisch erschlossen und die Geräte über größere Distanzen distribuiert wurden (Tabular Scraper Trade, Tabular Scraper System, PSA-Handel).[502] Bis in das frühe 3. Jt. v. u. Z. hinein treten diese Kortexgeräte auch vereinzelt in Nordmesopotamien auf; sie wurden z. B. in den spätchalkolithischen Schichten Tell Leilans[503], Habuba Kabiras[504] und Norşuntepes[505] dokumentiert. Die Präsenz dieser Artefakte ist von verschiedenen Bearbeitern mit Importen und Fernkontakten in Verbindung gebracht worden.[506] Die jüngsten mir bekannten Funde entsprechenden Kortexgerätes aus dem Gebiet des nördlichen Mesopotamien stammen aus einem Tiefschnitt in Mari, der so genannten „sondage profond". Sie sind in das frühe 3. Jt. v. u. Z. datiert worden.[507] Andere auf Abschlägen angelegte Schaber/Kratzer sind an mehreren nordmesopotamischen Fundorten belegt; beispielhaft sei hier auf entsprechende Funde aus den spätchalkolithischen und bronzezeitlichen Schichten Tell Braks[508] verwiesen.

Hohlkerben an Abschlägen und gezähnte Abschläge (TCH: n = 11, KHS: n = 1): Als Hohlkerben werden Abschläge mit Kerben bzw. retuschierten Einbuchtungen angesprochen (vgl. Abb. 3.24:2)[509]. Die Abgrenzung dieser Geräteklasse ist nicht unproblematisch, da Einkerbungen an Silexartefakten leicht durch Vertritt zur Ausprägung kommen können. Zudem erscheint es angesichts der geringen Anzahl der Hohlkerben aus Tell Chuēra durchaus fraglich, ob es sich bei den betreffenden Stücken um gezielt hergestellte Werkzeugformen handelt. Da sie jedoch auch an anderen frühgeschichtlichen Fundplätzen in Nordmesopotamien identifiziert wurden und die Kerbtechnik in Tell Chuēra und Kharab Sayyar im Zusammenhang mit der Herstellung gezähnter Klingensegmente eindeutig belegt werden kann, sind die Hohlkerben an Abschlägen hier formal als Geräteklasse herausgestellt worden. Abschläge, die entlang einer Kante zwei oder mehr Kerben erkennen lassen, werden als gezähnte Stücke angesprochen (vgl. Abb. 3.59:2) und sind hier mit den Hohlkerben zu einer Geräteklasse zusammengeführt worden.

Vergleiche: Gekerbte und gezähnte Abschläge kommen an mehreren Fundorten des Khaburgebietes in Schichten des 3. Jts. v. u. Z. vor.[510] Diverse Vergleichstücke liegen daneben aus den älter frühbronzezeitlichen Schichtzusammenhängen Hassek Höyüks vor.[511]

Stichel an Abschlägen (TCH: n = 2, KHS: n = 0): Abschläge, die Spuren der Stichelschlagtechnik – eine Sonderform der Retusche[512] – aufweisen, wurden im Zuge der Datenaufnahme formal als Stichel klassifiziert. In Tell Chuēra sind mit Stichelbahnen versehene Abschläge allerdings nur zweimal belegt, u. a. durch ein Fundstück aus dem Bereich K (vgl. Abb. 3.25:3), bei dem der Stichelschlag von einer Bruchkante ausgehend ausgeführt wurde (Stichel an Bruch). Hierdurch wurde im Proximalbereich des betreffenden Abschlages ein spitzes Ende angelegt. Aus Kharab Sayyar liegen keine Funde von Sticheln an Abschlägen vor. Wie bei den Hohlkerben/gezähnten Stücken besteht angesichts der geringen Anzahl der Stichel die Möglichkeit, dass wir es hier nicht mit intendierten Morphologien zu tun haben. Allerdings lässt sich die Applizierung der Stichelschlagtechnik während der Frühbronzezeit prinzipiell nachweisen, da sie im Zusammenhang mit Modifikationen an Klingen zum Einsatz kam (s. u.).

Vergleiche: In der Forschungsliteratur finden sich kaum Hinweise für Stichel aus Schichtzusammenhängen des 3. Jts. v. u. Z.[513]; dies verstärkt den Eindruck, dass ihr vereinzeltes Auftreten in Chuēra unbeabsichtigten Modifikationen geschuldet bzw. als Ausnahmeerscheinungen zu deuten sein dürfte.[514]

Bohrer an Abschlägen (TCH: n = 9, KHS: n = 0): Artefakte mit herausretuschierten spitzen Enden wurden als Bohrer bzw. Spitzgeräte klassifiziert (vgl. Abb. 3.58:6, Abb. 3.59:4)[515]. Beispiele für diese Form der Sekundärmodifikation an Abschlägen liegen ausschließlich aus Tell Chuēra vor.

Vergleiche: Ein Vergleichsbeispiel für einen frühbronzezeitlichen Abschlagbohrer findet sich in der Publikation der li-

501 Kennzeichnendes Merkmal dieser Geräteform ist, dass sie auf einer vollständig mit Kortex bedeckten Grundform angelegt werden. Vgl. Schmidt 1996: 89-100; Müller-Neuhof 2013 (im Druck).
502 Rosen 1983; 1997: 71-80; Schmidt 1996: 100; Milevski 2011; Müller-Neuhof 2013 (im Druck).
503 Van Gijn 2003: 403.
504 Vgl. Schmidt 1996: 96-97, Abb. 84.
505 Vgl. Schmidt 1996: 89-90.
506 Vgl. z. B. Algaze 1989: 581; Rosen 1997: 75.
507 Coqueugniot 2006: 325, fig. 4. Auch in Tall Knedig konnte ein Plattensilexabschlaggerät dokumentiert werden (vgl. Gebel 2005: Tafel 212, Nr. 1922). Das Stück ist unstratifiziert, steht aber wahrscheinlich in Zusammenhang mit der Siedlung des 3. Jts. v. u. Z.. Für weitere Einzelfunde von Plattensilexabschlaggeräten in Schichten des ausgehenden 4. und 3. Jts. v. u. Z. in Nordsyrien vgl. zusammenfassend Thomalsky 2011: 259.
508 Conolly 2003: 368; Fig. 9.13:a-b.
509 Hahn 1993: 252-255.
510 Vgl. Chabot 1998b: 143-144, 166-167 (Tell 'Atij und Tell Gudeda); Chabot – Eid 2007: 19-20 (Tell Nusstell); 2009: 811-818, Fig. 54.
511 Otte – Behm-Blancke 1992: Abb. 23.
512 Vgl. Hahn 1993: 229-234.
513 Vgl. Schmidt 1996: 47 (Norşuntepe).
514 In Bezug auf das vereinzelte Auftreten von Sticheln in postneolithischen Assemblagen levantinischer Fundorte kommt S. A. Rosen zu einer ähnlichen Eischätzung.
515 Conolly 2003: 369.

thischen Funde aus Hassek Höyük.[516] Auch aus Tell Nusstell, einer kleinen Siedlung aus dem 3. Jt. v. u. Z. im Khaburgebiet, liegen fünf Abschlaggeräte mit herausretuschierten Spitzen vor, die die Bearbeiter als sharp pointed tools klassifiziert haben.[517] Vereinzelte, mit Spitzen versehene Abschläge (eclats pointus) konnten auch in Tell 'Atij und Tell Gudeda[518] sowie in Tell Melebiya[519] dokumentiert werden. Auch die spätchalkolithischen und frühbronzezeitlichen Schichten Tell Braks erbrachten vereinzelt Bohrer (drilling and piercing tools) an Abschlägen.[520]

Ausgesplitterte Abschläge (TCH: n = 11, KHS: n = 1): Bei den ausgesplitterten Stücken (pièces esquillées) handelt es sich um eine durch Gebrauch definierte Werkzeugform. Die Stücke weisen an einem (monopolar) oder beiden Enden (bipolar) deutlich ausgeprägte Aussplitterungen auf, die möglicherweise durch eine meißelartige Beanspruchung der Stücke zur Ausprägung kamen (Abb. 3.59:3)[521]. Wenn das Merkmal „Aussplitterung“ zusammen mit dem Merkmal „Stichelbahn“ an einem Artefakt auftritt, wurde dieses stets als ausgesplittertes Stück gewertet, da anzunehmen ist, dass die Stichelbahnen an den betreffenden Stücken in Zusammenhang mit einer mechanischen Beanspruchung der Artefakte entstanden.[522] Sechs ausgesplitterte Abschläge aus Chuēra sind bipolar modifiziert, fünf monopolar. Bei dem Einzelfund auf Kharab Sayyar handelt es sich um ein monopolar ausgesplittertes Abschlagfragment.
Vergleiche: Abschläge mit deutlich erkennbaren Aussplitterungen sind an mehreren Fundorten belegt. Einige Vergleiche liegen aus Tell Brak vor[523]; ausgesplitterte Abschläge wurden ferner in den frühbronzezeitlichen Schichten Tall Knedigs (Abb. 3.93:6)[524] und Norşuntepes dokumentiert.[525]

Hammerfragmente an Abschlägen (TCH: n = 4, KHS: n = 0): In diese Geräteklasse fallen Abschläge, deren Dorsalfläche deutlich ausgeprägte Schlagnarben oder Schlagnarbenfelder zeigt (Abb. 3.28:2). Diese Merkmale implizieren, dass es sich bei den Stücken um Fragmente von Hämmern handelt, die bei der Abschlagproduktion zum Einsatz kamen.
Vergleiche: Aus Tell Nusstell stammen mehrere als Hammerfragmente gedeutete Abschläge.[526]

Durch Gebrauch modifizierte Abschläge (TCH: n = 105, KHS: n = 14): Diese Klasse beinhaltet Abschläge, die lediglich Gebrauchsspuren bzw. eine partiell oder diskontinuierlich ausgeprägte Retuschierung aufweisen und nicht beabsichtigt modifiziert wurden (Vgl. z. B. Abb. 3.23:3-4, Abb. 3.24:1).
Vergleiche: Vgl. die Angaben zur Geräteklasse der retuschierten Abschläge (s. o.).

Zusammenfassung: Bezüglich der Abschlaggeräte lässt sich zusammenfassend festhalten, dass die Anlage von retuschierten Morphologien an Abschlägen an beiden Fundorten in quantitativer Hinsicht nur eine untergeordnete Rolle spielte. Das sporadische Auftreten von spezifischeren Geräteformen, z. B. von Bohrern, bleibt auf den größeren der beiden Fundorte beschränkt. Diese scheinbar größere Diversität an Geräteformen ist sehr wahrscheinlich darauf zurückführbar, dass aus Tell Chuēra eine weitaus größere Stichprobe vorliegt. Bei der Erörterung der sekundär modifizierten Abschläge ist zu berücksichtigen, dass sich auch unmodifizierte Grundformen ohne weiteres als effektive Schneidwerkzeuge verwenden lassen[527]. Aus der geringen Quantität retuschierter Formen ist daher keinesfalls abzuleiten, dass die lokalen Abschlagindustrien nicht auf die Erzeugung von schneidenden Gerätschaften ausgerichtet waren. Jedoch war die Transformation des Steines bei den Abschlägen im Anschluss an die Primärproduktion zumeist abgeschlossen; nur in wenigen Fällen erfolgte eine weitere Formgebung. Tabelle 3.3.1-V fasst die abschlagspezifische Stufe IV der Chaîne Opératoire kurz zusammen.

Die angeführten Vergleichsfunde zeigen an, dass dieser Befund auch auf andere nordmesopotamische Fundorte übertragen werden kann: Spezifischen, auf Abschlägen angelegten Geräteformen kam innerhalb des lithischen Systems frühbronzezeitlicher Siedlungen offenbar keine große Rolle zu. Die gezielte Weiterverarbeitung von Abschlägen stellt allenfalls ein randständiges Phänomen innerhalb des lithischen Systems dar.

---

516 Otte – Behm-Blancke 1992: Abb. 26,5.
517 Chabot – Eid 2007: 20-21; Fig. 13.
518 Chabot 1998b: 160-161; 167.
519 Azzi 1993: 526; Pl. 203, 4.
520 Conolly 2003: 369.
521 Arnold 1981: 55; Conolly 2003: 368.
522 Vgl. Hahn 1993: 249.
523 Conolly 2003: 368, Figs. 9.11, 9.12.
524 Gebel 2005: Tafel 212, 1817.
525 Schmidt 1996: 46.
526 Chabot – Eid 2007: 20.
527 Whittaker 1994: 245-246; vgl. Teilkapitel 4.1.1.

Lage der Modifikation	Lateral-links (n)	Lateral-rechts (n)	Proximal (n)	Distal (n)	Gesamt (n)	f	f'
Unmodifiziert	60	66	114	78	318	57,2	–
Dorsal	34	35	13	30	111	20	46,6
Ventral	25	22	9	12	68	12,2	28,6
Alternierend	11	6	0	9	26	4,7	10,9
Dorsoventral	8	8	3	11	30	5,4	12,6
Stichelbahn	1	2	0	0	3	0,5	1,3
Gesamt (modifiziert)	**139**	**139**	**139**	**139**	**556**	**100,0**	**100,0**

Tabelle 3.3.1-I: Absolute (n) und relative (f) Häufigkeit der Position von Retuschen in Bezug auf die Dorsal- und Ventralfläche an sekundär modifizierten Abschlägen aus Tell Chuēra (alle Grabungsbereiche, alle Perioden). In der Tabelle ist die relative Häufigkeit der Retuschenart einmal unter Einbeziehung der unmodifizierten Partien (f, in Prozent) und einmal ohne die unmodifizierten Partien (f', in Prozent) angegeben. Die Tabelle führt lediglich Artefakte der Datensatzqualität 1 auf.

Retuschenart	Lateral-links (n)	Lateral-rechts (n)	Proximal (n)	Distal (n)	Gesamt (n)	f	f'
Unmodifiziert	60	66	116	75	317	57,0	–
Gebrauch	5	11	0	2	18	3,2	7,5
Flach/halbsteil	39	32	15	29	115	20,7	48,1
Steil	26	19	8	27	80	14,4	33,5
Fein	3	4	0	2	9	1,6	3,8
Flach/halbsteil + steil	1	2	0	0	3	0,5	1,3
Kerbe	4	3	2	1	10	1,8	4,2
Parallel/subparallel	0	0	0	0	0	0,0	0.0
Stichelschlag	1	2	0	0	3	0,5	1,3
Steil + Stichelschlag	0	0	0	1	1	0,2	0,4
Gesamt (modifiziert)	**139**	**139**	**139**	**139**	**556**	**100,0**	**100,0**

Tabelle 3.3.1-II: Absolute (n) und relative (f) Häufigkeit unterschiedlicher Retuschenarten an sekundär modifizierten Abschlägen aus Tell Chuēra, aufgeschlüsselt nach Lateralseiten (links- und rechtslateral), Proximal- und Distalende. In der Tabelle ist die relative Häufigkeit der Retuschenart einmal unter Einbeziehung der unmodifizierten Partien (f, in Prozent) und einmal ohne die unmodifizierten Partien (f', in Prozent) angegeben. Die Tabelle führt lediglich Artefakte der Datensatzqualität 1 auf.

Lage der Modifikation	Lateral-links (n)	Lateral-rechts (n)	Proximal (n)	Distal (n)	Gesamt (n)
Unmodifiziert	4	4	5	4	17
Dorsal	0	1	0	2	3
Ventral	2	1	1	0	4
Alternierend	0	0	0	0	0
Dorsoventral	1	1	1	1	4
Stichelbahn	0	0	0	0	0
Gesamt (modifiziert)	**7**	**7**	**7**	**7**	**28**

Tabelle 3.3.1-III: Absolute (n) und relative Häufigkeit der Position von Retuschen in Bezug auf die Dorsal- und Ventralfläche an sekundär modifizierten Abschlägen aus Kharab Sayyar (alle Grabungsbereiche, alle Perioden). Auf die Angabe der relativen Häufigkeiten wurde aufgrund der geringen Anzahl sekundär modifizierter Abschläge verzichtet. Die Tabelle führt lediglich Artefakte der Datensatzqualität 1 auf.

Retuschenart	Lateral-links (n)	Lateral-rechts (n)	Proximal (n)	Distal (n)	Gesamt (n)
Unmodifiziert	4	4	5	4	17
Gebrauch	0	1	0	0	1
Flach/halbsteil	3	0	2	1	6
Steil	0	0	0	1	1
Fein	0	1	0	1	2
Flach/halbsteil + steil	0	0	0	0	0
Kerbe	0	1	0	0	1
Parallel/subparallel	0	0	0	0	0
Stichelschlag	0	0	0	0	0
Steil + Stichelschlag	0	0	0	0	0
Gesamt (modifiziert)	**7**	**7**	**7**	**7**	**28**

Tabelle 3.3.1-IV: Absolute (n) Häufigkeit unterschiedlicher Retuschenarten an sekundär modifizierten Abschlägen aus Kharab Sayyar, aufgeschlüsselt nach Lateralseiten (links- und rechtslateral), Proximal- und Distalende. Auf die Angabe der relativen Häufigkeiten wurde aufgrund der geringen Anzahl sekundär modifizierter Abschläge verzichtet.

Chaîne Opératoire	Rekonstruierte Arbeitsschritte	Nachweis		Diagnostische Funde/ Beobachtungen	Rekonstruierte Arbeitsmittel
		TCH	KHS		
IV. Sekundärproduktion	1. Selten: Erzeugen spezifischer Geräteformen durch Kantenretusche (Drucktechnik), Kerbung oder Stichelschlag	X	X	Retuschierte Abschlaggeräte, z. B. Abschlagbohrer oder Schaber	„Harter“ oder „weicher“ Hammer, Knochenretuscheure; vlt. Komposit-Druckstab mit Spitze aus Knochen, Geweih oder Kupfer, Lederstück als Unterlage

Tabelle 3.3.1-V: Die Herstellung von Abschlaggeräten: Sie Stufe IV der Chaîne Opératoire umfasst maximal einen spezifischen Arbeitsschritt. Die Erzeugung spezifischer Geräteformen durch Kantenretusche oder Kerbung. Der Doppelspalte „Nachweis“ ist zu entnehmen, ob sich dieser Arbeitsschritt an den Fundorten nachweisen lässt: bei einer positiven Evidenz findet sich in der Spalte der Eintrag „X“. Die beiden rechten Spalten (Diagnostische Funde/Beobachtungen, Arbeitsmittel) listen auf, welche Funde als diagnostisch angesehen und welche Arbeitsmittel rekonstruiert werden können.

3.3.2 Klingengerät

Durch Segmentierung, Retuschierung und Gebrauch modifizierte Groß- und Kleinklingen bilden die Kategorie der Klingengeräte. Da Großklingen an beiden Fundorten das Spektrum der klingenförmigen Primärprodukte dominieren, handelt es sich auch bei den meisten formal als Geräte klassifizierten Stücken um kanaanäische Klingen bzw. Segmente von diesen. Etwa 85 Prozent der Klingen aus Tell Chuēra und 86 Prozent der Klingen aus Kharab Sayyar können unter makroskopischen Gesichtspunkten formal als Werkzeug angesprochen werden[528]. An beiden Fundorten weist der überwiegende Teil der Klingen folglich Bearbeitungs- oder Nutzungsspuren auf. Die folgende Tabelle (Tabelle 3.3.2-I) fasst die rekonstruierten Arbeitsschritte der klingenspezifischen Sekundärproduktion kurz zusammen, in den Abschnitten 3.3.2.1 bis 3.3.2.4 werden die einzelnen Schritte dann ausführlicher erläutert.

528 Die Prozentangaben beziehen sich auf alle Klingenfunde der Datensatzqualität 1.

Chaîne Opératoire	Rekonstruierte Arbeitsschritte	Nachweis TCH	Nachweis KHS	Diagnostische Funde/Beobachtungen	Rekonstruierte Arbeitsmittel
IV. Sekundärproduktion	1. In den meisten Fällen: Segmentieren der Grundform, wahrscheinl. unter Verwendung eines Ambosses, ggf. Kappen gekrümmter Grundformpartien	X	X	Nachweis für das regelhafte Segmentieren von Grundformen, Segmente und Grundformen von denen bereits einzelne Segmente gelöst wurden	Hammer, Amboss (= flacher Unterlieger aus Stein mit steiler Kante)
	2. Ggf. Verjüngen des Segments durch Aussplitterungen, ggf. Entfernung des Bulbus mittels direkter Schlagtechnik, ggf. Enfernen von Überhängen	X	X	Segmente mit feinen uni- oder bipolaren Aussplitterungen und Klingengeräte der Kategorie ausgesplittertes Segment	Hammer oder „weicher" Hammer aus organischem Material
	3. Ggf. Anlage einer steilen Retusche mit Schäftungsbezug durch Druck- oder direkte Schlagtechnik: Rückenretusche und/oder Endretusche(n)	X	X	Rücken- und/oder endretuschierte Segmente (Geräteklassen: B, D, C, E, F, G)	„Harter" oder „weicher Hammer", Retuscheure aus Knochen, Komposit-Druckstab mit Spitze aus Knochen, Geweih oder Kupfer, Lederstück zum Schutz der Hand
	4. Ggf. Anlage einer Kantenretusche oder Zähnung durch Druck- bzw. Kerbtecknik	X	X	Lateraltetusche oder feine Zähnung im Bereich der Schneide	Retuscheure, Komposit-Druckstab
	5. Schäftung: Einsetzen eines oder mehrerer Segmente in einen vorbereiteten Schaft	X	X	Schäftungsreste, Anhaftende Spuren von Klebemittel (Bitumen), Retuschen mit Schäftungsbezug, Morphologie von Glanzzonen	Organisches Material für das Griffteil (Holz), Bitumen. Silex- oder Metallklinge zur Holzbearbeitung, ggf. Bindemittel (Faser oder Sehnen)
V. Nutzung (vgl. Kapitel 4)					
IV. Sekundärproduktion im Zuge der Überarbeitung	6. Ggf. Nachschärfen von Segmenten	X	X	Nachschärfungsretuschen, überretuschierter Glanz	Vgl. Arbeitsschritt IV-4
	7. Ggf. Wenden eines Segments im Schaft bzw. erneute Schäftung	X	X	Bilaterale Glanzzonen, beidseitige Zähnung, uni- oder bipolare Aussplitterungen	Vgl. Arbeitsschritt IV-2. 4-5
	8. Selten: Anlage einer neuen Geräteform, z. B. eines Bohrers, im Zusammenhang mit einer Sekundär-verwendung des Artefakts	X	X	Überarbeitungsspuren	Vgl. Arbeitsschritt IV-4

Tabelle 3.3.2-I: Die Arbeitsschritte der Sekundärproduktion im Zusammen mit der Herstellung von Klingengeräten. In den ersten beiden Spalten (Chaîne Opératoire, rekonstruierte Arbeitsschritte) der Tabelle finden sich die allgemeine Stufen der operationellen Sequenz und die spezifischeren, rekonstruierten Arbeitsschritte. Der anschließenden Doppelspalte „Nachweis" ist zu entnehmen, ob sich die betreffenden Arbeitsschritte anhand einzelner Artefakte an den Fundorten nachweisen lassen: bei einer positiven Evidenz findet sich in der Kolumne der Eintrag „X". Die beiden rechten Spalten (Diagnostische Funde/Beobachtungen, Arbeitsmittel) führen auf, welche Funde als diagnostisch angesehen und welche Arbeitsmittel rekonstruiert werden können.

3.3.2.1 Das Segmentieren der Klingen

Der Erhaltungszustand der Grundformen legt nahe, dass Klein- wie Großklingen an beiden Fundorten in aller Regel segmentiert wurden, um Einsätze für Kompositgeräte zu erzeugen (Arbeitsschritt IV-1, vgl. Tabelle 3.3.2-I). Auch Reste von Bitumen an Klingen belegen die Praxis, Klingen zu schäften (Schritt IV-5, siehe Teilkapitel 3.2.2.3). Das Zerlegen einer Steinklinge erlaubt es, die Krümmung einer Grundform, die mehr oder weniger stark ausgeprägt sein kann, zu neutralisieren, indem die Grundform distal oder proximal gekappt wird oder einzelne Segmente erzeugt werden, die anschließend hintereinander in einem Schaft angeordnet werden können. Dadurch wird es möglich, Geräte herzustellen, deren Schneiden exakt einer gewünschten Länge entsprechen. Auch die Morphologie einer Schneide lässt sich durch das variable Zusammensetzen einzelner Segmente bestimmen. Folglich ermöglicht das Segmentieren von Grundformen die maximale Ausbeute an nutzbaren Schneidepartien. In Tell Chuēra sind nur etwa 5 Prozent (n = 48) der Großklingen und ca. 6 Prozent (n = 11) der einfachen Klingen vollständig erhalten, in Kharab Sayyar lediglich eine einzelne Großklinge sowie eine einzelne Kleinklinge. Allein das Verhältnis von vollständigen zu fragmentierten Klingen belegt das gezielte Zerlegen der Grundformen. Die durchschnittliche Länge der Großklingensegmente liegt in Tell Chuēra wie in Kharab Sayyar bei ca. 5,4 cm, wobei proximal und distal erhaltene Segmente etwas länger sind.[529] Die Häufigkeitsverteilung der Längenwerte der Großklingensegmente ist den Histogrammen, Kernel Density-Diagrammen und Box-and-whisker Plots in Abb. 3.60 (TCH) und Abb. 3.61 (KHS) zu entnehmen[530]. Deutlich ist zu erkennen, dass die mittleren 50 Prozent der Segmente an beiden Fundorten etwa 4 bis 7,5 cm lang sind. Aufgrund der Maße der vollständigen Großklingen schätze ich, dass eine Grundform in der Regel in zwei bis vier einzelne Segmente zerlegt wurde.

Möglicherweise wurden die Klingen zerlegt, indem man sie mit der Ventralseite nach unten auf einen Amboss legte und dann mit Hilfe eines Hammers sukzessive Segmente über die Kante der Unterlage hinweg von der Grundform abbrach. Bei den Ambossen könnte es sich um flache Steine mit einer planen Oberfläche und einer steilen Kante gehandelt haben. Aus der östlichen Unterstadt Tell Chuēras (Bereich W) stammt der Fund eines scheibenförmigen Geröllstückes mit einer intentional gesteilten Kante (Abb. 3.30:3). Aufgrund von Schlagnarben wurde das Objekt als Hammer klassifiziert; theoretisch kommt daneben auch eine Funktion als Amboss für das Segmentieren von Klingen in Betracht. Auf diversen Großklingensegmenten lassen sich im Bereich der Bruchkanten Spuren erkennen, die nach C. A. Bergmann u. a. als charakteristisch für eine intentional herbeigeführte Segmentierung anzusehen sind[531], z. B. Überhänge im Bereich der Bruchkante (vgl. Abb. 3.62:2-3).

Aus Kharab Sayyar stammt der Fund einer, bis auf das fehlende Distalende vollständig erhaltenen Großklinge, die diesen Arbeitsschritt der Sekundärproduktion möglicherweise dokumentiert (Abb. 3.62:1): Etwa 2,5 cm oberhalb des Bruchs zeigt das Stück linkslateral eine vermutlic intentional erzeugte Kerbe, während sich auf der rechten Lateralseite das Negativ eines, von der Bruchfläche aus ausgeführten Stichelschlages abzeichnet. Die Klinge weist keine weiteren Retuschen oder Gebrauchsspuren auf. Es ist folglich denkbar, dass die Kerbe ursprünglich als Sollbruchstelle für die Ablösung eines Segmentes dienen sollte. Die Existenz der Stichelbahn auf der gegenüberliegenden Seite, durch die die Schneidenpartie auf einer Länge von etwa 5 cm entfernt abgeschlagen wurde, ist dagegen nicht ohne weiteres zu erklären. Möglicherweise war im Zusammenhang mit dieser Grundform ursprünglich die Erzeugung eines einseitig rückengestumpften Segmentes intendiert.

An einigen Segmenten ist deutlich zu erkennen, dass die Schmalenden nach der Zerlegung der Grundform durch Retuschen und Aussplitterungen nachbearbeitet wurden, wohl um durch den Bruch bedingte Überhänge und Bulben (vgl. z. B. Abb. 3.62:2) zu entfernen, Enden zu verjüngen sowie Überhänge und eine Krümmung der Grundform auszugleichen (Arbeitsschritt IV-2, vgl. Tabelle 3.3.2-I). Ein Beispiel hierfür liefert ein Segment aus dem Grabungsbereich F in Tell Chuēra (Abb. 3.63:1). Das Stück weist distal eine ventral gerichtete Retuschierung auf, die vermutlich nicht als Werkkante diente. Vielmehr ist anzunehmen, dass durch diese Modifikation ein durch das Zerbrechen der Grundform bedingter Überhang beseitigt werden sollte. Dieses Verfahren ist auch für die spätchalkolithische und älter frühbronzezeitliche Großklingenindustrie Hassek Höyüks rekonstruiert worden.[532] O. Otte und M. R. Behm-Blanke vermuten, dass Aussplitterungen („intentionelle Verjüngungsaussplitterungen") und Stichelschläge an den Enden von Klingensegmenten in einem direkten Bezug zu ihrer Schäftungsweise standen[533]; eine Vermutung, die auch von H.-G. K. Gebel im Hinblick auf die frühbronzezeitliche Industrie des nordostsyrischen Fundortes Tall Knedig geäußert wurde und der ich im Verweis auf das Material aus Tell Chuēra und Kharab Sayyar zustimme.[534]

529 Vgl. Tabelle 3.2.3.1-VII in Teilkapitel 3.2.3.1.

530 Box-and-whisker Plots bzw. Kastendiagramme bieten eine Möglichkeit verschiedene Kennwerte eines Datensatzes in einer Grafik zusammenzufassen. Für eine ausführlichere Beschreibung vgl. die Angaben in Teilkapitel 3.2.1.

531 Theoretisch kommen verschiedene Zerlegungstechniken in Frage. Für eine Übersicht vgl. Bergmann u. a. 1987.

532 Vgl. Otte – Behm-Blanke 1992: Nr. 88/1442.

533 Otte – Behm-Blanke 1992: 170, Abb. 6.

534 Gebel 2005: 322.

3.3.2.2 *Durch Retusche und Gebrauchsspuren definierte Klingengeräte*

An den zumeist in segmentierter Form vorliegenden Klingen lassen sich verschiedene Formen und Kombinationen lateraler wie endständiger Modifikationen beobachten (Arbeitsschritte IV-3 und IV-4, vgl. Tabelle 3.3.2-I). Diese bilden die Grundlage für die Unterscheidung verschiedener Geräteklassen und Geräteunterklassen. Für die Differenzierung der einzelnen Klassen wurden die Form verändernden, in der Regel steil retuschierten Partien an den lateralen Kanten und Schmalenden als ausschlaggebend angesehen, da diese m. E. mit der Schäftung der Klingen in Zusammenhang stehen. Im Gegensatz zu anderen Bearbeitern[535] gruppiere ich die Klingen nicht auf Grundlage der Präsenz und Ausprägung von Glanzzonen (Sichelglanz), da die Ausbildung von Glanzpartien nicht aus der Sekundärproduktion ableiten, sondern auf die Verwendung von Silexartefakten (Stufe V der operationellen Sequenz) verweist. Abgesehen von Kantenretuschen und lateralen Gebrauchsspuren, die einseitig wie beidseitig ausgeprägt sein können (vgl. Tabelle 3.3.2.2-I und 3.3.2.2-II), gehören endständige Stumpfungs- und Rückenretuschen lokal zu den am häufigsten beobachteten Modifikationen.

Die Endretuschen sind zumeist schräg bis gebogen geformt, die retuschierten Klingenrücken zeichnen sich in aller Regel durch einen geraden Kantenverlauf aus. In den Inventaren finden sich zahlreiche Großklingen, die an einer Lateralseite Spuren der Kernpräparation aufweisen (Randklingen). Bedingt durch die Primärproduktion verfügen diese Klingen bereits über einen Klingenrücken. Im Zusammenhang mit der Sekundärproduktion werden diese einschneidigen Klingen jedoch nur dann als rückenretuschierte Klingen gewertet, wenn sie nach dem Ablösen der Grundform vom Kern entsprechend bearbeitet bzw. nachbearbeitet wurden.

In Tell Chuēra, wo die weitaus größere Anzahl von Klingenfunden weitergehende Aussagen in Bezug auf die Häufigkeit von Retuschiermerkmalen erlaubt, zeichnet sich ab, dass Randklingen etwas häufiger mit endständigen Stumpfungsretuschen versehen wurden als die zweischneidigen regelmäßigen Großklingen: Etwa 46 Prozent der einschneidigen Großklingen besitzen zumindest eine abrupte Endretusche, bei den zweischneidigen Großklingen sind es hingegen nur ca. 21 Prozent (für die absoluten Häufigkeitswerte vgl. Tabelle 3.3.2.2-III)[536]. Diese Beobachtung legt die Vermutung nahe, dass Randklingen zumindest in Chuēra von den bronzezeitlichen Steinschlägern vielfach gezielt ausgewählt wurden, um die Merkmale „morphologischer Klingenrücken" und „endständige Stumpfungsretusche" an einer Grundform zu kombinieren.

535 Vgl. z. B. Chabot 1998b; Chabot – Eid 2007; 2009.

536 In der Stichprobe aus Kharab Sayyar zeichnet sich dieser Zusammenhang nicht ab (vgl. Tabelle 3.3.2.2-IV).

An beiden Fundorten kommen Klingen mit kontinuierlich gezähnten Kantenpartien vor (vgl. z. B. Abb. 3.86:2-3): In Tell Chuēra weisen ca. 5 Prozent, in Kharab Sayyar ca. 7 Prozent der Klingengeräte eine ein- oder beidseitige Zähnung auf (vgl. Tabelle 3.3.2.2-V). Mit einer Ausnahme[537] beschränkt sich diese Art der Modifikation auf die Gruppe der Großklingen. Folglich handelt es sich um eine großklingenspezifische Form der Retusche.[538] Folgende Formen von Klingengerät werden unterschieden:

Einfache Segmente – Segmente A (TCH: n = 491, KHS: n = 57)[539]: In diese Kategorie fallen Klingen- und Großklingensegmente, die entweder keine oder ausschließlich lateral angelegte feine, flache oder halbsteile Retuschen oder eine Zähnung erkennen lassen (Abb. 3.63-3.68). Stücke mit steil retuschierten Kanten (= Stumpfungs- oder Rückenretusche) werden nicht als einfache Segmente geführt; eine Ausnahme bilden Segmente, bei denen eine entsprechende Modifikation als gebrauchsbedingt übersteilte Kantenpartie interpretiert wurde.[540] Etwa 18 Prozent aller Silexartefakte aus Tell Chuēra und 16 Prozent der Silexartefakte aus Kharab Sayyar fallen in diese Kategorie: Somit bilden die Segmente A an beiden Fundorten die mit Abstand am häufigsten auftretende Geräteform. Die modifizierten Kleinklingen fallen fast ausnahmslos in diese Kategorie (vgl. Tabelle 3.3.2.2-III und Tabelle 3.3.2.2-IV). Dass es sich bei den Segmenten durchweg um Bruchstücke anderer Formen von Klingengerät handelt, ist allein aufgrund ihrer großen Anzahl weitgehend auszuschließen. Anhand von Retuschiermerkmalen lassen sich drei Untergruppen differenzieren (vgl. Tabelle 3.3.2.2-VI und Tabelle 3.3.2.2-VII):

- A 1: unmodifizierte und durch Gebrauch modifizierte Segmente (vgl. z. B. Abb. 3.63:5),
- A 2: einseitig retuschierte Segmente (vgl. z. B. Abb. 3.64:3) und
- A 3: beidseitig retuschierte Segmente (vgl. z. B. Abb. 3.64:1)

537 TCH 08 K 2040-50. Bei dem Stück handelt sich um ein einfaches Klingensegment aus einem spätchalkolithisch datierten Fundkontext.

538 Gezähnte Kantenpartien kommen in Kombination mit allen Formen end- und rückenretuschierter Segmente vor. Bei stark abgenutzten und nachretuschierten Stücken ist eine laterale Zähnung gelegentlich schwer von einer ausgebrochenen halbsteilen Retuschierung zu differenzieren. Im Zuge der Datenaufnahme wurden daher nur eindeutige Morphologien als gezähnt klassifiziert. Zudem wurde das Merkmal nicht als ausschlaggebend für die Bildung von Geräteklassen erachtet.

539 Die Mengenangaben (n) beziehen sich auf alle Artefakte der Datensatzqualität 1. Für Mengenangaben unter Einbeziehung von Datensätzen der Qualität 2-3 vgl. Tabelle 3.3.1-I und 3.3.1-II

540 Bei sieben Segmenten aus Tell Chuēra ist dies m. E. der Fall.

Während das Verhältnis der drei Unterklassen am Fundort Kharab Sayyar in etwa ausgeglichen erscheint, überwiegen in Chuēra Segmente der Geräteklasse A 1 (ca. 50 Prozent). Danach folgen die einseitig (ca. 33 Prozent) und beidseitig retuschierten Formen (ca. 17 Prozent).

Vergleiche: Einfache Segmente kommen an allen frühbronzezeitlichen Fundplätzen Nordmesopotamiens vor, an denen eine Klingenindustrie nachgewiesen bzw. dokumentiert wurde. Den publizierten Funden nach zu urteilen, stellen sie in aller Regel die häufigste Kategorie von Klingengerät dar.

Unipolar endretuschierte Segmente – Segmente B (TCH: n = 119, KHS: n = 13): Diese Gruppe umfasst Großklingensegmente mit einer endständigen, zumeist steil ausgeprägten Retusche (vgl. Abb. 3.69-3.71). Funde einfacher Klingen mit einer entsprechenden Modifikation liegen, von einer Ausnahme[541] abgesehen, weder aus Tell Chuēra noch aus Kharab Sayyar vor. Auch eine weitgehend vollständige Großklinge mit abrupter Endretusche (vgl. Abb. 3.69:7) wurde in diese Gruppe aufgenommen. Abgesehen vom Merkmal der Endretusche, können eine oder beide Lateralseiten der Segmente Gebrauchsspuren, eine Retuschierung oder Zähnung aufweisen. Auf Grundlage der Morphologie der endständigen Retusche werden zwei Untergruppen differenziert (vgl. Tabelle 3.3.2.2-VI und Tabelle 3.3.2.2-VII):

- B 1: Segmente mit gerader Endretusche B 1 (vgl. z. B. Abb. 3.69:2, 3.70:3) sowie
- B 2: Segmente mit gebogener, teils auch schräg (vgl. z. B. Abb. 3.69:3) oder spornartig geformter endständiger Modifikation (vgl. z. B. Abb. 3.69:1, 5). Zwischen den bogen- und spornartigen Morphologien ist ein fließender Übergang zu konstatieren, weshalb sie zu einer Untergruppe (B 2) zusammengefasst wurden

Mit einem prozentualen Anteil von je etwa 4 Prozent stellen die unipolar endretuschierten Klingensegmente an beiden Fundorten die zweithäufigste Kategorie von Steingeräten dar. Innerhalb der Gruppe der einfach endretuschierten Großklingen dominieren in Tell Chuēra Segmente der Unterklasse B 2 (ca. 87 Prozent). In Kharab Sayyar sind Klingensegmente mit gerader Endretusche (B 1) nicht im Fundspektrum vertreten. Bei einem Teil, aber sicherlich nicht bei allen B-Segmenten, wird es sich um Fragmente bipolar endretuschierter Geräte (Segment C, Segment F) handeln.

541 TCH 08 K 2021-1. Es handelt sich um eine Kleinklinge aus Obsidian, die eine halbsteil ausgeprägte, schräge Endretusche erkennen lässt. Das Stück stammt aus einem spätchalkolithisch datierten Kontext im Bereich K und wurde aus formalen Gründen der Gruppe der unipolar endretuschierten Segmente zugeordnet.

Vergleiche: Endretuschierte Großklingensegmente wurden an diversen nordmesopotamischen Siedlungen des 3. Jts. v. u. Z. dokumentiert. Vergleichsfunde liegen sowohl aus Fundorten am türkischen und syrischen Euphrat[542], wie aus dem Khaburgebiet[543] und dem Nordirak[544] vor. Schräge bis gebogen geformte Endretuschen (Segment B 2) scheinen häufiger vorzukommen, jedoch lassen sich auch Beispiele für gerade Endretuschen (Segment B 1)[545] anführen. B. E. Hartenberger bezeichnet die gebogen bis schräg endretuschierten Segmente im Zusammenhang mit ihrer Analyse der Klingenindustrie Titriş Höyüks als „corner truncated blades“ und definiert sie – in zutreffender Weise – wie folgt: „A distinctive tool found at Titriş Höyük, the corner truncated blade, may represent a type distinctive to EBA northern Mesopotamia. (...) They were made by truncating a trapezoidal blade, usually either a proximal or medial segment, and retouching one corner of it at an oblique angle.”[546] Zu ergänzen wäre hier, dass sich entsprechende Morphologien an Großklingen bereits in spätchalkolithisch (LC 5) datierten Schichtzusammenhängen nachweisen lassen, z. B. am Hassek Höyük.[547]

Bipolar endretuschierte Segmente – Segmente C (TCH: n = 12, KHS: n = 5): In diese Gruppe fallen definitionsgemäß Segmente, die an beiden Enden eine in der Regel steil geformte Endretusche aufweisen. Die Lateralseiten können Spuren von Gebrauch oder eine Kantenretusche bzw. Zähnung tragen (Abb. 3.72; 3.73:1-3). Die Morphologien der polaren Retuschen entsprechen denen der unipolar endretuschierten Stücke (Gruppe B). Differenziert werden (vgl. Tabelle 3.3.2.2-VI und Tabelle 3.3.2.2-VII):

- C 1: Segmente mit bipolar gerade retuschierten Schmalenden

542 Beispielhaft sei hier auf Funde aus Titriş Höyük (vgl. Hartenberger 2003: Fig. 4.4), Norşuntepe (vgl. Schmidt 1996: Nr. 685 und Nr. 697), Lidar Höyük, Nevali Çori (vgl. z. B. Herling 2007: Tafel 103, Nr. 11 und Tafel 104, Nr. 19); Tell Qara Quzaq (vgl. Menéndez 1994: Fig. 1:1, 3, 9) und Tell Shiukh Fawqani (vgl. z. B. Bonacossi 2005: Nr. Plate 44a, 46b) verwiesen.

543 Beispielhaft sei hier auf Funde aus Tall Knedig (vgl. z. B. Gebel 2005: Tafel 208, Nr. 1534) und Tell 'Atij (vgl. z. B. Chabot 1998b: Pl. III.4.31) verwiesen.

544 Bei einem Großklingensegment aus Kutan handelt es sich, der publizierten Zeichnung nach zu urteilen, um ein gebogen endretuschiertes Segment (vgl. Anderson – Inizan 1994: Fig. 6.14). Auch aus Tell Karrana 3 liegen einige wenige unipolar endretuschierte Großklingensegmente vor, die die Bearbeiterin in „rounded terminations“ und „pointed terminations“ differenziert (Brautlecht 1993: 162; Plate LII, 16-21).

545 Vgl. z. B. Menéndez 1994: Fig. 1: 6; Fig. 2: 11 (Tell Qara Quzaq).

546 Hartenberger 2003: 83.

547 Vgl. z. B. Otte – Behm-Blanke 1992: Nr. 84/1032, 85/1704.

- C 2: Stücke mit bipolar schräg bzw. konvex retuschierten Enden
- C 3: Hinzu kommen Klingen, die je eine gerade und eine schräg bzw. konvex geformte Endretusche aufweisen

Da Geräteklasse C-Segmente – wenn auch in geringer Zahl – an beiden Fundorten vorkommen, steht zu vermuten, dass es sich zumindest bei einem Teil der unipolar endretuschierten Klingen (Geräteklasse Segment B) um Bruchstücke von diesen handelt. Bisweilen greifen die endständigen Retuschen der C-Segmente weit auf eine der Lateralseiten.[548] Daher sind die bipolar endretuschierten Klingen nicht immer eindeutig von Segmenten zu unterscheiden, die das Merkmal eines Klingenrückens und einer polaren Retusche vereinen (Segmente E und F). Die Geräteklasse C ist ausschließlich für Grundformen der Großklingenkategorie belegt.
Vergleiche: Beispiele für bipolar endretuschierte Großklingen stammen von einigen frühbronzezeitlichen Fundplätzen im türkischen und syrischen Euphratgebiet. Exemplarisch sei hier auf Fundstücke aus Titriş Höyük[549], Norşuntepe[550] und Tall Bi'a[551] verwiesen. Bei den Vergleichsstücken handelt es sich durchweg um Segmente, die schräge oder gerundete Endretuschen erkennen lassen. Die Geräteklasse Segment C entspricht weitgehend den, von K. Schmidt anhand des lithischen Inventars aus Norşuntepe definierten Typen „Lidar" und „Akziyaret".[552]

Rückenretuschierte Segmente – Segmente D (TCH: n = 47, KHS: n = 7): Segmente der Gruppe D weisen an einer Lateralseite eine steil retuschierte Kante (Rückenretusche) auf. Die gegenüberliegende Seite kann Gebrauchsspuren, eine retuschierte oder gezähnte Schneidenpartie zeigen (Abb. 3.74; 3.75). Bei den Stücken handelt es sich fast durchweg um Großklingensegmente. Auch eine nahezu vollständige Randklinge der Großklingenproduktion (Abb. 3.74:4)[553], die eine partielle Rückenretusche aufweist, wurde in diese Gruppe aufgenommen. Durch die partielle Retusche sollte die bereits im Zuge der Kernpräparation gestumpfte linke Lateralseite wohl entweder ergänzt oder begradigt werden. Partielle Rückenretuschen an Randklingensegmenten konnten im Fundmaterial mehrfach beobachtet werden.

Das einzige Beispiel für ein Segment mit einem leicht konvex geformten Rücken stammt aus Kharab Sayyar (Abb. 3.74:6). Jeweils drei Klingensegmente aus Kharab Sayyar und Tell Chuēra wurden vermutlich im Rückgriff auf die Stichelschlagtechnik gestumpft; sie lassen Stichelbahnen im Bereich des Klingenrückens erkennen (vgl. z. B. Abb. 3.74:5).
Vergleiche: Großklingensegmente, an denen durch Retuschen gegenüber der Schneidenkante ein zumeist gerader Rücken angelegt wurde, sind an vielen nordmesopotamischen Fundorten belegt.[554] Exemplarisch sei hier auf Vergleiche aus Titriş[555] und Norşuntepe[556] verwiesen, wo sie häufig vorkommen sollen.[557] Beispiele für frühbronzezeitliche D-Segmente liegen auch aus Hassek Höyük[558], Lidar Höyük[559], Tell Shiukh Fawqani[560] und Tall Knedig[561] vor. Rückengestumpftes Großklingengerät ist auch als Bestandteil spätchalkolithischer (LC 5) Inventare beschrieben worden.[562]

Unipolar end- und rückenretuschierte Segmente – Segmente E (TCH: n = 19, KHS: n = 4): Bei dieser Geräteklasse handelt es sich ausschließlich um Großklingensegmente (einfache Klingen mit entsprechenden Modifikationen sind nicht belegt), die sowohl einen gestumpften Rücken als auch eine endständige Retusche aufweisen. Zwei Untergruppen werden differenziert:

- E 1: Segmente mit einer gerade abschließenden Endretusche (vgl. 3.46:8)
- E 2: Segmente mit einer gebogenen bzw. schräg geformten polaren Modifikation (vgl. Abb. 3.73:4-5; 3.76:1-2)

Vergleiche: Als Beispiele für unipolar end- und rückenretuschierte Großklingensegmente aus dem 3. Jt. v. u. Z. lassen sich Funde aus Hassek Höyük[563], Norşuntepe[564], Nevali Çori[565] und Tell Qara Quzaq[566] anführen. Darüber hinaus sind vergleichbare Formen auch in Tall Knedig im Khaburgebiet belegt.[567]

Bipolar endretuschierte und rückenretuschierte Segmente – Segmente F (TCH: n = 3, KHS: n = 2): Aus Tell Chuēra ebenso wie aus Kharab Sayyar liegen einige wenige Segmente

548 Vgl. z. B. Abb. 3.72:2.
549 Vgl. Hartenberger 2003: Fig. 4.2 (TH#91255b).
550 Vgl. Schmidt 1996: Nr. 675.
551 Vgl. Strommenger – Miglus 2010: Nr. Tall Bi'a 23/47:25.
552 Nach Schmidt (1996: 63) unterscheidet sich der Typ „Akziyaret" und der Typ „Lidar" dadurch, dass letzterer gebogene Endretuschen aufweist, während diese bei beim Typ „Akziyaret" schräg ausgeformt sind. Beide Varianten finden sich im Fundmaterial Chuēras und Kharab Sayyars, aber m. E. gestalten sich die Übergänge zwischen beiden Morphologien fließend, so dass ich eine Unterscheidung für obsolet halte.
553 KHS 00 B 271-1.
554 Zusammenfassend Anderson u. a. 2004: 92.
555 Vgl. Hartenberger 2003: Fig. 4.3 (TH#5176b).
556 Vgl. Schmidt 1996: Nr. 727.
557 Schmidt 1996: 58.
558 Otte – Behm-Blanke 1992: 170.
559 Herling 2007: Abb. 101.
560 Vgl. Bonnacosi 2005: Plate 46e
561 Gebel 2005: 321-322.
562 Vgl. z. B. Sela 2009: 41-42.
563 Vgl. z. B. Otte – Behm-Blanke 1992: Nr. 84/1168.
564 Schmidt 1996: Katalognummer 749.
565 Herling 2007: Tafel 105, Nr. 28.
566 Menéndez 1994: Fig. 1:2.
567 Gebel 2005: Tafel 209, Nr. 1516.

vor, die sowohl eine beidseitige Endretusche als auch eine laterale, steil ausgeformte Rückenretusche erkennen lassen. In der vorliegenden Arbeit werden sie als Geräteform Segment F bezeichnet (vgl. Abb. 3.76:3-5). Bei den F-Segmenten handelt es sich wiederum ausschließlich um Grundformen der Großklingenkategorie.
Vergleiche: Morphologisch entsprechen die F-Segmente einem Gerätetyp, der von K. Schmidt als „Typ Norşuntepe" bezeichnet worden und am Namen gebenden Fundort mehrfach belegt ist.[568] Im Gegensatz zu der hier vorgeschlagenen Klassifikation schließt Schmidt auch bipolar endretuschierte Großklingen mit natürlichem Rücken (Randklingen) in seine Definition ein.

Gestielte Segmente – Segmente G (TCH: n = 7, KHS: n = 2): Diese Geräteklasse umfasst Großklingensegmente – einfache Klingen sind nicht belegt –, die ein stiel- bzw. griffzapfenartiges oder angelförmig herausretuschiertes Ende aufweisen (vgl. Abb. 3.76:6-7; 3.77). Dieses wurde durch abrupte Retuschen, teils auch unter Verwendung der Stichelschlagtechnik ausgeformt. Auch zwei weitgehend vollständige Klingen mit einer proximal angelegten, griffzungenartigen Retuschierung[569] wurden dieser Gruppe hinzugesellt (vgl. z. B. Abb. 3.77:2).
Vergleiche: Ausgehend vom Auftreten kanaanäischer Klingen mit „steil anretuschiertem Stiel" am Fundort Habuba Kabira Süd hat K. Schmidt entsprechende Formen als „Typ Habuba" bezeichnet.[570] Schmidt vermutete, dass es sich bei dieser Morphologie möglicherweise um eine charakteristisch spätchalkolithische Geräteform handeln könnte; vergleichbare Formen finden sich jedoch auch in den frühbronzezeitlichen Schichten Nevali Çoris[571], Qara Quzaqs[572], Tell Chuēras und Kharab Sayyars.

Vollständige Klingen mit lateraler Retusche oder Gebrauchsspuren – Klingen H (TCH: n = 12, KHS: n = 0): Zu dieser, ausschließlich in Tell Chuēra belegten Gruppe gehören vollständige Klingen (n = 1) und Großklingen (n = 11), die makroskopisch erkennbare Gebrauchsspuren (Untergruppe H 1; vgl. Abb. 3.78:1) oder eine Kantenretusche tragen (Untergruppe H 2; Abb. 3.78:2-3). Zusammen mit einigen wenigen in Schlagrichtung vollständig bzw. annähernd vollständig erhaltenen Klingen der Geräteklassen B, C, D und G belegen die Fundstücke, dass Großklingen gelegentlich nicht zerlegt wurden und dass auch eine komplette Grundform als Werkzeug Verwendung finden konnte.
Vergleiche: Ein Vergleichsstück – eine vollständige Großklinge mit Sichelglanz– stammt aus Titriş Höyük.[573] Auch in Tell 'Atij wurde eine vollständige Großklinge dokumentiert.[574] Am nordirakischen Fundort Tell Karrana 3 wurden mehrere vollständige Großklingen mit lateraler Modifikation in Form einer Retuschierung und/oder einer lateralen Glanzzone dokumentiert.[575] Auch außerhalb des engeren Arbeitsgebietes, im Bereich der südlichen Levante, kommen vollständig erhaltene Großklingen mit Gerätemerkmalen vor.[576]

Bohrer und Spitzgeräte an Klinge (TCH: n = 14, KHS: n = 0): Diese wiederum ausschließlich in Tell Chuēra vertretene Gruppe umfasst Klingen mit herausretuschierten Spitzen oder Zinken (vgl. Abb. 3.79; 3.80) sowie Grundformen mit einem anretuschierten und/oder ausgesplitterten, spitzen Ende (vgl. Abb. 3.79:2-3). Entsprechende Modifikationen finden sich zumeist im Proximal- oder Distalbereich und können mittig (Mittelbohrer; vgl. z. B. Abb. 3.79:3) oder eckständig (Eckbohrer; vgl. z. B. Abb. 3.79:4) angelegt sein. Als Bohrerenden gedeutete Modifikationen sind nicht immer eindeutig von spornartig geformten Endretuschen (Segmente der Gruppe B 2, s. o.) zu unterscheiden. Zweimal sind in Tell Chuēra Klingensegmente belegt, bei denen die Spitzen an einer Lateralseite angelegt wurden (Abb. 3.79:1)[577]. In beiden Fällen handelt es sich um einfache Klingen. Fünf Klingenbohrer weisen laterale Glanzzonen auf (vgl. z. B. Abb. 3.79:4)[578], so dass davon auszugehen ist, dass die Umarbeitung der Stücke zu Bohrern/Spitzgeräten im Zuge einer Sekundärverwendung erfolgte (Arbeitsschritt IV-8).
Vergleiche: Vereinzelte Beispiele für Bohrer an Großklingensegmenten wurden an mehreren frühgeschichtlichen Fundorten in Nordmesopotamien beschrieben. Beispielhaft sei hier auf Eckbohrer an Klingensegmenten aus Tell 'Atij[579], Hassek Höyük[580] und Norşuntepe[581] verwiesen. Auch für Titriş Höyük[582] und die frühbronzezeitlichen Schichten Arslante-

568 Vgl. Schmidt 1996: Nr. 726.
569 TCH 88 A 3045-2 und TCH 11 P 0-1.
570 Schmidt 1996: 63.
571 Herling 2007: 185.
572 Menéndez 1994: 183, Fig. 1:5.
573 Hartenberger 2003: 66.
574 Chabot 1998b: Pl. III.21 Fig. 59.
575 Vgl. Brautlecht 1993: 58, Plate L, 6; 160-161, Plate LI, 2-7, 8, Plate LII, 1.
576 Rosen 1997: 50. S. A. Rosen bezeichnet vollständige Großklingen mit dem Merkmal Sichelglanz als Erntemesser (reaping knives).
577 TCH 11 X 0-291 und TCH 08 W 1-21.
578 TCH 01 K 156-1, TCH 06 H 25-1, TCH 08 W 645-1, TCH 08 W 901-1, TCH 11 X 0-486.
579 Fund Nr. ATJ-S632; vgl. Chabot 1998: Pl. IV.6, Fig. 110. Chabot (1998: 141-142) bezeichnet Abschläge und Klingen mit herausretuschierten Spitzen zusammenfassend als pièces pointues.
580 Aus Hassek Höyük liegen sowohl Beispiele von spätchalkolithischen wie frühbronzezeitlichen Bohrern an Großklingen vor. Vgl. Otte – Behm-Blanke 1992: 170; Abb. 26.6. (frühbronzezeitlicher Eckbohrer), Abb. 32.6 (spätchalkolithischer Mittelbohrer).
581 Vgl. Schmidt 1996: Nr. 749.
582 Fund Nr. TH 10141 a; vgl. Hartenberger 2003: Appendix C (ohne Abbildung).

pes[583] ist die Anlage von Bohrerenden an Großklingen belegt. Wie in Tell Chuēra scheint die Anlage von Bohrern auf Klingensegmenten oft mit einer Sekundärverwendung der Stücke in Zusammenhang zu stehen; Beispiele von Mittelbohrern auf Großklingenbasis liegen z. B. aus Norşuntepe[584], Tell Qara Quzaq (Abb. 3.93:3)[585] und Tall Knedig (Abb. 3.93:4)[586] vor. In Mari konnte hingegen die Existenz einer speziell auf die Herstellung von Bohrern ausgerichteten Chaîne Opératoire herausgearbeitet werden. Einfache Klingen wurden dort zu kleinen Mittelbohrern (microperçoirs) und konkav endretuschierten Geräten (Troncatures) verarbeitet, die nach Coqueugniot zur Verarbeitung von Perlmutt dienten.[587]

Klingenschaber und Klinkenkratzer (TCH: n = 9, KHS: n = 0): Das Vorkommen von Schabern und Kratzern auf klingenförmigen Grundformen bleibt ebenfalls auf den Fundort Tell Chuēra begrenzt und auch dort wurden lediglich 9 Stücke identifiziert, bei denen eine Ansprache als Schaber gerechtfertigt erscheint. Bei einigen Klingensegmenten mit kräftig retuschierten Kanten bestehen zudem Abgrenzungsschwierigkeiten gegenüber den rückenretuschierten Segmenten D und den einfachen Segmenten A; bei Letzteren konnte es im Zuge von Gebrauch oder Nachbearbeitung zur Ausbildung einer übersteilten Kantenpartie kommen. Unproblematisch erscheint indessen die Zuordnung von drei Stücken mit konvex geformten, halbsteil bis steil retuschierten Kanten zur Gruppe der Schaber (Abb. 3.81:1)[588]. Auch ein Großklingensegment (Abb. 3.81:2), das distal, möglicherweise intentional durch Stichelschläge zugespitzt wurde, wurde als Klingenschaber klassifiziert. Das Stück weist bilateral eine breite, steil ausgeformte Retusche auf, die auf die Dorsalfläche ausgreift (invasive Retusche). Vereinzelt konnten auch Klingen mit einer endständigen, konvex geformten Kratzerkappe dokumentiert werden (vgl. Abb. 3.81:3-4).
Vergleiche: In Titriş Höyük wurden zwei auf Großklingen angelegte Geräte dokumentiert, die B. E. Hartenberger als Schaber (side scraper) und Kratzer (end scraper) klassifiziert hat.[589] Aus Tell Melebiya liegt der Fund eines Gerätes vor, bei dem es sich der publizierten Zeichnung und Klassifikation der Bearbeiterin nach zu urteilen um einen Kratzer handelt, der auf einem Großklingensegment angelegt wurde.[590]

Hohlkerben an Klingen oder gezähnte Klingen (TCH: n = 6, KHS: n = 1): Diese Gruppe umfasst Klingen bzw. Segmente mit gekerbten Einbuchtungen bzw. einer tief eingekerbten Zähnung (vgl. Abb. 3.46:4). Klingen mit einer kontinuierlichen lateralen Zähnung, wie sie bisweilen im Zusammenhang mit den Segmenten A-F beobachtet wurden, bleiben hier ausgeklammert. Wie bei den Hohlkerben auf Abschlägen bleiben nicht zuletzt aufgrund der geringen Anzahl von Funden Zweifel daran bestehen, ob es sich bei den Stücken wirklich um spezifische Werkzeugformen handelt. Aus Tell Chuēra liegen vereinzelte Funde von Hohlkerben an Klingen vor. Bei einem gezähnten Distalfragment aus dem Grabungsbereich W lässt sich im Bereich der Bruchendigung zusätzlich eine Modifikation in Form von Aussplitterungen erkennen, durch die wahrscheinlich die distale Krümmung der Grundform ausgeglichen werden sollte (Abb. 3.82:1). Aus Kharab Sayyar ist nur ein einzelnes, sehr langes Großklingensegment mit einer eindeutigen Kerbung belegt (Abb. 3.61:1). Möglicherweise bezeichnet die Kerbe eine Sollbruchstelle für eine ursprünglich geplante weitere Zerlegung der Grundform.
Vergleiche: In Titriş Höyük wurden 13 modifizierte kanaanäische Klingen dokumentiert, bei denen es sich B. E. Hartenberger zufolge um Hohlkerben an Klingen (notched blades und truncated notched blades) handelt.[591] Auch in Tell Nusstell[592], Tell Mozan[593], Mari[594] und Tell Karrana 3[595] sind vereinzelt gekerbte Klingen in Schichtzusammenhängen des 3. Jts. v. u. Z. identifiziert wurden.

Stichel an Klingen (TCH: n = 11, KHS: n = 1): An beiden Fundorten wurden Klingensegmente mit einer oder mehreren Stichelbahnen dokumentiert. Zumindest bei einigen dieser Stücke könnte es sich um beabsichtigte Modifikationen handeln, die der Erzeugung einer scharfen Kantenpartie dienten. Diese sollen hier als eigene Geräteklasse herausgestellt werden (Abb. 3.82:2-6). Gesichert ist, dass die Stichelschlagtechnik während der Frühbronzezeit lokal in Gebrauch war, da sie gelegentlich zum Einsatz kam um Klingenrücken oder stumpfe Endretuschen auszuformen[596]; Funde von Stichellamellen sind ebenfalls belegt.[597] Durch Applizierung der Stichelschlagtechnik gestumpfte Stücke wurden nicht als Stichel an Klingen gezählt, sondern den rücken- bzw. endretuschierten Segmenten (s. o.) zugeordnet. Bei einigen Stücken erscheint es auch denkbar, dass Stichelbahnen unbeabsichtigt zur Ausprägung kamen, wenn sie – postdepositional oder gebrauchsbedingt – einer auf das Proximal- oder

583 Vgl. Caneva 1993: 328-329, 330-331.
584 Fund Nr. 72-000; vgl. Schmidt 1996: Tafel 60, Nr. 750.
585 Menéndez 1994: 183; Fig. 1:4.
586 Gebel 2005: Tafel 212, Nr. 1554, 1570 und 1920.
587 Coqueugniot 1993.
588 TCH 92 H 7030-3, TCH 07 K 1084-12, TCH 11 X 0-250.
589 Hartenberger 2003: 264-269; Fundnummern: TH 12163b, TH 93283k.
590 Azzi 1993: 526; Pl. 203, 13.
591 Hartenberger 2003: 66; 264-269.
592 Chabot – Eid 2007: 20.
593 Chabot – Eid 2009: 816.
594 Coqueugniot 1993: 219.
595 Brautlecht 1993: 170; vgl. auch Plate L, 9
596 Aus Tell Chuēra liegen n = 37 Klingen mit dem Merkmal Stichelbahn vor, aus Kharab Sayyar n = 7.
597 Aus Tell Chuēra liegen vier Stichellamellen vor.

Distalende einwirkenden mechanischen Beanspruchung ausgesetzt waren. Einen Grenzfall stellt das Segment TCH 01 K 137-1 dar (Abb. 3.82:3). Der Stichelschlag erfolgte hier von einer Bruchfläche des Segments aus (Stichel an Bruch), wodurch ein Teil der Sichelglanz tragenden Kante abgelöst wurde. Segmente, die – abgesehen von Stichelbahnen –auch kräftige uni- oder bipolare Aussplitterungen aufweisen, wurden in aller Regel nicht als Stichel sondern als ausgesplitterte Segmente gewertet. Mehrere Segmente mit Stichelbahnen lassen lateralen Sichelglanz erkennen.[598] Bei den betreffenden Stücken stellt der Stichelschlag eine sekundäre Modifikation dar. Auch Segmente mit mehreren Stichelbahnen (Mehrfachstichel) kommen vor (vgl. z. B. Abb. 3.82:5).[599]

Vergleiche: Aus Tell Shiukh Fawqani stammt der Fund einer proximal erhaltenen Großklinge mit Stichelbahn.[600] Eine einzelne durch Stichelschläge modifizierte Großklinge wurde in Tell Nusstell dokumentiert.[601]

Ausgesplitterte Segmente (TCH: n = 33, KHS: n = 4): Bei dieser Gruppe handelt es sich um eine Geräteklasse, die durch Gebrauchsspuren definiert wird. Sie umfasst Klingensegmente mit kräftigen, uni- oder bipolar ausgeprägten Aussplitterungen (vgl. Abb. 3.83). Abgesehen von den ausgesplitterten Partien können die Artefakte auch Negative von Stichelschlägen aufweisen (vgl. Abb. 3.83:2-3). Treten beide Merkmale zusammen an einer Klinge auf, wurde diese als ausgesplittertes Segment gezählt. Das Herausstellen dieser Geräteklasse ist nicht unproblematisch: In einigen Fällen sind die Aussplitterungen zwar so deutlich ausgeprägt, dass ein meißelartiger Funktionszusammenhang der Stücke vorstellbar erscheint, jedoch weisen zahlreiche Klingensegmente im Distal- und/oder Proximalbereich feine Aussplitterungen auf, Modifikationen, die m. E. eher in einem Bezug zur Schäftungsweise stehen könnten (Arbeitsschritte IV-2, IV-7, vgl. Tabelle 3.3.2-I). In den betreffenden Fällen wurde die Modifikation nicht als ausschlaggebend für die Zuordnung zur Geräteklasse der ausgesplitterten Segmente erachtet. Auch bei kräftigen Aussplitterungen, die teils weit auf die Dorsal- oder Ventralfläche ausgreifen, muss die Möglichkeit eines Schäftungsbezuges in Betracht gezogen werden. Dies lässt sich z. B. anhand eines monopolar ausgesplitterten Distalfragmentes einer Großklinge aus der Unterstadt Tell Chuēras illustrieren (vgl. Abb. 3.83:5).[602] Das Stück wurde möglicherweise bewusst bearbeitet, um die gekrümmte Bruchendigung der Grundform zu begradigen. Ein weiteres Beispiel für eine Aussplitterung mit möglichem Schäftungsbezug stellt ein ebenfalls in Tell Chuēra gefundenes Proximalfragment einer Großklinge mit bipolarer Aussplitterung dar (Abb. 3.84:1). Bei diesem Stück wurde der Bulbusbereich ventral durch eine Aussplitterung entfernt, wodurch die Grundform in dem betreffenden Bereich verjüngt wurde.

Anhand der hier aufgeführten Beispiele lässt sich aufzeigen, dass eine klare Differenzierung zwischen gebrauchsbedingt ausgesplitterten Arbeitskanten und Modifikationen, die auf das Einsetzen von Klingensegmenten verweisen, schwierig ist. Die meisten ausgesplitterten Segmente aus Tell Chuēra – knapp zwei Drittel (n = 22) – weisen zudem laterale Sichelglanz-Zonen auf. Dies kann als weiteres Indiz dafür gedeutet werden, dass die Aussplitterungen wohlmöglich eher in einem Zusammenhang mit der Schäftung von Klingensegmenten zu deuten sind.

Vergleiche: Im Zusammenhang mit der Analyse der lithischen Funde aus Hassek Höyük haben die Bearbeiter das Auftreten von Aussplitterungen an Großklingensegmenten aus späturukzeitlichen und älter frühbronzezeitlichen Schichtzusammenhängen beschrieben und den möglichen Schäftungsbezug dieser Modifikation herausgestellt.[603]

Sonstiges Klingengerät (TCH: n = 2, KHS: n = 0): Die Gruppe des sonstigen Klingengerätes bildet eine Auffangkategorie für modifizierte Formen, die durch die hier vorgeschlagenen Geräteklassen nicht abgedeckt werden. Hierzu gehört eine Stichellamelle mit lateralen Gebrauchsspuren, die wahrscheinlich von einer Großklinge abgelöst wurde[604] sowie das mediale Segment einer Großklinge mit zwei gestumpften Schneidenpartien.[605]

Zusammenfassung: Einfache Klingen wurden an beiden Fundorten nur sehr selten über das Segmentieren der Grundformen (Schritt IV-1, vgl. Tabelle 3.3.2-I) hinaus bearbeitet. Bei den meisten Kleinklingen handelt es sich demnach um Vertreter der Geräteklasse Segment A, die allenfalls laterale Gebrauchsspuren oder Retuschen erkennen lassen. Andere Geräteformen sind im Zusammenhang mit den einfachen Klingen nur ausnahmsweise belegt; so liegen aus Tell Chuēra z. B. drei kleinformatige Klingenbohrer vor. In Bezug auf die Großklingen ist ebenfalls eine Dominanz der einfachen Segmente (Segment A) zu konstatieren. Allerdings konnte die großklingenspezifische Chaîne Opératoire auf der Ebene der Sekundärproduktion auch mit einer weiteren Formzurichtung von Segmenten einhergehen (Schritt IV-3), wobei gebogen bis schräg geformte Endretuschen (Segment B 2) am häufigsten vorkommen. Auch rückenretuschierte Segmente (Segment D) sind im Formenspektrum vertreten. Weitaus seltener – jedoch durch mehrere Funde belegt – sind Segmente, die sich durch eine Kombination von End- und Rückenretuschen (Segment C, E, F) auszeichnen. Wahrscheinlich handelt es sich zumindest bei einem Teil der einfachen, end-

598 TCH 82 H 1024-1, TCH 01 K 137-1, TCH 05 D 287-1.
599 KHS 04 A 535-4, TCH 82 H 1024-1, TCH 05 D 287-1.
600 Vgl. Bonacossi 2005: Plate 43b.
601 Eid – Chabot 2007: 20.
602 TCH 07 W 1-32.
603 Otte – Behm-Blancke 1992: 170, vgl. Abb. 16 und Abb. 27.4-6.
604 TCH 98 F 0-1.
605 TCH 11 X 0-511.

und rückenretuschierten Segmente (Segment A, B, D) um Bruchstücke von diesen. Bei einem Vergleich der Längenmaße der verschiedenen Klingengeräte aus Tell Chuēra zeichnet sich ab, dass die endretuschierten Segmente im Schnitt (Median, arithmetisches Mittel) länger sind als die einfachen und ausschließlich rückenretuschierten Segmente, obwohl auch Vertreter der Geräteklassen Segment A und D Längenwerte von über 10 cm erreichen können (vgl. Tabelle 3.2.2.2-VIII).

Für Tell Chuēra kann gezeigt werden, dass die geschwungen endständigen Retuschen (Segment B 2) häufig an einschneidigen Randklingen angelegt wurden. Die Endretuschen bilden in den betreffenden Fällen quasi eine Fortsetzung der bereits durch die Kernpräparation gestumpften Lateralseite. Auch bei der Anlage von Klingenrücken (Segment D, E, F) wurden bereits vorhandene Morphologien der Primärproduktion von den antiken Steinbearbeitern als Ansatzpunkt für die Rückenretusche gewählt. Seltener als die lateral und endständig modifizierten Segmente sind Funde von Großklingen mit einer herausretuschierten, stiel- oder griffzapfenartigen Modifikation (Segment G); einzelne Beispiele liegen jedoch sowohl aus Tell Chuēra als auch aus Kharab Sayyar vor. Das Auftreten vollständiger Grundformen mit Bearbeitungs- oder Gebrauchsspuren (Klinge H) bleibt hingegen auf den größeren der beiden Fundorte beschränkt. Dies gilt auch für die meisten anderen, auf der Basis klingenförmiger Grundformen erzeugten Geräteklassen (Klingenbohrer, Klingenschaber, Klingenkratzer, Hohlkerbe an Klinge, gezähnte Klinge, Stichel an Klinge, sonstiges Klingengerät). Diese scheinen nur sporadisch und in erster Linie im Zuge einer Sekundärverwendung von Segmenten angefertigt worden zu sein (Schritt IV-8). Ferner ist zu vermuten, dass es sich bei einigen nur vereinzelt beobachteten Modifikationen um nicht intendierte Merkmale handelt. Eine besonders problematische Kategorie bilden hierbei die ausgesplitterten Segmente, deren Morphologie vielfach auch auf das Schäften der Klingen zurückzuführen sein mag.

Für die Bearbeitungsspuren, die am Klingenmaterial aus Tell Chuēra und Kharab Sayyar beobachtet werden konnten, finden sich an anderen nordmesopotamischen Fundorten diverse Vergleichsbeispiele, obwohl der Publikationsstand bzgl. der frühbronzezeitlichen Lithik sicherlich noch immer als suboptimal bezeichnet werden kann. Die Geräteklassen spiegeln ein im 3. Jt. v. u. Z. über das gesamte Gebiet Nordmesopotamiens hinweg verbreitetes und Fundort übergreifend recht homogenes Formenspektrum wider. Grundsätzlich herrschen an den untersuchten Fundplätzen wie auch andernorts einfache Klingensegmente vor. Ein möglicher regionaler Unterschied deutet sich in Bezug auf die Verbreitung der uni- und bipolar endretuschierten Großklingen an (Segment B, C, E, F): Die publizierten Fundzeichnungen erwecken zumindest den Eindruck, dass diese Geräteformen häufiger in der westlichen Jezirah (Tell Chuēra und Kharab Sayyar) und entlang des syrischen und türkischen Euphrat auftreten als im Khaburgebiet, obwohl sie auch dort vereinzelt belegt sind. Dieser Eindruck könnte auf im Detail divergierende Umgangsweisen mit den silextechnologischen Grundformen verweisen, ist allerdings auf

Seitigkeit der Modifikation	**n**	**f**
Einseitig linkslateral modifiziert	93	18,4
Einseitig rechtslateral modifiziert	99	19,6
Beidseitig modifiziert	314	62,1
Gesamt	**506**	**100,0**

Tabelle 3.3.2.2-I: Absolute (n) und relative (f) Häufigkeit einseitig und beidseitig modifizierter Klingengeräte aus Tell Chuēra. Klingen mit natürlichem Rücken (Randklingen) und morphologischem Rücken (Klingen mit Rückenretusche) bleiben ausgeklammert; zudem werden nur Artefakte der Datensatzqualität 1 aufgeführt.

Seitigkeit der Modifikation	**n**	**f**
Einseitig linkslateral modifiziert	8	11,0
Einseitig rechtslateral modifiziert	11	15,1
Beidseitig modifiziert	54	74,0
Gesamt	**73**	**100,0**

Tabelle 3.3.2.2-II: Absolute (n) und relative (f) Häufigkeit einseitig und beidseitig modifizierter Klingengeräte aus Kharab Sayyar. Klingen mit natürlichem Rücken (Randklingen) und morphologischem Rücken (Klingen mit Rückenretusche) bleiben ausgeklammert; zudem werden nur Artefakte der Datensatzqualität 1 aufgeführt.

Geräteklasse	Einfache Klingen				Großklingen					
	Rk	Uk	Pk	Sk	Rak	Rgk	Ugk	Pkgk	Skgk	Ragk
Segment A	69	10	0	1	4	267	8	8	18	106
Segment B	1	0	0	0	0	76	1	0	2	39
Segment C	0	0	0	0	0	5	1	0		6
Segment D	0	0	0	0	1	30	1	0	3	12
Segment E	0	0	0	0	0	13	1	0	2	3
Segment F	0	0	0	0	0	2	0	0	0	1
Segment G	0	0	0	0	0	5	0	0	0	2
Klinge H	0	1	0	0	0	5	3	0	0	3
Bohrer	3	0	0	0	0	10	0	0	0	1
Schaber	1	1	0	0	0	2	4	0	0	1
Hohlkerbe	0	1	0	0	0	2	0	1	0	2
Stichel	1	1	0	0	0	8	0	0	0	1
Ausgespl.	1	0	0	0	0	24	0	0	1	5
Geschossspitze	0	0	0	0	0	1	0	0	0	0
Sonstiges	0	0	0	0	0	1	0	0	0	0
Gesamt	**76**	**14**	**0**	**1**	**5**	**451**	**19**	**9**	**6**	**182**

Tabelle 3.3.2.2-III: Absolute Häufigkeit (n) von Klingengeräten in Tell Chuēra, aufgeschlüsselt nach Grundformen der Klingenproduktion (Rk: Regelm. Klingen; Uk: Unregelm. Klingen; Pk: Primäre Kernkantenklingen; Sk: Sekundäre Kernkantenklingen; Rak: Randklingen; Rgk: Regelm. Großklingen; Ugk: Unregelmäßige Großklingen; Pkgk: Primäre Kernkantenklingen der Großklingenproduktion; Skgk: sekundäre Kernkantenklingen der Großklingenproduktion; Ragk: Randklingen der Großklingenproduktion). Die Tabelle berücksichtigt ausschließlich Artefakte der Datensatzqualität 1. Die Geräteformen Segment B, C, E und F weisen endständige Modifikationen auf.

Geräteklasse	Einfache Klingen				Großklingen					
	Rk	Uk	Pk	Sk	Rak	Rgk	Ugk	Pkgk	Skgk	Ragk
Segment A	4	0	0	0	0	39	3	1	3	6
Segment B	0	0	0	0	0	10	0	0	0	3
Segment C	0	0	0	0	0	4	0	0	1	0
Segment D	3	0	0	0	0	3	0	0	0	1
Segment E	0	0	0	0	0	3	0	0	1	0
Segment F	0	0	0	0	0	2	0	0	0	0
Segment G	0	0	0	0	0	2	0	0	0	0
Klinge H	0	0	0	0	0	0	0	0	0	0
Bohrer	0	0	0	0	0	0	0	0	0	0
Schaber	0	0	0	0	0	0	0	0	0	0
Hohlkerbe	0	0	0	0	0	1	0	0	0	0
Stichel	0	0	0	0	0	1	0	0	0	0
Ausgespl.	1	0	0	0	0	2	0	0	0	1
Geschossspitze	0	0	0	0	0	0	0	0	0	0
Sonstiges	0	0	0	0	0	0	0	0	0	0
Gesamt	**8**	**0**	**0**	**0**	**0**	**67**	**3**	**1**	**5**	**11**

Tabelle 3.3.2.2-IV: Absolute Häufigkeit (n) von Klingengeräten in Kharab Sayyar, aufgeschlüsselt nach Grundformen der Klingenproduktion (Rk: Regelm. Klingen; Uk: Unregelm. Klingen; Pk: Primäre Kernkantenklingen; Sk: Sekundäre Kernkantenklingen; Rak: Randklingen;

Rgk: Regelm. Großklingen; Ugk: Unregelmäßige Großklingen; Pkgk: Primäre Kernkantenklingen der Großklingenproduktion; Skgk: sekundäre Kernkantenklingen der Großklingenproduktion; Ragk: Randklingen der Großklingenproduktion). Die Tabelle berücksichtigt ausschließlich Artefakte der Datensatzqualität 1. Die Geräteformen Segment B, C, E und F weisen endständige Modifikationen auf der Basis des aktuellen Publikationsstandes nicht quantitativ zu untermauern.

Fundort	Einfache Klingen (n)	ein- oder beidseitig gezähnte einfache Klingen (n)	Großklingen (n)	Ein- oder beidseitig gezähnte Großklingen (n)
Tell Chuēra	145	1	775	49
Kharab Sayyar	14	0	96	8
Gesamt	**159**	**1**	**871**	**57**

Tabelle 3.3.2.2-V: Absolute Häufigkeit (n) von einfachen Klingen und Großklingen mit ein- oder beidseitig gezähntem Blatt. Die Tabelle führt ausschließlich Artefakte der Datensatzqualität 1 auf.

Geräteklasse	Untergruppe	n
Segment A	Segment A 1	248
	Segment A 2	161
	Segment A 3	82
Segment B	Segment B 1	16
	Segment B 2	103
Segment C	Segment C 1	3
	Segment C 2	7
	Segment C 3	2
Segment E	Segment E 1	4
	Segment E 2	15
Klinge H	Klinge H 1	4
	Klinge H 2	8

Tabelle 3.3.2.2-VI: Absolute (n) Häufigkeit der Klingengerät-Untergruppen in Tell Chuēra (alle Grabungsbereiche, alle Perioden). Die Tabelle führt lediglich Artefakte der Datensatzqualität 1 auf.

Geräteklasse	Untergruppe	n
Segment A	Segment A 1	17
	Segment A 2	20
	Segment A 3	19
Segment B	Segment B 1	0
	Segment B 2	13
Segment C	Segment C 1	0
	Segment C 2	2
	Segment C 3	3
Segment E	Segment E 1	0
	Segment E 2	4
Klinge H	Klinge H 1	0
	Klinge H 2	0

Tabelle 3.3.2.2-VII: Absolute (n) Häufigkeit der Klingengerät-Untergruppen in Kharab Sayyar (alle Grabungsbereiche, alle Perioden). Die Tabelle führt lediglich Artefakte der Datensatzqualität 1 auf.

Geräteklasse	Länge (Mittelwert)	Länge (Median)	Länge (Min.)	Länge (Max.)	Länge (Standardabw.)
Segment A	5,4	4,8	1,5	16,7	2,6
Segment B	6,7	6,5	1,7	19,5	2,7
Segment C	10,8	12	3,3	18,2	5,3
Segment D	5,6	5,3	1,35	13,7	2,7
Segment E	6,2	5,6	3,2	12,8	2,8

Tabelle 3.2.2.2-VIII: Längenwerte verschiedener Klassen von Klingengerät aus Tell Chuēra. Aufgeführt sind die Lagemaße (Mittelwert, Median), Extremwerte (Minimum, Maximum) und die Standardabweichung für die Geräteformen Segment A bis E. Die Tabelle berücksichtigt ausschließlich Artefakte der Datensatzqualität 1.

3.3.2.3 Die Rekonstruktion der Schäftungsweise

Hinweise auf die Schäftung der Klingen (Arbeitsschritt IV-5, vgl. Tabelle 3.3.2-I) liegen in Form steil retuschierter Kanten, Verjüngungsaussplitterungen und Klebemittelresten (Bitumen, also Naturasphalt) vor. Auch der Verlauf gebrauchsbedingter Glanzzonen (Sichelglanz), der sich an vielen Klingen abzeichnet, ermöglicht Rückschlüsse auf die Verbindungstechnik von Schaft und Segment. Etwa 6,5 Prozent der Klingen[606] aus Tell Chuēra und 23 Prozent der Klingen aus Kharab Sayyar (vgl. Tabelle 3.3.2.3-I) lassen anhaftende Reste von Bitumen erkennen, das in Vorderasien vielfach als Klebstoff, Dichtungsmittel und Modelliermasse Verwendung fand.[607] Die Bitumenreste belegen, dass Klingen häufig als Einsätze dienten. Hingegen liegt von keinem der beiden untersuchten Fundorte auch nur ein einzelner Abschlag mit Spuren von Bitumen vor, so dass weitgehend auszuschließen ist, dass einfache Abschläge geschäftet wurden. Der weitaus höhere Prozentsatz von Klingen mit Bitumen in Kharab Sayyar ist wahrscheinlich darauf zurückzuführen, dass dort die meisten Silices aus stratifizierten Kontexten im Bereich eines Hangschnitts (Bereich A) geborgen wurden; hingegen beinhaltet die Stichprobe aus Chuēra viele Klingen, die von der modernen Telloberfläche aufgelesen wurden oder aus dem Oberflächenschutt stammen. Im Zusammenhang mit den oberflächennah einsedimentierten Funden ist davon auszugehen, dass ursprünglich vorhandene Klebemittelreste im Verlauf der vergangenen vier Jahrtausende vielfach vollständig verwittert sind. Da Steingerätefunde in Tell Chuēra häufig zusammen mit den Keramikfunden direkt neben der Grabungsstelle von anhaftendem Erdreich gesäubert wurden, ist zudem davon auszugehen, dass Bitumenreste von den Scherbenwäschern häufig unabsichtlich entfernt wurden. Während einige Funde noch großflächig von Klebstoffresten bedeckte Partien zeigen, lassen andere nur noch Sprengsel oder eine leichte bräunliche Verfärbung erkennen. In Tell Chuēra kann die Verwendung von Bitumen in den Wohnvierteln anhand von Funden nachgewiesen werden; zur Illustration sei hier auf einen Gefäßrest mit an der Innenseite anhaftenden Asphaltresten aus einem jünger frühbronzezeitlich datierten Wohngebiet in der Unterstadt (Bereich W) verwiesen (vgl. Abb. 3.88:1).

Naturasphalt ist lokal nicht verfügbar, so dass es sich bei Bitumen mit Sicherheit um einen importierten Rohstoff handelt. Als Bezugsquellen kommen möglicherweise Vorkommen im Djebal Bishri-Gebiet oder der Südtürkei, z. B. Samsat am mittleren türkischen Euphrat und Siirt in Südostanatolien sowie die ergiebigen Vorkommen im Gebiet des heutigen Irak in Betracht. Mit Blick auf den Irak sind insbesondere die Regionen um die Stadt Hit im Westen und Gebiete in der Umgebung von Shargat und Kirkuk im Norden des Landes in zu nennen.[608] In der zweiten Hälfte des 3. Jts. v. u. Z. wurde Bitumen wahrscheinlich in Form von plattenförmigen Rohmaterialstücken distribuiert.[609] Diese „Barren" konnten dann nach Bedarf zerkleinert und erhitzt werden, um den Asphalt in einen modellier- oder verstreichbaren Zustand zu bringen.

Zwischen den Retuschiermerkmalen der Geräteklassen und den anhaftenden Bitumenresten lassen sich Zusammenhänge beobachten, die Hinweise auf die Rekonstruktion der Verbindungstechnik liefern: So ist an mehreren einfachen und rückengestumpften Segmenten (Geräteklasse Segment A und D) zu erkennen, dass die Klebemasse bis auf wenige Millimeter an die Schneide heranreicht (vgl. z. B. Abb. 3.65:7; 3.66:4-5; 3.67:6; 3.75:2; 3.88:2). Folglich kann rekonstruiert werden, dass die Segmente relativ tief in einen Schaft eingesetzt wurden, so dass lediglich der äußere Kantenbereich aus dem Schaft oder Griffteil hervorragte. Klebereste an präparationsbedingten Klingenrücken (vgl. z. B. Abb. 3.64:2) und an kortikalen Lateralseiten lassen erkennen, dass entsprechende Morphologien auf die gleiche Weise geschäftet wurden wie die rückengestumpften Segmente. Kürzere Segmente konnten hintereinander geschaltet werden, um dadurch beliebig lange Schneiden zu erzeugen. Bei Segmenten, die eine mit dem bloßen Auge erkennbare Glanzzone aufweisen, ist diese fast durchweg gerade, d. h. ungefähr kantenparallel ausgeprägt. Diese Beobachtung lässt darauf schließen, dass die Schneiden normalerweise parallel zur Längsachse des Kompositgeräts montiert wurden und wahrscheinlich nicht schräg oder versetzt angeordnet waren.[610]

An uni- und bipolar endretuschierten Klingengeräten der Klassen B, C, E und F ist teilweise zu erkennen, dass die Klebereste auch auf die bearbeiteten Schmalenden der Segmente übergreifen; dies verdeutlicht, dass diese Partien ebenfalls von Bitumen bedeckt waren (vgl. z. B. Abb. 3.71:5; 3.72:4; 3.73:1, 3; 3.76:4; 3.88:3; 3.89). Diese Beobachtung lässt sich dahingehend interpretieren, dass die betreffenden Klingen auch endständig und somit nach drei Seiten hin, quasi rahmenartig von einem Schaft umschlossen wurden. Der Befund hat durchaus Konsequenzen für die Rekonstruktion der Schäftungsweise und damit auch für den Funktionszusammenhang der Klingen, impliziert er doch die Existenz von Griffteilen, die nur mit einem einzelnen längeren Segment bestückt sein konnten.[611] Auch die Ausdehnung von

606 Die Angaben beziehen sich auf die Gesamtheit der Groß- und Kleinklingen der Datensatzqualität 1 bis 2.

607 Zur Verwendung von Bitumen in Vorderasien vgl. zusammenfassend Moorey 1994: 334-335; Schwartz –Hollander 2000.

608 Moorey 1994: 333; Connan 1999: Fig. 1; Schwartz-Hollander 2000: Fig. 1; Akkermans-Schwartz 2005: 131; Boëda u. a. 2008.

609 Moorey 1994: 334.

610 Wie dies z. B. bei den bekannten neolithischen Mehrklingensicheln vom „Typ Karanova" der Fall war (Skakun 1994: Fig. 3) und für andere Sicheln des europäischen und vorderasiatischen Neolithikums vermutet wird (González u. a. 1994: 333-336).

611 Dieser Eindruck wurde im Nachhinein durch die mikroskopische Gebrauchsspurenanalyse, bei der auch Hinweisen auf die Schäftungsweise nachgegangen wurde, bestätigt (vgl. Teilkapitel 4.1.3.2).

Glanzzonen an einigen endständig retuschierten Klingen korrespondiert mit diesem Rekonstruktionsvorschlag. So ist an mehreren Stücken erkennbar, dass der Glanz in etwa parallel zur Schneide verläuft, um dann kurz vor dem Ende des Segments nach außen, d. h. in Richtung Kante, umzubiegen (vgl. z. B. Abb. 3.69:7, 3.73:1, 3). Das Vorkommen gebogener Glanzpartien kann m. E. als ein weiteres Indiz für die Existenz einklingiger Schneidgeräte (Einklingensicheln) gewertet werden. In diesem Zusammenhang erscheinen auch die schräg bis konvex geformten Endretuschen erklärbar. Sie gaben den entsprechend geschäfteten Klingen einen stabileren Halt, da eine steil ausgeformte Kante eine größere Auflagefläche für die Klinge schuf, wodurch diese stabilisiert wurde. Zugleich spricht einiges für die Annahme, dass auch längere Segmente ohne formgebende Retusche (Geräteklasse Segment A) einzeln geschäftet werden konnten. Innerhalb des lithischen Sytems stellte das Zurichten von Großklingen wahrscheinlich lediglich eine Option dar. Da die Schäfte der Kompositgeräte aus vergänglichem Material, vermutlich aus Holz, bestanden und lokal keine erhaltenen Überreste vorliegen, ist ihre genaue Form nicht zu ermitteln.

Eine nahe liegende und denkbar einfache Konstruktion bestünde aus einem D-förmigen oder leicht geschwungenen Griff mit einer Nut zur Aufnahme einer oder mehrerer Klingen. Auch die Rekonstruktion einer knieförmigen Handhabe, wie sie von M. Otte und M. R. Behm-Blanke für späturukzeitliche Großklingen aus Hassek Höyük vorgeschlagen wurde[612], erscheint plausibel. Aussplitterungen im Bereich der Schmalenden sowie durch Retuschierung entfernte Bulben an Proximalfragmenten deuten wahrscheinlich darauf hin, dass Segmente gelegentlich bewusst verjüngt wurden, um diese in eine Schäftung einzupassen; teils könnten die Aussplitterungen auch nach dem Einsetzen der Klingen durch die mechanische Belastung entstanden sein, denen das Kompositgerät durch Gebrauch ausgesetzt war.

Für die wenigen Funde von Klingensegmenten mit einer griffzungenartigen Modifikation (Geräteklasse G) ist eine andere Schäftungsweise in Erwägung zu ziehen. Ihre Morphologie impliziert, dass sie endständig an einem Stiel oder Griff befestigt wurden. Auch die vollständigen Großklingen mit Bearbeitungs- bzw. Gebrauchsspuren (Geräteklasse H) könnten teilweise endständig geschäftet gewesen sein: So weist eine komplette Großklinge aus Tell Chuēra (vgl. Abb. 3.78:1)[613] eine laterale Glanzzone auf, die jedoch ca. vier cm unterhalb des Proximalendes der Klinge endet. Sollte die Klinge nicht ungeschäftet geführt worden sein, könnte in diesem Bereich ein Griff angesetzt haben. Zusammenfassend lassen sich für die Klingengeräte folgende Schäftungsformen rekonstruieren:

1. Mehrere Klingen, vermutlich v. a. kürzere Segmente der Geräteklassen A und D, wurden hintereinander in einem Schaft fixiert. Dabei ragten die Schneiden der einzelnen Segmente anscheinend nur knapp aus der Schäftung hervor. Weder in Tell Chuēra noch in Kharab Sayyar konnten Hinweise darauf beobachtet werden, dass die Segmente schräg versetzt oder in einen konkaven Sichelrahmen eingesetzt wurden.
2. Einzelne größere Segmente, vermutlich v. a. Segmente der Geräteklassen B, C, D, E und F sowie längere einfache Segmente (Geräteklasse A) wurden geschäftet, um als Schneiden einklingiger Kompositgeräte zu dienen.
3. Segmente mit einer griffzungenartigen Modifikation (Geräteklasse G) und komplette Klingen (Geräteklasse H) wurden wahrscheinlich endständig mit einem Griffteil versehen.

Fundort	**Anzahl (n) der Klingen mit Bitumenresten**	**f**
Tell Chuēra	72	6,5
Kharab Sayyar	26	23,0

Tabelle 3.3.2.3-I: Absolute (n) und relative Häufigkeit (f, in Prozent) von Klingen mit anhaftenden Bitumenresten aus Tell Chuēra und Kharab Sayyar. Der Tabelle liegen alle Groß- und Kleinklingen der Datensatzqualität 1 oder 2 zugrunde.

3.3.2.4 Die Überarbeitung und sekundäre Nutzung des Klingenmaterials

Hinweise auf eine Überarbeitung und Wiederverwendung geschlagener Steinartefakte bleiben an beiden Fundorten auf die klingenförmigen Grundformen beschränkt (Arbeitsschritt IV-6 bis -8, vgl. Tabelle 3.3.2-I). Diese Beobachtung verweist erneut auf den höheren Wert, der den Klingen im Vergleich zu den Abschlägen beigemessen wurde und erlaubt zudem Rückschlüsse auf eine divergierende Nutzungsintensität verschiedener Grundformen. Auf makroskopischer Ebene lässt sich die Überarbeitung der Klingen anhand folgender, im Zuge der Datenaufnahme berücksichtigten Merkmalen erörtern:

1. Die Präsenz bilateral ausgeprägter Glanzzonen
2. Die beidseitige Zähnung von Segmenten
3. Die Präsenz überretuschierter Glanzzonen und Nachschärfungsretuschen
4. Der Nachweis für die sukzessive Anlage von zwei oder mehr Geräteformen an einem Artefakt (vgl. Tabelle 3.3.2.4-IV)

Etwa 8 Prozent der Klingengeräte aus Tell Chuēra und ca. 3 Prozent der Klingengeräte aus Kharab Sayyar weisen beidseitig Glanzzonen auf (vgl. Tabelle 3.3.2.4-I). Diese belegen

612 Otte – Behm-Blanke 1992: 183.
613 TCH 90 F 3043.

das erneute Schäften abgenutzter Klingensegmente bzw. das Wenden der Stücke im Schaft. Auf die gleiche Praxis deutet auch eine bilaterale Zähnung von Klingen hin, die vereinzelt nachgewiesen werden konnte (vgl. Tabelle 3.3.2.4-II).

Die Präsenz von überretuschierten Glanzpartien und Kantenmodifikationen, für die m. E. eine Deutung als Nachschärfungsretuschen in Frage kommt, konnte an ca. 15 Prozent der Klingengeräte aus Chuēra und 6 Prozent der Klingengeräte aus Kharab Sayyar festgestellt werden (vgl. Tabelle 3.3.2.4-III). Dieses Merkmal in der Tell Chuēra-Stichprobe häufiger zu beobachten als in der Stichprobe aus Kharab Sayyar. Diese Unterschiede erscheinen nicht ohne weiteres erklärbar und angesichts der geringen Anzahl von Funden ist mit Blick auf eine mögliche Interpretation Vorsicht geboten. Möglicherweise schlägt sich in den divergierenden Prozentsätzen überretuschierter Formen eine diachrone Veränderung nieder. Die meisten Klingen aus Kharab Sayyar stammen aus älter frühbronzezeitlich datierten Kontexten. Auch bei den älter frühbronzezeitlichen Klingen aus Chuēra sind Exemplare mit überretuschiertem Glanz nur mit knapp 7 Prozent vertreten, während ihr prozentualer Anteil in der jüngeren Frühbronzezeit auf etwa 15 Prozent zunimmt. Hierin deutet sich vielleicht eine intensiviere Nutzung der Segmente an. Da eine Grundform nicht lateral retuschiert werden muss, um als effektives, schneidendes Gerät zu dienen, stellt sich prinzipiell die Frage, ob Stücke mit retuschierten Schneiden nicht größtenteils bereits als Hinweis auf eine Nachbearbeitung und somit auf die Instandhaltung der Geräte zu deuten sind; m. E. ist dies zu bejahen. An beiden Funden lassen sich in geringem Umfang nachbearbeitete Klingen identifizieren, die im Laufe ihrer Nutzungsgeschichte in eine andere Geräteklasse umgearbeitet wurden (vgl. Tabelle 3.3.2.4-IV). Bei den meisten dieser Stücke handelt es sich formal um ausgesplitterte Segmente. Wie bereits erörtert wurde, könnten diese Aussplitterungen vielfach in einem Zusammenhang mit der erneuten Schäftung der betreffenden Stücke stehen. Gelegentlich wurden Klingen auch in andere Geräteformen umgearbeitet, was eine Funktionsveränderung der Artefakte impliziert.

Fundort	**Klingengerät (n)**	**Klingen mit bilateralem Glanz (n)**	**Klingen mit bilateralem Glanz (f)**
Tell Chuēra	786	63	8,0
Kharab Sayyar	95	3	3,2

Tabelle 3.3.2.4-I: Absolute (n) und relative Häufigkeit (f, in Prozent) von Klingengerät (modifizierte einfache Klingen und Großklingen) aus Tell Chuēra und Kharab Sayyar mit bilateralem Glanz. Die Tabelle führt ausschließlich Artefakte der Datensatzqualität 1 auf.

Fundort	**Klingengerät (n)**	**Bilateral gezähnte Klingen (n)**	**Bilateral gezähnte Klingen (f)**
Tell Chuēra	786	6	0,8
Kharab Sayyar	95	1	1,1

Tabelle 3.3.2.4-II: Absolute (n) und relative Häufigkeit (f, in Prozent) von bilateral gezähnten Klingen (einfache Klingen und Großklingen) aus Tell Chuēra und Kharab Sayyar. Die Tabelle führt ausschließlich Artefakte der Datensatzqualität 1 auf. Für die Häufigkeit gezähnter Segmente vgl. auch Tabelle 3.3.2.2-IV.

Fundort	**Klingengerät (n)**	**Umgearbeitetes Klingengerät (n)**	**Umgearbeitetes Klingengerät (f)**
Tell Chuēra	786	27	3,4
Kharab Sayyar	95	3	3,2

Tabelle 3.3.2-4-III: Absolute (n) und relative Häufigkeit (f, in Prozent) von Klingengerät (modifizierte einfache Klingen und Großklingen) aus Tell Chuēra und Kharab Sayyar mit überretuschiertem Glanz und oder Nachschärfungsretuschen. Die Tabelle führt ausschließlich Artefakte der Datensatzqualität 1 auf.

Fundort	Klingengerät (n)	Umgearbeitetes Klingengerät (n)	Umgearbeitetes Klingengerät (f)
Tell Chuēra	786	27	3,4
Kharab Sayyar	95	3	3,2

Tabelle 3.3.2.4-IV: Absolute (n) und relative Häufigkeit (f, in Prozent) von Klingen (einfache Klingen und Großklingen) aus Tell Chuēra und Kharab Sayyar mit zwei oder mehr nacheinander angelegten Geräteformen. Die Tabelle führt ausschließlich Artefakte der Datensatzqualität 1 auf.

3.3.3 Die oberflächenretuschierte Komponente

Aus Tell Chuēra liegen einige Abschlagartefakte vor, die durch Applizierung der Drucktechnik oberflächenretuschiert wurden (vgl. Tabelle 3.3.3-I); in Kharab Sayyar sind entsprechende Funde nicht belegt. Bei den Funden aus Tell Chuēra handelt es sich um neun Geschossspitzen aus Feuerstein (Abb. 3.85:1-3, 5-10) sowie eine Pfeilspitze aus Obsidian (Abb. 3.85:4). Hinzu kommt ein unifazial retuschiertes und ausgesplittertes Abschlagfragment aus Obsidian (Abb. 3.86:1), das möglicherweise in einem technologischen Zusammenhang mit der Herstellung von Geschossspitzen steht. Der Nachweis für eine Sekundärproduktion durch die Anlage einer Flächenretusche ist folglich auf die Gruppe der Pfeilspitzen beschränkt. Abgesehen von einer aus einer Klinge hergestellten Spitze (Abb. 3.85:2) war es bei den Geschossspitzen aufgrund der flächendeckenden Druckretusche nicht mehr möglich, die silextechnologische Grundform genau zu ermitteln; daher werden die oberflächenretuschierten Artefakte hier unter einem eigenen Punkt erörtert. Es ist jedoch davon auszugehen, dass für die Herstellung der Spitzen entweder Klingen oder Abschläge verwendet wurden.

Der Experimentalarchäologe H. Paulsen, der sich eingehend mit der Replikation prähistorischer Pfeilspitzen aus Europa[614] befasst hat, rekonstruiert als Arbeitsmittel der Geschossspitzenproduktion „Knochenretuscheure verschiedener Stärke"[615], einen Komposit-Druckstab mit Knochen- oder Geweihspitze sowie einen leichten Schlegel aus Geweih.[616] Bei dickeren Ausgangsformaten dient der Schlegel nach Paulsen dazu, die Grundform mittels der Technik des direkten „weichen" Schlages auszudünnen und in eine grob dreieckige Form zu bringen (Schritt IV-1). Bei einer Verarbeitung dünnerer Grundformen kann dieser Arbeitsschritt entfallen. Die weitere Reduzierung der Dicke und die Formgebung der Pfeilspitzenrohlinge erfolgte nach Paulsen durch Druckretuschen, die von den Kanten des Werkstücks aus geführt wurden (Schritt IV-3). Dieses kann zuvor umlaufend steil retuschiert werden, um den Halt des Druckstabes zu verbessern (Schritt IV-2). Paulsen, der für die Replikation flächenretuschierter Spitzen eine hockende Körperhaltung einnimmt[617] und das Halbfabrikat auf einer ledernen Unterlage[618] in der linken Hand festhält, beschreibt die Ausführung der Flächenretusche (Schritt IV-3) wie folgt: „Die linke Hand mit dem Werkstück lehnt sich gegen das linke Knie, kann aber auch freigehalten werden (...). Der (...) Druckstab (...) wird von der von der Rechten gegen die Kante des Pfeilspitzenrohlings gesetzt, und feine Schübchen werden abgedrückt."[619] Der erfahrene Steinschläger Paulsen benötigt für die Fertigung einer einzelnen flächenretuschierten Spitze bis zu 30 Minuten.

Die fertigen Projektile wurden danach unter Zuhilfenahme von Binde- und Klebemittel (Bitumen) in gefiederte Pfeilschäfte aus Holz oder Schilf[620] eingesetzt (Schritt IV-4). Hinweise auf konstruktionstechnische Details der Schäftung, etwa in Form von an den Spitzen anhaftenden Bitumenresten[621], liegen aus Chuēra – sieht man von den herausretuschierten Schaftdornen an drei der Spitzen ab – nicht vor[622]. Bei der Herstellung der Pfeilschäfte kamen weitere Werkzeuge (metallene oder steinerne Schneiden zur Holzbearbeitung, Schleifsteine), Materialien (Holz, Schilf, Federn, Pflanzenfasern oder Sehnen) und Bearbeitungstechniken (Holzbearbeitung) zum Einsatz.

614 In technologischer Hinsicht sind die Geschossspitzen des endneolithischen/bronzezeitlichen Europas gut mit den vorderasiatischen Formen des 3. Jts. v. u. Z. zu vergleichen.

615 Paulsen 1990a: 282.

616 Auch mit der Verwendung von Kupferspitzen ist zu rechnen.

617 Wie Paulsen anmerkt, sind andere Körperhaltungen möglich. Vgl. hierzu auch Whittaker 1994: 134.

618 Das Lederstück schützt die Hand des Steinbearbeiters vor Schnittverletzungen. Ebenfalls praktikabel erscheint nach J. C. Whittaker (1994: 150-151), Fig. 7.24) die Verwendung eines flachen Holzstückes („hand anvil").

619 Paulsen 1990a: 282.

620 Schilfrohr war in Mesopotamien in großen Mengen verfügbar und eignet sich sehr gut für die Herstellung von Pfeilschäften. Pfeile aus Schilfrohr finden auch in Schriftquellen des 2. Jts. v. u. Z. Erwähnung. Vgl. hierzu Postgate 2005: 456-457 und Miller u. a. 1986: 188-189.

621 Ein Beispiel für einen Pfeilkopf mit anhaftender Schäftungsmasse stammt von dem unweit von Chuēra gelegenen Fundplatz Tell Tawila. Bei dem Stück handelt es sich um eine spätneolithisch datierte Pfeilschneide (Querschneider). Vgl. Abb. 3.90:2; Becker – Helms 2013.

622 Allgemeine Hinweise zur Konstruktion von Pfeil und Bogen liefern Darstellungen der Bogenwaffe aus dem 3. Jt. v. u. Z.. Zur Ikonographie von Pfeil und Bogen vgl. zusammenfassend Collon 2005: 463-465.

Geschossspitzen (TCH: n = 3 bzw. n = 10 unter Einbeziehung der Stücke mit der Datensatzqualität 2, KHS: n = 0): Von den zehn Geschossspitzenfunden aus Tell Chuēra konnte ich drei Exemplare, die noch im Grabungshaus lagerten, selbst in Augenschein nehmen; Angaben zu den übrigen Fundstücken basieren auf den vorliegenden Zeichnungen, Fotos und Fundbeschreibungen. Das Geschossspitzeninventar umfasst Vertreter mehrerer morphologisch gut differenzierbarer Klassen:

1. Sieben lanzettspitzenförmige bis spitzoval geformte und bifazial retuschierte Spitzen ohne Schaftdorn (vgl. Abb. 3.85:3-9)
2. Eine große geflügelte und gestielte Spitze mit bifazialer Retusche und konvex geformten Seiten (vgl. Abb. 3.85:10)
3. Eine langdreieckig geformte, ebenfalls geflügelte und gestielte Spitze mit bifazialer Retusche (vgl. Abb. 3.85:1)
4. Eine lediglich partiell unifazial retuschierte Geschossspitze mit dem Ansatz eines herausgearbeiteten Schaftdorns (vgl. Abb. 3.85:2)

Die lanzettförmigen Pfeilspitzen stammen ausnahmslos aus dem Grabungsbereich F (frühbronzezeitlicher Palast und nachfolgende Bebauung). Sie sind 3,1 cm bis 4,7 cm lang (Mittelwert 4,23 cm), 1,1 cm bis 1,9 cm breit (Mittelwert 1,45 cm) und 0,3 cm bis 0,5 cm (Mittelwert 0,39 cm) dick. Drei Spitzen sind langschmal geformt und weisen eine gerade bzw. leicht abgeschrägt abschließende Basis auf (vgl. Abb. 3.85:4-5, 9), die übrigen Vertreter dieser Gruppe besitzen eine gerundete (vgl. Abb. 3.85:3, 6) oder spitz zulaufende Grundlinie (vgl. Abb. 3.85:7-8). Im Querschnitt sind die Stücke mehr oder weniger spitzoval geformt. Als ein gemeinsames Merkmal der Lanzettspitzen ist ferner auf ihre fein gezähnte Kantenpartie zu verweisen.

Da die Stücke keinen Schaftdorn aufweisen, nehme ich an, dass sie bei der Schäftung relativ tief in einen Pfeilschaft eingesetzt wurden. Für eine Rekonstruktion der Schäftungsweise, die auf Pfeilspitzenfunden mit Schaftresten aus Europa basiert[623] vgl. 3.90:3.

Vergleiche: Funde lanzettförmiger Geschossspitzen sind an zahlreichen nordmesopotamischen Fundorten dokumentiert worden[624]; ihr Auftreten bleibt dabei auf Schichtzusammenhänge begrenzt, die in die 2. Hälfte des 3. Jts. und das ausgehenden 3. Jt. v. u. Z. datiert wurden. Der größte bislang dokumentierte Komplex von Pfeilspitzen dieses Typs kam in den 1930er Jahren im Zuge der von M. Mallowan geleiteten Ausgrabungen in Tell Brak zum Vorschein. Mallowan beschreibt das Geschossspitzeninventar wie folgt: „Nearly 150 flint arrows were found at Brak, the majority of them in the Sargonid and Third Dynasty of Ur levels of the palace and the houses. The commonest types were the ovate and lanceolate arrows with serrated edges."[625] Auch im Zuge der aktuellen Grabungen in Tell Brak wurden wiederholt lanzettförmige Geschossspitzen aus Schichten des späten 3. Jts. v. u. Z. geborgen.[626] Angesichts dieser Fundkonzentration werden die Spitzen in der Literatur auch als Pfeilspitzen vom „Typ Tell Brak" bezeichnet.[627]

Die großformatige geflügelte Pfeilspitze TCH 92 G 5061-1 (Abb. 3.85:10) stammt aus dem Abtrag der Oberflächenschuttschicht im Bereich G. Obwohl in diesem Bereich in erster Linie Befunde der Siedlungsperiode TCH II (Mittani- und mittelassyrische Zeit) freigelegt wurden, ist die Spitze, wie auch andere Funde aus diesem Grabungsbereich, m. E. noch in das 3. Jt. v. u. Z. zu datieren.[628] Ausgehend von der vorliegenden Fundzeichnung, ist das Stück vollständig von einer Oberflächenretusche bedeckt; die Spitze erscheint bestoßen. Mit einer Länge von 5,3 cm, einer Breite von 4,65 cm und eine Dicke von max. 0,8 cm handelt es sich bei dem Stück um den massivsten Geschossspitzenfund aus Tell Chuēra. Die Flanken der Pfeilspitze sind leicht gerundet, der Schaftdorn ist 0,41 cm breit und schließt mit einer gerundeten Basis ab.

Vergleiche: Das Fundstück ähnelt Pfeilspitzen, die in Chagar Bazar, im Bereich der Grabungsstelle Chantier D ge-

623 Paulsen 1990b: 302, Abb. 8.

624 Lanzettspitzenfunde stammen u. a. aus Niniveh, Tepe Gawra (Speiser – Cross 1935: 84-85), Tell Asmar, Chagar Bazar, Tell es-Sweyhat, Norşuntepe (für eine Zusammenfassung des Forschungsstandes und Hinweise zu diesen Fundorten mit weiterführenden Literaturangaben vgl. Schmidt 1996: 68-70), Selenkahiye (van Soldt 2001: 9461), Tall Munbaqa (Werner 1998: 141), Tall Bi'a (Miglus 2010: 153), Hammam et-Turkman (Leenders 1988: 632) und Tell Mozan (Thomalsky 2011: 260). Ihr Vorkommen bleibt nicht auf den nordmesopotamischen Raum beschränkt. Ein größerer Komplex lanzettförmiger Spitzen wurde beispielsweise in Tepe Hissar (Nordiran) gefunden (Schmidt 1937: 219-220). Auch in Susa und Uruk sind entsprechende Fundstücke bekannt (vgl. zusammenfassend Schmidt 1996: 68-70).

625 Mallowan 1947: 180, vgl. Plate XXXVII, 10-23 und Plate LIII, 1-10.

626 Oates 2001: 268, Fig. 284; Underbjerg in Emberling - McDonald 2003: 62-63; Thomalsky 2011: 260, Plate 2,1.

627 Vgl. Schmidt 1996: 68. In seiner Analyse des umfangreichen Geschossspitzeninventars aus Norşuntepe fasst Schmidt die lanzettförmigen Spitzen, die vor Ort durch ein einzelnes Stück vertreten sind, in der „Formengruppe GS 3: Lanzettspitzen, Typ Tell Brak" zusammen und definiert diese Geräteform zutreffend wie folgt: „Bifazial flächig retuschierte, lanzettförmige Spitzen ohne jede Andeutung eines abgesetzten Dorns oder von Schulter bzw. Flügeln, bilateral feine Zähnung".

628 Eine rautenförmige bronzene Pfeilspitze mit Mittelrippe und das Fragment einer weiteren bronzenen Spitze, die ebenfalls im Bereich G gefunden wurden (vgl. Abb. 3.85:11), stellen indessen mit Sicherheit Formen des 2. Jts. v. u. Z. dar.

funden wurden, insbesondere im Hinblick auf die konvex geformten Seiten[629]. Die Geschossspitzen aus Chagar Bazar entstammen den lokalen Schichten IIa und IIb und dürften somit in das ausgehende 3 Jt. v. u. Z. (EJZ 4-5) datieren.[630]

Die zweite geflügelte Pfeilspitze wurde im Bereich K gefunden (vgl. Abb. 3.85:1)[631]. Sie besitzt eine langdreieckige Form und gerade Seiten, ist knapp 3,1 cm lang, 1,7 cm breit und maximal 0,4 cm dick. Der Schaftdorn und die beiden Flügel waren ursprünglich sehr wahrscheinlich länger.
Vergleiche: Das Stück ähnelt den oberflächenretuschierten Stielspitzen mit breiten Flügeln, die K. Schmidt im Zusammenhang mit der Bearbeitung der Geschossspitzen aus Norşuntepe beschrieben hat. Nach Schmidt gehören diese Spitzen „eindeutig in frühbronzezeitlichen Zusammenhang."[632] Das Fundstück aus Chuēra findet eine Entsprechung in einer Variante dieser Pfeilspitzenform, die nach L. Herling als „Typ Lidar" bezeichnet werden kann. Funde entsprechender Spitzen sind an mehreren Fundorten entlang des mittleren türkischen Euphrat belegt, z. B. am Namen gebenden Fundort Lidar, in Nevali Çori sowie in Titriş Höyük[633]. Im Gebiet der heutigen Türkei wurden diese Spitzen nach Herling aus frühbronzezeitlichen, z. T. aber auch noch aus mittelbronzezeitlichen Kontexten geborgen. Das stratifizierte Fundstück aus Tell Chuēra, das sich eindeutig in die lokale Periode Chuēra IA/IB und somit in das frühe 3. Jt. v. u. Z. datieren lässt, stellt demnach einen frühen Vertreter dieses Typs dar.

Die Pfeilspitze aus dem Bereich S (Abb. 3.85:2)[634] wurde aus einem Klingensegment gefertigt, die Oberflächenretusche bleibt auf Partien der Ventralfläche beschränkt und diente lediglich dazu, die Spitze und einen kurzen Schaftdorn anzulegen. Das Ende der Spitze ist abgebrochen.
Vergleiche: Das Geschoss ähnelt einer Spitze aus Tell 'Atij, die ebenfalls auf einer Klinge angelegt wurde und gleichfalls eine partielle Flächenretusche sowie einen Schaftdorn aufweist.[635]

Flächenretuschiertes Abschlagfragment (TCH: n = 1, KHS: n = 0): Aus Chuēra stammt ein einzelnes mediales Abschlagfragment (Abb. 3.86:1) von grob rechteckiger Form, das auf seiner Dorsalseite eine Oberflächenretusche aufweist. Es handelt sich um einen Lesefund von der Teloberfläche mit verrundeten Flächen und Graten. Der technologische Kontext bleibt aufgrund des singulären Charakters unklar. Angesichts der Tatsache, dass sich der Nachweis von Flächenretuschen in Tell Chuēra ansonsten auf die Gruppe der Geschossspitzen beschränkt und dass zumindest ein Fund einer bifazial retuschierten Obsidianspitze aus Chuēra vorliegt, ist es denkbar, dass das Obsidianfragment die Vorarbeit einer Pfeilspitze repräsentiert. Die Oberflächenretusche des Stückes würde in diesem Fall auf das Ausdünnen der Grundform verweisen, ein Arbeitsschritt, der bei der Herstellung von Pfeilspitzen durch die Anlage einer flächigen Retuschierung erfolgen kann.[636]

Zusammenfassung: In Tell Chuēra bildet das Geschossspitzeninventar eine kleine aber distinkte und typologisch gut einzuordnende Komponente des lithischen Systems, das sich mit Funden anderer nordmesopotamischer Fundorte vergleichen lässt. Mit einer Ausnahme[637] können die Pfeilspitzen durchweg in die 2. Hälfte des 3. Jts. u. Z. datiert werden. Die Replikation druckretuschierter Pfeilspitzen durch Spezialisten ermöglicht eine Rekonstruktion des Herstellungsprozesses. Die folgende Tabelle fasst die Sekundärproduktion im Zusammenhang mit der Pfeilspitzenproduktion zusammen:

629 Flas 2007. Aus dem Chantier D liegen sechs Pfeilspitzenfunde vor, die D. Flas in zwei Gruppen unterteilt.
630 Thomalsky 2011: 260-261, Plate 2, 7; bzgl. der Datierung siehe auch Quenet 2011: 28.
631 TCH 04 K 833-2.
632 Schmidt 1996: 75.
633 Schmidt 1996: 76; Herling 2007: 188, Tafel 101,2.
634 TCH 08 S 158-2.
635 Fund Nr. ATJ-S248, vgl. Chabot 1998b: Pl. IV.6, Fig. 111.
636 Vgl. Whittaker 1994: 152-159.

Chaîne Opératoire	Rekonstruierte Arbeitsschritte	Nachweis TCH	Nachweis KHS	Diagnostische Funde/ Beobachtungen	Rekonstruierte Arbeitsmittel
IV. Sekundärproduktion	Ausgangsform der Sekundärproduktion: Abschlag oder Klinge 1. Ggf. Verjüngen der Grundform und erste Formgebung durch Technik des direkten Schlages			Behauene Halbfabrikate	„Weicher" Hammer aus organischem Material
	2. Ggf. Anlage von steilen Kantenpartien durch Drucktechnik oder Technik des direkten Schlages			Halbfabrikate mit gestumpften Kanten	„Weicher" Hammer, Retuscheure aus Knochen und Komposit-Druckstab mit Spitze aus Knochen, Lederstück zum Schutz der Hand
	3. Formgebung und Verjüngung der Grundform durch wiederholte, von den Kanten ausgehende Druckretuschen; ggf. Einsatz der Kerbtechnik zur Ausgestaltung eines Stiels oder Zähnung der Seiten	X		Partiell flächenretuschierte Pfeilspitzenrohlinge, Morphologie der vollendeten Geschossspitzen	Retuscheure aus Knochen und Komposit-Druckstab, Lederstück
	4. Schäften der Pfeilspitze			Anhaftende Bitumenreste, Schleifsteine in aussagekräftigem Fundkontext ikonographische Quellen, Schriftquellen	Holz oder Schilfrohr, Bitumen, Silex- oder Metallklinge zur Holzbearbeitung, ggf. Bindemittel (Faser oder Sehnen), Schleifstein (z. B. gerillte „Pfeilschaftglätter") zur Bearbeitung des Schaftes, Federn zur Befiederung des Geschosses

Tabelle 3.3.3-I: Die Arbeitsschritte der Sekundärproduktion im Zusammenhang mit der Herstellung flächenretuschierter Geschossspitzen. In den ersten beiden Spalten (Chaîne Opératoire, rekonstruierte Arbeitsschritte) der Tabelle finden sich die allgemeine Stufe der operationellen Sequenz (= Stufe IV) und die spezifischeren, rekonstruierten Arbeitsschritte. Der anschließenden Doppelspalte „Nachweis" ist zu entnehmen, ob sich die betreffenden Arbeitsschritte anhand einzelner Artefakte an den Fundorten nachweisen lassen: bei einer positiven Evidenz findet sich in der Spalte der Eintrag „X". Die beiden rechten Spalten (Diagnostische Funde/Beobachtungen, Arbeitsmittel) führen auf, welche Funde als diagnostisch angesehen und welche Arbeitsmittel rekonstruiert werden können.

3.3.4 Kerngerät

Durch Retuschen und Gebrauch modifizierte Trümmerstücke und Kernsteine, die hier zusammenfassend zur Kategorie „Kerngerät" zusammengefasst werden, kommen im lithischen Fundspektrum Chuēras und Kharab Sayyars vor. An beiden Fundorten konnten jeweils knapp 14 Prozent der Kerne / Trümmer unter Berücksichtigung makroskopischer Merkmale als Geräte klassifiziert werden. Bei diesen Funden handelt es sich einerseits um gezielt bearbeitete (Arbeitsschritt IV-1, vgl. Tabelle 3.3.4-I) oder durch Gebrauchsspuren definierte Artefakte, teils aber auch um Bruchstücke von Abschlag- oder Klingengeräten, deren ursprüngliche Grundform erhaltungsbedingt nicht mehr eindeutig zu ermitteln war. Im Zuge der Datenaufnahme wurden bei Kerngeräten jeweils maximal drei Modifikationen beschrieben, wobei die Merkmalsebenen „Art", „Form" und „Ausdehnung der Retusche" erfasst wurden. Darüber hinaus wurden – wie bei den Abschlagartefakten – ggf. weitere Modifikationen notiert, z. B. die Präsenz von Schlagnarben. Kerngeräte finden in Grabungsberichten und Untersuchungen zu frühgeschichtlichen Steingeräteindustrien kaum Erwähnung, daher kann hier allenfalls vereinzelt auf Vergleichsfunde von anderen Fundorten verwiesen werden. In der vorliegenden Untersuchung wurden folgende Kerngerätklassen unterschieden:

Kernbeil (TCH: n = 1, KHS: n = 0): Singulär ist der Fund eines keilförmigen Gerätes aus dem Bereich F in Tell Chuēra, für das hier eine Ansprache als Kernbeil vorschlagen wird (Abb. 3.84:2). Der Grundform nach handelt es sich bei dem Stück um einen dicken Abschlag, von dem nach der Ablösung vom Kern weitere Abschläge gelöst wurden (= Kern aus Abschlag). Das Artefakt ist behauen und ähnelt, obwohl es einem jünger frühbronzezeitlichen Schichtzusammenhang entstammt, Beilen, wie sie ansonsten aus neolithischen und chalkolithischen Fundkontexten Vorderasiens bekannt sind.[638] Das Stück weist einen trapezförmigen Querschnitt auf und ist vollständig erhalten. Die Nackenbreite beträgt 2,11 cm, die Dicke in diesem Bereich 1,32 cm. Die konvex geformte Schneide ist 4,2 cm breit; entlang dieser Kante zeichnen sich Gebrauchsspuren in Form von feinen Aussplitterungen ab. Diese Beobachtung stützt die Deutung als Beil. In der Aufsicht erscheint das Artefakt trapezförmig.
Vergleiche: Der Fund eines Kernbeils aus Silex in einem frühbronzezeitlichen Schichtzusammenhang stellt eine Anomalie dar. Jedoch sind für das 3. Jt. v. u. Z. durchaus analoge Formen aus Felsgestein belegt. Als Beispiel sei hier auf einen Beilfund aus Melebiya verwiesen.[639] Das Stück ist 4,4 cm x 2,2 cm x 0,6 cm groß und weist somit in etwa vergleichbare Maße wie das Fundstück aus Tell Chuēra auf. Auch aus Tell Mozan liegen Funde von Felsgesteinbeilen vergleichbaren Formats vor, die teils aus frühbronzezeitlichen Schichten stammen.[640] Einige kleine Felsgesteinbeile konnten auch in den frühbronzezeitlichen Schichten Norşuntepes dokumentiert werden[641].

Hackwerkzeuge (Chopper) (TCH: n = 2, KHS: n = 0): Aus Tell Chuēra liegen zwei Oberflächenfunde von Geröllstücken vor, die jeweils eine scharfe Kante aufweisen (Abb. 3.87:1-2). Sie sollen hier – bei aller Vorsicht, die schon allein aufgrund des fehlenden stratigraphischen Kontextes geboten ist – als Hackwerkzeuge (Chopper) interpretiert werden.[642] Eines der beiden Fundstücke[643] besteht aus einem rötlichen, muschelig brechenden Gestein, dass in Tell Chuēra ansonsten nicht belegt ist. Das zweite, weitaus schwerere Stück fällt in Bezug auf das Rohmaterial noch in die Variationsbreite der Silexvarietät F 4.
Vergleiche: Chopper sind eine charakteristische Geräteform des Altpaläolithikums. Beispiele für grobes Kerngerät aus Silex kommen in Vorderasien jedoch gelegentlich in jüngeren, nachsteinzeitlichen Perioden vor.[644] Ein Vergleichsstück aus einem Schichtzusammenhang des 3. Jts. v. u. Z. stellt ein Kerngerätfund aus Tell Melebiya dar, den die Bearbeiterin als pic trièdre angesprochen hat.[645]

Kernbohrer (TCH: n = 2, KHS: n = 0): Für zwei in Tell Chuēra gefundene Fragmente[646] wird eine Deutung als Spitzgeräte bzw. Bohrer vorgeschlagen (Abb. 3.87:3). Die Funde belegen, dass entsprechende Modifikationen vereinzelt an Kernen und Trümmern vorgenommen wurden.

Schaberartig retuschierte Fragmente (TCH: n = 24, KHS: n = 3): An beiden Fundorten kommen Stücke mit kräftigen, teilweise steil retuschierten Kantenpartien vor, die hier als schaberartig retuschierte Fragmente geführt werden. Bei diesen Stücken handelt es sich teils um Bruchstücke von Abschlagschabern (= Schaberbruch) sowie um Schaber auf Kernen aus Abschlägen, die aus formalen Gründen in die Kerngerätkategorie gestellt wurden. Auch Geräteformen, die von vornherein auf Trümmerstücken oder Kernen angelegt wurden, sind im Fundspektrum vertreten.

Retuschierte Fragmente (TCH: n = 22, KHS: n = 1): In diese Gruppe fallen Stücke, die retuschierte Partien oder Ansätze einer Retuschierung erkennen lassen; wahrscheinlich handelt es sich bei einigen von ihnen um fragmentiertes Abschlaggerät.

Hohlkerben an Fragmenten und gezähnte Fragmente (TCH: n = 2, KHS: n = 2): Hohlkerben an Fragmenten bzw. kantige Stücke mit einer Zähnung sind in Tell Chuēra und Kharab Sayyar je zweimal belegt.

Kernstichel (TCH: n = 2, KHS: n = 0): Aus Tell Chuēra liegen zwei Stücke mit stichelbahnartigen Modifikationen vor, darunter auch ein Kern aus einem Abschlag, der das Negativ eines Stichelschlages erkennen lässt (vgl. Abb. 3.87:4).
Vergleiche: In Tell Karrana 3 wurde ein Kernstein mit einer stichelbahnartigen Modifikation dokumentiert; ob diese beabsichtigt angelegt wurde, ist unklar.[647]

Ausgesplitterte Stücke (TCH: n = 10, KHS: n = 1): Fragmente und Kerne mit Aussplitterungen sind in Tell Chuēra mehrfach (vgl. Abb. 3.87:5)[648] und in Kharab Sayyar durch ein einzelnes Beispiel belegt (Abb. 3.87:5)[649].

637 TCH 04 K 833-2.
638 Vgl. Rosen 2012: 251, Fig. 13.3.
639 Azzi 1993: 526, Pl. 203, 14.
640 Wissing 2009: 637, Tafel 142.
641 Schmidt 2002: 6.
642 Alternativ wäre bei den Stücken eine Deutung als Kernsteine in Erwägung zu ziehen, die nach dem Ablösen weniger Abschläge verworfen wurde.
643 TCH 07 X 0-1.
644 Vgl. Crowfoot Payne 1980: 109; Rosen 1997: 98.
645 Azzi 1993: 526, Pl. 203, 15.
646 TCH 11 X 0-407, TCH 07 K 1037-14.
647 Brautlecht 1993: 155-156; 176, Plate XLVIII, 12.
648 TCH 06 W 1-41.
649 KHS 04 A 535-1.

Hämmer oder Hammerfragmente (TCH: n = 19, KHS: n = 1): Diese Gruppe umfasst vollständige und fragmentierte Hämmer (Abb. 3.27-3.30). Die Stücke sind im Wesentlichen durch charakteristische Gebrauchsspuren (Schlagnarben, Schlagnarbenfelder) definiert. Entsprechend ihrer äußeren Gestalt wurden verschiedene Formengruppen differenziert: scheibenförmige, kugelförmige, kubische und unregelmäßige Hämmer sowie Hammerfragmente. Eine ausführlichere Erörterung dieser Fundgruppe ist dem Teilkapitel über die Abschlagproduktion zu entnehmen (vgl. Teilkapitel 3.2.1).
Vergleiche: In Grabungsberichten werden Hammersteine häufig unter der Rubrik Felsgesteingerät und nicht zusammen mit den geschlagenen Steinartefakten abgehandelt. Mit Funden von Hammersteinen ist an allen nordmesopotamischen Fundorten der Frühbronzezeit zu rechnen. Explizit erwähnt sind sie z. B. im Zusammenhang mit der frühbronzezeitlichen Steingeräteindustrie von Tall Knedig, wo sie unter der Bezeichnung „Klopfsteine" geführt werden[650] und in Hassek Höyük. Dort bezeichnen die Bearbeiter einen großformatigen Hammerstein als „Kerbschlägel"[651].

Durch Gebrauch modifizierte Fragmente (TCH: n = 5, KHS: n = 5): In diese Kategorie gehören Trümmer und Kerne, die Gebrauchspuren erkennen lassen. Ein Fragment aus Kharab Sayyar (KHS 05 A 499-1) trägt Spuren von Sichelglanz, wahrscheinlich handelt es sich um das Bruchstück einer Großklinge.

Zusammenfassung: Retuschiermerkmale und Gebrauchsspuren an kantigen Silexfragmenten belegen, dass diese an beiden Fundorten gelegentlich als Schneidwerkzeuge dienten. Mit Ausnahme der Hämmer, deren Benutzung die Suche nach geeigneten Geröllstücken voraussetzte, kann die Verwendung der Kerngeräte als eine weitestgehend spontane Verwendung von Abfallprodukten der Abschlag- und Klingenproduktion charakterisiert werden. Wiesen die Stücke scharfe Kanten auf, wurden sie auf die gleiche Weise genutzt wie die einfachen Abschläge. Die folgende Tabelle fasst die Sekundärproduktion an Kernen und Trümmern kurz zusammen:

Chaîne Opératoire	Rekonstruierte Arbeitsschritte	Nachweis		Diagnostische Funde/ Beobachtungen	Rekonstruierte Arbeitsmittel
		TCH	KHS		
IV. Sekundärproduktion	1. Erzeugen spezifischer Geräteformen durch Kantenretusche (Drucktechnik), Kerbung oder direkte Schlagtechnik	X	X	Retuschierte und behauene Fragmente	Hammer oder „weicher" Hammer aus organischem Material, Knochenretuscheure; vlt. Komposit-Druckstab mit Spitze aus Knochen, Geweih oder Kupfer, Lederstück als Unterlage

Tabelle 3.3.4-I: Die Herstellung von Kerngerät. Die Stufe IV der Chaîne Opératoire umfasst maximal einen spezifischen Arbeitsschritt: die Erzeugung einer Geräteform durch Behauen, Kantenretusche oder Kerbung. Der Doppelspalte „Nachweis" ist zu entnehmen, ob sich dieser Arbeitsschritt an den Fundorten nachweisen lässt: bei einer positiven Evidenz findet sich in der Spalteder Eintrag „X". Die beiden rechten Spalten (Diagnostische Funde/Beobachtungen, Arbeitsmittel) listen auf, welche Funde als diagnostisch angesehen werden können und welche Arbeitsmittel rekonstruiert werden.

3.3.5 Die Sekundärproduktion in diachroner Perspektive

Aufgrund der größeren Anzahl von Funden bietet zumindest die Stichprobe aus Tell Chuēra eine Basis für die Betrachtung möglicher diachroner Veränderungen des Gerätespektrums (vgl. Tabelle 3.3.5-I, 3.3.5-III und 3.3.5-IV sowie die Diagramme in Abb. 3.57). Die spätchalkolithisch datierte Assemblage unterscheidet sich von den frühbronzezeitlichen Inventaren auf der Ebene der Sekundärproduktion durch das Fehlen bestimmter formgebender End- und Rückenretuschen an Großklingen. So lassen sich gebogene Endretuschen (Geräteform: Segment B 2) und Kombinationen endständiger und lateraler Retuschen (Geräteformen: Segmente C, E, F, G) lokal erst von Beginn der älteren Frühbronzezeit an belegen.

In Tell Chuēra treten Klingensegmente der Geräteklasse Segment C, E, F und G nicht in den ältesten frühbronzezeitlichen Schichten der Periode IA auf, sondern sind erst ab den Perioden Chuēra IB bzw. IC bezeugt. Im nahe gelegenen Fundort Kharab Sayyar finden sich die Geräteformen Segment C, E und F jedoch bereits in Schichtzusammenhängen der Periode IA (vgl. Tabelle 3.3.5-II). Der Nachweis für die Verwendung von Plattensilexabschlaggeräten bleibt in Tell Chuēra auf das Spätchalkolithikum beschränkt, ist jedoch nur

650 Gebel 2005: 321.
651 Otte – Behm-Blanke 1992: 209, Abb. 31.

durch einen stratifizierten Einzelfund (TCH 08 K 2043-20) belegt. Schaber und Kratzer sind innerhalb der chalkolithischen Assemblage mit 15,4 Prozent etwas mehr als doppelt so häufig vertreten wie innerhalb des frühbronzezeitlich datierten Geräteinventars, wo sie 6,1 Prozent (ältere Frühbronzezeit) bzw. 6,7 Prozent (jüngere Frühbronzezeit) ausmachen. Aufgrund der divergierenden Größe der Stichproben (Anzahl der Artefakte je chronostratigraphischer Gruppe) sollten die Veränderungen der relativen Häufigkeitswerte verschiedener Geräteformen jedoch allgemein nicht überinterpretiert werden. Insgesamt erscheint das frühbronzezeitliche Werkzeugspektrum Chuēras in sich sehr homogen. Wie die Primärproduktion bezeugt die Sekundärproduktion eine bereits mit dem Beginn der frühbronzezeitlichen Besiedlung fest etablierte technologische Tradition, an der die lokale Bevölkerung über einen Zeitraum von nahezu tausend Jahren hinweg festhielt, ohne dass sich auf der Ebene der Weiterverarbeitung silextechnologischer Grundformen nennenswerte Veränderungen vollzogen. Das lithische Gerätespektrum entsprach wahrscheinlich allen, an den Werkstoff und den spezifischen Funktionszusammenhang des Geräts geknüpften Anforderungen, so dass sich im Bereich der Steinbearbeitungstechniken keine Innovationen vollzogen. Umgekehrt ist weder in Tell Chuēra noch in Kharab Sayyar zu erkennen, dass der v. a. für die Mitte des 3. Jt. v. u. Z. zu konstatierende Aufschwung der Metallurgie (Verbreitung von Zinnbronzen) das bestehende lithische System in irgendeiner Form beeinflusst oder gar zu einem Bedeutungsverlust des geschlagenen Steins geführt hätte.

Eine mögliche diachrone Entwicklung deutet sich eventuell in der Zunahme einfacher Klingensegmente (Geräteklasse: Segment A) an. Gegenüber der älteren Frühbronzezeit steigt ihr prozentualer Anteil in den jünger frühbronzezeitlichen Schichten Chuēras um knapp 13 Prozent an, wohingegen der Anteil der retuschierten Abschläge in der untersuchten Stichprobe um etwa 5 Prozent zurückgeht.

Eine weitere chronologisch signifikante Entwicklung markiert das Auftreten von Pfeilspitzen in der jüngeren Frühbronzezeit. Von einer Ausnahme abgesehen, kommen Geschossspitzen in Chuēra ausschließlich in Schichtzusammenhängen aus der zweiten Hälfte des 3. Jts. v. u. Z. vor. Bei den sieben, an verschiedenen Stellen im Bereich der Grabungsstelle F geborgenen Lanzettspitzen vom „Typ Tell Brak" handelt es sich um Formen, die auch andernorts ausschließlich in jünger frühbronzezeitlichen Kontexten dokumentiert wurden. Der individuelle Fundkontext der einzelnen Spitzen erlaubt es leider nicht, die Stücke relativchronologisch der Periode Chuēra ID oder IE zuzuordnen. Somit bleibt unklar, ob sie in den Nutzungszeitraum des Palastes F (Periode ID) datieren oder mit dem nachfolgenden chronologischen Horizont (IE) in Zusammenhang gebracht werden können, in dem der

Geräteklasse	**Spätch.**	**Ältere FBZ**				**Jüngere FBZ**
	LC	**IA**	**IA/IB**	**IB**	**IC**	**ID-IE**
Aussplitterung	x			x	x	x
Bohrer		x	x		x	x
Flächenret.						x
Geschossspitze			x			x
Gez. Stück	x	x		x		x
Hackwerkzeug						x
Hammer	x			x	x	x
Hohlkerbe	x	x			x	x
Kernbeil						x
Klinge H					x	x
Ret. Abschlag	x	x	x	x	x	x
Ret. Fragment	x	x	x	x	x	x
Schaber/Kratzer	x	x		x		x
Segment A	x	x	x	x	x	x
Segment B 1	x			x	x	x
Segment B 2		x	x	x	x	x
Segment C		x			x	x
Segment D	x	x		x	x	x
Segment E				x	x	x
Segment F					x	

Geräteklasse	Spätch.	Ältere FBZ				Jüngere FBZ
	LC	IA	IA/IB	IB	IC	ID-IE
Segment G				x	x	x
Sonstiges Kl.						x
Stichel	x	x	x	x		x

Tabelle 3.3.5-I: Belege für das Auftreten verschiedener Geräteklassen in Tell Chuēra, aufgeschlüsselt nach regionalen Perioden und chronostratigraphischen Gruppen (Spätchalkolithikum, ältere und jüngere Frühbronzezeit). Wenn sich eine Geräteform in den Schichten einer Chuēra-Periode belegen lässt, wird dies in der entsprechenden Spalte mit einem „X" markiert. Abkürzungen: Flächenret. = flächenretuschiertes Fragment; Ret. = Retuschiert; Gez. Stück = gezähntes Stück; Sonstiges Kl. = sonstiges Klingengerät.

Geräteklasse	Ältere FBZ			Jüngere FBZ
	IA	IB	IC	ID-IE
Aussplitterung	x	x	x	x
Bohrer				
Flächenret.				
Geschossspitze				
Gez. Stück				
Hackwerkzeug				
Hammer	x			
Hohlkerbe	x			x
Kernbeil				
Klinge H				
Ret. Abschlag	x	x		x
Ret. Fragment	x			
Schaber/Kratzer	x	x		x
Segment A	x	x		x
Segment B 1				
Segment B 2	x			x
Segment C	x			
Segment D	x	x		
Segment E	x	x		
Segment F	x	x		
Segment G				x
Sonstiges Kl.				
Stichel	x			

Tabelle 3.3.5-II: Belege für das Auftreten verschiedener Geräteklassen in Kharab Sayyar, aufgeschlüsselt nach regionalen Perioden und chronostratigraphischen Gruppen (Spätchalkolithikum, ältere und jüngere Frühbronzezeit). Wenn sich eine Geräteform in den Schichten einer Periode belegen lässt, wird dies in der entsprechenden Spalte mit einem „X" markiert. Abkürzungen: Flächenret. = flächenretuschiertes Fragment; Ret. = Retuschiert; Gez. Stück = gezähntes Stück; Sonstiges Kl. = sonstiges Klingengerät.

Geräteklasse	Spätch.	Ältere FBZ	Jüngere FBZ
Aussplitterung	3	6	42
Bohrer	1	4	21
Geschossspitze	0	1	8
Klinge H	0	2	13
Ret. Abschlag	11	32	118
Ret. Fragment	1	7	23
Schaber/Kratzer	8	11	61
Segment A	16	59	414
Segment B 1	2	4	8
Segment B 2	0	18	84
Segment C	0	2	12
Segment D	1	6	36
Segment E	0	5	15
Segment F	0	1	2
Segment G	0	2	5
Sonstige Geräte	9	21	49
Gesamt (n)	**52**	**181**	**911**

Tabelle 3.3.5-III: Absolute Häufigkeit (n) ausgesuchter Geräteklassen in Tell Chuēra, aufgeschlüsselt nach chronostratigraphischen Gruppen (Spätchalkolithikum, ältere und jüngere Frühbronzezeit). Die Tabelle berücksichtigt alle modifizierten Artefakte, unabhängig von der Qualität der Datensätze.

Geräteklasse	Spätch.	Ältere FBZ	Jüngere FBZ
Aussplitterung	5,8	3,3	4,6
Bohrer	1,9	2,2	2,3
Geschossspitze	0,0	0,6	0,9
Klinge H	0,0	1,1	1,4
Ret. Abschlag	21,2	17,7	13,0
Ret. Fragment	1,9	3,9	2,5
Schaber/Kratzer	15,4	6,1	6,7
Segment A	30,8	32,6	45,4
Segment B 1	3,8	2,2	0,9
Segment B 2	0,0	9,9	9,2
Segment C	0,0	1,1	1,3
Segment D	1,9	3,3	4,0
Segment E	0,0	2,8	1,6
Segment F	0,0	0,6	0,2
Segment G	0,0	1,1	0,5
Sonstige Geräte	17,3	11,6	5,4
Gesamt (f)	**100,0**	**100,0**	**100,0**

Tabelle 3.3.5-IV: Relative Häufigkeit (f, in Prozent) ausgesuchter Geräteklassen in Tell Chuēra, aufgeschlüsselt nach chronostratigraphischen Gruppen (Spätchalkolithikum, ältere und jüngere Frühbronzezeit). Die Tabelle berücksichtigt alle modifizierten Artefakte, unabhängig von der Qualität der Datensätze.

Palast aufgelassen und der Bereich kleinteilig bebaut und zu anderen Zwecken genutzt wurde.

3.3.6 Der Kontext der Sekundärproduktion

Ich vermute, dass die Weiterverarbeitung der Grundformen zu spezifischen Geräteformen in den Haushalten erfolgte, in denen die Silexartefakte auch Verwendung fanden. Wie die Herstellung einfacher Abschläge gehörten auch das Segmentieren von Klingen und das Applizieren formgebender Modifikationen durch Retuschen in der Frühbronzezeit wahrscheinlich noch in die Sphäre der allgemein praktizierten Kulturtechniken. Vermutlich gab es in jedem frühbronzezeitlichen Haushalt Personen, die über das praktisch-technologische Wissen verfügten, große Steinklingen bei Bedarf in Segmente zu zerlegen, sie zu schäften und ggf. nachzuschärfen.

Einen Hinweis hierauf liefern Einzelfunde (n = 17) und Depotfunde unbearbeiteter, vollständig bzw. weitgehend vollständig erhaltener Großklingen in den Wohngebieten Tell Chuēras (Bereiche E, H, K, M) sowie eine Großklinge aus Kharab Sayyar (Bereich A), die ebenfalls aus einem als Wohnviertel zu deutenden Siedlungsbereich stammt. Ich nehme an, dass diese Funde nicht zwangsläufig auf eine Klingenproduktion in den betreffenden Bereichen verweisen, sondern – sollten keine zusätzlichen Hinweise auf eine Herstellung entsprechender Grundformen vorliegen – eher eine mittelfristige Hortung von Klingen implizieren, die je nach Bedarf weiter verarbeitet werden konnten. An anderer Stelle wurde bereits ausführlicher erörtert, dass die Primärproduktion von Großklingen in Tell Chuēra wahrscheinlich auf die Tätigkeit handwerklicher Spezialisten zurückgeführt werden kann. Im Anschluss an die Primärproduktion fächerte sich die großklingenspezifische Chaîne Opératoire jedoch in räumlicher Hinsicht, wie auch in Bezug auf die Größe des mit der weiteren Transformation des Steins befassten Personenkreises auf.

Wahrscheinlich hatten alle Haushalte, die zuvor Großklingen auf die eine oder andere Weise erworben hatten, sporadisch mit der Bearbeitung und Nachbearbeitung von Klingen zu tun, wobei sie das gesamte 3. Jt. v. u. Z. hindurch auf ein offensichtlich bewährtes und standardisiertes Set von Bearbeitungstechniken zurückgriffen: Klingen wurden zumeist in Segmente zerlegt und gelegentlich lateral und/oder endständig gestumpft. Ferner wurden die Grundformen bisweilen mit schäftungsbezogenen Aussplitterungen versehen, Schneidenwinkel durch Kantenretuschen korrigiert, Lateralseiten gezähnt und bisweilen nachgeschärft. Segmente wurden mit Bitumen in Schäftungen arretiert und gelegentlich wurden Segmente im Sinne einer Sekundärverwendung in andere Werkzeugformen, z. B. Bohrer, umgearbeitet. Insgesamt gehören diese Praktiken in den Kontext der Instandhaltung von Gerätschaften, die mit der alltäglichen Subsistenz in Zusammenhang stehen. Die Herstellung einfachen Klingen-, Abschlag- und Kerngerätes, die m. E. von weiten Teilen der damaligen Bevölkerung gemeistert wurde, wird in Tell Chuēra durch das kleine flächenretuschierte Geschossspitzeninventar kontrastiert. Die Pfeilspitzen stellen ein technologisch komplexes Erzeugnis und ganz allgemein einen Höhenpunkt der frühbronzezeitlichen Steinbearbeitungstechnik dar. Eine Formgebung durch Druckretusche ist in Chuēra ausschließlich im Zusammenhang mit den Spitzen belegt, so dass diese als eigene Chaîne Opératoire herauszustellen ist (vgl. Tabelle 3.3.3-I). Auf die Möglichkeit einer lokalen Produktion verweist allein der Oberflächenfund eines flächenretuschierten Fragmentes (TCH 11 X 0-255), bei dem es sich um das verworfene Halbfabrikat einer Geschossspitze handeln könnte. Es ist gut möglich, dass die Spitzen auch Produkte eines exogenen Produktionssystems und somit Importe darstellen. Ich vermute, dass die Herstellung flächenretuschierter Pfeilspitzen in der frühurbanen Welt Nordmesopotamiens Spezialisten oblag, die gleichzeitig mit der Fertigung der Pfeilschäfte und Bögen befasst waren. Eine Differenzierung dieses technologischen Kontinuums in verschiedene Gewerke halte ich für die Frühbronzezeit für wenig plausibel.[652] Archäologische Hinweise auf Produktionsbereiche für Pfeilspitzen liegen aus Tell Hadidi[653] und Tell Brak vor. In Brak wurden bei Ausgrabungen in den Jahren 2001 und 2002 innerhalb und in der Umgebung eines von den Ausgräbern als Pisé Building bezeichneten Baukomplexes, der in das späte 3. Jt. v. u. Z. datiert werden kann, Fundkonzentrationen lithischer Débitage, vier flächenretuschierte Geschossspitzen sowie mehrere so genannte „Pfeilschaftglätter" dokumentiert, gerillte Objekte aus Terrakotta, die häufig mit Zurichten von Pfeilschäften in Zusammenhang gebracht werden. H. M. Underbjerg, die die lithischen Funde der Grabungskampagnen 2000-2001 bearbeitet hat, vermutet, dass die Assemblage auf die Produktion und Schäftung von Geschossspitzen im Umfeld des Pisé Building verweisen könnte.[654]

---

652 Zumindest im 2. Jt. v. u. Z. lässt sich in Mari, Nuzi und Assur in Schriftquellen die Person des sasinnu(m) nachweisen, der mit der Herstellung von Bogen und Pfeilen befasst war (Postgate 2005: 457-458).

653 Miller 1985.

654 Emberling – McDonald 2003: 51-53; Fig. 56-58; Underbjerg in Emberling – McDonald 2003: 62-63. Auch in Tell Chuēra ist das Auftreten gerillter Schleifsteine („Pfeilschaftglätter") belegt; ein Fund stammt aus dem Gebiet der südöstlichen Unterstadt (Vgl. Abb. 3.90:1). Das Stück kann in die Periode TCH ID datiert werden. Ohne einen aussagekräftigen Kontext ist das Fundstück aber nicht ohne Weiteres mit der Bearbeitung von Pfeilschäften in Beziehung zu setzen, da es genauso gut bei der Herstellung von Knochengeräten, z. B. Pfriemen oder Nadeln zum Einsatz gekommen sein könnte.

10 cm

1. Rohmaterial F 4; Abschläge aus Tell Chuēra

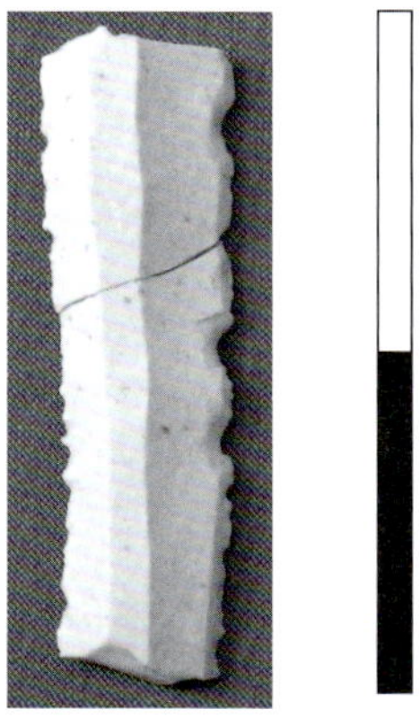

10 cm

2. Rohmaterial F 5; Klingensegment aus Tell Chuēra

10 cm

3. Rohmaterial F 6; Verbranntes Feuersteinmaterial aus Tell Chuēra

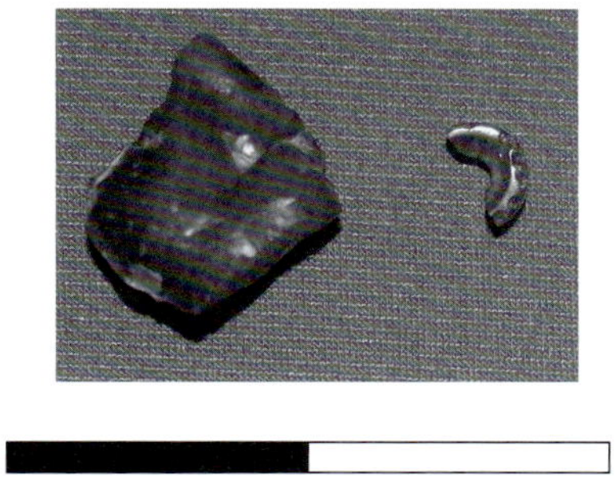

5 cm

4. Rohmaterial F 7; links Karneoltrümmer aus Tell Chuera, rechts: Fragment einer Karneolperle aus Tell Chuēra

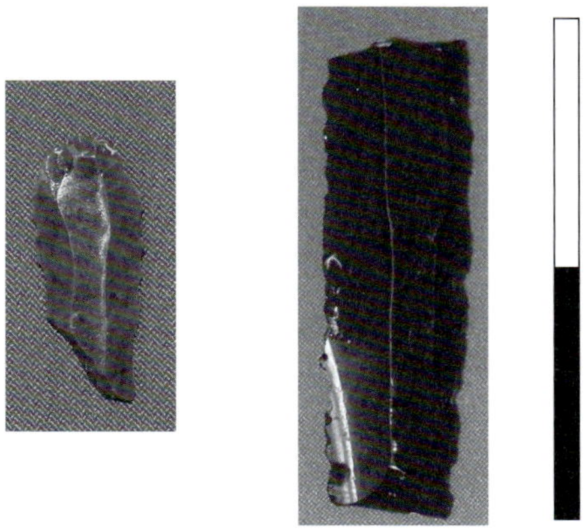

5 cm

5. Klingenfragmente aus Tell Chuēra; links: Obsidianvarietät O 6, rechts: Obsidianvarietät O 1

Abb. 3.1: 1. Rohmaterialgruppe F 4, 2. Rohmaterialgruppe F 5, 3. Rohmaterialgruppe F 6, 4. Rohmaterialgruppe F 7, 5. Obsidian

10 cm

1. Rohmaterial F 1. Links: Abschlagartefakte aus Tell Chuēra, rechts: Abschlag aus Kharab Sayyar

10 cm

2. Rohmaterial F 2. Links: Abschläge aus Tell Chuēra, rechts: Segmente von Großklingen aus Tell Chuēra

Abb. 3.2: 1. Rohmaterialgruppe F 1, 2. Rohmaterialgruppe F 2

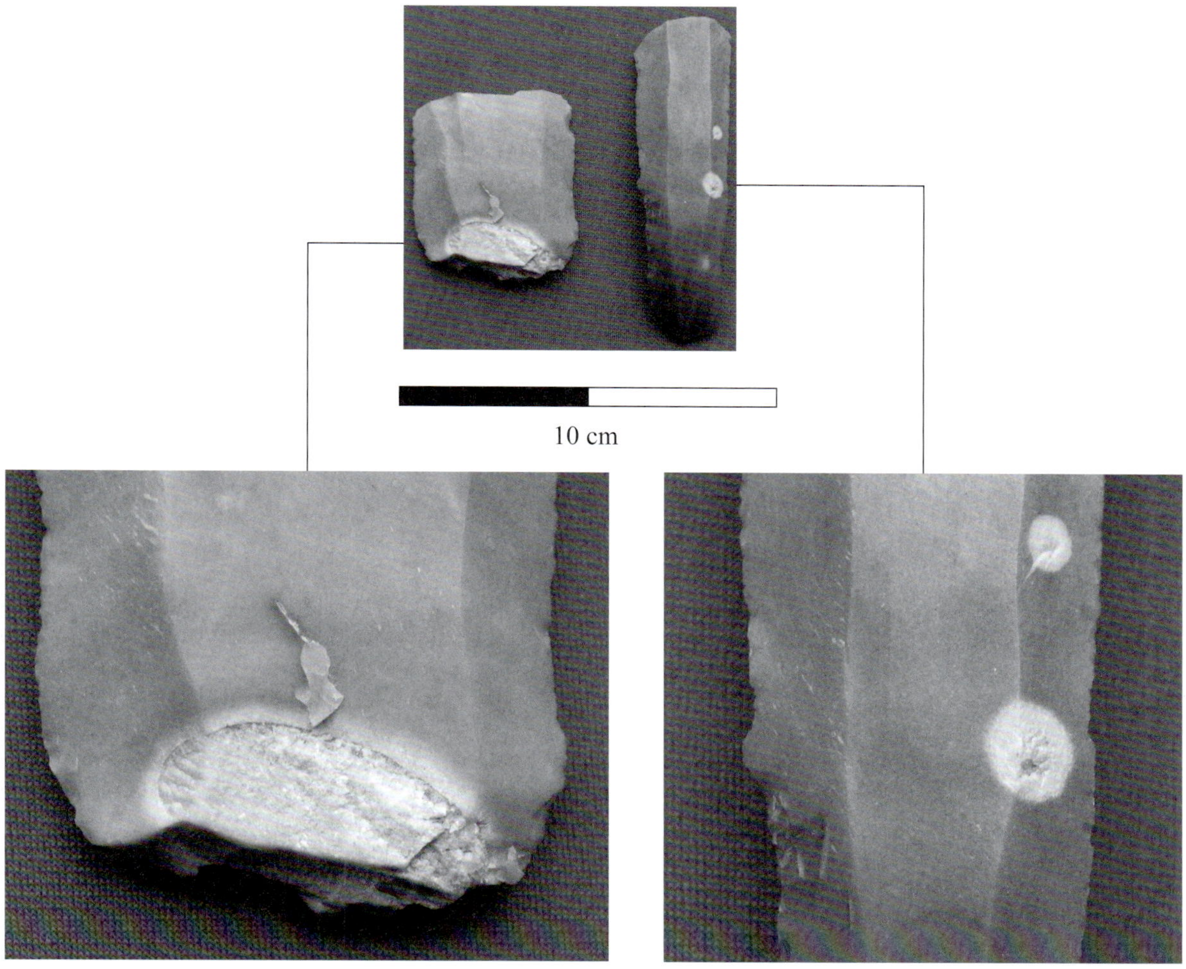

1. Rohmaterial F 2; oben: Großklingensegmente mit charakteristischen Einschlüssen;
links unten: größerer Kalkeinschluss mit Quarzkristallen; rechts unten: runde Kalkeinschlüsse

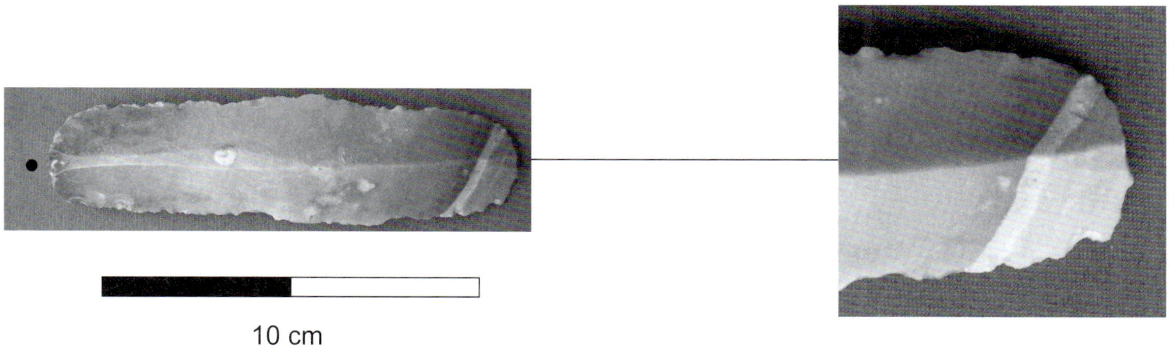

2. Rohmaterial F 2; Großklinge aus Tell Chuēra; das Silexmaterial ist gebänder;
die Zonen unterscheiden sich in Farbe und Textur

Abb. 3.3: 1. Rohmaterialgruppe F 2 (Großklingensegmente), 2. Rohmaterialgruppe F 2 (Großklinge)

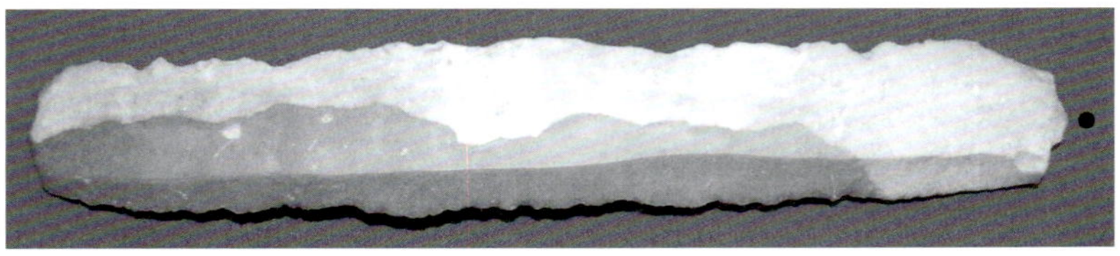

1. Rohmaterial F 2; Großklinge aus Tell Chuera (TCH 02 H 0-2; Länge: 19,5 cm); das Silexmaterial zeigt zwei scharf begrenzte Zonen, die sich in Farbe und Textur deutlich unterscheiden

5 cm

2. Rohmaterial F 2; weitgehend von abgerollter Kortex bedeckter Trümmer mit fossilierter Muschel

3. Rohmaterial F 3; Großklingensegmente aus Tell Chuera

Abb. 3.4: 1. Großklinge aus Silex der Rohmaterialgruppe F 2, 2. Rohmaterialgruppe F 2, 3. Großklinge und Großklingensegmente aus Silex der Rohmaterialgruppe F 3

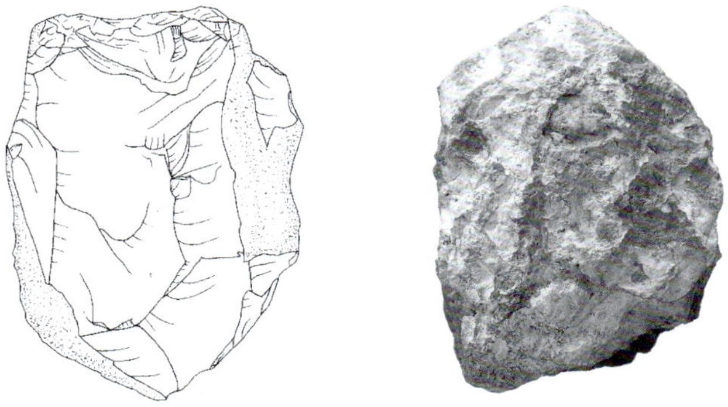

1. Abschlagkernstein (bidirektional) aus Tell Chuēra (TCH 07 ASA 61-1), Rohmaterialgruppe F 2; links: Strichzeichnung der Abbaufläche (M 1:2); echts: Foto des vollständig von bergfrischer Kortexrinde bedeckten Kernrückens

2. Assemblage von Débitage aus Tell Chuēra (TCH 09 HMS-2 bis -42)

Abb. 3.5: 1. Abschlagkernstein aus Silex der Rohmaterialgruppe F 2, 2. Débitage aus Silex der Rohmaterialgruppe F 2

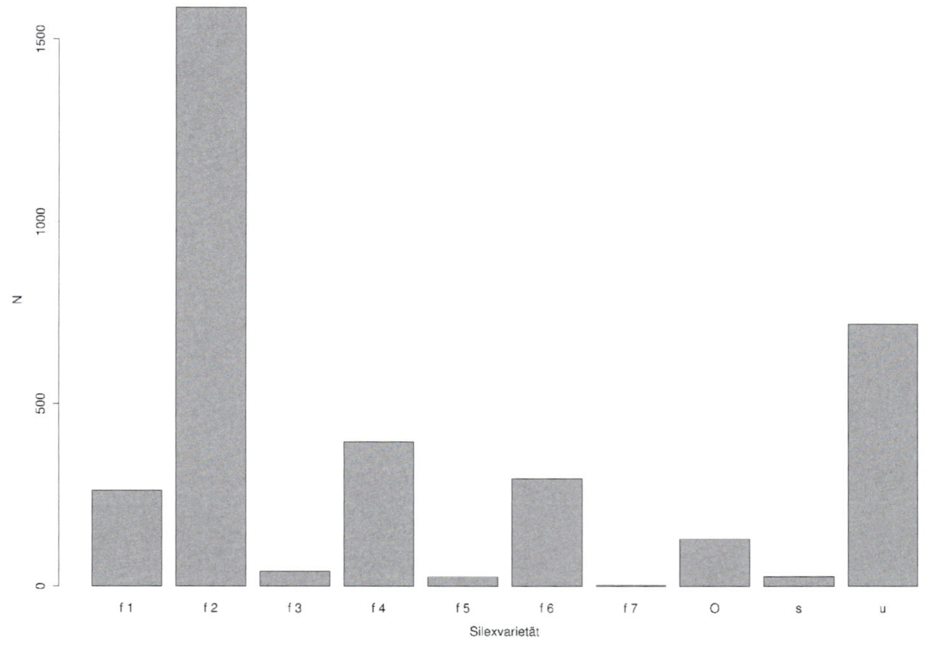

1. Absolute Fundhäufigkeit der Rohmaterialgruppen (KHS)

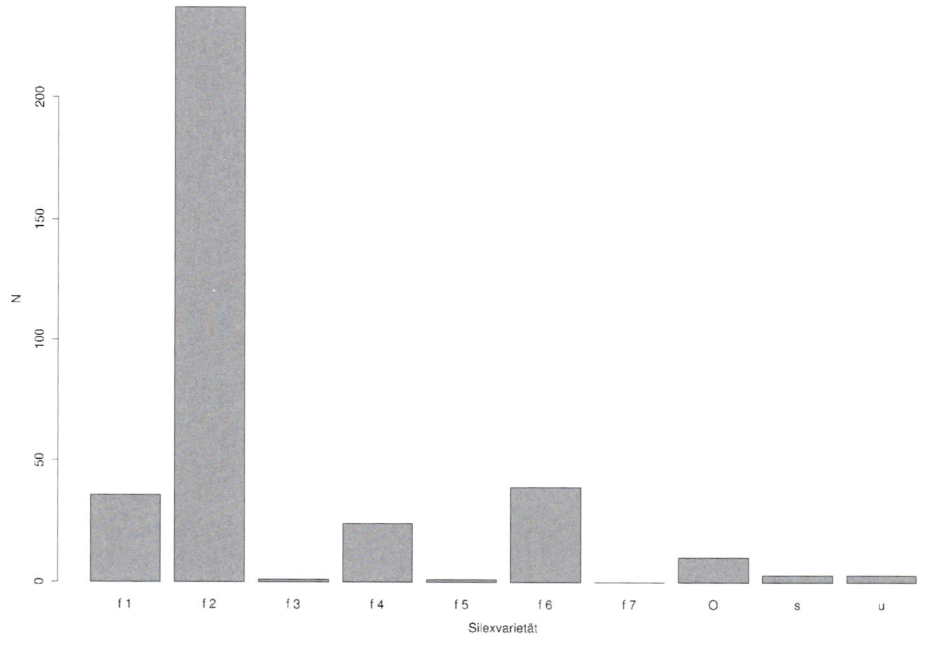

1. Absolute Fundhäufigkeit der Rohmaterialgruppen (TCH)

Abb. 3.6: 1. Absolute Fundhäufigkeit der Rohmaterialgruppen in Tell Chuera, 2. Absolute Fundhäufigkeiten der Rohmaterialgruppen in Kharab Sayyar.

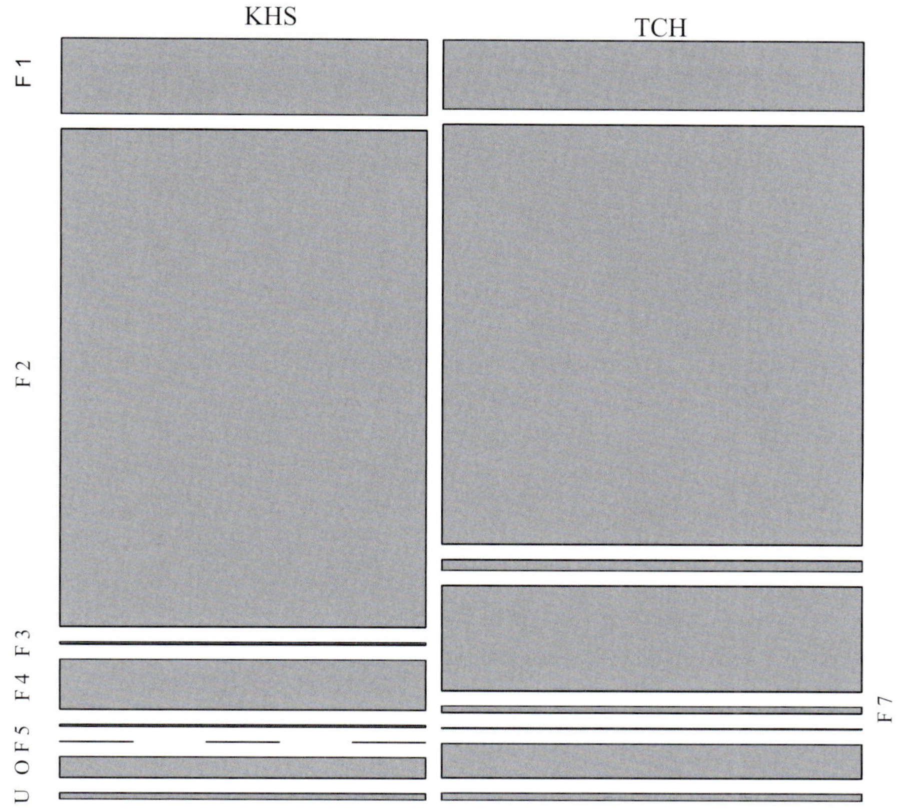

1. Spinogramm: Skalierte Häufigkeiten der lithischen Rohmaterialgruppen

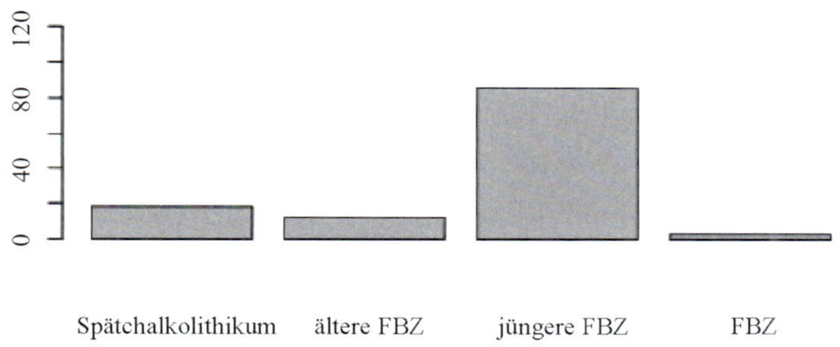

2. Absolute Häufigkeit der Obsidiane, aufgeschlüsselt nach chronostratigraphischen Gruppen

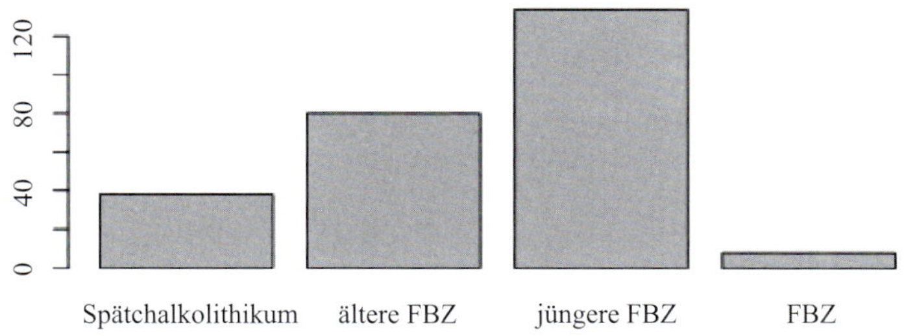

3. Absolute Häufigkeit der Rohmaterialgruppe F 1, aufgeschlüsselt nach chronostratigraphischen Gruppen

Abb. 3.7: 1. Spinogramm: Skalierte Häufigkeiten der lithischen Rohmaterialgruppen in Tell Chuēra und Kharab Sayyar, 2. Absolute Häufigkeit der Obsidiane, aufgeschlüsselt nach chronostratigraphischen Gruppen, 3. Absolute Häufigkeit der Rohmaterialgruppe F 1, aufgeschlüsselt nach chronostratigraphischen Gruppen

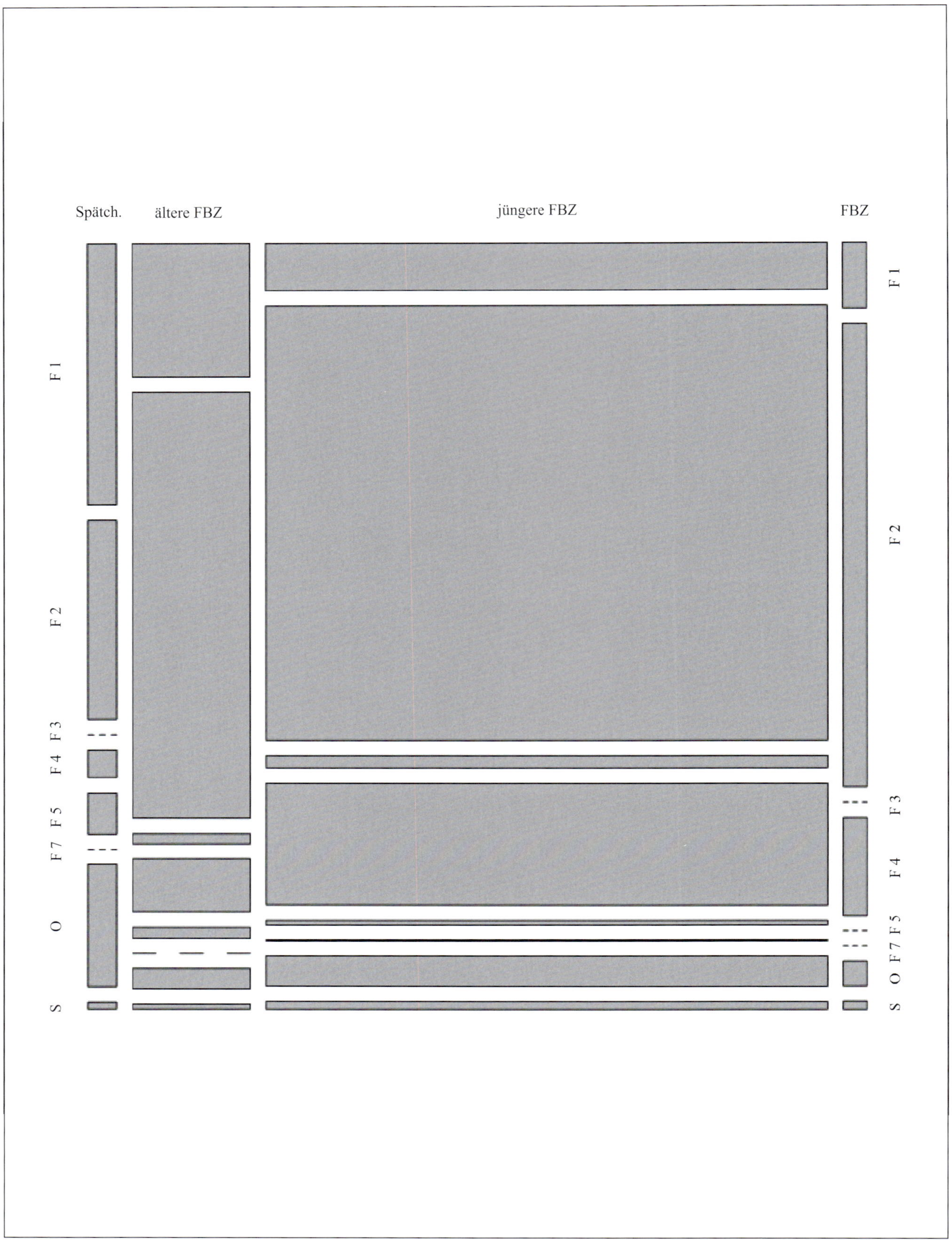

Abb. 3.8: Spinogramm: Häufigkeiten der lithischen Rohmaterialgruppen in Tell Chuēra, aufgeschlüsselt nach chronostratigraphischen Gruppen

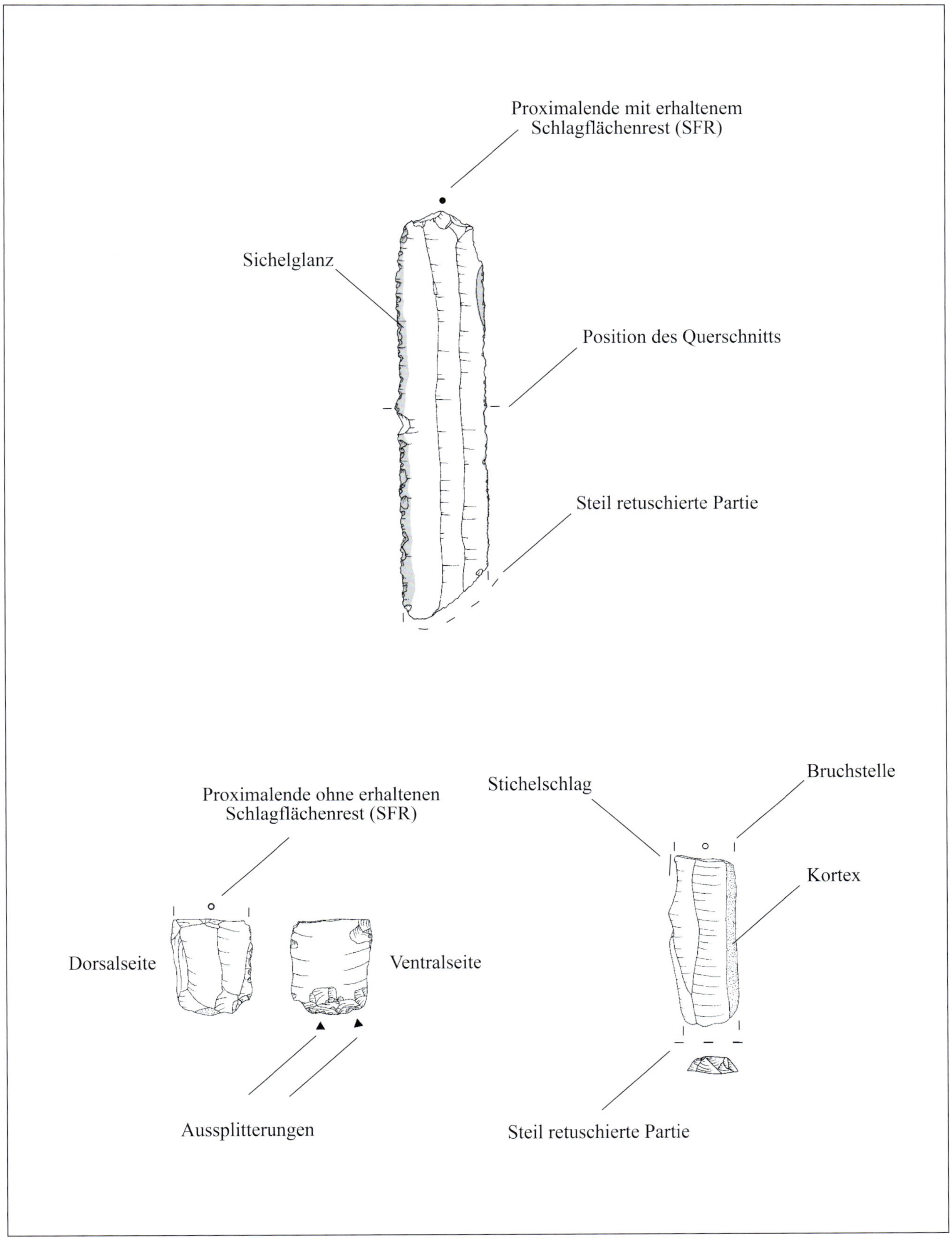

Abb. 3.9: Signaturen auf Strichzeichnungen

Abb. 3.10: Das Wadi Chuēra im Frühjahr 2011

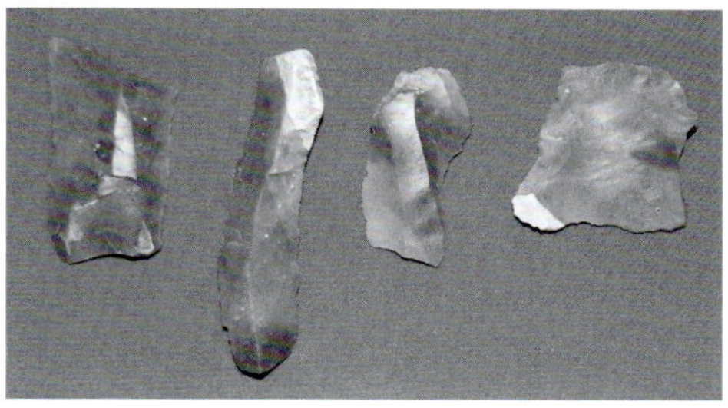

a)

b)

10 cm

c)

1. Abschlagartefakte aus Halawa (a). Tell Chuēra (b) und Tell Sheikh Hassan (c)

a)

b)

10 cm

2. Abschläge aus Tell Halawa (a) und aus Tell Chuēra (b)

Abb. 3.11: 1. Geschlagene Steinartefakte aus Tell Halawa (a), Tell Chuēra (b) und Tell Sheikh Hassan (c), 2. Abschläge aus Tell Halawa (a) und Tell Chuēra (b)

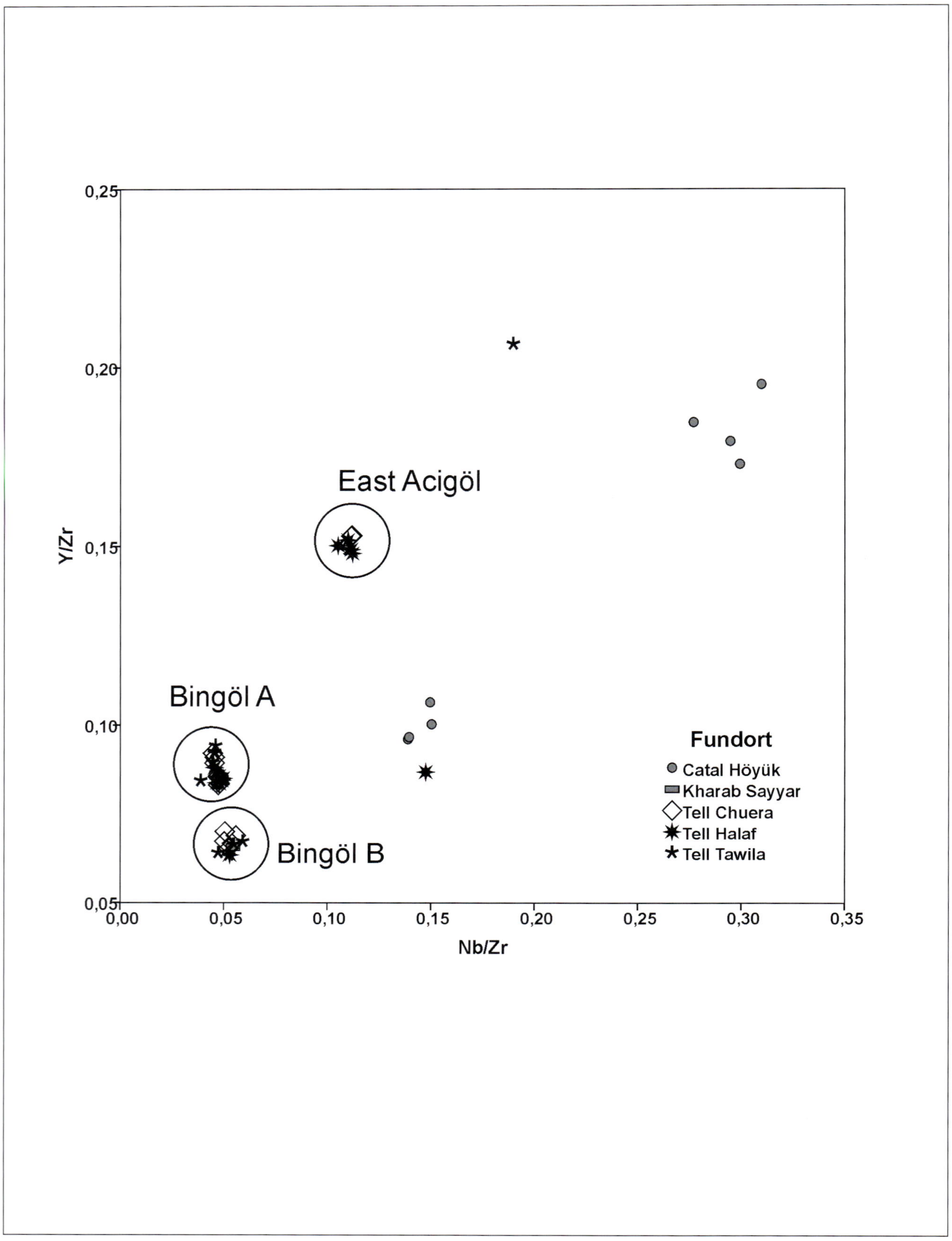

Abb. 3.12: Streudiagramm Yttrium/Zirkonium (Y/Zr) gegen Niobium/Zirkonium (Nb/Zr) und den daraus resultierenden Herkunftsgebieten

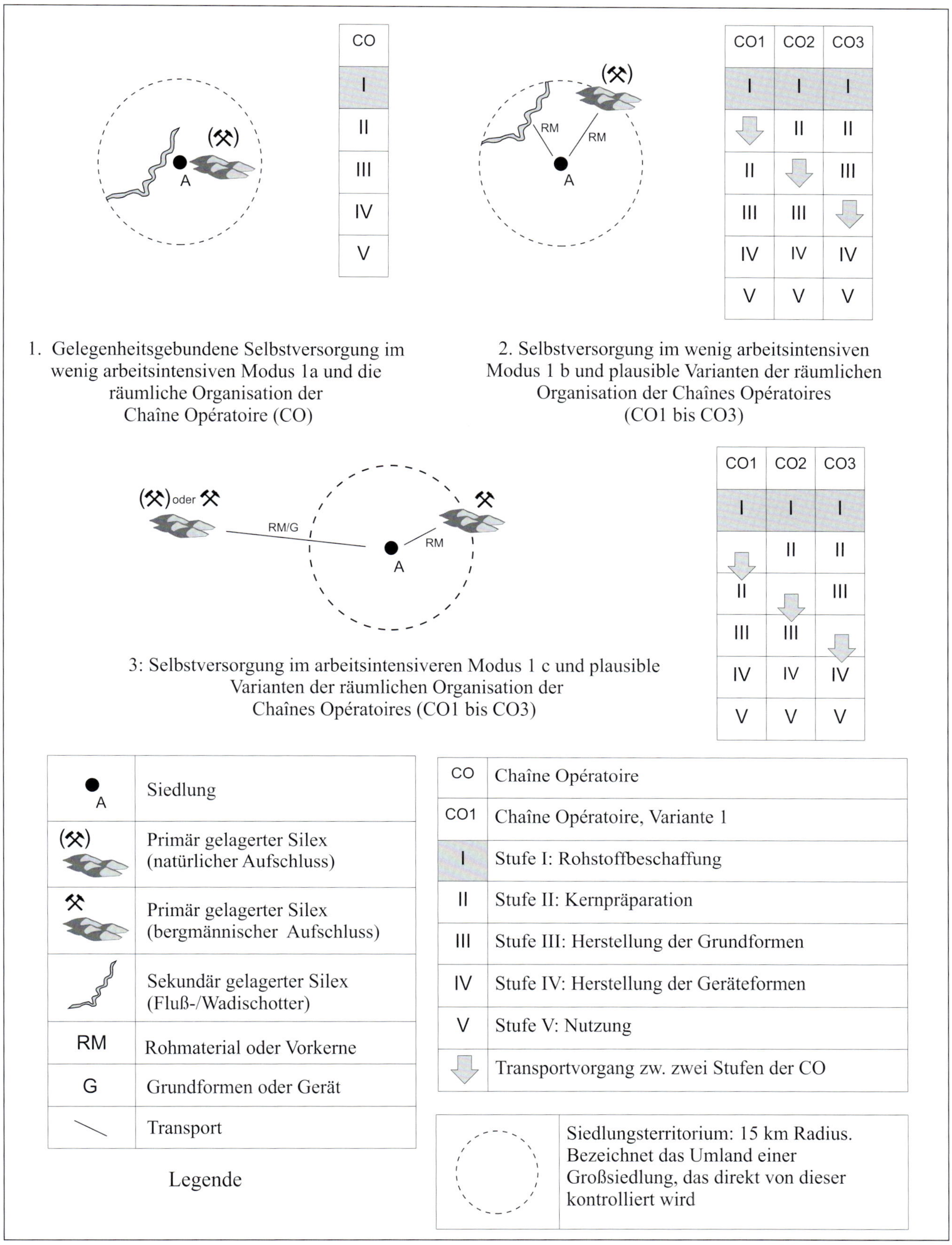

Abb. 3.13: Modell für die Versorgung frühurbaner Siedlungen in Nordmesopotamien mit Silex und die räumliche Organisation der Chaînes Opératoires (Stufen I bis V); direkte Versorgungsstrategien; 1. Modus 1 a, 2. Modus 1 b, 3. Modus 1 c

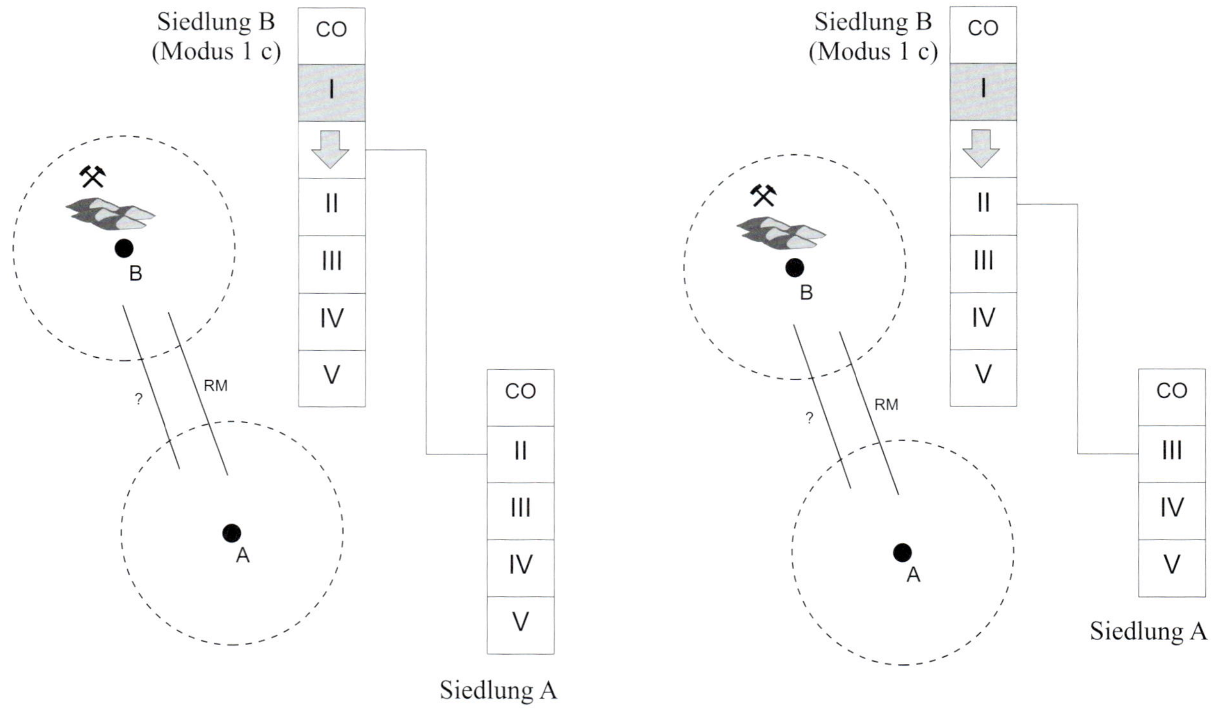

1. Rohstoffbeschaffung durch indirekten Zugriff: Import von Rohmaterial, Vorkernen oder Kernsteinen (Modus 2 a)

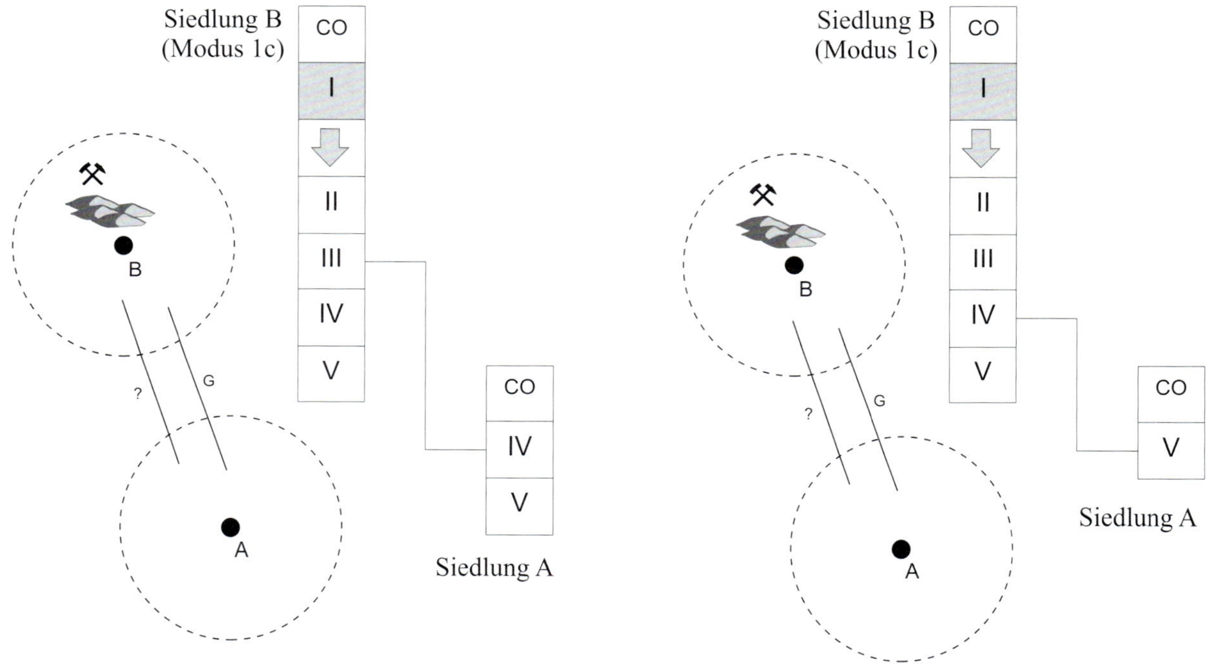

2. Rohstoffbeschaffung durch indirekten Zugriff: Import von Grundformen oder Geräten (Modus 2 b)

Abb. 3.14: Modell für die Versorgung frühurbaner Siedlungen in Nordmesopotamien mit Silex und die räumliche Organisation der Chaînes Opératoires (Stufen I bis V); direkte Versorgungsstrategien; 1. Modus 2 a, 2. Modus 2 b

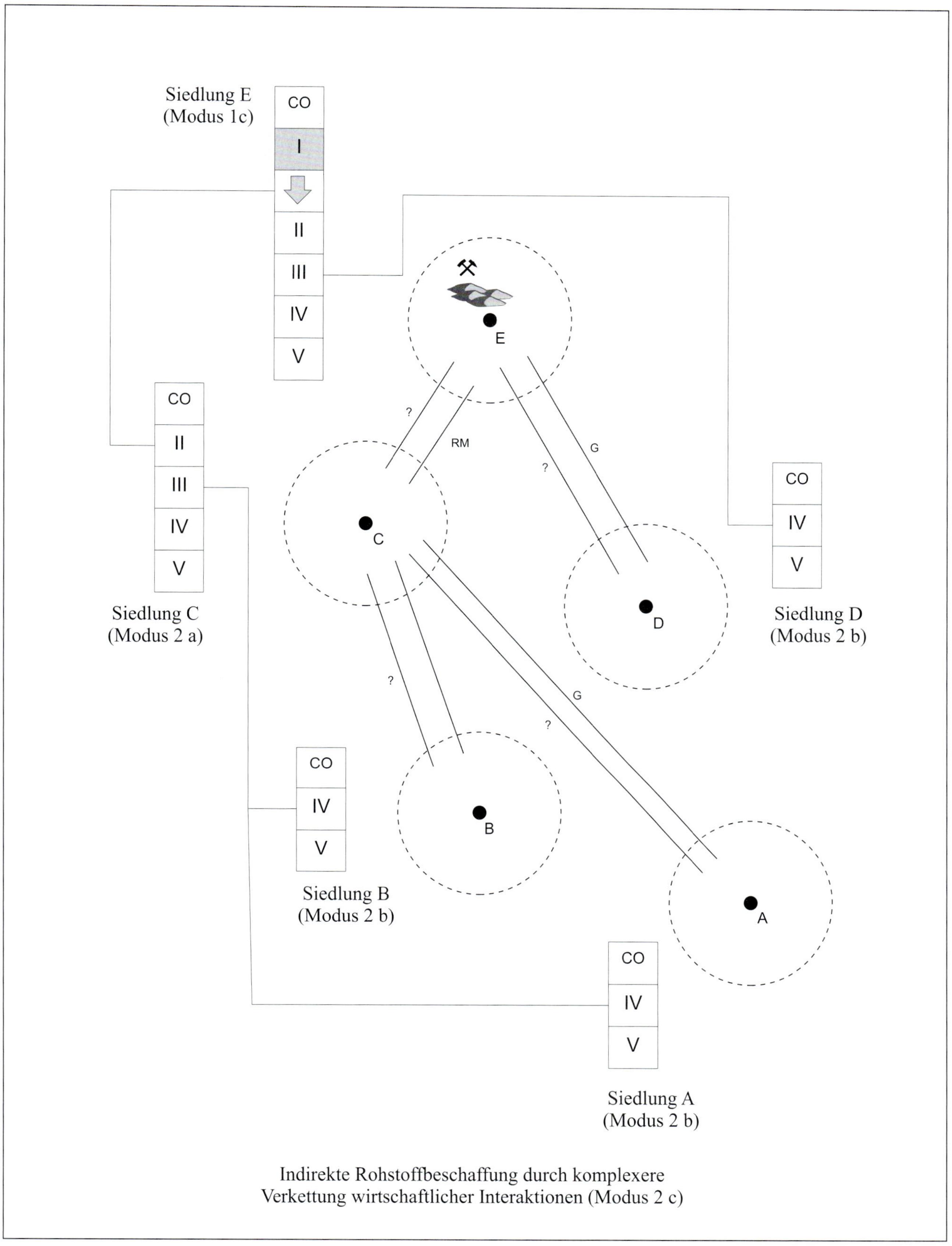

Abb. 3.15: Modell für die Versorgung frühurbaner Siedlungen in Nordmesopotamien mit Silex und die räumliche Organisation der Chaînes Opératoires (Stufen I bis V); indirekte Versorgungsstrategie im Rahmen einer Verkettung wirtschaftlicher Interaktionen (2 c)

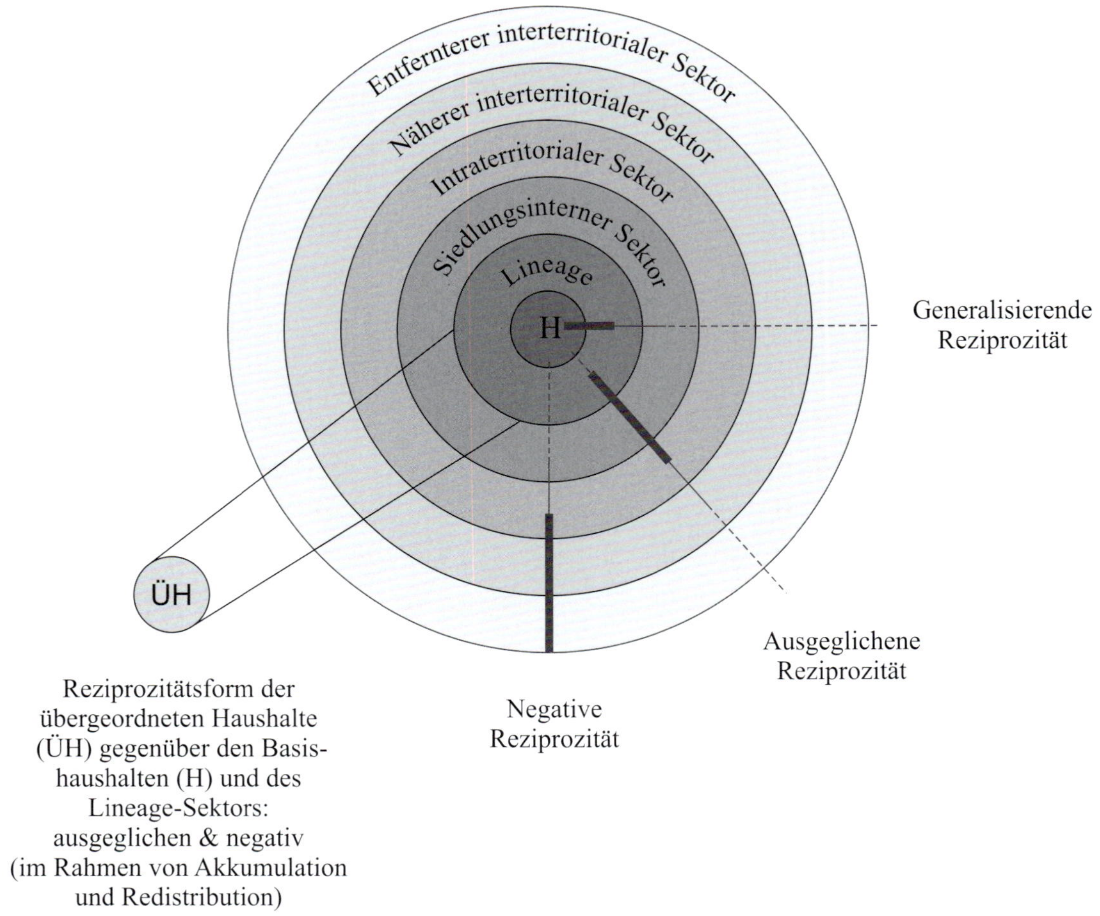

Das Diagramm zeigt die räumlichen/sozialen Sektoren der fb-zeitlichen Großsiedlung Tell Chuēra mit den (Basis)Haushalten (H) im Zentrum; aus dem Gefüge herausgelöst, aber eng mit den Sektoren der Haushalte und Lineages verbunden, erscheinen die übergeordneten Haushalte (ÜH); die drei radialen Linien repräsentieren die drei Erscheinungsformen der Reziprozität, die Liniendicke deren vermutete Bedeutung innerhalb des jeweiligen Sektors

Abb. 3.16: Räumliche und soziale Sektoren der Großsiedlung Tell Chuera in der jüngeren Frühbronzezeit; Rekonstruktionsversuch nach Sahlins 1972, Meyer 2011 und Hempelmann 2013

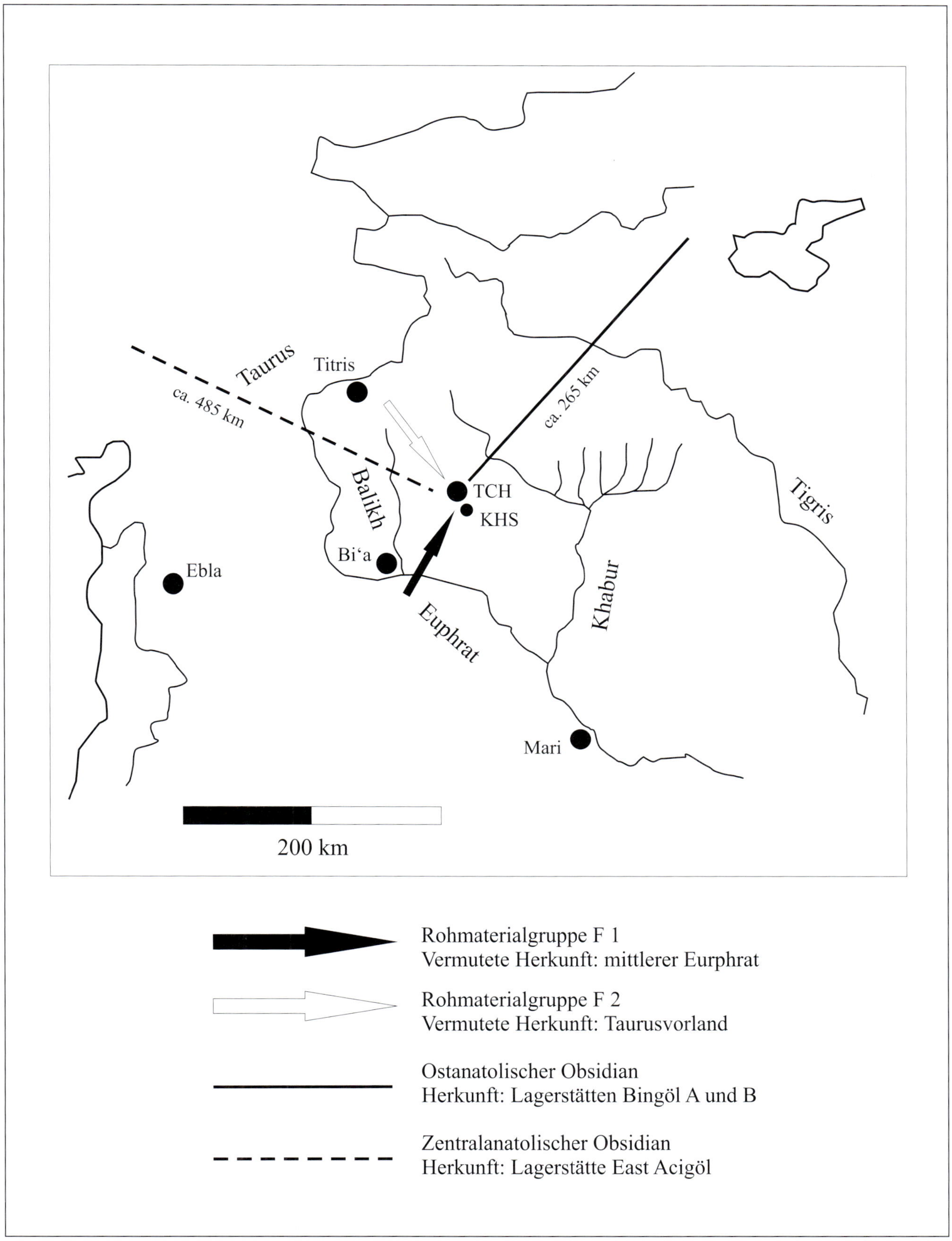

Abb. 3.17: Herkunft einiger lithischer Ressourcen (Rekonstruktionsvorschlag)

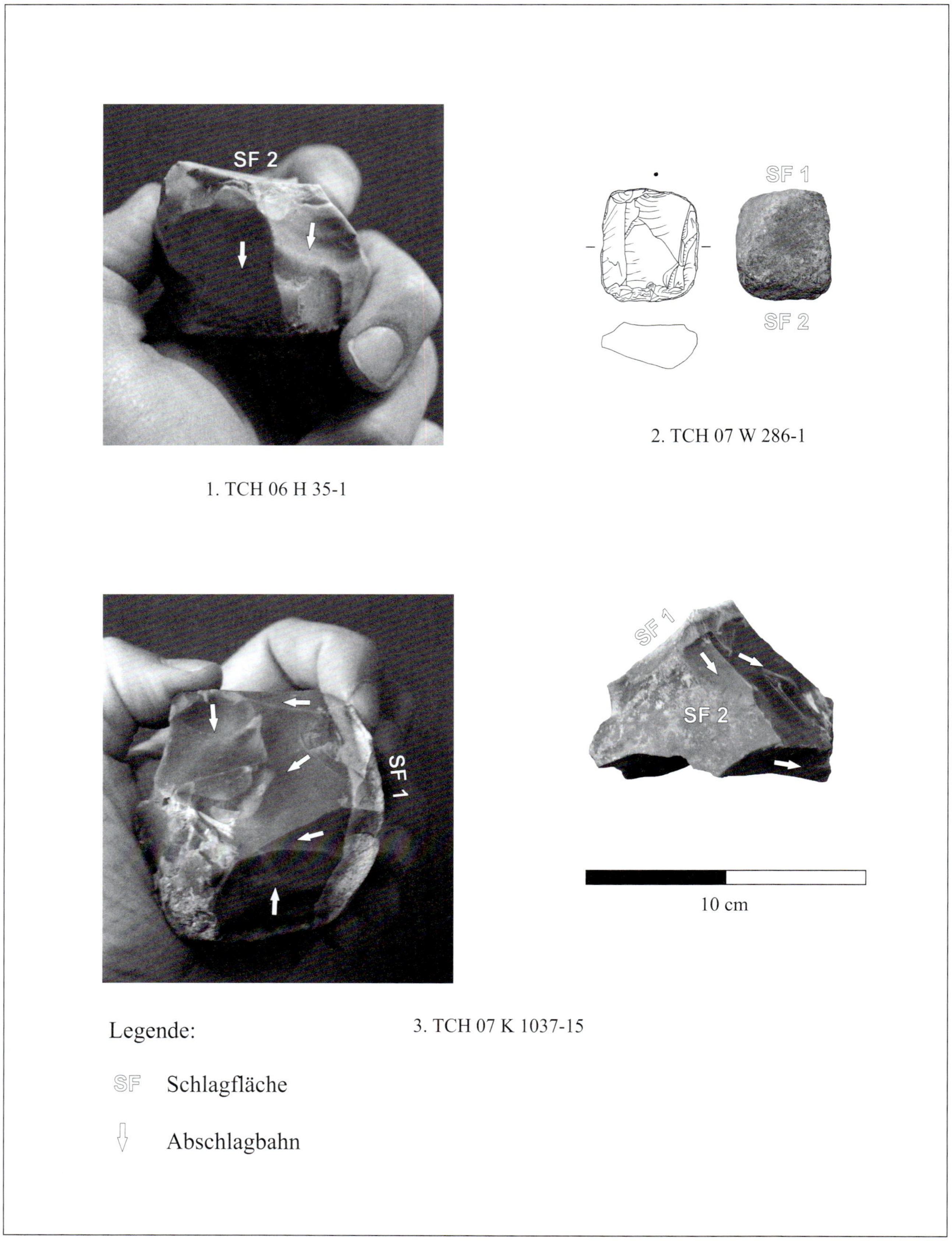

Abb. 3.18: 1. Unidirektionaler Abschlagkernstein, 2. Bidirektionaler Abschlagkernstein, M 1:1, 3. Multidirektionaler Abschlagkernstein

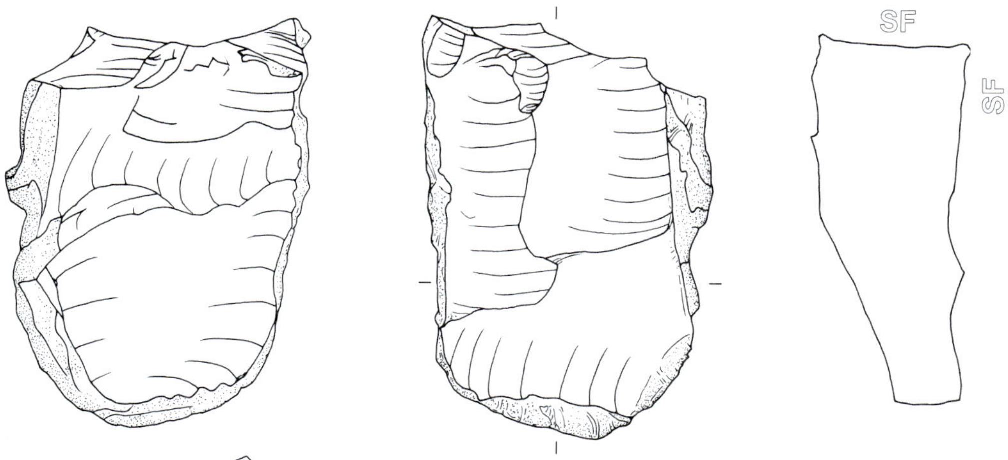

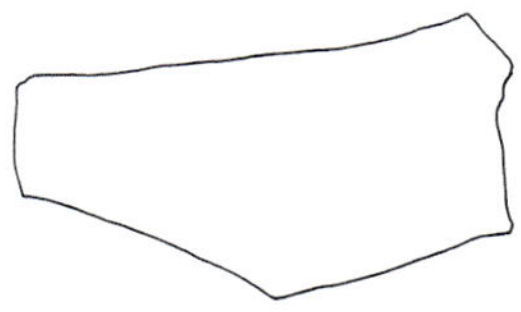

1. Bidirektionaler Abschlagkernstein (TCH 07 TMS 1087-1), M 1:2

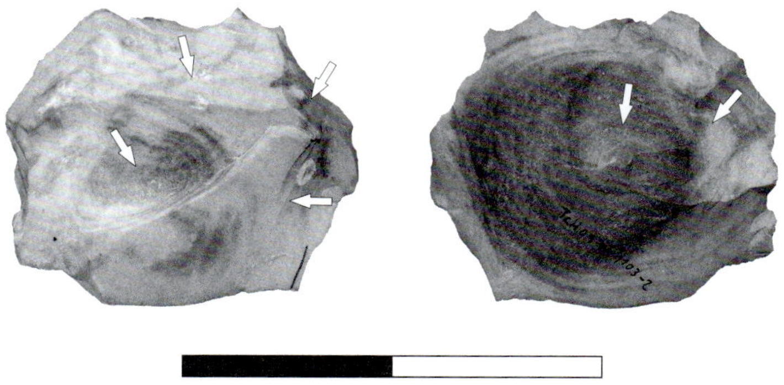

10 cm

2. Multidirektionaler Abschlagkernstein (TCH 09 W 1103-2)

10 cm

3. Bidirektionaler Abschlagkernstein (TCH 11 X 0-24)

Abb. 3.19: 1.Bidirektionaler Abschlagkernstein, M 1:2, 2. Multidirektionaler Abschlagkernstein, Bidirektionaler Abschlagkernstein

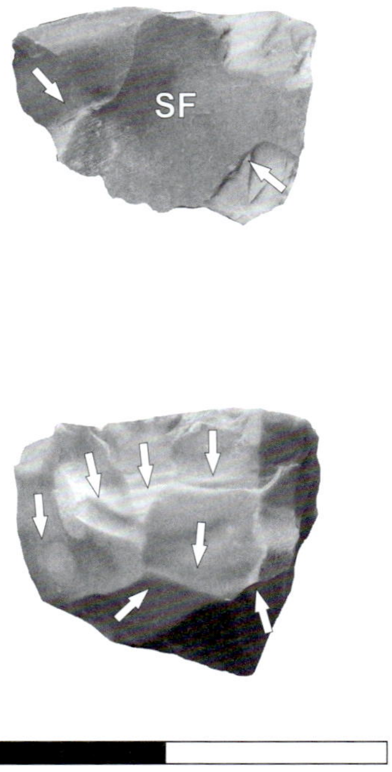

10 cm

1. Bidirektionaler Abschlagkernstein
(TCH 11 X 0-218)

10 cm

2. Unidirektionaler Abschlagkernstein
(TCH 99 B 29-1)

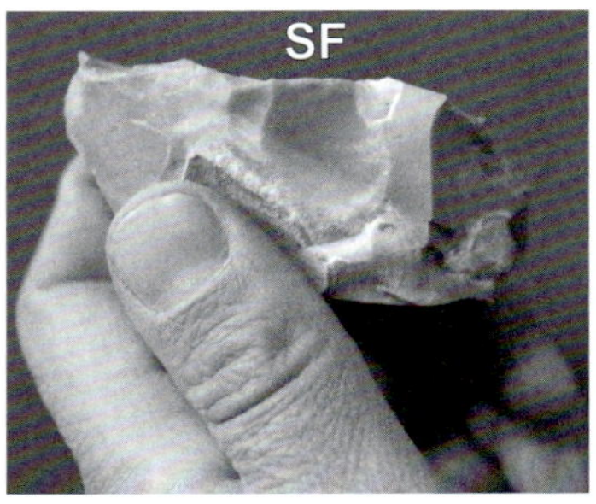

3. Schlagflächenrand
(TCH 99 B 29-1)

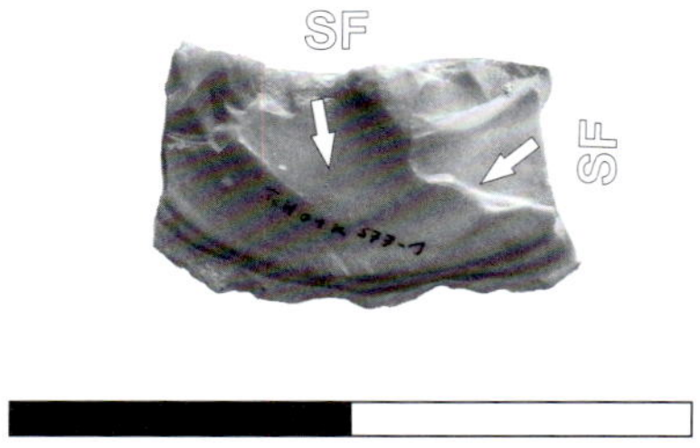

10 cm

4. Bidirektionaler Kern aus Abschlag (TCH 01 K 577-1)

Abb. 3.20: 1. Bidirektionaler Abschlagkernstein (TCH 11 X 0-218), 2-3: Unidirektionaler Abschlagkernstein (TCH 99 B 29-1), 4: Bidirektionaler Kern aus Abschlag

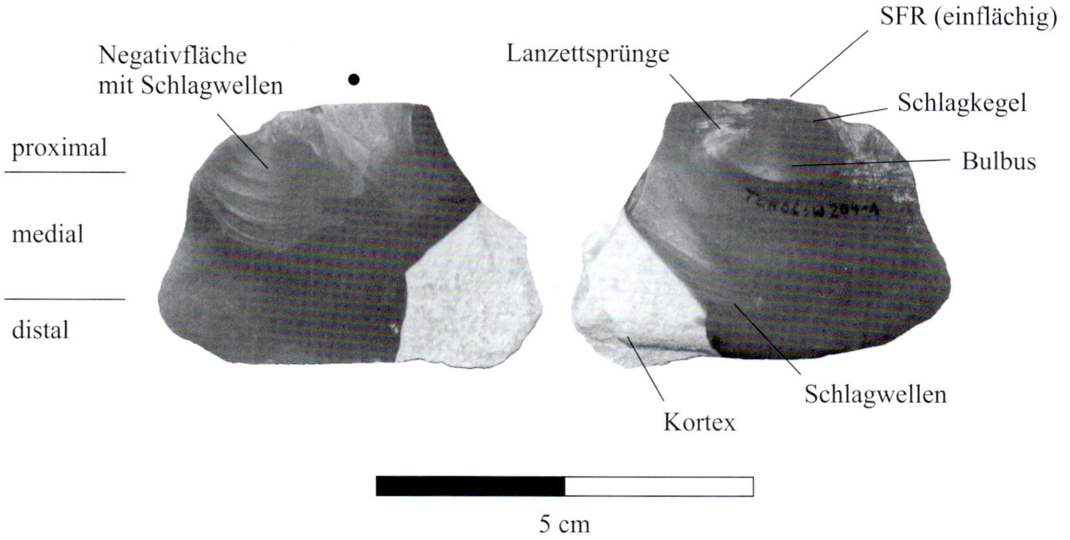

1. Sekundärer Kortexabschlag (TCH 06 W 204-1) mit Bezeichnung einiger Schlagmerkmale; links: Dorsalfläche, rechts: Ventralfläche

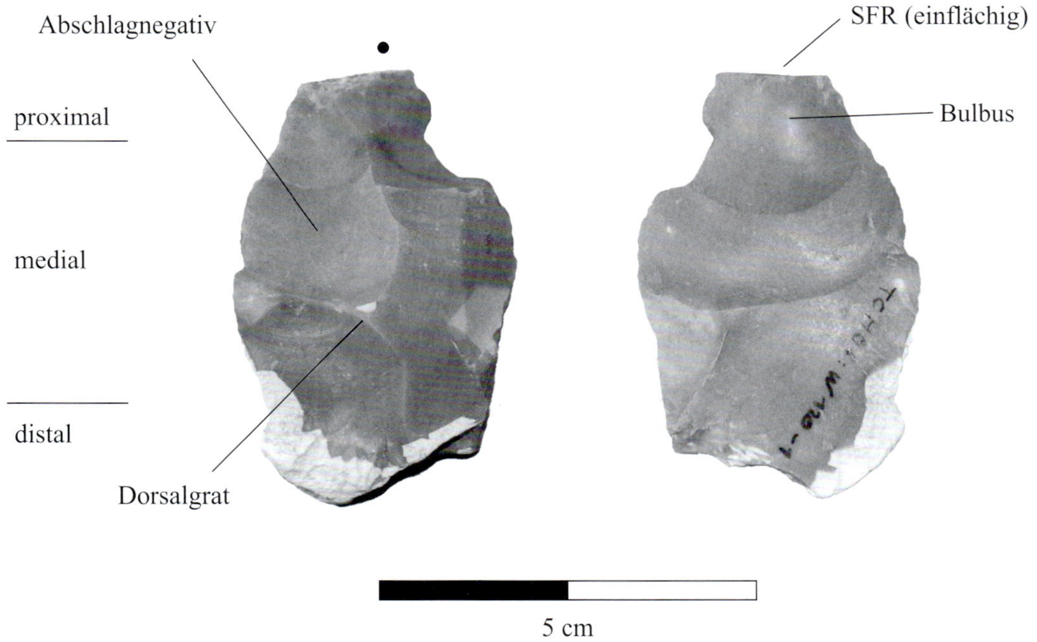

2. Kernflanke (TCH 06 W 120-1) mit Bezeichnung einiger Schlagmerkmale

Abb. 3.21: 1. Sekundärer Kortexabschlag mit Bezeichnung einiger Schlagmerkmale, 2. Kernflanke mit Bezeichnung einiger Schlagmerkmale

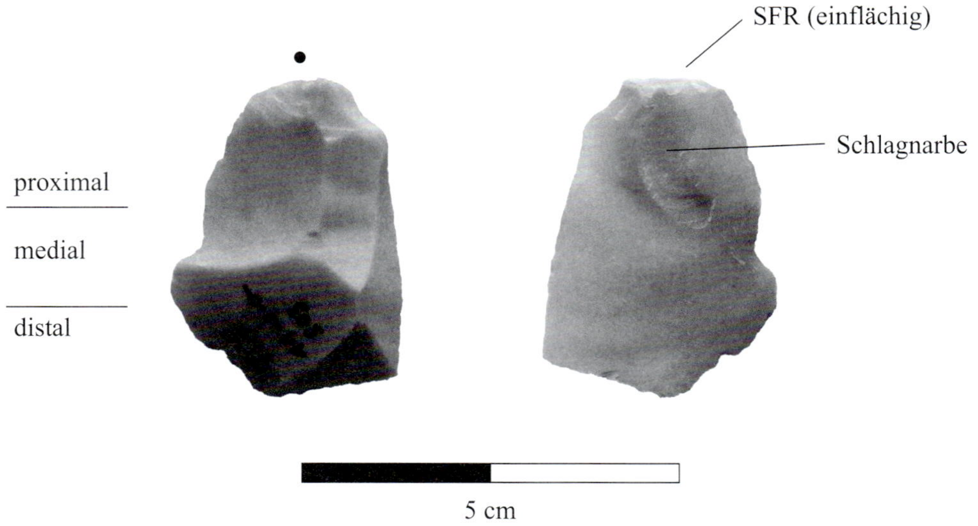

1. Sekundärer Abschlag (TCH 11 X 0-503) mit Bezeichnung einiger Schlagmerkmale

2. Sekundärer Abschlag (TCH 11 X 0-433)

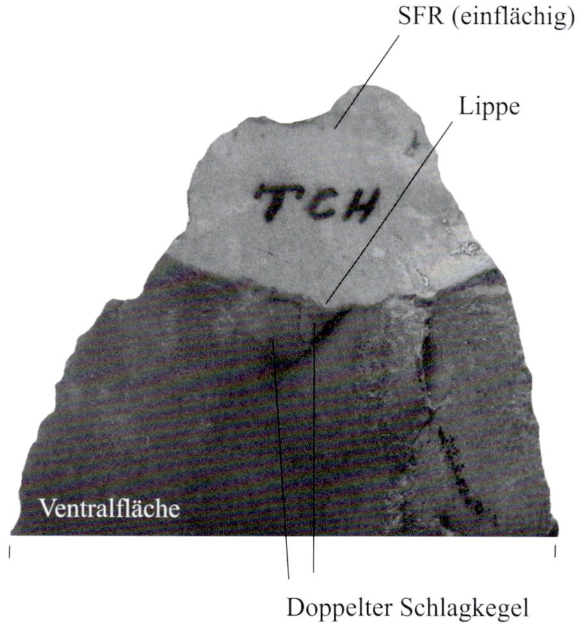

3. Schlagflächenrest (einflächig) an sekundärem Kortexabschlag (TCH 11 X 0-496)

Abb. 3.22: 1. Sekundärer Abschlag (TCH 11 X 0-503), 2. Sekundärer Abschlag (TCH 11 X 0-433), 3. Einflächiger Schlagflächenrest an sekundärem Kortexabschlag (TCH 11 X 0-496)

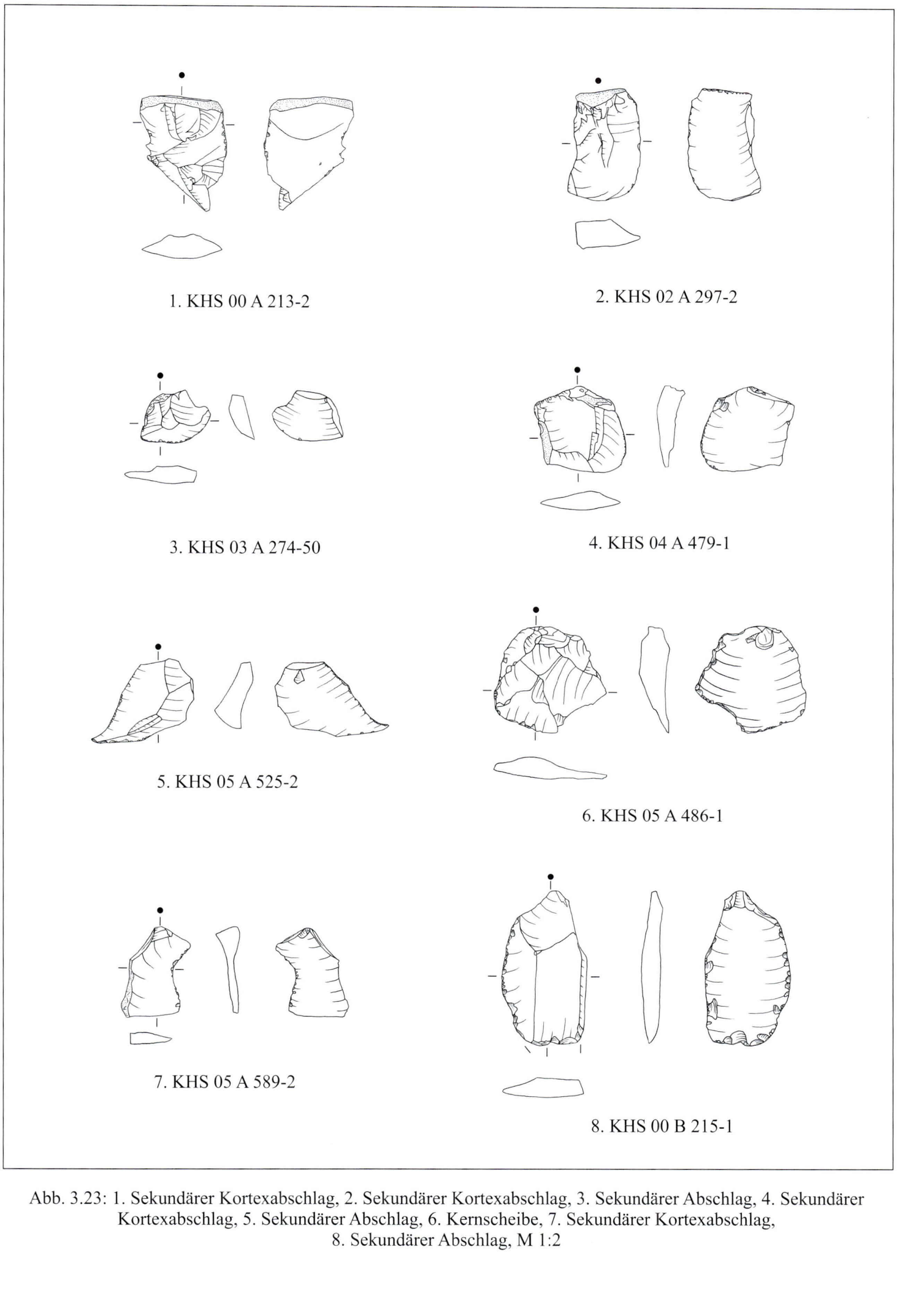

Abb. 3.23: 1. Sekundärer Kortexabschlag, 2. Sekundärer Kortexabschlag, 3. Sekundärer Abschlag, 4. Sekundärer Kortexabschlag, 5. Sekundärer Abschlag, 6. Kernscheibe, 7. Sekundärer Kortexabschlag, 8. Sekundärer Abschlag, M 1:2

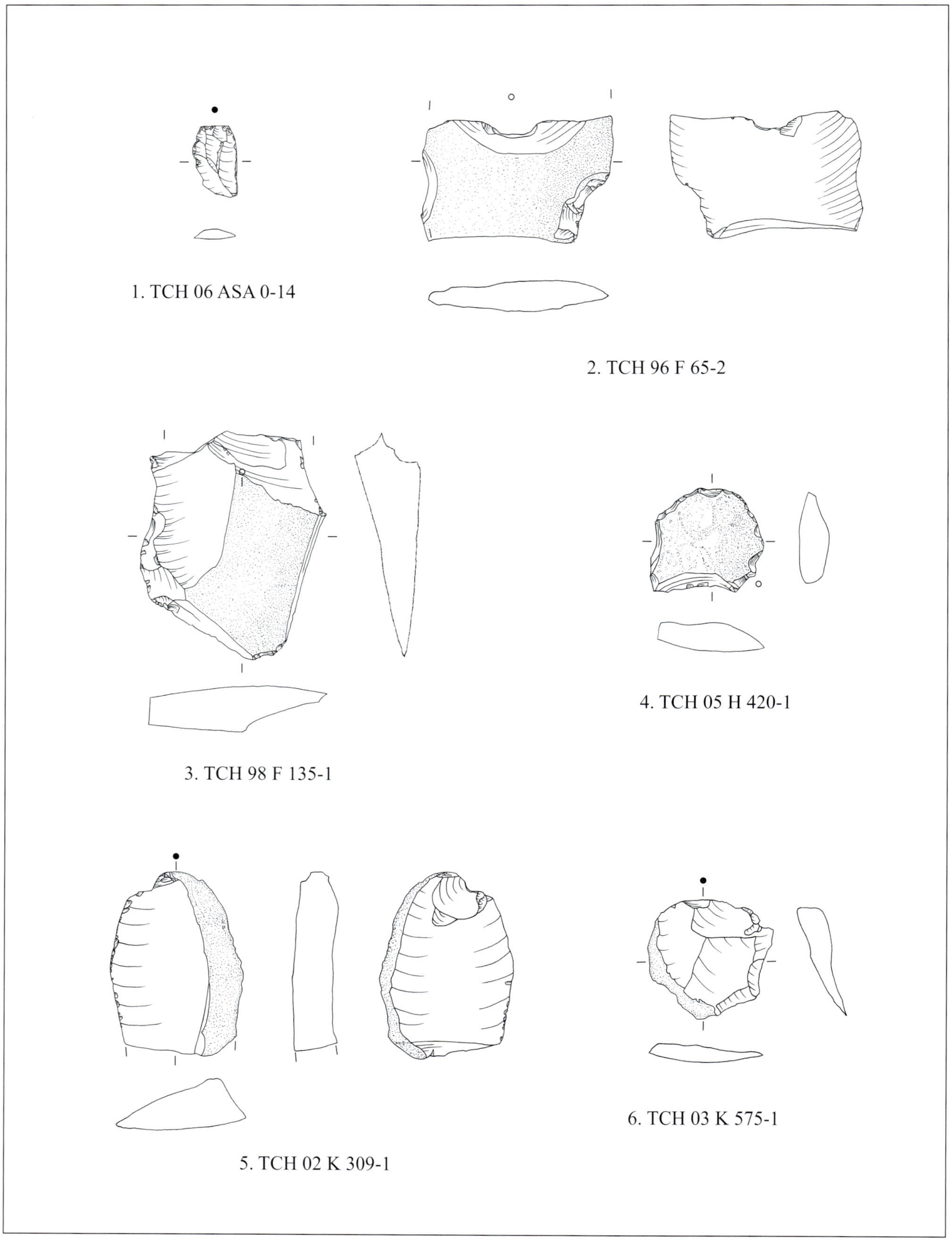

Abb. 3.24: 1 Sekundärer Abschlag, 2. Mediales Fragment eines sekundäreren Kortexabschlages, 3. Distalfragment eines sekundären Kortexabschlages, 4. Distalfragment eines primären Kortexabschlages, 5. Proximalfragment eines sekundären Kortexabschlages, 6. Sekundärer Kortexabschlag, M 1:2

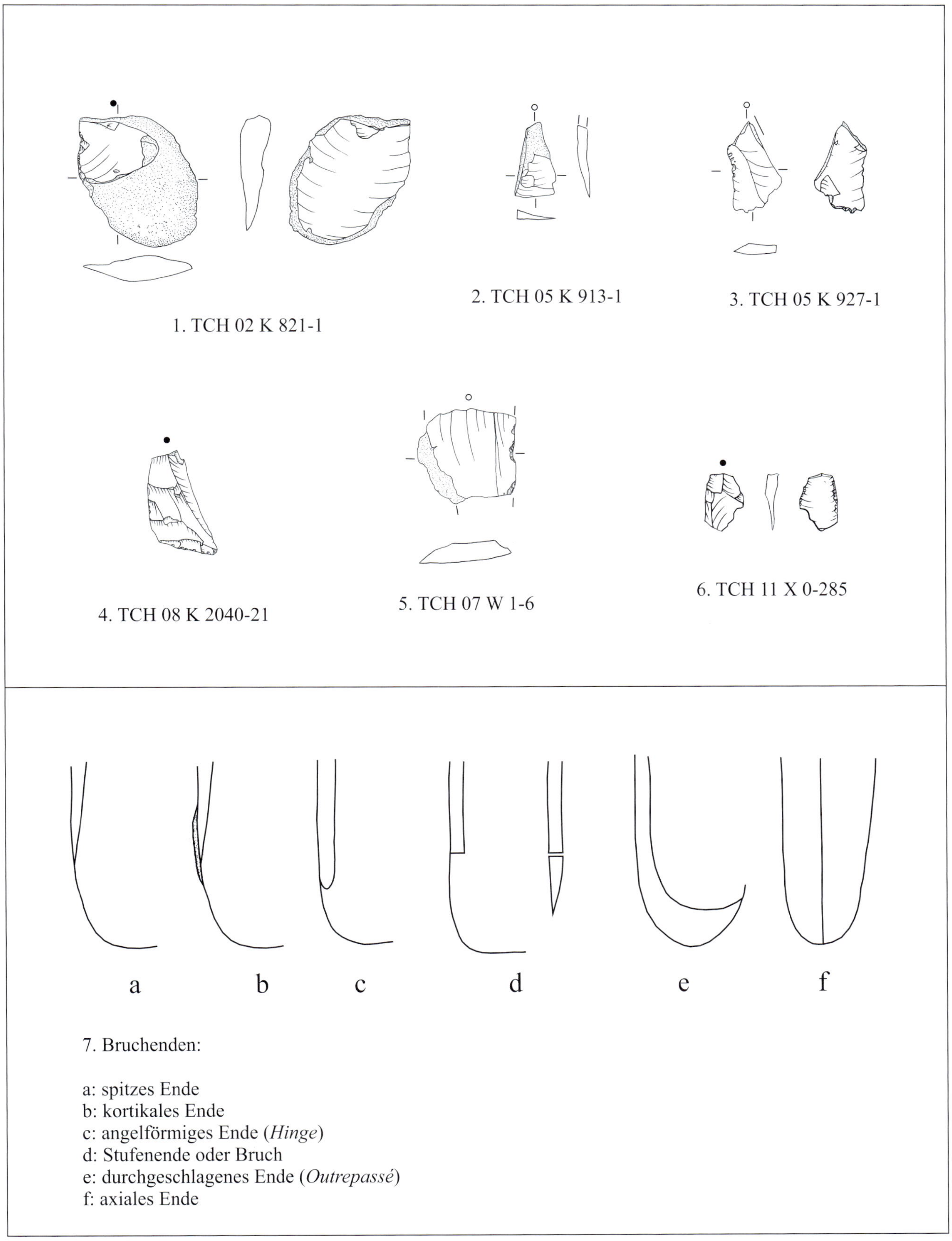

Abb. 3.25: 1. Sekundärer Kortexabschlag, 2. Distalfragment eines sekundäreren Kortexabschlages, 3. Distalfragment eines sekundären Kortexabschlages, 4. Sekundärer Abschlag, 5. Mediales Fragment eines sekundären Kortexabschlages, 6. Sekundärer Abschlag, M 1:2, 7. Bruchenden

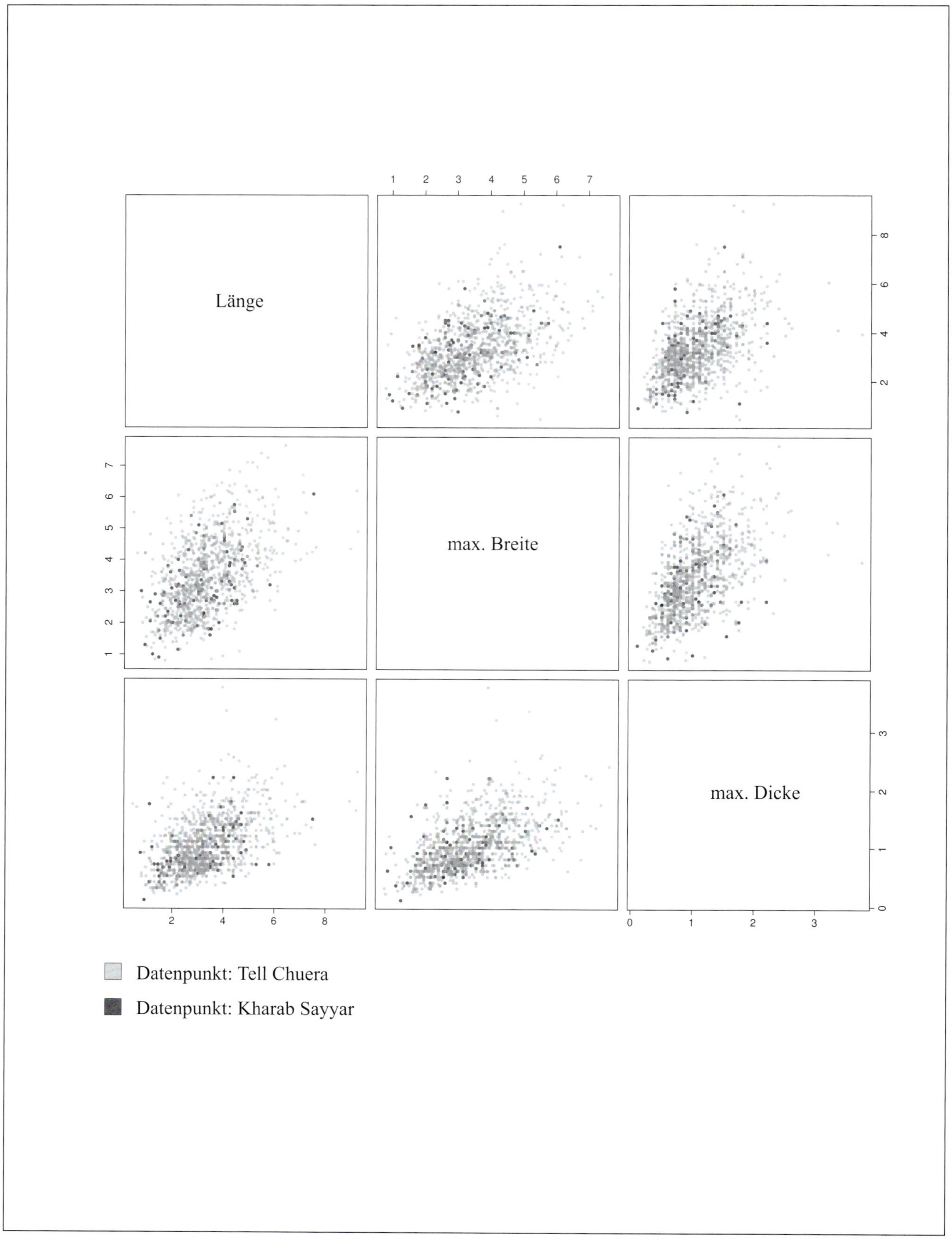

Abb. 3.26: Streudiagrammmatrix der Dimensionsparameter Länge, max. Breite und max. Dicke vollständiger Abschläge (Grundform II) aus Tell Chuera (grau) und Kharab Sayyar (dunkelgrau)

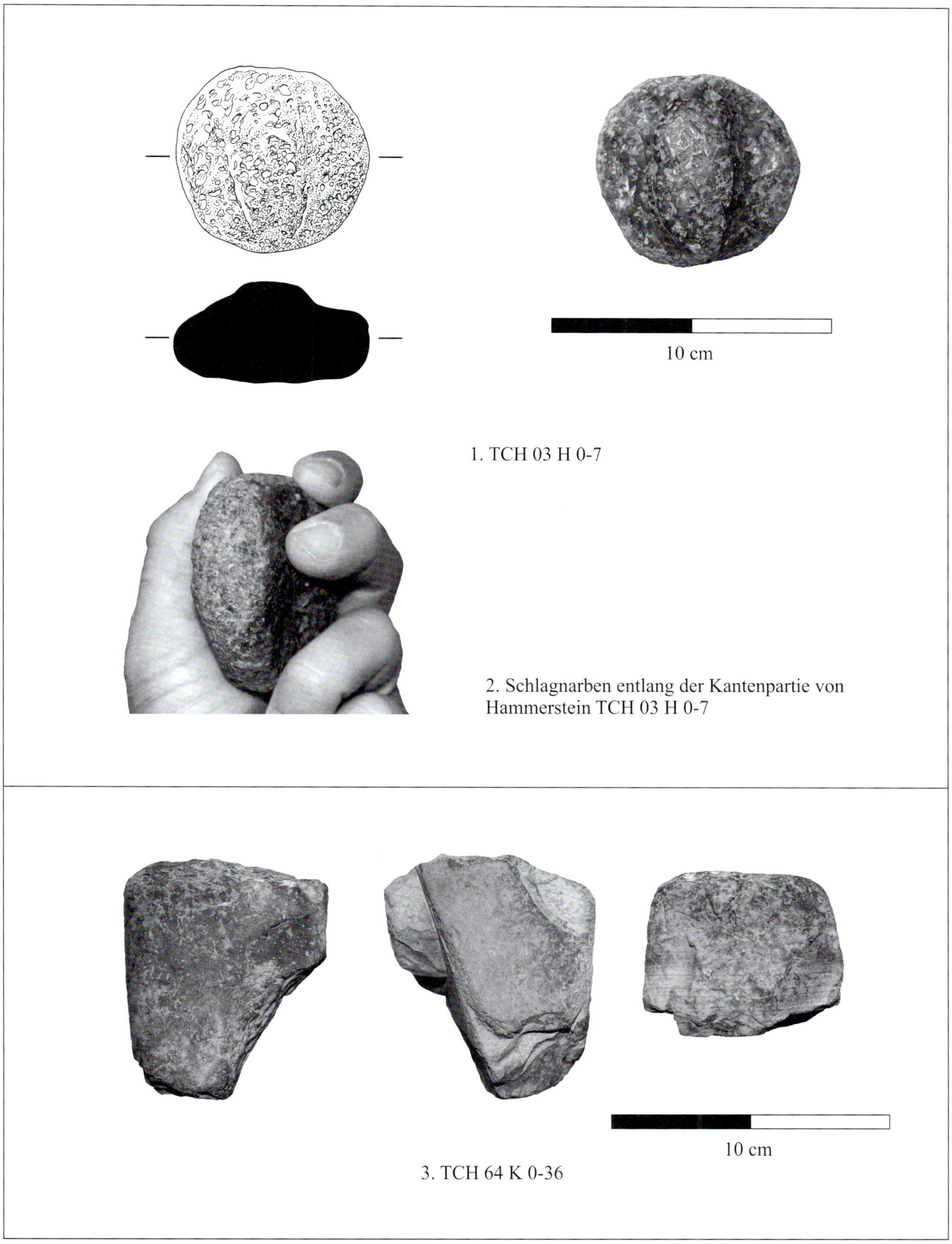

Abb. 3.27: 1. Scheibenförmiger Hammerstein, 2. Schlagnarben entlang der Kantenpartie von Hammerstein TCH 03 H 0-7, 3. Unregelmäßiger Hammer: Geröllstück mit mehreren Schlagnarbenfeldern

Abb. 3.28: 1. Schlagnarben auf Hammer, 2. Hammerfragment, 3. Kugelförmiger Hammerstein, 4. Scheibenförmiger Hammerstein.

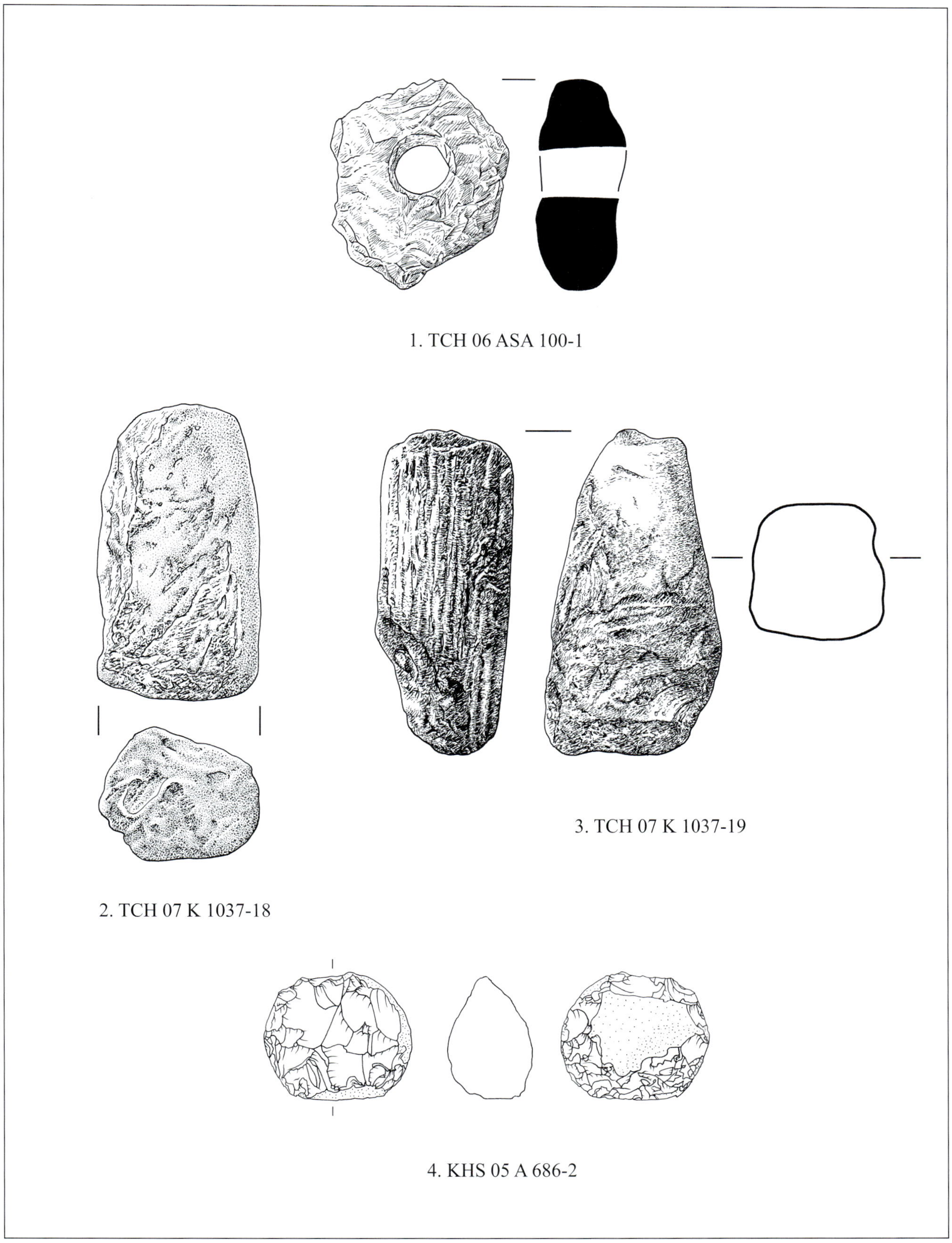

Abb. 3.29: 1. Scheibenförmiger Hammerstein, 2. Kubischer Hammer, 3. Kubischer Hammer, 4. Kugelförmiger Hammer, M: 1:2

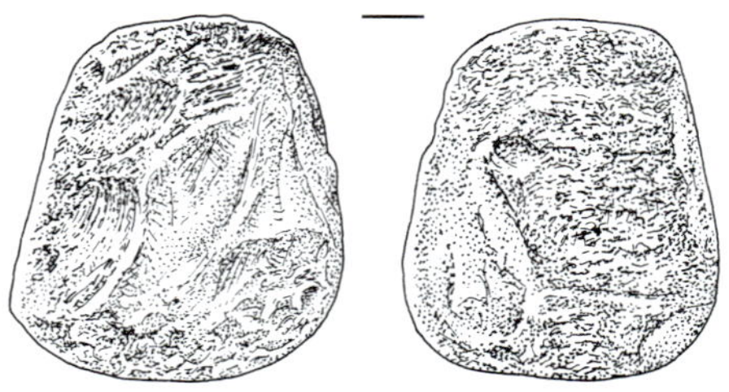

1. TCH 04 H 300-1

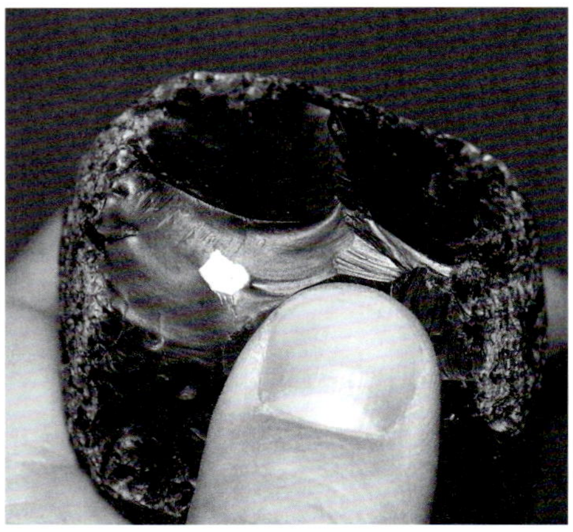

2. Schlagnarben und Abschlagnegative auf Hammerstein TCH 04 H 300-1

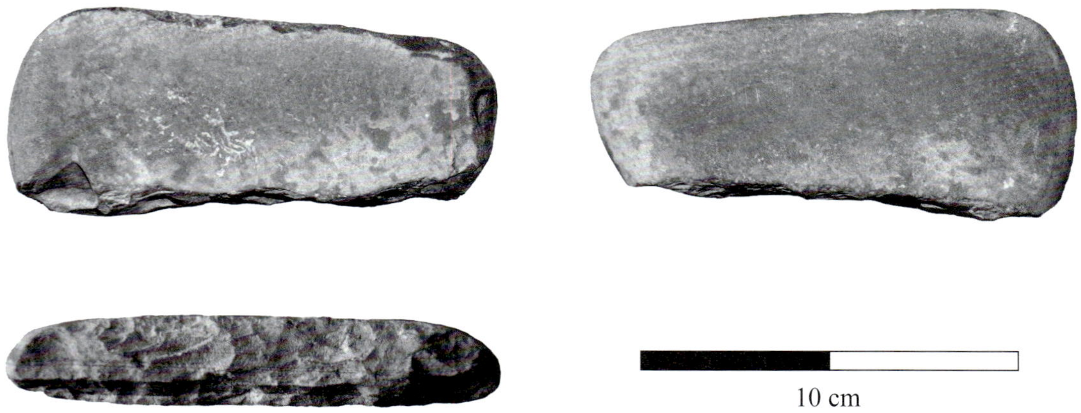

3. TCH 08 W 533-76

Abb. 3.30: 1. Kubischer Hammerstein, M 1:2, 2: Schlagnarben und Abschlagnegative auf Hammerstein TCH 04 H 300-1, 3. Scheibenförmiger Hammer

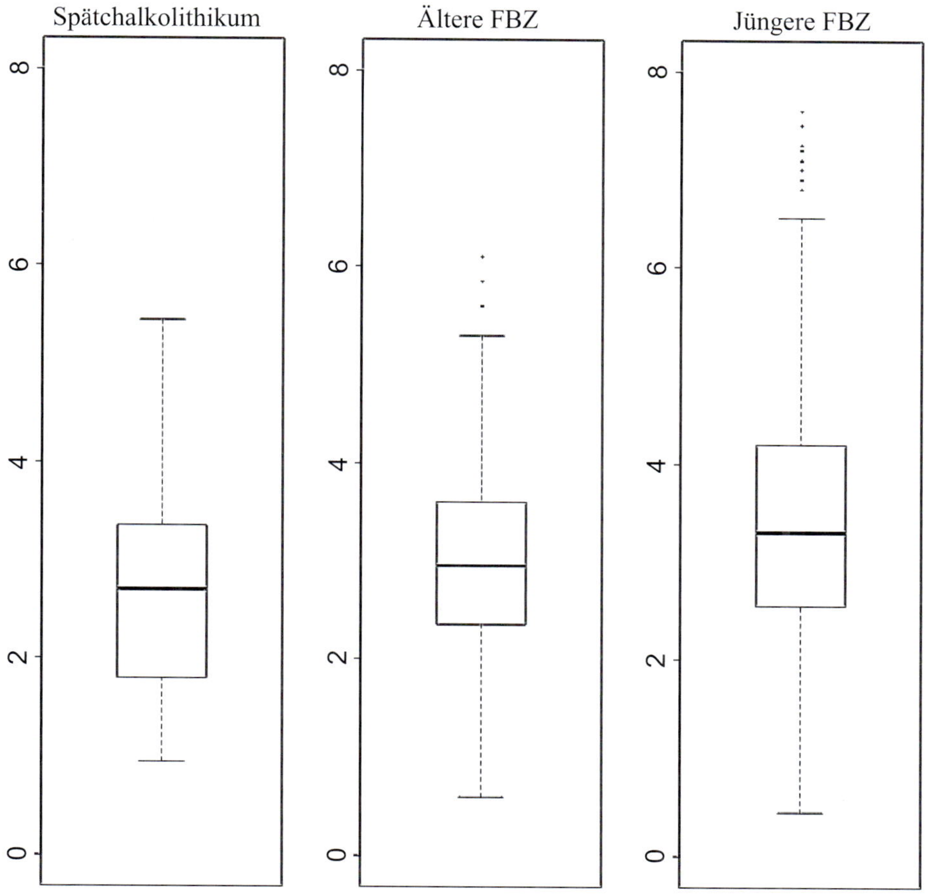

1. Länge vollständiger Abschläge aus Tell Chuera, aufgeschlüsselt nach chronostratigraphischen Gruppen (Skalierung in cm)

Interquartilsabstand (IQR): Bereich zwischen dem oberen Quartil und unterem Quartil in dem sich die mittleren 50 Prozent der Werte befinden

Median: Die kleinsten 50 Prozent der Daten sind kleiner oder genauso groß wie dieser Kennwert

Oberes Quartil: Die kleinsten 75 Prozent der Daten sind kleiner oder genauso groß wie dieser Kennwert

Spannweite: Wertbereich des Datensatzes

Unteres Quartil: Die kleinsten 25 Prozent der Daten sind kleiner oder genauso groß wie dieser Kennwert

„Whisker“ (Antennen): Die oberen und unteren Whisker stellen die Werte dar, die außerhalb der Box liegen. Länge der Whisker: max. 1,5 x IQR. Jenseits davon finden sich ggf. Ausreißer

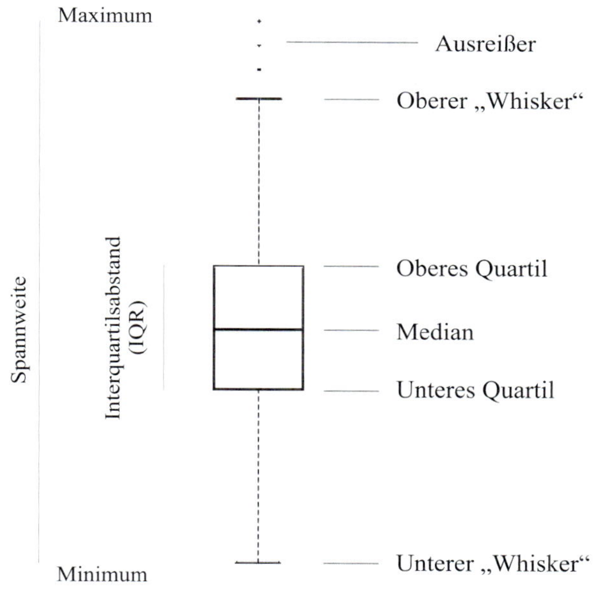

2. Legende: *Boxplot-Diagramm*

Abb. 3.31: 1. Länge vollständig erhaltener Abschläge (Grundform II) aus Tell Chuēra, aufgeschlüsselt nach chronostratigraphischen Gruppen; Darstellung der Daten durch vertikale Box-and-whisker Plots (Kastendiagramme), 2. Legende

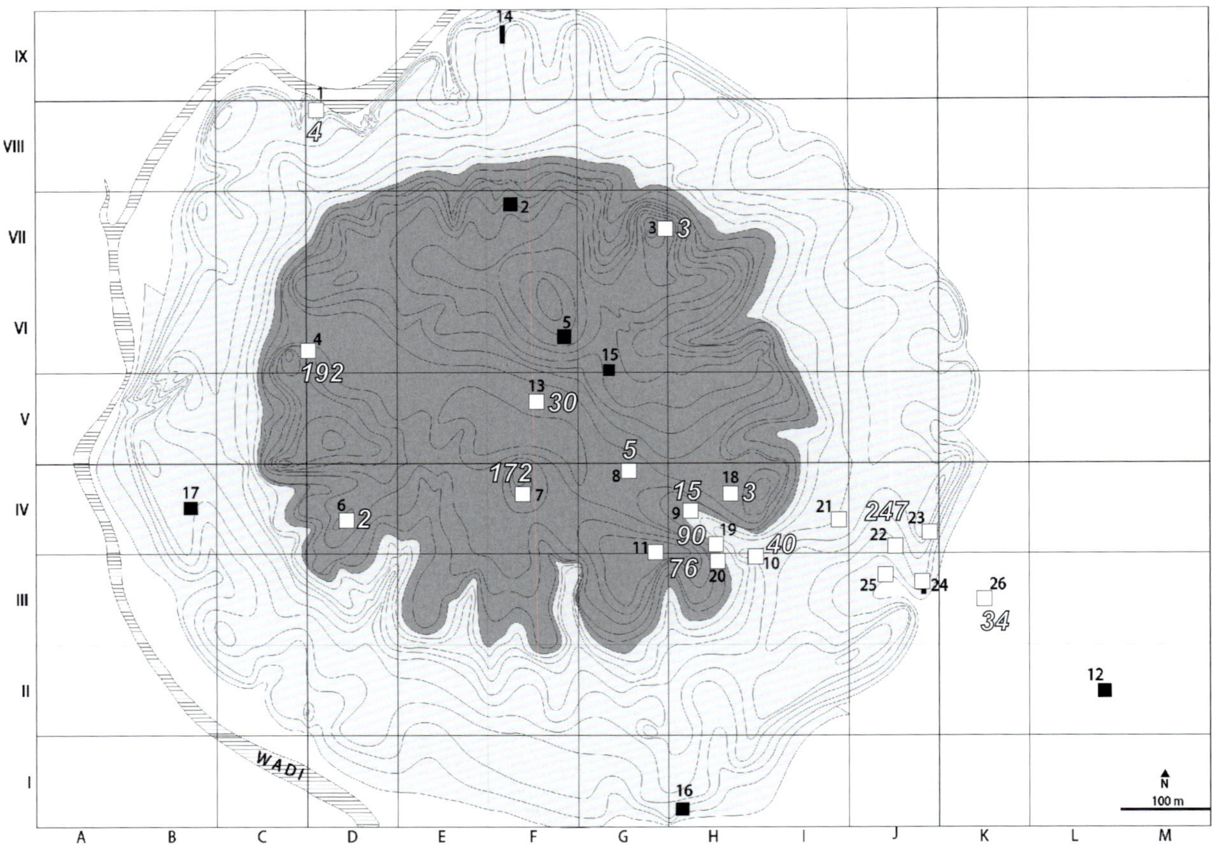

Tell Chuera: Grabungsbereiche

1. P (nordwestliche Unterstadt)
2. N (Nordtempel)
3. G (mittelassyrische Siedlung)
4. F (Palast)
5. M (Mittani-Bau)
6. E (Töpferviertel, Steinbau V)
7. K (Häuserviertel, Kleiner Antentempel)
8. A (Steinbau I)
9. B (Steinbau II)
10. D (Steinbau III)
11. H (Häuserviertel)
12. L (Außenbau)
13. S (Steinbau VI und Vorgängerbau)
14. P (Stadtmauerschnitt)
15. V (Mittani-Bau)
16. U (Stadtmauerschnitt)
17. Z (Stadtmauerschnitt)
18. T (Temenos-Bereich)
19. TMS, HMS (T-Mittelsenke, H-Mittelsenke)
20. H-Ost (Häuserviertel Ost)
21. W-1, W-2 (südöstliche Unterstadt)
22. W-3, W-5 (südöstliche Unterstadt)
23. W-4 (Stadtmauer)
24. W-6 (Stadtmauer)
25. W-7 (südöstliche Unterstadt)
26. ASA (Außenstadt A)

Nicht eingezeichnet: J, R und Q

Abb. 3.32: Verteilung der Grundformen der Abschlagproduktion in Tell Chuēra

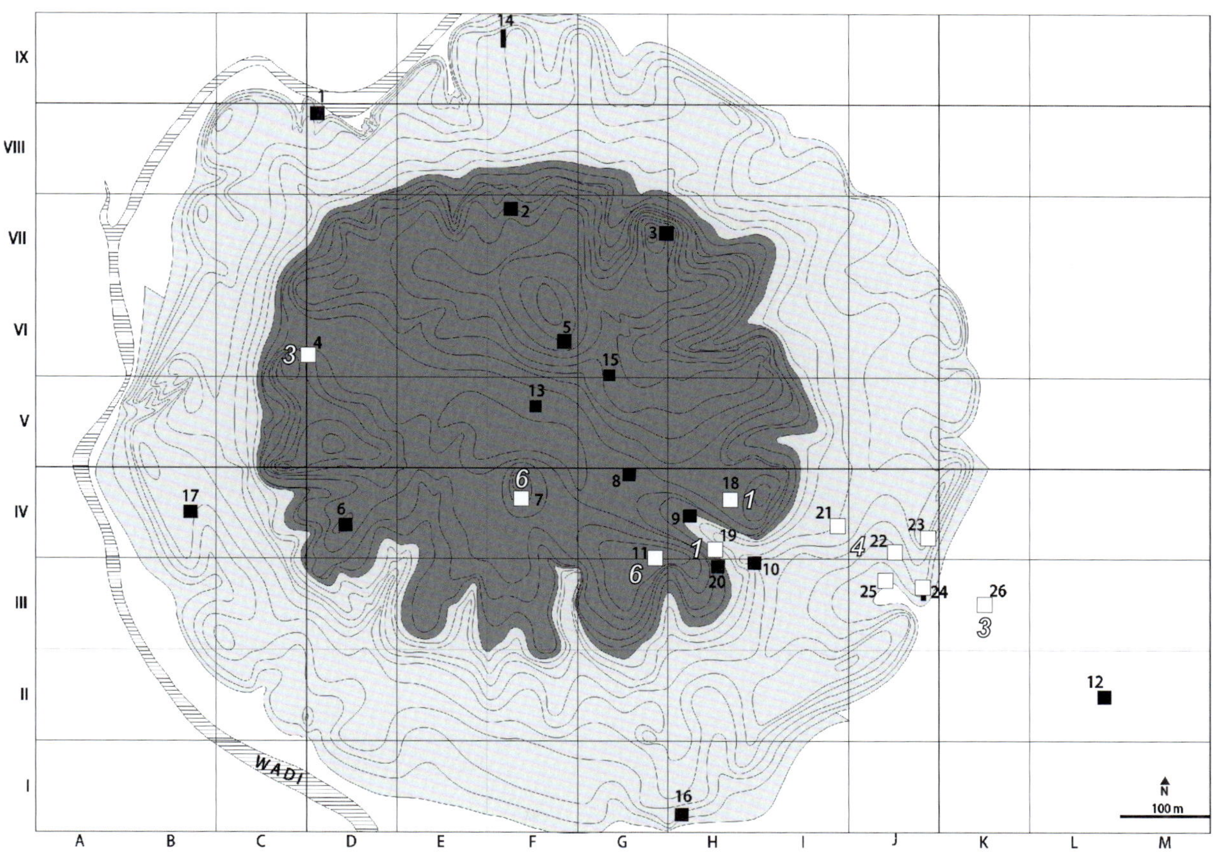

Tell Chuera: Grabungsbereiche

1. P (nordwestliche Unterstadt)
2. N (Nordtempel)
3. G (mittelassyrische Siedlung)
4. F (Palast)
5. M (Mittani-Bau)
6. E (Töpferviertel, Steinbau V)
7. K (Häuserviertel, Kleiner Antentempel)
8. A (Steinbau I)
9. B (Steinbau II)
10. D (Steinbau III)
11. H (Häuserviertel)
12. L (Außenbau)
13. S (Steinbau VI und Vorgängerbau)
14. P (Stadtmauerschnitt)
15. V (Mittani-Bau)
16. U (Stadtmauerschnitt)
17. Z (Stadtmauerschnitt)
18. T (Temenos-Bereich)
19. TMS, HMS (T-Mittelsenke, H-Mittelsenke)
20. H-Ost (Häuserviertel Ost)
21. W-1, W-2 (südöstliche Unterstadt)
22. W-3, W-5 (südöstliche Unterstadt)
23. W-4 (Stadtmauer)
24. W-6 (Stadtmauer)
25. W-7 (südöstliche Unterstadt)
26. ASA (Außenstadt A)

Nicht eingezeichnet: J, R und Q

Abb. 3.33: Verteilung der Hammersteine

1. Großes Gebäude (Haus 5) mit Töpferwerkstatt im Grabungsbereich W-3

2. Partiell freigelegte Hoffläche mit Becken (TCH W 1066) und Brunnen (TCH W 1103)

Abb. 3.34: 1. Gebäude mit Töpferwerkstatt (Haus 5) im Bereich W-3, 2. Detailaufnahme der Hoffläche von Haus 5

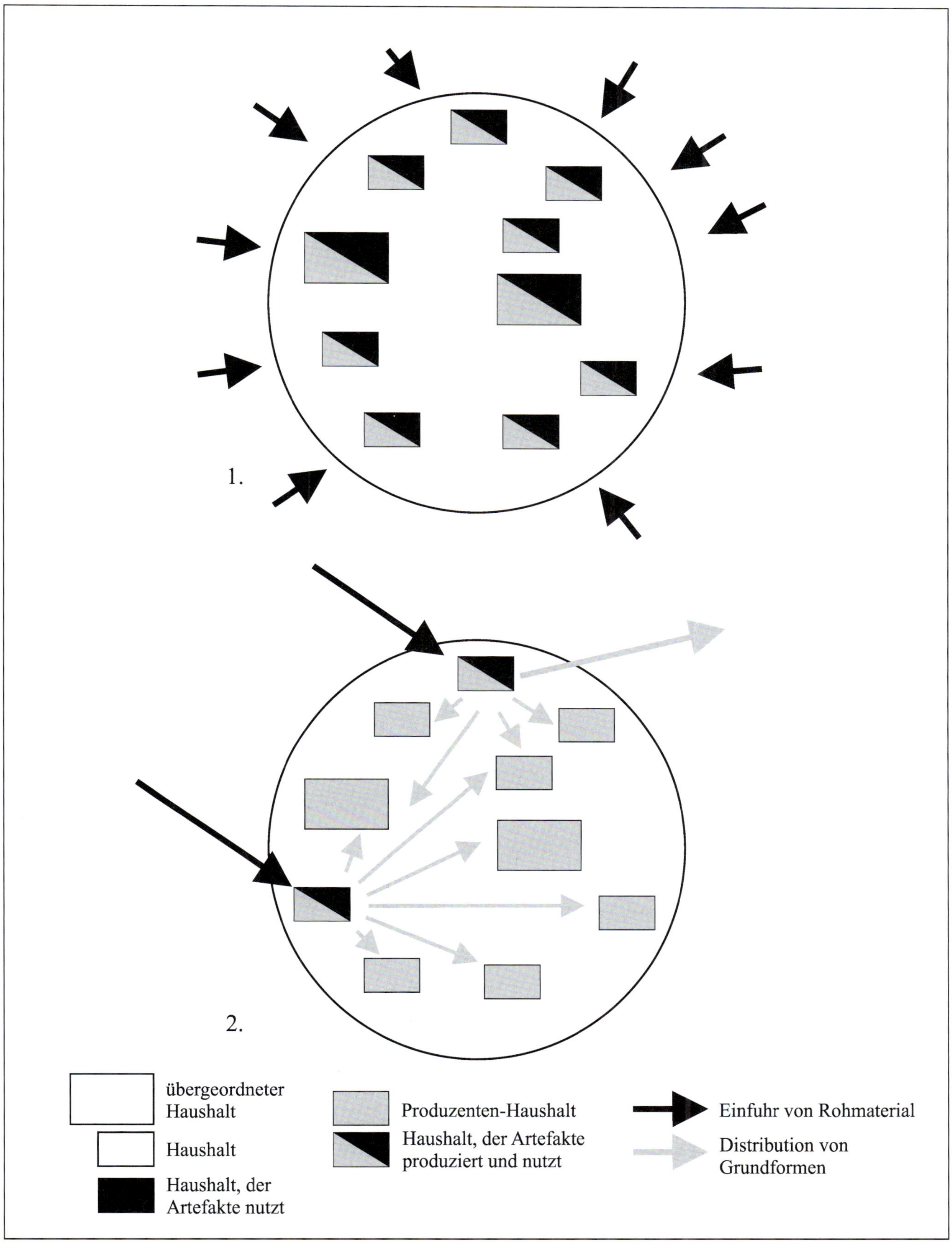

Abb. 3.35: 1. Organisation der Abschlagproduktion in Tell Chuēra, 2. Organisation der

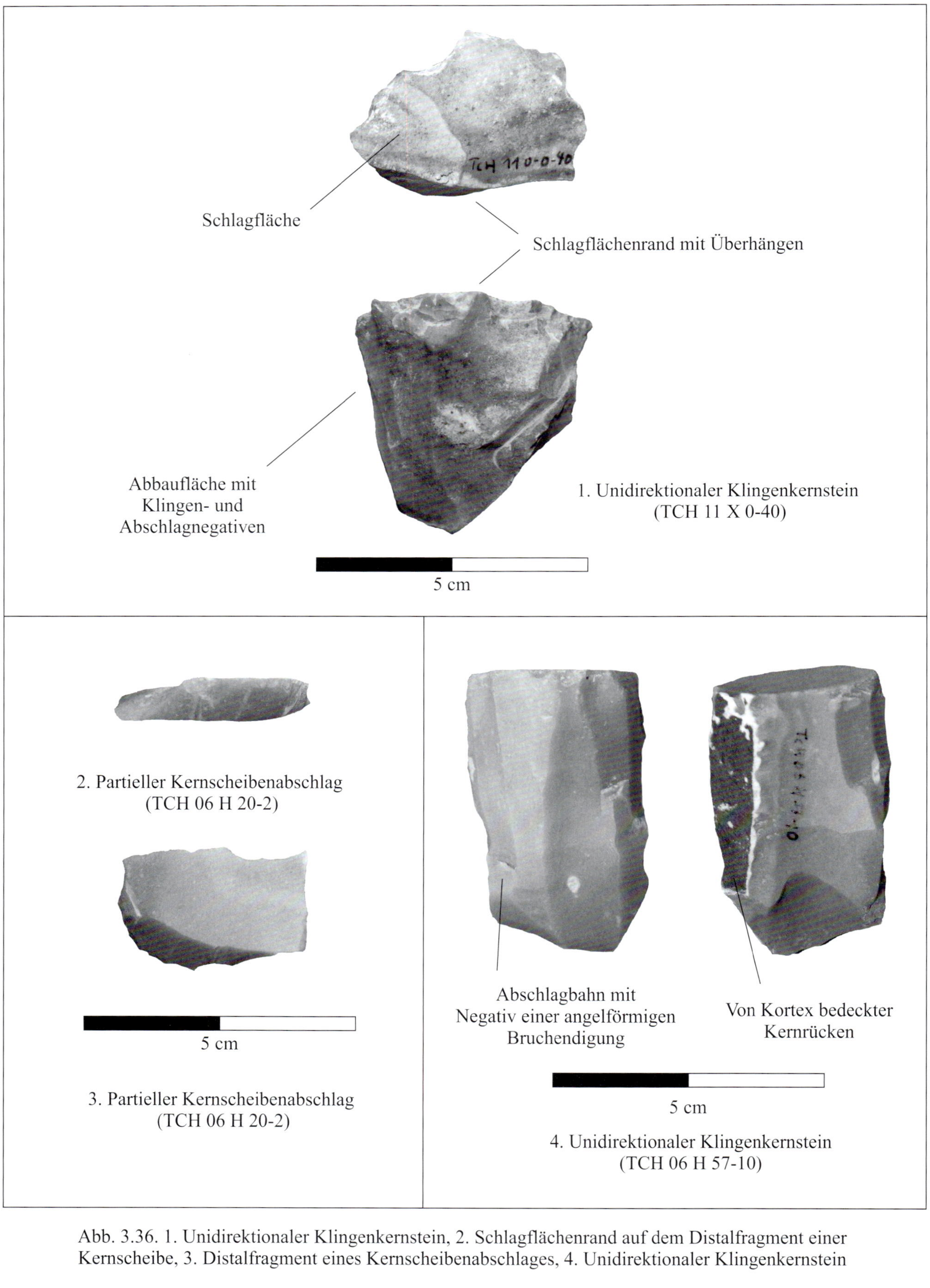

Abb. 3.36. 1. Unidirektionaler Klingenkernstein, 2. Schlagflächenrand auf dem Distalfragment einer Kernscheibe, 3. Distalfragment eines Kernscheibenabschlages, 4. Unidirektionaler Klingenkernstein

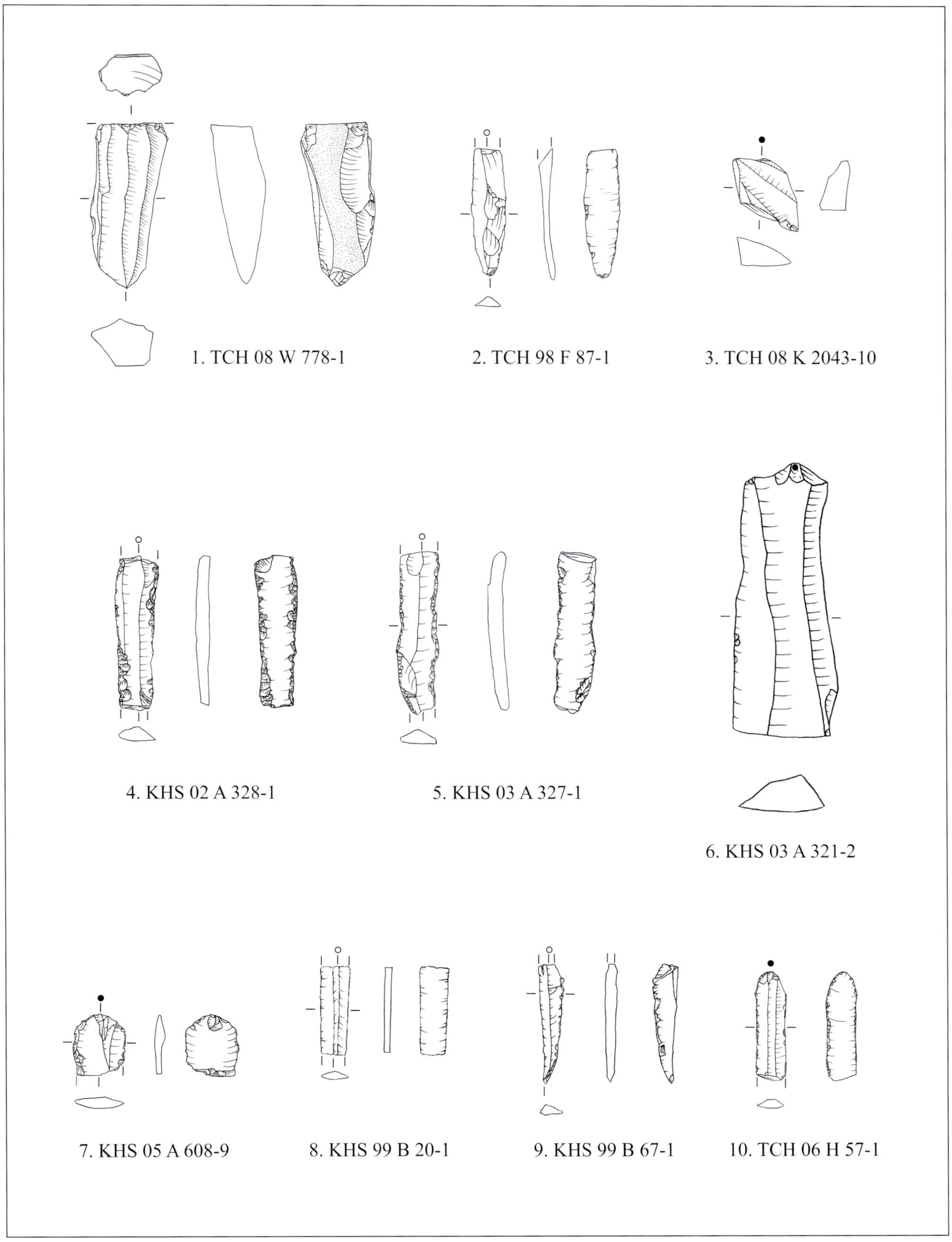

Abb. 3.37: Grundformen der Klingenproduktion aus Tell Chuēra und Kharab Sayyar, M 1:2

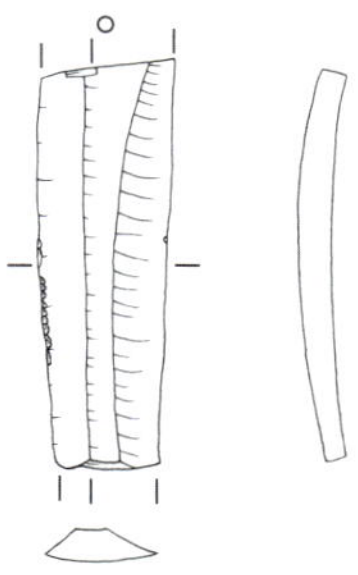

1. TCH 07 H 96-1

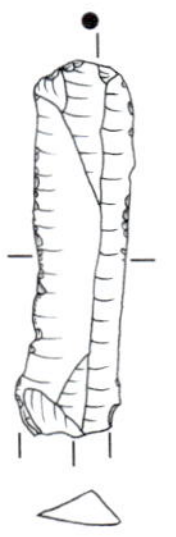

2. TCH 01 K 203-2

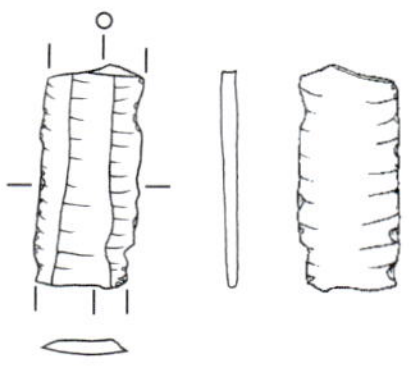

3. TCH 03 K 717-1

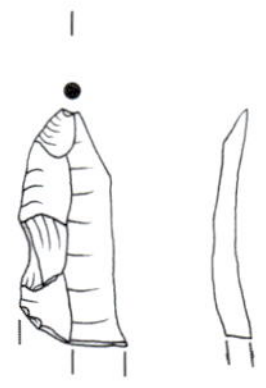

4. TCH 05 K 569-1

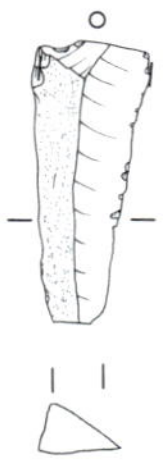

5. TCH 07 K 1084-9

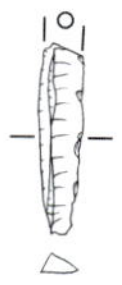

6. TCH 07 K 1088-2

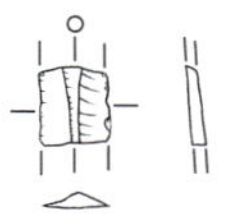

7. TCH 06 W 120-2

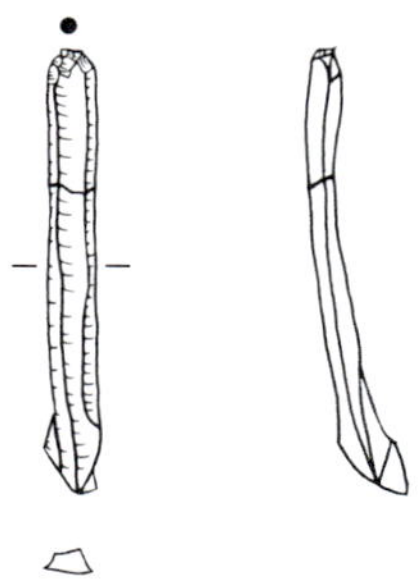

8. TCH 10 F 10001-3

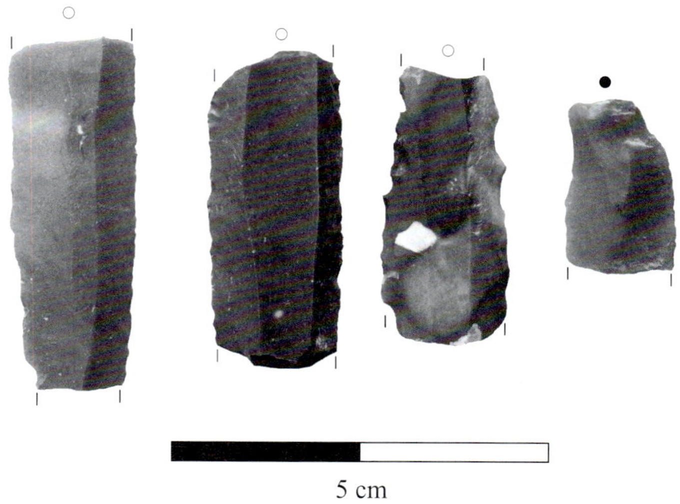

9. Kollektion einfacher Klingensegmente aus Tell Chuēra

Abb. 3.38: 1-8. Grundformen der Klingenproduktion aus Tell Chuēra und Kharab Sayyar, M 1:2,
9. Kollektion einfacher Klingensegmente aus Tell Chuēra

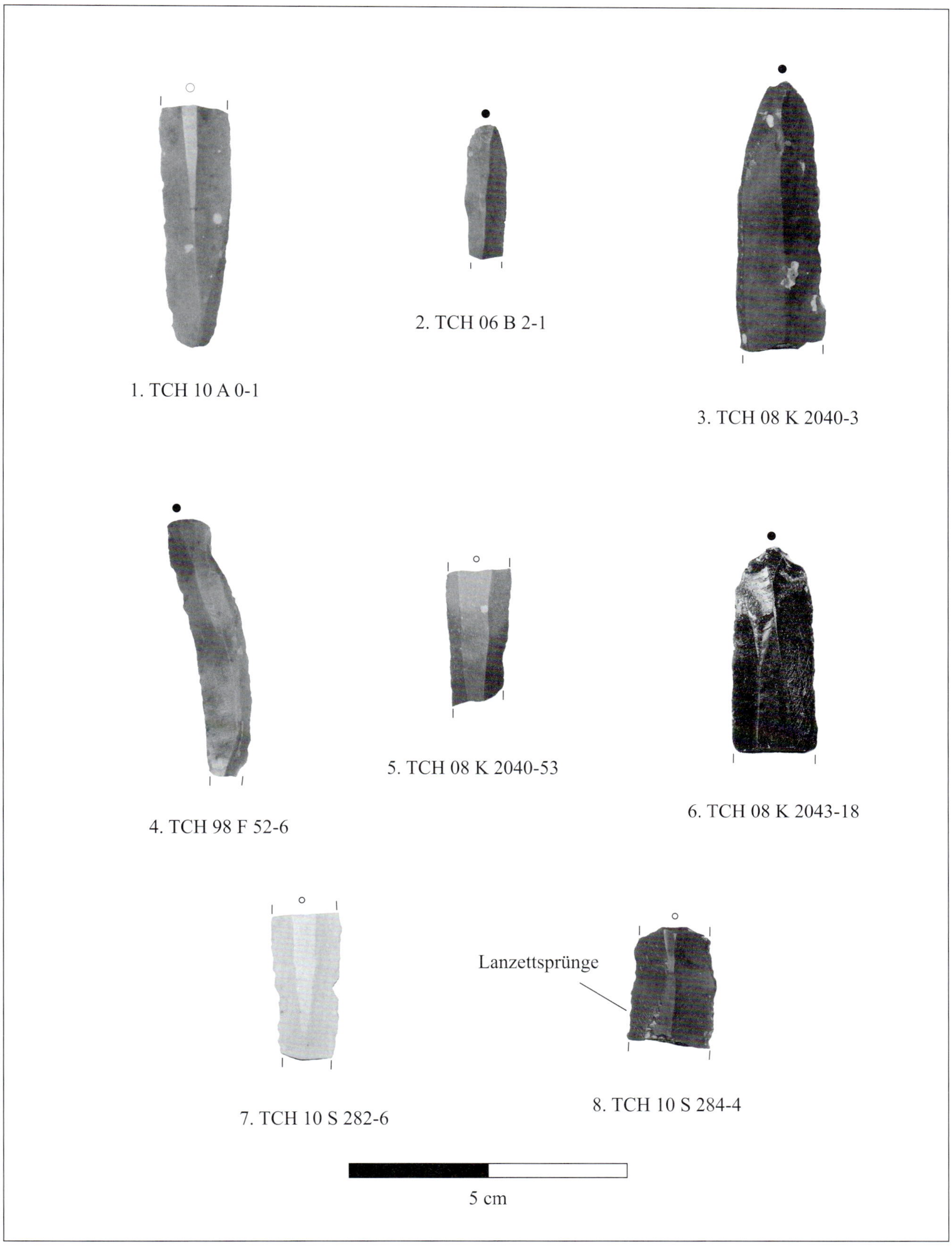

Abb. 3.39: Grundformen der Klingenproduktion aus Tell Chuēra

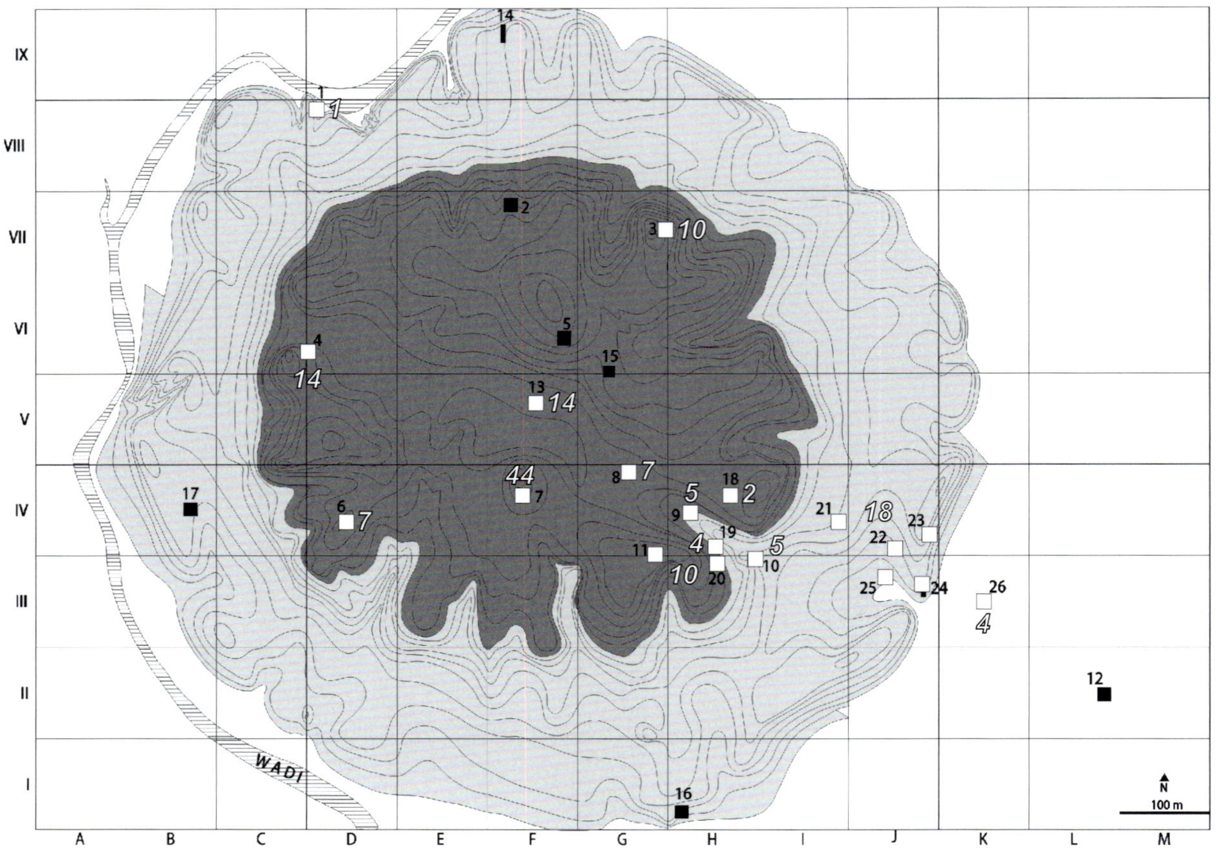

Tell Chuera: Grabungsbereiche

1. P (nordwestliche Unterstadt)
2. N (Nordtempel)
3. G (mittelassyrische Siedlung)
4. F (Palast)
5. M (Mittani-Bau)
6. E (Töpferviertel, Steinbau V)
7. K (Häuserviertel, Kleiner Antentempel)
8. A (Steinbau I)
9. B (Steinbau II)
10. D (Steinbau III)
11. H (Häuserviertel)
12. L (Außenbau)
13. S (Steinbau VI und Vorgängerbau)
14. P (Stadtmauerschnitt)
15. V (Mittani-Bau)
16. U (Stadtmauerschnitt)
17. Z (Stadtmauerschnitt)
18. T (Temenos-Bereich)
19. TMS, HMS (T-Mittelsenke, H-Mittelsenke)
20. H-Ost (Häuserviertel Ost)
21. W-1, W-2 (südöstliche Unterstadt)
22. W-3, W-5 (südöstliche Unterstadt)
23. W-4 (Stadtmauer)
24. W-6 (Stadtmauer)
25. W-7 (südöstliche Unterstadt)
26. ASA (Außenstadt A)

Nicht eingezeichnet: J, R und Q

Abb. 3.40: Verteilung der Grundformen der Klingenproduktion in Tell Chuēra

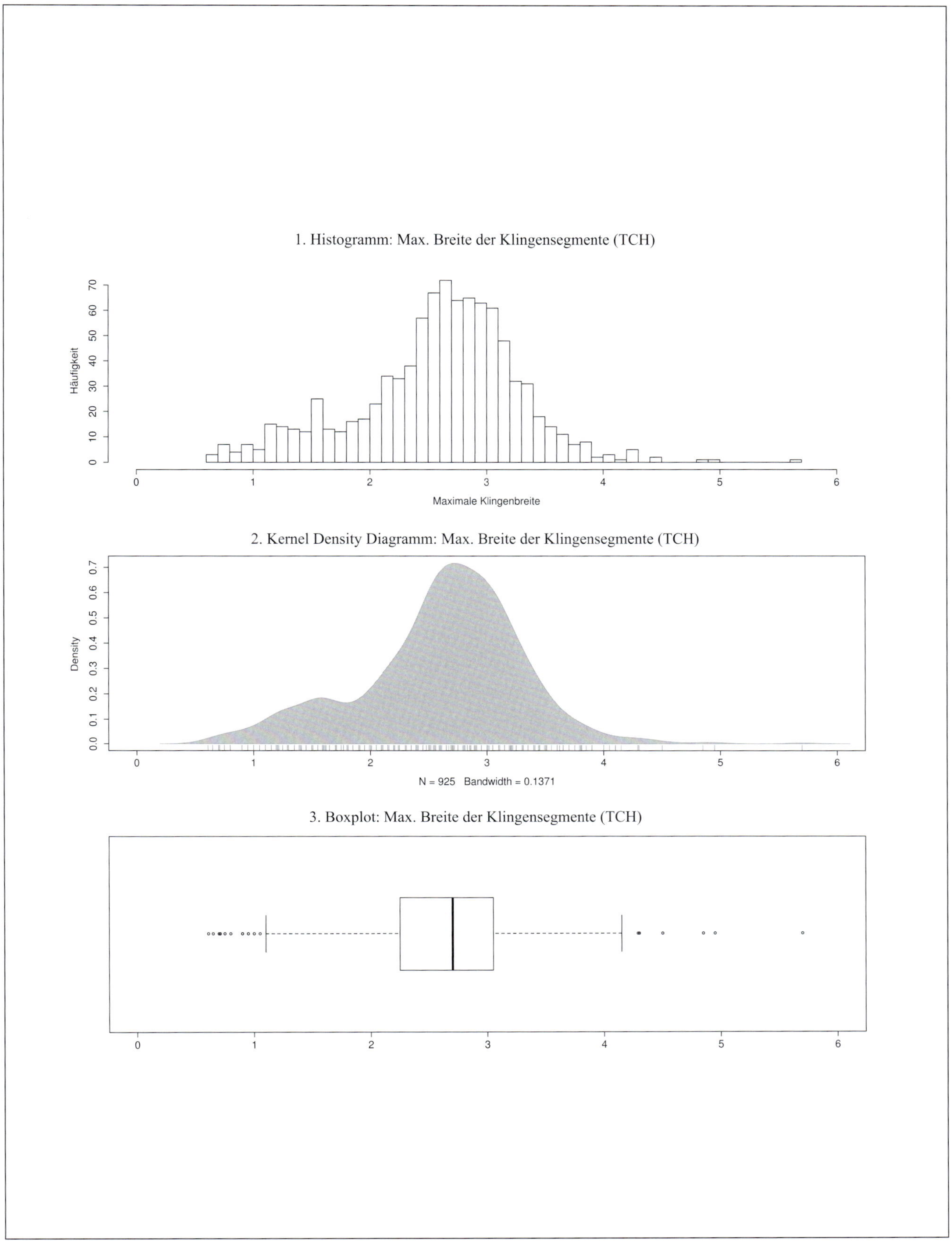

Abb. 3.41: Max. Breite der Klingensegmente aus Tell Chuēra: 1. Histogramm, 2. Kernel Density Diagramm, 3. Box-and-whisker Diagramm

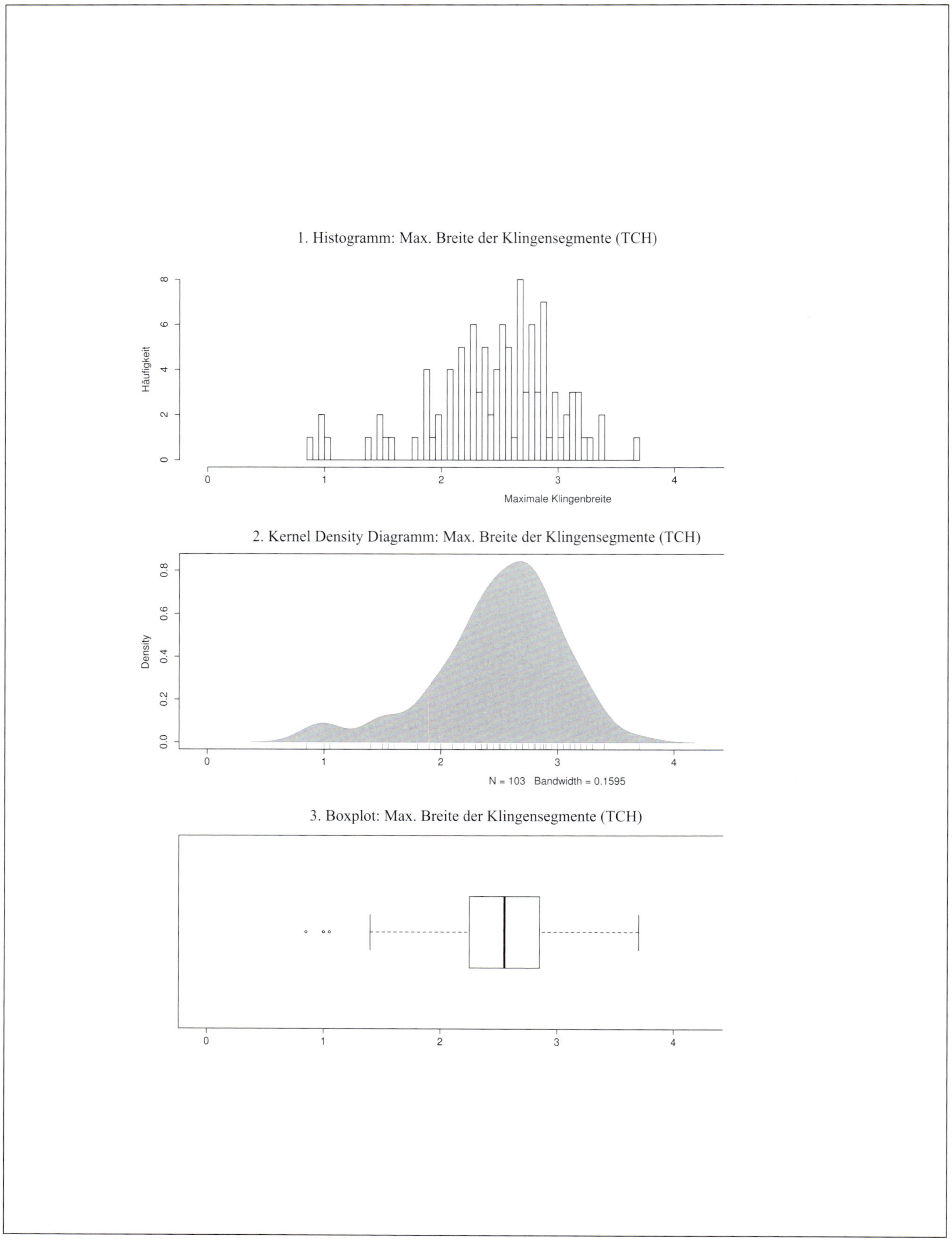

Abb. 3.42: Max. Breite der Klingensegmente aus Kharab Sayyar: 1. Histogramm, 2. Kernel Density Diagramm, 3. Box-and-whisker Diagramm

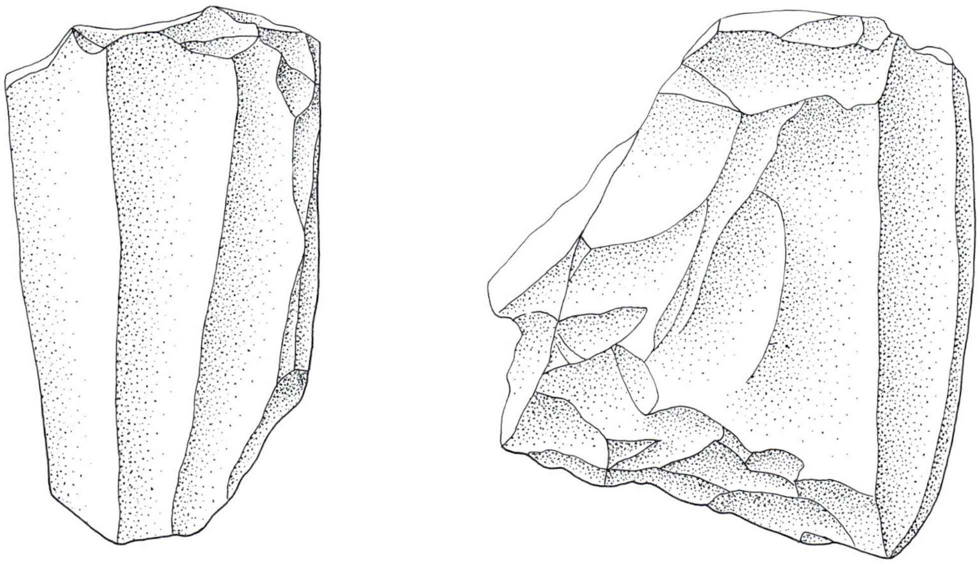

1. TCH 83 P 66-1

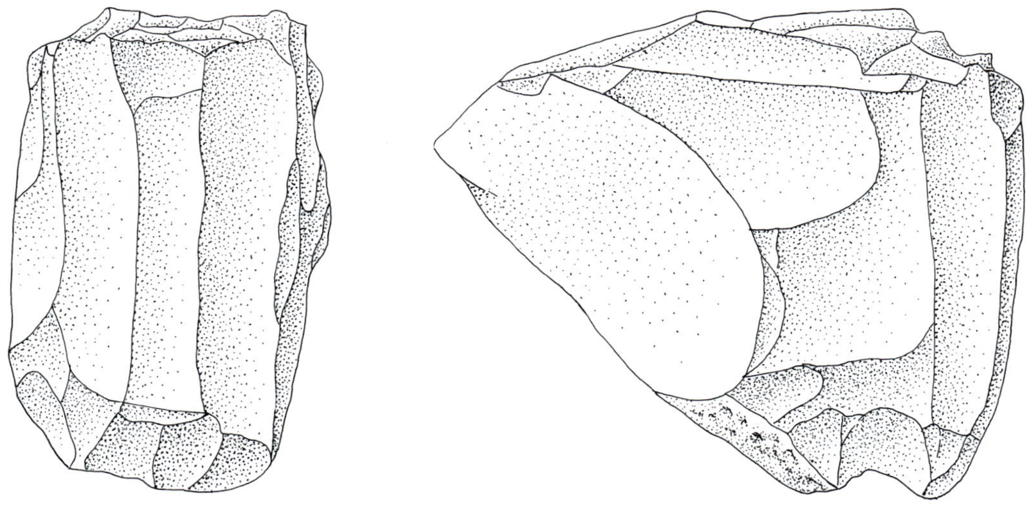

2. TCH 83 P 66-2

Abb. 3.43: Großklingenkernsteine aus dem Bereich P, M 1:2

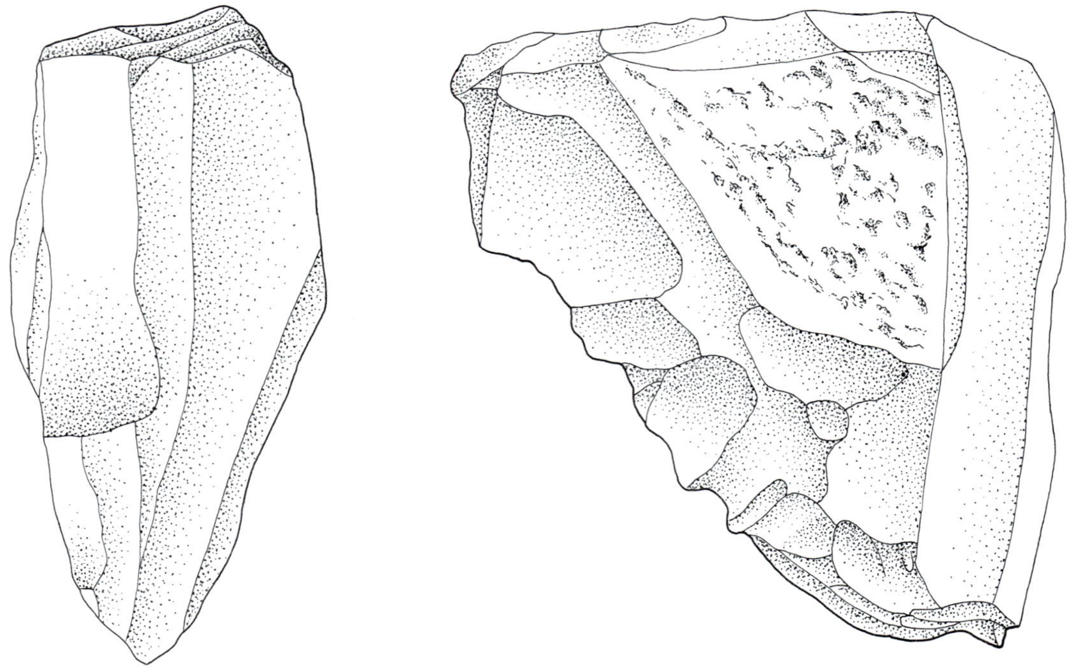

1. TCH 83 P 66-3

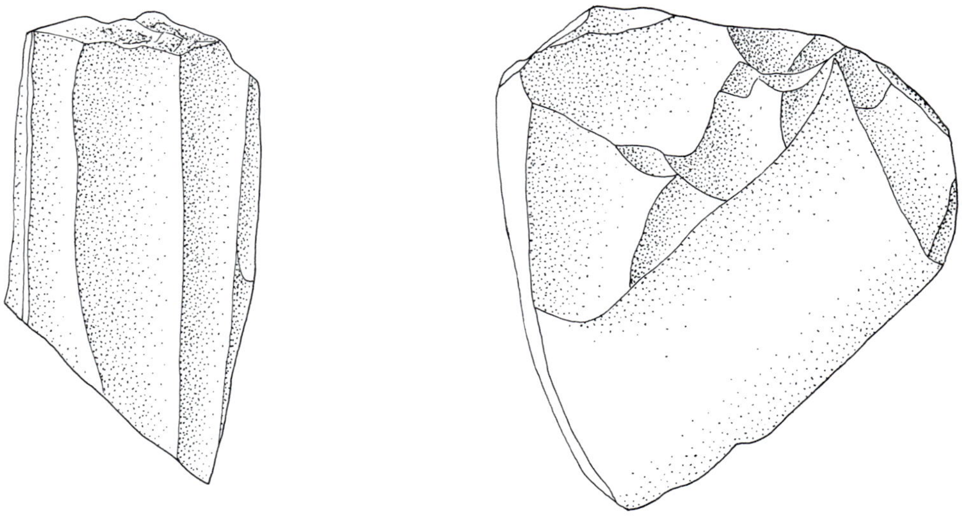

2. TCH 83 P 66-4

Abb. 3.44: Großklingenkernsteine aus dem Bereich P, M 1:2

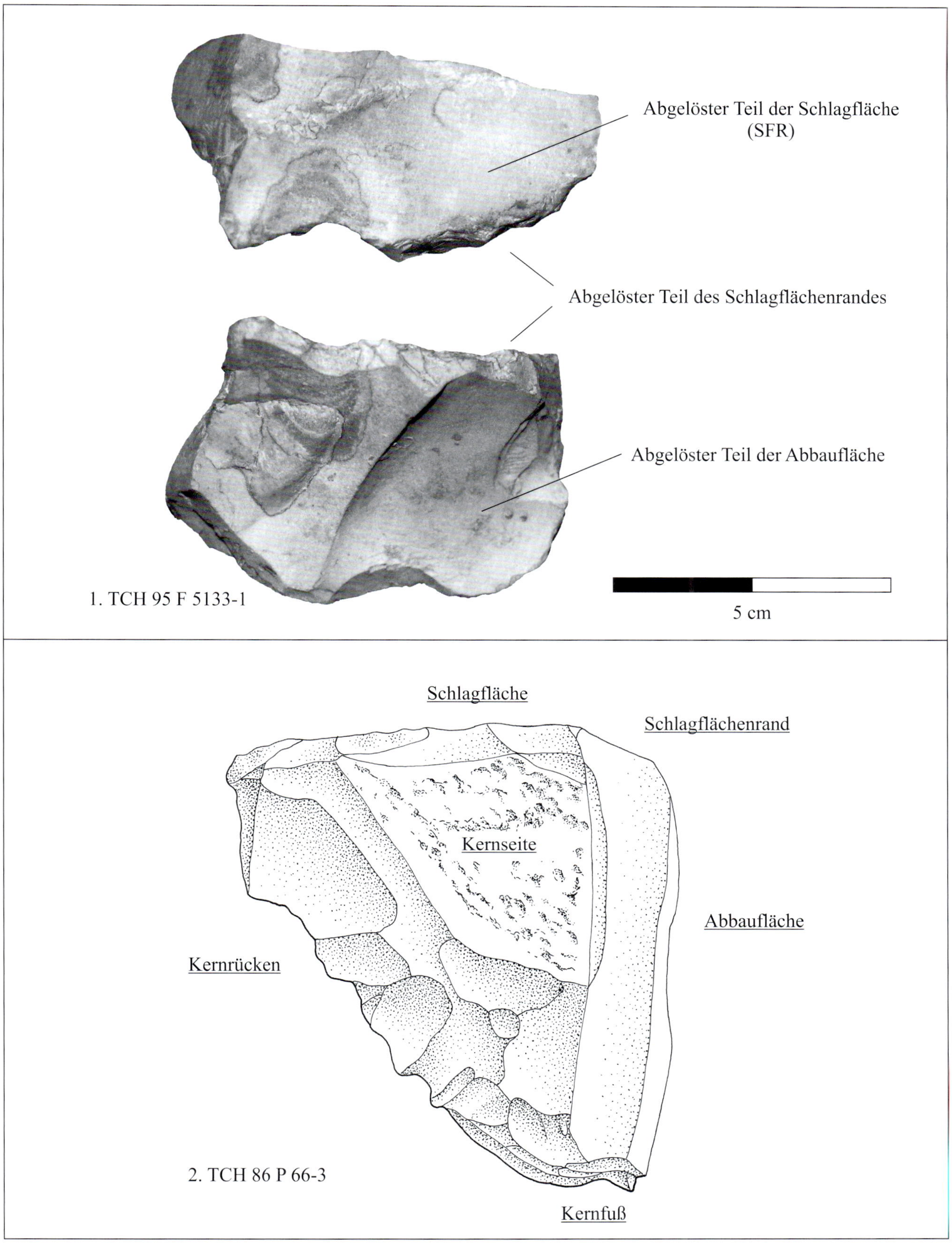

Abb. 3.45: 1. Kernflankenabschlag eines Großklingenkerns; Dorsalfläche und Schlagflächenrest, 2. Großklingenkernstein (TCH 83 P 66-3) mit Bezeichnung der einzelnen Kernpartien, M 1:2 (durch K. Engemann neu umgezeichnete Altzeichnung)

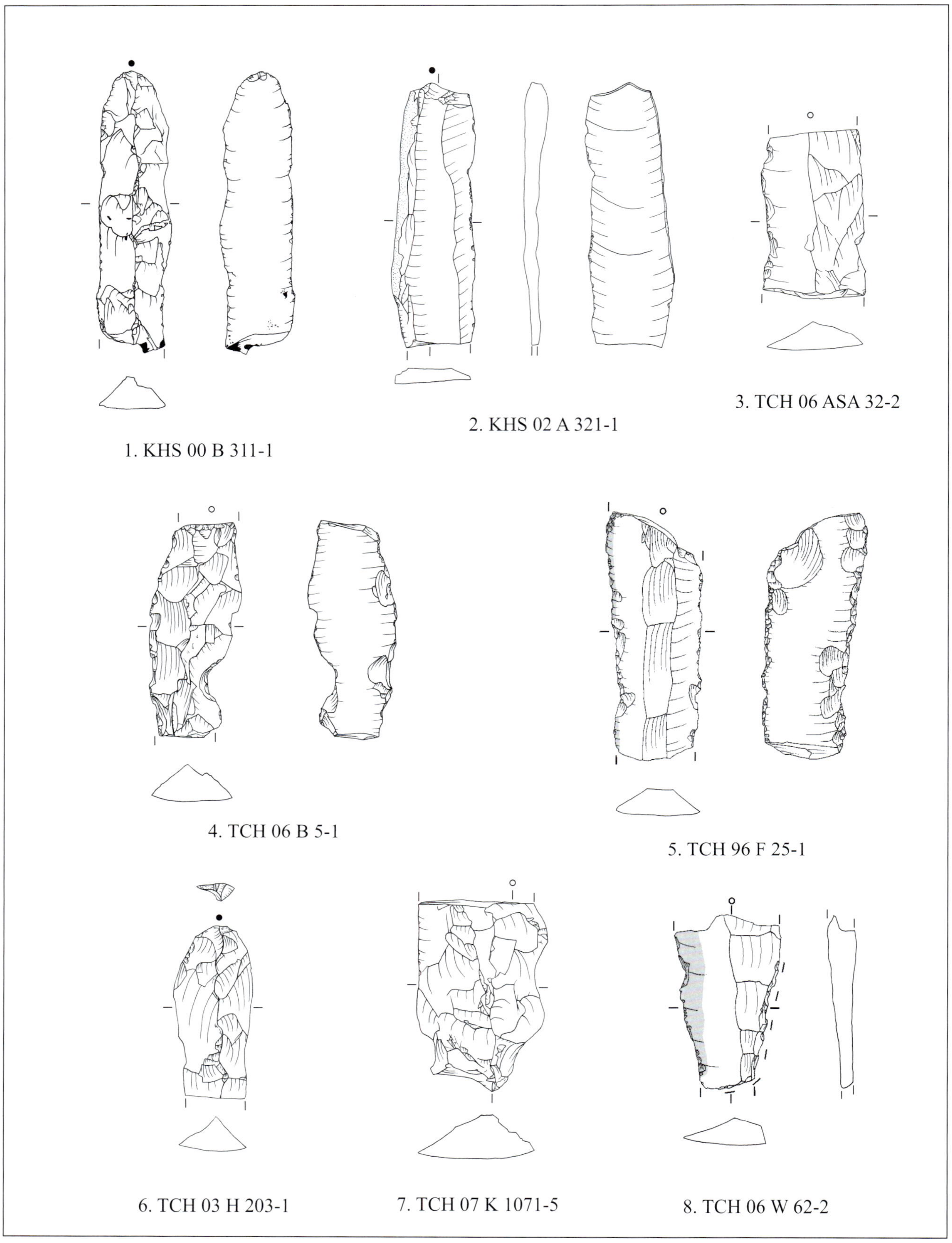

Abb. 3.46: Primäre und sekundäre Kernkantenklingen der Großklingenproduktion aus Tell Chuēra und Kharab Sayyar, M 1:2

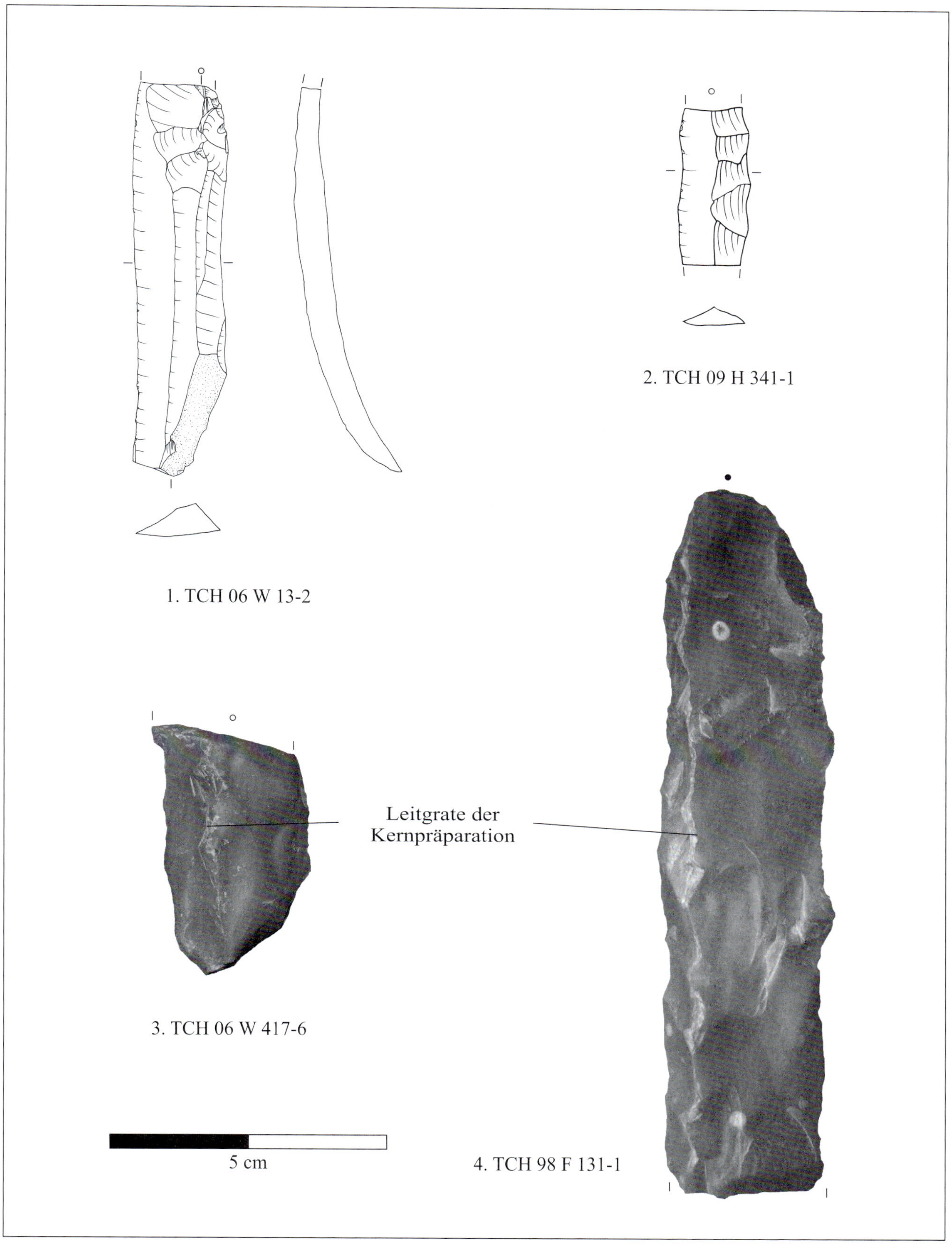

Abb. 3.47: 1-2: Sekundäre Kernkantenklingen der Großklingenproduktion aus Tell Chuēra, M 1:2,
3-4: Primäre Kernkantenklingen der Großklingenproduktion aus Tell Chuēra

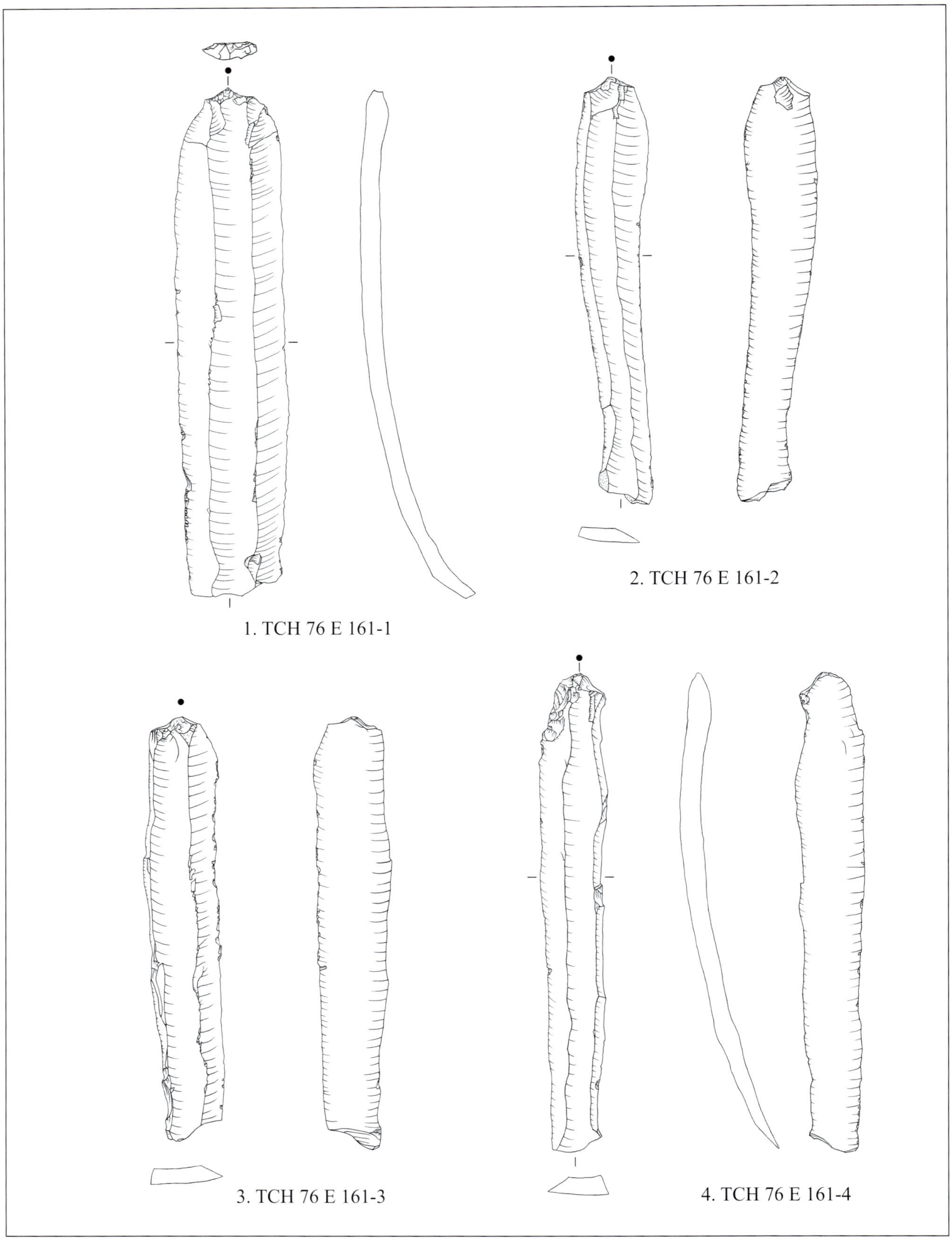

Abb. 3.48. Depotfund aus dem Bereich E; regelmäßige Großklinge und Randklingen der Großklingenproduktion, M 1:2

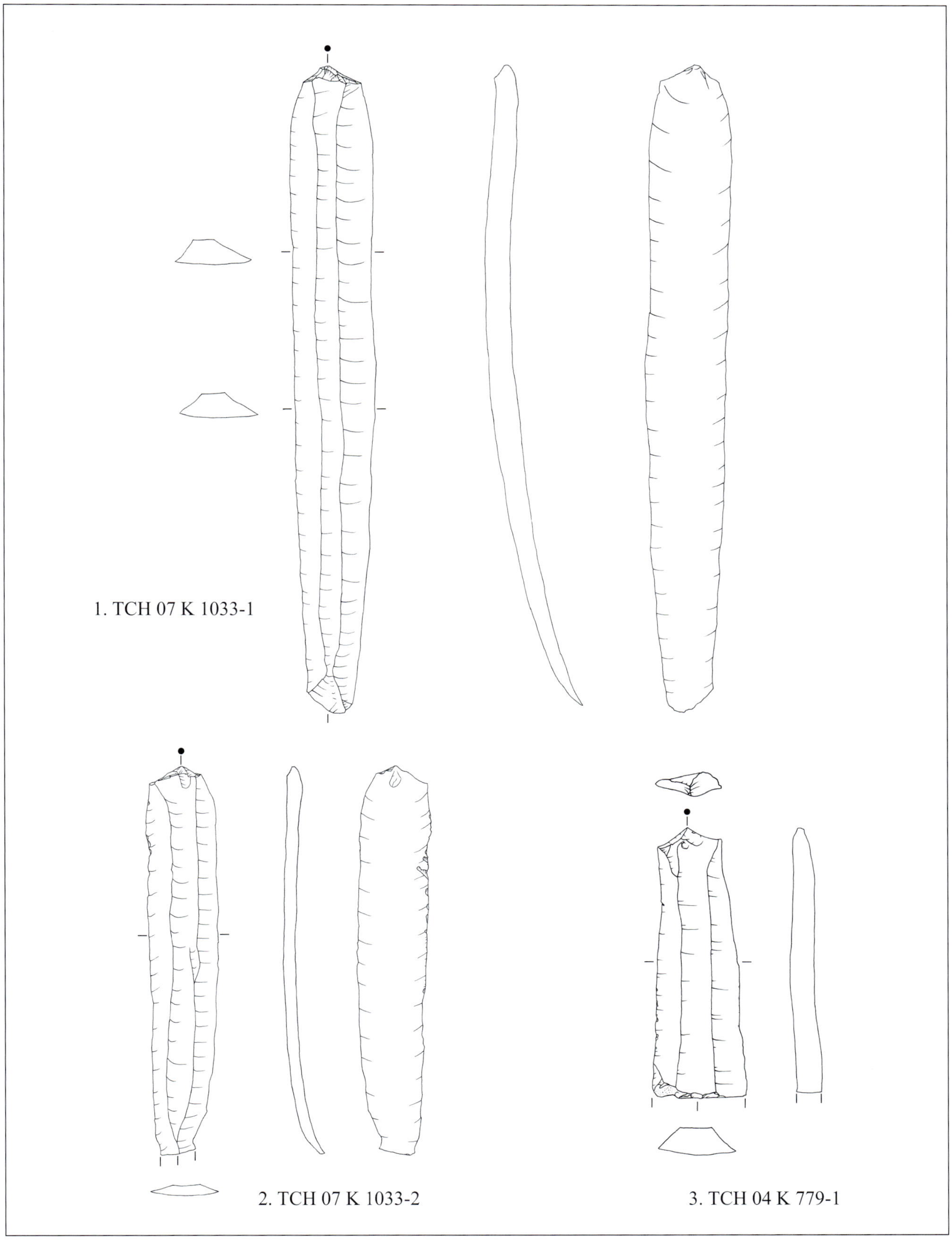

Abb. 3.49: Großklingen aus Tell Chuēra, M 1:2

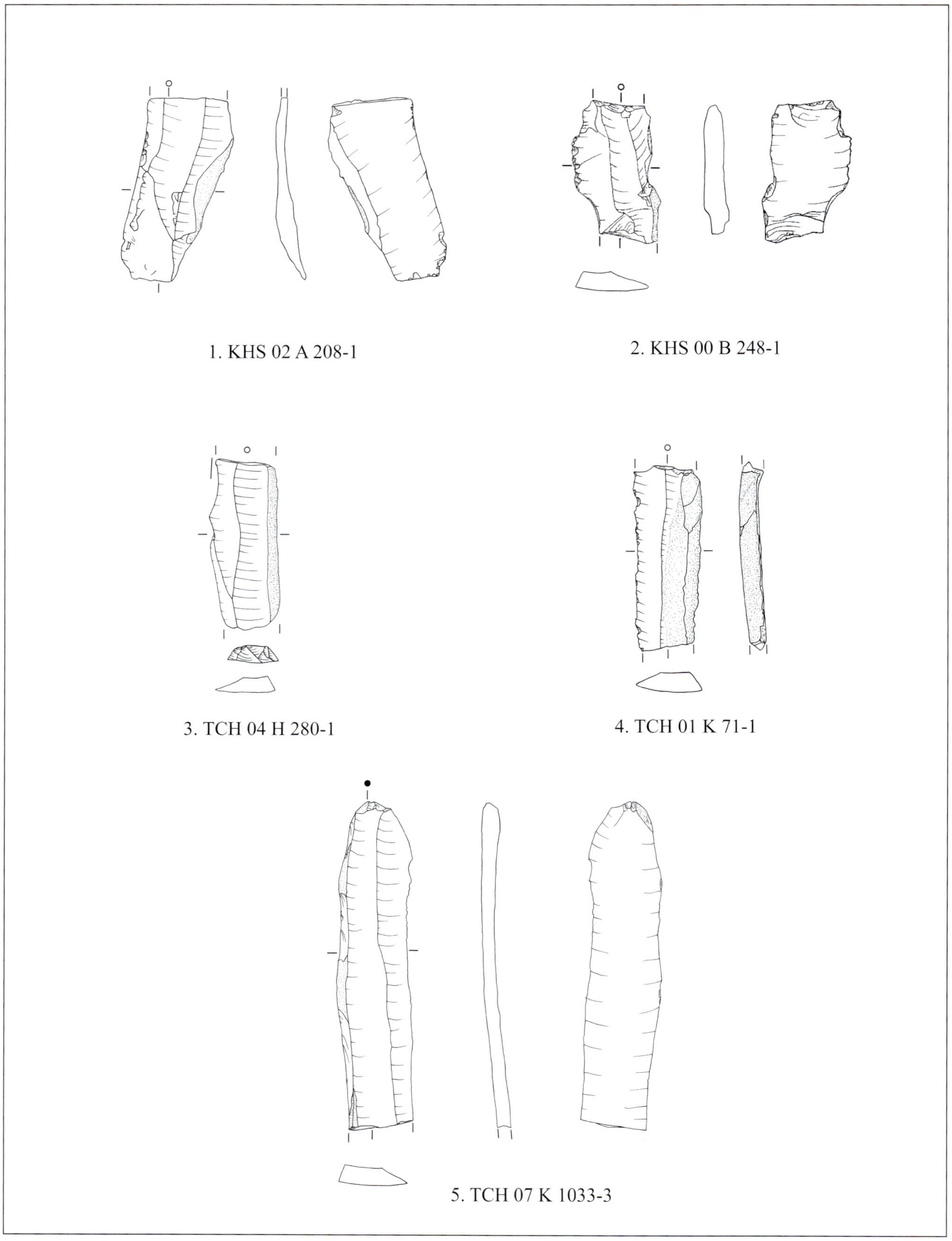

Abb. 3.50: Randklingen der Großklingenproduktion aus Chuēra und Kharab Sayyar, M 1:2

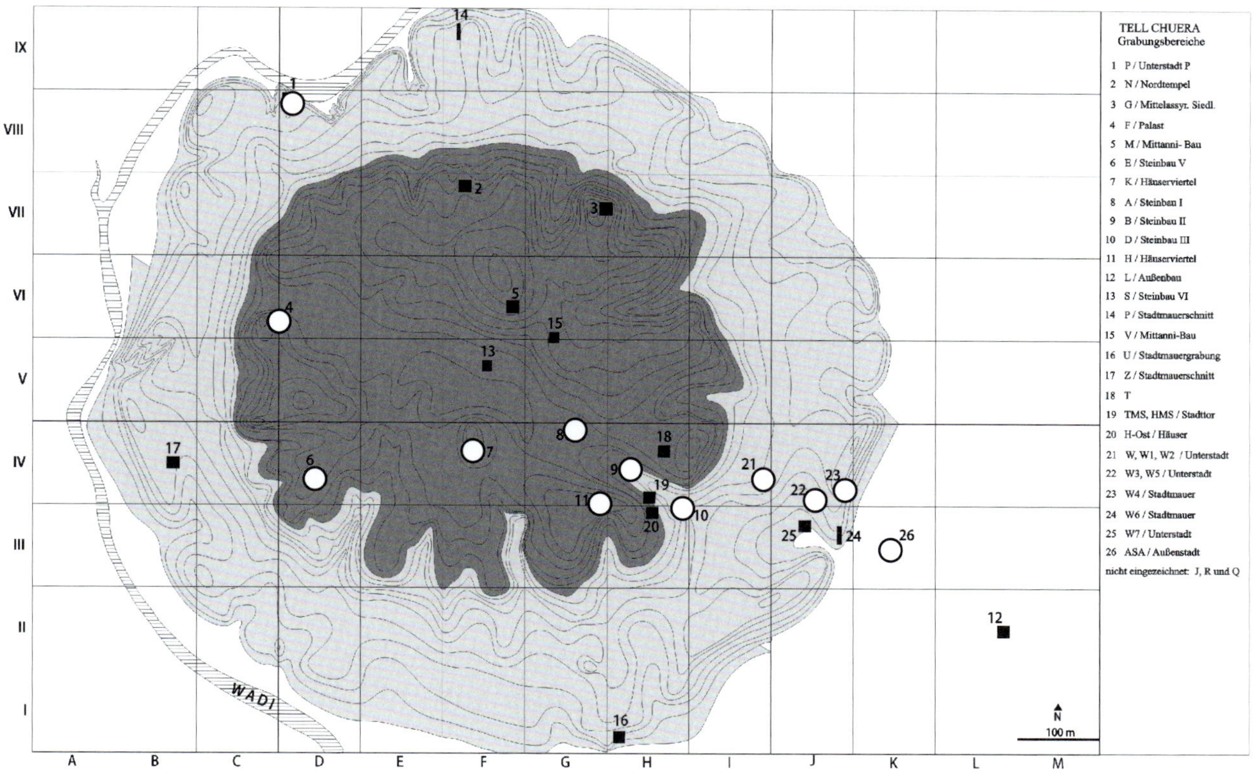

1. Grabungsbereiche in Tell Chuera, die Funde von Kernkantenklingen der Großklingenproduktion erbrachten (weiße Kreise)

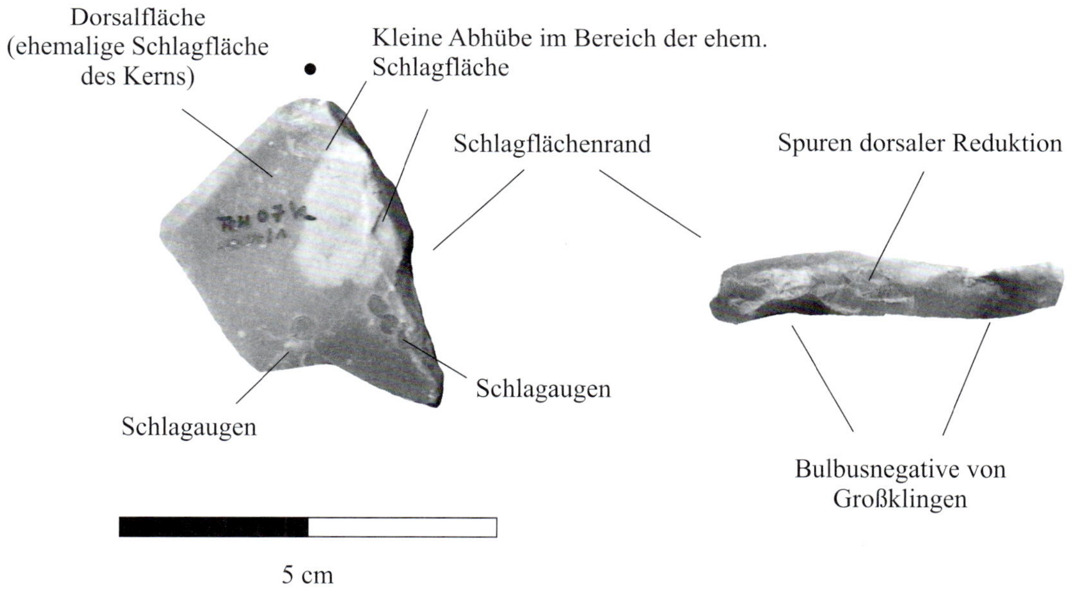

2. Kernscheibenabschlag (TCH 07 K 1074-1); links: Dorsalfläche mit Bezeichnung einiger Schlagmerkmale; rechts: rechte Lateralseite mit Schlagflächenrest

Abb. 3.51: 1. Fundstellen von Kernkantenklingen der Großklingenproduktion in Tell Chuēra, 2. Kernscheibenabschlag

1. Meißelartiges Gerät aus Kupfer

2. TCH 07 K 1033-1

Abb. 3.52. 1. Meißelartiges Gerät aus Kupfer (FundNummer TCH 07 K 12, Strichzeichnung: M 1:1), 2. Vollständig erhaltene Großklinge

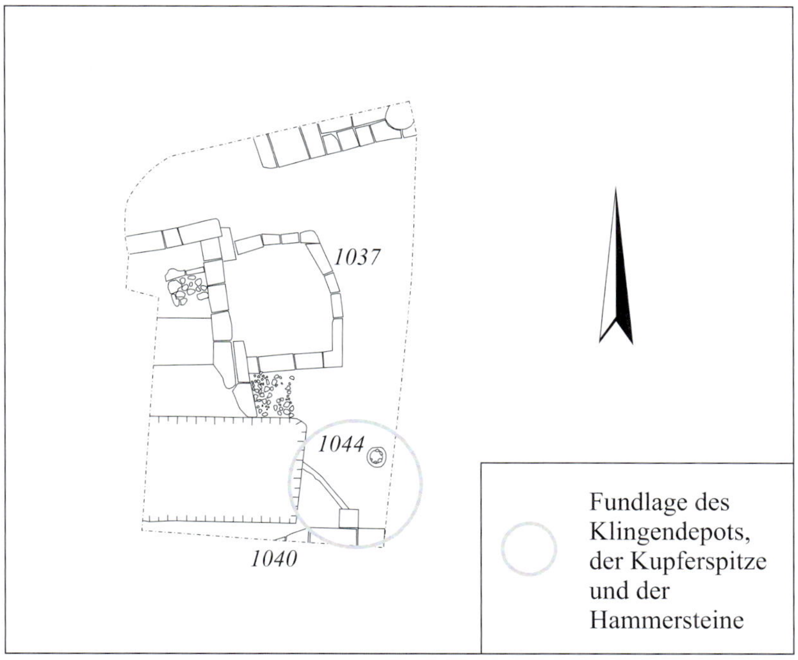

1. Möglicher Werkstattbefund im Bereich K, Bauphase 31 b. Fundlage des Klingendepots (TCH 07 K 1033-1 bis -3), der Kupferspitze (FundNr. TCH 07 K 12) und der Hammersteine (TCH 07 K 1037-18 und -19), M 1:100

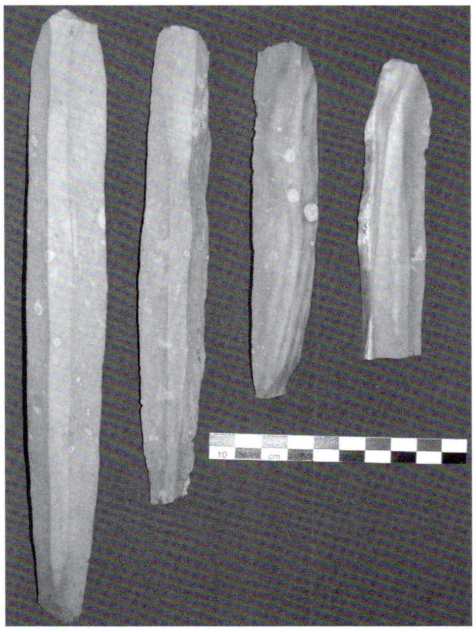

2. Klingenfunde der Bauphase 31 b

3. Hammerstein von der Bgfl. der Bauphase 31 b

Abb. 3.53: 1. Plan der Bauphase 31 b, Bereich K, 2. Unbearbeitete Großklingen (von links nach rechts: TCH 07 K 1033-1, TCH 07 K 1037-16, TCH 07 K 1033-2 und -3), 3. Hammerstein (TCH 07 K 1037-19)

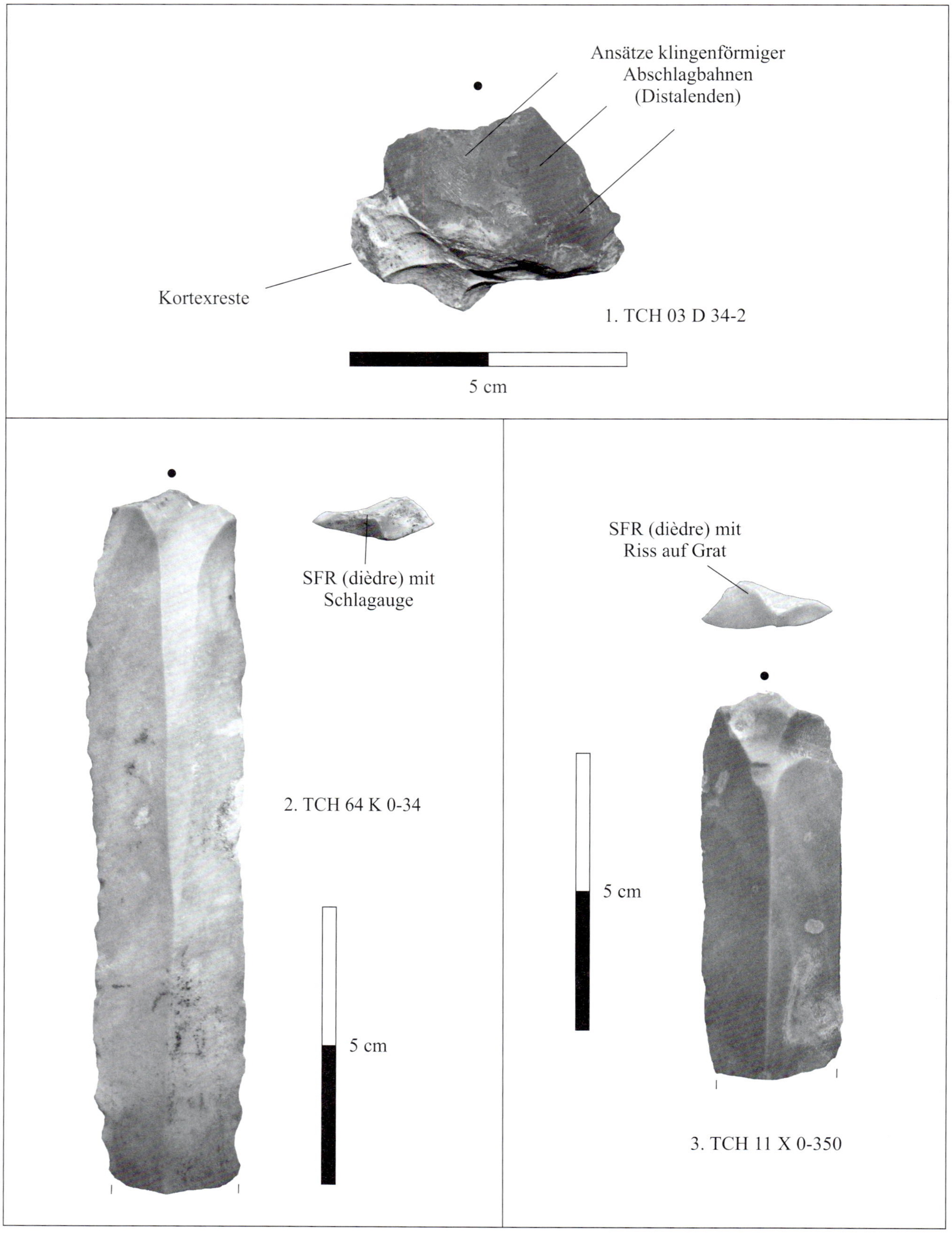

Abb. 3.54: 1. Kernfußbschlag, 2. Proximalfragment einer regelmäßigen Großklinge mit Ansicht des Schlagflächenrestes, 3. Proximalfragment einer regelmäßigen Großklinge mit Ansicht des Schlagflächenrestes

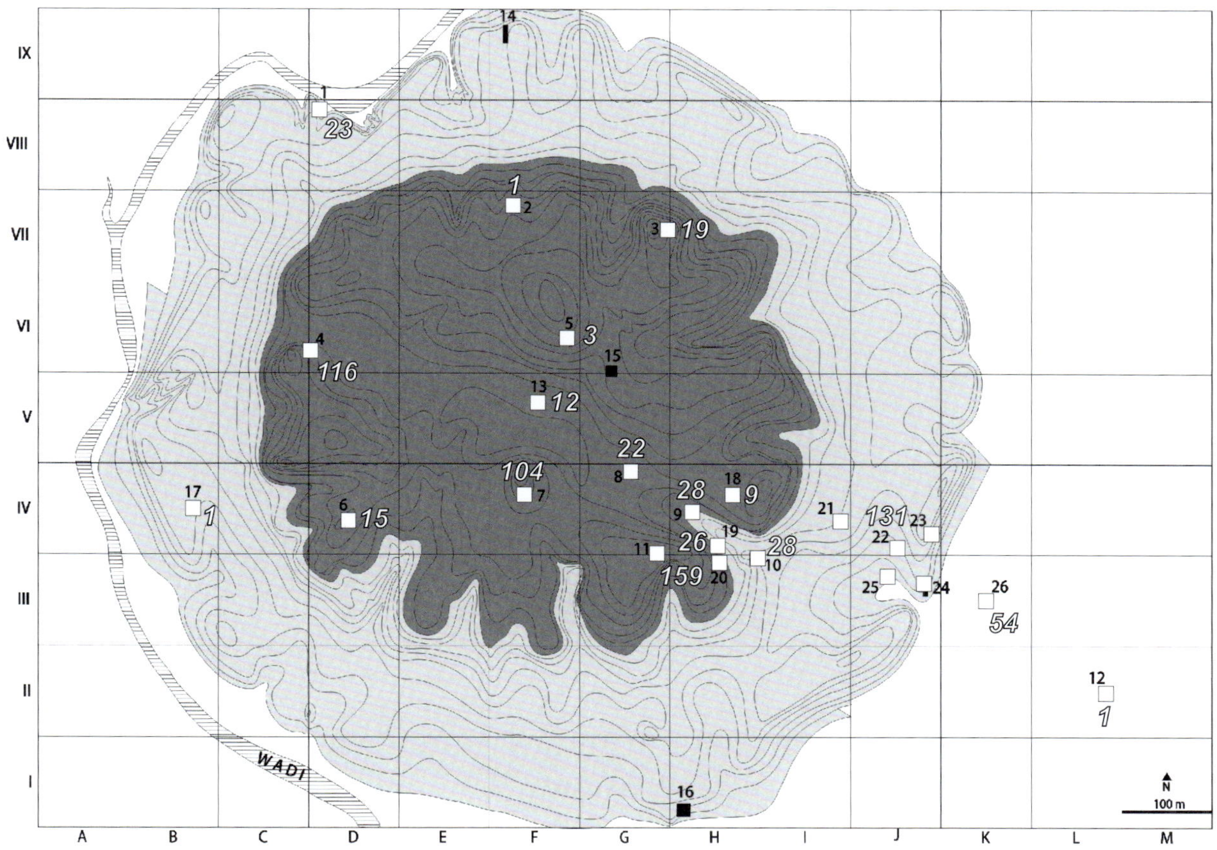

Tell Chuera: Grabungsbereiche

1. P (nordwestliche Unterstadt)
2. N (Nordtempel)
3. G (mittelassyrische Siedlung)
4. F (Palast)
5. M (Mittani-Bau)
6. E (Töpferviertel, Steinbau V)
7. K (Häuserviertel, Kleiner Antentempel)
8. A (Steinbau I)
9. B (Steinbau II)
10. D (Steinbau III)
11. H (Häuserviertel)
12. L (Außenbau)
13. S (Steinbau VI und Vorgängerbau)
14. P (Stadtmauerschnitt)
15. V (Mittani-Bau)
16. U (Stadtmauerschnitt)
17. Z (Stadtmauerschnitt)
18. T (Temenos-Bereich)
19. TMS, HMS (T-Mittelsenke, H-Mittelsenke)
20. H-Ost (Häuserviertel Ost)
21. W-1, W-2 (südöstliche Unterstadt)
22. W-3, W-5 (südöstliche Unterstadt)
23. W-4 (Stadtmauer)
24. W-6 (Stadtmauer)
25. W-7 (südöstliche Unterstadt)
26. ASA (Außenstadt A)

Nicht eingezeichnet: J, R und Q

Abb. 3.55: Verteilung der Grundformen der Großklingenproduktion

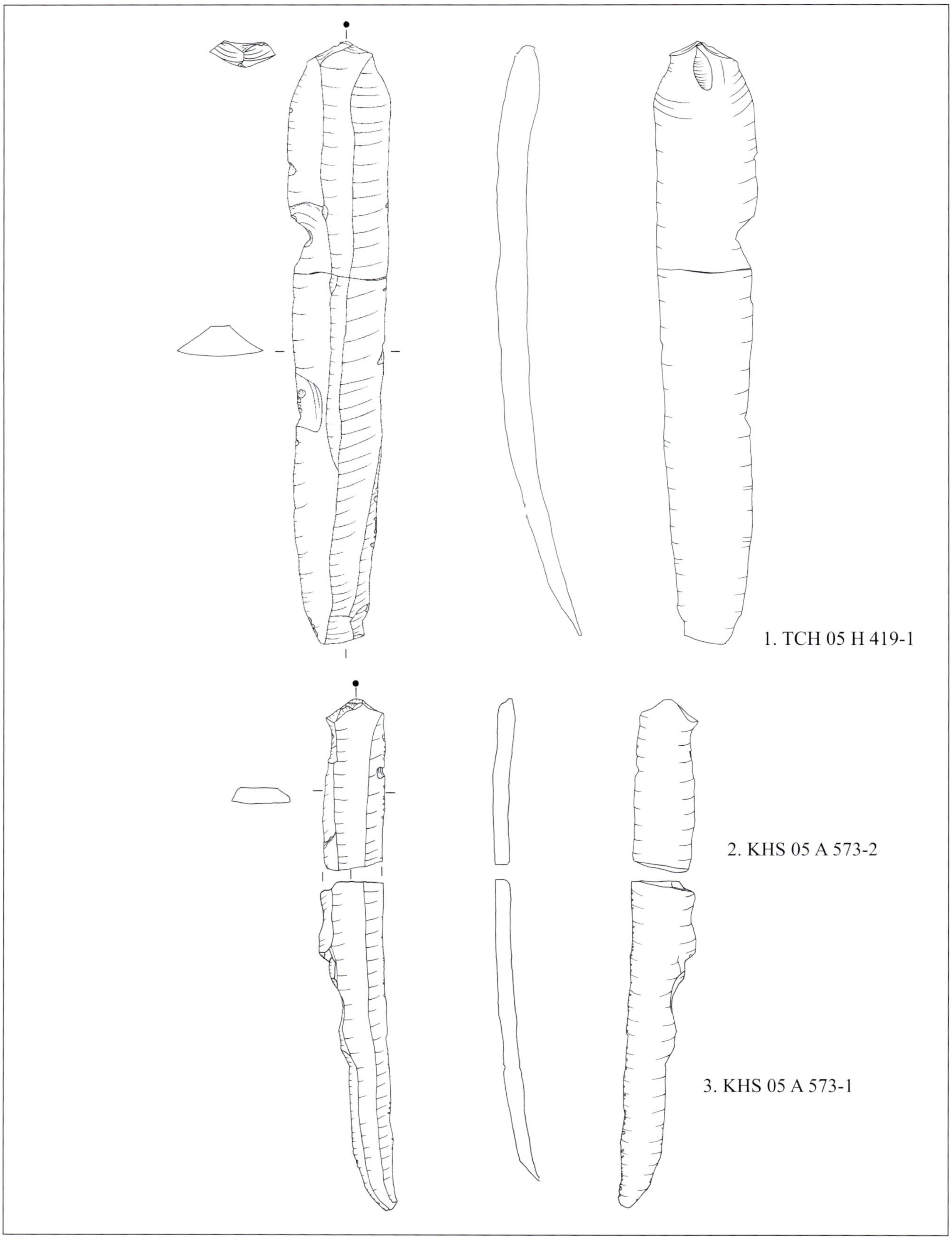

Abb. 3.56: 1. Regelmäßige Großklinge mit rezenten Beschädigungen, 2. Proximalfragment einer Randklinge-GK, 3. Distalfragment einer Randklinge-GK, stammt wahrscheinlich von derselben Grundform wie KHS 05 A 573-2, M 1:2

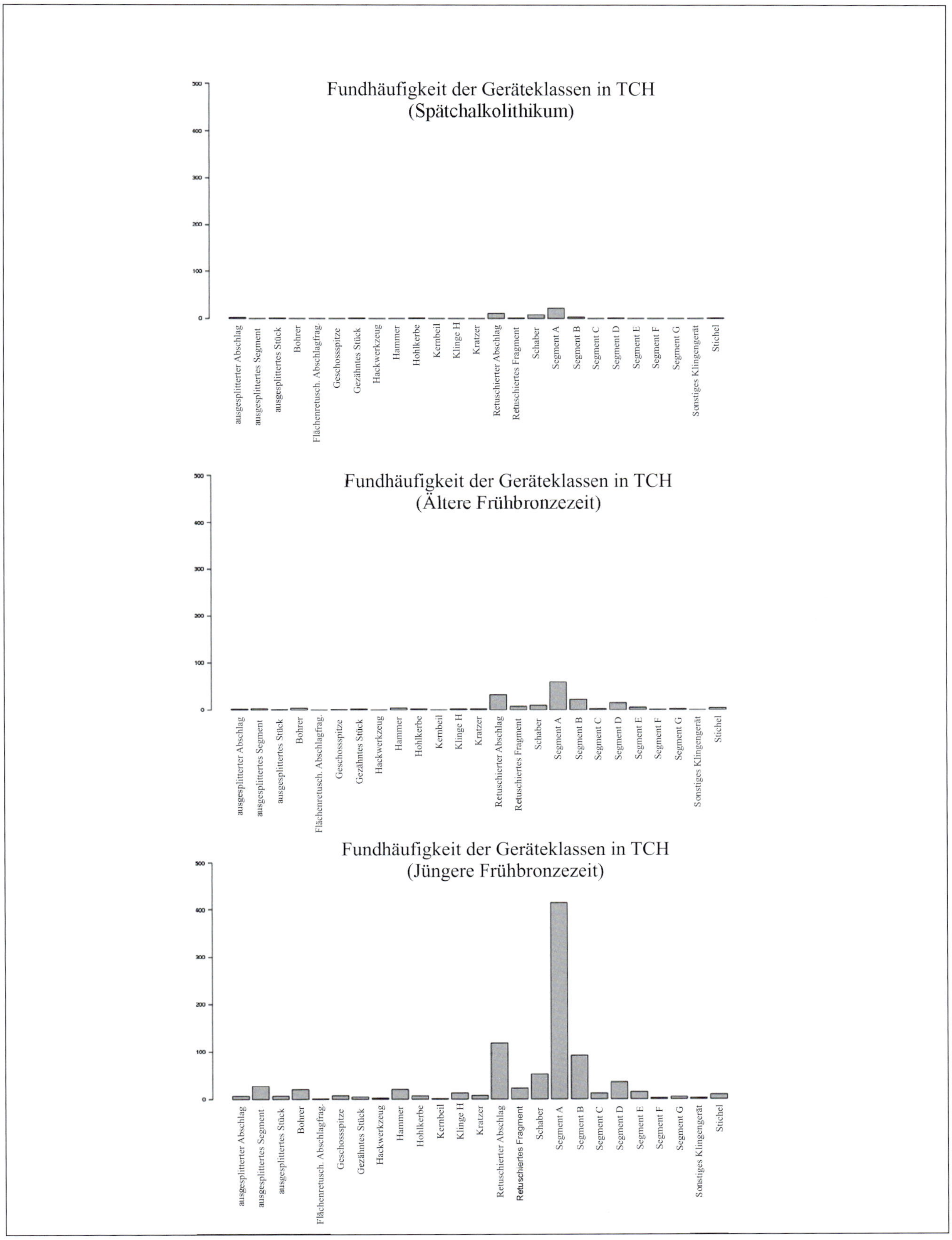

Abb. 3.57: Absolute Häufigkeit verschiedener Geräteklassen in Tell Chuēra, aufgeschlüsselt nach chronostratigraphischen Gruppen

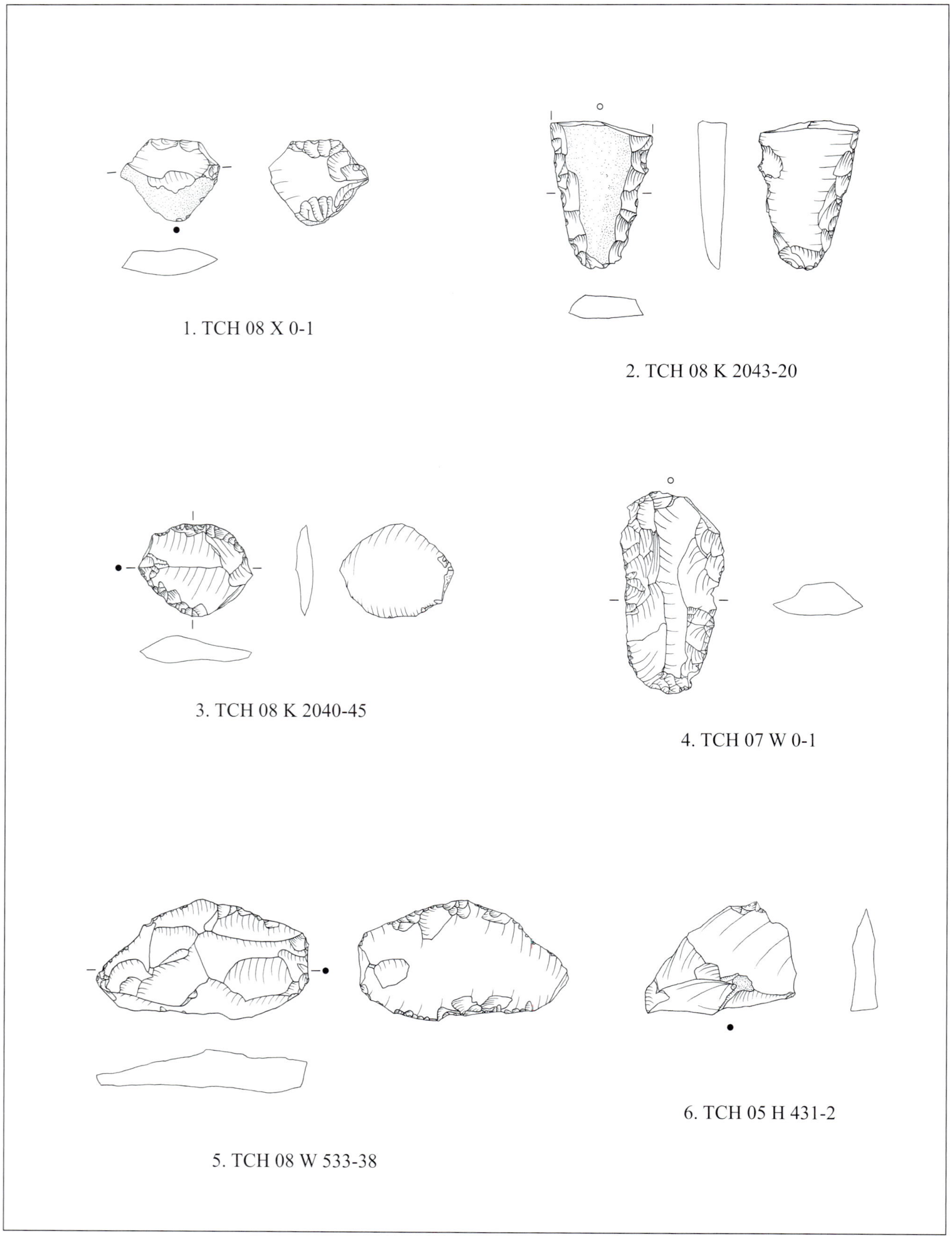

Abb. 3.58: 1. Abschlagschaber, 2. Abschlagschaber (Tabular Scraper), 3. Abschlagschaber, 4. Abschlagschaber, 5. Abschlagschaber, 6. Abschlagbohrer, M 1:2

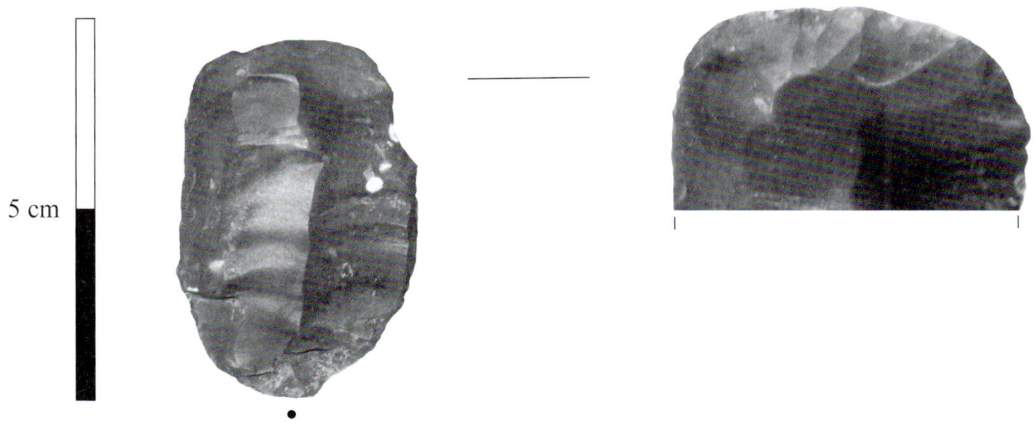

1. Auf sekundärem Abschlag angelegter Kratzer (TCH 11 X 0-17), Ansicht der Dorsalseite und vergrößertes Detail des retuschierten Distalendes

2. TCH 06 W 1-110

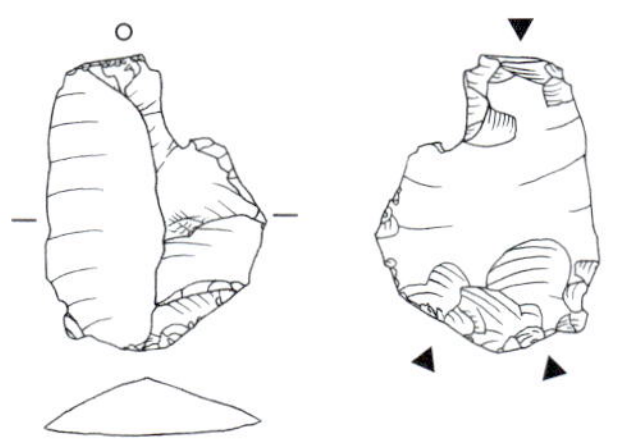

3. TCH 07 K 1068-1

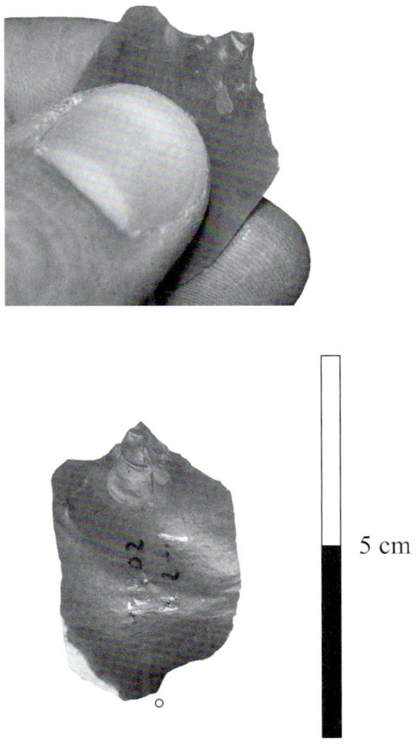

4. Auf sekundärem Abschlag angelegter Bohrer (TCH 02 H 2-1)

Abb. 3.59: 1. Kratzer auf Abschlag, 2. Gezähnter Abschlag, 3. Bipolar ausgesplitterter Abschlag, M 1:2, 4. Bohrer auf Abschlag

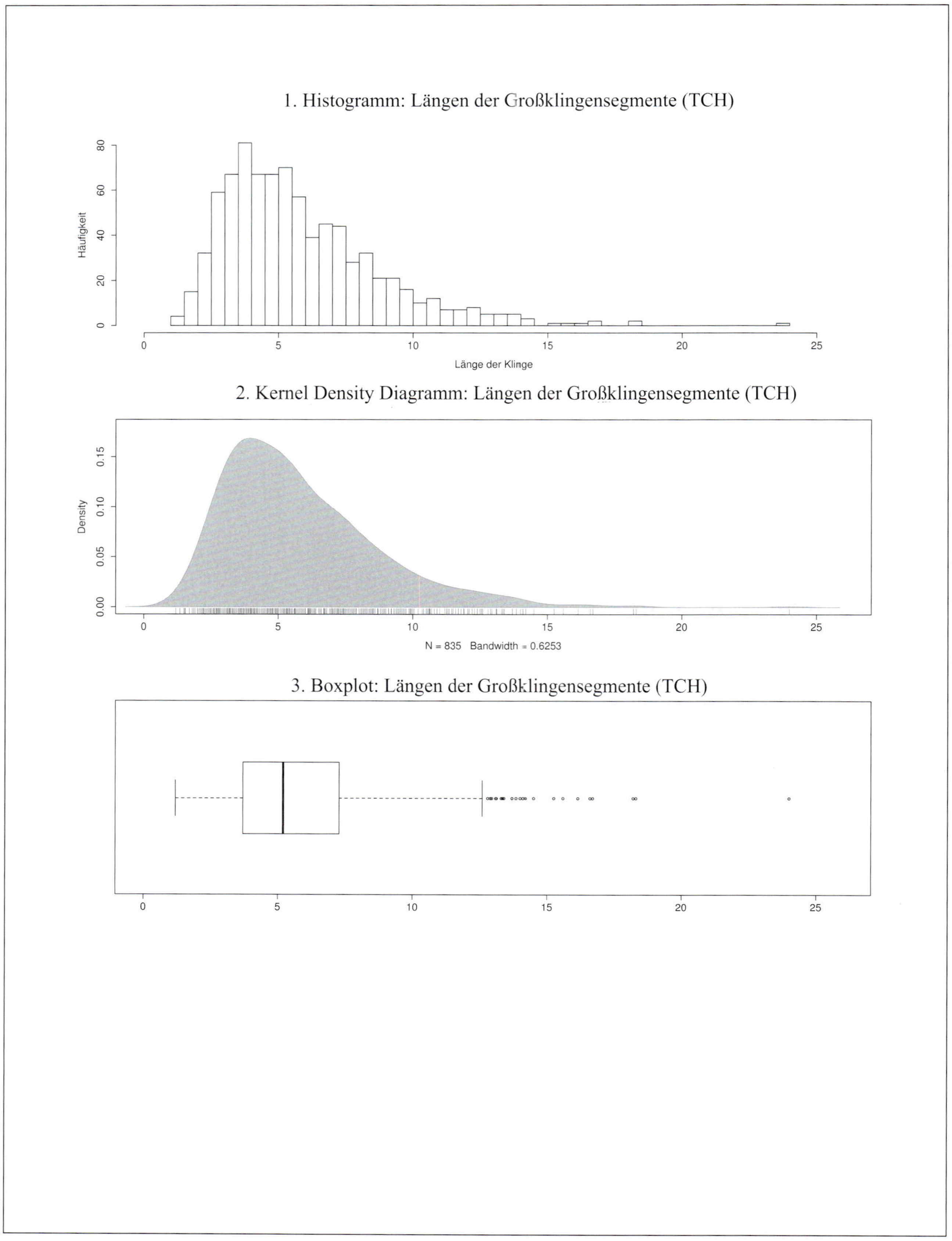

Abb. 3.60: Längen der Großklingensegmente aus Tell Chuēra. 1: Histogramm, 2. Kernel Density Diagramm, 3: Box-and-whisker Diagramm

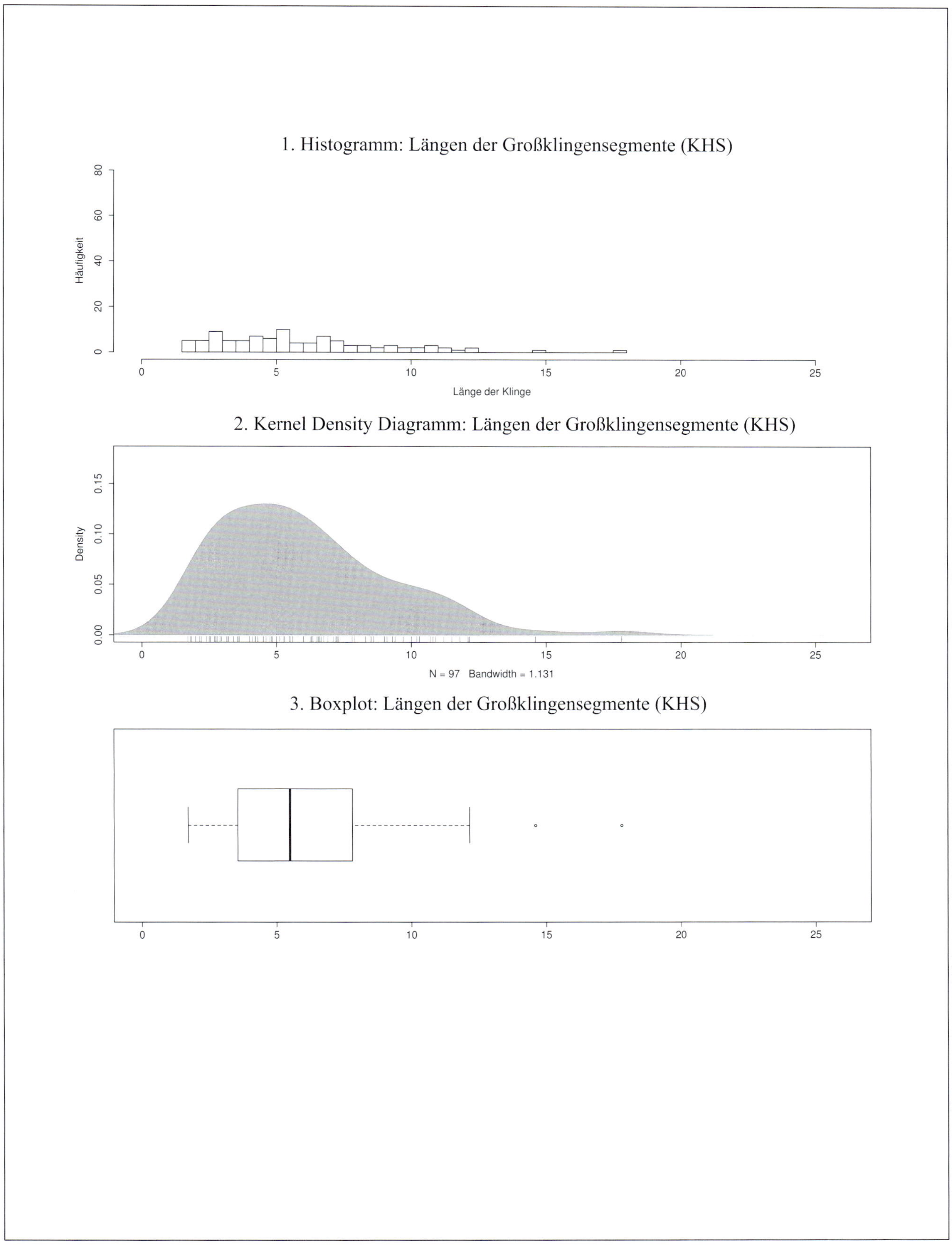

Abb. 3.61: Längen der Großklingensegmente aus Kharab Sayyar. 1: Histogramm, 2. Kernel Density Diagramm, 3: Box-and-whisker Diagramm

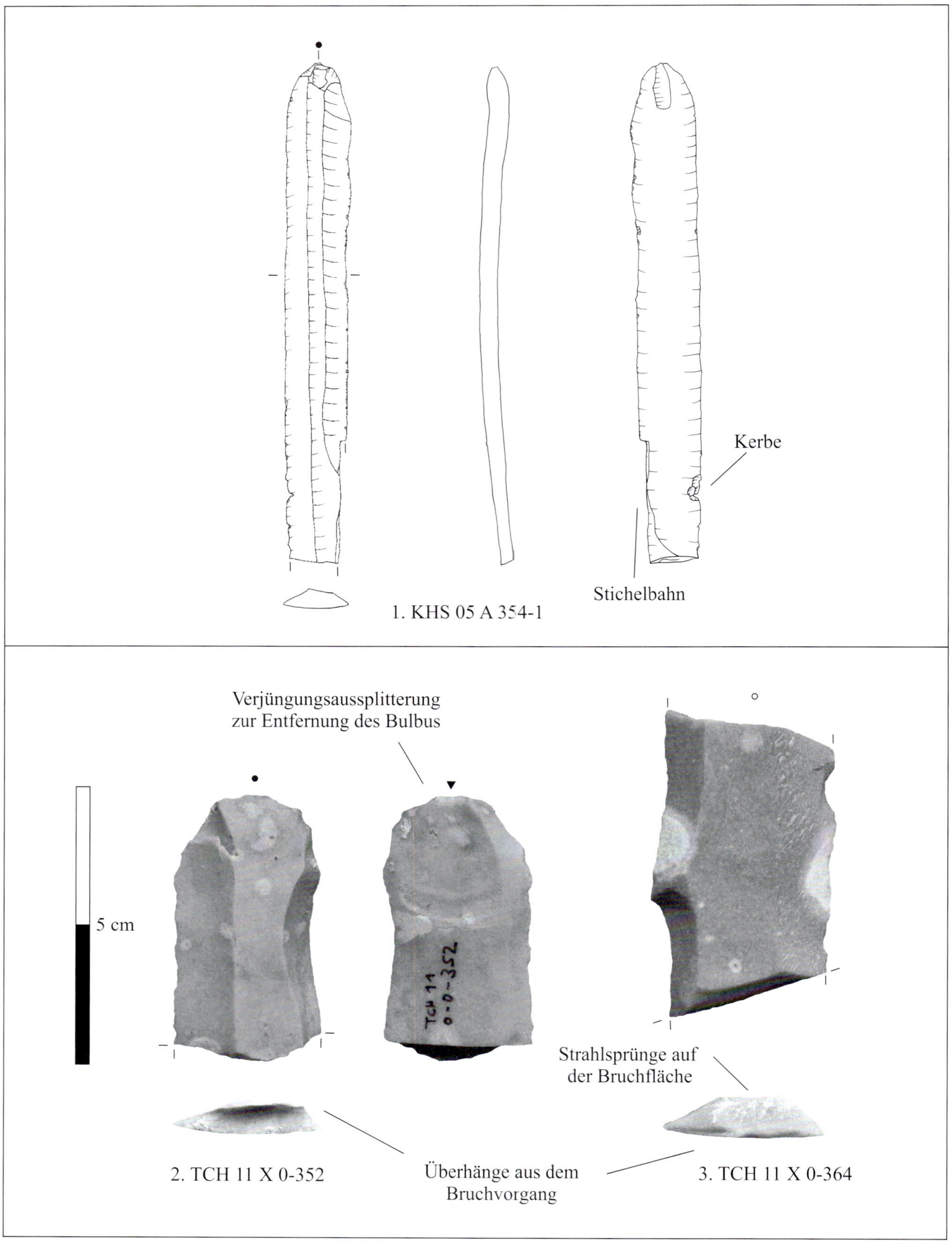

Abb. 3.62: 1. Proximalfragment einer regelmäßigen Großklinge, M 1:2, 2. Segment A 1, 3. Segment A 1 mit Bezeichnung einiger Merkmalen der Sekundärproduktion

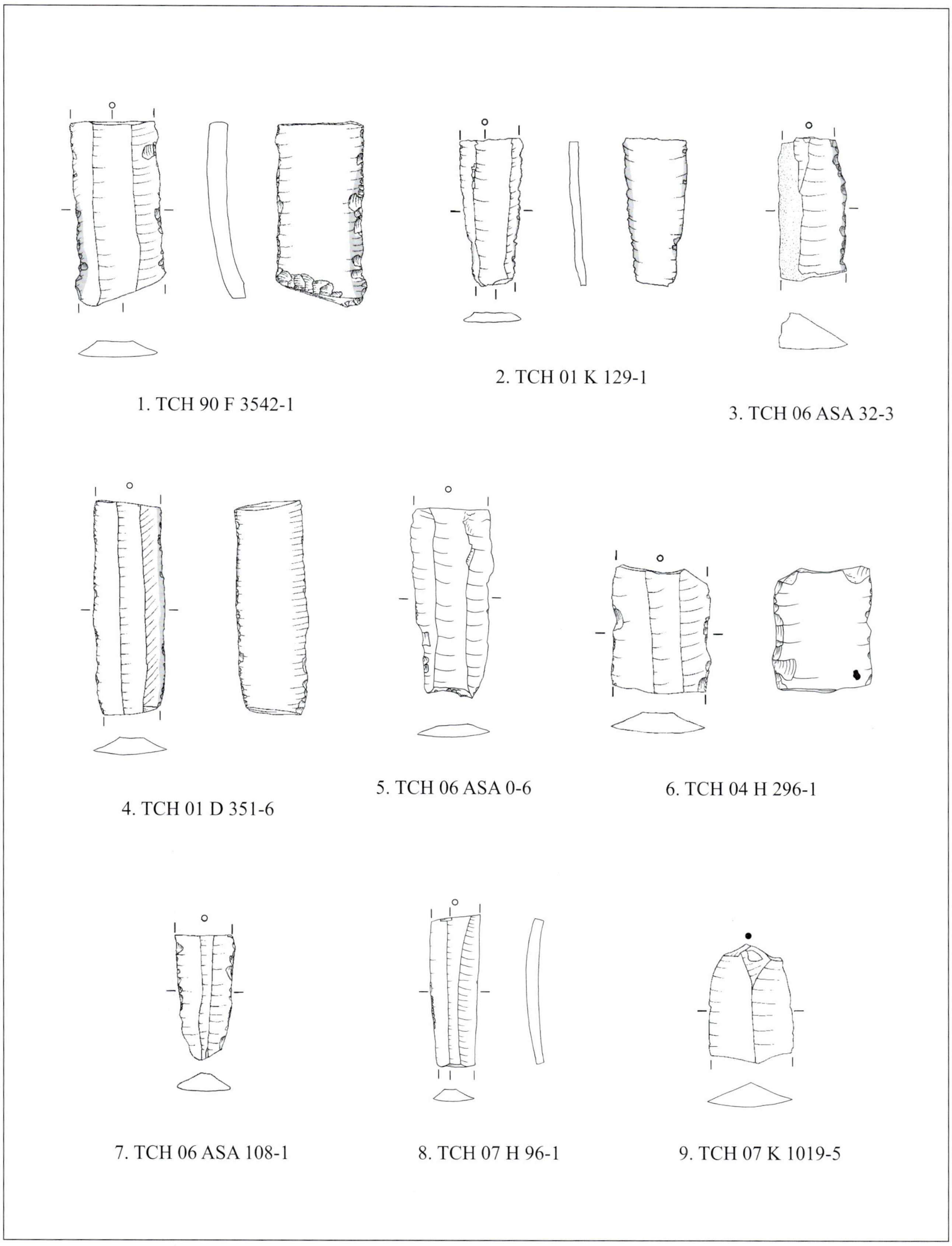

Abb. 3.63: 1: Segment A 3, 2. Segment A 2, 3. Segment A 2, 4. Segment A 2, 5. Segment A 1, 6. Segment A 3, 7. Segment A 3, 8. Segment A 2, 9. Segment A 1, M 1:2

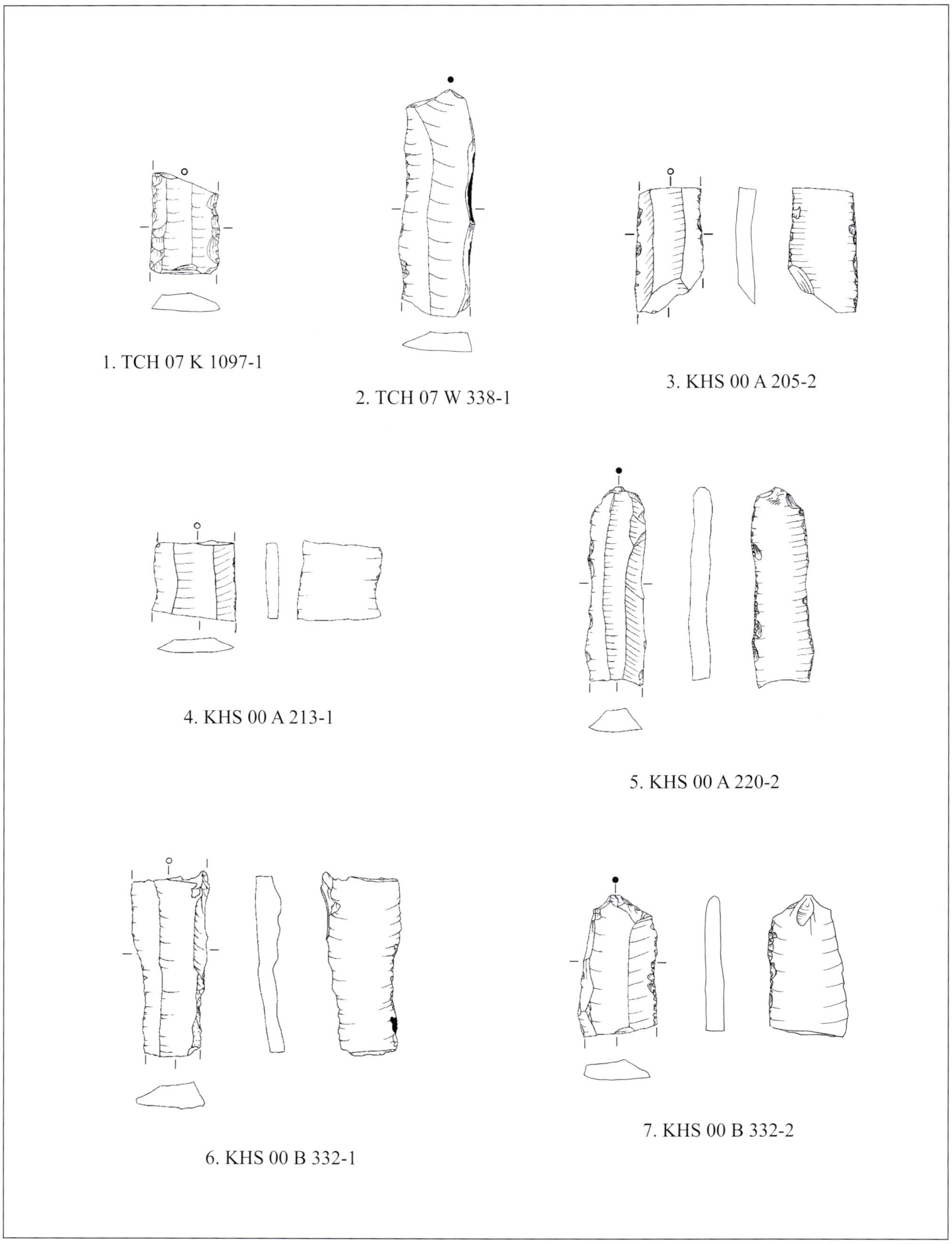

Abb. 3.64: 1. Segment A 3, 2. Segment A 2, 3. Segment A 2, 4. Segment A 1, 5. Segment A 3, 6. Segment A 1, 7. Segment A 2, M 1:2

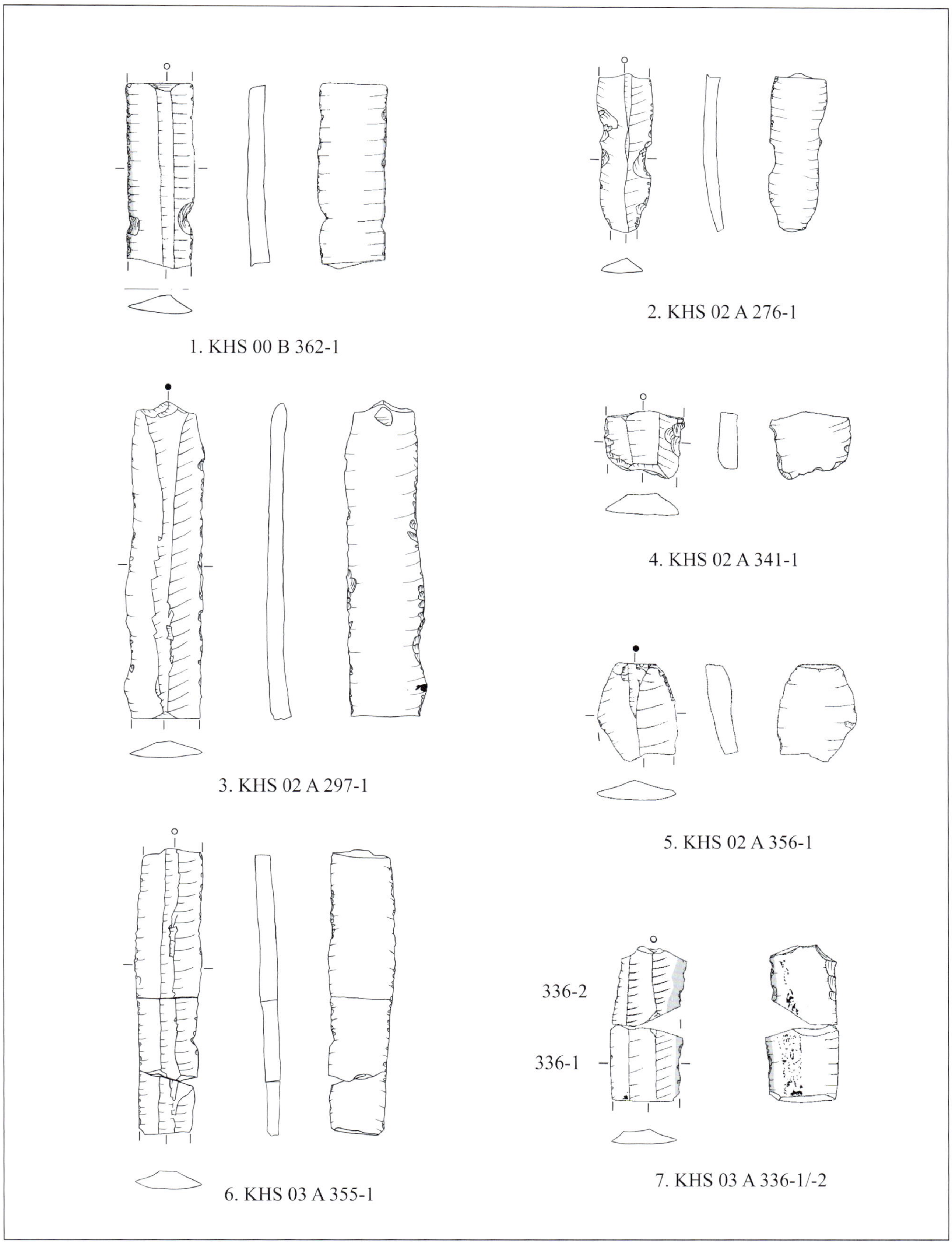

Abb. 3.65: 1. Segment A 2, 2. Segment A 3, 3. Segment A 2, 4. Segment A 1, 5. Segment A 1, 6. Segment A 2, 7. Segment A 1 und Segment A 2 (Fragmente stammen wahrscheinlich von einer Grundform), M 1:2

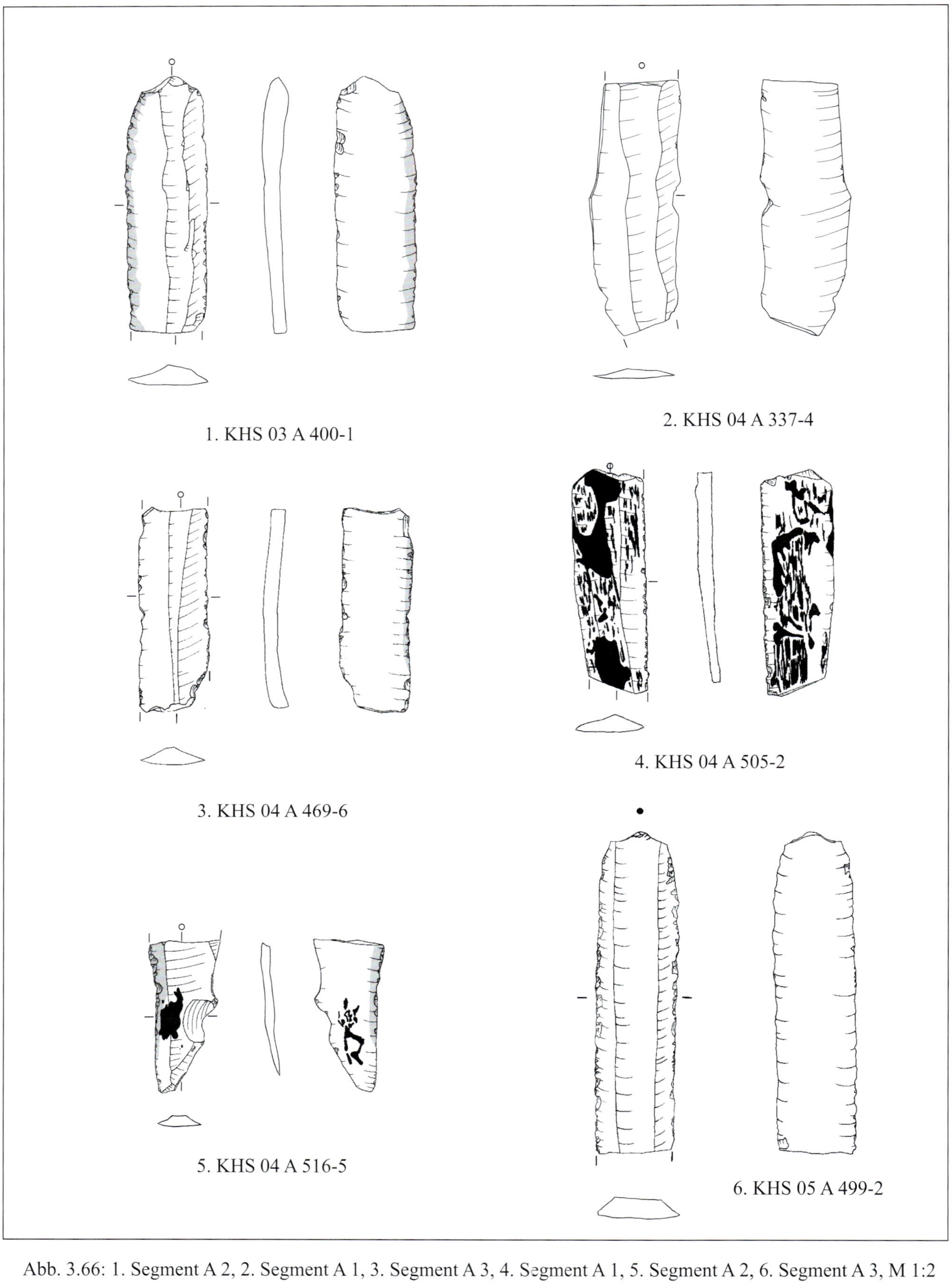

Abb. 3.66: 1. Segment A 2, 2. Segment A 1, 3. Segment A 3, 4. Segment A 1, 5. Segment A 2, 6. Segment A 3, M 1:2

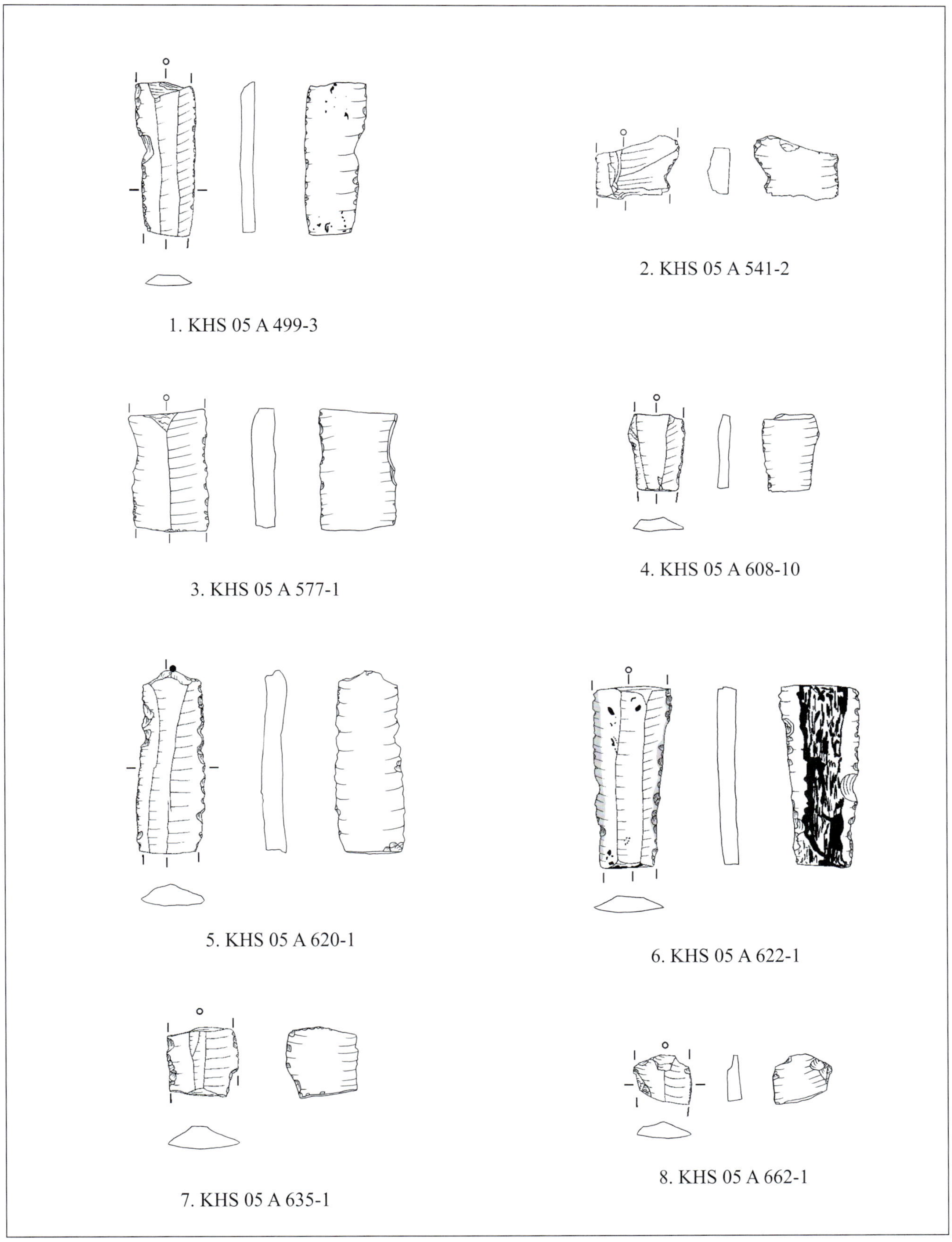

Abb. 3.67. 1. Segment A 3, 2. Segment A 1, 3. Segment A 3, 4. Segment A 3, 5. Segment A 3, 6. Segment A 3, 7. Segment A 2, 8. Segment 2 , M 1:2

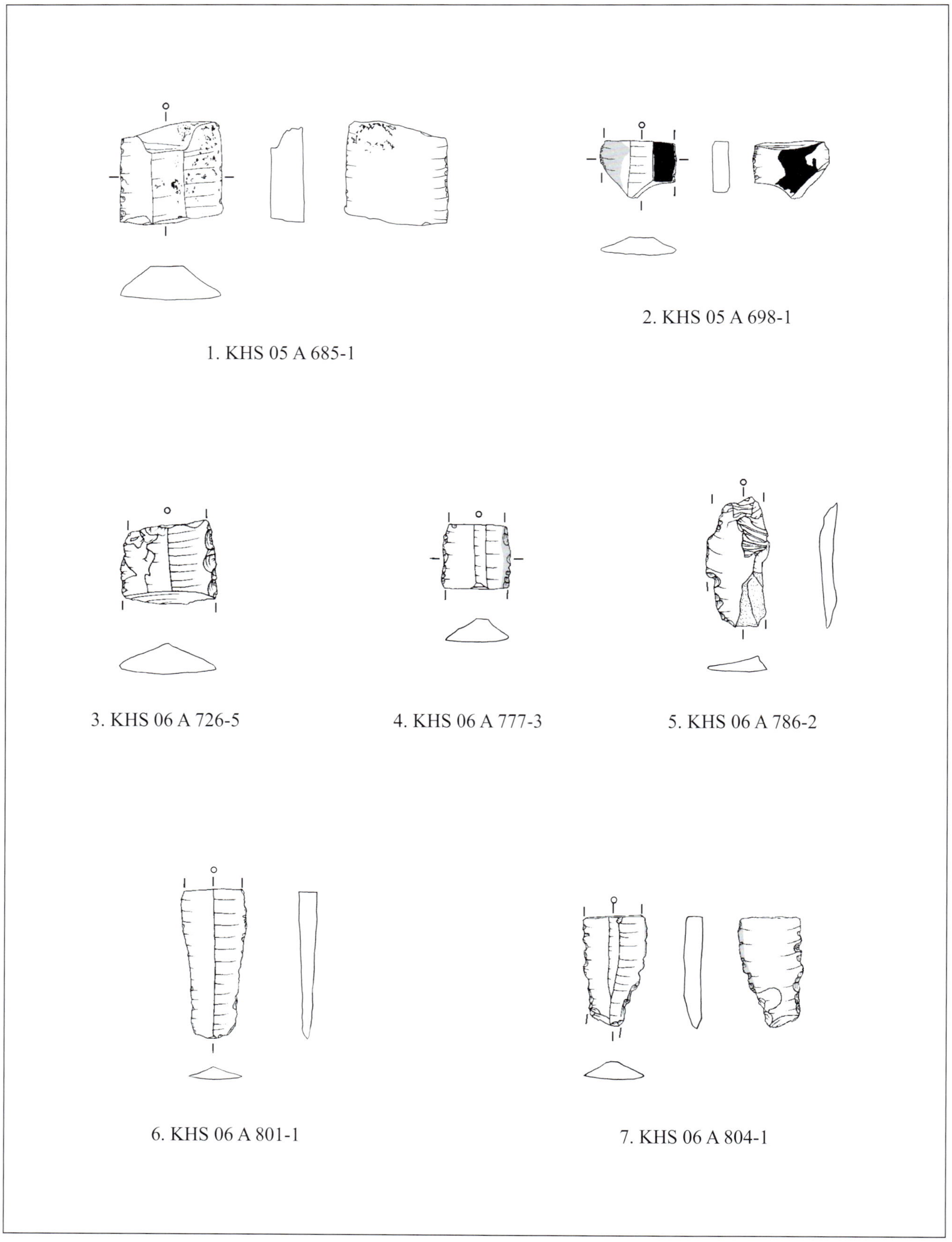

Abb. 3.68: 1. Segment A 2, 2. Segment A 1, 3. Segment A 3, 4. Segment A 3, 5. Segment A 2, 6. Segment A 1, 7. Segment A 3, M 1:2

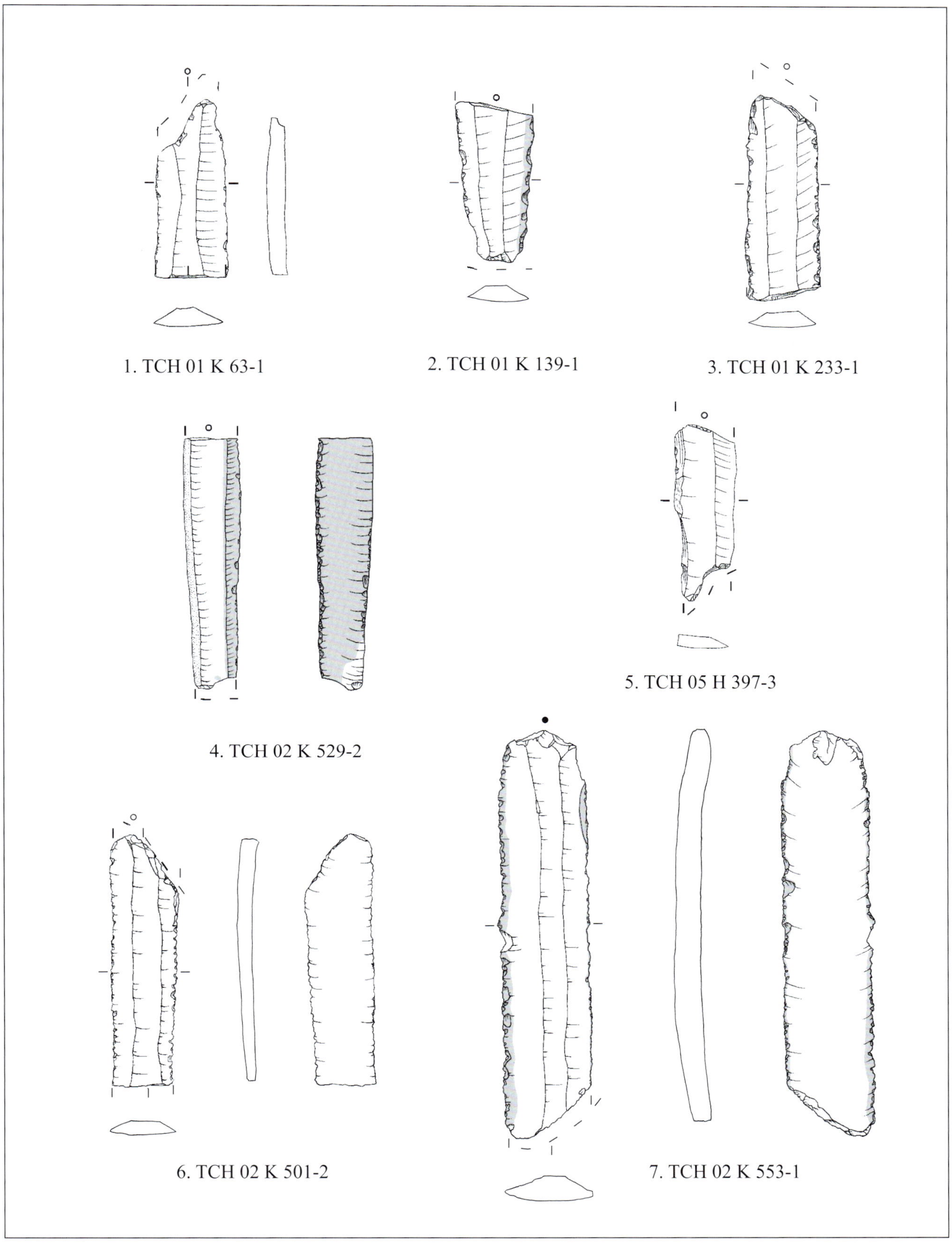

Abb. 3.69: 1. Segment B 2, 2. Segment B 1, 3 Segment B 2, 4. Segment B 1, 5. Segment B 2, 6. Segment B 2, 7. Segment B 2, M 1:2

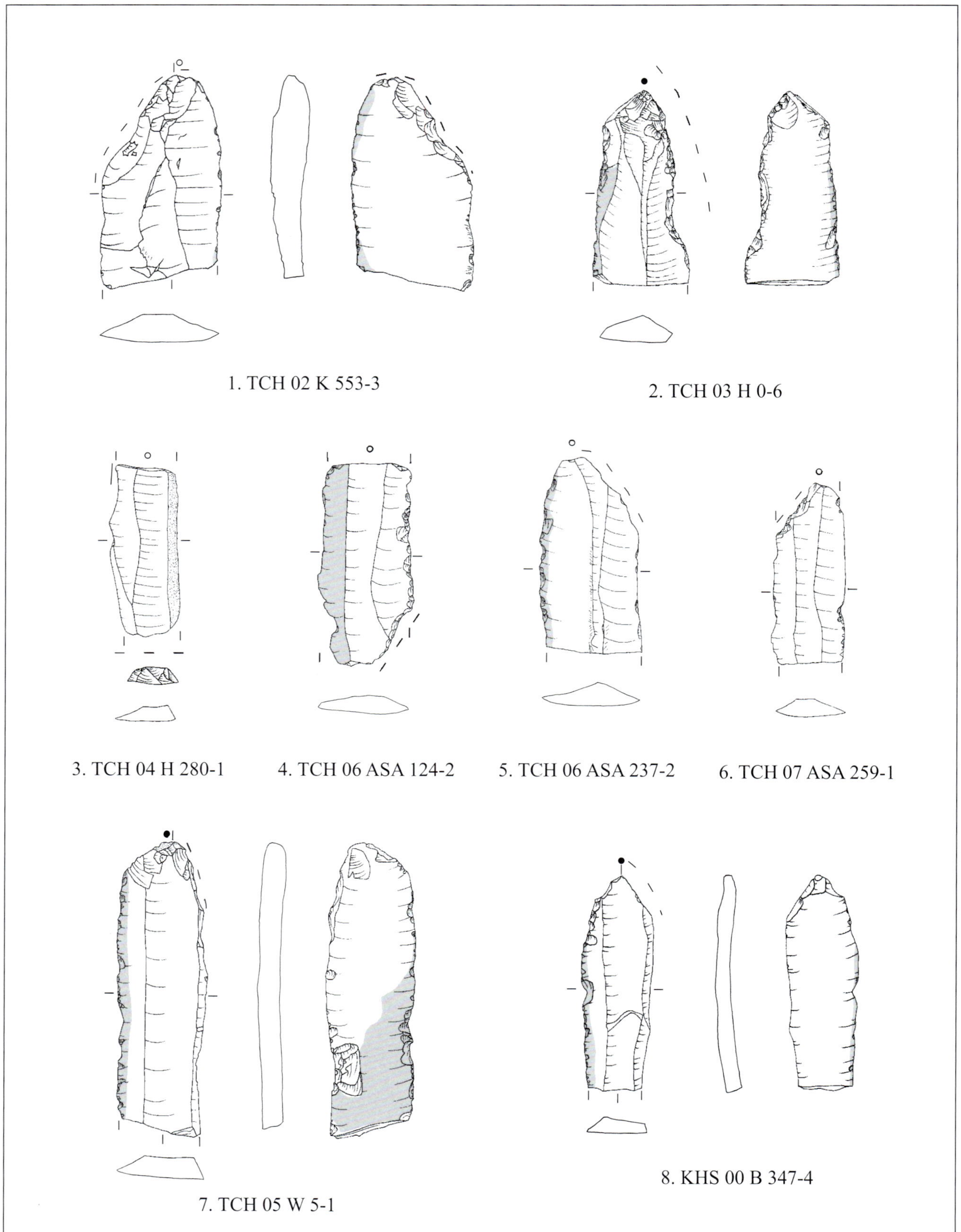

Abb. 3.70: 1. Segment B 2, 2. Segment B 2, 3. Segment B 1, 4. Segment B 2, 5. Segment B 2, 6. Segment B 2, 7. Segment B 2,8. Segment B 2, M 1:2

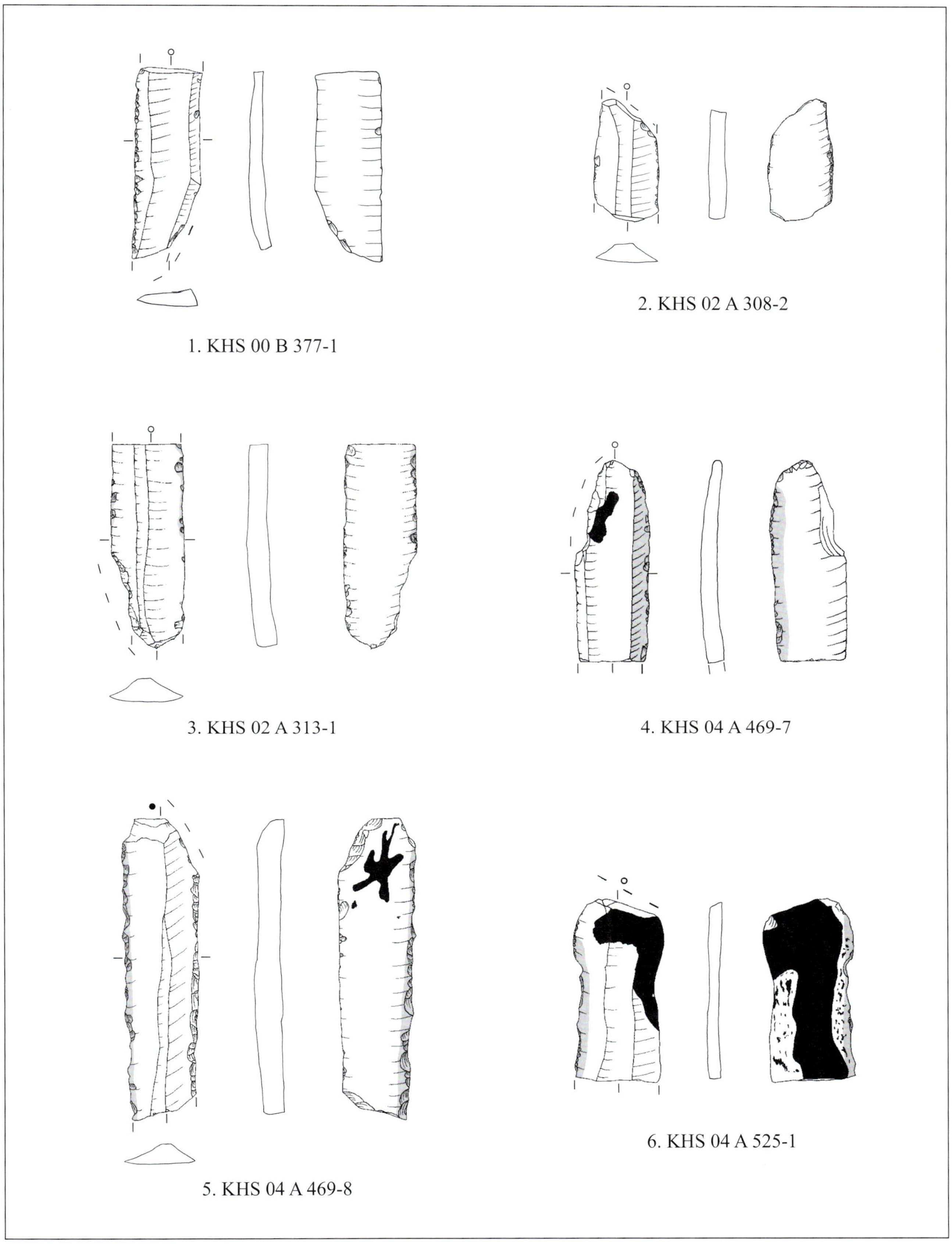

Abb. 3.71: 1. Segment B 2, 2. Segment B 2, 3. Segment B 2, 4. Segment B 2, 5. Segment B 2, 6. Segment B 2, M 1:2

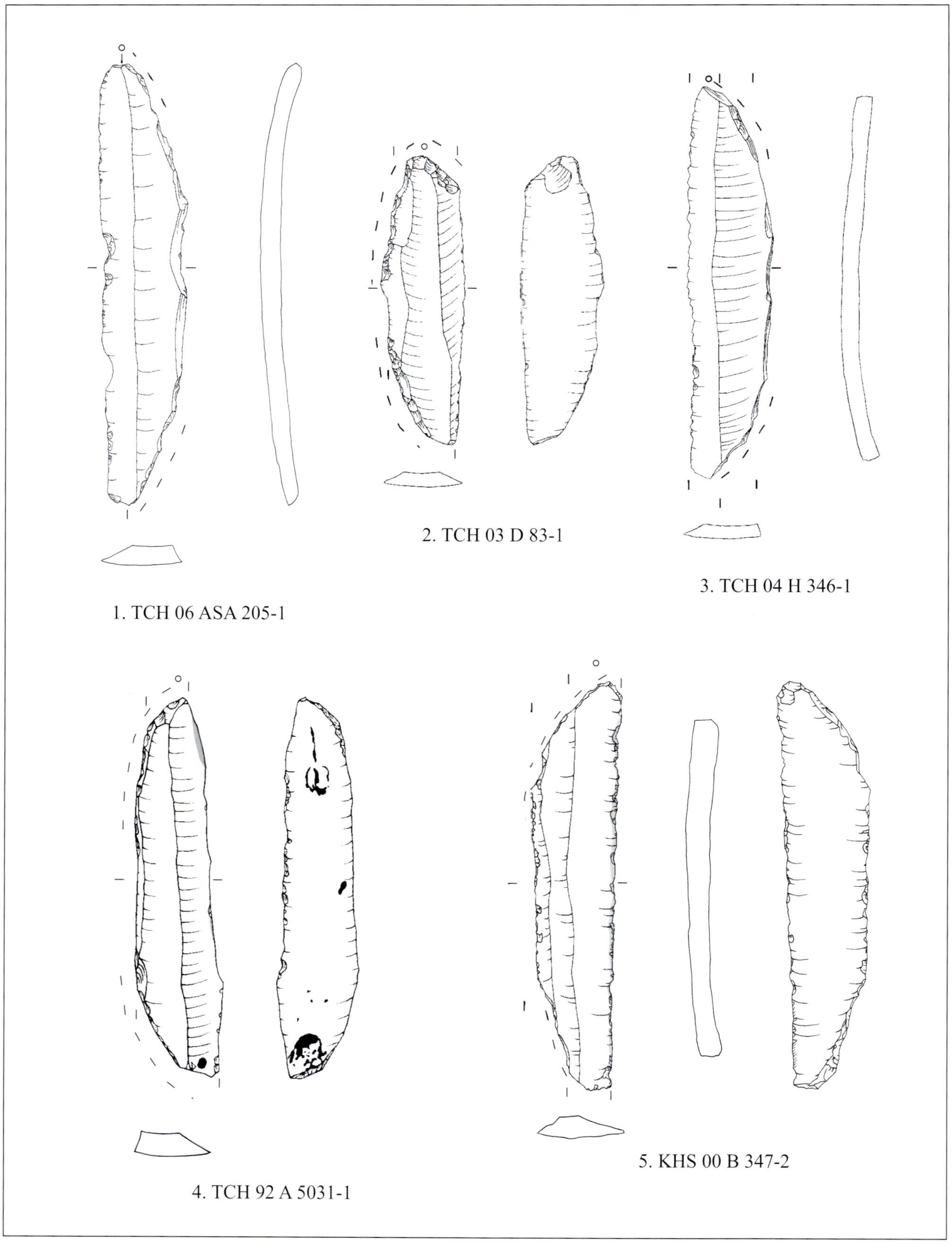

Abb. 3.72: 1. Segment C 2, 2. Segment C 2, 3. Segment C 2, 4. Segment C 2, 5. Segment C 2, M 1:2

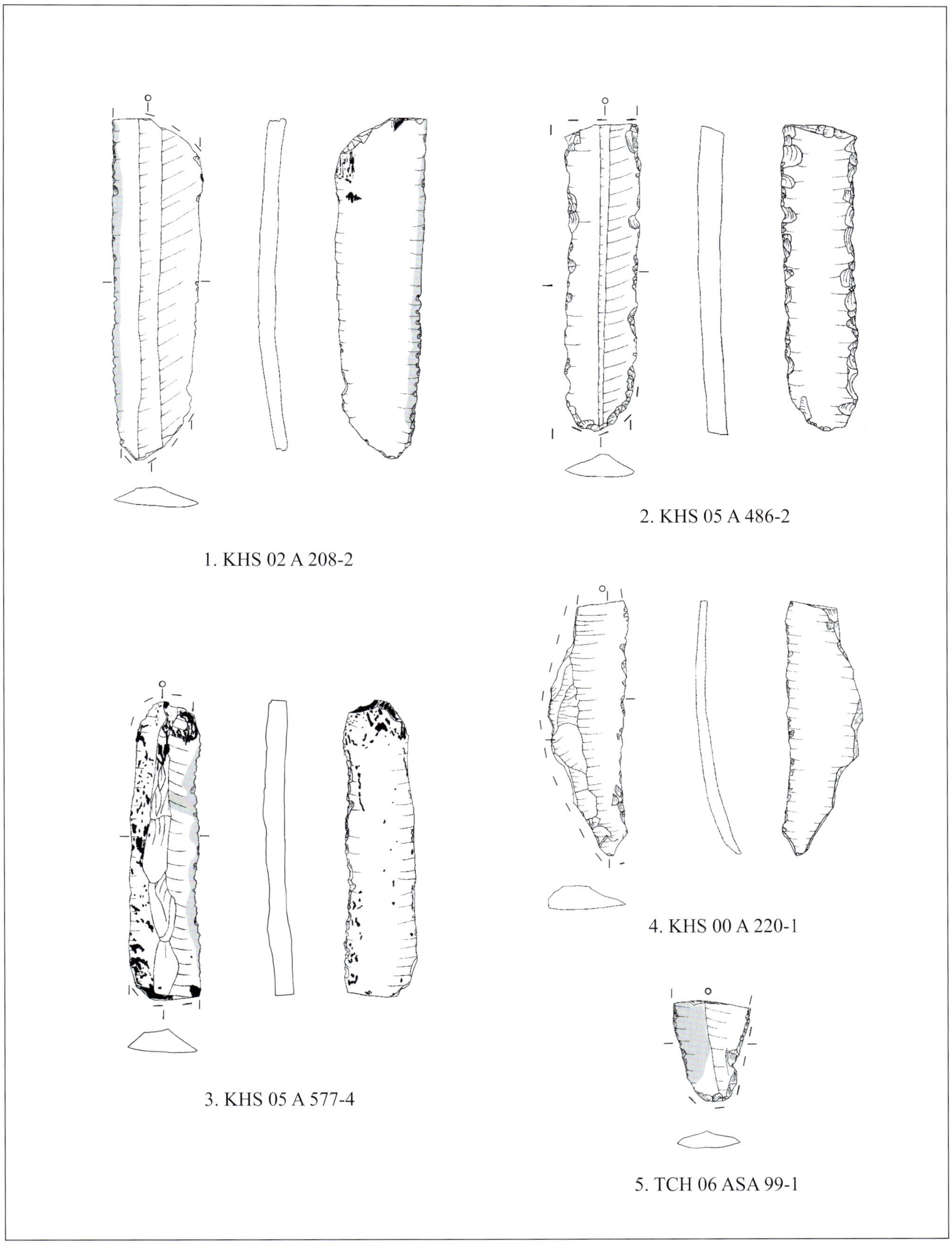

Abb. 3.73. 1. Segment C 2, 2. Segment C 3, 3. Segment C 2, 4. Segment E 2, 5. Segment E 2, M 1:2

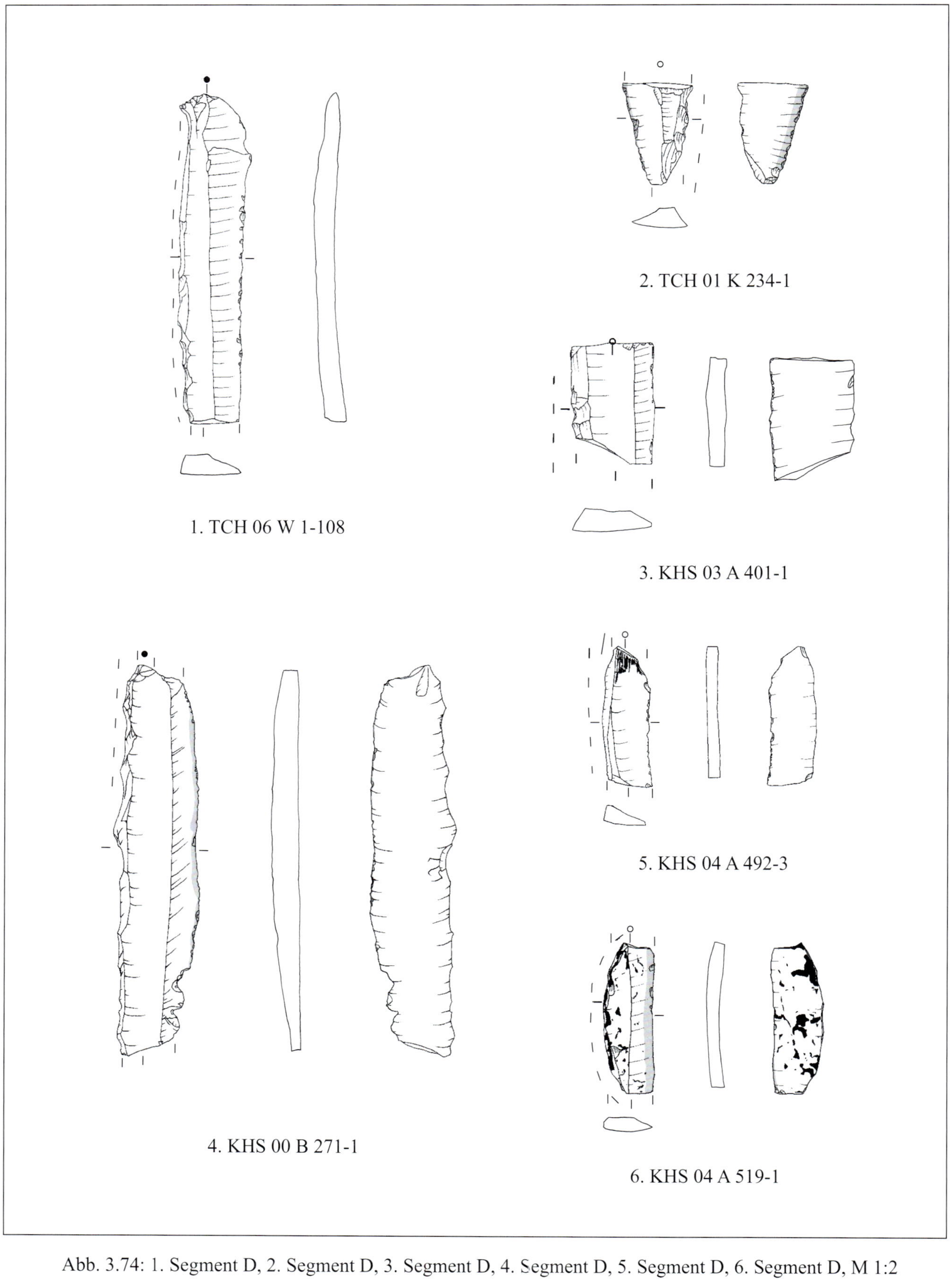

Abb. 3.74: 1. Segment D, 2. Segment D, 3. Segment D, 4. Segment D, 5. Segment D, 6. Segment D, M 1:2

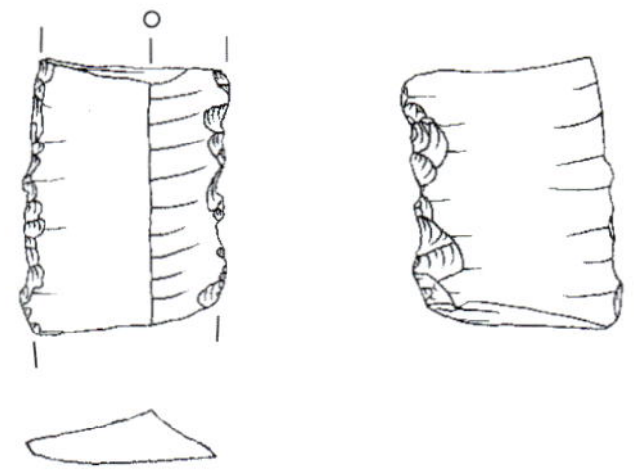

1. KHS 05 A 621-2

2. TCH 05 D 310-1

Abb. 3.75: 1. Segment D, M 1:2, 2. Segment D

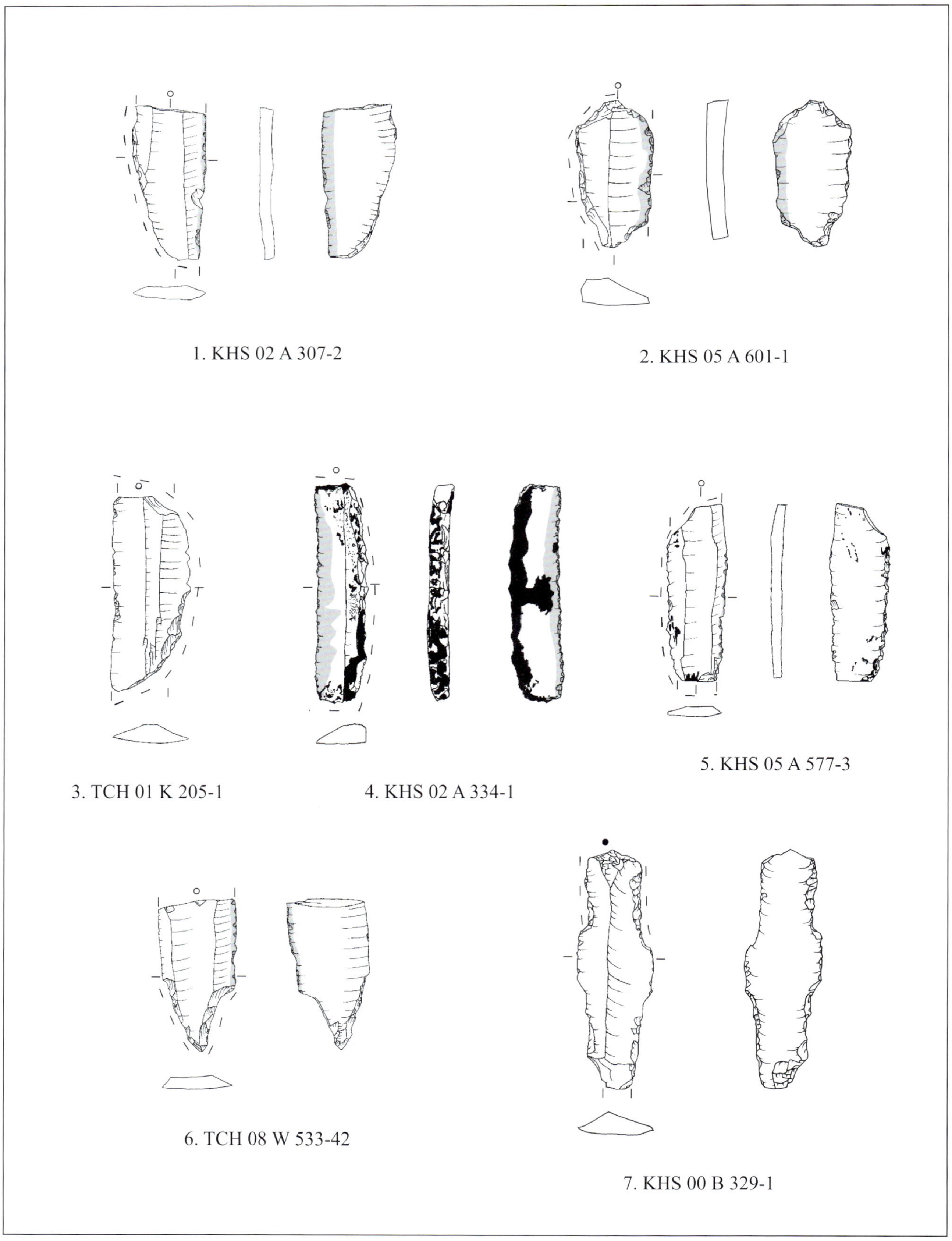

Abb. 3.76: 1. Segment E 2, 2. Segment E 2, 3. Segment F, 4. Segment F, 5. Segment F,6. Segment G, 7. Segment G, M 1:2

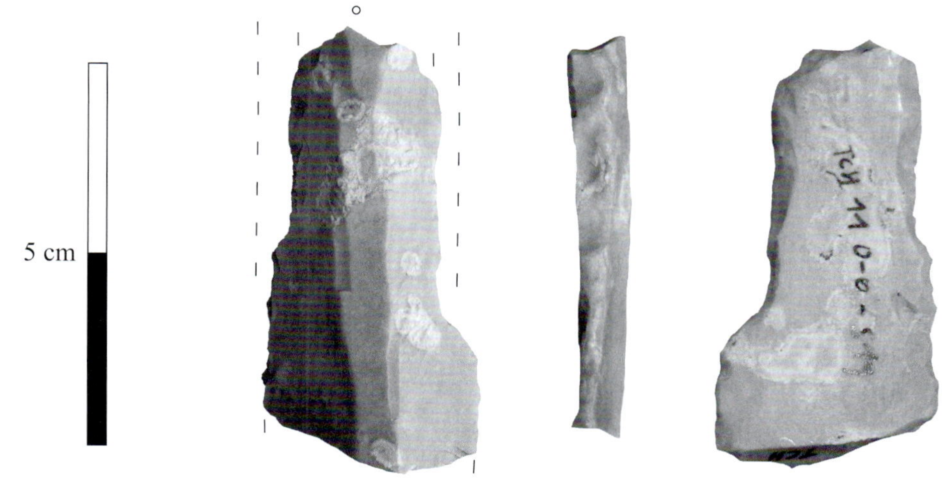

1. TCH 11 X 0-396

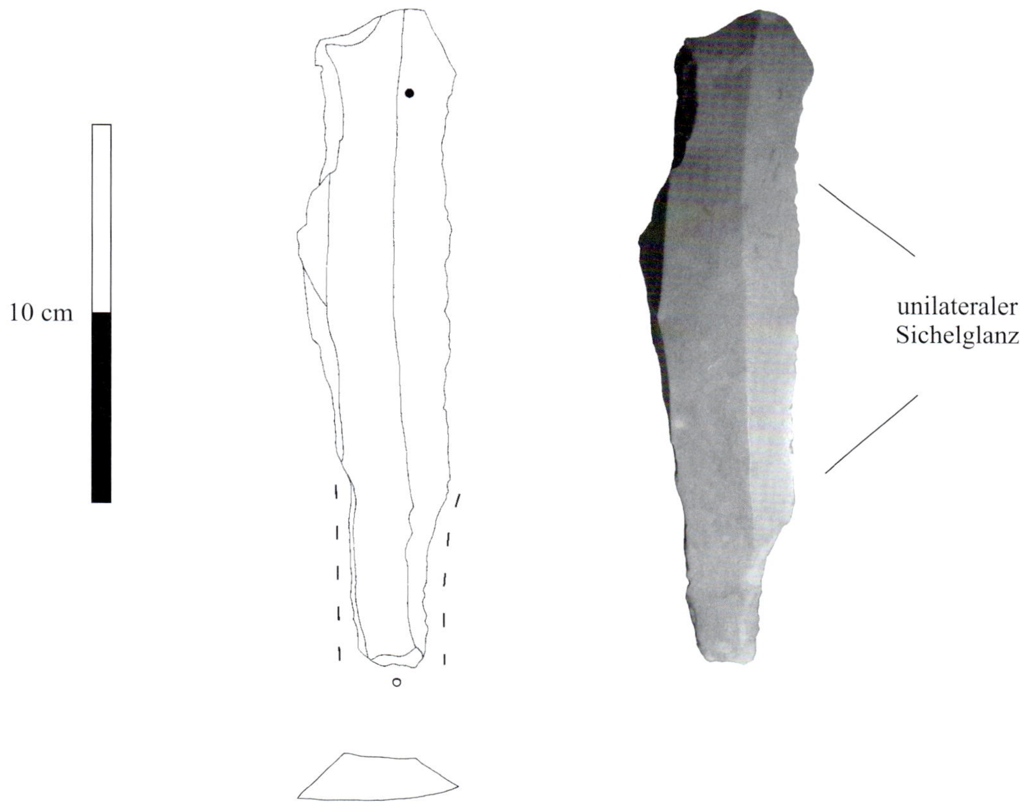

2. TCH 88 A 3045-2

Abb. 3.77: 1. Segment G, 2. Segment G, Altzeichnung und Foto

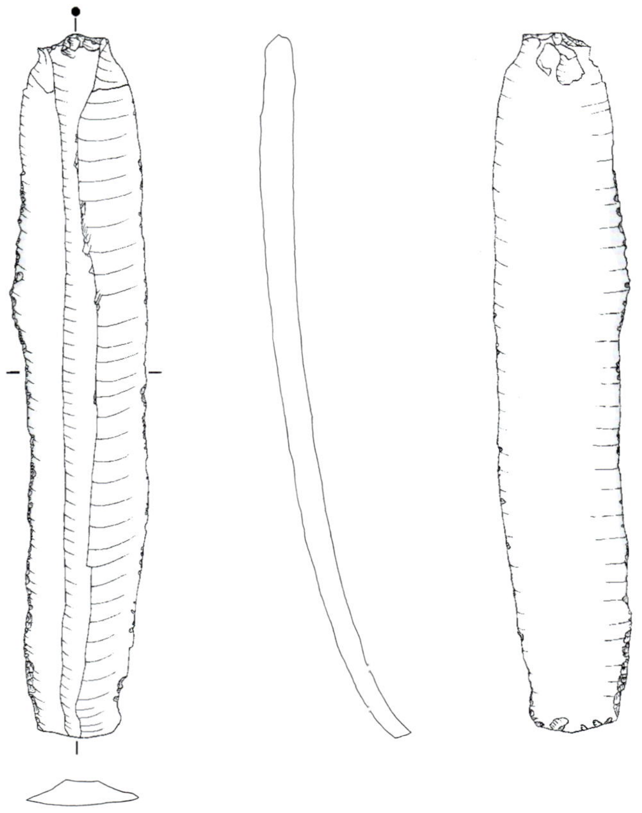

1. TCH 90 F 3043-1

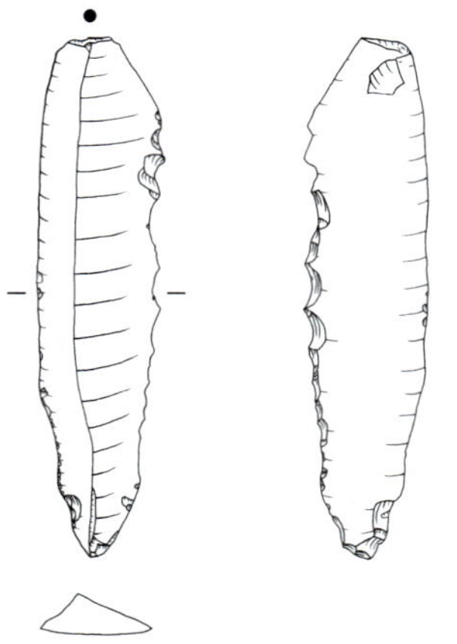

2. TCH 90 F 3532-1

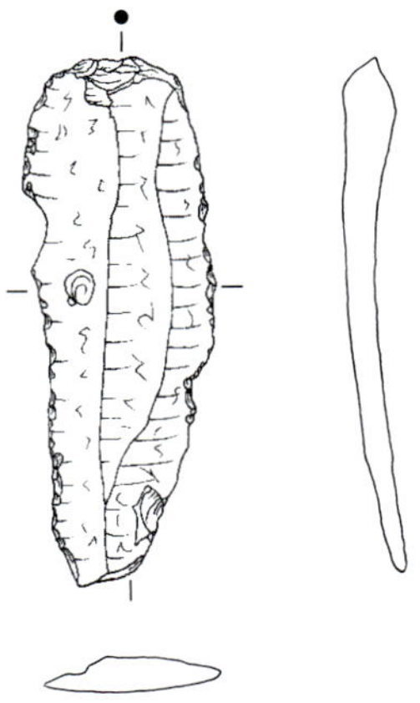

3. TCH 01 K 156-2

Abb. 3.78: 1. Klinge H 1, 2. Klinge H 2, Klinge H 2, M 1:2

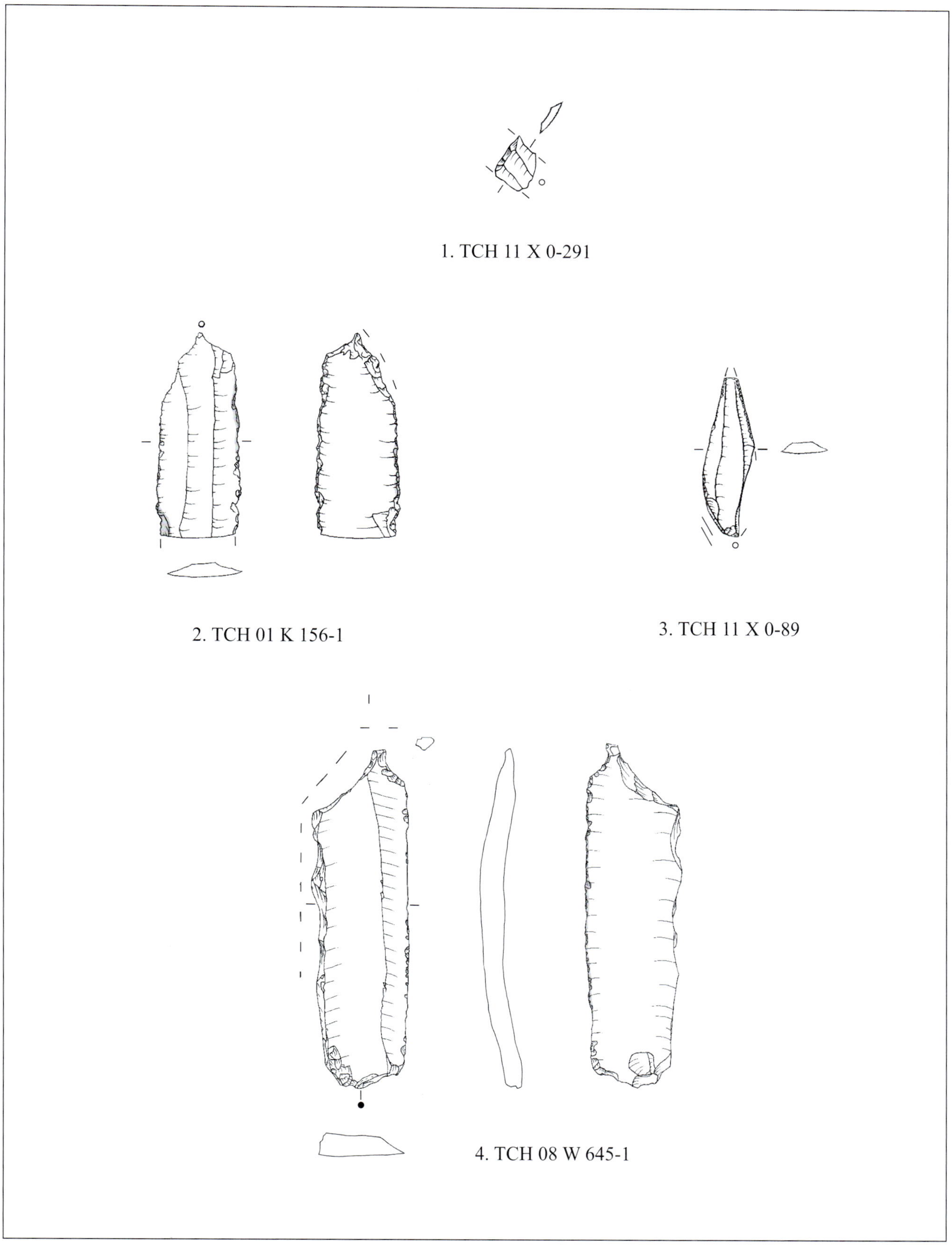

Abb. 3.79: 1. Klingenbohrer, 2. Klingenbohrer, 3. Klingenbohrer, 4. Klingenbohrer, M 1:2

1. TCH 08 W 532-5

2. TCH 01 T 93-1

3. TCH 01 T 93-1: Detail

Abb. 3.80: 1. Klingenbohrer, 2. Klingenbohrer, 3. Detail (anretuschiertes und ausgesplittertes Bohrerende an Distalfragment von Großklinge TCH 01 T 93-1)

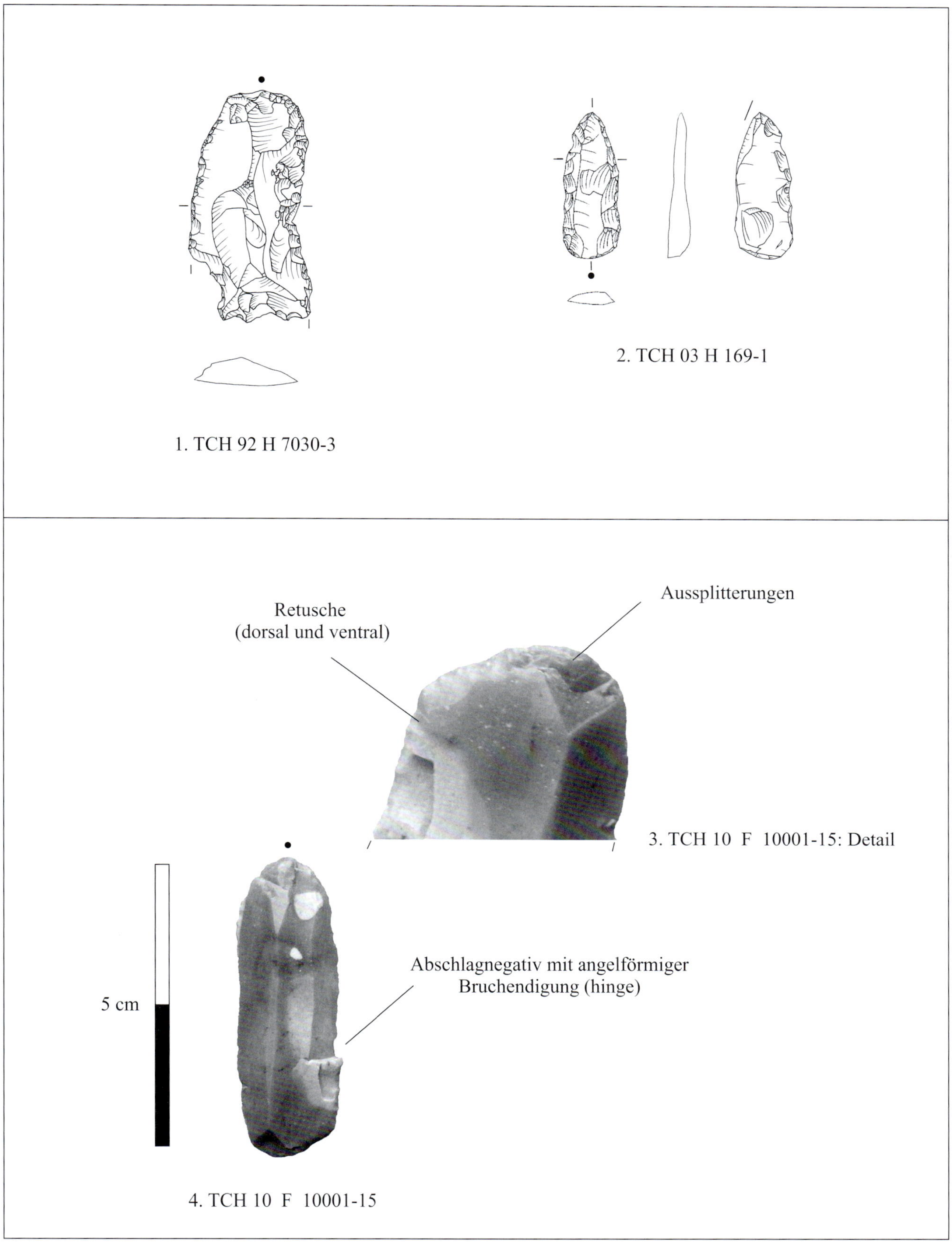

Abb. 3.81: 1. Klingenschaber, 2. Klingenschaber, 3. Detail: Distale Kratzerkappe an einfacher Klinge TCH 10 F 10001-15 (vergrößert), 4. Klingenkratzer

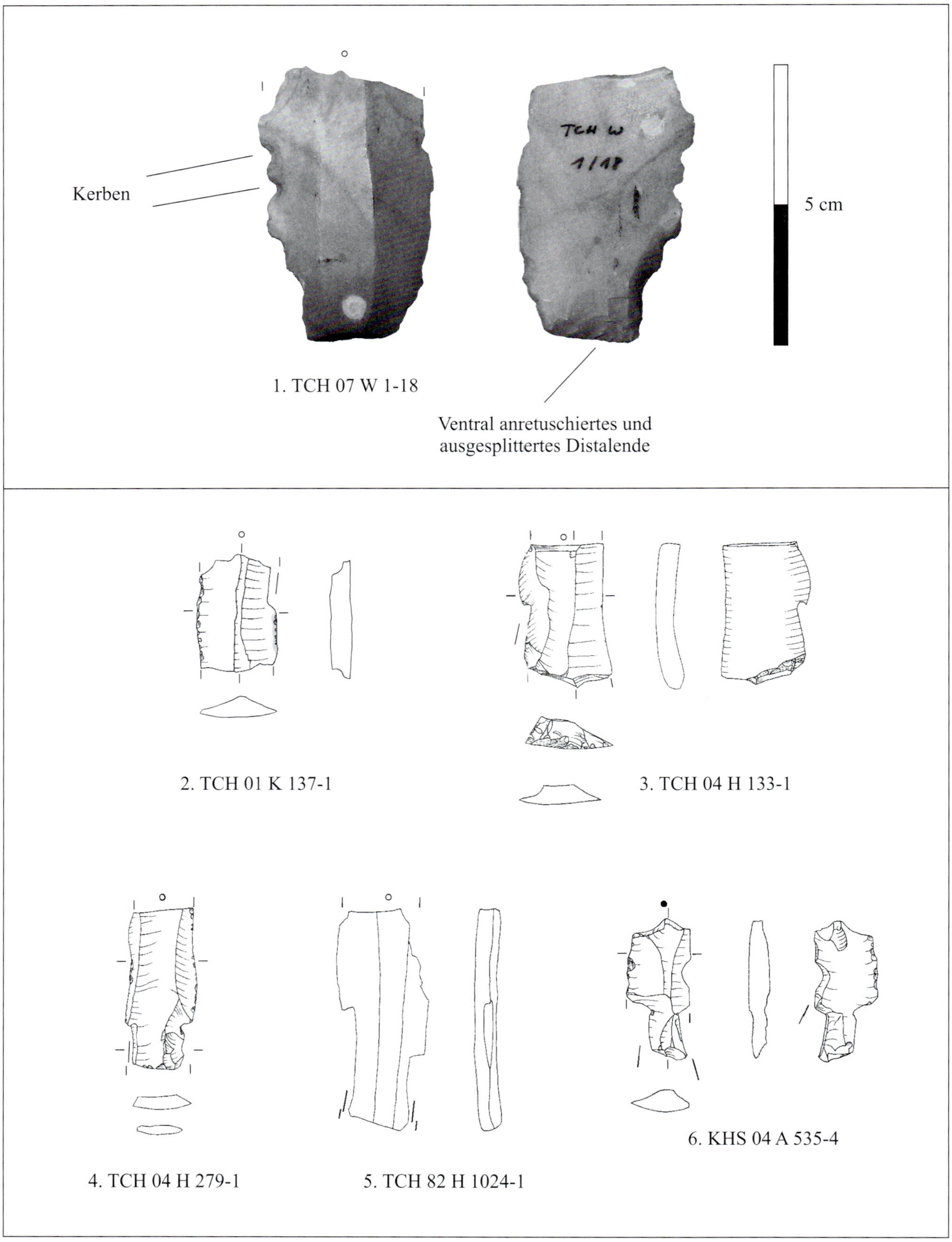

Abb. 3.82: 1. Gezähntes Segment, 2. Stichel an Klinge/Stichel an Bruch, 3. Stichel an Klinge/Stichel an Endretusche, 4.Stichel an Klinge/Stichel an Bruch, 5. Stichel an Klinge/Doppelstichel an Bruch, Stichel/Mehrfachstichel, M 1:2

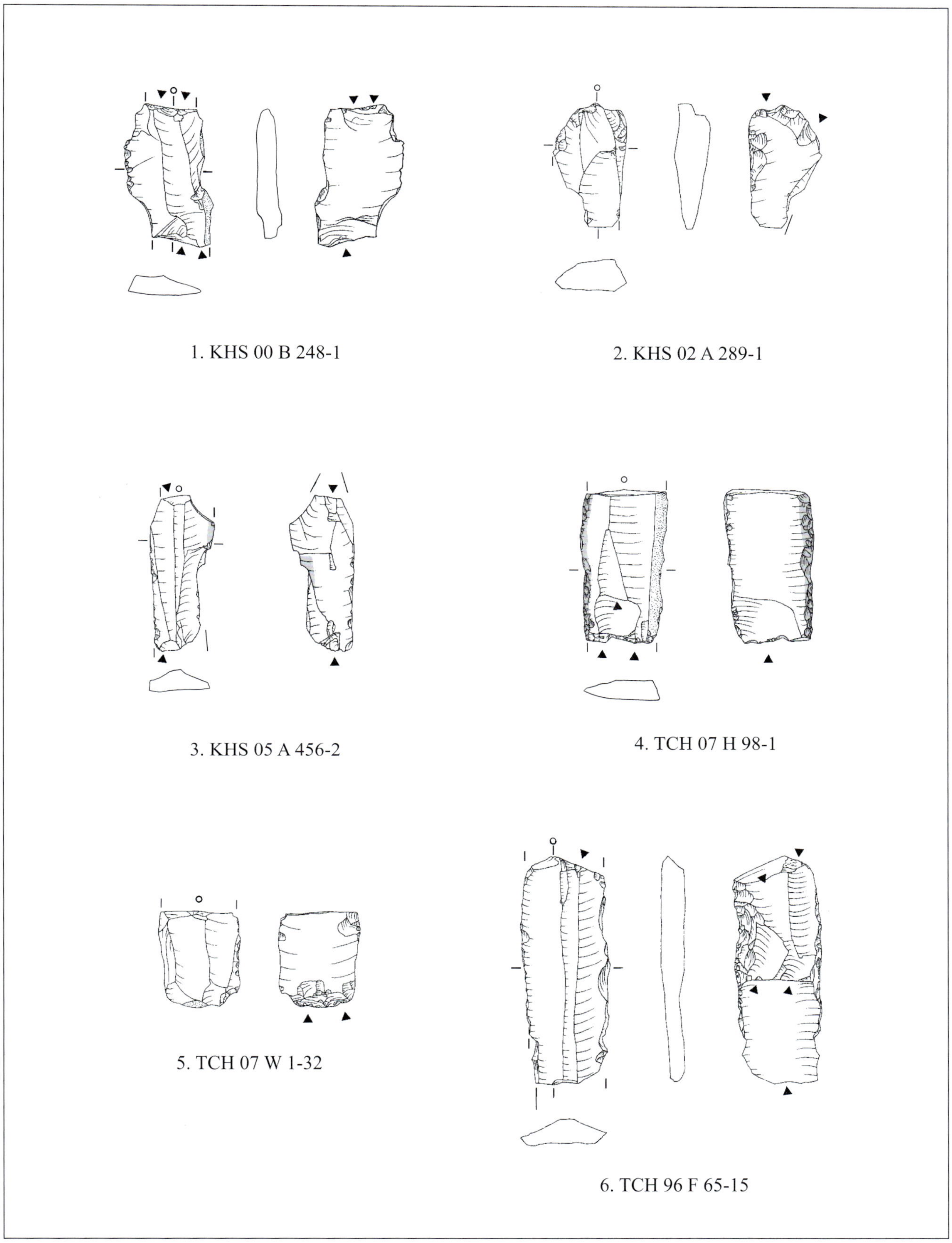

Abb. 3.83: 1. Ausgesplittertes Segment, 2. Ausgesplittertes Segment, 3. Ausgesplittertes Segment, 4. Ausgesplittertes Segment, 5. Ausgesplittertes Segment, 6. Ausgesplittertes Segment, M 1:2

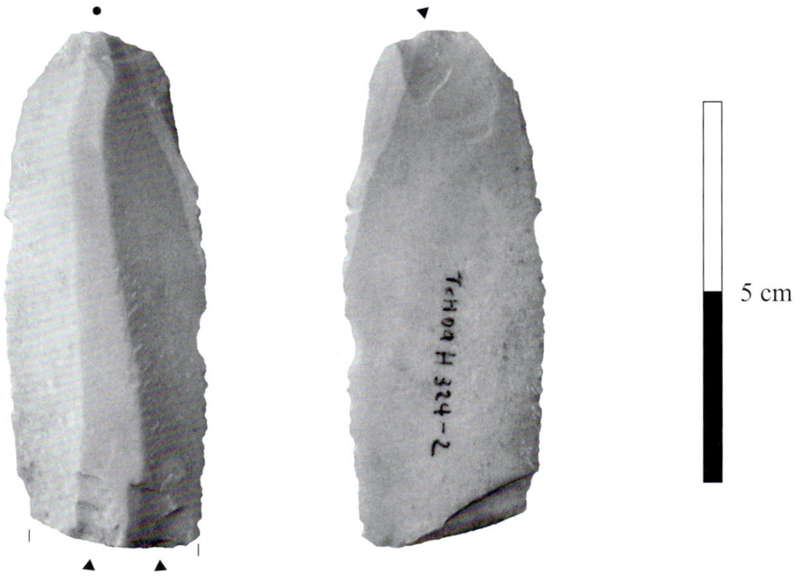

1. TCH 09 H 324-2

2. TCH 96 F 47-1

Abb. 3.84: 1. Ausgesplittertes Segment, 2. Kernbeil

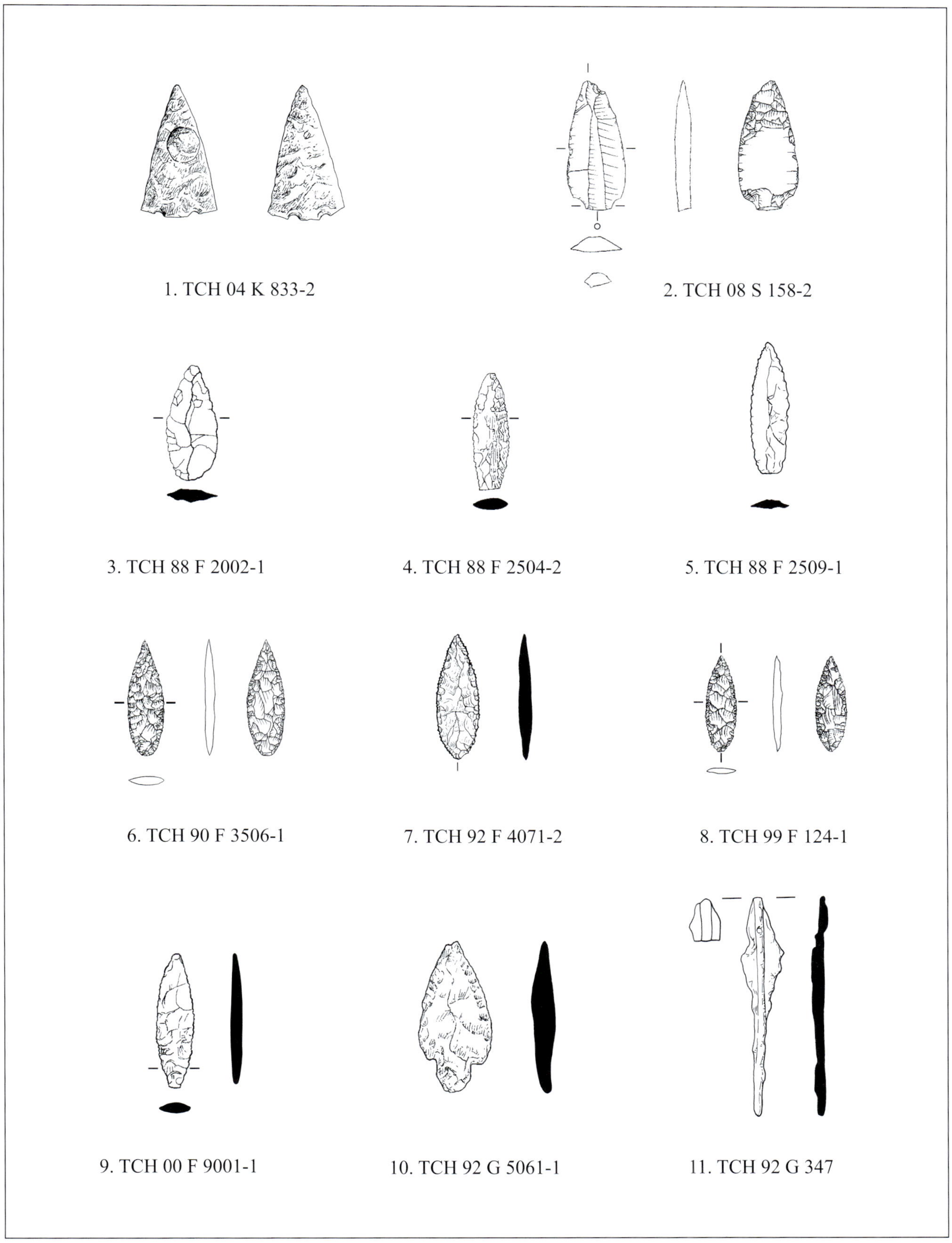

Abb. 3.85: 1-10. Steinerne Geschossspitzen aus Tell Chuēra, 2. Bronzene Pfeilspitze und Spitzenfragment aus Tell Chuēra, Bereich G (Kleinfund Nr. 347), M 1:2

1. Unifazial oberflächenretuschiertes Abschlagfragment aus Obsidian (TCH 11 X 0-255); links: Detailaufnahme der Dorsalseite; die Pfeile zeigen die Richtung an, aus der die Retuschierung erfolgte; rechts: unmodifizierte Ventralseite (M 1:1)

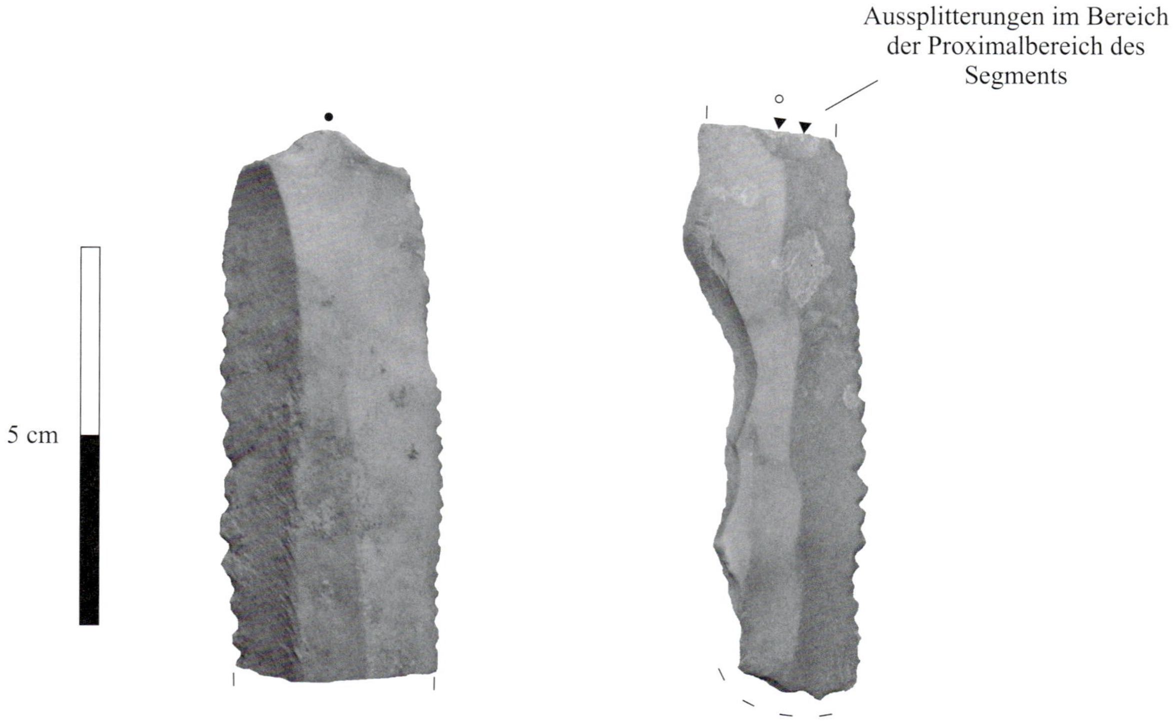

2. TCH 04 T 2026-1

3. TCH 07 ASA 226-8

Abb. 3.86: 1. Flächenretuschiertes Obisidian-Abschlagfragment, 2. Segment A 3 mit bilateraler Zähnung, 3. Segment B 2 auf Randklinge der Großklingenproduktion mit unilateraler Zähnung und proximalen Aussplitterungen, M 1:1

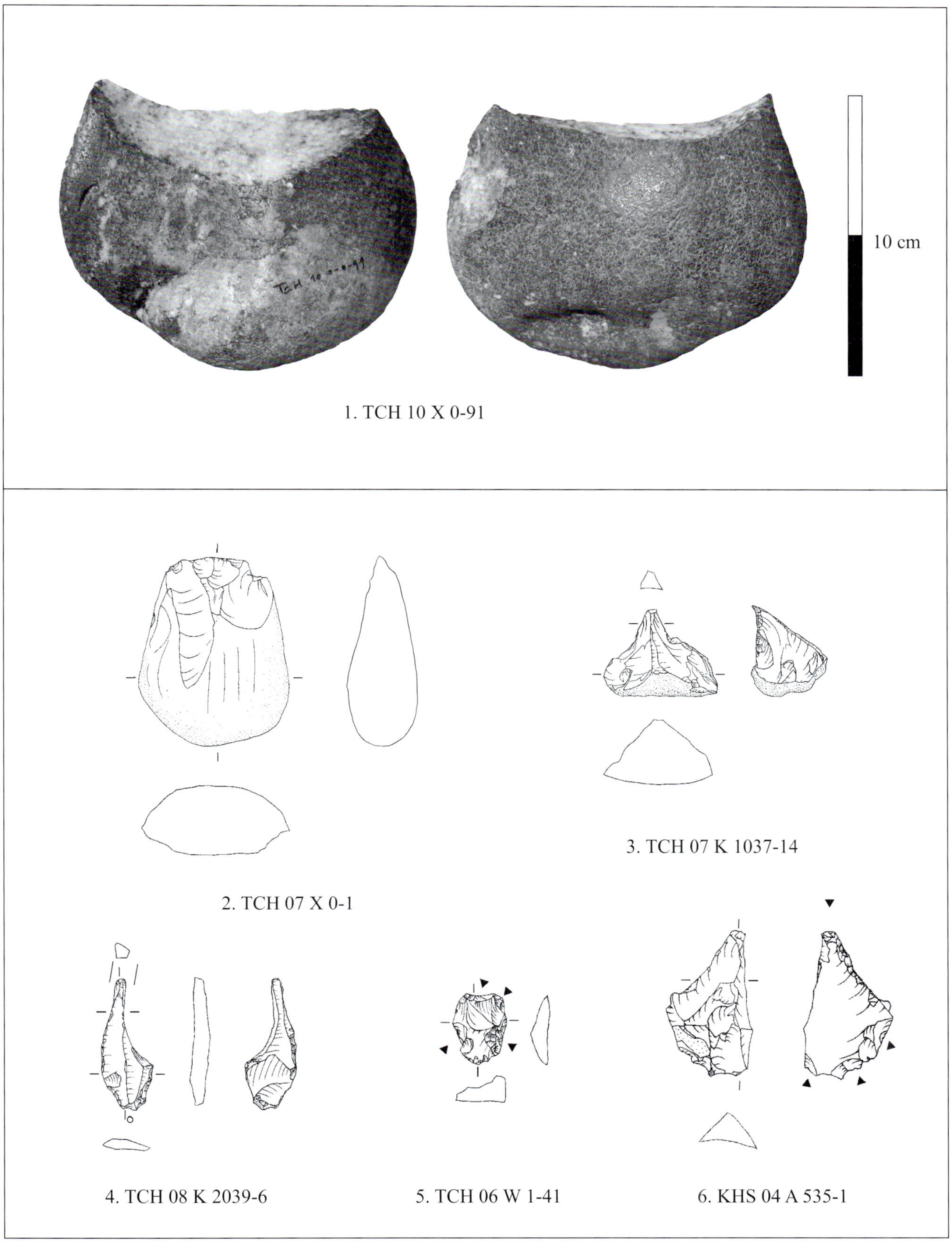

Abb. 3.87: 1. Hackwerkzeug, 2. Hackwerkzeug, 3. Kernbohrer , 4. Kernstichel, 5. Ausgesplittertes Stück, 6. Ausgesplittertes Stück, M 1:2

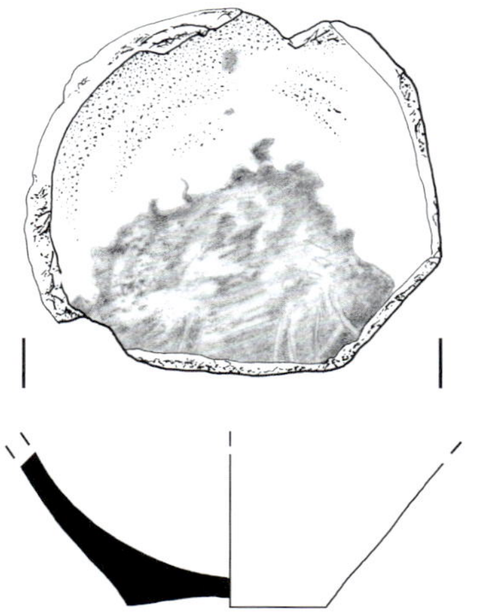

1. Gefäßboden mit Bitumenresten
(FundNr. TCH 06 W-1 275)

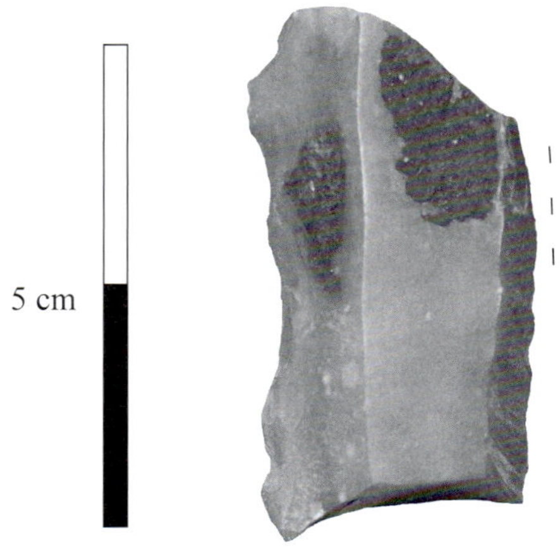

2. TCH 08 W 533-24

3. KHS 04 A 502-1

Abb. 3.88: 1. Gefäßboden mit Bitumenresten, M 1:2, 2. Segment D, Ansicht der Dorsalfläche mit anhaftenden Bitumenresten, 3. Segment E 2, Ansicht der Dorsal- und Ventralfläche mit anhaftenden Bitumenresten, M 1:2.

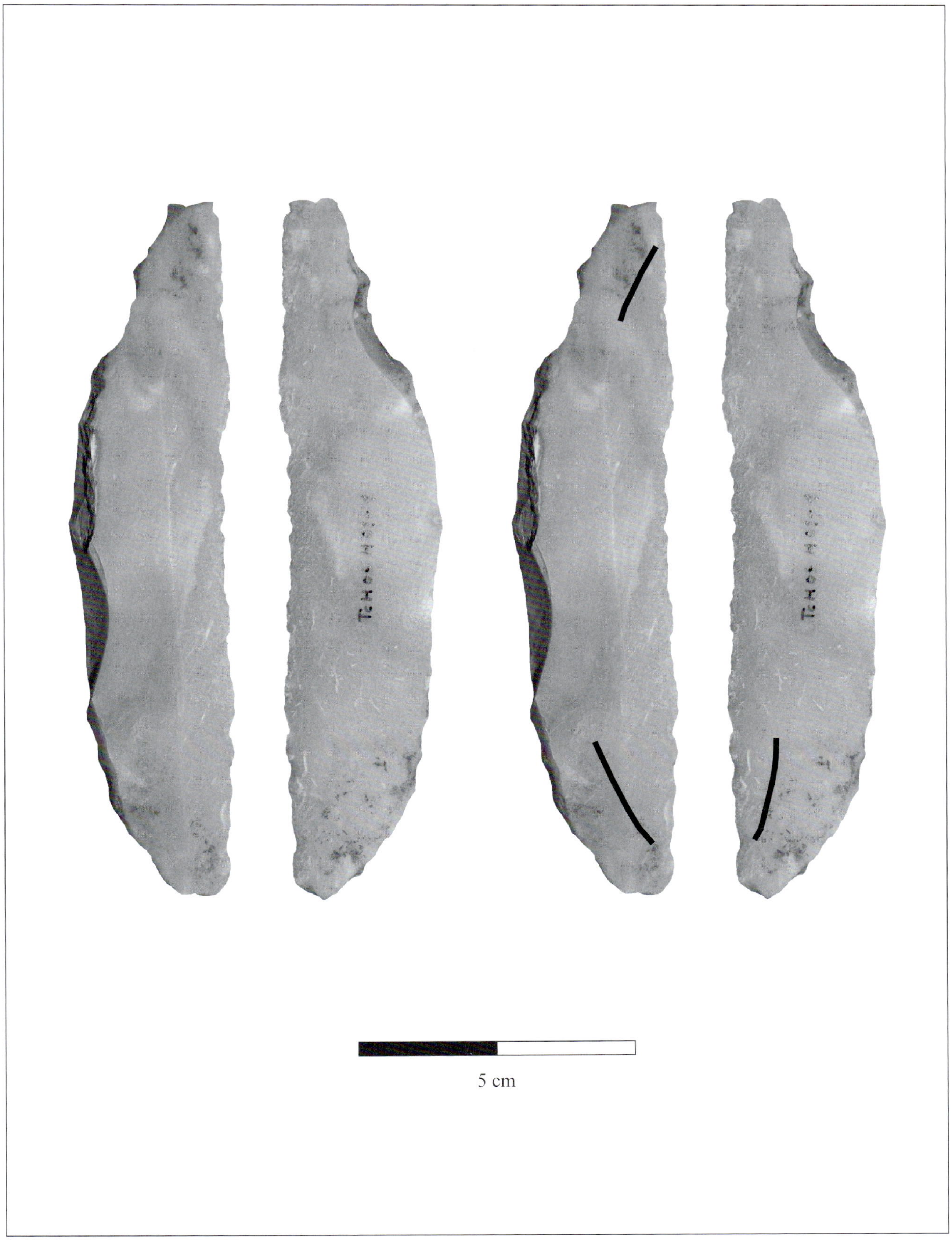

Abb. 3.89: Segment F (TCH 06 H 1-1) mit anhaftenden Bitumenresten; links: Ansicht der Dorsal- und Ventralseite; rechts: Hervorhebung der inneren Begrenzung der Schäftungsmasse

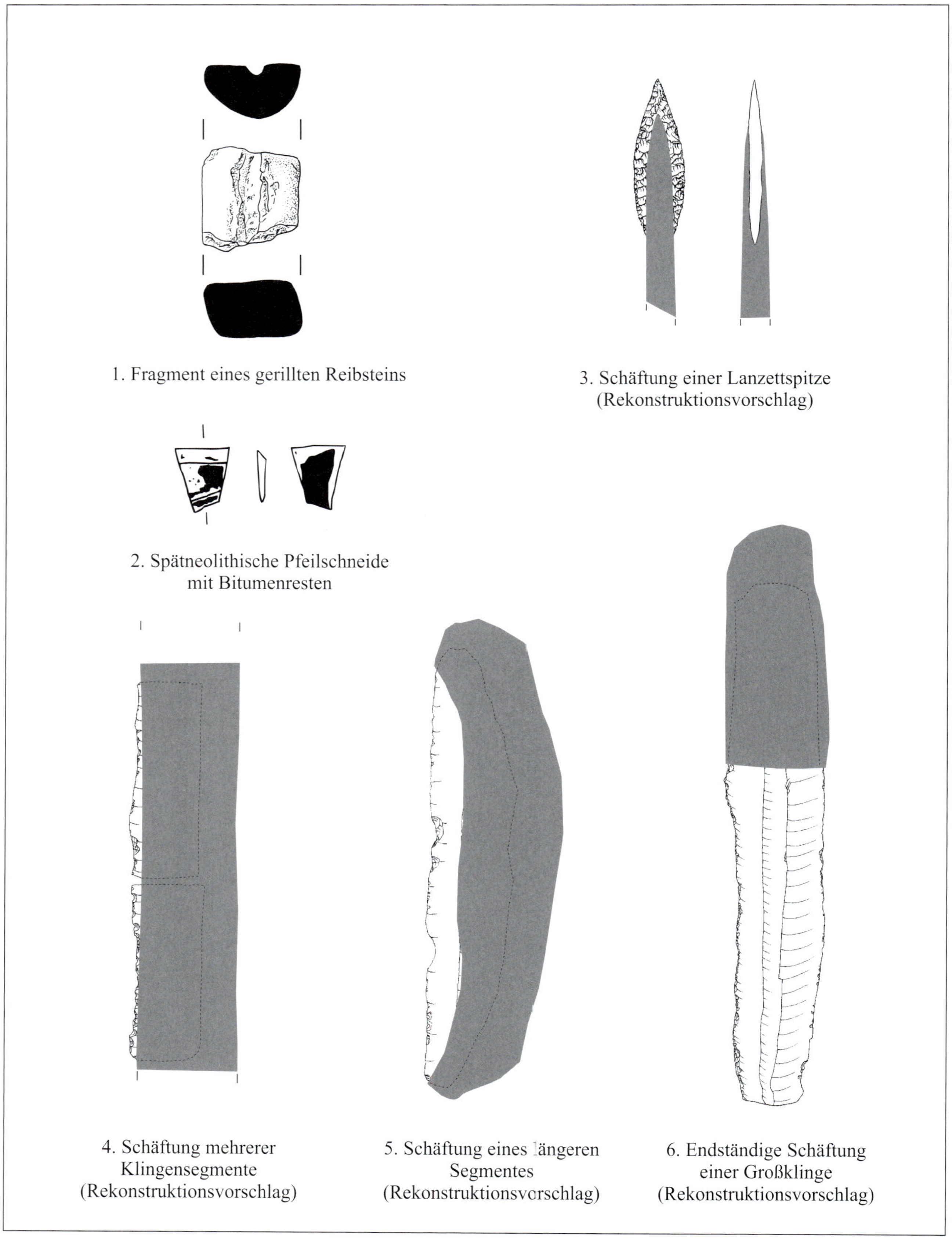

Abb. 3.90: 1. Fragment eines gerillten Reibsteins bzw. „Pfeilschaftglätters“, M 1:2, 2. Spätneolithische Pfeilschneide aus Tell Tawila, M 1:1, 3-5. Rekonstruktionsvorschläge für Lanzettspitze (3) und Großklingen (4-6)

4.
Die Analyse der Konsumtion

In diesem Kapitel befasse ich mich mit der funktionalen Interpretation der Silices. Ziel der Funktionsdeutung[1] ist es, die ökonomische Bedeutung der Steingeräte innerhalb des technologischen Systems der frühurbanen Gesellschaft zu rekonstruieren, um abschätzen zu können, auf welche Weise die wirtschaftliche Konsumtion der Steinartefakte mit der Produktion anderer Güter innerhalb der Siedlungen und somit mit der Subsistenz und den Alltagspraktiken der damaligen Bevölkerung verflochten war. Die Konsumtion der Steinartefakte durch Gebrauch bezeichnet die Stufe V der Chaîne Opératoire.

4.1 Der Verwendungszusammenhang der geschlagenen Steinartefakte in Tell Chuera und Kharab Sayyar

Unter dem Eindruck der evolutionistischen Implikationen des Dreiperiodensystems zeigte sich die frühe Forschung durch die Präsenz von Steingeräten in bronzezeitlichen Fundkontexten bisweilen irritiert. So bemerkte etwa E. F. Schmidt im Zusammenhang mit den zahlreichen steinernen Geschossspitzenfunden aus Tepe Hissar: „It is a strange fact that the people of Hissar III, who developed the most advanced metal culture of the site, preferred stone points for their arrows, although their spears and lances had elaborate heads of copper.“[2] Auf Altgrabungen wurden Silexfunde aus metallzeitlichen Fundkontexten bisweilen auch per se als Intrusivstücke gedeutet und weggeworfen.[3] Auch die frühen Ausgräber Tell Chueras versahen die frühbronzezeitlichen Steingerätefunde bis in die 1980er Jahre hinein mit Adjektiven wie „armselig“[4] oder „sehr urtümlich“[5], vermutlich, um den ihrer Meinung nach archaischen Charakter dieser Fundgruppe zu unterstreichen. Aus heutiger Perspektive erscheint es indessen klar, dass Geräte aus Stein einen festen Bestandteil des technologischen Systems der frühurbanen Siedlungen Vorderasiens bildeten.[6] In der vorliegenden Arbeit konnte bereits gezeigt werden, dass die lokalen Steingeräteindustrien auf der Ebene der Grundformerzeugung und Sekundärproduktion über das gesamte 3. Jt. v. u. Z. hinweg sehr homogen erscheinen. Innerhalb dieses Zeitraums ist kein Bedeutungsverlust der Steingeräteindustrien erkennbar. Im 3. Jt. v. u. Z. wurden zunehmend Werkzeuge und v. a. Waffen[7] aus Kupfer bzw. Kupferlegierungen (v. a. Arsenbronzen) hergestellt.[8] Ab der Mitte des 3. Jts. fanden dann zunehmend die technologisch hochwertigeren Zinnbronzen Verbreitung[9], die sich erstmals zu Beginn des 3. Jts. in Vorderasien nachweisen lassen.[10] Vor diesem Hintergrund kam dem geschlagenen Stein sicherlich teilweise die Rolle eines Substituts für metallene Schneiden zu, insbesondere da davon ausgegangen werden kann, dass metallurgische Erzeugnisse aus der Perspektive der individuellen Haushalte wertvoller und damit auch schwerer zu beschaffen waren als Silexmaterial. Daneben waren Silices aufgrund ihrer technologischen Eigenschaften (große Härte und Schärfe) für bestimmte Aufgaben auch noch genauso gut geeignet wie Metallgeräte.

Abschläge wie Klingen konnten prinzipiell als schneidende Multifunktionsgeräte und bei entsprechender Nachbearbeitung der Grundform auch als stechende Gerätschaften Verwendung finden. Aufgrund ihres Länge-Breite-Verhältnisses und der Möglichkeit, einzelne Segmente in einer Schäf-

1 Für eine tabellarische Zusammenfassung der im Folgenden erörterten funktionalen Deutung verweise ich auf die Tabelle 4.1.6-I am Ende dieses Kapitels.

2 Schmidt 1937: 219.

3 Zum Beispiel auf den Altgrabungen in Ras Shamra-Ugarit, wo Silices É. Coqueugniot (2006: 326) zufolge jahrzehntelang als „pollutions stratigraphiques“ angesehen und weggeworfen wurden.

4 Moortgat-Correns u. a. 1988: 68.

5 Moortgat 1967: 28.

6 Zusammenfassend Rosen 2012; Coqueugniot 2006.

7 Die Herstellung von Schmuckobjekten aus Kupfer lässt sich bis ins Neolithikum zurückverfolgen.

8 Bianchi – Franke 2011: 202.

9 Akkermans – Schwartz 2005: 270-271.

10 Weeks 2012: 309.

tung zu kombinieren, lieferten Klingen dabei im Vergleich zu den Abschlägen längere, regelmäßiger geformte und daher letztlich effizientere Schneiden.

Über die Materialien, die mit Hilfe von Steingeräten bearbeitet wurden, gibt die Morphologie der Artefakte nur begrenzt Auskunft. Einige bereits mit dem bloßen Auge bzw. mit der Handlupe identifizierbare Gebrauchsspuren erlauben jedoch durchaus Rückschlüsse auf den Funktionszusammenhang der Objekte. Diesbezüglich ist besonders auf die Aus-prägung von Glanzzonen an Silexartefakten, den so genannten Sichelglanz zu verweisen. Auch moderne Versuche mit rekonstruierten Steingeräten bzw. mit Silices bestückten Gerätschaften können Hinweise auf den Verwendungszweck der Stücke liefern.[11] Hierbei ist jedoch zu bedenken, dass die Versuche letztlich Analogien erzeugen, die bestimmte Funktionsweisen plausibel machen können, diese aber nicht belegen.[12] Das Gleiche gilt für ethnographisch beobachtete Funktionszusammenhänge von Steinartefakten.[13] Günstigenfalls lässt sich auch aus Fundkontexten auf die Funktion von Artefakten schließen.[14]

Ein innovativer und in jüngerer Zeit methodisch stark weiterentwickelter Ansatz besteht in der mikroskopgestützten Analyse von Gebrauchsspuren.[15] Um das Potential der Gebrauchsspurenanalyse in die Untersuchung der Steingeräteindustrien Tell Chueras und Kharab Sayyars einzubeziehen, wurde eine Auswahl von Großklingen im Labor des archäologischen Instituts der Universität Leiden untersucht. Die Funktionsdeutung von Gebrauchsspuren basiert im Wesentlichen auf einer systematischen Erfassung und Dokumentation von Merkmalen, die anschließend mit einem Korpus von Referenzdaten verglichen werden. Diese Referenzdaten entstammen in der Regel Beobachtungen an modern replizierten Steinartefakten, mit denen unterschiedliche Materialien bearbeitet wurden.[16] Obwohl die labortechnische Ausrüstung, die bei der mikroskopgestützten Gebrauchsspuranalyse zur Anwendung kommt, das Bild einer „exakten Wissenschaft“ evozieren kann, handelt es sich bei dieser Methode – wie bei anderen archäologischen Ansätzen auch – um ein auf Analogieschlüssen basierendes Vorgehen, wodurch ihr Erkenntnispotential allerdings nicht geschmälert wird. J. C. Whittaker fasst diese Problematik wie folgt zusammen: „Although use-wear studies promise to give exact information on the use of tools, they are not without problems. In the first place, they too rely on building up a body of analogy through experiment (…). Some feel, that there is a good deal of subjectivity and observer error in use-wear studies, but the same can probably be said of any analysis of stone tools."[17]

4.1.1 Die funktionale Interpretation der Abschläge und Abschlaggeräte

Zahlreiche experimentalarchäologische Versuche konnten zeigen, dass einfache unretuschierte Abschläge auch ohne weitere Bearbeitung effektive Schneidwerkzeuge darstellen. Ich vermute, dass einfache Abschläge häufig beim Schlachten von Tieren, bei der Schlachttierzerlegung sowie bei der Verarbeitung anderer tierischer Primärprodukte (Leder, Knochen) zum Einsatz kamen.[18] Im Zusammenhang mit der Beschreibung einer experimentellen Schlachtung eines Schafes, bei der eine Auswahl unterschiedlicher Abschlag- und Geräteformen Verwendung fanden, notiert J. C. Whittaker, dass sich unretuschierte Abschläge sehr gut für das Schneiden von Fleisch eignen: „A simple flake is adequate for butchering any animal up to the size of a deer (...). If you are just cutting meat, a sharp, unretouched edge cuts more cleanly and faster."[19] Zu einer ähnlichen Einschätzung kommen C. Schütz u. a. im Zusammenhang mit dem Häuten und Zerlegen von Damwild im Rahmen eines Versuchs, bei dem der gesamte Handlungsablauf detailliert protokolliert wurde: „Obwohl dem Experimentator seit langem die jeglichem modernen Schneidwerkzeug bei weitem überlegene Schnittleistung unretuschierter Artefakte aus amorphen Gesteinsarten bekannt ist, soll nicht unerwähnt bleiben, daß er in gleichem Maße wie die Zuschauer über ihre außerordentlich unproblematische Handhabung verblüfft war. Alle Artefakte wurden mit der bloßen rechten Hand ungeschäftet geführt, und der hierzu notwendige Kraftaufwand ist von jedem Erwachsen leicht zu erbringen. (…) Man wird wohl davon ausgehen dürfen, daß zu allen steinzeitlichen Perioden für Schneidearbeiten vorzugsweise unretuschierte Artefakte verwendet wurden."[20]

Auch P. R. Jones kommt – um an dieser Stelle nur ein weiteres Beispiel anzuführen – im Ergebnis einer Reihe von „butchering experiments“ zu dem Schluss, dass sich einfache Abschläge gut für die Zerlegung kleinerer Schlachttiere, wie z. B. Ziegen eignen[21]. Ein Problem bei der Handhabe frisch

11 Vgl. z. B. Paulsen 1990b; Anderson 1994; Whittaker 1994: 243-257; 282-283.

12 „Experimentation has an important limit. It does not tell you how a particular prehistoric tool was used; it tells you only how it could have been used (...)" (Whittaker 1994: 282).

13 Ethnographische Beispiele für die Nutzung von Silexartefakten sind nicht besonders zahlreich; eine aktuelle Übersicht zu diesem Thema liefert McCall 2012.

14 Whittaker 1994: 281-282; für einige konkrete Bsp. vgl. z. B. Chevalier u. a. 1982; Coquegniot 1993.

15 Zusammenfassend: van Gijn 2010: 27-31.

16 Vgl. z. B. Unger-Hamilton u. a. 1987.

17 Whittaker 1994: 285.

18 Die Verwendung von Silexartefakten als Schlachtmesser lässt sich durch eine Gebrauchsspurenanalyse nur schwer ermitteln, da sie – abgesehen von punktuellen Polituren, die aus dem Kontakt der Schneide mit dem Knochen resultieren können – kaum diagnostische Spuren auf den Silices hinterlässt (van Gijn 2010: 63; Schütz u. a. 1990: 253-254).

19 Whittaker 1994: 245.

20 Schütz u. a. 1990: 234, 249.

21 Jones 1980: 159.

geschlagener und ungeschäfteter Abschläge, auf das experimental arbeitende Archäologen mehrfach hingewiesen haben, besteht darin, dass man sich beim Führen des Abschlages leicht selbst kleine Schnittverletzungen zufügen kann. Bei Abschlägen mit umlaufender, scharfer Kante kann die Kraft nur mittels der Finger ausgeübt werden; ansonsten besteht die Gefahr, dass die der Schneide gegenüberliegende Partie die Innenseite der Hand verletzt.[22]

Abschlägen mit retuschierten Kantenpartien (Geräteklasse: retuschierter Abschlag) sind im Vergleich zu den unretuschierten Stücken zwar weniger scharf, stellen dafür jedoch ein robusteres und bei einer ungeschäfteten Handhabe leichter zu kontrollierendes Schneidwerkzeug dar. Nach Whittaker sind Abschlagartefakte mit retuschierten Kanten z. B. gut dafür geeignet, Fleisch im Bereich der Gelenke herauszulösen oder Schlachttiere zu häuten ohne dabei abzurutschen und die Tierhaut zu zerschneiden. Außer einer möglichen Funktion als robustere Schneide, dürfte die Präsenz retuschierter Abschläge auch darauf hindeuten, dass Stücke mit verstumpften Kanten gelegentlich länger benutzt und teilweise durch laterale Retuschen nachgeschärft wurden.[23]

Steil retuschierte Kanten, wie sie sich an den Artefakten finden, die in dieser Arbeit als Abschlagschaber und -kratzer klassifiziert wurden, können ebenfalls als Schneidgeräte Verwendung gefunden haben, wahrscheinlich eigneten sie sich jedoch insbesondere zum Ausschaben von Tierhäuten und zur Bearbeitung härterer organischer Materialien (Knochen, Holz).[24] Auch retuschierte wie unretuschierte Abschläge wurden vermutlich außer zum Schneiden von Fleisch und Leder auch zur Holzbearbeitung, wofür sie fraglos gut geeignet sind[25] und ebenso sicher auch zur Herstellung von Knochengerät, das an beiden Fundplätzen belegt ist[26], eingesetzt. Scharfe unretuschierte Schneiden nutzen sich bei einer Bearbeitung härterer Materialien allerdings schnell ab, sodass anzunehmen ist, dass bei betreffenden Arbeiten eher auf Artefakte mit steil retuschierten Kanten zurückgegriffen wurde.[27] Für gekerbte Abschläge (Geräteklasse: Hohlkerbe an Abschlag) ist verschiedentlich eine Funktion als schabendes Gerät und ein Zusammenhang mit der Holzbearbeitung postuliert worden.[28] Die funktionale Deutung von Abschlägen mit polaren Aussplitterungen (Geräteklasse: ausgesplitterter Abschlag) ist strittig, da die Ausprägung entsprechender Morphologien durchaus verschiedene Ursachen haben kann. Vielfach wird angenommen, dass sie aus einer meißelartigen Belastung der Stücke resultieren und daher mit der Bearbeitung von Knochen oder Holz in Zusammenhang stehen könnten.[29] Für die vereinzelten, in Stichelschlagtechnik modifizierten Abschläge aus Tell Chuera (Geräteklasse: Stichel an Abschlag) sind – sollte es sich nicht um zufällige Morphologien handeln – verschiedene Funktionen denkbar. Traditionell sind Stichel von archäologischer Seite aus als Gravurgeräte und Geräte zur Herstellung von Rillen im Kontext der Knochen- und Holzbearbeitung gedeutet worden, Studien zu den Gebrauchsspuren an prähistorischen Sticheln legen jedoch nahe, dass eine Modifikation durch Stichelschläge auf eine ganze Bandbreite von Ursachen und Funktionen (Schaben, Schnitzen, Schneiden, schäftungsbezogene Modifikation) zurückzuführen ist.[30]

Die wenigen Abschläge, die eine herausretuschierte Spitze aufweisen (Geräteklasse: Bohrer an Abschlag), kamen wahrscheinlich beim Durchstechen und Durchbohren weicherer (Leder, Textilen) und härterer Materialien zum Einsatz.[31] Mit Blick auf Tell Chuera ist diesbezüglich an die Verarbeitung von Molluskenschalen zu Anhängern und Intarsien zu denken, die im lokalen Fundspektrum vorkommen.[32]

Zusammenfassend lassen sich die Abschlaggeräte beider Fundorte am besten als vielseitig verwendbare Allzweck- bzw. „Küchenmesser" frühbronzezeitlicher Haushalte interpretieren. Mit ihnen wurde Fleisch geschnitten, wahrscheinlich dienten sie daneben zur Bearbeitung von Leder, Knochen und Holz. Für die unretuschierten Abschläge kommt gleichermaßen eine Deutung als ungenutzter Produktionsabfall wie eine Interpretation als kurzfristig verwendetes Schneidgerät infrage. Diese Deutung ist m. E. auch auf andere frühbronzezeitliche Fundorte in Nordmesopotamien, an denen eine Abschlagindustrie dokumentiert wurde, zu übertragen.

Betrachtet man ausschließlich die Grabungsbereiche in Tell Chuera in denen mehr als 50 Abschläge geborgen wurden (vgl. Tabelle 4.1.1-I), zeigt sich, dass das „Häuserviertel" Bereich K den höchsten Prozentsatz an modifizierten Abschlägen erbrachte (25,4 Prozent). Es folgen die Grabungsbereiche H (Oberstadt) und W (südöstliche Unterstadt), wo der Prozentsatz der Abschlaggeräte bei jeweils um die 20 Prozent liegt. Im Bereich F (frühbronzezeitlicher Palast und Nachnutzung des Palastbereiches) beträgt der Anteil der modifizierten Abschläge 15 Prozent.

22 Vgl. z. B. Schütz u. a. 1990: 253; Whittaker 1994: 245. Das Verletzungsrisiko kann deutlich gemindert werden, wenn der Abschlag mithilfe eines dünnen Lederstücks geführt wird. Eine Kollegin wies mich freundlicherweise auf den Fund eines Abschlags an einem chalkolithischen Fundplatz im Nordirak hin, der in einen kleinen Tonbatzen eingesetzt war; vermutlich um eine verbesserte Handhabe zu gewährleisten.

23 Schneidenpartien geschlagener Steinartefakte nutzen sich aufgrund der großen Sprödigkeit des Materials schnell ab (Whittaker 1994: 243; Crabtree – Davis 1968: 428).

24 Hahn 1993: 218, 224; Whittaker 1994: 246; Rosen 1997: 87; Pollock 2008: 54.

25 Zur Holzbearbeitung mittels einfacher Abschläge vgl. z. B. Crabtree – Davis 1968 und Veil 1990.

26 Vgl. z. B. Hempelmann 2013: 266.

27 Vgl. Whittaker 1994: 246.

28 Vgl. z. B. Hahn 1993: 254; Rosen 1997: 90; Kooyman 2000: 102.

29 Vgl. z. B. Hahn 1993: 249-250; Kooyman 2000: 104; Connolly 2003: 368.

30 Hahn 1993: 230; Barton 1996.

31 Vgl. z. B. Hahn 1993: 237; Pollock 2008: 54.

32 Vgl. z. B. Moortgat 1960b: Abb. 34, Abb. 40.

Grabungs-bereiche	Abschläge ins-gesamt (n)	Unmodifizierte Abschläge (n)	Unmodifizierte Abschläge (f)	Abschlaggeräte (n)	Abschlaggeräte (f)
Bereich TCH-F	185	158	85,4	27	14,6
Bereich TCH-H	69	56	81,2	13	18,8
Bereich TCH-K	122	91	74,6	31	25,4
Bereich TCH-W	236	186	78,8	50	21,2

Tabelle 4.1.1-I: Absolute (n) und relative (f, in Prozent) Häufigkeit unmodifizierter und modifizierter Abschläge aus Grabungsbereichen in Tell Chuera [Die Angabe der relativen Häufigkeiten (f) bezieht sich auf die Gesamtmenge der Abschlagfunde aus einem Bereich; die spätchalkolithischen Abschläge aus dem Bereich K bleiben ausgeklammert].

4.1.2 Die funktionale Interpretation der einfachen Klingen und Klingengeräte

Prinzipiell kommt für die einfachen Klingen und Großklingen wie auch für die Abschläge eine Funktion als multifunktionales Schneidgerät in Betracht. Laterale, mit dem bloßen Auge erkennbare, lackartig ausgeprägte Glanzzonen, so genannter Sichelglanz[33], verweisen jedoch darauf, dass es sich bei dem Kontaktmaterial der Steinklingen häufig, wenn auch nicht immer[34], um kieselsäurehaltige Süßgräser (Gramineae) wie Getreide oder Schilf handelte. Dies kann als Hinweis auf einen agrarischen Funktionszusammenhang (Mahd, Getreidedrusch, s. u.) gedeutet werden, woraus sich die besondere wirtschaftsarchäologische Bedeutung dieser Objekte ableitet. Auffällig ist, dass das Merkmal Sichelglanz viel seltener an einfachen Klingen als an Großklingen beobachtet werden konnte (vgl. Tabelle 4.1.2-I): Während an beiden Fundorten etwa die Hälfte der Großklingen laterale Glanzzonen aufweisen (TCH: 50,1 Prozent, KHS: 47,4 Prozent), lassen nur 10,8 Prozent der einfachen Klingen aus Tell Chuera und 12,5 Prozent der einfachen Klingen aus Kharab Sayyar Sichelglanz erkennen.[35] Diese Beobachtung spricht m. E. dafür, dass die kanaanäischen und die einfachen Klingen innerhalb des technologischen Systems unterschiedliche Funktionen erfüllten. Einfache Klingen wurden offenbar deutlich seltener in einem agrarischen Kontext (siehe hierzu Teilkapitel 4.1.3) verwendet. Verstärkt wird der Eindruck eines Funktionsunterschieds dadurch, dass die einfachen Klingen im Vergleich zu den Großklingen an beiden Fundorten in weit geringerer Zahl auftreten[36] und dass eine Reihe formgebender Modifikationen – insbesondere die bogenförmige Endretusche – nahezu ausnahmslos auf die Großklingen beschränkt bleibt (vgl. Teilkapitel 3.3.2.2, bes. Tabelle 3.3.2.2-III und 3.3.2.2-IV). Bei den modifizierten Kleinklingen handelt es sich hingegen fast durchweg um einfache Segmente (= Geräteklasse A).[37].

Ich vermute, dass Segmente einfacher Klingen, abgesehen von einer m. E. kaum widerlegbaren Funktion als Multifunktionsschneiden, in erster Linie für präzise und kleinteilige Schneidearbeiten eingesetzt wurden. Dies gilt insbesondere für die Klingensegmente aus Obsidian, die zusammengenommen eine kleine aber distinkte Komponente des frühbronzezeitlichen Gerätespektrums beider Fundorte bilden (vgl. Teilkapitel 3.1.5). Der geringe Anteil der Obsidianklingen ist in funktionaler Hinsicht nicht leicht zu deuten. Möglicherweise spielte jedoch die enorme Schärfe der Stücke eine Rolle. Unretuschierte Obsidianklingen sind weitaus schärfer als Stahl, weshalb in den letzten Jahrzehnten z. B. wiederholt erwogen wurde, sie als Skalpelle im modernen Chirurgiebetrieb einzusetzen.[38] Aufgrund dieser Materialeigenschaft halte ich es für vorstellbar, dass Obsidianklingen in den frühbronzezeitlichen Siedlungen als Präzisionsschneiden dienten, möglicherweise auch im medizinischen und kosmetischen Bereich, z. B. als Rasiermesser. Dass Schneiden aus Obsidian (akkad. ṣurru-Stein[39]) in Mesopotamien bei medizinischen Operationen

33 In der deutschsprachigen Literatur wird Sichelglanz auch als „Lackglanz" oder „Pflanzenstein" bezeichnet (Hahn 1993: 276). Experimente haben gezeigt, dass Sichelglanz „nach etwa 90 Minuten Schneiden von Getreide" entsteht (Hahn 1993: 278). Der Prozess, der zur Ausprägung von Sichelglanz-Zonen an Silexartefakten führt, ist bis heute nicht restlos geklärt; innerhalb der Forschung werden verschiedene Theorien diskutiert: Einige Forscher nehmen an, dass sich bei dem Kontakt des Artefakts mit dem Pflanzenmaterial ein Kieselgel bildet, das bei der Formierung des Glanzes eine wichtige Rolle spielt. Andere Wissenschaftler betonen die Bedeutung chemischer und mechanischer Vorgänge oder verweisen auf eine Kombination mehrerer Faktoren. Auch die Rolle postdepositionaler Einflüsse auf die chemische Zusammensetzung des Glanzes bildet den Gegenstand einer Diskussion. Für eine kurze Zusammenfassung der unterschiedlichen Ansätze vgl. Kamińska-Szymczak 2002: 111-112; 119-120.

34 Van Gijn 2010. 66.

35 Prozentangaben unter Ausschluss der Obsidianklingen, an denen kein Sichelglanz zur Ausprägung kommt.

36 In Tell Chuera liegt das Verhältnis der Großklingen zu den einfachen Klingen bei etwa 5:1, in Kharab Sayyar bei etwa 6:1 (vgl. Teilkapitel 3.1.5).

37 In Tell Chuera gehören 83,4 Prozent, in Kharab Sayyar 87,5 Prozent der modifizierten Klingen in diese Geräteklasse.

38 Vgl. z. B. Buck 1982; Disa u. a. 1993. Im Warensortiment einiger medizinischer Versandhäuser finden sich obsidianarmierte medizinische Skalpelle heute als Nischenprodukt.

39 Streck 2005: 8-9. Nach M. P Streck (RLA) bezeichnet der

verwendet wurden, implizieren vereinzelte Belege in medizinischen Texten, die jedoch – was einschränkend anzumerken ist – aus späteren Perioden stammen.[40]

Im Gegensatz zu Feuerstein, diente Obsidian im 3 Jt. v. u. Z. zur Herstellung von Schmuckobjekten wie Perlen, Anhängern und Gefäßen[41]; auch aus dem Bereich des frühbronzezeitlichen Palastes F in Tell Chuera ist der Fund eines Ringfragments aus Vulkanglas bezeugt.[42] Es ist anzunehmen, dass der Werkstoff Osidian v. a. aufgrund seiner optischen Qualitäten eine hervorgehobene Wertschätzung erfuhr. Textstellen, die aus späterer Zeit stammen, sprechen dafür, dass Obsidian neben seiner Verwendung als Gerät und Schmuckstein auch bei magisch-apotropäischen Praktiken zum Einsatz kam; Obsidianimporte nach Mesopotamien sind noch für die mittelassyrische Zeit bezeugt.[43] Die Möglichkeit, dass aus Vulkanglas gefertigte Klingen neben ihrer Funktion als Schneiden auch ein gewisser symbolischer Wert beigemessen wurde kann vor diesem Hintergrund zumindest in Betracht gezogen werden. In Tell Chuera und Kharab Sayyar wurden jedoch keine Fundzusammenhänge dokumentiert, durch die sich diese Vermutung weiter erhärten ließe.

Ausschließlich aus Tell Chuera liegen einzelne Funde von Bohrern vor, die aus einfachen Klingen (n = 3) und Großklingen (n = 11) hergestellt wurden. An mehreren mesopotamischen Fundorten konnte anhand aussagekräftiger Fundzusammenhänge gezeigt werden, dass Klingenbohrer und bestimmte endretuschierte Geräteformen mit großer Wahrscheinlichkeit bei der Verarbeitung von Perlmutt, Muschelschalen und Schmuckstein (Lapislazuli, Karneol, Alabaster) zu Intarsien bzw. Perlen zum Einsatz kamen.[44] Für den nordmesopotamischen Raum ist in diesem Zusammenhang besonders auf einen umfangreichen Fundkomplex aus dem in die Periode Frühdynastisch III datierten Palast in Mari (Palast P 1 bzw. Palais Présargonique) zu verweisen, den É. Coqueugniot plausibel als Hinweis auf einen in die Palastanlage integrierten Werkstattbereich gedeutet hat, in dem Perlmutt zu Intarsien verarbeitet und gleichzeitig das für diesen Zweck benötigte Steingerät fabriziert wurde.[45]

In Tell Chuera und Kharab Sayyar konnten entsprechende Fundkontexte bislang noch nicht dokumentiert werden; jedoch vermute ich, dass die kleinformatigen Bohrer beim Perforieren, Ritzen und Gravieren kleiner Objekte aus härterem Material zum Einsatz kamen: Perlen und andere ornamentale Objekte aus Schmuckstein und Molluskenschalen bilden in beiden Siedlungen einen Bestandteil des Fundspektrums.[46] Als Arbeitsmittel für die Bearbeitung dieser Werkstoffe kommen neben hölzernen und kupfernen Bohrerspitzen[47] auch Silexbohrer in Betracht. Für Klingenbohrer, die ein längliches, mittelständiges Bohrerende aufweisen, ist dabei eine Interpretation als Armierung bogenbetriebener Bohrer vorgeschlagen worden.[48] Mit diesen lässt sich – wie entsprechende Experimente gezeigt haben – hartes Werkmaterial effizient bearbeiten. Hierauf haben etwa R. Unger-Hamilton u. a. im Zusammenhang mit einem Versuch hingewiesen, bei dem frühdynastische Klingenbohrer aus Tell Abu Salabikh repliziert und danach auf unterschiedliche Weise an Bohrstäben befestigt wurden.[49]

Term ṣurru Obsidian, Bergkristalle und Quarz. Hingegen gehen die Verfasser des Assyrian Dictionary of the Oriental Institute of the University of Chicago (CAD) davon aus, dass der Begriff ṣurru auch Feuersteinmaterial beschreiben kann („ṣurru A s; 1. Obsidian, flint, 2. flint blade"), was Streck allerdings bezweifelt; u. a. weist Streck darauf hin, dass in verschiedenen Textquellen Schmuckobjekte aus ṣurru-Stein genannt werden, die nach Aussage der archäologischen Funde aus Vulkanglas, aber nicht aus Feuerstein bestanden.

40 Streck 2005: 9; CAD: 259; in einer babylonischen Beschwörungsformel zur Heilung von Augenleiden wird ebenfalls die Gefahr beschrieben, dass in letzter Konsequenz das steinerne Messer eines Operateurs zum Einsatz kommen könnte (vgl. Geller 2010: 92).

41 Zusammenfassend: Moorey 1994: 70.

42 TCH 90 F 3528-3.

43 Streck 2005: 9; CAD: 258.

44 Vgl. z. B. Crowfoot Payne 1980 (Tell Abu Salabikh); Chevalier u. a. 1982 (Larsa); Unger-Hamilton u. a. 1987; Coqueugniot 1993 (Mari); 2006 (Mari, Larsa); zusammenfassend Moorey 1994: 106-107.

45 Vgl. Coqueugniot 1993; 2006. Coqueugniots Analyse beinhaltete eine experimentalarchäologische Ebene. Die Arbeitsschritte der Perlmuttbearbeitung wurden mit replizierten Steingeräten nachvollzogen; anschließend wurden Gebrauchsspuren an den originalen Steingerätefunden und den replizierten Geräten miteinander verglichen.

46 Bei der Siegelherstellung könnten ebenfalls Bohrer aus Silex eingesetzt worden sein. Aus Tell Chuera liegt zumindest ein Fund eines Rollsiegel-Halbfabrikats vor (per. Mitteilung A.-B. Binder); der Fund kann als ein erster Hinweis auf eine lokale Produktion von Siegeln interpretiert werden.

47 Bei einer Verwendung von hölzernen und kupfernen Bohrspitzen muss während des Bohrvorgangs Schleifmittel beigegeben werden.

48 Bogenbohrer existierten wahrscheinlich schon im Frühneolithikum (Moorey 1994: 107).

49 Mit diesen Geräten wurden im Rahmen des Versuchs unterschiedliche Werkstoffe bearbeitet, wobei der Antrieb mittels eines Bogenbohrers erfolgte: „This type of tool is well suited to being worked with a bow drill on tasks requiring pressure and abrasives to cut hard materials such as stone (...).When used with a bow drill in our experiments, the proximal end of the tool was attached by resin, sinew or friction to a cylindrical shaft (...). Holes in soft stone and shell can be quickly drilled, allowing mass production of pieces in a short time and leading to economies of scale in manufacturing characteristic of urban craft production (Unger-Hamilton u. a. 1987: 270-271)." Bei einem Vergleich zwischen Gebrauchsspuren auf den experimentell hergestellten Bohrköpfen und den Originalfunden stellte sich heraus, dass sich die Art des Kontaktmaterials nicht eindeutig anhand von Gebrauchsspuren ermitteln lässt (Unger-Hamilton u. a 1987).

Fundort	Einfache Klingen (n)	Einfache Klingen mit Glanz (n)	Einfache Klingen mit Glanz (f)	Großklingen (n)	Großklingen mit Glanz (n)	Großklingen mit Glanz (f)
Tell Chuera	74	8	10,8	754	378	50,1
Kharab Sayyar	8	1	12,5	95	45	47,4

Tabelle 4.1.2-I: Absolute (n) und relative (f, in Prozent) Häufigkeit der einfachen Klingen und Großklingen mit dem Merkmal „lateraler Glanz" oder „Spuren lateralen Glanzes" [Obsidianklingen, an denen sich kein Sichelglanzbildet (vgl. Schmidt 1996: 42), bleiben in dieser Darstellung ausgeklammert; ferner werden ausschließlich Klingen der Datensatzqualität 1 aufgeführt, die bronzezeitlichen Fundkontexten entstammen].

Für weitere, aus einfachen Klingen gefertigte Geräte, die nur durch einzelne Funde belegt sind[50], ziehe ich eine Funktion in Betracht, die den auf analoge Weise modifizierten Abschlaggeräten gleicht.

4.1.3 Die funktionale Deutung der Großklingen und Großklingengeräte: Sichelklingen oder Dreschschlitteneinsätze?

Etwa die Hälfte der kanaanäischen Segmente aus beiden Fundorten weisen mit dem bloßen Auge erkennbare Sichelglanz-Zonen auf[51] (vgl. Tabelle 4.1.2-I). Aufgrund dieses Merkmals wurden die Großklingen lange als Erntegeräte interpretiert[52]. M. R. Behm-Blancke und J. Boese haben die die kanaanäische Klinge in diesem Sinne als „ein besonders robustes und leistungsfähiges Erntemesser"[53] charakterisiert. In den letzten Jahren ist unter Spezialisten allerdings eine heftige Diskussion um die Funktion der Großklingen entbrannt.[54] Ausgehend von der Beobachtung, dass mit Silices bestückte Dreschschlitten in einigen Regionen des Nahen Ostens und des Mittelmeerraums bis in jüngste Zeit hinein verwendet wurden[55], wurde für die kanaanäischen Klingen eine analoge Funktion vermutet. Einige Bearbeiter argumentieren, dass es sich bei den nordmesopotamischen Großklingensegmenten in erster Linie – wenn nicht gar ausschließlich – um Einsätze für den Dreschschlitten (Tribulum) handelte[56]: „Technological and functional analyses of an extensive sample of these tools, alongside experimental and ethnoarchaeological reference data, points to their use as instruments for working cereals, but not a harvesting tool (sickle) as is usually assumed. Our analyses indicate that these blades were standardised inserts used in a special raft-like threshing sledge (...)".[57]

Dreschschlitten bzw. Dreschbretter sind landwirtschaftliche Geräte, die beim Getreidedrusch zum Einsatz kamen. Traditionelle Dreschschlitten (türk. döven oder düven) bestehen aus einer flachen Holzkonstruktion, die nach vorne hin kufenartig gebogen ist, um die Getreidehalme besser unter den Schlitten hindurchzuführen. Die Unterseite dieser Geräte war mit „Zähnen" bestückt, die bis weit ins 20. Jh. u. Z. hinein aus Feuersteinabschlägen oder -klingen bestehen konnten (Abb. 4.1:1-2). Während des Dreschvorganges wurde ein entsprechend armierter Schlitten von einem Zugtier oder paarweise vor den Schlitten gespannten Zugtieren immer wieder über das auf dem Dreschboden ausgebreitete Getreide geführt, um die Körner mechanisch aus den Ähren zu drücken (Entspelzen).[58] Dabei saß oder stand eine Person auf dem Schlitten, um das Gerät zu lenken und zusätzliches Gewicht auf das Getreide auf dem Dreschboden auszuüben.[59] Historisch wie ethnographisch belegte Alternativen zum Dreschschlitteneinsatz stellen das Austreten der Körner

---

50 Hierzu gehören mit Blick auf Tell Chuera vereinzelte Klingenschaber, zwei Stichel, eine Hohlkerbe und ein ausgesplittertes Klingensegment (vgl. Tabelle 3.3.2.2-III); in Bezug auf Kharab Sayyar ist lediglich auf ein einzelnes ausgesplittertes Segment zu verweisen (vgl. Tabelle 3.3.2.2-IV).

51 Unter dem Mikroskop lassen auch diverse Großklingensegmente ohne makroskopisch sichtbaren Sichelglanz Glanzzonen erkennen.

52 Zusammenfassend: Rosen 1982; Behm-Blanke – Boese 2001; Anderson u. a. 2004: 92-93.

53 Behm-Blanke – Boese 2001: 27.

54 Rosen 2012: 252.

55 Zur (sub)rezenten Verwendung von mit Silex armierten Dreschschlitten in Vorderasien und im östlichen Mittelmeerraum vgl. z. B. Hornell 1931; Bordaz 1969; Whallon 1978; Gebel, H.-G. 1980; Weiner 1980a; Littauer u. a. 1990: 17; Yerkes – Kardulias 1994; Whittaker 2000; Whittaker u. a. 2009.

56 Anderson 1994; Anderson u. a. 2004; Chabot 1998b; Chabot u. a. 2006; Chabot – Eid 2007; 2009.

57 Anderson u. a. 2004: 87. Auch für andere Weltregionen wurde die Verwendung mit Silices bestückter Dreschschlitten vermutet. Einige Wissenschaftler vertreten die Ansicht, dass entsprechende Geräte bereits im Neolithikum verwendet wurden (vgl. Anderson 1994; Skakun 1994: 299-300; Yerkes – Kardulias 1994).

58 Hirschberg – Janata 1980: 267-268.

59 Auf Zypern wurden traditionelle Dreschschlitten bisweilen zusätzlich mit Steinen oder Kindern beschwert (Yerkes - Kardulias 1994: 181; Whittaker 2000: 64).

durch Tiere sowie das manuelle Ausdreschen mithilfe eines Dreschstockes oder Dreschflegels dar.[60]

Gegenüber dem manuellen Getreidedrusch, bei dem es sich um körperliche Schwerstarbeit handelte, besaß die Verwendung des Dreschschlittens allerdings den Vorteil, dass sie einen vergleichsweise geringeren Einsatz (menschlicher) Arbeitskraft erforderte. So konnte der Dreschschlitten auch durch körperlich schwächere Personen, z. B. Kinder oder ältere Menschen, über den Dreschboden gelenkt werden, wodurch in der arbeitsreichen Erntezeit theoretisch Arbeitskraft frei wurde, die für andere mit dem Drusch und der Verarbeitung des Getreides einhergehende Aufgaben, eingesetzt werden konnte; in diesem Zusammenhang ist z. B. an das Worfeln des ausgedroschenen Getreides zu denken.[61]

Abgesehen vom Herauslösen der Getreidekörner werden durch den Dreschschlitteneinsatz Halme und Ähren zu unterschiedlich feiner Streu zerkleinert. Diese stellte schon für sich genommen eine wichtige Ressource vorindustrieller Agrargesellschaften dar[62]: Stroh konnte z. B. im Zusammenhang mit der Tierhaltung als (nährstoffarmes) Futter[63] und als Einstreu dienen. Darüber hinaus konnte es als Brennmaterial sowie als Magerungszuschlag für die Herstellung von vegetabil gemagerter Keramik und Lehmziegeln genutzt werden.[64] Insbesondere der Bezug zur Lehmziegelproduktion unterstreicht die Bedeutung dieses Rohstoffs im vorderasiatischen Kontext. Es ist kalkuliert worden, dass für die Produktion von 100 Lehmziegeln ca. 60 kg Stroh benötigt werden.[65] Für die Verwendung dieser landwirtschaftlichen Geräte in den Großsiedlungen Nordmesopotamiens spricht allgemein, dass Darstellungen von Schlitten – wahrscheinlich handelt es sich um Dresch- und nicht um Transportschlitten – bereits für die vorrangegange Periode des Spätchalkolithikums belegt sind.[66] Auch in südmesopotamischen Keilschrifttexten aus dem 3. Jt. v. u. Z. findet der Dreschschlitten Erwähnung.[67]

Den konkretesten Hinweis für die Nutzung dieser landwirtschaftlichen Geräte in Tell Chuera liefert der Fund einer punzverzierten, 6,2 cm langen und 3 cm breiten Plakette aus einer Silberlegierung, die 2008 im Antentempel Steinbau VI (Bereich S) geborgen wurde (Abb. 4.1:3-4).[68] Das Stück gehört zu einem kleinen Depotfund, der beim Abbau eines Podestes im Inneren des Tempels zum Vorschein kam. Dieser barg, abgesehen von der Plakette, ein zweites Silberplättchen sowie Kupferplättchen, einen Napf und Reste verbrannten Getreides.

Die auf der Plakette dargestellte Szene kann wie folgt beschrieben werden: „Am rechten Rand der Szene ist ein vegetabiles Element – wahrscheinlich eine stilisierte Kornähre – abgebildet, das die Darstellung in den Bereich der Landwirtschaft rückt. Hinter dieser befindet sich ein Vierfüßler mit einem herabhängenden Schwanz, einer langen Schnauze und der Andeutung einer Mähne; wahrscheinlich ist hier ein Equide dargestellt. Links des Vierfüßlers befindet sich, breitbeinig auf einem flachen Gerät stehend und einen Arm nach vorne – in Richtung des Vierfüßlers – streckend, eine anthropomorphe Gestalt. Am Hals des Vierfüßlers setzt eine Linie an – wahrscheinlich die Anschirrung (…)".[69] Da die Person auf dem Gerät steht und nicht dahinter, erscheint es plausibel, dass auf der Plakette eine Dresch- und keine Pflugszene dargestellt ist. Bei dem Fundstück handelt es sich schon für sich genommen um eine wichtige Bildquelle zur Agrartechnik der Frühbronzezeit im nördlichen Mesopotamien.

Die Vertreter der Dreschschlittenhypothese argumentieren, dass die nordmesopotamischen Großklingensegmente als Einsätze für den Tribulum fungierten, da die Klingen unter dem Mikroskop charakteristische Gebrauchsspuren erkennen lassen[70], die auch an Stücken beobachtet werden konnten, die

60 R. W. Yerkes und P. N. Kardulias (1994: 282) verweisen auf ethnoarchäologische Versuche, die darauf hindeuten, dass der Drusch mittels Dreschschlitten effizienter ist als der manuelle Drusch oder der Einsatz von Tieren. Für ethnoarchäologische Experimente zum Getreidedrusch vgl. z. B. Meurers-Balke 1985: 14-15.

61 Beim Worfeln bzw. Windsichten handelt es sich um ein mechanisches Trennverfahren. Nach dem Drusch wird das gedroschene Getreide wiederholt z. B. mit flachen Körben oder Worfelschaufeln in die Luft geworfen. Dabei fallen die Getreidekörner zurück, während die leichteren Spelzen seitlich durch den Wind davongetragen werden.

62 Vgl. Anderson u. a. 2004: 113.

63 Whittaker 2000: 64.

64 Yerkes – Kardulias 1994: 262.

65 Moorey 1994. Anzumerken ist, dass Lehmziegel sehr unterschiedlich zusammengesetzt sein können.

66 Es handelt sich um zwei Darstellungen aus dem Bereich der Glyptik und ein Beispiel aus der Flachbildkunst. Die Darstellungen sind als Repräsentationen zeremonieller Praktiken (ceremonial threshing) gedeutet werden. Ein ritueller Kontext schließt natürlich nicht aus, dass echtes landwirtschaftliches Gerät abgebildet wurde (vgl. Littauer u. a. 1990; für eine ausführliche Diskussion vgl. Helms u. a. 2014). Auf den Schlittendarstellungen nehmen die Personen auf dem Schlitten eine sitzende Haltung ein; dies spricht nicht gegen eine Verwendung der Geräte als Dreschschlitten. Ethnographisch sind Dreschschlitten mit einem Schemel durchaus bezeugt (vgl. z. B. Littauer u. a. 1990; 17; Whittaker 2000: Abb. auf Seite 64).

67 Nach P. Steinkeller (1990) wird der Dreschschlitten in frühdynastischen Texten aus Lagaš als ḪAR- ḫa-da bezeichnet; in drei Ur III-zeitlichen Wirtschaftstexten und in den altbabylonischen „Farmer's Instructions" findet sich die (sum.) Bezeichnung giš-bad(-rá). Diesem Terminus entspricht Steinkeller zufolge der akkadische Begriff kissapu, der jedoch nur einmal in einer Quelle aus der Zeit des 3. Jts. v. u. Z. belegt ist.

68 Fundnummer TCH 08 S-86.

69 Vgl. Helms u. a. 2014: 149.

70 Anderson u. a. (2004: 90-91) beziehen sich auf Gebrauchsspurenanalysen an ca. 800 kanaanäische Klingen, die größtenteils frühbronzezeitlichen Fundkontexten aus Nordmesopotamien entstammten. Die Stichprobe enthielt darüber

in historische Dreschschlitten eingesetzt waren bzw. experimentell hergestellt und anschließend im Rahmen ethnoarchäologischer Versuche als Dreschschlitteneinsätze verwendet wurden. Anderson u. a. fassen die Unterschiede zwischen Gebrauchsspuren an Sicheln und Dreschschlittenzähnen wie folgt zusammen: „The wear traces we have observed on about 800 Canaanean (...) blades from the Bronze Age do not match traces obtained experimentally from cereal harvesting (...). Harvesting invariably produces traces (100-200x magnification) with a smooth texture, fine linear striations, no craters or other topographical features, and a rather flat surface. Rather, the traces we observed on the Canaanean blades lacked the above features, and on the contrary showed wide linear traces, a duller and more abraded surface, and randomly oriented scratches. These linear traces represent the same microscopic use features that we and others have observed on threshing sledge inserts removed from ethnographic sledges."[71]

Mit „Zähnen" aus Silex oder einem anderen Material (Metall, Basalt)[72] bestückte Dreschschlitten aus historischen Perioden bestanden in der Regel aus mehreren Holzplanken (vgl. Abb. 4.1:3-4) deren Unterseite eine Vielzahl von in Reihen angeordneter Einschnitte aufwies, in denen die einzelnen „Zähne" versenkt werden konnten. Diese wurden dabei einfach mittels eines Hammers in die Aussparungen eingeschlagen. Bei den historischen Dreschschlitteneinsätzen aus Silex ging dieses Verfahren zwangsläufig mit der Ausprägung massiver Aussplitterungen der Schneiden einher, die aus den Planken hervorragen. Dieses Merkmal ist an den Großklingensegmenten aus archäologischen Kontexten allerdings nicht regelhaft zu beobachten[73], auch nicht an den Fundstücken aus Tell Chuera und Kharab Sayyar. Auch die Klebemittelreste (Bitumen), die den Großklingen verschiedener Fundorte häufig anhaften[74], legen eine andere Schäftungsweise als das Einschlagen in genutete Holzplanken nahe. Besonders aufgrund der Bitumenreste vermuten Anderson u. a., dass die ihrer Meinung nach mit Großklingensegmenten bestückten, frühbronzezeitlichen Dreschschlitten anders konstruiert gewesen sein müssen als die ethnographisch belegten Plankenkonstruktionen[75]. Sie rekonstruieren eine sehr viel leichtere, floßartige Konstruktion, die aus mehreren Holzstäben bestand, welche durch Lederriemen zusammengehalten wurden. Die einzelnen Großklingensegmente wären dieser Rekonstruktion zufolge in den Zwischenräumen der Stäbe eingeklemmt und zusätzlich mit Bitumen verklebt worden, um für einen besseren Halt der einzelnen Klingen zu sorgen. Als Vorlage für diese als „Sumerian raft-like threshing sledge" bezeichnete Rekonstruktion beziehen sich Anderson u. a. auf einen in sumerischer Sprache verfassten literarischen Keilschrifttext, die so genannten „farmer's instructions"[76]. Dieser Text enthält detailierte Angaben für die korrekte Bestellung eines Gerstenfeldes[77]. Hinsichtlich der Schilderung des Gebrauchs eines Dreschschlittens [giš-bad(-rá)] geht aus dem Text hervor, dass bei der Konstruktion eines solchen Geräts auch Leder und Bitumen verwendet wurden. In der Übersetzung von P. Steinkeller heißt es in der entsprechenden Passage: „tie the 'teeth' of your threshing sledge with leather (straps), they should be secured with bitumen".[78]

Problematisch erscheint mir bei der Bezugnahme auf die „farmer's instructions" für eine Rekonstruktion spätchalkolithischer/frühbronzezeitlicher Dreschschlitten allerdings, dass der Text aus der altbabylonischen Zeit stammt[79], also aus einer Periode, in der Großklingen nach heutigem Forschungsstand gar nicht mehr in Gebrauch waren. Es ist natürlich denkbar, dass der Text eine ältere technologische Tradition wiederspiegelt bzw. dass es sich um die altbabylonische Version eines Urtextes aus dem vorrangegangen Jahrtausend handelt. Dazu ist anzumerken, dass die Bezeichnung giš-bad(-rá)] nach Steinkeller bereits vereinzelt in Ur III-zeitlichen Wirtschaftstexten aus dem späten 3. Jt. v. u. Z. Erwähnung findet[80]. Schwerer wiegt jedoch, dass kanaanäische Klingen im 4. und 3. Jt. v. u. Z. in Südmesopotamien überhaupt nicht verwendet wurden, da sich das Verbreitungsgebiet der Großklingentechnik – nach heutigem Kenntnisstand – im Wesentlichen auf Nordmesopotamien, die Levante und Südostanatolien beschränkte. Folglich wird der „Sumerian raft-like threshing sledge" kaum mit segmen-

hinaus auch spätchalkolithisches Klingenmaterial verschiedener Fundorte.

71 Anderson u. a. 2004: 97-98; vgl. insbesondere die tabellarische Auflistung (Table 1) von Merkmalsausprägungen, die nach Meinung von Anderson u. a. als diagnostisch für Sichel- bzw. Dreschschlitteneinsätze angesehen werden können. Verfasser beziehen dabei drei Merkmalsebenen ein, die unter 100- bis 200-facher Vergrößerung verglichen wurden: mikroskopisch beobachtete Glanzzonen (microwear polish), Schrammen (striations) und Abrasion (abrasion).

72 Vgl. z. B. das Foto eines historischen Dreschschlittens aus Südsyrien in Chabot – Eid 2007: Fig. 30.

73 Anderson u. a. 2004: 100-101.

74 Auch an den Klingen aus Chuera und Kharab Sayyar finden sich gelegentlich anhaftende Spuren von Bitumen (vgl. Tabelle 3.3.2.3-I); für eine ausführliche Diskussion der Schäftungsweise vgl. Teilkapitel 3.3.2.4.

75 Vgl. auch Anderson 1994: 311-312.

76 Anderson u. a. 2004: 102; vgl. auch Yerkes – Kardulias 1994; 283.

77 Z. B.: „When you winnow, put an intelligent person as your second winnower." [Electronic Text Corpus of Sumerian Literature (http://etcsl.orinst.ox.ac.uk/section5/tr563.htm#para15; zuletzt abgefragt am 7.6.2013)].

78 Steinkeller 1990: 19.

79 Steinkeller 1990: 19.

80 Nach Steinkeller (1990: 19) ist der Terminus giš-bad(-rá) dreimal in Wirtschaftstexten aus der Zeit der 3. Dynastie von Ur erwähnt.

tierten Großklingen bestückt gewesen sein, weil es in Sumer keine kanaanäschen Klingen gab.[81]

Unabhängig von der m. E. unter quellenkritischen Gesichtspunkten problematischen Interpretation der „farmer's instructions“ für die Rekonstruktion eines nordmesopotamischen Dreschschlittens, bleibt der Rekonstruktionsvorschlag von Anderson u. a. im Sinne einer allgemeinen Analogie sicherlich bedenkenswert, v. a. weil er von einer Konstruktion ausgeht, die aus Rohstoffen bestand, die im Mesopotamien der Frühbronzezeit verfügbar waren und vielfach verwendet wurden: Silex, das Holz kleinerer Bäume und Bitumen. Ferner bestand das Gerät den „ethnoarchäologischen Praxistest“: Im Rahmen diverser Versuche wurden drei floßartige, jeweils mit Dutzenden von replizierten Großklingensegmenten bestückte Dreschschlitten konstruiert[82], die über mehrere Jahre hinweg bei Druschexperimenten zum Einsatz kamen: „The three reconstructed sledges measure 120-150 cm in length and 50 cm in width. They have five to seven rows of blades, producing a surface of approximately 100 cm by 20-30 cm for blade insertion, based upon the 'model' of 50-80 blades“.[83] Im Verlauf der Druschversuche wurden die Schlitten mit vorkragenden, skiförmigen Kufen versehen wodurch sie besser über das Getreide auf dem Dreschboden hinweg glitten. Bei den Versuchen kamen verschiedene Zugtiere zum Einsatz, unterschiedliche Dreschböden und Getreidearten wurden erprobt. Insgesamt erwies sich der mit Großklingen armierte „raft-like threshing sledge“ dabei durchaus als ein Gerät, mit dem das Entspelzen und die Zerkleinerung der Halme zu Stroh auf effiziente Weise bewerkstelligen lässt.[84] Während P. C. Anderson in einigen, in den 1990er Jahren publizierten Artikeln noch davon ausgegangen war, dass für die Großklingen eine Doppelfunktion als Erntegerät wie als Bewehrung des Tribulums in Betracht zu ziehen wäre[85], betonen Anderson u. a. in aktuelleren Beiträgen die mehr oder weniger ausschließliche Primärfunktion der Großklingensegmente als Dreschschlittenarmierung: „(...) the predominant use of the Canaanean blades was as inserts for the tribulum. “[86] In Bezug auf die Frage, welche Geräte in diesem Falle zur Ernte eingesetzt wurden, vermuten der Autor und die Autorinnen, dass das Getreide entweder mit der Hand geerntet wurde[87] oder, dass in der Frühbronzezeit bereits durchweg Kupfersicheln als Erntegeräte zum Einsatz kamen. Anderson u. a. nehmen ferner an, dass diese Kupfersicheln im archäologischen Fundspektrum gewissermaßen „unsichtbar“ wären, da sie aufgrund ihres Metallwertes nicht weggeworfen, sondern erneut eingeschmolzen wurden: „Therefore the metal sickles used were unlikely to have been stored or abandoned at the sites, or even preserved as such, and they thus escape modern detection.“[88]

Meiner Meinung nach erscheint Kritik an dieser Argumentation angebracht. Zweifelsohne wurden metallene Gerätschaften und Waffen in der Frühbronzezeit nach Möglichkeit „recycelt“[89], jedoch liegt aus dem Gebiet der Jezirah mittlerweile ein Korpus stratifizierter Metallfunde vor, der es erlaubt, das Auftreten diverser Geräteformen in chronologischer Hinsicht einzugrenzen[90]. Den frühesten gesicherten Nachweis für die Verwendung von Metallsicheln bilden demnach drei Sichelklingen aus Tell Abu Hujaira I, die in die jüngere Frühbronzezeit (EJZ 3b) datiert wurden. Auch in akkadzeitlichen Schichten nordmesopotamischer Fundorte sind Funde von Metallsicheln belegt.[91] Da die meisten frühbronzezeitlichen Klingen, die Anderson u. a. in ihre Untersuchung einbezogen haben, Schichten entstammen, die entweder in die ältere Frühbronzezeit – d. h. in die erste Hälfte des 3. Jts. v. u. Z. – oder in die Zeit um die Mitte des 3. Jts. datiert werden können[92], gehört das Gros der Klingenfunde in einen Zeitraum, in dem Metallsicheln noch gar nicht bzw. zumindest noch nicht in einem größeren Umfang zirkulierten.[93]

81 Vgl. Behm-Blancke – Boese 2001: Anmerkung 4.

82 Für eine Rekonstruktionszeichnung dieses Schlittens vgl. Chabot – Eid 2007: Fig. 21.

83 Anderson u. a. 2004: 104. Die Anzahl von 50-80 Großklingensegmenten wurde von Anderson u. a. 2004: 103) gewählt, da es sich hierbei laut eines akkadzeitlichen Textes um die Mindestanzahl von „Zähnen“ an einem Dreschschlitten handeln soll. Historische Dreschschlitten waren nach R. W. Yerkes und P. N. Kardulias (1994: 286) mit 60-700 Einsätzen bestückt.

84 Anderson u. a. 2004: 105-106.

85 Anderson 1994; Anderson – Inizan 1994.

86 Anderson u. a. 2004: 120.

87 Diese Praxis ist im Gebiet des heutigen Syrien und andernorts auch ethnographisch bezeugt (vgl. Anderson u. a.: 120; Chabot – Eid 2007: Fig. 25-26).

88 Vgl. Anderson u. a. 2004: 121.

89 Vgl. Bianchi – Franke 2011: 201.

90 Vgl. Bianchi – Franke 2011.

91 Zusammenfassend: Thomalsky 2011: 263.

92 Über 80 Prozent der Großklingenfunde, die Anderson u. a. (2004: 90-91) in ihre Studie einbezogen, stammen von Fundplätzen im Khaburgebiet (Tell 'Atij, Tell Gudeda, Tell Nusstell, Raqa'i). Diese Fundorte zeichnen sich in erster Linie durch Schichtenfolgen aus, die in die erste Hälfte des 3. Jts. v. u. Z. und in die Zeit um die Mitte des 3 Jts. v. u. Z. datiert werden können (EJZ 0-3b; vgl. die stratigraphischen Synchronisationen in Quenet 2011: Table 2-Table 7).

93 Anderson u. a. beziehen auch einige Klingensegmente aus urukzeitlichen Fundkontexten in ihre Untersuchung ein. Für diese Periode lässt sich der Gebrauch mit Feuersteinklingen bestückter Erntegeräte anhand eines Fundes aus Tell Sheikh Hassan definitiv nachweisen. Der Fund umfasste mehrere Klingensegmente und Schäftungsreste aus Bitumen, die „nach der Bergung und Reinigung zu einer fast vollständigen Sichel“ zusammengesetzt werden konnten (Behm-Blanke - Boese 2001: 32-33; Taf. 2,3-4). Die Bearbeiter rekonstruieren ein Gerät, das wahrscheinlich aus einem bummerangförmigen, mit Bitumen ummantelten Holzbrett bestand, wobei die einzelnen, nicht-kanaanäischen Klingensegmente durch

Bei der Verbreitung der frühen Metallsicheln scheint es sich um eine Entwicklung zu handeln, die sich in Nordmesopotamien und in Anatolien erst in der 2. Hälfte des 3. Jts. v. u. Z. vollzog.[94] Meines Erachtens besteht überdies wenig Grund zu der Annahme, dass steinerne und metallene Erntegeräte nicht auch über einen gewissen Zeitraum hinweg nebeneinander benutzt worden sein könnten[95]; dies lässt sich z. B. für einige benachbarte Regionen Nordmesopotamiens klar aufzeigen, in denen aus Silex gefertigte Sicheln noch bis weit ins 2. Jt. v. u. Z. hinein Verwendung fanden.[96]

In den folgenden Abschnitten soll dargelegt werden welchen Beitrag die Untersuchung der Klingenfunde aus Tell Chuera und Kharab Sayyar zur Diskussion um die Funktion der kanaanäischen Klingen leisten kann. Dabei soll diese Fragestellung zunächst auf der Ebene des makroskopischen Befundes und der Fundkontexte erörtert werden. Anschließend wird auf die Ergebnisse der mikroskopischen Gebrauchsspurenanalyse Bezug genommen.

4.1.3.1 Die Funktionsdeutung der Großklingen auf Grundlage makroskopischer Beobachtungen und des Fundkontextes

Gegen eine ausschließliche Funktion der Großklingen aus Tell Chuera und Kharab Sayyar als Tribulumeinsätze lässt sich eine Reihe archäologischer Beobachtungen anführen: So weisen einige Segmente eine laterale Zähnung auf (vgl. Teilkapitel 3.2.2; Tabelle 3.3.2.2-V). Diese Form der Kantenmodifikation erscheint mir im Grunde nur sinnvoll, wenn man annimmt, dass mit diesen Klingen eine sägend-schneidende Bewegung ausgeführt wurde. Gezähnte Kanten, die verschiedentlich auch im Zusammenhang mit Funden neolithischer Sichelklingen beschrieben worden sind[97], implizieren eine Handhabe, wie man sie von einem Erntemesser erwarten würde. Ähnliches gilt für die teilweise an den Klingensegmenten zu beobachtenden endständigen Stumpfungsretuschen und Rückenretuschen, für die ein Schäftungsbezug anzunehmen ist (vgl. hierzu ausführlich Teilkapitel 3.3.2.2). Besonders die zahlreichen Segmente mit schräg bis bogenförmig gestalteten Endretuschen (Geräteklassen Segment B, C, E, F) verweisen meiner Meinung nach eher auf das Schäften von einklingigen, eventuell auch mehrklingigen Schneidgeräten als auf das Einsetzten der entsprechende Stücke in die Unterseite einer Schlittenkonstruktion. Auch bei den Klingensegmenten, die ein stiel- bzw. griffzungenartig ausretuschiertes Ende erkennen lassen, erscheint eine Verwendung als Dreschschlitteneinsatz nur schwer nachvollziehbar (Geräteklasse Segment G). Da die für Tell Chuera und Kharab Sayyar differenzierten Geräteformen auch an anderen nordmesopotamischen Fundplätzen auftreten[98], lassen sich diese Schlussfolgerungen meiner Meinung nach durchaus auf andere Siedlungen des 3. Jts. v. u. Z. übertragen.[99]

An uni- und bipolar endretuschierten Klingengeräten der Klassen Segment B, C, E und F konnte in einigen Fällen beobachtet werden, dass anhaftende Bitumenreste auch auf die bearbeiteten Schmalenden der Segmente übergreifen. Dies verdeutlicht, dass die betreffenden Partien ebenfalls von Bitumen bedeckt und daher wohl auch endständig von einem Schaft eingefasst wurden (vgl. hierzu ausführlich Teilkapitel 3.3.2.3). Meiner Meinung nach ist dieser Befund am ehesten mit der Existenz eines Griffteils zu erklären, welches die Schmalseite der Feuersteinschneide umschloss, um diese zu stabilisieren. Im Zusammenhang mit der Bestückung eines Dreschschlittens, wie er von Anderson u. a. rekonstruiert worden ist, erscheint diese Art der Schäftungsweise hingegen weitgehend sinnlos, da hier zu erwarten stünde, dass die Schneiden in ihrer Gesamtlänge aus der Unterseite des Tribulums hervorragten.[100].

den Bitumenmantel „in Position gehalten" wurden. M. R. Behm-Blanke und J. Boese verweisen auch auf die Ähnlichkeit dieser Konstruktion zu einer Schäftungsweise, die J. Crowfoot Payne (1980: 106-108) für mehrere frühdynastisch III datierte Klingensegemente aus Tell Abu Salabikh rekonstruiert hat, denen ebenfalls Bitumen anhaftete.

94 Vgl. Schmidt 2002: 57; Müller-Neuhof 2010: 446. Die frühen Metallsicheln bestanden aus Kupfer und waren „an Griffangeln oder an kurzen, nicht immer gelochten Griffplatten" geschäftet (Schmidt 2002: 57). In den südmesopotamischen Schriftquellen finden Sicheln aus Kupfer bereits in präsargonischen Texten Erwähnung; für die Ur III-Zeit lässt sich die „Massenproduktion" von kupfernen Sicheln belegen (Schrakamp 2010: 444).

95 Nach N. N. Skakun (1994: 297-298) liegt die Produktivität einer mit Silxeklingen bestückten Sichel ungefähr gleichauf mit einer Metallsichel aus Kupfer. Die Autorin bezieht sich dabei auf ethnoarchäologische Experimente mit Nachbauten neolithischer Sicheln vom „Typ Karanova", einer Mehrklingensichel mit schräg hintereinander angeordneten Segmenten.

96 Vgl. z. B. É. Coqueugniots (1991; 2006) und Kull (1986).

97 Vgl. z. B. Skakun 1994: 297.

98 Vgl. Teilkapitel 3.3.2.2; dort werden im Zusammenhang mit der Definition der einzelnen Geräteklassen jeweils Beispiele von anderen Fundorten genannt.

99 Es fällt auf, dass die Vertreter der Dreschschlittenhypothese den formgebenden Retuschen an Großklingensegmenten in Bezug auf eine funktionale Interpretation der Stücke kaum eine Rolle zubilligen. Obwohl ich die Skepsis gegenüber Analysen, die sich primär auf die Formentypologie lithischer Artefakte beschränken prinzipiell teile, bildet die Typologie m. E. doch ein wichtiges Hilfsmittel für die Annäherung an den Funktionszusammenhang der Objekte.

100 Vgl. Rekonstruktionszeichnung in Anderson u. a. 2004: Fig. 8. Vorstellbar ist, dass eine schräge Endretusche Sinn macht, wenn die Klingensegmente schräg in die Unterseite eines Schlittens eingesetzt worden wären, wie dies z. B. die Rekonstruktionszeichnung von Chabot – Eid (2007: Fig. 21) nahezulegen scheint. In diesem Fall wäre jedoch eine Ausprägung

Ähnliches gilt für die gebogenen Glanzpartien, die an einigen endständig retuschierten Großklingensegmenten beobachtet werden konnten (vgl. hierzu Teilkapitel 3.3.2.3). An mehreren Klingensegmenten sind kantenparallele Sichelglanz-Zonen erkennbar, die kurz vor dem Ende des Segments in Richtung Schneide umbiegen. Bei einer Funktion als Dreschschlitteneinsatz wäre m. E. eher eine Ausbildung von Glanzzonen zu erwarten, die sich über den gesamten Verlauf der Schneide erstrecken. Zumindest aus Tell Chuera liegen zudem einzelne Funde von vollständigen oder nahezu vollständigen Großklingen (Geräteklasse Klinge H) mit Sichelglanz vor (n =4).[101] Als Beispiel kann hier auf einen Klingenfund aus dem Bereich F (frühbronzezeitlicher Palast und nachfolgende Bebauung) verwiesen werden. Das betreffende Stück (TCH 90 F 3043-1) ist vollständig erhalten, 18 cm lang und maximal 3,5 cm breit. An einer Lateralseite ist eine Glanzzone erkennbar, die jedoch ca. 2 cm unterhalb des Proximalendes abschließt. Aufgrund der Existenz dieser vom Sichelglanz ausgesparten Zone und der Größe der Klinge ergibt sich der Eindruck, dass es sich bei dem Stück um ein ursprünglich endständig geschäftetes Erntemesser handelt. Das Bestücken von Dreschschlitten mit kompletten kanaanäischen Klingen scheint dagegen schon allein aufgrund der Konvexität und Fragilität der vollständigen Klingen wenig plausibel.

Der Umstand, dass Klingen- wie Großklingensegmente häufig an beiden Lateralseiten Modifikationen in Form von Gebrauchsspuren, Retuschen und/oder Lackglanz zeigen, spricht dafür, dass sie bisweilen in ihrem Schaft gewendet wurden (vgl. hierzu ausführlich Teilkapitel 3.2.4). Circa 62 Prozent aller Großklingen- und Klingengeräte aus Tell Chuera weisen eine beidseitige Modifikation auf; in Kharab Sayyar liegt dieser Wert bei ca. 74 Prozent (vgl. Tabelle 3.3.2.2-I und 3.3.2.2-II). Bilateral ausgeprägte Glanzzonen finden sich an etwa 8 Prozent der Klingen aus Tell Chuera und an ca. 3 Prozent der Klingen aus Kharab Sayyar (vgl. Tabelle 3.3.4-I und 3.3.4-II). Auch Klingengerät mit überretuschierten Glanzzonen und Nachschärfungsretuschen sind im lithischen Fundspektrum vertreten (vgl. Tabelle 3.3.2.4-II und 3.3.2.4-III). Hinweise auf eine Nachbearbeitung bzw. die Umarbeitung einzelner Klingen erscheinen mir durch eine Funktion der Stücke als Erntegeräte besser erklärbar.

Ein Fundkontext, der nahe legt, dass einzelne Großklingen als Einklingensicheln verwendet wurden, konnte 2004 im Grabungsbereich T im Gebiet der südöstlichen Oberstadt Tell Chueras untersucht werden. Hierbei handelt es sich um einen Grabfund in Form einer Ziegelkiste, die eine Körperbestattung in Hockerlage enthielt (Abb. 4.2)[102]. Die Grabausstattung umfasste außer einem Keramikensemble, mehreren Perlen und einer Gewandnadel auch ein beidseitig gezähntes Großklingensegment mit bilateral ausgeprägten Sichelglanz-Spuren (TCH 04 T 2026-1, Geräteklasse Segment A 3). Ausgehend von den Angaben der Grabungsdokumentation deute ich das Objekt, das zu Füßen der bestatteten Person lag, als Grabbeigabe. Den Ausgräbern zufolge ist der Grabfund in die Periode TCH IC zu datieren, also ungefähr in die Zeit um die Mitte des 3. Jts. v. u. Z. Bei der Klinge handelt es sich um den einzigen bisher dokumentierten Fall aus Tell Chuera, in dem ein Silexartefakt in einem bestattungsrituellen Zusammenhang in Erscheinung tritt. Die Beigabe einer offensichtlich über einen längeren Zeitraum hinweg genutzten Klinge[103] verweist auf die soziale Person der oder des Bestatteten. Möglicherweise stand die Beigabe in einem Zusammenhang mit den Tätigkeiten, die der oder die Verstorbene zu Lebzeiten ausführte[104]. Da es sich um eine einzelne, überdies beidseitig modifizierte (s. o.) Klinge handelt, erscheint es mir am naheliegendsten, in diesem konkreten Fall von der Beigabe eines Erntemessers auszugehen. Die Vermutung, dass hier ein einzelner Dreschschlitten-„Zahn" gleichsam pars pro toto für

---

von schrägen Glanzzonen entlang der Schneidenpartien zu erwarten; zumindest in Tell Chuera und Kharab Sayyar sind Sichelglanz-Partien jedoch fast durchgehend durch einen kantenparallelen Verlauf gekennzeichnet.

101 Hinzu kommen noch n = 11 vollständige, retuschierte Großklingen ohne lateralen Glanz.

102 Die Beschreibung des noch unveröffentlichten Grabfundes basiert auf den Angaben der Grabungsdokumentation sowie persönlichen Mitteilungen der Ausgräber K. Krasnik und L. Droß sowie der Bearbeiterin der Grabungsbefunde im Bereich T, V. Kudlek. Die Digitalisierung des Detailplans erfolgte unter der Mitarbeit von N. Zelsmann.

103 Hierfür spricht der bilaterale Glanz. Offensichtlich wurde das Stück zu einem bestimmten Zweck im Schaft gewendet.

104 Eine anthropologische Untersuchung des (sehr schlecht erhaltenen) Skeletts wurde leider nicht durchgeführt, so dass keine konkrete Aussage über das biologische Geschlecht des bestatteten Individuums möglich ist. Aufgrund der Größe des Skeletts vermuteten die Ausgräber ein juveniles bis adultes Sterbealter. Intramurale Bestattungen von Erwachsenen kommen in Tell Chuera durchaus vor – belegt sind sie z. B. im Grabungsbereich K –, das Gros der Bevölkerung wurde jedoch auf extramuralen Friedhöfen bestattet, so dass Bestattungen innerhalb der Stadtmauern wahrscheinlich Sonderfälle darstellten. Das Grab im Bereich T wurde inmitten eines ausgedehnten Produktionsbereiches angelegt, der sehr wahrscheinlich zu einem großen Tempelbezirk gehörte. Ich vermute, dass es sich bei der bestatteten Person um eine(n) Angehörige(n) dieses „großen Haushaltes" gehandelt haben könnte. Möglicherweise impliziert die Gewandnadel, bei der es sich nach Ausweis der Fundlage um einen Bestandeil der Tracht handelte, dass hier eine Frau bestattet wurde. Auch wenn mir eine Geschlechtsbestimmung auf der Basis der Grabausstattung in methodischer Hinsicht problematisch erscheint, bleibt festzuhalten, dass Gewandnadeln als charakteristischer weiblicher Trachtbestandteil beschrieben worden sind (vgl. Klein 1992: 251-252; für einen aktuellen Überblick über die Nadelfunde aus Tell Chuera vgl. Hempelmann 2013: 259-260).

einen Tribulum ins Grab gelegt wurde, halte ich für sehr viel weniger plausibel.

In mehreren Grabungsbereichen der Oberstadt Tell Chueras (Bereiche E, K, M) fanden sich Depotfunde vollständiger und nahezu vollständiger, unbearbeiteter Großklingen. Diese Depots stammen durchweg aus den frühbronzezeitlichen Wohngebieten der Oberstadt und beinhalten je zwei bis vier vollständige Klingen (vgl. Abb. 4.3:1). Eine Übersicht über diese Depotfunde mit Anmerkungen zur Fundlage und Deutung ist Tabelle 4.1.3.1-I zu entnehmen. Vor ihrer Verwendung wurden die Großklingen in aller Regel segmentiert (vgl. Teilkapitel 3.3.2.1). Legt man die durchschnittliche Länge der Segmente (6 cm) und eine maximale Länge von 25 cm für die vollständigen Klingen zugrunde, so hätten die Depots bei einer Segmentierung bei weitem zu wenige Segmente für den von Anderson u. a. rekonstruierten Dreschschlitten erbracht, für den eine Mindestanzahl von 50-80 Klingensegmenten pro Schlitten angenommen wurde (s. o.). Umgekehrt hätten Sets von zwei bis vier kanaanäischen Klingen sicherlich ausgereicht, um einzelne Haushalte über eine Erntesaison hinweg mit Schneiden und Ersatzschneiden für ein- oder mehrteilige Erntegeräte zu versorgen. Gut vorstellbar ist auch, dass die Großklingen in Form solcher Bündel innerhalb und zwischen den Siedlungen zirkulierten und distribuiert wurden. Andererseits könnte man argumentieren, dass die bestreffenden Klingendepots nur für die Reparatur der Dreschschlitten dienen sollten, wenn diese nutzungsbedingt einzelne „Zähne" verloren. Es ist jedoch auffällig, dass bislang auch an anderen frühbronzezeitlichen Fundorten in Nordmesopotamien ausschließlich Großklingencaches zum Vorschein kamen, die maximal neun kanaanäische Klingen enthielten.[105] Auch die weiträumige Verteilung der Großklingenfunde innerhalb der Siedlungen spricht gegen eine exklusive Nutzung der kanaanäischen Klinge als Dreschschlittenbesatz. Dreschschlitten waren landwirtschaftliche Geräte, die einmal im Jahr, nach der Ernte zum Einsatz kamen. Es steht zu vermuten, dass der Getreidedrusch in den frühbronzezeitlichen Siedlungen – genau wie in ethnographisch dokumentierten Fällen[106] – außerhalb der Siedlung oder zumindest nicht innerhalb der dicht bebauten Wohngebiete erfolgte, da ausreichend Platz benötigt wurde, um den Dreschboden anzulegen und ggf. Zugtiere über das ausgebreitete Getreide zu führen. Anzunehmen ist auch, dass der Drusch nicht allzu weit von den Feldern erfolgte, um den Transportaufwand zu minimieren. Zudem musste der Dreschboden an einer Stelle angelegt werden, an die genügend Wind gelangte, damit das ausgedroschene Getreide durch Worfeln von der Spreu und den Spelzen getrennt werden konnte. Da dieser Arbeitsschritt mit der Freisetzung von feinen Getreidefraktionen, Stäuben und Sporen einher geht, die die Augen und Atemwege reizen können[107], war es wahrscheinlich auch aus diesem Grund geboten, nicht in unmittelbarer Nähe der Wohnhäuser zu dreschen.

Nimmt man an, dass es sich bei den Klingensegmenten ausschließlich um Dreschschlitteneinsätze handelte, wirft die weiträumige Verteilung der Artefakte Fragen auf. Wieso finden sich in allen Bereichen der Siedlungen einzelne Großklingensegmente, wenn diese zu Dutzenden in Dreschschlitten eingesetzt waren, die den Großteil des Jahres gut verstaut auf ihren nächsten Einsatz warteten?

Der Umstand, dass sich modifizierte Großklingen regelhaft in den Abfallassemblagen der Siedlungen sowie im Innern von Wohnhäusern fanden (vgl. Teilkapitel 4.2.2), legt eine differenziertere Nutzung der Klingen nahe. Die Fundverteilung impliziert m. E. eher, dass einzelne Klingen bzw. Sets von Klingen höchstwahrscheinlich zur Ausstattung jedes Haushaltes gehörten. Die Vorstellung, dass die Dreschschlitten, die nur während der Erntezeit mehrfach durch die Siedlung auf den Dreschplatz und wieder zurücktransportiert wurden, auf Schritt und Tritt Teile ihrer Armierung verloren, sodass die „Dreschzähne" gleichmäßig in die verschiedensten depositionalen Kontexte eingetragen wurden, ist nicht sehr wahrscheinlich. Auch fehlen in der Chuera-Region wie andernorts bisher Fundkomplexe, die große Mengen gebrauchter Klingensegmente beinalten und somit auf die Überreste der Dreschschlitten selbst verweisen könnten.

Auf der anderen Seite sind Funde einzelner Großklingengeräte, bei denen aufgrund ihrer Fundlage vermutet werden kann, dass sie am Ort ihres ursprünglichen Einsatzes oder ihrer Lagerung in den archäologischen Kontext gerieten[108], zumindest am größeren der beiden Fundorte belegt: Im Grabungsbereich B fand sich z. B. ein Depot, dass aus fünf 11,3 cm bis 16,7 cm langen Großklingengeräten bestand (vgl. Tabelle 4.1.3.1-II, Abb. 4.3:2). Es handelt sich um eine vollständige Klinge (TCH 92 B 5051-4), zwei mediale Segmente (TCH 92 B 5051-3, TCH 92 B 5051-5) deren Längenwerte implizieren, dass bei ihnen jeweils nur die Proximal- und Distalenden gekappt wurden und zwei Proximalfragmente (TCH 92 B 5051-1, TCH 92 B 5051-2), bei denen es sich ebenfalls um annähernd komplett erhaltene Grundformen handelt. Der Fundkomplex kann wahrscheinlich in die jüngere Frühbronzezeit datiert werden. Die Stücke lassen durchweg Sichelglanz sowie Bearbeitungs- bzw. Abnutzungsspuren erkennen; ein bilateraler Glanz an einer Klinge und überretuschierte Glanzzonen an zwei Stücken sprechen dafür, dass die Klingen über einen längeren Zeitraum hinweg benutzt worden waren. Eine der Großklingen wies noch anhaftende Schäftungsreste in Form von Bitumen auf. Meiner Meinung

105 Der umfänglichste Depotfund (neun Großklingen) stammt meines Wissens aus Titriş Höyük (Matney u. a. 1997: 65). Großklingendepots im Gebiet der Levante können acht bis fünfzehn Klingen beinhalten (vgl. Rosen 1997: 107).

106 Vgl. z. B. Whittaker 2000; Shahak-Gross u. a. 2009: 173.

107 Dies kann Erkrankungen der Lungen wie das sprichwörtliche Drescherfieber zur Folge haben.

108 Die Fundlage ließ eine Deutung der Artefakte als primärer oder De facto-Abfall zu (vgl. Schiffer 1996: 18; 58-64; 89-98).

nach ist der Fundkomplex am ehesten als ein Set einklingiger Erntemesser zu deuten, die wahrscheinlich noch weiterverwendet werden sollten.[109]

Eine ähnliche Deutung ziehe ich für ein mediales Großklingensegment aus dem „Häuserviertel" Bereich H in Betracht, das laut Grabungsdokumentation noch auf einem „gekalktem Vorsprung" liegend aufgefunden wurde (TCH 87 H 4022-1). Bei dem Stück handelt es sich um ein knapp 6,5 cm langes Medialfragment einer regelmäßigen Großklinge, das an einer Seite eine Zähnung sowie einen einseitigen, flächig ausgeprägten Sichelglanz zeigt.

Sowohl in Tell Chuera als auch in Kharab Sayyar wurden ferner einige Großklingengeräte von überdacht (TCH: n = 22; KHS: n = 8) und nicht überdacht rekonstruierten Begehungsflächen (TCH: n = 31; KHS: n = 12) geborgen. Die meisten dieser Funde stammen aus Bereichen mit Wohnbebauung. Bei ihnen wird es sich wenigstens z. T. um Überreste von Haushaltsinventaren handeln (vgl. Teilkapitel 4.2.2). In diesem Zusammenhang ist insbesondere auf drei Klingenfunde aus dem Bereich einer Hoffläche im Unterstadtgebiet Tell Chueras (GrabungsbereichW-2) zu verweisen (vgl. Tabelle 4.1.3.1-III). Mahlinstallationen und ein Ofen zeigen an, dass in dem Hof in größerem Umfang Getreide verarbeitet wurde. Die Hoffläche wurde – wahrscheinlich gegen Ende der Periode Tell Chuera IC – durch eine Brandkatastrophe zerstört[110], weshalb vermutet werden kann, dass die Funde, die unterhalb des Brandschuttes direkt auf der Hoffläche lagen, Überreste eines Nutzungsinventars darstellen. Auch in diesem Fall spricht die Fundsituation dafür, dass es sich bei den Stücken um Einsätze von Schneid- und Erntegeräten handelte.

Vor dem Hintergrund der in diesem Abschnitt erörterten makroskopischen Beobachtungen und Kontextinformationen sowie mit Blick auf die Überlegungen zur Rekonstruktion der Schäftungsweise der Klingen, die bereits im Kapitel zur Sekundärproduktion ausführlich diskutiert wurden (vgl. Teilkapitel 3.3.2.3), erscheint mir eine Deutung der frühbronzezeitlichen Großklingen als Erntemesser oder Sicheleinsätze sehr wahrscheinlich.

Gleichzeitig ist jedoch festzuhalten, dass es nicht möglich ist, allein auf Basis der makroskopischen Analyse eine Funktion oder Sekundärfunktion der Segmente als Dreschschlitteneinsätze auszuschließen. Eine exklusive Funktion der kanaanäischen Klinge als Einsatz für den Tribulum, wie sie von Anderson u. a. postuliert worden ist, schließe ich mit Blick auf die von mir untersuchten Fundorte jedoch aus. Da das Rohmaterial der Großklingenproduktion in die Chuera-Region importiert werden musste und „frische" Klingen daher sicherlich nicht in unbegrenztem Maße zur Verfügung standen, scheint mir eine differenziertere Ressourcennutzungsstrategie im Zusammenhang mit diesen Objekten plausibler. Ich vermute, dass die Klingen in der Regel zunächst v. a. als Einsätze von Erntegeräten dienten. Anschließend wurden sie ggf. überarbeitet und neu geschäftet, um danach eventuell im Sinne einer Sekundärnutzung als Einlagen für Dreschschlitten zu fungieren und in andere Geräteformen, wie Schaber oder Bohrer umgearbeitet zu werden. Fragen werfen auch die hohe Anzahl von Großklingen ohne Sichelglanzauf (vgl. Tabelle 4.1.2-I). Bei einer längerfristigen Verwendung einer Silexklinge ist die Ausbildung makroskopisch erkennbarer Glanzzonen unbedingt zu erwarten. Auch wenn schwach ausgeprägte Polituren unter den Bedingungen der Datenaufnahme im Feld (teils schlechte Lichtverhältnisse, kein Mikroskop) unerkannt bleiben können und sicherlich unterrepräsentiert sind, kann meiner Meinung nach nicht ausgeschlossen werden, dass einige Großklingen als multifunktionale Messer dienten.

Ein zugegebenermaßen dramatisches und singuläres Beispiel stellt ein Fundkontext dar, der 1960 im Bereich der Grabungsstelle Bereich A (Steinbau I) dokumentiert werden konnte. In einem kleinen Raum fanden sich dort drei menschliche Teilskelette, Knochen von weiteren Individuen sowie ein metallener Dolch und eine Lanzenspitze. Der Gesamtbefund gehört zu einem Zerstörungshorizont, der auch in anderen Grabungsbereichen erfasst werden konnte und sehr wahrscheinlich auf eine gewaltsame Auseinandersetzung zurückzuführen ist (vgl. Abb. 4.4). Genau unter dem Brustkorb eines der Skelette, unweit der Metallwaffen, lag eine komplette, etwa 20 cm lange Silexgroßklinge (TCH 60 A 89-1). Angesichts der Fundumstände halte ich es für möglich, dass die Klinge als improvisierte Waffe zum Einsatz kam.[111]

4.1.3.2 Die Funktionsdeutung der Großklingen auf Grundlage der mikroskopischen Gebrauchsspurenanalyse

44 Klingensegmente aus Tell Chuera und vier Segmente aus Kharab Sayyar wurden unter der Leitung von Annelou van Gijn im Labor des archäologischen Instituts der Universität Leiden (Laboratory for Artefact Studies) untersucht.[112] Die Ergebnisse der Gebrauchsspurenanalysen sollen in diesem

109 Die Stücke lagen zusammen an einer Stelle im Bereich einer Installation. Ich vermute, dass die Stücke bewusst deponiert wurden. Leider ließ die Informationsdichte der Grabungsdokumentation in diesem Fall keine weitergehenden Aussagen zum Fundkontext zu.

110 Helms in Helms – Tamm i. D.

111 So schon Hempelmann 2013: 267. Alternativ besteht die Möglichkeit, dass die Klinge einen Überrest des Rauminventars darstellt und zufällig unter dem Skelett zum Liegen kam.

112 Ich danke A. van Gijn und den Mitarbeitern des Laboratory for Artefact Studies an dieser Stelle dafür, dass ich die Möglichkeit hatte, mehrere Tage lang im Labor mitzuarbeiten und mir dadurch einen Überblick über die Analysemethoden zu verschaffen.

Bereich (TCH)	Befund	Datierung	Beschreibung der Fundlage	n	Beschreibung der Assemblage	Interpretation
B	5051	Jüngere FBZ (ID)	Depotfund. Klingen wurden zusammen aus einer Installation im Umfeld des Temenosbereichs der Oberstadt geborgen	5	Mod. GK, ein vollständiges Stück und mehrere lange Segmente (vgl. Tabelle 4.1.3.1-II)	Möglicherweise Depot. Erntegerät, das für spätere Verwendung vorgesehen war
E	161	Jüngere FBZ (ID-IE)	Bgfl. in einem Wohn-viertel; wurden zusammen mit anderen Objekten (Kupferbarren, Keramik) gefunden	4	Unmod. GK	GK, die für eine spätere Nutzung vorgesehen waren und im Raum eines Wohnhauses gehortet wurden
E	Keine Nr.	Jüngere FBZ (ID-IE)	Bgfl. in einem Wohnviertel	2	Unmod. GK	GK, die für eine spätere Nutzung vorgesehen waren und in einem Raum eines Wohnhauses gehortet wurden
K	Keine Nr.	Jüngere FBZ (ID)	Bgfl. in einem Wohnviertel; wurden zusammen mit anderen Objekten (Becher, Reibsteine) gefunden	5	Unmod. GK und GK-Segmente, möglicherweise auch eine 13 cm großes Fragment Silexknolle	GK, die für eine spätere Nutzung vorgesehen waren und im Raum eines Wohnhauses gehortet wurden
K	1033	Ältere FBZ (IA)	Vor einer Wand, im Schutt dicht über einer Bgfl. in einem Wohn-viertel. In der Nähe fanden sich Objekte, die mit der Herstellung von GK in Verbindung gebracht werden können	3	Unmod. GK	Herstellung von GK. Die unmod. GK waren zur Weiterverarbeitung vorgesehen
M	4	Jüngere FBZ (IE)	Wahrscheinl. Überreste eines Rauminventars. Wurden zusammen mit Gefäßresten, Gefäßständer und Terrakottafigurinen gefunden	3	Vollständige oder nahezu vollständige GK	GK, die für eine spätere Nutzung vorgesehen waren und im Raum eines Wohnhauses gehortet wurden
M	12	Jüngere FBZ (IE)	Wahrscheinl. Überreste eines Rauminventars. Wurden zusammen mit zahlreichen Gefäßresten gefunden	2	Vollständige oder nahezu vollständige GK	GK, die für eine spätere Nutzung vorgesehen waren und im Raum eines Wohnhauses gehortet wurden
M	25	Jüngere FBZ (IE)	Wahrscheinl. Überreste eines Rauminventars. Wurden zusammen mit zahlreichen Gefäßresten und einem Schleifstein gefunden	2	Vollständige oder nahezu vollständige GK	GK, die für eine spätere Nutzung vorgesehen waren und im Raum eines Wohnhauses gehortet wurden
P	66	Ältere FBZ (IC)	Bgfl. einer verbrannten Bauphase	4	GK-Kernsteine	Klingenhort für die Herstellung weiterer GK

Tabelle 4.1.3.1-I: Als Depots und möglicherweise als Depots zu deutende Fundkomplexe mit Großklingen in Tell Chuera (vgl. Abb. 4.3). Abkürzungen: Bgfl. (Begehungsfläche), GK (Großklinge), mod. (modifiziert), unmod. (modifiziert). Weitere Angaben zum Fundkontext sind Teilkapitel 2.2.2 zu entnehmen.

Artefakt Nr.	RM	Grundform III	Erhaltung	Länge/Breite/ Dicke (in cm)	Geräteklasse	Modifikationen
TCH 92 B 5051-1	F 2	Ragk	proximal	16,70/ 3,10 / 0,95	Segment A 3	Geräteretusche, einseitiger Glanz
TCH 92 B 5051-2	F 2	Ragk	proximal	11,30 / 2,75 / 0,85	Segment A 2	Geräteretusche, beidseitiger und flächiger Glanz
TCH 92 B 5051-3	F 2	Ragk	medial	11,45 / 2,65 / 0,85	Segment A 2	Geräteretusche, einseitiger Glanz, überretuschierter Glanz
TCH 92 B 5051-4	F 2	Ragk	vollständig	14,45 / 2,70 / 0,85	Klinge H 2	Geräteretusche, einseitiger Glanz, Aussplitterungen im Distalbereich
TCH 92 B 5051-5	F 2	Ragk	medial	12,21 / 3,70 / 1,11	Segment A 2	Geräteretusche, beidseitiger und flächiger Glanz, überretuschierter Glanz, Aussplitterungen im Distalbereich, anhaftende Bitumenreste

Tabelle 4.1.3.1-II: Assemblage von Großklingengeräten aus dem Grabungsbereich B (vgl. Abb. 4.3). Die Tabelle führt eine Auswahl der datenbankmäßig erfassten Merkmale auf: Artefaktnummer, Rohmaterialgruppe (RM), Grundform III (Rgk = Regelmäßige Großklinge, Ragk = Randklinge der Großklingenproduktion), Erhaltung der Grundform, Länge in cm (in Schlagrichtung gemessen), max. Breite in cm, max. Dicke außerhalb des Bulbusbereiches in cm, Geräteklasse, Zusammenfassung der makroskopisch beobachteten Modifikationen.

Artefakt Nr.	RM	Grundform III	Erhaltung	Länge/Breite/ Dicke (in cm)	Geräteklasse	Modifikationen
TCH 07 W 304-1	F 2	Ragk	proximal	12,50 / 3,10 / 1,00	Segment A 2	Geräteretusche, neuer Bruch
TCH 07 W 304-3	F 2	Rgk	proximal	6,15 / 2,50 / 0,90	Segment A 3	Geräteretusche, Spuren von Glanz
TCH 07 W 304-4	F 2	Ragk	proximal	6,15 / 2,50 / 0,90	Segment A 3	Geräteretusche, einseitiger Glanz

Tabelle 4.1.3.1-III: Funde von Großklingengerät von einer Hoffläche im Bereich W-2 (Befund TCH W 304, Bauphase 3). Die Tabelle führt eine Auswahl der datenbankmäßig erfassten Merkmale auf (vgl. Tabelle 4.1.3.1-II).

Teilkapitel kurz zusammengefasst werden.[113] Bei den untersuchten Stücken handelt es sich in erster Linie um Funde aus Altgrabungen, die z. Zt. am Archäologischen Institut der Goethe-Universität Frankfurt lagern und dort wissenschaftlich erschlossen werden[114] sowie um einige Fragmente, die nach 2005 mit Genehmigung der lokalen syrischen Behörden als Materialproben nach Deutschland gebracht wurden.[115] Die Auswahl der im Labor zu analysierenden Klingensegmente habe ich zusammen mit A. van Gijn vorgenommen. Vor Beginn der Untersuchung wurden die Klingen teilweise mit Alkohol und Aceton von anhaftendem Fettglanz gereinigt, der auf die moderne Handhabe der Artefakte zurückzuführen ist. Danach wurden die Klingen zunächst unter Zuhilfenahme

113 Alle Angaben bzgl. der Gebrauchsspurenanalysen habe ich A. v. Gijns Bericht entnommen.

114 Die Stücke wurden in den 1960er und 1980er Jahren unter der Grabungsleitung A. Moortgats, U. Moortgat-Correns' und W. Orthmanns aus Syrien ausgeführt.

115 Gemäß der syrischen Antikengesetzgebung, die die Ausfuhr archäologischer Funde untersagt, konnte bei der Auswahl dieser Proben selbstverständlich nicht nach Belieben verfahren werden. Eine Ausfuhr vollständiger Klingen oder das gezielte sampeln bestimmter Befunde waren daher von vornherein ausgeschlossen. Die Auswahl der Proben erfolgte unter der Aufsicht des damaligen Vertreters der lokalen Antikenbehörde, Herrn M. al-Khalaf. Ich danke der syrischen Seite an dieser Stelle ausdrücklich dafür, dass mir die Gelegenheit gegeben wurde, Klingenfragmente zu Analysezwecken nach Europa auszuführen. Aufgrund der kolonialen Erfahrung der Länder des Nahen Ostens, deren kulturelles Erbe heute die Magazine der Museen in den Ländern der ehemaligen Kolonialmächte füllt, ist dies keine Selbstverständlichkeit.

von Stereomikroskopen[116] unter 10- bis 160-facher Vergrößerung betrachtet, um die morphologischen Merkmale der Klingen, Kantenmodifikationen und Ablagerungen (Bitumen) zu untersuchen. Anschließend wurden die Klingen bei 100- bis 500-facher Vergrößerung mit einem metallografischen Mikroskop analysiert.[117] Die mikroskopischen Befunde wurden sowohl beschreibend wie fotographisch dokumentiert.[118] Sieben der untersuchten Klingensegmente – darunter zwei Fundstücke aus Kharab Sayyar – ließen keine funktionsspezifischen Gebrauchsspuren erkennen, sieben weitere waren nach van Gijn aufgrund von Abrasion und fest anhaftendem Dreck auf der Ebene der mikroskopischen Analyse nicht mehr interpretierbar. Ein Segment zeigte Gebrauchsspuren, die auf ein nicht näher zu definierendes mineralisches Kontaktmaterial hindeuten könnten[119], zwei Klingen hatten Kontakt mit einem unbekannten Material. Die übrigen n = 31 Klingen zeigten Lackglanz, dessen Präsenz darauf schließen lässt, dass die Artefakte in einem funktionalen Bezug zur Verarbeitung von Getreide standen. In ihrem Bericht verweist van Gijn auf das Problem einer sehr differenzierten Glanzzonen-Morphologie, die diese Klingen unter dem Mikroskop erkennen ließen: „The problem was, however, that the polish characteristics tended to change very subtly between one tool and the next, and even between different locations of one single tool. The polish displayed a continuum between a very smooth, highly linked and finely striated variety to a rough, cratered, deeply striated version, with all possible combinations in between."[120] Auf den Artikel von Anderson u. a.[121] Bezug nehmend verweist van Gijn darauf, dass sich die Charakteristika von Polituren, die an Dreschschlitteneinsätzen und an Erntegeräten zur Ausprägung kommen, anhand spezifischer Merkmale unterscheiden lassen[122]: „Harvesting cereals results in a very smooth and flat polish, with fine striations, and no or hardly any topographical features. Depending on the length of use the polish is usually highly linked (Abb. 4.5:1). In contrast, the use of a blade in a threshing sledge involves a continuous dragging of the sledge through the plant materials, with occasional abrasive contact with soil particles or even with the threshing floor (see Anderson et al. 2004, fig. 8). This leads to rough, abraded and pitted surface with a strong linearity. There are deep striations and even long troughs extending from pits in the surface ('drawn features' or comet-shaped pits) (Abb. 4.5:1)". Im Rückgriff auf diese Unterscheidungskriterien teilt van Gijn die 31 Klingen aus der Tell Chuera-Region, die Glanzzonen aufweisen, in drei Gruppen:

1. Klingen mit einer glatten Politur („smooth polish"): n = 10
2. Klingen, die eine Mischform von Spuren aufweisen („tools with a mixture of traces"): n = 3
3. Klingen mit einer stark verschrammten Politur („tools with a heavily striated polish"): n = 12

Bei den Exemplaren der Gruppe 1 handelt es sich nach Einschätzung van Gijns am ehesten um Schneiden von Erntegeräten, während die Klingensegmente der Gruppe 3 von ihr als Dreschschlitteneinsätze gedeutet werden. Hingegen stellt die durch überlappende Merkmalsausprägungen charakterisierte Gruppe 2 ein problematisches Ensemble dar: „The group displaying features of both activities were problematic as they varied in terms of their features of wear even on one and the same tool."

Um die funktionale Deutung der Gebrauchsspuren zu prüfen, wurde ein Subset von neun Klingen durch eine weitere Mitarbeiterin des Leidener Labors (Ella Egberts)[123] analysiert und funktional interpretiert. Im Ergebnis ihrer unabhängigen Analyse differenzierte Egberts vier Gruppen von Klingen. Der Bericht fasst die Schlussfolgerungen Egberts wie folgt zusammen „(...) the first group (n=2) includes tools with a less linked polish, probably due to a shorter use. In general the polish is quite rough and striated with here and there some smooth patches (Abb. 4.5:2). The second group (n=4) displays a more linked polish, rougher and more heavily pitted than the previous group (Abb. 4.5:3). This group she interprets as threshing sledge inserts. The third group (n=3) has well developed polish, comet-shaped pits and a strong directionality (Abb. 4.6:1). Again, it most likely concerns threshing sledge inserts. The last group displays relatively smooth, highly linked polish that is most likely resulting from harvesting cereals (n=2) (Abb. 4.6:2). It should be noted however, that on these tools too, pitting was observed but the drawn features and strong linearity were lacking. It is possible that the pitting is a result of the kind of flint used for the production of these blades (medium grainsize)."

Obwohl sich die Einschätzungen van Gijns und Egberts hinsichtlich des Gebrauchsspurenspektrums an dem Material

116 Zum Einsatz kamen dabei Stereomikroskope vom Modell Wild M3Z (Schräglicht) und Leica M80 (direkte Beleuchtung der Probe).

117 Verwendet wurde das Modell Leica DM6000M.

118 Die Fotos wurden mit einer Kamera vom Modell Leica DFC450 erstellt. Die beschreibende Dokumentation der Gebrauchsspuren erfolgte nach einer Systematik, für die ich an dieser Stelle auf die Monographie von van Gijn 2010 verweise.

119 Eine Möglichkeit besteht vielleicht darin, dass die Klinge in einem Töpfereikontext verwendet wurde (vgl. Groman-Yaroslavski u. a. 2013).

120 Dieses und alle folgenden wörtlichen Zitate: van Gijn 2013.

121 Anderson u. a. 2004: 96-100.

122 Die Benennung und Zählung der Abbildungsverweise innerhalb der hier und im Folgenden zitierten Passagen wurden von mir an die fortlaufende Nummerierung der Abbildungen in dieser Arbeit angepasst.

123 Ich möchte E. Egberts an dieser Stelle für ihre Beteiligung an der Analyse des Klingenmaterials danken. Der Teilbericht von E. Egberts liegt mir ebenfalls vor.

aus Chuera im Detail unterscheiden, kommen beide Bearbeiterinnen im Ergebnis zu dem Schluss, dass sich in der Stichprobe sowohl Klingensegmente identifizieren lassen, für die eine funktionale Deutung als Sichelklinge anzunehmen ist, wie auch Stücke, bei denen es sich nach ihrer Einschätzung um Dreschschlitteneinsätze handelt. Auch in Bezug auf die Schäftungsspuren, die mikroskopisch in Form von Bitumen und hellen Flächen („bright spots") an n = 24 der in Leiden untersuchten Klingen in Erscheinung treten, geht van Gijn davon aus, dass für einige der Stücke eine Schäftung als Einklingensichel in Erwägung gezogen werden kann.[124] Diese Einschätzung korrespondiert weitgehend mit meiner auf Grundlage der makroskopischen Beobachtungen vorgeschlagenen Schäftungsrekonstruktion langer Großklingensegmente (vgl. Teikapitel 3.3.2.3).

Zusammenfassend nimmt van Gijn eine doppelte Funktion der Chuera-Großklingen an, wobei auch das Szenario einer Wiederverwendung von Sichelklingen als Möglichkeit beschrieben wird: „I would suggest that the Canaanean blades at Tell Chuera were used both as sickles and as threshing sledge inserts. It is tempting to suggest that they were first used as sickles and only secondarily as tribula (...). It seems that the complete Canaenean blades were used for harvesting mostly, hafted singly in a handle. Broken Canaanean blades, whether previously used for harvesting or not, were for the most part used as tribulum. This implies a versatile, more ad hoc approach towards these striking flint blades than was previously assumed."

Die mikroskopische Gebrauchsspurenanalysen an Klingenmaterial aus Tell Chuera und Kharab Sayyar liefern m. E. Argumente gegen eine exklusive Funktion der Klingen als Dreschschlitteneinsätze. Im Zusammenspiel mit der makroskopischen Untersuchung, die vor der Fertigstellung des Berichts über die mikroskopische Analyse weitestgehend abgeschlossen war, tragen die Gebrauchsspurenanalysen zu einer differenzierteren funktionalen Deutung der Klingen bei.

4.1.3.3 *Zusammenfassung: Die wirtschaftsarchäologische Deutung der frühbronzezeitlichen Großklingenindustrie*

Zumindest in der westlichen Jezirah dienten Großklingen im 3. Jt. v. u. Z. als Erntegeräte. Die Analysen und die Interpretation der Spezialisten des Laboratory for Artefact Studies legen zudem eine Verwendung der Klingen als Dreschschlitteneinsätze nahe, wofür nach Einschätzung der Fachleute aus Leiden insbesondere die kürzeren Klingensegmente in Frage kämen. Unter Einbeziehung der Ergebnisse der makroskopischen Analyse, der Untersuchung der Fundkontexte und der Gebrauchsspurenanalyse sowie der im Teilkapitel 4.1.3 ausführlicher dargelegten Kritik an der von Anderson u. a. vorgeschlagenen Dreschschlittenrekonstruktion, komme ich mit Blick auf das Material aus Chuera und Kharab Sayyar zu dem Schluss, dass die Hypothese einer exklusiven Funktion der Klinge als Einsätze für den Tribulum zurückzuweisen ist. Ich vermute, dass diese Deutung auch auf die Großklingeninventare anderer frühbronzezeitlicher Fundorte übertragen werden kann.

Insgesamt plädiere ich für eine modifizierte „konventionelle" Deutung der Großklingen als Erntemesser/Sicheleinsätze (Primärfunktion), wobei eine Sekundärfunktion als Dreschschlittenarmierung nicht ausgeschlossen werden kann. Ferner gehe ich davon aus, dass die Großklingen innerhalb der Siedlungen als Universalschneiden verwendet wurden. Diese Deutung beziehe ich v. a. auf die Segmente ohne Lackglanz, für die ein agrarischer Funktionszusammenhang – zumindest auf Grundlage der makroskopischen Beobachtung – nicht per se angenommen werden kann. Auf ein spezifisches Einsatzgebiet der kanaanäischen Klingen verweisen aktuelle Gebrauchsspurenanalysen an frühbronzezeitlichen Großklingen aus Qiryat Ata im Norden Israels.[125] I. Groman-Yaroslavski u. a. vermuten, dass einige der vor Ort geborgenen kanaanäischen Segmente nicht als Einsätze für den Tribulum oder Erntegeräte dienten, sondern als Töpfermesser[126], mit denen Tongefäße auf der langsam rotierenden Töpferscheibe (Tournette) bearbeitet wurden. Zur Untermauerung dieser These führten I. Groman-Yaroslavski u. a. Versuche durch, bei denen experimentell gefertigte, unretuschierte Großklingen zum Einsatz kamen. In den Händen eines erfahrenen Töpfers erwiesen sich die Klingen bei verschiedenen keramiktechnologischen Produktionsschritten als ein effizientes Arbeitsmittel, insbesondere beim Glätten der Tongefäße. Die Gebrauchsspuren an den replizierten Großklingen und den originalen Klingenfunden stimmen nach Groman-Yaroslavski u. a. miteinander überein. In Tell Chuera wurden diverse Großklingen ohne Sichelglanz aus Bereichen geborgen, in denen sich die Produktion von Keramik anhand von Werkstattbefunden und Funden nachweisen lässt (Bereiche ASA, E, F und W)[127]. Die These eines keramiktechnologischen Funktionskontextes eines Teils der Klingen sollte m. E. zumindest als Möglichkeit in eine Überlegung zur Deutung

124 „Especially the two large Canaanean blades that were interpreted as harvesting tools (nrs. 64-001 and 64-004) seem to have been hafted singularily in handle (…)." Anmerkung: Bei den Stücken handelt es sich um die Funde TCH 64 0-1 (Geräteklasse Segment C 2) und TCH 64 0-4 (Geräteklasse Segment E 2).

125 Die Klingenfunde aus Qiryat Ata sind in das frühe 3. Jt. v. u . Z. datiert worden.

126 Groman-Yaroslavski u. a. 2013. Zum Funktionszusammenhang Töpferei-Silexklingen vgl. auch Méry u. a. 2007.

127 In Bezug auf den extramuralen Bereich ASA ist der Fund eines Töpferscheiben-Unterteils aus Basalt zu nennen, im Bereich der Grabungsstellen E, F und W wurden teils ausgedehnte Töpfereibefunde aufgedeckt. Ich danke meiner Kollegin T. Babour, die z. Zt. im Rahmen eines Promotionsprojektes typologische und technologische Untersuchungen an den Keramikfunden aus Tell Chuera durchführt, für eine Diskussion dieses Sachverhaltes.

der Großklingenfunde aus Tell Chuera einbezogen werden. Im Ergebnis schlage ich eine dreiteilige, rangmäßig gegliederte Funktionsdeutung der Großklingen vor:

1. Die wirtschaftliche Konsumtion der Großklingen erfolgte schwerpunktmäßig im Zuge der agrarischen Produktion. Die Hauptfunktion war wahrscheinlich die von Erntegeräten (vgl. Teilkapitel 3.3.2.3). In der Bedeutung als agrarisches Produktionsmittel erkenne ich das ausschlaggebende Moment für die langfristige Etablierung eines spezialisierten lithischen Produktionssystems, als dessen Erzeugnisse die Großklingen zweifellos anzusehen sind (vgl. Teilkapitel 3.2.3.5).
2. Innerhalb des agrarischen Produktionszusammenhanges kam es eventuell zur Sekundärnutzung von Großklingensegmenten als Einsätze für den Tribulum, gelegentlich scheinen Schneiden zudem überarbeitet bzw. in einer Schäftung gewendet worden zu sein.
3. Ich nehme an, dass die Großklingen außerhalb des, im engeren Sinne agrarischen Kontextes, wie die Erzeugnisse der Abschlagindustrie, in gewissem Umfang als Multifunktionsschneiden dienten: Als Messer fanden sie wahrscheinlich sowohl bei alltäglichen reproduktiven Subsistenztätigkeiten (Zerteilen von pflanzlicher Nahrung und Fleisch, Schneiden von Schilfrohr, möglicherweise Einsatz als Schermesser etc.) wie in der handwerklichen Produktion Verwendung, vielleicht als Töpfermesser (s o.). Diesbezüglich ist auch auf die seltenen Funde von spezifischeren Geräteformen wie Klingenbohrer und -schaber zu verweisen, die zumindest am größeren der beiden Fundorte durch einzelne Funde belegt sind.

Aus der hier vorgeschlagenen Deutung der Großklingenkomponente lassen sich weitergehende Aussagen zur Rekonstruktion der frühbronzezeitlichen Wirtschaft der Chuera-Region ableiten. In Bezug auf Kharab Sayyar stammen alle stratifizierten Klingen, die gut erkennbare Sichelglanzzonen aufweisen aus Grabungsbereichen, die durch eine frühbronzezeitliche Wohnbebauung gekennzeichnet sind (Bereich A, B). In Tell Chuera wurden bronzezeitliche Großklingen mit Glanzzonen v. a. im Umfeld der Wohnbereiche der Ober- und Unterstadt (Bereiche E, G, H, K, P, W, Z) sowie im Bereich einer zentralen Verkehrsachse der Siedlung geborgen (Bereiche HMS, TMS). Funde von Großklingen mit anhaftendem Lackglanz stammen jedoch aus dem Umfeld einiger Tempelanlagen und monumentaler Bauwerke (Bereiche A, B, D, S, T), dem frühbronzezeitlichen Palast und seiner Nachbebauung (Bereich F) sowie aus einem extramuralen Produktionsbereich der Siedlung (Bereich ASA).

Die weite Streuung der primär als landwirtschaftliche Geräte zu deutenden Großklingenfunde legt m. E. eine breite Partizipation der Stadtbevölkerung in der agrarischen Produktion nahe. Im Ergebnis unterstreicht die lithische Analyse das Bild der frühbronzezeitlichen Stadt als agrarische Großsiedlung. Ich gehe davon aus, dass ein Großteil der Bevölkerung – Mitglieder der Basishaushalte genauso wie einige Angehörige der übergeordneten Haushalte – in den besonders arbeitsintensiven Phasen des agrarischen Jahres, v. a. während der Erntezeit außerhalb der Stadtmauern auf den Feldern arbeiteten. Die dicht bevölkerte und umwallte Stadt erscheint vor diesem Hintergrund als eine Heimstatt von „Stadtbauern" oder „Ackerbürgern". Eine historische Rekonstruktion der frühbronzezeitlichen Stadt als eine Gemeinschaft von Handwerkern und mit administrativen wie rituellen Aufgaben betrauten Vollzeitspezialisten, deren Subsistenzgrundlage in erster Linie darauf basierte, außerhalb der Stadt, d. h. in den Siedlungen des Umlandes erwirtschaftete agrarische Überschüsse zu konzentrieren, zu redistributieren und zu konsumieren, erscheint m. E. angesichts der zahlreichen Funde von Klingen mit Lackglanz nicht plausibel. Anzunehmen ist vielmehr, dass auch Haushalte, die mit einer spezialisierten Form der Güterproduktion befasst waren oder spezialisierte Aufgaben übernahmen, in die agrarische Produktion involviert waren. Dass in einem Zentrum wie Tell Chuera agrarische Ressourcen in Form von Getreide und Vieh konzentriert unter der Kontrolle kommunaler und zentraler Institutionen umverteilt wurden, soll hier aber keineswegs verneint werden. Zusammen mit der Fähigkeit, menschliche Arbeitskraft für Großprojekte etc. zu mobilisieren, bildete die Kontrolle über diese Ressourcen einen zentralen Pfeiler sozioökonomischer Macht innerhalb des frühbronzezeitlichen Gemeinwesens. Aufgrund der Rohklingen- und Klingengerätfunde aus den Wohnbereichen der Siedlungen ist zu vermuten, dass sich Großklingen bzw. die mit ihnen bestückten Kompositgeräte im Besitz der meisten frühbronzezeitlichen Haushalte befanden und auf der Ebene der Basishaushalte zirkulierten. Wahrscheinlich verwendeten die Haushalte die Klingen, um damit auf ihren eigenen Feldern zu arbeiten bzw. den Ertrag ihrer Felder auszudreschen. In Bezug auf ressourcenintensiveres und spezialisiertes Großgerät wie Dreschschlitten oder Pflüge, deren Einsatz u. a. an den Besitz entsprechender Zugtiere geknüpft war, gehe ich davon aus, dass diese von mehreren Haushalten gemeinschaftlich genutzt wurden. Darüber hinaus erscheint es denkbar, dass wohlhabendere und übergeordnete Haushalte einen entsprechenden Gerätestand besaßen und diese an Haushalte von geringerer wirtschaftlicher Reichweite „vermieteten".

Da die meisten Großklingen – von Ausnahmen abgesehen – aus sekundärer Fundlage, z. B. aus Schuttschichten stammen, lässt sich die Anzahl der Klingen pro Haushalt nicht eruieren. Somit lässt sich auch kein methodisch sinnvoller Quotient ermitteln, der darüber Auskunft gäbe wie intensiv ein bestimmter Haushalt in die landwirtschaftliche Produktion involviert war.[128]

---

128 Für eine entsprechende Analyse wären konkrete Informationen bezüglich der Funddichte pro m^3 Erdaushub nötig, möglichst in Verbindung mit dem kompletten Aussieben des Abraums. Diese liegen aufgrund der Praxis der Stichprobenerhebung nicht vor.

Grabungs-bereich	Großklingensegmente mit makroskopischem Glanz(n)	Rekonstruierte Hauptfunktionen des Bereiches
A	6	Übergeordneter Haushalt - Tempel
ASA	27	Produktionsbereich
B	16	Übergeordneter Haushalt – Tempel, Produktionsbereich
D	14	Übergeordneter Haushalt – Tempel, teils nicht bestimmbar
D oder K	6	Vgl. D und K
E	4	Wohnbereich, Produktionsbereich
F	53	Übergeordneter Haushalt – Palast, Produktionsbereich (Nachnutzung)
G	1	In der FBZ: Wohnbereich
H	70	Wohnbereich, Verteidigung
HMS	7	Öffentlicher Raum, Wohnbereich, Verteidigung
K	37	Wohnbereich, Produktionsbereich
P	9	Wohnbereich, Produktionsbereich
S	3	Übergeordneter Haushalt - Tempel
T	5	Produktionsbereich, Verteidigung
TMS	7	Öffentlicher Raum, Wohnbereich (TMS Süd?), übergeordneter Haushalt (TMS Nord)
W	60	Wohnbereich, Produktionsbereich, Verteidigung
X	73	k. A. (Sammelfunde von der Telloberfläche)
Z	1	Wohnbereich, Verteidigung

Tabelle 4.1.3.3-I: Absolute Häufigkeit (n) von Großklingengeräten mit Sichelglanz, aufgeschlüsselt nach Grabungsbereichen.

4.1.3.4 Wert und Sichtbarkeit

Zweifellos besaßen die kanaanäischen Klingen einen hohen Gebrauchswert: Ihr Einsatz in der agrarischen Produktion war – wenn man die technologischen Möglichkeiten der Frühbronzezeit zugrunde legt – sicherlich nicht alternativlos, bildete jedoch im Zusammenspiel mit anderen Kulturtechniken die objektive Grundlage für die Existenz der sesshaften Gemeinwesen in den marginalen Regenfeldbaugebieten Nordmesopotamiens. Die lokal ansässigen Haushalte hielten nahezu über das gesamte 3. Jt. hinweg an der Großklinge fest, obwohl ihnen alternative technologische Entscheidungen[129], etwa der Gebrauch der mit einfachen Klingen bestückten Mehrklingensichel oder das Pflücken der Ähren von Hand, durchaus bekannt gewesen sein dürften.

Die standardisierte Form dieses robusten Werkzeugs mag dazu beigetragen haben, den Arbeitsaufwand, der mit bestimmten Abläufen der landwirtschaftlichen Produktion einher ging, berechenbarer zu machen. In einer Situation in der die Subsistenz tausender Menschen von einer erfolgreichen Einfuhr der Ernte abhing, mag ein „konservatives" Verharren der Haushalte auf einer praktikablen und bewährten technologischen Lösung von nicht unerheblicher Bedeutung gewesen sein. Die frühbronzezeitlichen Haushalte Chueras und Kharab Sayyars, die die Großklingen über viele Generationen hinweg verwendeten, werden das technologische Potential und die Grenzen dieser, im damaligen Alltagsleben allgegenwärtigen Geräte genau einzuschätzen gewusst haben. Der Wert der Großklingen speiste sich daraus, dass das Rohmaterial der Klingenproduktion in die Chuera-Region importiert werden musste. Funde von Rohklingenhorten und der Fund eines Kernsteindepots aus Tell Chuera unterstreichen, dass es sich bei den Großklingen wohl nicht um stets verfügbare Güter handelte. Trotz ihrer evidenten Bedeutung für die agrarische Produktion nehme ich an, dass den Großklingen in Chuera und Kharab Sayyar kaum ein symbolischer Wert zugesprochen wurde, der über den eines benötigten Gebrauchsgutes hinausging, mit dem man sich ggf. bevorratete. Obwohl die Klingen in den frühbronzezeitlichen Siedlungen omnipräsent gewesen sein müssen, stellten sie im Gegensatz zu anderen Objektgattungen ein nahezu „unsichtbares" Element der materiellen Kultur dar. Die im Rahmen dieser Arbeit rekonstruierten Varianten der Schäftungsweise (vgl. Teilkapitel 3.3.2.3) lassen erkennen, dass die Klingen – sei es als Sicheleinsatz oder als in die Unterseite eines Dreschschlittens eingelassenen „Zähne" – als Schneiden von Kompositgeräten dienten, die zumeist nur knapp aus ihrer Schäftung hervorragten. Während die Bearbeiter lithischer Funde die Silexartefakte

129 Lemonnier 1993.

als solche klassifizieren und ihren Funktionszusammenhang deuten usw., werden die Bewohner der frühbronzezeitlichen Siedlungen die Klingen wohl in erster Linie als Teilkomponenten landwirtschaftlicher Geräte wahrgenommen haben. Ich denke, dass es eher die kompletten Gerätschaften waren, die im Alltagsleben der damaligen Menschen zur Kommunikation symbolischer und sozialer Information dienten, weniger ihre optisch unscheinbare, häufig tief in einen Schaft versenkte Armierung aus Feuerstein. Diesbezüglich vermute ich auch mit Blick auf das singuläre Beispiel einer kanaanäischen Klinge als Grabbeigabe (vgl. Teilkapitel 4.1.3.1), dass der Klingenfund in dem betreffenden Fall die Beigabe eines vollständigen Erntegerätes bezeichnet, dessen Holm sich nicht erhalten hat. Bei den Großklingensegmenten selbst handelte es sich vermutlich nicht um Objekte, die auf der Ebene der gesellschaftlichen Praxis besonders bedeutungsvoll oder „zeichenverdächtig"[130] waren.

Die Produkte der spezialisierten Großklingenindustrie stehen daher im direkten Kontrast zu den metallurgischen Erzeugnissen. Auf der Ebene des Rohmaterials und der Halbfabrikate wurden sowohl Metalle wie Silex thesauriert, wie einige bereits diskutierte Fundkontexte aus Tell Chuera erkennen lassen. Andererseits blieb die rituelle Konsumtion von Gütern, die lokal sowohl im Bestattungsritual[131] als auch in der Deponierung von Geräten und Waffen in Tempeln erfolgte[132], auf die Gruppe der ungleich wertvolleren Metalle beschränkt.

4.1.4 Die funktionale Deutung der Kerngeräte

Die Bedeutung der Kerngeräte innerhalb des technologischen Systems beider Fundorte ist als extrem gering einzustufen. Ich vermute, dass retuschierte und durch Gebrauchsspuren gekennzeichnete Trümmerstücke (vgl. Teilkapitel 3.3.4) wie die einfachen Abschläge als ad hoc-Gerät dienten und analoge Funktionen erfüllten (vgl. Teilkapitel 4.1.1). Die beiden groben Hauwerkzeuge aus Tell Chuera, bei denen es sich um Sammelfunde handelt, sind nur schwer zu deuten.[133] In Ermangelung an Vergleichsfunden und Kontextinformation bleibt eine funktionale Interpretation zwangsläufig spekulativ. Zumindest das kleinere der beiden Artefakte könnte aufgrund seiner Morphologie vielleicht als Keil beim Spalten von Holzstücken gedient haben. Der singuläre Kernbeilfund aus Chuera stellt eine Anomalie innerhalb des lithischen Fundspektrums dar, da das Vorkommen vergleichbarer Stücke in Vorderasien in der Regel auf neolithische und chalkoltihische Fundkontexte beschränkt bleibt[134]. Vielleicht handelt es sich bei dem Beil um ein Intrusivstück aus den spätneolithischen und chalkolithischen Schichten, die bei antiken Erdarbeiten in einen frühbronzezeitlichen Schichtzusammenhang verlagert wurden. In funktionaler Hinsicht könnte das Beil zur Holzbearbeitung eingesetzt worden sein.[135]

4.1.5 Die Deutung der Geschossspitzenfunde

Auffällig ist, dass die bifazial retuschierten Lanzettspitzen, die das kleine Geschossspitzeninventar dominieren (vgl. Teilkapitel 3.3.3), ausschließlich im Grabungsbereich F, also im Bereich des frühbronzezeitlichen Palastes zutage kamen. Möglicherweise ist ihre Präsenz auf eine kriegerische Auseinandersetzung (Beschuss) zurückzuführen. Mit Lanzettspitzen bestückte Pfeile könnten aber auch einen Ausrüstungsbestandteil der hier ansässigen Elite bzw. ihres militärischen Gefolges gewesen sein. Einige Fundkontexte frühbronzezeitlicher Pfeilspitzen[136] sowie zeitgenössische ikonographische Quellen[137] lassen die Vermutung zu, dass es sich bei Pfeil und Bogen um Elemente einer dezidiert kriegerischen Bewaffnung handelte.[138] Die „Renaissance" steinerner Geschossspitzen in der jüngeren Frühbronzezeit könnte durchaus mit dem Aufkommen einer zunehmenden Verbreitung der Schutzbewaffnung (Helme, Schutzbekleidung und Schilde) in Zusammenhang, die sich für diesen Zeitraum nachweisen lässt.[139]

4.1.6 Zusammenfassung der funktionalen Interpretation

Die funktionale Deutung von Silexartefakten basiert auf Beobachtungen der Fundkontexte und Analogismus, und zwar unabhängig davon, ob die mögliche Funktion eines

130 Eggert 2010: 69.

131 Hier sei beispielhaft auf Waffenfunde aus einigen Gräbern verwiesen (Krasnik – Meyer 2001; Hempelmann 2013: 266-267).

132 Ich beziehe mich hier auf eine Reihe von Metallwaffen und anderen Gerätefunden, die bei aktuellen Grabungen im Bereich des Antentempels Steinbau VI (Bereich S) und seiner Vorgängerbauten zutage kamen (Hempelmann 2007; mündlichen Mitteilung O. Krombergs).

133 Vgl. Rosen 1997: 98.

134 Vgl. Rosen 2012: 251.

135 Vgl. Rosen 2012: 251: 97.

136 In Tepe Hissar (Nordiran) fanden sich Hunderte von Geschossspitzen des lanzettförmigen Typs in einem Zerstörungshorizont im Bereich des so genannten Burned Building, der auch zahlreiche Skelettfunde barg (Schmidt 1937: 157-171; 219-220). Sie stehen in Zusammenhang mit der gewaltsamen Zerstörung der Siedlung.

137 Beispielhaft sei hier auf den Fund einer präsargonisch datierten Steinplakette aus Mari, die eine kriegerische Szene mit einem Bogenschützen zeigt (Parrot 1971: 269, Fig. 4) sowie auf die Naram-Sin-Stele aus Susa verwiesen (Amiet 1975: 197, Abb. 104).

138 Zur militärischen Bedeutung der Bogenwaffe – insbesondere des Kompositbogens, der sich ab der Mitte des 3. Jts. v. u. Z. nachweisen lässt – vgl. z. B. Miller u. a. 1986: bes. 182-187.

139 Für den Hinweis auf diesen Zusammenhang und die Diskussion dieses Aspekts danke ich B. Müller-Neuhof.

Steingerätes auf der Grundlage morphologischer Kriterien, ethnoarchäologischer Versuche oder einer mikroskopischen Gebrauchsspurenanalyse erörtert wird. Es ist wahrscheinlich, dass detaillierte mikroskopgestützte Analysen in Zukunft weitere, bis heute möglicherweise unterschätzte oder unbekannte Gebrauchswerte frühbronzezeitlicher Steingeräteformen erschließen werden.[140] Da es jedoch aus finanziellen wie logistischen Gründen unwahrscheinlich ist, dass zukünftig komplette Steinartefakt-Assemblagen vorderasiatischer Fundplätze analysiert werden, wird auch die makroskopische Analyse bis auf Weiteres eine Säule der funktionalen Interpretation darstellen. Die Ansicht, dass typologische Untersuchungen keinen substantiellen Beitrag zur Funktionsbestimmung leisten können, teile ich nicht. Meiner Meinung nach sind mikroskopische Gebrauchsspuranalysen von Stichproben, typologische Untersuchungen und die Analysen von Fundkontexte komplementär. Abschließend soll die in diesem Kapitel erörterte Funktionsdeutung der Silexartefakte in tabellarischer Form zusammengefasst werden (vgl. Tabelle 4.1.6-I). In der Tabelle sind verschiedene Klassen modifizierter und aus makroskopischer Perspektive unmodifizierte Artefakte zu funktionalen Gruppen zusammengefasst worden.[141]

Funktionale Gruppen	**Rekonstruierter Funktionszusammenhang**	**Nachweis**	
		TCH	**KHS**
Geschossspitzen	Element der kriegerischen Bewaffnung, Jagd	X	
Abschlagbohrer, Klingenbohrer, Kernbohrer	Perforieren/Durchstechen von weichen (Leder, Textil) und harten Materialien (z. B. Muschelschalen, Schmuckstein)	X	
Abschlagschaber oder –kratzer, Klingenschaber oder Kratzer, schaberartig retuschierte Fragmente	Schaben und Schneiden von Tierhäuten, Schaben von härterem Material (Knochen, Holz)	X	X
Retuschierte, durch Gebrauch modifizierte und unretuschierte Abschläge sowie retuschierte und durch Gebrauch modifizierte Fragmente	Multifunktionale Schneiden; „Küchenmesser“, Schneiden von Fleisch und weichen Materialien (Leder), evtl. Schnitzen von härterem Material (Holz und Knochen)	X	X
Retuschierte, durch Gebrauch modifizierte und unretuschierte Klingen und Großklingen	Multifunktionale Schneiden, möglichweise Einsatz im Töpfereikontext	X	X
Retuschierte, durch Gebrauch modifizierte und unretuschierte einfache Klingen	Klingen für präzise Schneidarbeiten; insbes. die kleinen Obsidianklingen fanden evtl. im medizinischen und kosmetischen Bereich Verwendung; für die Obsidianklingen ist auch eine symbolische Funktion zu erwägen	X	X
Retuschierte, durch Gebrauch modifizierte und unretuschierte Großklingen	Multifunktionale Schneidgeräte	X	X
Hohlkerben und gezähnte Partien an Abschlägen, (Groß-)Klingen und Trümmern	Schneiden, Schaben von härteren Materialien (Holz)	X	X
Ausgesplitterte Abschläge und Stücke	Meißelartige Funktion; Bearbeitung härterer Materialien (Holz, Knochen)	X	X
Ausgesplitterte Klingensegmente	Schäftungsbezug oder Hinweis auf meißelartige Funktion; Bearbeitung härterer Materialien (Holz, Knochen)	X	X
Durch Stichelschlagtechnik modifizierte Abschläge, Klingen und Großklingen	Unterschiedlichste Funktionen kommen infrage (z.B. Gravurgerät, Stichelbahnen an Großklingen können auf Schäftungsbezug verweisen etc.)	X	X
Klingen- oder Großklingensegmente mit lateralen Glanzzonen	Primärfunktion: Schneidenpartien von Erntegerät (Sicheln, Erntemesser), Sekundärfunktion: Dreschschlitteneinsätze	X	X

140 Für ein aktuelles Beispiel vgl. z. B. den Artikel von Groman-Yaroslavski u. a. 2013.

141 Für die Häufigkeiten der einzelnen Geräteklassen, die in etwa ihre Bedeutung für das technologische System widerspiegeln dürfte, vgl. Teilkapitel 3.3.

Funktionale Gruppen	Rekonstruierter Funktionszusammenhang	Nachweis TCH	Nachweis KHS
Hämmer oder Hammerfragment (Abschläge oder Trümmer mit Schlagnarben)	Abschlaggewinnung durch Technik des direkten harten Schlages	X	X
Hauwerkzeuge	Keile für das Spalten von Holzstücken?	X	
Kernbeil	Holzbearbeitung oder Erdarbeiten? Manuport?	X	

Tabelle 4.1.6-I: Funktionszusammenhang der lithischen Artefakte (Rekonstruktionsvorschlag).

4.2 Nutzungsintensität und die Entsorgung lithischer Artefakte

In diesem Teilkapitel wird die Nutzungsintensität der geschlagenen Steinartefakte und das Abfallverhalten der frühbronzezeitlichen Haushalte in Bezug auf die Ressource Silex untersucht. Die Frage, wann ein geschlagenes Steinartefakt durch Abfallroutinen aus dem systemischen Kontext der bronzezeitlichen Siedlung ausschied – wann es also für wertlos befunden wurde – bildet einen wichtigen Aspekt der wirtschaftlichen Konsumtion der lithischen Ressourcen. Das Verwerfen der Artefakte ist hier als die VI. Stufe der Chaîne Opératoire definiert.

4.2.1 Die Nutzungsintensität der Steinartefakte aus makroskopischer Perspektive

Die meisten Abschläge wurden im Gegensatz zu den Klingen und Großklingen nur selten durch Segmentieren der Grundform, Retuschieren oder intensiven Gebrauch modifiziert (vgl. Teilkapitel 3.3) und in der Regel weit weniger intensiv genutzt als die Klingen. Sie wurden an beiden Fundorten ad hoc produziert (vgl. Teilkapitel 3.2.1) und zumeist nach kurzem Gebrauch wieder verworfen. Allenfalls die retuschierten Abschläge (vgl. Teilkapitel 3.3.1) verweisen auf eine nachhaltigere Nutzung einzelner Artefakte.

In Bezug auf die einfachen und kanaanäischen Klingen[142] wurde für jedes Fundstück ein „Modifikationsindex" (MI) errechnet, um die Nutzungsintensität der Artefakte auf einer abstrakten Ebene miteinander vergleichen zu können.[143] Der MI ergibt sich aus mehreren in Tabelle 4.2.1-I aufgeschlüsselten Faktoren und ist aufgrund der Begrenztheit der makroskopischen Analyse als Approximation zu verstehen.[144]

Prinzipiell wird an dieser Stelle vorausgesetzt, dass Klingen ohne klar erkennbare Kantenmodifikationen oder Glanzzonen weniger stark genutzt wurden als retuschierte, durch ein oder beidseitig ausgeprägten Lackglanz, Überarbeitung oder stark verrundete Kanten gekennzeichnete Stücke.

Die für das Klingenmaterial Tell Chueras und Kharab Sayyars kalkulierten Modifikationsindices sind rangskaliert. Ein MI von „0" soll hier als Hinweis darauf gewertet werden, dass das betreffende Artefakt kaum genutzt wurde, während ein höherer MI als Indikator für einen intensiveren Grad der Nutzung bzw. Vernutzung gedeutet wird (vgl. Tabelle 4.2.1-II). Den höchsten Modifikationsindex (MI = 7) weist ein Großklingensegment aus Tell Chuera (TCH 03 D 107-1) auf. Bei dem Stück handelt sich um ein 13,7 cm langes, beidseitig gezähntes Proximalfragment, also um eine annähernd vollständig erhaltene Klinge. Diese lässt bilateral wie flächig ausgeprägte Glanzzonen erkennen, wurde nachretuschiert und durch die Anlage einer Endretusche überarbeitet. Die absolute und relative Häufigkeitsverteilung der Modifikationsindices an Klingen und Großklingenfunden aus Tell Chuera und Kharab Sayyar ist den Tabellen 4.2.1-III bis 4.2.1-VI sowie dem Diagramm in Abb. 4.7 zu entnehmen. Der Modifikationsindex der einfachen Klingen beträgt an beiden Fundorten maximal 3 (vgl. Tabelle 4.2.1-V und 4.2.1-VI). Insgesamt erscheinen sie weniger stark abgenutzt als die Großklingen (vgl. 4.2.1-III und vgl. 4.2.1-IV). Dieser Befund ist wahrscheinlich v. a. darauf zurückzuführen, dass Kleinklingen seltener in einem agrarischen Kontext verwendet wurden. Nur selten weisen sie Lackglanz und nach- bzw. überretuschierte Kantenpartien auf.

Der Anteil der wenig abgenutzten Großklingen (MI = 0) liegt an beiden Fundorten bei etwa 10 Prozent. Abgenutzte Klingen (MI = 1-2) treten in Kharab Sayyar häufiger auf, während stark bis sehr stark abgenutzte Großklingen (MI = 3+) öfter in Tell Chuera dokumentiert werden konnten. In statistischer Hinsicht erscheinen diese Unterschiede jedoch

142 85,5 Prozent der Großklingen aus Tell Chuera und 90,6 Prozent der Großklingen aus Kharab Sayyar weisen Retuschen bzw. makroskopische Gebrauchsspuren auf.

143 Für einen ähnlichen methodischen Ansatz siehe Pollock 2008: 55-56.

144 Für die Kalkulation der Modifikationsindices wurden bewusst nur einige wenige Merkmale ausgewählt. Merkmale wie polare und laterale Aussplitterungen wurden nicht einbezogen, weil sie u. a. auch auf einen Schäftungsbezug hindeuten können. Berücksichtigt wurden ausschließlich Klingenfunde der Datensatzqualität 1.

nicht signifikant.[145]Auch in diachroner Perspektive[146] (vgl. Tabelle 4.2.1-VII) deuten sich über den Verlauf der lokalen Frühbronzezeit kaum Unterschiede an.[147] Daraus lässt sich schließen, dass die Silexgroßklingen von den Haushalten über diesen langen Zeitraum hinweg auf vergleichbare Weise und v. a. gleichartig intensiv genutzt wurden. Der überwiegende Teil der Großklingensegmente (über 60 Prozent) wurde in abgenutztem Zustand entsorgt, ca. 20 (ältere Frühbronzezeit) bzw. ca. 27 Prozent (jüngere Frühbronzezeit) der Klingen waren länger in Umlauf bzw. wurden überarbeitet bevor sie in den Abfall gelangten.

MI	Merkmal
0	Keine Kantenmodifikation, allenfalls GSM-Retusche
+ 1	Gerätemodifikation
+ 1	Unilaterale Glanzone oder Spuren von Glanz
+ 1	Flächig ausgeprägter Glanz
+ 2	Bilateral ausgeprägter Glanz
+ 1	Starke Verrundung von Kantenpartien
+ 1	Überretuschierter Glanz oder Nachschärfungsretuschen
+ 1	Deutliche Spuren einer Sekundärnutzung (Anlage einer weiteren Gerätemodifikation)

Tabelle 4.2.1-I: Kalkulation des Modifikationsindex von Klingen.

MI	Merkmal
0	Nicht bzw. kaum abgenutzte Klinge
1-2	Abgenutzte Klinge
3-4	Stark abgenutzte Klinge
5+	Sehr stark abgenutzte Klinge

Tabelle 4.2.1-II: Interpretation der Modifikationsindices.

MI	n	f
0	86	11,2
1	271	35,3
2	210	27,3
3	139	18,1
4	51	6,6
5	7	0,9
6	3	0,4
7	1	0,1
Gesamt	**767**	**100,0**

Tabelle 4.2.1-III: Absolute (n) und relative Häufigkeit (f, in Prozent) der Modifikationsindices an Großklingen aus Tell Chuera. Die Tabelle führt ausschließlich Klingenfunde der Datensatzqualität 1 auf.

MI	n	f
0	9	9,4
1	43	44,8
2	31	32,3
3	12	12,5
4	0	0,0
5	1	1,0
6	0	0,0
7	0	0,0
Gesamt	**96**	**100,0**

Tabelle 4.2.1-IV: Absolute (n) und relative Häufigkeit (f, in Prozent) der Modifikationsindices an Großklingen aus Kharab Sayyar. Die Tabelle führt ausschließlich Klingenfunde der Datensatzqualität 1 auf.

MI	n	f
0	49	33,8
1	83	57,2
2	12	8,3
3	1	0,0
4	0	0,0
5	0	0,0
6	0	0,0
7	0	0,0
Gesamt	**145**	**100,0**

Tabelle 4.2.1-V: Absolute (n) und relative Häufigkeit (f, in Prozent) der Modifikationsindices an einfachen Klingen aus Tell Chuera. Die Tabelle führt ausschließlich Klingenfunde der Datensatzqualität 1 auf.

145 Chi-Quadrat-Test (Chisq = 19,7, df = 21, p-value = 0,5375): Der p-wert liegt höher als 0,05. Zur Anwendung von Chi-Quadrat-Tests in der Archäologie vgl. Shennan 2001: 104-115.

146 Aufgrund der Quantität der Klingen aus älter und jünger frühbronzezeitlichen Kontexten erscheint ein Vergleich nur in Bezug auf die Funde aus Tell Chuera sinnvoll.

147 Der um etwa sechs Prozentpunkte erhöhte Prozentsatz kaum abgenutzter Großklingen aus der älteren Frühbronzezeit dürfte v. a. auf einen einzelnen Depotfund unmodifizierter Klingen aus dem Bereich K zurückzuführen sein.

MI	n	f
0	6	42,9
1	7	50,0
2	1	7,1
3	0	0,0
4	0	0,0
5	0	0,0
6	0	0,0
7	0	0,0
Gesamt	**14**	**100,0%**

Tabelle 4.2.1-VI: Absolute (n) und relative Häufigkeit (f, in Prozent) der Modifikationsindices an einfachen Klingen aus Tell Chuera. Die Tabelle führt ausschließlich Klingenfunde der Datensatzqualität 1 auf.

	Ältere FBZ		**Jüngere FBZ**	
MI	**n**	**f**	**n**	**f**
0	20	16,3	64	10,4
1	46	37,4	217	35,2
2	32	26,0	170	27,6
3	21	17,1	111	18,0
4	4	3,3	45	7,3
5	0	0,0	6	1,0
6	0	0,0	2	0,3
7	0	0,0	1	0,2
Gesamt	**123**	**100,0**	**616**	**100,0**

Tabelle 4.2.1-VII: Absolute (n) und relative Häufigkeit (f, in Prozent) der Modifikationsindices 0 bis 7 an Großklingen aus Tell Chuera, aufgeschlüsselt nach chronostratigraphischen Gruppen (ältere und jüngere Frühbronzezeit). Die Tabelle führt ausschließlich Klingenfunde der Datensatzqualität 1 auf.

4.2.2 Die Entsorgung lithischer Artefakte im Kontext der Abfallroutinen frühbronzezeitlicher Haushalte

Steinartefakte wurden auf verschiedenen Stufen der operationellen Sequenz verworfen: Sie konnten sowohl anschließend an die Produktion (Stufen I bis IV) als auch im Gefolge der Konsumtion durch Gebrauch (Stufe V) aus dem systemischen Kontext der damaligen Siedlungen ausscheiden und in den archäologischen Kontext gelangen.[148]

Aufgrund der uneinheitlichen Praxis der Stichprobenerhebung (vgl. Teilkapitel 5.2) in Chuera und Kharab Sayyar, wodurch das Gesamtbild zusätzlich „verzerrt“ wird, lässt sich der Aspekt der Entsorgung lithischer Artefakte nicht anhand eines Vergleiches von Funddichten (Silices pro m³) untersuchen. Vor diesem Hintergrund bleiben im Wesentlichen zwei Möglichkeiten, die Entsorgungspraxis der frühbronzezeitlichen Haushalte zu analysieren:

1. Auf qualitativer Ebene können einzelne, potentiell exemplarische Fundkontexte erörtert werden.
2. Auf quantitativer Ebene lässt sich die Fundhäufigkeit von Steinartefakten vergleichen, die verschiedenen Fundkontexten entstammen. Im Zuge der Datenaufnahme wurden zwanzig depositionale Kontexte (DK) differenziert.[149] Eine Kurzbeschreibung der Kontexte mit Angabe der Fundhäufigkeit ist Tabelle 4.2.2-I zu entnehmen. Für eine ausführlichere Definition der Fundkontexte sei hier auf das Teilkapitel 2.2.1 verwiesen.

Bis zu einem gewissen Grad lassen sich verschiedene taphonomische Klassen von Abfall unterscheiden. Zu den wichtigsten Arten von Abfall gehören nach M. B. Schiffer: primärer Abfall, sekundärer Abfall und De facto-Abfall.[150] Primärer Abfall bezeichnet Assemblagen, die am Ort ihres Gebrauchs in den archäologischen Kontext eingelagert wurden, z. B. Abschläge und Trümmer, die im Bereich eines Schlagplatzes verblieben. Primärer Abfall im engeren Sinne tritt im Bereich von langfristig bewohnten Siedlungsplätzen nur selten auf, da er im Zuge von Abfallroutinen innerhalb der Siedlung verlagert wurde, z. B. durch das periodische Auskehren von Aktivitätszonen etc.

Innerhalb von Siedlungen ist stattdessen verstärkt mit Vorkommen sekundären Abfalls zu rechnen. Hierbei handelt es sich um Artefakte, die nicht am Ort der Produktion oder im Bereich ihres Gebrauchs liegen blieben, sondern im Zuge der Abfallbeseitigung verlagert wurden, bevor die Ablagerung in den archäologischen Schichtzusammenhang erfolgte.[151]

Die Bezeichnung De facto-Abfall bezieht sich hingegen auf Objekte, die in einer Aktivitätszone oder am Ort ihrer Aufbewahrung verblieben und die theoretisch noch verwendbar waren.[152] Assemblagen von De facto-Abfall können z. B. entstehen, wenn eine Aktivitätszone durch eine Brandkatastrophe zerstört wurde, so dass ggf. größere Teile des systemischen Inventars in der Ruine verblieben oder wenn ein Gebäude planmäßig verlassen wurde und die Bewohner Bestandteile des Nutzungsinventars zurückließen. Im Folgenden wird das Fundmaterial aus den verschiedenen depositionalen Kontexten im Hinblick auf die verschiedenen Kategorien von Abfall erörtert.

148 Zur Unterscheidung systemischer und archäologischer Kontexte vgl. Schiffer 1972.

149 Hierfür wurde die Befundbeschreibung der Aufnahmesysteme, die in den letzten 50 Jahren in der Tell Chuera-Region zur Anwendung kamen, so weit wie möglich synchronisiert.

150 Vgl. Schiffer 1995, 1996.

151 Schiffer 1996: 18; 58-64.

152 Schiffer 1996: 89-98.

Abgesehen von den Sammelfunden von der Telloberfläche (DK 1) und den Silices, die in Tell Chuera beim Abtrag des oberflächennahen Schuttes zum Vorschein kamen (DK 2), stammen die meisten Funde erwartungsgemäß aus Schuttschichten (DK 6). Hierbei handelt es sich in erster Linie um Raumverfüllungen, Verfallschichten und Ablagerungen, die sich auf Freiflächen innerhalb der Siedlungen akkumuliert haben. Wenn man die Lesefunde und die nicht im engeren Sinne kontextualisierten Funde[153] ausklammert, können 51,8 Prozent der Lithikfunde aus Tell Chuera und 45,8 Prozent der Steinartefaktfunde aus Kharab Sayyar dem Kontext „Schuttschicht" zugeordnet werden (vgl. Tabelle 4.2.2-II und 4.2.2-III). Es ist anzunehmen, dass es sich bei den betreffenden Stücken v. a. um sekundären Abfall handelt, der im Zuge der alltäglichen Abfallroutinen der frühbronzezeitlichen Haushalte in leerstehenden Räumen etc. entsorgt wurde.

Aus der großen Bevölkerungsdichte frühurbaner Zentren wie Tell Chuera resultierte zwangsläufig ein erhöhtes Abfallaufkommen. Unabhängig davon, dass die Toleranz gegenüber der Präsenz von Abfällen im unmittelbaren Wohnumfeld kulturell sehr unterschiedlich ausgeprägt sein kann, üben Akkumulationen von Müll und Unrat mit Blick auf hygienische Verhältnisse und Gesundheitsrisiken auf Dauer Stress auf Siedlungsgemeinschaften aus. Das massierte Aufkommen von Abfällen erscheint somit als Charakteristikum und eine spezifische Problematik der urbanen Lebensweise.[154]

Auch der Schlagabfall der Steingeräteproduktion ist in diesem Zusammenhang zu erörtern. Lithische Débitage ist messerscharf und die Splitter, die während eines Abschlagprozesses anfallen, gefährdeten nicht nur den Steinschläger selbst[155], sondern stellten – wenn sie in den Aktivitätszonen der Siedlung verblieben – ein Gesundheitsrisiko für die übrigen Einwohner dar; zumindest wenn man davon ausgeht, dass sich die frühbronzezeitlichen Bewohner Chueras und Kharab Sayyars wahrscheinlich zumeist barfuß durch die Gassen der Siedlung bewegten.[156] Von ethnoarchäologischer Seite ist wiederholt auf diesen Aspekt hingewiesen worden. So beobachtete J. P. Gallagher etwa in Bezug auf eine rezente Steingeräteindustrie in Zentraläthiopien, die auf die Produktion von Schabern aus Obsidian ausgerichtet ist, dass das Retuschieren der Schaber grundsätzlich über einem Gefäß oder einem Korb erfolgte, um auch kleinste Splitter aufzufangen. Anschließend wurde der Schlagabfall in größtmöglichem Abstand zum Wohnhaus der Steinschläger entsorgt: „The idea is to get the obsidian as far away as practical from where people are likely to be walking (nearly everyone goes barefoot), and to contain or localize the debris."[157]

Auf eine vergleichbare Praxis der Gefahrenvermeidung an den untersuchten Fundorten deuten vereinzelt beobachtete Konzentrationen von Schlagabfällen in Schuttschichten hin. Die umfänglichsten Komplexe wurden in Tell Chuera im Bereich HMS (n = 37 unmodifizierte Silices) und in Kharab Sayyar im Bereich A (n = 53 unmodifizierte Silices) geborgen. In beiden Fällen lagen die Artefakte dicht beieinander, bestanden größtenteils aus Silex der gleichen Rohmaterialgruppe und ließen sich teilweise anpassen, so dass vermutet werden kann, dass die betreffenden Assemblagen auf einzelne Produktionsvorgänge verweisen. Die Tabellen 4.2.2-VIII bis 4.2.2-X führen Fundkonzentrationen aus Schuttschichten und anderen Ablagerungszusammenhängen auf, die mehr als fünf lithische Fundstücke erbrachten. Den Tabellen können auch Angaben zur Befundsituation, der Zusammensetzung, Datierung und Deutung der Assemblagen entnommen werden.

Für Tell Chuera kann festgestellt werden, dass häuslicher Abfall in erster Linie innerhalb der Siedlung entsorgt wurde. Daraus lässt sich schließen, dass den frühbronzezeitlichen Einwohnern v. a. daran gelegen war, den mit der Müllentsorgung verbundenen Arbeitsaufwand (Transportwege) so gering wie möglich zu halten. Im Bereich mehrerer Grabungsstellen wurden gewaltige Anhäufungen stark aschehaltiger Schuttschichten identifiziert, die ich als Aggregationen sekundären Abfalls[158] deute. Hierbei ist insbesondere auf die massiven Ascheschichten im Zentrum Tell Chueras zu verweisen. An

153 Hierzu zähle ich Funde aus dem Oberflächenschutt (DK 2), dem Aushub stratigraphischer Sondagen (DK 17), und Stücke, die aus unbestimmbaren und sonstigen Kontexten stammen (DK 20). Artefakte, die außerhalb der Siedlung in den Schotterterrassen des Wadi Chuera geborgen wurden (DK 19), werden an dieser Stelle nicht berücksichtigt.

154 Ein dramatisches Beispiel für den Umgang der Bevölkerung mit Siedlungsabfällen konnte in der unmittelbaren Umgebung Tell Braks dokumentierten werden. Während des Spätchalkolithikums entstand dort ab der Periode LC 2 im Umkreis der frühurbanen Siedlung eine Corona von kleineren tellartigen Hügeln (sub-mounts). Eine dieser Strukturen, der 2-3 Hektar große und bis zu 7 m hohe Tell Majnuna, wurde jüngst archäologisch untersucht. Hierbei stellte sich heraus, dass es sich bei Majnuna im Wesentlichen um eine gewaltige Akkumulation von Siedlungsabfällen, sprich eine Mülldeponie, handelte. Im Bereich dieser Müllhalde konnten die Ausgräber mehrere Massengräber freigelegen (MacMahon et al. 2011). Angesichts der Befunde in Tell Brak frage ich mich, ob nicht einige der weniger stark als in Tell Brak ausgeprägten Fundkonzentrationen in der Umgebung Tell Chueras (mündl. Mitteilung V. Kudlek) auf eine Praxis extramuraler Müllentsorgung hindeuten könnten.

155 Zu den Gesundheitsrisiken der Abschlagproduktion (Schnittverletzungen, Verletzung der Augen durch umherfliegende Débitage, Gefahren durch das Einatmen von Stäuben) vgl. ausführlich Whittaker 1994: 79-81.

156 Costin 1991: 25-26.

157 Gallagher 1977: 410-411. Für eine aktuelle Darstellung der zentraläthiopischen Obsidianindustrie vgl. McCall 2012 (mit diversen weiterführenden Literaturangaben).

158 Vgl. Wilson 1994.

dieser Stelle befand sich ursprünglich ein mit Gründung der frühbronzezeitlichen Siedlung angelegter etablierter freier Platz, um den herum sich die Wohnviertel der Oberstadt lagerten. Noch vor der Mitte der 3. Jts. v. u. Z. (Periode IC) begannen die Haushalte im Gebiet der Oberstadt die zentrale Freifläche als Müllhalde zu nutzen, wobei die Siedlungsabfälle einfach über eine Abschlussmauer abgekippt wurden, die die Wohnviertel zu diesem Zeitpunkt von dem Platz in der Mitte der Siedlung trennte.[159] Mit der Zeit lagerte sich die Asche in diesem Bereich meterhoch ab.[160]

Als Akkumulationen sekundären Abfalls zu deutende Ablagerungen fanden sich auch auf dem Glacis der äußeren Stadtbefestigung, die im Bereich W-4 untersucht wurde. An dieser Stelle konnte gezeigt werden, dass die Bewohner der Unterstadt anscheinend unmittelbar nach der Neuerrichtung der Verteidigungsanlage in der Periode ID damit begannen, Müll auf dem Glacis abzukippen.[161] Das Fundspektrum aus diesem ebenfalls stark aschehaltigen Schichtzusammenhang entspricht in seiner Zusammensetzung den Assemblagen aus den Gebäuden der Unterstadt, so dass davon auszugehen ist, dass hier primär Hausmüll entsorgt wurde. Allein aus einem schmalen Stadtmauerschnitt im Bereich W-4 wurden n = 86 Silexartefakte[162] aus der besagten Schuttschicht (Befund TCH W 533) geborgen.[163] Dabei handelt es sich teilweise um Geräteformen (31,4 Prozent), größtenteils jedoch um unmodifizierte Grundformen (68,6 Prozent), darunter auch Abschlagkerne und Trümmer, die erneut anzeigen, dass in den meisten Haushalten der Siedlung einfache Abschläge produziert wurden. Wie im Falle der Müllschichten auf dem zentralen Platz führte auch die Nutzung der äußeren Verteidigungsanlagen zum Zwecke der Müllentsorgung zu einer Transformation der frühstädtischen Topographie und Infrastruktur.[164]

Auch in anderen Bereichen Chueras wurden Akkumulationen von mit Abfällen durchsetzten Schutt- und Ascheschichten identifiziert. Exemplarisch verweise ich hier auf entsprechende Ablagerungen im Gebiet der südlichen Oberstadt, die anscheinend auf zeitweise unbebauten Flächen angehäuft wurden[165]. Ein weiteres Beispiel konnte im Zusammenhang mit der Untersuchung der Grabungsstelle T dokumentiert werden, ein Siedlungsbereich, in dem offensichtlich v. a. produktive Tätigkeiten ausgeführt wurden[166]. Hier türmen sich die antiken Ascheakkumulationen so hoch auf, dass sie die Überreste Chueras bekannter Steinbauten um mehrere Meter überragen. Etwas zugespitzt lässt sich in Bezug auf den Bereich T konstatieren, dass eine mit Werkstattbereichen durchsetzte Mülldeponie einen der topographisch exponiertesten Punkte des gesamten Ruinenhügels darstellt.

Zumindest in Kharab Sayyar bilden Zusetzungen von Räumen (DK 13) nach den Schuttschichten den zweithäufigsten Fundkontext geschlagener Steinartefakte (16,6 Prozent). In Tell Chuera stammen hingegen lediglich 4,4 Prozent der Silices aus planmäßig zugesetzten Räumen.[167] Funde aus diesem Kontext lassen sich ebenfalls am ehesten mit einer Entsorgung sekundären Abfalls innerhalb der Stadtmauern erklären.

16,1 Prozent der lithischen Funde aus Tell Chuera und 20,6 Prozent der Steinartefakte aus Kharab Sayyar wurden von oder aus nicht überdachten (DK 5) und überdacht rekonstruierten Fußböden (DK 4) geborgen. In Tell Chuera stellen Fußböden und Hofflächen somit den zweithäufigsten, in Kharab Sayyar den dritthäufigsten Fundkontext von Steinartefakten dar. Der umfänglichste frühbronzezeitliche Fundkomplex aus dieser Fundlage, der bisher in Chuera identifiziert werden konnte, umfasst n = 22 Steinartefakte und wurde im Bereich F dokumentiert; in Kharab Sayyar wurden im Bereich A n = 6 Silices von einer nicht überdachten Begehungsfläche eines älter frühbronzezeitlichen Wohnhauses geborgen.

Erwartungsgemäß stammen mehr als doppelt so viele Funde aus dem Bereich nicht überdachter Begehungsfläche

159 Archäologisch belegt im Grabungsbereich K.

160 Hempelmann 2013: 212-213.

161 Helms – Meyer i. D.

162 Vgl. Tabelle 4.2.2-IX für eine kurze Beschreibung dieser Assemblage. In der Tabelle wurden auch einige Funde aus einer Fortsetzung des Befundes 533 (Befund TCH W 2106) eingetragen, die im Zuge einer Schnitterweiterung geborgen wurden.

163 Der Aushub wurde nicht gesiebt, da im Bereich W-4 die zügige Freilegung der Fortifikation anvisiert wurde. Die tatsächliche Menge der Silices aus diesem Schichtzusammenhang dürfte also weit größer gewesen sein. Ich halte es für lohnenswert, die unter grabungstechnischen Gesichtspunkten leicht zugänglichen und fundreichen Müllschichten über dem Glacis in Zukunft genauer zu untersuchen. Sie wurden offenbar innerhalb eines kurzen Zeitraums akkumuliert, lassen sich gut datieren (die Anlage des Glacis bietet einen Terminus post quem) und mit den Aktivitäten im Bereich der Unterstadt in Zusammenhang bringen. Meiner Meinung nach sollte dieser Ablagerungsbefund, der sich noch viele Meter nördlich des Stadtmauerschnittes nachweisen lässt, nicht als schlecht stratifizierter Komplex, sondern als potentiell ergiebiges Archiv für wirtschafts- und alltagsarchäologische Fragestellungen aufgefasst werden. Eine entsprechende Untersuchung würde jedoch eine systematische Stichprobenerhebung (Sieben, Errechnung der Funddichte/m^3 etc.) voraussetzen.

164 Im Falle der äußeren Stadtmauer führte die Akkumulation von Abfall letztlich zu einer Verflachung des Glacis und somit zu einer Beeinträchtigung des fortifikatorischen Wertes der Anlage.

165 Orthmann u. a. 1986: 8.

166 Leider liegen aus dieser Grabungsstelle nur sehr wenige Funde von Silexartefakten vor. Dies ist m. E. auf die Praxis der Stichprobenerhebung im Bereich T zurückzuführen (vgl. Teilkapitel 2.2.2).

167 Dies könnte auch darauf zurückzuführen sein, dass bei den Altgrabungen in Tell Chuera planmäßige Raumzusetzungen nur selten terminologisch von Raumverfüllungen differenziert wurden.

wie aus dem Bereich ehemals überdachter Fußböden. Dies dürfte einerseits darauf zurückzuführen sein, dass die Höfe in der Regel eine größere Fläche einnahmen als die überdachten Raumeinheiten. Ferner wurden auf kleiner Fläche freigelegte Fußbodenniveaus bei der Datenaufnahme im Zweifelsfall als „nicht überdacht" gewertet. Ein weiterer Faktor bestand wahrscheinlich darin, dass die mit Kiesschotter und Scherbenpflaster befestigten Hofbereiche als „Artefaktfallen" fungierten. Kleine Artefakte konnten leicht in die Zwischenräume der Pflasterung eingetreten werden. Darüber hinaus ist davon auszugehen, dass die Hofflächen von Wohnhäusern im Vergleich zu angrenzenden überdachten Räumen weniger sorgfältig gesäubert wurden und Bereiche darstellen, in denen abfallintensivere Tätigkeiten der häuslichen Produktion ausgeführt wurden.[168]

Wenigstens bei einem Teil der Funde von Begehungsflächen handelt es sich m. E. um primären Abfall, der auf die Herstellung bzw. Verwendung von Steinartefakten in den entsprechenden Bereichen verweist oder um De facto-Abfall, also Objekte, die bei der Auflassung eines Gebäudes vor Ort verblieben. Silices aus dieser Fundlage können folglich am konkretesten mit (lokalisierbaren) produktiven und konsumtiven Tätigkeiten in Verbindung gebracht werden, was die hervorgehobene Bedeutung dieser Fundlage unterstreicht. Die Fundkontexte lassen darauf schließen, dass Großklingen bzw. Großklingengeräte in vielen Haushalten der Siedlungen zirkulierten und verweisen auf die Bedeutung der Hofflächen als Werkplätze der Abschlaggewinnung im Kontext der häuslichen Produktion (vgl. Teilkapitel 3.2.1.4).

Gleichzeitig besteht jedoch auch die Möglichkeit, dass Steinartefaktfunde aus entsprechenden Fundlagen als sekundärer Abfall eingetragen wurden, der unmittelbar nach Aufgabe eines Raumes oder einer Hoffläche in den betreffenden gelangte. In Tabelle 4.2.2-VI und 4.2.2-VII sind die Funde aus diesem Kontext unter Berücksichtigung einer Reihe von Angaben (Datierung, Befundbeschreibung, Interpretation) zusammengefasst. 8,6 Prozent der Lithikfunde aus Tell Chuera entstammen Grubenverfüllungen (DK 7), in Kharab Sayyar sind hingegen kaum Funde aus diesem Kontext belegt (1,7 Prozent). Innerhalb einer Siedlung können Gruben verschiedene Funktionen erfüllt haben. Hier ist v. a. an eine Verwendung als Vorrats- oder Abfallgruben zu denken. In Bezug auf die Lithikfunde aus Gruben erscheint ein Zusammenhang mit einer gezielten Abfallentsorgung (sekundärer Abfall) am wahrscheinlichsten. Einige Gruben aus Chuera erbrachten eine größere Anzahl von Steinartefakten. Diesbezüglich ist zunächst auf einen Befund aus dem Grabungsbereich F hinzuweisen. Bei den Grabungen im Jahr 1985 wurden in diesem Bereich mehrere „Scherbenlöcher" dokumentiert, bei denen es sich der Beschreibung der Grabungstagebücher nach zu urteilen um Abfallgruben handelte, die in die Periode Tell Chuera IE datiert werden können. Allein aus einem dieser Befunde, den die Ausgräber als „Scherbenloch 4" bezeichneten, wurden „100 kl. Splitter" an Feuerstein geborgen.[169] Der Komplex wurde jedoch nur unzureichend dokumentiert, so dass sich die Funde im Nachhinein nicht technologisch einordnen lassen. Wahrscheinlich verweist die Assemblage auf eine Produktion in diesem Bereich.[170] Aus einer Passage des Grabungstagebuches von 1985 geht hervor, dass dies vom Ausgräber auch vermutet wurde.

Auf die Produktion einfacher Abschläge deutet ein kleiner, aus einer Grube geborgener Komplex von n = 4 Silices aus dem Bereich W in der südöstlichen Unterstadt Tell Chueras hin[171]. Gleiches ist für ein Grubeninventar aus dem extramuralen Bereich ASA zu vermuten. Es enthielt n = 6 geschlagene Artefakte, die wahrscheinlich mit der Entsorgung von Schlagabfall (n = 3 unmodifizierte Abschläge und n = 2 unmodifizierte Trümmer) sowie dem Verwerfen von Gerät (ein modifiziertes Großklingensegment) in Verbindung gebracht werden können. An beiden Fundorten wurden Steinartefakte im Bereich von Straßen oder Gassen (DK 3) geborgen. Der Anteil der Silices aus dieser Fundlage liegt in Tell Chuera mit 6,5 Prozent höher als in Kharab Sayyar, wo er 3 Prozent beträgt. Dieser Unterschied ist vermutlich darauf zurückzuführen, dass in Chuera mehr Straßen und Gassen untersucht wurden. Funde aus diesem Kontext sind wahrscheinlich in erster Linie als sekundärer Abfall zu deuten, der aus dem Bereich der Häuser eingetragen wurde, die an das Wegesystem der Siedlung anschließen. Fundkonzentrationen von Silices auf Straßenniveaus im Bereich der zentralen Mittelsenke (Bereich TMS, vgl. Tabelle 4.2.2-VIII) verweisen allerdings darauf, dass diese öffentlichen Bereiche möglicherweise auch als Orte der Abschlagproduktion in Frage kommen.

Zumindest in Chuera wurde eine größere Anzahl von Lithikfunden aus dem Bereich von Installationen geborgen, wozu hier Einbauten wie Lehmbänke, Tannur-Öfen sowie Becken u. ä. gezählt werden. 6,4 Prozent der Steinartefakte aus Chuera und 3,7 Prozent der Steinartefakte aus Kahrab Sayyar entstammen entsprechenden Kontexten. Ein größerer Fundkomplex aus Chuera entstammt mehreren Installationen innerhalb einer als Töpferwerkstatt zu deutenden Hoffläche im Gebiet der südöstlichen Unterstadt (Bereich W).

168 In Tell Chuera beherbergen die Hofflächen von Wohnhäusern häufig einen oder mehrere Tannur-Öfen, Becken und andere Installationen.

169 Grabungstagebuch über die Ausgrabungen im Bereich „Westtempel" von 1985. In Ermangelung weiterer Angaben – die Fundstücke selbst scheinen damals nicht aufbewahrt worden zu sein – wurden die Funde bei der Datenaufnahme als unbestimmbare Silexartefakte klassifiziert.

170 Der Befund ähnelt einem frühdynastisch datierten Fundkomplex aus Tell Abu Salabikh im Irak (Crowfoot Payne 1980), der bis heute einen Referenzpunkt für die Rekonstruktion der Klingenproduktion in Südmesopotamien.

171 Der Fundkomplex kann in die Periode ID datiert werden und umfasst n = 3 Trümmer und einen Abschlag.

Diese Funde können m. E. als primärer Abfall der Abschlagproduktion gedeutet werden (vgl. Teilkapitel 3.2.1.4). Die Tabellen 4.2.2-XI und 4.2.2-XII listen die Installationen aus Tell Chuera und Kharab Sayyar auf, die mehr als drei Funde unmodifizierter Steinartefakte bargen.

Bei einem einzelnen Großklingensegment mit Sichelglanz, das im Bereich H auf einem mit Estrich verputzten Vorsprung gefunden wurde, könnte es sich um De facto-Abfall handeln (TCH 87 H 4022-1). Ähnliches steht für ein "kl. Feuerstein-Messer" (TCH 64 K 0-28) zu vermuten, das nach Aussage des Grabungstagebuchs von 1964 in einem Becken vor dem so genannten „kleinen Antentempel" im Bereich K gefunden wurde.

Stücke, die aus der Verfüllung von Öfen des Tannur-Typs stammen, stellen wahrscheinlich sekundären Abfall dar, der hier entsorgt wurde. Die gleiche Interpretation ziehe ich für Funde in Betracht, die aus dem Ziegelverband von Lehmbänken und Podesten oder Mauern (DK 18) oder dem Ziegelmassiv der Stadtmauer (DK 10) stammen. Bei diesen Stücken ist zu vermuten, dass sie unbeabsichtigt im Zuge der Ziegelproduktion eingelagert wurden. An beiden Fundorten kamen vereinzelt Artefakte aus den Fugen zwischen verschiedenen Mauern zum Vorschein (DK 11). Dieser Fundkontext verweist auf das gezielte Verwerfen von Artefakten und auf die Absicht, Steinartefakte aus Aktivitätszonen zu entfernen. Ausschließlich aus Tell Chuera liegen Funde planmäßig deponierter Steinartefakte vor (DK 14). Hierbei handelt es sich durchweg um Produkte der Großklingenindustrie (Großklingen und Großklingenkerne), die nicht als Abfall entsorgt wurden, sondern noch für eine Weiterverarbeitung bzw. spätere Verwendung vorgesehen waren (vgl. Teilkapitel 4.1.3.1). Singulär ist der Fund einer Großklinge aus einem bestattungsrituellen Zusammenhang (DK 16; vgl. Teilkapitel 4.1.3.1).

Aus der Erörterung der Fundhäufigkeiten und depositionalen Kontexte geht klar hervor, dass der überwiegende Teil der Steinartefaktfunde aus Chuera und Kharab Sayyar als sekundärer Abfall klassifiziert werden kann – mit einem verstärkten Aufkommen sekundären Abfalls ist im Zusammenhang mit großen Siedlungen auch zu rechnen.[172] Lediglich bei einem Teil der Steinartefakte, die im Bereich von Begehungsflächen und Installationen gefunden wurden, ist eine Deutung als Primärabfall, im Einzelfall auch eine Ansprache als De Facto-Abfall in Erwägung zu ziehen, während die Depots selbstredend nicht mit den Abfallroutinen der Haushalte in Zusammenhang stehen, sondern als Überreste von Nutzungsinventaren gedeutet werden sollten.

Vergleicht man die verschiedenen depositionalen Kontexte des größeren der beiden Fundorte in Bezug auf die Häufigkeit unmodifizierter Artefakte und Geräteformen (vgl. Tabelle 4.2.2-IV)[173], fällt auf, dass beide Kategorien in den unterschiedlichen Fundlagen fast gleich häufig auftreten. Dies spricht möglicherweise dafür, dass sowohl Schlagabfälle als auch kurzfristig als Werkzeuge genutzte Artefakte (= makroskopisch unmodifizierte Stücke) und Geräteformen überall in der Siedlung genutzt und verworfen wurden, so dass sie zu ungefähr gleichen Teilen in die verschiedenen Ablagerungszusammenhänge gelangten. Ein analoges Bild zeigt sich bei einem Vergleich der verschiedenen Grundformen (Grundform I: Abschläge, Klingen, Kernsteine, Trümmer) und ihren depositionalen Kontexten (vgl. Tabelle 4.2.2-V). Eine Ausnahme stellt lediglich der depositonale Kontext „Installation" dar. Aus Installationen wurde in Tell Chuera insgesamt mehr Débitage als Gerät geborgen. Auch treten hier Grundformen der Abschlag-, Trümmer- und Kernsteinkategorie deutlich häufiger auf als Klingen (vgl. Tabelle 4.2.2-V). Eventuell boten sich Tannur-Öfen, Becken u. ä. nach dem Verlust ihrer Primärfunktion gut für die Entsorgung von Schlagabfällen an. Zu berücksichtigen ist jedoch, dass sich dieses Bild nur auf Grundlage weniger, vergleichsweise fundreicher Befunde ergibt. Den zur Verfügung stehenden Kontextdaten nach zu urteilen, scheinen die Funde von Steinartefakten an beiden Siedlungen weit zu streuen. Vermutlich wurden die Stücke in der Regel unweit der Produktionsbereiche bzw. Aktivitätszonen, in denen sie verwendet wurden, entsorgt. Ferner ergibt sich der Eindruck, dass die Lithik regelhaft mit anderen Haushaltsabfällen vergesellschaftet ist. Eindeutige Konzentrationen von Débitage lassen sich auf der Ebene der Grabungsbereiche nicht erkennen[174]; nur wenige Einzelbefunde – etwa das weiter oben genannte „Scherbenloch 4" im Bereich F – erbrachten größere Akkumulationen von Steinartefakten. Abb. 4.8 fasst die Entsorgungspraxis frühbronzezeitlicher Haushalte am Beispiel der Abschlagindustrie schematisch zusammen.

172 Vgl. Schiffer 1996: 59.

173 Aufgrund der größeren Fundmenge erscheint ein derartiger Vergleich nur für Tell Chuera sinnvoll.

174 Erkennbare Unterschiede bzgl. der Fundzusammensetzung und Fundmenge sind meiner Meinung nach primär auf eine stark divergierende Praxis der Stichprobenerhebung zurückzuführen.

DK	Kurzbeschreibung des depositionalen Kontextes (DK)	n (TCH)	n (KHS)
DK 1	Sammelfund von der Telloberfläche	623	47
DK 2	Oberflächenschuttschicht	325	0
DK 3	Straße oder Gasse	100	9
DK 4	Begehungsfläche (überdacht)	55	20
DK 5	Begehungsfläche (nicht überdacht)	193	46
DK 6	Schuttschicht (Ascheschicht, Raumverfüllung o. ä.)	796	146
DK 7	Grubenverfüllung	133	3
DK 8	Grabenverfüllung	1	1
DK 9	Installation (Tannur, Entwässerungsrinne o. ä.)	98	13
DK 10	Befestigungsanlage (Stadtmauer o. ä.)	33	0
DK 11	Schutt zwischen Mauer	3	11
DK 12	Baugrube, Fundamentgraben oder Fundament	5	1
DK 13	Zusetzung, Planierschicht oder Terrassierung	67	50
DK 14	Depotfund	30	0
DK 15	Verfüllung von Grabgrube	4	0
DK 16	Beigabenkontext	1	0
DK 17	Sondage	140	0
DK 18	Mauerwerk	21	1
DK 19	Schotterterrasse des Wadi Chuera	17	–
DK 20	Sonstiger oder unbestimmbarer Kontext	838	6
	Gesamt	**3483**	**354**

Tabelle 4.2.2-I: Kurzbeschreibung der depositionalen Kontexte (DK) mit Angabe der absoluten Häufigkeit (n) der Steinartefaktfunde. Für eine Definition und Erörterung der verschiedenen depositionalen Kontexte siehe Teilkapitel 2.2.1.

DK	Grabungsbereiche in Tell Chuera																		Häufigkeit	
	A	ASA	B	D	E	F	G	H	HMS	K	L	M	N	P	R	S	T	TMS	W	n	f
DK 3	0	2	1	0	1	0	0	9	0	18	0	0	0	0	0	0	0	63	6	100	6,5
DK 4	0	1	1	0	0	3	0	9	0	29	2	0	0	0	0	4	0	0	6	55	3,6
DK 5	2	7	4	3	0	24	1	6	2	110	0	0	0	0	0	0	4	0	30	193	12,5
DK 6	16	18	22	42	3	52	16	91	48	280	0	4	3	6	2	10	3	20	160	796	51,8
DK 7	0	8	0	0	0	99	0	8	0	4	0	0	0	5	0	0	0	0	9	133	8,6
DK 8	0	1	0	0	0	0	0	0	0	0	0	0	0	0	0	0	0	0	0	1	0,1
DK 9	3	2	1	1	0	2	0	3	2	21	0	0	0	0	0	2	1	2	58	98	6,4
DK 10	0	0	0	0	0	0	0	5	0	0	0	0	0	0	0	0	0	0	28	33	2,1
DK 11	0	0	0	0	0	0	0	0	0	3	0	0	0	0	0	0	0	0	0	3	0,2
DK 12	1	0	0	0	0	0	0	1	0	0	0	0	0	0	0	0	0	0	3	5	0,3
DK 13	5	0	3	21	0	0	1	1	0	34	0	0	0	0	0	0	0	0	2	67	4,4
DK 14	0	0	5	0	6	0	0	0	0	8	0	7	0	4	0	0	0	0	0	30	2,0
DK 15	0	0	0	0	0	0	0	0	0	1	0	0	0	1	0	0	0	0	0	2	0,1
DK 16	0	0	0	0	0	0	0	0	0	0	0	0	0	0	0	0	1	0	0	1	0,1
DK 18	0	2	0	1	0	1	1	5	0	1	0	0	0	0	0	0	0	2	8	21	1,4
Gesamt	**27**	**41**	**37**	**68**	**10**	**181**	**19**	**138**	**52**	**509**	**2**	**11**	**3**	**16**	**2**	**16**	**9**	**87**	**310**	**1538**	**100,0**

Tabelle 4.2.2-II: Absolute Häufigkeit (n) der Steinartefaktfunde aus verschiedenen depositionalen Kontexten (DK), aufgeschlüsselt nach den verschiedenen Grabungsbereichen Tell Chueras. [Sammelfunde von der Telloberfläche (DK 1), aus dem Oberflächenschutt (DK 2), aus Sondagen (DK 17), dem Wadi (DK 19) und sonstigen bzw. unbestimmten Kontexten (DK 20) bleiben hier ausgeklammert.]

DK	Grabungsbereiche in Kharab Sayyar		Häufigkeit	
	A	**B**	**n**	**f**
DK 3	9	0	9	3,0
DK 4	18	0	18	6,0
DK 5	44	0	44	14,6
DK 6	136	2	138	45,8
DK 7	3	2	5	1,7
DK 8	1	10	11	3,7
DK 9	11	0	11	3,7
DK 10	0	0	0	0,0
DK 11	11	2	13	4,3
DK 12	1	0	1	0,3
DK 13	50	0	50	16,6
DK 14	0	0	0	0,0
DK 15	0	0	0	0,0
DK 16	0	0	0	0,0
DK 18	1	0	1	0,3
Gesamt	**287**	**16**	**301**	**100,0**

Tabelle 4.2.2-III: Absolute Häufigkeit (n) der Steinartefaktfunde aus verschiedenen depositionalen Kontexten (DK), aufgeschlüsselt nach den verschiedenen Grabungsbereichen Kharab Sayyars. [Sammelfunde von der Telloberfläche (DK 1), aus dem Oberflächenschutt (DK 2), aus Sondagen (DK 17), dem Wadi (DK 19) und sonstigen bzw. unbestimmten Kontexten (DK 20) bleiben hier ausgeklammert.]

DK	Absolute und relative Häufigkeit von Débitage und Geräten aus Tell Chuera			
	n (Débitage)	**n (Geräte)**	**f (Débitage)**	**f (Geräte)**
DK 3	51	45	8,0	8,6
DK 4	21	25	3,3	4,8
DK 5	95	65	15,0	12,4
DK 6	347	254	54,7	48,4
DK 7	22	8	3,5	1,5
DK 8	1	0	0,2	0,0
DK 9	71	17	13,5	2,7
DK 10	22	10	3,5	1,9
DK 11	1	2	0,2	0,4
DK 12	2	3	0,3	0,6
DK 13	36	25	5,7	4,8
DK 14	7	5	1,1	1,0
DK 15	1	3	0,2	0,6
DK 16	0	1	0,0	0,2
DK 18	11	8	1,7	1,5
Gesamt	**634**	**525**	**100,0**	**100,0**

Tabelle 4.2.2-IV: Absolute (n) und relative (f) Häufigkeit von Débitage und Geräten, die in Tell Chuera aus verschiedenen depositionalen Kontexten geborgen wurden. In der Tabelle finden nur Artefakte der Datensatzqualität 1 Berücksichtigung

DK	Absolute und relative Häufigkeit von Grundformen in Tell Chuera							
	n (A)	**n (K)**	**n (KE)**	**n (T)**	**f (A)**	**f (K)**	**f (KE)**	**f (T)**
DK 3	37	39	4	20	7,5	6,3	8,2	8,1
DK 4	14	26	0	12	2,8	4,2	0,0	4,8
DK 5	69	76	9	39	14,0	12,4	18,4	15,7
DK 6	257	364	24	118	52,2	59,2	49,0	47,6
DK 7	9	16	2	8	1,8	2,6	4,1	3,2
DK 8	1	0	0	0	0,2	0,0	0,0	0,0
DK 9	49	17	5	25	10,0	2,8	10,2	10,1
DK 10	14	8	1	10	2,8	1,3	2,0	4,0
DK 11	1	2	0	0	0,2	0,3	0,0	0,0
DK 12	1	3	0	1	0,2	0,5	0,0	0,4
DK 13	31	26	0	10	6,3	4,2	0,0	4,0
DK 14	0	26	4	0	0,0	4,2	8,2	0,0
DK 15	0	1	0	3	0,0	0,2	0,0	1,2
DK 16	0	1	0	0	0,0	0,2	0,0	0,0
DK 18	9	10	0	2	1,8	1,6	0,0	0,8
Gesamt	**492**	**615**	**49**	**248**	**100,0**	**100,0**	**100,0**	**100,0**

Tabelle 4.2.2-V: Absolute (n) und relative (f) Häufigkeit von Grundformen (Grundform II), die in Tell Chuera aus verschiedenen depositionalen Kontexten geborgen wurden. Abkürzungen: A = Abschläge, K = Klingen, KE = Kernsteine, T = Trümmer.

Bereich (TCH)	Befund	Datierung	Befundbeschreibung	n	Beschreibung der Assemblage	Interpretation	De facto-Abfall	Pr. Abfall	Sek. Abfall
ASA	225	Jüngere FBZ (ID)	Bgfl. (nicht überdacht) in einem extramuralen Produktionsbereich	5	Abschlag, GK-Segmente (n = 4, davon n = 3 mit Glanz)	Nutzung und Verwerfen von GK-Segmenten		x	
F	10003	Jüngere FBZ (IE)	Nutzungshorizont (nicht überdacht) im ehem. Audienzhof der Palastruine (Nachnutzung des Palastes F)	22	Hämmer (n = 2), unmod. Abschläge und Trümmer (n = 18), mod. GK-Segmente ohne Glanz (n = 2)	Abschlagproduktion sowie Nutzung und Verwerfen von GK-Segmenten (ohne Glanz); vgl. Teilkapitel 3.2.1.4		x	x
H	68	Jüngere FBZ (ID)	Bgfl. (überdacht) im Wohnviertel H	3	Unmod. Abschläge (n =2), mod. GK-Segment (ohne Glanz)	Nutzung und Verwerfen von Abschlägen und GK-Segmenten		x	x
K	107	Ältere FBZ (IB-IC)	Bgfl. (überdacht)	4	Mod. Trümmer, unmod. und mod. Abschläge (n = 3)	Nutzung und Verwerfen von Abchlag- und Kerngerät		x	x
K	355	Ältere FBZ (IB)	Bgfl. (nicht überdacht) im Wohnviertel K	3	Mod. und unmod. Abschlag, mod. GK-Segmente (ohne Glanz)	Nutzung und Verwerfen von Abschlag- und Klingengerät		x	x
K	610	Ältere FBZ (IB)	Hoffläche im Wohnviertel K	5	Trümmer, mod. Abschlag, unmod. und mod. GK (n = 2)	Nutzung und Verwerfen von Abschlaggerät und GK-Segmenten (mit und ohne Glanz)		x	x
K	1037	Ältere FBZ (IA)	Bgfl. (nicht überdacht) im Wohnviertel K	19	Große Hammersteine (n = 2), unmod. und mod. Abschläge (n = 7) und Trümmer (n = 5), unmod. (n = 5) und mod. Klingen/GK-Segmente (n = 2)	Produktion von Großklingen und Abschlägen, Nutzung und Verwerfen von Geräten, wahrscheinl. z. T. De facto-Abfall; vgl. Teilkapitel 2.2.2 und 3.2.3.4	x	x	x

Bereich (TCH)	Befund	Datierung	Befundbeschreibung	n	Beschreibung der Assemblage	Interpretation	De facto-Abfall	Pr. Abfall	Sek. Abfall
K	1061	Ältere FBZ (IA)	Bgfl. (nicht überdacht) im Wohnviertel K	5	Unmod. Abschläge und Trümmer	Abschlagproduktion, Nutzung und Verwerfen einfacher Abschläge		x	x
K	1074	Ältere FBZ (IA)	Bgfl. (nicht überdacht) im Wohnviertel K	10	Unmod. Abschläge (n = 7), Kernstein, Trümmer, mod. GK-Segment,	Abschlagproduktion, Nutzung und Verwerfen einfacher Abschläge		x	x
K	2039 und 2043	Spätch. (LC 2)	Zwei Bgfl. einer Bauphase	27	Unmod. und mod. Abschläge (n = 9) und Trümmer (n = 8), Kerne aus Abschlägen (n =2), unmod. (n = 2) und mod. Klingen/ GK-Segmente (n = 6)	Abschlagproduktion, Nutzung und Verwerfen von Abschläge, Abschlag- und Klingengerät (ohne Glanz)		x	x
S	196	Ältere FBZ (IC)	Aus Fußboden eines Tempels	3	Unmod. Trümmer, mod. Abschlag und GK-Segment	Verwerfen lithischer Artefakte			x
W	156	Jüngere FBZ (ID)	Aus Hoffläche	5	Abschlagkernstein, Trümmer, unmod. Abschläge (n = 3)	Abschlagproduktion, Nutzung und Verwerfen einfacher Abschläge		x	x
W	286/292	Jüngere FBZ (ID)	Nutzungshorizont (nicht überdacht)	9	Abschlagkern, unmod. Abschläge (n = 3) und Trümmer (n = 5)	Abschlagproduktion, Nutzung und Verwerfen einfacher Abschläge		x	x
W	304	Ältere FBZ (IC)	Hoffläche, die durch Brand zerstört wurde	4	Trümmer, mod. GK-Segmente (n = 3), davon eines mit Glanz	Nutzung von Großklingen	x	x	
W	364	Jüngere FBZ (ID)	Hoffläche eines Wohnhauses	3	Unmod. (n =2) und mod. Abschlag. Installationen in dem Hofbereich barg dutzende weiterer Silices, u. a. einen Hammerstein	Abschlagproduktion, Nutzung und Verwerfen einfacher Abschläge		x	

Tabelle 4.2.2-VI: Lithische Artefakte, die in Tell Chuera von oder aus Begehungsflächen (DK 4 und 5) von Gebäuden geborgen wurden. Aufgeführt sind Assemblagen, die drei oder mehr Fundstücke umfassen. Abkürzungen: Bgfl. (Begehungsfläche), GK (Großklinge), mod. (modifiziert), unmod. (unmodifiziert), pr. Abfall (primärer Abfall), sek. Abfall (sekundärer Abfall)

Bereich (KHS)	Befund	Datierung	Befundbeschreibung	n	Beschreibung der Assemblage	Interpretation	De facto-Abfall	Pr. Abfall	Sek. Abfall
A	307	Ältere FBZ (IA)	Hoffläche in einem Wohnviertel	3	Unmod. Abschlag, unmod. und mod GK-Segment mit Glanz	Nutzung und Verwerfen einfacher Abschläge und GK-Segmente		x	x
A	499	Ältere FBZ (IA)	Bgfl. (überdacht) in einem Wohnviertel	3	Mod. Trümmer, unmod. und mod. GK-Segment (mit Glanz)	Nutzung und Verwerfen einfacher Abschläge und GK-Segmente, möglicherweise De facto-Abfall	x	x	x
A	573	Ältere FBZ (IA)	Aus überlerlagernden Bgfl. (überdacht) eines Wohnviertels	3	Mod. Abschlag und mod. GK-Segmente (ohne Glanz)	Nutzung und Verwerfen von Abschlag- und GK-Gerät, möglicherweise De facto-Abfall	x	x	
A	575	Ältere FBZ (IA)	Bgfl. (nicht überdacht) in einem Wohnviertel	5	Unmod. Abschläge (n = 4) und Trümmer	Abschlagproduktion, Nutzung und Verwerfen einfacher Abschläge		x	x
A	589	Ältere FBZ (IA)	Hoffläche in einem Wohnviertel	3	Unmod. Trümmer und Abschlag, mod. Abschlag	Abschlagproduktion, Nutzung und Verwerfen einfacher Abschläge		x	x
A	593	Ältere FBZ (IA)	Hoffläche in einem Wohnviertel	4	Unmod. Trümmer und Abschläge (n = 3)	Abschlagproduktion, Nutzung und Verwerfen einfacher Abschläge		x	x
A	708	Ältere FBZ (IA)	Bgfl. (nicht überdacht) in einem Wohnviertel	6	Unmod. und mod. Abschläge (n = 4), Trümmer (n =2),	Abschlagproduktion, Nutzung und Verwerfen einfacher Abschläge		x	x
A	747	Ältere FBZ (IA)	Hoffläche in einem Wohnviertel	3	Unmod. Trümmer und Abschläge (n = 2)	Abschlagproduktion, Nutzung und Verwerfen einfacher Abschläge		x	x

Tabelle 4.2.2-VII: Lithische Artefakte, die in Kharab Sayyar von oder aus Begehungsflächen von Gebäuden (DK 4 und 5) geborgen wurden. Aufgeführt sind Assemblagen, die drei oder mehr Fundstücke umfassen.

Bereich (TCH)	Befund	Datierung	Befundbeschreibung	n (unmod.)	n (mod.)	Beschreibung der Assemblage	Interpretation	Pr. Abfall	Sek. Abfall
D	351	Jüngere FBZ (ID)	Zusetzung aus LZ im Bereich des „Steinbau III" (DK 13)	8	3	Unmod. Abschläge (n = 6) und Trümmer (n = 2), mod. GK-Segmente mit (n = 2) und ohne Glanz (n =1)	Entsorgung von Schlagabfall der Abschlagproduktion, kurz genutzten Artefakten und Geräten		x
HMS	500	Jüngere FBZ (ID)	Schuttschicht (DK 6) im Randbereich des Bereiches H (Wohn-viertel)	37	4	Unmod. Abschläge (n = 35) und Trümmer (n = 2), mod. Abschläge (n =3), ein mod. GK-Segment ohne Glanz; alle Artefakte bestehen aus dem Rohmaterial der Gruppe F 2	Vermutlich Schlagabfall der GK-Produktion, der in der Nähe eines Werkplatzes entsorgt wurde (Primärabfall? Vgl. Teilkapitel 3.2.3.4), Entsorgung von Gerät	x	x
K	905	Ältere FBZ (IA/IB)	Schuttschicht (DK 6) in einem Wohnviertel	5	–	Unmod. Abschläge (n = 4) und ein unmod. Trümmer	Entsorgung von Schlagabfall der Abschlagproduktion und kurz genutzten Artefakten		x
K	1084	Ältere FBZ (IA)	Ascheschicht (DK 6) in einem Wohnviertel	10	2	Unmod. Abschläge (n = 5) und Trümmer (n =5), mod. GK-Segmente mit (n =1) und ohne Glanz (n =1)	Entsorgung von Schlagabfall der Abschlagproduktion, von kurz genutzten Artefakten und Geräten		x
K	2036	Spätch. (LC 2)	Schuttschicht (DK 6)	7	–	Unmod. Abschläge (n = 3), Klinge und Trümmer (n = 3)	Entsorgung von Schlagabfall, kurz genutzten Artefakten und Geräten		x

Bereich (TCH)	Befund	Datierung	Befundbeschreibung	n (unmod.)	n (mod.)	Beschreibung der Assemblage	Interpretation	Pr. Abfall	Sek. Abfall
K	2040	Spätch. (LC 2)	Schuttschicht (DK 6)	33	31	Unmod. Abschläge (n = 20), Trümmer (n = 8) und Klingensegmente (n = 5), mod. Abschläge (n =13), Trümmer (n = 3) und Klingen-/GK-Segmente mit (n = 4) und ohne Glanz (n = 11)	Entsorgung von Schlagabfall, kurz genutzten Artefakten und Geräten		x
TMS	1133	Ältere FBZ (IA-IB)	Straße (DK 3) in der „zentralen Mittelsenke"	7	–	Unmod. Abschläge (n = 2) und Trümmer (n = 5)	Entsorgung von Schlagabfall der Abschlagproduktion und kurz genutzten Artefakten		x
TMS	1037	Ältere FBZ (IA/IB)	Straße (DK 3) in der „zentralen Mittelsenke"	7	7	Unmod. Abschläge (n = 4), Trümmer (n =2) und GK-Segment, mod. Abschläge (n = 2), Trümmer (n = 1) und Gk-Segmente mit (n =3) und ohne Glanz (n = 1)	Entsorgung von Schlagabfall der Abschlagproduktion, kurz genutzten Artefakten und Geräten		x
TMS	1040	Ältere FBZ (IA-IB)	Straße (DK 3) in der „zentralen Mittelsenke"	10	7	Unmod. Abschläge (n = 6) und Trümmer (n = 2), Kernstein, mod. GK-Segment und Abschlag, mod. Trümmer (n =2)	Entsorgung von Schlagabfall der Abschlagproduktion, kurz genutzten Artefakten und Geräten		x

Tabelle 4.2.2-VIII: Ablagerungsbefunde in der Oberstadt Tell Chueras (Schuttschichten etc.), die fünf oder mehr unmodifizierte lithische Funde erbrachten. Aufgeführt werden nur Fundstücke der Datensatzqualität 1.

Bereich (TCH)	Befund	Datierung	Befundbeschreibung	n (unmod.)	n (mod.)	Beschreibung der Assemblage	Interpretation	Pr. Abfall	Sek. Abfall
W	1	Jüngere FBZ (ID)	Fundkonzentration, die bei Abtrag der Oberfläche (DK 2) im Teilbereich W-1 dokumentiert wurde. Funde lagen an einer Stelle	11	1	Unmod. Abschläge (n = 5) und Trümmer (n = 5), Kernstein (n = 1), durch Gebrauch mod. Abschlag	Entsorgung von Schlagabfall der Abschlagproduktion und einem kurz genutzten Artefakt	x	x
W	417	Jüngere FBZ (ID)	Aus Raum-verfüllung (DK 6) eines Wohnhauses	5	4	Unmod. Abschläge (n = 5) und mod. Abschlag, mod. GK-Segmente mit (n = 2) und ohne Glanz (n = 1)	Entsorgung von Schlagabfall der Abschlagproduktion, kurz genutzten Artefakten und Geräten		x
W	533 und 2106	Jüngere FBZ (ID)	Stark aschehaltiges Schichtpaket (DK 6) über dem Glacis der äußeren Stadtbefestigung	62	28	Unmod. Abschläge (n = 27), Trümmer (n = 29), Kernsteine (n =3),GK-Segmente (n =3), mod. Abschläge (n =5), ein mod. Kern (Kern aus Abschlag), n = 3 mod. Trümmer, mod. Klingen und GK-Segmente ohne (n = 10) und mit Glanz (n = 9)	Entsorgung von Schlagabfall der Abschlagproduktion, genutzten Artefakten und Geräten in einer Akkumulation sekundären Abfalls		x

Bereich (TCH)	Befund	Datierung	Befundbeschreibung	n (unmod.)	n (mod.)	Beschreibung der Assemblage	Interpretation	Pr. Abfall	Sek. Abfall
W	550, 560, 598	Jüngere FBZ (ID)	Lehmziegelverbände der äußeren Stadtbefestigung (DK 10)	27	3	Unmod. Abschläge (n = 10) und Trümmer (n = 7), mod. Abschläge (n = 2), mod. GK-Segment ohne Glanz	Entsorgung von Schlagabfall der Abschlagproduktion, kurz genutzten Artefakten und Geräten. Funde könnten unbeabsichtigt im Zuge der Ziegelproduktion eingelagert worden sein		x

Tabelle 4.2.2-IX: Ablagerungsbefunde in der Unterstadt Tell Chueras (Schuttschichten etc.), die fünf oder mehr unmodifizierte lithische Funde erbrachten. Aufgeführt werden nur Fundstücke der Datensatzqualität 1.

Bereich (KHS)	Befund	Datierung	Befundbeschreibung	n (unmod.)	n (mod.)	Beschreibung der Assemblage	Interpretation	Pr. Abfall	Sek. Abfall
A	274	Ältere FBZ (IB)	Aus Schuttschicht (DK 6) in einem Wohnviertel	55	1	Unmod. Abschläge (n = 38) Klingen (n = 2), Trümmer (n = 12), Kernsteinfragmente (n = 4), durch Gebrauch mod. Abschlag; alle Artefakte bestehen aus dem Rohmaterial der Gruppe F 2	Planmäßige Entsorgung von Schlagabfall der Abschlagproduktion (in der Umgebung eines Schlagplatzes?) und eines kurz genutzten Artefaktes (vgl. Teilkapitel 3.2.14)	x	x
A	516	Ältere FBZ (IA)	Schuttschicht (DK 6) über der Hofbgfl. eines Wohnhauses,	5	1	Unmod. Abschläge (n = 2), Trümmer (n = 2) und eines GK-Segmentes, ein GK-Segment mit Glanz	Entsorgung von Schlagabfall der Abschlagproduktion, kurz genutzten Artefakten und Geräten		x
A	608	Ältere FBZ (IA)	Planierschicht (DK 13)	8	2	Unmod. Abschläge (n = 3), Trümmer (n = 5), GK-Segmente ohne Glanz (n =2)	Entsorgung von Schlagabfall der Abschlagproduktion, kurz genutzten Artefakten und Geräten		x

Bereich (KHS)	Befund	Datierung	Befundbeschreibung	n (unmod.)	n (mod.)	Beschreibung der Assemblage	Interpretation	Pr. Abfall	Sek. Abfall
A	726	Ältere FBZ (IA)	Aus Planierschicht (DK 13) für eine Bgfl.	7	2	Unmod. Abschläge (n = 2) und Trümmer (n = 5), mod. Abschlag und mod. GK-Segment ohne Glanz	Entsorgung von Schlagabfall der Abschlagproduktion, kurz genutzten Artefakten und Geräten		x

Tabelle 4.2.2-X: Ablagerungsbefunde in Kharab Sayyar (Schuttschichten etc.), die fünf oder mehr undmodifizierte lithische Funde erbrachten. Aufgeführt werden nur Fundstücke der Datensatzqualität 1.

Bereich (TCH)	Befund	Datierung	Befundbeschreibung	n (unmod.)	n (mod.)	Beschreibung der Assemblage	Interpretation	Pr. Abfall	Sek. Abfall
K	1057	Ältere FBZ (IA)	Installation in einem Wohnviertel	8	1	Unmod. Abschläge (n = 2), Trümmer (n= 5), Klinge (Stichel-lamelle), mod. Abschlag	Entsorgung von Schlagabfall der Abschlagproduktion, kurz genutzten Artefakten und einem Gerät		x
K	879	Ältere FBZ (IA/IB)	Entwässerungsrinne der Hoffläche eines Wohnhauses	4		Unmod. Trümmer (n =4)	Entsorgung von Schlagabfall der Abschlagproduktion		x
W	1066	Jüngere FBZ (ID)	Brunnen auf der Hoffläche eines Wohnhauses (Haus 5) mit zahlreichen Installationen (Töpferwerkstatt)	32	–	Unmod. Abschläge (n = 25) und Trümmer (n = 7)	Funde verweisen wahrscheinlich auf Abschlagproduktion und Entsorgung des Schlagabfalls im Bereich einer Hoffläche. Als Primärabfall gedeutet	x	
W	1103	Jüngere FBZ (ID)	Becken auf der Hoffläche eines Wohnhauses (Haus 5) mit zahlreichen Installationen (Töpferwerkstatt)	10	4	Unmod. Abschläge (n = 7), Trümmer (n = 2) und Kernstein, mod. Abschlag, Hammerfragmente (n = 2), mod. GK	Funde verweisen wahrscheinlich auf Abschlagproduktion und Entsorgung des Schlagabfalls im Bereich einer Hoffläche. Als Primärabfall gedeutet	x	

Bereich (TCH)	Befund	Datierung	Befundbeschreibung	n (unmod.)	n (mod.)	Beschreibung der Assemblage	Interpretation	Pr. Abfall	Sek. Abfall
W	723	Jüngere FBZ (ID)	Entwässerungsrinne	3	–	Unmod. Abschlag und Trümmer (n = 2)	Entsorgung von Schlagabfall der Abschlagproduktion, kurz genutzten Artefakten und Geräten		x

Tabelle 4.2.2-XI: Installationen aus Tell Chuera (DK 9), die drei oder mehr undmodifizierte lithische Funde erbrachten. Aufgeführt werden nur Fundstücke der Datensatzqualität 1.

Bereich (KHS)	Befund	Datierung	Befundbeschreibung	n (unmod.)	n (mod.)	Beschreibung der Assemblage	Interpretation	Pr. Abfall	Sek. Abfall
K	789	Ältere FBZ (IA)	Feuerstelle im Hofbereich eines Wohnhauses	4	–	Unmod. Trümmer (n= 4)	Entsorgung von Schlagabfall der Abschlagproduktion, kurz genutzten Artefakten und einem Gerät		x

Tabelle 4.2.2-XII: Installationen aus Kharab Sayyar (DK 9), die drei oder mehr unmodifizierte lithische Funde erbrachten. Aufgeführt werden nur Fundstücke der Datensatzqualität 1.

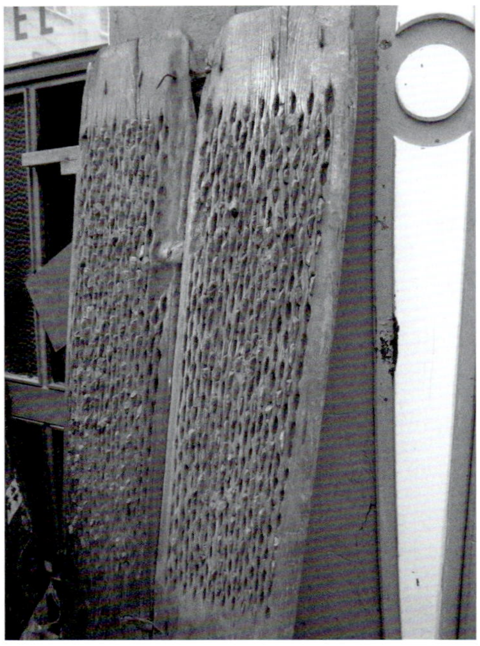

1. Traditioneller mit Silices armierter Dreschschlitten (türk. Döven)

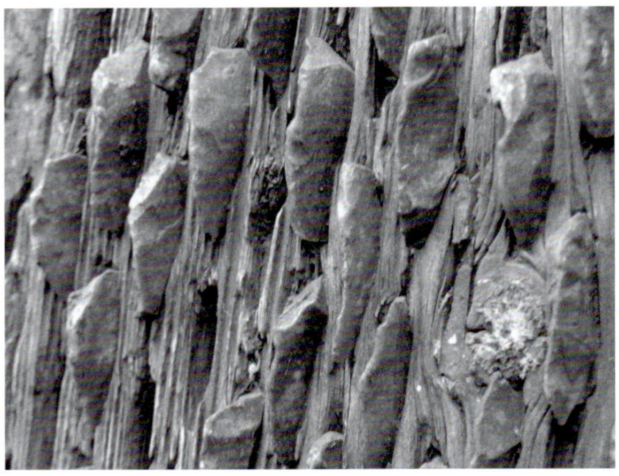

2. Mit Silices armierter Dreschschlitten (Detail)

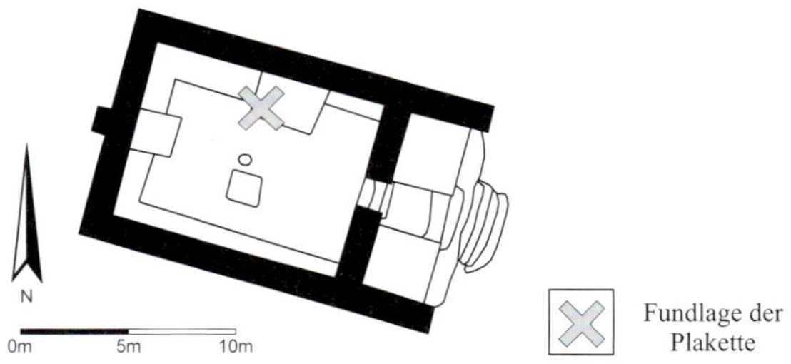

3. Fundlage der Silberplakette im Antentempel Steinbau VI (Tell Chuēra, Bereich S)

4. Silberplakette mit Dreschschlittendarstellung

Abb. 4.1: 1. Traditioneller Dreschschlitten, 2. Unterseite desselben Dreschschlittens (Detailaufnahme), 3. Fundlage einer Silberplakette mit Dreschschlittendarstellung im Antentempel Steinbau VI, 4. Silberplakette (Größe: 6,2 mal 3 cm)

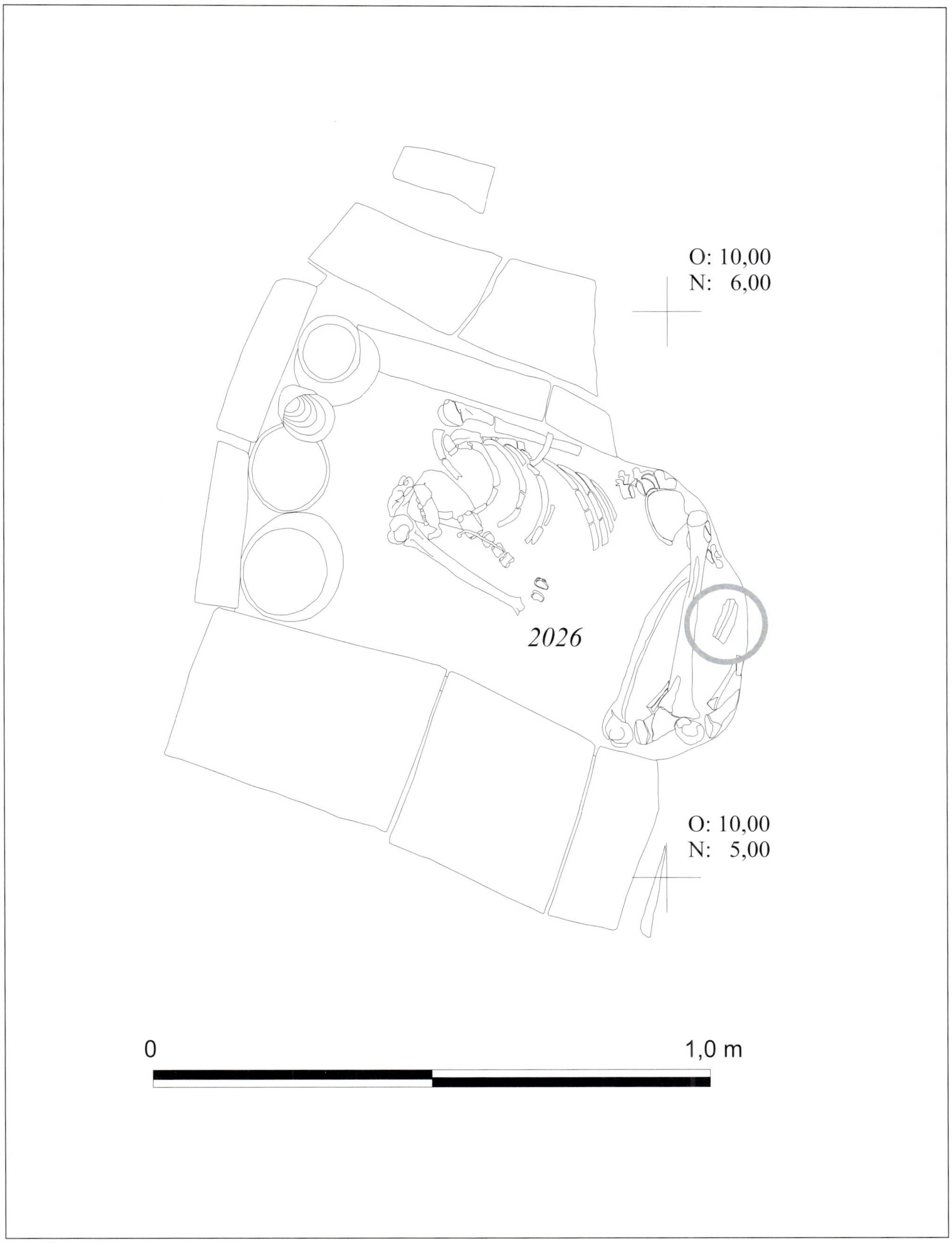

Abb. 4.2: Grabfund aus Tell Chuēra (Bereich T) mit Beigabe eines Großklingensegmentes (TCH 04 T 2026-1, Segment A 3); die Fundlage der Klinge ist mit einem grauen Kreis gekennzeichnet

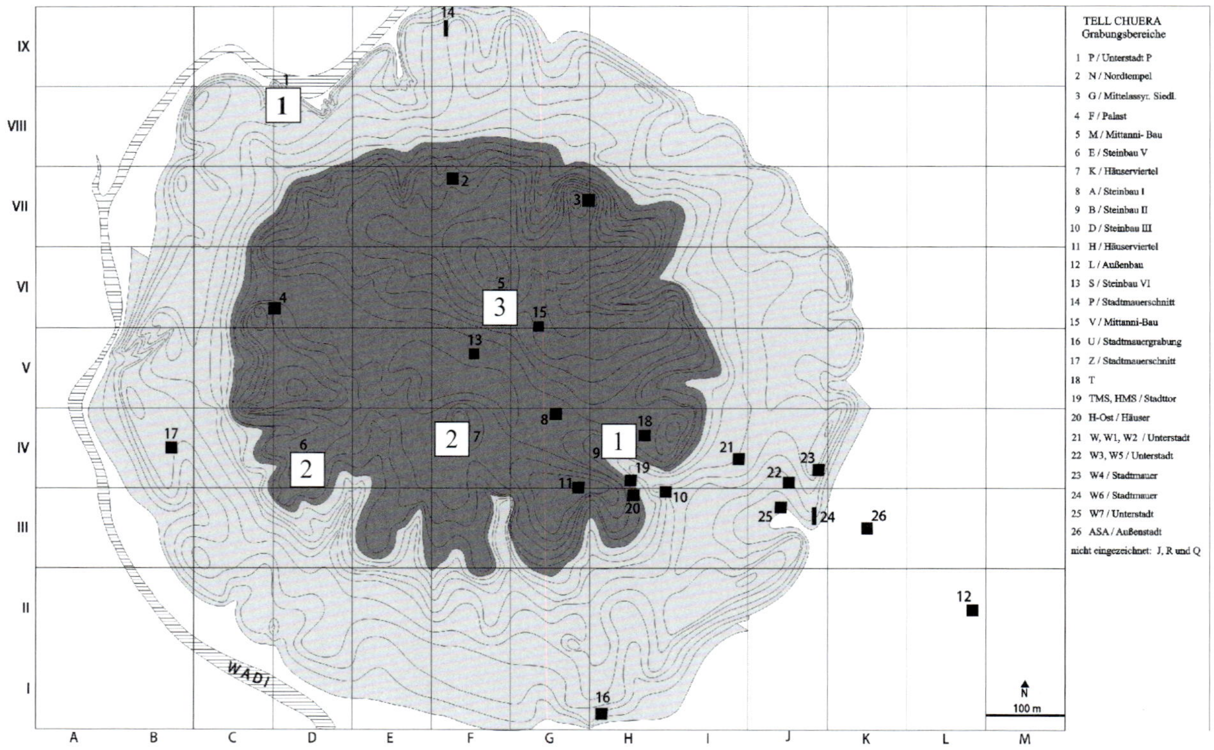

1. Depotfunde und möglicherweise als Depotfunde zu deutende Assemblagen (weiße Vierecke)

2. Fundkomplex mit Großklingengerät aus dem Bereich B

Abb. 4.3: 1. Lage und Anzahl großklingenspezifischer Depotfunde in Tell Chuēra (modifizierte und unmodifizierte Großklingen, Klingenkernsteine), die Nummern in den Kästchen nennen die Anzahl der Depotfunde in dem jeweiligen Bereich, 2. Depotfund von Großklingengeräten aus Bereich B (M 1:2); von links nach rechts: TCH 92 B 5051-1, -4,-3, -2, -5

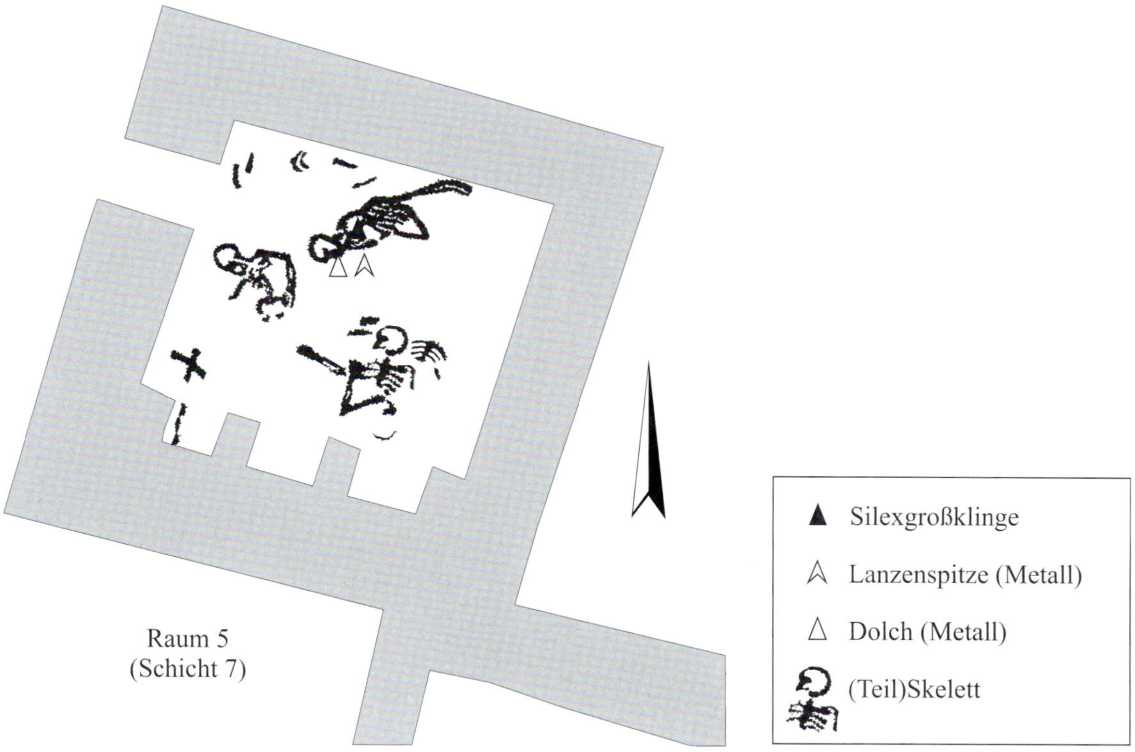

1. Fundlage einer Großklinge (TCH 60 A 89-1) und kupferner/bronzener Waffen im Bereich A (Schicht 7), M 1:100

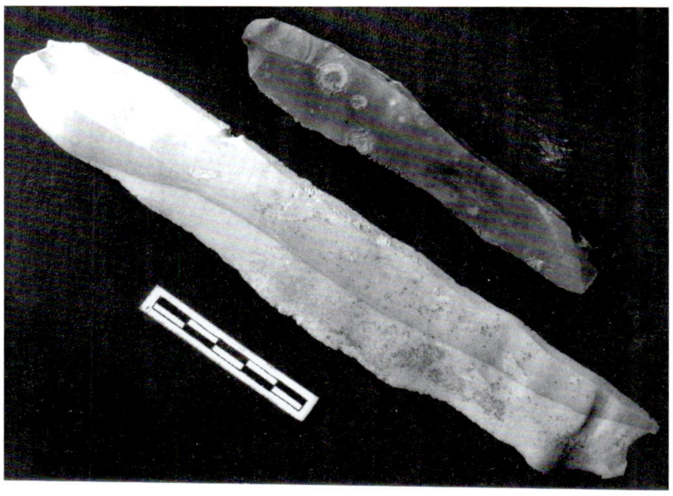

2. Vollständige Silexgroßklinge aus Bereich A (untere Klinge)

Abb. 4.4: 1. Fundkontext einer Großklinge (TCH 60 A 89-1) in einem Zerstörungshorizont in Tell Chuēra

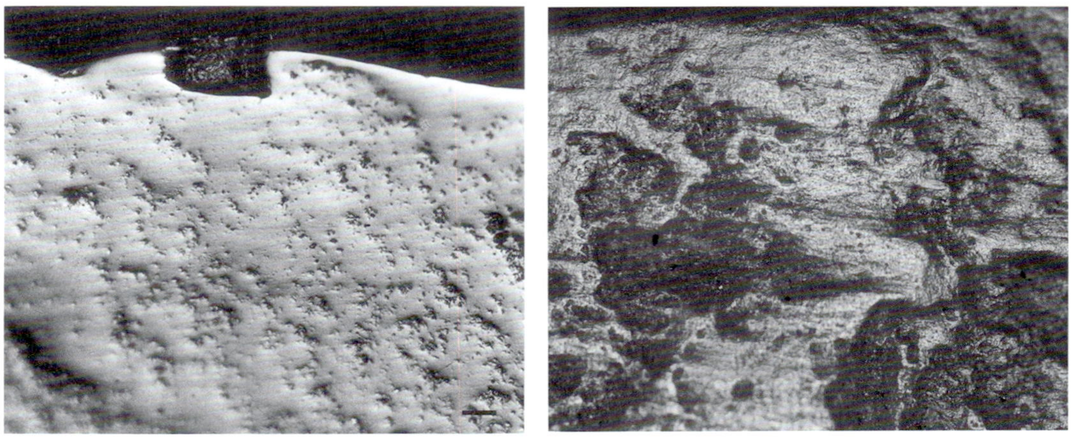

1. Charakteristische Gebrauchsspuren auf einem Erntegerät (links) und auf einem Dreschschlitteneinsatz (rechts)

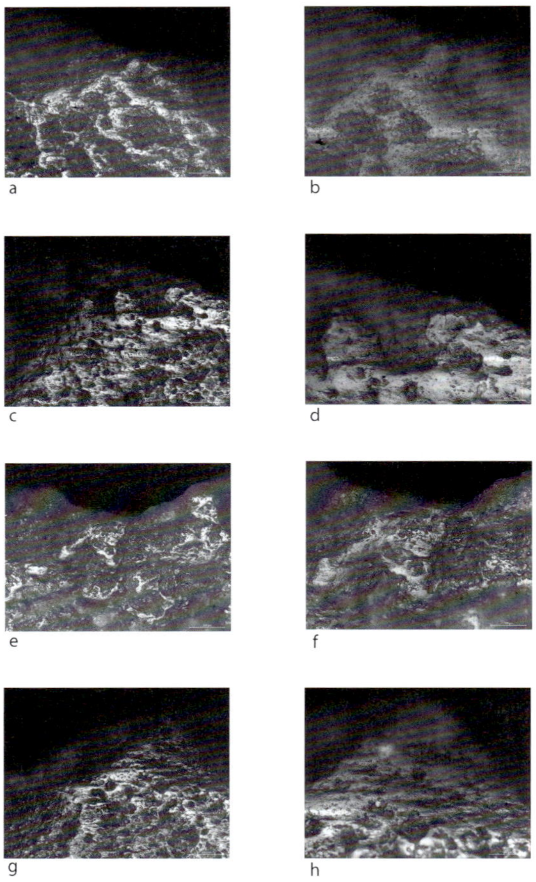

2. Gebrauchsspuren auf Klingen aus Chuēra (Gruppe 1)

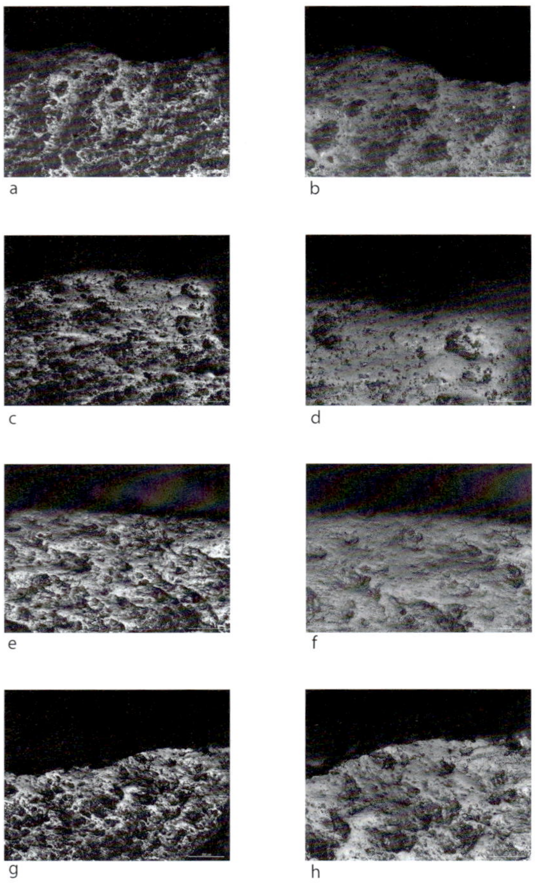

3. Gebrauchsspuren auf Klingen aus Chuēra (Gruppe 2)

Abb. 4.5: 1. Für charakteristisch befundene Gebrauchsspuren an Erntegerät und Dreschschlitteneinsatz, 2. Gebrauchsspuren an Klingen aus Tell Chuēra (Gruppe 1), 3. Gruppe 2

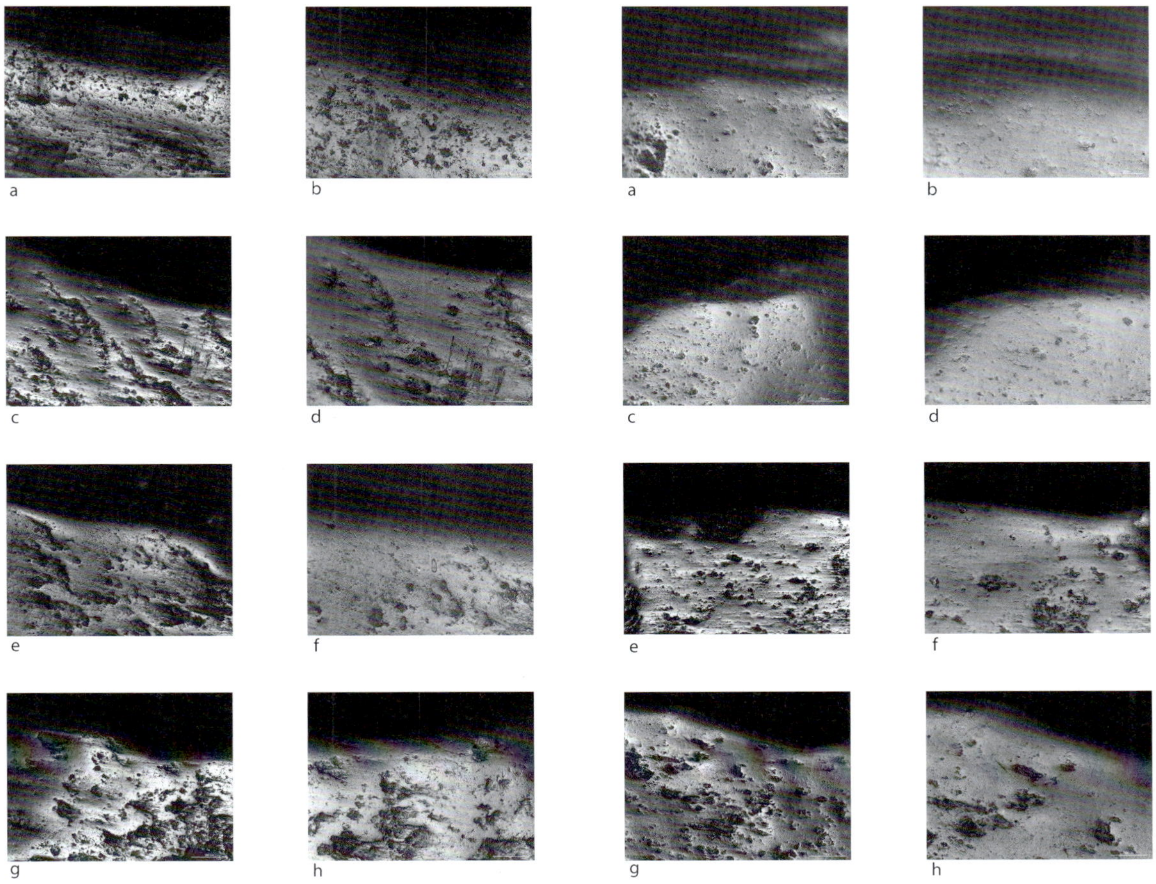

1. Gebrauchsspuren auf Klingen aus Chuēra (Gruppe 3)

2. Gebrauchsspuren auf Klingen aus Chuēra (Gruppe 4)

Abb. 4.6: 1. Gebrauchsspuren an Klingen aus Tell Chuēra (Gruppe 3), 2. Gebrauchsspuren an Klingen aus Tell Chuēra (Gruppe 4)

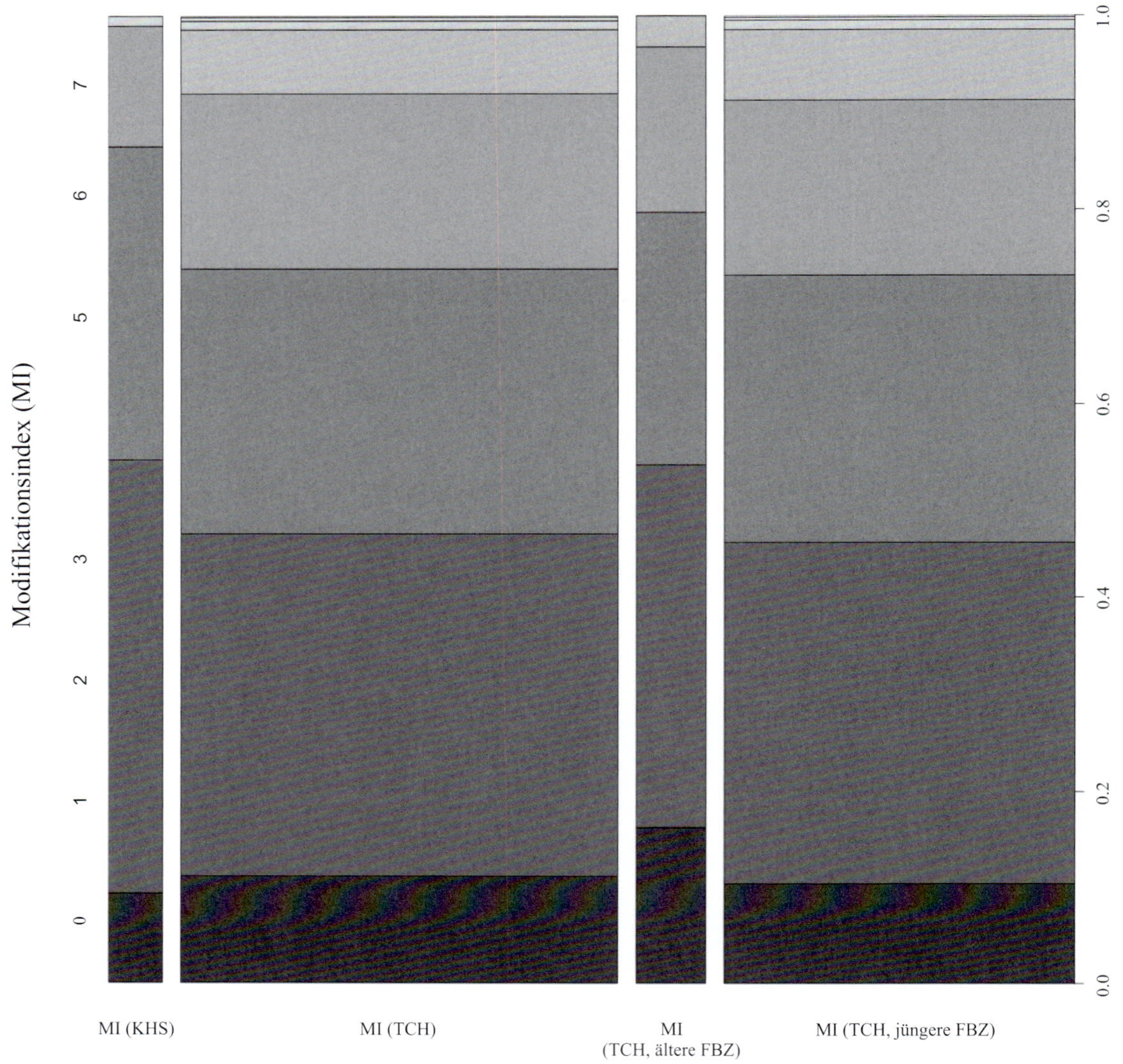

Abb. 4.7: Häufigkeitsverteilung der Modifikationsindices (MI) in Tell Chuēra (TCH) und Kharab Sayyar (KHS)

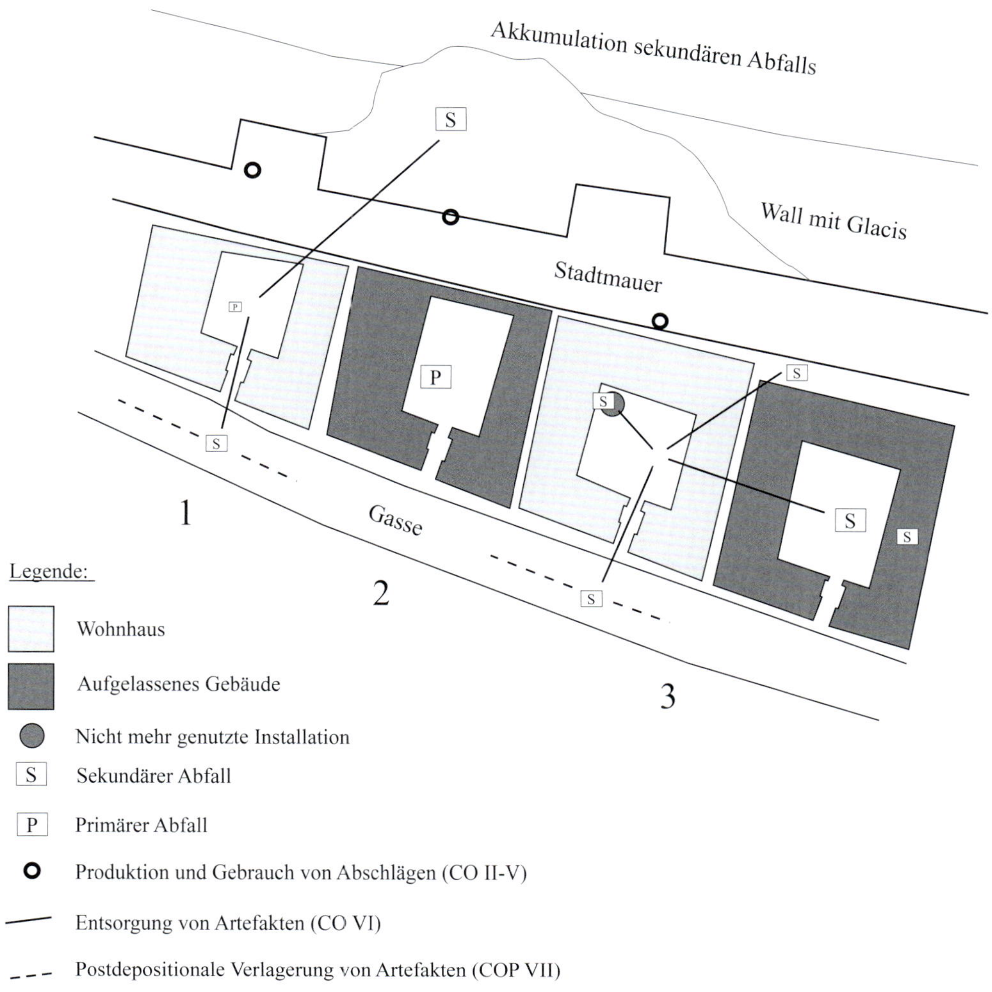

Frühbronzezeitliche Haushalte und die Entsorgung von lithischen Artefakten der Abschlagindustrie:

1: Produktion/Gebrauch von Abschlägen im Hofbereich eines Wohnhauses; Entsorgung von Schlagabfall und kurzfristig verwendeten Abschlägen in einer nahegelegenen Akkumulation sekundären Abfalls (DK 6); beim Ausfegen der Hoffläche gelangen Artefakte auf die anschließende Straße/Gasse (DK 3). Dabei verbleiben evtl. vereinzelte Abschläge im Hofbereich (DK 5).

2: Produktion von Abschlägen im Hofbereich eines aufgelassenen Gebäudes (DK 5). Schlagabfälle bleiben vor Ort liegen.

3. Produktion/Gebrauch von Abschlägen im Hofbereich eines Wohnhauses; Schlagabfall und kurzfristig verwendete Abschläge werden ausgefegt und gelangen in den Bereich der anschließenden Straße/Gasse (DK 3), werden in einem benachbarten aufgelassenen Gebäude (DK 4, 5, 6, 13), in nicht mehr genutzten Installationen (DK 9) und Gruben (DK 7) oder in den Zwischenräumen von Mauern (DK 11) entsorgt.

Abb. 4.8: Die Entsorgung von Artefakten der Abschlagindustrie

5.
Chaîne Opératoire Prolongée: vom systemischen in den archäologischen Kontext

Mit dem Verwerfen der Steinartefakte (Stufe VI der Chaîne Opératoire) und ihrer Ablagerung im archäologischen Schichtzusammenhang enden die operativen Ketten des systemischen Kontextes. Die daran anschließenden Transformationen bilden die erweiterte operationelle Sequenz (COP). Diese beinhaltet postdepositionale Faktoren (Schritt VII der COP) sowie die Arbeitsketten der archäologischen Feldforschung und Analyseschritte (Stufen XIII bis X).

5.1 Transformationen durch natürliche und kulturelle Faktoren (C-Transforms und N-Transforms)

Steinartefakte bilden die „robusteste" Kategorie archäologischer Funde. Im Unterschied zu Objekten aus vergänglichen organischen Materialien oder Metallobjekten, die in einem stärkeren Maß von chemischen Korrosionsprozessen betroffen sind, können lithische Artefakte jahrtausendelang nahezu unverändert in einer Ablagerung überdauern. Dennoch unterliegen auch sie postdepositionalen Einflüssen, welche die Morphologie und den Fundkontext der Artefakte und somit auch das Aussagepotential dieser Quellengruppe beeinflussen können. Postdepositionale Einflüsse auf archäologische Quellen lassen sich nach M. B. Schiffer in verschiedene transformative Faktoren unterscheiden, die auf natürliche (N-Transforms) und kulturelle Phänomene (C-Transforms) zurückzuführen sind.[1]

Zu den naturräumlich bedingten Veränderungen gehören krustenartige mineralische Ablagerungen (Sinter) an Silexartefakten.[2] Wenn diese Anhaftungen größere Partien eines Artefaktes bedeckten – bei n = 40 Silices aus Tell Chuēra (1,14 Prozent) war dies der Fall – wurde bei der Datenaufnahme das Merkmal „Sinter" vermerkt (vgl. Tabelle 5.1-I). Bei den betreffenden Stücken wird die Identifizierung von Schlag- und Retuschiermerkmalen teils erheblich erschwert. Die meisten versinterten Silices wurden auf der Telloberfläche oder aus oberflächennahen Fundkontexten geborgen. Demnach tritt diese Veränderung, von wenigen Ausnahmen abgesehen, ausschließlich auf jünger frühbronzezeitlich datierten Artefakten auf. In Kharab Sayyar wurden keine versinterten Steinartefakten dokumentiert, was wahrscheinlich darauf zurückzuführen ist, dass das lithische Material hier in erster Linie stratifizierten Fundlagen entstammt (Hangschnitt Bereich KHS A).

Eine weitere Oberflächenveränderung, die vereinzelt an den Steinartefakten beider Fundorte zu beobachten ist, besteht in einer weißlichen Patinierung (vgl. Tabelle 5.1-I). Bei einer weißen Patina handelt es sich um eine Verwitterungserscheinung, die zur Ausprägung kommen kann, wenn ein Silexartefakt über einen langen Zeitraum hinweg in einem basischen Milieu lagert. Eine Patinierung kann folglich ein höheres Alter eines Artefakts implizieren oder aber auf darauf verweisen, dass das Artefakt in einem Sediment lagerte, das in verstärktem Maße klimatischen Einflüssen ausgesetzt war. Wie auch die versinterten Artefakte stammen die meisten patinierten Silexfunde aus Chuēra (77,3 Prozent) von der Oberfläche bzw. aus den oberflächennahen Schuttschichten des Ruinenhügels sowie aus den Schotterterrassen des Wadis.[3]

Auch der Umstand, dass Klingen aus den Sammelfundkollektionen Tell Chuēras nur noch sehr selten anhaftende Spuren von Schäftungsmasse (Bitumen) aufweisen, ist der

---

1 Vgl. z. B. Schiffer 1996: 22.

2 Auch an oberflächennah geborgenen Scherben sind derartige Ablagerungen häufig erkennbar.

3 Für die Silexfunde, die im Rahmen mehrerer Begehungen aus den Hängen des Wadi Chuēra geborgen wurden, nehme ich bereits aufgrund der Fundlage eine ältere Datierungsposition (Paläolithikum?) an. Elf der insgesamt 18 Fundstücke aus dem Wadi weisen eine Patinierung auf. Einige Artefakte wirken zudem verrollt (verrundete Kanten, Flächen und Grate). Da die Böden der Tell Chuēra-Region kalkhaltig sind, ist davon auszugehen, dass sich bei einer entsprechenden Durchfeuchtung im Bereich des Wadis ein basisches Milieu bildete.

Verwitterung geschuldet. Nur 1,1 Prozent der Klingen, die von der Oberfläche geborgen wurden, weisen Bitumenreste auf, während bei den Klingen aus im weitestgehenden Sinne stratifizierten Kontexten 8,9 Prozent Bitumenreste erkennen[4] lassen.

Ein weiteres zu erörterndes Phänomen ist der Fragmentierungsgrad der Steinartefakte, die auf der rezenten Telloberfläche aufgelesen wurden. Für Chuēra kann angenommen werden, dass die Grabungsaktivitäten der letzten fünf Jahrzehnte und die Entwicklung der lokalen Infrastruktur als C-Transformationen den Erhaltungszustand der lithischen und sonstigen Oberflächenfunde beeinflusst haben. Vergleicht man die Längenmaße der Großklingensegmente, so fällt auf, dass der Median der Sammelfunde etwa 1,5 cm unter dem der (im weitestgehenden Sinne) stratifizierten Großklingen liegt. Ich werte dies als Hinweis auf einen höheren Fragmentierungsgrad der Lesefunde, zumindest im Hinblick auf die bruchanfälligeren langen Klingen.

Die Einwirkung der Ausgrabungstätigkeiten bestanden – abgesehen von den Erdarbeiten – aus einer verstärkten Begehung und Befahrung der Telloberfläche, besonders im unmittelbaren Umfeld der einzelnen Grabungsstellen. Hinzu kommt, dass einige Bereiche der Unterstadt rezent überbaut sind und die Bevölkerungsdichte der Chuēra-Region sowie der Motorisierungsgrad der lokalen Bevölkerung in den vergangen Jahrzehnten zugenommen haben. So wird etwa das Gebiet der südlichen Unterstadt von einer breiten, von PKW und LKW befahrenen Piste gekreuzt. Daneben werden von Zeit zu Zeit Schafherden über den Tell getrieben, die auch im Randgebiet der Ruine weiden. Die Intensität dieses Faktors wird durch hangparallel verlaufende Spuren (Gangeln) in einigen stärker geböschten Bereichen der Oberstadt Tell Chuēras sichtbar, die im Lauf der Zeit durch die Tiere in den Untergrund eingetreten wurden. In Experimenten konnte gezeigt werden, dass durch Trittschäden innerhalb kurzer Zeit Scheinretuschen an Silexartefakten erzeugt werden können, die sich ggf. nur schwer von intentionellen Modifikationen unterscheiden lassen.[5] Als methodische Schlussfolgerung hieraus wurden Retuschiermerkmale an Oberflächenfunden besonders kritisch bewertet und bei der Datenaufnahme im Zweifelsfall als GSM-Retuschen[6] klassifiziert. Auch bei stratifizierten Funden, die aus dem Bereich von Straßen und Gassen stammen, ist damit zu rechnen, dass sie stärker durch antiken Vertritt von Menschen und Tieren beeinflusst wurden. Abgesehen von Brüchen und Beschädigungen im Bereich der Kanten ist anzunehmen, dass Steinartefakte, die auf Straßenniveaus zum Liegen kamen, vor ihrer Ablagerung in einer Kulturschicht durch den Verkehr auf der Straße auch über einen gewissen Zeitraum hinweg verlagert wurden.

Eine weitere Veränderung, die überwiegend auf antike Aktivitäten zurückzuführen ist, besteht in der thermischen Veränderung der Silices durch Feuer (vgl. Tabelle 5.1-I). Legt man ausschließlich Artefakte der Datensatzqualität 1 zugrunde, so erscheint etwa jedes zehnte Steinartefakt brandbeeinflusst (TCH: 10,5 Prozent, KHS: 11,3 Prozent). Feuer wurde in den Siedlungen zum Kochen, Heizen und Backen entfacht. Der hohe Prozentsatz an verbrannten lithischen Artefakten spricht m. E. dafür, dass Steinwerkzeuge wie Schlagabfälle bei diesen alltäglichen Aktivitäten häufig zugegen waren, so dass sie immer wieder unbeabsichtigt oder absichtlich (Müllentsorgung, vgl. Teilkapitel 4.2) in den Bereich von Feuerstellen oder Tannur-Öfen gerieten, um dann ggf. zusammen mit der Asche entsorgt oder ausgefegt zu werden.

Eine postdepositionale Veränderung, die aus den Arbeitsketten der feldarchäologischen Praxis resultiert, sind moderne Brüche und Kantenbeschädigungen. Diese lassen sich gelegentlich an den aufgenommenen Fundstücken erkennen (vgl. Tabelle 5.1-I, vgl. z. B. Abb. 3.56:1, Abb. 5.1)[7] und erscheinen zumeist durch den Einsatz von Kreuzhacken und kleinen Flachspitzhacken verursacht zu sein, wie sie auf Orientgrabungen regelhaft zum Einsatz kommen, um kompakte Schichten aus Lehmerde und Lehmziegelschutt bzw. Lehmziegelmauerwerk abtragen zu können (vgl. Abb. 5.1:1-2). Die Ausprägung solcher Frakturen an einem Teil der Artefakte ist unvermeidbar. In einigen wenigen Fällen ließ sich anhand der ursprünglichen Kleinfundbeschreibungen der Erstbearbeiter auch nachvollziehen, dass die modernen Brüche auf die Lagerung der Funde zurückzuführen waren. Dies war z. B. der Fall wenn Silexartefakte zusammen mit Bruchstücken von Felsgesteingeräten in Kartons aufbewahrt wurden.

Postdepositionale Modifikation	**n (TCH)**	**n (KHS)**
Sinter	40	0
Patinierte Oberfläche	30	2
Rezenter Bruch oder Brüche	37	6
Moderne Kantenbeschädigungen	26	1
Brandeinwirkung	293	39

Tabelle 5.1-I: Absolute Häufigkeit (n) verschiedener postdepositionaler Modifikationen an lithischen Funden aus Tell Chuēra (TCH) und Kharab Sayyar (KHS).

4 Den Grundwert für diese Prozentangaben bilden alle Klingenfunde (Grundform II) der Datensatzqualität 1. In Kharab Sayyar wurden nur neun Klingen von der Telloberfläche geborgen. Von diesen lassen keine Bitumenreste erkennen.

5 Zusammenfassend Knudson 1979; Nielsen 1991; McBrearty u. a. 1998.

6 GSM-Retusche (= Gebrauch-, Sediment- und Museumsretusche); vgl. Hahn 1993: 167-168.

7 Da rezente Brüche oft nicht eindeutig von antiken Frakturen unterschieden werden können, ist von einer größeren „Dunkelziffer" modern beschädigter Fundstücke auszugehen.

5.2 "14 Feuerstein-Klingen (wertlos)" – Der Einfluss der archäologischen Arbeitsketten auf die Analyse der Steingeräteindustrien

In der Tell Chuēra-Region wurden mit Unterbrechungen zwischen 1958[8] und 2011 archäologische Feldforschungen durchgeführt. In diesem Zeitraum kamen – teilweise auch parallel – verschiedene feldarchäologische Methoden, Samplingstrategien und Dokumentationsstandards zum Einsatz. Diese spiegeln nicht nur die Entwicklung der Grabungstechnik im Rahmen eines archäologischen Langfristprojektes wider, sondern auch die unterschiedlichen theoretischen Prämissen der Ausgräber. An dieser Stelle soll dargelegt werden, wie sich die archäologischen Arbeitsketten der Altgrabungen (seit 1958) und aktuelleren Feldforschung (1996-2011) auf die Zusammensetzung und das Aussagepotential der Stichproben auswirkten. Dabei geht es nicht primär darum, die in den vergangenen Jahrzehnten in der Chuēra-Region aktiv gewesenen Ausgräber- und Bearbeiter, die in den vergangenen Jahrzehnten in der Chuēra-Region aktiv gewesen sind, zu kritisieren. Vielmehr sind die Bedingungen der Stichprobenerhebung und die Bedingtheit des Samples im Sinne einer Quellenkritik so transparent wie möglich darzulegen, da sie weitreichende Auswirkungen auf die Rekonstruktion antiker technologischer Systeme haben können.[9] Diesbezüglich ist etwa auf die Frage nach der Existenz lokaler Produktionssysteme zu verweisen (vgl. Teilkapitel 3.2), die sich ohne eine Einbeziehung der unscheinbaren Débitage nicht oder zumindest nur unzureichend beantworten lässt.[10] Zudem geht die Erschließung archäologischer Quellen zwangsläufig mit einer kontrollierten und unwiederbringlichen Zerstörung von Fundkontexten und Schichtzusammenhänge einher. Umso wichtiger erscheint es daher, die feldarchäologischen Arbeitsketten im Rahmen einer Analyse der antiken operationellen Sequenzen mit zu berücksichtigen. Hierbei ist vorab anzumerken, dass auf frühgeschichtlichen Ausgrabungen in Vorderasien in Bezug auf die Gruppe der geschlagenen Steinartefakte per se mit einer Stichprobenverzerrung zu rechnen ist. Lithikfunde aus metallzeitlichen Perioden werden erst seit verhältnismäßig kurzer Zeit von der Forschung zur Kenntnis genommen[11] und die Grabungstechniken, die bei der archäologischen Erschließung großer urbaner Siedlungen zum Einsatz kommen, gehen in aller Regel mit einem Verlust kleinteiligen Fundmaterials einher, wozu auch die lithische Débitage zu zählen ist. Die methodischen Herausforderungen, die sich hieraus ergeben, sind folglich nicht nur kennzeichnend für die Altgrabungen und die aktuellere Feldforschung in der Chuēra-Region. Vielmehr dürften sie auch auf die Situation an vielen anderen nordmesopotamischen Fundorten übertragbar sein.

In dieser Arbeit wurde versucht, das Material der Altgrabung soweit wie möglich zu integrieren. Da Angaben zur Metrik, Morphologie und dem Fundkontext etlicher im Zuge der frühen Grabungen geborgener Fundstücke allein auf der Grabungsdokumentation basieren, wurde bei der Datenaufnahme für jedes Fundstück einen „Datensatzqualitätswert" ermittelt. Die Datensatzqualität (DQ) wurde ordinal skaliert und umfasst einen Wertbereich von 1-3, der wie folgt definiert ist: Artefakte der Datensatzqualität 1 konnte ich vor Ort in Syrien selbst in Augenschein nehmen. Zu den Artefakten der Datensatzqualität 2 liegen hingegen nur unvollständige Angaben vor. Dies war etwa der Fall, wenn im Nachhinein bei der Auswertung Messfehler festgestellt wurden oder der Fund nicht mehr im Original, sondern lediglich auf der Grundlage von Fotos, Zeichnungen oder einer Fundbeschreibung beurteilt werden konnte. Bei Artefakten der Datensatzqualität 3 lagen keine überprüfbaren Angaben zur Metrik und Morphologie vor. Es existieren lediglich Vermerke oder kurze Beschreibungen in Gestalt von Einträgen in Fundjournalen o. ä.

5.2.1 Stichprobenerhebung und Erstaufnahme der lithischen Funde zwischen 1958 und 2011

Die frühen Ausgräber Tell Chuēras (1958 bis 1985)[12] waren schwerpunktmäßig kunstgeschichtlich ausgerichtet und daneben v. a. an Funden und Befunden interessiert, die sich als Hinweise auf das Wirken religiöser Institutionen deuten ließen. Dieses Interesse ging bisweilen mit einem mystifizierenden Blick auf die Vergangenheit einher, wie sie etwa 1971 in der nationalistisch konnotierten Sorge des damaligen Grabungsleiters A. Moortgat um einen „Schleier des geistigen Geheimnisses" und einer damit verbundenen Kritik an der Rezeption damals neuer archäologischer Methoden zum Ausdruck kommen: „(...) manchmal konnte einem die Befürchtung kommen, die Archäologie wäre dabei, mit Computern und Lochkarten, mit Photogrammetrie und Carbon 14 den alten Kulturen Vorderasiens den Schleier des geistigen Geheimnisses zu nehmen! Doch es war nicht an dem [Her-

8 Vgl. Moortgat 1960a.

9 Als Beispiel ließe sich hier auf die Steingeräteindustrie Nevali Çoris verweisen. Abgesehen von n = 103 Klingenfunden und einer einzelnen Pfeilspitze erbrachten die Untersuchungen der frühbronzezeitlichen Schichten nur einen Einzelfund eines unretuschierten Abschlages. Der Bearbeiter weist daher darauf hin, dass vor Ort keine einfachen Abschlaggeräte hergestellt oder verwendet wurden (Herling 2007: 182). Dieser Befund ist m. E. jedoch so ungewöhnlich, dass zu fragen wäre, ob das Fehlen von Abschlägen und Trümmern nicht eher auf die Praxis der Stichprobenerhebung als auf das Fehlen einer Abschlagindustrie zurückzuführen ist.

10 Vgl. Rosen 1997: 36-38.

11 Für eine aktuelle Übersicht zum Forschungsstand vgl. Rosen 2012.

12 In diesem Zeitraum wurden Ausgrabungen im Wesentlichen von A. Moortgat und U. Moortgat-Correns geleitet.

vorhebung im Original]. Dazu waren die geistigen Kräfte zu stark und tief verwurzelt, denen in Deutschland die Vorderasiatische Archäologie (...) ihre Entstehung verdankte (...)".[13]

Bis in die 1980er Jahre hinein wurden archäologische Funde und Fundkontexte in erster Linie in Grabungstagebüchern und Fundjournalen dokumentiert (Abb. 5.2:1). Diese Akten lagern seit kurzem zusammen mit den Plänen und einer größeren Anzahl von Originalfunden am Archäologischen Institut der Goethe-Universität Frankfurt a. M., wo sie z. Zt. im Rahmen verschiedener Forschungsarbeiten wissenschaftlich erschlossen werden.[14] Die Unterlagen eröffnen umfassende Einblicke in die, bislang nur in Form knapper Vorberichte vorgelegten Grabungsergebnisse der frühen Erforschung Tell Chuēras.

In den Grabungstagebüchern finden sich die Funde eines Tages jeweils unter einer Rubrik „Kleinfunde" aufgeführt, bisweilen in Kombination mit einer Fundskizze. Obwohl den geschlagenen Steinartefakten in den Akten der Altgrabungen seitens der Ausgräber bisweilen eine gewisse Geringschätzung entgegengebracht wurde, wie sich an Eintragungen wie „14 Feuerstein-Klingen (wertlos)"[15] ablesen lässt, finden sich in Fundjournalen eine größere Menge von Steinartefakten aufgelistet, manchmal sogar unter Nennung einiger metrischen Angaben (Längen- und Breitenwerte).

Eine Auswahl von Fundstücken – vermutlich solche, die von den Ausgräbern seinerzeit als repräsentativ angesehen wurden – wurde im Verlauf der jeweiligen Grabungskampagne inventarisiert, ggf. zeichnerisch und fotografisch dokumentiert und auf Karteikarten beschrieben. Die Karteikarten wurden nach Kampagnen und Objektkategorien („Idole", „Frau mit Kind", „Stein", „Geräte" etc.) geordnet in Kartons abgelegt. In der Regel erhielten lediglich die inventarisierten Funde eine fortlaufende Nummer. Der überwiegende Teil der inventarisierten Funde wurde im Anschluss an die jeweilige Grabungskampagne in die Museen in Damaskus und Aleppo überführt. Einige Objekte gelangten im Rahmen der damals üblichen Praxis der Fundteilung nach Deutschland.

Ein Großteil der nicht inventarisierten Funde muss faktisch als verschollen angesehen werden. Vereinzelte Altfunde aus dem Zeitraum 1958 bis 1985 konnte ich bei Forschungsaufenthalten in Syrien noch in den Magazinen des Grabungshauses und des archäologischen Museums in Ar-Raqqa[16] sowie in der Lagerräumen des Archäologischen Instituts der Universität Frankfurt ausfindig machen.[17] Aus arbeitsökonomischen Erwägungen heraus habe ich im Zuge der Datenaufnahme nicht versucht, die Altfunde in den syrischen Museen zu lokalisieren. Geschlagene Steinartefakte werden in Akten der Altgrabungen zumeist als „Feuerstein-Messer", „Silex-Messer" oder „Obsidian-Messer" angesprochen. Korreliert man die Beschreibungen mit den teilweise vorhandenen metrischen Angaben, Skizzen und fast ausnahmslos qualitativ hochwertigen Schwarz-Weiß-Fotos (Abb. 5.2:2-3) wird deutlich, dass die Ausgräber diese Termini in erster Linie zur Ansprache von Silexgroßklingen bzw. Kleinklingen aus Obsidian verwandten. Gelegentlich wurden auch Kleinklingen aus Silex („winziges Feuerstein-Messerchen") dokumentiert. Daneben scheinen zumindest vereinzelt Funde von Kernsteinen, Abschlägen und Trümmern von den Ausgräbern zur Kenntnis genommen worden zu sein. Hierauf deuten zumindest Fundbezeichnungen wie „Feuerstein-Nukleus", „Feuerstein-" oder „Obsidian-Fragmente" bzw. „Feuerstein-Stücke", „kleine Feursteine", „Feuerstein-Splitter", „Feuerstein-Absplisse", „1 Klumpen Feuerstein Nucleus" etc. hin. Stücke, bei denen es sich nicht um Klingen handelte, wurden normalerweise nicht fotografiert oder in den Tagebüchern skizziert, so dass sie im Nachhinein keiner eindeutigen technomorphologischen Klasse zugeordnet werden konnten und bei der Datenaufnahme zumeist als „unbestimmbare Steinartefakte" notiert werden mussten.

Altfunde von Klingen, die auf der Ebene der Grundformbestimmung III aufgrund fehlender metrischer Angaben nicht präziser beschrieben werden konnten, wurden als „unbestimmte Klingen" klassifiziert. Es ist davon auszugehen, dass es sich bei den betreffenden Stücken größtenteils um Funde von Großklingen gehandelt haben dürfte. Die Ergebnisse der frühen Grabungen wurden ausschließlich in Form von Vorberichten vorgelegt[18]. Diese enthalten zumeist nur verhältnismäßig vage Angaben zur Stratigraphie der einzelnen Grabungsbereiche. Auch in den Originalakten finden sich in der Regel nur recht grobe Angaben bzgl. der Stratigraphie und der Fundlage der Objekte. In einigen Fällen ließ sich der Fundkontext jedoch anhand von Informationen aus Skizzen und unveröffentlichten Grabungsplänen rekonstruieren.

Im Zuge der Datenaufnahme wurden alle Fundjournale und Tagebücher der Grabungen von 1958 bis 1985 nach

13 Moortgat 1971: 46.

14 Die Akten und Funde stammen aus dem Nachlass von U. Moortgat-Correns.

15 Eintrag aus dem Grabungstagebuch von 1985, Bereich Westtempel. Diese Grabungsstelle, in dem ein einzelner Raum aufgedeckt wurde, den die Ausgräber als Hinweis auf einen Sakralbau deuteten, konnte später dem Grabungsbereich F (frühbronzezeitlicher Palast und Nachbebauung) zugeordnet werden (A. Tamm i. V.).

16 Dies betrifft v. a. einen wichtigen Komplex von Silexartefakten aus dem Grabungsbereich E.

17 Hierbei handelt es sich um stratifizierte Funde aus der Grabungskampagne von 1983 (Bereiche H und P). Das Klingenmaterial konnte, wie die Fundstücke aus dem Nachlass von U. Moortgat-Correns, als Stichprobenmaterial für die mikroskopische Gebrauchsspurenanalyse herangezogen werden.

18 Moortgat 1960a; 1960b; 1962; 1965; 1967; Moortgat – Moortgat-Correns 1975; 1976; 1978; Moortgat-Correns et al. 1988; Moortgat-Correns 2001. Für eine Neubewertung einiger alt gegrabener Bereiche vgl. Pfälzner 2001.

Hinweisen auf Steinartefakte und ihren jeweiligen Fundkontext durchgesehen. Dabei konnten n = 641 lithische Funde identifiziert werden (vgl. Tabelle 5.2-I)[19]. Dies entspricht einer Ausbeute von etwa n = 58 Silexartefakten pro Kampagne, wobei ich für den Großteil der Fundstücke eine Datensatzqualitätswert von 3 veranschlage. Angesichts der teilweise großen Flächen, die in dem betreffenden Zeitraum archäologisch untersucht wurden – hier sind besonders die Grabungsbereiche E, H und K zu nennen (vgl. Teilkapitel 2.2.2) – erscheint die Anzahl der Steinartefakte auffällig gering. Bei einer Aufschlüsselung der dokumentierten Fundstücke nach Grundformkategorien (Grundform II) wird wie bereits erwähnt deutlich, dass in erster Linie Klingen aufgenommen wurden (Tabelle 5.2-I).

Das Samplingverfahren der Altgrabungen kann als Beispiel für das so genannte „pretty piece syndrome" (S. A. Rosen)[20] angeführt werden; eine Methode, die durch eine selektive Fundbergung charakterisiert wird. Trotz dieser Einschränkung konnte die Einbeziehung der Altfunde in mehreren Punkten zur Analyse der lokalen Steingeräteindustrien beitragen: Zum einen ließen sich anhand der Auswertung der Originalakten und publizierten Vorberichte einige wichtige Fundkontexte rekonstruieren, die zu einem besseren Verständnis des Umgangs der frühbronzezeitlichen Bevölkerung mit der Ressource Silex beitragen[21], zum anderen konnte die Datenbasis um einige Artefakte der Datensatzqualität 1 und 2 verbreitert werden.[22] Ferner lieferten die Funde aus dem Nachlass U. Moortgat-Correns Material für die mikroskopische Gebrauchsspurenanalyse (vgl. Teilkapitel 4.1.3.2).

Seit Anfang der 1980er Jahre kam in Tell Chuēra die so genannte Fundstellensystematik zum Einsatz.[23] Bis heute findet sie in modifizierter Form auf verschiedenen deutschen Orientgrabungen Verwendung. Das Fundstellensystem stellte eine direkte Antwort auf ein verstärktes Interesse an stratigraphischen Fragestellungen und dem Einfluss archäologischer Formationsprozesse auf das Befundbild dar. Bei diesem Ansatz wird eine Erdablagerung im Zuge ihres Abtrages mit einer individuellen fortlaufenden Fundstellennummer versehen, wobei die Ausdehnung der Fundstelle in der Fläche und Tiefe (im Idealfall) durch eine Einmessung festgehalten wird. Parallel zur Fundstellennummerierung werden Mauern bereichsweise nummeriert. Die Position geborgener Kleinfunde innerhalb der Fundstelle wird ggf. durch die Angabe von Nord-, Ost- und Höhenwert festgehalten. Ab 1996 wurden in Tell Chuēra im Bereich des Palastes auch Installationen, Begehungsflächen, Störungen etc. unter einer eigenen Nummerierung geführt. Gegenüber einer weitgehend auf Feldtagebüchern basierenden Beschreibung archäologischer Befunde besitzt das Fundstellensystem im Hinblick auf die Aufarbeitung der Funde den klaren Vorteil, dass sich der Kontext und die stratigraphische Einbettung der Objekte im Nachhinein durch die Bearbeiter besser rekonstruieren lassen. Ein Nachteil dieses Systems liegt m. E. jedoch darin, dass die unterschiedliche Nummerierung der Erdablagerungen, Mauern und ggf. Installationen die Korrelation der stratigraphischen Einheiten bisweilen erschwert. So wurden bei der Anwendung des Fundstellensystems häufig Nummern für Abträge im Bereich so genannter Testschnitte vergeben, die häufig mehrere Schichten schneiden, so dass das Fundmaterial im Nachhinein nur schwer spezifischen Kontexten zugewiesen werden kann. Dies gilt umso mehr, als dass abschließende Synthesen der Grabungsergebnisse der Jahre 1986 bis 1995 noch nicht in Form eines Endberichts vorliegen. Zwar existieren Vorberichte für die Grabungskampagnen der Jahre 1982 bis 1992, die einen Überblick über die Grabungsergebnisse vermitteln, eine detailierte stratigraphische Zuordnung der untersuchten Fundstellen und der aus ihnen geborgenen Fundstücke ist auf Grundlage des Bearbeitungsstandes jedoch nur innerhalb eines begrenzten Rahmens zu leisten.

Die Ausgrabungen der Jahre 1986-1995 erbrachten insgesamt weniger Steinartefakte pro Kampagne als die Altgrabungen der vorrangegangenen Jahrzehnte, was z. T. auf kleinräumigere Untersuchungen zurückzuführen sein dürfte. Eine größere Anzahl der lithischen Funde aus diesem Zeitraum konnte jedoch lokalisiert[24], in Augenschein genommen und dementsprechend der Datensatzqualität 1 zugewiesen werden. Darüber hinaus existieren von vielen der damals als Kleinfunde aufgenommenen Stücke Fundzeichnungen und Fotografien. Auch wenn die Zeichnungen kaum Auskunft über technologisch relevante Merkmale (Schlagrichtung, Modifikationen) liefern, konnten sie doch vielfach zur Bestimmung der technomorphologischen Klasse beitragen. Zudem lieferten sie Informationen bzgl. der Metrik der Objekte, so dass diese zumindest als Artefakte der

19 Hierbei handelt es sich um eine Mindestanzahl. Da die frühen Ausgräber nicht alle Fundstücke mit einer Individualnummer versahen, bestand in einzelnen dokumentierten Fällen m. E. die Gefahr einer doppelten Zählung. In den betreffenden Fällen wurde von einer Aufnahme der Stücke abgesehen.

20 Rosen 1997: 37.

21 Hier sind v. a. mehrere Depotfunde zu nennen. Vgl. Tabelle 4.1.3.1-I in Teilkapitel 4.1.3.1.

22 Ferner konnte durch die Einbeziehung des Fundmaterials ein kleiner Beitrag zur Aufarbeitung der Altgrabungen geleistet werden. Angesichts der Materialfülle der frühen Ausgrabungen erscheint mir eine systematische Erschließung der Akten und eine stratigraphische Synchronisierung der Strukturen mit den seit den 1980er Jahren untersuchten Grabungsarealen lohnend und dringend geboten.

23 Die Veränderung der Grabungsmethoden sind wohl größtenteils auf W. Orthmann zurückzuführen, der ab 1986 die Grabungsleitung innehatte. In Tell Chuēra fand die Fundstellensystematik bereits zu Beginn der 1980er Jahre im Bereich mehrerer Grabungsstellen Verwendung (Orthmann u. a. 1986).

24 Das Material lagerte im Grabungshaus und im Magazin des Museums in Ar-Raqqa.

Datensatzqualität 2 in die Untersuchung einbezogen werden konnten (vgl. Tabelle 5.2.1-I). Ein gewisser Anteil der Steinartefakte scheint von den Ausgräbern im Anschluss an die Erstaufnahme verworfen worden zu sein. Der Grabungsdokumentation von 1987 zufolge wurden einzelne Steinartefaktfunde aus dem Bereich A beispielsweise „weggeworfen" bzw. „eliminiert". Insgesamt ist der Stichprobenanteil aus den 1980er und 1990er Jahren durch eine größere Diversität an Grundformtypen gekennzeichnet, auch wenn Klingenfunde im Vergleich zu Abschlägen, Trümmern und Kernsteinen immer noch sehr stark überrepräsentiert sind (vgl. Tabelle 5.2.1-II). Die Fundaufnahme der geschlagenen Steinartefakte erfolgte zumeist selektiv. Ich vermute jedoch, dass im Bereich der Grabungsstelle F teilweise auch verstärkt unscheinbarere Steinartefakte als Funde aufgenommen wurden, da knapp 90 Prozent der einfachen Abschläge und Trümmer, die während dieses Zeitraums ihren Weg in die Fundaufnahme fanden aus diesem Bereich stammen.

In den Vorberichten über die Grabungen der Jahre 1982 bis 1983 und 1986 bis 1992 wurde auch erstmals eine Auswahl lithischer Artefakte in Gestalt von Fundzeichnungen und katalogisierten Objekten vorgelegt. Ferner wurde eine erste Deutung dieser Objektgruppe vorgenommen. So charakterisierten W. Orthmann et al. die lithischen Funde als „Erzeugnisse einer hochwertigen Feuersteinindustrie"[25]. Mehrfach verweist W. Orthmann daneben in zutreffender Weise darauf, dass es sich bei den Silexklingen um Objekte handelt, die regulär in den frühbronzezeitlichen Schichtzusammenhängen Tell Chuēras auftreten: „Lange gerade Klingen mit trapezförmigem Querschnitt aus Feuerstein gehören zum Inventar aller Schichten. Es ist anzunehmen, daß es sich um Geräte zum alltäglichen Gebrauch handelt. Eine Verwendung zerbrochener Klingen als Sicheleinlagen (...) läßt sich nicht nachweisen. Gelegentlich wurden entsprechende Klingen auch aus Obsidian hergestellt"[26]. Orthmanns Deutung der Klingen als alltägliche Gerätschaften ist zuzustimmen, wobei die Klingen jedoch regelhaft segmentiert wurden (vgl. Teilkapitel 3.3.2.1) und Klingenfragmente, anders als von Orthmann vermutet, durchaus in einen agrarischen Funktionszusammenhang gehören (vgl. Teilkapitel 4.1.2). Im Zusammenhang mit den Ausgrabungen in der nördlichen Unterstadt (Bereich P) vermuteten die Bearbeiter seinerzeit, dass die Steingeräteindustrie in den jünger frühbronzezeitlichen Schichten an Bedeutung verlor.[27] Diese Einschätzung kann im Ergebnis der vorliegenden Untersuchung jedoch nicht bestätigt werden und dürfte auf die eingeschränkte Stichprobengröße zurückzuführen sein, auf der die damalige Einschätzung beruhte. Die Grabungskampagnen, die nach 1996 stattfanden, waren u. a. durch den Übergang vom Fundstellen- auf das Befundsystem[28] sowie allgemein durch eine Ausweitung der Grabungstätigkeit geprägt. In diesem Zeitraum wurden auch erstmals auf größerer Fläche Grabungsstellen im Unterstadtgebiet Tell Chuēras untersucht (Bereiche H, U, W und Z). Im Bereich einer diachronen Flächengrabung (Bereich K) und mehrerer Sondagen (Bereiche S, TMS, W, Z) konnten zudem Funde und Befunde aus der älteren Frühbronzezeit aufgedeckt werden. Ausgehend von einer geomagnetischen Kartierung des Ruinenhügels wurden gezielt Infrastrukturelemente der frühurbanen Siedlung (das radiokonzentrische Gassensystem, Wohngebiete und Befestigungsanlagen der Ober- und Unterstadt etc.) untersucht und datiert. Zwischen 1999 und 2006 erfolgte die Erforschung der frühbronzezeitlichen Siedlung Kharab Sayyar. Zusammen mit einer Auswertung der Grabungsergebnisse in der Oberstadt Tell Chuēras (Bereich K) lieferte die stratigraphische Sequenz und Keramikabfolge Kharab Sayyars die Grundlage für die relative Chronologie der älteren Frühbronzezeit in der Tell Chuēra-Region.

Im Gegensatz zur Fundstellensystematik wird beim Befundsystem theoretisch jeder archäologische Befund in einem Grabungsbereich mit einer fortlaufenden Individualnummer (Befundnummer) versehen, nicht mehr nur der Abtrag einer archäologischen Ablagerung. Gegenüber dem älteren vor Ort verwandten System der Felddokumentation besitzt das Befundsystem für die Bearbeitung archäologischer Funde m. E. zwei Vorteile: Erstens führte seine Anwendung zu einer Datenreduktion und somit zu einer Vereinfachung, da nicht mehr parallel verschiedene Nummerierungen für Ablagerungen, Mauern etc. Verwendung fanden, die im Nachhinein miteinander korreliert werden müssen (potentielle Fehlerquelle). Zweitens lässt sich der Fundkontext in der Praxis leichter und schneller ermitteln, da jeder Befund auf einem standardisierten Formblatt beschrieben wird. Diese Formblätter erhalten abgesehen von den Feldern „Befundbeschreibung" und „Beschreibung der stratigraphischen Situation" bereits eine Vorauswahl (multiple choice) verschiedener Befundarten (Grube, Grubenverfüllung, Schuttschicht, Fußboden/Bgfl. etc.), wodurch eine systematische Zuweisung der Artefakte zu bestimmten Fundkontexten bei der Datenaufnahme deutlich erleichtert wurde; auch dann, wenn der betreffende Grabungsbereich noch nicht aufgearbeitet worden war.

Zwischen 1996 und 2011 wurden 76,5 Prozent der Lithikfunde geborgen, die im Rahmen dieser Arbeit berücksichtigt werden konnten. Im Durchschnitt gelangten 172 geschlagene Steinartefakte pro Kampagne in die Fundaufnahmen.[29] Da der überwiegende Teil der neueren Funde aus

25 Orthmann u. a. 1986: 46.

26 Orthmann 1995: 39. Siehe auch Klein – Orthmann 1995: 79 sowie Orthmann u. a. 1986: 32.

27 Orthmann u. a. 1986: 50.

28 Die Einführung des Befundsystems geht auf den Grabungsleiter J.-W. Meyer und auf R. Hempelmann zurück.

29 Die tatsächliche Fundmenge wird mit Sicherheit noch größer gewesen sein. Artefakte, die zwischen 1995 und 1997 im Bereich K geborgen wurden, konnten nicht in diese Analyse einbezogen werden. Ferner musste die Datenaufnahme in Sy-

Tell Chuēra und Kharab Sayyar in den Magazinen des Grabungshauses lagert, war es mir möglich, fast alle Fundstücke vor Ort in Syrien zu untersuchen. 97,4 Prozent der Lithikfunde aus Chuēra[30] und 97,5 Prozent der Steinartefakte aus Kharab Sayyar ließen sich daher der Datensatzqualität 1 zuordnen (vgl. Tabelle 5.2-I). Das Fundmaterial der aktuelleren Grabungen bildet somit die wichtigste Stichprobenfraktion der vorliegenden Untersuchung. Ohne die Neufunde wäre eine Analyse der lokalen Steingeräteindustrien nur in einem sehr eingeschränkten Maße möglich, ferner könnten ohne sie keine Aussagen zu den älter frühbronzezeitlichen und spätchalkolithischen Assemblagen getroffen werden, da Schichtzusammenhänge aus diesen Perioden erst in den Jahren nach 1996 freigelegt wurden.

Das erhöhte Fundaufkommen der aktuelleren Grabungen ist zum einen darauf zurückzuführen, dass in jüngerer Zeit vergleichsweise große Flächen aufgedeckt wurden. Andererseits wurden in vielen Grabungsbereichen auch Veränderungen in Bezug auf die Praxis der Stichprobenerhebung vorgenommen. Anstelle einer selektiven Fundaufnahme im Geiste des pretty piece syndrome wurde in zunehmendem Maße versucht, alle Steinartefakte, die während der Ausgrabung zum Vorschein kamen („all pieces seen")[31], als Kleinfunde aufzunehmen bzw. befundweise als Kollektionen zu sammeln. Diese Art der Stichprobenerhebung soll hier als „Hand-Auge-Technik" bezeichnet werden.

Die veränderte Samplingmethode schlägt sich in einer größeren Diversität des Grundformenspektrums nieder (vgl. Tabelle 5.2-III und 5.2-IV). Gegenüber den Ausgrabungen von 1986 bis 1995 sank der Anteil der Klingen nach 1996 um nahezu 50 Prozent, während sich der prozentuale Anteil der Abschläge, Kernsteine und Trümmer jeweils verdoppelte bzw. nahezu verdoppelte. Eine besondere Rolle kommt hierbei den Lesefunden zu. Durch ihre Einbeziehung in die Analyse konnte der Anteil der nicht-klingenförmigen Steinartefakte deutlich erhöht werden.[32] S. A. Rosen beschreibt die Vorteile dieser Samplingmethode wie folgt: „The rigorous collection of all pieces seen in the field is a tremendous improvement over the pretty piece syndrome. Although a proportion of artifacts, especially the small ones, will undoubtedly be lost without the use of sieves, excluding that problem (...), assemblages based on the principle of complete collection in the field are quite reliable."[33]

Infolge des schrittweisen Übergangs von einer selektiven Fundbergung zur Hand-Auge-Technik erscheint die Stichprobenfraktion der Jahre 1996 bis 2011 hinsichtlich der Häufigkeit der unterschiedlichen Grundformen insgesamt ausgewogener als die der vorangegangenen Jahre. Auch in den aktuell untersuchten Grabungsbereichen ist jedoch mit einem nicht unerheblichen Fundverlust zu rechnen, da bei der Aufnahme der Lithik teilweise sehr unterschiedlich verfahren wurde. In den Jahren nach 1996 changierte die Praxis der Stichprobenerhebung in der Chuēra-Region – je nach Grabungsbereich – zwischen einer Kontinuität des pretty piece syndrome und dem zunehmenden Einsatz der Hand-Auge-Technik. In Tell Chuēra lässt sich dieses Nebeneinander verschiedener Samplingstrategien z. B. anhand der Situation im Bereich der Grabungsstellen T und TMS aufzeigen. Bei Bereich T handelt es sich um ein auf größerer Fläche erschlossenes Grabungsareal innerhalb des „Temenosbereichs" der südöstlichen Oberstadt. Der Bereich TMS bezeichnet hingegen eine Grabungsstelle in der zentralen Mittelsenke des Ruinenhügels, die direkt südlich an den Bereich T anschließt. Dort wurde im Wesentlichen eine stratigraphische Sondage durch mehrere Straßenniveaus angelegt und ein Ausschnitt der Straßenrandbebauung untersucht. Während im Bereich T im Verlauf von drei Grabungskampagnen lediglich n = 15 Steinartefakte – hauptsächlich Großklingen – als Kleinfunde dokumentiert wurden, erbrachte die flächenmäßig deutlich kleinere Grabung im Bereich TMS, die in zwei Kampagnen untersucht wurde, n = 103 lithische Funde (vgl. Tabelle 5.2-V). Diese Diskrepanz ist meiner Einschätzung nach am ehesten auf unterschiedlich gelagerte Prioritäten und Fragestellungen der Ausgräber zurückzuführen.

Dass im Bereich T, in dem u. a. eine kleinteilige Bebauung und Hinweise auf Produktionsbereiche freigelegt werden konnten, kaum Steinartefakte verwendet wurden, erscheint mir angesichts der Fundmengen aus den angrenzenden, ebenfalls in jüngerer Zeit untersuchten Bereichen jedenfalls wenig schlüssig. Auch die Grabungen im benachbarten Bereich D erbrachten eine größere Menge an lithischen Funden (n = 78). Zudem wurde im Bereich T auch ein einzelner Hammerstein gefunden, der schon für sich genommen einen Hinweis auf die Herstellung von Abschlägen liefert.[34] Insgesamt gehe ich davon aus, dass Steinartefakte im Bereich T zwischen 2001 und 2004 noch selektiv in die Fundaufnahme gelangten. Hingegen spricht die Fundmenge und Zusammensetzung des Grundformspektrums in den benachbarten Schnitten für eine systematischere Aufnahme der Lithik. Auch in den Bereichen, in denen eine Bergung von

rien 2011 in Folge der politischen Situation früher als geplant abgebrochen werden, so dass Funde aus einigen Bereichen bzw. Grabungskampagnen nicht mehr aufgenommen werden konnten. Hier ist insbesondere auf das Material aus dem Bereich V sowie auf Funde der Jahre 2005 und 2006 zu verweisen, die im Bereich T geborgen wurden.

30 Die lithischen Funde aus der Grabung im Bereich K, die in den Jahren 1995 bis 1997 geborgen wurden, lagen mir nicht vor. Die archäologischen Untersuchungen in diesem Teil der Siedlung erfolgte damals unter der Leitung von P. Pfälzner, die lithischen Funde wurden von F. Sekal (Tübingen) im Rahmen einer bislang unpublizierten Magisterarbeit bearbeitet.

31 Rosen 1997: 37.

32 Bei 69,8 Prozent der Lesefunde aus Tell Chuēra handelt es sich um Abschläge, Trümmer und Kernsteine.

33 Rosen 1997: 37.

34 TCH 01 T 10-1; vgl. Nr. 6 in Tabelle 3.2.1.1-XV, Teilkapitel 3.2.1.1.

Steinartefakten nach 1996 konsequent und auf Grundlage der Hand-Auge-Technik erfolgte[35], ist von einem gewissen Fundverlust auszugehen. Da der Aushub in Tell Chuēra nicht ausgesiebt wurde, ist anzunehmen, dass v.a. kleine Abschläge, Trümmer, fragmentierte Grundformen und Geräte, kortikale Artefakte sowie Kleinst-Débitage (Retuschierabfälle etc.) häufig unbemerkt auf den Abraum gelangten.

Um einen ungefähren Eindruck von der Diskrepanz zwischen ungesiebten und gesiebten Abträgen zu erhalten, wurden im Jahr 2010 zwei jeweils 1 m² große Quadrate (Q 1313/404 und Q 1313/405)[36] auf einer bereits in der Kampagne 2007 aufgedeckten Stampflehmbegehungsfläche abgesteckt. Diese Begehungsfläche (Befund TCH W 303) gehört zu einer partiell freigelegten Hoffläche mit diversen Installationen, die am Ende der Periode TCH IC durch einen Brand zerstört wurde (Bereich W-2, südöstliche Unterstadt; vgl. Abb. 5.3:1)[37]. Die Quadrate wurden jeweils in vier Teilquadrate (a, b, c, d) unterteilt, die dann über mehrere Tage hinweg in 5 cm-Abhüben abgetieft wurden, wobei darauf geachtet wurde den Aushub der Teilquadrate vollständig auszusieben (Vgl. Abb. 5.3:2-3).[38]

Diese Vorgehensweise lehnt sich an feldarchäologische Methoden an, wie sie bei der Untersuchung älter prähistorischer, insbesondere paläolithischer Fundstellen zum Einsatz kommen. Bei der Anwendung dieser Methode ist faktisch mit einer nahezu vollständigen Dokumentation der mit bloßem Auge erkennbaren Funde zu rechnen (total record).[39] Die Quadrate 1313/404 und 1313/405 wurden im Verlauf der Detailuntersuchung ca. 0,5 m tief unter das Niveau der Begehungsfläche abgetieft. Aus dem Gesamtabtrag der Quadrate wurden n = 14 geschlagene Steinartefakte geborgen, bei denen es sich durchweg um kleine Abschläge und Trümmer handelt. Das Aufkommen entspricht damit ungefähr einer Funddichte von 14 lithischen Artefakten pro m³. Im Vergleich dazu erbrachten die Hofbegehungsfläche, die auf etwa 44 m² freigelegt werden konnte sowie die über ihr akkumulierten Ablagerungen[40] insgesamt „nur" n = 13 lithische Artefakte, d. h. etwa 0,3 pro m³ Erdreich, wobei hervorzuheben ist, dass in allen Teilbereichen der Grabungsstelle W versucht wurde, Steinartefakte möglichst sorgfältig gemäß der Hand-Auge-Technik aufzunehmen. Zweifellos vermittelt die Untersuchung der beiden Quadrate lediglich einen punktuellen Eindruck und ist nicht im Sinne einer Kalkulation auf den gesamten Bereich W, geschweige denn den ganzen Tell übertragbar[41]. Die Detailuntersuchung ermöglicht es jedoch, sich das potentielle Ausmaß des Verlustes an kleinteiligen Silices zu vergegenwärtigen, mit dem auch dann zu rechnen ist, wenn ansonsten versucht wird, diese sorgfältig aus den abgetragenen Befunden auszulesen.[42] Wenn man im Sinne eines Gedankenspieles einmal annimmt, dass der Befund aus der Detailuntersuchung der Quadrate 1313/404 und 1313/405 repräsentativ wäre, unterschieden sich der gesiebte und der ungesiebte Abtrag des Grabungsbereiches W-2 um den Faktor 46 (abgerundet). Demnach stünden den n = 556 dokumentierten lithischen Funde aus dem Bereich W ein Vielfaches an unerkannt gebliebenen Artefakten gegenüber.

Die kontextuelle Auswertung der Neufunde aus Tell Chuēra und Kharab Sayyar wurde durch einige aktuelle Publikationen[43] und den Zugriff auf mehrere sich in Vorbereitung befindender Publikationen[44] erleichtert. Hinzu kam die Möglichkeit, den Leiter der Ausgrabungen und Kollegen, die als Schnittleiter an den Ausgrabungen beteiligt waren, persönlich anzusprechen, um Informationen bezüglich der stratigraphischen Einordnung und Datierung von Funden aus bislang unpublizierten oder lediglich im Rahmen von Vorberichten vorgelegten Bereichen zu erhalten. Abgesehen von den Originalakten der Grabungsdokumentation und Datenbanken des Tell Chuēra-Projektes konnte ich am Archäologischen Institut der Goethe-Universität auch auf „graue Literatur" in Gestalt diverser interner Berichte zurückgreifen. Der Bearbeitungsstand der in jüngerer Zeit archäologisch untersuchten Grabungsstellen fällt im Detail unterschiedlich aus. Die Kontextanalyse der Steinartefakte spiegelt daher gewissermaßen eine Momentaufnahme des aktuellen Forschungsstandes wider und steht in Abhängigkeit zu diesem. In Tabelle 5.2-VI wurden die Auswirkungen der archäologischen Arbeitsketten auf die Analyse des lithischen Systems noch einmal zusammengefasst.

---

35 Hier sind besonders die Grabungsbereiche F, H, HMS, K und W zu nennen.

36 Die Quadrate wurden nach der südwestlichen Eckkoordinate benannt. Diesen liegt das Koordinatensystem des Tell Chuēra-Messnetzes zugrunde.

37 Helms in Meyer u. a. i. V. Aufgrund eines dokumentierten Brandereignisses können die Funde von dieser Hoffläche als Überreste eines Nutzungsinventars (Primärabfall und De facto-Abfall) gedeutet werden.

38 Ich danke Lanah Haddad, Julian Schwiatkowski und Mudleb Malik für ihre Hilfe bei der Durchführung dieser Detailuntersuchung.

39 Für die Freilegung zusammenhängender Architekturreste ist diese Methode hingegen denkbar ungeeignet.

40 Hierzu gehören u. a. eine begehungsflächenartig verdichtete Ascheablagerung (Befund TCH W 304), eine etwa 1 m hohe Brandschuttschicht (Befund TCH W 288) und die Verfüllschichten mehrerer Installationen (u. a. Befund TCH W 349). Zu den Artefakten aus der Schicht 304 vgl. Tabelle 4.2.2-VI in Teilkapitel 4.2.2.

41 Um den Fundverlust wirklich abzuschätzen zu können, wären zeitaufwendige Detailuntersuchungen verschiedenster Fundkontexte (Schuttschichten, Begehungsflächen etc.) und Grabungsbereiche notwendig.

42 Dies gilt auch im Hinblick auf andere Fundkategorien. So wurden allein im Bereich der beiden untersuchten Quadrate n = 4 teils winzige Perlen geborgen.

43 Meyer 2010e; Hempelmann 2013.

44 Beiträge in Helms – Tamm i. D.

Zeitraum	Kampagnen	n	n/Kampagne	Bereiche	DQ 1 (f)	DQ 2 (f)	DQ 3 (f)
1958-1985	11	641	58,3	A, D, E, F, H, K, L, M, N, P, X	11,7	11,1	77,2
1986-1995	7	262	37,4	A, B, F, G, H, M, R, X	46,6	47,7	5,7
1996-2011	15	2580	172,0	A, ASA, B, D, F, G, H, HMS, K, P, S, SWF, T, TMS, W , X, Z	97,4	1,9	0,7
Gesamt	33	3483	87,1		77,8	7,1	15,2

Tabelle 5.2-I: Anzahl (n) und Datensatzqualität (DQ 1-3) der lithischen Funde aus Tell Chuēra, aufgeschlüsselt nach Grabungskampagnen. Die Tabelle führt die Anzahl der Funde pro Kampagne, die untersuchten Bereiche und die relative Häufigkeit (f, in Prozent) der Fundstücke der Datensatzqualität 1-3 auf.

Zeitraum	Kampagnen	n	n/Kampagne	Bereiche	DQ 1 (f)	DQ 2 (f)	DQ 3 (f)
1999-2006	7	354	50,6	A, B	97,5	2,5	0,0

Tabelle 5.2-II: Anzahl (n) und Datensatzqualität (DQ 1-3) der lithischen Funde aus Kharab Sayyar. Die Tabelle führt die Anzahl der Funde pro Kampagne, die untersuchten Bereiche und die relative Häufigkeit (f, in Prozent) der Fundstücke der Datensatzqualität 1-3 auf.

Zeitraum	Klingen (f)	Abschläge (f)	Kernsteine (f)	Trümmer (f)	Unbestimmbar (f)
1958-1985	62,2	1,6	1,9	2,0	32,3
1986-1995	59,2	22,18	1,5	13,0	4,2
1996-2011	32,8	42,5	4,3	20,2	0,2

Tabelle 5.2-III: Diversität der Stichprobe. Relative Häufigkeit (f, in Prozent) silextechnologischer Grundformen (Grundform II) aus Tell Chuēra, aufgeschlüsselt nach Grabungskampagnen.

Zeitraum	Klingen (f)	Abschläge (f)	Kernsteine (f)	Trümmer (f)	Unbestimmbar (f)
1999-2006	31,9	39,8	4,2	24,0	0,0

Tabelle 5.2-IV: Diversität der Stichprobe. Relative Häufigkeit (f, in Prozent) silextechnologischer Grundformen (Grundform II) aus Kharab Sayyar.

Bereich	Kampagnen	n	n/Kampagne	Klingen (n)	Abschläge (n)	Kernsteine (n)	Trümmer (n)	Unbestimmbar (n)
T	2001, 2003-2004	15	5	11	1	2	1	0
TMS	2007-2008	103	51,5	26	42	5	29	1
D	2003-2005	78	26	30	40	1	7	0

Tabelle 5.2-V: Beispiel für die absolute Häufigkeit (n) lithischer Funde und die Stichprobendiversität in den benachbarten Grabungsbereichen der südöstlichen Oberstadt Tell Chuēras.

Zeitraum	Stichprobenerhebung und Erstaufnahme	+	–
1958-1985	Beschreibende Dokumentation der Funde und Fundkontexte (Fundjournale, Grabungstagebücher). Inventarisierung eines Teils der Funde. Teilw. liegen Skizzen und Fotos von Steinartefakten vor.	Im Zuge der Grabungen wurden einzelne für die Analyse sehr wichtige Fundkomplexe (v. a. Depotfunde) dokumentiert. Erweiterung der Datenbasis um einige Artefakte der DQ 1 bis 2. Klingenfunde, die im Zuge der Fundteilung nach Deutschland gelangten, konnten detailiert untersucht werden (Gebrauchsspuranalyse).	Selektive Fundaufnahme („pretty piece syndrome"). Das Fundmaterial war vielfach nicht mehr zugänglich. Die stratigraphische Einordnung der Funde gestaltet sich schwierig (aufgrund des Dokumentations- und Publikationsstandards).
1986-1995	Beschreibende Dokumentation der Funde und Fundkontexte (Fundstellensystem, Kleinfundzettel, Fundlisten). Vielfach liegen Zeichnungen, teilw. auch Fotos von Steinartefakten vor.	Erweiterung der Datenbasis um größere Anzahl von Artefakten der DQ 1 bis 2. Dokumentation einzelner wichtiger Fundkomplexe. Etwas ausgewogenere Stichprobe (v. a. durch die Grabungen im Bereich F).	Selektive Fundaufnahme in vielen Bereichen, z. T. erfolgte die Aufnahme der Lithik in der Hand-Auge-Technik. Nicht alle Funde waren zugänglich. Fundverlust (Aushub wurde nicht gesiebt). Die stratigraphische Einordnung der Funde gestaltet sich z. T. schwierig (aufgrund des Bearbeitungs- und Publikationsstandes, im Wesentlichen liegen Vorberichte vor).
1996-2011	Beschreibende Dokumentation der Funde und Fundkontexte (Befundsystem, Kleinfundzettel, Fundlisten). Größere Auswahl von Steinartefakten konnte im Zuge der Datenaufnahme gezeichnet und fotografisch dokumentiert werden.	Grabungen erbrachten den Großteil der verfügbaren Datenbasis (74 Prozent). Erweiterung der Datenbasis um große Anzahl von Artefakten der DQ 1. Grabungen erbrachten gut stratifiziertes Material. Ausgewogenere Stichprobe. Größere Vielfalt verschiedener technomorphologischer Klassen von Artefakten. Im Ergebnis der Grabungen konnten älter frühbronzezeitliche und spätchalkolithischer Funde in die Studie integriert werden. Fundmaterial größtenteils zugänglich. Dokumentation einzelner wichtiger Fundkomplexe. Erweiterung der Quellenbasis um Material aus einem weiteren Fundort (Kharab Sayyar).	Selektive Fundaufnahme in einigen Bereichen, ansonsten verstärkter Einsatz der Hand-Auge-Technik. Fundverlust (Aushub wurde nicht gesiebt). Stratigraphische Einordnung der Funde in einigen Bereichen kompliziert, da abhängig vom jeweiligen Bearbeitungs- und Publikationsstand).

Tabelle 5.2-VI: Die archäologischen Arbeitsketten (Stufen VIII-IX) und ihre positiven (+) und negativen (–) Auswirkungen auf die Analyse der Steingeräteindustrien.

5.2.2 Methodische Schlussfolgerungen und Ausblick

Eine Evaluierung der Stichprobenerhebung und feldarchäologischen Praxis, wie sie im vorangegangen Abschnitt vorgenommen wurde, verdeutlicht, dass die Analyse der lokalen Steingerätindustrien v. a. auf der Grundlage des Fundmaterials aus den Grabungen der 1990er und 2000er aufbauen musste. Abgesehen von einer besseren Zugänglichkeit der Originalfunde ist dies ist in erster Linie auf eine veränderte Samplingstrategie zurückzuführen, die sich aus dem schrittweisen Übergang von der selektiven Aufnahme der Steinartefakten hin zur Hand-Auge-Technik ableitet. Die Altfunde liefern für sich genommen zwar nur ein grob gezeichnetes Bild des lithischen Systems der Frühbronzezeit, konnten m. E. jedoch im Detail erheblich zur Analyse der klingenspezifischen Operationsketten beitragen, da vor 1996 einige wichtige Fundkomplexe dokumentiert wurden. Hier sind v. a. das Kernsteindepot im Bereich P sowie mehrere Großklingendepots in verschiedenen Grabungsbereichen Tell Chuēras zu nennen.Funde von Abschlägen und kleinen Fragmenten dürften auch in den aktuell untersuchten Bereichen mit Sicherheit unterrepräsentiert sein. An Fundorten wie Tell Chuēra und Kharab Sayyar stehen Fragestellungen bzgl. der Struktur und Siedlungsentwicklung im Vordergrund. Diese können m. E. nur durch eine Kombination von Tiefschnitten und großflächigen synchronen wie diachronen Flächengrabungen sinnvoll beantwortet werden. Detailuntersuchungen, wie sie im Zusammenhang mit der Untersuchung älter prähistorischer Fundstellen zum Einsatz kommen und in der südöstlichen Unterstadt Chuēras exemplarisch im Bereich einer Begehungsfläche durchgeführt wurden (s. o.), stellen vor diesem Hintergrund keine Alternative dar, da sich diese Methode nicht dafür eignet, vollständige Gebäude oder Elemente der frühurbanen Infrastruktur freizulegen.

Ein möglicher Kompromiss besteht im vollständigen Aussieben des Abraums. Wenn dabei vergleichbare Einheiten (Eimer mit einem Fassungsvermögen von 10 Litern o. ä.) zugrunde gelegt werden, kann auch die Funddichte/m^3 verschiedener Grabungsbereiche relativ genau verglichen werden. Hierdurch ergäbe sich auch eine bessere Basis für einen Vergleich von Fundhäufigkeiten, der ohne eine Bezugnahme auf das Gesamtvolumen der Erdabträge nur eine sehr eingeschränkte Aussagekraft besitzt[45].

45 Vgl. Pollock 1999: 17.

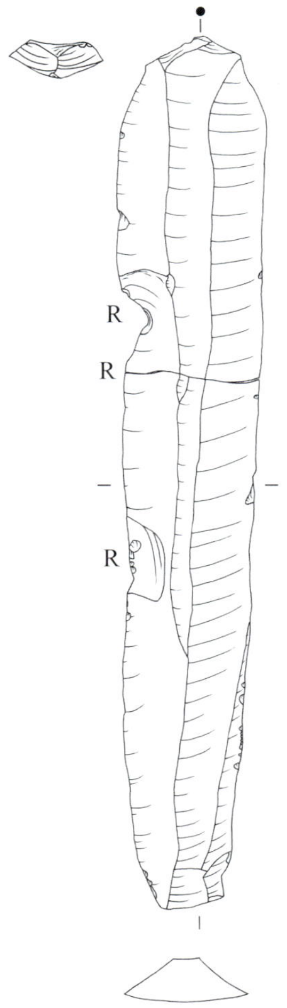

1. Vollständige Großklinge (TCH 05 H 419-1), rezent (R) bestoßen und gebrochen, M 1:2

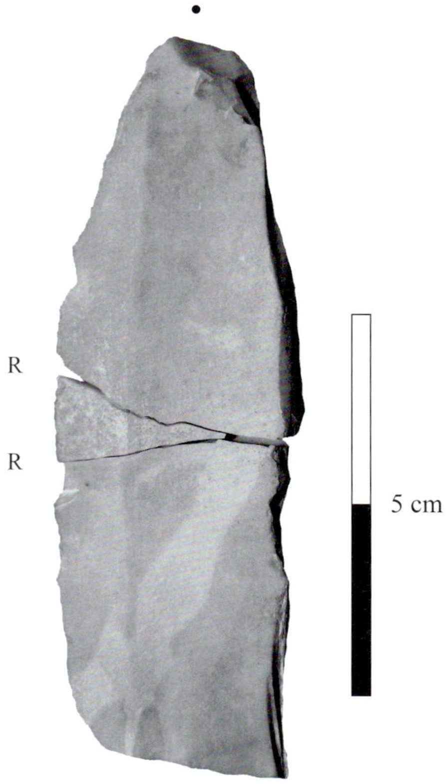

2. Rezent (R) fragmentiertes Großklingensegment (TCH 04 D 137-1), M 1:1

3. Einsatz der Flachspitzhacke

Abb. 5.1: 1. Vollständige Großklinge, rezent gebrochen und lateral beschädigt (M 1:2), 2. Bsp. für ein durch den Einsatz einer Flachspitzhacke fragmentiertes Großklingensegment (TCH 04 D 137-1; proximal erhaltene Randklinge der Großklingenproduktion, Segment B 2, M 1:1), 3. Einsatz der Flachspitzhacke

1. Grabungsdokumentation der Altgrabungen und Klingenfunde

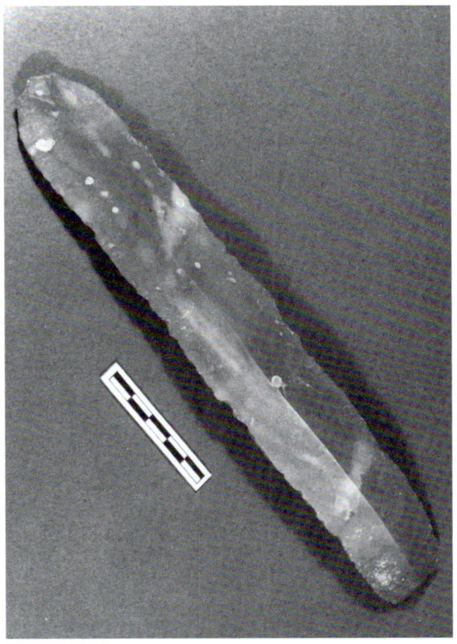

2. Vollständige Großklinge (TCH 74 M 4-1)

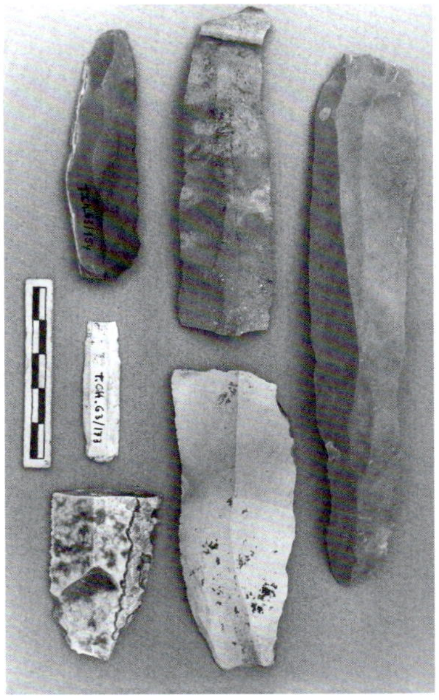

3. Klingenfunde der Grabungskampagne 1963

Abb. 5.2: 1. Grabungsdokumentation und Klingenfunde der Altgrabungen in Tell Chuēra, 2. Vollständige Großklinge aus Tell Chuēra (Bereich M), 3. Funde von Groß- und Kleinklingen aus der Kampagne 1963 in Tell Chuēra

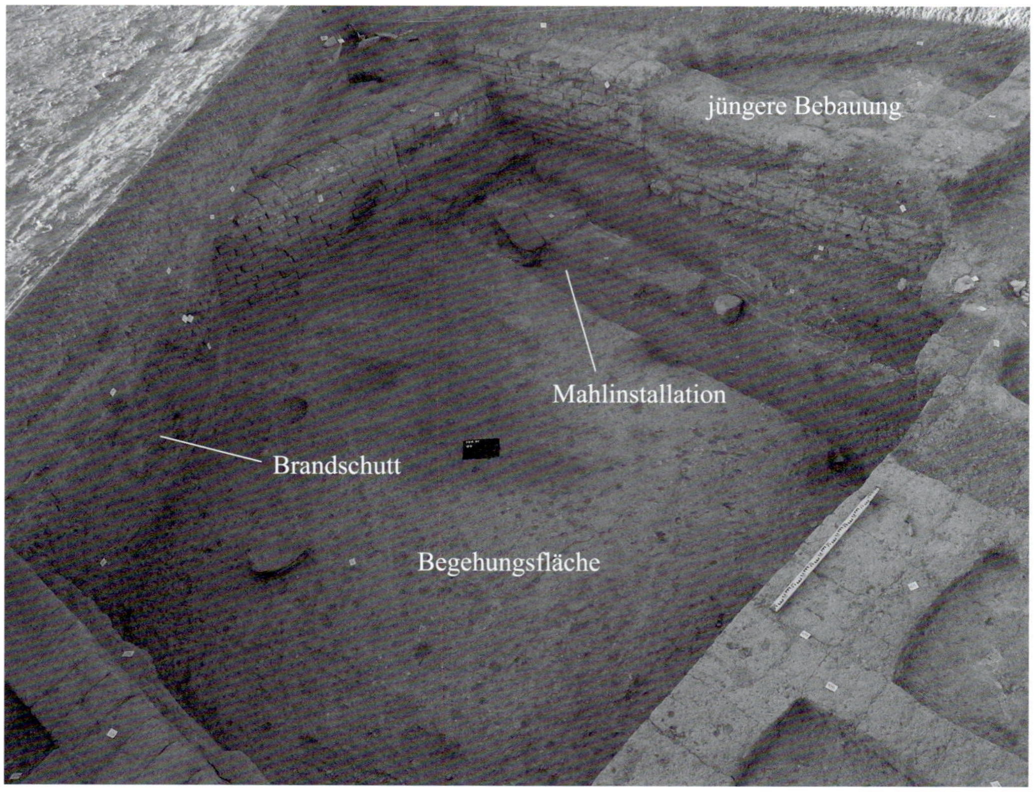

1. Hoffläche im Grabungsbereich W-2, Blick in nördliche Richtung

2. Quadrate 1313/404 und 1313/405 mit Projektion der Teilquadrate a-d in Q 1313/404

3. Aussieben des Abraums

Abb. 5.3: 1. Hoffläche im Bereich W-2, die am Ende der Periode IC durch einen Brand zerstört wurde, 2. Detailuntersuchung einer 2 m mal 1 m großen Fläche (Quadrat 1313/404 und 1313/405) im W-2, 3. Aussieben des Erdaushubs aus den Quadraten 1313/404 und 1313/405

6.
Ergebnisse: Steingeräteindustrien in frühurbanem Kontext

In der vorliegenden Arbeit habe ich die Steingeräteindustrien der benachbarten frühbronzezeitlichen Großsiedlungen Tell Chuēra und Kharab Sayyar (Nordsyrien) untersucht.[1] Im Mittelpunkt standen wirtschaftsarchäologische Fragen nach der Produktion, Distribution und Konsumtion einer spezifischen Klasse einfacher Gebrauchsgüter innerhalb einer frühurbanen Gesellschaft. Das Hauptaugenmerk lag auf dem Umgang der Haushalte mit den Erzeugnissen der Steingeräteproduktion. Diese bildeten innerhalb der frühen Städte „Kristallisationspunkte" zahlreicher wirtschaftliche Prozesse.[2] Der wirtschaftlichen Interaktion von Haushalten sollte daher m. E. aus archäologischer Perspektive mindestens soviel Aufmerksamkeit zuteil werden wie den übergeordneten Institutionen bzw. „großen Haushalten" (Tempel und Palast). Innerhalb der vorderasiatischen Archäologie stellt die Analyse postneolithischer Steinartefakte noch ein vergleichsweise junges Forschungsgebiet dar.[3] Mittlerweile liegen jedoch einige Arbeiten zur bronzezeitlichen Lithik im Euphrat- und Khaburgebiet vor. Die Analyse des Fundmaterials aus Tell Chuēra und Kharab Sayyar kann im Ergebnis zu einer Vervollständigung des Gesamtbildes beitragen, da hier erstmals Material aus der Region der westlichen Jezirah und somit aus dem zwischen Euphrat und Khabur gelegenen Gebiet wissenschaftlich erschlossen werden konnte.

Der methodische Ansatz dieser Untersuchung basierte auf einer sequentiellen Analyse der Steingeräteindustrien (Chaîne Opératoire-Ansatz bzw. Analyse der operationellen Sequenz). Dabei habe ich den gesamten Umformungsprozess in den Blick genommen, den die lithischen Artefakte ausgehend vom Zustand als unbearbeitete Werkstücke durchliefen, wenn sie der Verausgabung menschlicher Arbeitskraft unterworfen wurden.[4] Auch der Einfluss postdepositionaler Faktoren und der archäologischen Arbeitsketten auf die Stichprobe (erweiterte operationelle Sequenz) wurden in dieser Untersuchung berücksichtigt.[5]

1 In Tell Chuēra konnte daneben auch ein kleines spätchalkolithisches Inventar in die Analyse einbezogen werden.
2 Vgl. Teilkapitel 1.3.
3 Vgl. Teilkapitel 1.4.
4 Vgl. Teilkapitel 1.5.

6. 1 Das lithische Produktionssystem

Im Wesentlichen sind die Steingeräteindustrien Tell Chuēras und Kharab Sayyars durch die Produktion von drei lithischen Grundformkategorien gekennzeichnet, die sich auch an anderen nordmesopotamischen Fundorten der Frühbronzezeit regelhaft nachweisen lassen. Das Fundspektrum umfasst:

1. Abschläge, die mittels direkter Schlagtechnik erzeugt wurden (vgl. Abb. 3.21-3.25:1-6)[6]
2. Einfache Klingen (Kleinklingen bzw. nicht-kanaanäische Klingen) mit Blattbreiten von unter 2 cm, die vermutlich durch manuell applizierten Druck von Kernsteinen abgespalten wurden (vgl. Abb. 3.37-3.39)[7]
3. Großformatige Klingen (Großklingen bzw. kanaanäische Klingen) mit Blattbreitenwerten von 2 cm oder mehr, die durch den Einsatz indirekter Schlagtechniken (Punch-Technik) und/oder hebelmechanischer Geräte von Kernsteinen gelöst wurden (vgl. z. B. Abb. 3.48)[8]

Abgesehen von den Abschlägen, Großklingen und einfachen Klingen wurde an beiden Fundorten sporadisch Kerngerät (vgl. Abb. 3.87) erzeugt.[9] Hinzu kommt der Nachweis einer oberflächenretuschierten Komponente in Gestalt eines kleinen Geschossspitzeninventars (vgl. Abb. 3.85:1-10).[10] Aus

5 Vgl. Teilkapitel 5.2.
6 Zur Abschlagerzeugung vgl. Teilkapitel 3.2.1.
7 Zur Klingenproduktion vgl. Teilkapitel 3.2.2.
8 Zur Großklingenproduktion vgl. Teilkapitel 3.2.3.
9 Vgl. Teilkapitel 3.3.2.
10 Vgl. Teilkapitel 3.3.4.

Tell Chuēra liegen darüber hinaus Hinweise auf die lokale Herstellung von Karneolperlen vor (Abb. 3.1:4).

Ein überraschendes Ergebnis dieser Untersuchung besteht darin, dass die Steingeräteproduktion an beiden Fundorten auf der lokalen Verarbeitung ortsfremder Gesteine – Silex und in weit geringerem Umfang Obsidian[11] – basierte[12]. Auch im Wadi Chuēra konnte ich keine sekundär gelagerten Silexgerölle dokumentieren, die für die Produktion von Steinartefakten in Frage gekommen wären. Zwischen den verschiedenen Rohmaterialgruppen und Grundformkategorien bestehen deutliche technologische Zusammenhänge.[13]Auf der Grundlage makroskopischer Kriterien konnte ich mehrere Silexrohmaterialgruppen und Obsidianvarietäten differenzieren.[14] Durch den Einsatz der Röntgenfluoreszenzanalyse[15] gelang die geologische Herkunftsbestimmung einer Stichprobe von Obsidianfunden. Demnach stammt der Obsidian der Chuēra-Region sowohl aus ostanatolischen Lagerstätten (Bingöl A und B) als auch aus den zentralanatolischen Vorkommen von East Acıgöl (vgl. Abb. 3.12). Meines Erachtens ist allerdings auch nicht auszuschließen, dass während des 3. Jts. v. u. Z. teilweise auch aus neolithischen oder chalkolithischen Siedlungsschichten stammendes Obsidianmaterial wiederverwendet wurde. Aktuelle Untersuchungen zur Obsidianindustrie des nordostsyrischen Fundortes Tell Mozan sprechen jedoch klar dafür, dass auch für die Periode der Frühbronzezeit mit Importen von Obsidianrohmaterial und einer lokalen Verarbeitung dieses Rohstoffes zu rechnen ist. In Tell Chuēra kam dem Werkstoff Obsidian während des Spätchalkolithikums anscheinend eine größere Rolle zu als in der Frühbronzezeit (Abb. 3.8).[16]

Auf Basis des aktuellen Forschungsstandes lässt sich die Herkunft der verschiedenen Silexvarietäten nicht genau ermitteln. Im Rahmen der vorliegenden Arbeit habe ich daher den Weg beschritten, Informationen bezüglich der geographischen Herkunft des Silexmaterials anhand von Angaben aus der Forschungsliteratur, mündlich übermittelten Angaben anderer Bearbeiter und eigenen Beobachtungen zusammenzutragen.[17] Die Ergebnisse sind als Versuch einer Annäherung zu verstehen.[18] Für die an beiden Fundorten in quantitativer Hinsicht wichtigste Silexvarietäten F 2 b, bei der es sich um einen grau bis rosa gefärbten und fein- bis grobkörnigen, nodularen Feuerstein handelt (Abb. 3.2:2, 3.3, 3.4:1)[19], rekonstruiere ich eine Herkunft aus einer oder mehreren eozänen Lagerstätten im türkischen Euphratgebiet oder in der südtaurischen Vorgebirgszone (Abb. 3.17). Dieser Silex wurde m. E. in Form von anpräparierten Rohmaterialstücken in die Chuēra-Region importiert und bildete dort das wichtigste Ausgangmaterial für die Produktion von Großklingen. Auch einfache Klingen und Abschläge wurden aus diesem Material geschlagen. Unter makroskopischen Gesichtspunkten gleicht der Werkstoff F 2 b Silexmaterial, das in der am mittleren türkischen Euphrat gelegenen frühbronzezeitlichen Siedlung Titriş Höyük zu Großklingen verarbeitet wurde. In Titriş fanden sich im Bereich eines archäologisch untersuchten Werkstattbereiches Vorratsgruben mit hunderten von Großklingenkernsteinen. Ich halte es für denkbar, dass von Titriş bzw. von anderen in dieser Region gelegenen Siedlungen aus nicht nur Großklingen, sondern auch Vorkerne und Produktionskerne in die Gebiete des heutigen Nordsyrien gehandelt wurden.

Eine weitere Ressource, die an beiden Fundorten auftritt, ist ein feinkörniger und homogener brauner Feuerstein (Rohmaterialgruppe F 1; Abb. 3.2:1). Ich vermute, dass dieses Material ebenfalls in Gestalt anpräparierter Werkstücke aus dem syrischen Euphratgebiet in die westliche Jezirah gelangte (Abb. 3.17). Nur wenige Großklingen bestehen aus dieser Feuersteinvarietät. Für Tell Chuēra lässt sich aufzeigen, dass dem F 1-Silex während des Spätchalkolithikums eine größere Bedeutung zukam als während der Frühbronzezeit.[20]

Sowohl in Chuēra als auch in Kharab Sayyar wurde ferner ein beige bis grau gefärbter, häufig gebänderter Feuerstein (Rohmaterialgruppe F 4; Abb. 3.1:1) genutzt. Als Ausgangsformate lassen sich kleinere Silexgerölle rekonstruieren. Dieser Rohstoff diente fast ausschließlich zur Abschlagproduktion. Ich nehme an, dass die Gerölle von den bronzezeitlichen Bewohnern der Chuēra-Region aus Wadisystemen in der weiteren Umgebung der Siedlungen entnommen wurden.

Die Herstellung einfacher Abschläge (Abb. 3.21-3.25:1-6) erfolgte v. a. durch die Technik des direkten „harten“ Schlages. Produktionskerne (Abb. 3.18-3.20) und Werkzeuge der Abschlagproduktion – von Schlagnarben bedeckte Hammersteine (Abb. 3.27-3.30) – fanden sich in beiden Siedlungen. Die Untersuchung der abschlagspezifischen Chaîne Opératoire[21] sowie die kontextuelle Analyse der Abschlagproduktion[22] lieferte klare Hinweise dafür, dass diese im Rahmen einer bedarfsorientierten häuslichen Produktion hergestellt wurden. Eine handwerkliche Spezialisierung kann im Zusammenhang mit der gezielten Abschlagerzeugung weitestgehend

11 Der Obsidiananteil beträgt in Tell Chuēra 5,3 Prozent und in Kharab Sayyar 3,2 Prozent.

12 Vgl. Teilkapitel 3.1.6.

13 Vgl. Teilkapitel 3.1.5.

14 Vgl. Teilkapitel 3.1.1.

15 Portable energiedispersive Röntgenfluoreszenzanalyse (P-ED-RFA); vgl. Teilkapitel 3.1.7.

16 Vgl. Teilkapitel 3.1.3.

17 An dieser Stelle gehe ich nur auf diejenigen Rohmaterialgruppen ein, die in Tell Chuēra durch 50 oder mehr Artefakte vertreten sind.

18 Vgl. Teilkapitel 3.1.8.4, Tabelle 3.1.8.4-II.

19 Im Fundmaterial ist auch eine sekundär gelagerte Variante dieses Silexmaterials (F 2 a) vetreten, welche im Gegensatz zu der primären Fazies eine abgerollte natürliche Oberfläche aufweist.

20 Vgl. Teilkapitel 3.1.3.

21 Vgl. Teilkapitel 3.2.1.2.

22 Vgl. Teilkapitel 3.2.1.4.

ausgeschlossen werden. Abschläge wurden vielmehr ad hoc hergestellt und der Einsatz direkter Schlagtechniken scheint in der Chuēra-Region über das gesamte 3. Jt. v. u. Z. hinweg in den Bereich einer allgemein praktizierten Kulturtechnik gehört zu haben (vgl. Abb. 3.35.1)[23]. Vor allem für die Abschläge aus dem Silex der Rohmaterialgruppe F 2 gilt, dass sie auf technologischer Ebene wahrscheinlich mit der Fertigung von Klingen und Großklingen im Zusammenhang stehen: Zum einen konnten sie als Débitage bei der Präparation von Kernsteinen der (Groß-)Klingenproduktion anfallen, um danach weitergenutzt oder verworfen zu werden[24], zum anderen gehe ich davon aus, dass verbrauchte Großklingenkerne zur Abschlagproduktion genutzt wurden. Einen Hinweis hierauf liefert der Fund eines Abschlagkernsteins aus dem Grabungsbereich TMS (vgl. Abb. 3.19:1). Die Größe und Form dieses Stückes rücken es m. E. in die Nähe der vor Ort gefundenen Großklingenkerne.[25] Bei einem weiteren Nukleus könnte es sich möglicherweise um die untere Partie (Kernfuß) eines Großklingenkerns handeln (vgl. Abb. 3.19:3).

Nur etwa 12 Prozent der Abschläge aus Tell Chuēra und 5 Prozent der Abschläge aus Kharab Sayyar weisen zumindest entlang einer Lateralseite oder proximal bzw. distal eine Modifikation auf (vgl. Abb. 3.58 und 3.59), die auf eine planmäßige Retuschierung der Artefakte verweist. Die Sekundärproduktion bildete folglich nur selten einen Bestandteil der abschlagspezifischen Produktionssequenz. Dieser Befund trifft auch auf andere nordmesopotamische Fundorte zu. Bei Einbeziehung der (wahrscheinlich) gebrauchsbedingt modifizierten Abschläge liegt der Anteil der Abschlaggeräte in Tell Chuēra bei ca. 23 Prozent und in Kharab Sayyar bei ca. 16 Prozent. Im Gegensatz zu den Großklingen und Klingen liegen keine Hinweise darauf vor, dass Abschläge unter Verwendung von Bitumen geschäftet wurden. Bei den Geräteformen handelt es sich zumeist um kantenretuschierte Artefakte. Das sporadische Auftreten spezifischerer Werkzeugformen (z. B. Bohrer; vgl. Abb. 3.59:4) bleibt auf den größeren der beiden Fundorte beschränkt. Hervorzuheben ist der singuläre Fund eines Plattensilexabschlaggerätes (tabular scraper) aus einem spätchalkolithischen Schichtzusammenhang in der Oberstadt Tell Chuēras (vgl. Abb. 3.58:2).[26] Bei dem Fundstück handelt sich um den Vertreter einer Klasse von Steinartefakten die als charakteristisch für das Spätchalkolithikum und die beginnende Frühbronzezeit anzusehen sind. Im südlevantinischen Raum, wo das Rohmaterial für Tabular Scraper nachweislich bergmännisch erschlossen wurde, wurden diese Geräte teils über größere Distanzen distribuiert (Tabular Scraper Trade, Tabular Scraper System).[27] Die gelegentliche Verarbeitung von Fragmenten (Kernsteine, Trümmer) zu Geräteformen erfolgte wie die Abschlagproduktion vermutlich ebenfalls ad hoc und im Kontext der häuslichen Selbstversorgung mit Werkzeug.[28]

Auf eine lokale Fertigung der kanaanäischen Klingen in Tell Chuēra verweisen ein kleines Depot von Großklingenkernen (vgl. Abb. 3.43 und 3.44)[29] aus der nordwestlichen Unterstadt (Bereich P)[30], eine ebenfalls geringe Anzahl technologisch diagnostischer Fundstücke (vgl. Abb. 3.45-3.47; 3.51) sowie diverse technologisch unspezifische Fragmente und Abschläge aus dem Silex der Rohmaterialgruppe F 2, aus dem auch der überwiegende Teil der Großklingen besteht (s. o). Hinzu kommen Hinweise auf einen älter frühbronzezeitlichen Werkplatz in einem Wohnviertel der Oberstadt (Bereich K).[31] In unmittelbarer Nähe wurden dort ein Set von Werkzeugen und mehrere Rohklingen gefunden, die m. E. die Aktivität eines „Klingenschmiedes" in diesem Bereich anzeigen (Abb. 3.49; 3.52; 3.53). Zu den Werkzeugfunden gehört auch ein meißelartiges Gerät aus Kupfer (Abb. 3.52:1), das in einer kleinen Grube lag. Dieses könnte zur Arretierung von Kernsteinen während der Abbausequenz gedient haben. Ausgehend von archäologischen Replikationsversuchen und den technomorphologischen Merkmalen der Klingen- und Kernsteinfunde, gehe ich davon aus, dass die Großklingenkerne zunächst durch direkte Schlagtechniken grob ausgeformt wurden. Anschließend erfolgte die Präparation eines einzelnen Leitgrates (Kernkante; vgl. Abb. 3.47:3-4). Das Ablösen der Rohklingen, die in Chuēra Längenwerte von max. 25 cm erreichen, bedurfte eines hohen Kraftaufwandes und wurde durch die Technik des indirekten Schlages (Punch-Technik) oder einen Hebelmechanismus bewerkstelligt. Vermutlich kamen beide Fertigungstechniken parallel zum Einsatz. Für beide Techniken werden mit Kupfer armierte Zwischenstücke bzw. Druckstäbe rekonstruiert. Unter technologischen Gesichtspunkten lässt sich das Großklingen-Produktionssystem Chuēras gut mit der frühbronzezeitlichen Klingenindustrie Titriş Höyüks vergleichen.[32] Einzelne Segmente kanaanäischer Klingen sind bereits in dem spätchalkolithischen Inventar aus Chuēra vertreten. Angesichts des aktuellen Forschungsstandes könnte es sich bei diesen Stücken um die ältesten stratifizierten Großklingen aus dem Gebiet der westlichen Jezirah und möglicherweise ganz Nordsyriens handeln. Innerhalb des technologischen Systems des lokalen Spätchalkolithikums scheinen die Großklingen in quantitativer Hinsicht eine geringere Bedeutung besessen zu haben als in der Frühbronzezeit.

23 Vgl. Teilkapitel 3.2.1.5.
24 Vgl. Abb. 3.5:2 für eine Schlagabfallassemblage, die m. E. auf die Präparation eines Großklingenkerns hindeuten könnte.
25 Vgl. Teilkapitel 3.2.3.2.
26 Vgl. Teilkapitel 1.6.2.
27 Vgl. Teilkapitel 3.3.1 sowie die Tabellen 3.3-I und 3.3-II.
28 Vgl. Teilkapitel 3.3.4.
29 Es handelt sich um vier Produktionskerne im fortgeschrittenen Abbaustadium (vgl. Tabelle 3.2.1.1-I).
30 Vgl. Teilkapitel 2.2.14.
31 Vgl. Teilkapitel 2.2.10.
32 Vgl. Teilkapitel 3.2.3.1, 3.2.3.2 und 3.2.3.4.

Die frühbronzezeitliche Großklingenindustrie vermittelt einen sehr homogenen Eindruck; und zwar sowohl im Hinblick auf das Silexrohmaterial als auch in Bezug auf die Morphologie und Metrik der Grundformen. In der Chuēra-Region bildete die Großklingenindustrie über Jahrhunderte hinweg eine stabile Konstante des technologischen Systems, was m. E. auf einen gleich bleibenden Bedarf dieser Güter schließen lässt. Es ist nicht erkennbar, dass sie – wie im Hinblick auf die Steingeräteindustrie Nordmesopotamiens gelegentlich vermutet wurde – in der zweiten Hälfte des 3. Jts. v. u. Z. einen Bedeutungsverlust erfuhr. Zu einem Abbruch der technologischen Tradition der Großklingenherstellung kam es in der westlichen Jezirah erst im Kontext der Deurbanisierung der Region am Ende der regionalen frühbronzezeitlichen Sequenz (regionale Periode Tell Chuēra IE)[33].

Ich vermute, dass es sich bei der Großklingenproduktion im Gegensatz zur Erzeugung einfacher Abschläge, die im Kontext der häuslichen Selbstversorgung erfolgte, um eine spezialisierte Tätigkeit handelte. Meines Erachtens spricht der punktuelle Nachweis eines großklingenspezifischen Produktionssystems – der auf Tell Chuēra, die größere der beiden Siedlungen, begrenzt bleibt – dafür, dass die Großklingen von einem sehr begrenzten Kreis von Produzenten hergestellt wurden. Da sich die Hinweise auf die Großklingenproduktion durchweg in den Wohnbereichen der Siedlung lokalisieren lassen, gehe ich von einigen Haushalten aus, die für einen allgemeinen Bedarf der Siedlungsgemeinschaft, möglicherweise auch der umliegenden Dörfer, produzierten (vgl. Abb. 3.35:2).[34] Als agrartechnische Gerätschaften wurden die Großklingen offenbar v. a. saisonal benötigt. Daher erscheint es plausibel, dass die Produzenten-Haushalte eine Überschussproduktion von Klingen im Rahmen einer Teilzeitspezialisierung organisierten. Einer von C. L. Costin erarbeiteten Kategorisierung verschiedener Erscheinungsformen spezialisierter produktiver Tätigkeiten folgend, interpretiere ich die Organisation der Klingenproduktion in Tell Chuēra als eine individuelle Form der handwerklichen Spezialisierung einzelner Haushalte (Individual specialization: autonomous individuals or households producing for unrestricted local consumption)[35]. Ich vermute, dass die Vermittlung des entsprechenden technologischen Wissens und die Aneignung der dafür notwendigen Fingerfertigkeit durch routinemäßige Praxis innerhalb der Haushalte tradiert und dort von einer Generation auf die nächste weiter vermittelt wurde. Mit großer Wahrscheinlichkeit waren die auf die Herstellung von Klingen spezialisierten Haushalte auch in die Landwirtschaft involviert oder mit anderen spezialisierten wie nicht spezialisierten produktiven Tätigkeiten befasst.

Die Produzenten der Großklingen stellten ein wichtiges alltägliches Gebrauchsgut bereit, der Produktionsprozess unterlag jedoch mit großer Wahrscheinlichkeit keiner zentralisierten Kontrolle durch übergeordnete Institutionen.[36] Aus Sicht der Produzenten-Haushalte könnte die Ausübung ihres Handwerkes mit einer Behauptung relativer sozioökonomischer Autonomie verbunden gewesen sein bzw. als Kompensation für einen Mangel an anderen Ressourcen gedient haben. Für den kleineren Fundort Kharab Sayyar konnte kein lokales Produktionssystem nachgewiesen werden. Möglicherweise wurden die Bewohner Kharab Sayyars durch Produzenten-Haushalte in Chuēra oder in anderen größeren Siedlungen der Wadi Hamar-Region mit Großklingen versorgt.

Der Nachweis für eine lokale Großklingenproduktion nimmt sich in Tell Chuēra recht „subtil" aus. In Bezug auf die Charakterisierung nordmesopotamischer Großklingenindustrien als exogene, d. h. reine Importindustrien, mahnt der Befund aus Tell Chuēra zur Vorsicht. Wahrscheinlich waren nur wenige Haushalte pro Großsiedlung mit der Klingentechnik vertraut, so dass lokale Produktionssysteme frühbronzezeitlicher Großsiedlungen archäologisch ggf. nur mit viel Glück nachzuweisen sind. Vor dem Hintergrund des in der vorliegenden Arbeit diskutierten Szenarios einzelner spezialisierter Haushalte steht nicht zu erwarten, dass diagnostischer Schlagabfall oder Restkerne der Großklingenproduktion flächendeckend in einer Siedlung anzutreffen sind.

Sowohl aus Tell Chuēra als auch aus Kharab Sayyar liegen Hinweise auf die Herstellung einfacher nicht-kanaanäischer Klingen vor. Die Bedeutung dieser Komponente des technologischen Systems entspricht angesichts der weitaus geringeren Anzahl entsprechender Funde jedoch bei weitem nicht der der kanaanäischen Klingen.[37] Die Herstellung einfacher Klingen ist an beiden Fundorten über vereinzelte Kernsteinfunde (Abb. 3.36:1, 4, Abb. 3.37:1) und technologisch diagnostische Artefakte, z. B. fehlgegangene Klingen (Abb. 3.38:1) oder Kernscheibenabschläge (Abb. 3.36:2-3) belegt.[38] Ich vermute, dass die Klingen durch Applizierung von Druck von den Kernen abgelöst wurden.[39] Wie im Falle der Großklingen scheinen einfache Klingen über den gesamten Verlauf der Frühbronzezeit hinweg hergestellt worden zu sein[40], der organisatorische Kontext der Klingenproduktion ließ sich in Ermangelung aussagekräftiger Fundkontexte jedoch nicht eruieren. Möglich ist, dass sie *von den gleichen spezialisierten Handwerkern hergestellt wurden, die auch mit der Produktion der kanaanäischen Klingen befasst waren. Hierfür spricht zumindest die technologische Nähe der Fertigungstechniken, die für die Klein- und Großklingen rekonstruiert werden können.*[41]

33 Vgl. Teilkapitel 3.2.3.3.
34 Vgl. Teilkapitel 3.2.3.4 und 3.2.3.5.
35 Costin 1991.

36 Vgl. Stein – Blackman 1993.
37 Vgl. Teilkapitel 3.2.2.
38 Vgl. Tabelle 3.2.2.1-I.
39 Vgl. Teilkapitel 3.2.2.2.
40 Vgl. Teilkapitel 3.2.2.3.
41 Vgl. Teilkapitel 3.2.3.4.

An beiden Fundorten dominieren Funde von Klingensegmenten. Nur ca. 5 Prozent der Großklingen und ca. 6 Prozent der einfachen Klingen aus Tell Chuēra sind vollständig erhalten, aus Kharab Sayyar liegen jeweils nur eine einzelne vollständige Großklinge und Kleinklinge vor. Die Klingen wurden in der Regel planmäßig zerlegt, um als Einsätze von Kompositgeräten zu dienen.[42] Auf diese Praxis verweisen auch schäftungsbezogene Modifikationen an den Segmenten – Rückenretuschen und bestimmte Endretuschen – sowie anhaftende Bitumenreste. Die Ausdehnung der Klebereste und die Morphologie gebrauchsbedingter Glanzzonen (Sichelglanz) ermöglichte in einigen Fällen auch konkrete Rückschlüsse auf die Verbindungstechnik von Klinge und Schaft: So wurden offenbar teilweise mehrere Segmente hintereinander in einem Schaft fixiert, wobei die Schneidenpartie der einzelnen Klingen nur wenige Millimeter aus der Schäftung hervorragten (vgl. Rekonstruktion in Abb. 3.90:4). Längere Segmente wurden auch einzeln geschäftet, um als Schneiden einklingiger Kompositgeräte (Einklingensichel) zu dienen (vgl. Rekonstruktion in Abb. 3.90:5). Einige Segmente wurden auch mit griffzungenartigen Modifikationen versehen, was auf eine endständige Schäftung hindeutet. Vereinzelt scheinen auch vollständige Großklingen mit einem endständigen Griffteil bestückt worden zu sein (vgl. vgl. Rekonstruktion in Abb. 3.90:6).[43]

Die Mehrzahl der Klingenfunde – ca. 85 Prozent der Klingen aus Tell Chuēra und ca. 86 Prozent der Klingen aus Kharab Sayyar – können formal als Werkzeug angesprochen werden, da sie Modifikationen in Form makroskopisch erkennbarer Gebrauchsspuren, z. B. Glanzzonen, oder eine Retuschierung aufweisen. Verschiedene Klassen von Klingengerät wurden differenziert[44]: Am häufigsten treten in den Fundspektren beider Siedlungen einfache Segmente (Geräteklasse Segment A) auf, die allenfalls eine Kantenretusche bzw. laterale Abnutzungsspuren zeigen (vgl. Abb. 3.63-3.68). Die nicht-kanaanäischen Klingen fallen fast ausschließlich in diese Kategorie. Bei den frühbronzezeitlichen Großklingen konnten die Arbeitsschritte der Sekundärproduktion hingegen auch auf eine weitere Formzurichtung der Segmente hinauslaufen (vgl. Abb. 3.69-3.77): So finden sich in den Fundspektren Chuēras und Kharab Sayyars auch Segmente mit geraden (Segment B 1) und gebogen bzw. schräg geformten Endretuschen (Segment B 2), rückenretuschierte Varianten (Segment D) und Segmente, die Kombinationen endständiger, formgebender Retuschen und Rückenretuschen aufweisen (Segment C, E, F). Auch Großklingen mit herausretuschierten stiel- bzw. griffzapfenartigen Modifikationen kommen vor (Segment G). An Klingenfunden aus Tell Chuēra lässt sich nachvollziehen, dass die antiken Steinbearbeiter durch die Kernpräparation bedingte Morphologien mit Endretuschen kombinierten oder als Ansatzpunkt für die Anlage steil ausgeformter Klingenrücken nutzten. Weitere Geräteklassen wie Klingenbohrer (Abb. 3.79; 3.80), -schaber (3.81:1-2) etc. sind durch wenige Stücke belegt. Sie scheinen insgesamt nur selten und v. a. im Zuge einer Sekundärverwendung der Artefakte angefertigt worden zu sein.[45]

Ich vermute, dass die Weiterverarbeitung der Grundformen zu spezifischen Geräteformen in den einzelnen Basishaushalten erfolgte, in denen die Klingen auch Verwendung fanden. Wie bei der Herstellung einfacher Abschläge handelte es sich auch bei dem Segmentieren und Retuschieren der Klingen in der Frühbronzezeit um eine Form von Allgemeinwissen. Vermutlich gab es in jedem Haushalt Personen, die über das praktisch-technologische Wissen verfügten, Steinklingen bei Bedarf in Segmente zu zerlegen, sie zu schäften, nachzuschärfen oder ggf. zu überarbeiten. Diese Tätigkeiten gehörten in den Bereich der Ökonomie, der die Instandhaltung des Hausrates umfasste. Anschließend an die Primärproduktion, die vermutlich spezialisierten „Klingenschmieden" oblag, fächerte sich die klingenspezifische Chaîne Opératoire in räumlicher Hinsicht, wie auch in Bezug auf die Größe des mit der weiteren Transformation des Steins befassten Personenkreises auf.[46]

Die Ausgrabungen in Tell Chuēra erbrachten auch ein kleines Geschossspitzeninventar, das sich aus neun Silexpfeilspitzen (Abb. 3.85:1-4, 6-10) und einer Obsidianspitze (Abb. 3.85:5) zusammensetzt.[47] Mit einer Ausnahme entstammten die Stücke Fundkontexten, die in die jüngere Frühbronzezeit (Periode TCH ID-IE) datiert werden können. Die meisten Geschossspitzen (n = 7) wurden im Bereich des Palastes F gefunden. Bei den Funden aus dem Palastbereich handelt es sich durchweg um lanzettförmige und bifazial retuschierte Spitzen („Typ Tell Brak"), eine in der 2. Hälfte des 3. Jts. v. u. Z. geographisch weit verbreitete Geschossspitzenform. Der Nachweis für die Technik der Oberflächenretuschierung durch Druck bleibt in Chuēra – abgesehen vom Fund eines oberflächenretuschierten Obsidianfragmentes (Abb. 3.86:1) – auf die Gruppe der Geschossspitzen beschränkt. In technologischer Hinsicht stellen die flächenretuschierten Spitzen einen Höhenpunkt der frühbronzezeitlichen Steinbearbeitungstechnik dar. Ob sie lokal hergestellt wurden, bleibt unklar. Prinzipiell gehe ich davon aus, dass die Herstellung flächenretuschierter Pfeilspitzen denselben Spezialisten oblag, die mit der Fertigung von Pfeilschäften und Bögen befasst waren.[48]

42 Vgl. Teilkapitel 3.3.2.
43 Vgl. Teilkapitel 3.3.2.3 sowie die Tabellen 3.3-I und 3.3-II.
44 Vgl. Teilkapitel 3.3.2.2.
45 Vgl. Teilkapitel 3.3.2.4.
46 Vgl. Teilkapitel 3.3.6.
47 Vgl. Teilkapitel 3.3.3.
48 Vgl. Teilkapitel 3.3.6.

6.2 Die Distribution von Silexrohmaterial und Grundformen

Distributive Vorgänge sind im Unterschied zur Steingeräteproduktion archäologisch schwer zu fassen, weil sie in der Regel kaum materielle Spuren hinterlassen. Im Rahmen dieser Arbeit wurde die Distribution im Zusammenhang mit der Silexversorgung der beiden Großsiedlungen und der siedlungsinternen Verteilung von bestimmten Artefakten erörtert. Ausgehend vom Befund einer lokalen Verarbeitung ortsfremder lithischer Ressourcen habe ich ein historisch-spezifisches Modell zur Silexversorgung frühbronzezeitlicher Großsiedlungen skizziert.[49] Dieses Modell basiert auf einer Reihe theoretischer Prämissen, u. a. auf der Annahme, dass die frühurbanen Siedlungen Nordmesopotamiens Territorien kontrollierten, die Radien von in etwa 15 km entsprachen („15km radius zone of immediate control“[50]). Ferner gehe ich davon aus, dass sich für den Verlauf der Frühbronzezeit eine stärkere Territorialisierung der Region abzeichnete, wodurch die Bewegung von Menschen und Gütern einer zunehmenden Kontrolle unterworfen wurde. Ich argumentiere, dass wirtschaftliche Ressourcen, die sich außerhalb der unmittelbaren wirtschaftlichen und politischen Einflusssphäre einer Großsiedlung fanden, nicht ohne weiteres durch deren Bewohner aus dem Naturraum entnommen werden konnten. In entsprechenden Fällen ist eher mit einer wirtschaftlichen Interaktion zwischen Haushalten angrenzender Siedlungsgemeinschaften (indirekte Versorgungsstrategien[51]) als mit einer Rohstoffbeschaffung durch direkte Versorgungsstrategien[52] zu rechnen.[53] Auf der Grundlage von Daten aus anderen später-prähistorischen und frühgeschichtlichen Siedlungen habe ich verschiedene Varianten der Rohstoffversorgung und ihren Einfluss auf die Organisation der silextechnologischen Arbeitsketten erörtert. In Bezugnahme auf aktuelle Rekonstruktionen der gesellschaftlichen Strukturen der Chuēra-Region in der Frühbronzezeit[54] sowie auf Überlegungen des Kulturanthropologen M. Sahlins zu vormodernen Wirtschaftssystemen[55] und Modelle der prähistorischen Archäologie[56], erfolgte in diesem Zusammenhang auch eine theoretische Auseinandersetzung mit der Organisation und konkreten Praxis der Silexversorgung unter den technologischen Bedingungen der 3. Jts. v. u. Z.[57]

Im Ergebnis gehe ich davon aus, dass lithische Ressourcen zumindest teilweise als Handelsgut in die Chuēra-Region gelangten.[58] Dies gilt insbesondere für den wichtigen Rohstoff F 2, aus dem die überwiegende Anzahl der Großklingen gefertigt wurden. Sollte dieses Material – wie ich vermute – aus der südtaurischen Vorgebirgszone importiert worden sein, ist allenfalls von einem Transport des Rohmaterials über mittlere Distanzen auszugehen. Dieser dürfte angesichts der transporttechnologischen Innovationen des vorrausgegangenen Spätchalkolithikums (Nutzung von Equiden als Packtiere, Nutzung von Wagen) und den interregionalen Beziehungen, die zwischen den frühurbanen Zentren, u. a. nach Ausweis früher keilschriftlicher Quellen vorausgesetzt werden können, keine große logistische Herausforderung dargestellt haben.

Gleichzeitig nehme ich an, dass die Distribution von Silexmaterial innerhalb der Siedlungsgemeinschaft auf unterschiedliche Art und Weise und in sozial eingebetteter Form erfolgen konnte (z. B. Weitergabe von Grundformen in verwandtschaftlich organisierten Gruppen etc.) und Silex nicht zwangsläufig als Ware im Siedlungszusammenhang zirkulierte. Der Wert, der dem Rohmaterial und geschlagenen Steinartefakten als Handelsgut beigemessen wurde, ist archäologisch nicht zu ermitteln. Da sich Großklingen in allen Bereichen der untersuchten Siedlungen fanden, gehe ich davon aus, dass in der Frühbronzezeit ein allgemeiner Bedarf an diesen Gütern bestand und dass sich jeder Haushalt diese Artefakte „leisten“ konnte.[59] In meinen Augen als Depotfunde zu deutende Fundkomplexe von Rohklingen aus den Wohnbereichen Tell Chuēras (vgl. Abb. 2.5; 2.6 4.3:1), Funde unmodifizierter Großklingen sowie ein von mir als Hort interpretierter Fundkomplex von Großklingengeräten (Abb. 4.3:2)[60] lassen jedoch darauf schließen, dass die kanaanäischen Klingen nicht immer spontan verfügbar waren, so dass sich Haushalte mit diesem Gut bevorrateten. Für Tell Chuēra lässt sich zeigen, dass Sets von kanaanäischen Klingen zusammen mit anderen Gütern (z. B. Metall) in den Wohnhäusern aufbewahrt wurden.[61] Zumindest bei den Klingen handelte es sich folglich um vergleichsweise wertvolle Objekte. Bündel von Rohklingen sind auch an anderen bronzezeitlichen Fundorten dokumentiert und als spezifische Distributionsform (trade packages) dieser Artefaktklasse interpretiert worden.[62]

Die Beobachtungen aus der Chuēra-Region tragen zu einer Erweiterung des Bildes der damaligen Austauschbeziehungen bei: Bislang wurde angenommen, dass Großklingen an Orten in direkter Nähe geeigneter Rohmateriallagerstätten gefertigt und dann als Rohklingen oder segmentierte Klingen

49 Vgl. Teilkapitel 3.1.8.
50 Creekmore 2008: 43.
51 Vgl. Teilkapitel 3.1.8.2.
52 Vgl. Teilkapitel 3.1.8.1.
53 Einen schwer zu beurteilenden Faktor stellt in diesem Zusammenhang die Möglichkeit dar, dass archäologisch schwer nachzuweisende, mobilere Bevölkerungsteile (Pastoralisten; vgl. hierzu zusammenfassend Porter 2012 und Wossink 2009) die Reichweite direkter Versorgungsstrategien erheblich vergrößerten.
54 Hempelmann 2008; 2010; 2013; Meyer 2010b; Meyer 2010d.
55 Sahlins 1972.
56 Unter anderem Torrence 1986, de Grooth 1994.
57 Vgl. Teilkapitel 3.1.8.3.
58 Für eine zusammenfassende Rekonstruktion vgl. Tabelle 3.1.8.4-II.
59 Vgl. Teilkapitel 3.1.8.4.
60 Vgl. Tabelle 4.1.3.1-II.
61 Vgl. Tabelle 4.1.3.1-I.
62 Vgl. Teilkapitel 3.1.8.4.

in südliche Richtung verhandelt wurden. Die Beobachtung, dass vorpräparierte Stücke nach Tell Chuēra importiert wurden, führt dbzgl. im Ergebnis zu einer differenzierteren Perspektive.

6.3 Die wirtschaftliche Konsumtion lithischer Artefakte

Die Funktionsdeutung der geschlagenen Steinartefakte aus Tell Chuēra und Kharab Sayyar basiert auf der Beobachtung von Fundkontexten, Überlegungen zur Morphologie der Fundstücke, der Einbeziehung ethno- und experimentalarchäologischer Analogien sowie den Ergebnissen einer mikroskopgestützten Gebrauchsspurenanalyse an einer Stichprobe.[63] Modifizierte wie unretuschierte Abschläge dienten demnach als vielseitig verwendbare Allzweckmesser der frühbronzezeitlichen Haushalte. Mit ihnen wurde Fleisch geschnitten, wahrscheinlich kamen sie daneben auch bei der Verarbeitung von Leder, Knochen und Holz zum Einsatz. In Bezug auf die unmodifizierten Abschläge kommt gleichermaßen eine Deutung als ungenutzter Schlagabfall (etwa der Klingenproduktion) wie auch eine Funktion als lediglich kurzfristig verwendetes Schneidgerät infrage. Diese Deutung ist m. E. auch auf andere frühbronzezeitliche Fundorte in Nordmesopotamien übertragbar, an denen eine einfache Abschlagindustrie existierte bzw. dokumentiert wurde.[64] Die Bedeutung der Kerngeräte ist innerhalb des technologischen Systems als extrem gering einzustufen. Scharfkantige und retuschierte Trümmer konnten bisweilen analoge Funktionen erfüllen wie die Abschläge.[65] Die Großklingensegmente dienten im 3. Jt. v. u. Z. als Erntegeräte. Die Gebrauchsspurenanalysen legen darüber hinaus eine Verwendung der Klingen als Einsätze für den Dreschschlitten (Tribulum) nahe (für die Darstellung eins traditionellen mit Silex armierten Dreschschlittens vgl. Abb. 4.1:1-2; für die Darstellung eines rekonstruierten frühbronzezeitlichen Dreschschlittens vgl. 4.1:5).[66] Die Auswertung der Fundkontexte und makroskopischen Beobachtungen an den Artefakten, insbesondere zur Schäftungsweise (vgl. Abb. 2.95:4-6), sprechen jedoch klar gegen eine ausschließliche Funktion kanaanäischer Segmente als Dreschschlitteneinsätze, wie sie in jüngerer Zeit durch eine Reihe von Bearbeitern postuliert worden ist. Ich vermute, dass diese Ergebnisse auch auf die Situation an anderen frühbronzezeitlichen Fundplätzen zutreffen. Somit leistet die vorliegende Untersuchung einen Beitrag zur bisweilen kontrovers geführten Forschungsdiskussion um die Funktion der kanaanäischen Klingen.

Insgesamt gehe ich von einer Primärfunktion der Großklingen als Schneiden von Erntemessern bzw. Sicheln aus. Da ein nicht unerheblicher Teil der Klingensegmente zudem keine mit dem bloßen Auge erkennbaren Glanzzonen aufweist[67], mit deren Ausprägung bei einer Verwendung als Erntegerät oder Einsätze für den Tribulum nach kurzer Zeit zu rechnen ist, nehme ich ferner an, dass die Klingen auch im Zuge anderer, nicht im engeren Sinne landwirtschaftlicher Tätigkeiten zum Einsatz kamen (Zerteilen von Nahrung, Einsatz als Töpfermesser etc.). Trotz ihrer agrartechnischen Hauptfunktion stellten die Großklingen innerhalb des technologischen Systems der frühen Bronzezeit im Prinzip vielseitig und flexibel eingesetzte Schneidwerkzeuge dar, die parallel zu Geräten aus Metall Verwendung fanden. In der weiten Verbreitung von Klingensegmenten mit Sichelglanz innerhalb der Siedlungen deutet sich eine breite Partizipation der Stadtbevölkerung im Bereich der landwirtschaftlichen Produktion an. Die Analyse der wirtschaftlichen Konsumtion der Klingen unterstreicht daher das Bild der frühbronzezeitlichen Stadt als agrarische Großsiedlung, als eine umwallte Heimstatt von „Stadtbauern".[68] Dass die einfachen Klingen weitaus seltener Sichelglanzzonen aufweisen als die Großklingen spricht m. E. in der Tendenz für einen Funktionsunterschied der beiden Serien klingenförmiger Abschläge. Vermutlich erfüllten die kanaanäischen und die einfachen Klingen innerhalb des technologischen Systems teils unterschiedliche Funktionen. Einfache Klingen wurden offenbar deutlich seltener im agrarischen Kontext verwendet. Segmentierte Kleinklingen kamen, abgesehen von einer m. E. kaum widerlegbaren Funktion als Multifunktionsschneiden, für präzise Schneidearbeiten zum Einsatz. Dies gilt insbesondere für Obsidianklingen, die sich im „frisch" geschlagenen Zustand durch eine enorme Schärfe auszeichnen. Denkbar erscheint, dass kleinteilige Obsidianklingen im medizinischen und kosmetischen Bereich Verwendung fanden, z. B. als Rasiermesser. Südmesopotamische Texte, die allerdings aus jüngeren Perioden stammen, vermitteln den Eindruck, dass Schneiden aus Obsidian (akkad. ṣurru-Stein) als chirurgische Messer eingesetzt wurden. Dem vulkanischen Glas, das im Spätchalkolithikum und in der Frühbronzezeit im Gegensatz zu Silex auch zu Schmuckobjekten verarbeitet wurde, wurden in Mesopotamien bisweilen auch magisch-apotropäische Eigenschaften und somit symbolischer Wert zugeschrieben.[69] Hingegen wurde das Silexmaterial vermutlich nur aufgrund seines im Kontext des damaligen technologischen Systems unbestreitbaren Gebrauchswertes geschätzt. Bei den Klingen aus diesem Werkstoff handelte es sich aller Wahrscheinlichkeit nach nicht um Objekte, die auf der Ebene der gesellschaftlichen Praxis besonders bedeutungsvoll waren.[70] Wäh-

63 Vgl. Teilkapitel 4.1. Für eine tabellarische Zusammenfassung der Funktionsdeutung siehe Tabelle 4.1.6-I.
64 Vgl. Teilkapitel 4.1.1.
65 Vgl. Teilkapitel 4.1.4.
66 Vgl. Teilkapitel 4.1.3.
67 Vgl. Tabelle 4.1.2-I.
68 Vgl. Teilkapitel 4.1.3.3.
69 Vgl. Teilkapitel 4.1.2.
70 Vgl. Teilkapitel 4.1.3.4.

rend die Abschlag-, Klingen- und Großklingenproduktion Gerätschaften des alltäglichen Bedarfs bereitstellte, die durch die Mehrzahl der bronzezeitlichen Haushalte wirtschaftlich konsumiert wurden, handelte es sich bei den Pfeilspitzen aus der Grabungsstelle Palast F um Elemente einer kriegerischen Bewaffnung.[71] In beiden Siedlungen wurden Abschläge in der Regel nach kurzem Gebrauch wieder verworfen, Klingen und Großklingen hingegen intensiver genutzt. In Bezug auf die Großklingen deuten sich in diachroner Perspektive keine Veränderungen der Nutzungsintensität an. Ich schließe hieraus, dass die Silexgroßklingen von den Haushalten über ca. 900 Jahre hinweg auf vergleichbare Weise genutzt wurden. Die meisten Klingen gelangten in abgenutztem Zustand in den Abfall.[72] Eine Analyse der Steinartefakte im Kontext der Abfallroutinen der frühbronzezeitlichen Siedlung verstärkte den Eindruck, dass lithische Artefakte zum Gerätebestand jedes Haushaltes gehörten.

71 Vgl. Teilkapitel 4.1.5.

72 Vgl. Teilkapitel 4.2.1.

7.
Anhänge und Abbildungen

7.1 Literaturverzeichnis

Abbès, F.
2003 Les outillages néolithiques en Syrie du Nord. Méthode de débitage et gestion laminaire durant le PPNB, BAR 1150 (Oxford 2003)

Adams, R. Mc
1974 Anthropological perspectives on ancient trade, Current Anthropology 15, 3, 1974, 239-258

Adouze, F.
1999 New advances in French prehistory, Antiquity 73, 279, 1999, 167-175

Akkermans, P. M. M. G.
1993 Villages in the steppe. Later Neolithic settlement and subsistence in the Balikh Valley, Northern Syria (Ann Arbor 1993)
1996 Tell Sabi Abyad. The late Neolithic settlement; report on the excavations of the University of Amsterdam (1988) and the National Museum of Antiquities Leiden (1991 - 1993) in Syria. Nederlands Historisch-Archaeologisch Inst. te Istanbul, Uitgaven van het Nederlands Historisch-Archaeologisch Instituut te Istanbul, 76 (Istanbul 1996)

Akkermans, P. M. M. G./Schwartz G. M.
2005 The archaeology of Syria. From complex hunter-gatherers to early urban societies (c. 16.000-300 BC) (Cambridge 2005)

Algaze, G.
1989 The Uruk Expansion. Cross-cultural Exchange in Early Mesopotamian Civilization, Current Anthropology 30, 5, 1989, 571-608

Algaze, G. u. a.
1995 Titris Höyük, a small EBA Urban Center in SE Anatolia. The 1994 Season, Anatolica 21, 1995, 13-64
1996 Late EBA Urban Structure at Titris Höyük, Southeastern Turkey: The 1995 Season, Anatolica 22, 1996, 129-143
2001 Research at Titris Höyük in Southeastern Turkey: The 1999 Season, Anatolica 27, 2001, 23-106

Algaze, G. – Matney, T.
2011 Titriş Höyük: The Organization and Context of Third Millennium B.C.E. Urbanism in the Upper Euphrates Bassin, in: S. R. Steadman – J. G. McMahon (Hrsg.), The Oxford handbook of ancient Anatolia 10.000-323 B.C.E. (Oxford 2011) 993-1011

Altınbilek-Algül, C. u. a.
2012 Pressure Blade Production with a Lever in the Early and late Neolithic of the Near East, in: P. M. Desrosiers (Hrsg.), The Emergence of Pressure Blade Making. From Origin to Modern Experimentation (New York 2012) 157-179

Amiet, P
1975 Altakkadische Flachbildkunst, in: W. Orthmann (Hrsg.), Der Alte Orient, Propyläen Kunstgeschichte 14 (Berlin 1975) 193-206

Anderson, P. C.
1994 Interpreting traces of near eastern neolithic craft activities: An ancestor of the threshing sledge for processing domestic crops, Helinium 34, 1994, 306-321

Anderson, P. C. – Inizan, M. L.
1994 Utilisation du tribulum au début du troisième millénaire: des lames "cananéennes" lustrées à Kutan

(Ninive V) dans la région de Mossoul, Iraq, Paléorient 20, 2, 1994, 85-103

Anderson, P. C. u. a.
2004 The Functional Riddle of 'Glossy' Canaanean Blades and the Near Eastern Threshing Sledge, JMedA 17, 1, 2004, 87-130

Andrefsky, W.
1998 Lithics. Macroscopic approaches to analysis (Cambridge 1998)
2008 Lithic technology. Measures of production, use, and curation (Cambridge 2008)
2009 The Analysis of Stone Tool Procurement, Production and Maintenance, Journal of Archaeological Research 17, 2009, 65-103

Andrews, B. W.
2008 Stone Tools in Mesoamerica. Flaked Stone Tools, in: H. Selin (Hrsg.), Encyclopedia of the history of science, technology and medicine in non-western cultures II (Berlin 2008) 2029-2042

Apel, J. – Knutsson, K. (Hrsg.)
2006 Skilled production and social reproduction. Aspects of traditional stone-tool technologies: proceedings of a symposium in Uppsala, August 20-24, 2003 (Uppsala 2006)

Archi, A.
1989 La ville d'Abarsal, in: M. Lebeau – P. Talon – A. Finet (Hrsg.), Reflets des deux fleuves.Volume de mélanges offerts à André Finet, Akkadica 6 (Leuven 1989) 15-19
1992 The City of Ebla and the Organization of its Rural Territory, AoF 19, 24-28
1993 Trade and Administrative Practice: The Case of Ebla, AoF 20, 1, 1993, 43-58
2010 Men at War in the Ebla Period, in: A. Kleinerman – J. M. Sasson (Hrsg.): Why should someone who knows something conceal it? Cuneiform studies in honor of David I. Owen on his 70th birthday (Bethesda 2010) 15–35.
2011 In search of Armi, JCS 63, 5-34

Archi, A. – Biga, M. G.
2003 A Victory over Mari and the Fall of Ebla, JCS 55, 2003, 1-44

Arnold, V.
1981 Tegelbarg, eine spätneolithische Ostsee-Küstenstation und ihre Flinttechnik (Diss. Universität zu Köln 1981)

Audouze, F.
1999 New advances in French Prehistory, Antiquity 73, 279, 1999, 167-175

Auffermann, B. u. a.
1990 Ein Merkmalsystem zur Auswertung von Steinartefaktinventaren, AKorrBl 20, 1990, 259-268

Aurenche, O. u. a. (Hrsg.)
2004 From the River to the Sea. The Palaeolithic and the Neolithic on the Euphrates and in the Northern Levant. Studies in honour of Lorraine Copeland, BAR 1263 (Oxford 2004)

Azzi, E. C.
1993 Le material lithique, in: M. Lebeau (Hrsg.), Tell Melebiya. Cinq campagnes de recherches sur le Moyen-Khabour (1984-1988), Akkadica Supplementum 9 (Leuven 1993) 525-528

Bachelot, L. – Fales, F. M. (Hrsg.)
2005 Tell Shiukh Fawqani. 1994-1998, History of the Ancient Near East/Monographs VI (Padova 2005)

Baird, D. u. a. 1995
1995 The Wembach Module for Non-Formal-Tools Analysis. Non-Formal Tool Working (NFT) Group Report # 2, Neo-Lithics 2/95, 1995, 1-4

Bamforth, D. B. – Finlay, N.
2008 Nyree, Introduction: Archaeological Approaches to Lithic Production Skill and Craft Learning, Journal of Archaeological Method and Theory 15, 2008, 1-25

Bar, S. – Winter, H.
2010 Haim, Canaanean Flint Blades in Chalcolithic Context and the Possible Onset of the Transition to the Early Bronze Age. A Case Study from Fazael 2, Journal of the Institute of Archaeology of Tel Aviv University 37, 1, 2010, 33-47

Barkai, R. – Gopher, A.
2001 Flint Quarries in the Southern Levantine Holocene. A Routine Procedure? New Evidence from the Upper Galilee, Israel, in: I. Caneva – C. Lemorini – D. Zampetti –P. Biagi (Hrsg.): Beyond tools. Redefining the PPN Lithic assemblages of the Levant; proceedings of the Third Workshop on PPN Chipped Lithic Industries, Department of Classical and Near Eastern Studies, Ca' Foscari University of Venice, 1st - 4th November, 1998, Ex Oriente (Studies in early Near Eastern production, subsistence and environment) 9, 2001, 17-25

Barton, M. C.
1996 Beyond the Graver: Reconsidering Burin Function, JFieldA 23, 1, 1996:111-125

Bar-Yosef, O.
1991 Raw material Exploitation in the Levantine Epi-Paleolithic, in: A. Montet-White – S. Holen (Hrsg.), Raw material economics among prehistoric hunter-gatherers, University of Kansas publications in anthropology 19, 1991, 235-250

Becker, J.
2007 Nevali Çori. Keramik und Kleinfunde der Halaf- und Frühbronzezeit. Mit einem Beitrag von Lothar Herling, Archaeologica Euphratica 4 (Mainz 2007)
2008 Die Tierknochenfunde aus Tell Seh Hamad/Dur-Katlimmu – Eine zoographisch-haustierkundliche Studie, in: H. Kühne (Hrsg.) Umwelt und Subsistenz der assyrischen Stadt Dūr-Katlimmu am Unteren Hābūr, Berichte der Ausgrabung Tall Sheikh Hamad 8 (Wiesbaden 2008) 61-131

Becker, J. – Helms, T.
2013 A Halafian Ritual Deposit from Tell Tawila, Northeastern Syria, Neo-Lithics 1/13, 2013, 24-35

Becker, J. u. a.
2007 Ausgrabungen in Tell Tawila, Nordost-Syrien. Bericht über zwei Grabungskampagnen 2005 und 2006, MDOG 139, 2007, 213-268

Becker, J. u. a. (Hrsg.)
2010 Kulturlandschaft Syrien. Zentrum und Peripherie. Festschrift für Jan-Waalke Meyer, AOAT 371 (Münster 2010)

Behm-Blancke, M. R. (Hrsg.)
1992a Hassek Höyük. Naturwissenschaftliche Untersuchungen und lithische Industrie, IstForsch 38 (Tübingen 1992)

Behm-Blancke, M. R.
1992b II. Der Depotfund von Grossklingen-Kernsteinen in Raum 29. Die Fundumstände, in: M. R. Behm-Blancke (Hrsg.), Hassek Höyük. Naturwissenschaftliche Untersuchungen und lithische Industrie, IstForsch 38 (Tübingen 1992) 216-218

Behm-Blancke, M. R. – Boese, J.
2001 Zu spätchalkolithischen Erntegeräten in Nordsyrien und Südostanatolien, in: R. M. Boehmer – J. Maran (Hrsg.), Lux Orientis. Archäologie zwischen Asien und Europa. Festschrift für Harald Hauptmann zum 65. Geburtstag, Internationale Archäologie Studia honoraria 12 (Rahden/Westf. 2001) 27-37

Benecke, N.
2001 Der Mensch und seine Haustiere. Die Geschichte einer jahrtausendealten Beziehung (Köln 2001)

Bergmann, C. A. u. a.
1987 Intentional breakage in a late Upper Palaeolithic assemblage from southern England, in: G. G. Sieveking - M. H. Newcomer (Hrsg.), The human uses of flint and chert. Proceedings of the Fourth International Flint Symposium held at Brighton Polytechnic 10-15 April 1983 (Cambridge 1987) 21-32

Bernbeck, R.
1997 Theorien in der Archäologie (Tübingen 1964)
2004 Gesellschaft und Technologie im frühgeschichtlichen Mesopotamien, in: M. Fansa (Hrsg.): Rad und Wagen. Der Ursprung einer Innovation im Vorderen Orient und Europa. Eine Ausstellung des Landesmuseums für Natur und Mensch Oldenburg März-Juni 2004. Oldenburg: Landesmuseum für Natur und Mensch. (Oldenburg 2004) 49-68

Bernbeck, R. – Pollock, S.
1999 Fıstıklı Höyük 1999, Neo-Lithics 2/99, 1999, 4-6
2001 The Summer 2000 Season at Fıstıklı Höyük, Neo-Lithics 1/01, 2001, 1-3

Bernbeck, R. u. a.
1999 The Halaf Settlement at Kazane Höyük, Anatolica 25, 1999, 109-147
2003 The Biography of an Early Halaf Village. Fıstıklı Höyük 1999-2000, IstMitt 53, 2003, 9-77

Beyries, S. – Joulian, F.
1990 L'utilisation d'outils chez les animaux. Chaînes opératoires et complexité technique, Paléo 2, 2, 1990, 17-26

Bezić, A.
2007 Distribution of Flint in Turkey, from 10.000 to 6.000 cal BC. Case Study – Çatalhöyük, in: C. Delage (Hrsg.), Chert availability and prehistoric exploitation in the Near East, BAR 1615 (Oxford 2007) 68-86

Bianchi, A. – Wissing, A. (Hrsg.)
2009 Die Kleinfunde. Mit einem Beitrag von Jaques Chabot und Patrick Eid, Studien zur Urbanisierung Nordmesopotamiens Serie A, Ausgrabungen 1998 - 2001 in der zentralen Oberstadt von Tall Mozan, Urkeš 2 (Wiesbaden 2009)

Bianchi, A. – Franke, K. A.
2011 Metal, in: M. Lebeau, Marc (Hrsg.), Arcane I. Vol I. Jezirah. With contributions by A. Bianchi, K. A. Franke, A. P. McCarthy, J.-W. Meyer, P. Pfälzner, A. Pruß, Ph. Quenet, L. Risvet, E. Rova, W. Sallaberger, J. Thomalsky, S. Valentini (Turnhout 2011) 201-238

Biedermann, P.
2014 The domestic architecture at EB IV Kharab Sayyar, in: F. Buccellati – T. Helms – A. Tamm (Hrsg.), House and Household Economies in 3rd Millennium B.C.E. Syro-Mesopotamia, BAR 2682 (Oxford 2014), 21-25

Bleed, P.
2001 Trees or Chains, Links or Branches. Conceptual Alternatives for Considerations of Stone Tool Production and other Sequential Activities, Journal of Archaeological Method and Theory 8, 2001, 101-127

Boëda, E. u. a.
1990 Identification de chaînes opératoires lithiques du Paléolithique ancien et moyen, Paléo 34, 2, 1990, 43-80
2008 New Evidence for Significant Use of Bitumen in Middle Palaeolithic Technical Systems at Umm el Tlel (Syria) around 70.000 BP, Paléo 34, 2008, 67-83

Boehmer, R. M. – Maran, J. (Hrsg.)
2001 Lux Orientis. Archäologie zwischen Asien und Europa. Festschrift für Harald Hauptmann zum 65. Geburtstag, Internationale Archäologie Studia honoria 12 (Rahden/Westf. 2001)

Boelicke, U. u. a. (Hrsg.)
1988 Der bandkeramische Siedlungsplatz Langweiler 8, Gemeinde Aldenhoven, Kreis Düren, Rheinische Ausgrabungen 28, 2 (Köln i.e. Pulheim 1988)

Boese, J.
1995 Ausgrabungen in Tell Sheikh Hassan. Vorläufige Berichte über die Grabungskampagnen 1984-1990 und 1992-1994 (Saarbrücken1995)

Bonacossi, D. M.
2005 The Late Chalcolithic and Early Bronze Age I Sequences of Area D. in: L. Bachelot – F. M. Fales (Hrsg.), L. Bachelot – F. M. Fales (Hrsg.), Tell Shiukh Fawqani. 1994-1998, History of the Ancient Near East/Monographs VI (Padova 2005) 21-248

Bordaz, J.
1969 Flint Flaking in Turkey, Natural History 78, 2, 1969, 73-77

Bordaz, J. u. a.
1973 Stone Knapping in Modern Turkey (1973), https://archive.org/details/upenn-f16-2008_Stone_Knapping_in_Modern_Turkey (27.10.2013)

Bradley, B. A.
1975 Lithic Reduction Sequences. A Glossary and Discussion, in: E. Swanson, (Hrsg.), Making and Using Stone Tools (Den Haag 1975) 4-13

Brautlecht, B.
1993 The Lithic Material, in: G. Wilhelm – C. Zaccagnini – E. Rova (Hrsg.), Tell Karrana 3, Tell Jikam, Tell Khirbet Salih, BaF 15 (Mainz 1993) 145-202

Brézillon, M. N.
1971 La dénomination des objets de pierre taillée. Matériaux pour un vocabulaire des préhistoriens de langue française (Paris 1971)

Brice, W. C.
1950 The Anatolian Village, Geography 40, 3, 1950, 161-168

Brumfield, E. M. – Earle, T. K. (Hrsg.)
1987 Specialization, exchange and complex societies (Cambridge 1987)

Buck, B. A.
1982 Ancient Technology in Contemporary Surgery, Western Journal of Medicine 136, 1982, 265-269

Bunnens, G.
2007 Site hierarchy in the Tishrin Dam area and third millennium geopolitics in Northern Syria, in: E. J. Peltenburg (Hrsg.), Euphrates River Valley settlement. The Carchemish sector in the third millennium BC, Levant supplementary series 5 (Oxford 2007) 43-54

Burger, K. S.
2008 Die Auswertung der archäologischen Arbeiten im Bereich ASA in Tell Chuēra (Magisterarbeit. Goethe-Universität Frankfurt a. M.)

Butler, C.
2005 Prehistoric flintwork (Stroud 2005)

Calley, S.
1984 Le débitage natoufien de Mureybet: etude prélimi-

naire, Paléorient 10, 2, 1984, 35-48

Caneva, I.
1993 From Chalcolithic to Early Bronze Age III at Arslantepe. A Lithic Perspective, in: M. Frangipane – H. Hauptmann – M. Liverani – P. Matthiae – M. Mellink (Hrsg.), Between the rivers and over the mountains. Festschrift für Alba Palmieri (Rom 1993) 319-339

Caneva, I. u.a. (Hrsg.)
2001 Beyond tools. Redefining the PPN Lithic assemblages of the Levant; proceedings of the Third Workshop on PPN Chipped Lithic Industries, Department of Classical and Near Eastern Studies, Ca' Foscari University of Venice, 1st-4th November, 1998, Ex Oriente Studies in early Near Eastern production, subsistence and environment 9 (Berlin 2001)

Carvalho, S. u. a.
2008 Chaîne opératoires and resource - exploitation strategies in Chimpanzee (Pan troglodytes) nut cracking, Journal of Human Evolution 55, 2008, 148-163

Castel, C. – Peltenburg, E.
2007 Urbanism on the margins: third millennium BC Al-Rawda in the arid zone of Syria, Antiquity 81, 2007, 601-616

Cauvin, M. C
1996 L'Obsidienne dans le Proche-Orient Préhsitorique: Ètat des recherches en 1996, Anatolica 22, 1996, 1-31

Cauvin, M. C. – Cauvin, J.
2000 L'industrie en silex et en roches vertes du PPNB d'El Kowm, in: D. Stordeur (Hrsg.), El Kowm 2. Une île dans le désert. La fin du Néolithique précéramique dans la steppe syrienne (Paris 2000) 97-160

Cauvin, M. C. u. a.
1997 Obsidian from Anatolian sources in the Neolithic of the Middle Euphrates region (Syria), Paléorient 23, 1997, 113-122

Celik, B.
2000 A New Early-Neolithic Settlement: Karahan Tepe, Neo-Lithics 2-3, 2000, 6-8

Çevik, Ö.
2007 The Emergence of Different Social Systems in Early Bronze Age Anatolia: Urbanisation versus Centralisation, AnSt 57, 2007, 131-140

Chabot, J.
1998a Analyse spatiale et stratigraphique des artefacts de pierre sur éclats de tell 'Atij-centre, in: M. Fortin – O. Aurenche (Hrsg.), Espace Naturel, Espace Habité en Syrie du Nord (10e - 2e av. J-C.). Natural Space, Inhabited Space in Northern Syria (10th - 2nd millennium B.C.). Actes du colloque tenu à l'Université Laval (Québec) du 5 au 7 mai 1997, Canadian Society for Mesopotamian Studies 33 (Toronto 1998) 257-269
1998b Étude des artefacts en pierre taillée découverts à Tell 'Atij et Tell Gudeda en Mésopotamie septentrionale (Syrie du Nord-Est, âge du Bronze Ancien: 3000-2500 av. J.-C.) (Diss. Université Laval Québec)
2000 Deux chaînes opératoires d'artefacts en pierre tailleé sur un site de Mésopotamie septentionale daté de l'Âge du Bronze Ancien (Tell 'Atij), in: P. Matthiae (Hrsg.), Proceedings of the First International Congress on the Archaeology of the Ancient Near East. Rome, May 18th-23rd 1998 (Rom 2000) 224-233
2002 Tell 'Atij, Tell Gudeda: Industrie lithique; Analyse technologique et fonctionnelle. Avec une annexe de Jacques Pelegrin (CNRS, France) sur la reconnaissance du débitage par pression au levier, Cahiers d'archéologie du CELAT 13 (Quebec 2002)

Chabot, J. – Eid, P.
2007 Stone Tools from a Bronze Age Village (Tell Nusstell, Syria) in their wider Context, Berytus 50, 2007, 7-36
2009 Le matériel lithique, in: A. Bianchi - A. Wissing (Hrsg.), Die Kleinfunde. Mit einem Beitrag von Jaques Chabot und Patrick Eid, Studien zur Urbanisierung Nordmesopotamiens Serie A, Ausgrabungen 1998-2001 in der zentralen Oberstadt von Tall Mozan, Urkeš II (Wiesbaden 2009) 803-820

Chabot, J. – Pelegrin, J.
2012 Two Examples of Pressure Blade Production with a Lever. Recent Research from the Southern Caucasus (Armenia) and Northern Mesopotamia (Syria, Iraq), in: P. M. Desrosiers (Hrsg.), The Emergence of Pressure Blade Making. From Origin to Modern Experimentation (New York 2012) 181-198

Chabot, J. u. a.
2006 Deux nouveaux indices de production agricole à Tell 'Acharneh, Syrie (région du Ghab), in: M. Fortin (Hrsg.), Tell 'Acharneh 1998-2004. Rapports préliminaires sur les campagnes de fouilles et saison d'études, Subartu 18, 2006, 239-257

Chevalier, J. u. a.
1982 Une technique de perforation par percussion des perles en cornaline (Larsa, Iraq), Paléorient 8, 2, 1982, 55-65

Childe, V. G.
1936 Man Makes Himself (London 1936)
1950 The Urban Revolution, Town Planning Review 21, 1, 1950, 3-17
1956 Early Forms of Society, in: C. Singer – E. J. Holmyard – A. R. Hall (Hrsg.), A History Of Technology. From Early Times To Fall Of Ancient Empires I (Oxford 1956) 38-58

Clark, J. E.
1995 Craft Specialization as an Archaeological Category, Research in Economic Anthropology 16, 1995, 267-294
2007 In Craft Specialization's Penumbra: Things, Persons, Action, Value, and Surplus, in: Z. X. Hruby – R. K. Flad (Hrsg.), Rethinking craft specialization in complex societies. Archaeological analyses of the social meaning of production, Archeological Papers of the American Anthropological Association 17, 2007, 20-35
2012 Stoneworker's Approaches to Replicating Prismatic Blades, in: P. M. Desrosiers (Hrsg.), The Emergence of Pressure Blade Making. From Origin to Modern Experimentation (New York 2012) 43-135

Collin, F.
1992 Analyse tracéologique de l'lithique d'Hassek Höyük, in: M. R. Behm-Blancke (Hrsg.), Hassek Höyük. Naturwissenschaftliche Untersuchungen und lithische Industrie, IstForsch 38 (Tübingen 1992) 148-260

Collon, D.
2005 RlA 10 (2005) 461-469 s.v. Pfeil und Bogen. B. In der Ikonographie (D. Collon)

Connan, J.
1999 Use and trade of bitumen in antiquity and prehistory. Molecular archaeology reveals secrets of past civilizations, Philosophical Transactions of the Royal Society B: Biological Sciences 354, 1379, 1999, 33-50

Conolly, J.
1999 The Çatalhöyük flint and obsidian industry. Technology and typology in context, BAR 787 (Oxford 1999)
2003 Tools and Debitage of Obsidian and Flint, in: R. Matthews (Hrsg.), Exploring an Upper Mesopotamian regional centre, 1994-1996, British School of Archaeology in Iraq, McDonald Institute monographs 4 (London 2003) 363-375

Cooper, L.
2006 Early Urbanism on the Syrian Euphrates (New York 2006)

Copeland, L.
1996 The flint and obsidian industries, in: P. M. M. G. Akkermans (Hrsg.), Tell Sabi Abyad. The late Neolithic settlement; report on the excavations of the University of Amsterdam (1988) and the National Museum of Antiquities Leiden (1991-1993) in Syria. Nederlands Historisch-Archaeologisch Inst. te Istanbul, Uitgaven van het Nederlands Historisch-Archaeologisch Instituut te Istanbul 76 (Istanbul 1996) 285-338
2007 Fluviatile Terraces as "Flint Mines" in the Levant, in: C. Delage (Hrsg.), Chert availability and prehistoric exploitation in the Near East, BAR 1615 (Oxford 2007) 104-116

Coqueugniot, É.
1991 Outillage de pierre taillée au Bronze Récent. Ras Shamra 1978-1988, in: M. Yon (Hrsg.), Ras Shamra-Ougarit VI : Arts et Industries de la pierre (Paris 1991) 127-204
1993 Un atelier spécialisé dans le palais de Mari. Outils de pierre taillée et travail de la nacre à la fin de l'Early Dynastic, M.A.R.I 7, 1993, 205-250
2006 Mari, Larsa, Ugarit et les outillages en silex à l'âge du Bronze. Réflexions sur le rôle et le statut du travail du silex aux IIe et IIe millénaires, in: P. Butterlin – M. Lebaeu – J.-Y. Monchambert – J. L. Montero Fenollós – B. Muller (Hrsg.) Les espaces Syro-Mésopotamiens. Dimensions de l'expérience humaine au Proche-Orient ancien. Volume d`hommage offert à Jean-Claude Margueron. Subartu 17 (Turnhout 2006) 323-338
2011 Apport des industries lithiques à la connaissance de l'occupation des marges arides (Syrie) du Paléolithique Supérieur au Bronze ancien (premières Observations), Syria 88, 2011, 23-30

Córdoba, J. M. u. a. (Hrsg.)
2008 Proceedings of the 5th International Congress on the Archaeology he Ancient Near East. Madrid, April 3-8 2006, Actas del V Congreso Internacional de Arqueología del Oriente Próximo Antiguo 3 (Madrid 2008)

Costin, C. L.
1991 Craft Specialization. Issues in Defining, Documen-

ting, and Explaining the Organization of Production, Archaeological Method and Theory 3, 1991, 1-56

Cotterell, B. – Kamminga, J.
1987 The Formation of Flakes, American Antiquity 52, 4, 1987, 675-708

Coupaye, L.
2009 Ways of Enchanting. Chaînes Opératoires and Yam Cultivation in Nyamikum Village, Maprik, Papua New Guinea, Journal of Material Culture, 14, 4, 2009, 433-458

Crabtree, D. E. – Davis, E. L.
1968 Experimental Manufacture of Wooden Implements with Tools of Flaked Stone. Science 159, 1986, 426-428

Craig, N. u. a.
2010 Macusani obsidian from southern Peru: A characterization of its elemental composition with a demonstration of its ancient use, JASc 37, 3, 2010, 569-576

Creekmore, A. T.
2008 Kazane Höyük and Urban Life Histories in Third Millennium Upper Mesopotamia (Diss. Northwestern University Evanston, Illinois)

Chaves Yates, C. J.
2014 Beyond the Mound: Locating Complexity in Northern Mesopotamia during the 'Second Urban Revolution' (Diss. Boston University).

Cross, J. R.
1993 Craft Specialization in Nonstratified Societies, Research in Economic Anthropology 14, 1993, 61-84

Crowfoot Payne, J.
1980 An Early Dynastic III Flint Industry from Abu Salabikh, Iraq 42, 1980, 105-119

Czichon, R. M.
1998 Steingeräte, in: R. M. Czichon - P. Werner (Hrsg.), Tall Munbāqa-Ekalte I. Die Bronzezeitlichen Kleinfunde (Saarbrücken 1998) 242–306

Czichon, R. M. – Werner, P. (Hrsg.)
1998 Tall Munbāqa-Ekalte I. Die Bronzezeitlichen Kleinfunde (Saarbrücken 1998)

D'Altroy, T. N. – Earle, T. K.
1985 Staple Finance, Wealth Finance, and Storage in the Inka Political Economy, Current Anthropology 26, 2, 1985, 187-206

Delage, C.
2003 Siliceous rocks and prehistory. Bibliography on geo-archaeological approaches to chert sourcing and prehistoric exploitation, BAR 1168 (Oxford 2003)

Delage (Hrsg.)
2007 Chert availability and prehistoric exploitation in the Near East, BAR 1615 (Oxford 2007)

Desrosiers, P. M. (Hrsg.)
2012 The Emergence of Pressure Blade Making. From Origin to Modern Experimentation (New York 2012)

Diethelm, I.
1991 The Silex Raw Material of the Acheulian Site Nadaouiyeh Ain Askar in the El Kowm Basin, Syria. Preliminary Report, in: M.A. Bustillo – A. Ramos-Millan (Hrsg.), VI International Flint Symposium, Spain, October 1991 (Madrid 1991) 220-223

Disa, J. J. u. a.
1993 A comparison of obsidian and surgical steel scalpel wound healing in rats, Plastic and Reconstructive Surgery 92, 5, 1993, 884-887

Dobres, M.-A.
1999 Technology's Links and Chaînes. The Processual Unfolding of Technique and Technician, in: M.-A. Dobres – C. R. Hoffman (Hrsg.), The social dynamics of technology. Practice, politics, and world views (Washington 1999) 124-146
2000 Technology and social agency. Outlining a practice framework for archaeology (Oxford 2000)

Dobres, M.-A. – Hoffman, C. R. (Hrsg.)
1999 The social dynamics of technology. Practice, politics, and world views (Washington 1999)

Dohmann-Pfälzner, H./Pfälzner, P.
1996 Untersuchungen zur Urbanisierung Nordmesopotamiens im 3. Jt. v.Chr. Wohnquartierplanung und städtische Zentrumsgestaltung in Tall Chuēra, DaM 9, 1996, 1-13

Drafehn, A. u. a.
2008 SDS. Systematische und digitale Erfassung von Steinartefakten (Arbeitsstand SDS 8.05), <http://www.jungsteinSITE.de> (09.05.2013)

Düwel K. u. a. (Hrsg.)
1985 Untersuchungen zu Handel und Verkehr der vor-

und frühgeschichtlichen Zeit im Mittel- und Nordeuropa. Teil 1: Methodische Grundlagen und Darstellungen zum Handel in vorgeschichtlicher Zeit und in der Antike: Bericht über die Kolloquien der Kommission für die Altertumskunde Mittel- und Nordeuropas in den Jahren 1980 bis 1988, Abhandlungen der Akademie der Wissenschaften in Göttingen. Philologisch-Historische Klasse 3, 143 (Göttingen 1985)

Earle, T. K.
1987 Specialization and the production of wealth: Hawaiian chiefdoms and the Inka empire, in: E. M. Brumfield – T. K. Earle (Hrsg.), Specialization, exchange and complex societies (Cambridge 1987) 64-75

Edens, C. M.
1999 The Chipped Stone Industry at Hacinebi. Technological Styles and Social Identity, Paléorient 25, 1999, 23-33

Edens, C. M. – Kohl, P. L.
1993 Trade and World Systems in Early Bronze Age Western Asia, in: C. Scarre – F. Healy (Hrsg.), Trade and exchange in prehistoric Europe. Proceedings of a conference held at the University of Bristol, April 1992, Oxbow Monograph 33 (Bloomington 1993) 17-34

Eggert, M. K. H.
2010 Hermeneutik, Semiotik und Kommunikationstheorie in der Prähistorischen Archäologie. Quellenkritische Erwägungen, in: C. Juwig - C. Kost (Hrsg.), Bilder in der Archäologie - eine Archäologie der Bilder. Internationales Kolloquium im April 2008 am Archäologischen Institut der Universität Hamburg, Tübinger Archäologische Taschenbücher 8 (Münster 2010) 49-74

Ehrich, R. W.
1992 Chronologies in Old World Archaeology Volume 1 (Chicago 1992)

Eidem, J. u. a.
2001 The Third-millennium Inscriptions, in: D. Oates – J. Oates –H. McDonald (Hrsg.), Nagar in the third millennium BC, McDonald Institute monographs 2 (London 2001) 99-120

Emberling, G. u. a.
1999 Excavations at Tell Brak 1998: Preliminary Report, Iraq 61, 1999, 1-41

Emberling, G. – McDonald, H.
2003 Excavations at Tell Brak 2001-2002: Preliminary report, Iraq 65: 1-76

Epstein, C.
1985 Laden Animal Figurines from the Chalcolithic Period in Palestine, BASOR 258, 1985, 53-62

Esin, U.
1979 Tepecik Excavations 1973. Keban Project 1973 Activities, Middle East Technical University Keban Project Publications, Series I, 6 (Ankara 1979) 97-112

Fansa, M. (Hrsg.)
2004 Rad und Wagen. Der Ursprung einer Innovation im Vorderen Orient und Europa. Eine Ausstellung des Landesmuseums für Natur und Mensch Oldenburg März-Juni 2004. Oldenburg: Landesmuseum für Natur und Mensch. (Oldenburg 2004) 49-68

Flas, D.
2007 Les pointes de flèches en silex provenant du chantier D, Phase II, in: Ö. Tunca – A. McMahon – A. Baghdo, A. (Hrsg.), Chagar Bazar (Syrie) II. Les vestiges „post-akkadiens“ du chantier D et études diverses (Paris 2007) 261-265

Fober, L. – Weisgerber, G.
1980 Zur Technik des Feuersteinbergbaus, in: G. Weisgerber (Hrsg.), 5000 Jahre Feuersteinbergbau. Die Suche nach dem Stahl der Steinzeit; Ausstellung im Dt. Bergbau-Museum Bochum vom 24. Okt. 1980 bis 31. Jan. 1981, Veröffentlichungen aus dem Deutschen Bergbau-Museum Bochum 22 (Bochum 1980) 32-47

Fortin, M. – Aurenche, O. (Hrsg.)
1998 Espace Naturel, Espace Habité en Syrie du Nord (10e-2e av. J-C.). Natural Space, Inhabited Space in Northern Syria (10th-2nd millennium B.C.). Actes du colloque tenu à l'Université Laval (Québec) du 5 au 7 mai 1997, Canadian Society for Mesopotamian Studies 33 (Toronto 1998)

Fortin, M. (Hrsg.)
2006 Tell 'Acharneh 1998-2004. Rapports préliminaires sur les campagnes de fouilles et saison d'études, Subartu 18 (Turnhout 2006)

Frahm, E.
2010 The Bronze-Age Obsidian Industry at Tell Mozan (Ancient Urkesh), Syria (Diss. University of Min-

nesota)

Frahm, E. – Feinberg, J. M.
2013a Empires and ressources: Central Anatolian obsidian an Urkesh (Tell Mozan, Syria) during the Akkadian period, JASc 40, 230, 1122-1135
2013b Environment and collapse: Eastern Anatolian obsidians at Urkesh (Tell Mozan, Syria) and the third-millennium Mesopotamian urban crisis, JASc 40, 230, 1866-1878

Frangipane, M. u. a. (Hrsg.)
1993 Between the rivers and over the mountains. Festschrift für Alba Palmieri (Rom 1993)

Fries-Knoblach, J.
2001 Silices – die „Metalle" der Steinzeit, in: F. Vollertsen – M. Kleiner (Hrsg.), Idee - Vision - Innovation (Bamberg 2001) 179-190

Fritzsch, D.
2011 Mikromorphologische und archäopedologische Untersuchungen von Böden und Sedimenten der bronzezeitlichen Siedlung Tell Chuēra, Nord-Syrien (Diss. Goethe-Universität Frankfurt a. M.)

Fülberth, G.
2008 G Strich – kleine Geschichte des Kapitalismus, 4 (Köln 2008)

Gallagher, J. P.
1977 Contemporary Stone Tools in Ethiopia: Implications for Archaeology, JFieldA 4, 1977, 407-414

Gebel, H.-G.
1980 Eine rezente Abschlagindustrie in der Region Hilvan/Südosttürkei, in: G. Weisgerber (Hrsg.), 5000 Jahre Feuersteinbergbau. Die Suche nach dem Stahl der Steinzeit. Ausstellung im Dt. Bergbau-Museum Bochum vom 24. Okt. 1980 bis 31. Jan. 1981, Veröffentlichungen aus dem Deutschen Bergbau-Museum Bochum 22 (Bochum 1980) 396-401
1994 Proposal on Minimum Standards of Flint Raw Material Descriptions, Neo-Lithics 2/94, 1994, 4-5
2005 Hornstein- und Obsidianindustrien, in: E. Klengel-Brandt – S. Kulemann-Ossen – L. Martin (Hrsg.), Tall Knēdiğ. Die Ergebnisse der Ausgrabungen des Vorderasiatischen Museums Berlin in Nordost-Syrien von 1993 bis 1998, WVDOG 133 (Saarwellingen 2005) 319-365

Geller, M. J.
2010 Ancient Babylonien Medicine. Theory and Practice (Oxford 2010)

Geneste, J.-M.
1985 Analyse lithic d'industries Mousteriennes du Perigord. Une approache technologique du comportement des groupes humains au Paléolithique moyen (Bordeaux 1985)

Gero, J. M.
1991 Genderlithics: Women's Role in Stone Tool Production, in: J. M. Gero – M. W. Conkey (Hrsg.), Engendering archaeology. Women and prehistory (Oxford 1991) 163-193

Geyer, B. (Hrsg.)
2001 Conquête De La Steppe et apprppriation des terres sur les marges arides du Croissant fertile, Travaux de la Maison de l'Orient 36 (Lyon 2001)

Gijn, A. van
2003 The Ninevite 5 Chipped Stone Assemblage from Tell Leilan. Preliminary Results, in: E. Rova – H. Weiss (Hrsg.), The origins of North Mesopotamian civilization. Ninevite 5, chronology, economy, society, Subartu 9 (Turnhout 2003) 401-415
2010 Flint in Focus. Lithic biographies in the Neolithic and Bronze Age (Leiden 2010)

Gondet, S. – Castel, C.
2004 Prospection géophysique, Urbanisme de la Syrie antique, Bronze ancient, Paléorient 30, 2, 2004, 93-110

González, J. E. u. a.
1994 Cereal harvesting during the neolithic of the Murciélagos site im Zuheros (Córdoba, Spain), Helinium 34, 1994, 322-341

Gradstein, F. u. a.
2004 A Geological Time Scale 2004 (Cambridge 2004)

Graeber, D.
2011 Debt. The first 5,000 years (New York 2011)

Gratuze, B.
1999 Obsidian Characterization by Laser Ablation ICP-MS and its Application to Prehistoric Trade in the Mediterranean and the Near East: Sources and Distribution of Obsidian within the Aegean and Anatolia, JASc 26, 1999, 869-881

Grégoire, J.-P. – Renger, J.
1988 Die Interdependenz der wirtschaftlichen und gesellschaftlich- politischen Strukturen von Ebla. Erwägungen zum System der Oikos-Wirtschaft in

Ebla, in: H. Hauptmann – H. Waetzoldt (Hrsg.), Wirtschaft und Gesellschaft von Ebla. Akten der Internationalen Tagung Heidelberg, 4.-7. November 1986, Heidelberger Studien zum Alten Orient 2 (Heidelberg 1988) 211-224

Groman-Yaroslavski, I. u. a.
2013 Potter's Canaanean Flint Blades during the Early Bronze Age, Mediterranean Archaeology and Archaeometry 13, 1, 2013, 171-184

Grooth, M. de
1994 Die Versorgung mit Silex in der bandkeramischen Siedlung Hienheim 'Am Weinberg' (Ldkr. Kelheim) und die Organisation des Abbaus auf gebänderte Plattenhornsteine im Revier Arnhofen (Ldkr. Kelheim), Germania 72, 1994, 355-407

Güldalı, N.
1979 Geomorphologie der Türkei. Erläuterungen zur geomorphologischen Übersichtskarte der Türkei. 1:2.000.000, Beihefte zum Tübinger Atlas des Vorderen Orients, Reihe A, Naturwissenschaften, 4 (Tübingen 1979)

Hagstrum, M.
2001 Household Production in Chaco Canyon Society, American Antiquity 66, 1 2001, 47-55

Hahn, J.
1993 Erkennen und Bestimmen von Stein- und Knochenartefakten. Einführung in die Artefaktmorphologie 2 (Tübingen 1993)

Hanbury-Tenison, J.
1983 The 1982 flaked stone assemblage at Jebel Aruda, Syria, Akkadica 33, 1983, 27-33

Hartenberger, B. E.
2002 Organization of Flint Sickle Blade Production at an Early Bronze Age Workshop in Anatolia, in: P. B. Vandiver – M. Goodway – J. R. Druzik – J. L. Mass (Hrsg.), Materials Issues in Art and Archaeology VI. Symposium held Nov. 27-28, 2001 (Boston 2002) 185-191
2003 A Study Of Craft Specialization And The Organization Of Chipped Stone Production At Early Bronze Age Titriş Höyük, Southeastern Turkey (Diss. Boston University)

Hartenberger, B. u. a.
2000 The Early Bronze Age Blade Workshop at Titris Hoyuk: lithic Specialization in an Urban Context, Near Eastern Archaeology 63, 1, 2000, 51-58

Hartz, S.
1999 Die Steinartefakte des endmesolithischen Fundplatzes Grube–Rosenhof. Studien an Flintinventaren aus der Zeit der Neolithisierung in Schleswig-Holstein und Südskandinavien, Untersuchungen und Materialien zur Steinzeit in Schleswig-Holstein 2 (Neumünster 1999)

Hauptmann, A.
1980 Feuerstein, Flint, Chert, Silex – eine Begriffsbestimmung, in: G. Weisgerber (Hrsg.), 5000 Jahre Feuersteinbergbau. Die Suche nach dem Stahl der Steinzeit; Ausstellung im Dt. Bergbau-Museum Bochum vom 24. Okt. 1980 bis 31. Jan. 1981, Veröffentlichungen aus dem Deutschen Bergbau-Museum Bochum 22 (Bochum 1980) 7-11

Hauptmann, A. – Waetzholdt, H. (Hrsg.)
1988 Wirtschaft und Gesellschaft von Ebla. Akten der Internationalen Tagung Heidelberg, 4.-7. November 1986, Heidelberger Studien zum Alten Orient 2 (Heidelberg 1988)

Healy, E.
2007 Obsidian as an Indicator of Inter-Regional Contacts and Exchange: Three Case-Studies from the Halaf Period, AnSt 57, 2007, 171-189

Helms, T.
2007 Lithische Funde, in: J. Becker u. a, Ausgrabungen in Tell Tawila, Nordost-Syrien. Bericht über zwei Grabungskampagnen 2005 und 2006, MDOG 139, 238-245

Helms, T. – Meyer, J.-W.
i. D. Fortifying a major early Bronze Age center – The construction and maintenance of Tell Chuēra's (northern Syria) outer defence works (Im Druck)

Helms, T. – Tamm, A.
2014 Exploring the outer city of a major EBA centre: Recent excavations in the eastern extent of Tell Chuēra's lower town (2005-2010), in: P. Bieliński – M. Gawlikowski – R. Koliński – D. Ławecka – A. Sołtysiak – Z. Wygnańska (Hrsg.), Proceedings of the 8th International Congress of the Archaeology of the Ancient Near East, 30 April 3-4 May 2012, University of Warsaw, Vol. 1 (Wiesbaden 2014) 287-302
i. D. Ausgrabungen im Gebiet der südöstlichen Unterstadt Tell Chuēras, Bereich W (Im Druck)

Helms, T. u. a.
2014 Archäologische Quellen zur Agrargeschichte Tell

Chuēras (Nordost-Syrien): Agrartechnische Darstellungen und Lithik aus den frühbronzezeitlichen Schichten, MDOG 145, 137-183

Hempelmann, R.
2002 Frühbronzezeitliche Keramik aus Kharab Sayyar und Tell Chuēra, MDOG 134, 2002, 285-309
2008 Kharab Sayyar. The foundation of the Early Bronze Age settlement, in: J. M. Córdoba – M. Molist – M. C. Pérez – I. Rubio – S. Martínez (Hrsg.), Proceedings of the 5th International Congress on the Archaeology of the Ancient Near East. Madrid, April 3-8 2006, Actas del V Congreso Internacional de Arqueología del Oriente Próximo Antiguo 3 (Madrid 2008) 153-164
2010a Die Ausgrabungen im Bereich K, in: J.-W. Meyer (Hrsg.), Vorbericht zu den Grabungskampagnen 1998 bis 2005, Vorderasiatische Forschungen der Max Freiherr von Oppenheim-Stiftung II, 2 (Wiesbaden 2010) 35-81
2010b Religion und Gesellschaft in Tell Chuēra währen der Frühbronzezeit, in: J. Becker – R. Hempelman – E. Rehm (Hrsg.), Kulturlandschaft Syrien. Zentrum und Peripherie. Festschrift für Jan-Waalke Meyer, AOAT 371 (Münster 2010) 227-259
2013 Kharab Sayyar und die Urbanisierung der westlichen Ğazīra. Mit Beiträgen von Taos Babour und Matthias Hüls, Vorderasiatische Forschungen der Max Freiherr von Oppenheim-Stiftung 2, IV (Wiesbaden 2013)

Herling, L.
2007 Die frühbronzezeitliche Lithik, in: J. Becker, Nevali Çori. Keramik und Kleinfunde der Halaf- und Frühbronzezeit. Mit einem Beitrag von Lothar Herling, Archaeologica Euphratica 4 (Mainz 2007) 177-188

Hirschberg, W. – Janata, A.
1980 Technologie und Ergologie in der Völkerkunde (Berlin 1980)

Hole, F.
2004 K-260: Selective use of lithic sources in the PPN/PN of the Khabur basin, Syria, in: O. Aurenche – M. Le Mière – P. Sanlaville (Hrsg.), From the River to the Sea. The Palaeolithic and the Neolithic on the Euphrates and in the Northern Levant. Studies in honour of Lorraine Copeland, BAR 1263 (Oxford 2004) 335-353

Hornell, J.
1931 The Cypriote Threshing Sledge, Man 30, 1931 135-139

Hruby, Z. X. – Flad, R. K. (Hrsg.)
2007 Rethinking craft specialization in complex societies. Archaeological analyses of the social meaning of production, Archeological Papers of the American Anthropological Association 17 (Airlington 2007)

Hütteroth, W.-D.
1982 Türkei, Wissenschaftliche Länderkunden 21 (Darmstadt 1982)

Inizan, M.-L. u. a.
1992 Technology and terminology of knapped stone. Followed by a multilingual vocabulary - Arabic, English, French, German, Greek, Italian, Portuguese, Spanish, Préhistoire de la pierre taillée 5 (Nanterre 1992)

Jakob, S.
2009 Die mittelassyrischen Texte aus Tell Chuēra in Nordost-Syrien: mit einem Beitrag von Daniela I. Janisch Jakob, Vorderasiatische Forschungen der Max Freiherr von Oppenheim-Stiftung 2,3 (Wiesbaden 2009)

Jones, P. R.
1980 Experimental butchery with modern stone tools and its relevance for paleolithic archaeology, World Archaeology 12, 1980, 153-165.

Julig, P. J. u. a.
1999 Geoarchaeology and new research at Jerf al-Ajla Cave, Syria, Geoarchaeology 14, 1999, 821-848
2007 Sourcing of Archaeological Flints from the Middle to Upper Palaeolithic Transition, Jerf al-Ajla cave, Syria, in: C. Delage (Hrsg.), Chert availability and prehistoric exploitation in the Near East, BAR 1615 (Oxford 2007) 130-151

Juwig, C. – Kost, C. (Hrsg.)
2010 Bilder in der Archäologie – eine Archäologie der Bilder, Tübinger Archäologische Taschenbücher 8 (Münster 2010)

Kamińska-Szymczak, J.
2002 Cutting Graminae tools and "sickle gloss" formation, Lithic Technology 27, 2, 2002, 111-151

Karlin, C. – Julien, M.
1994 Prehistoric technology. a cognitive science, in: C. Renfrew – E. B. W. Zubrow (Hrsg.), The ancient mind. Elements of cognitive archaeology (New York 1994) 152-164

Khalidi, L. u. a.
2009 Provenance of Obsidian excavated from Late Chalcolithic levels at the sites of Tell Hamoukar and Tell Brak, Syria, Archaeometry 51, 6, 2009, 879-893

Kieselbach, P.
2008 Metamorphose des Steins – Vom Rohmaterial zum Kulturgut. Versorgungsaspekte und technische Prozesse der Silexverarbeitung von jungneolithischen Silexinventaren aus Südwestdeutschland (Diss. Eberhard-Karls-Universität Tübingen)

Klein, H.
1992 Untersuchung zur Typologie bronzezeitlicher Nadeln in Mesopotamien und Syrien (Saarbrücken 1992)
1995b Die Grabung in der mittelassyrischen Siedlung, in: W. Orthmann u. a., Vorbericht über die Grabungskampagnen 1986 bis 1992, Vorderasiatische Forschungen der Max Freiherr von Oppenheim-Stiftung 2, 1 (Saarbrücken 1995) 185-195

Klein, H. – Orthmann, W.
1995 Grabungen im Bereich des Steinbau 2 in: W. Orthmann u. a., Vorbericht über die Grabungskampagnen 1986 bis 1992, Vorderasiatische Forschungen der Max Freiherr von Oppenheim-Stiftung 2,1 (Saarbrücken 1995) 73-94

Klengel-Brandt, E. u. a. (Hrsg.)
2005 Tall Knēdiğ. Die Ergebnisse der Ausgrabungen des Vorderasiatischen Museums Berlin in Nordost-Syrien von 1993 bis 1998. Unter Mitarbeit von Katrin Bastert-Lamprichs, Hans-Georg K. Gebel und Stefan Heidemann, WVDOG 133 (Saarwellingen 2005)

Knudson, R.
1979 Inference and imposition in lithic analysis, in: B. Hayden (Hrsg.), Lithic use-wear analysis (New York 1979) 269-281

Köhler, U.
1985 Formen des Handels in ethnologischer Sicht, in: K. Düwel – H. Jankuhn – H. Siems – D. Timpe (Hrsg.), Untersuchungen zu Handel und Verkehr der vor- und frühgeschichtlichen Zeit im Mittel- und Nordeuropa. Teil 1: Methodische Grundlagen und Darstellungen zum Handel in vorgeschichtlicher Zeit und in der Antike: Bericht über die Kolloquien der Kommission für die Altertumskunde Mittel- und Nordeuropas in den Jahren 1980 bis 1988, Abhandlungen der Akademie der Wissenschaften in Göttingen. Philologisch-Historische Klasse 3, 143 (Göttingen 1985) 13-55

Kooyman, B. P.
2000 Understanding Stone Tools and Archaeological Sites (Calgary 2000)

Kozlowski, S. K. (Hrsg.)
1996 Neolithic chipped stone industries of the fertile crescent, and their contemporaries in adjacent regions. Proceedings of the Second Workshop on PPN Chipped Lithic Industries, Institute of Archaeology, Warsaw University, 3rd-7th April, 1995, Ex Oriente. Studies in early Near Eastern production, subsistence, and environment 3 (Berlin 1996)

Kozlowski, S. K. u. a. (Hrsg.)
1999 The Eastern Wing of the Fertile Crescent. Late prehistory of Greater Mesopotamian lithic industries, BAR 760 (Oxford 1999)

Krätschell, A.-M.
2011 Untersuchungen zur holozänen Landschaftsentwicklung im Umfeld der bronzezeitlichen Siedlung Tell Chuēra, Nord-Syrien (Diss. Goethe-Universität Frankfurt a. M.)

Krasnik, K. – Meyer, J.-W.
2001 Im Tod den Göttern nahe: Eine prunkvolle Bestattung in Tell Chuēra, Nordsyrien, in: Antike Welt 32, 2001, 383-390

Kudlek, V. M.
2006 Ein Beitrag zur Siedlungsgeschichte im Bereich von Tell Chuēra (Magisterarbeit Goethe-Universität Frankfurt a. M.)

Kuhn, S. L.
2004 Upper Paleolithic raw material economies at Üçağızlı cave, Turkey, Anthropological Archaeology 23, 2004, 431-448

Kühne, C.
1995 Ein mittelassyrisches Verwaltungsarchiv und andere Keilschrifttexte, in: W. Orthmann u. a., Vorbericht über die Grabungskampagnen 1986 bis 1992, Vorderasiatische Forschungen der Max Freiherr von Oppenheim-Stiftung 2, 1 (Saarbrücken 1995) 203-225

Kühne, H.
1976 Die Keramik vom Tell Chuera und ihre Beziehungen zu Funden aus Syrien-Palästina, der Türkei und dem Iraq (Berlin 1976)

Kühne, H. (Hrsg.)

2008 Umwelt und Subsistenz der assyrischen Stadt Dūr-Katlimmu am Unteren Hābūr, Berichte der Ausgrabung Tall Sheikh Hamad 8 (Wiesbaden 2008)

Kull, B.
1986 Mittelbronzezeitliche Plattensilexgeräte aus der Türkei und ihre Beziehungen zu mittel- und osteuropäischen Funden, Germania 64, 1986, 363-390

Kuper, R. u. a. (Hrsg.)
1977 Der bandkeramische Siedlungsplatz Langweiler 9, Beiträge zur neolithischen Besiedlung der Aldenhovener Platte 2 (Bonn 1977)

Lamberg-Karlovsky, C. C.
2009 Structure, Agency and Commerce in the Ancient Near East, IrAnt 44, 2009, 47-88

Lebeau, M. (Hrsg.)
1993 Tell Melebiya. Cinq campagnes de recherches sur le Moyen-Khabour (1984-1988), Akkadica Supplementum 9 (Leuven 1993)
2011a Arcane I. Vol I. Jezirah. With contributions by A. Bianchi, K. A. Franke, A. P. McCarthy, J.-W. Meyer, P. Pfälzner, A. Pruß, Ph. Quenet, L. Risvet, E. Rova, W. Sallaberger, J. Thomalsky, S. Valentini (Turnhout 2011)

Lebeau, M.
2011b Conclusion, in: M. Lebeau (Hrsg.), Arcane I. Vol I. Jezirah. With contributions by A. Bianchi, K. A. Franke, A. P. McCarthy, J.-W. Meyer, P. Pfälzner, A. Pruß, Ph. Quenet, L. Risvet, E. Rova, W. Sallaberger, J. Thomalsky, S. Valentini (Turnhout 2011)
2011c Introduction. With a contribution by Alexander Pruß, in: M. Lebeau (Hrsg.), Arcane I. Vol I. Jezirah. With contributions by A. Bianchi, K. A. Franke, A. P. McCarthy, J.-W. Meyer, P. Pfälzner, A. Pruß, Ph. Quenet, L. Risvet, E. Rova, W. Sallaberger, J. Thomalsky, S. Valentini (Turnhout 2011)

Leenders, R.
1988 The Stone Finds, in: M. N. van Loon (Hrsg.), Hammam et-Turkman I. Report on the University of Amsterdam's 1981-84 excavations in Syria, Nederlands Historisch-Archeologisch Instituut te Istanbul. Uitgaven van het Nederlands Historisch-Archaeologisch Instituut te Istanbul 63 (Istanbul 1988) 627-641

Lemonnier, P.
1986 The Study of Material Culture Today: Toward an Anthropology of Technical Systems, Journal of Anthropological Archaeology 5, 1986, 147-186

Lemonnier, P. (Hrsg.)
1993 Technological choices. Transformation in material cultures since the Neolithic (London 1993)

Leroi-Gourhan, A.
1988 Hand und Wort. D. Evolution von Technik, Sprache u. Kunst (Frankfurt am Main 1988)

Littauer, M. A. u. a.
1990 Ceremonial Threshing in the Ancient Near East, Iraq 52, 1990, 15-23

Long, D. F. G. – Julig, P. J.
2007 Distribution and Petrographic Characteristics of Cherts in Syria, in: C. Delage (Hrsg.), Chert availability and prehistoric exploitation in the Near East, BAR 1615 (Oxford 2007) 18-28

Luedtke, B. E.
1992 An archaeologist's guide to chert and flint, Archaeological research tools 7 (Los Angeles 1992)

Lyonnet, B. (Hrsg.)
2000 Prospection Archéologique Haut-Khabur Occidental (Syrie du N.E.) Volume I, Bibliothèque Archéologique et Historique 155 (Beirut 2000)

Mallowan, M. E. L.
1947 Excavations at Brak and Chagar Bazar, Iraq 9, 1947, 1-259

Mariendahl-Underbjerg, H.
2003 The chipped stone assemblages from Areas TC and WP, Iraq 65, 2003, 1-76

Martinón-Torres, M.
2002 Chaîne Opératoire. The concept and its applications within the study of technology, Gallaecia 21, 2002, 29-43

Masch, L. – Weiner, K. L.
1992 Zur Geologie und den mineralischen Rohstoffen der Umgebung von Hassek Höyük, in: M. R. Behm-Blancke (Hrsg.), Hassek Höyük. naturwissenschaftliche Untersuchungen und lithische Industrie, IstForsch 38 (Tübingen 1992) 24-33

Matney, T. u. a.
1997 Excavations at Titris Höyük in Southeastern Turkey: A Preliminary Report of the 1996 Season, Anatolica 23, 1997, 60-84
1999 Early Bronze Age Urban Structure At Titris Höyük: The 1998 Season, Anatolica 25, 1999, 185-201

Matney (Vorname?)
2012 Northern Mesopotamia, in: D. T. Potts (Hrsg.) A companion to the archaeology of the Ancient Near East (Chichester 2012), 556-574

Matsutani, T. (Hrsg.)
1991 Tell Kashkashok. The excavations at Tell No. II, (Tokio 1991)

Matthews, R. (Hrsg.)
2003 Exploring an Upper Mesopotamian regional centre, 1994-1996, McDonald Institute monographs, Vol. 4 (London 2003)

Matthews, R. – Curtis, J. (Hrsg.)
2012 Proceedings of the 7th International Congress on the Archaeology of the Ancient Near East. Megacities & Mega-sites. The Archeology of Consumption & Disposal. Landscape, Transport & Communication. 12 April-16 April 2010, the British Museum and UCL, London (Wiesbaden 2012)

Matthiae, P. (Hrsg.)
2000 Proceedings of the First International Congress on the Archaeology of the Ancient Near East. Rome, May 18th-23rd 1998 (Roma 2000)

Matthiae, P. u. a. (Hrsg.)
1990 Resurrecting the past. A joint tribute to Adnan Bounni, Nederlands Historisch-Archaeologisch Instituut te Istanbul. Uitgaven van het Nederlands Historisch-Archaeologisch Instituut te Istanbul 67 (Istanbul 1990)

Mc Corriston, J.
1997 The Fiber Revolution: Textile Extensification, Alienation, and Social Stratification in Ancient Mesopotamia, Current Anthropology 38, 4, 517-535

McBrearty, S. u. a.
1998 Tools Underfoot. Human Trampling as an Agent of Lithic Artifact Edge, American Antiquity 63, 1, 1998, 108-129

McCall, G. S.
2012 Ethnoarchaeology and the Organization of Lithic Technology, Journal of Archaeological Research 20, 2012, 157-203

Menéndez, F. M.
1994 Industria lítica de Tell Qara Qûzâq-I, in: G. del Olmo Lete (Hrsg.), Qara Quzaq I: Campañas I-III, 1989-1991 (Barcelona), 183-188

Méry, S. u. a.
2007 A pottery workshop with flint tools on blades knapped with copper at Nausharo (Indus civilisation, ca. 2500 BC), JASc 34, 7, 2007, 1098-1116

Meurers-Balke, J.
1985 Experimente zum Anbau und zur Verarbeitung prähistorischer Getreidearten, Archäologische Informationen 8, 1985, 8-17

Meyer, J.-W.
2007 Town planning in the 3rd Millennium Tell Chuēra, in: J. Bretschneider – J. Driessen – K. van Lerberghe (Hrsg.), Power and architecture: monumental public architecture in the Bronze Age Near East and Aegean, proceedings of the international conference "power and architecture", organised by the Katholieke Universiteit Leuven on the 21st and 22nd November 2002, Orientalia Lovaniensa Analecta 156 (Leuven) 129-142
2010a Erste Überlegungen zu den Befestigungsanlagen in Tell Chuēra, in: J.-W. Meyer (Hrsg.), Vorbericht zu den Grabungskampagnen 1998 bis 2005, Vorderasiatische Forschungen der Max Freiherr von Oppenheim-Stiftung II, 2 (Wiesbaden 2010) 169-183
2010b Tribal community and State. The change of settlements and settlement patterns in Upper Mesopotamia during the 3rd millennium B.C. – A Re-evalution, in: K. Ohnuma – A. Al-Khabour (Hrsg.), Formation of tribal communities. Integrated research in the Middle Euphrates, Syria (Tokyo 2010) 203-211
2010c Überlegungen zur Siedlungsstruktur. Eine erste Analyse der Ergebnisse der geomagnetischen Prospektion, in: J.-W. Meyer (Hrsg.), Vorbericht zu den Grabungskampagnen 1998 bis 2005, Vorderasiatische Forschungen der Max Freiherr von Oppenheim-Stiftung II, 2 (Wiesbaden 2010) 198-219
2010d Versuch einer historischen Einordnung von Tell Chuēra in die politisch-historische Entwicklung Nordostsyriens im 3. Jts. v. Chr., in: J.-W. Meyer (Hrsg.), Vorbericht zu den Grabungskampagnen 1998 bis 2005, Vorderasiatische Forschungen der Max Freiherr von Oppenheim-Stiftung II, 2 (Wiesbaden 2010) 11–35
2011 City Planning, in: Lebeau (Hrsg.), Arcane I. Vol I. Jezirah. With contributions by A. Bianchi, K. A. Franke, A. P. McCarthy, J.-W. Meyer, P. Pfälzner, A. Pruß, Ph. Quenet, L. Risvet, E. Rova, W. Sallaberger, J. Thomalsky, S. Valentini (Turnhout 2011) 129-136
2012 Zur Frage der Entstehung der „Runden Städte" und der Anfang der geplanten Siedlungsweise in Nord-

ostsyrien, in: W. Raek – D. Steuernagel (Hrsg.), Das Gebaute und das Gedachte, Frankfurter Archäologische Schriften 21 (Bonn 2012) 61-70

Meyer, J.-W. (Hrsg.)
2010e Vorbericht zu den Grabungskampagnen 1998 bis 2005, Vorderasiatische Forschungen der Max Freiherr von Oppenheim-Stiftung 2, II (Wiesbaden 2010)

Meyer, J.-W. – Hempelmann, R.
2006 Bemerkungen zu Mari aus der Sicht von Tell Chuēra. Ein Beitrag zur Geschichte der ersten Hälfte des 3. Jts. v. Chr, AoF 33, 2006, 22-41

Meyer, J.-W. – Orthmann, W.
2013 Die westliche Ǧazīra in der Frühen Bronzezeit, in: W. Orthmann u. a. (Hrsg.), Archéologie et Histoire de la Syrie I, La Syrie de l'époque néolithique à l'âge du fer, Schriften zur Vorderasiatischen Archäologie 1,1 (Wiesbaden 2013), 147-164

Meyer, J.-W. u. a.
2001a Die dritte Grabungskampagne in Kharab Sayyar, MDOG 133, 2001, 199-223
2003 Die 4. Grabungskampagne in Kharab Sayyar 2002, MDOG 135, 2003, 81-101

Meyer, J.-W. u. a. (Hrsg.)
2001b Beiträge zur Vorderasiatischen Archäologie. Winfried Orthmann gewidmet (Frankfurt am Main 2001)

Miglus, P. A.
2010 Objekte aus Stein, in: E. Strommenger – P. A. Miglus (Hrsg.), Altorientalische Kleinfunde, WVDOG 126 (Wiesbaden 2010) 153-158

Milano, L.
1995 Ebla. A Third-Millennium City-State in Ancient Syria, in: J. M. Sasson (Hrsg.), Civilizations of the ancient Near East (New York 1995) 1219–1230

Milevski, I.
2009 Local exchange in the southern Levant during the early bronze age: a political economy viewpoint, Antiguo Oriente: Cuadernos del Centro de Estudios de Historia del Antiguo Oriente 9, 2009, 125-159
2011 Early Bronze Age goods exchange in the Southern Levant. A Marxist perspective (London 2011)

Miller, H.-L.
2007 Archaeological approaches to technology (Amsterdam 2007)

Miller, R.
1985 Flintknapping and arrowhead manufacture at Tell Hadidi, Syria, Contributions in anthropology and history 4 (Milwaukee 1985)

Miller, R. u. a.
1986 Experimental Approaches to Ancient Near Eastern Archery, WorldA 18, 2, 1986, 178-194

Moorey, P. R. S.
1994 Ancient Mesopotamian materials and industries. The archaeological evidence (Oxford 1994)
2001 Clay Models and Overland Mobility in Syria, c. 2350-1800 BC., in: J.-W. Meyer – A. Pruß – M. Novák (Hrsg.), Beiträge zur Vorderasiatischen Archäologie. Winfried Orthmann gewidmet (Frankfurt am Main 2001) 344-351

Moortgat, A.
1960a Tell Chuēra in Nordost-Syrien. Vorläufiger Bericht über die Grabung 1958. Wissenschaftliche Abhandlungen der Arbeitsgemeinschaft für Forschung des Landes Nordrhein-Westfalen 14 (Köln 1996)
1960b Tell Chuēra in Nordost-Syrien. Vorläufiger Bericht über die zweite Grabungskampagne 1959, Schriften der Max Freiherr von Oppenheim-Stiftung 4 (Wiesbaden 1960)
1962 Tell Chuēra in Nordost-Syrien. Vorläufiger Bericht über die dritte Grabungskampagne 1960, Wissenschaftliche Abhandlungen der Arbeitsgemeinschaft für Forschung des Landes Nordrhein-Westfalen 24 (Köln 1962)
1965 Tell Chuēra in Nordost-Syrien. Bericht über die vierte Grabungskampagne 1963, Wissenschaftliche Abhandlungen der Arbeitsgemeinschaft für Forschung des Landes Nordrhein-Westfalen 31 (Köln 1965)
1967 Tell Chuēra in Nordost-Syrien. Vorläufiger Bericht über die fünfte Grabungskampagne 1964, Schriften der Max Freiherr von Oppenheim-Stiftung 6 (Wiesbaden 1967)
1971 Einführung in die Vorderasiatische Archäologie (Darmstadt 1971)

Moortgat, A. – Moortgat-Correns, U.
1975 Tell Chuēra in Nordost-Syrien. Vorläufiger Bericht über die sechste Grabungskampagne 1973, Schriften der Max Freiherr von Oppenheim-Stiftung 8 (Berlin 1975)
1976 Tell Chuēra in Nordost-Syrien. Vorläufiger Bericht über die siebente Grabungskampagne 1974, Schriften der Max Freiherr von Oppenheim-Stiftung 9

(Berlin 1976)
1978 Tell Chuēra in Nordost-Syrien. vorläufiger Bericht über die achte Grabungskampagne 1978, Schriften der Max Freiherr von Oppenheim-Stiftung 11 (Berlin 1978)

Moortgat-Correns, U.
2001 Der Tell Chuēra im Rückblick (1958-1985), AoF 28, 2, 2001, 353-388

Moortgat-Correns, U. u. a.
1988 Tell Chuēra in Nordost-Syrien. Vorläufiger Bericht über die elfte Grabungskampagne (Berlin 1985)

Muhesen, S.
1993 An Overview of the Palaeolithic Period in Syria, DaM 7, 1993, 1-21

Müller-Neuhof, B.
2010 Sichel. B. Archäologisch. RlA 12 (2010) 445-447
i. V. SW-Asian Late Chalcolithic / EB Demand For "Big-Tools". Specialised Flint Exploitation Beyond Fringes of Settled Regions (In Vorbereitung)

Neuville, R.
1930 Notes de préhistoire palestinienne, Journal of the Palestine Oriental Society 10, 1930, 193-221

Newcomer, M. H.
1975 "Punch Technique" and Upper Paleolithic Blades, in: E. Swanson (Hrsg.), Making and Using Stone Tools (Den Haag 1975) 97-102

Nielsen, A. E.
1991 Trampling the Archaeological Record. An Experimental Study, American Antiquity 56, 3, 1991, 483-503

Nishiaki, Y.
1991 Chipped Stone Artifacts, in: T. Matsutani (Hrsg.), Tell Kashkashok. The excavations at Tell No. II. (Tokyo 1991) 40-58
2000a Lithic technology of Neolithic Syria, BAR 840 (Oxford 2000)
2000b Palaeolithic and neolithic industries from the Khabur Basin, Northeast Syria, in: B. Lyonnet (Hrsg.), Prospection Archéologique Haut-Khabur Occidental (Syrie du N.E.) Volume I, Bibliothèque Archéologique et Historique 155 (Beirut 2000) 77-142
2007 Patterns of Flint Exploitation and Use at Neolithic Settlements of Syria, in: C. Delage (Hrsg.), Chert availability and prehistoric exploitation in the Near East, BAR 1615 (Oxford 2007), 87-103
2008 Notes on the Third Millennium Flint Artifacts from Tell Abu Hujeira, in: A. Suleiman - P. Quenet (Hrsg.), Trois campagnes de fouilles Syriennes a Tell Abu Hujeira I (1988-1990). Cinquieme a septieme parties: inventaire analythique des objets, etude des outils des silex et annexe, Documents d'archéologie syrienne 12 (Damaskus 2008) 61-65
2010 Archaeological evidence of the early Bronze Age communities in the middle Euphrates steppe, North Syria, in: K. Ohnuma (Hrsg.), Al-Rāfidān, Special Issue. Formation of tribal communities in the middle Euphrates, Syria (Tokyo 2010) 37-48

Nishiaki, Y. – Matsutani, T. (Hrsg.)
2003 Tell Kosak Shamali Vol. II. The Archaeological Investigations on the Upper Euphrates, Syria. Chalcolithic technology and subsistence. (Oxford 2003)

Oates, D. – Oastes, J.
1993 Excavations At Tell Brak 1992-93, Iraq 55, 1993, 155-199

Oates, D. u. a. (Hrsg.)
2001 Nagar in the third millennium BC, McDonald Institute monographs II (London 2001)

Oates, J.
1993 Trade and Power in the Fifth and Fourth Millennia BC: New Evidence from Northern Mesopotamia, WorldA 24, 3, 1993, 403-422
2001 Third-millennium BC Stone Objects, in: Nagar in the third millennium BC, McDonald Institute monographs II (London 2001) 263-268

Odell, G. H.
2004 Lithic analysis (New York 2004)

Ohnuma, K. – Bergman, C.
1982 Experimental Studies in the Determination of Flaking Mode, Bulletin of the Institute of Archaeology 19, 1982, 161-170

Ohnuma, K. – Al-Khabour, A. (Hrsg.)
2010 Al-Rafidan, Special Issue. Formation of tribal communities. Integrated research in the Middle Euphrates, Syria (Tokyo 2010)

Olmo Lete, G. del (Hrsg.)
1994 Qara Quzaq I: Campañas I-III, 1989-1991 (Barcelona)

Oppenheim, A. L. (Hrsg.)
1962 Assyrian Dictionary of the Oriental Institute of the University of Chicago, 16 (Chicago 1962)

Orthmann, W.
1990 Tell Chuēra. Ausgrabungen der Max Freiherr von Oppenheim-Stiftung in Nordost-Syrien (Damaskus 1990)
1995 Die Grabungen am Steinbau 1, in: W. Orthmann u. a., Vorbericht über die Grabungskampagnen 1986 bis 1992, Vorderasiatische Forschungen der Max Freiherr von Oppenheim-Stiftung 2, 1 (Saarbrücken 1995) 17-72
2002 Ein neuer Antentempel in Tell Chuēra, DaM 13, 3-9

Orthmann, W. (Hrsg.)
1975 Der Alte Orient, Propyläen Kunstgeschichte 14 (Berlin 1975)

Ortmann, W. – Pruss, A.
1995 Der Palast F, in: W. Orthmann u. a., Vorbericht über die Grabungskampagnen 1986 bis 1992, Vorderasiatische Forschungen der Max Freiherr von Oppenheim-Stiftung 2, 1 (Saarbrücken 1995) 121-172

Orthmann, W. u. a.
1986 Tell Chuēra in Nordost-Syrien 1982 - 1983. Vorläufiger Bericht über die 9. und 10. Grabungskampagne, Schriften der Max Freiherr von Oppenheim-Stiftung 12 (Berlin 1986)
1995 Vorbericht über die Grabungskampagnen 1986 bis 1992, Vorderasiatische Forschungen der Max Freiherr von Oppenheim-Stiftung 2, 1 (Saarbrücken 1995)

Orthmann, W. u. a. (Hrsg.)
2013 Archéologie et Histoire de la Syrie I, La Syrie de l'époque néolithique à l'âge du fer, Schriften zur Vorderasiatischen Archäologie 1,1 (Wiesbaden 2013)

Otte, M. – Behm-Blancke, M. R.
1992 I. Das lithische Inventar. Die Rekonstruktion technischer Verfahrensweisen, in: M. R. Behm-Blancke (Hrsg.), Hassek Höyük. Naturwissenschaftliche Untersuchungen und lithische Industrie, IstForsch 38 (Tübingen 1992) 165-244

Ovadia, E.
1992 The Domestication of the Ass and Pack Transport by Animals: A Case of Technological Change, in: O. Bar-Yosef – A. M. Khazanov (Hrsg.), Pastoralism in the Levant. Archaeological materials in anthropological perspectives, Monographs in world archaeology 10 (Madison 1992) 19-27

Parrot, A.
1971 Les fouilles de Mari, Dix-neuvième campagne (1971), Syria 48, 1971, 253-270

Patterson, T. C.
2005 Craft specialization, the reorganization of production relations and state formation, in: Journal of Social Archaeology, 5, 3, 2005, 307-337

Paulsen, H.
1990a Schußversuche mit einem Nachbau des Bogens von Koldingen, Ldkr. Hannover, in: Staatliches Museum für Naturkunde und Vorgeschichte Oldenburg (Hrsg.), Experimentelle Archäologie in Deutschland. Beiheft 4. Archäologische Mitteilungen aus Nordwestdeutschland. Beiheft 4 (Oldenburg 1990) 298-305
1990b Die Herstellung von oberflächenretuschierten Dolchen und Pfeilspitzen, in: Staatliches Museum für Naturkunde und Vorgeschichte Oldenburg (Hrsg.), Experimentelle Archäologie in Deutschland. Archäologische Mitteilungen aus Nordwestdeutschland. Beiheft 4 (Oldenburg 1990) 279-282

Pelegrin, J.
2006 Long blade technology in the Old World. An experimental approach and some archaeological results, in: J. Apel – K. Knutsson (Hrsg.), Skilled production and social reproduction. Aspects of traditional stone-tool technologies: proceedings of a symposium in Uppsala, August 20-24, 2003 (Uppsala 2006) 43-68
2012 New Experimental Observations for the Characterization of Pressure Blade Production Techniques, in: P. M. Desrosiers (Hrsg.), The Emergence of Pressure Blade Making. From Origin to Modern Experimentation (New York 2012) 465-500

Pelegrin, J. – Otte, M.
1992 II. Der Depotfund von Grossklingen-Kernsteinen in Raum 29. Einige Bemerkungen zur Präparations- und Ausbeutetechnik der Kernsteine aus Raum 29, in: M. R. Behm-Blancke (Hrsg.), Hassek Höyük. Naturwissenschaftliche Untersuchungen und lithische Industrie, IstForsch 38 (Tübingen 1992) 219-224

Peltenburg, E. J. (Hrsg.)
2007a Euphrates River Valley settlement. The Carchemish sector in the third millennium BC, Levant supplementary series 5 (Oxford 2012)

Peltenburg, E. J.
2007b New perspectives on the Carchemish sector, in: E. J. Peltenburg (Hrsg.), Euphrates River Valley settlement. The Carchemish sector in the third millennium BC, Levant supplementary series 5 (Oxford 2012) 3-24.

Peyronel, L.
2012 Resources Exploitation and Handicraft Activities at Tell Mardikh-Ebla (Syria) during the Early and Middle Bronze Ages, in: R. Matthews – J. Curtis (Hrsg.), Proceedings of the 7th International Congress on the Archaeology of the Ancient Near East. Mega-cities & Mega-sites. The Archeology of Consumption & Disposal. Landscape, Transport & Communication. 12 April -16 April 2010, the British Museum and UCL, London (Wiesbaden 2012) 475-496

Pfälzner, P.
2001 Haus und Haushalt. Wohnformen des dritten Jahrtausends vor Christus in Nordmesopotamien, DaF 9 (Mainz 2001)

Pinnock, F.
1988 Observations on the Trade of Lapislazuli in the IIIrd Millennium B.C. in: H. Hauptmann - H. Waetzoldt (Hrsg.), Wirtschaft und Gesellschaft von Ebla (Heidelberg) 107-110

Pollock, S.
1999 Ancient Mesopotamia. The Eden that never was (Cambridge 1999)
2008 Rubbish, Routines, and Practice. Chipped Stone Blades from Uruk-Period Sharafabad, Iran, Iran 46, 2008, 43-68

Pope, M. – Pollock, S.
1995 Trade, Tools, and Tasks: A Study of Uruk Chipped Stone Industries, Research in Economic Anthropology 16, 1995, 227-265

Porada, E. u. a.
1992 Mesopotamia, in: R. W. Ehrich, Chronologies In Old World Archaeology Volume 1 (Chicago 1992) 77-90

Porter, A.
2012 Mobile Pastoralism and the Formation of Near Eastern Civilizations: Weaving Together Society (Cambridge 2012)

Postgate, J. N.
2005 RlA 10 (2005) 456-458 s.v. Pfeil und Bogen. A. I. Nach schriftlichen Quellen in Mesopotamien (J. N. Postgate)

Potts, D. T.
1997 Mesopotamian civilization. The material foundations (London 1997)

Potts, D. T. (Hrsg.)
2012 A Companion to the Archaeology of the Ancient Near East (Chichester 2012)

Preuss, J.
1998 Teil A: Das Neolithikum in Mitteleuropa. Kulturen – Wirtschaft – Umwelt vom 6. bis 3. Jahrtausend v. u. Z. Übersichten zum Stand der Forschung (Weissbach 1998)

Quenet, P.
2008 Les échanges du Nord de la Mésopotamie. Avec ses voisins proche-orientaux au IIIe millénaire (ca. 3100-2300 av. J.-C.), Subartu 22 (Turnhout 2008)
2011 Stratigraphy, in: Lebeau (Hrsg.), Arcane I. Vol I. Jezirah. With contributions by A. Bianchi, K. A. Franke, A. P. McCarthy, J.-W. Meyer, P. Pfälzner, A. Pruß, Ph. Quenet, L. Risvet, E. Rova, W. Sallaberger, J. Thomalsky, S. Valentini (Turnhout 2011) 19-47

Quintero, L. A.
1996 Flint Mining in the Pre-Pottery Neolithic: Preliminary Report on the Exploitation of Flint at Neolithic 'Ain Ghazal in Highland Jordan, in: S. K. Kozlowski (Hrsg.), Neolithic chipped stone industries of the fertile crescent, and their contemporaries in adjacent regions. Proceedings of the Second Workshop on PPN Chipped Lithic Industries, Institute of Archaeology, Warsaw University, 3rd-7th April, 1995, Ex Oriente. Studies in early Near Eastern production, subsistence, and environment 3 (Berlin 1996) 233-242

Quintero, L. A. u. a.
2002 From Flint Mine to Fan Scraper: The Late Prehistoric Jafr Industrial Complex, BASOR 327, 2002, 17–48

Renfrew, C.
1972 The emergence of civilisation. The Cyclades and the Aegean in the third millennium B.C. (London 1972)

Renfrew, C. – Bahn, P. (Hrsg.)
2005 Archaeology. The key concepts (London 2005)

Renfrew, C. u. a.
1966 Obsidian and early cultural contact in the Near East, ProcPrehistSoc 34, 30-72

Renger, J.
1993 Formen des Zugangs zu den lebensnotwendigen Gütern. Die Austauschverhältnisse in der altbabylonischen Zeit, AoF 20, 1, 1993, 87-114

Ristvet, L.
2005 Settlement, Economy, and Society in the Tell Leilan Region, Syria (Diss. Univ. of Cambridge)
2011 Travel and the Making of North Mesopotamian Polities, BASOR 361, 2011, 1-31

Rosen, A. M.
1986 Cities of clay. The geoarcheology of tells (Chicago 1986)

Rosen, S. A.
1982 Flint Sickle-blades of the Late Protohistoric and Early Historic Periods in Israel, Journal of the Institute of Archaeology of Tel Aviv University 9, 2, 1982, 139-145
1983a Tabular Scraper Trade: A Model of Material Cultural Dispersion, BASOR 249, 1983, 79-86
1983b The Canaanean Blade and the Early Bronze Age. In: IEJ 33, 1-2, 1983, 15-29
1996 The Decline and Fall of Flint, in: G. H. Odell (Hrsg.), Stone tools. Theoretical insights into human prehistory. Based on papers presented at the Second Tulsa Conference on Lithic Analysis held in the summer of 1993 at the University of Tulsa (New York 1996) 129-158
1997 Lithics after the Stone Age. A Handbook of Stone Tools from the Levant (Walnut Creek 1997)
2012 Lithic Industries During the Holocene Period, in: D. T. Potts (Hrsg.) A companion to the archaeology of the Ancient Near East (Chichester 2012) 236-260

Rova, E. – Weiss, H. (Hrsg.)
2003 The origins of North Mesopotamian civilization. Ninevite 5, chronology, economy, society, Subartu 9 (Turnhout 2003)

Ryan, K.
2009 The Significance of Choice in the Late Dorset Technology of Domestic Architecture (Diss. University of Toronto)

Sahlins, M.
1972 Stone Age Economics (New York 1972)

Sallaberger, W.
2009 Von der Wollration zum Ehrenkleid. Textilien als Prestigegüter am Hof von Ebla, in: B. Hildebrandt – C. Veit (Hrsg.), Der Wert der Dinge – Güter im Prestigediskurs (München 2009) 241-278
2011 History and Epigraphy, in: M. Lebeau (Hrsg.), Arcane I. Vol I. Jezirah. With contributions by A. Bianchi, K. A. Franke, A. P. McCarthy, J.-W. Meyer, P. Pfälzner, A. Pruß, Ph. Quenet, L. Risvet, E. Rova, W. Sallaberger, J. Thomalsky, S. Valentini (Turnhout 2011) 319-344

Sasson, J. M. (Hrsg.)
1995 Civilizations of the ancient Near East (New York 1995)

Scarre, C. – Healy, F. (Hrsg.)
1993 Trade and exchange in prehistoric Europe. Proceedings of a conference held at the University of Bristol, April 1992 (Bloomington 1993)

Schiffer, M. B.
1972 Archaeological context and systemic context, American Antiquity 53, 3, 1972, 156-165
1995 Behavioral archaeology. First principles (Salt Lake City 1995)
1996 Formation Processes of the Archaeological Record (Albuquerque 1996)

Schlanger, N.
2005 Chaîne Opératoire, in: C. Renfrew - P. Bahn (Hrsg.), Archaeology. The key concepts (London: 2005) 25–29

Schmidt, E. F.
1937 Excavations at Tepe Hissar, Damghan (Philadelphia 1937)

Schmidt, K.
1987 Nevali Çori. Zum Typenspektrum der Silexindustrie, Anatolica 14, 1987, 161-201
1996 Norşuntepe. Kleinfunde I. Die lithische Industrie, Archaeologica Euphratica 1 (Mainz 1996)
2002 Norşuntepe. Kleinfunde II. Artefakte aus Felsgestein, Knochen und Geweih, Ton, Metall und Glas, Archaeologica Euphratica 2 (Mainz 2002)

Schöler, W.
2008 The Geological History of the Euphrates-Habur-Area derived from Well and Seismic Data, in: H. Kühne (Hrsg.), Umwelt und Subsistenz der assyrischen Stadt Dūr-Katlimmu am Unteren Hābūr, Berichte der Ausgrabung Tall Sheikh Hamad 8

(Wiesbaden 2008) 1-5

Schrakamp, I.
2010 Sichel. A. Philologisch. RlA 12 (2010) 443-445

Schütz, C. u. a.
1990 Das Ingolstadt-Experiment. Zerlegung von Damwild mit Steinartefakten. Mit einem Beitrag zur Foto- und Videodokumentation von Jan Weinig und Achim Werner, in: Experimentelle Archäologie in Deutschland. Beiheft 4. Archäologische Mitteilungen aus Nordwestdeutschland. Beiheft 4 (Oldenburg 1990), 232-256

Schwartz, G. M. – Curvers, H. H.
1992 Tell al-Raqā'i 1989 and 1990: Further Investigations at a Small Rural Site of Early Urban Northern Mesopotamia, AJA 96, 3, 1992, 397-419

Schwartz, G. M. – Hollander, D.
2000 Annealing, Distilling, Reheating and Recycling: Bitumen Processing in the Ancient Near East, Paléorient 26, 2, 2000, 83-91

Schwarz, W.
1994 Before Ebla: Models of Pre-State political Organization in Syria and Northern Mesopotamia, in: G. Stein – M. S. Rothman (Hrsg.), Chiefdoms and early states in the Near East. The organizational dynamics of complexity, Monographs in world archaeology 18 (Madison 1994) 153-174

Sela, J.
2009 The Blades from Jebel Aruda. A functional and technological lithic analysis (Magisterarbeit University of Leiden)

Selin, H. (Hrsg.)
2008 Encyclopedia of the history of science, technology and medicine in non-western cultures 2 (Berlin 2008)

Sellet, F.
1993 Chaîne Opératoire. The Concept and its Applications, Lithic Technology 18, 1-2, 1993, 106-112

Semaw, S.
2000 The world's oldest stone artifacts from Gona, Ethiopia; their implications for understanding stone technology and patterns of human evolution between 2.6-1.5 million years ago, JASc 27, 2000, 197-214

Shahak, R. u. a.
2009 Identifying Threshing Floors at Iron Age Tel Megiddo, Israel, JFieldA 34, 2009, 171-184

Shennan, S.
2001 Quantifying archaeology 2 (Edinburgh 2001)

Sherratt, A.
2005 Obsidian Trade in the Near East, 14,000 to 6500 BC, ArchAtlas, Version 4.1, <http://www.archatlas.org/ObsidianRoutes/ObsidianRoutes.php> (23.9.2013)

Shimelmith, R. u. a.
2000 A Canaanean blade workshop at Har Haruvim, Israel, Tell Aviv 27, 1, 2000, 3-22

Shott, M. J.
2003 Chaîne Opératoire and Reduction Sequence, Lithic Technology 28, 2, 2003, 95-105

Sieveking, G. G. de – Newcomer, M. H. (Hrsg.)
1987 The human uses of flint and chert. Proceedings of the Fourth International Flint Symposium held at Brighton Polytechnic 10-15 April 1983 (Cambridge 1987)

Singer, C. u. a. (Hrsg.)
1956 A History Of Technology. From Early Times To Fall Of Ancient Empires (Oxford 1956)

Sinopoli, C. M.
1988 The Organization of Craft Production at Vijayanagara, South India, American Anthropologist, New Series, 90, 3, 1988, 580-597
2003 The political economy of craft production. Crafting empire in South India, c. 1350-1650 (Cambridge 2003)

Skakun, N. N.
1994 Agricultural implements and the problem of spreading of agriculture in southeastern Europe, Helinium 34, 1994, 294-305

Smith, M. E.
2009 V. Gordon Childe and the Urban Revolution: a historical perspective on a revolution in urban studies, Town Planning Review 80, 1, 2009, 3-29
2010 The archaeological study of neighborhoods and districts in ancient cities, Journal of Antropological Archaeology 29, 137-154

Smith, S.
2014 The Economy of Landscape. Agro-pastoralism in Uncertain Margins, in: F. Buccellati – T. Helms – A. Tamm (Hrsg.), House and Household Economies in 3rd Millennium B.C.E. Syro-Mesopo-

tamia, BAR 2682 (Oxford 2014), 103-113

Solecki, R. L. – Solecki, R. S.
2007 Use of Raw Material at Yabrud Rockshelter I, in: C. Delage (Hrsg.), Chert availability and prehistoric exploitation in the Near East, BAR 1615 (Oxford 2007) 117-129

Speiser, E. A. – Cross, D.
1935 Excavations at Tepe Gawra, Publications of the Baghdad School Excavations 1 (Philadelphia 1935)

Steadman, S. R. – McMahon, J. G. (Hrsg.)
2011 The Oxford handbook of ancient Anatolia, 10.000-323 B.C.E. (Oxford 2011)

Stein, G. J.
1998 Heterogeneity, Power, and Politcal Economy: Some Current Research Issues in the Archaeology of Old World Complex Societies, Journal of Archaeological Research 6, 1, 1998, 1-44

Stein, G. J. – Blackman, M. J.
1993 The Organizational Context of Specialized Craft Production in Early Mesopotamian States, Research in Economic Anthropology 14, 1993, 29-59

Stein, G. J. – Rothman, M. S. (Hrsg.)
1994 Chiefdoms and early states in the Near East. The organizational dynamics of complexity, Monographs in world archaeology 18 (Madison 1994)

Stein, G. J. u. a.
1997 Excavations at Hacinebi, Turkey 1996. Preliminary Report, Anatolica 23, 1997, 111-171

Steinkeller, P.
1990 Threshing implements in ancient Mesopotamian cuneiform sources, Iraq, 52, 1990, 19-23

Stordeur, D. (Hrsg.)
2000 El Kowm 2. Une île dans le désert. La fin du Néolithique précéramique dans la steppe syrienne (Paris 2000)

Streck, M. P.
2005 Obsidian. A. Nach Schriftlichen Quellen. RlA 10 (2005) 8-9

Strommenger, E.
1980 Habuba Kabira. Eine Stadt vor 5000 Jahren. Ausgrabungen der Deutschen Orient-Gesellschaft am Euphrat in Habuba Kabira, Syrien, Sendschrift der Deutschen Orient-Gesellschaft 12 (Mainz 1980)

Strommenger, E. – Kohlmeyer, K. (Hrsg.)
2000 Ausgrabungen in Tall Bi'a, Tuttul, Band 3. Die Schichten des 3. Jahrtausends v. Chr. im Zentralhügel E, WVDOG 101 (Wiesbaden 2000)

Strommenger, E. – Miglus, P. A. (Hrsg.)
2010 Altorientalische Kleinfunde, WVDOG 126 (Wiesbaden 2010)

Suleiman, A. – Quenet, P. (Hrsg.)
2008 Trois campagnes de fouilles Syriennes a Tell Abu Hujeira I (1988-1990). Cinquieme a septieme parties: inventaire analythiiqiue des objets, etude des outils des silex et annexes, Documents d'archéologie syrienne 12 (Damaskus 2008)

Swanson, E. (Hrsg.)
1975 Making and Using Stone Tools (Den Haag 1975)

Tamm, A.
i. V. Der frühbronzezeitlich Palast F (Dissertationsprojekt Goethe-Universität Frankfurt a. M.)

Taute, W.
1996 Pre-Pottery Neolithic Flint Mining and Flint workshop Activities Southwest of the Dead Sea, Israel (Ramat Tamar and Mesad Mezzal), in: S. K. Kozlowski (Hrsg.), Neolithic chipped stone industries of the fertile crescent, and their contemporaries in adjacent regions. Proceedings of the Second Workshop on PPN Chipped Lithic Industries, Institute of Archaeology, Warsaw University, 3rd-7th April, 1995, Ex Oriente. Studies in early Near Eastern production, subsistence, and environment 3 (Berlin 1996) 495-509

Thiemeyer, H.
2010 Die Böden in der Umgebung von Tell Chuēra, Syrien, in: J. Becker – R. Hempelman – E. Rehm (Hrsg.), Kulturlandschaft Syrien. Zentrum und Peripherie. Festschrift für Jan-Waalke Meyer, AOAT 371 (Münster 2010) 589-605

Thomalsky, J.
2011 Lithics, in: M. Lebeau (Hrsg.), Arcane I. Vol I. Jezirah. With contributions by A. Bianchi, K. A. Franke, A. P. McCarthy, J.-W. Meyer, P. Pfälzner, A. Pruß, Ph. Quenet, L. Risvet, E. Rova, W. Sallaberger, J. Thomalsky, S. Valentini (Turnhout 2011) 255-265

Torrence, R.
1986 Production and exchange of stone tools. Prehistoric

obsidian in the Aegean. (Cambridge 1986)

Tunca, Ö. u. a. (Hrsg.)
2007 Chagar Bazar (Syrie) II. Les vestiges „post-akkadiens" du chantier D et études diverses (Louvain 2007)

Unger-Hamilton, R. u. a.
1987 Drill Bits From Abu Salabikh, Iraq, in: G.S. Maison de l'Orient (Hrsg.) La main et l'outil: manches et emmanchements préhistoriques: Table ronde C.N.R.S. Tenue à Lyon du 26 au 29 novembre 1984 (Lyon 1987) 269-285

Ur, J. A.
2004 Urbanism and Society in the Third Millennium Upper Khabur (Chicago 2004)
2011 Ancient Landscapes in Southeastern Anatolia, in: S. R. Steadman – J. G. McMahon (Hrsg.), The Oxford handbook of ancient Anatolia, 10.000-323 B.C.E. (Oxford 2011) 836-857

Van der Leeuw, S. E.
1993 Giving the Potter a Choice. Conceptual aspects of pottery techniques, in: P. Lemonnier (Hrsg.), Technological choices. Transformation in material cultures since the Neolithic (London 1993) 238-288

Van Loon, M. N. (Hrsg.)
1998 Hammam et-Turkman I. Report on the University of Amsterdam's 1981-84 excavations in Syria, Nederlands Historisch-Archeologisch Instituut te Istanbul. Uitgaven van het Nederlands Historisch-Archaeologisch Instituut te Istanbul 63 (Istanbul 1998)
2001 Selenkahiye. Final report on the University of Chicago and University of Amsterdam excavations in the Tabqa Reservoir, Northern Syria, 1967-1975, Nederlands Historisch-Archaeologisch Instituut te Istanbul. Uitgaven van het Nederlands Historisch-Archaeologisch Instituut te Istanbul 91 (Istanbul 2001)

Van Soldt, W. H.
2001 Stone Objects, in: Selenkahiye. Final report on the University of Chicago and University of Amsterdam excavations in the Tabqa Reservoir, Northern Syria, 1967 - 1975, Nederlands Historisch-Archaeologisch Instituut te Istanbul. Uitgaven van het Nederlands Historisch-Archaeologisch Instituut te Istanbul 91 (Istanbul 2001) 447-478

Vandiver, P. B. u. a. (Hrsg.)
2002 Materials Issues in Art and Archaeology VI. Symposium held Nov. 27-28, 2001, Materials Research Society Symposia Proceedings 712 (Boston 2002)

Veil, S.
1990 Die Nachbildung einer Jagdlanze der Neandertaler aus Lehringen, Ldkr. Verden, in: Experimentelle Archäologie in Deutschland. Beiheft 4. Archäologische Mitteilungen aus Nordwestdeutschland. Beiheft 4 (Oldenburg 1990), 284-286

Vila, E.
2010 Etude de faune mammalienne de Tell Chuēra, secteurs H et K (2000-2007) et de Kharab Sayyar, secteur A (Bronze ancien, Syrie), in: J.-W. Meyer (Hrsg.), Vorbericht zu den Grabungskampagnen 1998 bis 2005, Vorderasiatische Forschungen der Max Freiherr von Oppenheim-Stiftung II, 2 (Wiesbaden 2010) 169-183

Vollertsen, F. – Kleiner, M. (Hrsg.)
2001 Idee – Vision – Innovation (Bamberg 2001)

Wahl, J.
2010 Tell Chuēra – Die menschlichen Skelettreste aus dem 3. und 2. Jahrtausend v. Chr., in: J.-W. Meyer (Hrsg.), Vorbericht zu den Grabungskampagnen 1998 bis 2005, Vorderasiatische Forschungen der Max Freiherr von Oppenheim-Stiftung II, 2 (Wiesbaden 2010) 255-276

Wattenmaker, P.
1998 Household and state in upper Mesopotamia. Specialized economy and the social uses of goods in an early complex society (Washington 1998)

Weeks, L.
2012 Metallurgy, in: D. T. Potts (Hrsg.) A companion to the archaeology of the Ancient Near East (Chichester 2012) 295-316

Weicken, H.-M. – Wener, A.
1995 Untersuchungen zur holozänen Relief – und Bodenentwicklung im Umkreis des Tell Chuēra, in: W. Orthmann u. a., Vorbericht über die Grabungskampagnen 1986 bis 1992, Vorderasiatische Forschungen der Max Freiherr von Oppenheim-Stiftung 2, 1 (Saarbrücken 1995) 281-324

Weiner, J.
1980a Die Flintminen von Çakmak. Eine im Aussterben begriffene heute noch produzierende Feuersteinindustrie in Nordwestanatolien, in: G. Weisgerber (Hrsg.), 5000 Jahre Feuersteinbergbau. Die Suche nach dem Stahl der Steinzeit; Ausstellung im Dt. Bergbau-Museum Bochum vom 24. Okt. 1980 bis 31. Jan. 1981, Veröffentlichungen aus dem Deutschen Bergbau-

Museum Bochum 22 (Bochum 1980) 383-395
1980b Vom Rohmaterial zum Gerät. Zur Technik der Feuersteibearbeitung, G. Weisgerber (Hrsg.), 5000 Jahre Feuersteinbergbau. Die Suche nach dem Stahl der Steinzeit; Ausstellung im Dt. Bergbau-Museum Bochum vom 24. Okt. 1980 bis 31. Jan. 1981, Veröffentlichungen aus dem Deutschen Bergbau-Museum Bochum 22 (Bochum 1980) 216-227
1992 Beobachtungen zum Hornsteinmaterial und seinem schlagtechnischen Verhalten, in: M. R. Behm-Blancke (Hrsg.): Hassek Höyük. Naturwissenschaftliche Untersuchungen und lithische Industrie, IstForsch 38 (Tübingen 1992) 225-237

Weisgerber, G. (Hrsg)
1980 5000 Jahre Feuersteinbergbau. Die Suche nach dem Stahl der Steinzeit; Ausstellung im Dt. Bergbau-Museum Bochum vom 24. Okt. 1980 bis 31. Jan. 1981, Veröffentlichungen aus dem Deutschen Bergbau-Museum Bochum 22 (Bochum 1980)

Weiss, H.
1990 "Civilizing" the Khabur Plains. Mid-Third Millennium State Formation at Tell Leilan, in: P. Matthiae – M. N. van Loon – H. Weiss (Hrsg.), Resurrecting the past. A joint tribute to Adnan Bounni, Nederlands Historisch-Archaeologisch Instituut te Istanbul. Uitgaven van het Nederlands Historisch-Archaeologisch Instituut te Istanbul 67 (Istanbul 1990) 387-407

Weiss, H. u. a.
1993 The Genesis and Collapse of Third Millennium North Mesopotamian Civilization, Science 261, 1993, 995-1004
2002 Revising the Contours of History at Tell Leilan, AAS 45, 2002, 59-74

Wendrich, W.
1999 The world according to basketry. An ethno-archaeological interpretation of basketry production in Egypt, CNWS publications 83 (Leiden 1999)

Weninger, B. u. a.
2010 Zur Radiocarbondatierung der Frühbronzezeit in Tell Chuēra (Nordsyrien), in: J.-W. Meyer (Hrsg.), Vorbericht zu den Grabungskampagnen 1998 bis 2005, Vorderasiatische Forschungen der Max Freiherr von Oppenheim-Stiftung II, 2 (Wiesbaden 2010) 187-197

Werner, P.
1998 Pfeilspitzen, in: R. M. Czichon - P. Werner (Hrsg.), Tall Munbāqa-Ekalte I. Die Bronzezeitlichen Kleinfunde (Saarbrücken 1998) 141-145

Whallon, R. J.
1978 Threshing sledge flints. A distinct pattern of wear, Paléorient 4, 1978, 319-324

Whittaker, J. C.
1994 Flintknapping. Making and understanding stone tools (Austin 1994)
2000 Alonia and Dhoukanes: The Ethnoarchaeology of Threshing in Cyprus, Near Eastern Archaeology 63, 2, 2000, 62-69

Whittaker, J. C. – Romano, A. D.
1996 Some prehistoric copper flaking tools in Minnesota, The Wisconsin Archaeologist 77, 1, 1996, 3-10

Whittaker, J. C. u. a.
2009 Çakmak revisited: Turkish flintknappers today, Lithic Technology 34, 2, 2009, 93-110

Wilhelm, G. u. a. (Hrsg.)
1993 Tell Karrana 3. Tell Jikam, Tell Khirbet Salih, BaF 15 (Mainz 1993)

Wilke, P. u. a.
2007 Prehistoric Exploitation of Eocene Flint in the al-Jafr Basin in Southeastern Jordan, in: C. Delage (Hrsg.), Chert availability and prehistoric exploitation in the Near East, BAR 1615 (Oxford 2007) 228-239

Wilkinson, T.
1989 Extensive Sherd Scatters and Land-Use Intensity: Some Recent Results, JFieldA 16, 31-46
1994 The Structure and Dynamics of Dry-Farming States in Upper Mesopotamia, Current Anthropology 35, 5, 1994, 483-520

Wilson, D. C.
1994 Identification and Assessment of Secondary Refuse Aggregates, Journal of Archaeological Method and Theory 1, 1, 1994, 41-68

Wirth, E.
1962 Agrargeographie des Irak, Hamburger Geographische Studien 13 (Hamburg 1962)
1971 Syrien. Eine geographische Landeskunde (Darmstadt 1971)

Wissing, A.
2009 Die Felsgesteinobjekte, in: A. Bianchi – A. Wissing (Hrsg.), Die Kleinfunde. Mit einem Beitrag von Jaques Chabot und Patrick Eid, Studien zur Urbanisierung Nordmesopotamiens Serie A, Ausgrabungen 1998-2001 in der zentralen Oberstadt von

Tall Mozan, Urkeš 2 (Wiesbaden 2009) 617-801

Wossink, A.
2009 Challenging Climate Change: Competition and Cooperation among Pastoralists and Agriculturalists in Northern Mesopotamia (c. 3000-1600 BC) (Leiden 2009)

Wright, K. I.
1992 A classification system for ground stone tools from the prehistoric Levant, in: Paléorient 18, 2, 1992, 53-81

Würz, M.
i. V.a Architektur und Struktur des nordöstlichen Stadtgebietes von Kharab Sayyar, Nordsyrien (In Vorbereitung)
i. V.b Organizing an urban way of life in the marginal zones of the western Gazira - water management, agriculture and the communal infrastructure in the early Islamic town of Kharab Sayyar (Dissertationsprojekt Goethe-Universität Frankfurt a. M.)

Yerkes, R. W./Kardulias, P. N.
1994 Microwear Analysis of Threshing Sledge Flints from Cyprus and Greece: Implications for the Study of Ancient Agriculture, Helinium 34, 1994, 281-293

Yoffee, N.
1995 Political Economy in Early Mesopotamian States, Annual Review of Anthropology 24, 1995, 281-311

Zimmermann, A.
1988 Steine, in: U. Boelicke – D. von Brandt – J. Lüning (Hrsg.), Der bandkeramische Siedlungsplatz Langweiler 8, Gemeinde Aldenhoven, Kreis Düren, Rheinische Ausgrabungen 28, 2 (Köln i.e. Pulheim 1988) 569-787
1995 Austauschsysteme von Silexartefakten in der Bandkeramik Mitteleuropas (Bonn 1995)

7.2 Abbildungsverzeichnis

Kapitel 1

Kapitel 2

friedhofs (Bereich SWF)
Abb. 2.5: 1. Vereinfachter Plan des Hauses A im Bereich E mit Lage des Großklingendepots TCH 76 E 161-1 bis 4 in Raum 6 (Erstellung des Plans: A. Tamm, T. Helms), 2. Großklingendepot aus dem Raum A-6, 3. Kupferbarren aus dem Raum A-6, 4. Vollständige Großklinge aus dem Bereich E (Haus D, Raum D-4)
Abb. 2.6: Lage des Großklingen- (TCH 63 K 82-1 bis -5) und Becherdepots in Raum X 1, Bereich K, Schicht 2-3, M 1:100; der Plan basiert auf der Bauaufnahme von 1963 (W. Niedermann); die Fundlage der Klingen und des Depots wurde auf Grundlage vorhandener Skizzen und den Einträge der Grabungstagebücher ermittelt
Abb. 2.7: 1. Großklingendepot (TCH 63 K 82-1 bis -5) aus Raum X 1, Bereich K, 2. Becherdepot aus Raum X 1, Blick in südliche Richtung, Bereich K, 3. Übersichtsfoto, Bereich K, Bauphase 14, Periode Tell Chuēra IB

Kapitel 3

Abb. 3.1: 1. Rohmaterialgruppe F 4, 2. Rohmaterialgruppe F 5, 3. Rohmaterialgruppe F 6, 4. Rohmaterialgruppe F 7, 5. Obsidian (links: O 5, rechts: O 1); aus Kostengründen wurde auf die Reproduktion von Farbaufnahmen verzichtet; farbige Abbildungen der Rohmaterialgruppen stelle ich auf Anfrage hin gerne zur Verfügung (Email: bodoheye@gmx.de)
Abb. 3.2: 1. Rohmaterialgruppe F 1, 2. Rohmaterialgruppe F 2; aus Kostengründen wurde auf die Reproduktion von Farbaufnahmen verzichtet; farbige Abbildungen der Rohmaterialgruppen stelle ich auf Anfrage hin gerne zur Verfügung (Email: bodoheye@gmx.de)
Abb. 3.3: 1. Rohmaterialgruppe F 2 (Großklingensegmente), 2. Rohmaterialgruppe F 2 (Großklinge); aus Kostengründen wurde auf die Reproduktion von Farbaufnahmen verzichtet; farbige Abbildungen der Rohmaterialgruppen stelle ich auf Anfrage hin gerne zur Verfügung (Email: bodoheye@gmx.de)
Abb. 3.4: 1. Großklinge aus Silex der Rohmaterialgruppe F 2, 2. Rohmaterialgruppe F 2, 3. Großklinge und Großklingensegmente aus Silex der Rohmaterialgruppe F 3; aus Kostengründen wurde auf die Reproduktion von Farbaufnahmen verzichtet; farbige Abbildungen der Rohmaterialgruppen stelle ich auf Anfrage hin gerne zur Verfügung (Email: bodoheye@gmx.de)
Abb. 3.5: 1. Abschlagkernstein aus Silex der Rohmaterialgruppe F 2 (TCH 07 ASA 61-1, 2), 2. Débitage aus Silex der Rohmaterialgruppe F 2 (TCH 09 HMS-2 bis -42); aus Kostengründen wurde auf die Reproduktion von Farbaufnahmen verzichtet; farbige Abbildungen der Rohmaterialgruppen stelle ich auf Anfrage hin gerne zur Verfügung (Email: bodoheye@gmx.de)
Abb. 3.6: 1. Absolute Fundhäufigkeit der Rohmaterialgruppen in Tell Chuēra , 2. Absolute Fundhäufigkeiten der Rohmaterialgruppen in Kharab Sayyar; die Diagramme wurden mit der Statistik-Software R erstellt
Abb. 3.7: 1. Spinogramm: Skalierte Häufigkeiten der lithischen Rohmaterialgruppen in Tell Chuēra und Kharab Sayyar, 2. Absolute Häufigkeit der Obsidiane, aufgeschlüsselt nach chronostratigraphischen Gruppen, 3. Absolute Häufigkeit der Rohmaterialgruppe F 1, aufgeschlüsselt nach chronostratigraphischen Gruppen; das Diagramm wurde mit der Statistik-Software R erstellt
Abb. 3.8: Spinogramm: Häufigkeiten der lithischen Rohmaterialgruppen in Tell Chuēra, aufgeschlüsselt nach chronostratigraphischen Gruppen; das Diagramm wurde mit der Statistik-Software R erstellt
Abb. 3.9: Relative Häufigkeit (in Prozent) von Grundformen der Abschlag-, Klingen- und Großklingenproduktion, aufgeschlüsselt nach lithischen Rohmaterialgruppen (F 1, F 2, F 3, F 4, Obsidian) aus Tell Chuēra; unbestimmte/unbestimmbarer Artefakte bleiben in der Darstellung ausgeklammert; das Diagramm wurde mit der Office-Anwendung MS Excel erstellt.
Abb. 3.10: Begehungen im Wadi Chuēra im Frühjahr 2011. Nördlich des Tells ist das Wadibett durch Kiesgewinnungsmaßnahmen stark verbreitert (Foto: M. Würz).
Abb. 3.11: 1. Abschlagartefakte aus Halawa (a), Tell Chuēra (b) und Tell Sheikh Hassan (c); makroskopisch entsprechen die Funde aus Halawa und Sheikh Hassan dem Silex der Chuēra-Rohmaterialgruppe F 1, 2. Abschläge aus Tell Halawa (a) und Tell Chuēra (b); makroskopisch entspricht der Silex aus Tell Halawa der Chuēra-Rohmaterialgruppe F 1; farbige Abbildungen der Rohmaterialgruppen stelle ich auf Anfrage hin gerne zur Verfügung (Email: bodoheye@gmx.de)
Abb. 3.12: Streudiagramm: Yttrium/Zirkonium (Y/Zr) gegen Niobium/Zirkonium (Nb/Zr) und den daraus resultierenden Herkunftsgebieten (erstellt von M. Helfert)
Abb. 3.13: Modell für die Versorgung frühurbaner Sied-

lungen in Nordmesopotamien mit Silex und die räumliche Organisation der Chaînes Opératoires (CO); direkte Versorgungsstrategien; 1. Gelegenheitsgebundene Selbstversorgung im wenig arbeitsintensiven Modus (1 a), 2. Selbstversorgung im wenig arbeitsintensiven Modus (1 b), 3. Selbstversorgung im arbeitsintensiveren Modus (1 c)

Abb. 3.14: Modell für die Versorgung frühurbaner Siedlungen in Nordmesopotamien mit Silex die räumliche Organisation der Chaînes Opératoires (CO); indirekte Versorgungsstrategien; 1. Import von Rohmaterial, Vorkernen oder Kernsteinen (Modus 2 a), 2. Import von Grundformen oder Geräten (Modus 2 b); in dieser Darstellung wurde für den Ursprungsort des lithischen Rohmaterials die Rohstoffbeschaffungsstrategie 1 c rekonstruiert; diesbezüglich erscheinen natürlich auch die Varianten 1 a oder 1 b möglich

Abb. 3.15: Modell für die Versorgung frühurbaner Siedlungen in Nordmesopotamien mit Silex und die räumliche Organisation der Chaînes Opératoires (CO); Beispiel für eine Rohstoffbeschaffung im Rahmen verketteter Weitergabeprozesse (Modus 2 c): In diesem Beispiel bezieht Siedlung A silextechnologische Grundformen durch eine Verkettung verschiedener Modi der Rohstoffbeschaffung

Abb. 3.16: Diagramm, das die räumlichen/sozialen Sektoren der frühbronzezeitlichen Großsiedlung Tell Chuēra in der jüngeren Frühbronzezeit (um 2400 v. u. Z.) in Kombination mit den drei Spielarten der Reziprozität zeigt; Rekonstruktion nach Sahlins 1972, Meyer 2011 und Hempelmann 2013; im Mittelpunkt des Diagramms sind die Basishaushalte (H) dargestellt; um die Haushalte sind weitere Ringe angeordnet, die entferntere räumliche/soziale Sektoren bezeichnen; aus diesem Gefüge herausgelöst, aber eng mit den Sektoren der Haushalte und Lineages verbunden, erscheinen die übergeordneten Haushalte (ÜH); drei radiale Linien repräsentieren die drei Erscheinungsformen der Reziprozität (generalisierende, ausgeglichene und negative Reziprozität), der Liniendicke deren vermutete Bedeutung

Abb. 3.17: Herkunft der Silexvarietäten F 1 und F 2 und des Obsidians (Rekonstruktionsvorschlag); Karte nach Creekmore 2008: Figure 2.1

Abb. 3.18: 1. Unidirektionaler Abschlagkernstein (TCH 06 H 35-1) mit einer Schlagfläche (SF); bei dem Stück handelt es sich um ein Hammerfragment (MLD 5,95 cm), 2: Bidirektionaler Abschlagkernstein (TCH 07 W 286-1) mit zwei gegenüberliegenden Schlagflächen, M 1:2, 3. Multidirektionaler Abschlagkernstein (TCH 07 K 1037-15) mit zwei rechtwinklig aufeinander liegenden Schlagflächen (SF 1 und SF 2; MLD: 8,5 cm)

Abb. 3.19: 1. Bidirektionaler Abschlagkernstein (TCH 07 TMS 1087-1) mit zwei rechtwinklig aufeinander liegenden Schlagflächen, M 1:2, 2. Multidirektionaler Abschlagkernstein (TCH 09 W 1103-2) mit zwei Schlagflächen, die sich gegenseitig als Abbaufläche dienen, 3. Bidirektionaler Abschlagkernstein (TCH 11 X 0-24) mit zwei rechtwinklig aufeinander liegenden Schlagflächen.

Abb. 3.20: 1. Bidirektionaler Abschlagkernstein (TCH 11 X 0-218) mit mehr als zwei Schlagflächen, 2. Unidirektionaler Abschlagkernstein (TCH 99 B 29-1) mit einer Schlagfläche, 3. Schlagflächenrand des Abschlagkernsteins TCH 99 B 29-1, 4. Bidirektionaler Kern aus Abschlag (TCH 01 K 577-1) mit zwei rechtwinklig aufeinander liegenden Schlagflächen. Das Foto zeigt die Ventralfläche

Abb. 3.21: 1. Sekundärer Kortexabschlag (TCH 06 W-204-1) mit Bezeichnung einiger Schlagmerkmale auf der Dorsalfläche (links) und der Ventralfläche (rechts); vgl. Glossar in Teilkapitel 1.4.1, 2. Kernflanke (TCH 06 W 120-1) mit Bezeichnung einiger Schlagmerkmale

Abb. 3.22: 1. Sekundärer Abschlag (TCH 11 X 0-503) mit Bezeichnung einiger Schlagmerkmale auf der Dorsalfläche (links) und der Ventralfläche (rechts), vgl. Glossar in Teilkapitel 1.4.1, 2. Sekundärer Abschlag (TCH 11 X 0-433) mit kortikalem Schlagflächenrest (SFR), 3. Einflächiger Schlagflächenrest an einem sekundärem Kortexabschlag (TCH 11 X 0-496), ohne Maßstab (Länge des Abschlages in Schlagrichtung: 5,6 cm)

Abb. 3.23: Abschläge aus Kharab Sayyar (KHS), 1. Sekundärer Kortexabschlag (KHS 00 A 213-2), 2. Sekundärer Kortexabschlag (KHS 02 A 297-2), 3. Sekundärer Abschlag (KHS 03 A 274-50), 4. Sekundärer Kortexabschlag (KHS 04 A 479-1), 5. Sekundärer Abschlag (KHS 05 A 535-2), 6. Kernscheibe (KHS 05 A 486-1), 7. Sekundärer Kortexabschlag (KHS 05 A 589-2), 8. Sekundärer Abschlag (KHS 00 B 215-1), M 1:2

Abb. 3.24: 1. Sekundärer Abschlag (TCH 06 ASA 0-14), 2. Mediales Fragment eines sekundären Kortexabschlages (TCH 96 F 65-2), 3. Distalfragment eines sekundären Kortexabschlages (TCH 98 F 135-1), 4. Distalfragment eines primären Kortexabschlages (TCH 05 H 420-1), 5. Proximalfragment eines sekundären Kortexabschlages (TCH 02 K 309-1), 6. Sekundärer Kortexabschlag (TCH 03 K 575-1), M 1:2

Abb. 3.25: 1. Sekundärer Kortexabschlag (TCH 02 K 821-1), 2. Distalfragment eines sekundäreren Kortexabschlages (TCH 05 K 913-1), 3. Distalfragment eines sekundären Kortexabschlages (TCH 05 K 927-1), 4. Sekundärer Abschlag (TCH 08 K 2040-21), 5. Mediales Fragment eines sekundären Kortexabschlages (TCH 07 W 1-6), 6. Sekundärer Abschlag (TCH 11 X 0-285), M 1:2, 7. Bruchenden (leicht verändert nach Odell 2004: Fig. 3.10)

Abb. 3.26: Streudiagrammmatrix der Dimensionsparameter Länge, max. Breite und max. Dicke vollständiger Abschläge (Grundform II) aus Tell Chuēra (grau) und Kharab Sayyar (dunkelgrau); das Diagramm wurde mit der Statistik-Software R erstellt

Abb. 3.27: 1. Scheibenförmiger Hammerstein mit umlaufenden Schlagnarben (TCH 03 H 0-7) M 1:2 (Zeichnung: K. Engemann), 2. Schlagnarben entlang der Kantenpartie von Hammerstein TCH 03 H 0-7, 3. Unregelmäßiger Hammer, Geröllstück mit mehreren Schlagnarbenfeldern (TCH 64 K 0-36)

Abb. 3.28: 1. Schlagnarben auf Hammer KHS 05 A 686-2, 2. 2. Hammerfragment (silextechnologische Grundform: sekundärer Kortexabschlag) mit Schlagnarben und zahlreichen Schlagaugen (KHS 05 A 686-2), 3. Kugelförmiger Hammerstein mit umlaufenden Schlagnarben (TCH 64 K 0-35), 4. Scheibenförmiger Hammerstein mit umlaufenden Schlagnarben (TCH 11 X 0-434)

Abb. 3.29: Scheibenförmiger Hammerstein (TCH 06 ASA 100-1) mit natürlich entstandenem Loch und umlaufendem Schlagnarbenfeld (Zeichnung: K. Engemann); in dem Loch befand sich der Rest eines hölzernen Stiels, M 1:2, 2. Kubischer Hammer (TCH 07 K 1037-18) mit mehreren Schlagnarbenfeldern (Zeichnung: K. Engemann), M 1:2, 3. Kubischer Hammer (TCH 07 K 1037-19) mit mehreren Schlagnarbenfeldern (Zeichnung: K. Engemann), M 1:2, 4. Kugelförmiger Hammer (KHS 05 A 686-2) mit umlaufenden Schlagnarben (Zeichnung: K. Engemann), M 1:2

Abb. 3.30: Kubischer Hammerstein (TCH 04 H 300-1) mit mehreren Schlagnarbenfeldern (Zeichnung: K. Engemann), M 1:2, 2. Schlagnarben und Abschlagnegative auf Hammerstein TCH 04 H 300-1, 3. Scheibenförmiger Hammer (TCH 08 W 533-76), flaches Geröllstück mit Schlagnarbenfeldern an beiden Langseiten und Schmalenden

Abb. 3.31: 1. Länge vollständig erhaltener Abschläge (Grundform II) aus Tell Chuēra, aufgeschlüsselt nach chronostratigraphischen Gruppen, Darstellung der Daten durch vertikale Box-and-whisker Plots (Kastendiagramme), 2. Legende (Boxplot-Diagramm). Die Diagramme wurden mit der Statistik-Software R erstellt

Abb. 3.32: Verteilung der Grundformen der Abschlagproduktion in Tell Chuēra; aufgeführt sind primäre und sekundäre Kortexabschläge, sekundäre Abschläge, Absplisse, Kernflanken von Abschlagkernsteinen, Abschlagkernsteine, informale Kernsteine und Kerne aus Abschlägen; die Fundstücke aus den Bereichen H und H-Ost sowie aus den Teilbereichen der Unterstadtgrabungen sind in der Darstellung zusammengefasst worden

Abb. 3.33: Verteilung der Hammersteine in Tell Chuēra; die Fundstücke aus den Bereichen H und H-Ost sowie aus den Teilbereichen der Unterstadtgrabungen (Bereich W) sind in der Darstellung zusammengefasst worden

Abb. 3.34: 1. Großes Gebäude (Haus 5) mit Töpferwerkstatt im Grabungsbereich W-3; in der Verfüllung eines Beckens (TCH W 1066) und eines Brunnens (TCH W 1103) wurden Fundkonzentrationen dokumentiert, die auf die Abschlagproduktion verweisen, 2. Detailaufnahme der Hoffläche von Haus 5

Abb. 3.35: Schematische Darstellung zur Organisation der Abschlag- und Großklingenproduktion in Tell Chuēra: 1. Organisation der Abschlagproduktion, 2. Organisation der Großklingenproduktion

Abb. 3.36: 1. Unidirektionaler Klingenkernstein (TCH 11 X 0-40), 2. Schlagflächenrand auf dem Distalfragment einer Kernscheibe (TCH 06 H 20-2), 3. Distalfragment eines Kernscheibenabschlages (TCH 06 H 20-1), 4. Unidirektionaler Klingenkern (TCH 06 H 57-10)

Abb. 3.37: Grundformen der Klingenproduktion aus Tell Chuēra und Kharab Sayyar: 1. Unidirektionaler Klingenkern (TCH 08 W 778-1), 2. Distalfragment einer sekundären Kernkantenklinge (TCH 98 F 87-1), 3. Kernfußabschlag (TCH 08 K 2043-10), 4. Mediales Fragment einer regelmäßigen Klinge (KHS 03 A 327-1), 5. Mediales Fragment einer regelmäßigen Klinge (KHS 03 A 327-1), 6. Proximalfragment einer regelmäßigen Klinge (KHS 02 A 321-2), 7. Proximalfragment einer regelmäßigen Klinge (KHS 05 A 607-9), 8. Mediales Fragment einer regelmäßigen Klinge (KHS 99 B 20-1), 9. Distalfragment einer regelmäßigen Klinge (KHS

99 B 67-1), 10. Proximalfragment einer regelmäßigen Klinge (TCH 06 H 57-1), M 1:2

Abb. 3.38: Grundformen der Klingenproduktion aus Tell Chuēra und Kharab Sayyar: 1. Mediales Fragment einer regelmäßigen Klinge (TCH 07 H 96-1), 2. Proximalfragment einer regelmäßigen Klinge (TCH 01 K 203-2), 3. Mediales Fragment einer regelmäßigen Klinge (TCH 03 K 717-1), 4. Proximalfragment einer regelmäßigen Klinge (TCH 05 K 569-1), 5. Distalfragment einer Randklinge (TCH 07 K 1084-9), 6. Distalfragment einer regelmäßigen Klinge (TCH 07 K 1084-9), 7. Mediales Fragment einer regelmäßigen Klinge (TCH 06 W 120-2), 8. Regelmäßige Klinge (TCH 10 F 10001-3), 9. Kollektion einfacher Klingensegmente, M 1:2

Abb. 3.39: 1. Distalfragment einer regelmäßigen Klinge (TCH 10 A 0-1), 2. Proximalfragment einer regelmäßigen Klinge (TCH 06 B 2-1), 3. Proximalfragment einer regelmäßigen Klinge (TCH 08 K 2040-3), 4. Proximalfragment einer unregelmäßigen Klinge (TCH 98 F 52-6), 5. Mediales Fragment einer regelmäßigen Klinge (TCH 08 K 2040-53), 6. Proximalfragment einer regelmäßigen Klinge (TCH 08 K 2043-18), 7. Mediales Fragment einer regelmäßigen Klinge (TCH 10 S 282-6), 8. Mediales Fragment einer regelmäßigen Klinge (TCH 10 S 284-4), M 1:1

Abb. 3.40: Verteilung der Grundformen der Klingenproduktion (einfache Klingen) in Tell Chuēra: Aufgeführt sind regelmäßige und unregelmäßige Klingen, Kernkantenklingen, Randklingen, Kernflanken von Klingenkernsteinen und Klingenkernsteine. Die Fundstücke aus den Bereichen H und H-Ost sowie aus den Teilbereichen der Unterstadtgrabungen (Bereich W) sind in der Darstellung zusammengefasst worden

Abb. 3.41: Max. Breite der Klingensegmente aus Tell Chuēra: 1. Histogramm, 2. Kernel Density Diagramm mit Darstellung der Datenpunkte (dunkelgraue Striche auf der Abszissenachse), 3. Box-and-whisker Diagramm. Die Diagramme wurden mit der Statistik-Software R erstellt

Abb. 3.42: Max. Breite der Klingensegmente aus Kharab Sayyar: 1. Histogramm, 2. Kernel Density Diagramm mit Darstellung der Datenpunkte (dunkelgraue Striche auf der Abszissenachse), 3. Box-and-whisker Diagramm. Die Diagramme wurden mit der Statistik-Software R erstellt

Abb. 3.43: 1. Großklingenkernstein (TCH 83 P 66-1), 2. Großklingenkernstein (TCH 83 P 66-2), M 1:2 (durch K. Engemann neu umgezeichnete Altzeichnungen)

Abb. 3.44: 1. Großklingenkernstein (TCH 83 P 66-3), 2. Großklingenkernstein (TCH 83 P 66-4), M 1:2 (durch K. Engemann neu umgezeichnete Altzeichnungen)

Abb. 3.45: 1. Kernflankenabschlag eines Großklingenkerns (TCH 95 F 5133-1); Foto der Dorsalfläche und des Schlagflächenrestes, 2. Großklingenkernstein (TCH 83 P 66-3) mit Bezeichnung der einzelnen Kernpartien, M 1:2

Abb. 3.46: Kernkantenklingen der Großklingenproduktion aus Tell Chuēra und Kharab Sayyar. 1. Proximalfragment einer primären Kernkantenklinge-GK (TCH 06 ASA 0-14), 2. Proximalfragment einer sekundären Kernkantenklinge-GK (KHS 02 A 321-1), 3. Mediales Fragment einer sekundären Kernkantenklinge-GK (TCH 06 ASA 32-2), 4. mediales Fragment einer primären Kernkantenklinge-GK (TCH 06 B 5-1), 5. Mediales Fragment einer sekundären Kernkantenklinge-GK(TCH 96 F 25-1), 6. Proximalfragment einer primären Kernkantenklinge-GK (TCH 03 H 203-1),7. Distalfragment einer primären Kernkantenklinge-GK (TCH 07 K 1071-5), 8. Mediales Fragment einer sekundären Kernkantenklinge-GK (TCH 06 W 62-2), M 1:2

Abb. 3.47: 1. Distalfragment einer sekundären Kernkantenklinge-GK (TCH 06 W 13-2), 2: Mediales Fragment einer sekundären Kernkantenklinge-GK (TCH 09 H 341-1), M 1:2, 3. Distalfragment einer primären Kernkantenklinge-GK (TCH 06 W 417-6), 4. Proximalfragment einer primären Kernkantenklinge-GK (TCH 98 F 131-1), M 1:1

Abb. 3.48: Depotfund aus dem Bereich E in Tell Chuēra. Regelmäßige Großklinge und Randklingen der Großklingenproduktion. 1. Regelmäßige Großklinge (TCH 76 E 161-1), 2. Randklinge-GK (TCH 76 E 161-2), 3. Randklinge-GK (TCH 76 E 161-3), 4. Randklinge-GK (TCH 76 E 161-4), M 1:2

Abb. 3.49: Regelmäßige Großklingen aus Tell Chuēra. 1. Regelmäßige Großklinge (TCH 07 K 1033-1), 2. Regelmäßige Großklinge (TCH 07 1033-2), 3. Proximalfragment einer regelmäßigen Großklinge (TCH 04 K 779-1), M 1:2

Abb. 3.50: Randklingen der Großklingenproduktion aus Tell Chuēra und Kharab Sayyar. 1. Distalfragment einer Randklinge-GK (KHS 02 A 208-1), Mediales Fragment einer Randklinge-GK (KHS 00 B 248-1), 3. Mediales Fragment einer Randklinge-GK (TCH 04 H 280-1), 4. Mediales Fragment einer Randklinge-GK (TCH 01 K 71-1), 5. Proximalfragment einer Randklinge-GK (TCH 07 K 1033-3), M 1:2

Abb. 3.51: 1. Funde von Kernkantenklingen der Großklingenproduktion in Tell Chuēra (gekennzeichnet durch weiße Kreise), 2. Kernscheibenabschlag (TCH 07 K 1074-1), links: Dorsalfläche mit Bezeichnung einiger Schlagmerkmale, rechts: rechte Lateralseite mit Schlagflächenrest

Abb. 3.52: 1. Meißelartiges Gerät aus Kupfer (Fundnummer TCH 07 K 12, Strichzeichnung: M 1:1), 2.Vollständig erhaltene, regelmäßige Großklinge (TCH 07 K 1033-1)

Abb. 3.53: 1. Möglicher Werkstattbefund im Bereich K, Bauphase 31 b. Fundlage des Klingendepots (TCH 07 K 1033-1 bis -3), der Kupferspitze (Fundnummer TCH 07 K 12, vgl. Abb. 3.52:1) und der Hammersteine (TCH 07 K 1037-18 und -19), M 1:100; der Plan basiert auf der Zeichnung und den Angaben von T. Babour (vgl. Babour in Hempelmann 2013: Tafel 38), 2. Klingenfunde der Bauphase 31 b (TCH 07 K 1033-1, TCH 07 K 1037-16, TCH 07 K 1033-2 und -3), 3. Hammerstein von der Begehungsfläche der Bauphase 31 b (TCH K 1037-19)

Abb. 3.54: 1. Kernfußabschlag (TCH 03 D 34-2), Ansicht der Dorsalfläche mit Bezeichnung einiger Schlagmerkmale, 2. Proximalfragment einer regelmäßigen Großklinge (TCH 64 K 0-34) mit Ansicht des Schlagflächenrestes, 3. Proximalfragment einer regelmäßigen Großklinge (TCH 11 X 0-350) mit Ansicht des Schlagflächenrestes

Abb. 3.55: Verteilung der Grundformen der Großklingenproduktion Tell Chuēra; aufgeführt sind regelmäßige und unregelmäßige Großklingen, primäre und sekundäre Kernkantenklingen der Großklingenproduktion, Randklingen der Großklingenproduktion, Kernflanken von Großklingenkernsteinen und Großklingenkernsteine. Die Fundstücke aus den Bereichen H und H-Ost sowie aus den Teilbereichen der Unterstadtgrabungen (Bereich W) sind in der Darstellung zusammengefasst worden

Abb. 3.56: 1. Regelmäßige Großklinge mit rezenten Beschädigungen (TCH 05 H 419-1), 2. Proximalfragment einer Randklinge-GK (KHS 05 A 573-2), 3. Distalfragment einer Randklinge-GK (KHS 05 A 573-1), stammt wahrscheinlich von derselben Grundform wie KHS 05 A 573-2, M 1:2

Abb. 3.57: Absolute Häufigkeit verschiedener Geräteklassen in Tell Chuēra, aufgeschlüsselt nach chronostratigraphischen Gruppen (Spätchalkolithikum, ältere FBZ, jüngere FBZ). Die Diagramme wurden mit der Statistik-Software R erstellt

Abb. 3.58: Abschlaggeräte aus Tell Chuēra und Kharab Sayyar. 1. Abschlagschaber (TCH 08 X 0-1), 2. Abschlagschaber/Tabular Scraper (TCH 08 K 2043-20), 3. Abschlagschaber (TCH 08 K 2040-45), 4. Abschlagschaber (TCH 07 W 0-1), 5. Abschlagschaber (TCH 08 W 533-38), 6. Abschlagbohrer (TCH 05 H 431-2), M 1:2

Abb. 3.59: 1. Auf sekundärem Abschlag angelegter Kratzer (TCH 11 X 0-17), Ansicht der Dorsalseite und vergrößertes Detail des retuschierten Distalendes (Kratzerkappe), 2. Gezähnter Abschlag (TCH 06 W 1-110), Detail der Modifikation (oben) und Ansicht der Ventralfläche (unten), 3. Bipolar ausgesplitterter Abschlag (TCH 07 K 1068-1), M 1:2, 4. Bohrer auf Abschlag (TCH 02 H 2-1)

Abb. 3.60: Längen der Großklingensegmente aus Tell Chuēra. 1. Histogramm, 2. Kernel Density Diagramm mit Darstellung der Datenpunkte (dunkelgraue Striche auf der X-Achse), 3. Box-and-whisker Diagramm; die Diagramme wurden mit der Statistik-Software R erstellt

Abb. 3.61: Längen der Großklingensegmente aus Kharab Sayyar. 1. Histogramm, 2. Kernel Density Diagramm mit Darstellung der Datenpunkte (graue Striche auf der X-Achse), 3. Box and-whisker Diagramm. Die Diagramme wurden mit der Statistik-Software R erstellt

Abb. 3.62: 1. Proximalfragment einer regelmäßigen Großklinge (KHS 05 A 354-1) mit Kerbung und Modifikation durch Stichelschlag im Distalbereich, M1:2, 2. Segment A 1 auf Proximalfragment (TCH 11 X 0-352), 3. Segment A 1 auf medialem Segment (TCH 11 X 0-364) mit Bezeichnung einiger Merkmalen der Sekundärproduktion

Abb. 3.63: Klingengeräte aus Tell Chuēra. 1. Segment A 3 (TCH 90 F 3542-1), 2. Segment A 2 (TCH 01 K 129-1), 3. Segment A 2 (TCH 06 ASA 32-3), 4. Segment A 2 (TCH 01 D 351-6), 5. Segment A 1 (TCH 06 ASA 0-6), 6. Segment A 3 (TCH 04 H 296-1), 7. Segment A 3 (TCH 06 ASA 108-1), 8. Segment A 2 (TCH 07 H 96-1), 9. Segment A 1 (TCH 07 K 1019-5), M 1:2

Abb. 3.64: Klingengeräte aus Tell Chuēra und Kharab Sayyar. 1. Segment A 3 (TCH 07 K 1097-1), 2. Segment A 2 (TCH 07 W 338-1), 3. Segment A 2 (KHS 00 A 205-2), 4. Segment A 1 (KHS 00 A 213-1), 5. Segment A 3 (KHS 00 A 220-2), 6. Segment A 12 (KHS 00 B 332-1), 7. Segment A 2 (KHS 00 B 332-2), M 1:2

Abb. 3.65: Klingengeräte aus Kharab Sayyar. 1. Segment A 2 (KHS 00 B 362-1), 2. Segment A 3 (KHS 02 276-1), 3. Segment A 2 (KHS 02 A 297-1), 4.

Segment A 1 (KHS 02 A 341-1), 5. Segment A 1 (KHS 02 A 356-1), 6. Segment A 2 (KHS 03 A 355-1), 7. Segment A 1 (KHS 03 A 336-1) und Segment A 2 (KHS 03 A 336-2), beide Fragmente stammen wahrscheinlich von derselben Grundform, M 1:2

Abb. 3.66: Klingengeräte aus Kharab Sayyar. 1. Segment A 2 (KHS 03 A 400-1), 2. Segment A 1 (KHS 04 337-4), 3. Segment A 3(KHS 04 A 469-6), 4. Segment A 1 (KHS 04 A 505-2), 5. Segment A 2 (KHS 04 A 516-5), 6. Segment A 3 (KHS 05 A 499-2), M 1:2

Abb. 3.67: Klingengeräte aus Kharab Sayyar. 1. Segment A 3, 2. Segment A 1, 3. Segment A 3 (KHS 05 A 577-1), 4. Segment A 3 (KHS 05 A 608-10), 5. Segment A 3 (KHS 05 A 620-1), 6. Segment A 3 (KHS 05 A 622-1), 7. Segment A 2 (KHS 05 A 635-1), 8. Segment 2 (KHS 05 A 662-1), M 1:2

Abb. 3.68: Klingengeräte aus Kharab Sayyar. 1. Segment A 2 (KHS 05 A 685-1), 2. Segment A 1 (KHS 05 698-1), 3. Segment A 3(KHS 06 A 726-5), 4. Segment A 3 (KHS 06 A 777-3), 5. Segment A 2 (KHS 06 A 786-2), 6. Segment A 1 (KHS 05 A 801-1), 7. Segment A 3 (KHS 05 A 804-1), M 1:2

Abb. 3.69: Klingengeräte aus Tell Chuēra. 1. Segment B 2 (TCH 01 K 63-1), 2. Segment B 1 (TCH 01 K 139-1), 3 Segment B 2 (TCH 01 K 233-1), 4. Segment B 1 (TCH 02 K 529-2), 5. Segment B 2 (TCH 0:5 H 397-3), 6. Segment B 2 (TCH 02 K 501-2), 7. Segment B 2 (TCH 02 K 553-1), M 1:2

Abb. 3.70: Klingengeräte aus Tell Chuēra und Kharab Sayyar. 1. Segment B 2 (TCH 02 K 553-3), 2. Segment B 2 (TCH 03 H 0-6), 3. Segment B 1 (TCH 01 K 233-1), 4. Segment B 2 (TCH 06 ASA 124-2), 5. Segment B 2 (TCH 06 ASA 237-2), 6. Segment B 2 (TCH 07 ASA 259-1), 7. Segment B 2 (TCH 05 W 5-1), 8. Segment B 2 (KHS 00 B 347-4), M 1:2

Abb. 3.71: Klingengeräte aus Kharab Sayyar. 1. Segment B 2 (KHS 00 B 377-1), 2. Segment B 2 (KHS 02 A 308-2), 3. Segment B 2 (KHS 02 A 313-1), 4. Segment B 2 (KHS 04 A 469-7), 5. Segment B 2 (KHS 04 A 469-8), 6. Segment B 2 (KHS 04 A 525-1), M 1:2

Abb. 3.72: Klingengeräte aus Tell Chuēra und Kharab Sayyar. 1. Segment C 2 (TCH 06 ASA 205-1), 2. Segment C 2 (TCH 03 D 83-1), 3. Segment C 2 (TCH 04 H 346-1), 4. Segment C 2 (TCH 92 A 5031-1), 5. Segment C 2 (KHS 00 B 347-2), M 1:2

Abb. 3.73: Klingengeräte aus Tell Chuēra und Kharab Sayyar. 1. Segment C 2 (TCH 06 ASA 205-1), 2. Segment C 3 (KHS 05 A 486-2), Silikatglanz fehlt auf der Zeichnung, 3. Segment C 2 (KHS 05 577-4), 4. Segment E 2 (KHS 00 A 220-1), 5. Segment E 2 (TCH 06 ASA 99-1), M 1:2

Abb. 3.74: Klingengeräte aus Tell Chuēra und Kharab Sayyar. 1. Segment D (TCH 06 W 1-108), 2. Segment D (TCH 01 K 234-1), 3. Segment D (KHS 03 A 401-1), 4. Segment D (KHS 00 B 271-1), 5. Segment D (KHS 04 A 492-3), 6. Segment D (KHS 04 A 519-1), M 1:2

Abb. 3.75: Klingengeräte aus Tell Chuēra. 1. Segment D (KHS 05 A 621-1), M 1:2, 2. Segment D (TCH 05 D 310-1), Ansicht der rückenretuschierten Lateralseite, der Dorsal- und Ventralfläche, M 1:1

Abb. 3.76: Klingengeräte aus Tell Chuēra und Kharab Sayyar. 1. Segment E 2 (KHS 02 A 307-2), 2. Segment E 2 (KHS 05 A 605-1), 3. Segment F (TCH 01 K 205-1), 4. Segment F (KHS 02 A 334-1), 5. Segment F (KHS 05 A 577-3), 6. Segment G (TCH 08 W 533-42), 7. Segment G (KHS 00 B 329-1), M 1:2

Abb. 3.77: Klingengeräte aus Tell Chuēra. 1. Segment G (TCH 11 X 0-396), M 1:1, 2. Segment G (TCH 88 A 3045-2), Altzeichnung und Foto, M 1:2

Abb. 3.78: Klingengeräte aus Tell Chuēra. 1. Klinge H 1 (TCH 90 F 3043-1), 2. Klinge H 2 (TCH 90 F 3043-1), Klinge H 2 (TCH 01 K 156-2), M 1:2

Abb. 3.79: Klingengeräte aus Tell Chuēra. 1. Klingenbohrer (TCH 11 X 0-291), 2. Klingenbohrer (TCH 01 K 156-1), 3. Klingenbohrer (TCH 11 X 0-89), 4. Klingenbohrer (TCH 08 W 645-1), M 1:2

Abb. 3.80: Klingengeräte aus Tell Chuēra. 1. Klingenbohrer (TCH 08 W 532-5), 2. Klingenbohrer (TCH 01 T 93-1), M 1:2, 3. Detail: anretuschiertes und ausgesplittertes Bohrerende an Distalfragment von Großklinge TCH 01 T 93-1 (vergrößert)

Abb. 3.81: Klingengeräte aus Tell Chuēra. 1. Klingenschaber (TCH 92 H 7030-3), 2. Klingenschaber (TCH 03 H 169-1), 3. Detail: Distale Kratzerkappe an einfacher Klinge TCH 10 F 10001-15 (vergrößert), 4. Klingenkratzer (TCH 10 F 10001-15), M 1:2

Abb. 3.82: Klingengeräte aus Tell Chuēra und Kharab Sayyar. 1. Gezähntes Segment (TCH 07 W 1-18), M 1:1, 2. Stichel an Klinge/Stichel an Bruch (TCH 01 K 137-1), 3. Stichel an Klinge/Stichel an Endretusche (TCH 04 H 133-1), 4.Stichel an Klinge/Stichel an Bruch (TCH 04 H 279-1), 5. Stichel an Klinge/Doppelstichel an Bruch (TCH 82 H 1024, Zeichnung: M. Leicht), 6. Stichel/Mehrfachstichel (KHS 04 A 535-4), M 1:2

Abb. 3.83: Klingengerät aus Tell Chuēra. 1. Ausgesplittertes Segment (KHS 00 B 248-1), 2. Ausgesplittertes Segment (KHS 02 A 289-1), 3. Ausgesplittertes Segment (KHS 05 A 456-1), 4. Ausgesplittertes Segment (TCH 07 H 98-1), 5. Ausgesplittertes Segment (TCH 07 W 1-32), 6. Ausgesplittertes Segment (TCH 96 F 65-15), M 1:2

Abb. 3.84: Klingen- und Kerngerät aus Tell Chuēra. 1. Ausgesplittertes Segment (TCH 09 324-2), 2. Kernbeil (TCH 96 F 47-1), M 1:1

Abb. 3.85: Geschossspitzen aus Tell Chuēra.1. TCH 04 K 833-2 (Zeichnung: K. Engemann), 2. TCH 08 S 158-2, 3. TCH 88 F 2002-1 (Altzeichnung), 4. TCH 88 F 2504-2 (Altzeichnung),5. TCH 88 F 2509-1 (Altzeichnung), 6. TCH 90 F 3506-1, 7. TCH 92 F 4071-2 (Altzeichnung), 8. TCH 99 F 124-1, 9. TCH 00 F 9001-1 (Altzeichnung, neu umgezeichnet durch K. Engemann), 10. TCH 92 G 5061-1, 11. bronzene Pfeilspitze und Spitzenfragment aus dem Bereich G, Kleinfund Nr. 347 (Altzeichnung, neu umgezeichnet durch K. Engemann), M 1:2

Abb. 3.86: 1. Flächenretuschiertes Obsidian-Abschlagfragment (TCH 11 X 255-1), 2. Segment A 3 mit bilateraler Zähnung (TCH 04 T 2026-1), 3. Segment B 2 auf Randklinge der Großklingenproduktion mit unilateraler Zähnung und proximalen Ausplitterungen (TCH 07 ASA 226 8), M 1:1

Abb. 3.87: Kerngeräte aus Tell Chuēra und Kharab Sayyar. 1. Hackwerkzeug (TCH 10 X 0-91), 2. Hackwerkzeug (TCH 07 X 0-1), 3. Kernbohrer (TCH 07 K 1037-14), 4. Kernstichel (TCH 08 K 2039-6), 5. Ausgesplittertes Stück (TCH 06 W 1-41), 6. Ausgesplittertes Stück (KHS 04 A 535-1), M 1:2

Abb. 3.88: 1. Gefäßboden mit Bitumenresten (Fundnummer TCH 06 W-1 275, M 1:2, Zeichnung: K. Engemann), 2. Segment D (TCH 08 W 533-24), Ansicht der Dorsalfläche mit anhaftenden Bitumenresten, 3. Segment E 2 (KHS 04 A 502-1), Ansicht der Dorsal- und Ventralfläche mit anhaftenden Bitumenresten, M 1:2

Abb. 3.89: Segment F (TCH 06 H 1-1) mit anhaftenden Bitumenresten. Links: Ansicht der Dorsal- und Ventralseite. Rechts: Hervorhebung der inneren Begrenzung der Schäftungsmasse, M 1:1

Abb. 3.90: 1. Fragment eines gerillten Reibsteins bzw. „Pfeilschaftglätters" aus der Unterstadt Chuēras (Fundnummer TCH 06 W-1 35, M 1:2, Zeichnung: K. Engemann), 2. Kleine spätneolithische Pfeilschneide mit anhaftenden Bitumenresten aus Tell Tawila, M 1:1, 3. rekonstruierte Schäftung einer lanzettförmigen Geschossspitze, 4. rekonstruierte Schäftung mehrerer Klingensegmente (Segmente A), 5. rekonstruierte Schäftung eines längeren Klingensegmentes (Segment C), 6. Rekonstruktion einer endständig geschäfteten Großklinge (Klinge H)

Kapitel 4

Abb. 4.1: 1. Traditioneller, mit Silices armierter Dreschschlitten (Aufnahme von T. Helms 2006, Istanbul), 2. Unterseite desselben Dreschschlittens (Detailaufnahme), 3. Fundlage einer Silberplakette mit Dreschschlittendarstellung im Antentempel Steinbau VI (Tell Chuēra, Bereich S), 4. Silberplakette mit Dreschschlittendarstellung

Abb. 4.2: Grabfund aus Tell Chuēra (Bereich T) mit Beigabe eines Großklingensegmentes (TCH 04 T 2026-1, Segment A 3, vgl. Abb. 3.86:2); die Fundlage der Klinge ist mit einem grauen Kreis gekennzeichnet

Abb. 4.3: 1. Lage und Anzahl großklingenspezifischer Depotfunde in Tell Chuēra (modifizierte und unmodifizierte Großklingen, Klingenkernsteine); die Nummern in den weißen Kästchen bezeichnen die Anzahl der Depotfunde in den entsprechenden Bereichen, 2. Depotfund von Großklingengeräten aus dem Bereich B (M 1:2); von links nach rechts: TCH 92 B 5051-1, -4,-3, -2, -5

Abb. 4.4: 1. Fundkontext einer Großklinge (TCH 60 A 89-1) in einem Zerstörungshorizont in Tell Chuēra (Bereich A). Die Klinge wurde zusammen mit kupferner/bronzener Waffen gefunden. Die Fundlage wurde auf Grundlage der Angaben in den publizierten Vorberichten und der Grabungsdokumentation rekonstruiert (Plan: M 1:100). 2. Schwarz-Weiß-Aufnahme der vollständigen Großklinge (TCH 60 A 89-1), Abbildung aus Moortgat 1962: Abb. 31

Abb. 4.5: 1. Für charakteristisch befundene Gebrauchsspuren an Erntegerät und Dreschschlitteneinsatz (Foto: A. van Gijn), 2. Gebrauchsspuren an Klingen aus Tell Chuēra (Gruppe 1), 3. Gruppe 2; Fotos: E. Egberts

Abb. 4.6: 1. Gebrauchsspuren an Klingen aus Tell Chuēra (Gruppe 3), 2. Gebrauchsspuren an Klingen aus Tell Chuēra (Gruppe 4); Fotos: E. Egberts

Abb. 4.7: Häufigkeitsverteilung der Modifikationsindices (MI) in Tell Chuēra (TCH) und Kharab Sayyar (KHS); für Tell Chuēra wurden die Modifikationsindices nach chronostratigraphischen Gruppen aufgeschlüsselt (ältere und jüngerer Frühbronzezeit); die Diagramme wurden mit der Statistik-Software R erstellt

Abb. 4.8: Die Entsorgung von Artefakten der Abschlagindustrie. Schematische Darstellung auf der Grundlage der Auswertung der depositionalen Kontexte im Bereich W und in anderen Grabungsbereichen in Tell Chuēra

Kapitel 5

Abb. 5.1: 1. Vollständige Großklinge, rezent gebrochen und lateral beschädigt (TCH 04 H 419-1, M 1:2), 2. Beispiel für ein durch den Einsatz einer Flachspitzhacke fragmentiertes Großklingensegment (TCH 04 D 137-1; proximal erhaltene Randklinge der Großklingenproduktion, Segment B 2, M 1:1), 3. Einsatz der Flachspitzhacke im Bereich W (Tell Chuēra)

Abb. 5.2: 1. Grabungsdokumentation der Altgrabungen und Klingenfunde aus Tell Chuēra, 2. Vollständige Großklinge aus Tell Chuēra, Bereich M (TCH 74 M 4-1), 3. Funde vom Groß- und Kleinklingen aus der Grabungskampagne 1963 in Tell Chuēra

Abb. 5.3: 1. Hoffläche mit diversen Installationen Tell Chuēra, Bereich W, die am Ende der Periode IC durch einen Brand zerstört wurde (Blick in nördliche Richtung), 2. Detailuntersuchung einer 2 mal 1 m großen Fläche (Quadrat 1313/404 und 1313/405) im W-2, 3. Aussieben des Erdaushubs aus den Quadraten 1313/404 und 1313/405

7. 3 Liste der abgebildeten Steinartefakte aus Tell Chuēra

Die folgende Liste führt alle abgebildeten Artefakte aus Tell Chuēra auf. Angegeben werden: die Artefaktnummer (Artefakt Nr.), der Verweis auf die Abbildung, die Grundform III (vgl. Teilkapitel 1.4.1), die lithische Rohmaterialgruppe (RG; vgl. Teilkapitel 3.1.1), die Datierungsposition (ÄFBZ = ältere Frühbronzezeit; JFBZ = jüngere Frühbronzezeit; FBZ = Frühbronzezeit; LC = Spätchalkolithikum; vgl. Teilkapitel 1.6), der Erhaltungszustand (bei Abschlagartefakten) und ggf. die Geräteklasse (vgl. Teilkapitel 3.3).

Artefakt Nr.	Abbildung	Grundform	RG	Dat.	Erhaltung	Geräteklasse
TCH 60 A 89-1	4.4:2	regelmäßige Großklinge	F 2	ÄFBZ	vollständig	Klinge H
TCH 63 K 82-1	2.7:1 (rechts)	regelmäßige Großklinge	F 2	JFBZ	vollständig	–
TCH 64 K 0-34	3.54:2	regelmäßige Großklinge	F 2	FBZ	proximal	Segment A
TCH 64 K 0-35	3.28:3	Geröll	u	FBZ	–	Hammer
TCH 64 K 0-36	3.27:3	artifizieller Trümmer	s	JFBZ	–	Hammer
TCH 74 M 4-1	5.2:2	regelmäßige Großklinge	F 2	JFBZ	vollständig	Klinge H
TCH 76 E 130-2	2.5:3	regelmäßige Großklinge	F 2	JFBZ	vollständig	–
TCH 76 E 161-1	2.5:2; 3.48:1	regelmäßige Großklinge	F 2	JFBZ	vollständig	–
TCH 76 E 161-2	2.5:2; 3.48:2	regelmäßige Großklinge	F 2	JFBZ	proximal	–
TCH 76 E 161-3	2.5:2; 3.48:3	regelmäßige Großklinge	F 2	JFBZ	proximal	–
TCH 76 E 161-4	2.5:2; 3.48:4	regelmäßige Großklinge	F 2	JFBZ	vollständig	–
TCH 82 H 1024-1	3.82:5	regelmäßige Großklinge	F 2	JFBZ	medial, Breite unvollst.	Stichel an Klinge
TCH 83 P 66-1	3.43.1	Großklingenkern	F 2	ÄFBZ	–	–
TCH 83 P 66-2	3.43.1	Großklingenkern	u	ÄFBZ	–	–
TCH 83 P 66-3	3.44:1; 3.45:2	Großklingenkern	u	ÄFBZ	–	–
TCH 83 P 66-4	3.44:2	Großklingenkern	u	ÄFBZ	–	–
TCH 88 A 3045-2	3.77:2	Randklinge-GK	F 2	ÄFBZ	vollständig	Segment G
TCH 88 F 2002-1	3.85:3	unbestimmbar	u	JFBZ	–	Geschossspitze
TCH 88 F 2504-2	3.85:4	unbestimmbar	O 7	JFBZ	–	Geschossspitze
TCH 88 F 2509-1	3.85:5	unbestimmbar	u	JFBZ	–	Geschossspitze

Artefakt Nr.	Abbildung	Grundform	RG	Dat.	Erhaltung	Geräteklasse
TCH 90 F 3506-1	3.85:6	unbestimmbar	u	JFBZ	–	Geschossspitze
TCH 90 F 3043-1	3.78:1	regelmäßige Großklinge	F 2	JFBZ	vollständig	Klinge H
TCH 90 F 3532-1	3.78:1	regelmäßige Großklinge	F 2	JFBZ	vollständig	Klinge H
TCH 90 F 3542-1	3.63:1	regelmäßige Großklinge	F 2	JFBZ	medial	Segment A
TCH 92 A 5031-1	3.72:4	Randklinge-GK	F 2	ÄFBZ	proximal	Segment C
TCH 92 B 5051-1	4.3:2	Randklinge-GK	F 2	JFBZ	proximal	Segment A
TCH 92 B 5051-2	4.3:2	Randklinge-GK	F 2	JFBZ	proximal	Segment A
TCH 92 B 5051-3	4.3:2	Randklinge-GK	F 2	JFBZ	medial	Segment A
TCH 92 B 5051-4	4.3:2	Randklinge-GK	F 2	JFBZ	vollständig	Klinge H
TCH 92 B 5051-5	4.3:2	Randklinge-GK	F 2	JFBZ	medial	Segment A
TCH 92 F 4071-2	3.85:7	unbestimmbar	u	JFBZ	–	Geschossspitze
TCH 92 G 5061-1	3.85:10	unbestimmbar	u	JFBZ	–	Geschossspitze
TCH 92 H 7030-3	3.81:1	unregelmäßige Großklinge	F 6	FBZ	proximal	Klingenschaber
TCH 95 F 5133-1	3.45:1	Kernflanke-Großklingenkern	F 2	JFBZ	vollständig	–
TCH 96 F 25-1	3.46:5	Sekundäre Kernkantenklinge-GK	F 2	JFBZ	medial	Segment A
TCH 96 F 47-1	3.84:2	Kern aus Abschlag	F 4	JFBZ	medial	Kernbeil
TCH 96 F 65-2	3.24:2	sekundärer Kortexabschlag	F 2	JFBZ	medial	Hohlkerbe an Abschlag
TCH 96 F 65-15	3.83:6	regelmäßige Großklinge	F 2	JFBZ	medial	ausgesplittertes Segment
TCH 98 F 52-6	3.39:4	regelmäßige Klinge	F 1	JFBZ	proximal	Segment A
TCH 98 F 87-1	3.37:2	sekundäre Kernkantenklinge	F 2	JFBZ	distal	Segment A
TCH 98 F 131-1	3.47:4	primäre Kernkantenklinge-GK	F 2	JFBZ	proximal	Segment A
TCH 98 F 135-1	3.24:3	sekundärer Kortexabschlag	F 2	JFBZ	distal	–
TCH 99 F 124-1	3.85:8	unbestimmbar	u	JFBZ	–	Geschossspitze
TCH 99 B 29-1	3.20:2-3	Abschlagkern	F 2	ÄFBZ	–	–
TCH 00 F 9001-1	3.85:9	unbestimmbar	u	JFBZ	–	Geschossspitze
TCH 01 D 351-6	3.63:4	regelmäßige Großklinge	F 2	JFBZ	medial	Segment A
TCH 01 K 63-1	3.69:1	regelmäßige Großklinge	F 2	FBZ	medial	Segment B
TCH 01 K 71-1	3.50:3	Randklinge-GK	F 2	ÄFBZ	medial	Segment A
TCH 01 K 129-1	3.63:2	regelmäßige Großklinge	u	ÄFBZ	medial	Segment A
TCH 01 K 137-1	3.82:2	regelmäßige Großklinge	F 2	ÄFBZ	medial	Stichel an Klinge
TCH 01 K 139-1	3.69:2	regelmäßige Großklinge	F 2	ÄFBZ	medial	Segment B
TCH 01 K 156-1	3.79:2	regelmäßige Großklinge	F 4	ÄFBZ	proximal	Klingenbohrer
TCH 01 K 156-2	3.78:3	regelmäßige Großklinge	F 2	ÄFBZ	vollständig	Klinge H
TCH 01 K 203-2	3.38:2	regelmäßige Klinge	F 4	ÄFBZ	proximal	Segment A
TCH 01 K 205-1	3.76:3	regelmäßige Großklinge	F 2	ÄFBZ	medial	Segment F
TCH 01 K 233-1	3.69:3	regelmäßige Großklinge	F 2	ÄFBZ	medial	Segment B
TCH 01 K 577-1	3.20:4	Kern aus Abschlag	F 2	JFBZ	vollständig	–
TCH 01 T 93-1	3.80:1-2	Randklinge-GK	F 2	JFBZ	distal	Klingenbohrer
TCH 02 H 0-2	3.4:1	regelmäßige Großklinge	F 2	JFBZ	vollständig	Segment B
TCH 02 H 2-1	3.59:4	sekundärer Kortexabschlag	F 1	JFBZ	distal	Abschlagbohrer
TCH 01 K 234-1	3.74:2	regelmäßige Großklinge	F 2	ÄFBZ	medial	Segment D
TCH 02 K 309-1	3.24:5	sekundärer Kortexabschlag	F 1	ÄFBZ	proximal	durch Gebrauch modifizierter Abschlag

Artefakt Nr.	Abbildung	Grundform	RG	Dat.	Erhaltung	Geräteklasse
TCH 02 K 501-2	3.69:6	regelmäßige Großklinge	F 2	ÄFBZ	medial	Segment B
TCH 02 K 529-2	3.69:4	Randklinge-GK	F 2	ÄFBZ	medial	Segment B
TCH 02 K 553-1	3.69:5	regelmäßige Großklinge	F 2	ÄFBZ	proximal	Segment B
TCH 02 K 821-1	3.25:1	sekundärer Kortexabschlag	F 2	ÄFBZ	vollständig	durch Gebrauch modifizierter Abschlag
TCH 03 D 34-2	3.54:1	Kernfußabschlag	F 2	JFBZ	distal	–
TCH 03 D 83-1	3.72:2	regelmäßige Großklinge	F 2	JFBZ	medial	Segment C
TCH 03 H 0-7	3.27:1-2	Geröll	u	JFBZ	–	Hammer
TCH 03 H 169-1	3.81:2	regelmäßige Großklinge	F 2	FBZ	vollständig	Klingenschaber
TCH 03 H 203-1	3.46:6	primäre Kernkantenklinge-GK	F 2	JFBZ	proximal	–
TCH 03 K 717-1	3.38:3	regelmäßige Klinge	F 1	ÄFBZ	medial	Segment A
TCH 03 K 575-1	3.24:6	sekundärer Kortexabschlag	F 2	ÄFBZ	vollständig	–
TCH 04 H 280-1	3.50:1	Randklinge-GK	F 2	JFBZ	medial	Segment B
TCH 04 H 296-1	3.63:6	regelmäßige Großklinge	F 2	JFBZ	medial	Segment A
TCH 04 H 300-1	3.30:1-2	Abschlagkern	F 1	JFBZ	–	Hammer
TCH 04 H 346-1	3.72:3	regelmäßige Großklinge	F 2	JFBZ	medial	Segment C
TCH 04 H 133-1	3.82:3	regelmäßige Großklinge	F 3	JFBZ	medial	Stichel an Klinge
TCH 04 H 279-1	3.82:4	regelmäßige Großklinge	F 2	JFBZ	medial	Stichel an Klinge
TCH 04 K 779-1	3.49:3	regelmäßige Großklinge	F 2	ÄFBZ	proximal	–
TCH 04 K 833-2	3.85:1	unbestimmbar	u	ÄFBZ	–	Geschossspitze
TCH 04 T 2026-1	3.86:2	regelmäßige Großklinge	F 2	ÄFBZ	proximal	Segment A
TCH 05 D 310-1	3.75:2	Randklinge-GK	F 2	JFBZ	proximal	Segment D
TCH 05 H 397-3	3.69:5	Randklinge-GK	F 2	JFBZ	medial	Segment B
TCH 05 H 420-1	3.24:4	primärer Kortexabschlag	F 4	JFBZ	vollständig	Abschlagschaber
TCH 05 H 419-1	3.56:1; 5.1:1	regelmäßige Großklinge	F 2	JFBZ	vollständig	–
TCH 05 H 431-2	3.58:6	sekundärer Abschlag	F 2	JFBZ	vollständig	Abschlagbohrer
TCH 05 K 569-1	3.38:4	regelmäßige Klinge	F 1	ÄFBZ	proximal	–
TCH 05 K 913-1	3.25:2	sekundärer Kortexabschlag	F 1	ÄFBZ	distal	–
TCH 05 K 927-1	3.25:3	sekundärer Kortexabschlag	F 1	ÄFBZ	distal	Stichel an Abschlag
TCH 06 ASA 0-6	3.63:5	regelmäßige Großklinge	F 2	JFBZ	distal	Segment A
TCH 06 ASA 0-14	3.24:1	sekundärer Abschlag	F 2	JFBZ	vollständig	durch Gebrauch modifizierter Abschlag
TCH 06 ASA 32-2	3.46:2	sekundäre Kernkantenklinge-GK	F 2	JFBZ	medial	Segment A
TCH 06 ASA 32-3	3.62:3	Randklinge-GK	F 2	JFBZ	medial	Segment A
TCH 06 ASA 99-1	3.73:5	regelmäßige Großklinge	F 2	JFBZ	medial	Segment E
TCH 06 ASA 100-1	3.29:1	Kernstein-fragment	u	JFBZ	–	Hammer
TCH 06 ASA 108-1	3.63:7	regelmäßige Großklinge	F 2	JFBZ	distal	Segment A
TCH 06 ASA 205-1	3.72:1	Randklinge-GK	F 2	JFBZ	medial	Segment C
TCH 06 B 2-1	3.39:2	regelmäßige Klinge	F 1	ÄFBZ	proximal	–
TCH 06 B 5-1	3.46:4	primäre Kernkantenklinge-GK	F 2	ÄFBZ	medial	Hohlkerbe anKlinge

Artefakt Nr.	Abbildung	Grundform	RG	Dat.	Erhaltung	Geräteklasse
TCH 06 H 1-1	3.89	Randklinge-GK	F 2	JFBZ	medial	Segment F
TCH 06 H 20-2	3.36:2-3	Kernscheibe-Klingenkern	F 2	JFBZ	distal	–
TCH 06 H 35-1	3.18:1	Abschlagkern	F 2	JFBZ	–	Hammer
TCH 06 H 57-1	3.37:10	regelmäßige Klinge	O 1	FBZ	proximal	Segment A
TCH 06 H 57-10	3.36:4	Klingenkern	F 2	FBZ	–	–
TCH 06 W 1-41	3.87:5	artifizieller Trümmer	O 1	JFBZ	–	ausgesplittertes Stück
TCH 06 W 1-108	3.74:1	Randklinge-GK	F 2	JFBZ	proximal	Segment D
TCH 06 W 1-110	3.59:2	sekundärer Kortexabschlag	F 1	JFBZ	vollständig	gezähnter Abschlag
TCH 06 W 13-2	3.47:1	sekundäre Kernkantenklinge-GK	F 3	JFBZ	distal	Segment A
TCH 06 W 62-2	3.46:8	sekundäre Kernkantenklinge-GK	F 2	JFBZ	medial	Segment E
TCH 06 W 120-1	3.21:2	Kernflanke-Abschlagkern	F 1	JFBZ	vollständig	–
TCH 06 W 120-2	3.38:7	regelmäßige Klinge	O 2	ÄFBZ	medial	Segment A
TCH 06 W 204-1	3.21:1	sekundärer Kortexabschlag	F 1	JFBZ	vollständig	durch Gebrauch modifizierter Abschlag
TCH 06 W 417-6	3.47:3	primäre Kernkantenklinge-GK	F 2	JFBZ	distal	Segment A
TCH 07 ASA 61-1	3.51:1	Abschlagkern	F 2	JFBZ	–	–
TCH 07 ASA 226-8	3.86:3	Randklinge-GK	F 2	JFBZ	distal	Segment B
TCH 07 H 96-1	3.38:1; 3.63:8	regelmäßige Klinge	F 2	JFBZ	medial	Segment A
TCH 07 H 98-1	3.83:4	Randklinge-GK	F 3	JFBZ	medial	ausgespl. Segment
TCH 07 K 1019-5	3.63:9	regelmäßige Großklinge	F 2	JFBZ	proximal	Segment A
TCH 07 K 1033-1	3.49:1; 3.52:2; 3:53:2	regelmäßige Großklinge	F 2	ÄFBZ	vollständig	–
TCH 07 K 1033-2	3.49:1; 3:53:2	regelmäßige Großklinge	F 2	ÄFBZ	vollständig	–
TCH 07 K 1033-3	3.50:6; 3:53:2	Randklinge-GK	F 2	ÄFBZ	proximal	–
TCH 07 K 1037-14	3.87:3	artifizieller Trümmer	F 1	ÄFBZ	–	Kernbohrer
TCH 07 K 1037-15	3.18:3	Abschlagkern	F 2	ÄFBZ	–	–
TCH 07 K 1037-16	3:53:2	Randklinge-GK	F 2	ÄFBZ	proximal	Segment C
TCH 07 K 1037-18	3.29:2	Geröll	s	ÄFBZ	–	Hammer
TCH 07 K 1037-19	3.29:2; 3.53:3	Geröll	F 4	ÄFBZ	–	Hammer
TCH 07 K 1068-1	3.59: 3	sekundärer Abschlag	F 2	ÄFBZ	medial	ausgespl. Abschlag
TCH 07 K 1071-5	3.46:7	primäre Kernkantenklinge-GK	F 2	ÄFBZ	distal	–
TCH 07 K 1074-1	3.51:2	Kernscheibe	F 2	ÄFBZ	vollständig	–
TCH 07 K 1084-9	3.38:5	Randklinge	F 2	ÄFBZ		Segment D
TCH 07 K 1088-2	3.38:6	regelmäßige Klinge	O 2	ÄFBZ	medial, Breite unvollst.	Segment A
TCH 07 K 1097-1	3.64:1	regelmäßige Großklinge	F 2	ÄFBZ	medial	Segment A
TCH 07 W 0-1	3.58:4	sekundärer Abschlag	F 2	JFBZ	vollständig	Abschlagschaber

Artefakt Nr.	Abbildung	Grundform	RG	Dat.	Erhaltung	Geräteklasse
TCH 07 W 1-6	3.25:5	sekundärer Kortexabschlag	F 4	JFBZ	medial	durch Gebrauch modifizierter Abschlag
TCH 07 W 1-18	3.82:1	regelmäßige Großklinge	F 2	JFBZ	distal	gezähnte Klinge
TCH 07 W 1-32	3.83:5	Randklinge-GK	F 2	JFBZ	distal	ausgespl. Segment
TCH 07 W 286-1	3.18:2	Abschlagkern	F 1	JFBZ	–	–
TCH 07 W 338-1	3.64:2	Randklinge-GK	F 2	JFBZ	proximal	Segment A
TCH 07 X 0-1	3.87:2	Abschlagkern	u	JFBZ	–	Hackwerkzeug
TCH 08 K 2040-3	3.39:3	regelmäßige Klinge	F 1	LC	proximal	Segment A
TCH 08 K 2039-6	3.87:4	Kern aus Abschlag	F 1	LC	medial	Kernstichel
TCH 08 K 2040-21	3.25:4	sekundärer Abschlag	F 1	LC	vollständig	retuschierter Abschlag
TCH 08 K 2040-45	3.58:3	sekundärer Abschlag	F 2	LC	vollständig	Abschlagschaber
TCH 08 K 2040-53	3.39:5	regelmäßige Klinge	F 1	LC	medial	Segment A
TCH 08 K 2043-10	3.37:3	Kernfußabschlag	F 1	LC	proximal	–
TCH 08 K 2043-18	3.39:6	regelmäßige Klinge	O 1	LC	proximal	Segment A
TCH 08 K 2043-20	3.58:2	sekundärer Kortexabschlag	F 2?	LC	medial	Abschlagschaber (Tabular Scraper)
TCH 08 S 158-2	3.85:2	regelmäßige Großklinge	F 2	JFBZ	medial	Geschossspitze
TCH 08 W 532-5	3.80:1	regelmäßige Großklinge	F 2	JFBZ	medial	Klingenbohrer
TCH 08 W 533-24	3.92:2	Randklinge-GK	F 2	JFBZ	medial	Segment D
TCH 08 W 533-38	3.58:5	sekundärer Abschlag	F 2	JFBZ	vollständig	Abschlagschaber
TCH 08 W 533-42	3.76:6	regelmäßige Großklinge	F 2	JFBZ	medial	Segment G
TCH 08 W 533-76	3.30:3	Geröll	u	JFBZ	–	Hammer
TCH 08 W 645-1	3.79:4	regelmäßige Großklinge	F 2	JFBZ	proximal	Klingenbohrer
TCH 08 W 778-1	3.37:1	Klingenkern	F 2	JFBZ	–	–
TCH 08 X 0-1	3.58:1	sekundärer Kortexabschlag	F 2	JFBZ	vollständig	Abschlagschaber
TCH 09 H 324-2	3.84:1	regelmäßige Großklinge	F 2	FBZ	proximal	ausgesplittertes Segment
TCH 09 H 341-1	3.47:2	sekundäre Kernkantenklinge-GK	F 2	JFBZ	–	Segment A
TCH 09 W 1103-2	3.19:2	Abschlagkern	F 4	JFBZ	–	–
TCH 10 A 0-1	3.39:1	regelmäßige Klinge	F 2	JFBZ	distal	Segment A
TCH 10 F 10001-3	3.38:8	regelmäßige Klinge	F 2	JFBZ	vollständig	–
TCH 10 F 10000-15	3.81:3-4	regelmäßige Klinge	F 2	JFBZ	vollständig	Klingenkratzer
TCH 10 S 282-6	3.39:7	regelmäßige Klinge	F 5	ÄFBZ	medial	Segment A
TCH 10 S 284-4	3.39:8	regelmäßige Klinge		ÄFBZ	medial	Segment A
TCH 11 X 0-19	3.59:1	sekundärer Abschlag	F 2	JFBZ	vollständig	Abschlagkratzer
TCH 11 X 0-24	3.19:3	Abschlagkern	F 2	JFBZ	–	–
TCH 11 X 0-40	3.36.1	Klingenkern	F 2	JFBZ	–	–
TCH 11 X 0-89	3.79:3	regelmäßige Klinge	F 1	JFBZ	medial, Breite unvollst.	Klingenbohrer
TCH 10 X 0-91	3.87:1	informaler Kern	F 4	JFBZ	–	Hackwerkzeug
TCH 11 X 0-218	3.20:1	Abschlagkern	F 4	JFBZ	–	–

Artefakt Nr.	Abbildung	Grundform	RG	Dat.	Erhaltung	Geräteklasse
TCH 11 X 0-255	3.86:1	sekundärer Abschlag	O 1	JFBZ	medial, Breite unvollst.	flächen-retuschiertes Abschlagfragment
TCH 11 X 0-285	3.25:6	sekundärer Abschlag	F 1	JFBZ	vollständig	retuschierter Abschlag
TCH 11 X 0-291	3.79:1	regelmäßige Klinge	O 1	JFBZ	medial, Breite unvollst.	Klingenbohrer
TCH 11 X 0-350	3.54:3	regelmäßige Großklinge	F 2	JFBZ	proximal	Segment A
TCH 11 X 0-352	3.62:2	regelmäßige Großklinge	F 2	JFBZ	proximal	Segment A
TCH 11 X 0-364	3.62:3	Randklinge-GK	F 2	JFBZ	medial	Segment A
TCH 11 X 0-396	3.77:1	regelmäßige Großklinge	F 2	JFBZ	medial	Segment G
TCH 11 X 0-433	3.22:2	sekundärer Abschlag	F 2	JFBZ	vollständig	–
TCH 11 X 0-434	3.28:4	Geröll	u	JFBZ	–	Hammer
TCH 11 X 0-496	3.22:3	sekundärer Kortexabschlag	F 2	JFBZ	vollständig	–
TCH 11 X 0-503	3.22:1	sekundärer Abschlag	F 2	JFBZ	vollständig	–

7. 4 Liste der abgebildeten Steinartefakte aus Kharab Sayyar

Artefakt Nr.	Abbildung	Grundform	RG	Dat.	Erhaltung	Geräteklasse
KHS 99 B 20-1	3.37:8	regelmäßige Klinge	O 1	JFBZ	medial	–
KHS 99 B 67-1	3.37:9	regelmäßige Klinge	O 2	JFBZ	distal	Segment A
KHS 00 A 205-2	3.64: 3	regelmäßige Großklinge	F 2	JFBZ	medial	Segment A
KHS 00 A 213-1	3.64: 4	regelmäßige Großklinge	F 2	ÄFBZ	medial	Segment A
KHS 00 A 213-2	3.23:1	sekundärer Kortexabschlag	F 1	ÄFBZ	vollständig	durch Gebrauch modifizierter Abschlag
KHS 00 A 220-1	3.73:4	sekundäre Kernkanten-klinge-GK	F 2	ÄFBZ	distal	Segment E
KHS 00 A 220-2	3.64:5	regelmäßige Großklinge	F 2	ÄFBZ	proximal	Segment A
KHS 00 B 215-1	3.23:8	sekundärer Abschlag	F 2	JFBZ	vollständig	retuschierter Abschlag
KHS 00 B 248-1	3.50:2; 3.83:1	Randklinge-GK	F 2	JFBZ	medial	ausgespl. Segment
KHS 00 B 271-1	3.74:4	Randklinge-GK	F 2	JFBZ	vollständig	Segment D
KHS 00 B 311-1	3.46:1	sekundäre Kernkanten-klinge-GK	F 2	JFBZ	proximal	Segment A
KHS 00 B 329-1	3.76:7	regelmäßige Großklinge	F 2	JFBZ	proximal	Segment G
KHS 00 B 332-1	3.64:6	Randklinge-GK	F 2	JFBZ	medial	Segment A
KHS 00 B 332-2	3.64:7	Randklinge-GK	F 2	JFBZ	proximal	Segment A
KHS 00 B 347-2	3.71:5	regelmäßige Großklinge	F 2	JFBZ	medial	Segment C
KHS 00 B 347-4	3.70:8	Randklinge-GK	F 2	JFBZ	proximal	Segment B
KHS 00 B 362-1	3.65:1	regelmäßige Großklinge	F 2	JFBZ	medial	Segment A
KHS 00 B 377-1	3.71:1	Randklinge-GK	F 2	JFBZ	medial	Segment B
KHS 02 A 208-1	3.50:1	Randklinge-GK	F 2	ÄFBZ	distal	–
KHS 02 A 208-2	3.73:1	regelmäßige Großklinge	F 2	ÄFBZ	medial	Segment C
KHS 02 A 276-1	3.65:2	regelmäßige Großklinge	F 2	ÄFBZ	medial	Segment A
KHS 02 A 289-1	3.83:2	regelmäßige Großklinge	F 1	ÄFBZ	proximal	ausgespl. Segment

Artefakt Nr.	Abbildung	Grundform	RG	Dat.	Erhaltung	Geräteklasse
KHS 02 A 297-1	3.65:3	regelmäßige Großklinge	F 2	ÄFBZ	medial	Segment A
KHS 02 A 297-2	3.23:2	sekundärer Kortexabschlag	F 6	ÄFBZ	vollständig	–
KHS 02 A 307-2	3.76:1	regelmäßige Großklinge	F 2	ÄFBZ	medial	Segment E
KHS 02 A 308-2	3.71:2	regelmäßige Großklinge	F 6	ÄFBZ	medial	Segment B
KHS 02 A 313-1	3.71:3	regelmäßige Großklinge	F 2	ÄFBZ	medial	Segment B
KHS 02 A 321-1	3.46:2	sekundäre Kernkantenklinge-GK	F 2	ÄFBZ	proximal	Segment A
KHS 02 A 328-1	3.37:4	regelmäßige Klinge	O 3	ÄFBZ	medial	Segment A
KHS 02 A 334-1	3.76:4	regelmäßige Großklinge	F 2	ÄFBZ	medial, Breite unvollst.	Segment F
KHS 02 A 341-1	3.65:4	regelmäßige Großklinge	F 2	ÄFBZ	medial	Segment A
KHS 02 A 356-1	3.65:5	regelmäßige Großklinge	F 1	ÄFBZ	proximal	Segment A
KHS 03 A 274-50	3.23:3	sekundärer Abschlag	F 2	ÄFBZ	vollständig	durch Gebrauch modifizierter Abschlag
KHS 03 A 321-2	3.37:6	regelmäßige Klinge	F 2	ÄFBZ	proximal	Segment A
KHS 03 A 327-1	3.37:5	regelmäßige Klinge	O 3	ÄFBZ	medial	Segment A
KHS 03 A 336-1	3.65:7	regelmäßige Großklinge	F 2	ÄFBZ	medial	Segment A
KHS 03 A 336-2	3.65:7	regelmäßige Großklinge	F 2	ÄFBZ	medial	Segment A
KHS 03 A 355-1	3.65:6	regelmäßige Großklinge	F 2	ÄFBZ	medial	Segment A
KHS 03 A 400-1	3.66:1	regelmäßige Großklinge	F 2	ÄFBZ	proximal	Segment A
KHS 03 A 401-1	3.74:3	regelmäßige Großklinge	F 2	ÄFBZ	medial	Segment D
KHS 04 A 337-4	3.66:2	regelmäßige Großklinge	F 2	ÄFBZ	medial	Segment A
KHS 04 A 469-6	3.66:3	regelmäßige Großklinge	F 2	ÄFBZ	medial	Segment A
KHS 04 A 469-7	3.71:4	regelmäßige Großklinge	F 2	ÄFBZ	proximal	Segment B
KHS 04 A 469-8	3.71:5	regelmäßige Großklinge	F 2	ÄFBZ	medial	Segment B
KHS 04 A 479-1	3.23:4	sekundärer Kortexabschlag	F 6	ÄFBZ	vollständig	durch Gebrauch modifizierter Abschlag
KHS 04 A 492-3	3.74:5	regelmäßige Klinge	F 2	ÄFBZ	medial	Segment D
KHS 04 A 502-1	3.88:3	regelmäßige Großklinge	F 2	ÄFBZ	medial	Segment E
KHS 04 A 505-2	3.66:4	regelmäßige Großklinge	F 2	ÄFBZ	medial	Segment A
KHS 04 A 516-5	3.66:5	Randklinge-GK	F 2	ÄFBZ	distal	Segment A
KHS 04 A 519-1	3.74:6	regelmäßige Klinge	F 2	ÄFBZ	medial	Segment D
KHS 04 A 525-1	3.71:6	regelmäßige Großklinge	F 2	ÄFBZ	medial	Segment B
KHS 04 A 535-1	3.87:6	Abschlagkern	F 2	ÄFBZ	–	ausgespl. Stück
KHS 04 A 535-5	3.82:6	regelmäßige Großklinge	F 2	ÄFBZ	proximal, Breite unvollst.	Stichel an Klinge
KHS 05 A 354-1	3.62:1	regelmäßige Großklinge	F 2	ÄFBZ	proximal	Hohlkerbe an Klinge
KHS 05 A 456-2	3.83:3	regelmäßige Großklinge	F 2	ÄFBZ	proximal	ausgespl. Segment
KHS 05 A 486-1	3.23:6	Kernscheibe	F 2	ÄFBZ	vollständig	–
KHS 05 A 486-2	3.73:2	regelmäßige Großklinge	F 2	ÄFBZ	medial	Segment C
KHS 05 A 499-2	3.66:6	regelmäßige Großklinge	F 2	ÄFBZ	proximal	Segment A

Artefakt Nr.	Abbildung	Grundform	RG	Dat.	Erhaltung	Geräteklasse
KHS 05 A 499-3	3.67:1	regelmäßige Großklinge	F 2	ÄFBZ	medial	Segment A
KHS 05 A 525-2	3.23:5	sekundärer Abschlag	F 6	ÄFBZ	vollständig	durch Gebrauch modifizierter Abschlag
KHS 05 A 541-2	3.67:2	unregelmäßige Großklinge	F 2	ÄFBZ	medial	Segment A
KHS 05 A 573-1	3.56:2	Randklinge-GK	F 2	ÄFBZ	proximal	Segment A
KHS 05 A 573-2	3.56:2	Randklinge-GK	F 2	ÄFBZ	distal	Segment A
KHS 05 A 577-1	3.67:3	regelmäßige Großklinge	F 2	ÄFBZ	medial	Segment A
KHS 05 A 577-3	3.76:5	regelmäßige Großklinge		ÄFBZ	medial	Segment F
KHS 05 A 577-4	3.73:3	sekundäre Kern-kantenklinge-GK	F 2	ÄFBZ	medial	Segment C
KHS 05 A 589-2	3.23:7	sekundärer Kortexabschlag	F 2	ÄFBZ	vollständig	durch Gebrauch modifizierter Abschlag
KHS 05 A 601-1	3.76:2	regelmäßige Großklinge	F 2	ÄFBZ	medial	Segment E
KHS 05 A 608-9	3.37:6	regelmäßige Klinge	O 3	ÄFBZ	proximal	Segment A
KHS 05 A 608-10	3.66:4	regelmäßige Großklinge	F 2	ÄFBZ	medial	Segment A
KHS 05 A 620-1	3.67:5	regelmäßige Großklinge	F 2	ÄFBZ	proximal	Segment A
KHS 05 A 621-2	3.75:1	regelmäßige Großklinge	F 2	ÄFBZ	medial	Segment D
KHS 05 A 622-1	3.67:6	regelmäßige Großklinge	F 2	ÄFBZ	medial	Segment A
KHS 05 A 635-1	3.67:7	regelmäßige Großklinge	F 6	ÄFBZ	medial	Segment A
KHS 05 A 662-1	3.67:8	regelmäßige Großklinge	O 2	ÄFBZ	medial	Segment A
KHS 05 A 685-1	3.68:1	regelmäßige Großklinge	F 2	ÄFBZ	medial	Segment A
KHS 05 A 686-2	3.28:1; 3.29:4	Abschlagkern	F 4	ÄFBZ	–	Hammer
KHS 05 A 698-1	3.68:2	regelmäßige Großklinge	F 2	ÄFBZ	medial	Segment A
KHS 06 A 726-5	3.68:3	regelmäßige Großklinge	F 5	ÄFBZ	medial	Segment A
KHS 06 A 777-3	3.68:4	regelmäßige Klinge	F 2	ÄFBZ	medial	Segment A
KHS 06 A 786-2	3.68:5	Randklinge-GK	F 1	ÄFBZ	distal	Segment A
KHS 06 A 801-1	3.68:6	regelmäßige Großklinge	F 2	ÄFBZ	distal	Segment A
KHS 06 A 804-1	3.68:7	regelmäßige Großklinge	F 2	ÄFBZ	distal	Segment A

7.5 Aufnahmesystem

Das Aufnahmesystem berücksichtigt 92 Merkmale, die im Folgenden aufgelistet werden. Hinter den einzelnen Merkmalen ist vermerkt für welche Grundformen (Grundform II) das jeweilige Merkmal notiert wurde (A: Abschläge, K: Klingen, Ke: Kernsteine, T: Trümmer, U: unbestimmbare Grundformen):

1) Artefaktnummer (A, K, Ke, T, U)
Die Bezeichnung setzt sich aus einem Kürzel mit fünf Positionen[1] zusammen:

- Erste Position: Fundort (Kürzel des Fundortes, d. h. TCH oder KHS)
- Zweite Position: Fundjahr (zweistelliges Kürzel)
- Dritte Position: Kennbuchstabe(n) des Grabungsbereiches (z. B. ASA oder W)
- Vierte Position: Befundnummer
- Fünfte Position: Laufende Nummer innerhalb des Befundes (1 bis n)

1 Ein fünfstelliges Kürzel wurde gewählt, um auf den ersten Blick möglichst viele Informationen über den Fundkontext des jeweiligen Artefaktes zu vermitteln. Eine Beibehaltung der ursprünglichen Nummerierung stellte keine Option dar, da viele Steinartefakte keine „Kleinfundnummer" besaßen bzw. ein Festhalten an der Erstbezeichnung keine eindeutige Identifizierung erlaubt hätte.

Bei dem Material aus den Altgrabungen tritt die Fundstellennummer an die Stelle der Befundnummer[2]. Bis in die 1980er Jahre hinein wurden Fundkontexte in Tell Chuera teilweise nicht mit einer Individualnummer versehen. Um das Material aus diesen Grabungskampagnen dennoch in die Datenbank eingeben zu können, musste bei der Erstellung der Artefaktnummern z. T. mit dem hier skizzierten Schema gebrochen werden:

- Bereich A (1958-60) und Bereich D (1963-64): Die Ausgräber machten in ihren „Fund-Journalen" von einer durchgehenden Nummerierung der Funde Gebrauch. Diese tritt in der Datenbank anstelle der Befundnummer. Wenn die Funde von den Ausgräbern inventarisiert wurden, wird die Inventarnummer anstelle der Befundnummer aufgeführt.
- Bereich E: Bei Funden aus dem Bereich E tritt anstelle der Befundnummer die so genannte „laufende Nummer" an die vierte Position. Mit der „laufenden Nummer" wurden Kleinfunde in diesem Bereich fortlaufend nummeriert. Bei Funden, die laut Fundzettel aus dem Bereich E stammen, aber von den Ausgräbern nicht eindeutig mittels einer Nummern erfasst wurden, wurden in der vierten Position Nullstellen eingetragen.
- Bereich F (1985), Bereich H (1958-59), Bereich K (1963-64, 1973-74, 1976, 1982-83), Bereich L (1958), Bereich N (1960): Bei inventarisierten Stücken wird auf die Inventarnummer aus dem Fundverzeichnis Bezug genommen. Nicht inventarisierte Stücke werden in dieser Position mit Nullstellen bezeichnet.
- Bereich H (1983): Die Fundstellen in diesem Bereich wurden von W. Orthmann im Nachhinein neu durchnummeriert. Bei der Datenaufnahme habe ich mich an die Erstnummerierung gehalten.
- Bereich M (1960): In den 1990er Jahren wurden für den Bereich M nachträglich Fundstellennummern vergeben, auf die ich mich bei der Datenaufnahme beziehen konnte. Einige Stücke, die aus Bereichen stammen, für die keine Fundstellennummern vergeben wurden, wurden in der vierten Position mit Nullstellen bezeichnet.

2) Autowert (A, K, Ke, T, U)
Um die Daten leichter in ein Statistikprogramm übertragen zu können, enrhielt jeder Datensatz eine eindeutige Identifikationsnummer. Bei dieser Nummer handelt es sich um eine fortlaufenden, automatisch generierten Wert.

3) Datum der Fundaufnahme (A, K, Ke, T, U)

4) Fundort (A, K, Ke, T, U)
Fundortkürzel: TCH (Tell Chuera); KHS (Kharab Sayyar).

5) Kleinfundnummer (A, K, Ke, T, U)
Kleinfundnummer der Erstaufnahme (sofern vorhanden).

6) Bereich (A, K, Ke, T, U)
Kürzel des Grabungsbereiches (z. B. ASA). Sammelfunde, die keinem Bereich zugeordnet werden können, werden mit dem Buchstaben X bezeichnet. Vgl. Teilkapitel 2.2 und 2.3.

7) Befundnummer (A, K, Ke, T, U)
Nummer des Befundes bzw. Fundstelle aus dem das Artefakt geborgen wurde. Wenn keine Befund- oder Fundstellennummer vorliegt – etwa bei unstratifizierten Funden – wird eine Nullstelle eingetragen.

8) Grundform I (A, K, Ke, T, U)
Vgl. Teilkapitel 1.4.

9) Grundform II (A, K, Ke, T, U)
Vgl. Teilkapitel 1.4.

10) Grundform III, technomorphologische Klasse (A, K, Ke, T, U)
Vgl. Teilkapitel 1.4.

11) Gewicht (A, K, Ke, T, U)
Gewicht in Gramm.

12) Zeichnung (A, K, Ke, T, U)
Merkmalsausprägungen: ja; nein.

13) Skizze (A, K, Ke, T, U)
Merkmalsausprägungen: ja; nein.

14) Foto (A, K, Ke, T, U)
Merkmalsausprägungen: ja; nein.

15) Bauphase (A, K, Ke, T, U)
Angabe der Bauphase aus dem das Artefakt geborgen wurde.

16) Bauschicht (A, K, Ke, T, U)
Angabe der Bauschicht aus dem das Artefakt geborgen wurde.

17) Datierungsposition (A, K, Ke, T, U)
Vgl. Teilkapitel 1.6.

18) Depositionaler Kontext (A, K, Ke, T, U)
Merkmalsausprägungen: DK 1 bis DK 20; für eine Definition der einzelnen Kontexte vgl. Teilkapitel 2.1.

2 Zur Vielfalt der Dokumentationssysteme vgl. die Erläuterungen im Kapitel 5.

19) Weitere Kontextinformationen (A, K, Ke, T, U)
Zusätzliche Angaben zum Fundkontext.

20) Raum (A, K, Ke, T, U)
Angabe der Raumnummer (sofern vorhanden).

21) Ostwert, Nordwert und Höhenwert (A, K, Ke, T, U)
Eingabe der Koordinaten (sofern vorhanden).

22) Datensatzqualität (A, K, Ke, T, U)
Merkmalsausprägungen: 1; 2; 3. Vgl. Teilkapitel 5.2.

23) Silexvarietät (A, K, Ke, T, U)
Merkmalsausprägungen: F 1; F 2; F 3; F 4; F 5; F 6; F 7; S; U. Vgl. Teilkapitel 3.1.1.

24) Obsidianvarietät (A, K, Ke, T, U)
Merkmalsausprägungen: O 1; O 2; O 3; O 4; O 5; O 6; O 7. Vgl. Teilkapitel 3.1.1.

25) Kortex (A, K, Ke, T, U)
Angabe zur Beschaffenheit der Oberflächentextur der vorhandenen Naturfläche (sofern vorhanden). Merkmalsausprägungen: glatte Kortex; kreidige oder raue Kortex; keine Aussage. Vgl. Teilkapitel 3.1.4.

26) Zusätzliche Beobachtungen zu Grundform und Rohmaterial (A, K, Ke, T, U)
Zusätzliche Angaben zum Fundstück.

27) Erhaltung der Grundform (A, K) [3]
Erhaltung der Grundform in Schlagrichtung und senkrecht dazu. Merkmalsausprägungen: vollständig; proximal; medial; distal; in Schlagrichtung vollständig, Breite unvollständig; proximal, Breite unvollständig; medial, Breite unvollständig; distal, Breite unvollständig; keine Aussage; unbestimmbar.

28) Ausrichtung der GF unklar? (A, K)
Merkmalsausprägungen: ja; nein.

29) Bruchendung (distal erhaltene A, K)
Vgl. Teilkapitel 1.4.1 (Glossar).

30) Schlagmerkmal – Bulbus (proximal erhaltene A, K)[4]
Merkmalsausprägungen: Bulbus vorhanden; Bulbus nicht vorhanden oder diffus ausgeprägt; Bulbus durch Modifikation entfernt; Bulbus durch GSM-Retusche entfernt; doppelter oder mehrfacher Bulbus; keine Aussage. Vgl. Teilkapitel 1.4.1 (Glossar).

31) Schlagmerkmal – Schlagkegel (proximal erhaltene A, K)[5]
Merkmalsausprägungen: kein Schlagkegel; vorhanden; durch Modifikation entfernt oder partiell entfernt; durch GSM-Retusche entfernt; doppelter oder mehrfacher Schlagkegel; keine Aussage. Vgl. Teilkapitel 1.4.1 (Glossar).

32) Schlagmerkmal – Schlagnarbe (proximal erhaltene A, K)
Merkmalsausprägungen: nicht vorhanden; vorhanden; keine Aussage. Vgl. Teilkapitel 1.4.1 (Glossar).

33) Schlagmerkmale – Lippe (proximal erhaltene A, K)
Merkmalsausprägungen: nicht vorhanden; vorhanden; durch Modifikation entfernt oder partiell entfernt; durch GSM-Retusche entfernt; keine Aussage. Vgl. Teilkapitel 1.4.1 (Glossar).

34) Schlagmerkmale – Schlagflächenrestform[6] **(proximal erhaltene A, K)**
Merkmalsausprägungen: nicht vorhanden; kortikal; einflächig; linear; punktförmig; facettiert (zwei oder mehrflächig); geflügelt (winged); dièdre; durch Modifikation entfernt oder partiell entfernt; durch GSM-Retusche entfernt; keine Aussage. Vgl. Teilkapitel 1.4.1 (Glossar).

35) Dorsale Reduktion (proximal erhaltene K)
Merkmalsausprägungen: nicht vorhanden; vorhanden; keine Aussage. Vgl. Teilkapitel 1.4.1 (Glossar).

36) Querschnitt (K)
Merkmalsausprägungen: trapezförmig; dreieckig-symmetrisch; dreieckig–asymmetrisch; sonstiges oder unregelmäßiger Querschnitt; keine Aussage.

37) Laterale Spuren der Kernrandzone (K)[7]
Merkmalsausprägungen: keine Spuren der Kernrandzone; Spuren der Kernrandzone-linkslateral; Spuren der Kernrandzone-rechtslateral; keine Aussage.

38) Anteil der Kortex (und natürlichen Sprungfläche) auf der Dorsalfläche (A, K)
Merkmalsausprägungen: keine Kortex; weniger oder gleich 50 Prozent; weniger als 100 Prozent, aber mehr als 50 Prozent; 100 Prozent; keine Aussage.

39) Anzahl der Negative auf der Dorsalfläche (A, K)
Merkmalsausprägungen: keine Negative; ein Negativ; zwei Negative; mehr als zwei Negative, keine Aussage.

---

3 Nach Drafehn u. a. 2008: 23.
4 Leicht verändert nach Auffermann u. a. 1990: 265.
5 Vgl. Drafehn u. a. 2008: 17.
6 Definitionen im Wesentlichen nach Inizan u. a.1992: 80-81, Fig. 32.
7 Vgl. den Eintrag „Randklinge" im Glossar (Teilkapitel 1.4.1).

40) Schlagrichtung der Negative auf der Dorsalfläche (A, K)
Merkmalsausprägungen: unidirektional, bidirektional; multidirektional; keine Aussage.

41) Länge in Schlagrichtung (A, K)
Maximale Länge (in cm) in Schlagrichtung gemessen[8].

42) Maximale Breite (A, K)
Maximale Breite (in cm); senkrecht zur Länge in Schlagrichtung gemessen[9].

43) Dicke im Bereich des Bulbus (proximal erhaltene A, K)
Maximale Dicke (in cm) des Bulbusbereichs.

44) Maximale Dicke (A, K)
Maximale Dicke (in cm).

45) Kernform (Ke)[10]
Merkmalsausprägungen: konisch (pyramidal); zylindrisch; radial; unregelmäßig; Abschlag; keine Aussage.

46) Anzahl der Abbauflächen (Ke)
Anzahl der gut erkennbaren Abbauflächen. Bei radialen Kernen wird eine umlaufende Abbaufläche als eine Abbaufläche gezählt.

47) Abbaurichtung der (größten) Abbaufläche (Ke)
Merkmalsausprägungen: unidirektional[11]; bidirektional; multidirektional; keine Aussage.

48) Anteil der Kortex und natürlichen Sprungfläche (Ke, T)
Merkmalsausprägungen: keine Kortex; weniger oder gleich 50 Prozent; weniger als 100 Prozent, aber mehr als 50 Prozent; 100 Prozent; keine Aussage.

49) MLD (Ke, T) [12]
Maximale lineare Dimension (in cm).

50) Anzahl der Abschlagnegative über 2 cm größter Ausdehnung mit Bulbusnegativ[13] **(Ke)**

51) Anzahl der Abschlagnegative über 2 cm größter Ausdehnung ohne Bulbusnegativ[14] **(Ke)**

52) Anzahl der Klingennegative über 2 cm größter Ausdehnung mit Bulbusnegative[15] **(Ke)**

53) Anzahl der Klingennegative über 2 cm größter Ausdehnung ohne Bulbusnegativ[16] **(Ke)**

54) Anzahl der erhaltenen Schlagflächen[17] **(Ke)**
Merkmalsausprägungen: keine Schlagfläche erhalten; eine Schlagfläche; zwei gegenüberliegende Schlagflächen; zwei rechtwinklig aufeinander stehende Schlagflächen; zwei Schlagflächen, die sich gegenseitig als Abbaufläche dienen; mehr als zwei Schlagflächen; keine Aussage.

55) Oberflächenart der Schlagfläche bzw. der größten Schlagfläche[18] **(Ke)**
Merkmalsausprägungen: keine Schlagfläche vorhanden; Schlagfläche besteht aus nur einem Negativ; Schlagfläche besteht aus mehr als einem Negativ; Schlagfläche mit Kortex oder natürlicher Sprungfläche; gratförmige Schlagfläche; Ventralfläche; keine Aussage.

56) Länge der größten Schlagfläche in cm[19] **(Ke)**

57) Breite der größten Schlagfläche in cm[20] **(Ke)**

58) Lage der Modifikation – proximal (A, K)
Merkmalsausprägungen: unmodifiziert; dorsal; ventral; alternierend; dorsoventral; im rechten Winkel zur Ventralfläche (Stichelbahn); keine Aussage.

59) Retuschenart – proximal[21] **(A, K)**
Merkmalsausprägungen: unmodifiziert; Gebrauchsretusche/Gebrauchsspuren; feine Retusche; flache oder halbsteile Retusche; steile Retusche; flache und parallele oder flache und subparallele Retusche; Stichelschlag; Kerbe; Aussplitterung; keine Aussage.

---

8 Vgl. Messstrecke bei Auffermann u. a. 1990: Abb. 1.
9 Vgl. Messstrecke bei Auffermann u. a. 1990: Abb. 1.
10 Vgl. Odell 2004: 62-63.
11 Wurde ein radialer Kern rundum in die gleiche Richtung abgebaut, habe ich diesen als unidirektionalen Kernstein gewertet.
12 Vgl. Andrefsky 1998: 139, 144. Für Kerne aus Abschlägen wird dieser Wert nicht angegeben.
13 Nach Drafehn u. a. 2008: 22. Für Kerne aus Abschlägen wird dieser Wert nicht angegeben.
14 Nach Drafehn u. a. 2008: 22. Für Kerne aus Abschlägen wird dieser Wert nicht angegeben.
15 Nach Drafehn u. a. 2008: 22.
16 Nach Drafehn u. a. 2008: 22.
17 Nach Zimmermann 1988: 588.
18 Nach Drafehn u. a. 2008: 23.
19 Drafehn u. a. 2008: 23.
20 Drafehn u. a. 2008: 23.
21 Bei mehreren Retuschearten wurde in der Regel die dominierende notiert. In einigen Fällen wurden auch zwei Retuschenarten (z. B. „Steil und Stichelschlag") aufgenommen. Gebrauchsretuschen wurden gegenüber anderen Retuschearten grundsätzlich als untergeordnet aufgefasst.

60) Form der Modifikation – proximal (A, K)
Merkmalsausprägungen: unmodifiziert; gerade; spitz; konvex; konkav; schräg; gekerbt; gezähnt; mit Stichelbahn versehen; mit Stiel versehen; keine Aussage.

61) Ausdehnung der Modifikation auf die Fläche – proximal (A, K)
Merkmalsausprägungen: unmodifiziert; Kantenretusche; invasive Retusche; Flächenretusche; keine Aussage.

62) Lage der Modifikation – distal (A, K)
Merkmalsausprägungen: vgl. 58.

63) Retuschenart – distal (A, K)
Merkmalsausprägungen: vgl. 59.

64) Form der Modifikation – distal (A, K)
Merkmalsausprägungen: vgl. 60.

65) Ausdehnung der Modifikation auf die Fläche – distal (A, K)
Merkmalsausprägungen: vgl. 61.

66) Lage der Modifikation – linkslateral (A, K)
Merkmalsausprägungen: vgl. 58.

67) Retuschenart – linkslateral (A, K)
Merkmalsausprägungen: vgl. 59.

68) Form der Modifikation – linkslateral (A, K)
Merkmalsausprägungen: vgl. 60.

69) Ausdehnung der Modifikation – linkslateral (A, K)
Merkmalsausprägungen: vgl. 61.

70) Verteilung der Modifikation – linkslateral[22] (A, K)
Merkmalsausprägungen: unmodifiziert; kontinuierlich; diskontinuierlich; partiell/lokal; keine Aussage.

71) Lage der Modifikation – linkslateral (A, K)
Merkmalsausprägungen: vgl. 58.

72) Retuschenart – linkslateral (A, K)
Merkmalsausprägungen: vgl. 59.

73) Form der Modifikation – linkslateral (A, K)
Merkmalsausprägungen: vgl. 60.

74) Ausdehnung der Modifikation – linkslateral (A, K)
Merkmalsausprägungen: vgl. 61.

75) Verteilung der Modifikation – linkslateral (A, K)
Merkmalsausprägungen: vgl. 70.

76) Art der Oberflächenretusche (A, K)
Merkmalsausprägungen: keine Flächenretusche; partiell unifazial; partiell bifazial; bifazial.

77) Anzahl der Modifikationen an Kernsteinen und Trümmern (Ke, T)
Es wurden maximal drei Modifikationen notiert (Modifikation 1 bis 3; vgl. 78 bis 86).

78) Retuschenart an modifizierten Kernsteinen und Trümmern 1 (Ke, T)
Merkmalsausprägungen: vgl. 59.

79) Form der Modifikation an modifizierten Kernsteinen und Trümmern 1 (Ke, T)
Merkmalsausprägungen: vgl. 60.

80) Ausdehnung der Modifikation an modifizierten Kernsteinen und Trümmern 1 (Ke, T)
Merkmalsausprägungen: vgl. 61.

81) Retuschenart an modifizierten Kernsteinen und Trümmern 2 (Ke, T)
Merkmalsausprägungen: vgl. 59.

82) Form der Modifikation an modifizierten Kernsteinen und Trümmern 2 (Ke, T)
Merkmalsausprägungen: vgl. 60.

83) Ausdehnung der Modifikation an modifizierten Kernsteinen und Trümmern 2 (Ke, T)
Merkmalsausprägungen: vgl. 61.

84) Retuschenart an modifizierten Kernsteinen und Trümmern 3 (Ke, T)
Merkmalsausprägungen: vgl. 59.

85) Form der Modifikation an modifizierten Kernsteinen und Trümmern 3 (Ke, T)
Merkmalsausprägungen: vgl. 60.

86) Ausdehnung der Modifikation an modifizierten Kernsteinen und Trümmern 3 (Ke, T)
Merkmalsausprägungen: vgl. 61.

87) Geräteklasse (modifizierte A, K, Ke, T, U)
Für eine Liste der Geräteklassen vgl. Teilkapitel 3.3, bes. Tabelle 3.3-I.

88) Modifikationen an Artefakten (A, K, Ke, T, U)
Für jedes Artefakt werden bis zu sechs Modifikationen notiert.

---

22 Nach Inizan u. a. 1992: 67-68.

Folgende Modifikationen wurden unterschieden: unmodifiziert; Geräteretusche; Sichelglanz-einseitig; Sichelglanz-beidseitig; Spuren von Sichelglanz; flächig ausgeprägter Sichelglanz; Reste von Bitumen; Bitumen; flächige Ablagerungen von Bitumen; überretuschierter Sichelglanz; Verrundung von Kanten; Verrundung von Flächen und Graten; Aussplitterungen an Kanten; Nachschärfungsretuschen; Schlagnarbenfeld; Schlagnarbenfelder; neuer Bruch; neue Brüche; GSM-Retusche[23]; moderne Kantenbeschädigung; Aussplitterungen/Verrundungen an Bohrerende; Fettglanz; Ritzen oder Schrammen; sonstige Veränderungen; Ablagerungen; verbrannt; Patina; Sinter.

89) Verteilung und Anzahl von Schlagnarbenfeldern auf Hammersteinen (Artefakte der Geräteklasse „Hammer"; vgl. Teilkapitel 3.2.1.1):

Merkmalsausprägungen: ein Schlagnarbenfeld; zwei gegenüberliegende Schlagnarbenfelder; mehr als zwei Schlagnarbenfelder; eine umlaufende Zone von Schlagnarben; flächig von Schlagnarben bedeckt.

90) Länge des Hammers (Artefakte der Geräteklasse „Hammer")[24]

Angabe in cm.

91) Breite des Hammers (Artefakte der Geräteklasse „Hammer")[25]

Angaben in cm.

92) Dicke des Hammers (Artefakte der Geräteklasse „Hammer")[26]

Angaben in cm.

23 Gebrauchs-, Sediment- und Museumsretusche: Kantenbeschädigungen, deren intentioneller Charakter nicht feststeht, werden als GSM-Retusche bezeichnet (vgl. Hahn 1993: 167-168).

24 Messungen nach Wright 1992.

25 Messungen nach Wright 1992.

26 Messungen nach Wright 1992.